Prisma-W

dr. G. J. Visser / drs. A. van de Kriegt / C. Bos

Nederlands-Engels

Prisma
Het Nederlandse pocketboek

Prisma-Woordenboeken

Nederlands
Engels

dr. G. J. Visser / drs. A. F. M. de Knegt / C. Bos

Uitgeverij Het Spectrum
Utrecht / Antwerpen

Vormgeving: Studio Spectrum
Eerste druk 1955
Elfde herziene druk 1975
Veertiende, geheel herziene druk 1982

Voorwoord

Het door wijlen G. J. Visser samengestelde Prisma-woordenboek
Nederlands-Engels is voor deze nieuwe druk door A. F. M. de Knegt en C.
Bos grondig herzien en uitgebreid met duizenden woorden en
uitdrukkingen die in de afgelopen jaren gemeengoed zijn geworden.
De gehele tekst is herzet en typografisch aangepast aan de eisen van de
tijd. Wij vertrouwen dan ook dat deze dictionaire de betrouwbare gids zal
blijven bij het zoeken naar het juiste equivalent in het Engels.

De uitgever

Aanwijzingen voor de gebruiker

Bijzondere tekens

Terwille van ruimtebesparing wordt in de artikelen naar een eenmaal gegeven (vetgedrukt)
woord verwezen door middel van de volgende tekens:
— vervangt het trefwoord of, indien in het trefwoord een schuine deelstreep voorkomt,
het woordgedeelte vóór de schuine deelstreep.

Bijvoorbeeld: **damp** ... ▼—en = dampen.
welv/en ... ▼—ing = welving.

— vervangt de laatste (volledige) ingang.

Bijvoorbeeld: **open** ... — en bloot = open en bloot.
inzink/en ... ▼—ing ... totale — = totale inzinking.
▼   verbindt trefwoorden die een semantische relatie hebben.
...   geeft aan dat een woord of zinsdeel tussen- of toegevoegd kan worden.

Na Engelse werkwoorden en bijvoeglijke naamwoorden is vaak het voorzetsel dat er doorgaans
bij gebruikt wordt, tussen haakjes aangegeven, bijv. **vitten** find fault (with), cavil (at), hetgeen
dus inhoudt dat vitten op iemand = to find fault with a person, ofwel to cavil at a person
betekent. Bij het bijvoeglijk naamwoord **ontevreden** zal men vinden discontented (with), waar
with dus de vertaling is van het voorzetsel met (of over).
Woorden die in het Nederlands rechtstreeks van een eenmaal vertaald woord zijn afgeleid, zijn in
tal van eenvoudige gevallen niet vertaald, doch aangegeven door de woordsoort te vermelden.
De praktijk zal uitwijzen dat het vinden van een passende vertaling voor een zodanig woord niet
moeilijk zal vallen, wanneer men het afgeleide woord vergelijkt met de betekenis van het
stamwoord.

Lijst van afkortingen

a.	aan	h.	het
aanw.	aanwijzend	H.	Heilig(e)
aardr.	aardrijkskunde	hand.	handelsterm
abs.	absoluut	Hebr.	Hebreeuws
abstr.	abstract	her.	heraldiek, wapenkunde
act.	actief	herv.	(Nederlands) hervormd
afk.	afkorting	hum.	humor(istisch)
afl.	afleiding		
Afr.	(Zuid-)Afrika, Afrikaans	i.a.b.	in alle betekenissen
alg.	algemeen	id.	idem
Am.	(Noord-)Amerika, Amerikaans,	iem.	iemand
	amerikanisme	ind.	indicatief (aantonende wijs)
anat.	anatomie	Ind.	Indonesië, Indonesisch,
angl.	anglicisme		Indisch
Angl.	Anglicaanse kerk	inf.	infinitief (onbepaalde wijs)
a p.	a person (iem.)	instr.	instrument
a p.'s	a person's (iem.'s)	inz.	inzonderheid
Arab.	Arabië, Arabisch	i.p.v.	in plaats van
arch.	architectuur, bouwkunde	iron.	ironisch
astr.	astronomie, sterrenkunde	Isr.	Israëlitisch
attr.	attributief	It.	Italië, Italiaans
Austr.	Australië, Australisch		
		jur.	juridisch, rechtsterm
bep.	bepaald(e), bepaling		
bet.	betekenis(sen)	kerk.	kerkelijke term
betr. vnw	betrekkelijk voornaamwoord	kind.	kindertaal
beurst.	beursterm		
bez. vnw	bezittelijk voornaamwoord	landb.	landbouw
Bijb.	Bijbel(s)	Lat.	Latijn(s)
bijv.	bijvoorbeeld	lett.	letterlijk
bijv. vnw	bijvoeglijk voornaamwoord	lijd.	lijdend
biol.	biologie	lit.	literair, letterkundig
bkh.	boekhouden	luchtv.	luchtvaart
bn	bijvoeglijk naamwoord	lw	lidwoord
Br.Ind.	Brits Indië		
bw	bijwoord(elijk)	m	mannelijk
		mach.	machine
ca.	circa, ongeveer	mar.	maritiem, zee-, scheepsterm
Cambr.	van de universiteit	mech.	mechanica
	te Cambridge	med.	medische term
chem.	chemie, scheikunde	meetk.	meetkunde
chir.	chirurgie	met.	meteorologie, weerkunde
comp.	computer	mijnb.	mijnbouw
concr.	concreet	mil.	militaire term
cul.	culinair	min.	minachtend
		ML	Middeleeuws Latijn
d.	de	m mv	mannelijk meervoud
dgl.	dergelijk(e)	muz.	muziek(leer)
dial.	dialectisch	mv	meervoud
dicht.	dichterlijk	myth.	mythologie
dierk.	dierkunde		
dim.	diminutief	N.	noord(en), noordelijk
Du.	Duits(land)	nat.	natuurkunde
dw	deelwoord	Ned.	Nederland(s)
		nl.	namelijk
e.	een	N.T.	Nieuwe Testament
econ.	economie	nv	naamval
e.d.	en dergelijke	Nw.	Nieuw-
eig.	eigenlijk		
elektr.	elektriciteit, elektrisch	o	onzijdig
Eng.	Engeland, Engels	O.	oost(en), oostelijk
enigsz.	enigszins	o.dw	onvoltooid deelwoord
enz.	enzovoort	off.	officieel
etc.	et cetera	onbep.	onbepaald
euf.	eufemisme	ondersch.	onderschikkend
ev	enkelvoud	onderw.	onderwijs
		ong.	ongunstig
fam.	familiaar, gemeenzaam	ongev.	ongeveer
fig.	figuurlijk	onpers.	onpersoonlijk
fil.	filosofie, wijsbegeerte	ontk.	ontkenning
fot.	fotografie	onr.	onregelmatig
Fr.	Frankrijk, Frans	onv.	onveranderlijk
		on.w	onovergankelijk werkwoord
geb. w	gebiedende wijs, imperatief	oorspr.	oorspronkelijk
geol.	geologie	o.s.	oneself (zich)
germ.	germanisme	O.T.	Oude Testament
gesch.	geschiedenis, historie	o.telw	onbepaald telwoord
gew.	gewoonlijk	o.vnw	onbepaald voornaamwoord
gewest.	gewestelijk	o.v.t.	onvoltooid verleden tijd
gmv	geen meervoud	ov.w	overgankelijk werkwoord
godsd.	godsdienst	Oxf.	van de universiteit
Gr.	Griekenland, Grieks		te Oxford
gram.	grammatica(al)		
gymn.	gymnastiek	parl.	parlement(aire term)

pass.	passief	*tw*	tussenwerpsel
path.	pathologie	*t.w.*	te weten
ped.	pedagogie	*typ.*	typografie
pers.vnw	persoonlijk voornaamwoord		
plk.	plantkunde	*univ.*	universiteit, universitair
pol.	politiek		
pop.	populair	*v*	vrouwelijk
Port.	Portugal, Portugees	*v.*	van, voor
pred.	predikatief	*v.d.*	van de
prot.	protestant(s)	*v.dw*	voltooid deelwoord
psych.	psychologie	*v.e.*	van een
		vero.	verouderd
rad.	radio	*vgl.*	vergelijk
rek.	rekenkunde	*vgw*	voegwoord
rk	rooms-katholiek	*v.h.*	van het
Rom.	Romeins	*Vl.*	Vlaanderen, Vlaams
Rus.	Rusland, Russisch	*v mv*	vrouwelijk meervoud
		vnl.	voornamelijk
Sch.	Schotland, Schots	*vnw*	voornaamwoord
scheldn.	scheldnaam	*volkst.*	volkstaal
scherts.	schertsend	*vr.vnw*	vragend voornaamwoord
schoolt.	schoolterm	*vsch.*	verscheidene
sk	samenkoppeling	*v.t.*	verleden tijd
Skr.	Sanskriet	*vv*	voorvoegsel
sl.	'slang'	*vz*	voorzetsel
sp.	sportterm		
Sp.	Spanje, Spaans	*W.*	west(en), westelijk
spec.	speciaal	*wed.ww*	wederkerig (-end) werkwoord
spoorw.	spoorwegen	*wetensch.*	wetenschappelijke term
spot.	spottend	*W.Ind.*	West-Indië, Westindisch
spr.	spreek uit	*wisk.*	wiskunde
spr.w	spreekwoord	*ww*	werkwoord
ss	samenstelling(en)		
s.th.	something (iets)	*z.*	zich
stud.	studententaal	*z.a.*	zie aldaar
subj.	subjunctief (aanvoegende wijs)	*Z.*	zuid(en), zuidelijk
Sur.	Suriname, Surinaams	*Z.Afr,*	Zuid-Afrika, Zuidafrikaans
		Z.Am.	Zuid-Amerika, Zuidamerikaans
taalk.	taalkunde	*zegsw.*	zegswijze(n)
tech.	techniek	*Z.Eur.*	Zuid-Europa, Zuideuropees
tegenst.	tegenstelling	*zgn.*	zogenaamd
tel.	telecommunicatie	*zn*	zelfstandig naamwoord
telw	telwoord	*Z.N.*	Zuid-Nederland
theat.	theater, toneel, dramaturgie	*zw*	zwak
t.o.v.	ten opzichte van	*Zw.*	Zwitserland, Zwitsers
tv	televisie		

A: *een A-Z polis*, an all-in (all-risks) policy; *wie A zegt, zegt B*, in for a penny, in for a pound; *iets van a tot z lezen*, read s.th. from beginning to end.

à at (at 2/- a piece; at the rate of 5%); to (10 to 20 books); some (some 30 or 40).

aai, aaien stroke, caress, chuck (under the chin).

aak (Rhine-) barge. ▼—**schipper** b.master.

aal eel; *zo glad als een* —, as slippery as an eel.

aalbes currant.

aalmoes alms (*ook mv*). ▼**aalmoezenier** almoner; (army, navy) chaplain, padre.

aalscholver cormorant.

aambeeld anvil; *op hetzelfde — hameren*, harp on the same string.

aambeien piles, haemorrhoids.

aamborstig short-winded, asthmatic. ▼—**heid** short-windedness, asthma.

aan at, on, upon; (*i.p.v. datief*) to (give it to me); — *boord*, on board; *de slag — de Boyne*, the battle of the Boyne; — *het diner*, at dinner; — *de hemel*, in the sky; *wat men — bagage nodig heeft*, what one wants in the way of luggage; *ik zie het — je gezicht*, I can see it by your face; *hij is — een krant*, he is on a paper; *ze was — het lezen*, she was reading; *twee — twee*, two by two; *er is wel iets van —*, there is s.th. in it; *er is niets* —, **1** there is nothing to it; **2** it's very dull; *de school* (*kerk*) *is* —, school (service) has begun; *de trein is* —, the train is in; *het vuur is* —, the fire is lit (burning); *de verwarming is* —, the heating is on; *het is erg — tussen hen*, they are very thick.

aanaarden earth up.

aanbakken: *de vis is aangebakken*, the fish sticks to the pan.

aanbeeld *zie* **aambeeld**.

aanbelanden land; *waar zijn zij aanbeland?*, what has become of them?

aanbelangen: *wat dit aanbelangt*, concerning this.

aanbellen ring (the bell).

aanbenen step out, quicken one's pace.

aanbested/en put out to contract, invite tenders for. ▼—**ing** contract, (public) tender.

aanbetal/en pay down. ▼—**ing** payment.

aanbevel/en recommend, commend; *wij houden ons aanbevolen voor*, we solicit the favour of; (*als je iets weet*) *houd ik mij aanbevolen*, I shall be glad to hear of it; *zich —*, recommend o.s. ▼—**enswaardig** recommendable. ▼—**ing** recommendation; *dit strekt tot* —, this is an advantage (asset); *op — van*, at the r. of; *van goede — en voorzien*, good references.

aanbid/delijk adorable. ▼—**den** worship (God), adore. ▼—**der,** —**ster** worshipper, adorer. ▼—**ding** worship, adoration.

aanbied/en offer (goods); present (a petition, a spectacle); hand in (a telegram); tender (thanks); *zich vrijwillig* —, volunteer. ▼—**ing** offer, tender; (*v. geld, wissel*) presentation.

aanbijten bite (*ook fig.*), rise.

aanbinden fasten, tie on; *de strijd — met*, join issue with; *de strijd — tegen*, fight (corruption); *kort aangebonden,*

short-tempered, touchy.

aanblaffen (*ook fig.*) bark at; bay (the moon).

aanblazen blow, fan (the fire, discord); stir up (passion).

aanblijven remain in office; *moet de lamp —?*, is the lamp to be kept burning?

aanblik aspect (of house, matter); '*n droeve* —, a sad sight (spectacle); *bij de eerste* —, at first sight (glance).

aanbod offer; *vraag en aanbod*, supply and demand.

aanbonzen: — *tegen*, bump up against.

aanboren strike (oil, coal); broach (a cask); tap, open up (new sources, markets).

aanbotsen *zie* **aanbonzen**.

aanbouw 1 annex(e); **2** building (of houses etc.); **3** growing (of corn); *in* —, under construction. ▼—**en** build (houses); grow (corn).

aanbranden burn, be burnt; *hij is erg gauw aangebrand*, he is very touchy, he has a low flash-point.

aanbreien: *kousen* —, (re)foot stockings.

aanbreken I *ww* break into (capital); cut into (a loaf); open (a bottle); break, dawn (of day); fall (of night). **II** *zn*: *bij het — van de dag*, at daybreak; *bij het — van de nacht*, at nightfall.

aanbrengen 1 bring (luck), carry (chairs); (*plaatsen*) place (ornaments); (*maken*) make (a passage); install, fix up (electric light); introduce (a change); **2** (*aanklagen*) accuse, inform against. ▼—**er** informer, denunciator; (*fam.*) sneak. ▼—**premie** reward.

aandacht attention; *de — trekken*, attract a.; — *schenken aan*, pay a. to; *de — vestigen op*, call a. to. ▼—**ig** attentive.

aandeel share, portion, part; *preferent* —, preference share; — *op naam*, nominal s.; — *aan toonder*, s. to bearer; — *hebben in*, have a share (part) in; — *hebben in* (*fabriek*), have an interest in. ▼—**houder** shareholder. ▼—**houdersvergadering** shareholders' meeting. ▼**aandelen/bezit** (share-) holding. ▼—**kapitaal** share-capital, capital stock. ▼—**pakket** block of shares.

aandenken (*abstr.*) memory, remembrance; (*concr.*) souvenir, keepsake.

aandienen announce; *het boek dient zich aan als*, the book professes to be.

aandikken thicken; (*fig.*) emphasize (words); heighten, exaggerate (a story).

aandoen 1 put on (clothes); **2** cause, give (pain, trouble); **3** (*v. schip of boot*) call at; **4** (*roeren*) move, affect; *hoe doet het jou aan?*, how does it strike you?; *onaangenaam* —, offend; *zijn longen zijn aangedaan*, his lungs are affected; *hij heeft het zich zelf aangedaan*, he has only himself to blame; *het kalm* —, take it easy; go slow. ▼—**ing** emotion; affection (of organs). ▼—**lijk** moving, touching, pathetic. ▼—**lijkheid** pathos.

aandraaien turn on (a screw); switch on (the light); turn on (the lamp).

aandragen (*stenen*) carry, bring; *komen — met*, come forward with, put forward.

aandrang (feel) urge, impulse; (exert) pressure; *met* —, urgently, strongly; *op — van*, at the instance of.

aandrift instinct, impulse.

aandrijf/as driving shaft. ▼—**inrichting** driving unit. ▼—**motor** driving-motor. ▼—**raket** booster (rocket). ▼—**wiel** driving wheel.

aandrijv/en I *on.w* be washed ashore. **II** *ov.w* drive on (cattle); operate (a machine); move, prompt, incite. **III** *zn*: *op — van*, at the instigation of. ▼—**er** instigator. ▼—**ing 1** drive; *achterwiel*—, rear-wheel d.; *voorwiel*—, front-wheel d.; **2** driving gear.

aandringen press the point; *de menigte drong op hem aan*, he was pushed on; — *op*, insist on; *hij drong er bij mij op aan om ...*, he urged me to ...; *op — van*, at the instance of.

aandrukken: — *tegen*, press against.

aanduid/en (*wijzen*) point out, indicate; (*door teken*) mark; (*omschrijven*) define, describe;

(getuigen van) show, bespeak. ▼—ing indication; definition, description; sign, marking.

aandurven dare (to do); durf je het aan?, dare you tackle it?, do you feel up to it?; ik durf hem wel aan, I'm not afraid of him.

aanduwen push (on).

aandweilen swab.

aaneen together, on end; uren —, for hours together; zes weken —, for six successive weeks. ▼—gesloten united; serried (ranks). ▼—hechten join together.

aaneenschakel/en link together, connect. ▼—ing series.

aaneensluit/en I ov.w join. II on.w fit (well, badly); zich —, join forces, unite. ▼—ing union.

Aan- en Afvoertroepen Royal Army Service Corps; (Am.) Transportation Corps.

aanfluiting travesty, farce, mockery; (v. pers.) laughing-stock.

aangaan 1 call on (a man); 2 burn, catch fire; het licht ging aan, the lights went on; 3 begin, start (of school); 4 enter into (negotiations); conclude (a treaty); contract (marriage); lay (a wager); dat gaat niet aan, that won't do; wat gaat jou dat aan?, what's that to you?; het gaat mij niet aan, it's none of my business; wat dat aangaat, as far as that goes, as for that; wat mij aangaat, for my part, as far as I'm concerned. ▼—de concerning, regarding, as for, as to.

aangapen gape at, stare at.

aangebedene: zijn —, his adored one.

aangebonden zie aanbinden.

aangeboren innate, inborn (talent); congenital (defects).

aangedaan moved, touched.

aangeklaagde the accused; (jur.) defendant.

aangeleerd acquired, taught.

aangelegen adjacent, adjoining (room).

aangelegenheid matter, business.

aangenaam agreeable, pleasant, pleasing; kennis te maken, pleased to meet you; (vormelijk) how do you do?; het zal mij — zijn te..., I shall be pleased to...

aangenomen adoptive (child); assumed (name); contract (work); — dat, supposing that; — /, done!

aangeschoten (v. vogel) winged; (dronken) half seas over, tipsy.

aangeschreven: hij staat goed/slecht —, he has a good/bad reputation; je staat goed/slecht bij hem —, you are in his good/bad books.

aangesloten on the telephone; — werkman, (trade-)unionist; — vereniging, affiliated society.

aangespen buckle on (a sword).

aangetekend (v. brief) registered.

aangetrouwd related by marriage; zijn —e familie, his in-laws; —e neef, cousin by marriage.

aangev/en 1 give, hand, pass (salt); 2 state (particulars); allege (as a reason); indicate (direction); 3 give notice (of a birth); 4 register (luggage, temperature, time); 5 (bij 't gerecht) denounce; hebt u iets aan te geven?, have you anything to declare?; zich —, enter (for an examination); give o.s. up to the police. ▼—er (jur.) denunciator; (v. goederen) declarant.

aangezicht face, countenance.

aangezien seeing (that), as, since.

aangifte 1 declaration (of goods); 2 (aanklacht) information; (belasting—) return, declaration; (wedstrijd—) entry; — doen van, declare (goods); give notice of (birth, death, etc); inform (the police) of. ▼—formulier application-form; (sp.) entry-form; (belasting—) tax form.

aangooi throw in. ▼—en throw in; — tegen, throw against.

aangorden gird on (a sword).

aangrenzend adjacent, adjoining.

aangrijnzen grin at; de dood grijnsde hem aan,

death stared him in the face.

aangrijp/en seize, take hold of (p. or thing); (roeren) move; take (an opportunity); seize upon (a pretext); dat grijpt je aan, that tells on you. ▼—end moving, thrilling.

aangroei zie aanwas. ▼—en grow, increase.

aanhaken hook (hitch) on to.

aanhal/en 1 (gaan halen) fetch, collect; 2 tighten (a knot); 3 quote, cite (an author); 4 (liefkozen) fondle, caress; 5 (in beslag nemen) seize (goods); van alles —, attempt everything; je weet niet wat je aanhaalt, you don't know what you are letting yourself in for. ▼—ig affectionate, coaxing. ▼—ing quotation, citation; (fam.) quote. ▼—ingstekens inverted commas.

aanhang adherents, supporters, following. ▼—en 1 hang on to, stick to; 2 attach, hang (ornament). ▼—er follower, supporter.

aanhangig pending; —maken, (jur.) lay (a matter) before a court; bring in (a bill); take up (the matter with s.o.).

aanhangsel appendix; rider (to a document); hij is louter een —, he is a mere appendage.

aanhangwagen trailer.

aanhankelijk attached, affectionate. ▼—heid attachment, devotion.

aanhebben have on, wear.

aanhecht/en affix, attach, fasten. ▼—ing affixture. ▼—ingspunt juncture.

aanhef (v. brief) beginning; (v. lezing) opening words. ▼—fen start, strike up (a song); raise (a slogan); set up (a cry).

aanhits/en incite, set on. ▼—er inciter. ▼—ing incitement.

aanhollen: ze kwamen —, they came running on/tearing along.

aanhoorder listener, hearer. ▼aanhoren listen to, hear; ten — van, in the hearing of; 't was niet om aan te horen, it was a torture to the ear.

aanhoud/en I ww 1 stop (a man or ship); hold up (a car); arrest (a thief); 2 keep on (a coat); 3 keep up (friendship); keep on (a room); keep (the fire) going; 4 hold (leave) over (a matter); 5 (niet opgeven) persist; 6 stop at (an inn); 7 (voortduren) hold, last (of luck, weather); continue (of rain); 8: — op, make for (the coast); rechts —, keep to the right. II zn: zijn — werd beloond, his perseverance was rewarded. ▼—end constant, incessant, continual. ▼—er sticker; de — wint, (it's) dogged does it. ▼—ing hold-up (of man, car, etc.); seizure (of goods); arrest (of a criminal); de — wordt verzocht van, a warrant has been issued for the arrest of.

aanjag/en drive on; (motor) boost; schrik —, frighten, scare; vrees —, intimidate. ▼—er booster, supercharger; (v. auto) blower.

aankap timber-felling.

aankijken look at, regard; het — niet waard, not worth looking at; de zaken eens —, wait and see; iem. gemeen —, give a p. a nasty look; dan word jij erop aangekeken, then you get the blame for it.

aanklacht accusation, charge, indictment; (openlijke veroordeling) denunciation; een — indienen, lodge a complaint, bring an action. ▼aanklag/en accuse (of), charge (with), denounce, arraign for; ik zal je —, I'll have the law of you. ▼—er accuser; (jur.) plaintiff; openbare —, public prosecutor.

aanklampen board (a ship); accost (a man).

aankled/en dress (a child); get up (a play). ▼—ing dressing (v. toneelstuk) get-up.

aankleve: met den — van dien, with all its appurtenances.

aankleven stick to, cling to, adhere to; de gebreken die ons —, our inherent failings; er kleven vele bezwaren aan, there are many draw-backs attached to it, it has many draw-backs.

aankloppen knock at the door; bij iem. — om geld, appeal to (apply to) a man for money.

aanknop/en 1 tie on; 2 enter into (negotiations, conversation, correspondence); *er nog een dagje* —, stay another day; — *aan een voorstel*, follow up a suggestion; — *aan een opmerking*, take up a point. ▼—ing: *in* — *op uw schrijven*, following up yours. ▼—**ingspunt** 1 starting-point; 2 (*tussen mensen*) point of contact.

aankomeling beginner, novice; (*univ.*) fresh-man. ▼**aankomen 1** (*eig.*) arrive; 2 (*v. slag*) go home; 3 (*v. twist*) begin; 4 (*in gewicht*) put on weight, gain; 5 (*aanlopen*) drop in, come round; *kom aan!*, come on!; *dat hoef je bij hem niet mee aan te komen*, that won't go down with him, you need not propose it to him; *met een idee* —, come out with an idea; *daar komt het op aan*, that's the point; *het komt er niet op aan*, it doesn't matter; *er is geen* — *aan*, it's not to be had for love or money; *hoe ben je eraan gekomen?*, how did you manage to get it?; *je moet niet alles op het laatst laten* —, you must not put off everything to the last moment; *hij laat alles op mij* —, he shoves everything on to me; *als het op betalen aankomt*, when it comes to paying; *het komt voornamelijk op tijd aan*, time is the main consideration. ▼**aankomend**: —*e jongen gevraagd*, young boy wanted; — *schrijver*, budding author. ▼**aankomst** arrival; *bij* —, on arrival; *verkopen na* (*bij*) *behouden* —, sell to arrive.

aankondig/en announce (a program); herald (the spring); review (a book). ▼—**er** announcer; harbinger; reviewer. ▼—**ing** announcement; heralding; review; *tot nader* —, until further notice.

aankoop purchase, acquisition. ▼—**som** p. money. ▼—**vergunning** permit. ▼**aankopen** purchase, buy, acquire. ▼**aankoper** purchaser, buyer.

aankoppelen couple.

aankrijgen 1 get on, get into (clothes); 2 receive (goods).

aankruisen mark, tick, check; *zie* **aanstrepen**.

aankunnen: *ik kan deze kleren niet meer aan*, 1 these clothes are too bad to wear; 2 I've outgrown these clothes; *je kunt op hem aan*, you can rely on him; *je kunt ervan op aan dat* …, you may depend upon it that …; *hij kan heel wat aan*, 1 he spends a lot of money; 2 he can manage heaps of food.

aankweek cultivation. ▼**aankweken** (*eig.*) grow, cultivate; (*fig.*) foster (feelings); cultivate (manners).

aanlachen smile at; (*v. fortuin*) s. upon; (*v. idee*) appeal to; *zie* **lachen**.

aanlanden land; (*komen*) come to; *behouden* —, arrive safe and sound.

aanlassen join.

aanlaten 1 keep on (coat); 2 leave (the lamp) burning; leave (the door) ajar; leave (the radio) on.

aanleg 1 lay(ing)-out (of roads); construction (of railways); laying (of a cable); installation (of electric plant); 2 talent, turn (for music); 3 tendency (to consumption); 4 (—*steiger*) landing-stage; *in* —, in course of construction, under c.; *in eerste* —, in the first instance. ▼**aanleggen** I *ov.w* 1 (*verband*) apply; (*thermometer*) place; 2 (*tot stand brengen*) lay out (a garden); construct (a road); build (a railway); put in (electric light); lay, make (a fire); 3 (*geweer*) level; *het met een vrouw* —, carry on with a woman; *het handig* —, manage it cleverly; *ik ben niet romantisch aangelegd*, I am not given to romanticism, I am not romantically inclined; *het verkeerd* —, set about it the wrong way; *het zo* — *dat*, manage to, contrive to; *het zuinig* —, economize. II *on.w* (*bij een herberg*) stop; — *op*, aim at. ▼**aanlegger** constructor (of a road); originator (of a plot). ▼**aanleg/haven** port of call. ▼—**kade** quay. ▼—**steiger** landing-stage, wharf, pier.

aanleiding occasion, motive; — *geven tot*, give rise to, lead to; *bij de geringste* —, on the slightest provocation; *naar* — *van*, 1 referring

to (your letter); 2 on account of (= *wegens*); 3 in connection with (your inquiry); *zonder enige* —, without any reason.

aanlengen dilute, weaken.

aanleren I *ov.w* learn (a language); acquire (a habit). II *on.w* make progress, improve.

aanleunen: — *tegen*, lean against; *zich iets laten* —, take it as one's due; *dat laat ik mij niet* —, I won't take that lying down.

aanliggend adjacent (angle), contiguous.

aanlokkelijk alluring, enticing, tempting. ▼—**heid** charm, attraction. ▼**aanlokken/en** allure, entice; *het lokt mij niet erg aan*, it does not appeal to me very much. ▼—**ing** allurement, enticement.

aanloop run; (*luchtv.*) forward run; (*fig.*) preamble; *veel* — *hebben*, have many visitors. ▼—**haven** port of call. ▼—**kosten** initial expenses. ▼—**stadium** preliminary stage. ▼**aanlopen**: *komen* —, come walking along; *een haven* —, call at a port; — *tegen*, walk against, run into; *wat* —, step out; *bij iem.* —, call on, drop in on a man; — *op*, walk towards; *dat zal nog wel wat* —, that will take some time yet; *de rem loopt aan*, the brake drags; *hij liep rood aan*, he got red in the face.

aanmaak manufacture, production, making. ▼—**hout** kindling(s). ▼—**kosten** cost of m.

aanman/en admonish, exhort; press (for payment), dun. ▼—**ing** exhortation; dun(ning) letter; (*voor belasting*) summons.

aanmatig/en: *zich* —, arrogate to o.s.; *zich een oordeel* —, presume to give an opinion; *u matigt zich te veel aan*, you presume too much. ▼—**end** arrogant, presumptuous, overbearing. ▼—**ing** arrogance, presumption.

aanmeld/en announce; *zich* —, announce o.s.; apply (for a position); enter (for an examination); give o.s. up (to the police). ▼—**ing** announcement; (*voor betrekking*) application; (*v. deelnemer*) entry. ▼—**ingsformulier** application (registration) form.

aanmengen mix, dilute.

aanmerkelijk considerable. ▼**aanmerken** 1 (*beschouwen*) consider; 2 (*opmerken*) remark, observe; *iets* — *op*, find fault with; *er viel veel op zijn gedrag aan te merken*, his conduct was far from blameless; *er valt niets op aan te merken*, it is beyond reproach. ▼**aanmerking** 1 (*beschouwing*) consideration; 2 (*critical*) remark; 3 (*op school*) bad mark; *in* — *komen voor*, be considered for (promotion); be eligible for (pension, membership); *niet in* — *komen*, deserve (receive) no consideration; *hij kan niet in* — *komen*, he cannot be considered; *in* — *nemen*, take into account, consider, allow for; *in* — *genomen*, considering, in view of; *maken op*, find fault with, object to; *iem een* — *maken*, rebuke a p.

aanmeten take one's measure for; *hij liet zich een pak* —, he had his measure taken for a suit.

aanminnig sweet, amiable, bland.

aanmoedig/en encourage; (*sp.*) cheer. ▼—**ing** encouragement; cheers.

aanmonsteren I *ov.w* engage, sign on (seamen). II *on.w* sign on.

aanmunt/en coin, mint. ▼—**ing** coinage minting.

aannemelijk (*geloofwaardig*) plausible; (*aanvaardbaar*) acceptable; (*redelijk, billijk*) reasonable, fair; (*waarschijnlijk*) likely. ▼—**heid** plausibility; acceptability; reasonableness, probability. ▼**aannemen** take, accept, receive; (*als lid*) admit (as a member); (*kerk.*) confirm, receive; accept (an offer); adopt (a child), carry (a motion), pass (a bill); take on, engage (a servant); embrace (a religion); contract for (a work); (*onderstellen*) suppose, assume; *iets als vanzelfsprekend* —, take a thing for granted; *aangenomen dat* …, supposing, assuming that …; *aangenomen!*, agreed!; *aannemen!*, waiter! ▼**aannemer** contractor, (*master*) builder. ▼—**sfirma** contracting firm.

▼—**svak** contracting line. ▼**aanneming**
1 acceptance, adoption, admission; **2** (*kerk.*)
confirmation (*prot.*); first communion (*rk.*)
aanpak tackling; *het is een hele* —, it's quite a
job; *je* — *is verkeerd*, you tackle it the wrong
way. ▼—**ken** (*eig.*) seize, take hold of; (*fig.*)
tackle (a problem); seize (an opportunity),
deal with (a p.); (*v. gezondheid*) tell upon; *hoe
wil je dat* —?, how will you set about it?; *ik zal
hem eens flink* —, I'll give him a good
talking-to; *je moet flink* —, you must be up and
doing; *hij weet van* —, he is a go-getter, a
hustler; *dat pakt je nogal,aan*, it rather tells on
you, takes it out of you; (*het sterfgeval*) *pakte
hem erg aan*, shook him badly. ▼—**ker**
go-getter, hustler.
aanpappen: — *met*, chum up with; (*sl.*) suck
up to.
aanpass/en try on (clothes, shoes); — *aan*,
adapt to, adjust to; *zich* — *aan*, adapt (adjust)
o.s. to. ▼—**ing** adaptation, adjustment.
▼—**ingsvermogen** adaptability.
aanplak/biljet placard, poster. ▼—**bord**
notice-board, bill-board. ▼—**ken** placard, post
(up); *verboden aan te plakken*, stick no bills.
▼—**ker** bill-sticker. ▼—**zuil** advertising-pillar.
aanplant (*het planten*) planting; (*plantage*)
plantation. ▼—**en** plant (trees); grow (corn).
aanporr/en prod, wake up. ▼—**ing** prodding.
aanpoten hurry (up), get a move on.
aanpraten: *iem. iets* —, talk a p. into (doing)
s.th.
aanprijzen recommend, sound the praises of;
iets luide —, boost s.th., extol s.th.
aanpunten point, sharpen.
aanraden advise; recommend, suggest; *op zijn*
—, at his advice (suggestion); *dat is niet aan te
raden*, that is not advisable.
aanrak/en touch; *verboden aan te raken*, do
not touch. ▼—**ing** touch, contact; *in* —
brengen met, put in touch with; *met de politie
in* — *komen*, get into trouble with the police.
▼—**ingspunt** point of contact; *zij hebben
geen enkel* —, they have nothing in common.
aanrand/en assail, assault a p.; rape (a
woman); violate (a right, discipline); injure (a
p.'s good name). ▼—**er** assailant; violator.
▼—**ing** (criminal) assault; violation.
aanrecht(bank) dresser.
aanreiken reach, pass, hand.
aanrekenen (*eig.*) charge; *iem. iets* —, (*fig.*)
blame a p. for s.th., hold it against a p.; *iem. iets
als een eer* —, give a p. credit for s.th.
aanrichten 1 cause (damage); **2** arrange (a
party).
aanrijd/en drive up; *op iem.* —, drive up
towards a p.; *tegen iem.* —, run into a p.; *hij
werd aangereden*, he was knocked down (by a
motor-car). ▼—**ing** collision, (*fam.*) smash.
aanrijgen string (beads); baste (dress); lace
up (boots).
aanroep/en call, hail (a person, a taxi); invoke
(God); (*v. schildwacht*) challenge. ▼—**ing**
invocation; challenge. ▼—**woord** challenge.
aanroeren (*eig.*) touch; (*fig.*) touch upon.
aanrukken advance; *laten* —, order (wine).
versterkingen laten —, move up
reinforcements.
aanschaffen procure, buy, get.
▼**aanschaf(fing)** procurement, purchase,
acquisition.
aanschellen ring the bell.
aanschieten 1 (*een vogel*) wing; **2** (*kleren*)
huddle on; **3** *komen* —, dart forward.
aanschijn 1 (*schijn*) appearance; **2** (*gelaat*)
visage, brow.
aanschikken draw up to table, sit down to t.
aanschouwelijk clear, graphic; — *maken*,
demonstrate; — *onderwijs*, object lesson; ▼
—**heid** clearness. ▼**aanschouw/en** behold,
see; *ten* — *van*, in full view of. ▼—**er** beholder,
spectator. ▼—**ing** observation; (*geestelijk*)
contemplation; *uit eigen* —, from my own
observation. ▼—**ingsvermogen** power of
intuition.
aanschrappen 1 mark, tick off; **2** (*v. lucifer*)

scratch.
aanschrijv/en summon, notify (a p.);
(*gelasten*) instruct; *je staat goed/slecht bij
hem aangeschreven*, you are in his good/black
books. ▼—**ing** summons, notification;
instruction(s).
aanschroeven screw on.
aanslaan 1 (*bevestigen*) put up, fix; **2** strike (a
tone); touch (a string); **3** (*schatten*) estimate,
rate; **4** (*belasting*) assess; **5** (*blaffen*) give
tongue; **6** (*v. motor*) start; **7** (*v. ruiten*) get
blurred; **8** (*v. boek*) be a success, be
successful. ▼**aanslag 1** striking; **2** touch (of a
pianist); **3** (*v. belasting*) assessment; **4** (*op
het leven*) attempt, attack, (bomb) outrage;
5 (*op ruit*) moisture. ▼—**biljet** notice of
assessment, tax-paper.
aanslib/ben silt (up). ▼—**bing** accretion of
land. ▼—**sel** silt.
aansluipen: *komen* —, come sneaking along.
aansluit/en I *ov.w* connect, link up; (*tel.*) put
through; *verkeerd aangesloten!*, wrong
number!; *zich* — *bij*, join (a party), join in
(with a p. in . . .), agree with; (*radio*) take over
(to). **II** *on.w* correspond (of trains); (*de jas, de
deur*) *sluit niet aan*, does not fit properly; — *!*,
close up!; *dat sluit aan bij* . . ., that links up
with . . .; *u bent aangesloten*, (*tel.*) you are
through. ▼—**ing 1** junction, joining;
2 connection (on the telephone); — *krijgen*,
be put through; **3** (*trein*—) connection,
correspondence; **4** (*pol.* —) alignment (with);
in — *op ons schrijven*, referring to our letter.
▼—**kosten** charge for installation.
aansmeren smear; daub (a wall, etc.); *iem. iets*
—, palm s.th. off on a p.
aansnijden cut (a new loaf); (*fig.*) broach.
aanspannen 1 put to (horses); **2** tighten (a
rope).
aanspoelen I *ov.w* wash ashore. **II** *on.w* be
washed ashore.
aanspor/en spur (a horse), urge (a p.);
(*prikkelen*) incite, stimulate. ▼—**ing** incentive,
incitement, stimulation; stimulus; *op* — *van*, at
the instance (instigation) of.
aanspraak 1 speech, address; **2** (*recht*) claim,
title; — *hebben op*, have a claim to, be entitled
to; — *maken op*, lay claim to; **3** *veel* —
hebben, see a good many people.
aansprakelijk answerable, responsible, liable;
— *stellen*, hold responsible; *zich* — *stellen*,
take responsibility. ▼—**heid** liability,
responsibility; — *tegenover derden*, third party
risks. ▼—**heidsverzekering** third-party
insurance.
aanspreken speak to, address; accost (in the
street); harangue (a crowd); *het spreekt mij
niet aan*, it does not appeal to me; — *om
vergoeding*, claim damages from; *iem. over iets*
—, talk to a p. about s.th.; *zijn kapitaal* —, break
into one's capital; *iem. in rechten* —, sue a p.
for damage; *de fles* (*geducht*) —, partake
freely of the bottle.
aanspreker undertaker's man.
aanstaan 1 please; *'t staat me helemaal niet
aan*, I'm not at all happy about it; **2** (*v. deur*) be
ajar; (*v. radio*) be on.
aanstaande I *bn* next (Sunday); — *moeders*,
expectant mothers; — *onderwijzers*, intending
teachers; — *schoonmoeder*, prospective
mother-in-law. **II** *zn*: *mijn* —, my intended, my
fiancé(e).
aanstalten preparations; — *maken voor*, make
ready for; — *maken om*, make ready to, prepare
to.
aanstampen ram (down); tamp (a road).
aanstappen step out, mend one's pace.
aanstaren stare at.
aanstekelijk (*ook fig.*) infectious, contagious,
catching. ▼—**heid** infectiousness,
contagiousness. ▼**aanstek/en 1** stick on, put
(meat) on the spit; **2** light (a lamp), kindle (a
fire), set fire to (a house); **3** broach, tap (a
cask); **4** infect (with disease); *zijn vrolijkheid
stak iedereen aan*, his gaiety infected everyone;
aangestoken appel, worm-eaten apple,

aangestoken tand, carious tooth. ▼—**er** (lamp-, cigar-) lighter.

aanstell/en appoint (as); *zich* —, pose, attitudinize, put on airs; *zich gek* —, make a fool of o.s. ▼—**er** poseur, attitudinizer. ▼—**erig** affected. ▼—**erij** affectation. ▼—**ing** appointment; (*v. officier*) commission.

aansterken get stronger, convalesce.

aanstevenen (*fig.*): *komen* —, come striding along; — *op,* make for, bear down upon.

aansticht/en cause (evil); hatch (a plot). ▼—**ing:** *op* — *van,* at the instigation of.

aanstippen touch (a wound); tick off (items); glance at (a subject).

aanstok/en stir (a fire); fan (a quarrel). ▼—**er** instigator, fire-brand; (*tot oorlog*) warmonger.

aanstommelen: *komen* —, come stumbling along.

aanstonds directly, forthwith; (*straks*) presently.

aanstoot offence, scandal; — *geven,* give offence; — *nemen aan,* take offence at. ▼**aanstotelijk** offensive, objectionable. ▼—**heid** offensiveness.

aanstoten push (against); nudge (a.p.); clink (glasses).

aanstrepen tick off (items); mark (a passage); — *wat verlangd wordt,* tick appropriate box.

aanstrijken strike, light (a match).

aanstuiven rush at.

aansturen: — *op,* make for, head for (a harbour); (*fig.*) aim at, lead up to.

aantal number.

aantasten (*eig.*) touch; attack (the enemy); affect (health, metal); *iem. in zijn eer* —, injure a p.'s honour; *de grondslagen* — *van,* strike at the roots of.

aanteken/boekje note-book. ▼—**en** write down, note down; record; register (a letter); (*kerk.*) have the banns published; *aangetekende brief,* registered letter; *hierbij moet ik echter* —, it should be noted however. ▼—**ing 1** note, annotation; **2** (*v. brief*) registration; **3** (good, bad) mark.

aantijg/en impute (s.th. to a man). ▼—**ing** imputation.

aantikken tap (at the door); mount up, add up, tot up.

aantocht approach, advance; *er is onweer in* —, a thunderstorm is brewing; *de lente is in* —, spring is approaching.

aantonen show, demonstrate; (*bewijzen*) prove; —*de wijs,* indicative. ▼**aantoonbaar** demonstrable.

aantrappen (*eig.*) tread down; (*v. motor*) start; *flink* —, (*op fiets*) pedal along briskly.

aantreden fall in, line up; step off (with left foot).

aantreffen meet (with), find, come across.

aantrekkelijk attractive, inviting. ▼—**heid** attraction, charm. ▼**aantrekken 1** draw; **2** (*fig.*) attract; **3** draw tighter, tighten (a rope); **4** put on (clothes); pull on (boots); (*personeel*) engage; *zich iets* —, **1** take s.th. to heart; **2** feel offended at s.th.; *hij trok zich haar lot aan,* he interested himself in her behalf; *ik trek mij er niets van aan,* I don't care a bit; *zonder zich ergens iets van aan te trekken,* quite unconcerned. ▼**aantrekking** attraction. ▼—**skracht** attractive power, pull.

aanvaard/baar acceptable. ▼—**en** set out on (a journey); assume (command); accept (an offer, consequences); enter upon (duties); *direct te* —, with immediate possession. ▼—**ing** acceptance; accession (to office); setting out (on a journey); *bij de* — *van zijn ambt,* on entering upon his office.

aanval attack, assault, charge; fit (of fever); — *in scheervlucht,* strafing. ▼—**len** attack, assault, charge; *op zijn eten* —, fall upon one's food. ▼—**lend** offensive, aggressive. ▼—**ler** attacker, assailant, aggressor.

aanvallig sweet, charming. ▼—**heid** charm.

aanvals/bevel attack order. ▼—**formatie** attack formation. ▼—**kracht** striking power, offensive power. ▼—**oorlog** war of

aggression. ▼—**plan** plan of attack. ▼—**uur** time of attack, zero-hour. ▼—**wapen** weapon of attack.

aanvang beginning, commencement, start; *een* — *nemen,* begin, commence. ▼—**en** begin, commence; *hoe zal ik dat* —?, how shall I set about it?; *wat moet ik nu* —?, what am I to do now?; *er is niets met hem aan te vangen,* he is quite unmanageable. ▼—**er** beginner, novice. ▼**aanvangs/cursus** course for beginners. ▼—**klas** first standard. ▼—**loon** starting wage. ▼—**salaris** initial salary. ▼—**snelheid** initial velocity; (*v. projectiel, ook*) muzzle velocity. ▼—**tijdstip,** —**uur** opening hour, hour of commencement. ▼**aanvankelijk I** *bn* original, first, initial. **II** *bw* initially; at first.

aanvar/en: — *op,* make for; — *tegen,* fall foul of, collide with. ▼—**ing** collision.

aanvatten seize, take hold of.

aanvecht/baar questionable, debatable. ▼—**en** (*v. bewering*) challenge, question. ▼—**ing** temptation, sudden impulse.

aanverwant *zie* **verwant**.

aanvliegen: *iem.* —, fly at a p. ▼**aanvliegroute** access (entry) lane.

aanvlijen: *zich* — *tegen,* nestle against.

aanvoegen add, join; —*de wijs,* subjunctive.

aanvoelen feel; appreciate (a difficulty); sense (the atmosphere); *zij voelen elkaar goed aan,* they are well attuned to each other.

aanvoer supply, arrival(s). ▼—**buis** supply-pipe. ▼—**der** commander, leader; (*sp.*) captain, skipper. ▼—**en** supply, bring, convey; advance (motives); produce (reasons); raise (objections); adduce (a proof); lead, command, captain (a team). ▼—**ing** command, leadership, captaincy. ▼—**wegen** supply roads.

aanvraag demand, inquiry (for goods); (*verzoek*) request; (*tel.*) call; *op* —, on application, on demand. ▼—**formulier** application form. ▼**aanvrag/en** apply for, ask for. ▼—**er** applicant.

aanvull/en fill up (a gap); replenish; (*stock*) amplify (a statement); make up (a loss); complete (a number); supplement (library, information, each other). ▼—**end** supplementary. ▼**aanvulling** replenishment, replacement (of stocks); amplification (of statement); completion (of number). ▼—**sbegroting** (—**sexamen**) supplementary estimates (examination). ▼—**sdepot** replacement depot. ▼**aanvulsel** complement, supplement.

aanvuur en fire, inspire; (*sp.*) cheer (on). ▼—**ing** incitement, stimulation; cheers.

aanwaaien: *hij is hier uit E. komen* —, he has come over from E..; *dé wetenschap waait niemand aan,* there is no royal road to learning.

aanwakker/en I *ov.w* (*ongunstig*) stir up, fan; (*gunstig*) stimulate. **II** *on.w* (*v. wind*) increase, freshen. ▼—**ing** stirring up; stimulation.

aanwas increase, growth. ▼—**sen** increase, grow; (*v. rivier*) rise.

aanwend/baar applicable. ▼—**en** use, employ, apply; harness (water power); *alles* —, use every means. ▼—**ing** use, employment, application.

aanwen/nen: *zich* —, contract (a habit), fall into the habit of; *zich* — *om duidelijk te spreken,* make it a habit to speak clearly. ▼—**sel** habit, trick, mannerism.

aanwerv/en recruit, enlist (workmen); canvass (advertisements, clients). ▼—**ing** recruitment, enlistment; canvassing.

aanwezig present; (*bestaand*) extant; *de* —*en,* those present, the audience; *er zijn geen gelden* —, there are no funds available. ▼—**heid** presence; existence.

aanwijs/baar demonstrable. ▼—**naald** indicating needle, pointer. ▼—**schaal** index scale. ▼—**stok** pointer. ▼**aanwijz/en** show, indicate; point out; register (80 degrees); (*voor doel of dienst*) designate, detail, mark

down, earmark (funds); assign (to);
aangewezen zijn op, be dependent on; *op
zichzelf aangewezen zijn*, be thrown on one's
own resources; *het aangewezen middel*, the
obvious means; *de aangewezen persoon*, the
right person for it. ▼—**end**: —
voornaamwoord, demonstrative pronoun.
▼—**ing** indication; (*vingerwijzing*) hint,
pointer, clue, evidence; *iem. —en geven*, give a
person instructions (directions); *op — van*, by
direction of, under the directions of; *volgens
de eerste —en*, according to first reports.
aanwinnen reclaim (land). ▼**aanwinst** gain,
acquisition.
aanwippen: — *bij iem.*, drop in on a p.
aanwrijven: — *tegen*, rub against; *iem. iets —*,
impute s.th. to a person, lay s.th. at a person's
door.
aanzegg/en announce, notify; (*bevelen*)
order; *men zou het hem niet —*, he does not
look it. ▼—**er** undertaker's man. ▼—**ing**
announcement, notification.
aanzet/riem (razor-)strop. ▼—**ten** put... (on
to); fit on (a piece); sew on (buttons); set,
strop (a razor); put on (the radio, brakes); start
(an engine); urge on (a horse); incite to
(rebellion); *komen —*, turn up; *komen — met*,
come out with (an idea). ▼—**ter** instigator.
▼—**sel** crust. ▼—**werk** starting-gear.
aanzicht 1 aspect, view; **2** picture-postcard.
aanzien I ww look at; look (up)on, consider;
laten we het nog wat —, let us wait and see;
men ziet hem zijn leeftijd niet aan, he does not
look his age; *zijn mensen —*, have respect of
persons; *iem. op iets —*, suspect a p. of s.th.;
iem. (*iets*) — *voor*, take one (s.th.) for; *ten
onrechte — voor*, mistake for; *'t laat zich goed
—*, it looks promising: *'t laat zich — dat...*,
there is every appearance (indication) that...
II zn **1** look, aspect; **2** (*achting*) consideration,
esteem, prestige; *dat geeft de zaak een ander
—*, that puts another face on the matter; *ten —
van*, with regard to; *in — zijn*, be held in
(great) esteem; *een man van —*, a man of note,
of distinction; *van — kennen*, know by sight;
zonder — des persoons, without respect of
persons.
aanzienlijk (*groot*) considerable, substantial;
(*voornaam*) distinguished, notable; gentle
(birth). ▼—**heid** considerableness, etc.
aanzijn existence; *het — geven*, give life (to);
in het — roepen, call into being.
aanzitten sit at table, sit down to table; *de
—den*, the guests.
aanzoek request, application; (*huwelijks—*)
proposal. ▼—**en** request, approach, apply.
aanzuiver/en pay (a debt), settle. ▼—**ing**
payment, settlement.
aanzwellen swell.
aanzweven come floating along.
aap monkey; (*staartloos*) ape; — *van een
jongen*, jackanapes; *toen kwam de — uit de
mouw*, then the truth came out; *in de —
gelogeerd zijn*, be in Queer street. ▼—**achtig**
apish, monkeyish, simian. ▼—**je** (*rijtuig*) cab.
▼—**mens** ape-man.
aar 1 ear (of corn); **2** vein (of blood).
aard (*gesteldheid*) character, nature; (*soort*)
kind, sort; *uit de — der zaak*, in the nature of
things, from the nature of the case, naturally;
zijn karakter is van dien —, dat..., his character
is such that...; *zwak van —*, weak by nature;
niets van dien —, nothing of the kind; *dat 't een
— heeft*, like anything, with a will; *hij heeft een
—je naar zijn vaartje*, he is a chip of the old
block; *dat ligt niet in mijn —*, that is foreign to
my nature.
aardachtig earthy.
aardappel potato. ▼—**meel** farina,
potato-flour. ▼—**meelfabriek** farina-factory.
▼—**mesje** potato-peeler. ▼—**schil**
potato-peel. ▼—**ziekte** potato-blight.
aardas axis of the earth.
aardbei strawberry.
aard/beving earthquake. ▼—**bewoner**
inhabitant of the earth. ▼—**bodem** earth's

surface, earth. ▼—**bol** globe. ▼—**draad**
earth(-wire).
aarde 1 earth; **2** (*teel—*) mould, soil; *heel wat
voeten in de — hebben*, cost a good deal of
trouble; *in goede — vallen*, fall on good
ground; be well received; *ter — bestellen*,
inter. ▼**aarden I** *bn* earthen; — *pijp*, clay pipe.
II ww (*elektr.*) earth, ground; (*fig.*) — *naar*,
take after; *ik kan hier niet —*, I can't feel at
home here.
aardewerk pottery, crockery, earthenware.
▼—**fabriek** pottery.
aard/gas natural gas. ▼—**leiding**
ground-wire.
aardig I *bn* nice (boy); pleasant (manners);
pretty (girl); *een — sommetje*, a handsome
(pretty) sum of money; ('*t kost*) — *wat*, a
pretty penny; *het ziet er — uit*, it looks nice; *dat
is erg — van je*, it is (that's) very good of you;
hij probeert — te zijn, he is trying to be funny.
II *bw* nicely (he's doing very n.); fairly, pretty
(good). ▼—**heid** prettiness, etc.; (*grap*) joke,
jest; *voor de —*, for fun, in sport; — *in iets
hebben*, take pleasure in s.th.; *de — is eraf*, the
fun has gone out of it. ▼—**heidje** (*cadeau*) a
little present.
aardje *zie* **aard**.
aard/kluit clod (lump) of earth. ▼—**korst**
earth's crust. ▼—**kunde** geology. ▼—**laag**
layer, stratum. ▼—**mannetje** gnome, goblin.
▼—**noot** ground-nut. ▼—**olie** petroleum.
▼—**oppervlak** earth's surface.
aardrijk earth. ▼—**skunde** geography.
▼—**skundig** geographic(al). ▼—**skundige**
geographer.
aards earthly (paradise), terrestrial; worldly
(goods); — *gezind*, worldly-minded.
aard/schok earthquake shock. ▼—**slak** slug.
▼—**varken** aardvark. ▼—**verbinding**
earth-contact. ▼—**verschuiving** landslide.
▼—**worm** earth-worm.
aars arse. ▼—**vin** anal fin.
aarts/- arch-, arrant. ▼—**bedrieger** arch
deceiver. ▼—**bisdom** archbishopric.
▼—**bisschop** archbishop.
▼—**bisschoppelijk** archiepiscopal.
▼—**conservatief I** *bn* out and out
conservative. **II** *zn* conservative die-hard.
▼—**deken** (*diaken*) archdeacon. ▼—**dom**
utterly stupid. ▼—**domoor** dunce. ▼—**engel**
archangel. ▼—**gierig** extremely stingy.
▼—**hertog** archduke. ▼—**hertogdom**
archduchy. ▼—**leugenaar** arrant liar.
▼—**liefhebber** ardent lover. ▼—**lui** bone-lazy.
▼—**luiaard** regular lazy-bones. ▼—**priester**
archpriest. ▼—**vader** patriarch. ▼—**vaderlijk**
patriarchal. ▼—**vijand** arch-enemy.
aarzel/en hesitate, waver, hang back. ▼—**ing**
hesitation, wavering.
aas 1 bait; **2** (*kreng*) carrion; **3** (*kaart*) ace.
▼—**gier** vulture. ▼—**je**: *geen —*, not a bit of.
▼—**vlieg** bluebottle, meat-fly.
abattoir abattoir, slaughter-house; (*fig. en
lett.*) shambles.
abces abscess.
a.b.c.-oorlogvoering C.B.R. war-fare.
abdij abbey. ▼**abdis** abbess.
abeel abele, white poplar.
aberratie aberration.
Abessin/ië Abyssinia. ▼—**iër** Abyssinian.
▼—**isch** Abyssinian.
ablatief ablative.
abnormaal abnormal. ▼**abnormaliteit**
abnormality.
abolitie abolition.
abominabel abominable.
abonnee subscriber; (*op spoor*) season-ticket
holder. ▼**abonnement** subscription.
▼—**sgeld** subscription. ▼—**skaart**
season-ticket. ▼—**sprijs** subscription-fee.
▼—**svoorstelling** subscription-performance.
▼**abonneren**: *zich — op*, subscribe to.
aborteren abort; *laten —*, have an abortion.
▼**abortus** abortion.
à bout portant point-blank.
abracadabra abracadabra, Double Dutch.

Abraham Abraham; *in —s schoot*, in A.'s bosom; *(fig.)* be in clover; *hij weet waar — de mosterd haalt*, he knows what's what, he knows all the answers.

abrikoos apricot.

abrupt abrupt.

absent absent; absent-minded. ▼**—en** absentees. ▼**—eren**: *zich —*, leave the room. ▼**—ie** absence. ▼**—ielijst** *(school)* attendance-register. ▼**—eisme** absenteeism.

absolutie — *geven*, give absolution.

absolutisme absolutism. ▼**absoluut** absolute.

absorberen absorb; *—d middel*, absorbent (material). ▼**absorptie** absorption. ▼**—vermogen** absorptive power.

abstract abstract; *(verstrooid)* abstracted. ▼**abstraheren** abstract.

absurd absurd. ▼**—iteit** absurdity.

abt abbot.

abuis mistake, error; *per —*, by mistake, erroneously. ▼**abusief** wrong. ▼**abusievelijk** wrongly.

acacia acacia.

academicus university man, university graduate. ▼**academie** *(hogeschool)* university; *(kunst—)* academy. ▼**—burger** u.man, collegeman. ▼**—leven** u.life. ▼**—stad** u.town. ▼**—tijd** college-days. ▼**—vriend** college-friend. ▼**academisch** academic(al), university; *— gevormd*, u. trained; *—e graad*, u. degree; *— ziekenhuis*, teaching hospital.

accent accent. ▼**—uatie** accentuation. ▼**—ueren** accent, stress.

accept acceptance (of a bill). ▼**—abel** acceptable. ▼**—ant** acceptor. ▼**—eren** accept; *niet —*, refuse, dishonour (a bill).

accessoir *bn & zn* accessory.

accijns excise (-duty). ▼**—plichtig** dutiable.

acclamatie *bij —*, by acclamation.

acclimatis/atie acclimatisation. ▼**—eren** acclimatize.

accolade accolade; *de — geven*, give the a. to; *(haakje)* brace.

accommodatie accommodation.

accompagn/ateur accompan(y)ist. ▼**—ement** accompaniment. ▼**—eren** accompany.

accordeon accordion.

accountant (chartered) accountant, auditor.

accrediteren accredit; *— bij een regering*, accredit to(at) a government; *(bank)* open a credit (for a p.) with a bank.

accumulatie accumulation. ▼**accu(mulator)** accumulator, battery.

accuraat accurate, precise. ▼**accuratesse** accuracy, precision.

accusatief accusative.

aceton acetone.

acetyleen acetylene.

ach! ah!, alas!; *— en wee roepen*, lament, *(sl.)* belly-ache.

Achilles Achilles. ▼**—hiel** Achilles' heel.

acht I *telw.* eight; *—urige werkdag*, eight-hour day. II *zn* attention, heed; *— slaan op*, pay attention to, heed; *in — nemen*, observe (laws); exercise (care); *zich in — nemen*, take care, beware; *zich in — nemen voor*, beware of, be on one's guard against.

achtbaar respectable. ▼**—heid** respectability.

achteloos careless, negligent. ▼**—heid** carelessness, negligence.

achten esteem, respect; *(denken)* deem, consider, judge. ▼**—swaardig** honourable, respectable. ▼**—swaardigheid** respectability.

achter I *vz* behind, after, at the back of; *nu ben ik er —*, I've found it out, I've got it. II *bw: — wonen*, live in the backroom; *de klok is (loopt) een uur —*, the clock is an hour slow; *— in de tuin, kamer, enz.*, at the back (bottom) of the garden, at the back of the room, etc.; *(auto.)* in the back of the car; *hij is — in de dertig*, he is in his late thirties; *— zijn (met betalen)*, be in arrears; *— zijn (met werk enz.)*, be behind; *van — naar voren*, backwards.

achteraan in the rear, behind, at the back. ▼**—komen** lag behind, bring up the rear.

▼—komer straggler. ▼**—zicht** rear view.

achteraf 1 in the rear; *zich — houden*, keep aloof; 2 after the event; *— beschouwd (bezien)*, in retrospect, after all.

achter/as rear axle. ▼**—bak** *(v. auto)* boot.

achterbaks I *bw* secretly, underhand. II *bn* underhand.

achter/balkon rear platform. ▼**—ban** rank and file, *(in Parlement)* supporters. ▼**—band** back tire. ▼**—bank** back-seat.

achterblijv/en *(eig.)* stay behind; *(bij dood)* be left (behind); *(bij wedstrijden)* fall behind; *(in ontwikkeling)* be backward; *achtergebleven gebied*, under-developed area. ▼**—er** straggler, laggard.

achterbout hind-quarter.

achterbuurt back-street, slum. ▼**—bewoner** slum-dweller.

achter/deel hind-part. ▼**—dek** quarter-deck. ▼**—deur** back-door.

achterdocht suspicion; *— hebben*, be suspicious; *— koesteren*, entertain suspicions; *— krijgen*, become suspicious. ▼**—ig** suspicious.

achtereen successively; *— uitlezen*, finish at a stretch; *dagen —*, for days together. ▼**—volgend** successive. ▼**—volgens** successively.

achtereind hind-part.

achteren: *naar —*, backward(s); *zie verder* **achter** II.

achtergrond background; *op de — dringen*, push into the b.; *op de — treden*, recede into the b., stand back. ▼**—informatie** b. information.

achterhalen overtake (a p.); recover (stolen goods); expose (a lie); supersede (a theory).

achterheen: *ergens — zitten*, keep a p. hard at it; *(v. voedsel)* walk into (the pudding).

achterhoede rear(-guard); *(sp.)* defence.

achterhoofd back of the head.

achterhoud/en keep back, withhold. ▼**—end** secretive, close.

achterin in (at) the back; *zie* **achter**.

Achter-Indië Further India.

achterkamer back-room.

achterkant back, reverse; *(v. grammofoonplaat)* flip side.

achterklap backbiting, scandal.

achterkleinkind great grandchild.

achterland hinterland.

achterlaten leave (behind) *(lopen)*; *met achterlating van*, leaving behind.

achterlicht tail-light, rear-light.

achterliggen lie behind.

achterlijf abdomen.

achterlijk backward; retarded (child). ▼**—heid** backwardness.

achterlopen *zie* **achter** I.

achterna behind, after.

achternaam surname, family-name.

achter/neef grand nephew, second cousin. ▼**—nicht** grand-niece, second cousin.

achterom the back way about; behind, back; *— kijken*, look back.

achterop behind, at the back; *—komen (lopen)*, catch up with; *een —komende auto*, an overtaking car; *—raken*, *zie* **achterraken**; *— zijn met iets*, be behind (in arrears) with s.th.

achterover back(wards), on one's back; *— slaan*, fall down backwards. ▼**—drukken** *(lett.)* bend backwards; *(fig.)* pinch.

achter/plaats back-yard. ▼**—plecht** poop. ▼**—poort** back-gate. ▼**—poot** hind-leg. ▼**—raken** fall behind. ▼**—ruit** rear window. ▼**—schip** stern. ▼**—speler** back. ▼**—spits** *(mil.)* rear party.

achterstaan: *één goal —*, be one goal down; *— bij*, be inferior to; *bij niemand —*, be second to none.

achterstallig: *—e huur*, back rent; *het —e*, the arrears; *— zijn*, be in arrear.

achterstand arrears; *— inhalen*, make up arrears; *(sp.)* wipe off a.

achterste I *bn* hindmost. II *zn* back-part;

(*zitvlak*) bottom; — *voren*, back to front, the wrong way round.
achterstel back.
achterstel/len subordinate (to), discriminate against, place at a disadvantage, slight; *je moet A niet — bij B*, you must not neglect A. for B. ▼—**ling** subordination, neglect.
achtersteven stern.
achteruit backwards, back; — *daar!*, stand back! ▼—**boeren** go downhill. ▼—**deinzen** start back. ▼—**gaan** go back, move back; (*v. zieke*) decline; (*v. kwaliteit*) fall off, deteriorate, decay; (*v. barometer*) fall. ▼—**gang** 1 (*achterdeur*) rear-exit; 2 going-down, decline, fall. ▼—**kijkspiegel** rear-view mirror. ▼—**krabbelen** back out of it. ▼—**rijden** sit with one's back to the engine; (*v. auto*) back; reverse. ▼—**rijlampen** reversing lights. ▼—**slaan** plunge. ▼—**wijken** recede, fall back. ▼—**zetten** put back, set back.
achtervoeg/en affix, add. ▼—**ing** addition. ▼—**sel** suffix.
achtervolg/en run after, pursue; (*v. gedachte*) haunt; persecute (Christians). ▼—**ing** pursuit; persecution. ▼—**ingsvliegtuig** pursuit-plane.
achterwaarts *bn & bw* backward.
achterwege: — *blijven*, (*v. zaken*) not come off, be omitted; — *laten*, omit, drop.
achter/werk backside, bottom. ▼—**wiel** back-wheel. ▼—**zijde** *zie* —**kant**.
achthoek octagon. ▼—**ig** octagonal.
achting regard, esteem, respect; *met de meeste* —, Yours respectfully.
acht/ste eighth; (*noot*) quaver, (*Am.*) eighth note. ▼—**tal** (number of) eight. ▼—**tien** eighteen. ▼—**tiende** eighteenth. ▼—**voud** octuple. ▼—**voudig** eightfold.
acne acne.
acrobaat acrobat. ▼**acrobatiek** acrobatics. ▼**acrobatisch** acrobatic.
acteren act (*ook fig.*). ▼**acteur** actor, player. ▼—**skamer** green-room.
actie action; (*aandeel*) share; (*proces*) law-suit; — *voeren*, agitate, carry on a campaign. ▼—**comité** action committee. ▼**actief** active, energetic; *in actieve dienst*, on active service; *actieve handelsbalans*, favourable trade-balance; — *en passief*, assets and liabilities. ▼**actieradius** radius of action.
activa assets.
activeren activate. ▼**activiteit** activity.
actrice actress.
actualiseren bring up to date, revise. ▼**actualiteit** actuality; *een* —, a topic of the day; —*enprogramma*, newsreel. ▼**actueel** topical (event); timely (article); *actuele inlichtingen*, (*mil.*) current intelligence.
acupunctuur acupuncture.
acuut acute.
ad: — *fundum*, bottoms up!; — *hoc*, ad hoc; — *rem*, apt; (*v. pers.*) quick at repartee, to the point.
adat customary law.
Adam Adam. ▼—**sappel** A.'s apple. ▼—**skostuum**: *in* —, in a state of nature.
adder viper, adder; *er schuilt een —tje onder het gras*, there's a snag in it. ▼—**(en)gebroed** viperous brood.
adel nobility; *hij is van* —, he belongs to the nobility.
adelaar eagle. ▼—**sblik** eagle-eye.
adel/boek peerage. ▼—**borst** midshipman, naval cadet. ▼—**dom** nobility. ▼—**en** ennoble, raise to the peerage. ▼—**lijk** noble (lady); nobiliary (pride); (*v. vlees*) high. ▼—**stand** nobility; *in de — verheffen*, *zie* **adelen**.
adem breath; *de — inhouden*, hold one's breath; — *scheppen*, take b.; *buiten — raken*, get out of b.; *op — komen*, recover one's b.; *naar — snakken*, gasp; *van lange —*, long-winded. ▼—**benemend** breathtaking. ▼—**en** breathe (*ook fig.*). ▼—**haling** breathing, respiration; ▼—**halingsorganen** respiratory organs. ▼—**loos** breathless. ▼—**test** breathtest. ▼—**tocht** breath. ▼—**pauze** breathing-space.

adequaat adequate.
ader vein; (*v. erts*) vein, lode, seam. ▼—**laten** bleed. ▼—**lating** bleeding, blood-letting. ▼—**verkalking** hardening of the arteries.
adhesie adhesion. ▼—**betuiging** notification of a.
adie, adieu good-bye.
adjectief adjective.
adjudant adjutant, aide-de-camp, A.D.C. ▼—**onderofficier** warrant-officer.
adjunct assistant, deputy, adjunct.
administrat/eur administrator; book-keeper; (*op schip*) purser. ▼—**ie** administration, management, accounts (department); (*mil.*) paymaster's department; *een hoop* —, a lot of clerical work. ▼—**ief** administrative; — *personeel*, clerical staff. ▼—**iekosten** administration charges. ▼**administreren** administer, manage.
admiraal admiral. ▼—**schip** flagship. ▼**admiraliteit** admiralty.
adopt/eren adopt. ▼—**ie** adoption.
ador/eren adore. ▼—**atie** adoration.
adrenaline adrenalin.
adres address, direction; (*verzoekschrift*) petition, memorial; *per* —, care of, c/o; *dan ben je aan het verkeerde* —, you've come to the wrong shop. ▼—**aanduiding** (indication of) address. ▼—**boek** directory. ▼—**kaart** label; (*voor pakket*) dispatch-note. ▼—**kaartje** (visiting-) card. ▼—**sant** 1 petitioner, applicant; 2 sender. ▼—**seermachine** addressing-machine. ▼—**seren** direct, address. ▼—**sograaf** addressograph.
Adriatische Zee: *de* —, the Adriatic.
adresverandering change of address.
adstrueren, adstructie *zie* **staven, staving**.
advent Advent.
adverbiaal adverbial.
adverteerder advertiser. ▼**advertentie** advertisement; (*fam.*) ad. ▼—**blad** advertiser. ▼—**bureau** advertising agency. ▼—**kosten** cost of advertising. ▼**adverteren** advertise.
advies advice. ▼—**bureau** firm of consultants. ▼—**prijs** recommended price. ▼**advis/eren** advise. ▼—**erend** advisory, consultative. ▼—**eur** adviser; consultant; (*v. bedrijfsorg.*) management c.; *wiskundig* —, actuary.
advocaat 1 barrister(-at-law), counsel; lawyer; *een — nemen*, retain a barrister; *een van kwade zaken*, pettifogger; 2 (*drank*) egg nog. ▼—**generaal** Solicitor-General. ▼—**je** (*drank*) egg nog. ▼**advocaten/kantoor** lawyer's office. ▼—**praktijk** lawyer's practice. ▼—**streek** lawyer's trick.
aero/dynamica aerodynamics. ▼—**dynamisch** aerodynamic.
af off, down; — *en aan lopen*, come and go; — *en toe*, off and on, occasionally; *A* —, exit A; *het werk is* —, the work is ready; *de verloving is* —, the engagement is off; *er is een poot* —, a leg is missing; *jij bent* ..., you're out; —*!*, (*tot hond*) down, Sir!; *goed* (*slecht*) — *zijn*, be well (badly) off; *op de minuut* —, to the minute; *van B* —, from B; *je bent er gelukkig van* —, you have fortunately done with it; *bij het belachelijke* —, verging on the ridiculous; *daar wil ik — zijn*, (*ik kan me vergissen*), I'm not sure; *zij is van hem* —, she has separated from him.
afbaken/en (*v. weg.*) trace, mark out; (*v. vaarwater*) beacon; *een plan duidelijk* —, clearly define a plan. ▼—**ing** tracing, marking out; beaconing.
afbedelen obtain by begging; *iem. iets* —, wheedle s.th. out of a p.
afbeeld/en represent, portray, depict. ▼—**ing** picture, portrait.
afbekken snarl at.
afbellen ring off.
afbestell/en countermand, cancel (an order). ▼—**ing** counter-order, cancellation.
afbetal/en pay (off); pay (£10) on account. ▼—**ing** instalment plan; — *in termijnen*, payment by instalments; *op — kopen*, buy on the instalment plan.

afbeulen overdrive, fag out (a p.); override (a horse); zich —, work o.s. to the bone, fag o.s. out.

afbijten bite off; (nagels) bite; (woorden) clip; de spits —, bear the brunt.

afbikken chip off, scrape off.

afbinden 1 untie, take off (skates); **2** (ader) tie up.

afbladeren peel off.

afblazen blow off (steam); (v. scheidsrechter) blow his whistle.

afblijven keep one's hands off, leave alone.

afboeken write off.

afboenen (droog) rub; (nat) scrub.

afborstelen brush (off).

afbouwen finish.

afbraak 1 (het afbreken) demolition; **2** (het afgebrokene) old materials, rubbish. ▼—prijs knock-out price. ▼—produkt breakdown product.

afbranden I ov.w burn down. **II** on.w be burnt down.

afbreekbaar (biochemisch) biodegradable, decomposable. ▼ afbrek/en (tak) break (off); (huis) demolish; (zin) break off; (vriendschap) sever; (persoon, boek, enz.) cry down, run down, disparage; afgebroken partij (schaken), adjourned game; het gevecht —, break off the engagement. ▼—end: —e kritiek, destructive criticism. ▼—er demolisher. ▼—ing breaking off, rupture. ▼—ingstekan dash.

afbrengen: er het leven —, escape with one's life; het er goed —, do well, get through very well; het er slecht —, come off badly, do badly; hij was er niet van af te brengen, he was not to be talked out of it; iem. van de goede weg —, lead one astray.

afbreuk harm, damage; — doen aan, be detrimental to, detract from, do harm to.

afbrokkelen crumble (off).

afbuigen turn off; (v. weg) branch off.

afdak pent-house, lean-to, shed.

afdal/en go down, descend; in bijzonderheden —, go (enter) into details. ▼—ing descent.

afdammen dam up.

afdank/en (bediende) dismiss; (minnaar) discard; (kleren) cast off; (troepen) disband; (auto) part with. ▼—ertje cast-off. ▼—ing dismissal; disbanding.

afdeinzen fall back, retreat.

afdekken 1 clear (the table); **2** cover up.

afdelen divide. ▼afdeling (abstr.) division; (onderdeel) section, branch; (leger) detachment, body; (bestuur, zaak) department; (ziekenhuis) ward. ▼—schef departmental chief.

afdempen mute.

afdingen I on.w haggle, bargain. **II** ov.w beat down; — op, detract from; er viel niets op af te dingen, it was unobjectionable.

afdoen 1 (kleren) take off; **2** (meubels) clean; **3** (werk) finish; **4** (kwestie) settle; **5** (schuld) pay off; dat doet er niets aan af, that doesn't matter; dat doet niets van de waarde af, that detracts nothing from the value; dat heeft afgedaan, that has had its day, that is played out; iets van de prijs —, knock off something; ziezo, dat is afgedaan, well, that's that. ▼—d conclusive (proof); efficacious (measures); dat is —, that settles it. ▼—ing (v. schuld) payment; (v. kwestie) settlement.

afdraaien 1 (licht) turn off, switch off; **2** (film) show; **3** (grammofoonplaat) play; **4** (gebeden) rattle off; **5** (programma) go through.

afdragen 1 (naar beneden) carry down(stairs); **2** (kleren) wear out; **3** (geld) pay over.

afdraven trot out (a horse).

afdreggen drag.

afdreig/en: iem. geld —, extort money from a man, blackmail a man. ▼—ing blackmail.

afdrijven float, drift down (a river); (v. onweer) blow over; vrucht —, cause abortion.

afdrinken: laten we het —, let us drink and be friends.

afdrogen dry, wipe (off). ▼afdroogdoek tea-cloth.

afdruip/en (eig.) trickle down; (fig.) slink off. ▼—rek dish rack.

afdruk (v. vinger of foto) print; (v. boek) copy; (v. artikel) off-print. ▼—ken 1 (boek) print; 2 (geweer) pull the trigger. ▼—sel impression, print.

afduwen push off, (mar. ook) shove off.

afdwal/en (eig.) stray off; (fig.) stray from the subject, digress. ▼—ing straying, digression, aberration.

afdwingen (geld, een bekentenis) extort; (bewondering) compel, command.

afeten I ov.w eat off. **II** on.w finish one's meal.

affaire affair, business.

affectatie affectation.

affiche play-bill, poster.

affietsen pedal (cycle) down; de hele stad —, cycle all over the town.

affiniteit affinity.

affreus horrible.

affront(eren) affront.

affuit gun-carriage.

afgaan 1 (trap) go down(stairs); **2** sail (of ships); **3** (v. geweer) go off; van elkaar —, separate; zij is van hem afgegaan, (fam.) she has cut loose from him; — op, make for; (fig.) rely on; er —, (v. knoop) come off; daar gaat niets van af, that cannot be denied; 't gaat hem gemakkelijk af, it comes easy to him; van school —, leave school, op het uiterlijk — judge by appearances. ▼afgang defeat, come-down; wat een —, what a come-down; hij ging geweldig af, he was made to look extremely silly.

afgeladen (vol) crammed, full to capacity.

afgelasten countermand, cancel; (wedstrijd) abandon.

afgeleefd decrepit, worn out.

afgelegen distant, remote, sequestered. ▼—heid remoteness.

afgemat worn out, fagged, exhausted.

afgemeten measured, formal, stiff.

afgepast: — geld, the exact sum; met — geld betalen, no change given; (in bus) exact fare!

afgerond rounded off.

afgescheiden separate; (godsd.) dissenting, nonconformist; — hiervan, apart from this.

afgesloofd jaded, worn out.

afgesloten closed; — rijweg, no thorough-fare.

afgestorven deceased, dead.

afgetobd care-worn, harrassed.

afgetrokken 1 (v. theebladeren) spent; **2** (v. ideeen) abstract; **3** (v. persoon) absent-minded. ▼—heid abstraction; absent-mindedness.

afgevaardigde delegate, deputy.

afgeven hand over (money); hand in, deliver (a parcel, a message); issue (a passport); leave (a card) on a p.; een wissel — op, draw a bill on; zich met iem. —, take up with a p.; zich met iets —, meddle with s.th.; op iem. —, run down a p.

afgezaagd (fig.) stale, trite, hackneyed.

afgezant envoy, ambassador.

afgezien: — van, apart from.

afgezonderd secluded, sequestered.

Afghaan(s) Afghan. ▼**Afghanistan** Afghanistan.

afgieten pour off, strain off; cast (images). ▼afgietsel (plaster) cast.

afgifte (v. brief) delivery; (v. kaartje) issue.

afglijden slide down (off); (v. vliegtuig) stall.

afglooien slope down.

afgod idol. ▼—endienaar idolater. ▼—endienst idolatry. ▼—isch idolatrous; iem. — liefhebben, idolize a p. ▼—sbeeld idol.

afgooien throw down (off).

afgraven dig away, level.

afgrazen graze (off), crop.

afgrendelen bolt (a door); (mil.) seal off.

afgrijselijk horrible, ghastly. ▼—heid horribleness, horror. ▼afgrijzen horror, abhorrence.

afgrissen snatch from.
afgrond abyss, gulf, precipice.
afgunst envy, jealousy. ▼—**ig** envious, jealous.
afhakken chop off, cut off.
afhalen (*eig.*) fetch down; collect (parcels, persons); call for (a man at his house); (*v.h. station*) meet; *bedden* —, strip beds; *bonen* —, string beans.
afhandel/en settle, dispatch. ▼—**ing** dispatch, settlement.
afhandig: *iem. iets* — *maken*, trick one out of s.th.
afhang/en hang down; (*fig.*) depend; *dat hangt er vanaf*, that depends (on it). ▼—**end** hanging (sleeves); sloping (shoulders).
vafhankelijk dependent (on). ▼—**heid** dependence; *onderlinge* —, interdependence.
afhappen bite off.
afhebben have finished.
afhechten (*bij breien*) cast off.
afhellen slope down, slant.
afhelpen help down, help off; (*fig.*) rid of, relieve of.
afhoeven: *het hoeft niet af*, it need not be finished.
afhouden keep off, keep from; (*geld*) deduct, stop; *de vijand van zich* —, keep the enemy at bay.
afhouwen cut off, chop off, lop off.
afhuren hire, engage.
afjakkeren *zie* **afbeulen**.
afkalven cave in, crumble away.
afkammen (*eig.*) comb off; (*fig.*) run down, (*fam.*) crab.
afkapen pinch from.
afkapp/en chop off. ▼—**ingsteken** apostrophe.
afkeer aversion, dislike. **vafker/en** (*de ogen*) avert, turn away; (*een slag*) parry; *zich* —, turn away. ▼—**ig** averse (to, from). ▼—**igheid** aversion.
afketsen I *on.w* glance off; (*fig.*) fall through. II *ov.w* reject, turn down.
afkeur/en condemn, disapprove (of); (*fam.*) sit heavily (up)on, frown upon; (*v. doelpunt*) disallow; *hij werd afgekeurd*, he was rejected (as medically unfit). ▼—**end** disapproving. ▼—**enswaardig** reprehensible. ▼—**ing** 1 disapproval, condemnation; 2 rejection.
afkicken kick.
afkijken (*de straat*) look down; (*op school*) crib, copy.
afklemmen pinch off.
afkloppen touch wood.
afkluiven gnaw (off); pick (a bone).
afknappen snap; (*fig.*) crack up.
afknippen cut off.
afknotten truncate.
afkoel/en cool down; (*dranken*) ice. ▼—**ing** cooling down.
afkoken (*beenderen*) boil; (*aardappels*) boil to mash.
afkomen 1 (*v. trap*) come down (stairs); (*v. paard*) get off; 2 (*v. werk*) get finished; 3 (*v. besluit*) be published; *er* —, get off (well, badly, cheaply, etc.); *op iem.* —, make for; *van iem.* —, get rid of.
afkomst descent, origin, birth, extraction. ▼—**ig** descended from, sprung from; — *zijn van*, come from, hail from.
afkondig/en proclaim, declare, publish. ▼—**ing** proclamation, publication.
afkooksel decoction.
afkoop buying off, redemption, ransom. ▼—**som** ransom, redemption money. ▼—**waarde** surrender value. **vafkopen** 1 (*kopen van*) buy from; 2 buy off, redeem.
afkoppelen (*wagon v. trein*) uncouple; (*v. motor*) disconnect.
afkort/en shorten, abbreviate. ▼—**ing** shortening, abbreviation.
afkrabben scrape off.
afkraken slate, run down.
afkrijgen (*eig.*) take down; (*fig.*) get finished; *ik kon de vlek er niet* —, I could not get the stain out.

afkunnen: *zij kan haar werk niet af*, she can't get through her work; *hij kan het alleen wel af*, he can manage by himself; *het* — *zonder*, (can) get along without; *ik kan niet van mijn werk af*, I can't leave my work; *ik kan er niet meer van af*, I can't back out of it; *het kan er niet af*, I can't afford it.
afkussen: *het* —, kiss and be friends; *zal mamma het* —?, shall Mammy kiss it well again?
aflaat indulgence.
aflad/en unload, discharge. ▼—**ing** shipment.
aflaten 1 (*v. hoed*) leave off; 2 (*stoppen, ophouden*) desist, cease.
afleggen (*wapens*) lay down; 2 (*gevoelens*) lay aside; 3 (*lijk*) lay out; 4 (*gelofte, getuigenis*) make; 5 (*afstand*) cover; 6 (*bezoek*) pay; 7 (*eed*) take, swear; *het* —, get the worst of it, be worsted; (*sterven*) die; *het* — *tegen*, be no match for. **vafleggertjes** cast off clothes, cast-offs.
afleid/en 1 lead away (from), lead down; 2 (*rivier, aandacht*) divert; 3 (*conclusie*) conclude, gather (from); 4 (*woord*) derive. ▼—**ing** 1 diversion (*ook fig.*); 2 derivation. ▼—**ingsmanoeuvre** diversionary manoeuvre.
afleren (*a habit*); *iem. iets* —, break (cure) one of s.th.; *het roken* —, give up smoking; *dat zal ik je* —!, I'll teach you!
aflever/en deliver (goods); turn out (articles, pupils). ▼—**ing** 1 delivery; 2 (*v. tijdschrift*) number, instalment.
aflezen read.
aflikken lick off (*v. bord, jam*); lick (*vingers*).
afloeren spy out.
afloop 1 (*v. vergadering*) end, close; 2 (*v. termijn*) expiration; 3 (*v. strijd*) issue, result; *na* —, afterwards; *na* — *van*, at the end of; *ongeluk met dodelijke* —, fatal accident.
vaflopen I *on.w* run down; (*afhellen*) slope; (*v. contract*) expire; (*eindigen*) turn out, end (badly, etc.); ... *en daarmee afgelopen!*, ...and there's an end of it!; *'t afgelopen jaar*, the past year; (*v. klok*) run down; (*v. wekker*) go off; (*v. kaars*) run, gutter; *het loopt af met de zieke*, the patient is sinking fast; *laten* —, (*v. schip*) launch. II *ov.w* 1 (*schoenen*) wear out; 2 (*weg*) walk down; 3 (*school*) pass through.
aflos/baar redeemable. ▼—**sen** 1 (*persoon*) relieve; 2 (*lening*) redeem; 3 (*schuld*) pay off. ▼—**sing** 1 relief; 2 redemption; 3 discharge. ▼—**singstermijn** term of redemption.
afluisteren (*toevallig*) overhear; (*met opzet*) eavesdrop; (*met microfoon*) bug; (*v. telefoongesprek*) listen in to, tap.
afmaken 1 (*voltooien*) finish (a letter, a building); 2 (*doden*) kill, finish; 3 (*afkammen*) run down, pull to pieces; *een engagement* —, break off an engagement; *zich ergens van* —, dismiss a matter with a few words.
afmars marching off, march.
afmartelen torture, rack (one's brains).
afmatt/en fatigue, tire out, wear out. ▼—**ing** fatigue, weariness.
afmelden 1 *zie* **afzeggen**; 2 (*in fabriek*) sign out, clock off (out).
afmeten measure. **vafmeting** dimension, proportion.
afmikken cut (it) fine; *mooi afgemikt!*, nicely judged!
afmonsteren I *ov.w* pay off. II *on.w* sign off.
afname sale; *bij* — *van*, for quantities of.
afneem/baar removable, detachable. ▼—**doek** 1 duster; 2 dish-cloth. **vafnem/en** I *ov.w* 1 take off (one's hat); 2 take away (things, rights); 3 clear (the table); clean (the window); 4 buy (goods). II *on.w* decrease; ▼ (*v. wind*) subside; (*v. kracht en maan*) wane. ▼—**er** buyer, client, consumer. ▼—**ing** decrease, decline.
aforisme aphorism.
afpakken snatch (s.th. from a p.).
afpalen (*veld*) fence off; (*concessie*) stake off.
afpassen pace (a distance); (*v. geld*) give the exact sum.

afpellen peel (off).
afperken peg out; (*omheinen*) fence in.
afpers/*en* extort. ▼—**ing** extortion, exaction; blackmail.
afpijnigen torment, rack.
afpikken (*v. vogel*) peck off; *iets van iem.* —, pinch s.th. from a p.
afpingelen haggle.
afplatten flatten.
afplukken pick, pluck (off).
afpoeieren: *iem.* —, send a person about his business.
afprijzen mark down.
afraden dissuade (a p. from s.th.).
afraffelen bungle, scamp (work).
afraken 1 (*v. verloving*) be broken off; **2** (*v. pad*) get away from, stray from; (*v. onderwerp*) wander from.
aframmelen 1 (*les*) rattle off; (*gebeden*) patter; **2** (*slaag geven*) *zie* **afranselen**.
afranselen flog, drub, thrash.
afraster/*en* rail off. ▼—**ing** railing, fence.
afreageren work off (one's feelings).
afreis departure. ▼**afreizen** I *on.w* depart, leave (for). II *ov.w: het land* —, travel (all over) the country.
afreken/*en* I *ov.w* deduct. II *ov.w* settle (accounts); *ik heb nog iets met jou af te rekenen*, I've yet a bone to pick with you. ▼—**ing** settlement; (*nota*) account.
afremmen slow down (*ook fig.*); apply the brakes; *plotseling* —, jam the brakes on; (*fig.*) put a brake on (the economy *bijv.*).
africhten (*voor wedstrijden*) train; (*voor examen*) coach; (*paard*) break.
afrijden I *on.w* ride (drive) off. II *ov.w* ride (drive) down (hill); (*v. paard*) break in; *beide benen werden hem afgereden*, both his legs were cut off.
afrijten tear off.
Afrika Africa. ▼**Afrikaan**, —**s** African.
afrikaantje African marigold.
afrit 1 (*het wegrijden*) start; **2** (*helling*) slope; **3** (*v. autobaan*) exit.
afroepen (*nummer*) call out; (*naam*) call over.
afroffelen bungle, scamp (work).
afromen cream, skim.
afronden (*lett. en fig.*) round off; (*v. getallen*) *naar boven/beneden* —, round off upwards/downwards.
afrossen flog, drub, whack, trounce.
afruil(**en**) (*schaakspel*) exchange; *afruil afdwingen*, force the p.
afruimen clear (the table).
afrukken tear away, rip off.
afschaduw/*en* shadow forth, adumbrate. ▼—**ing** shadow, adumbration.
afschaff/*en* (*alg.*) abolish; (*v. d. hand doen*) part with, give up. ▼—**er** abolisher; (*v. drank*) teetotaller. ▼—**ing** abolition; giving up.
afschampen glance off.
afschaven plane (off).
afscheep shipment. ▼—**haven** port of s.
afscheid parting, departure, leave; — *nemen van*, take leave of, say good-bye (farewell) to; *glaasje tot* —, parting-glass, (*fam.*) one for the road. ▼—**en 1** separate; **2** (*v. vocht, enz.*) secrete; *zich* —, separate, secede, (*fam.*) hive off. ▼—**ing 1** separation; **2** secretion. ▼—**s/bezoek** farewell visit. ▼—**scadeau** parting gift. ▼—**scollege** valedictory lecture. ▼—**sdronk** parting-cup. ▼—**sfuif** farewell party, send-off. ▼—**skus** parting-kiss. ▼—**srede** valedictory address. ▼—**svoorstelling** farewell performance.
afschepen (*eig.*) ship; (*fig.*) put off.
afscheppen skim (off).
afscherm/*en* screen, mask; (*mil.*) defilade. ▼—**ing** screen(ing); (*mil.*) defilade.
afscheuren tear (rip) off; — *langs de stippellijn*, tear along the dotted line; *een aanplakbiljet* —, tear down; (*stof*) rip off.
afschieten 1 (*wapen*) fire, discharge; **2** (*pijl*) shoot; **3** (*gedeelte v. kamer*) partition off; *op iem.* —, rush at a p.
afschilderen paint, make out (a man).

afschilferen *on.w/ov.w* scale off, peel off, flake off; (*v. huid*) peel.
afschminken remove make-up.
afschrappen scrape (off).
afschrift copy, counterpart.
afschrijv/*en 1* copy, transcribe; **2** (*v. waarde*) write off; *iem.* —, put a p. off; *ik zal* —, I'll write to excuse myself. ▼—**ing 1** copying; **2** depreciation.
afschrik horror; *een* — *hebben van*, abhor. ▼—**ken** deter, discourage, scare. ▼—**wekkend** warning, deterrent.
afschrobben scrub (off).
afschroeven screw off, unscrew.
afschudden shake off (*ook fig.*), shake down (*v. fruit, enz.*).
afschuimen (*eig.*) skim; (*fig.*) scour.
afschuiven I *ov.w* push off, push back (a bolt). II *on.w* (*betalen*) come down, cough up (the money), unbelt.
afschuren scour (off); (*huid*) abrade.
afschutten partition off, screen (off).
afschuw *zie* **afschrik**. ▼—**elijk** horrible, abominable. ▼—**elijkheid** horribleness.
afslaan I *ov.w* (*hoofd*) knock off; (*aanval*) beat off; (*thermometer*) beat down; (*aanbod*) decline; (*verzoek*) refuse; (*prijs*) reduce; *dat sla ik niet af*, I can't refuse that, I don't mind if I do. II *on.w* (*v. weg*) turn off; (*v. prijs*) go down; (*v. motor*) cut out, stall, (*Am.*) quit; *van zich* —, hit out; —*d verkeer*, disbanding traffic.
afslachten kill off, slaughter. ▼**afslachting** slaughter(ing).
afslag reduction; (*v. autoweg*) exit; *verkoop bij* —, sale by Dutch auction. ▼—**er** auctioneer.
afslijpen grind off; (*glad* —) polish.
afslijten wear down.
afsloven: *zich* —, drudge, slave.
afsluit/boom bar, barrier; (*v. haven*) boom. ▼—**dijk** dam, causeway. ▼—**en 1** (*deur*) lock; **2** (*weg*) block, close; **3** (*gas, enz.*) cut off; **4** (*boeken*) balance; (*rekening*) close; **5** (*contract*) conclude; (*verzekering*) effect; **6** (*tijdperk*) close; *zich* — *van*, shut o.s. off from, seclude o.s. from. ▼—**ing** closing; conclusion; (*hek, schot*) partition; (*afsluitboom*) barrier. ▼—**ingsbalans** balance account. ▼—**kraan** stop-cock. ▼—**provisie** commission, (*v. makelaar, enz.*) brokerage.
afsmeken beseech, implore.
afsnauwen: *iem.* —, snap at, snub a p.
afsnijden (*bloemen*) cut; (*terugtocht, gas, enz.*) cut off; (*nagels*) pare; *iem. de pas* —, head a p. off, forestall.
afsnoepen: *iem. iets* —, forestall a p.
afspannen unyoke (an ox); unharness (a horse).
afspeelapparatuur play-back equipment. ▼**afspelen** finish (a game); *het speelt zich af in*, it takes place in, the scene is laid in.
afspiegelen reflect; *zich* —, be reflected.
afsplijten split off.
afsplitsen split off; (*v. weg, leiding*) branch off.
afspoelen wash, rinse; sluice (a car).
afspraak agreement; appointment, engagement (to meet a p.); *dat was niet de* —, that was not in the bargain; *een — je hebben*, have a date. ▼**afspreken** agree upon, arrange; *afgesproken werk*, a put up job; *afgesproken!*, agreed!
afspringen 1 (*naar beneden springen*) jump down; (*v. vonk*) fly off; (*v. knoop*) burst off; **2** (*v. onderhandelingen*) break down, come to nothing.
afstaan cede (land); yield (right, seat); surrender (privilege).
afstamm/*eling* descendant. ▼—**en 1** be descended (from); **2** (*v. woord*) be derived (from). ▼—**ing 1** descent; **2** derivation. ▼—**ingstheorie** descent theory.
afstand 1 (*ruimtelijk*) distance; **2** (*v. troon*) abdication; (*v. bezit, recht*) surrender, renunciation; — *doen van*, give up, renounce; *op een* —, at a distance; *op korte — vuren*, fire at close range; *op een — zijn*, (*fig.*) be aloof.

▼—sbediening remote control.
▼—schatting range estimation. ▼—smars long-distance march. ▼—smeter odometer; (mil.) range-finder. ▼—srit long distance ride.
afstappen step down; step off; get off (bike, horse); — aan een hotel, put up at a hotel; van een onderwerp —, leave (drop a) subject.
afsteken 1 (met beitel) bevel; (met spa) cut; 2 (vuurwerk) let off; 3 (redevoering) deliver; 4 (bezoek) pay; — bij, contrast with.
afstel zie uitstel.
afstell/en adjust; de ontsteking vroeger (later) —, advance (retard) the ignition timing. ▼—ing adjustment.
afstem/knop tuning knob. ▼—men 1 (een motie) reject; 2 attune to, adjust to (needs); — op, tune in to. ▼—ming 1 rejection; 2 tuning (in).
afstempelen stamp.
afsterv/en die. ▼—ing death.
afstevenen bear down (op, upon).
afstijgen get off, dismount.
afstoffen dust.
afstompen I ov.w blunt, dull. II on.w become blunt, become dull.
afstormen rush down; op iem. —, rush up to a p.
afstot/en I ov.w (v. dingen) push down, knock off; (v. pers.) repel; discharge, lay off (personnel); shed, cast off (business); reject (a transplant). II on.w repel. ▼—end repelling, repulsive. ▼—ing repulsion.
afstraff/en punish, correct, chastise. ▼—ing punishment, correction, chastisement.
afstral/en radiate (heat, joy). ▼—ing radiation, reflection.
afstropen strip off; het land —, ransack, harry the country.
afstuderen finish one's studies.
afstuiten rebound; (v. kogel) ricochet; (fig.) — op, be foiled (frustrated) by, fall through on account of.
afstuiven rush down; op iem. —, dash up to a p.
aftakdoos (elektr.) junction box.
aftakel/en unring (a ship); hij takelt af, he is going downhill, falling off; een afgetakelde schoonheid, a faded beauty. ▼—ing ...ing; seniele aftakeling, senile decay.
aftakk/en, ▼—ing (elektr.) shunt.
aftands long in the tooth, dilapidated; hij is —, he is back-number, he is a has-been. ▼—pen draw (off); bottle (beer); tap (blood, rubber, wires); iem. bloed —, bleed a p.; afgetapt bier, draught beer.
aftasten explore (mogelijkheden); scan (radio).
aftekenen (voor gezien) sign; 2 (v. grens) mark off; 3 (natekenen) draw; zich — tegen, stand out against.
aftelefoneren countermand by telephone; het —, phone an excuse; iem. —, telephone a p. not to come.
aftelegraferen countermand by wire; iem. —, wire a p. not to come.
aftellen count (off, out); (spel) count out; (bij lancering raket enz.) count down.
aftobben zich —, weary o.s. out.
aftocht retreat; de — blazen, beat a retreat.
aftrap kick-off. ▼—pen 1 (voetbal) kick off; 2 kick a p. downstairs; 3 (schoenen) wear out.
aftreden I ww 1 retire (from office); resign (post); 2 (v. vorst) abdicate. II zn 1 resignation; 2 abdication.
aftrek 1 (korting) deduction; allowance (for children); 2 (debiet) sale, demand; veel — vinden, be in great demand. ▼—ken I ov.w 1 (eig.) draw off (down); zijn handen van iem. —, wash one's hands of a p.; 2 (pistool) fire; 3 (v. geld) deduct; (v. getal) subtract. II on.w withdraw. ▼—king subtraction. ▼—schaak discovered check. ▼—sel extract. ▼—som subtraction sum. ▼—tal minuend.
aftroeven trump; (fig.) give a p. a set-down.
aftroggelen wheedle (coax) out of.
aftuigen unharness (a horse); unrig (a ship);

trounce (a person).
afvaardig/en delegate, depute. ▼—ing delegation, deputation.
afvaart sailing, departure.
afval 1 (alg.) waste, refuse; (v. dier) offal; (v. eten) leavings; (v. fruit) windfall; 2 (v. geloof) apostasy; (pol.) defection. ▼—len 1 (eig.) fall off; 2 (lichter worden) lose weight; 3 (v. een partij) desert; (bij spel) drop out; iem. —, go back on a p., let a p. down.
afvallig 1 (alg.) disloyal; 2 (v. geloof) lapsed, apostate. ▼—e1 renegade; 2 apostate. ▼—heid 1 desertion; 2 apostasy.
afval/produkt waste product, by-product. ▼—water (v. industrie enz.) effluent (water).
afvaren I on.w sail, leave. II ov.w sail down (a river).
afvegen wipe (off).
afvliegen: — op, fly at.
afvloei/en flow down, flow off; (fig.) be discharged gradually. ▼—ing flowing off; (v. deposito's) decline; (v. pers.) gradual discharge.
afvoer discharge (of liquid); evacuation (of troops), removal, transport (of goods). ▼—buis waste-pipe. ▼—capaciteit clearance capacity. ▼—en carry off, drain away (water); remove, transport (goods); evacuate (troops); (v. een lijst) strike off. ▼—kanaal drainage-canal; (in het lichaam) emissary.
afvragen: zich —, ask o.s., wonder.
afvriezen freeze off.
afvuren fire (off), discharge.
afwaaien blow off, be blown off.
afwacht/en I ov.w wait for, await; ik wacht van hem geen bevelen af, I won't take any orders from him; geen praatjes —, stand no nonsense; een —de houding aannemen, play a waiting game, sit on the fence. II on.w wait (and see). ▼—ing expectation; in — van, awaiting.
afwas washing-up. ▼—baar washable. ▼—middel washing-up liquid (powder), detergent. ▼—sen wash; (v. vaat) wash up. ▼—water washing-up water.
afwateren drain. ▼afwatering drainage. ▼—sbuis drain. ▼—skanaal drainage canal.
afweer defence. ▼—geschut anti-aircraft guns, ack-ack. ▼—middel defence, antidote.
afwegen weigh; weigh out (meat); — naar, weigh by.
afwenden turn away; avert (eyes, danger); parry (a blow); divert (attention); stave off (defeat, ruin).
afwennen: iem. iets —, break a p. of (a habit); dat moet u zich —, you must get out of that habit.
afwentelen roll off (away, down); de schuld van zich —, shift the blame on to somebody else.
afweren keep off (the enemy); repel (an attack); parry (a blow).
afwerk/en finish (off), give the finishing touch to; (een program) get through. ▼—ing finish, workmanship; de — ontbrak, the finishing touch was lacking.
afwerpen (eig.) throw off; drop (bombs, troops, leaves); (ruimtevaart) jettison; het paard wierp de ruiter af, the horse threw its rider; (fig.) yield (fruit).
afweten: — van, know of; het laten —, 1 excuse o.s.; 2 fail (to turn up, etc.).
afwezig 1 (lichamelijk) absent, not at home; 2 (geestelijk) absent-minded. ▼—heid 1 absence; 2 absent-mindedness.
afwijk/en (v. koers) deviate; (v. lijn) diverge; (fig.) deviate from (the truth); depart from (a custom, a program); differ from (a sample). ▼—end: — gedrag, deviant behaviour; —e mening, different view. ▼—ing deviation, deflection, departure, aberration; in — van, contrary to.
afwijz/en refuse admittance to, turn away; reject (a candidate); afgewezen worden (bij examen) fail; refuse (a request); decline (an invitation); dismiss (a claim); deny (a charge).

▼**—end**: — *staan tegenover*, be opposed to; — *beschikken op*, reject; *een — antwoord krijgen*, meet with a refusal. ▼**—ing** refusal, denial, rejection.

afwikkel/en unroll, unwind; (*fig.*) wind up, liquidate (a business). ▼**—ing** … ing; winding up, liquidation.

afwimpelen call off, cancel (a parade); turn down (a proposal, request).

afwinden wind (reel) off.

afwissel/en relieve, take turns with (a p.); (*v. zaken*) alternate, vary; *rood en groen wisselen elkaar af*, red and green succeeded each other, alternated. ▼**—end** *I bn* varied, varying. **II** *bw* alternately. ▼**—ing** alternation (of heat and cold); succession (of seasons); variety (of landscape); *ter* —, for a change.

afwissen wipe (off).

afzak/ken 1 (*v. kleren*) come down, sag (down); 2 (*v. bui*) blow over; 3 (*v. pers.*) make off; 4 (*sp.*) fall off; 5 (*v. prestaties*) tail off; 6 (*een rivier*) sail (float) down. ▼**—kertje** one for the road.

afzeggen cancel (an order, a visit); put off (a p.); throw over (a girl).

afzend/en send, dispatch, ship. ▼**—er** sender, shipper; (*mil.*) consignor; — *A*, from A. ▼**—ing** sending, shipment.

afzet sale.

afzetbaar removable.

afzetgebied market, opening.

afzett/en 1 take off (one's hat); drop (a passenger); amputate (a leg); 2 block (a road); line (a street with soldiers); 3 depose (a king); dismiss (an official); 4 shut off (an engine); switch off (the radio); stop (the alarm); 5 (*bedriegen*) fleece, cheat, swindle; *zij kon het idee niet van zich* —, she could not get rid of the idea. ▼**—er** cheat, swindler. ▼**—erij** swindling, swindle. ▼**—ing** 1 amputation; 2 cordon; 3 deposition; dismissal.

afzichtelijk hideous, ghastly.

afzien *I ov.w* look down (the street); *afgezien van*, apart from. **II** *on.w*: — *van*, 1 abandon (a plan); waive, renounce (a right); 2 (*afkijken*) copy; *ik zal er maar van* —, I'll give it up. ▼**—baar**: *in afzienbare tijd*, in the near future.

afzijdig: *zich* — *houden*, hold aloof. ▼**—heid** aloofness, neutrality.

afzoeken search, scour (wood).

afzoenen *zie* **afkussen**.

afzonder/en separate; put aside (money); isolate (a patient); *zich* —, seclude o.s. (from society). ▼**—ing** separation; isolation, seclusion. ▼**—lijk** separate (room); private (talk); separate, special (class).

afzuigkap cooker-hood (with extractor fan).

afzwaaien be demobbed.

afzwaaier (*bij 't schieten*) miss, outer.

afzwakken go down, subside (*wind*); tone down (*kritiek enz.*).

afzweren (*drank*) swear off; (*geloof, koning*) abjure; (*de wereld*) renounce.

afzwerven roam.

afzwoegen: *zich* —, toil, slave.

agaat agate. ▼**agaten** agate.

agenda 1 agenda; 2 (*boekje*) diary; *de — afhandelen*, finish the business of the meeting; *met de — beginnen*, proceed to business. ▼**—punt** item on the agenda. ▼**agenderen** 1 draw up the agenda; 2 place (put, enter) on the agenda.

agent agent; (*v. politie*) policeman, constable, officer. ▼**—schap** agency; (*v. bank*) branch.

ageren act, agitate, campaign.

agglomeratie agglomeration; *stedelijke* —, conurbation.

aggregaat aggregate.

agio agio; premium.

agita/tie agitation, excitement. ▼**—tor** agitator.

agnos/ticisme agnosticism. ▼**—ticus** agnostic. ▼**—tisch** agnostic.

agrar/iër, **—isch** agrarian.

agressie aggression. ▼**agressief** aggressive.

agro/logie agrology. ▼**—loog** agrologist. ▼**—nomie** agronomy. ▼**—nomisch** agronomic(al). ▼**—noom** agronomist.

ahorn(boom) maple(-tree).

air air; look, appearance; *zich* —*s geven*, *een — over zich hebben*, give o.s. airs, swank; —*s krijgen*, get uppish.

airbus airbus.

ajakkes bah, faugh.

ajour open-work.

ajuin onion.

akelei columbine.

akelig dreary, dismal, nasty; *die —e vent*, that wretched fellow; *hij was er — van*, it gave him quite a turn.

Aken Aix-la-Chapelle, Aachen.

akkefietje 1 (bad) job; 2 trifle.

akker field. ▼**—bouw** agriculture. ▼**—land** arable land. ▼**—hout** copse. ▼**—man** ploughman. ▼**—wet** agrarian law.

akkoord *I zn* agreement, settlement; (*met crediteuren*) composition; (*muz.*) chord; *een — aangaan*, come to an agreement; *het op een — gooien*, compromise, come to terms (with). **II** *bn*: — *bevinden*, find correct; — *gaan met*, agree to (thing), agree with (a man); —*!*, agreed.

akoest/iek acoustics. ▼**—isch** acoustic.

akte document, instrument; deed (of sale); diploma, certificate; (*v. jacht*) licence; (*v. toneelstuk*) act; — *van beschuldiging*, (bill of) indictment; — *van oprichting*, memorandum of association; — *van overdracht*, deed of conveyance; — *van overlijden*, death certificate; — *nemen van iets*, take note of s.th.; — *opmaken van*, make a record of. ▼**—-examen** qualifying examination. ▼**—ntas** brief-case.

al *I telw., bn, zn* all, every, each; —*le vier*, all four; —*lebei* (3e), both; —*le dagen*, every day; —*le redenen om*, every reason to; — *'t mogelijke*, all that is possible; *te —len tijde*, at any time, at all times; — *met* —, all in all. **II** *bw* already, yet; *is hij er* —*?*, has he come yet?; *hij is — lang dood*, he has been dead for a long time; *dat zei ik je toen* —, I told you so even then; *daar heb je 't nou* —, there you are, I told you so; — *even slecht als*, quite as bad as; *'t is maar — te waar*, it's only too true; *dat treft — zeer ongelukkig*, that's very unfortunate indeed; *'t wordt — donkerder*, it's getting darker and darker; — *pratende*, talking all the time. **III** *vgw* (al) though, even if, even though; — *is ze nog zo arm*, however poor she may be, though she may be ever so poor.

alarm alarm, alert; — *maken* (*blazen, slaan*), give (sound, beat) the alarm. ▼**—eren** alarm; call out (the fire-brigade). ▼**—klok** alarm-bell. ▼**—signaal** alarm-signal. ▼**—toestand** state of alarm. ▼**—toestel** alarum.

Albanees Albanian. ▼**Albanië** Albania.

albast(en) alabaster.

albatros albatros.

albino albino.

album album; (*voor uitknipsels*) scrap-book.

alchemie alchemy. ▼**alchemist** alchemist.

alcohol alcohol. ▼**—houdend** alcoholic. ▼**—isme** alcoholism. ▼**—vrij** non-alcoholic, soft (drink).

aldaar there; *de heer B. aldaar*, Mr. B. of that place.

aldoor all the time, all along.

aldra soon, before long.

aldus thus, in this manner.

aleer before.

Alexandrië Alexandria. ▼**alexandrijn** alexandrine. ▼**Alexandrijns** Alexandrian.

alfabet alphabet. ▼**—isch** alphabetic(al).

alge alga (*mv* algae).

algebra algebra. ▼**—isch** algebraic.

algeheel *bn* total, complete, wholesale.

algemeen *I bn* 1 (*met weinig uitzonderingen*) general, common; 2 (*zonder uitzonderingen*) universal (history, feelings); *algemene ontwikkeling*, general knowledge; *met algemene stemmen*, unanimously; *het —*

belang, the public interest. II *zn*: *in het —*, in general, on the whole; *in 't — gesproken*, generally speaking. ▼—**heid** generality, universality; *hij gaf enige algemeenheden ten beste*, he made a few general remarks; *(ongunstig)* he uttered a few platitudes.
Alger/ië Algeria. ▼—**ijns** Algerian.
Algiers *(stad)* Algiers; *(land)* Algeria.
alhier here, at this place; *(op brief)* local; *de heer B.* —, Mr. B. of this place.
alhoewel although.
alias *bw* alias, otherwise.
alibi alibi.
alikruik periwinkle.
alimentatie alimentation. ▼—**plicht** alimentary obligation.
alinea paragraph.
alkali alkali. ▼**alkalisch** alkaline.
alkoof alcove; recess (in wall).
allebei both.
alledaags *(eig.)* daily, everyday; *(fig.)* plain (face); common, commonplace (remark, fellow); trite (saying). ▼—**heid** commonness, triviality, triteness.
allee avenue.
alleen I *bn* 1 alone; single-handed; 2 lonely (be or feel l.); *de gedachte — al*, the mere (very) thought of it. II *bw*: *ik wou — maar...*, I only (merely) wanted to...; *niet —...,maar ook...*, not only..., but also... ▼—**handel** monopoly. ▼—**heerschappij** absolute power. ▼—**heerser** absolute monarch, autocrat. ▼—**spraak** monologue. ▼—**staand** isolated, detached; *(fig.)* individual, single. ▼—**verkoop** sole sale, sole agency. ▼—**vertegenwoordiger** sole agent. ▼—**vertegenwoordiging** sole agency. ▼—**vertoningsrecht** sole right of exhibition; *(fig.)* monopoly. ▼—**zaligmakend**: *het —e geloof*, the only true faith.
allegaartje hotchpotch, jumble, farrago; a scratch band (crew or team).
allegor/ie allegory. ▼—**isch** allegoric(al).
allehens all hands (...on deck).
allemaal (one and) all, the lot of them.
allemachtig I *tw* well, I never!, by Jove! II *bw*: *— goed*, jolly (mighty) good.
alleman everybody. ▼—**svriend** e.'s friend.
allen all.
allengs gradually, by degrees.
aller/aardigst most charming. ▼—**best** best of all. ▼—**eerst** I *bn* very first. II *bw* first of all.
aller/gie allergy. ▼—**gisch** *(voor)* allergic (to). ▼—**hande** I *bn* all sorts of. II *zn* all sorts. ▼**A—heiligen** All Saints' Day. ▼—**heiligst**: *het —e*, 1 the Holy of Holies; 2 *(hostie)* the host. ▼—**hoogst**: *de —e*, the most High. ▼—**laatst** very last. ▼—**lei** I *bn* all sorts of. II *zn* *(letterk.)* miscellany. ▼—**liefst** I *bn* most beloved, very dearest. II *bw* by preference. ▼—**meest** most of all; *op zijn —*, at the very most. ▼—**minst** least of all; *op zijn —*, at the very least. ▼—**uiterst** very utmost. ▼—**wegen** everywhere. ▼**A—zielen** All Souls' Day.
alles all, everything, anything; *dit —*, all this; *— bijeen, — te zamen genomen*, taking it all in all; *— op — zetten*, go all out; *van —*, all sorts of things; *van — wat*, something of everything; *van — en nog wat*, this, that and the other; *niets van dat —*, nothing of the sort; *vóór —*, above all. ▼—**behalve** anything but, far from. ▼—**beheersend** all-important, overriding. ▼—**omvattend** all-embracing. ▼—**zins** in every respect (way); highly.
alliage alloy.
alliantie alliance.
allicht 1 *(wellicht)* probably; 2 *(natuurlijk)* obviously; *je kunt het — proberen*, there's no harm in trying.
alligator alligator.
alliter/atie alliteration. ▼—**eren** alliterate.
allooi alloy; *(fig.)* quality, kind.
allures airs, ways; *van grootse allure*, in the grand manner.
alluv/iaal alluvial. ▼—**ium** alluvium.
almacht omnipotence. ▼—**ig** I *bn* omnipotent,

all-powerful; *de Almachtige*, the Almighty. II *bw*: *zie* **allemachtig**.
almanak almanac.
alme(d)e too, also, as well; *dat zijn — van de goedkoopste*, these are among the cheapest.
aloë aloe.
alom everywhere. ▼—**tegenwoordig** omnipresent. ▼—**tegenwoordigheid** omnipresence. ▼—**vattend** all-embracing.
aloud ancient, time-honoured.
alpaca 1 *(wol)* alpaca; 2 *(metaal)* German silver.
Alpen: *de —*, the Alps. ▼—**beklimmer** Alpinist. ▼—**gloeien** Alpine glow. ▼—**hut** chalet. ▼—**weide** Alpine pasture. ▼**alpinist** Alpinist. ▼**alping/muts.** —**petje** beret.
alras very soon.
alreeds already.
als 1 *(gelijk)* like (a soldier); 2 *(zoals)* (such) as (animals such as horses, cows, etc.); 3 *(in de hoedanigheid van)* as (I speak to you as your chief); 4 *(indien)* if; 5 *(wanneer)* when; 6 *(alsof)* as if; *(zij deed) — wilde zij niet*, as if she did not want to; *— het ware*, as it were.
alsdan then, in that case.
alsem wormwood.
alsmede and also, also, as well as.
alsnog *(tot nog toe)* as yet, up to now; *(nu nog)* still *(bijv.* you can still go).
alsnu now.
alsof as if, as though.
alstublieft (yes) please; thank you; *(bij aanreiken)* here you are.
alt: —**sleutel** alto clef. ▼—**stem** contralto. ▼—**viool** viola. ▼—**zangeres** contralto.
altaar altar. ▼—**stuk** altarpiece.
altegader, altemaal *zie* **allemaal**.
alternatief alternative.
althans at least, at any rate, anyhow.
altijd always, ever; *— door*, all the time; *— nog*, always; *nog —*, still; *voor —*, for ever. ▼—**durend** everlasting.
altruisme altruism. ▼**altruïst** altruist. ▼**altruïstisch** altruistic *(bw* -ally).
aluin alum.
aluminium aluminium; *(Am.)* aluminum. ▼—**folie** tin-foil.
alvast meanwhile.
alvleesklier pancreas.
alvorens before, previous to.
alwaar where; *(overal waar)* wherever.
alweer again, once more.
alwetend omniscient. ▼—**heid** omniscience.
alzijdig all-sided, universal, all-round. ▼—**heid** universality, versatility.
alzo thus, in this way.
amal/gaam amalgam. ▼—**gamatie** amalgamation. ▼—**gameren** amalgamate.
amandel 1 *(vrucht)* almond; 2 *(orgaan in de keel)* tonsil; *zich de — en laten knippen*, have one's tonsils out. ▼—**gebak** almond-cake. ▼—**vormig** almond-shaped.
amanuensis laboratory attendant; assistant.
amaril emery. ▼—**papier** e. paper.
amateur amateur. ▼—**isme** amateurism.
Amazone Amazon *(ook fig.)*.
amazone horse-woman.
ambacht trade, (handi)craft; *twaalf —en, dertien ongelukken*, (he is a) Jack-of-all-trades and master of none. ▼—**sjongen** apprentice. ▼—**sman** artisan. ▼—**sonderwijs** technical education. ▼—**sschool** technical school.
ambassa/de embassy. ▼—**deur** ambassador.
amber amber.
ambiëren aspire to. ▼**ambit/ie** zeal; *(eerzucht)* ambition. ▼—**ieus** zealous; ambitious.
Ambon Amboyna. ▼—**ees** Amboynese.
ambrozijn ambrosia.
ambt position, office, function. ▼—**elijk** official (language); professional (duties). ▼—**eloos** out of office; *— burger*, private citizen. ▼—**enaar** official, civil servant; *— v.h. Openbaar Ministerie*, counsel for the prosecution; *— v.d. burgerlijke stand*,

registrar. ▼—**enaarswereld** official world, (*smalend*) officialdom. ▼—**enarij** officialdom, red tape. ▼—**genoot** colleague.
▼—**saanvaarding** accession to office.
▼—**sbekleder** office-bearer. ▼—**sbekleding** discharge of duties; 2 tenure of office.
▼—**sbezigheden** official duties. ▼—**seed** oath of office. ▼—**sgebied** district, department; (*jur.*) jurisdiction. ▼—**sgeheim** official secret. ▼—**sgewaad** robes of office.
▼—**shalve** by virtue of one's office, ex officio; — *aangeslagen worden*, be assessed on an estimated income. ▼—**sjubileum** official jubilee. ▼—**sketen** chain of office.
▼—**smisbruik** abuse of power. ▼—**speriode** —**stermijn** period (term, tenure) of office.
▼—**swege** *zie* —**shalve**.
ambulance ambulance, field-hospital.
▼—-**auto** ambulance car.
amechtig breathless, blown, winded.
amen amen.
amend/ement amendment. ▼—**eren** amend.
Amerik/a America. ▼—**aan(s)** American.
▼—**anisme** Americanism.
ameublement furniture; *een* —, a suite of f.
amfetamine amphetamine.
amfibie amphibian. ▼—**tank** amphibious tank.
▼—**voertuig** amphibious vehicle.
▼**amfibisch** amphibious.
amfitheater amphitheatre.
amicaal amicable, friendly. ▼**amice** (my) dear friend.
ammonia(k) ammonia.
ammunitie (am)munition.
amnesie amnesia.
amnestie amnesty.
amoebe amoebe (*mv* amoebae, amoebas).
amok amuck, amok. ▼—**maken** run amuck.
▼—**maker** amuck-runner.
Amor Cupid.
amoreel amoral.
amorf amorphous.
amortisatie amortization. ▼—**fonds** sinking-fund. ▼**amortiseren** amortize, sink, redeem.
amourette amour(ette), love-affair.
ampel ample.
amper hardly, scarcely.
ampère ampere, (*fam.*) amp. ▼—**meter** ammeter.
amplitude amplitude.
ampul ampulla; (*med.*) ampoule; (*rk*) cruet.
amput/atie amputation. ▼—**eren** amputate.
amulet amulet, charm, talisman.
amusant amusing, entertaining.
▼**amusement** amusement, entertainment.
▼—**sbedrijf** 1 entertainment industry; 2 place of entertainment. ▼—**sbelasting** entertainment tax. ▼—**sgelegenheid** place of entertainment. ▼**amuseren** amuse, entertain; *zich* —, enjoy o.s., have a good time.
anachronisme anachronism.
analfa/beet illiterate. ▼—**betisme** illiteracy.
analist(e) analytical chemist, analyst.
analogie analogy. ▼**analoog** analogous.
analys/e analysis. ▼—**eren** analyse.
▼**analytisch** analytic(al).
ananas pine-apple.
anarch/ie anarchy. ▼—**isme** anarchism.
▼—**ist** anarchist. ▼—**istisch** anarchic(al).
anatom/ie anatomy. ▼—**isch** anatomical.
▼**anatoom** anatomist.
anciënniteit seniority.
ander I *bn* other, different; *des* —*en daags*, the next day; *aan de* — *e kant*, on the other hand; *hij is een* — *mens*, he is a new man; — *e kleren aandoen*, change (one's clothes); *om de* — *dag*, every other day. II *zn* another (person); *de* —*en*, the others; *om de* — *e*, in turns; *onder* —*e(n)*, 1 (*v. pers.*) among others; 2 (*v. dingen*) among other things. ▼—**deels** on the other hand. ▼—**half** one and a half. ▼—**maal** once again. ▼—**mans** another man's.
anders 1 (*wie, wat, enz. anders*) (who, what etc.) else; *niemand* (*niets*) — *dan*, nobody (nothing) else but; *ik heb wel wat* — *te doen*, I

have s.th. else to attend to; *er zit niet* — *op dan...*, there is nothing for it but...; 2 (*zo niet*) else, otherwise; *het is* — *gegaan dan ik me had voorgesteld*, it has turned out differently from what I had expected; *ik kan niet* — *dan...*, I cannot but..., 3 (*op andere manier*) differently, otherwise; 4 *net als* —, just as usual; — (*zie je hier altijd kinderen*), at any other time...; *hij is* — *niet bang*, a) he is not otherwise afraid; b) he is not afraid, though; 5 (*als bn*) different, other; — *dan zijn broer*, unlike his brother; *het is nu eenmaal niet* —, there's no help for it. ▼—**denkenden** people of different beliefs; dissentients. ▼—**gezind** dissident, dissentient. ▼—**om** the other way round; the opposite, the reverse.
▼**andersoortig** of a different kind.
▼**anderszins** otherwise. ▼**anderzijds** on the other hand.
Andes Andes, Cordilleras.
andijvie endive.
anekdot/e anecdote. ▼—**isch** anecdotic(al).
anemoon anemone.
anesthes/ie anaesthesia. ▼—**iologie** anaesthesiology. ▼—**ist** anaesthesiologist.
angel (*v. een bij*) sting; (*bij 't vissen*) hook.
Angel/saksoer — **saksisch** Anglo-Saxon.
angina angina. ▼— **pectoris** angina pectoris.
Anglicaan(s) Anglican.
anglist student of English. ▼—**iek** study of English.
Angola Angola. ▼**Angolees** Angolan.
angst terror, fear; (*ziels*—) anguish, agony; *uit* — *voor*, for fear of; — *uitstaan*, suffer agonies; *in* — *zitten over*, be anxious about.
▼—**aanjagend** frightening. ▼—**complex** anxiety complex. ▼—**ig** frightened, anxious.
▼—**kreet** cry of terror. ▼—**neurose** anxiety neurosis. ▼—**psychose** a. psychosis.
▼—**vallig** (*nauwkeurig*) scrupulous, conscientious; (*bang*) timorous.
▼—**valligheid** scrupulousness, conscientiousness; timorousness, timidity.
▼—**wekkend** alarming, terrifying. ▼—**zweet** cold sweat.
anijs I *zn* (*plant*) anise. II *bn* (*smaak*) aniseed.
aniline aniline. ▼—**potlood** copying pencil.
animeren encourage, stimulate; *een geanimeerd gesprek*, an animated conversation. ▼**animo** gusto, zest, spirit; *er bestond veel* — *voor het plan*, the plan was very well received.
animositeit animosity.
anjelier, **anjer** pink, carnation.
anker 1 (*v. schip en horloge*) anchor; (*in muur*) brace; (*v. magneet*) armature; 2 (*inhoudsmaat*) anker; *het* — *laten vallen*, drop anchor; *het* — *lichten*, weigh a.; *voor* — *liggen*, lie (ride) at a. ▼—**boei** anchor-buoy.
▼—**en** (cast) anchor. ▼—**plaats** anchorage.
annalen annals.
annex annex(e); *met garage* —, with adjoining garage.
annex/atie annexation. ▼—**eren** annex.
annonc/e advertisement. ▼—**eren** announce.
annotatie annotation. ▼**annoteren** annotate.
annuïteit annuity.
annuler/en cancel, annul. ▼—**ing** cancellation, annulment.
anode-batterij anode battery.
anomaal anomalous. ▼**anomalie** anomaly.
anoniem anonymous; (*fig.*) faceless; *de* —*e massa*, the faceless crowd. ▼**anonimiteit** anonymity.
anorganisch inorganic.
ansicht picture postcard.
ansjovis anchovy.
antarc/tis Antarctic. ▼—**tisch** antarctic.
antecedent 1 (*in spraakkunst*) antecedent; 2 precedent.
antenne aerial, antenna.
anti-autoritair anti-authoritarian.
anti/bioticum antibiotic. ▼—**biotisch** antibiotic.
antichrist Antichrist.
anticonceptie contraception. ▼—**middel**

contraceptive.
antiek I bn antique, old-fashioned, ancient.
II zn antique; (kunst) antiques. **▼—beurs**
antique dealer's exhibition.
antilichaam antibody.
Antillen Antilles.
antilope antelope.
antimilitair/isme antimilitarism. **▼—ist**
antimilitarist.
antipassaat anti-trade (wind).
antipath/ie antipathy, dislike. **▼—iek**
antipathetic(al); hij is mij —, he is uncongenial
to me.
antiquair 1 second-hand bookseller. **▼antiquariaat** second-hand
bookshop. **▼antiquarisch** second-hand.
▼antiquiteit (abstr.) antiquity; (voorwerp)
antique. **▼—enhandelaar** antique dealer.
antirevolutionair anti-revolutionary; (partij)
Calvinist.
antisemiet anti-Semite. **▼antisemitisme**
anti-Semitism.
antiseptisch antiseptic.
antislip non-skid.
antistof antibody.
antitankgranaat anti-tank grenade.
antivries(middel) anti-freeze.
antraciet anthracite.
antropo/logie anthropology. **▼—logisch**
anthropologic. **▼—loog** anthropologist.
▼—morfisch anthropomorphic.
▼—morfisme anthropomorphism.
Antwerpen Antwerp.
antwoord answer, reply; (gevat —) repartee;
(scherp —) retort; in — op, in answer (reply)
to; ten — geven, to reply, to say in reply; hij
kreeg ten —, he was told in answer.
▼—apparaat (telephone) answering
machine. **▼—coupon** reply coupon. **▼—en**
answer, reply; rejoin; retort.
anus anus.
aorta aorta.
AOW OAP (Old Age Pension), retirement
pension. **▼—er** old age pensioner, (ook)
'senior citizen'.
apart separate, apart; (— berekenen, charge
extra; — leggen, set apart, separate; hij wilde
mij — spreken, he wanted to speak to me
privately; iets heel —s, s.th. very exclusive.
▼—heid Apartheid, racial segregation.
▼—heidspolitiek Apartheid, policy of r. s.
▼—je private talk (interview).
apathie apathy. **▼apathisch** apathetic.
apegapen: op — liggen, be at one's last gasp.
ap- en dependencies appurtenances.
ape/kooi monkey-house. **▼—kool**
fiddlesticks. **▼—kop** jackanapes. **▼—kuur**
monkey-trick. **▼—liefde** blind love, foolish
fondness. **▼—nootje** pea-nut. **▼—tronie**
monkey-face.
Apennijnen Apennines.
aperitief apéritif, appetizer.
apert patent, manifest (lie).
aplomb aplomb, self-assurance.
Apocalypse Apocalypse.
apocrief apocryphal; —e boeken, apocrypha.
apodictisch categorical, apodictic.
apog(a)eum apogee.
apostel apostle. **▼apostolisch** apostolic.
apostrof apostrophe.
apotheek chemist's (shop), dispensary.
▼apotheker chemist, dispenser.
apotheose apotheosis.
apparaat apparatus. **▼apparatuur** apparatus;
(v. zenden, afluisteren enz.) equipment.
appartement apartment.
appel apple; voor een — en een ei, for a song;
door de zure — heenbijten, make the best of a
bad job; de — valt niet ver van de boom, like
father, like son. **▼—beignet** appel-fritter.
▼—bol apple-dumpling. **▼—flauwte** fit of
hysterics.
appel 1 (jur.) appeal; **2** (mil.) roll-call, parade;
— houden, call the roll; iem. goed onder —
hebben, have a p. well in hand. **▼—leren**
appeal, lodge an appeal.

appel/moes apple-sauce. **▼—tje:** een — voor
de dorst bewaren, lay by s.th. for a rainy day;
een — met iem. te schillen hebben, have a
bone to pick with a p. **▼—wijn** cider.
appendix appendix.
appetijtelijk appetizing; er — uitzien, look
attractive.
applaudisseren applaud. **▼applaus**
applause.
appreci/atie appreciation. **▼—ëren**
appreciate, value.
approvianderen provision.
april April; eerste —, first of April, All Fools'
Day. **▼—grap** (first of) April joke (hoax).
a priori a priori.
apropos I bw & bn to the point. **II** tw by the
way; om op het — terug te komen, to return to
the subject; dat bracht hem van zijn —, that put
him out.
aqua/duct aqueduct. **▼—naut** aquanaut.
aquarel water-colour.
aquarium aquarium.
ar I zn sleigh, sledge. **II** bn: in —ren moede, in
despair.
Arab/ië Arabia. **▼—ier** Arab. **▼—isch**
Arab(ian); (v. taal en cijfers) Arabic.
arbeid labour, work. **▼—besparing** saving of
labour. **▼—en** labour, work. **▼—er** labourer,
workman; (alg.) worker. **▼—ersbestand**
work-force. **▼—ersbeweging** labour
movement. **▼—ersklasse** working-class.
▼—ersmensen working-class people.
▼—erspartij labour party. **▼—ersstand**
working-class(es). **▼—ersverzekering**
labour insurance. **▼—ersvraagstuk** labour
question. **▼—erswoning** workman's house.
arbeids/bemiddelingsbureau employment
office, (ook) job centre. **▼—dienst** labour
service. **▼—dwang** forced labour. **▼—geschil**
l. or industrial dispute. **▼—inspectie** (ongev.)
Employment Medical Advisory Service
(E.M.A.S.). **▼—kosten** l. cost(s).
▼—krachten l. (force), manpower. **▼—loon**
wages, (op rekening) man('s) time. **▼—markt**
l. market. **▼—ongeschiktheid** incapacity for
work. **▼—overeenkomst** contract.
▼—prestatie output, working efficiency.
▼—reserve l. reserve. **▼—schuw(heid)**
work-shy(ness). **▼—tarief** labour tariff.
▼—therapie occupational therapy.
▼—toestanden l. conditions. **▼—veld** field of
activity. **▼—vermogen** energy, working
power. **▼—voorwaarden** conditions of
employment. **▼—wetgeving** l. legislation.
arbeidzaam laborious, hard working. **▼—heid**
industry.
arbiter arbitrator; (sp.) referee. **▼arbitrage**
arbitration. **▼arbitreren** arbitrate.
archa/isch archaic. **▼—isme** archaism.
▼—istisch archaistic.
archeo/logie archeology. **▼—logisch**
archeologic. **▼—loog** archeologist.
archief 1 archives, files; **2** record-office.
archipel archipelago.
architect architect. **▼—uur** architecture.
archivaris keeper of the records.
arctisch arctic.
Ardennen: de —, the Ardennes.
are are.
arena arena; (bull-)ring.
arend eagle. **▼—snest** eagle's nest, eyrie.
▼—sneus aquiline nose.
areometer areometer.
argeloos harmless; inoffensive; (niets
vermoedend) unsuspecting, unwary.
Argentinië the Argentine, Argentina.
▼Argentijn(s) Argentine, Argentinian.
arglist craft, cunning, guile. **▼—ig** crafty,
cunning, guileful.
argument argument. **▼—atie** argumentation.
▼—eren argue.
Argus Argus. **▼a—oog** A.-eye; met —
bespieden, watch A.-eyed, watch like a lynx.
argwaan suspicion. **▼argwan/en** suspect.
▼—end suspicious.
aria air, aria.

Ariër, Arisch Aryan.
aristocraat aristocrat. ▼**aristo/cratie**
aristocracy. ▼**—cratisch** aristocratic(al).
ark ark; **—e Noachs,** Noah's ark.
arm l zn (lichaamsdeel) arm; (v. rivier) branch;
(v. lamp) bracket; **met een meisje aan de —,**
with a girl on his arm; **— in —,** arm in arm; **iem.**
in de — nemen, enlist a p.'s services; **met de**
—en over elkaar, with folded arms. **II** bn poor;
zo — als Job (als de mieren), as poor as Job
(as a churchmouse); **— aan,** poor in; **—e,** poor
man (woman); **de —en,** the poor.
armada armada.
armband bracelet. ▼**—horloge** wrist watch.
armelijk poor, shabby. ▼**—heid** poverty.
▼**armelui** poor people, paupers. ▼**—skind**
poor man's child.
Armen/ië Armenia. ▼**—iër, Armeens**
Armenian.
armetierig poor, shabby; languishing (plant).
armezondaarsgezicht hang-dog look.
arm/lastig: — worden, come upon the parish.
▼**—lastige** pauper.
armleuning arm, elbow-rest.
armoed/e poverty, paucity (of ideas);
vergulde **—,** gilded poverty; **— is geen**
schande, poverty is no crime; **tot — geraken,**
be reduced to poverty. ▼**—ig** poor, shabby,
poverty-stricken. ▼**—zaaier** poor devil,
down-and-out.
arm/slag elbow-room. ▼**—stoel** arm-chair.
▼**—vol** armful.
armzalig poor, miserable, paltry.
aroma aroma, flavour. ▼**—tisch** aromatic.
aronskelk arum.
arrange/ment arrangement. ▼**—ren** arrange.
arren sleigh.
arrest 1 arrest; **2** seizure (of goods); **3** (jur.)
judgment, decision; **in — stellen,** place under
arrest. ▼**—ant** prisoner. ▼**—antenhok**
police-cell. ▼**—atie** arrest. ▼**—eren 1** arrest;
2 (notulen) confirm.
arriveren arrive.
arrogant arrogant. ▼**—ie** arrogance.
arrondissement district. ▼**—srechtbank**
county-court.
arsenaal arsenal; (marine) dockyard.
arsenicum arsenic.
arteriosclerose arteriosclerosis.
articul/atie articulation. ▼**—eren** articulate.
artiest artiste, variety artist. ▼**—enkamer**
greenroom. ▼**—enuitgang** stage-door.
artikel article; (v. wet) section, clause.
▼**—gewijs** a. by s., c. by c.
artillerie artillery. ▼**—duel** a. exchange.
▼**—-officer** a. officer. ▼**—vuur** a. fire.
▼**artillerist** artillerist, artilleryman.
artisjok (globe) artichoke.
artistiek artistic. ▼**—erig** arty.
arts medical man, physician. ▼**artsenij**
medicine, physic. ▼**—kunde** pharmacology.
▼**—kundige** pharmacologist.
as 1 (v. voertuig) axle; (v. aarde) axis; (drijfas)
shaft; vervoer per **—,** road transport;
2 (verbrande stof) ashes; gloeiende **—,**
embers; **in de — leggen,** reduce to ashes.
▼**—bak** ash-pan. ▼**—bakje** ash-tray.
▼**—belasting** axleload. ▼**—belt** refuse-heap.
asbest asbestos.
asceet ascetic. ▼**ascese** asceticism.
▼**ascetisch** ascetic.
asem: geen — geven op, ignore.
asemmer ash-bucket; (Am.) ash-can.
aseptisch aseptic.
asfalt asphalt. ▼**—eren** asphalt.
asiel 1 asylum; **2** home for lost animals; **—**
verlenen, grant a. ▼**—recht** right of a.
asjeblieft zie alstublieft.
as/kar dust-car. ▼**—man** dustman.
asociaal anti-social.
aspect aspect, angle.
asperge asparagus; (volkst.) sparrow-grass.
aspirant candidate, applicant; (v.
sportvereniging) junior. ▼**—lid 1** junior
member; **2** applicant for membership.
▼**aspiratie** aspiration.

aspirine aspirin.
assembleren assemble. ▼**assemblage**
assembly. ▼**—bedrijf** a. business.
▼**—werkplaats** a. hall.
assepoester Cinderella.
assimil/atie assimilation. ▼**—eren** assimilate.
assist/ent assistant. ▼**—ent(e)** assistant.
▼**—entie** assistance, help.
associatie association; partnership.
▼**associëren** associate; zich **— met,** enter into
partnership with.
asson/antie assonance. ▼**—eren** assonate.
assort/eren assort. ▼**—iment** assortment.
assumeren co-opt.
assuradeur insurer; (zee—) underwriter.
▼**assurantie** insurance, assurance.
▼**—bedrijf, —kantoor** i. office.
astma astma. ▼**—lijder, —tisch** asthmatic.
astraal astral.
astrakan astrakhan.
astro/logie astrology. ▼**—loog** astrologer.
▼**—naut** astronaut. ▼**—nomie** astronomy.
▼**—noom** astronomer.
asymmetrisch asymmetric(al).
atelier workshop; (v. schilder, enz.) studio.
Atheens Athenian.
atheisme atheism. ▼**atheïst** atheist. ▼**—isch**
atheistic.
Athene Athens. ▼**Athener** Athenian.
Atlantisch Atlantic; de **—e Oceaan,** the
Atlantic.
atlas atlas.
atleet athlete. ▼**atletiek** athletics. ▼**atletisch**
athletic.
atmosfeer atmosphere.
atol atoll.
atoom atom. ▼**—bom** atom(ic) bomb.
▼**—brandstof** atomic fuel. ▼**—energie**
atomic energy. ▼**—gewicht** atomic weight.
▼**—kop** nuclear warhead. ▼**—oorlog** atomic
war. ▼**—splitsing** atomic (nuclear) fission.
▼**—theorie** atomic theory. ▼**—wapens**
atomic (nuclear) weapons. ▼**—zuil** atomic
pile.
atrofie atrophy.
attaché attaché.
attenderen: iem. — op, draw a p.'s attention
to. ▼**attent** attentive; considerate (to others);
iem. **— maken op,** draw one's attention to.
▼**—ie 1** attention; **2** consideration. ▼**—iesein**
caution signal.
attest testimonial, certificate.
attr/actie attraction. ▼**—f** attractive.
attribuut attribute.
attraperen catch (a p. at s.th.).
au! owl, ouch!
aubade aubade.
aubergine aubergine, egg-plant.
auctie auction. ▼**auctionaris** auctioneer.
audiëntie audience; op **— gaan bij,** have an a.
of; iem. **— verlenen,** receive a p. in audience.
▼**—zaal** audience-hall.
audiovisueel audio-visual.
Auditeur-militair Judge Advocate.
auditie audition.
auditorium audience; (zaal) auditory,
auditorium.
augurk gherkin.
augustus (maand) August; (persoon)
Augustus.
aula great hall, auditorium.
au pair au pair, on mutual terms.
aureool aureole, halo, nimbus.
auspiciën auspices (under the ... of).
Austral/ië Australia. ▼**—iër, —isch**
Australian.
autark/ie autarchy, self-sufficiency. ▼**—isch**
autarchic, self-sufficient.
auteur author. ▼**—schap** authorship.
▼**—srecht** copyright.
authen/ticiteit authenticity. ▼**—tiek**
authentic.
autis/me autism. ▼**—tisch** autistic.
auto car; (Am.) automobile. ▼**—aanrijding**
motor-car collision. ▼**—baan** motorway.
▼**—band** motor tyre, motor tire.

▼—**bestuurder** motor driver. ▼—**bewaker** (car-park) attendant. ▼—**bezitter** car owner.
autobio/grafie autobiography. ▼—**grafisch** autobiographic(al).
autobotsing motor-car collision.
autobus motor-bus. ▼—**chauffeur** bus driver. ▼—**dienst** bus service.
autodidact self-taught man.
auto/dief car-thief. ▼—**ën** motor. ▼—**garage** (motor-)garage. ▼—**handelaar** car dealer. ▼—**hersteller** car repairer. ▼—**kaart** motoring map. ▼—**kerkhof** old car dump. ▼—**keuring:** *verplichte (jaarlijkse)* —, (*ongev.*) MOT test (Ministry of Transport test).
automaat automaton; robot; slot-machine.
▼**automatie** automation. ▼**automatiek** 'help yourself', cafetaria. ▼**automatisch** automatic; —*e overschrijving (vast bedrag)*, payment by standing order. ▼**automatis/eren** automatize. ▼—**ering** automation.
automobiel motor-car. (*Am.*) automobile.
autonomie autonomy. ▼**autonoom** autonomous.
auto/nummer car number. ▼—**-ongeluk** motor-car accident. ▼—**parkeerterrein** car-park. ▼—**ped** scooter. ▼—**rijden** motor(ing). ▼—**rijder** motorist. ▼—**rijles** driving lesson. ▼—**rijschool** school of motoring.
autoriseren authorize. ▼**autoriteit** authority.
autorit motor-drive.
autoritair authoritarian. ▼**autoriteit** authority; *de —en*, the authorities.
auto/slaaptrein motorail. ▼—**sloper** car-breaker. ▼—**sloperij** car-breaker's yard, junk yard. ▼—**snelweg** motor way, (*Am.*) free-way. ▼—**val** speed-trap, police-trap. ▼—**verhuurinrichting** car rental service.
avance advance; —*s maken*, make advances (overtures).
avant-gard/e, —istisch avant-garde.
averechts I *bn*: —*e steek*, inverted stitch, —*e opvattingen*, wrong (preposterous) ideas. **II** *bw* (in) the wrong way; — *breien*, purl.
averij (*zeeschade*) damage; — *krijgen*, I suffer damage; **2** (*v. motor*) break down.
aviateur aviator, airman, flyer. ▼**aviatiek** aviation.
avocado avocado.
avond evening, night; *de — voor de slag*, the eve of the battle; *des —s*, in the evening, at night; *vanavond*, this evening, to-night. ▼—**blad** evening paper. ▼—**dienst** evening service. ▼—**eten** dinner. ▼—**je** (*gezellig* —) social (evening). ▼—**kleding** evening dress. ▼—**klok** curfew. ▼—**maal** evening-meal, supper; *het A—*, the Lord's Supper. ▼—**schemering** evening-twilight. ▼—**school** evening school, evening classes.
avonturen *ww* risk, venture. ▼—**roman** novel of adventure. ▼**avontuur** adventure. ▼—**lijk** adventurous.
axioma axiom. ▼—**tisch** axiomatic.
azen: — *op*, (*lett.*) feed on; (*fig.*) lie in wait for, covet.
Aziaat, Aziatisch Asiatic. ▼**Azië** Asia.
azijn vinegar. ▼—**zuur I** *zn* acetic acid. **II** *bn* acetose. ▼—**zuurzout** acetate.
Azoren Azores.
azuren, azuur azure.

B

ba bah!, pshaw!
baadje jacket; *iem. op zijn — geven*, dust p.'s jacket.
baadster (female) bather.
baai 1 (*golf*) bay; **2** (*stof*) baize; **3** (*tabak*) Maryland. ▼—**en** *bn* baize.
baaierd chaos.
baak beacon.
baal 1 (*katoen*) bale; **2** (*zak*) bag (of rice, etc.); **3** (*nieuw papier*) ten reams (of paper); *ik heb er balen van*, I'm sick to death of it.
baan 1 road, way; (*v. projectiel*) trajectory; (*v. hemellichaam*) orbit; (*tennis—*) court; (*roei—, enz.*) course, track; (*ijs—*) (skating-)rink; (*glij—*) slide; (*kegel—*) alley; (*startbaan v. vliegtuig*) runway; (*spoorw.*) track; **2** (*v. stof, enz.*) breadth; (*v. vlag*) bar; — *breken voor*, (*fig.*) pave the way for; *zich — breken*, gain ground; *ruim — hebben*, have a clear field; *ruim — maken voor*, make room for; *de — opgaan*, (*v. meisje*) go on the streets; *in andere banen leiden*, lead into other channels (grooves); *een raket in een — om de aarde brengen*, orbit a rocket; *op de lange — schuiven*, postpone indefinitely; *van de — schuiven*, shelve; *dat is van de —*, that's off; *het plan is van de —*, the plan has been shelved; *die moeilijkheid is nu van de —*, that difficulty has now been removed.
▼**baan/brekend** pioneering (work), epoch-making. ▼—**breker** pioneer. ▼—**record** lap record. ▼—**schuiver** track-clearer. ▼—**sporten** (*hardlopen, wielrennen, enz.*) track events; (*hoogspringen, speerwerpen*) field events.
baantje 1 slide; **2** job, berth; *'n gemakkelijk —*, a soft, (*sl.*) cushy job. ▼—**sjager** place-hunter, job-hunter. ▼—**sjagerij** place-hunting, job-hunting.
baan/vak section. ▼—**veger** ice-sweeper. ▼—**wachter** signal-man. ▼—**werker** trackworker.
baar I *zn* **1** (*lijk—*) bier; (*draag—*) stretcher; **2** (*nieuweling*) newcomer; **3** (*golf*) billow; **4** (*staaf*) bar (of gold); **5** (*zandbank*) bar. **II** *bn*: — *geld*, ready money.
baard beard; (*v. veer*) vane; (*v. sleutel*) bit; *zijn — laten staan*, grow a b.; *hij had de — in de keel*, his voice was breaking; *om 's keizers — spelen*, play for love; *een mop met een —*, a hoary old joke, an old chestnut. ▼—**eloos** beardless. ▼—**ig** bearded. ▼—**schurft** barber's itch (rash).
baarlijk: *de —e duivel*, the devil incarnate.
baarmoeder womb, uterus. ▼—**hals** cervix. ▼—**halskanker** cervical cancer, cancer of the cervix.
baars perch, bass.
baas master; (*fam.*) governor, boss; *aardige —, decent fellow; je bent mij de — (af)*, you are too many for me; *hij is zijn eigen —*, he is his own master; *iem. de — blijven*, have the better of a p., have the whip hand; *iem. de — worden*, get the better of a p.; *zijn gevoelens de — worden*, restrain one's feelings; *zijn gevoelens werden hem de —*, his feelings overwhelmed him; *ze konden de toestand niet meer —*, the situation had got out of hand; *zij kunnen die*

jongen niet —, they can't keep the boy under control; *de — spelen over iem.*, boss a p.; *de — spelen*, domineer, boss; *er is altijd — boven —*, every man may meet his match; *een klein —je*, a master in a small way; *nee —(je)*, no, sonny.

baat profit; *te — nemen*, avail o.s. of; *geen — oplevenen*, be futile, be of no avail; *— vinden bij*, benefit by; *zonder —*, without avail; *ten bate van*, for the benefit of, in aid of. ▼—**zucht** selfishness. ▼—**zuchtig** selfish.

babbel/aar chatterbox, gossip. ▼—**achtig** talkative. ▼—**en** chat, chatter; *(klikken)* blab. ▼—**kous** chatterbox. ▼—**tje** chat. ▼—**ziek** talkative.

baby baby. ▼—**box** play-pen. ▼—**foon** baby alarm. ▼—**oppas**, —**sit(ter)** baby sitter. ▼—**uitzet** layette.

baccalaureaat bachelor's degree.

bacchanaal bacchanal.

Bacchus Bacchus; *aan — offeren*, sacrifice to Bacchus. ▼—**feest** Bacchanalia. ▼—**lied** Bacchanalian song.

bacil bacillus. ▼—**lendrager** germ-carrier.

bacterie bacterium *(mv* bacteria). ▼—**dodend (middel)** germicide. ▼**bacteriënoorlog** bacterial warfare, germ warfare. ▼**bacterievrij** sterile, sterilized. ▼**bacterio/logie** bacteriology. ▼—**logisch** bacteriological. ▼—**loog** bacteriologist.

bad bath; *(in zee of rivier)* bathe; *een — nemen*, have (take) a b.; *een — geven*, bath (a baby). ▼—**benodigdheden** bath(ing) requisites. ▼—**en** bathe, bath (a baby); swim (in blood); *in tranen —d*, bathed in tears. ▼—**er** bather. ▼—**gast** (seaside) visitor. ▼—**handdoek** bath-, bathing-towel. ▼—**hokje** bathing-box. ▼—**huis** public-baths. ▼—**kamer** bath-room. ▼—**kostuum** bathing suit, swimsuit. ▼—**kuip** bath-tub. ▼—**kuur** bathing-cure. ▼—**mantel** bath(ing)-wrap. ▼—**meester** bath(s)-superintendent. ▼—**muts** bathing-cap. ▼—**pak** bathing-suit, swimsuit. ▼—**plaats** seaside place; *(niet aan de kust)* spa. ▼—**schoen** bath-slipper. ▼—**schuim** bath foam, bubble bath. ▼—**stoel** beach-chair. ▼—**stof** terry (cloth) towelling. ▼—**water** bath-water. ▼—**zeep** bath soap. ▼—**zout** bath salts.

badineren banter, joke.

bagage luggage, baggage. ▼—**bureau** l.-office. ▼—**depot** cloakroom. ▼—**drager** carrier. ▼—**kluis** *(op station, enz.)* luggage locker. ▼—**net**, —**rek** (l.-)rack. ▼—**ruimte** l.-space, space for l.; *(v. auto)* boot, *(Am.)* trunk. ▼—**wagen** l.-van.

bagatel trifle, bagatelle. ▼—**liseren** play down.

bagger mud, slush. ▼—**en 1** dredge; **2** wade (through the mud). ▼—**laarzen** waders. ▼—**machine**, —**molen** dredger. ▼—**schuit** mud-barge. ▼—**werkzaamheden** dredging work.

Bahama eilanden (The) Bahamas. ▼**Bahamiaan(s)** Bahaman.

baisse fall; *à la — speculeren*, sell short, sell a bear. ▼**baissier** bear.

bajes quod.

bajonet bayonet; *met gevelde —*, with fixed bayonet. ▼—**schermen** b.-exercise. ▼—**sluiting** b.-catch.

bak 1 *(voor vlees, as, enz.)* tray; *(etensbak)* trough; *(v. metselaar)* hod; *(waterreservoir)* cistern, tank; **2** *(v. schip)* fore-castle; **3** *(gevangenis)* quod, jug; **4** *(mop)* joke, lark (let's have a l. with him).

bakbeest whopper, colossus.

bakboord port; *iem. van — naar stuurboord zenden*, send a p. from pillar to post. ▼—**zijde** port-side.

bakeliet bakelite.

baken beacon; *(boei)* buoy; *de —s verzetten*, change one's tack; *de —s zijn verzet*, times have changed. ▼—**landing** *(luchtv.)* blind landing. ▼—**licht** b. light.

baker (dry-)nurse. ▼—**en** dry-nurse. ▼—**kindje** infant in arms. ▼—**mat** cradle.

baat—**praat** old wives' tales. ▼—**rijm(pje)** nursery-rhyme.

bakfiets carrier cycle.

bakje tray; cup (of coffee); *(rijtuig)* cab.

bakkebaard (side)whiskers, *(fam.)* side-boards, *(Am.)* sideburns.

bakkeleien tussle, scuffle, *(sl.)* scrap; *(fig.)* bicker, wrangle; *aan 't — raken*, fall out; come to blows.

bakken 1 bake (bread, earthenware); fry (fish, potatoes), **2** fail (in examination). ▼**bakker** baker. ▼**bakkers/artikelen** baker's goods. ▼—**bedrijf** baker's trade; *(een —)* baker's business. ▼—**kar** baker's cart. ▼—**knecht** baker's man. ▼—**oven** baker's oven. ▼—**patroon** master baker. ▼—**tor** cock-roach. ▼—**vak** baker's trade. ▼—**wagen** baker's cart. ▼—**winkel** baker's shop. ▼**bakkerij** bakery.

bakkes mug; *hou je —*, shut your trap.

bak/lap fried steak. ▼—**lucht** smell of frying. ▼—**meel** baking-flour. ▼—**oven** oven. ▼—**pan** frying-pan. ▼—**poeder** baking-powder. ▼—**sel** batch, baking. ▼—**steen** brick; *'t regent bakstenen*, it's coming down in bucketful. ▼—**vet** frying-fat; *bak- en braadvet*, cooking fat. ▼—**vis** *(lett.)* frier; *(fig.)* flapper. ▼—**zeil**: *— halen*, back the sails; *(fig.)* climb down, back down.

bal 1 ball; *(teel —)* testicle; *een moeilijke — maken*, *(bilj.)* play a difficult shot; *de — aan 't rollen brengen*, set the b. rolling; *elkaar de — toespelen (toewerpen)*, play into each other's hands; *ik weet er de — van van*, I don't know a damn thing about it; **2** ball, dance.

balanceren balance, poise, *(fig.)* vacillate. ▼**balans** balance, (pair of) scales; *de — opmaken*, draw up the b.-sheet, *(fig.)* strike a b.; *de — opmaken van*, assess the results of. ▼—**opruiming** stock-taking sale. ▼—**rekening** balance account.

balboekje (dancing)card, programme. ▼**bal-champêtre** open-air dance.

baldadig disorderly (conduct); wanton (destruction). ▼—**heid** disorderliness; wantonness.

baldakijn canopy.

Baleáren Balearics.

balein whalebone; *(v. korset)* busk; *(v. paraplu)* rib.

balg bellows.

balhoofd ball-head.

balie railing; *(v. kantoor)* counter; *(advocaten)* bar; *tot de — toelaten*, call to the bar. ▼—**kluiver** loafer.

baljapon ball-dress, dance-frock.

baljuw bailiff.

balk beam; *(vloer—)* joist; *(dak—)* rafter; *(noten—)* staff; *(op schild)* bar; *'t geld over de — gooien*, play ducks and drakes with one's money; *dat mag wel aan de —*, that is s.th. to be marked with a white stone.

Balkan: *de —, the Balkans.* ▼—**staten** the Balkan States, the Balkans.

balken *(v. ezel)* bray; *(fig.)* bawl.

balkon balcony; *(v. tram)* platform. ▼—**deuren** French windows.

balkostuum ball-dress.

ballade ballad. ▼—**ndichter** b. writer.

ballast ballast; *(fig.)* lumber.

ballen 1 *(spelen)* play with a ball, play at ball; **2** *de vuisten*, clench one's fists.

ballet ballet. ▼—**danser(es)** b.-dancer.

balletje *(gehakt)* forced-meat ball; *(hoest—)* cough-drop; *een — over iets opgooien*, throw out a feeler.

balling exile. ▼—**schap** exile, banishment.

ballistiek ballistics.

ballon *(lucht—)* balloon; *(v. lamp)* globe. ▼—**band** b. tyre. ▼—**vaarder** balloonist. ▼—**vaart** b. trip. ▼—**versperring** b.-barrage.

ballot/age ballot. ▼—**age-commissie** b. committee. ▼—**eren** vote by ballot.

ballpoint(pen) ball-point pen, biro.

bal-masqué masked ball.

balorig unruly, refractory; *— worden*, *(ook)*

take the bit between one's teeth, put one's back up. ▼—**heid** cussedness; *louter uit* —, out of sheer cussedness.
balpen ball-point pen, biro.
balsem balm. ▼—**en** embalm. ▼—**ing** embalmment.
balspel ball-game, game of ball.
balsturig untractable.
Baltisch Baltic; *de* — *e Zee*, the Baltic.
balustrade balustrade; (*v. trap*) banisters.
balzaal ball-room.
balzak scrotum.
bamboe bamboo.
ban 1 excommunication; *in de* — *doen*, excommunicate; (*fig.*) ban, taboo; **2** (*betovering*) spell; *onder de* — *v.*, under the s. of.
banaal banal, commonplace.
banaan banana.
banaliteit banality, platitude.
bananeschil banana-peel.
banbliksem anathema.
band (*v. muts, schort, enz.*) string; (*v. kleermaker, tape-recorder*) tape; (*lint*) ribbon; (*als verband*) bandage; (*om arm, hoed, sigaar*) band; (*radio*) (*wave*)band; (*anat.*) ligament; (*voor gebroken arm*) sling; (*strook*) belt (*a green belt round a town*); *lopende* —, conveyor-belt, assembly-belt, assembly-line; *aan de lopende* — *geproduceerd*, mass-produced; (*v. vat*) hoop; (*v. wiel*) tire, tyre; (*v. boek*) binding; (*boekdeel*) volume; (*v. trottoir*) kerb(stone); (*bilj.*) cushion; (*fig.*) bond, tie; —*en des bloeds* (*der vriendschap*), ties of blood (of friendship); *nauwe —en hebben met*, have close relationships with; *aan de* — *leggen*, tie up (a dog); *iem. aan* —*en leggen*, restrain a p.; *uit de* — *springen*, kick over the traces. ▼**band/afnemer** tire-lever, tyre-lever. ▼—**breedte** bandwidth.
bandeloos lawless, licentious. ▼—**heid** lawlessness, licentiousness.
bandepech tire (tyre) trouble, puncture.
banderol 1 banderole; **2** (*cigar*) band.
bandespanning tyre pressure.
bandiet bandit, ruffian. ▼—**enbende** gang of bandits. ▼—**enstreek** piece of banditry. ▼**banditisme** banditry.
bandontwerp cover design.
band/opnemer, —**recorder** tape-recorder.
banen: *een weg* —, clear a way; *zich een weg* —, make (push) one's way through; *nieuwe wegen* —, break new ground; *de weg* — *voor*, pave the way for; *gebaande weg*, beaten track.
bang afraid (*alleen pred.*); (*schuchter*) timorous, fearful; (*ongerust*) anxious, uneasy; — *zijn voor*, be afraid (frightened, scared) of; (*bezorgd voor*) be afraid for, fear for; — *zijn voor zijn leven*, go in fear of one's life; *zo — als een wezel*, as timid as a hare; — *maken*, make æfraid, scare; — *worden*, become scared. ▼—**erd** coward, funk. ▼—**heid** fear, timidity. ▼—**makerij** intimidation.
Bangladesh Bangladesh.
banier banner. ▼—**drager** standard bearer.
banjer toff.
banjo banjo.
bank 1 (*werk*—, *in park*) bench; (*tuin, auto, enz.*) seat; sofa, (*klein model daarvan*) settee; (*school*—) form, desk; (*kerk*—) pew; **2** (*geld*—) bank; — *van lening*, pawnshop; (*hij is*) *aan een* —, in a bank; *door de* —, on an average, by and large; *geld op de* — *hebben*, have money in (at) the bank; *de* — *hebben* (*houden*), keep the bank; *de* — *doen springen*, break the bank; *wij doen zaken met deze* —, we bank with this firm. ▼—**bediende** bank clerk. ▼—**bedrijf** banking; *een* —, a banking business. ▼—**biljet** banknote. ▼—**breuk** bankruptcy. ▼—**directeur** bankmanager. ▼—**disconto** bank rate.
banket 1 (*feestmaal*) banquet; **2** (*gebak*) almond pastry. ▼—**bakker** confectioner. ▼—**bakkerij** confectioner's (shop). ▼—**letter** pastry-letter.
bank/geheim banking-secret, banker's

discretion. ▼—**houder 1** banker; **2** (*pandhuishouder*) pawnbroker. ▼—**ier** banker. ▼—**instelling** banking-house. ▼—**kapitaal** bank-stock. ▼—**krediet** bank-credit. ▼—**loper** bank-messenger. ▼—**noot** banknote. ▼—**overval** bank hold-up. ▼—**papier** bank-notes. ▼—**rekening** bank-account. ▼—**relatie** bank.
bankroet I *zn* bankruptcy. **II** *bn* bankrupt; — *gaan*, fail, become bankrupt. ▼—**ier** bankrupt. ▼—**verklaring** declaration of bankruptcy.
bank/roof bank-robbery. ▼—**saldo** bank-balance.
bankschroef (*bench*-)vice.
bank/schuld overdraft. ▼—**staat** bank return.
bankstel three-piece suite.
bankvereniging joint-stock bank.
bankwerker fitter, bench-hand.
bank/wezen the banks. ▼—**zaken** banking business.
banneling exile. ▼**bannen** banish (thoughts or p.), exile (a p.).
banvloek anathema; *de* — *uitspreken over*, curse by bell, book and candle; (*fig.*) hurl anathema at.
baptist baptist.
bar I *zn* (refreshment-)bar. **II** *bn* (*dor*) barren (land); severe (cold); *dat is* (*al te*) —, that's a bit thick; *de* —*re werkelijkheid*, the stark (terrible) reality. **III** *bw* awfully (bad).
barak shed. ▼—**kenkamp** hut camp.
barbaar barbarian. ▼**barbaars** barbarous. ▼—**heid** barbarity.
Barbados Barbados, Barbados.
barbecue barbecue, b.-party. ▼—**n** barbecue.
barbier barber. ▼—**swinkel** b.'s shop.
barbituraat barbiturate.
bard bard. ▼—**enzang** bardic lay (*of:* song).
barderen bard.
baren *ww* bear, give birth to; cause (surprise, trouble); *oefening baart kunst*, practice makes perfeet. ▼**barens/nood**, —**weeën** throes; *in* —, in labour.
baret cap, beret; (*op univ.*) (*fam.*) mortar board.
bargoens jargon, lingo, flash.
bariet barite.
bariton baritone.
barkas long-boat, launch.
barkeeper bar-keeper, bar-man, (*Am.*) bartender. ▼**barkruk** bar stool.
barmhartig charitable, merciful. ▼—**heid** charity, mercy.
barnsteen amber. ▼**barnstenen** amber.
barok baroque.
barometer barometer, glass. ▼—**stand** height of the b.
baron(es) baron(ess). ▼—**ie** barony.
barrel 1 (*vat*) barrel; **2** *aan* —*s slaan*/*gooien*, smash to atoms.
barrevoets *bn & bw* barefoot; *bn* barefooted.
barricad/e barricade. ▼—**eren** barricade.
barrière barrier.
bars gruff (voice); grim, stern (face).
barst (*in deur, kopje*) crack, flaw; (*in.huid*) chap. ▼—**en** burst (*ook fig.*); (*v. ruit*) crack; (*v. huid*) chap; *barst!*, go hang!, *iem. laten* —, let a p. go hang; —*de hoofdpijn*, splitting headache; *de zaal was tot* —*s toe vol*, the hall was packed to capacity, crammed.
Bartjens: *volgens* —, according to Cocker.
bas bass; — *zingen*, sing b.
basalt basalt. ▼—**blok** b.-block. ▼—**slag** road metal.
bascule weighing-machine. ▼—**brug** counterpoise bridge.
base base.
baseren base, ground (on); *op eigen ervaringen* —, ground on one's own experiences.
basilicum (*plant*) basil.
basiliek basilica.
basis (*grondslag*) basis; (*wisk. en steunpunt*) base (*Malta is a naval base*); *de* — *leggen voor*, lay the foundation of. ▼—**loon** basic

salary, basic wages. ▼**—onderwijs** (*ongev.*) primary education. ▼**—opleiding** basic training. ▼**—school** primary school.
basisch basic.
Bask(isch) Basque.
Basoeto(land) Basuto(land).
bas-relief bas(s)-relief, low relief.
bassen bark, bay.
bassin basin.
bas/sist bass. ▼**—sleutel** bass clef. ▼**—stem** bass (voice). ▼**—viool** violoncello.
bast (*onder schors*) bast; (*schors*) rind, bark; (*peul*) husk, shell; *iem. op zijn — geven*, tan a p.'s hide.
basta enough!; *en daarmee —!*, and there's an end!
bastaard bastard. ▼**—hond** mongrel. ▼**—suiker** (soft) brown sugar.
Bataaf(s) Batavian.
bataljon battalion.▼**—scommandant** b.-commander.
Batavier Batavian.
baten I *ww* avail; *wat baat het?*, what's the use?; *het baat niet*, it's no use; *dit middel heeft mij zeer gebaat*, this remedy has greatly benefited me; *daar zij wij beiden mee gebaat*, that will benefit both of us, that will serve both our interests; *baat 't niet, het schaadt ook niet*, if it does not help, it won't harm either. II *zn* assets; *— en schaden*, profits and losses.
batig: *— saldo*, credit balance, surplus.
batik batik (-work). ▼**—ken** batik.
batist(en) batiste, lawn, cambric.
batterij battery; *droge —*, dry b.
bauxiet bauxite.
baviaan baboon.
bazaar bazaar, (*liefdadigheid*) fancy-fair; *ook*: church/hospital bazaar; (*warenhuis*) stores.
Bazel Basle.
bazelen drivel, talk rot.
bazig masterful, domineering, (*sl.*) bossy. ▼**bazin** mistress.
bazooka bazooka.
bazuin trumpet; *— van 't Laatste Oordeel*, trump of doom. ▼**—geschal** sound of trumpets.
B.B. Civil Defence.
beadem/en breathe upon. ▼**—ing**: *mond-op-mond—*, mouth-to-mouth resuscitation.
beambte official, officer.
beamen assent (to), (*bevestigen*) endorse, confirm.
beangst afraid, anxious. ▼**—igen** alarm, (*angst aanjagen*) frighten.
beantwoord/en answer, reply to; return (a visit, a compliment; acknowledge (signal); (*vriendschap*) return, reciprocate; *— aan de verwachtingen*, come up to expectations; *aan 't doel —*, answer the purpose; *liefde —*, requite love. ▼**—ing** reply, answer (to), return, requital.
bearbeiden work, till.
Beatrix Beatrice.
bebaken/en beacon/buoy (out). ▼**—ing** beaconage.
bebloed blood-stained.
beboeten fine, mulct.
beboss/en afforest; *bebost* **1** afforested; **2** (*bosrijk*) wooded. ▼**—ing** afforestation.
bebouw/en **1** (*akker, enz.*) cultivate, till; **2** (*met gebouwen*) build upon. ▼**—d** **1** cultivated (ground); **2** built over; *—e kom*, built-up area. ▼**—ing** **1** cultivation; **2** building (upon); (*concr.*) buildings.
becijfer/en calculate, figure out. ▼**—ing** calculation.
becommentariëren comment upon.
beconcurreren compete with.
bed bed; *'t — houden*, stay in bed; *naar — brengen*, put to b.; *naar — gaan*, go to b.; *naar —je gaan*, (*kindert.*) go to bye-bye(s); *te — liggen met griep*, be laid up with flu (influenza); *iem. uit zijn — halen*, drag a p. from his b.; *zijn —je gespreid vinden*, find one's bed made for one.

bedaagd aged.
bedaard calm, composed. ▼**—heid** calmness, composure.
bedacht: *— op*, mindful of (his interests), alive to (the fact that...); (*voorbereid op*) prepared for. ▼**—zaam** thoughtful, cautious. ▼**—zaamheid** thoughtfulness, caution.
bedank/brief letter of thanks. ▼**—en** I *ww* thank; resign (office, membership); decline (invitation); *wel bedankt!*, thank you (thanks) very much!; *zonder te —*, without acknowledgement; *ik bedank ervoor om zo behandeld te worden*, I refuse to be treated like this. II *zn*: *wegens 't — van vele leden*, on account of many resignations (withdrawals). ▼**—je** acknowledgement, thanks; (*weigering*) refusal; (*v. lid*) resignation.
bedaren (*v. pers.*) calm down; (*v. storm, enz.*) die down, subside; *bedaar!*, compose yourself!; *tot — brengen*, calm down, allay, soothe; *tot — komen*, pull oneself together.
bedauwen bedew.
bedde/deken blanket. ▼**—goed** bedding, bed-clothes. ▼**—kussen** pillow. ▼**—laken** sheet. ▼**—sprei** bed-spread, coverlet.
bedding (*v. rivier, enz.*) bed.
bede prayer; (*smeek—*) supplication.
bedeeld endowed (with). ▼**bedeelde** pauper.
bedeesd timid, shy. ▼**—heid** timidity, shyness.
bedehuis house of worship, chapel.
bedekk/en cover (up). ▼**—ing** cover(ing). ▼**bedekt** covered; covert (allusions, terms).
bedel/aar beggar. ▼**—ares** beggar-woman. ▼**—arij** begging. ▼**—armband** charm bracelet/bangle. ▼**—brief** begging-letter. ▼**—broeder** mendicant (friar). ▼**—en** beg (alms), ask for charity; *om iets —*, beg for s.th.
bedèl/en (*met talenten, enz.*) endow; *de armen —*, bestow alms on the poor. ▼**—ing** dole, poor relief; *van de — krijgen*, be on the dole.
bedel/knaap beggar-boy. ▼**—monnik** mendicant. ▼**—staf** beggar's staff; *tot de — brengen*, reduce to beggary.
bedelven bury, entomb; *bedolven onder 't werk*, snowed under with work.
bedenkelijk critical, serious, grave (condition, situation); doubtful (means, face); *het ziet er — voor hem uit*, things look pretty serious for him; *het lijkt — veel op...*, it bears a grave resemblance to..., it looks suspiciously like...
bedenk/en (*onthouden*) remember; (*overwegen*) consider; (*uitdenken*) think of, devise, invent; *iem. —*, remember a p. (in one's will); *het is goed bedacht*, it is a good idea; *zich —*, change one's mind; *zich op iets —*, think a matter over; *zich tweemaal — vóórdat...*, think twice before...; *zonder (zich te) —*, without hesitation. ▼**—ing** (*bezwaar*) objection, (*overweging*) consideration; *ik zal 't in houden*, I'll think it over; *—en hebben (tegen)*, make objections (to). ▼**—tijd** time for reflection.
bederf decay, corruption; (*v. koren*) blight; *aan — onderhevig*, perishable; *tot — overgaan*, decay, go bad. ▼**—elijk** perishable. ▼**—werend** antiseptic. ▼**bederven** I *ov.w* spoil (child); corrupt (morals); mar (pleasure); ruin (one's health); taint (air); disorder (the stomach); *de hele boel —*, spoil the whole thing. II *on.w* (*v. eetwaren*) go bad; (*v. melk*) turn sour; (*v. goederen*) deteriorate.
bedevaart pilgrimage. ▼**—ganger** pilgrim. ▼**—plaats** place of p.
bedgenoot bedfellow.
bedienaar minister (of God's Word). ▼**bediende** servant; (*lijfknecht*) valet, man; (*winkel*) assistant; (*in zaken*) employee; (*kantoor*) clerk. ▼**bedienen** I *ov.w* **1** serve (gun, customers, Mass); wait upon (a guest); (*v. leverancier*) supply, cater for; tend (a machine); **2** (*een stervende —*) administer the last sacraments; *iem. op zijn wenken —*, serve a p. promptly, be at a p.'s beck and call; *zich — van*, help o.s. to (potatoes); avail o.s. of (an opportunity); use (a knife). II *on.w* (*in winkel*)

serve; wait (at table). ▼**bediening 1** (*winkel, hotel, enz.*) attendance, service; **2** administration of the last sacraments; **3** *mil.*: (*bedieningsmanschappen*) crew; *dubbele —,* (*lesauto*) dual control. ▼**—sgeld** service charge. ▼**—sknop** control. ▼**—smanschappen** (*mil.*) gun-crew. ▼**—smechanisme** control mechanism. ▼**—spaneel** control panel.

bedijk/en dam in, embank. ▼**—ing** damming in, embankment.

bedil/al 1 busy-body; **2** fault-finder. ▼**—len** find fault with, cavil at. ▼**—lerig** censorious, captious. ▼**—zucht 1** censoriousness, **2** meddlesomeness.

beding condition; *onder één —,* on one c.; *onder — dat,* on c. that. ▼**—en 1** stipulate (that...); **2** bargain for (a price); **3** obtain (a price); *dat is er niet bij bedongen,* that is not included (in the bargain); *tenzij anders bedongen,* unless stipulated otherwise.

bediscussiëren discuss.

bedisselen arrange, manage.

bedleeslamp bedside lamp.

bedlegerig bedridden, confined to one's bed. ▼**—heid** confinement to bed.

Bedoeïen Bedouin, Beduin.

bedoelen (*met*) mean (by); (*beogen*) have in view, aim at, drive at; (*v. plan zijn*) intend; *ze — 't goed,* they mean well; *goedbedoelde opmerkingen,* well intentioned remarks; *'t was niet kwaad bedoeld,* no offence was meant; *wat bedoel je (daar) eigenlijk (mee)?,* what are you driving at? ▼**bedoeling** (*betekenis*) meaning; (*oogmerk*) intention, purpose, aim; *met kwade —,* with evil intent; *zonder enige —,* quite unintentionally; *zonder kwade —en,* without meaning any harm; *met de beste —en,* with the best intentions; *ik had er geen — mee,* I did not mean anything; *het ligt niet in mijn — om,* I have no intention to, I do not propose to.

bedoen: *zich —,* dirty o.s.

bedompt close, stuffy. ▼**—heid** closeness, stuffiness.

bedonderen fool, gull, (*sl.*) spoof; *zie* **bedotten**; *ben je bedonderd?,* are you mad?; *'t is een bedonderd geval,* it's a wretched business.

bedorven spoiled (child); corrupt, depraved (morals); tainted (meat); bad (egg); disordered (stomach).

bedott/en: *iem. —,* trick (dupe) a p., (*sl.*) do a p. in the eye, take a p. for a ride. ▼**—er** cheat. ▼**—erij** trickery, hanky-panky.

bedrad/en wire. ▼**—ing** wiring.

bedrag amount; *ten —e van,* to the a. of. ▼**—en** amount to; *in totaal £35 —,* total up to £35.

bedreig/en threaten. ▼**—ing** threat; *onder — van,* under threat of.

bedremmeld confused, perplexed, embarrassed, taken aback.

bedreven skilled, skilful. ▼**—heid** skill.

bedrieg/en cheat, deceive, swindle; *als ik mij niet bedrieg,* if I am not mistaken; *dan kom je bedrogen uit,* your hopes will be deceived. ▼**—er** deceiver, impostor; *de — bedrogen,* the biter bit. ▼**—erij** deceit, imposture. ▼**bedrieglijk** deceitful (character); fraudulent (practices); deceptive (likeness, figures). ▼**—heid** deceitfulness, etc.

bedrijf (*nijverheid*) industry; (*gas, spoorwegen*) service; (*beroep*) business, trade; (*zaak*) business; (*v. toneelstuk*) act; *buiten —,* out of action, idle; *buiten — stellen,* close down; *in — komen,* come into operation; *onder de bedrijven door,* meanwhile. ▼**bedrijfs/administratie** business administration, b. accountancy. ▼**—arts** (*ongev.*) company medical officer. ▼**—auto** commercial vehicle, trade-van. ▼**bedrijfschap** trade organization. ▼**bedrijfs/chef** (acting) manager. ▼**—economie** business economics, industrial economy. ▼**—ervaring** business experience. ▼**—geheim** trade secret. ▼**—ingenieur** works engineer. ▼**—inkomsten** revenue. ▼**—jaar**

working year, trading year. ▼**—kapitaal** working-capital. ▼**—klaar** in working condition. ▼**—kosten** working-expenses. ▼**—leider** working-manager. ▼**—leiding** management. ▼**—leven** trade and industry, industrial circles; (*abstr.*) industrial life. ▼**—materiaal** plant. ▼**—organisatie** industrial organization, trade-union. ▼**—psychologie** industrial psychology. ▼**—raad** industrial council, (*v. fabr.*) works council. ▼**—tak** branch of industry. ▼**—verzekering** consequential loss insurance, loss of profit insurance. ▼**—wetenschap(pen)** science of industrial organization. ▼**—zeker** dependable. ▼**—zekerheid** dependability.

bedrijv/en commit, perpetrate. ▼**—er** committer, perpetrator.

bedrijvig active, industrious, busy. ▼**—heid** activity.

bedrinken: *zich —,* fuddle oneself, get tight.

bedroefd I *bn* sad, sorrowful; *'t ziet er — met hen uit,* they are in a fix. **II** *bw:* — *slecht,* distressingly bad; — *weinig,* precious little. ▼**—heid** sadness, sorrow. ▼**bedroev/en** grieve; *zich — over,* be grieved at. ▼**—end I** *bn* sad, saddening. **II** *bw: zie* **bedroefd**.

bedrog fraud, deceit; — *plegen,* cheat, practise fraud. ▼**—ene** dupe, victim.

bedruipen: *zich(zelf) —,* pay one's way, support oneself.

bedrukken print. ▼**bedrukt 1** (*papier*) printed; **2** (*gemoed*) dejected. ▼**—heid** dejection.

bed/sermoen curtain-lecture. ▼**—stede** cupboard-bed. ▼**—tijd** bed-time.

beducht: — *voor,* apprehensive of, afraid of. ▼**—heid** apprehension, fear.

beduiden (*betekenen*) mean, represent; (*aanduiden*) indicate; (*te verstaan geven*) give to understand; (*voorspellen*) forebode; (*uitleggen*) make clear; *hij beduidde mij te gaan zitten,* he motioned me to sit down.

beduimeld thumbed.

beduusd taken aback.

beduvelen fox, sell, gull, swindle; (*Am.*) double-cross; *het ziet er beduveld uit,* it looks pretty grim.

bedwang restraint, control; *in — hebben (houden),* keep under control.

bedwateren wet one's bed.

bedwelm/en (*door gas*) stupefy, stun; (*door narcotica*) drug, dope; (*door drank*) intoxicate. ▼**—end** — *middel,* dope, drug. ▼**—ing** stupor, narcosis.

bedwingen check, control, restrain; (*opstand*) quell, suppress; (*lachen*) contain; (*hartstocht*) master; (*tranen*) keep back; (*brand*) get under control, check.

beëdig/d confirmed by oath; — *makelaar (translateur),* sworn broker (translator); —*e verklaring,* sworn statement. ▼**—en swear (in)** a p., swear to (a thing). ▼**—ing** swearing-in; (*v. verklaring*) confirmation on oath.

beëindig/en conclude, terminate. ▼**—ing** conclusion, termination.

beek brook. ▼**—je** brooklet.

beeld (*alg.*) image; (*portret, enz.*) portrait, picture; (*redefiguur*) figure (of speech); (*stand—*) statue; (*zinne—*) symbol; *een — van een japon,* a dream of a dress; *een — van een meisje,* a picture of a girl; *zich een — vormen van,* form a picture of; *iets in — brengen,* picture (portray) s.th. ▼**—band** videotape. ▼**—buis** (viewing) screen, cathode-ray tube. ▼**—end:** —*e kunsten,* (*ong.*) plastic arts. ▼**—endienst** image-worship. ▼**—enstorm** iconoclasm. ▼**—enstormer** i.-breaker, iconoclast. ▼**—houwen** sculpture, sculpt; (*v. hout*) carve. ▼**—houwer** sculptor. ▼**—houwkunst, —houwwerk** sculpture. ▼**—ig** charming. ▼**—je** statuette, (*ornamenteel*) figurine. ▼**—plaat** videodisc. ▼**—rijk** ornate. ▼**—roman** comic (strip), (*griezelverhaal, enz.*) horror comic. ▼**—scherm** screen. ▼**—schoon** of rare beauty. ▼**—signaal** video

signal. ▼—**spraak** imagery. ▼—**telefoon** videophone. ▼—**verhaal** *zie* —**roman**.
▼**beeltenis** image, portrait.
beemd field, meadow.
been (*v. lichaam, passer*) leg; (*in lichaam*) bone; (*v. hoek*) side; *'t zijn sterke benen die de weelde kunnen dragen*, put a beggar on horseback, and he'll ride to the devil; *benen maken* (*d'r benen nemen*), take to one's heels; *met het verkeerde — uit bed stappen*, get out of bed on the wrong side; *met één — in 't graf staan*, have one foot in the grave; *met beide benen op de grond staan*, be level-headed; *op de — blijven*, keep one's feet; *op de — brengen*, set (a p., an industry, etc.) on his (its) legs; raise (an army); *op de — houden*, maintain (an army); keep (a p.) going; *op één — kan men niet lopen*, two make a pair; *op eigen benen staan*, stand on one's own legs; *op de — zijn*, be stirring; *er was veel volk op de —*, a great many people were about; (*de zieke is*) *weer op de —*, up and about again; *vlug* (*slecht*) *ter — zijn*, be a good (bad) walker. ▼—**achtig** bony, osseous. ▼—**bekleding**, —**kappen** leggings. ▼—**beschermer** leg-guard, pad. ▼—**breuk** fracture (of a bone, leg).
beender/meel bone-meal. ▼—**stelsel** osseous system, skeleton.
beentje: *iem. een — lichten*, trip a p. up, put a p.'s nose out of joint; *zijn beste — voorzetten*, put one's best foot foremost; —*-over rijden*, do the outside edge.
been/vissen osseous (*of:* bony) fish. ▼—**vlies** periosteum. ▼—**vliesontsteking** periostitis. ▼—**vorming** formation of bone, osteogenisis. ▼—**weefsel** bony tissue. ▼—**windsels** puttees. ▼—**zwart** bone-black.
beer 1 bear; **2** (*varken*) boar; **3** (*waterkering*) dam, weir; (*muurstut*) buttress; **4** (*heiblok*) rammer; **5** (*schuld*) debt; (*schuldeiser*) dun; **6** (*faecaliën*) muck; *Grote B—*, Great Bear; *Kleine B—*, Little Bear; *de huid verkopen vóór men de — geschoten heeft*, count your chickens before they are hatched; *op de — kopen*, buy on tick; *de — is los*, the fat is in the fire.
beerput cesspool.
beertje little bear; (*speelgoed*) Teddy bear.
beërven inherit (from).
beest animal, beast, brute; *het arme —*, the poor brute; *de — uithangen*, raise Cain.
▼**beestachtig** beastly, bestial, brutal.
▼—**heid** bestiality, brutality. ▼**beesten/boel** mess; (*herrie*) racket. ▼—**markt** cattle-market. ▼—**spel** menagerie. ▼—**stal** cattle-shed; (*fig.*) mess. ▼—**voeder** fodder. ▼—**wagen** cattle-truck.
beet bite; (*v. slang*) sting; (*hap*) bite, morsel; —*grijpen*, take hold of, catch, grasp; *— hebben*, have got hold of; (*v. vissers*) have a bite; *hij heeft er de smaak van —*, he has developed a taste for it; *ik heb er de slag van —*, I've got the hang (knack) of it; *iem. —nemen*, take hold of s.th., seize s.th.; *iem. —nemen*, (*fig.*) fool a p.
beetje: *een —*, a little, a bit; *alle —s helpen*, every little helps; *we zijn zo'n — vrienden*, are sort of friends together; *hij kent zo'n — Engels*, he knows English after a fashion; *bij —s*, little by little.
beetnemen en gull; (*fam.*) pull a p.'s leg, fox, jockey; *gemakkelijk beet te nemen*, gullible. ▼—**erij** take-in, sell.
beetpakken seize, take hold of.
beetwortel beet(root). ▼—**stroop** b.-syrup. ▼—**suiker** b.-sugar.
bef (pair of) bands.
befaamd famous, renowned. ▼—**heid** fame, renown.
beflijster ring-ousel.
begaafd gifted, talented. ▼—**heid** gifts, talents.
begaan I *ww* **1** walk upon (road); **2** commit (crime), make (mistakes); *'n flater —*, commit a blunder; *laat mij maar —*, leave it to me; *de*

juiste weg —, take the right steps. **II** *bn* **1** — *pad*, beaten track; *begane grond*, ground level; **2** — *zijn met*, pity, feel sorry for. **III** *zn* (*v. misdaad*) perpetration.
begaanbaar practicable, passable.
begeer/lijk desirable. ▼—**te** desire (of); lust (of conquest, of the flesh); craving (for food).
begeleid/en accompany (*ook muz.*), conduct; (*hoger geplaatste*) attend; (*mil.*) convoy. ▼—**end**: — *schrijven*, covering letter; —*e omstandigheden*, attendant circumstances. ▼—**er** companion; (*muz.*) accompan(y)ist. ▼—**ing** escort; (*muz.*) accompaniment; *met — van*, to the a. of.
begenadig/en reprieve, pardon; *hij is een begenadigd kunstenaar*, he is a supreme artist, an artist by the grace of God. ▼—**ing** reprieve, pardon.
begeren desire, wish, covet. ▼—**enswaard** desirable. ▼—**ig** desirous, eager; (*inhalig*) greedy; —*e blikken werpen op*, cast covetous eyes on. ▼—**igheid** eagerness, greediness.
begeven 1 *zijn krachten begaven hem*, his strength gave way (failed); *zijn moed begaf hem*, his heart sank; **2** *zich — naar*, go, make one's way to; *zich —*, (*naar huis*) go home; (*in 't huwelijk*) marry; (*in speculaties*) engage in speculations; (*op weg*) set out (for); (*aan 't werk*) set to work; *zich onder het volk —*, mix with the people.
begieten water.
begiftigen endow, present (with); *met talent begiftigd*, endowed with talent, talented.
begijn beguine. ▼—**hof** beguinage.
begin beginning, start, commencement; *een — van twijfel*, an incipient doubt; *alle — is moeilijk*, all beginnings are difficult; *'n goed — is 't halve werk*, well begun is half done; *bij 't —*, at the b.; *van 't — af aan*, from the first, from the b.; *van 't — tot 't einde*, from b. to end, throughout. ▼—**beginnen 1** begin, commence, start; **2** do; *begin maar*, fire away!, go ahead!; *wat ben ik begonnen!*, what have I let myself in for!; *wat te —!*, what to do!; *wat had ik moeten — als*, what would have become of me, if; *om te —*, to b. with; *aan iets —*, begin s.th.; *start on s.th.; er is niets mee te —*, it's hopeless; *— over een onderwerp*, broach a subject; *over een ander onderwerp —*, change the subject. ▼**begin/ner** beginner, novice. ▼—**punt** starting-point. ▼—**salaris** commencing salary.
beginsel principle; *de* (*eerste*) —*en*, the rudiments; *in —*, in p.; *uit —*, on p. ▼—**loos** without principle(s), unprincipled. ▼—**loosheid** lack of principle(s). ▼—**programma** *zie* —**verklaring**. ▼—**verklaring** programme, declaration of intent; (*v. partij*) constitution.
beginstadium initial stage.
beglaz/en glaze; *dubbele —ing*, double glazing; double glazed windows.
begluren spy upon.
begonia begonia.
begoochel/en bewitch; (*bedriegen*) delude. ▼—**ing** bewitchment; delusion.
begraafplaats cemetery, burial-place.
▼**begrafenis** funeral, burial. ▼—**fonds** burial-club. ▼—**kosten** f.-expenses. ▼—**ondernemer** undertaker. ▼—**plechtigheid** f.-ceremony. ▼—**stoet** f.-procession. ▼**begraven** bury; *hij werd met militaire eer begraven*, he was given a military funeral.
begrensd limited. ▼—**heid** limitation.
▼**begrenzen** bound; (*beperken*) limit.
▼**begrenzing** limitation, boundary.
begrijpelijk comprehensible, understandable, intelligible; (*v. leerling*) intelligent; *iem. iets — maken*, make s.th. clear to a p. ▼—**erwijze** for obvious reasons. ▼—**heid** comprehensibility.
▼**begrijpen** understand, comprehend, grasp; *begrijp mij goed*, don't misunderstand me; *begrijp dat goed!*, get that straight!, make no mistake about that!; *verkeerd —*, misunderstand; *dat kan je —!*, (*ironisch*) not

likely!, no fear!; *moeilijk* —, be slow in the uptake; *vlug* —, be quick of apprehension; *dat laat zich gemakkelijk* —, that is easy to u.; *alles inbegrepen*, all found, inclusive; *ik heb het niet op hem begrepen*, I don't trust him; *ze hebben 't niet op elkaar begrepen*, they don't click (cotton on); *hij heeft het altijd op mij begrepen*, he is always down on me.

begrinten gravel.

begrip idea, notion; (*'t begrijpen*) comprehension; *kort* —, summary; *niet het flauwste* — *ervan*, not the faintest notion of it; *dat gaat mijn* — *te boven*, that is beyond me. ▼—**sleer** ideology. ▼—**svermogen** power of comprehension. ▼—**sverwarring** confusion of thought.

begroeid overgrown; wooded (hills).

begroet/en greet, salute, welcome. ▼—**ing** salutation, greeting, welcome.

begrot/en estimate (at). ▼—**ing** estimate; (*staats/*—) estimates, budget; — *van inkomsten (uitgaven)*, estimates of revenue (expenditure). ▼**begrotings/debat** debate on the budget. ▼—**rede** budget-speech. ▼—**tekort** budgetary deficit. ▼—**voorstel** budget proposal.

begunstig/en favour. ▼—**de** (*bij verzekering*) beneficiary. ▼—**er** patron (or art), customer. ▼—**ing** favour, patronage; (*economie*) preferential treatment; *onder* — *van de nacht*, under f. of the night; *onder* — *van prachtig weer*, favoured by splendid weather.

beha bra.

behaaglijk pleasant, comfortable (feel c.). ▼—**heid** pleasantness, comfort.

behaag/ziek coquettish. ▼—**zucht** coquetry.

behaard hairy. ▼—**heid** hairiness.

behagen I *ww* please. II *zn* pleasure; — *scheppen in*, take pleasure in.

behalen gain, get, win, obtain (a certificate); make (a profit); *de overwinning* —, win (gain) the victory; *daar valt geen eer aan te* —, that is past praying for.

behalve (*uitgezonderd*) except, but, save; (*benevens*) besides.

behandelen treat (a patient); operate (a machine); handle, deal with (a question); (*rechtszaak*) try, hear. ▼**behandeling** treatment, handling (of a question, goods); (*v. machine*) operation; (*v. rechtszaak*) trial; *slechte* —, ill usage; *het wetsontwerp is in* —, the bill is under discussion; *een motie in* — *brengen*, open the discussion on a motion; *in* — *komen*, (*v. rechtszaak*) come on for trial; (*v. wetsontwerp, enz.*), come up for discussion; *in* — *nemen*, (*verzoek, enz.*) consider; *zich onder* — *stellen van*, place o.s. under the t. of. ▼—**swijze** mode of treatment.

behang (wall-)paper. ▼—**en** paper (a room), hang (with pictures). ▼—**er** paper-hanger. ▼—**erij** upholstery. ▼—**sel** (wall-)paper.

behartig/en serve, have at heart, look after. ▼—**enswaardig** worthy of consideration. ▼—**ing** care, promotion.

beheer management, control, direction, trusteeship; *onder zijn* — *hebben*, have under one's control; *onder zijn* — *nemen*, take charge (control) of; *onder* — *staan van*, be under the charge of; *'t* — *voeren over*, manage, superintend. ▼—**der** manager, director, administrator, trustee.

beheers/en rule, govern (people, life); master, control (passion); (*mil.*) command (position); control; dominate (market); be master of (language); *zich* —, control o.s.; *zich laten* — *door*, be swayed by; *alles* — *d*, all-important (question). ▼—**er** ruler, master. ▼—**ing** command, domination, control.

beheksen bewitch.

behelpen *zich* —, make shift; *wij zullen ons ermee moeten* —, we shall have to make shift with it, we shall have to make it do.

behelzen contain; —*de dat*, to the effect that.

behendig adroit, dexterous. ▼—**heid** adroitness, dexterity. ▼—**heidsspel** game of skill.

behept — *met*, afflicted with.

beheren manage, administer.

behoed/en guard. ▼—**er** defender. ▼—**zaam** cautious, wary. ▼—**zaamheid** caution, wariness.

behoefte want, need (of); *de* —*n van het leger*, the requirements of the army; *er bestaat dringend* — *aan voedsel*, there is an urgent need of food; — *hebben aan*, be in want (need) of; *het is mij een* — *u te danken voor...*, I want to thank you for ...; *zijn* — *doen*, do one's needs; *in een* — *voorzien*, supply a want. ▼**behoeftig** destitute, needy. ▼—**heid** destitution. ▼**behoeve** *ten* — *van*, in behalf of. ▼**behoeven** want, need; *wat wij* — *is*, what we need is; *we* — *hem niet te schrijven*, we need not write to him; *dat behoeft niet*, there is no need for that.

behoorlijk proper, decent. ▼—**heid** propriety.

behoren I *ww* 1 (*moeten*) should, ought to; 2 belong to; *dat behoort niet*, that is not fit (proper); — *bij*, go with (a colour); *dat behoort er zo bij*, that is part of the game; — *tot*, b. to, be among; *weten hoe 't behoort*, know one's manners; *zo behoort 't*, that's the way to do it. II *zn: naar* —, properly.

behoud maintenance (of peace), preservation (of woods); (*redding*) salvation; *dat is je* —, that is your salvation; *met* — *van salaris*, with (full) pay. ▼—**en** I *ww* keep (seat); retain (right). II *bn* (be) safe, (arrive) safe and sound. ▼—**end** conservative. ▼—**zucht** conservatism.

behoudens except for, barring.

behuild tear-stained.

behuisd housed; *klein* — *zijn*, be cramped for space; *ruim* — *zijn*, have plenty of room. ▼**behuizing** (*huis*) house; (*huisvesting*) housing.

behulp *met* — *van*, with the help of; *het is maar voor* —, it's only a make-shift. ▼—**zaam** obliging, helpful.

behuwdbroeder brother-in-law.

bei bey.

beiaard chimes. ▼—**ier** carillon player.

beide both; *een van* —, one of the two; *geen van* —, neither; *laten we met ons* —*n gaan*, let's go both of us; *hun* —*r vriend*, their mutual friend.

beiden *ww* bide (one's time).

beiderlei *op* — *wijs*, both ways.

Beier Bavarian. ▼**Beieren** Bavaria.

beieren chime.

Beiers Bavarian.

beige beige.

beijveren *zich* —, lay o.s. out.

beijzeld ice-coated.

beinvloeden influence.

beitel chisel; *holle* —, gouge. ▼—**en** chisel.

beits (wood) stain, mordant. ▼—**en** stain.

bejaard aged (*of:* elderly) person. ▼—**en(te)huis** old people's home/flat. ▼—**heid** old age.

bejammeren (*lett.*) bewail; (*fig.*) lament, deplore.

bejegen/en treat, use (ill). ▼—**ing** treatment.

bek mouth, snout; (*v. vogel*) bill, beak; (*v. nijptang*) bit, jaws; *hou je* —!, shut your trap!

bekaaid er — *afkomen*, come away with a flea in one's ear, get the worst of it.

bekaf dog-tired, knocked up.

bekakt affected, (*sl.*) snooty.

bekampen fight, combat.

bekapp/en (*huis*) roof (in). ▼—**ing** roofing.

bekeer/der converter. ▼—**ling** convert.

bekend well-known (artist); — *staan als*, be known as; — *zijn met*, be acquainted with; *enigszins* — *zijn met*, possess some knowledge of; *dat is algemeen* —, that is generally known, that is a matter of common knowledge; *als* — *aannemen*, take for granted; — *met*, acquainted with; *ben je hier* —?, do you know this place?; *ik ben hier niet* —, I am a stranger here; —*maken*, make known, announce; — *raken met iem.*, get to know a p.; (*on*)*gunstig* — *staan*, have a good (bad)

name, be in good (bad) repute; — *staan als de bonte hond*, have a very bad reputation; *dat komt mij — voor*, that sounds (seems) familiar to me; — *worden*, become known, (*v. dingen ook*) get round (around). ▼**bekend/e** acquaintance. ▼**—heid** name, reputation; *met*, acquaintance with; — *geven aan iets*, make s.th. public, give publicity to s.th.; — *verkrijgen*, become widely known.
▼**—making** announcement, proclamation.
bekennen confess, avow, own, admit; (*v. beschuldigde*) plead guilty; *er was niemand te —*, not a soul was to be seen; *kleur —*, follow suit; *niet —*, (*kaartspel*) revoke; (*fig.*) *toen moest hij kleur —*, then he had to show his hand (come out into the open). ▼**bekentenis** confession, admission; *een — afleggen*, make a confession; (*jur.*) plead guilty.
beker cup, beaker, bowl; —*finale*, cup final.
▼**—ing** conversion.
bekér/en convert; reform (drunkard); *zich —*, 1 be converted (to); 2 mend one's ways.
▼**—ing** conversion.
bekerwedstrijd cup-tie; cup-match.
bekeur/en summon, take a p.'s name, report. ▼**—de** offender. ▼**—ing** summons.
bekijk: *veel —s hebben*, attract a great deal of notice. ▼**bekijken** look at, examine; *de zaak van alle kanten —*, look at the matter from every angle; *zo moet je het niet —*, you must not consider it like that, you must not take that view of it.
bekisting sheet piling.
bekken 1 basin; 2 (*anat.*) pelvis; 3 (*muz.*) cymbal. ▼**—holte** pelvic cavity. ▼**—ist** cymbalplayer.
bekkesnijd/en knife each other. ▼**—er** knifer.
beklaagde accused. ▼**—nbankje** dock.
bekladden blotch; (*fig.*) slander, smear.
beklag complaint; *zijn — doen over iets bij iem.*, complain of s. th. to s.o. ▼**—en** pity (a p.); *zijn lot —*, bemoan one's fate; *je zult het je nog —*, you'll be sorry for it. ▼**—enswaard(ig)** pitiable, deplorable.
beklant: *goed —e winkel*, well-patronized shop.
bekled/en clothe; (*stoel*) cover; (*muur*) hang; (*ambt*) hold, occupy; *iem. met macht —*, invest a p. with power. ▼**—er** (*v. meubels*) upholsterer, (*v. ambt*) holder. ▼**—ing** lining, clothing, covering; (*v. ambt*) tenure.
▼**bekleedsel** cover, lining.
beklemd oppressed; asthmatic; stressed (syllable); *—e breuk*, strangulated hernia.
▼**—heid** oppression, tightness (of the chest); (*fig.*) heaviness of heart. ▼**beklemm/en** oppress. ▼**—ing** *zie* beklemdheid.
beklemtonen stress.
beklijven remain, stick, sink in.
beklimm/en ascend (throne); climb, mount.
▼**—ing** ascent, climbing.
beklinken I *ov.w.* 1 rivet (with nails); 2 clinch (a matter); 3 drink to; *dat was al lang beklonken tussen hen*, that had long been settled between them. **II** *on.w.* set, settle.
bekloppen tap, sound, (*med. ook*) percuss, sound.
bekneld jammed, wedged.
beknibbelen (*loon*) pare down, whittle (away); (*pers.*) stint, skimp.
beknopt brief, concise. ▼**—heid** brevity, conciseness.
beknorren chide.
beknocht (*fig.*) taken in; (*lett.*) *je bent eraan —*, you've been rooked.
bekoelen cool (down).
bekogelen pelt.
bekokstoven manage, contrive, hatch.
bekomen get; (*v. schrik, enz.*) recover; *het bekomt mij niet*, it does not agree with me; *het zal je slecht —*, you'll be sorry for it; *die wandeling is mij slecht —*, that walk did me no good.
bekommerd concerned, anxious. ▼**—heid** concern, anxiety. ▼**bekommeren** worry; *zich — om*, care for, trouble (o.s.) about;

bekommer je daar maar niet over!, don't worry (bother) about that!; *je moet je eens wat meer om hem —*, you must show (have) a little more concern for him; *zonder zich te — om*, regardless of.
bekomst: *zijn — eten*, eat one's fill; *zijn — ervan hebben*, be fed up with it.
bekonkelen plot, hatch.
bekoorlijk charming. ▼**—heid** charm.
bekopen: *iets (met zijn leven) —*, to pay for it (with one's life).
bekor/en charm; *dat kan mij niet —*, that does not appeal to me. ▼**—ing** charm; *onder de — komen van*, be charmed (fascinated) by.
bekort/en shorten, cut short, abridge (a book). ▼**—ing** shortening, abridg(e)ment.
bekostigen pay the cost of; *hij kon 't niet —*, he could not afford it.
bekrachtig/en confirm, ratify (a treaty); sanction (usage). ▼**—ing** confirmation, ratification.
bekrassen scratch (over).
bekreunen *zie* bekommeren.
bekrimpen (*de uitgaven*) cut down; *zich —*, stint o.s., skimp.
bekritiseren criticize.
bekrompen narrow-minded; (*ruimte*) confined; scanty (means); (*blik*) narrow (constricted) outlook; *— leven*, live in narrow circumstances. ▼**—heid** narrow-mindedness.
bekron/en crown (with success); *met 'n prijs —*, award a prize; *bekroonde verhandeling*, prize essay. ▼**—ing 1** crowning; 2 prize.
bekruipen (*v. gevoelens*) steal upon, come over, assail.
bekvechten wrangle.
bekwaam capable, able, competent; *een — werkman*, a skilled (skilful) labourer; *met bekwame spoed*, with convenient speed.
▼**—heid** capability, ability. ▼**bekwamen** fit (a p. for s.th.); *zich —*, qualify, prepare (for), read (for an examination).
bel bell; *op de — letten*, answer the bell; 2 (*lucht—*) bubble; (*oor—*) ear-drop.
belabberd rotten, beastly, wretched.
belachelijk ridiculous, laughable; — *maken*, ridicule; *zich — maken*, make o.s. ridiculous.
▼**—heid** ...ness.
beladen load, burden.
belag/en waylay (a p.); beset (the dangers that b. him), threaten (freedom). ▼**—er** waylayer; *de —s der vrijheid*, the cunning enemies of freedom.
belanden land; *doen —*, land; *waar is hij beland?*, what has become of him?
belang interest (in your -); importance (of s.th.); — *hebben bij*, have an i. in; — *hechten aan*, attach importance to; — *stellen in*, take an i. in; *in 't — van*, in the interest(s) of; *van geen —*, of no importance. ▼**—eloos(heid)** disinterested(ness); *in ww*: *wat mij belangt*, as for me. ▼**—engemeenschap** community of i. ▼**—ensfeer** sphere of i.
▼**—hebbende** party concerned.
belangrijk important; (*aanzienlijk*) considerable. ▼**—heid** importance.
belang/stellend interested. ▼**—stelling** interest. ▼**—wekkend** interesting.
belast in charge (of); *erfelijk — zijn*, have a hereditary taint. ▼**—baar** assessable, taxable; (*bij douane*) dutiable. ▼**—baarheid** taxability, dutiability. ▼**—en** load, burden; (*belasting opleggen*) tax; charge (with task); *een rekening —*, debit an account with; *te zwaar —*, overtax; *zich — met*, take charge of; *erfelijk belast zijn*, have a heriditary taint.
belaster/en slander, defame, backbite. ▼**—ing** slander, defamation, backbiting.
belastheid: *erfelijke —*, hereditary taint.
belasting 1 (*v. vliegtuig, enz.*) load; 2 taxation; (*rijks—*) tax(es); (*plaatselijk*) rates; — *op openbare vermakelijkheden*, entertainment tax; *in de — vallen*, be liable to taxation. ▼**—toegevoegde waarde** value added tax (V.A.T.). ▼**—aangifte** (tax)return.
▼**—aanslag** assessment. ▼**—administratie**

tax administration. **▼—adviseur** adviser in fiscal matters. **▼—aftrek** tax deduction. **▼—ambtenaar** tax official. **▼—autoriteiten** fiscal authorities. **▼—betaler** tax-payer. **▼—biljet** tax-paper. **▼—bronnen** sources of taxation. **▼—consulent** income-tax consultant. **▼—draagkracht** tax-paying capacity. **▼—druk** burden of taxation. **▼—formulier** tax form. **▼—geld** taxation money. **▼—heffing** levying of taxes. **▼—inkomsten** tax revenue(s). **▼—jaar** fiscal year. **▼—kantoor** tax-collector's office. **▼—kohier** assessment-list. **▼—ontduiker** tax-dodger. **▼—ontduiking** tax-dodging. **▼—ontvanger** tax collector. **▼—opbrengst** tax-revenue. **▼—papier** zie **—biljet**. **▼—penningen** tax-money. **▼—plichtig** liable to taxation. **▼—plichtige** tax-payer. **▼—plichtigheid** liability to taxation. **▼—schuld** taxes due, (achterstallig) arrears of taxes. **▼—stelsel** system of taxation. **▼—verhoging** increased taxation. **▼—vrij** tax-free, duty-free. **▼—wet** fiscal law. **▼—zegel** revenue stamp.

belazeren spoof, diddle; ben je belazerd? (= och wat), who cares!; (anders) are you mad?

belboei bell-buoy.

beledig/en insult, offend, affront. **▼—de** offended party. **▼—end** offensive. **▼—er** offender. **▼—ing** insult, offence, affront.

beleefd civil, polite, obliging; het publiek wordt — verzocht, the public are kindly requested. **▼beleefdheid** civility, politeness; de gewone — in acht nemen, observe common politeness; beleefdheden, civilities, compliments. **▼—sbezoek** courtesy visit. **▼—shalve** out of politeness. **▼—svormen** rules of etiquette.

beleg siege; het — opbreken, raise the siege; 't — slaan voor, lay siege to.

belegen matured; seasoned (timber); mellow (wine).

beleger/aar besieger. **▼—en** besiege. **▼—ing** siege. **▼ingswerken** s.-works.

belegg/en 1 cover (floors); **2** convene, call (a meeting); belegd broodje, dressed roll; **3** invest (money). **▼—ing 1** covering, dressing; **2** convocation (of a meeting); **3** investment (of money). **▼—ingsfondsen** investment funds. **▼—ingsmaatschappij** investment trust. **▼—ingsobject** object of investment.

belegsel trimming(s); (v. uniform) facings.

beleid tact; conduct, policy; met — te werk gaan, proceed with tact (tactfully); het — van de regering, the government's policy. **▼—vol** tactful.

belemmer/en hamper, impede, stunt (in groei); het verkeer —, obstruct the traffic; iem. in zijn werk —, interfere with a p.'s work. **▼—ing** impediment, handicap; obstruction; interference; wettelijke —, (legal) disability.

belendend adjacent.

belenen pawn (clothes); (effecten) borrow money on.

belet —!, wait!; — hebben, be engaged, not be at home; — vragen bij ..., enquire if ... is at home. **▼—sel** obstacle, impediment. **▼—ten** prevent; obstruct (view).

beleven live to see a day; go through (misery, edition); zijn 100e jaar —, live to be a hundred; zoiets heb ik nog nooit beleefd!, I never saw (heard) anything like it; daar zal je wat van —, that will cause a tremendous row. **▼—is** experience.

belezen well-read. **▼—heid** the extent of one's reading.

Belg Belgian. **▼—ië** Belgium. **▼—isch** Belgian.

belhamel bell-wether, (fig.) ringleader.

belicham/en embody. **▼—ing** embodiment.

belicht/en light (a picture); expose (photo); illustrate (theory). **▼—ing** lighting, (fot.) exposure; illustration.

beliegen lie to (a p.).

believen I ww please; zoals het u belieft, as you p.; wat belieft u?, what can I do for you?;

(= wat zei u?) (I) beg (your) pardon?; belieft u nog iets?, (would you like) anything else?; als 't u belieft, (yes,) please; thank you; (bij aanreiken) here you are; (lust je cake?) nou, asjeblieft!, rather! **II** zn pleasure; naar —, at will; handel naar —, do as you please.

belijden confess (guilt); profess (religion). **▼—is** confession; (kerkgenootschap) denomination; zijn — doen, be confirmed. **▼belijder** professor.

bel/knop bell-button. **▼—koord** bell-rope.

belladonna belladonna.

bellefleur bellefleur.

bellen ring (the bell); ring for (the servant); (v. tram) sound the gong; er wordt gebeld, there is a ring (at the bell); ik zal je —, I'll give you a ring.

bellettrie belles-lettres.

beloeren spy upon.

belofte promise; een — doen, make a promise; een — houden, keep a promise; iem. aan zijn — houden, hold a p. to his promise; een — inhouden voor de toekomst, promise well for the future; — maakt schuld, a promise is a promise.

belommerd shady.

belon/en (goede daad) reward; (loon geven) pay, remunerate; slecht beloond, badly paid, underpaid. **▼—ing** (v. werk) pay; (v. daad) reward; ter — van, in r. of; een — uitloven, offer a r.

beloop course, way; 's werelds —, the way of the world; de zaak maar op zijn — laten, let things drift.

belopen amount to; add up to; run into (an enormous sum); (schade) sustain; 't is niet te —, you can't walk all the way.

beloven promise, bid fair (to be a success); 't belooft een mooie dag te worden, it promises (bids fair) to be a fine day; — en doen zijn twee, it is one thing to promise and another to perform; dat belooft wat!, that sounds promising!

belroos erisypelas.

belt dump.

Belt: Grote en Kleine —, Great and Little Belt.

beluisteren listen to; (afluisteren) overhear; (med.) auscult(ate).

belust — op, eager for, keen on; hij is — op macht, he has a lust of power; — op wraak, bent on revenge. **▼—heid** eagerness (for).

belvédère belvedere.

bemachtigen capture (position, town); secure (ticket). **▼bemachtiging** capture.

bemalen drain (polder).

bemann/en man (ship); garrison (fört). **▼—ing** crew; garrison.

bemantelen cloak, gloze over.

bemerk/baar noticeable, perceptible. **▼—en** notice, perceive. **▼—ing** remark.

bemest/en manure, dress. **▼—ing** manuring.

bemiddelaar mediator.

bemiddeld moneyed, in easy circumstances, (a man) of means.

bemiddel/en mediate. **▼—ing** mediation; door — van, through the medium of, by courtesy of. **▼bemiddelings/bureau** agency. **▼—commissie** mediation committee. **▼—poging** attempt at mediation. **▼—voorstel** proposal of mediation.

bemind beloved; zich — maken, endear o.s. to. **▼—e** (well-) beloved, sweetheart. **▼beminnelijk** (passief) lovable; (actief) amiable. **▼—heid** lovableness; amiability. **▼beminnen** love. **▼—swaardig** lovable. **▼—swaardigheid** lovableness.

bemodder/en muddy. **▼bemodderd** muddy, mud-stained.

bemoederen mother.

bemoedig/en encourage, cheer up. **▼—ing** encouragement.

bemoei/al busy-body, Nos(e)y Parker. **▼—en:** zich — met, mind (one's affairs); meddle with (other people's affairs); zich met de zaak gaan —, intervene; zich overal mee —, poke one's nose into everything; bemoei je niet met me, leave me alone; *hij bemoeide zich niet met anderen*, he kept himself to himself; *zich met niemand* —, keep o.s. to o.s.; *waar bemoei je je mee?*, what business is that of yours? ▼—**enis**, —**ing** exertion; *door zijn* —, through his efforts (mediation).

bemoeilijk/en hamper, handicap, obstruct. ▼—**ing** obstruction, hampering.

bemoei/ziek meddlesome. ▼—**zucht** meddlesomeness.

bemonsteren: *bemonsterde offerte*, sampled offer.

bemorsen soil, dirty.

bemost moss-grown, mossy.

ben basket.

benadel/en harm, injure. ▼—**ing** injury.

benader/en approach (a p.), approximate (a sum, an ideal), seize (goods). ▼—**ing** approach, approximation, seizure; *bij* —, approximately.

benadrukken stress, emphasize, underline.

benaming name, appellation.

benard hard (times) critical (situation); *in* —*e omstandigheden*, in distress, in a parlous state. ▼—**heid** distress.

benauwd (*v. kamer*) close, stuffy; (*v. weer*) sultry; (*droom*) bad; (*v. positie*) cramped; (feel) afraid; anxious (moments); *de zieke voelde zich* —, the sick man felt oppressed (tight) in the chest. ▼—**heid** closeness; sultriness; (*angst*) anxiety; *in de* — *zitten*, be in a tight corner. ▼**benauwen** oppress. ▼—**d** oppressive.

bende gang (of robbers); troop (of children); body (of soldiers); (*minachtend*) crowd; (*janboel, smeerboel*) mess; *een* — *fouten*, a lot of mistakes; *de hele* —, the whole lot. ▼—**hoofd**, —**leider** gang-leader.

beneden I *bw* below; (*in huis*) downstairs; *naar* — *gaan*, go downstairs; (*v. prijzen*) fall; *hij is nog niet* —, he is not yet down. II *vz* under (fifty); below (the value); — *mijn waardigheid*, beneath my dignity; *het bleef* — *de verwachtingen*, it remained below expectation, it did not come up to expectation. ▼**beneden/arm** forearm. ▼—**bewoner** ground-floor occupant. ▼—**buur** ground-floor neighbour. ▼—**dek** lower deck. ▼—**eind** lower end. ▼—**gang** passage downstairs. ▼—**gedeelte** lower part. ▼—**hoek** bottom corner. ▼—**huis** ground-floor. ▼—**kamer** ground-floor room. ▼—**landen** lowlands. ▼—**loop** lower course, lower reaches. ▼—**stad** lower town. ▼—**ste** lowest. ▼—**verdieping** ground-floor. ▼—**winds** *B—e eilanden*, Leeward Islands. ▼—**woning** ground-floor flat.

benefice: *aanvaarden onder* — *van inventaris*, accept under benefit of inventory. ▼**benefietvoorstelling** benefit-performance.

benemen take away (breath); *het benam mij alle lust om te gaan*, it deprived me of any desire to go; *de moed* —, dishearten; *het uitzicht* —, obstruct the view.

benen *bn* bone.

benepen (*v. geest*) petty; (*verlegen*) bashful; (*kamer*) poky; (*gezicht*) pinched; *een stemmetje*, a small voice. ▼—**heid** pettiness (of mind); bashfulness; pokiness; pinchedness.

benevel/d foggy; (*oordeel*) clouded; (*beschonken*) fuddled. ▼—**en** cloud, fog, fuddle.

benevens with, in addition to.

Bengaals Bengal, Bengali; — *vuur*, Bengal light(s). ▼**Bengalees** Bengalese, Bengali. ▼**Bengalen** Bengal.

bengel 1 (*klok*) bell; (*klepel*) clapper; 2 little beggar, naughty boy. ▼—**en** ring (of bell); (*slingeren*) dangle.

beniuwd — *zijn*, be curious, wonder; *ik ben* — *of*, I wonder if. ▼**benieuwen**: *het zal mij* — *of*, I wonder if.

benig bony.

benijd/baar enviable. ▼—**en** envy.

▼—**enswaardig** enviable. ▼—**er** envier.

benodigd requisite, necessary. ▼—**heden** requisites, necessaries (of life).

benoem/baar eligible (for). ▼—**baarheid** eligibility. ▼—**en** appoint (to a post); make (a p. one's heir); name (a street after). ▼—**ing** appointment.

benoorden (to the) north of.

benul notion.

benutten utilize, make the most of.

benzedrine benzedrine.

benzeen benzene.

benzine benzine; (*v. motoren*) petrol, (*Am.*) gas(oline). ▼—(**laad**)**station** petrol station. ▼—**leiding** petrol pipe(s). ▼—**meter** petrol gauge. ▼—**motor** petrol engine. ▼—**pomp** petrol pump. ▼—**tank** petrol tank. ▼—**toevoer** petrol supply.

benzoë benzoin.

benzol benzol.

beoefen/aar student, practiser. ▼—**en** (*wetensch.*) study; (*kunst, sport, beroep, deugd*) practise; (*vak*) ply. ▼—**ing** study, practice.

beogen aim at; *'t beoogde doel*, the object in view; *'t beoogde resultaat*, the intended result.

beoordel/aar judge; (*v. boek*) critic, reviewer. ▼—**en** judge; (*boek*) review, criticize; (*examenwerk*) mark; (*kans, situatie*) estimate. ▼—**ing** judg(e)ment; review criticism; (*v. examenwerk*) marking; estimate (of a chance or situation); *dit staat ter* — *van…*, this is for… to judge, this is in the discretion of… ▼—**ingslijst** (*v. officier*) confidental report, (*Am.*) efficiency report.

beoorlogen make war upon.

beoosten (to the) east of.

bepaalbaar definable. ▼**bepaald** I *bn* positive (ideas); definite (orders, purpose); fixed; specified; *in dat* — *e geval*, in that particular case; — *lidwoord*, definite article; *als hierboven* —, as provided above; *het* —*e omtrent*, the provisions as to. II *bw* positively, absolutely; *niet* — *vroeg*, not exactly early. ▼—**elijk** especially. ▼—**heid** definiteness, etc.

bepakk/en pack. ▼—**ing** (*mil.*) pack; *met volle* —, in full marching-kit.

bepal/en appoint, fix (time, price); define (meaning, attitude); (*beslissen*) decide; (*bedingen*) stipulate; *de wet bepaalt*, the law provides; *zijn gedachten* — *op iets*, fix one's thoughts on s.th.; *zich* — *tot*, restrict o.s. to; *de schade bepaalt zich hoofdzakelijk tot…*, the damage is mainly restricted (confined) to. ▼—**ing** fixing, definition; (*v. wet*) regulation, stipulation; (*voorwaarde*) condition; (*taalk.*) adjunct.

bepantser/en armour. ▼—**ing** armour.

bepeinzen ponder.

beperk/en limit, restrict; (*uitgaven*) cut down, reduce. ▼—**end** restrictive. ▼—**ing** limitation, restriction, reduction; *iem.* — *en opleggen*, impose restraints on a p. ▼**beperkt** limited; (*benepen*) narrow. ▼—**heid** limitation, narrowness.

beplant/en plant. ▼—**ing** planting.

bepleisteren plaster.

bepleit/en plead, advocate; *de noodzakelijkheid van iets* —, urge the necessity of s.th. ▼—**er** pleader, advocate.

beploegen plough.

bepluisd fluffy.

bepoten plant.

bepraten 1 (*een zaak bespreken*) discuss; 2 (*een pers. overhalen tot*) persuade; *zich laten* —, allow o.s. to be persuaded.

beproefd (well-)tried, approved (method); *zwaar* —, sorely tried. ▼**beproev/en** attempt, endeavour; (*op de proef stellen*) try, test; visit (with illness). ▼—**ing** (*proef*) trial, test; (*ellende*) trial, ordeal.

beraad deliberation; *'t in* — *houden* (*nemen*), think it over, consider it; *in* — *staan*, be deliberating; *na rijp* — , after mature consideration. ▼—**slagen** deliberate (on); — *met*, consult with. ▼—**slaging** deliberation, consultation. ▼**beraden**: *zich — over iets,* deliberate s.th., think s.th. over.

beram/en devise; plan; estimate (the costs at ...); *vooraf beraamd,* premeditated. ▼—**ing** 1 estimate; 2 planning.

berde: *te — brengen,* raise (a point), adduce (an argument).

berecht/en try, adjudicate. ▼—**ing** trial adjudication.

beredderen arrange, manage.

bereden mounted (police); — *artillerie,* field artillery.

bereden/eerd reasoned. ▼—**eren** (*aantonen*) argue; (*bespreken*) reason out, discuss; *hoe beredeneer je dat?,* how do you make that out? ▼—**ing** reasoning; argument(ation).

bere/hok bear's cage. ▼—**hol** bear's den. ▼—**huid** bearskin.

bereid ready, willing, prepared. ▼—**en** prepare (meal); make (jam, butter); dress (leather). ▼—**heid** readiness, willingness. ▼—**ing** preparation; production; dressing. ▼—**ingswijze** method of preparation.

bereids already.

bereid/vaardig ready, willing. ▼—**verklaring** (written) agreement. ▼—**willig** ready, willing (*ook*) (he was very) obliging. ▼—**vaardigheid,** —**willigheid** readiness.

bereik reach, range; *binnen (buiten) 't — van,* within (beyond) (the) r. of; *onder het — v. h. geschut,* within range of the guns. ▼—**baar** attainable (result, place); *makkelijk — van,* within easy reach of. ▼—**en** reach (*leeftijd, macht*), attain to; achieve (effect, purpose); *zo bereik je niets,* that will get you nowhere; *gemakkelijk te — met,* within easy reach of. ▼—**ing** reaching; attainment.

bereisd (much-)travelled. ▼—**heid**: *zijn — was een voordeel,* his having travelled much was an advantage. ▼**bereizen** (*land*) visit, (*zee*) voyage across.

bere/jacht bear-hunting. ▼—**klauw** hogweed.

bereken/baar calculable. ▼—**d**: — *op,* calculated for; — *voor zijn taak,* equal to one's task; *'t te veel —e,* the overcharge. ▼—**en** calculate; *iem. £5 —,* charge a p. £5; *dat is in de prijs berekend,* that's included in the price. ▼—**ing** calculation; *iemands — in de war sturen,* upset a p.'s plans; *volgens matige —,* at a moderate computation.

bere/kuil bear-pit. ▼—**muts** skin (cap), busby. ▼—**vet** b.'s grease.

berg mountain; (*met naam*) mount (Mount Everest); *mijn haren rezen te — e,* my hair stood on end. ▼—**achtig** mountainous. ▼—**af** downhill; *bergop —,* up hill and down dale. ▼—**beklimmer** mountaineer. ▼—**beklimming** mountaineering. ▼—**bewoner** mountaineer.

bergen (*goederen*) store; (*wrak*) salve; (*lijk*) recover; (*toeschouwers*) hold (this hall can h. 500 spectators); (*gast*) put up; *ik wist niet waar ik mij moest — (van schaamte),* I didn't know where to hide myself; *jij bent geborgen,* you are out of harm's way.

bergengte defile.

berg/er salvor. ▼—**geld** salvage money.

berg/gids mountain-guide. ▼—**helling** mountain-slope.

berg/hok shed. ▼—**ing** (*mar.*) salvage. ▼**bergings/boot** salvage-steamer. ▼—**maatschappij** s.-company. ▼—**werk** s.-work.

bergkam mountain-ridge.

berg/kamer store-room. ▼—**kast** store-cupboard.

berg/keten m.-range. ▼—**kloof** gorge, gully. ▼—**kristal** rock-crystal. ▼—**land** m.-country.

bergloon salvage.

berg/op uphill; — *bergaf,* up hill and down dale. ▼—**pas** mountain-pass.

bergplaats depository, store-room, (*klein*) receptacle; (*pakhuis*) warehouse.

Bergrede Sermon on the Mount. ▼**bergrug** mountain-ridge.

bergruimte 1 store-room; 2 storage capacity.

berg/spits (mountain-)peak. ▼—**spoorweg** m.-railway. ▼—**stroom** m.-stream. ▼—**terrein** m.-terrain, mountainous ground. ▼—**tocht** m.-excursion. ▼—**top** m.-top. ▼—**wand** m.-side. ▼—**ziekte** m.-sickness.

beriberi beri-beri.

bericht news, tidings, message; (*in de krant*) report, paragraph, (*fam.*) par; *iem. — geven van,* give a p. notice of, notify a p.; — *van iets sturen aan iem.,* advise a p. of s.th. ▼—**en** inform (a p. of s.th.); *men bericht uit L.,* it is reported from L. ▼—**endienst** news service; (*in het leger*) intelligence service. ▼—**gever** informant; (*v. krant*) correspondent, reporter.

berijd/baar passable (road). ▼—**en** ride (horse); drive along, ride over (road). ▼—**er** rider.

berijpt frosty, covered with hoar-frost.

berin she-bear.

berisp/en rebuke, blame. ▼—**ing** rebuke.

berk, —**eboom** birch. ▼—**ehout** birch-wood. ▼—**en** *bn* birchen.

Berlijn Berlin. ▼—**er** Berliner. ▼—**s** Berlin; — *blauw,* Prussian blue; — *zilver,* German silver.

berm verge. ▼—**lamp** spotlight. ▼—**toerisme** picknicking by the roadside.

Bermuda Bermuda. ▼**Bermudaan(s)** Bermudan.

beroemd famous, celebrated. ▼—**heid** fame, renown; *een —,* a celebrity.

beroemen: *zich — op,* boast (of).

beroep occupation; (*ambacht*) trade; business (he makes it his b. to ...); (*intellectueel —*) profession; *wat is hij van —?,* what is his occupation?; *een — doen op,* (make an) appeal to; (*op de kiezers*) go to the country; (*hoger*) — *aantekenen,* give notice of appeal; *in hoger — gaan,* appeal (to a higher court); *er is geen hoger — mogelijk,* the decision of the Court is final; *'t — werd ongegrond verklaard,* the appeal was dismissed; *'t vonnis werd in hoger — vernietigd,* the appeal was upheld; *van —, by profession;* (*v. predikant*), call. ▼—**baar** eligible.

beroepen call (to); *zich — op,* refer to (a statement); plead (ignorance); appeal to (the facts); *daar kun je je niet op —,* that's no excuse (defence).

beroeps/- (*dikwijls*) professional. ▼—**bezigheden** p. duties. ▼—**club** p. club. ▼—**geheim** p. secret. ▼—**halve** by virtue of one's profession. ▼—**keuze** choice of a career; *bureau voor —,* vocational bureau. ▼—**keuzeadviseur** careers (advisory) officer. ▼—**leger** regular army. ▼—**officier** regular officer. ▼—**ongeval** occupational accident. ▼—**opleiding** vocational training. ▼—**risico** occupational hazard. ▼—**speler** professional. ▼—**sterfte** occupational mortality. ▼—**voorlichting** p. guidance. ▼—**ziekte** occupational disease.

beroerd miserable, wretched, rotten.

beroer/en stir, disturb. ▼—**ing** agitation, turmoil. ▼—**ling** blighter, rotter.

beroerte fit, stroke; *een — krijgen,* have a s.

berokkenen: *iem. verdriet —,* cause a p. sorrow; *schade —,* damage, do harm to.

berooid penniless, destitute. ▼—**heid** destitution.

berookt smoked (glass); (*v. zoldering*) smoke-stained.

berouw repentance, compunction; — *hebben over,* repent (of); — *komt nooit te laat,* it is never too late to be sorry; — *komt na de zonde,* repentance always comes too late. ▼—**en** feel sorry; *dat zal je —!,* you'll be sorry for it! ▼—**vol** repentant, penitent.

berov/en rob, deprive (of); *iem. van 't leven —,* take a p.'s life. ▼—**ing** robbery, deprivation.

berrie (hand-)barrow.

berucht notorious, disreputable; *een — huis,* a house of ill fame. ▼—**heid** notoriety.

berust/en: — *bij,* be deposited with (in the keeping of); *de beslissing berust bij hem,* the decision rests with him; *het voorzitterschap berust bij hem,* the presidency is held by him;

— *in*, acquiesce in; — *op*, rest (be based) on.
▼—**end** resigned. ▼—**ing** resignation; *de stukken zijn onder zijn* —, the documents are in his custody; *onder zijn* — *hebben*, have in one's custody.

bes berry; (*muz.*) B flat.

beschaafd cultivated; educated; well-bred, civilized (world). ▼—**heid** good breeding, education.

beschaamd ashamed; *met* — *e kaken staan*, be abashed; — *doen staan*, put to the blush.
▼—**heid** shame, shamefacedness.

beschadig/en damage, injure. ▼—**ing** damage, injury.

beschaduwen shade, overshadow.

bescham/en put to shame; disappoint (hopes). ▼—**end** embarrassing, humiliating. ▼—**ing** shame; disappointment.

beschaven (*lett.*) plane; (*fig.*) polish; (*v. wilden*) civilize. ▼**beschaving** culture (a man of c.); civilization (Western c.).
▼—**sgeschiedenis** social history. ▼—**speil** standard of civilization.

bescheid answer; (*officiële*) —*en*, (official) documents; — *geven*, reply.

bescheiden *bn* modest (man, income); unobtrusive; *naar mijn* — *mening*, in my humble opinion. ▼—**heid** modesty.

bescherm/eling protégé. ▼—**en** protect; screen (from weather, detection); patronize (the arts); — *de rechten*, protective duties. ▼—**engel** guardian angel. ▼—**er** protector, patron. ▼—**geest** tutelary spirit. ▼—**god** tutelary deity. ▼—**heer** patron. ▼—**heilige** patron saint. ▼—**ing** protection, patronage; *Bescherming Burgerbevolking*, civil defence. ▼—**vrouw** patroness.

bescheuren: *zich* — *van het lachen*, split (one's sides) with laughter.

beschiet/en 1 fire upon, shoot up; (*v. artillerie*) shell; **2** (*bekleden*) line, board, wainscot. ▼—**ing** shelling, shooting up.

beschijnen shine on, light up.

beschikbaar available; *iets* — *houden voor*, earmark s.th. for, set s.th. apart for; — *komen*, fall vacant, become a.; — *stellen*, place at one's disposal. ▼—**heid** availability. ▼—**stelling** (*v. geld*) provision; (*v. leermiddelen, zaal, enz.*) loan. ▼**beschikk/en** arrange; *de mens wikt, God beschikt*, man proposes, God disposes; *op 'n verzoek* —, determine. ▼—**ing** order, arrangement, disposition; (*on*)*gunstig op een verzoek* —, grant (refuse) a request; — *over*, have at one's disposal; *u kunt over mij* —, I'm at your disposal, I'm in your hands; *u kunt over 't bedrag* —, you can draw on me for the amount. ▼—**ing** disposal, command; (ministerial, judicial) decree; *ter* —, available; *ter* — *stellen van iem.*, place at one's d.; *de* — *hebben over*, have at one's d.; *de* — *krijgen over*, obtain, secure.

beschilderen paint (over); *beschilderde ramen*, stained glass (painted) windows.

beschimmel/d mouldy. ▼—**en** get mouldy.

beschimp/en scoff (at), jeer (at). ▼—**er** scoffer, jeerer. ▼—**ing** scoff(ing), jeering.

beschoei/en campshed; timber (a mine-shaft). ▼—**ing** campshedding, timbering.

beschonken intoxicated. ▼—**heid** intoxication.

beschoren: *het was hem niet* — *zijn taak te volbrengen*, he was never to finish his task; *het lot dat hem* — *was*, the fate allotted to him.

beschot partition; (*lambrizering*) wainscot.

beschouw/elijk contemplative. ▼—**en** consider, look at; — *als*, consider; (*alles*) *wel beschouwd*, after all, on balance; *op zichzelf beschouwd*, in itself; taken by itself; *ieder geval moet op zichzelf beschouwd worden*, each case must be judged on its own merits; *oppervlakkig beschouwd*, on the face of it. ▼—**er** observer, contemplator. ▼—**ing** contemplation; *een* — *geven over*, give some reflections on; *algemene* —*en*, (*parl.*) general debate; *bij nadere* —, on further consideration;

dit kan buiten — *blijven*, this can be left out of consideration; this can be ruled out; *buiten* — *laten*, leave out of consideration.

beschrijv/en 1 write on (paper); *dicht beschreven bladzij*, closely written page; **2** describe; *een boedel* —, draw up an inventory. ▼—**end** descriptive (style). ▼—**ing** description, (*v.e. praktijkgeval*) case study.

beschroomd timid. ▼—**heid** timidity, bashfulness.

beschuit biscuit, rusk. ▼—**bus** b.-tin.

beschuldig/de (the) accused. ▼—**en** accuse (of), charge (with); (*spec. v. staatsmisdaden*) impeach; (*jur.*) indict. ▼—**end** accusatory. ▼—**er** accuser. ▼—**ing** accusation, charge, impeachment, indictment; — *richten tot*, level charges at; *een* — *uiten*, make a charge; *onder* — *van*, on a charge of.

beschutt/en shelter, screen, protect. ▼—**ing** shelter, protection.

besef notion, idea, realization (of a state of things); *het nationaal* —, the national consciousness; *wij moeten hen een* — *bijbrengen van*, we must make them realize; *hij toonde weinig* — *voor* (*mijn moeilijkheden*), he showed little appreciation of. ▼—**fen** realize; *wij* — *uw moeilijkheden*, we appreciate your difficulties.

besje old woman. ▼—**shuis** alms house.

beslaan 1 shoe (a horse); mount (with silver); stud (a door, a shield); hoop (a cask); **2** beat up (flour); **3** cover, take up (space); (*v. boek*) contain; **4** (*v. ruit*) become dim (blurred).

beslag 1 (*v. paard*) shoes; (*v. kast, enz.*) mounting; (*v. deur of schild*) studs; (*v. vat*) hoops; (*v. stok*) tip; (*v. schoen*) tips; **2** (*deeg*) batter; **3** (*op de tong*) fur; **4** seizure (of goods); embargo (of ship); — *leggen op*, (*jur.*) seize; (lay) an embargo on (ship); trespass on (a p.'s time); *in* — *nemen*, a) take up (space, time, mind); *b*) seize (goods); **5** *een zaak zijn* — *geven*, settle a matter; *zijn* — *krijgen*, be settled (decided). ▼—**en 1** (*v. paard*) shod; **2** (*ruit*) dim, blurred; (*tong*) furred; **3** *goed* — *in*, be well versed in. ▼—**legger** seizor. ▼—**legging** seizure, embargo.

beslapen: (*het bed*) *was niet* —, had not been slept in; *zich er op* —, sleep on it.

beslechten settle (a quarrel); (*beslissen*) decide, determine.

besliss/en decide; (*v. voorzitter*) rule; — *ten gunste* (*ten nadele*) *van*, d. for (against). ▼—**end** decisive (battle); critical (hour). ▼—**ing** decision; (*v. voorzitter*) ruling; *een* — *geven* (*nemen*), give (make) a decision. ▼—**ingswedstrijd** final; (*na gelijk spel*) replay. ▼**beslist I** *bn* decided, resolute. **II** *bw* absolutely (wrong); definitely, decidedly (best). ▼—**heid** decision, resolution; *met* — *spreken*, speak decidedly; *met* — *van de hand wijzen*, reject firmly.

beslommering care, worry.

besloten private (party); — *jacht-, vistijd*, close season; *ik ben* — *om*, I am resolved to, I have made up my mind to. ▼—**heid** privacy (of one's study).

besluipen stalk (game); (*fig.*) creep over, steal upon.

besluit 1 (*einde*) conclusion, close; **2** (*slotsom*) conclusion; **3** (*beslissing*) resolution, decision; (ministerial) decree; *een* — *nemen*, resolve, take a decision; (*aannemen*) pass (adopt) a resolution; *een* — *trekken*, draw a conclusion; *tot* —, in conclusion; *tot een* — *brengen*, bring (s.th.) to a close; *tot een* — *komen*, make up one's mind, come to a decision; *tot het* — *komen* (*dat iets waar moet zijn*), come to the conclusion; *mijn* — *staat vast*, my mind is made up.
▼**besluiteloos** irresolute, undecided.
▼—**heid** irresolution, indecision. ▼**besluit/en** end, finish up, wind up (with); decide; conclude; — *tot*, decide on; *hij besloot met te zeggen*, he wound up by saying; *hieruit besluit ik, dat…*, from this I gather (conclude, infer)

that... ▼—**vorming** decision-making.
besmeren (be)smear, daub (with paint); *je boterhammen* —, butter your bread.
besmettelijk contagious, infectious, catching. ▼—**heid** infectiousness, contagiousness. ▼**besmett/en** infect, contaminate. ▼—**ing** infection, contamination. ▼—**ingshaard** seat of infection.
besmeuren stain, besmear.
besnaren string; *fijnbesnaard*, finely strung.
besneeuwd snow-covered.
besnijden carve (wood); whittle (a stick); *(godsd.)* circumcise; *fijn besneden gezicht*, finely cut face. ▼—**is** circumcision.
besnoei/en lop, prune (trees); trim (hedges); cut down (expenses, salaries). ▼—**ing** lopping, pruning; cut (in salary, film).
besnuffelen sniff at.
besognes *ik heb zoveel* —, I've so much work on hand.
besommen amount to; *(betalen)* stump up.
bespann/en string (violin); *met paarden* —, horse-drawn; *rijtuig met vier paarden* —, coach-and-four. ▼—**ing** set, team.
bespar/en save; *bespaar mij die aanblik*, spare me that sight; *zich de moeite* —, save (spare) o.s. the trouble. ▼—**ing** saving; *ter — van tijd*, to save time.
bespatten splash, (be)spatter.
bespeelbaar playable. ▼**bespelen** play (an instrument); play on (sports ground); play in (theatre). ▼**bespeler** player, performer.
bespeuren perceive, descry.
bespied/en spy on, watch. ▼—**er** spy, watcher. ▼—**ing** spying, watching.
bespiegel/end contemplative. ▼—**ing** contemplation; *— en houden*, speculate (on).
bespioneren spy (up)on.
bespoedig/en accelerate, speed up. ▼—**ing** acceleration, speeding up; *ter — (v.h. werk)*, to speed the matter up.
bespott/elijk ridiculous; *— maken*, ridicule, deride. ▼—**elijkheid** ridiculousness. ▼—**en** ridicule, mock, deride. ▼—**ing** ridicule, derision; *een — v.h. recht*, a mockery (travesty) of justice; *aan de — prijsgeven*, hold up to ridicule.
bespraakt *hij is niet erg* —, he is not very talkative (rather tongue-tied).
bespreek/bureau *(dat voor kaartjes zorgt)* booking-agency; *(kassa)* box-office. ▼—**geld** booking-fee. ▼**besprek/en 1** speak about, discuss; **2** review, notice (book); **3** book (seats); **4** retain (barrister). ▼—**ing** discussion, talk; review, notice; booking; *een punt in — brengen*, open the discussion on a point, raise a point; *een — hebben met*, have a conference with.
besprenkelen (be)sprinkle.
bespringen spring (leap) upon.
besproei/en water (plants); irrigate (land). ▼—**ing** watering; irrigation. ▼—**ingswerken** irrigation-works.
bespuiten squirt (with water); *(tegen insekten)* spray.
bespuwen spit upon.
bessen/gelei currant-jelly. ▼—**jenever** black currant gin. ▼—**wijn** currant-wine. ▼**besse/sap** currant-juice. ▼—**struik** currant-bush.
best I *bn* best; *(zeer goed)* excellent, very good; *—e Jan*, dear John; *mijn —e kerel !*, my dear fellow!; *'t ziet er niet — uit*, it does not look too good; *je ziet er niet — uit*, you do not look well. **II** *bw* best; very well; *ik kan 't er — mee doen*, I can manage all right on it; *'t is — mogelijk*, it is very well possible; *'t is mij* —, it's all right with me; *dat doet hij — voor je*, he is sure to do it for you; *ik zou — een flink maal lusten*, I could do with a hearty meal; *het ging niet erg — met hem*, he was not doing very well; *zij leest 't* —, she reads best. **III** *zn* best; *zijn — doen*, do one's b.; *zijn uiterste — doen*, do one's utmost; *het —, all the b.!; 't —e ermee*, I hope you'll soon be better; *'t —e hopen*, hope for the b.; *zingen als de —e, tegen de —e*, sing with the

best, as well as any man; *zo iets kan de —e overkomen*, things like that may happen to the b. of us; *(ga nou)*, *dan ben je een bovenste* —*e, (tegen kind)* there's a dear, *(tegen jongen of man)* there's a good chap; *op zijn* —, 1 at one's b.; 2 at b., at most (£10); *ten —e geven*, give (a song); put forward, offer (an opinion); *alles zal wel ten —e keren*, everything will turn out for the b.; *ten —e raden*, advise for the b.
bestaan I *ww* be, exist; *er bestaat geen reden voor ongerustheid*, there is no cause for alarm; *— uit*, consist of; *— van*, live on; *dat bestaat niet*, that is impossible; *de grootste staatsman die er bestaat*, the greatest statesman in existence; *goed kunnen* —, earn a good living. **II** *zn* existence; *'t honderdjarig* —, the hundredth anniversary. ▼—**baar** possible; *niet — met*, not compatible with.
▼**bestaans/middel** means of support. ▼—**minimum** minimum of existence. ▼—**mogelijkheid 1** possibility to make a living; **2** *(levensvatbaarheid)* viability. ▼—**recht** right to exist. ▼—**zekerheid** social security.
bestand I *zn* truce. **II** *bn*: *— tegen*, proof against (temptation); a match for (his enemies); *(tegen vuur, regen)* (fire-, rain-) proof.
bestanddeel element, ingredient.
besteding charity-boy, charity-girl.
besteden spend (money); pay (a price, attention to s.th.); *uitbesteden*, put out to board; *de tijd zo goed mogelijk* —, make the most of one's time; *veel zorg — aan*, bestow much care on; *dat is aan hem goed besteed*, he can appreciate that; *poëzie is aan hem niet besteed*, poetry is thrown away (lost) on him; *slecht (goed)* —, make a bad (good) use of. ▼**besteding** expenditure, spending. ▼—**sbeperking** retrenchment, cut in expenditure.
bestek *(ruimte)* compass, space; *(v. bouwwerk)* specification; *(mes en vork)* cutlery; *in kort* —, in a nutshell; *buiten het — van dit werk*, outside the scope of this work; *'t — opmaken, (mar.)* determine the position.
bestekamer privy, jakes.
bestel *het maatschappelijk* —, the social system.
bestel/auto delivery van. ▼—**baar(heid)** deliverable(ness). ▼—**biljet** order-form. ▼—**briefje** order note. ▼—**dienst** delivery-service.
bestelen rob.
bestel/fiets carrier cycle. ▼—**formulier** order-form. ▼—**geld** porterage. ▼—**goed** parcels; *als — verzenden*, send by passenger-train. ▼—**huis** forwarding agency. ▼—**kaart** post-order card; *(bij de posterijen)* despatch-note, dispatch-note. ▼—**kring** delivery area. ▼**bestell/en** order (from); *(bezorgen)* deliver; *(iem.)* appoint (a p.). ▼—**er** postman; telegraph boy; *(v. zaak)* delivery man. ▼—**ing** order; *(v. brieven)* delivery; *in — zijn*, be on o.; *—en doen bij*, place orders with. ▼**bestelwagen** delivery van.
bestemm/en destine, intend, mark out; *(geld)* earmark, set apart; *(dag)* fix; *bestemd, (v. schip)* bound for; *bestemd voor predikant*, intended for the Church. ▼—**ing** destination *(ook: plaats v. —)*. ▼—**ingsplan** development plan.
bestempelen stamp *(fig.)* call, label.
bestendig constant, steady (character); settled (weather); *— strijdgas*, persistant war-gas. ▼—**en** continue. ▼—**heid** constancy; persistancy. ▼—**ing** continuance.
besterven *(v. kalk)* set; *(v. vlees)* cool and harden; *die (the words died on his lips); je zult het nog* —, it will be the death of you; *ik bestierf 't bijna van de schrik (van 't lachen)*, I nearly jumped out of my skin (nearly died with laughing).
bestiaal bestial. ▼**bestialiteit** bestiality.
bestier guidance.

bestijg/en mount (throne, horse, bicycle); ascend (throne, mountain); climb (mountain). ▼—**ing** ascent; mount; climb.
bestikken stitch.
bestoken harass (the enemy); assail, pelt (with questions).
bestorm/en storm (a position); bombard (with questions); *de bank werd bestormd*, there was a run on the bank. ▼—**ing** storming, assault; run.
bestorven: *dat ligt hem in de mond* —, that is constantly on his lips.
bestraff/en punish. ▼—**ing** punishment.
bestral/en shine upon; (*med.*) x-ray. ▼—**ing** (*med.*) (x-)ray treatment.
bestrat/en pave. ▼—**ing** pavement.
bestrijd/en fight (against); (*betwisten*) dispute (a point); defray (expenses). ▼—**er** fighter. ▼—**ing** fight (against); defrayal (of cost); *dat argument is niet voor* — *vatbaar*, that argument is unanswerable. ▼—**ingsmaatregel** combative measure. ▼—**ingsmiddel** remedy.
bestrijken spread (over), coat (with); (*mil.*) command, cover (a mountain-pass).
bestrooien strew.
bestuder/en study. ▼—**ing** study.
bestuiv/en cover with dust; (*biol.*) pollinate. ▼—**ing** (*biol.*) pollination.
bestur/en (*land*) govern, rule; (*zaak*) manage; (*schip*) steer; (*auto*) drive; (*vliegtuig*) pilot, fly; guide (a horse, a p.'s hand). ▼—**ing** direction, management, etc.; *dubbele* — (*luchtv.*), dual control. ▼**bestuur 1** (*regering*) government, rule; **2** (*beheer*) management; **3** (*personen*) committee; *dagelijks* —, executive committee; *in 't* — *zitten*, be on the committee (board); *plaatselijk* —, local g., (*personen*) local authorities. ▼—**baar** navigable; (*ballon*) dirigible. ▼—**der** governor; (*v. tram of auto*) driver; (*v. vliegtuig*) pilot. ▼—**dersplaats** driver's seat, pilot's seat. ▼—**lijk** administrative. ▼**bestuurs/ambtenaar** government official. ▼—**apparaat** machinery of government. ▼—**college** governing body. ▼—**functie** executive function. ▼—**functionaris** member of the executive (committee). ▼—**kamer** committee-room. ▼—**kunde** management science. ▼—**lichaam** governing body. ▼—**lid** member of the committee. ▼—**tafel** c.-table. ▼—**vergadering** c.-meeting. ▼—**verkiezing** election of a c. ▼—**voorstel** committee's proposal. ▼—**vorm** form of government. ▼—**zaken** government matters. ▼—**zetel** **1** seat of government; **2** seat on the committee.
bestwil: *leugentje om* —, white lie; *voor uw eigen* —, for your own good, in your own best interests.
bèta bèta; —*faculteiten*, science and medicine.
betaal/baar payable; — *stellen*, make payable; — *worden*, fall due. ▼—**baarstelling** making payable. ▼—**dag** pay-day. ▼—**kaart** cheque card. ▼—**kantoor** pay-office. ▼—**middel** means of payment; *wettig* —, legal tender. ▼**betal/en** pay (a p., a debt, a bill); pay for (goods); *ik kan 't niet* —, I can't afford it; *vooruit* —, pay in advance; *iem. £ 5 laten* —, charge a p. £ 5; *te veel laten* —, overcharge; *je moet je ervoor laten* —, you must charge them for it; *slecht* —, underpay; *slecht van* — *zijn*, be a bad payer; *dat betaalt goed*, that pays well; *ik zal 't hem betaald zetten*, I'll make him pay for it; *briefkaart met betaald antwoord*, reply postcard. ▼—**er** payer. ▼—**ing** payment; —*en doen*, make payments; — *bij ontvangst*, cash on delivery, c.o.d.; *tegen* — *van een kleinigheid*, for a consideration; *tegen goede* —, at good pay; *tegen* — *van*, (up)on payment of; *ter* — *van*, in payment of. ▼**betalings/balans** balance of payments. ▼—**condities** terms of payment. ▼—**loket** paying-counter. ▼—**mandaat** pay-warrant. ▼—**overeenkomst** payment agreement. ▼—**termijn** term of payment. ▼—**verkeer** payments. ▼—**wijze** mode of

payment.
betamelijk becoming, proper. ▼—**heid** propriety. ▼**betamen** become.
betasten finger, handle.
betegelen tile.
betekenen mean, signify, stand for; *ieder die iets betekent*, everybody who is anybody; *'t heeft niets te* —, it's of no importance, never mind!, (*v. wond*) it's nothing serious; *zij betekent niets voor hem*, she means nothing to him; *'t heeft niet veel te* —, it does not amount to (add up to) much, it's nothing much; *hij betekent nogal iets*, he is a man of some importance; *dat betekent niet veel goeds*, that forebodes little good, that is ominous; *weinig* —*d*, unimportant, insignificant. ▼**betekenis** meaning, sense (of a word); importance, significance (of a matter, event); *'n man van* —, an important man, a distinguished man. ▼—**vol** significant.
beter better; — *hard geblazen dan de mond gebrand*, better be safe than sorry; *aan de* —*hand zijn*, be getting better; — *worden*, get b., recover; *de toestand wordt* —, the situation is improving; *ik ben er niets* — *op geworden*, I have gained nothing by it, I have nothing to show for it; *ik heb wel wat* —*s te doen*, I have better things to do; *hij deed* — *(met) te zwijgen*, he had b. be silent; *een* — *leven beginnen*, turn over a new leaf; *jij hebt 't* — *dan ik*, *jij bent* — *af dan ik*, *jij bent er* — *aan toe dan ik*, you are b. off than I; *toen kreeg hij 't* —, his circumstances improved; *hij probeerde het* — *te krijgen*, he tried to improve his position; — *maken*, make well; *dat maakt de zaak niet* —, that doesn't improve matters; *des te* —, so much the b.; *de volgende keer* —*!*, b. luck next time! ▼**beteren** become (get) better; *zich* —, *zijn leven* —, turn over a new leaf, better one's life; *God betere het!*, (God) bless the mark! ▼**beterschap** improvement, recovery; — *beloven*, promise to behave better; —*!*, I hope you will soon be better.
beteugel/en check, curb. ▼—**ing** curb(ing), check(ing).
beteuterd perplexed, dazed. ▼—**heid** perplexity, confusion.
beticht/en: *iem. van iets* —, accuse a p. of s.th. ▼—**ing** accusation.
betijen: *laat hem* —, let him alone.
betimmer/en wainscot. ▼—**ing** wainscot(ing).
betitel/en style. ▼—**ing** style.
Betje Betty, Bess.
betog/en demonstrate, argue; *de wenselijkheid van iets* —, urge the desirability of s.th. ▼—**er** demonstrator. ▼—**ing** demonstration.
betomen check, curb.
beton concrete; *gewapend* —, reinforced c. ▼—**bouw** c. construction.
betonen 1 accent (a syllable); **2** show (gratitude).
beton/molen concrete mixer. ▼—**nen I ww** buoy. **II bn** concrete. ▼—**vlechter** steel bender and fixer. ▼—**vloer** concrete floor. ▼—**werker** c. worker.
betoog argument; *het behoeft geen* — *dat...*, it need not be said that...; *dat behoeft geen* —, that is obvious; *zijn* — *kwam hierop neer*, his a. boiled down to this. ▼—**trant** argumentation.
betoon show, display.
betover/en cast a spell on, fascinate. ▼—**d** spell-bound. ▼—**end** fascinating. ▼—**ing** fascination.
betovergroot/moeder, —**vader** great-great-grandmother, great-great-grandfather.
betraand tearful; tear-stained.
betracht/en exercise (care, speed); practise (honesty, economy); show (moderation); do (one's duty). ▼—**ing** practice.
betrappen catch; *iem. op heter daad* —, take a p. in the act; *iem. op diefstal (leugens)* —, catch a p. stealing (lying); *zichzelf op iets* —, catch o.s. doing s.th.

betreden set foot on; *het spreekgestoelte* —, mount the platform.

betreffen concern; *wat hem betreft*, so far as he is concerned, as for him; *dat, wat hem betreft*, so much for him; *wat dat betreft*, as far as that goes. ▼—**de** I *bn*: *de* — *persoon*, the person concerned. II *vz* concerning.

betrekkelijk relative, comparative; — *voornaamwoord*, relative pronoun. ▼—**heid** relativity.

betrekken I *ov.w* (*een huis*) move into; *de wacht* —, mount guard; (*goederen*) obtain, order (from); *iem.* — *in*, draw a p. into (the conversation), involve in (a plot). II *on.w* (*v. lucht*) become overcast; (*v. gelaat*) fall.

betrekking 1 (*baan*) post, position; *in* — *zijn bij*, be employed by; *zonder* —, out of employment; 2 (*verhouding*) relation; — *hebben op*, relate to, bear on; *in* — *staan tot*, have relations with; *in vriendschappelijke* — *staan tot*, be on friendly terms with; *met* — *tot*, with r. to.

betreur/en regret, deplore; mourn (a loss); mourn for (a dead p.); *er waren geen mensenlevens te* —, there was no loss of life. ▼—**enswaardig** regrettable, deplorable.

betrokken 1 dull, overcast (sky); clouded (face); 2: — *zijn bij*, be concerned in, be involved in; *de* — *autoriteiten*, the proper authorities; *de* — *persoon*, the person concerned.

betrouwbaar reliable, dependable. ▼—**heid** reliability. ▼—**heidsrit** reliability trial.

betten bathe, dab.

betuig/en declare (faith); protest (innocence); express (regret); tender (thanks). ▼—**ing** expression, protestation, declaration.

betuttel/aar finical person. ▼—**en** carp at.

betweter pedant, wiseacre. ▼—**ig** argumentative. ▼—**ij** pedantry.

betwijfelen doubt.

betwist/baar disputable, debatable. ▼—**baarheid** disputability. ▼—**en** dispute (prize); challenge (statement, right); (*loochenen*) deny; contest (a seat).

beu: *ik ben er* — *van*, I am sick (tired) of it.

beugel (*v. geweer*) trigger-guard; (*v. beurs*) clasp; (*v. fles*) swing wire; (*v. tram*) bow, trolley; (*stijg*—) stirrup; *dat kan niet door de* —, that is inadmissible, that won't do. ▼—**zaag** hacksaw.

beuk 1 (*boom*) beech; 2 (*v. kerk*) nave.

beuken I *ww* batter, pound. II *bn* beech(en). ▼—**bos** beechwood. ▼**beukenoot(je)** beech-nut.

beul executioner, hangman; (*fig.*) brute, bully.

beuling sausage.

beun/haas (*in vak*) interloper; (*in politiek*) dabbler; (*prutser*) bungler. ▼—**hazen** interlope; dabble (in); bungle. ▼—**hazerij** interloping; dabbling; bungling.

beuren 1 lift (up); 2 receive (money).

beurs I *bn* rotten-ripe. II *zn* 1 purse; *in zijn* — *tasten*, loosen one's p.-strings; *elkaar met gesloten beurzen betalen*, settle on mutual terms; *een ruime* (*schrale*) —, a long (slender) p.; *voor iedere* —, (prices) to suit all purses; (*studie*—) scholarship, (*Schots*) bursary; *uit een* — *studeren*, hold a scholarship; 2 (*jaar*—) fair; (*gebouw*) Exchange; *op de* —, on 'Change. ▼—**bericht** market-report. ▼—**blad** stock exchange paper. ▼—**fondsen** Exchange securities. ▼—**gebouw** Exchange.

beursheid rotten ripeness.

beurs/lid exchange member. ▼—**notering** Exchange quotation(s). ▼—**polis** exchange policy. ▼—**speculant** exchange speculator, stockjobber. ▼—**student** scholar. ▼—**vakantie** bank-holiday. ▼—**waarde** market-value. ▼—**waarden** stocks and shares. ▼—**zaken** exchange transactions.

beurt turn; (*v. kamer*) turn-out; (*in debat*) hij maakte daar een goede —, he scored there; *wie is aan de* —?, whose turn is it? who is next?; *nu ben ik aan de* —, now it is my t.; *wij*

---

komen ook nog wel aan de —, our t. will come too; *om* —*en*, t. (and t.) about; *ieder op zijn* —, everyone in his t.; *te* — *vallen*, fall to one's share; (*de ontvangst*) *die hem te* — *viel*, which he met with; (*de eer*) *die mij te* — *valt*, conferred upon me; *voor zijn* —, out of one's t. ▼—**dienst** regular service. ▼—**elings** in t. ▼—**schip** market-boat. ▼—**schipper** skipper. ▼—**vaart** regular service.

beuzel/aar trifler. ▼—**achtig** trifling. ▼—**achtigheid** triviality. ▼—**en** trifle.

bevaarbaar navigable. ▼—**heid** navigability.

bevall/en 1 please; *'t beviel hem niets*, he didn't like it at all; 2 be confined, be delivered (of a child); *ze moet* —, she is going to have a baby.

bevallig graceful. ▼—**heid** grace.

bevalling confinement, delivery.

bevangen seize, overcome; *door de hitte* (*vermoeidheid*) —, overcome with heat (fatigue); *door paniek* (*schrik*) —, panic-struck (terror-struck). ▼—**heid** (*verlegenheid*) constraint, self-consciousness.

bevaren sail; — *zeeman*, experienced sailor.

bevattelijk (*zaak*) intelligible; (*pers.*) intelligent. ▼—**heid** intelligibility; intelligence. ▼**bevatt/en** 1 (*inhouden*) contain; 2 (*begrijpen*) comprehend. ▼—**ing** comprehension. ▼—**ingsvermogen** comprehension.

bevechten fight (against); *de overwinning* —, gain the victory.

beveilig/en protect, secure (against). ▼—**ing** protection, security. ▼—**ingsmaatregel** safety measure.

bevel order, command; *het* — *voeren over*, be in command of; — *tot aanhouding*, warrant (of arrest); — *tot huiszoeking*, search-warrant; *onder* — *van*, under the c. of; *op* — *van*, by order of. ▼—**en** order, command. ▼—**hebber** commander. ▼—**schrift** warrant. ▼—**sorgaan** command element. ▼—**voerder** commander, officer in command. ▼—**voerend**: *de* —*e officier*, the commanding officer. ▼—**voering** command.

beven tremble (with rage, fear); shake (with fear, cold); — *als een rietje*, t. like a leaf.

bever beaver.

beverig tremulous, shaky.

bevestig/en fix, fasten; (*fig.*) consolidate (power, position); confirm (a statement, new members of the Church); *een uitspraak* (*v.e. rechter*) —, uphold a decision. ▼—**end** affirmative (answer), confirmatory (order). ▼—**ing** fastening, consolidation, confirmation.

bevind: *naar* — *van zaken handelen*, act on one's own discretion. ▼—**en** find; *akkoord* —, find correct; *zich* —, find o.s.; *ik bevind mij heel wel*, I'm feeling quite well; *ik bevind mij er heel wel bij*, I find it agrees with me very well; *hij bevindt zich elders*, he is elsewhere. ▼—**ing** experience; (*resultaat v. onderzoek*) finding.

beving (*aard*—) earthquake; tremor (*rilling*).

bevissen fish.

bevitten cavil at.

bevlekken soil, blot, smear (good name).

bevliegen fly (routes).

bevlieging caprice, fancy; *als hij een* — *krijgt*, when the fit is on him; *een* — *v. ijver*, a sudden access of zeal.

bevloei/en irrigate. ▼—**ing** irrigation.

bevo_chtigen moisten.

bevoegd competent (authorities, court); qualified (teacher); *van* —*e zijde vernemen wij*, we learn on good authority. ▼—**heid** competence, qualification; authority; (*diploma*) certificate; *de* — *bezitten om ...*, have the power to ...; *dat ligt buiten mijn* —, that is outside my authority. ▼—**verklaring** qualification.

bevoelen feel, handle.

bevolk/en people. ▼—**ing** population. ▼**bevolkings/aanwas** increase in population, population growth. ▼—**bureau**

registry-office. ▼—**cijfer** population figure.
▼—**dichtheid** density of population.
▼—**groei** population growth. ▼—**register**
registry-office. ▼—**statistiek** population
returns. ▼**bevolkt** populated.
bevoogd/en keep in tutelage. ▼—**ing**
1 tutelage; 2 (*overdreven zorg bijv. v.
overheid*) paternalism.
bevoordel/en benefit, favour (above others).
▼—**ing** benefiting, favouring.
bevooroordeeld prejudiced, bias(s)ed.
bevoorrad/en supply. ▼—**ing** supply.
▼—**ingsschip** s. ship.
bevoorrecht/en privilege. ▼—**ing** privileging.
bevorder/aar promotor. ▼—**en** (*belangen,
enz.*) promote, further; (*in rang of klas*)
promote; (*gezondheid*) benefit; (*groei,
eetlust*) stimulate; *ik verzoek u te— dat...*, to
take steps that... ▼—**ing** promotion,
furtherance; (*op school*) promotion; *ter — van
de gezondheid*, for the benefit of one's health;
vereniging ter — van, society for the
promotion of. ▼—**lijk**: — *voor*, conducive to;
— *zijn voor*, promote, stimulate.
bevracht/en charter; (*laden*) load. ▼—**er**
charterer. ▼—**ing** chartering.
bevragen *te — bij*, apply to; *te — alhier*,
inquire within.
bevredig/en appease, satisfy; (*lusten*) gratify,
indulge. ▼—**ing** appeasement, satisfaction.
bevreemd/en surprise. ▼—**ing** surprise.
bevreesd afraid (of). ▼—**heid** fear.
bevriend friendly; — *worden*, become friends.
bevriez/en freeze (*ook loon, prijs, krediet*);
freeze to death. ▼—**ing** freezing.
bevrijd/en free (from); deliver (from); liberate;
rescue (from danger); *daar ben ik van bevrijd
gebleven*, I have been spared that. ▼—**er**
deliverer, liberator, rescuer. ▼—**ing**
deliverance, liberation, rescue.
▼—**ingsbeweging** liberation movement.
▼—**ingsoorlog** war of liberation.
bevroeden 1 realize; 2 expect.
bevroren frozen (ground); frost-bitten (toes);
frosted (potatoes); — *kredieten*, frozen
credits.
bevrucht/en impregnate; (*biol.*) fertilize.
▼—**ing** impregnation; fertilization;
kunstmatige —, artificial insemination.
bevuilen soil, dirty.
bewaarder keeper; (*gevangen—*) warder.
bewaargeld storage, safe-keeping fee.
bewaarheiden confirm (a rumour); verify
(suspicion); *zijn dromen werden bewaarheid*,
his dreams came true.
bewaar/kluis safe deposit. ▼—**loon**
1 warehouse rent; 2 custody-fee. ▼—**plaats**
storehouse.
bewaarschool infant-school.
bewak/en (*voor veiligheid*) guard;
(*bespieden*) watch. ▼—**er** guard; (*in museum*)
custodian; (*in gevangenis*) warder. ▼—**ing**
guard, watch; *onder — van*, in the charge of;
onder — staan, be under guard; *onder —
stellen*, put under guard.
bewandelen walk (on); *de veilige weg —*,
keep on the safe side; *de juiste weg —*, take the
right course.
bewapen/en arm. ▼—**ing** armament.
▼—**ingsprogramma** a.- programme.
▼—**ingswedloop** arms race.
bewar/en keep, preserve; (*beschermen*)
protect, save (from); *tegen bederf —*, k. from
decay; *de hemel beware me!*, Heaven forbid!;
(*dit voedsel*) *laat zich niet —*, won't k. ▼—**ing**
keeping, preservation; *het Huis van B—*, the
House of Detention; *in — geven*, deposit; *in —
hebben*, have in one's k.; *in — nemen*, take
charge of; *iem. in verzekerde — nemen*, take a
p. into custody.
bewasemen steam.
bewateren water (flowers).
beweegbaar movable. ▼—**heid** movability.
▼**beweeg/kracht** motive power. ▼—**lijk**
mobile (defence, features); lively (man).
▼—**lijkheid** mobility. ▼—**reden** motive.

▼**bewegen** move, stir; *iem. — te...*, induce
(get) a p. to...; *zich —*, move, stir; *hij weet zich
te bewegen*, he knows how to mix with
people; *hij beweegt zich op het gebied van*, he
is engaged in. ▼**beweging** motion,
movement; (*lichaams—*) exercise;
(*opschudding*) commotion; *maak er niet zo'n
— over*, don't kick up such a fuss about it; *in —
brengen*, set going; *in — houden*, keep going;
de trein zette zich in —, the train moved off; *zij
is altijd in —*, she is always on the move; *uit
eigen —*, spontaneously, of one's own accord.
▼—**loos** motionless. ▼—**soorlog** war of
movement. ▼—**svrijheid** freedom of
movement.
bewegwijzer/en provide with signposts.
▼—**ing** signposting.
bewenen weep for, mourn for.
bewer/en assert, claim; (*voorgeven*) pretend.
▼—**ing** assertion, claim; pretension.
bewerkelijk laborious. ▼**bewerk/en** till, farm
(land); manufacture (material); fashion (clay);
cook (the news); edit, revise (book); rewrite
(play); (*voor toneel, film, school, enz.*) adapt
(for); (*kiezers—*) canvass; manipulate (a p.);
cause (difficulties); *ik zal trachten te — dat hij
komt*, I shall try to make him come; *bewerkt
naar*, adapted from; — *tot*, work up into (a
play). ▼—**er** cultivator, author; adapter.
▼—**ing** tillage (of land); process, adaptation;
(*muz.*) arrangement; version (of play);
canvassing; (*rekenk.*) operation; *het is nog in
—*, it is still being prepared.
bewerkstelligen bring about, achieve,
accomplish.
bewesten (to the) west of.
bewieroken (*lett.*) incense; (*fig.*) extol (a p.).
bewijs proof; (—*materiaal*) evidence; (*blijk*)
mark (of respect); (— *stuk bij afrekening*)
voucher; — *van goed gedrag*, testimonial of
good conduct; — *v. lidmaatschap*, certificate
of membership; — *v. Nederlanderschap*,
identity card; — *v. ontvangst*, receipt; — *v.
toegang*, ticket of admission; — *leveren van*,
furnish proof of; *'t is aan hem om 't — te
leveren*, the burden of proof lies with him; *ten
bewijze hiervan*, in proof (support) of this.
▼—**baar** demonstrable. ▼—**kracht**
conclusive force. ▼—**last** burden of proof.
▼—**materiaal** evidence. ▼—**middel** proof.
▼—**plaats** reference. ▼—**stuk** evidence;
(*voorwerp*) exhibit. ▼—**voering**
argumentation. ▼**bewijzen** prove; render (a
service); show (thankfulness, etc.); do
(honour); pay (attentions to); confer (a
favour).
bewillig/en consent; — *in*, grant (request),
agree with, consent to (a proposal). ▼—**ing**
consent.
bewimpelen disguise, cloak.
bewind government, administration; *'t —
voeren, aan 't — zijn*, (*v. koning*) hold the reins
of government; (*v. minister, partij*) be in
(power); *aan 't — komen*, come into power;
(*v. vorst*) come to the throne. ▼—**sman**
statesman, minister, ruler. ▼—**voerder**
administrator; (*bij faillissement*) trustee.
bewogen moved (*tot tranen toe*, to tears); —
tijden, troubled times.
bewolk/en become cloudy. ▼—**ing** clouds.
▼**bewolkt** clouded.
bewonder/aar admirer. ▼—**en** admire.
▼—**enswaardig** admirable. ▼—**ing**
admiration (of).
bewon/en inhabit, live in, occupy. ▼—**er** (*v.
stad, land*) inhabitant, resident (of town);
inmate, occupant (of house). ▼—**ing**
occupation, inhabitation. ▼**bewoonbaar**
(in)habitable.
bewoording(en) wording, terms; *in krachtige
—en vervat*, strongly worded.
bewust conscious; — *zijn van*, be c.
(aware) of, appreciate (a p.'s problems); *zich
van geen kwaad — zijn*, not be conscious of
having done any wrong; *zich van iets —
worden*, become c. of; — *of onbewust*,

wittingly or unwittingly. ▼—**eloos**
unconscious, senseless. ▼—**eloosheid**
unconsciousness. ▼—**heid** consciousness;
met —, wittingly. ▼—**making** awakening
(to). ▼—**wording** awakening (to).
▼**bewustzijn** consciousness, awareness; *bij
zijn* —, conscious; *buiten* —, unconscious; *'t
— verliezen*, lose c.; *weer tot — komen*,
recover c. ▼—**svernauwing** contraction (*of:*
narrowing) of the mind. ▼—**sverruimend**
consciousness (*of:* mind) expanding.
bezaaien (*lett.*) sow; (*fig.*) dot (with stars);
litter, strew (with papers).
bezaan (*mar.*) miz(z)en. ▼—**smast**
miz(z)en-mast.
bezadigd steady (man); moderate (demands).
▼—**heid** steadiness; moderateness.
bezegelen seal.
bezeilen sail (the seas); *er is geen land met
hem te* —, he is quite unmanageable.
bezem broom. ▼—**steel** b.-stick.
bezending consignment, shipment; *de hele* —,
the whole lot.
bezeren hurt, injure.
bezet 1 (*v. plaats*) taken; (*v. hotelkamer*)
occupied; *de zaal was goed (slecht)* —, there
was a good (poor) attendance; *geheel* —, full
up; *goed* —, well filled; **2** (*v. pers.*) busy;
occupied; *dan ben ik* —, then I have an
engagement; *druk —te dag*, crowded day;
3 set (with jewels); **4** (*mil.*) occupied; **5** *de rol
is goed* —, the part is well filled.
bezeten possessed (by a demon); obsessed
(by a thought); *als een* —, like one
possessed. ▼—**heid** frenzy, obsession.
bezett/en take (seats); set (with jewels);
occupy (a room, a country); cast (a play); fill
(vacancy). ▼—**er** occupier. ▼**bezetting**
occupation (of a country); cast (of a play);
filling (of an office); strength (of an orchestra).
▼—**sautoriteiten** occupation authorities.
▼—**skosten** costs of o. ▼—**sleger** army of o.
▼—**stroepen** o.troops. ▼—**szone** zone of o.
bezettoon (*tel.*) engaged tone (*of:* signal).
bezichtig/en view, inspect; *te* —, on view.
▼—**ing** view, inspection.
beziel/en inspire; animate; *wat bezielt je?*,
what has come over you?; *wat bezielde hem
toch om zo iets te doen?*, what ever possessed
him to do that? ▼—**d** animated (nature);
inspired (speaker). ▼—**ing** animation,
inspiration.
bezien *zie* **bezichtigen**; *het staat te* —, it
remains to be seen; *dat moet je anders* —, you
must view it from a different angle.
▼**bezienswaardig** worth seeing. ▼—**heid**
curiosity; *de bezienswaardigheden v.e. stad*,
the sights of a town.
bezig busy, engaged; — *zijn aan iets*, be at
work on s.th.; *nu ik er toch mee — ben*, while I
am about it; *hij was druk — met schrijven*, he
was busy writing. ▼—**en** use. ▼—**heid**
occupation; (*dagelijkse*) *bezigheden*, (daily)
pursuits. ▼—**houden** keep busy; hold (a p.'s
attention); entertain (guests); *die gedachte
houdt mij voortdurend bezig*, haunts me,
occupies my mind; *zich — met*, be engaged in.
bezijden beside.
bezingen sing.
bezink/en settle (down). ▼—**sel** sediment.
bezinn/en reflect; *bezint eer gij begint*, look
before you leap; *zich* —, change one's mind.
▼—**ing** reflection; *zijn — kwijtraken*, lose
one's senses; (*fig.*) lose one's head; *tot —
komen*, come to one's senses, recover o.s.; *tot
— brengen*, bring (a p.) to his senses.
bezit possession; (*eigendom*) property; (*op
een balans*) assets; *wij zijn in 't — van uw
brief*, we are in receipt of your letter; *in 't —
komen van*, obtain; *in — nemen*, take
possession of. ▼—**loos** unpropertied; *de
bezitlozen*, the have-nots. ▼—**nemer**
occupant. ▼—**neming** occupation. ▼—**recht**
ownership. ▼—**soverdracht** transfer of
property. ▼—**svorming** formation of property.
▼—**telijk** possessive. ▼—**ten** own, possess.

▼—**ter** owner, possessor. ▼—**ting** property;
(*v. rijk*) possession, colony; (*landgoed*) estate.
bezoedel/en stain, soil; defile. ▼—**ing**
defilement.
bezoek visit, call; (*v. school, enz.*) attendance;
(*personen*) visitors, callers; *een — afleggen*,
pay a v. (a call) to; *ik ga er vaak op* —, *ik ga
vaak bij ze op* —, I often go to visit them (see
them); *op — zijn*, be on a v. ▼—**dag** at-home;
(*in musea, enz.*) visiting-day. ▼—**en** visit, call
upon; attend (church, school). ▼—**er** visitor,
caller; (*schouwburg*) theatre-goer. ▼—**ing**
trial, visitation. ▼—**uur** visiting-hour.
bezoldig/en pay, salary. ▼—**ing** pay, salary.
bezondigen: *zich — (aan iets)*, be guilty (of),
perpetrate.
bezonken mature (judgment). ▼—**heid**
maturity.
bezonnen sedate, steady.
bezopen fuddled; *'n — idee*, a lunatic idea.
bezorgd 1 (*ongerust*) anxious, uneasy
(about); *ik maak me niet — over hem*, I don't
worry about him; (*vol goede zorg*) concerned;
2 (*goed*) — *zijn*, be well provided for. ▼—**heid**
anxiety, solicitude, concern.
bezorg/en (*verschaffen*) procure, get; deliver
(letters, parcels). ▼—**er** deliverer (of a letter),
roundsman. ▼—**ing** delivery.
bezuiden (to the) south of.
bezuinig/en economize (on), cut down
expenses. ▼**bezuiniging** economy; *—en tot
stand brengen*, make cuts, effect economies.
▼—**scampagne** economy campaign.
▼—**scommissie** e. committee.
▼—**smaatregel** e. measure. ▼—**spolitiek** e.
policy.
bezuipen: *zich* —, fuddle o.s.
bezuren suffer (smart) for (s.th.).
bezwaar objection; (*gewetens—*)
scruple; (*nadeel*) drawback; *buiten — van
's Rijks Schatkist*, without cost to the State; —
hebben tegen, object to; — *maken*, object
(to); — *opleveren*, present difficulties; *op
bezwaren stuiten*, meet with objections,
encounter difficulties.
bezwaard weighted, loaded, burdened (with
debts); encumbered (with a mortgage); *hij
voelde zich — erover*, **1** he was weighed
down by it; **2** he felt aggrieved at it; *met —
gemoed*, with a heavy heart.
bezwaarlijk hardly, not very well.
bezwaarschrift petition; (*tegen belasting*)
appeal.
bezwang/eren impregnate. ▼—**erd** laden
(with smoke).
bezwar/en load; (*vooral fig.*) burden; *met
hypotheek* —, encumber with a mortgage,
mortgage; *de maag* —, lie heavy on the
stomach. ▼—**end** damaging (statement);
aggravating (circumstances); incriminating
(evidence).
bezweet perspiring, sweating; *ik ben helemaal
*—, I'm all of a sweat.
bezwer/en swear; (*iem.* —) conjure; charm
(snakes); exorcize (spirits); allay (a storm);
avert (a revolution, danger). ▼—**ing** swearing,
exorcism; conjuration. ▼—**ingsformule**
incantation, charm.
bezwijken (*onder last of druk*) collapse, give
way; (*aan wond*) succumb; (*voor verleiding*)
yield.
bezwijm/en faint (away). ▼—**ing** faint.
Bhutan Bhutan. ▼**Bhutaan(s)** Bhutani.
bibber/atie: *de* —, the shivers. ▼—**en** shiver
(with cold); tremble (with fear).
biblio/bus library bus. ▼—**fiel** bibliophil(e).
▼—**graaf** bibliographer. ▼—**grafie**
bibliography. ▼—**thecaris** librarian.
▼—**theek** library.
biceps biceps.
bidbankje praying-stool. ▼**biddag** day of
prayer. ▼**bidden** pray; (*voor of na maaltijd*)
say grace; *ik moest hem — en smeken om*, I
had to beg and entreat him to. ▼**bidder
1** prayer; **2** (*lijkbidder*) undertaker's man.
▼**bidprentje** 'In Memoriam'-card. ▼**bidstoel**

kneeling-chair. ▼**bidstond** prayer-meeting.
biecht confession; *te — gaan,* go to c.; *bij de duivel te — gaan,* go to the wrong shop; *iem. de — afnemen,* confess a p. ▼**—eling** confessant. ▼**—en** confess. ▼**—geheim** secret of the confessional. ▼**—stoel** confessional.
▼**—vader** confessor.
bied/en offer (chance, money, resistance); *(aanblik —)* present; *(op verkoping)* bid; *meer — dan iem.,* outbid a p. ▼**—er** bidder.
▼**—koersen** buying rates.
biefstuk rumpsteak.
biel sleeper.
bier beer, ale; *donker —,* porter. ▼**—brouwer** (b.-) brewer. ▼**—brouwerij** brewery.
▼**—buik** pot-belly. ▼**—drinker** b.-drinker.
▼**—fles** b.-bottle. ▼**—fuif** b.-party. ▼**—glas** b.-glass. ▼**—handelaar** b.-seller. ▼**—huis** b.-house. ▼**—kaai:** *het is vechten tegen de —,* it's labour lost. ▼**—kan** tankard. ▼**—ton** b.-barrel. ▼**—viltje** b.-spill.
bies 1 (bul) rush; **2** (garnering) piping; (rand) border; *zijn biezen pakken,* clear out.
bieslook chive(s).
biest beestings.
biet beet. ▼**—encampagne** beet-sugar campaign. ▼**—suiker** beet sugar.
biezen bn rush; ▼**— stoel,** rush-bottomed chair.
big piglet.
bigamie bigamy. ▼**bigamist** bigamist.
biggen ww farrow, cast pigs.
bigot bigoted. ▼**—terie** bigotry.
bij I zn bee. II vz enz.: by, near (a place), near (Manchester); at (the door); (come) to (me), (sit) near (me); (the battle) of (Hastings); (it was different) with (the Greeks); *laten we het bespreken — een glaasje wijn,* let's discuss it over a glass of wine; *heb je geld — je?,* have you any money with (on, about) you?; *mijn gedachten waren niet — het onderwerp,* my mind was not on the subject; *ik vond het — Sh.,* I found it in Sh.; *— het ontbijt,* at (during) breakfast; *— dag,* in the daytime; *— zijn leven,* during his life; *— zijn aankomst,* on his arrival; *— brand (slecht weer),* in case of fire (bad weather); *— afwezigheid,* when absent; *'t is — zessen,* it's getting on for six, it's close on six; *hij is — de 40,* he is getting on towards forty; *— 't dozijn verkopen,* sell by the dozen; *— honderden vangen,* catch by (of:) hundreds; *— de minste aanraking,* at the least touch; *hij is — de Marine,* he is in the Navy; *— het lezen hiervan,* on (when) reading this; *— zichzelf denken,* think to o.s.; *ik ben er zelf — geweest,* I was present at it myself; *nou ben je er —,* now you're in for it; *'t spijt me, ik was er niet — (met mijn gedachten),* sorry I was not attending; *(mijn boeken) zijn er niet —,* are not there; *dat is er allemaal —,* that is all included; *er wat — verdienen,* eke out one's income, earn s.th. on the side; *geld verliezen — een transactie,* lose money over a transaction; *goed — zijn (v. pers.),* be clever, be all there; *(v. boek)* be up-to-date; *(v. boekhouding)* posted; *ik ben nog niet — met mijn werk,* I have not yet caught up with my work.
bijbaantje side-line.
bijbedoeling hidden motive.
bijbehorend: *met —e broek,* with trousers to match.
bijbel Bible. ▼**—genootschap** B. Society.
▼**—kennis** scriptural knowledge. ▼**—leer** scriptural doctrine. ▼**—s** biblical. ▼**—spreuk** biblical sentence. ▼**—tekst** biblical text.
▼**—uitlegging** exegesis. ▼**—vast** versed in scripture. ▼**—verhaal** biblical story.
▼**—vertaling** translation of the b. ▼**—woord** B.-word, Holy Scripture.
bijbenen zie **bijhouden.**
bijbestell/en order a further supply. ▼**—ing** additional order.
bijbetal/en pay in addition. ▼**—ing** additional payment.
bijbetekenis connotation.
bijbetrekking by-employment.
bijblad supplement.

bijblijven 1 *(op de hoogte blijven)* keep posted, keep in touch, keep up to date; *(iem. bijhouden)* keep pace with, keep up with; **2** *het is me altijd bijgebleven,* it has always stuck in my memory.
bijboeken enter, post up.
bijbouwen build new houses; add (a kitchen).
bijbrengen *(bewusteloze)* bring (a p.) round; *iem. iets —,* impart s.th. to a p., teach a p. s.th.
bijdehand bright, smart.
bijdoen add.
bijdrage contribution. ▼**bijdragen** contribute (to); make (for success).
bijdraaien *(v. schip)* heave to; *(v. pers.)* come round.
bijeen together, assembled. ▼**—behoren** belong. ▼**—blijven** remain t. ▼**—brengen** bring t.; *(geld, leger)* raise. ▼**—doen** put t.
▼**—drijven** round up. ▼**—flansen** knock t.
▼**—garen** gather (flowers), amass (a fortune).
▼**—houden** keep t. ▼**—komen** meet, come t.
▼**—komst** meeting; *(fam.)* get-together.
▼**—krijgen** raise (money); get (people) together. ▼**—leggen** put t.; club, pool (money). ▼**—nemen** take t.; *alles — genomen,* altogether. ▼**—rapen** scrape t.; *— geraapt zootje,* scratch collection.
▼**—rekenen** add up. ▼**—roepen** convene.
▼**—roeping** convocation, summons.
▼**—scharrelen** scratch up, scrape up (a living). ▼**—schrapen** scrapet. ▼**—tellen** add (up). ▼**—trekken** concentrate (troops).
▼**—trommelen** drum up; *(fig.)* rope in (supporters). ▼**—voegen** join t. ▼**—zamelen** gather. ▼**—zijn** be t.; *(v. parl.)* be sitting; *(v. congres)* be meeting. ▼**—zoeken** gather, collect.
bijen/houder bee-keeper. ▼**—koningin** queen-bee. ▼**—korf** b.-hive. ▼**—stal** apiary.
▼**—teelt** b.-culture. ▼**—was** beeswax.
▼**—zwerm** swarm of bees.
bijfiguur minor figure; *(in boek)* minor character.
bijgaand enclosed; *— schrijven,* accompanying letter; *—e stukken,* enclosures.
bijgebouw annex(e).
bijgedachte implication.
bijgeloof superstition. ▼**bijgelovig(heid)** superstitious(ness).
bijgeluid by-sound; mush (of radio).
bijgenaamd nicknamed.
bijgerecht side-dish.
bijgeval I *bw* by any chance. II *vgw* if.
bijgevolg consequently.
bijgieten add.
bijgroeien *(v. haar)* grow again.
bijhalen bring in; call in.
bijharken rake up.
bijhorigheden appurtenances.
bijhouden 1 *(glas)* hold out; **2** keep up with; **3** keep (the books, diary).
bijkaart *(in spel)* plain card; *(in atlas)* inset(-map).
bijkans almost, nearly.
bijkantoor branch-office.
bijkeuken scullery.
bijknippen trim.
bijkok undercook.
bijkomen *(v.d. kou)* revive; *(v. bewusteloosheid)* come round (of: to); *ik kan er niet —,* I can't reach it; *er komt nog 2/- bij,* that will be 2/- extra; *(ik moet eerst) — (met mijn werk),* catch up; *(blauw) komt er niet bij,* does not match (does not go with it); *daar komt nog bij, dat het niet waar is,* besides, it is not true; *dat moest er nog —!,* that would be the last straw!; *er kwam longontsteking bij,* he got pneumonia on top of it; *hoe kwam je daarbij?,* whatever made you think that?
▼**bijkomend** attendant (circumstances); extra (charges). ▼**bijkomstig** adventitious, of minor importance. ▼**—heid 1** adventitious circumstance; **2** thing of minor importance.
bijl axe, hatchet; *het —tje erbij neerleggen,* chuck it, shut up shop; *(bij staking)* down tools; *hij heeft al meer met dat —tje gehakt,* he

bijladen recharge (a battery), fill up (a tank).
bijlage appendix, annex; (*in brief*) enclosure.
bijlange — (*na*) niet, not nearly.
bijlappen patch up.
bijlbrief builder's certificate.
bijlegg/en 1 settle (a conflict); **2** add (to); *hij moest er £ 5 bijleggen*, he lost £ 5 over it, he was £ 5 out of pocket; **3** (*mar.*) lie to. **▼—ing** settlement.
bijles extra lesson; — *nemen/hebben*, take/have extra lessons.
bijlichten: *iem.* —, light a p.
bijliggen: *er ligt me iets van bij*, I seem to remember s.th. of it.
bijloper (*pol.*) fellow-traveller, hanger-on, underling.
bijmaan mock moon.
bijmeng/en mix (with). **▼—sel** admixture.
bijna almost, nearly; — *niet*, hardly, scarcely.
bijnaam nickname.
bijoogmerk ulterior design; *hij heeft een* —, (*fam.*) he has an axe to grind.
bijouterieën jewel(le)ry.
bijpassen pay (extra).
bijprodukt by-product.
bijrekenen include, add.
bijrijder relief (driver).
bijrivier tributary, feeder.
bijschaven smooth; *hij moet wat bijgeschaafd worden*, (*fig.*) he must have the corners rubbed off.
bijschenken fill up (a glass); refill (a teapot).
bijschilderen touch up; (*huis*) give a lick of paint.
bijscholen retrain.
bijschrift inscription; (*kanttekening*) marginal note.
bijschrijven 1 add; **2** (*inboeken*) enter; **3** (*rente*) credit; **4** (*bijwerken*) write up, post up.
bijschuiven *ov.w* draw up (chair).
bijslaap coition, coitus, copulation.
bijslag 1 extra allowance; **2** extra charge.
bijslepen drag in.
bijsmaak tang.
bijspijkeren (*fig.*) make progress, catch up.
bijspringen: *iem.* —, back a p. up.
bijstaan assist, help. **▼bijstand** assistance, help; (*financiële*) —, financial support; *rechtskundige* —, legal aid; *van de* — *trekken*, receive social assistance. **▼B—swet** Social Security Act.
bijstellen adjust. **▼bijstelling** apposition.
bijster I *bn*: *'t spoor* — *zijn*, be at sea; (*v. honden*) be at fault. **II** *bw* extremely; *niet* —..., not particularly . . .
bijstort/en: *£ 10* —, make an additional payment of £10. **▼—ing** additional payment.
bijsturen (*mar.*) allow for drift; (*fig.*) make (small) corrections (to).
bijt hole (in the ice).
bijtellen add.
bijten bite; (*v. slang*) sting; *je moet er maar doorheen* —, you'd better grin and bear it; *op, b.* (one's nails, lips); *van zich af* —, show fight, hold one's own, give as good as one gets. **▼bijtend** biting, caustic; mordant (wit).
bijtijds —, (*vroeg*) betimes; (*op tijd*) in time.
bijtrekken draw up (chair); (*pand, veld*) add; *dat trekt wel bij*, it will hardly show.
bijv. e.g., for example, for instance.
bijvak subsidiary subject.
bijval approval, applause; (*zijn opvatting*) *vond algemeen* —, met with general support. **▼—len**: *iem.* —, support a p., back a p. up. **▼—sbetuiging(en)** applause.
bijvegen sweep up.
bijverdienen *iets* —, make s.th. on the side. **▼bijverdienste** extra earnings; *welkome* —, welcome addition to one's income.
bijverven touch up, give a lick of paint.
bijvoeg/en add, enclose. **▼—ing** addition; *onder* — *van*, adding, enclosing. **▼—lijk** adjectival; — *naamwoord*, adjective. **▼—sel** addition, supplement, (*v. brief*) enclosure.

bijvoorbeeld for example, for instance.
bijvrouw concubine.
bijvullen fill up (a glass, a tank); replenish, make up (fire); refuel (a car, a plane).
bijwagen trailer.
bijweg by-road.
bijwerk extra-work, part-time job. **▼—en** touch up; (*boek*) revise; (*boekhouding, dagboek, enz.*) post up; (*leerlingen*) coach.
bijwijlen (*lit.*) now and again.
bijwonen witness (spectacle); attend (meeting).
bijwoord adverb. **▼—elijk** adverbial.
bijzaak matter of secondary importance; side-issue; *geld is* —, money is no object; *hoofdzaken en bijzaken*, essentials and inessentials.
bijzet/tafeltje occasional table. **▼—ten** place, (*lijk*) inter; (*zeil*) set; *kracht* —, emphasize; *luister* —, add lustre to; *hij heeft niet veel om bij te zetten*, he is not very robust. **▼—ting** interment.
bijziend short-sighted, myopic. **▼—heid** short-sightedness, myopia.
bijzijn: *in het* — *van*, in the presence of.
bijzin subordinate clause.
bijzit concubine. **▼—ter** (*rechter*) assessor; (*examinator*) assistant examiner.
biljet ticket; (*bank*—) (bank)note; (*aanplak*—) poster; (*strooi*—) handbill.
biljoen billion; (*Am.*) trillion.
billijk fair (price, question), reasonable (demands); *niet meer dan* —, only fair. **▼—en** approve (of); *dat kan men* —, that's reasonable. **▼—erwijze** in fairness. **▼—heid** fairness; *uit* — *tegenover*, in fairness to; *naar recht en* —, in all fairness. **▼—heidshalve** in fairness.
bilzekruid henbane.
binair binary.
bind/en bind, tie; immobilize (troops); thicken (soup); *iem. de handen* —, tie a p.'s hands (*ook fig.*); *iem. iets op 't hart* —, enjoin s.th. on a p.; *tot een pakje gebonden*, tied up in a parcel; *zich* —, bind (commit) o.s. **▼—end** binding (upon); —*e kracht krijgen*, take effect. **▼—er** binder. **▼—ing** bond. **▼—middel** cement, binder. **▼—weefsel** connective tissue.
bingo bingo.
binnen I *vz* within (a year, these limits); inside (the house). **II** *bw* in, inside; — *!*, come in!; *hij is* —, he is inside, (*fig.*) he has made his pile; *naar* — *slaan*, (*v. vlam*) flash back, (*v. eten*) bolt (food); *zich te* — *brengen*, call to mind; *'t schoot me te* —, it occurred to me; *'t zal me wel weer te* — *schieten*, it will come back to me; *van* —, inside; *van* — *en van buiten*, inside and out; *van* — *naar buiten*, outwards.
binnen/baan inside track. **▼—bad** swimming-bath, indoor swimming-pool. **▼—bal** bladder. **▼—band** tube. **▼—blijven** stay in. **▼—bocht** inside bend. **▼—boord** inboard. **▼—brand** small fire. **▼—dijk** inner dike.

binnendoor:— *gaan,* **1** go through the house; **2** take a short cut.
binnen/dringen penetrate (wood, darkness); break into (a house); invade (a country). ▼—**gaan** go in, enter. ▼—**halen** fetch in; (*oogst*) harvest, reap; (*winst*) secure; (*punten*) garner.
binnen/haven inner harbour. ▼—**hof** inner court.
binnenhouden keep (a p.) in.
binnenhuis/(je) (domestic) interior. ▼—**architect** interior decorator.
binnenin inside.
binnen/kamer inner room. ▼—**kant** inside.
binnenkom/en come in. ▼—**end** incoming (train, mail). ▼—**st** entrance, entry.
binnenkort before long.
binnenkrijgen get down (food); get in (debts); swallow (water).
binnen/land interior, inland; *in binnen- en buitenland,* at home and abroad. ▼—**lands** inland (waterways); internal (policy); home-made (products); home (market); — *nieuws,* home news; —*e zaken,* home affairs.
binnen/laten let in, show in. ▼—**leiden** usher in. ▼—**loodsen** pilot (a ship) into port. ▼—**lopen** run in (*ook v. trein*); drop in (at); (*v. schip*) put in. ▼—**nodigen** invite to come in.
binnen/pad short cut. ▼—**plaats, —plein** inner court.
binnenpraten (*v. vliegtuig*) talk down.
binnenpretje private joke.
binnen/rijden drive (ride) in; (*v. trein*) draw into the station. ▼—**rukken** march in (to a town).
binnen/scheepvaart inland navigation. ▼—**schip(per)** (master of) a barge. ▼—**shuis** indoors. ▼—**skamers** in private. ▼—**slands** in the country.
binnen/sluipen steal in; (*v. fouten*) creep in. ▼—**smokkelen** smuggle (in).
binnen/smonds under one's breath; — *spreken,* mumble. ▼—**sport** indoor sports. ▼—**stad** inner town.
binnenstappen walk in.
binnenste I *bn* inmost. **II** *zn* inside, interior; *in zijn —,* in his heart (of hearts). ▼—**buiten** inside out.
binnen/stomen steam in. ▼—**stormen** rush in. ▼—**stromen** pour in.
binnensport indoor sports.
binnen/treden I *ww* enter. **II** *zn zie*—**komst.** ▼—**trekken** march in.
binnenvaart inland navigation.
binnenvallen drop in (on a p.); invade (a country); (*v. schip*) put in (to port).
binnen/vetter dark horse. ▼—**visserij** fresh water fishing.
binnenwaaien blow in.
binnen/waarts inward(s). ▼—**wateren** inland waterways. ▼—**weg** short cut. ▼—**werk** inside work; (*v. horloge*) works; (*v. piano, enz.*) interior mechanism.
binnenwippen pop in.
binnenzak inside pocket.
binnenzeilen sail in.
binnen/zijde inside. ▼—**zool** insole.
binocle (pair of) binoculars.
bint joist.
biochemicus biochemist. ▼**biochemie** biochemistry. ▼**biochemisch** biochemical.
biogeo/graaf biogeographer. ▼—**grafie** biogeography. ▼—**grafisch** biogeographical.
bio/graaf biographer. ▼—**grafie** biography. ▼—**grafisch** biographical.
biologeren mesmerize.
biologie biology. ▼**biologisch** biological. ▼**bioloog** biologist.
bioscoop cinema; *naar de* — *gaan,* go to the pictures. ▼—**bezoeker** picture-goer. ▼—**commissie** film censorship board. ▼—**enthousiast** film fan. ▼—**voorstelling** cinema show.
biosfeer biosphere.
biotoop biotope.
Birma Burma. ▼**Birmaan(s)** Burmese.

bisam(rat) musk-rat.
Biscaye Biscay; *de Golf van* —, the Gulf of B.
biscuit biscuit.
bisdom diocese, bishopric.
biseksueel bisexual.
bismut bismuth.
bisschop bishop. ▼—**pelijk** episcopal. ▼—**smijter** mitre. ▼—**sstaf** crosier. ▼—**szetel** bishop's see.
bissectrice bisector.
bisseren encore.
bit bit.
bits snappy, tart. ▼—**heid** tartness.
bitter I *bn* bitter; — *als gal,* (as) b. as gall. **II** *zn* bitters; *een —tje,* a gin and bitters. ▼—**en** have a gin and bitters, liquor (up). ▼—**heid** bitterness. ▼—**koekje** macaroon. ▼—**tafel** drinking-table. ▼—**uur** cocktail hour. ▼—**zoet** b.-sweet. ▼—**zout** Epsom salt(s).
bitumen bitumen. ▼**bitumineus** bituminous.
bivak bivouac; *een* — *opslaan,* lay out a b. ▼—**keren** bivouac.
bizar bizarre, grotesque.
bizon bison.
blaadje flysheet, leaflet; (*bloem*—) petal, leaflet; (*thee*—) **1** tea-leaf; **2** (*dienblad*) tea-tray; *je staat bij hem in een goed* —, you are in his good books; (*bij iem.*) *in een goed* — *trachten te komen,* make up to, curry favour with (a p.).
blaag brat.
blaam blame, censure; *een* — *werpen op,* cast a b. (slur) on; *hem treft geen* —, no b. attaches to him.
blaar blister; *blaren trekken,* raise blisters. ▼—**trekkend** raising blisters; — *strijdgas,* blister gas.
blaas bladder; (*in water*) bubble. —**balg** (pair of) bellows. ▼—**instrument** wind-instrument. —**kaak** gasbag. ▼—**kaken** gas. ▼—**kakerij** gassing. —**ontsteking** inflammation of the b. —**orkest** wind-band. —**pijp** blow-pipe; (*v. glasblazer*) blow-tube. ▼—**pijpje** (*ademtest*) breathalyser. —**steen** stone in the b.
blad leaf (of book, tree); sheet (of paper); blade (or oar); (*krant*) newspaper; top (of table); (*dien*—) tray; *hij nam geen* — *voor de mond,* he did not mince matters; *in 't* — *komen,* break into leaf; *van 't* — *spelen,* play at sight; *van 't* — *lezen,* sight-reading. ▼—**aarde** leaf-mould.
bladder blister. ▼—**en** blister.
blader/dak foliage. ▼—**en:** *in een boek* —, turn over the leaves of a book. ▼**blad/goud** gold leaf; (*klatergoud*) tinsel. ▼—**groen** leaf-green. ▼—**groente** greens. ▼—**luis** plant-louse, green fly. ▼—**rups** canker-worm. ▼—**spiegel** text area, text space. ▼—**stand** arrangement of the leaves. ▼—**steel** stalk. ▼—**stil:** *'t was* —, not a leaf stirred; *'t werd* —, it fell a dead calm. ▼—**vulling** stop-gap, padding. ▼—**wijzer** book-mark. ▼—**zijde** page. ▼—**zilver** leaf-silver.
blaffen bark at; —*de honden bijten niet,* barking dogs don't bite. ▼**blafhoest** hacking cough.
blaken burn; (*v. zon*) blaze; — *van,* glow with; *in* — *de welstand,* in the pink of health.
blaker candle-stick. ▼—**en** scorch.
blamage disgrace. ▼**blameren** discredit; *zich* —, disgrace o.s.
blanco blank (cheque); — *krediet,* blank (*of:* open) credit; *in* — *verkopen* sell short; — *stemmen,* give in a b. vote, abstain (from voting); — *volmacht,* b. power of attorney, full authority to act.
blank I *bn* blank; —*e sabel,* the naked sword; *het land staat* —, the land is flooded. **II** *zn* (*domino*) blank; *een* — *a white(man);* —*en,* whites. ▼—**e-slavinnenhandel** w.-slave traffic. ▼—**etsel** paint. ▼—**etten** paint. ▼—**heid** whiteness.
blasé blasé, cloyed.
blaten bleat.
blauw I *bn* blue; —*e boon,* (*fig.*) b. pill; *hij is aan de* —*e knoop,* he is on the waterwaggon;

een —e maandag, a short while; *iem. een —oog slaan*, give a p. a black eye; —e plek, bruise; —e zone, restricted parking area (*of: zone*); *de zaak — — laten*, let the matter rest. II zn blue. ▼—Baard Bluebeard. ▼—bekken: *staan —*, stand in the cold. ▼—boek b.-book. ▼—druk b.-print. ▼—en blue (linen, steel). ▼—eregen wistaria. ▼—kous b.-stocking. ▼—ogig b.-eyed. ▼—sel blue; *door 't halen, blue. —tje: een — geven (lopen)*, give (get) the mitten. ▼—zuur Prussic acid.

blazen blow (flute, glass); sound (signal, horn); (*v. kat*) swear, (*damspel*) huff; *iem. iets in 't oor —*, whisper s.th. in a p.'s ear; *hoog van de toren —*, brag; *hij is geblazen*, he has hooked it; *ik zou je —!*, not me!, *beter hard geblazen dan de mond gebrand*, it is better to blow than to burn your mouth. ▼blazer blower; (*jasje*) blazer.

blazoen blazon.

bleek I bn pale, wan; *hij zag zo — als een lijk*, he looked livid. II zn bleach(ing)-field. ▼—gezicht p.-face. ▼—heid paleness, pallor. ▼—jes palish. ▼—middel bleach. ▼—neus pale child. ▼—poeder bleaching-powder. ▼—selderij (English) celery. ▼—zucht chlorosis, green sickness. ▼bleken bleach. ▼blekerij bleachery.

blèren squall, bawl.

bles blazed horse.

bless/eren injure, wound. ▼—uur injury, wound.

bleu timid. ▼—heid timidity.

bliek white bream; (*sprot*) sprat.

blij glad, happy, pleased; *zo — als een engel*, as pleased as Punch. ▼blijdschap, blijheid gladness, joy (at).

blijk token, sign; *— geven van*, give evidence of, show, evince. ▼—baar apparent, evident. ▼—en appear (from); *'t blijkt ons dat..*., we find that ...; *— te zijn*, turn out to be; *doen —*, signify, express; *doen —, laten —*, show; *je moet er hem niets van laten —*, don't let on to him about it, *er is niets gebleken van bedrog*, there is no evidence of fraud, *uit alles blijkt dat...*, everything goes to show that ... ▼—ens according to, as appears from. ▼—geving display, manifestation.

blijmoedig cheerful. ▼—heid cheerfulness.
blijspel comedy. ▼—dichter, —schrijver comedy-writer.

blijven stay, remain; *hij is in de strijd gebleven*, he has been killed in battle; *ik blijf van mening*, I remain of opinion; *waar blijft 't eten toch!*, is dinner forthcoming!; *waar is mijn hoed gebleven?*, what has become of my hat?; *waar zijn jullie zo lang gebleven?*, where have you been all this time?; *waar ben ik gebleven?*, where had I got to?, where did I leave off?; *dood —*, die; *— regenen*, continue, keep (on) raining; *— eten*, stay to dinner; *— leven*, live on; *— bij*, stand by (promise); *bij de zaak —*, stick to the point; *ik blijf er bij dat*, 1 I maintain that; 2 I insist on; *en daarbij bleef het*, and that was that; *maar daar bleef het niet bij*, but that was not all; *dat blijft onder ons*, that's between you and me, *het blijft binnen de perken*, it keeps within limits; *buiten de oorlog blijven*, keep out of the war. ▼blijvend permanent, lasting, enduring.

blik 1 look, gaze, glance; *iem. met een heldere —*, man with a clear vision; *bij de eerste —*, at first sight; *in één —*, at a glance; 2 (*stofnaam*) tin, white iron; 3 *zie —je*. ▼—groente tinned vegetables. ▼—je tin. ▼—ken I bn tin; *een — dominee*, a tin parson. II ww look, glance; *zonder — of blozen*, unblushingly, quite coolly. ▼—opener tin-opener. ▼—schaar tin-snips. ▼—schade bodywork damage.

bliksem I zn lightning; *wat —!*, what the dickens!; *arme —*, poor devil; *als de —*, like blazes; *naar de — gaan*, go to pot; *loop naar de —!*, go to blazes! II bn & bw devilish. ▼—actie (*staking*) lightning strike; lightning action. ▼—afleider l.-conductor. ▼—bezoek flying visit. ▼—carrière meteoric career. ▼—en

lighten; (*v. ogen, zwaard*) flash. ▼—flits, —schicht, —straal flash of l.; *als een — uit een heldere hemel*, like a bolt from the blue. ▼—oorlog blitzkrieg. ▼—snel as quick as l.

blikslager tinsmith, tinker.

blik/vanger eye-catcher. ▼—veld field of vision.

blikvlees bully-beef.

blikwerk tinware. ▼—er tin-plater.

blind I zn shutter. II bn blind (of one eye); b. (with rage); —e klip, sunken rock; —e passagier, stowaway; —e steeg, b. alley; —e vinken, beef olives; *zich — staren op*, restrict one's view to, be obsessed by; *zo — als een mol*, as b. as a bat; *ziende — zijn*, be b. with one's eyes open; *— voor*, b. to. III bw blindly. ▼—doek bandage. ▼—doeken blindfold. ▼—e b. man, b. woman; *in 't land der —en is éénoog koning*, in the land of the b. the one-eyed man is king. ▼—edarm b. gut, appendix. ▼—edarmontsteking appendicitis. ▼—elings blindly. ▼—emannetje (play at) blindman's buff. ▼—engeleidehond guide-dog, (*Am.*) seeing-eye dog. ▼—eninstituut b.-institution. ▼—eren blind, armour. ▼—ganger unexploded shell, (*sl.*) dud. ▼—heid blindness; *met — geslagen*, struck blind. ▼—schaken play chess b.-folded. ▼—vliegen fly b.

blinken shine, glitter.

blits (*sl.*) hip, groovy.

blo bashful; *beter — Jan dan do Jan*, discretion is the better part of valour.

bloc: *en —*, (buy, sell) in the lump; *en — weigeren*, refuse in mass; *en — ontslag nemen*, resign in a body. ▼—note note-block, (*scibbling-*)pad.

bloed 1 blood, *dat zet kwaad —*, that rankles; *het — kruipt waar het niet gaan kan*, b. is thicker than water; 2 (*onnozele —*) simpleton. ▼—aandrang congestion. ▼—arm anaemic. ▼—armoede anaemia. ▼—bad slaughter, massacre; *een — aanrichten*, make a slaughter, massacre. ▼—blaar b.-blister. ▼—bruiloft Bloody Wedding. ▼—doorlopen bloodshot. ▼—dorst bloodthirstiness. ▼—dorstig bloodthirsty. ▼—druppel drop of b. ▼—eigen: —kinderen, own flesh and blood. ▼—eloos bloodless. ▼—eloosheid bloodlessness. ▼—en bleed; *uit de neus —*, bleed at (from) the nose; *hij werd tot —s toe geslagen*, he was beaten till the blood came. ▼—erig bloody. ▼—geld blood-money. ▼—gever blood-donor. ▼—groep blood-group. ▼—hond bloodhound. ▼—ig bloody; —e ernst, bitter earnest. ▼—ige bleeding, haemorrhage. ▼—je (poor) little mite. ▼—koraal red coral. ▼—lichaampje blood-corpuscle. ▼—neus bloody nose; *iem. een — slaan*, blood a p.'s nose. ▼—onderzoek blood-test. ▼—plaatje thrombosite, blood platelet. ▼—plas pool of blood. ▼—plasma blood plasma. ▼—proef blood-test. ▼—raad Bloody Council. ▼—rood blood-red. ▼—schande incest. ▼—schending incestuous. ▼—serieus dead serious. ▼—somloop circulation (of the blood). ▼—spat blood-spatter. ▼—spuwing spitting of blood. ▼—stelpend styptic. ▼—transfusie blood-transfusion. ▼—transfusiedienst blood-transfusion service. ▼—uitstorting (cerebral) haemorrhage. ▼—vat blood-vessel. ▼—vergieten bloodshed. ▼—vergiftiging blood-poisoning. ▼—verlies loss of blood. ▼—verwant (blood-)relation, relative. ▼—verwantschap blood-relationship. ▼—vlek bloodstain. ▼—worst black pudding. ▼—wraak vendetta; blood-feud. ▼—ziekte blood-disease. ▼—zuiger leech; *—s aanleggen*, apply leeches. ▼—zuiverend depurative. ▼—zuivering blood-purification.

bloei blossom, bloom; (*'t bloeien*) flowering; (*fig.*) prosperity, flower (of youth); *in — staan*, be in bloom; *in de — der jaren*, in the prime of life; *tot — brengen*, bring to prosperity. ▼**—en** bloom, blossom; *(fig.)* flourish. ▼**—periode** *—tijd* flowering-time; *(fig.)* hey-day, flourishing-period. ▼**—wijze** florescence.

bloem flower; *(v. meel)* flour; *de —en stonden op de ruiten*, the windows were frosted over. ▼**—bak** f.-box. ▼**—bed** f.-bed. ▼**—blad** petal.

bloembol bulb. ▼**—lencultuur** b.-growing. ▼**—lenhandel** b.-trade. ▼**—lenhandelaar** b.-dealer. ▼**—lenstreek** b.-district. ▼**—lenveld** b.-field.

bloemen/corso flower parade. ▼**—handelaar** florist. ▼**—markt** flower-market. ▼**—teelt** floriculture. ▼**—tentoonstelling** f.-show. ▼**—vaas** flower-vase. ▼**—weelde** wealth of flowers. ▼**bloem/etje**: *de —s buiten zetten*, paint the city red, go on the spree. ▼**—ig** *(v. aardappelen)* floury. ▼**—ist** florist. ▼**—isterij** florist's garden. ▼**—kelk** calyx. ▼**—knop** flower-bud. ▼**—kool** cauliflower. ▼**—krans** wreath of flowers. ▼**—kweker** florist. ▼**—lezing** anthology. ▼**—perk** flower-bed. ▼**—pot** flower-pot. ▼**—rijk** flowery. ▼**—rijkheid** floweriness. ▼**—stuk** bouquet, floral tribute.

bloesem(en) blossom.

bloheid bashfulness.

blok block, log, *(speelgoed)* building-block, *(luchtv.)* chock; *een — aan het been hebben*, be clogged; *hij was haar een — aan het been*, he was a drag on her; *voor het — zitten*, be up against it; *iem. voor het — zetten*, force a p.'s hand. ▼**—fluit** recorder. ▼**—hoofd** A.R.P. warden (A.R.P. = air-raid protection). ▼**—huis** blockhouse; *(spoorweg)* signal-box. ▼**—hut** log-cabin. ▼**—je** cube; *een — omlopen*, go out for a turn.

blokkade blockade; *de — doorbreken*, run the b. ▼**—breker** b.-runner.

blokken swot, grind.

blokkendoos box of bricks.

blokker/en *(haven)* blockade; *(geld)* block; *(krediet)* freeze. ▼**—ing** blockading; blocking; freezing.

blokschrift block-writing.

blond fair, light, blond. ▼**—harig** fair-haired. ▼**—heid** fairness. ▼**—je** blonde.

bloodaard coward, faint-heart, timid man.

bloot bare, naked; *blote slaat*, naked sword; *— toeval*, mere accident; *onder de blote hemel*, under the open sky. ▼**—geven**: *zich —*, show one's hand, commit o.s. ▼**—leggen** lay bare, reveal (plan, conditions). ▼**—liggen** lie bare, be exposed (to). ▼**—shoofds** bareheaded. ▼**—staan**: *— aan (weer en wind)*, be exposed to; *(straf, enz.)* be liable to. ▼**—stellen** expose. ▼**—svoets** barefoot.

blos *(v. verlegenheid, enz.)* blush; *(v. opwinding)* flush; *(v. gezondheid)* bloom.

blouse blouse.

bloz/en blush, flush *(zie blos)*; *— tot over de oren*, blush to the roots of one's hair. ▼**—end**: *— gezicht*, ruddy face.

blubber 1 slush, mire; **2** *(v. walvis)* blubber.

bluf brag(ging), boast(ing), swank. ▼**—fen** brag, boast (of), swank (about). ▼**—fer** braggart. ▼**—ferig** boastful.

blunder blunder. ▼**—en** blunder.

blus/apparaat fire-extinguisher. ▼**—sen** extinguish, put out. ▼**—ser** extinguisher. ▼**—sing** extinction.

blut broke, *(na spel)* cleaned out.

bluts dent. ▼**—en dent**.

boa boa. ▼**—constrictor** boa constrictor.

bobbel bubble *(in water, enz.)*; *(bult)* lump; cockle (in paper, glass, ice). ▼**—en** bubble. ▼**—ig** lumpy, bumpy.

bobslee bob-sled, bob-sleigh.

bochel hump; *(gebochelde)* hunchback.

bocht 1 *(rommel)* trash, rubbish; **2** bend, turn, curve; *(v. zee)* bay, bight; *— v. Guinea*, Gulf of Guinea; *een — maken*, turn, bend a curve; *voor iem. in de — springen*, stand up for a man; *zich in allerlei —en wringen*, squirm, wriggle.

▼**—ig** winding tortuous. ▼**—igheid** tortuosity.

bockbier bock (beer).

bod bid, offer; *een — doen*, make a b. (for); *u bent aan —*, it's your bid; *aan — komen*, *(fig.)* get a chance.

bode messenger, courier; *(vrachtrijder)* carrier; *(gemeentebode)* beadle; *(gerechtsbode)* risher.

bodega bodega.

bodem bottom (of a river); *(grond)* soil; *(schip)* ship, bottom; *(gebied)* territory; *op Nederlandse —*, on Dutch soil, territory; *vruchtbare —*, fertile soil; *vaste — onder de voeten hebben*, *(fig.)* be on firm ground; *de — inslaan*, stave in (a cask); *(fig.)* shatter (hopes), wreck (plans); *tot de — leegdrinken*, drain to the dregs. ▼**—gesteldheid** condition of the soil. ▼**—loos** bottomless. ▼**—kunde** soil science, pedology. ▼**—onderzoek** soil exploration. ▼**—rijkdom** mineral wealth. ▼**—schatten** treasures of the soil. ▼**—verheffing** surface relief.

boe bo!, pshaw!, bah!; *hij durft — noch ba zeggen*, he can't say bo to a goose; *hij wist van geen — of ba*, he did not know a thing about it.

Boeddha Buddha. ▼**boeddh/isme** Buddhism. ▼**—ist** Buddhist. ▼**—istisch** Buddhist.

boedel estate. ▼**—aanvaarding** entry upon the e. ▼**—afstand** assignment; *— doen*, make an a. ▼**—beheerder** trustee. ▼**—beschrijving** inventory. ▼**—scheider** administrator. ▼**—scheiding** division of an inventory. ▼**—veiling** public sale (of property). ▼**—verdeling** distribution of the e.

boef knave, scoundrel; *(gevangenis—)* convict. ▼**—arab** street-arab.

boeg bow(s); *t over een andere — gooien*, change one's tack (tactics); *voor de — hebben*, have in front of one. ▼**—beeld** figure-head. ▼**—lijn** bowline. ▼**—seerlijn** tow-line. ▼**—spriet** bowsprit.

boei 1 fetters, shackles *(ook fig.)*; handcuffs; *in de —en slaan*, put in irons; **2** *(baken)* buoy; *met een kleur als een —*, as red as a lobster. ▼**—en** fetter, shackle, handcuff; *(fig.)* grip, arrest. ▼**—end** absorbing, arresting, gripping, fascinating. ▼**—er** boyer, boier.

boek book; *dat spreekt als een —*, that is a matter of course; *te — staan als*, be known as; *gunstig te — staan*, have a good name; *iets te — stellen*, record. ▼**—aankondiging** b.-notice. ▼**—achtig** bookish.

boekanier buccaneer.

Boekarest Bucharest.

boek/band binding. ▼**—beoordelaar** reviewer, critic. ▼**—beoordeling**, **—bespreking** book review, criticism. ▼**—binder** book-binder. ▼**—deel** volume.

boekdruk/ker printer. ▼**—kerij** printing-office. ▼**—kunst** (art of) printing. ▼**—pers** printing-press.

boekelegger book-mark.

boeken enter, book; make (progress); score (a success); register (losses).

boeken/bon book token. ▼**—geleerdheid** book-learning. ▼**—kast** b.case. ▼**—kennis** b.-learning. ▼**—kraam** b.-stall. ▼**—lijst** b.-list. ▼**—molen** revolving b.case. ▼**—plank** b.-shelf. ▼**—rek** b.-rack. ▼**—standertje** b.-rest. ▼**—steun** b.-end. ▼**—taal** bookish language. ▼**—tas** satchel. ▼**—wijsheid** b.-learning. ▼**—worm** b.-worm. ▼**boekerij** library.

boeket bouquet.

boek/handel book-trade; b.-shop. ▼**—handelaar** b.-seller. ▼**—houden I** *ww* keep the books. **II** *zn* b.-keeping; *enkel —*, b.-keeping by single entry; *dubbel —*, b.-keeping by double entry. ▼**—houder** b.-keeper. ▼**—houding** b.-keeping, accountancy. ▼**—ing** entry. ▼**—jaar** financial year. ▼**—je** booklet; *een — van iem. opendoen*, blow the gaff; *bij iem. in een slecht — staan*, be in a p.'s black books; *buiten zijn — gaan*, exceed one's powers. ▼**—maag** third

stomach. ▼—**omslag** b.-cover. ▼—**staven**
put on record. ▼—**verkoper**
b.seller. ▼—**verkoping** b.-auction.
boekvink chaffinch.
boekweit buckwheat.
boek/werk book, work. ▼—**winkel** b.-shop.
boel belongings, property; *een (hele)* —,
(quite) a lot (of); *de hele* —, the whole lot
(affair); *een mooie* —, a precious kettle of fish;
een vuile —, a mess; *een saaie* —, a dull affair;
de — *erbij neergooien*, chuck it; *de* —
verraden, give away the show.
boeldag auction-day.
boeleren commit adultery.
boeltje: *van wie is dit* —?, whose belongings
are these?; *zijn* — *pakken*, pack up (one's
traps).
boem bang.
boeman bogey(-man).
boemel: *aan de* — *zijn*, be on the spree. ▼—**aar**
reveller, rake. ▼—**en 1** revel, roister; **2** (*in
trein*) go by slow train. ▼—**trein** slow train.
boemerang boomerang.
boen/der scrubbing-brush. ▼—**en** scrub,
polish. ▼—**lap** polishing-rag. ▼—**was**
beeswax.
boer 1 farmer; (*arme*) peasant; (*buitenman*)
countryman; (*lomperd*) boor; *de* — *opgaan*,
go on the road; **2** (*oprisping*) belch. ▼—**derij**
farm(-house). ▼**boeren 1** farm; *goed* (*slecht*)
—, do well (badly); **2** (*een boer laten*) belch.
▼—**arbeid** farm-work. ▼—**arbeider**
farm-labourer. ▼—**bedrijf** farming (industry).
▼—**bedrog** eye-wash, humbug.
▼—**bevolking** rural population. ▼—**bond**
farmers' union. ▼—**boter** farm-butter.
▼—**brood** country-bread. ▼—**bruiloft**
country-wedding. ▼—**dans** country-dance.
▼—**deern** country-wench. ▼—**dochter**
farmer's daughter. ▼—**dorp** country-village.
▼—**erf** farmyard. ▼—**hoeve** farm(stead).
▼—**huis** farmer's house. ▼—**jongen**
1 country-lad; **2** —*s*, brandy and raisins.
▼—**kaffer** clod-hopper. ▼—**kermis**
country-fair. ▼—**kiel** smock. ▼—**kinkel** yokel.
▼—**knecht** farmhand. ▼—**kool** curly kail.
▼—**leenbank** rural bank. ▼—**leven** farmer's
life. ▼—**lummel** country bumpkin, lout.
▼—**meid** farm-girl. ▼**B**—**oorlog** Boer War.
▼—**pummel** country bumpkin. ▼—**schuur**
barn. ▼—**stand** peasantry. ▼—**trien**
1 country-girl; **2** (*onelegant pers.*) dowdy.
▼—**volk** peasants. ▼—**vrouw**
country-woman. ▼—**wagen** farm wag(g)on.
▼—**woning** farmstead, farmhouse. ▼—**zoon**
farmer's son. ▼—**zwaluw** swallow. ▼**boerin**
farmer's wife. ▼**boers** boorish, rustic.
boert jest, banter. ▼—**en** banter. ▼—**ig** jocular.
▼—**igheid** jocularity.
boete penalty; (*in geld*) fine; *iem. een* — *van*
£8 *opleggen*, fine a p. £8; — *krijgen*, be fined;
— *doen*, do penance. ▼—**doening** penance.
▼—**kleed** penitential garment. ▼—**ling**
penitent.
boeten 1 expiate (a crime); pay for (one's
mistakes); **2** (*vuur, netten*) mend.
boetiek boutique.
boet/predikatie penitential sermon.
▼—**prediker** preacher of penitence.
boetseer/der modeller. ▼—**klei**
modelling-clay. ▼—**kunst** (art of) modelling.
▼—**werk** modelling-work. ▼**boetseren**
model.
boetvaardig penitent, contrite. ▼—**heid**
penitence, contrition.
boeven/bende pack of knaves. ▼—**streek**
knavish trick. ▼—**tronie** hangdog face.
boezelaar apron.
boezem bosom, breast; (*zee*—) bay; (*v. hart*)
auricle; *de hand in eigen* — *steken*, dive into
one's own bosom, (*fam.*) look at home; *er was
verdeeldheid in eigen* —, their own ranks were
divided; (*uit*) *de* — *der vergadering*, (from)
the floor of the conference. ▼—**vriend(in)**
bosomfriend.
boezeroen blouse; *jan* —, the man in the

street.
bof 1 piece of luck; **2** (*ziekte*) mumps. ▼—**fen**
be lucky. ▼—**fer** lucky dog.
bogen: — *op*, glory in, boast of.
bogerd orchard.
Boheems Bohemian. ▼**Bohemen** Bohemia.
▼**Bohemer** Bohemian. ▼**bohémien**
Bohemian.
bok 1 (he-, billy-) goat; *erop zitten als een* —
op de haverkist, be as keen as mustard; *oude*
—, (*fig.*) old rake; **2** (*gymn.*) vaulting-buck;
—*springen*, leap the buck; **3** (*vuur*) firedog;
4 (*v. rijtuig*) box; **5** (*hijstoestel*) derrick;
(*scheeps*—) sheers; **6** (*flater*) blunder,
bloomer; *een* — *schieten*, (make a) blunder.
bokaal beaker, cup.
bokkepruik: *de* — *op hebben*, be in the sulks,
mope.
bokkesprong caper; —*en maken*, cut capers.
bokkig churlish, surly.
bokking (*vers*) bloater; (*gerookt*) red herring.
boks/beugel knuckle-duster, (*Am.*) brass
knuckles. ▼—**en** box; *iets voor elkaar* —, fix it.
▼—**er** boxer, prize-fighter. ▼—**ijzer**
knuckle-duster. ▼—**kunst** (art of) boxing.
▼—**les** boxing lesson, knuckle-duster.
▼—**partij**. —**wedstrijd** boxing-match.
▼—**sport** boxing.
boktor longhorn beetle.
bol I *zn* ball, globe; (*wisk.*) sphere; (*v. hoed*)
crown; (*hoofd*) noddle; *een knappe* —, a
clever fellow; *'t scheelt hem in zijn* —, he is off
his nut. **II** *bn* convex (lens); bulging (sail);
chubby (cheeks).
bolder bollard.
boldriehoek spherical triangle. ▼—**smeting**
spherical trigonometry.
bolgewas bulbous plant.
Bolivië Bolivia. ▼**Boliviaan(s)** Bolivian.
bolleboos dab, swell (at); (*in kennis*) sap.
bollen bulge, swell (out).
bollen- bulb. ▼—**kweker** b.-grower.
▼—**kwekerij** b.-farm, b.-nursery. ▼—**teelt**
b.-growing (industry). ▼—**velden** b.-fields.
bol/rond spherical, convex. ▼—**sector** sector
of a sphere. ▼—**segment** segment of a sphere.
bolsjew/iek Bolshevik, Bolshevist. ▼—**iseren**
bolshevize. ▼—**isme** Bolshevism. ▼—**ist**
Bolshevist. ▼—**istisch** Bolshevist.
bolstaand bulging.
bolster husk.
bolvorm spherical shape. ▼—**ig** spherical.
bolwangig chubby(-cheeked).
bolwerk rampart, bulwark. ▼—**en**: *'t* —╷,
manage.
bom bomb; — *met vertraagde werking*,
delayed-action bomb; *de* — *is gebarsten*, the
storm has burst; *een* — *geld*, a heap of money.
▼—**aanslag** bomb-outrage. ▼—**aanval**
bombing attack. ▼—**alarm** bomb alarm, b.
scare.
bombard/ement bombardment.
▼—**ementsvliegtuig** bomber. ▼—**eren** (*met
granaten*) shell; (*met bommen*) bomb.
bombarie noise, fuss; — *maken*, kick up a fuss.
▼—**schopper** bounder.
bombast bombast, fustian. ▼—**isch** stilted,
bombastic.
bombazijn(en) bombazine, fustian.
bombrief letter-bomb.
bomen 1 (*boot*) punt; **2** (*kletsen*) have a jaw.
bommen: *'t kan me niet* —!, I don't care a hang.
bom/menwerper bomber. ▼—**vrij**
bomb-proof.
bon ticket (*ook als bekeuring*); voucher; (*voor
cadeau*) token; (*distributie*—) coupon; *op de*
—, (*distributie*) rationed; *van de* —, off the
ration. ▼—**boekje** coupon-book; (*distributie*)
ration-book.
bonbon bonbon, sweet.
bond alliance, league. ▼—**genoot** ally.
▼—**genootschap** alliance.
bondig concise, terse.
bonds/hotel hotel of the Cyclists' Touring
Club. ▼—**kanselier** chancellor of the
federation. ▼—**raad** federal council.

▼—**regering** federal government.
▼—**rijwielhersteller** official repairer.
bongerd orchard.
bonjour good day; *iem. eruit —en*, bundle a p. out.
bonk 1 chunk, lump; *één — zenuwen*, a bundle of nerves; **2** (*pummel*) lout. ▼—**ig 1** big boned; bony; **2** loutish.
bonnefooi: *op de —*, at a venture.
bons 1 thump; *de — geven*, give (a p.) the sack, jilt; **2** (*partijleider*) party-boss.
bonstelsel coupon system.
bont I *bn* parti-coloured, variegated (colours); spotted (cow, dog); piebald (horse); motley (dress, crowd); — *programma*, varied programme; mixed bag; *iem. — en blauw slaan*, beat a p. black and blue; *maak 't niet te —*, **1** don't go too far; **2** (*overdrijf niet*) don't pile it on. **II** *zn* fur. ▼—**gekleurd** variegated.
bonthandelaar furrier.
bontheid variegation.
bont/jas fur coat. ▼—**kraag** fur collar.
▼—**muts** fur cap. ▼—**stel** set of furs. ▼—**werk** furriery, fur goods. ▼—**werker** furrier.
▼—**winkel** fur-shop.
bonus bonus.
bon vivant man about town.
bonze party-boss.
bonzen thump; *tegen iets aan—*, bump (up) against s.th.
boodschap message; *'n — doen voor iem.*, do (run) an errand; —*pen* (*'t gekochte*), purchases; *een blijde —*, good news; *een kleine —*, number one; *een grote —*, number two; *ze ging —pen doen*, she went shopping; *een — sturen*, send word; *zwijgen is de —*, mum is the word; *oppassen is de —!*, keep your weather-eye open! ▼—**(pen)jongen** errand-boy. ▼—**penlijstje** shoppinglist.
▼—**pentas** shopping-bag. ▼—**penwagentje** shopping trolley. ▼—**per** messenger.
boog bow; (*bouwk.*) arch; (*v. cirkel*) arc; *de — kan niet altijd gespannen zijn*, the bow cannot always be bent. ▼—**lamp** arc-lamp. ▼—**raam** arched window. ▼—**schieten I** *ww* practise archery. **II** *zn* archery. ▼—**schutter** archer; (*astr.*) the Archer, Sagittarius. ▼—**venster** arched window. ▼—**vormig** arched.
boom tree; *een — v.e. kerel*, a gigantic man; *hoge bomen vangen veel wind*, high winds blow on high hills; *door de bomen 't bos niet zien*, not see the wood for the trees; (*afsluit—*) bar, barrier; (*haven—*) boom; (*vaar—*) punting-pole. ▼—**gaard** orchard. ▼—**grens** t.-line. ▼—**kweker** (t.-) nursery-man.
▼—**kwekerij** t.-nursery. ▼—**leeuwerik** woodlark. ▼—**loos** treeless. ▼—**luis** t.-louse.
▼—**schors** t.-bark. ▼—**specht** woodpecker.
▼—**stam** t.-trunk, t.-stem. ▼—**stronk** t.-stump. ▼—**tak** branch, bough. ▼—**valk** hobby.
boon bean; (*bruine*) brown b.; (*witte*) haricot; (*tuin—*) broad b.; *ik ben een — als het niet waar is*, I'm dashed (a Dutchman) if ...; *in de bonen zijn*, be at sea; —*tje komt om zijn loontje*, chickens come home to roost; *een heilig —tje*, a saint, a pi.; *zijn eigen —tjes doppen*, look after one's own interests, shift for oneself.
boor bore; (*slag—*) brace-and-bit; (*dril—*) drill; (*met horizontaal handvat*) gimlet.
boord 1 collar; *staande, liggende, dubbele —*, stand-up, turn-down, double c.; **2** border (of a dress); shore, bank (of a lake, a river); **3** (*v. schip*) board; *aan —*, on b.; *aan — gaan*, go on b., embark; *binnen—*, inboard; *buiten—*, outboard; *over — gaan*, go by the b.; *over — gooien*, throw overboard, jettison; *over — vallen*, fall overboard; *van — gaan*, go ashore, disembark. ▼—**eknoopje** collar-stud.
boord/en border, hem. ▼—**evol** brim-full.
▼—**mecanicien** (*luchtv.*) air-mechanic.
▼—**schutter** air-gunner. ▼—**sel** facing.
▼—**telefoon** (*luchtv.*) intercom, interphone.
▼—**werktuigkundige** flight mechanic, flight engineer.

boor/eiland oil-rig. ▼—**gat** bore(-hole).
▼—**gereedschap** boring tools. ▼—**ijzer** bit.
▼—**installatie** drilling-plant. ▼—**kever** borer, death-watch. ▼—**machine** boring-machine.
▼—**schaaf** rabbet-plane. ▼—**sel** borings.
▼—**terrein** boring-ground. ▼—**tje** gimlet.
▼—**toestel** boring-apparatus. ▼—**tol** (electric) hand drill, power drill. ▼—**toren** derrick.
boor/water boracic lotion. ▼—**zalf** boracic ointment. ▼—**zuur** boric acid.
boos 1 (*toornig*) angry; *boze bui*, fit of temper; *zich — maken, — worden*, lose one's temper; *— op*, a. with; *— om* (*over*), a. at, a. about; **2** (*slecht*) wicked, evil (deeds, passions); *de Boze*, the Evil One; *uit den boze*, pernicious, entirely wrong. ▼—**aardig** malicious; (*v. ziekte*) malignant. ▼—**aardigheid** malice; (*v. ziekte*) malignity. ▼—**doener** wrong-doer.
▼—**heid** anger; wickedness. ▼—**wicht** wretch.
boot boat, steamer; *per eerste gelegenheid*, by first available steamer; *toen was de — aan*, (*fig.*) then the fat was in the fire; *iem. in de — nemen*, take the mickey out of a p.; *gaan —je varen*, go out boating. ▼—**koffer** steamer trunk. ▼—**lengte** boat's length. ▼—**shaak** boathook. ▼—**sman** boatswain. ▼—**trein** boat train. ▼—**werker** docker.
bord 1 plate; (*houten —*) trencher; **2** (*school—, schaak—*) board; *de —jes zijn verhangen*, the tables are turned.
bordeaux Bordeaux; *rode —*, claret.
bordeel brothel. ▼—**houder** b.-keeper.
borden/doek dish-cloth. ▼—**kwast** dish-mop. ▼—**rek** plate-rack. ▼—**wassen** *zn* dish-washing. ▼—**wisser** plate-brush; (*school*) eraser.
borderel docket; (*formulier*) form.
bordes (flight of) steps.
bordpapier(en) cardboard.
borduren embroider. ▼**borduur/naald** embroidery-needle. ▼—**sel**, —**werk** embroidery. ▼—**ster** embroidress. ▼—**wol** crewel. ▼—**zijde** e.-silk.
boren bore (tunnel); drill (metals); (*put*) sink; *— naar*, bore for; *in de grond —*, sink (a ship), torpedo (a plan).
borg (*pers.*) surety; bail; (*zaak*) security; credit; *zich — stellen*, go bail (for a p.); *— staan voor iem.*, (*fig.*) answer for a p.; *— staan voor iets*, guarantee s.th. ▼—**en** give credit; buy on credit. ▼—**som** *zie* **waarborgsom**.
▼—**steller** surety. ▼—**stelling**, —**tocht** security, bail; *onder — in vrijheid gesteld worden*, be released on bail.
boring boring; —*en*, drilling-operations.
borrel dram, drop. ▼—**aar** dram-drinker.
▼—**en 1** (*v. vloeistof*) bubble; **2** have a drink.
▼—**praat** alcoholic balderdash. ▼—**uur** cocktail-hour.
borst breast; (—*kas*) chest; (*vrouwen—*) breast; (*v. overhemd*) front; (*jongen*) lad; *een flinke —*, a strapping l.; *een kind de — geven*, give a child the b.; *een hoge — (op) zetten*, stick out one's chest, give o.s. airs; *'t kind is aan de —*, is b.-fed; *'t op de — hebben*, suffer from congestion of the chest (asthma); *'t stuit me tegen de —*, it is repugnant to me, it goes against the grain with me; *uit volle —*, at the top of one's voice, lustily; *we hebben nog heel wat werk voor de —*, there remains still a great deal to be done. ▼—**aandoening** chest-affection. ▼—**beeld** bust; (*op munt*) effigy. ▼—**been** breast-bone, sternum.
▼—**breedte** chest measurement.
borstel brush; (*v. varken, enz.*) bristle. ▼—**en** brush. ▼—**ig** bristly.
borst/harnas breast-plate. ▼—**holte** chest-cavity. ▼—**kas** chest. ▼—**kwaal** chest-trouble. ▼—**lap** chest-protector.
▼—**lijder** consumptive. ▼—**plaat** fudge.
▼—**rok** vest. ▼—**slag** breast-stroke. ▼—**speld** brooch. ▼—**stuk** (*v. harnas*) breastplate; (*voedsel*) brisket. ▼—**vliesontsteking** pleuritis, pleurisy. ▼—**wering** parapet.

▼—**wijdte** width of chest. ▼—**zak** breast-pocket.

bos I zn **1** bunch (of keys); bundle (of wood); (*haar*—) shock; *je haar*, tuft of hair; *een —je stro*, a wisp of straw; **2** wood. ▼—**aanplant** afforestation. ▼—**achtig** woody. ▼—**beheer** forest management. ▼—**bes** bilberry. ▼—**bouw(kunde)** forestry. ▼—**brand** forest-fire. ▼—**duif** w.-pigeon. ▼—**god** sylvan deity. ▼—**grond** woodland. ▼—**je** grove, thicket. ▼ B—**jesman** Bushman. ▼—**landschap** woodland scenery. ▼—**mier** w.-ant, red ant. ▼—**neger** maroon. ▼—**nimf** wood-nymph. ▼—**produkten** forest products. ▼—**rand** edge of the wood. ▼—**rijk** wooded, woody. ▼—**schage** grove, spinney. ▼—**terrein** woodland. ▼—**uil** tawny owl. ▼—**viooltje** wood-violet. ▼—**wachter** forester. ▼—**wachterswoning** forester's house. ▼—**weg** forest-road. ▼—**wezen** forestry.

bot I zn **1** (*vis*) flounder; **2** (*knop*) bud; **3** (*been*) bone; **4**: *zijn hartstochten* —*vieren*, give rein to one's passions; *dat moet je op mij niet —vieren*, you must not take it out on me; **5**: — *vangen*, draw a blank. II *bn* blunt, dull (*knife*); flat (refusal).

botan/icus botanist. ▼—**ie** botany. ▼—**isch** botanical. ▼—**iseertrommel** botanical case. ▼—**iseren** botanize.

botel botel, boatel.

boten/huis boat-house. ▼—**maker** boat-builder. ▼—**verhuurder** boatman.

boter butter; *het is — aan de galg (gesmeerd)*, it's labour lost; — *bij de vis*, pay down on the nail; *er de — uitbraden*, take it easy. ▼—**bereiding** b.-making. ▼—**bloem** b.-cup. ▼—**boer** b.-man. ▼—**en 1** butter (bread); 2 make b.; *'t wil niet —*, I am making no headway, (*tussen hen*) they don't hit it off. ▼—**fabriek** creamery.

boterham (a slice of) bread and butter; *een behoorlijke — verdienen*, make a decent living; *daar zit geen droge — in*, (*fig.*) that does not yield a bare living. ▼—**papier** sandwich-paper. ▼—**trommel** sandwich-box.

boter/koekje butter-biscuit. ▼—**letter** almond-paste-letter. ▼—**markt** butter market. ▼—**pot** butter-pot. ▼—**spaan** butter-scoop. ▼—**vat** butter-cask. ▼—**vlootje** butter-dish.

botheid bluntness, dullness.

botje: — *bij* — *leggen*, pool money.

bots/autootje dodgem. ▼—**en** bump (against), collide (with), crash (into). ▼—**ing** collision, crash, smash (up); *in — komen met*, collide with; (*fig.*) clash with, run foul of (the law).

bottel/aar bottler. ▼—**arij** bottling-room. ▼—**bier** bottled beer. ▼—**en** bottle.

botten bud.

botter fishing-boat.

botterik dunce.

botulisme botulism.

botvieren: *zijn hartstochten —*, give rein to one's passions; *dat moet je op mij niet —*, you must not take that out on me.

botweg bluntly; (point) blank; (deny) flatly.

boud bold. ▼—**heid** boldness.

bouderen pout.

boudoir boudoir.

bouffante muffler.

bougie (*v. motor*) (spark-) plug; *vette —*, oily plug.

bouillon broth, beef-tea. ▼—**blokje** beef-tea cube.

boulevard boulevard; (*aan zee*) promenade.

Bourgogne Burgundy (*ook wijn*). ▼ **Bourgond/ie** Burgundy. ▼—**ier**, —**isch** Burgundian.

bout 1 bolt; **2** (*strijk*—) iron; **3** (*v. dier*) quarter; (*v. vogel*) drumstick; (*schape*—) leg (of mutton).

bouw 1 building, construction; structure (of the atom); build (of ship, body, etc.); **2** (*v. graan, enz.*) cultivation. ▼—**arbeider** b.

worker. ▼—**bedrijf** b.-trade. ▼—**commissie** b.-committee. ▼—**doos** box of bricks. ▼—**en** build; (*verbouwen v. gewassen*) grow, cultivate; *op iem.* (*iets*) —, rely on a p. (a thing); *op zand* —, build on sand. ▼—- **en woningdienst** b. and housing department. ▼—**er** builder. ▼—**fonds** b. fund; (*vereniging*) b. society. ▼—**grond 1** arable land; **2** b.site. ▼—**jaar** year of b., (*v. auto*) year of manufacture. ▼—**kas** building-society. ▼—**keet** site-hut. ▼—**kosten** cost of construction. ▼—**kunde** architecture. ▼—**kundig** architectural. ▼—**kundige** architect. ▼—**kunst** architecture. ▼—**land** arable land. ▼—**maatschappij** b.-company. ▼—**materialen** b.-materials. ▼—**meester** architect. ▼—**ondernemer** building-contractor. ▼—**pakket** do-it-yourself kit, assembly kit. ▼—**plan** b.-scheme; (*v. huis*) plan. ▼—**programma** b. program. ▼—**steen** b.-stone; (*mv fig.*) materials. ▼—**stijl** architecture. ▼—**stoffen** (*ook fig.*) materials. ▼—**stop** building freeze. ▼—**terrein** b.-site. ▼—**vak** b.-trade. ▼—**vakarbeider** b.labourer, construction worker. ▼—**val** ruin(s). ▼—**vallig** ruinous, dilapidated. ▼—**vereniging** building-society. ▼—**vergunning** b.-licence. ▼—**werk** building.

boven I *vz* above (*ook fig.*) (sea-level, parties, the Thames above London); (*loodrecht* —) over (one's head); beyond (one's means); *hij is — de 60*, he is over sixty; — *het normale bedrag*, over and above (in addition to) the normal sum; — *iem. staan*, be over a p.; *hij was — zijn theewater*, he had had a drop too much. II *bw* above, on high; (*in huis*) upstairs; *daar*—, up there; *deze kant* —!, this side up!; — *aan de boom*, at the top of the tree; —*in*, at the top of; —*op*, on (the) top of; *op elkaar*, on top of each other; *als* —, as a.: *naar* —, up(wards). ▼—**aards** supernatural. ▼—**achterkamer** upstairs back-room. ▼—**af**: *van* —, from above. ▼—**al** above all. ▼—**arm** upper arm. ▼—**bedoeld** above. ▼—**beschreven** above. ▼—**bewoners** people upstairs. ▼—**bouw** superstructure.

bovenbrengen take up; bring up (memories). **boven/buur** upstairs neighbour. ▼—**deel** upper part. ▼—**dek** upper deck.

bovendien besides; *'t heeft — 't voordeel*, it has the additional advantage.

bovendrijven float on the surface; *eerlijkheid zal* —, honesty will prevail.

boven/eind upper end; (*v. tafel*) head. ▼—**galerij** upper gallery. ▼—**genoemd** above(-mentioned). ▼—**grond** top-soil. ▼—**gronds** overground (railway); overhead (wires). ▼—**hand**: *de — hebben (krijgen)*, have (get) the upper hand. ▼—**hoek** top corner. ▼—**huis** upper part of a house. ▼—**in** at the top. ▼—**kaak** upper jaw. ▼—**kamer** upstairs room; *'t mankeert hem in zijn —*, he has a tile loose, he is nuts. ▼—**kleding** upper clothes.

bovenkomen come up (stairs); (*in vloeistof*) rise, float to the surface; *laat mijnheer maar —*, show the gentleman up.

boven/laag top layer. ▼—**landen** upland(s). ▼—**last** deck cargo. ▼—**leer** uppers.

bovenleggen put on top.

boven/leiding (*v. tram*) overhead line.
▼—**lichaam** upper body. ▼—**licht** skylight.
bovenliggen lie on top.
boven/lijf upper body. ▼—**loop** upper course.
▼—**lucht** upper air. ▼—**mate** exceedingly.
▼—**matig** excessive. ▼—**meester** head
master. ▼—**menselijk** superhuman.
▼—**nationaal** supranational. ▼—**natuurlijk**
supernatural.
bovenom round the top.
bovenop on top; *er weer — brengen* (*helpen*),
pull through, set (a p.) on his feet again; *er
weer — komen,* (*v. patiënt*) pick up; (*v.
koopman*) pull through; *hij is er weer —*, he
has turned the corner; *het ligt er duimendik —*,
it's quite obvious, it sticks out a mile.
boven/over over the top. ▼—**raam** upper
window. ▼—**rand** upper edge. ▼—**smering**
upper cylinder lubrication; (*als olie*) u. c.
lubricant. ▼—**st** upper(most), topmost, top
(floor, etc.); *je bent een —e beste*, you're a
brick, a dear; *het —e*, the upper part, the top.
▼—**staand**: *'t —e*, the above. ▼—**stad** upper
town. ▼—**stuk** upper part. ▼—**tallig**
supernumerary. ▼—**tand** upper tooth.
▼—**toon** overtone; *de — voeren*,
predominate; (*v. pers.*) play first fiddle. ▼—**uit**:
zijn stem klonk overal —, his voice drowned
everything. ▼—**verdieping** upper stor(e)y.
▼—**vermeld** above-mentioned. ▼—**vlak** top.
▼—**winds** to windward; *B—e Eilanden*,
Windward Islands. ▼—**zijde** top.
▼—**zinnelijk** transcendental.
bowl bowl; (*drank*) cup; *een — maken*, mix a
cup.
box (*baby—*) (play-)pen; (*in garage*) box.
boycot boycott. ▼—**ten** boycott.
braad/lucht smell of frying. ▼—**pan**
frying-pan. ▼—**spit** roasting-spit. ▼—**vet**
frying-fat.
braaf honest, decent, respectable; *wees —*, be
good. ▼—**heid** honesty, decency,
respectability.
braak I *zn* burglary. **II** *bn* fallow.
braak/drank, —**middel** emetic. ▼—**sel** vomit.
braam 1 (*v. mes*) burr; **2**—**bes** black-berry;
—sen gaan zoeken, go blackberrying.
Brabander Brabantine. ▼**Brabant** Brabant.
▼**Brabants** Brabantine.
brabbel/aar jabberer. ▼—**en** jabber. ▼—**taal**
jabber, gibberish.
braden roast, bake, broil (on a fire or gridiron),
fry (in a pan); *in de zon liggen te —*, be baking
in the sun; *gebraden rundvlees*, roast beef.
Brahma Brahma. ▼**brahmaan** brahmin,
brahman. ▼**brahmanisme** brahminism.
braille(druk) braille.
brak I *zn* beagle. **II** *bn* brackish.
brak/en vomit; belch (flames). ▼—**ing**
vomiting.
brallen brag, boast.
bramzeil topgallant-sail.
brancard stretcher.
branche line (of business); (*filiaal*) branch.
brand fire, blaze; (*grote*) conflagration;
(*—stof*) fuel; (*branderig gevoel*) prickly heat;
(*uitslag*) eruption; (*in koren*) blight; *er is —*,
there is a f.; *—stichten*, raise a f.; *—
veroorzaken*, start a f.; *in — staan*, be on f.; *in
— vliegen*, catch f.; *in — steken*, set on f.; *uit
de — helpen*, help out of a scrape. ▼—**alarm**
f.-alarm. ▼—**baar** combustible, inflammable.
▼—**bestrijding** f.-fighting. ▼—**blaar** blister,
burn. ▼—**blusapparaat** f.-extinguisher.
▼—**blusmateriaal** f.-fighting equipment.
▼—**bom** incendiary bomb. ▼—**brief** urgent
letter. ▼—**deur** (*uitgang*) emergency-door;
(*anders*) fireproof door.
brand/en I *on.w.* burn; (*v. brandnetel*) sting; (*'t
vuur*) *wou niet —*, wouldn't light; *'t brandde
me op de tong om het te zeggen*, I was burning
to tell it; *— van*, b. with (desire). **II** *ov.w.* burn
(one's finger); (*door heet water, enz.*) scald;
(*wond*) cauterize; (*jenever*) distil; (*glas*) stain;
(*koffie*) roast. ▼—**end** burning; lighted
(candle); ardent (desire).

brand/er 1 (*v. lamp*) burner; **2** distiller.
▼—**erig** burnt (taste); burning (feeling).
▼—**erigheid** burning. ▼—**erij** distillery;
(*koffie—*) roastinghouse.
brandewijn brandy.
brandgang (*in bos, enz.*) fire-break.
brandgans barnacle goose.
brand/gevaar fire-risk. ▼—**glas** sun-glass.
▼—**granaat** incendiary shell. ▼—**haard** seat
of fire. ▼—**helder** spotless. ▼—**hout** f.-wood.
▼—**ijzer** branding-iron.
branding breakers, surf.
brand/kast safe. ▼—**klok** f.-bell. ▼—**kraan**
f.-cock. ▼—**ladder** fire escape. ▼—**lucht**
smell of burning. ▼—**meester** f.-officer.
▼—**merk** stigma. ▼—**merken** brand,
stigmatize. ▼—**netel** stinging nettle.
▼—**oefening** fire-drill. ▼—**polis** f.-policy.
▼—**preventie** fire prevention. ▼—**punt** (*v.
olie, enz.*) flashpoint; (*anders*) focus.
▼—**puntsafstand** focal distance. ▼—**schade**
f.-damage, f.-loss. ▼—**schatten** lay under.
contribution. ▼—**schatting** contribution.
▼—**scherm** f.-curtain. ▼—**schot** f.-proof
bulkhead. ▼—**slang** fire-hose. ▼—**spiritus**
methylated spirit. ▼—**spuit** f.-engine.
▼—**stapel** funeral pile; *op de — sterven*, die at
the stake. ▼—**stichter** f.-raiser; (*Am.*) firebug.
▼—**stichting** incendiarism, arson. ▼—**stof**
fuel. ▼—**stofverbruik** fuel consumption.
▼—**trap** f.-escape. ▼—**verzekering**
f.-insurance. ▼—**vrij** f.-proof, f.-resisting.
▼—**wacht** f.-watch. ▼—**weer** f.-brigade.
▼—**weerauto** f.-engine. ▼—**weerhelm**
fireman's helmet. ▼—**weerman** f.-man.
▼—**weerpost** f.-station. ▼—**wezen**
f.-service. ▼—**wond** burn.
branie swank, swagger; (*pers.*) swank-pot,
swell; *de — uithangen*, do the swell; *hij kwam
met veel — binnen*, he came swaggering in.
▼—**achtig** swaggering.
brasem bream.
braspartij orgy, debauch.
brass/en carouse. ▼—**er** carouser.
bravo bravo!, hear, hear!
bravoure bravura, bravado. ▼—**stuk** stunt.
Braziliaan(s) Brazilian. ▼**Brazilië** Brazil.
breed broad (shoulders); wide (river); *in brede
trekken schetsen*, trace in b. outline; *in de
brede*, at large; *zij hebben het niet —*, they are
in small circumstances; *die 't — heeft laat 't —
hangen*, those that have plenty of butter can
lay it on thick. ▼—**gebouwd** square-built.
▼—**gerand** b.-brimmed. ▼—**geschouderd**
b.-shouldered. ▼—**heid** breadth. ▼—**spoor**
broad gauge. ▼—**sprakig** verbose,
long-winded. ▼—**sprakigheid** prolixity,
verbosity. ▼**breedte** breadth, width; (*aardr.*)
latitude. ▼—**cirkel** parallel of l. ▼—**graad**
degree of l. ▼**breeduit**: *hij zat — in zijn stoel*,
he sprawled in his chair (sat squarely).
▼**breedvoerig** detailed, exhaustive, ample.
▼—**heid** fulness, exhaustiveness.
breekbaar breakable, fragile. ▼—**heid** fragility.
▼**breek/ijzer** crowbar. ▼—**punt**
breaking-point. ▼—**schade** breakages.
breeuwen caulk (a ship).
breidel bridle; (*fig.*) check. ▼—**en** bridle,
check. ▼—**loos** unbridled.
breien knit.
brein brain, intellect.
brei/- knitting. ▼—**machine** k. machine.
▼—**naald,** —**pen** k.-needle. ▼—**ster** knitter;
de beste — laat wel eens een steek vallen, even
the best horse stumbles sometimes. ▼—**werk**
knitting. ▼—**wol** k.-wool.
brekebeen bungler.
brek/en I *ov.w.* break; fracture (a bone); refract
(light); *zijn hoofd — over iets*, trouble one's
head about s.th., worry about s.th. **II** *on.w.*
break; (*v. oog*) grow dim; *— met*, b. with (a p.,
a tradition). ▼—**er** breaker. ▼—**ing** (*v. licht*)
refraction.
brem 1 (*plant*) broom; **2** (*pekel*) brine, pickle.
▼—**zout** *bn* as salt as brine.
brengen (*naar de spreker*) bring; (*v.d. spreker*

af) take; put (one's hand to one's forehead); *'t ver —*, go far; *dit brengt ons niets verder*, this gets us no further; *iem. aan 't lachen —*, make a p. laugh; *iem. in moeilijkheden —*, get a p. into trouble; *in de handel —*, put on the market; *het zich —*, (*fig.*) involve; *iets naar voren —*, (*fig.*) put forward s.th.; *ik bracht 't gesprek op (dat onderwerp)*, I steered the conversation round to; *iem. op een idee —*, suggest an idea to a p.; *— over*, b. on (a p.); *ik zal proberen hem ertoe te —*, I shall try to persuade him to it; *dit zou u ertoe — te geloven*, this would lead you to believe; *wat bracht je ertoe dat te zeggen?*, what made you say that? (induced you to say that?); *hij bracht 't tot directeur*, he rose to be a director; *tot elkaar —*, bring together, reconcile. ▼**brenger** bearer.
bres breach, gap; *de — beklimmen*, mount the b.; *'n — schieten*, make a b.; *in de — springen*, *op de — staan voor*, step into (stand in) the b. for.
Bretagne Brittany. ▼**—r** Breton.
bretels braces, suspenders.
Breton Breton. ▼**—s** Breton.
breuk (*wisk.*) fraction; crack (in glass); (*v. been, kabel, metaal*) fracture; (*med.*) hernia; (*ader—*) rupture; (*fig.*) rupture, split; break (with the past). ▼**—band** truss. ▼**—lijder** hernia patient. ▼**—lijn** (*geol.*) fracture-line. ▼**—operatie** herniotomy. ▼**—streep** mark of division. ▼**—vlak** (*geol.*) fracture.
brevet certificate; (*luchtv.*) licence; *zichzelf een — van onbekwaamheid geven*, show one's incompetence, stultify o.s.
brevier breviary, book of hours.
brief letter, epistle; *— volgt*, (*in telegram*) writing (*op briefkaart*) l. follows; *per —*, by l. ▼**—geheim** privacy of letters. ▼**—je** note; *ik geef je op een —, dat . . .*, you may take it from me that . . . ▼**—kaart** postcard. ▼**—omslag** envelope. ▼**—ordener** l.-file. ▼**—papier** note-paper. ▼**—stempel** postmark. ▼**—telegram** l.-telegram. ▼**—wisseling** correspondence.
bries breeze.
briesen (*v. leeuw*) roar; (*v. paard*) snort.
brieven/besteller postman. ▼**—bus** letter-box; (*op straat*) pillar box. ▼**—post** mail, post. ▼**brieveweger** letter-balance.
brigade brigade. ▼**—commandant** brigadier.
brigadier brigadier; police-sergeant.
brij porridge; (*fig.*) pulp. ▼**—achtig** pulpy.
brik 1 (*schip*) brig; **2** (*rijtuig*) break.
briket (coal-)briquette.
bril (pair of) glasses (spectacles), goggles; (*v. w.c.*) seat; *hij bekeek het door een rooskleurige —*, he took a rosy view of it.
briljant *zn & bn* brilliant.
brillantine brilliantine.
brillekoker spectacle case. ▼**brillenmaker** optician. ▼**brilslang** cobra.
brink village green.
brisantgranaat high explosive (shell).
Brit Briton. ▼**—s** British.
brits plank bed.
Brittanje, Brittannië Britain.
broche brooch.
brochure brochure.
broddel/aar bungler. ▼**—arij** bungling. ▼**—en** bungle.
brodeloos breadless; *— maken*, throw out of employment.
broed brood; (*vissen*) fry. ▼**—en** brood; *op wraak —*, b. on revenge.
broeder brother; (*orde—*) friar; (*verpleger*) male nurse; (*in 't geloof*) brethren; *hij is de ware — niet*, he isn't the right sort. ▼**—dienst** brotherly service; *vrijstelling wegens —*, exemption owing to one's brother's service. ▼**—hand**: *de — reiken*, hold out the hand of fellowship (to). ▼**—liefde** brotherly love. ▼**—lijk** brotherly; *— omgaan met*, fraternize with. ▼**—moord** fratricide. ▼**—schap** brotherhood; fraternity. ▼**—school** Christian Brothers' school.
broed/kip brood-hen. ▼**—machine**

incubator. ▼**—plaats** breeding-place. ▼**—s** broody. ▼**—sel** brood. ▼**—vijver** breeding-pond.
broei (*v. hooi*) heating. ▼**—bak** hot-bed,. (garden-)frame. ▼**—en** (*hooi, enz.*) heat, get heated; *er broeit onweer*, a (thunder)storm is brewing; *er broeit iets*, there is s.th. brewing (s.th. in the wind). ▼**—end**: *— heet*, broiling (hot). ▼**—(er)ig** close, sultry. ▼**—kas** hot-house. ▼**—nest** hot-bed.
broek (*lang*) (pair of) trousers, pants; (*kort*) knickerbockers, shorts; (*v. kanon*) breech; *zij heeft de — aan*, she wears the breeches; *iem. achter de — zitten*, keep a p. up to scratch; *voor de — geven*, spank; *voor de — krijgen*, be spanked.
broekland marsh(y land).
broek/pak trouser suit, pantsuit. ▼**—rok** pantskirt. ▼**—spijp** trouserleg. ▼**—zak** trouserpocket.
broer *zie* **broeder**. ▼**—tje**: *daar heeft hij een — aan dood*, he hates it.
brok piece, morsel; (*groot —*) lump; *hij kreeg een — in de keel*, he felt a lump in his throat; *—ken maken*, make a mess of it, mess things up.
brokaat brocade.
brok/kelen break; (*afbrokkelen*) crumble; *hij heeft niets in de melk te —*, he is a mere cipher; *hij heeft weinig in de melk te —*, he is of little account. ▼**—kelig** crumbling. ▼**—ken** *zie* **—kelen**. ▼**—stuk** fragment.
brom/beer grumbler. ▼**—fiets** autocycle, moped.
bromium bromine.
brom/men 1 (*v. motor, radio*) hum, whirr; (*v. mens, dier*) growl (at); (*mompelen*) mutter, growl (at); **2** ride on a moped (*of*: autocycle); (*'zitten'*) do time. ▼**—mer** moped. ▼**—merig** grumpy. ▼**—pot** grumbler. ▼**—tol** humming-top. ▼**—vlieg** bluebottle.
bron spring; (*v. rivier*) source; (*fig.*) source, origin; *— van inkomsten*, source of income; *uit goede —*, on good authority.
bronchitis bronchitis.
brons bronze. ▼**—tijd** b.-age.
bronst rut, heat. ▼**—en** rut. ▼**—ig** rutting, in heat. ▼**—tijd** rutting-season.
bron/vermelding acknowledging references; *met/zonder —*, (reprinted, reproduced, etc.) with/without acknowledgement. ▼**—water** spring-water; mineral water.
bronzen *bn & ww* bronze.
brood bread; *'n —*, a loaf; *geef ons heden ons dagelijks —*, give us today our daily b.; *wiens — men eet, diens woord men spreekt*, who finds me bread and cheese, it's to his tune I dance; *zijn — hebben*, make a living; *iem. het — uit de mond stoten*, take the b. out of a p.'s mouth; *zijn — verdienen*, earn one's b. (a living); *iem. aan een stuk — helpen*, help a p. to earn his b.; *iets om den brode doen*, do it for a living; *iem. iets op zijn — geven*, cast s.th. into a p.'s teeth. ▼**—bakker** baker.
▼**—bakkerij** bakery. ▼**—dronken** wanton (destruction); *— v. vreugde*, intoxicated with joy. ▼**—dronkenheid** wantonness; intoxication. ▼**—fabriek** bread-factory. ▼**—je** (French) roll (*hard*), bun (*zacht*); *zoete —s bakken*, eat humble pie. ▼**—kast** pantry. ▼**—kruim(el)** bread-crumb; *de —s steken hem*, he feels his oats. ▼**—mager** (as) lean as a rake. ▼**—mes** bread-knife. ▼**—nijd** professional jealousy. ▼**—nodig** much needed; *ik heb 't —*, I need it badly. ▼**—pap** bread-sop; (*med.*) bread-poultice. ▼**—roof** deprivation of income; *— plegen tegen iem.*, take the bread out of a p.'s mouth. ▼**—schaal** bread-plate. ▼**—schrijver** literary hack. ▼**—trommel** bread-bin. ▼**—winner** bread-winner. ▼**—winning** living, livelihood.
broom bromine. ▼**—kali** bromide of potassium.
bro(o)s frail (beauty); brittle (material); crisp (biscuit). ▼**—heid** frailty, fragility; crispness.
brouilleren: *we zijn gebrouilleerd*, we are no

longer on speaking terms.
brouw/en I *ov.w* brew (beer, mischief).
II *on.w* speak with a burr; *hij heeft er maar wat
van gebrouwen*, he has scamped it. ▼**—er**
brewer. ▼**—erij** brewery; *leven in de —
brengen*, pep things up, make things hum; *er
kwam leven in de —*, things began to happen;
er is weer heel wat leven in de —, there's plenty
of activity again. ▼**—sel** brew, concoction.
brug bridge; *(loopplank)* gangway; *(gymn.)*
parallel bars; *over de — komen*, pay (stump)
up. ▼**—gehoofd** bridge-head. ▼**—leuning**
railing of a bridge; *(stenen —)* parapet.
Brugge Bruges.
Brugman: *hij kan praten als —*, he has the gift
of the gab.
brug/pijler pillar. ▼**—wachter** bridge-keeper.
brui: *ik geef er de — aan*, I give it up as a bad
job, I throw in my hand.
bruid bride. ▼**—egom** bridegroom.
▼**bruids/bed** bridal bed. ▼**—boeket** bridal
bouquet. ▼**—dagen** bridal days.
▼**—geschenk, —gift** wedding-present.
▼**—japon** wedding-dress. ▼**—jonker** (*v.
bruid*) bridal page; (*v. bruidegom*) best man.
▼**—meisje** bridesmaid. ▼**—nacht**
wedding-night. ▼**—paar** bride and
bridegroom. ▼**—schat** dowry. ▼**—stoet**
wedding-procession. ▼**—suikers** bridal
sweets. ▼**—taart** wedding-cake.
bruikbaar serviceable, useful, usable; (*v. pers.*)
employable; *— maken voor*, harness to.
▼**—heid** s.ness, u.ness, utility. ▼**bruikleen**: *in
—*, on (in) loan; *in — afstaan*, loan; *in —
hebben*, have on loan.
bruiloft wedding, w.-party; *zilveren, gouden,
diamanten —*, silver, golden, diamond
wedding; *— houden*, celebrate a w. ▼**—sdag**
wedding-day. ▼**—sfeest** w.-feast. ▼**—sgast**
w.-guest. ▼**—smaal** w.-breakfast.
bruin brown; *—e beuk*, copper beech; *B—* (*de
beer*), Bruin. ▼**—** en brown, tan, bronze.
▼**—eren** burnish. ▼**—kool** b. coal. ▼**—tje**: *dat
kan — niet trekken*, I can't afford it. ▼**—vis**
porpoise.
bruis foam; (*v. fontein*) spray. ▼**—en** (*v. drank*)
fizz, sparkle; (*v. beek*) bubble; *—end v. leven*,
bubbling over with life; (*v. bloed*) seethe.
▼**—poeder** effervescent powder. ▼**—tablet**
effervescent tablet.
brul/aap howling-monkey. ▼**—boei**
whistling-buoy. ▼**—len** roar.
brunette brunette.
Brussel Brussels; *brussels lof*, chicory, witloof;
brusselse spruitjes, B. sprouts.
brutaal impudent, insolent, cheeky, forward;
brash; *zo — als de beul*, as bold as brass; *een
mens heeft de halve wereld*, fortune favours
the bold. ▼**—tje** sauce-box. ▼**—heid** *zie*
brutaliteit. ▼**—weg** coolly. ▼**brutaliseren**:
iem. —, cheek a p. ▼**brutaliteit** impudence,
insolence, cheek, brashness.
bruto gross (weight).
bruusk brusque, abrupt. ▼**—heid** b.ness,
a.ness.
bruut I *bn* brutish. **II** *zn* brute.
B.T.W. VAT (Value Added Tax).
budget budget.
buffel buffalo; (*fig.*) bear. ▼**—achtig** bearish.
▼**—leder** buff.
buffer buffer. ▼**—staat** buffer-state.
▼**—voorraad** buffer stock.
buffet (*in eetkamer*) side-board; (*in café*) bar;
(*in station, enz.*) refreshment-bar, buffet.
▼**—bediende** barman, barkeeper, (*Am.*)
bartender. ▼**—chef** bar manager.
▼**—juffrouw** barmaid.
bui shower; (*v. hoesten, lachen*) fit; (*gril*)
whim; *als hij zo'n — heeft*, when the fit is on
him; *maartse —*, April s.; *bij — en*, by fits and
starts; *in een goede — zijn*, be in a good
humour; *in een driftige —*, in a fit of temper.
buidel bag, pouch; (*v. dier*) pouch. ▼**—dier**
marsupial. ▼**—rat** opossum.
buigbaar flexible, pliant. ▼**—heid** flexibility.
▼**buig/en I** *ov.w* bend, bow; diffract (rays); *'t*

hoofd —, (*fig.*) yield; (*fam.*) knuckle down;
zich —, bend, bow; (*bukken*) stoop; (*v. rivier*)
curve; (*zich onderwerpen*) submit (to).
II *on.w* bend, bow; *— of barsten*, bend or
break. ▼**—ing** bend, curve, bow; (*révérence*)
curts(e)y; (*v. stem*) modulation, inflexion.
▼**—ingsuitgang** inflexional ending. ▼**—tang**
pliers. ▼**buigzaam** flexible. ▼**—heid**
flexibility.
buiig showery, gusty.
buik belly, abdomen; *het zijn twee handen op
één —*, they are hand and glove; *hij had er zijn
— vol van*, he was fed up with it; *zijn —
vasthouden van 't lachen*, hold one's sides
with laughter. ▼**—band, —gordel** abdominal
belt. ▼**—dans** belly-dance. ▼**—danser/-es**
b.-dancer. ▼**—holte** abdomen. ▼**—je**
corporation; *zijn — vol eten*, eat one's fill.
▼**—kramp** gripes. ▼**—landing** b.-landing.
▼**—loop** diarrhoea. ▼**—operatie** abdominal
operation. ▼**—pijn** stomach-ache; (*plat*)
b.-ache; (*kindertaal*) tummy-ache. ▼**—riem**
(*v. paard*) b.-band; (*v. pers.*) belt; *de —
aanhalen*, tighten one's belt. ▼**—spreken I** *zn*
ventriloquy. **II** *ww* ventriloquize. ▼**—spreker**
ventriloquist. ▼**—tyfus** typhoid (fever).
▼**—vlies** peritoneum. ▼**—vliesontsteking**
peritonitis.
buil lump, swelling. ▼**—enpest** bubonic
plague.
buis jacket; (*pijp*) tube; (*v. granaat*) fuse.
▼**—leiding** conduit; (*petroleum—*) pipe-line.
▼**—verlichting** tube lighting.
buit booty, spoils; *—maken*, capture; *met de —
gaan strijken*, carry off the swag (prize).
buitel/aar tumbler. ▼**—en** tumble; (*luchtv.*)
loop the loop. ▼**—ing** tumble; looping the
loop; *een — maken*, turn a somersault, (*fam.*)
van fiets of paard af) come a cropper.
buiten I *vz* **1** outside (Scotland); out of breath,
(danger, sight); beyond (my power); *ik was —
mijzelf van…*, I was beside myself with…; *er—
blijven, zich er— houden*, keep out of it; *dat
gaat — mij om*, that does not concern me; *hij
deed het — mij om*, without my knowledge;
2 (*behalve*) except, but (no one but me); *— de
onkosten*, over and above the expense; *zij kon
niet — hem*, she could not do without him.
II *bw* outside; (*komen*) out; in the country; *een
dagje — doorbrengen*, spend a day in the
country; *naar — opengaan*, open outwards;
alle grenzen te — gaan, exceed all bounds;
zich te — gaan aan, indulge in (abuse, drink);
van —, on the outside; *van — komen*, **1** come
from the outside; **2** come from the country; *van
— leren*, learn by heart. **III** *zn* country-seat.
buiten/af: *van — af*, on the outside; *— wonen*, live in the
outskirts; *— gelegen*, outlying. ▼**—ambtelijk**
non-official. ▼**—antenne** outdoor aerial.
▼**—baan** outside track. ▼**—band** cover.
▼**—beentje** eccentric, crank. ▼**—bekleding**
outer covering; (*v. schip*) skin.
▼**B—bezittingen** Outer Possessions.
▼**—bocht** outside bend. ▼**—boordmotor**
outboard motor. ▼**—dien** besides. ▼**—dienst**
outside service, field-work; (*personeel*)
field-staff. ▼**—deur** outer door, front door.
▼**—echtelijk** illegitimate, born out of
wedlock. ▼**—gaats** off shore, in the offing.
▼**—gemeen** uncommon, extraordinary.
▼**B—gewesten** Outer Provinces.
▼**—gewoon** extraordinary; *— gezant*,
ambassador extraordinary; *— hoogleraar*,
extraordinary professor; *buitengewone
uitgaven*, extra expenses. ▼**—goed**
country-seat. ▼**—haven** outer harbour.
▼**—issig** strange, eccentric. ▼**—issigheid**
eccentricity. ▼**—kansje** stroke of luck.
▼**—kant** outside, outskirts (of a town).
buitenland foreign country; *in, naar 't —*,
abroad; *naar 't — vertrekken*, leave for abroad,
go abroad. ▼**—er** foreigner. ▼**—s** foreign.
buiten/leven country-life. ▼**—lucht** open air,
country-air. ▼**—lui** country-people. ▼**—maat**
outsize. ▼**—man** countryman. ▼**—mate**
inordinately. ▼**—model** non-regulation; —

artikelen, off-sizes. ▼—**om** (go) round (the house, town). ▼—**op** outside; (*tram*) on the platform. ▼—**plaats** country-seat. ▼—**post** outpost. ▼—**schools** out-of-school. ▼—**shuis** out-of-doors; — *eten,* dine out. ▼—**slands** in foreign parts, abroad.

buitensluiten lock out; (*fig.*) exclude.

buiten/sociëteit country-club. ▼—**spel** (*voetbal*) off side. ▼—**speler** winger. ▼—**sporig** extravagant. ▼—**sporigheid** extravagance. ▼—**staander** outsider. ▼—**verblijf** country-house. ▼—**waarts** *bw* outward(s). ▼—**wacht 1** outpost; **2** *de* —, the outsiders. ▼—**weg** country-road. ▼—**wereld** outside world. ▼—**wijk** suburb, (*mv ook*) outskirts. ▼—**zak** outer pocket. ▼—**zijde** outside.

buizerd buzzard.

bukken stoop; (*snel*) duck; *gebukt gaan onder,* be bowed (weighed) down by.

buks rifle.

bul bull; (*papal*) bull; (*university*) diploma.

bulder/aar, —**bast** blusterer. ▼—**en** roar, bluster, bellow.

buldog bulldog.

Bulgaar(s) Bulgarian, Bulgar. ▼**Bulgarije** Bulgaria.

bulken low, bellow; — *van het geld,* roll in money; — *van het lachen,* bellow (roar) with laughter.

bullebak bully, browbeater.

bullen things, togs.

bulletin bulletin.

bult lump, bump; (*bochel*) hump, hunch. ▼—**enaar** hunchback. ▼—**ig** lumpy, bumpy; hunchbacked.

bun fish-well.

bundel bundle; collection (of poems); beam (of light); sheaf, wad (of banknotes). ▼—**en** unite (forces), collect (articles, poems).

bunder hectare.

bungalow bungalow. ▼—**tent** frame tent.

bungelen dangle.

bunker bunker; (*mil.*) pill-box. ▼—**bouwer** pill-box builder. ▼—**en** coal, bunker. ▼—**haven** bunkering-port.

bunzing polecat.

bups: *de hele* —, the whole caboodle.

burcht castle, citadel; *een — v.d. Conservatieven,* a Conservative stronghold. ▼—**heer** lord of the castle.

bureau office; (*schrijf*—) writing-table, -desk; (*compagnies*—) orderly-room; (*politie*—) (police-)station; (*in hotel*) reception-office. ▼—**beambte** office clerk. ▼—**chef** head clerk. ▼—**craat** bureaucrat. ▼—**cratie** bureaucracy, red-tape. ▼—**cratisch** bureaucratic. ▼—**lamp** desk-lamp. ▼—**list** box-office clerk; (*station*) booking-clerk. ▼—**stoel** desk-chair; (*draaistoel*) swivel-chair. ▼**bureel** office, bureau.

burengerucht breach of the peace; — *maken,* cause a disturbance.

burg castle, stronghold.

burgemeester mayor; (*Nederl., Vlaanderen, Duitsl.*) burgomaster; (*City of London en enkele grote steden*) Lord Mayor; *B- en Wethouders,* Mayor and Aldermen. ▼—**sambt** mayoralty, Lord Mayor's office.

burger citizen; (*tegenover edelman*) commoner; (*tegenover mil.*) civilian; *dat geeft de — moed,* that's heartening. ▼—**bestaan 1** middle class living; **2** civil life. ▼—**bevolking** civilian population. ▼—**deugd** civic virtue. ▼—**dochter** middle-class girl. ▼—**ij** middle classes; (*de kleine* —, the lower classes); citizens. ▼—**keuken** plain cooking. ▼—**klasse** middle class(es). ▼—**kleding** plain clothes; civies. ▼—**kost** plain fare. ▼—**kringen** middle-class circles. ▼—**leven** civil life. ▼—**lieden** middle-class people. ▼—**lijk** civil (laws, rights, society); civic (virtues); middle-class, bourgeois (habits); — *ambtenaar,* civil servant; — *e beleefdheid,* common politeness; — *leven,* civil life; — *recht,* civil law; —*e stand,* registration service,

registrar's office; — *wetboek,* civil code. ▼—**luchtvaart** civil aviation. ▼—**maatschappij** civil society. ▼—**man** bourgeois. ▼—**oorlog** civil war. ▼—**pot** plain fare. ▼—**recht** (civil, civic) right(s); (*v. stad*) freedom of a city. ▼—**schap** citizenship. ▼—**school:** *hogere* —, secondary school. ▼—**stand** middle-class. ▼—**vader** city-father. ▼—**wacht** home guard. ▼—**zin** civic (public) spirit.

burg/graaf viscount. ▼—**gravin** viscountess.

burlesk burlesque.

bus 1 box; (*koffie, thee*) canister; **2** (*vehikel*) (omni)bus, coach; **3** (*ziekenfonds*) sick-club; (*die redenering*) *klopt als een —,* is as sound as a bell; *het klopt allemaal als een —,* it all fits in perfectly; *hij is in een —,* in a sick-(burial-)club; *een brief op de — doen,* post a letter. ▼—**chauffeur** bus driver. ▼—**conducteur** bus conductor. ▼—**dienst** bus service. ▼—**dokter** club-doctor. ▼—**halte** bus stop.

buskruit gunpowder; *hij heeft het — niet uitgevonden,* he will not set the Thames on fire.

bus/lichting collection. ▼—**lijn** bus service. ▼—**patiënt** (sick-)club patient. ▼—**rit** bus ride. ▼—**route** bus route. ▼—**station** bus station.

buste bust. ▼—**houder** brassière, bra.

butaan butane. ▼**butagas** calor gas.

buur neighbour; *een goede — is beter dan een verre vriend,* a near n. is better than a distant cousin. ▼—**jongen (meisje)** neighbour's son (girl). ▼—**man (vrouw)** neighbour. ▼—**praatje** gossip; *'n — houden,* have a g. ▼—**staat** n. state.

buurt neighbourhood, vicinity; (*wijk*) quarter; *hier in de —,* around here; *ik was toevallig in de* —, I happened to be around; *blijf uit zijn* —, give him a wide berth; *ver uit de* —, far off. ▼—**huis** community centre. ▼—**schap** hamlet. ▼—**spoor** local railway. ▼—**verkeer** local service.

Byzantijn(s) Byzantine.

cabaret cabaret. ▼—**ier** c. artist.
cabine cabin; (*v. bioscoop*) operating-box.
cabriolet cabriolet.
cacao cocoa. ▼—**boon** c.-bean. ▼—**boter**
c.-butter. ▼—**poeder** c.-powder.
cachet ('*t voorwerp*) seal, signet; (*fig.*) cachet,
impress; *een zeker — hebben* (*verlenen*), have
(give) a (certain) cachet.
cactus cactus. ▼—**achtig** cactaceous.
cadans cadence, lilt.
cadeau present; free gift; *iem. een — geven*,
make a p. a pr.; *iem. iets — doen* (*geven*),
make a p. a pr. of s th.; *iets — krijgen*, get s.th.
as a present; *dat kan je van mij — krijgen*, you
can have it. ▼—**stelsel** free-gift system.
cadet cadet. ▼—**tenschool** military school
(*of: college*), cadet-school.
café café, public house, pub. ▼—**bedrijf**
c.-business, public house business.
▼—**houder** c.keeper, pub-keeper. ▼**cafeïne**
caffein. ▼**cafetaria** cafetaria.
cahier exercise-book.
caissière cashier.
caisson caisson, ammunition-waggon.
calcul/atie calculation. ▼—**eren** calculate.
caleido/scoop kaleidoscope. ▼—**scopisch**
kaleidoscopic.
Californ/ië California. ▼—**iër**, —**isch**
Californian.
calorie calorie, caloric unit.
calqueer/papier transfer-paper. ▼—**plaatje**
transfer(-picture). ▼**calqueren** trace, calk.
calvinisme Calvinism. ▼**calvinist** Calvinist.
▼—**isch** Calvinistic(al).
camee cameo.
camelia camel(l)ia.
camera camera. ▼— **obscura** camera obscura.
▼—**man** camera-man. ▼—**wagen**
camera-crane.
camouflage camouflage. ▼**camoufleren**
camouflage.
campagne campaign; *een — voeren*, conduct
a c. (against).
Canada Canada. ▼**Canadees** *bn & zn*
Canadian.
canaille rabble, mob, riff-raff.
canapé sofa.
canard hoax.
Canarische Eilanden: *de —*, the Canaries, the
Canary Islands.
cannabis cannabis.
canon canon. ▼—**iek** canonical; *— recht*,
canon law.
cantate cantata.
canvas canvass.
cao collective bargain.
caoutchouc caoutchouc, india-rubber.
capabel capable (of), able (to). ▼**capaciteit**
capacity, ability; (*v. motor, enz.*) power; *op*
volle — werken, work at full c.
cape cape.
capitul/atie capitulation. ▼—**eren** capitulate.
caprice caprice (*ook muz.*), whim.
▼**capricieus** capricious, whimsical.
▼**capriool** caper; *capriolen maken*, cut capers.
capsule capsule (*v. fles ook:*) bottle-cap.
captie: *—(s) maken*, raise objections;
(*tegenstribbelen*) jib.

capuchon capuchin, hood.
Caraïbisch Caribbean; *—e Eilanden*,
Caribbees; *—e Zee*, Caribbean Sea.
carambol/e cannon. ▼—**eren** cannon.
caravan caravan, (*Am.*) trailer. ▼—**terrein**
caravan site (*of: park*), (*Am.*) trailer park.
carbol carbolic (acid).
carbon carbon. ▼—**papier** c.-paper.
carburateur carburet(t)or, carburetter.
cardio/chirurg heart surgeon. ▼—**chirurgie**
heart surgery. ▼—**gram** cardiogram. ▼—**logie**
cardiology. ▼—**logisch** cardiologic(al).
▼—**loog** cardiologist.
cargadoor ship-broker.
caries caries.
carillon carillon, chimes.
carnaval carnival.
carnivoor carnivore.
carpo(o)rt carport.
carré square; (*zich*) *in — opstellen*, line up in s.
formation.
carrière career; *— maken*, make a c.
carrosserie coach-work. ▼—**fabriek** coach
works.
carrousel roundabout, merry-go-round.
carte: *à la —*, à la carte. ▼— **blanche** carte
blanche; *iem. — geven*, give a p. a free hand.
carter crank-case; (*v.d. versnellingen*)
gear-box.
carto/graaf cartographer. ▼—**grafie**
cartography. ▼—**grafisch** cartographic(al).
▼—**gram** cartogram. ▼—**theek** filing cabinet,
card catalogue.
cassatie cassation, appeal; *— aantekenen*,
give notice of appeal. ▼—**termijn** period for
bringing an appeal. ▼**casseren** (*vonnis*)
quash.
cassette (*geld*) cash-box; (*voor sieraden*)
casket; (*v. eetgerei*) canteen (of cutlery);
(*bandje*) cassette tape. ▼—**deck** cassette
deck. ▼—**film** cassette film. ▼—**recorder**
cassette recorder.
cassière cashier.
castagnetten castanets.
Castil/iaan(s) Castilian. ▼—**ië** Castile.
castorolie castor oil.
castr/atie castration. ▼—**eren** castrate, geld.
casu: *in —*, in this case. ▼—**ïst(iek)**
casuist(ry).
catacombe catacomb.
catalogiseren catalogue. ▼**catalogus**
catalogue. ▼—**prijs** list-price.
Catalo/nië Catalonia. ▼—**niër**, —**nisch**
Catalonian.
catarre, katar catarrh.
catastrof/aal catastrophic, disastrous.
▼**catastrofe** catastrophe, disaster.
catechis/ant catechumen. ▼—**atie**
confirmation classes. ▼—**eermeester**
catechist. ▼—**mus** catechism.
categor/ie category. ▼—**isch** categorical.
causaal causal.
caus/erie talk (on); *een — houden*, give a talk.
▼—**eur** conversationalist.
cautie bail, security; *— stellen*, give bail; (*in de*
handel) give a guarantee.
caval/erie cavalry. ▼—**erist** c.-man.
cavalier 1 cavalier, horseman; 2 gallant.
cavia guinea-pig.
cayenne(peper) cayenne(pepper).
ceder cedar. ▼—**hout(en)** cedar.
ceel (*veem—*) warehouse warrant; (*huur—*)
lease; (*lijst*) list.
ceintuur belt, sash.
cel cell (*ook pol.*); (*tel.*) (call-)box. ▼—**deling**
division of cells.
celebreren celebrate; *de mis —*, c. mass.
celib/aat celibacy. ▼—**atair** bachelor.
celkern (*biol.*) (cell)nucleus (*mv* nuclei).
cellist (violon)cellist. ▼**cello** cello.
cellofaan cellophane.
cellulair cellular; *—e gevangenis*, c.-prison;
—e opsluiting, solitary confinement.
cellul/oïd celluloid. ▼—**ose** cellulose.
Celsius Celsius.
cel/stof cellulose. ▼—**straf** solitary

confinement. ▼—**vormig** celliform.
▼—**vorming** cellulation. ▼—**wand** cell-wall.
▼—**weefsel** cellular tissue.
cement cement. ▼—**en** cement. ▼—**staal**
c.-steel. ▼—**steen** c.-stone.
censeren 1 deem; **2** censure.
censor censor, licenser (of books, plays, etc.).
▼**censureren** censor. ▼**censuur** censorship;
— *instellen*, impose c.; *onder* — *staan*, be
subject to c.; *onder* — *stellen*, censor.
cent cent; —*en hebben*, have tin; *om de* —*en*,
for the £ s.d.; *hij is erg op de* —*en*, he is very
close-fisted; *hij had geen rooie* —, he had not a
penny to bless himself with; '*t kan me geen* —
schelen, I don't care a button; *het kost je geen*
—, it won't cost you a penny; *tot de laatste* —,
to the last penny.
centaur centaur.
centenaar hundredweight; '*t drukte hem als*
een —*slast op de borst*, it weighed (preyed) on
his mind.
centenbakje begging-bowl, collection plate.
centiare centiare; (*zo ook*: centigramme, -litre,
-metre).
centraal central; *centrale verwarming*, c.
heating. ▼—**station** c. station. ▼**centrale**
(*elektr.*) power station; (*tel.*) exchange;
(*verkooporganisatie*) marketing board.
▼**centralis/atie** centralization. ▼—**eren**
centralize.
centrifugaal centrifugal. ▼—**machine** c.
machine. ▼**centrifuge** (*voor de was*)
spin-drier.
centripetaal centripetal.
centrum centre.
cerebraal cerebral.
ceremonie ceremony. ▼—**meester** master of
(the) ceremonies (M.C.). ▼**ceremon/ieel**
ceremonial. ▼—**ieus** ceremonious, formal.
certific/aat certificate. ▼—**eren** certify.
cesuur caesura.
chagrijn chagrin, misery; (*mens*) grumpy.
▼—**ig** sulky, chagrined.
chalet chalet, Swiss cottage.
champagne champagne. ▼—**cider**
champagne-cider.
champignon mushroom.
chansonnier cabaret artiste.
chantage blackmail; — *plegen jegens iem.*,
blackmail a p. ▼**chanteur 1** singer;
2 blackmailer.
chaos chaos, welter (of war). ▼**chaotisch**
chaotic.
chaperon chaperon. ▼—**ne** chaperon, duenna.
▼—**neren** chaperon; (*v. heer ook*:) squire (a
lady).
chapiter chapter; subject; *om op ons* — *terug*
te komen, to return to our subject (muttons);
iem. van zijn — *afbrengen*, put a p. off his
subject.
charade charade.
charge charge; *getuige à* —, witness for the
prosecution. ▼**chargeren** charge;
(*overdrijven*) exaggerate; (*v. toneelspeler*)
over-act.
charism/a charisma (*mv* -ta). ▼—**atisch**
charismatic.
charlatan charlatan, mountebank.
charmant charming. ▼**charm/e** charm.
▼—**eren** charm. ▼—**eur** charmer, Prince
Charming. ▼—**euse** charmer; (*fam.*) glamour
girl.
charter charter. ▼—**en** charter.
▼—**maatschappij** c. airline. ▼—**vliegtuig**
chartered aircraft. ▼—**vlucht** charter flight.
chasseur (*in hotel*) page-boy, bell-hop.
chassis (*v. auto*) chassis, (*fot.*) (dark) slide.
chauff/eren drive (a motor-car). ▼—**eur**
chauffeur, driver.
chauvin/isme chauvinism; *Engels* —,
jingoism; *Amerikaans* —, spread-eagl(e)ism.
▼—**ist** chauvinist; *Engels* —, jingo.
▼—**istisch** chauvinist(ic).
chef chief; (*v. afdeling*) office-manager;
(*patroon*) employer; (*fam.*) boss; (*directeur*)
manager; (*station*) station-master; (*kok*) chef.

▼— **d'oeuvre** master-piece. ▼—**fin** (*v.*
winkel) manageress. ▼—**staf** Chief of Staff.
chemicaliën chemicals. ▼**chemicus**
(analytical) chemist, analyst. ▼**chemie**
chemistry. ▼**chemisch** chemical;
oorlogvoering met —*e wapens*, chemical
warfare; — *strijdmiddel*, chemical agent; —
toilet, sanitary toilet. ▼**chemotherapie**
chemotherapy.
cheque cheque. ▼—**boek** c.-book.
▼—**rekening** c. account, drawing account.
▼—**souche** c.-counterfoil.
cherub(ijn) cherub.
chic I *bn* stylish, smart. **II** *zn* smartness, chic; *de*
—, the fashionable world, the smart set.
chican/e chicane(ry); —*s maken*, use c.
▼—**eren** chicane, find fault. ▼—**eur** chicaner.
Chileen(s) Chilean. ▼**Chili** Chile.
chilisalpeter nitrate of soda.
chimpansee chimpanzee, (*fam.*) chimp.
China China. ▼**Chinees I** *zn* Chinaman,
Chinese; (*fam.*) Chink; *de Chinezen*, the
Chinese; *zie* **raar**. **II** *bn* Chinese, China-.
▼**Chinezenwijk** Chinese quarter.
chip (*computer*) chip.
chips (*zoutjes, enz.*) crisps, (*Am.*) chips.
chirurg surgeon. ▼—**ie** surgery. ▼—**isch**
surgical.
chloor chlorine. ▼—**kalk** chloride of lime.
▼—**zuur** chloric acid. ▼**chloroform**
chloroform.
chocolaatje chocolate. ▼**chocolade**
chocolate, cocoa. ▼—**reep** bar (stick) of c.
choke choke.
cholera cholera. ▼—**lijder** c.-patient.
cholesterol cholesterol.
choquant shocking.
choreo/graaf choreographer. ▼—**grafie**
choreography.
christelijk Christian, Christianlike, Christianly;
de —*e leer*, Christianity. ▼—**heid** Christianity.
▼**christen** Christian. ▼—**dom** Christianity.
▼—**heid** Christendom. ▼—**mens** Christian.
▼**Christus** Christ; *na* —, after Christ, A.D.;
vóór —, before Christ, B.C. ▼—**kop** C.'s head.
chroma chroma. ▼—**tiek** chromatics.
▼—**tisch** chromatic.
chromosoom chromosome.
chronisch chronic. ▼**chronolog/ie**
chronology. ▼—**isch** chronological.
chroom chromium.
chrysant chrysanthemum.
cichorei chicory.
cider cider.
cif, c.i.f. CIF (cost, insurance, freight).
cijfer figure; (*v. beoordeling*) mark; (*in code*)
cipher. ▼—**aar** cipherer. ▼—**boekje** mark(s)
book. ▼—**en** cipher. ▼—**kunst** arithmetic.
▼—**lijst** mark(s) list. ▼—**schrift** numerical
notation (*ook in muz.*); cipher, code; *in* —
overbrengen, encipher, code.
cijns tribute, tribute-money.
cilinder cylinder. ▼**cilindrisch** cylindrical.
cimbaal cymbal.
cineac newsreel cinema, news-cinema.
▼**cineast** film-producer. ▼**cinema** cinema.
▼—**scope** wide screen. ▼—**tograaf**
cinematograph.
cipier jailer, turnkey.
cipres cypress.
circa about, approximately.
circuit circuit.
circulaire circular (letter). ▼**circulatie**
circulation; *in* — *brengen*, put in(to) c.
▼—**bank** bank of issue. ▼**circuleren**
circulate; *laten* —, circulate.
circus circus, ring. ▼—**directeur** c.-master.
cirkel circle; *zie* **kringetje**. ▼—**boog** arc of a c.
▼—**en** circle. ▼—**vormig** circular. ▼—**zaag**
circular saw.
cisel/eren chase. ▼—**eerwerk** chased work,
chasing. ▼—**eur** chaser.
citaat quotation.
citadel citadel.
citer cither(n), cittern.
citeren cite; (*woordelijk*) quote.

citroen lemon; (*grote*) citron; *een hete* —, a hot l. ▼—**limonade** (*siroop*) l.-syrup; (*drank*) l.-drink. ▼—**sap** l.-juice. ▼—**tje** lemon-brandy.

city-bag brief-bag.

civiel civil; moderate, reasonable (price); —*e lijst*, c. list; *c. behandeling*, fair treatment; —*e dienst*, c. service; — *ingenieur*, c. engineer; —*e partij*, party in a c. suit; *zich* —*e partij stellen*, bring a c. suit against a p.; — *recht*, c. law; *een* —*e vordering instellen*, take c. proceedings; —*e zaak*, c. suit, c. action; *in* —, in plain clothes.

civilis/atie civilization. ▼—**eren** civilize.

claimen claim.

clandestien clandestine, secret, underhand.

classicaal *zie* **klassikaal.**

classicus classicist, classical scholar, student of the classics.

classific/atie classification. ▼—**eren** classify, class.

claus (*theat.*) speech; (*wacht*—) cue.

claustrofobie claustrophobia.

clausule clause, stipulation, rider.

claxon klaxon. ▼—**neren** sound the k., honk.

clematis clematis, virgin's bower.

clement lenient, mild. ▼**clementie** leniency, clemency; *iemands* — *inroepen voor...*, ask one's indulgence for...

clerus clergy.

cliché I *zn* (*stereotype*) block, plate; (*fig.*) cliché, hackneyed phrase; (*fot.*) negative. II *bn* cliché, stereotyped (expressions).

cliënt client, customer. ▼**clientèle** clientele.

clignoteur winking indicator, trafficator, (*Am.*) (*fam.*) blinker.

climax climax.

clinch: *in de* — *gaan*, come to blows; (*fig.*) fall out, come to words.

clitoris clitoris.

closet water-closet, w.c. ▼—**papier(rol)** toilet-paper (reel).

clou (outstanding) feature, chief attraction, high light (of the evening), star turn; *dat is de* —, that's the point.

clown clown; *voor* — *spelen*, (play the) c.

club club. ▼—**bestuur** c. committee. ▼—**fauteuil** easy chair. ▼—**genoot** c. mate. ▼—**lokaal** c. room.

coalitie coalition. ▼—**partij** c. party. ▼—**regering** c. government.

cobra cobra.

cocaine cocaine.

cocon cocoon.

code code; *in* — *overbrengen*, encode. ▼—**bericht** c. message. ▼—**ren** encode. ▼—**woord** c. word. ▼**codicil** codicil. ▼**codific/atie** codification. ▼—**eren** codify.

coëducatie co-education.

coëxistentie co-existence.

cognac brandy, cognac.

cognossement Bill of Lading (B/L).

coherent coherent. ▼—**ie** coherence.

cohesie cohesion.

coiff/eren: *iem.* —, dress a p.'s hair. ▼—**eur** hair-dresser. ▼—**euse** woman hair-dresser. ▼—**ure** coiffure, hair-style.

coïtus coition.

cokes coke; *geklopte* —, broken c.

col turtle-neck, (*Am.*) polo-neck.

colbert jacket. ▼—**kostuum** lounge-suit.

collabor/ateur collaborator. ▼—**atie** collaboration. ▼—**eren** collaborate.

collage collage.

collectant collector, canvasser (for charities); (*in kerk*) churchwarden. ▼**collect/e** collection; *een* — *houden*, make a c. ▼—**ebus** collecting box. ▼—**eren** collect. ▼—**eschaal** collection-plate.

collectie/f collective; —*ve arbeidsovereenkomst*, c. agreement, c. bargain.

collega colleague; *mijn* — *'s, ook*: my fellow teachers, etc.

college (*lichaam*) college (of cardinals, etc.); board (of directors); (*v. prof.*) lecture; —

geven, lecture (on), give lectures; *zijn* —*s hervatten*, resume one's lectures; — *lopen*, attend (the) lectures. ▼—**geld** lecture fee. ▼—**zaal** lecture-room, (*medisch*) lecture theatre.

collegiaal fraternal (greeting). ▼**collegialiteit** good-fellowship, fellow-feeling.

collier necklace.

collo package, bale, case.

colofon colophon.

colonne column (*v. pers. en voertuigen*); *de vijfde* —, the fifth c.; *een lid v.d. vijfde* —, a fifth-columnist.

coloratuur coloratura. ▼—**sopraan** c. soprano.

colport/eren hawk (about), sell in the streets. ▼—**eur** canvasser, hawker.

coltrui turtle-neck sweater.

coma coma; *in* — *liggen*, be in c.

combi *zie* **combinatiewagen.** ▼**combinatie** combination; (*syndicaat*) combine, ring. ▼—**vermogen** power of c. ▼—**wagen** estate car. ▼**combineren** combine.

comestibles provisions. ▼—**winkel** provision shop.

comfort comfort; *van modern* — *voorzien*, fitted with modern conveniences. ▼—**abel** comfortable, commodious (house).

comité committee.

command/ant commander; (*v. schip*) master, captain. ▼—**eren** command, order; *ik laat me door niemand* —, I won't take orders from anybody; *zij commandeert hem maar...*, she orders him about ...; *commandeer je hond (en blaf zelf)*, I don't take orders from you. ▼—**erende officier** commanding officer (c.o.).

commanditaire: — *vennootschap*, limited partnership.

commando (word of) command; *het* — *overnemen*, take over c.; *het* — *voeren*, be in c. of. ▼—**brug** navigating-bridge. ▼—**groep** c. group. ▼—**post** c.-post. ▼—**toren** conning-tower.

commensaal boarder, lodger.

commen/taar comment, commentary (on); — *leveren op*, comment upon. ▼—**tariëren** comment upon. ▼—**tator** commentator.

commercialiseren commercialize. ▼**commercieel** commercial.

commies 1 (*v. departement, enz.*) clerk; 2 custom-house officer.

commissariaat 1 (*v. maatsch.*) directorate; 2 police-station. ▼**commissaris** (*v. maatsch.*) director; (*v. politie*) super-intendent of police, Chief Constable; (*der Koningin*) provincial governor; *zaal*—, steward.

commissie committee; (*opdracht*) commission. ▼—**handel** commission business. ▼—**lid** committee-member. ▼—**loon** commission. ▼**commissionair** commission-agent; — *in effecten*, stock-broker.

committent principal.

commune commune.

communicatie communication. ▼—**middel(en)** means of c. ▼—**satelliet** communications satellite, comsat. ▼—**stoornis** failure of c. ▼**communiceren** communicate.

communie (Holy) Communion; *zijn* — *doen*, receive Holy C.

communiqué communiqué, hand-out.

commun/isme communism. ▼—**ist** communist. ▼—**istisch** communist.

compact compact.

compagnie company. ▼—**sbureau** orderly-room. ▼—**scommandant** c. commander.

compagnon partner. ▼—**schap** partnership.

compartiment compartment.

compens/atie compensation. ▼—**eren** compensate, make good, counterbalance.

competent competent. ▼—**ie** competency.

competitie competition. ▼—**stand** league

table. ▼—wedstrijd league-match.
compil/atie compilation. ▼—eren compile.
compl/eet complete, full; *bw ook:* clean
(forgotten); quite, absolutely (impossible).
▼—ement complement. ▼—eteren
complete.
complex complex, *(gebouwen)* block. ▼—ie
constitution, nature; *amoureus van* —, of an
amorous complexion. ▼complic/atie
complication. ▼—eren complicate.
compliment compliment; *doe hem de* —*en,*
give him my compliments; —*en thuis,*
remember me to all at home; *zonder* —*en,*
without (more) ado; *veel* —*en hebben,* be
hard to please; *geen* —*en!,* no c.s, please!; *iem.*
zijn — *maken over,* pay one a compliment on,
compliment a p. on. ▼—eren compliment
(upon). ▼—eus complimentary.
componeren compose. ▼componist
composer. ▼compositie composition.
compost compost.
compressie compression. ▼—verhouding c.
ratio. ▼comprimeren compress.
compromis compromise; *een* — *sluiten,* make
a c. ▼—voorstel c.proposal.
compromitt/ant compromising. ▼—eren
compromise, commit; *zich* —, c. (commit) o.s.
compta/bel accountable, responsible.
▼—biliteit *(rekenplichtigheid)*
accountability; *(vak)* accountance, accounts;
(gebouw) audit-office; *(afdeling)*
accountancy department.
computer computer; *met* —
analyseren/besturen/uitrusten/verwerken,
enz., computerise; *overgaan op gebruik van*
—*s,* adopt computerisation. ▼—taal c.
language; programming language.
▼—wetenschap c. science.
con amore *iets* — *doen,* put one's heart into it,
do it with right good will.
concaaf concave.
concentratie concentration. ▼—kamp c.
camp. ▼—vermogen powers of c.
▼concentreren concentrate, centre, focus;
zich op 'n onderwerp —, concentrate on a
subject; *troepen* —, mass troops.
▼concentrisch concentric *(bw -ally)*.
concept (rough) draft. ▼—-contract d.
contract. ▼—overeenkomst d. agreement.
concert concert; *(piano—,)* concerto.
▼—bezoeker concert goer. ▼—eren give a
concert. ▼—gebouw concert hall.
▼—meester leader (of an orchestra).
▼—vleugel concert-grand (piano). ▼—zaal
concert-room. ▼—zanger(es) concert singer.
concessie concession, climb-down; *(v.*
autobus, enz.) licence; *(mijn—)* claim; —
aanvragen, apply for a concession; *een* —
doen, make a concession; *een* — *verlenen,*
grant a c.
conciërge caretaker, hall-porter.
concilie council.
concip/iëren draft. ▼—iënt draftsman.
conclu/deren conclude, infer (from). ▼—sie
1 conclusion, inference; 2 *(bevinding)*
finding.
concor/daat concordat. ▼—dantie
concordance.
concours contest, competition; — *hippique,*
horse-show.
concreet concrete. ▼concretiseren give
concrete form to.
concubin/aat concubinage. ▼—e concubine.
concurr/ent *zn* competitor, rival. ▼—entie
competition, rivalry; — *aandoen,* enter into c.
with. ▼—entiestrijd competitive struggle.
▼—eren compete (with); *iem. eruit* —,
undercut (undersell) a p. ▼—erend *(ook:)*
competitive (price); rival (countries).
condens/atie condensation. ▼—eren
condense.
conditie condition; *gunstige* —*s,* favourable
terms; *(toestand)* condition, state; *in* —
blijven, keep fit; *in goede* — *verkeren,* (v.
pers.) be in good form (condition), *(v. ding)*
be in good c. ▼conditioneren stipulate,

condition; *zie* geconditioneerd.
condoleantie condolence. ▼—bezoek call of
c. ▼condoleren condole; *iem.* —, c. with a p.
(on); *ik condoleer je,* you have my sympathy,
accept my sympathies.
condoom condom, *(fam.)* French letter.
conducteur *(v. trein)* guard, *(Am.)* conductor;
(v. tram, bus) conductor.
confectie ready-made clothing. ▼—pakje
ready-made suit; *(fam.)* reach-me-down.
▼—magazijn, —zaak ready-made (clothes)
shop.
confederatie confederation.
confer/encier entertainer, compère. ▼—entie
conference; *een* — *houden,* hold a c. ▼—eren
consult (together), confer.
confess/ie confession; *(rk gelofte)* vow.
▼—ioneel confessional; *(v. school, enz.)*
denominational.
confetti confetti.
confiscatie confiscation, seizure.
confiseur confectioner, pastry-cook.
confisqueren confiscate.
confituren candied fruits.
conflict conflict, dispute; *in* — *komen met,*
come into c. with, conflict (clash) with.
conform in conformity with.
confront/atie confrontation. ▼—eren
confront (with).
confuus confused.
congé congé, dismissal; *zijn* — *geven,* dismiss;
hij kreeg zijn —, he was dismissed.
congestie congestion.
congres congress.
congruent identically equal. ▼—ie equality
and similarity.
conifeer conifer.
conjunctuur conjuncture; *(handel)* economic
situation, business outlook, tendency of the
market; *dalende* —, decline, slump; *hoog*—,
boom; *opgaande* —, trade revival. ▼—beleid
anti-cyclical policy. ▼—golf trade cycle.
▼—schommeling economic fluctuation.
▼—verandering change in trading
conditions. ▼—verbetering improvement in
trading conditions. ▼—verschijnsel
phenomenon (feature) of economic cycles.
connectie connection, connexion; *veel* —*s*
hebben, (handel) have a large c.; *hij heeft*
uitstekende —*s,* he is excellently connected.
conrector senior master.
consciëntieus conscientious, scrupulous.
conscriptie conscription.
consensus consensus.
consequent consistent. ▼—ie consistency
(reason with c.); consequence (realize the c.).
conservatief I *zn* conservative. II *bn*
conservative, unprogressive. ▼—isme
conservatism. ▼—or conservator, curator,
keeper.
conservatorium school of music.
conserven preserves. ▼—fabriek cannery,
preserving-, tinning-factory. ▼conserveren
preserve, keep; *(inblikken)* tin, can.
consideratie consideration; — *gebruiken,* be
clement, make allowances (for).
consignatie consignment; *in* —, on c.
▼—factuur c.-invoice. ▼consigne
(wachtwoord) word, password; instructions,
orders. ▼consigneren consign; *(mil.)* confine
to barracks.
consistoriekamer vestry.
consolid/atie consolidation. ▼—eren
consolidate.
consorten confederates, rival; *Jan en*
—, John and his likes. ▼consortium
consortium.
constant constant. ▼—heid constancy.
constater/en ascertain; establish (a fact,
guilt); *ik constateer tot mijn genoegen,* I find
my pleasure, I notice with pleasure. ▼—ing
(v.e. feit) establishment; *(opmerking)*
statement.
constellatie constellation; *(politie ook)*
line-up; alignment.
consternatie consternation.

constipatie constipation.
constitu/eren constitute; *zich* — (*tot commissie, enz.*), c. themselves. ▼—**tie** constitution. ▼—**tioneel** constitutional.
constructeur constructor, designer. ▼**constructie** construction, structure. ▼—**f** constructive. ▼—**werkplaats** engineering works. ▼**construeren** construct; (*taalk. en fig.*) construe.
consul consul. ▼—**aat** consulate. ▼—**air** consular (agent, etc.). ▼—**ent** adviser; advisory expert; (*belasting*—, *enz.*) consultant. ▼—**generaal** consul-general.
consult consultation. ▼—**atie** consultation. ▼—**atiebureau** health centre; — *voor (aanstaande) moeders,* maternity centre; — *voor zuigelingen,* infant c., infant welfare centre. ▼—**eren** consult; *een dokter* —, take medical advice, consult (see) a doctor.
consum/ent consumer. ▼—**entenbond** Consumer(s') Council. ▼—**entenwinkel** (*ongev.*) consumer advice and protection centre. ▼—**eren** consume. ▼**consumptie** consumption; (*in restaurant*) food, refreshment(s); *uitstekende* —, excellent catering. ▼—**geschikt** fit for c. ▼—**goederen** consumer goods. ▼—**maatschappij** consumersociety, affluent society. ▼—**melk** milk for c. ▼—**tent** refreshment-tent.
contact contact, touch; *in* — *komen met,* come into contact with, get in touch with; — *krijgen met,* make c. with. ▼—**doos** junction box. ▼—**lens** c. lens. ▼—**sleuteltje** ignition key. ▼—**stop** plug.
container container. ▼—**schip** (—*trein, enz.*) c. ship (c. train, etc.). ▼—**vervoer** c. shipping, containerization; *uitrusten voor* —, containerize.
contant cash; *à* —, (sell) for c.; —*e betaling,* c. payment; — *betalen,* pay c.; —*e waarde,* market value; —*en,* (hard) cash, ready money.
contemporain contemporary.
context context.
continent continent. ▼—**aal** continental; — *plat,* continental shelf.
contingent (*v. troepen*) contingent; (*handel*) quota. ▼—**eren** quota, ration (imports). ▼—**ering** quota system.
continu/bedrijf continuous industry. ▼—**eren** continue. ▼—**iteit** continuity.
conto account; *à* —, on account.
contra contra, against, versus. ▼—**bande** contraband (goods). ▼—**bas** double-bass. ▼—**bezoek** return visit.
contraceptie contraception. ▼—**middel** contraceptive. ▼**contraceptief** contraceptive.
contract contract, agreement; *een* — *aangaan,* enter (conclude) a c. ▼—**ant** contracting party. ▼—**breuk** breach of c. ▼—**eren** contract. ▼—**ueel** contractual; *zich* — *verbinden,* bind o.s. by contract.
contra/dictie contradiction. ▼—**expert** assessor acting for the insured. ▼—**fagot** double bassoon. ▼—**gewicht** counterweight. ▼—**inlichtingendienst** counter-intelligence. ▼—**merk** countermark; (*sortie*) pass-out check. ▼—**mine:** *in de* — *zijn,* be contrary, be in opposition. ▼—**moer** check- (*of* lock-)nut. ▼—**prestatie** *zie* tegenprestatie. ▼—**punt** counterpoint. ▼—**revolutie** counter-revolution. ▼—**spionage** counter-espionage, c.-intelligence.
contrast contrast; *een* — *vormen met,* form (present) a c. to. ▼—**eren** contrast (with).
contreien parts, regions.
contribu/eren contribute. ▼—**tie** subscription.
controle check (on), check up, supervision; (*v. kaartjes*) inspection; *door de* — *gaan,* pass through the (ticket-)barrier. ▼—**kamer** control room. ▼—**klok** time-clock. ▼—**lijst** (*aantallen, enz.*) tally sheet; (*alfab., system.*) check-list. ▼—**post** check point; *de* — *bereiken,* check in. ▼**control/eren** (*v.*

kaartjes) inspect; (*v. personen of woorden*) check; (*v. cijfers*) verify. ▼—**erend** geneesheer medical officer. ▼—**etoren** (*luchtv.*) control-tower. ▼—**eur** 1 ticket-inspector; 2 controller, checker.
controverse controversy.
conveniëren suit, be convenient to.
convent/ie convention. ▼—**ioneel** conventional.
converg/ent convergent. ▼—**entie** convergence. ▼—**eren** converge.
conversatie conversation; (*omgang*) (social) intercourse; *we hebben veel* (*weinig*) —, we see many (few) people. ▼—**les** c.-lesson. ▼—**zaal** lounge. ▼**converseren** converse.
conversie conversion. ▼—**lening** c.-loan. ▼**conver/teerbaar** convertible; *converteerbare effecten,* convertible stock. ▼—**teren** (in) convert (into). ▼—**tibiliteit** convertibility.
convocatie (*bijeenroeping*) convocation; (*aankondiging*) notice. ▼—**biljet** notice. ▼**convoceren** convoke, convene.
coöpera/tie co-operation. ▼—**tief** co-operative.
coördin/aten co-ordinates. ▼—**atie** co-ordination. ▼—**eren** co-ordinate.
co-produktie joint-production, co-production.
cornet cornet.
corpora/tie corporate body, corporation. ▼—**tief** corporative.
corps corps, body; — *leraren,* teaching-staff; — *diplomatique,* corps diplomatique, diplomatic body. ▼—**geest** corporate spirit. ▼—**lid** member of a students' corps.
corpulent corpulent, obese, stout. ▼—**ie** corpulence.
correct correct; — *handelen,* act correctly, do the c. thing. ▼—**ie** correction. ▼—**iesleutel** master card, marking-key. ▼—**ieteken** proof reader's mark. ▼—**or** corrector, (proof) reader.
corre/latie correlation. ▼—**latief** correlative. ▼—**leren** correlate.
correspondent (*v. blad*) correspondent; (*op kantoor*) correspondence clerk. ▼**correspondentie** correspondence; *de* — *voeren,* conduct the c. ▼—**adres** postal address. ▼—**kaart** c.-card. ▼**corresponderen** correspond (with).
corrigeren correct (pronunciation, person); mark (papers); read (proofs).
corrosie corrosion.
corrupt corrupt. ▼—**ie** corruption.
corsage corsage, bodice.
corso pageant.
corvee fatigue (duty); *troep corveeërs,* fatigue(-party); *wat een* —!, what a beastly job! ▼—**tenue** f.-dress.
cosmetica cosmetics.
coterie coterie, clique.
coulant accommodating, fair, prompt (payment).
coulisse side-scene, wing (stand in the -s); *achter de* —*n,* behind the scenes.
coup coup.
coupe (*v. pak*) cut, (*beker*) cup.
coupé compartment, carriage.
coup/eren cut, dock (tail). ▼—**eur, —euse** cutter(-out).
couplet stanza; (*v. twee regels*) couplet. ▼—**boekje** c.-book.
coupure cut (in film, etc.).
courant I *bn* current, marketable; —*e maten,* stock sizes; *niet*—*e maten,* off-sizes. II *zn* 1 *Nederl.* —, Dutch currency; 2 (news)paper, journal.
coureur racing motorist.
courtage brokerage.
coûte que coûte at any cost.
couvert 1 envelope; 2 (*op tafel*) cover.
couveuse incubator.
crapaud low-seat easy chair.
craquelé crackle (china).

crashen crash.
creat/ie creation. ▼—**ief** creative. ▼—**iviteit**
creativity, creativeness. ▼—**uur** creature.
crèche day-nursery, crèche.
credit credit. ▼—**eren**: — *voor*, credit a p. with.
▼—**eur** creditor. ▼—**eurenrekening**
creditor-account. ▼—**nota** c.-note. ▼—**post**
c.-item. ▼—**saldo** c.-balance. ▼—**zijde** c.
side.
creëren create.
crema/tie cremation. ▼—**torium**
crematorium, crematory.
crème *zn* cream.
cremeren cremate.
creosoot creosote. ▼**creosoteren** creosote.
crêpe crêpe; — *de Chine*, crêpe de Chine.
creperen kick the bucket; — *van de honger*,
starve.
criant: — *vervelend*, soul-deadening.
cric jack.
crimin/aliteit criminality. ▼—**eel** criminal; —
vervelend, terribly tedious.
crinoline crinoline, hoop.
crisis crisis; *een — bereiken*, come to a c.; *de —
te boven zijn*, have turned the corner; *een —
doormaken*, pass through a c.
criterium criterion.
criticus critic.
croquetje croquette, rissole.
cru *bn* crude, blunt.
cruciaal crucial.
cruci/feren cruciferae. ▼—**fix** crucifix.
Cuba Cuba. ▼**Cubaan(s)** Cuban.
cuisinier caterer.
culinair culinary.
culminatie culmination. ▼—**punt**
culminatingpoint. ▼**culmineren** culminate.
cultiveren cultivate.
cultureel cultural.
cultures tropical agriculture, estates,
plantations.
cultus cult.
cultuur cultivation, culture; (*v. bacteriën*)
culture. ▼—**bezit** cultural heritage.
▼—**geschiedenis** social history. ▼—**grond**
cultivated land. ▼—**historisch**: — *bezien*,
from a cultural-historical point of view.
▼—**spreiding** dissemination of culture.
▼—**taal** civilized language. ▼—**volk** cilvilized
nation.
cumula/tie: — *v. ambten*, combination of
offices. ▼—**tief** cumulative; — *preferent
aandeel*, c. preference share.
cupido Cupid. ▼**cupidootje** cupid, love.
curatele guardianship; *onder — staan*, be in
ward; *iem. onder — stellen*, put a p. in ward.
▼**curator** guardian; (*v. museum, enz.*)
curator, custodian; (*v. faillissement*) trustee.
▼—**ium** board of governors.
curett/age curettage. ▼—**eren** curette.
curie (*rk*) Curia.
curieus curious, queer, odd. ▼**curiositeit**
curiosity, curio. ▼—**enhandelaar**
curio-dealer.
cursief in italics, italicized.
cursist member of a course.
cursiveren print in italics.
cursus course, curriculum; school-year; *een —
volgen*, take classes (in); *een 5-jarige —*, a five
year course.
cybernetica cybernetics.
cyclame(n) cyclamen, sow-bread.
cycloon cyclone.
cycloop cyclop(s).
cyclotron cyclotron.
cyclus cycle.
cyn/icus cynic. ▼—**isch** cynic(al). ▼—**isme**
cynicism.
Cypers Cyprian; —*e kat*, tabby(-cat).
Cyprioot Cypriot. ▼**Cyprisch** Cyprian.
▼**Cyprus** Cyprus.

daad action, act, deed; (*grootse —*) exploit; *de
— bij 't woord voegen*, suit the action to the
word; *een man van de —*, a man of action.
▼—**werkelijk** actual.
daag ta-ta; *zie* **dag**. ▼**daags** I *bw* (*des*) —,
during the day, by day; *tweemaal —*, twice a
day; — *tevoren*, the previous day. II *bn* daily;
—*e kleren*, everyday clothes.
daalder half-a-crown.
daar I *bw* (*v. plaats*) there; *wie zingt —?*, who's
that singing? II *vgw* (*vóór de hoofdzin*) as; (*na
de hoofdzin*) because. ▼—**aantoe**: *dat is tot
—*, let that pass. ▼—**achter** behind that (it).
▼—**bij** near it; besides. ▼—**binnen** inside it.
▼—**boven** above it; up there. ▼—**buiten**
outside it. ▼—**door** through that; by doing so,
by these means. ▼—**enboven** besides,
moreover. ▼—**entegen** on the other hand, on
the contrary. ▼—**even** just now. ▼—**ginds**
over there. ▼—**heen** there. ▼—**in** in it.
▼—**laten** let it for what it is; *nog
daargelaten dat …*, apart from the fact that …;
dit daargelaten, apart from this. ▼—**langs**
along there. ▼—**mee** with that. ▼—**na** after
that, afterwards. ▼—**naar** accordingly.
accordingly. ▼—**naast** next to it. ▼—**net** just
now. ▼—**om** therefore. ▼—**omheen** around it.
▼—**omtrent** as to that; (*30 jaar*) *of —*, or
thereabout(s). ▼—**onder** under that (it); (*fig.*)
among them. ▼—**op** (up) on it; (*fig.*)
thereupon. ▼—**over** over that; about that.
▼—**tegen** against that. ▼—**tegenover**
opposite; (*fig.*) over against that. ▼—**toe** for
that purpose. ▼—**tussen** between (among)
them. ▼—**uit** out of that; (*fig.*) from that.
▼—**van** of that. ▼—**vandaan** away from there;
(*fig.*) therefore, hence. ▼—**voor 1** (*plaats*) in
front of it; **2** (*tijd*) before that; **3** (*deswege*) for
it; **4** (*doel*) for that (purpose); *daar is het voor*,
that's what it is for.
daas I *bn* (*versuft*) dazed; (*gek*) crazy. II *zn*
scatter-brain; (*vlieg*) horse-fly.
dactylus dactyl.
dactyloscopie dactyloscopy.
dadel date. ▼—**boom** date-tree.
dadelijk I *bn* immediate. II *bw* immediately,
directly, at once; (*straks*) presently.
dadelpalm date-palm.
dadendrang urge for action.
dader doer, perpetrator; (*v. misdaad*) offender,
culprit.
dag day; *goeden —!*, good day!; —, (*fam. bij 't
ontmoeten*) hallo!, (*bij 't weggaan*) bye bye!
cheerio!; *— en nacht*, night and day; *'t wordt
—*, it's dawning; *de gehele —*, all d. (long);
(*één*) *dezer —en*, one of these days; *de —
daarna*, the following d.; *de — tevoren*, the
previous day, the d. before; *hij heeft betere
—en gekend*, he has seen better days; *prijs de
— niet voor het avond is*, don't halloo till
you're out of the wood; *de — des Heren*, the
Lord's day; *de oude —*, old age; *aan — —, d.
by d.*; *aan de — brengen*, bring to light; *aan de
— leggen*, display; *bij —*, by d.; *— in — uit*, d.
in (and) d. out; *in vroeger —en*, in former days;
met de — erger worden, get worse daily, every
d.; *om de andere —*, every other day; *op een
goeie —*, one (fine) d.; *op mijn oude —*, in my

old age; *over—*, by d.; *heden ten —e*, nowadays; *sinds jaar en —*, for a long term of years; *tot op deze —*, to this d.; *voor — en dauw opstaan*, rise before daybreak (with the lark); *voor de — halen*, take out, produce; *voor de — komen*, appear, turn up; *goed voor de — komen*, put up a good show; *je onderjurk komt voor de —*, your slip is showing; *met een idee voor de — komen*, come out with an idea, put forward an idea, suggest an idea; *voor de — ermee!*, out with it!, let's have it!

dagblad daily (paper). ▼**—artikel** newspaper article. ▼**—pers** daily press. ▼**—schrijver** journalist.

dagboek diary. ▼**—schrijver** diarist.

dagdief spiv, idler.

dagelijks I *bn* daily, everyday. II *bw* every day, daily.

dagen (*jur.*) summon; *het begon te —*, day was dawning. ▼**dageraad** dawn.

dag/gelder day-labourer. ▼**—indeling** schedule. ▼**—jesmensen** (day-)trippers. ▼**—kaart** day-ticket. ▼**—koers** current market price; (*wisselkantoor*) current rate of exchange. ▼**—licht** day-light. ▼**—loner** day-labourer. ▼**—loon** daily wages. ▼**—order** order of the day. ▼**—reis** day's journey. ▼**—taak** daily work. ▼**—tochtje** day-trip. ▼**—vaarden** summon(s), subpoena. ▼**—vaarding** summons, subpoena. ▼**—werk** daily work; *dan had ik wel —*, then I should never see the end of it.

dahlia dahlia.

dak roof; *onder — brengen*, put up (a p.); *ze werden bij ons onder — gebracht*, we took them in; *onder — zijn*, (*lett.*) be under cover; (*fig.*) be well provided for; *iem. op zijn — komen*, scold a p.; *ik kreeg de hele familie op mijn —*, the whole family descended on me; *dat krijg ik op mijn —*, they'll blame it on me; *iem. iets op zijn — schuiven*, shove the blame upon a p.; (*v. werk*) shove it on to s.o.; *van de — en prediken*, proclaim from the housetops. ▼**—balk** roof-beam. ▼**—goot** gutter. ▼**—kamertje** attic. ▼**—licht** sky-light. ▼**—loos** roofless (house); homeless (man). ▼**—pan** roofing-tile. ▼**—reclame** sky-sign. ▼**—tuin** roof-garden. ▼**—venster** dormer-window.

dal valley, dale; (*nauw*) glen. ▼**—grond** reclaimed moor.

dalen (*vliegtuig*) land, descend; (*stem*) sink; (*prijs, temperatuur*) fall, drop; *laten —*, lower (voice). ▼**daling** landing, descent; fall, drop.

dalmatier dalmation.

Dalton Dalton. ▼**d—iseren** Daltonize. ▼**d—methode** Dalton plan.

dam 1 dam, dike, causeway; **2** (*in —spel*) king; *een — halen*, go to king.

damast damask.

dambord draught-board.

dame 1 lady; (*bij dans, aan tafel, enz.*) partner. **2** (*schaakspel*) queen. ▼**dames/coupé** ladies' compartment. ▼**—kostuum** ladies' costume. ▼**—mode** ladies' fashions. ▼**—modeartikelen** millinery. ▼**—tasje** ladies' bag. ▼**—zadel** side-saddle; (*v. fiets*) ladies' saddle.

damhert fallow-deer.

dammen play at draughts.

damp steam, vapour. ▼**—en** steam, smoke. ▼**—ig** steamy; (*v. paard*) short-winded. ▼**—kring** atmosphere. ▼**—vorming** vaporization.

dam/schijf draughtsman. ▼**—spel** (game of) draughts.

dan I *bw* then; (*onvertaald laten, bijv.*) *als 't regent, — kom ik niet*, if it rains, I shan't come; *— nog*, even so; *— ook*, therefore; *nu eens … — weer …; now … now …* II *vgw* (*na comparatief*) than.

danig I *bn* sound (thrashing); severe (defeat); *een — dorst hebben*, be terribly thirsty. II *bw* soundly, severely, terribly; *iem. — doen schrikken*, frighten a p. properly; *zich — vergissen*, be badly mistaken; *zich — weren*,

put up a very good show.

dank thanks; *geen —*, not at all, you're welcome!; *zijn — betuigen*, express one's t.; *iem. — weten*, thank a p.; *— zeggen*, return (render) t. (to); *in — ontvangen*, received with t. ▼**—baar** thankful, grateful. ▼**—baarheid** thankfulness, gratitude. ▼**—betuiging** expression of thanks; *onder —*, with thanks. ▼**—dienst** thanksgiving service. ▼**—en** thank, give thanks, (*aan tafel*) say grace; (*te danken hebben*) owe (s.th. to a p.); *dank u*, (*bij aanneming*) t. you, (*bij weigering*) no, t. you; *dank u zeer*, t. you (thanks) very much; *ik zou je —, dank je wel*, not likely!, t. you for nothing, no, t. you!; *ik dank ervoor om …*, I decline (refuse) to …; *dat dankt je de drommel!*, thanks for the obvious!, you bet!; *hij heeft het aan zichzelf te —*, he has himself to t. for it. ▼**—woord** speech of thanks. ▼**—zegging** thanksgiving.

dans dance; *de — openen*, open the ball; *de — ontspringen*, get off (scot-free). ▼**—cursus** dancing classes. ▼**—en** dance; *vanavond wordt er gedanst*, to-night there will be a dance. ▼**—er** dancer, partner. ▼**—euse** danseuse; ballet-dancer; partner. ▼**—gelegenheid** dancing. ▼**—instituut** dancing-academy. ▼**—je** dance; *een — maken*, have a d., shake a leg. ▼**—leraar** dancing-master. ▼**—les** dancing-lesson. ▼**—meester** dancing-master. ▼**—muziek** dance-music. ▼**—orkest** dance-band, dance-orchestra. ▼**—zaal** ball-room.

dapper brave, gallant, valiant, plucky; *hou je —!*, keep your pecker up! ▼**—heid** bravery, gallantry, valour.

dar drone.

darm intestine; gut; *—en*, (*ook*) bowels, entrails; *dikke (dunne) —*, large (small) i. ▼**—bloeding** intestinal haemorrhage. ▼**—kanaal** intestinal canal (tract).

dartel playful, frisky. ▼**—en** frolic, frisk. ▼**—heid** playfulness, friskiness.

darwin/isme Darwinism. ▼**—ist(isch)** Darwinist.

das 1 (neck-)tie; (*bouffante*) comforter; scarf; *iem. de — omdoen*, cook a p's. goose, do (the business) for a p. **2** (*dier*) badger. ▼**—sejacht** badger-baiting. ▼**—speld** tie-pin.

dat I *aanw.vnw* that; *wat zijn —?*, what are they (those)?; *— zijn de wielen*, those are the wheels; *ben jij —?*, is t. you?; *wat zou —?*, what about (what of) it?; *op — en — uur, op — en — uur*, at such and such an hour; *het is niet je —*, it's not it. II *betr.vnw* that, which. III *vgw* that.

data data.

databank data bank.

dateren date; *een brief gedateerd …*, dated (under date) …; *vroeger —*, antedate; *later —*, postdate; *dat dateert van*, that dates back to, dates from …

datgene that; *— wat*, that which.

datief dative.

datum date; *— postmerk*, date as postmark; *zonder —*, undated; *—stempel*, d. stamp; *— van ingang*, *zie* ingaande.

dauw dew. ▼**—droppel** d.-drop. ▼**—worm** dew-worm; (*ziekte*) ring-worm.

daveren boom, thunder; *doen —*, shake; *de spreker werd —d toegejuicht*, the speaker was cheered to the echo; *een —d succes*, a resounding (smashing) success.

davit (*mar.*) davit.

dazen talk rot, gas.

d.d. dated.

de the.

debâcle collapse, crash.

deballoteren blackball.

debarkeren disembark.

debat debate, discussion; *in — treden met*, enter into debate with; *het — sluiten*, close the debate. ▼**—teerclub** debating-society. ▼**—teren** debate, discuss.

debet debit; *— en credit*, debtor(s) and creditor(s); *het is in uw — geboekt*, it has been passed to the d. of your account; *wij zijn er niet*

— *aan*, we are not guilty of it. ▼—**zijde** d.-side, debtor-side.

debiel backward, mentally defective.

debiet sale; *een groot* — *hebben*, sell well, find a ready sale.

debit/eren: *we zullen u voor 't bedrag* —, we shall debit you with the amount; *'n grap* —, crack a joke. ▼—**eur** debtor.

deblokkeren release (an account).

debray/age clutch. ▼—**eren** declutch.

debut/ant(e) débutant(e). ▼—**eren** make one's début (one's first appearance). ▼**debuut** début, first appearance.

decaan dean.

decade decad(e).

decadent decadent. ▼—**ie** decadence.

decanteren decant.

december December.

decennium decennium (*mv* —ia), decade.

decent decent. ▼—**ie** decency.

decentrali/satie decentralization. ▼—**seren** decentralize.

deceptie disappointment.

decibel decibel.

deci/gram decigram(me). ▼—**liter** decilitre. ▼—**maal** *bn* decimal. ▼—**meren** decimate. ▼—**meter** decimetre.

declam/atie declamation, recitation. ▼—**eren** declaim, recite.

declar/atie declaration; (customs) entry. ▼—**eren** declare.

declin/atie (*v. ster*) declination; (*v. woord*) declension. ▼—**eren** decline.

decoderen decode.

decolleté décolleté, low-necked dress.

decor: —(*s*) scenery, décor. ▼—**atie** decoration. ▼—**eren** decorate. ▼**decorum** decorum.

decreet decree. ▼**decreteren** decree.

deduc/eren deduce. ▼—**tie** deduction. ▼—**tief** deductive.

deeg dough; (*v. gebak*) paste.

deel 1 (*dorsvloer*) threshing-floor; 2 (*gedeelte*) part, portion, share; *ik wil er geen* — *aan hebben*, I will be no party to it; — *uitmaken van*, form part of; *iem. ten* — *vallen*, fall to a p.'s share; *de eer die mij ten* — *valt*, the honour conferred upon me; *ten dele, voor een* —, partly; *voor 't grootste* —, for the greater (most) part. ▼—**achtig**: — *zijn* (*worden*), participate in, share. ▼—**arbeid** part-time work. ▼—**baar** divisible; *8 is* — *door 4*, 8 is divisible by 4; — *getal*, composite number; *niet* — *getal*, prime number. ▼—**genoot** sharer, partner; *iem.* — *maken van zijn geluk*, share one's happiness with a p.; *iem.* — *maken v.e. geheim*, disclose a secret to a p. ▼—**genootschap** partnership. ▼—**gerechtigd** entitled to a share. ▼—**name** *zie* **deelneming**.

deelnem/en: — *aan*, take part in, join in (a conversation), attend (a meeting). ▼—**end** sympathetic, sympathizing. ▼—**er** participant; (*wedstrijd*) competitor; (*examen, wedstrijd*) entrant; (*congres, cursus, vergadering*) member. ▼—**ing** participation; (*aan wedstrijd*) entry; (*met verlies*) sympathy; *grote* —, (*wedstrijd*) a great number of entries; *iem. zijn* — *betuigen*, condole with a p.

deels partly; — *door* ..., — *door* ..., what with ... and ...

deel/som division sum. ▼—**staten** federal states. ▼—**streep** bar of division; (*op schaal*) mark. ▼—**tje** particle. ▼—**tjesversneller** cyclotron. ▼—**woord** participle.

deemoed humility, meekness. ▼—**ig** humble, meek. ▼—**igen** humble, humiliate.

Deen Dane. ▼**Deens** Danish.

deerlijk pitiful; — *gehavend*, sadly battered; — *gewond*, badly wounded; — *teleurgesteld*, sorely disappointed.

deern(e) lass, wench; (*Am.*) dame.

deernis pity, compassion; — *hebben met*, pity, have pity on. ▼—**waardig** pitiable. ▼—**wekkend** pitiful, pathetic.

defait/isme defeatism. ▼—**ist** defeatist.

▼—**istisch** defeatist.

defect I *zn* defect, hitch; *een* — *krijgen*, have a breakdown. II *bn* defective (eyes, machine), broken-down (moor car), out of order (lift).

defensie defence. ▼—**beleid** d.-policy. ▼—**uitgaven** d. expenditure. ▼**defensief** defensive; *in het* — *gedrongen worden*, be forced into the defensive.

defilé march-past. ▼**defileren** march past.

defini/ëren define. ▼—**tie** definition. ▼—**tief** final (decision); definitive (documents); definite (answer).

deflatie deflation. ▼—**politiek** deflationary policy. ▼**deflationeren** deflate.

deftig distinguished (man, face); stately (appearance, house); dignified (style); (*gemaakt* —) genteel; *doe niet zo* —, don't be so pompous (posh). ▼—**heid** stateliness, dignity, formality.

degelijk I *bn* solid, sound, thorough. II *bw* soundly, etc.; *wel* —, really (has r. occurred); *ik heb hem wel* — *gezien*, I did see him.

degen sword; (*scherm*—) foil; *de* —*s kruisen*, cross (measure) swords (with).

degene he, she; —*n*, those.

degener/atie degeneration, degeneracy. ▼—**eren** degenerate.

degrad/atie degradation; (*mil.*) demotion, reduction, (*zeemacht*) disrating. ▼—**eren** degrade; demote, disrate, reduce to (the ranks).

deinen heave, roll. ▼—**ing** swell; (*fig.*) excitement, hullabaloo.

deinzen shrink (back).

deisme deism.

dek 1 (*mar.*) deck; 2 (*bedekking*) cover, blanket; bed-clothes. ▼—**bed** (*donzen*) eiderdown (quilt), duvet, continental quilt. ▼—**blad** (*v. sigaar*) wrapper.

deken 1 blanket; 2 (*pers.*) dean; doyen (of ambassadors).

dekhengst (breeding) stallion.

dekken I *ov.w* cover; (*huis*) (*met pannen*) tile, (*met leien*) slate; (*met riet*) thatch; (*merrie*) serve; (*onkosten*) cover; (*verzekering*) cover; (*tegenstander, bij sport*) mark; (*sauveren*) screen, shield (a p.); *zich* —, cover o.s., (*mil.*) take cover; *hou je gedekt*, (*pas op*) (*sl.*) lie doggo, (*wees kalm*) (*sl.*) keep your hair on; *gedekt zijn tegen verlies*, be secured against loss(es). II *on.w* lay breakfast (supper, etc.); *er was gedekt voor acht pers.*, the table was laid for eight. ▼**dekking** cover, shelter; (*sp.*) marking; — *zoeken*, take cover. ▼—**stroepen** covering force.

deklading, —**last** deck-cargo.

dekmantel: *onder de* — *van*, under the cloak of.

dekolonisatie decolonization.

dekschuit covered barge.

deksel cover, lid; *wat* —!, what the dickens!

dekstoel deck-chair.

dekzeil tarpaulin; (*v. auto*) weather apron.

deleg/atie delegation. ▼—**eren** delegate.

del/en divide (by); (*opinie, enz.*) share; *eerlijk* —!, fifty fifty!, share and share alike!; *8* — *door 2*, divide 8 by 2; — *in*, share (in); *2 op 8* —, divide 8 by 2. ▼—**er** (*rekenk.*) divisor.

delfstof mineral. ▼—**fenrijk** m. kingdom.

Delfts Delft; — (*aardewerk*), delft (t), D. ware.

delg/en pay off, discharge (a debt); redeem (a loan). ▼—**ing** discharge; redemption.

delibereren deliberate (on).

delicaat delicate. ▼**delicatesse** delicacy; —*nwinkel*, delicatessen shop.

delict delict, offence.

deling division; partition (of house/country).

delinquent delinquent, offender.

delirium delirium; — *tremens*, delirium tremens, D.T., (*fam.*) the horrors.

delta delta. ▼**D—plan** D. scheme. ▼**D—werken** d. works.

delven dig. ▼**delver** digger.

dema/gogie demagogy. ▼—**gogisch** demagogic. ▼—**goog** demagogue.

demarcatielijn demarcation-line.

demaskeren unmask.
dement demented.
dementeren deny. ▼**démenti** denial.
demi (*jas*) spring overcoat.
demi-finale semifinal.
demilitari/satie demilitarization. ▼—**seren** demilitarize.
demi-mondaine demimondaine, demi-rep.
demissionair: *'t kabinet is* —, the Cabinet have resigned; *'t —e kabinet,* the outgoing Cabinet.
demobili/satie demobilization. ▼—**seren** demobilize, (*fam.*) demob.
demo/craat democrat. ▼—**cratie** democracy. ▼—**cratisch** democratic. ▼—**cratiseren** democratize. ▼—**cratisering** democratization.
demon demon. ▼—**isch** demoniac(al).
demonstrant demonstrator. ▼**demonstratie** demonstration. ▼—**verbod** ban on demonstrations. ▼—**vrijheid** freedom to demonstrate. ▼**demonstreren** demonstrate.
demonteren dismount (a gun); dismantle (machinery).
demorali/satie demoralization. ▼—**seren** demoralize.
demp/en (*gracht, enz.*) fill up; (*oproer*) quell, put down (rebellion); dim (light); *de vuren* —, quench the fires; *gedempt geluid,* muffled sound; *met gedempte stem,* in a hushed (subdued) voice. ▼—**er** (*v. machine*) damper; (*muz.*) mute.
den fir (-tree). ▼—**appel** fir-cone.
denaturaliseren denaturalize.
denatuur/en denature. ▼—**ing** denaturation.
denderen rumble.
Denemarken Denmark.
denigreren belittle, speak slightingly of.
denim denim.
denkbaar imaginable, conceivable.
▼**denkbeeld** idea, notion. ▼—**ig** imaginary.
▼**denkelijk I** *bn* probable. **II** *bw* probably.
▼**denken** think (of); (*v. plan zijn*) intend; *dat dacht ik al,* I thought as much; *dat kun je net —I,* catch me (at it)!, not likely!; *dat geeft te* —, that sets one thinking; *het laat zich (gemakkelijk)* —, it may (easily) be imagined; *ik moet er niet aan* —, it does not bear thinking of; *denk eens aan!,* just imagine!; *ik denk er niet aan!,* not I!, not much!, catch me doing it!; *denk eraan dat je komt!,* mind you come!, be sure to come!; *doen* — *aan,* suggest; remind (one) of; *bij zichzelf* —, think to o.s.; — *om,* t. of; remember, mind (the steps); *daar denk ik anders over,* I beg to differ; I take a different view of it; *wel, hoe denk je er over?,* well, how about it?; *daar kan men verschillend over* —, that is a matter of opinion. ▼**denk/er** thinker, philosopher. ▼—**fout** delusion.
▼—**vermogen** intellectual capacity.
▼—**wijze** way of thinking, view.
denne/appel fir-cone. ▼—**boom** fir-tree.
▼—**hars** pine-resin. ▼—**hout** fir-, pine-wood.
▼—**lucht** piny smell, smell of pine-resin.
▼—**naald** fir-, pine-needle. ▼**dennen/bos** fir-wood. ▼—**scheerder** pine-weevil.
deodorant deodorant.
departement department. ▼—**aal** departmental. ▼—**sambtenaar** civil servant.
depêche dispatch, message.
dependance annex(e).
deplorabel deplorable.
deponeren deposit, put down, place; (*bij bank*) deposit (with), pay (into).
deport/eren deport. ▼—**atie** deportation.
deposito deposit; *in* — *geven,* d. with; *in* — *hebben,* hold on d. ▼—**rekening** deposit account.
depot (*bewaarplaats*) depot; (*filiaal*) branch. ▼—**bewijs** depot certificate. ▼—**houder** depot manager; manager of a branch-establishment.
deppen dab.
depreciatie depreciation, (*v. geld ook*) devaluation. ▼**depreciëren** depreciate.
depressie depression. ▼—**f** depressive.

▼**deprimeren** depress.
deputatie deputation. ▼**deputeren** depute.
derail/ement derailment. ▼—**eren** be derailed.
derangeren disturb (a p., a p.'s plans); (put to) inconvenience.
derde third; *vertel 't niet aan* —*n,* don't let it go farther, (*fam.*) keep it dark, keep it under your hat. ▼—**rangs** third-rate.
deren hurt, harm.
dergelijk such (-like), similar; *iets* —*s heb ik nog nooit beleefd,* I never saw the like of it (anything like it).
derhalve so, consequently, therefore.
derivaat, derivatief derivative.
dermate to such an extent; *hij had* — *gewonnen,* he had gained so much; *hij was* — *gewond,* he was so badly wounded; — *boos,* so angry.
dermato/logie dermatology. ▼—**loog** dermatologist.
derrière bottom, behind, buttocks.
dertien thirteen.
dertig thirty. ▼—**er** person of thirty. ▼—**ste** thirtieth.
derven lack, lose; *loon* —, forego wages.
des of the; *zie avond enz.;* — *te beter,* all the better; — *te meer…,* the more…; — *te meer daar…,* the more so as…
desalniettemin nevertheless.
desastreus disastrous.
desavoueren disown, disavow.
desbetreffend relative, relevant.
desem leaven, yeast.
desert/eren desert. ▼—**eur** deserter. ▼—**ie** desertion.
desgewenst if desired, if you like.
desillusie disillusion(ment).
desinfecteren disinfect.
▼**desinfectie** disinfection. ▼—**middel** disinfectant.
desintegr/atie disintegration. ▼—**eren** disintegrate.
deskundig(e) expert. ▼—**heid** expertness.
des/niettegenstaande, —niettemin nevertheless. ▼—**noods** if need be.
▼—**ondanks** in spite of it.
desolaat (*woest, verlaten*) desolate, disconsolate, (*treurig*) disconsolate; *desolate boedel,* insolvent estate.
desorganis/atie disorganization. ▼—**eren** disorganize.
despoot despot. ▼**despotisch** despotic. ▼**despotisme** depotism.
dessert dessert.
dessin design, pattern.
destijds at the time.
desverlangd if desired.
deswege therefore, on that account.
detach/ement detachment, draft. ▼—**eren** post, detach, draft; *bij een ander wapen* —, attach (a p.) to another arm. ▼—**ering** detachment, attachment, posting.
detail detail. ▼—**handel** retail trade. ▼—**leren** detail, specify.
detective detective. ▼—**roman** d. novel. ▼—**verhaal** d. story, (*fam.*) whodunit.
determineren determine; (*biol.*) identify.
detiner/en detain. ▼—**ing** detention.
detoneren detonate; (*muz.*) be out of tune; (*fig.*) be out of keeping.
deugd virtue. ▼—**elijk** reliable, sound, solid (proof). ▼—**elijkheid** soundness, reliability, ▼—**zaam**(**heid**) virtuous(ness).
deugen (*v. pers.*): *nergens voor* —, be a good-for-nothing, be a wastrel; *niet* —, be no good (as a soldier); *hij deugt niet,* he is a wrong one (bad egg).
deugniet scamp, good-for-nothing; *kleine* —, little rascal.
deuk dent. ▼—**en** dent, indent. ▼—**hoed** soft felt hat.
deun(tje) air, tune.
deur door; *hij deed de* — *voor mijn neus dicht,* he shut the d. in my face; *dat doet de* — *dicht* (*toe*), that settles it, (*fam.*) puts the lid on it; *'n*

open — intrappen, force an open d.; *de — uitgaan*, leave the house, go out of doors; *iem. de — uitzetten*, turn (*fam.*: chuck) a p. out; *iem. de — wijzen*, show a p. the d.; *aan de —*, at the d.; *aan de — wordt niet gekocht*, no hawkers; *met gesloten —en*, behind closed doors; *met de — in huis vallen*, go straight to the point; *voor een gesloten — staan*, find the d. locked; (*een staatsbankroet*) *staat voor de —*, is imminent. ▼—**bel** d.-bell. ▼—**knop** d.-handle. ▼—**mat** d.-mat. ▼—**opening** d.-way. ▼—**post** d.-post. ▼—**stijl** d.-post.

deurwaarder sheriff's officer, bailiff; (*in rechtszaal*) usher. ▼—**sexploot** summons; (*dagvaarding*) subpoena of execution, warrant.

deurwachter porter, door-keeper.

deux-pièces two-piece (costume).

devalu/atie devaluation, depreciation. ▼—**eren** devalue.

deviatie deviation.

devies device, motto.

deviezen foreign currency, f. exchange. ▼—**bank** exchange bank. ▼—**bepaling** currency regulation. ▼—**regeling** f. exchange-control. ▼—**smokkel** currency smuggling. ▼—**smokkelaar** currency smuggler. ▼—**verordening** currency regulation (order).

devoot pious. ▼—**heid, devotie** devotion, piety.

deze this; *— en gene*, this one and the other; *— of gene*, some one or other (will help me); (on) this or that (occasion); *bij (door) —n*, herewith; *in —*, in this.

dezelfde the same.

dezerzijds on this side, on our part.

dia transparency, slide.

diabetes diabetes.

diabolisch diabolical.

diacones deaconess; (*verpleegster*) sicknurse. ▼—**senhuis** nursing-home. ▼**diaconie** poor-relief board; *van de — krijgen*, be on the parish.

diadeem diadem.

diafragma diaphragm.

diagnose diagnosis.

diagonaal diagonal. ▼—**sgewijs** diagonally.

diagram diagram.

diaken deacon.

dialect dialect. ▼—**isch** dialectic.

dialectiek dialectics.

dialoog dialogue.

diamant diamond. ▼—**bewerker** d.-worker. ▼—**handelaar** d.-dealer. ▼—**slijper** d.-cutter. ▼—**slijperij** d.-cutting establishment. ▼—**werker** d.-cutter.

diameter diameter; (*v. cilinder ook*) bore. ▼**diametraal** diametral; (*fig.*) diametrical.

diarree diarrhoea.

diaviewer slide-viewer.

dicht I *bn* closed, shut (door); dense (population, fog); close (texture); *het wil niet —*, it won't shut. II *bw*: *— bij*, near, hard by, close to; *— op*, close upon; *sta niet zo — op elkaar*, don't crowd together so.

dichtader poetic vein.

dichtbebouwd closely built up.

dichtbij near by, close at hand; *van —*, at close quarters.

dicht/binden tie up. ▼—**doen** shut, close. ▼—**draaien** turn off. ▼—**duwen** push to.

dicht/en 1 make verses, write poetry. **2** (*gat, enz.*) stop (up), close. ▼—**er** poet. ▼—**eres** poetess. ▼—**erlijk** poetic(al); *-e vrijheid*, poetic licence.

dichtgaan shut, close; (*v. wond*) close.

dicht/gave poetic talent. ▼—**genootschap** poetical club.

dichtgooien slam (a door); fill in (a grave).

dichtheid density (of population).

dicht/houden keep shut. ▼—**klappen** (*deur, enz.*) slam; (*pers.*) shut up. ▼—**knijpen** squeeze (the neus —, hold one's nose; *iem. de keel —*, throttle a p. ▼—**knopen** button up.

dicht/kunst (art of) poetry. ▼—**maat** metre.

dicht/maken close, button up (coat). ▼—**plakken** close (a letter), gum down (an envelope).

dichtregel verse, line.

dicht/schroeven screw up. ▼—**schuiven** slide to. ▼—**slaan** bang, slam (of door); bung up (a p.'s eye). ▼—**smijten** slam, bang. ▼—**sneeuwen** snow up. ▼—**spijkeren** nail up. ▼—**stoppen** stop up, plug (a hole).

dichttrant poetic style.

dichttrekken pull (curtain, door) to.

dichtvorm form of poetry; *in —*, in verse.

dicht/vouwen fold up. ▼—**vriezen** freeze over. ▼—**waaien** blow (be blown) to (shut).

dichtwerk poetical work, poem.

dictaat dictation; (lecture) notes; *een — maken*, take notes. ▼**dictafoon** dictaphone.

dictator dictator. ▼—**iaal** dictatorial. ▼**dictatuur** dictatorship.

dictee dictation. ▼**dicteer/machine** dictaphone. ▼—**snelheid** dictation speed. ▼**dicteren** dictate.

dictie diction.

dictionaire dictionary.

didact/iek didactics. ▼—**isch** didactic.

die I *aanw.vnw* that, (*mv.*) those; (*Jan*) *— is boven*, he is upstairs; (*iron.*:) *— is goed!*, I like that!; *Mijnheer — en —*, Mr. So and So. II *betr.vnw* who, which, that.

dieet diet, regimen; *— houden, op — leven*, diet, be on a d. ▼—**behandeling** dietary treatment. ▼—**regel** dietary rule. ▼—**verandering** change of diet.

dief thief; *houdt de —!*, stop t.!; *wie eens steelt, is altijd een —*, once a thief, always a thief; *'t is — en — jesmaat*, dog does not eat dog. ▼—**achtig** thievish. ▼—**stal** theft, robbery; *met inbraak*, burglary.

diegene he, she; *—n*, those, the ones.

dienaangaande as to that; (what do you know) about it.

dien/aar servant; *uw dienstwillige —*, yours faithfully. ▼—**ares(se)** servant, (*fig.*) handmaid. ▼—**bak** (dinner-) tray, dumb-waiter.

diender policeman, constable; (*sl.*) cop(per).

dienen I *ov.w* serve; *aan tafel —*, wait at table; *om u te —*, at your service!; *waarmee kan ik u —?*, what can I do for you?; *daarmee ben ik niet gediend*, that is (of) no use to me; *van u raad —*, advise a p.; *daarvan ben ik niet gediend*, none of that for me! II *on.w* serve; be in the army; *— bij*, (*v. dienstbode*) take service with; *— als* (*tot, voor*), s. as (for); *het zou nergens toe —*, it would serve no useful purpose; *waartoe dient deze knop?*, what's the use of this knob?; (*behoren*:) *je dient te gaan*, you should (ought to) go; (*v. rechtszaak*) come up; *wind en weder —de*, weather permitting.

dienovereenkomstig accordingly.

dienst service (*ook = tak v. —*); *de ene — is de andere waard*, one good turn deserves another; *een — bewijzen* (*doen*), render (do) a p. a s.; *het heeft mij voortreffelijke —en bewezen*, it has done me yeoman s.; *dat heeft zijn —en gedaan*, it has served its turn; *— doen als*, serve for (as), do duty for (as); *— hebben*, be on duty; *— nemen*, enlist, take s., join the army; *de — opzeggen*, give (a p.) notice; *de — verlaten*, retire, be pensioned off; *— weigeren*, refuse to serve (in the army); *de — weigeren*, refuse orders (*zijn benen weigerden hun —*, his legs felt like water (gave under him); *buiten —*, off duty; retired (general); (*v. lift*) out of use; (*v. schip*) laid up; *buiten — stellen*, put out of commission, (*schip*) lay up; *in — gaan*, go into s.; *in — nemen*, engage; *in — stellen*, put into s.; *onder — gaan*, go into the army; *ten —e van*, for the use of; *'t is tot uw —*, it is at your s.; *tot uw —!*, don't mention it!; *van — zijn*, be of use; *wat is er van uw —?*, what can I do for you?; *zonder — zijn*, be out of a place.

dienst/auto official car; (*mil.*) service car. ▼—**baar** *— maken aan*, make subservient to, harness (energy) to. ▼—**betrekking** relation between master and servant; *in — staan tot*, be employed by. ▼**—betoon** service(s) rendered. ▼**—bode** (maid-) servant. ▼**—brief** official letter; (*in het leger*) service letter; (*als opschrift*) On His Majesty's Service. ▼**—doend** on duty; (*waarnemend*) acting. ▼**—eenheid** service unit. ▼**—er** waitress. ▼**—geheim** official secret. ▼**—ig** useful, expedient. ▼**—ijver** professional zeal. ▼**—ingang** trade entrance. ▼**—jaar** year of s. ▼**—kleding** servicedress, uniform. ▼**—klopper(ij)** martinet(tism). ▼**—knecht** (man-) servant. ▼**—maagd,—meid** (maid-) servant. ▼**—meisje** servant-girl. ▼**—neming** enlistment. ▼**—order** order. ▼**—pet** uniform cap. ▼**—plicht** compulsory (military) s., conscription. ▼**—plichtig** liable to (military) s. ▼**—plichtige** conscript, (*stm*) drafee, selectee. ▼**—reglement** (s.) regulations. ▼**—reis** official tour. ▼**—rooster** duty-roster. ▼**—tijd** time (*of:* term) of s. ▼**—vaardig(heid)** obliging(ness). ▼**—verband** engagement. ▼**—verlening** (rendering of) service; *kosten voor —*, (*bank, hotel*) service charge. ▼**—vervulling** discharge of one's duties. ▼**—voorschrift** s.-regulation. ▼**—weigeraar** conscientious objector. ▼**—weigering** wilful disobedience; (*uit principe*) conscientious objection. ▼**—woning** official residence. ▼**—zaken** official business.

dientafeltje dumb-waiter.
dientengevolge therefore, consequently.
dienwagentje serving-trolley.
diep I *bn* deep, profound; *—er maken* (*worden*), deepen; *—e buiging*, low bow; *in het —st van mijn ziel*, in my heart of hearts; *uit 't —st van mijn hart*, from the bottom of my heart. II *bw* deeply, profoundly; *hij was — gevallen*, he had fallen very low; *het schip ligt zeven voet —*, the ship draws seven feet of water; *tot — in de nacht*, till the early hours, (till) far into the night; *— in de schulden*, deep in debt. III *zn* canal. ▼**—bedroefd** deeply afflicted/distressed. ▼**—gaand** searching (inquiry), profound (study). ▼**—gang** draught. ▼**—geworteld** d. rooted. ▼**—liggend** d. set (eyes), d. seated (causes, feelings). ▼**—lood** sounding-lead. ▼**—te** depth. ▼**—tebom** depth-charge. ▼**—temeter** fathometer. ▼**—tepunt** lowest point, low. ▼**—vries(artikelen)** frozen foods. ▼**—vries(groenten)** d.frozen vegetables. ▼**—vrieskast/-kist** deep freezer. ▼**—zeeonderzoek** d.sea research. ▼**—zinnig** profound.

dier *zn* animal, beast, creature.
dierbaar dear, beloved.
dierehuid skin of an animal. ▼**dieren/- animal-**. ▼**—arts** vet(erinary surgeon). ▼**—bescherming** protection of animals; *vereniging voor —*, Society for the Prevention of Cruelty to Animals. ▼**—beul** tormentor of animals. ▼**—leven** a. life. ▼**—liefhebber** a.-lover. ▼**—riem** zodiac. ▼**—rijk** a.-kingdom. ▼**—temmer** a. tamer, a. trainer. ▼**—tentmenagerie**. (*fam.*) Zoo. ▼**—tuin** zoological garden(s); (*fam.*) Zoo. ▼**—vriend** a.-lover. ▼**—wereld** a.-world. ▼**dier/gaarde** zoo, zoological gardens. ▼**—kunde** zoology. ▼**—kundig** zoological. ▼**—kundige** zoologist. ▼**—lijk** animal (food); bestial (lusts). ▼**—lijkheid** bestiality. ▼**—soort(en)** species of animals.
dies therefore; *en wat — meer zij*, and the like, and so on, etc.
diesel/motor Diesel engine. ▼**—olie** diesel oil, (*pompstation, auto enz.*) derv. ▼**—trein** Diesel electric train.
diëtist(e) dietician.
diets Dutch; *iem: iets — maken*, delude a p. into the belief that.
dievegge (female) thief. ▼**dieven** *ww* thieve, pilfer, (*sl.*) pinch. ▼**—bende** gang of thieves. ▼**—gespuis** pack of thieves. ▼**—gilde** (the) long-fingered gentry. ▼**—hol** thieves' den. ▼**—lantaarn** dark lantern, bull's eye.

▼**—sleutel** master-key. ▼**—taal** thieves' Latin, flash language. ▼**—wagen** prisoner's van, (*fam.*) Black Maria. ▼**dieverij** theft, robbery.
differentiaal differential. ▼**—rekening** d. calculus. ▼**differentieel** differential.
differentiër/en differentiate. ▼**—ing** differentiation.
difterie, difteritis diphtheria.
diggel potsherd; *aan —en slaan*, smash to smithereens; *aan —en vallen*, fall to pieces.
digitaal digital. ▼**—klok** digital clock.
dignitaris dignitary.
dij thigh. ▼**—been** thigh-bone. ▼**—enkletser** (*Am.*) knee-slapper.
dijen swell.
dijk dike, dyke; *aan de — zetten*, (give the) sack. ▼**—breuk** dam-burst. ▼**—graaf** d.-reeve. ▼**—schouw** inspection of dikes. ▼**—wacht** d. watch(er). ▼**—werker** diker.
dik I *bn* thick (book); curdled (milk); big (tears); fat (woman, volume); (*mollig*) plump; swollen (eyes); *in rijen van vijf —*, five deep; *— uur*, good hour; *—ke vrienden*, great friends; *— doen*, show off, swagger; *zich — maken*, get excited, lose one's temper; *— worden*, grow fat. II *bw* thickly, densely; *hij zit er — in*, he is a warm man; *'t er — op leggen*, pile it on; *'t ligt er — op*, it's quite obvious. III *zn* grounds (of coffee); *door — en dun gaan*, go through t. and thin. ▼**dik/buik** fatty. ▼**—buikig** paunchy, pot-bellied. ▼**—doener** swanker, vulgarian. ▼**—doenerig** swanky, ostentatious. ▼**—hoofdig** thick-headed. ▼**—huidig** thick-skinned. ▼**—ke-darmontsteking** colitis. ▼**—te** thickness.
dik/werf,—wijls often.
dikzak fatty, podgy fellow.
dilemma dilemma; *iem. voor een — stellen*, place a p. in a d.; *zich in 'n — bevinden*, be in (on the horns of) a dilemma.
dilettant/(e) dilettante. ▼**—entoneel** amateur theatricals. ▼**—enwerk** dilettantism. ▼**—erig** dilettantish, amateurish. ▼**—isme** dilettantism.
diligence (stage-)coach. ▼**diligent** active, vigilant.
diluviaal diluvial. ▼**diluvium** diluvium.
dimensie dimension.
dim/men dim, dip (headlights).
▼**—schakelaar** dipswitch.
diner dinner. ▼**—en** dine; *uit — gaan*, dine out.
ding thing; (*bovenaan*) *zit zo'n —, ...*there is a gadget (contrivance); *dat is een heel —*, (*v.geld*) that is a great deal; (*anders*) that's quite a job; *een — van niets*, a trumpery (worthless) thing; *en al die (of: dergelijke) —en meer*, and all that sort of thing; *alle mogelijke —en*, all sorts of things; *een jong —*, a young thing.
dingen haggle, bargain; *— naar*, compete for.
dinosaurus dinosaur.
dinsdag Tuesday.
diocees diocese.
diode diode.
diploma certificate, diploma; *membership card*.
diplomaat diplomat(ist). ▼**diploma/tie** diplomacy. ▼**—tiek,—tisch** diplomatic; *langs —e weg*, through d. channels.
diplomeren certificate.
direct I *bn* direct. II *bw* directly, right away; *niet — beleefd*, not exactly polite.
directeur (*bank, fabriek*) manager, director; (*school*) head-master, principal; (*maatschappij*) managing director; (*postkantoor*) postmaster; (*gevangenis*) governor. ▼**—generaal** general m.; (*posterijen*) Postmaster-General. ▼**direct/ie** management (*abstr. & concr.*), board of directors. ▼**—iekamer** managers' room. ▼**—iekeet** office-shed.
directoir knickers, panties.
directoraat directorate. ▼**directrice** (*v. school*) head-mistress; (*v. ziekenhuis*) matron;

(*v. zaak*) manageress.
dirig/eerstok baton. ▼—**ent** conductor.
▼—**eren** direct; (*orkest*) conduct.
discipel disciple.
disciplin/air disciplinary; — *straffen*, take d.
action against; *hij werd — gestraft*, he
received d. punishment. ▼—**e** discipline.
▼—**eren** discipline.
discobar discothèque, disco.
disconteren discount. ▼**disconto** (rate of)
discount; (*bank*—) bankrate; *particulier* —,
market d.; *in — nemen*, discount. ▼—**bank** d.
bank. ▼—**verhoging** rise in the bank rate.
▼—**verlaging** reduction (lowering) of the
bank rate. ▼—**voet** rate of d.
discotheek record library; discothèque, disco.
discount discount. ▼—**zaak** d. shop.
discours conversation; *hij hield een lang —
over*, he discoursed long on.
discreet (*geheimhoudend*) discreet;
(*bescheiden*) modest; (*kies*) considerate.
▼**discretie** discretion; modesty;
considerateness.
discrepantie discrepancy.
discrimin/atie discrimination. ▼—**eren**
discriminate.
discus discus, disc.
discussie discussion, debate; *in — brengen*,
bring up for d.; *in — treden*, enter into a d.
▼—**nota**, —**stuk** working paper.
▼**discussiëren** discuss.
discuswerper discus-thrower.
discutabel debatable.
disgenoot table-companion; *de disgenoten*,
the guests.
disharmonie discord, discrepancy.
diskrediet discredit; *in — brengen*, discredit;
in —, discredited, at a discount, under a cloud.
diskwalific/atie disqualification. ▼—**eren**
disqualify.
dispach/e average statement. ▼—**eur**
average-adjuster.
dispens/atie dispensation. ▼—**eren**: *— van*,
dispense, exempt from.
displezier annoyance, vexation.
dispon/eren have at one's disposal; *over een
bedrag —*, collect an amount. ▼—**ibel**
available, at one's d.
disputeren dispute, argue. ▼**dispuut** dispute.
▼—**college** debating-club.
dissel pole, (*bijl*) adze. ▼—**boom** (pair of)
shafts.
dissertatie (*proefschrift*) thesis;
(*verhandeling*) dissertation.
dissident dissident.
disson/ant discord. ▼—**eren** jar (with).
distantiëren: *zich — van*, dissociate o.s. from,
keep aloof from.
distel thistle. ▼—**pluis** thistledown.
distilleer/derij distillery. ▼—**kolf** receiver of a
still. ▼**distilleren** distil.
distinctie distinction. ▼**distinctief**
distinctive, badge.
distribueren distribute; ration (food); (*radio*)
relay. ▼**distributie** distribution; (food)
rationing. ▼—**bescheiden** ration papers.
▼—**kaart** ration-card. ▼—**stelsel** rationing
system.
district district. ▼—**scommissaris** d.
commissioner.
dit this; — *zijn jouw schoenen*, these are your
shoes. ▼—**maal** this time.
divan divan, couch. ▼—**bed** divan-bed,
bed-sofa. ▼—**kleed** d.-rug.
divers various; —*en*, sundries. ▼—**iteit**
diversity.
dividend dividend. ▼—**uitkering** distribution
of d.
divisie division. ▼—**commandant** divisional
commander.
dobbel/aar (*lett.*) dicer; (*fig.*) gambler.
▼—**beker** dice-box. ▼—**spel** game of dice,
gambling. ▼—**steen** die (*mv* dice).
dobber (*v. hengel*) float; *ergens een harde —
aan hebben*, be hard put to it. ▼—**en** (*v. schip*)
bob (up and down), dance; (*fig.*) fluctuate

(price); hover (between hope and fear).
docent teacher, master. ▼—**enkamer** masters'
room. ▼—**envergadering** staff meeting.
▼**doceren** teach.
doch but, yet.
dochter daughter. ▼—**maatschappij**
subsidiary company.
doctor doctor; — *in de letteren*, D. Litt.; — *in
de wis- en natuurkunde*, D. Sc. (Doctor of
Science). ▼—**aal l** *bn* doctoral. **II** *zn*
(preliminary) examination for the d.'s degree.
▼—**aat** doctorate. ▼—**andus** candidate for a
d.'s degree. ▼—**sgraad** d.'s degree.
doctrinair doctrinaire, doctrinarian.
▼**doctrine** doctrine.
document document; —*en tegen accept
(betaling)*, documents against acceptance.
▼—**air**: —*e wissel*, document(ary) draft; —*e
film*, documentary (film). ▼—**atie**
documentation. ▼—**atiemateriaal** record
material. ▼—**eren** document. ▼—**ering**
documentation.
dodaars little grebe, dabchick.
dodderig dozy, drowsy; (*doddig*) sweet,
lovely, (*fam.*) dinky.
doddig sweet, lovely, dinky.
dode dead man (woman); *de —*, (*ook*) the
deceased; *de —n*, the dead; *400 —n en
gewonden*, 400 killed and wounded, 400
casualties. ▼—**lijk** mortal (wound); deadly
(poison); fatal (accident, disease, injury);
lethal (dose, weapon); — *verliefd*, desperately
in love; — *verschrikt*, frightened to death; —
vervelend, deadly dull. ▼—**manskruk**
(*spoorw.*) dead man's handle (*of* pedal etc.).
▼**doden** kill; (*verheven*) slay; *de tijd —*, kill
(the) time. ▼—**akker** God's acre. ▼—**cel**
death-cell. ▼—**cijfer** death-roll. ▼—**dans**
dance of death. ▼—**herdenking**
commemoration of the dead. ▼—**huis**
mortuary. ▼—**lijst** death-roll. ▼—**mars** dead
march. ▼—**masker** death-mask. ▼—**rijk** realm
of the dead. ▼**doder** killer.
doedelzak (bag) pipe(s).
doe-het-zelf do-it-yourself. ▼—**winkel**,
—**zaak** do-it-yourself shop, D.I.Y. shop.
▼**doe-het-zelver** do-it-yourselfer.
doek cloth; (*schilders*—) canvas; (*film*—)
screen; (*droog—, enz.*, cloth. ▼—**je** piece of
cloth; *een — voor 't bloeden*, a mere pretext
(blind); *ergeen —jes om winden*, not mince
matters.
doel (*mikpunt, ook fig.*) target, butt; (*v. reis*)
destination; (*eerzucht, doelpunt*) goal;
(*oogmerk*) aim, object; (*mil.*) objective; *'t —
heiligt de middelen*, the end justifies the
means; *'t is voor een goed —*, it's for a good
cause; *een — beogen (najagen)*, pursue an
object (end); *zijn — bereiken*, attain one's
end; *het — treffen*, hit the mark; *het —
voorbijstreven*, overshoot the mark; *met (tot)
dat —*, for that purpose; *recht op het —
afgaan*, go (come) straight to the point; *zich
ten — stellen te…*, set out to, make it one's
object to… ▼**doel/bewust** purposeful.
▼—**bewustheid** singleness of purpose.
▼—**einde ng** —**en**: — *op*, aim at, (*fig. ook*)
allude to. ▼—**gebied** (*v. vliegtuig bij
bombardement*) target area; (*voetbal*) goal
area. ▼—**lijn** goal-line. ▼—**loos** aimless;
(*nutteloos*) useless. ▼—**looshed** …ness.
▼—**man** (*voetbal*) goal-keeper, (*fam.*) goalie.
▼—**matig** efficient; appropriate, suitable.
▼—**matigheid** efficiency; suitability.
▼—**mond** goal-mouth. ▼—**paal** goal-post.
▼—**punt** goal. ▼—**punten** *ww* score (a goal).
▼—**schop** goal-kick. ▼—**stelling** objective,
aim. ▼—**trap** goal-kick. ▼—**treffend**
effective, efficient. ▼—**treffendheid**
effectiveness. ▼—**verdediger** goalkeeper,
(*fam.*) goalie. ▼—**wit** *zie* doel.
doemen doom (to death, ruin, etc.).
doen I *ww* **1** do (work, shopping, service, your
hair, etc.); make (a request, a discovery); take
(a step, a walk); put (in your pocket); ask (a
question; *dat doet men niet*, it isn't done; *een

kamer —, do a room; **2** *met het: hij kan het goed* —, he can well afford it; *hij kan het (financieel) niet* —, he cannot afford it; *de motor doet het niet*, the engine won't work; *ik heb het altijd gedaan*, I'm always blamed; *wat doet het buiten?*, what's the weather like?; *daar kan ik het wel mee* —, that can do; *daar kon hij het mee* —, (*iron.*) that was a smack in the eye for him; *je doet het erom*, you do it on purpose; **3** *bergen, steken, enz.*: put (s.th. in your pocket, a stamp on an envelope); **4** *te doen: wat is daar te* —?, what is up (what is going on) there?; *er is niets aan te* —, it can't be helped, there is no help for it, nothing can be done about it; *ik had met hem te* —, I felt for him, I was sorry for him; *hij wil niets met haar te* — *hebben*, he'll have no truck with her; *anders krijg je met mij te* —, else you'll have to deal with me; *'t is mij te* — *om te* …, what I want is to …; *'t is hem om je geld te* —, he is after your money; *is 't je daarom te* —?, is that what you're after?, (*iron.*) is that your little game?, *'t is maar om één dag te* —, it's a matter of one day only; *daarom is 't niet te* — *en ww*: do (of onvertaald laten); *hij studeert harder dan jij ooit zult* — … than you will ever do; *zal ik ze halen of wil jij 't* —?, … or will you?; **6** *met onbep. wijs*: make (a p. laugh); **7** *met er: dat doet er niet toe*, that does not matter; **8** *met voorzetsels, enz.*: — *aan*, go in for (sport); (*je moet*) *meer aan je werk* —, give more time to your work; *hij doet niet meer aan voetbal*, he has given up football; *we moeten er iets aan* —, we must do s.th. about it; *er is niets aan te* —, there's no help for it, nothing can be done about it, it can't be helped; — *alsof*, make believe, pretend; *je deed beter je mond te houden* (you had better be silent); *erbij* —, add; *hij doet er iets bij*, (*heeft een bijbetrekking*) he has a side-line; — *in*, deal in (rubber, etc.); *je doet maar*, please yourself; *hij doet maar zo*, it is only make-believe; *met een shilling kan men niet veel* —, a shilling does not go far; *je kunt er jaren mee* —, it will last you for years; *daar kan hij het mee* —, he can put that in his pipe and smoke it; *een jongen op school* —, put a boy to school; *hoe lang heb je erover gedaan?*, how long did it take you?; *vreemd* —, be queer, behave oddly. **II** *zn* doing(s); *zijn* — *en laten*, (all) his doings; *er is geen* — *aan*, it's not to be done; *uit zijn gewone* — *brengen*, upset a p.; *'t is 't oude* —, it's the old story; *in goeden* —, well-to-do; *voor zijn* —, for him. ▼**doende**: *wij zijn* — *een huis te zoeken*, we are (busy) finding a house; *al* — *leert men*, practice makes perfect. ▼**doenlijk** practicable, feasible.

does poodle.

doetje silly (woman), softy.

doezel/aar stump. ▼—**en** stump.

doezelig drowsy; (*v. beeld*) fuzzy, blurred.

dof *bn* dull (colour, sound); dim (eye); dead (gold); *zn* thud, push.

doffer cock-pigeon.

dofheid dullness, dimness.

dog mastiff, bulldog. ▼—**kar** dogcart.

dogma dogma. ▼—**ticus** dogmatist. ▼—**tiek** dogmatics. ▼—**tisch** dogmatical.

dok dock; *drijvend* —, floating dock.
▼—**gelden** d.-dues. ▼—**ken** (*schip*) dock; **2** fork out (money).

dokter doctor, physician, medical man; *onder* —*s handen*, under medical treatment. ▼—**en** (*v. dokter*) practise; (*v. patiënt*) be under the d.; — *aan*, (*fig.*) tinker at. ▼—**sattest** medical certificate. ▼—**sjas** white coat.

dokwerker dock-labourer, docker.

dol I *zn* thole(-pin). **II** *bn* mad, frantic, wild; (*v. kompas*) haywire; (*v. schroef*) stripped; — *van vreugde*, overjoyed; —*le klucht*, uproarious farce; — *verliefd*, madly in love; — *op iem. zijn*, be crazy about a p.; — *op iets zijn*, love s.th.; *zich* — *amuseren*, have rare fun; *door 't* —*le heen zijn*, be wild with excitement; — *maken*, drive m.; — *worden*, run m.; *'t is om* — *te worden*, it's maddening. ▼—**blij** as pleased as

Punch.

dolboord gunwale, gunnel.

doldriest foolhardy, reckless, dare-devil.
▼**doldriftig** (*v. karakter*) hot-headed; (*op 'n ogenblik*) frantic. ▼—**heid** hot-headedness; frenzy.

dolen wander (about); roam; —*de ridder*, knight errant.

dolerend —*e kerk*, (Dutch) Nonconformist Church.

dolfijn dolphin.

dolgraag: *ik zou* — *willen*, I'd love to; *ik mag hem* —, I'm very fond of him; (*kom je?*) —*!*, I'd love to; I'll be delighted. ▼**dolheid** madness, frenzy.

dolk dagger. ▼—**mes** dagger-knife.

dolkop madman, madcap.

dolksteek, —**stoot** (dagger-)stab.

dollar dollar. ▼—**lening** d. loan. ▼—**tekort** d. shortage; (*in begroting*) d. gap.

dollekervel hemlock.

dolleman madman. ▼—**spraat** wild talk.
▼—**swerk** sheer madness.

Dolle Mina Women's Lib(eration); *een* —, a Women's Libber.

dollen romp; (*gekscheren*) make fun of.

dolveel: — *houden van*, be very fond of, adore.
▼**dolzinnig** mad; —*e onderneming*, wild-goose chase. ▼—**heid** madness.

dom I *zn* cathedral; dome (of church). **II** *bn* stupid (in), dull; *hij is te* — *om voor de duivel te dansen*, he is a blazing ass; *dat is nog zo* — *niet*, there's something in that; *zich van de* —*me houden*, pretend innocence (ignorance).

domein domain. ▼—**bezit** crown property.

domheer canon, prebendary.

domheid stupidity, dullness.

domicilie domicile; *zijn* — *hebben in*, be domiciled at; *zijn* — *vestigen in*, take up one's d. in.

dominant (*bn & zn*) dominant.

dominee clergyman, rector, vicar; (*fam.*) parson; (*aanspreekvorm*) rector, vicar; (*leger*) (*fam.*) padre; — (*j.*) Mclean, (The) Rev. J(ohn) Mclean; *er ging een* — *voorbij*, there was an angel passing; there was a lull in the conversation; — *worden*, go into the Church.

domineren 1 dominate; **2** (*spel*) play (at) dominoes.

dominicaan, dominicaner (*monnik*) Dominican, Black Friar.

domino domino; (*spel*) dominoes. ▼—**steen** d. stone.

dom/kapittel (dean and) chapter. ▼—**kerk** cathedral.

domkop fat-head, dunce, duffer.

dommekracht jack-screw, jack.

drommel/en doze, drowse. ▼—**ig** (feel) drowsy; soporific (atmosphere).

dommerik, domoor duffer.

dompelen plunge (into water, darkness, plunged in misery), dip.

domper extinguisher; *de* — *zetten op*, damp.

dompig close, stuffy.

dompteur animal tamer.

dona/teur donor, supporter. ▼—**tie** donation.
▼—**trice** donor, supporter.

Donau Danube. ▼—**bekken** Danubian basin.
▼—**landen** Danubian countries.

donder thunder; *arme* —, poor devil; *'t kan me geen* — *schelen*, I don't care a hang!; *'t helpt geen* —, it's no bloody good; — *op!*, get lost!; *daar kan je* — *op zeggen*, and no mistake! you bet!, *iem. op zijn* — *geven*, give him a good licking; *door de* — *getroffen*, t.-struck. ▼—**aar** thunderer; (*kweller*) bully. ▼—**bus** blunderbuss.

donderdag Thursday.

donder/en I *on.w* thunder; *hij keek of hij 't in Keulen hoorde* —, he looked stunned (flabbergasted). **II** *ov.w* (*treiteren*) bully; (*gooien*) fling. ▼—**god** thunder-god.
▼—**jagen** (bally-)rag. ▼—**kop** t.-head.

donders I *tw* dash it! **II** *bw* deucedly, confoundedly (awkward), jolly (well). **III** *bn* *de hele* —*e boel*, the whole bally lot.

donder/slag thunderclap, peal of thunder; *als een — bij heldere hemel*, like a bolt from the blue. ▼**—steen** thunder-stone; *een echte —*, a regular bully. ▼**—wolk** thunder-cloud.
donker I *bn* dark, obscure; *— e kamer*, d.-room; *— maken (worden)*, darken; *het ziet er vrij — voor ons uit*, the outlook is pretty grim for us, things look pretty black for us. **II** *zn* dark, darkness. ▼**—heid** darkness, obscurity.
donor (*v. bloed*) donor.
dons down, fluff. ▼**—achtig** downy, fluffy. ▼**donzen** down; *— bed*, bed of d.; *— deken*, duvet, continental quilt, eiderdown (quilt). ▼**donzig** downy, fluffy.
dood I *zn* death; *als de — zijn voor*, be scared stiff of, be mortally afraid of; *de een zijn — is de ander zijn brood*, one man's meat is another man's poison; *de —nabij*, at d.'s door; *de — aandoen*, be the d. of; *duizend doden sterven*, die a thousand deaths; *een natuurlijke — sterven*, die a natural d.; *hij ziet er uit als de — van Yperen*, he looks like living d.; *de — vinden*, meet one's d.; *ik heb er de — aan gezien*, I hate it like poison; *de — zoeken*, court d.; *om de — niet*, not on your life, (*sl.*) not on your Nelly; *ten dode opgeschreven zijn*, be doomed, be a dead man; *ter — brengen*, put to d.; *trouw tot in de —*, faithful until d.; *uit de — verrijzen*, rise from the dead. **II** *bn* dead; *zo — als een pier*, as d. as a doornail; *voor — liggen*, lie for (like one) d.; *een dooie boel*, a slow affair; *dode hoek* (*mil.*), d. angle; (*luchtv.*) blind spot; *dode diender*, dry stick; (*de onderhandelingen*) *hebben een — punt bereikt*, have reached a dead-lock; *— spoor*, d.-ended siding; *dode talen*, d. languages; *de Dode Zee*, the D. Sea; (*dr.*) *— drinken*, drink o.s. to death; *zich — ergeren*, be mortally vexed; *zich — lachen*, laugh one's head off, be tickled to death; *zich — schrikken*, be frightened out of one's wits (*fam.*: scared stiff); *zich — werken*, work o.s. to death; *— verklaren*, ostracize, boycott. ▼**dood/af** dead beat. ▼**—arm** as poor as Job. ▼**—bed** death-bed. ▼**—bedaard I** *bn* as cool as a cucumber. **II** *bw* coolly. ▼**—bidder** undertaker's man, mute. ▼**—bijten** bite to death. ▼**—blijven**: *hij bleef ter plaatse dood*, he died on the spot; *hij blijft dood op een cent*, he would skin a flint; *op een kleinigheid —*, be a stickler, be finicky. ▼**—bloeden** bleed to death; (*fig.*) blow over. ▼**—branden** cauterize. ▼**—doener** silencer, clincher. ▼**—drukken** crush to death. ▼**—eenvoudig** perfectly simple. ▼**—eerlijk** dead honest. ▼**—gaan** die. ▼**—geboren** still-born (*ook fig.*). ▼**—gemoedereerd** *bw* coolly. ▼**—gewoon** quite common, common or garden; *hij bleef — weg*, he simply stayed away. ▼**—goed** good to a fault. ▼**—gooien** kill; *ze gooien je dood met* (*al die rommel*), are flooded (bombarded) with. ▼**—graver** grave-digger. ▼**—hongeren** starve. ▼**—jammer** (it is) a great pity. ▼**—kalm** quite calm. ▼**—kist** coffin. ▼**—lachen**: *ik lachte mij dood*, I was dying with laughter. ▼**—leuk** coolly. ▼**—lopen** (*v. straat*) come to a dead end; (*v. zaak*) peter out; *zich —*, walk o.s. to death. ▼**—maken** kill. ▼**—moe** dead beat. ▼**—nuchter** quite sober. ▼**—ongelukkig** wretched.
doods deathly, dead (silence). ▼**—akte** death certificate. ▼**—angst** pangs of death; (*fig.*) agony. ▼**—baar** bier. ▼**—bang** terrified. ▼**—bed** death-bed. ▼**—benauwd** (*lett.*) suffocating; (*fig.*) mortally afraid. ▼**—bericht** death notice. ▼**—bleek** pale as death.
doodschieten shoot (dead).
doods/engel angel of death. ▼**—gerochel** death-rattle. ▼**—gevaar** deadly peril. ▼**—gewaad, —hemd, —kleed** shroud; (*baarkleed*) pall. ▼**—heid** deadness. ▼**—hoofd** death's-head, skull. ▼**—kleur** livid colour. ▼**—klok** funeralbell.
dood/slaan kill, beat to death. ▼**—slag** manslaughter, homicide.

doods/nood agony, death-struggle. ▼**—schouw** post mortem. ▼**—schrik** mortal fright. ▼**—strijd** death-struggle.
dood/steek (*ook fig.*) death-blow. ▼**—steken** stab to death. ▼**—stil** stock-still, deadly quiet. ▼**—straf** capital punishment.
doods/uur hour of death. ▼**—verachting** contempt of death. ▼**—vijand** mortal enemy. ▼**—zweet** death-sweat.
dood/tij slack water. ▼**—vallen** fall dead. ▼**—verklaren** tie dood **II**. ▼**—verven**: *iem. als de dader van iets —*, attribute s.th. to a p.; *als kampioen —*, tip as champion. ▼**—vonnis** death-sentence. ▼**—vriezen** be frozen to death. ▼**—water** dead water. ▼**—wond** mortal wound; *dat is geen —*, it won't kill you. ▼**—ziek** sick to death. ▼**—zonde** mortal sin. ▼**—zwijgen** hush up (a matter), ignore (a p.).
doof deaf; *— aan één oor*, deaf of (in) one ear; *oostindisch — zijn, zich — houden*, sham deaf, turn a deaf ear to. ▼**—heid** deafness. ▼**—pot** extinguisher; *'n kwestie in de — stoppen*, burke an issue, hush up a matter. ▼**—stom** d. and dumb. ▼**—stomheid** deafmutism. ▼**—stomme** d.-mute. ▼**—stommeninstituut** d. and dumb asylum.
dooi thaw. ▼**—en** thaw.
dooier yolk.
dooiweer thaw.
dool/hof labyrinth, maze. ▼**—weg** wrong way; *op — en geraken*, go astray.
doop baptism, christening; *de — ontvangen*, receive b.; *ten — houden*, present at the font. ▼**—akte** certificate of b. ▼**—ceel** certificate of b.; *iemands — lichten*, lay bare one's past. ▼**—feest** christening-feast. ▼**—naam** Christian name. ▼**—plechtigheid** christening. ▼**—register** parish register. ▼**—vader** godfather. ▼**—vont** font.
door I *vz* **1** (*plaats en tijd*) through (a door); — *alle eeuwen heen*, through all ages; — *de week*, on week-days; **2** (*oorzaak, middel*) by (be written by, go by bus, etc.), through (I got it through him); (*wegens*) on account of (illness), for (tears). **II** *bw* through (come-); *hij heeft je —*, he has got your measure; *al maar —*, all the time; *de hele nacht —*, all t. the night; *'t hele jaar —*, (*ook*) all the year round; *hij is er —*, he has got t., he is t.; — *en —*, t. and t., thoroughly; *iets — en — kennen*, know s.th. backwards; *iem. — en — vertrouwen*, trust a p. all the way; — *en — eerlijk*, completely reliable, honest to the core; — *en — nat*, wet through.
door/bakken *bn*: *goed* (*slecht*) — *brood*, well-(slack-)baked bread. ▼**—berekenen** pass on (to). ▼**—betalen** continue to pay; *met doorbetaald loon*, with continued pay. ▼**—bijten** bite through; (*fig.*) hold on, grin and bear it. ▼**—bladeren** turn over the leaves of. ▼**—boren** bore through, perforate. (*v. berg*) tunnel. ▼**—boren** run through (with a sword), stab (with a dagger) riddle (with bullets); *—de blik*, piercing look. ▼**—boring** perforation. ▼**—braak** (*v. dijk*) burst; (*mil. en pol.*) break-through. ▼**—braakpolitiek** break-through policy. ▼**—braden** roast well. ▼**—branden** burn on; (*stuk gaan*) blow. ▼**—breken I** *ov.w* break (stick); run (blockade). **II** *on.w* (*dijk*) burst; (*zon*) break (burst) through. ▼**—brengen** spend (money, holidays); pass (time). ▼**—buigen** bend; (*v. vloer, enz.*) sag.
doordacht well-considered.
doordat because.
doordenken consider, reflect.
doordeweeks I *bw* during the week. **II** *bn een — e dag*, a weekday.
door/douwer go-getter. ▼**—draaien**, keep turning; (*in schroef*) not bite; (*boemelen*) be on the spree. ▼**—draven** trot on; (*fig.*) rattle on. ▼**—draver** rattle.
doordrijv/en drive (a proposal) through; *iets — carry s.th. through; zijn zin —*, have (it all) one's own way. ▼**—er** obstinate person. ▼**—erij** obstinacy.

doordring/baar penetrable. ▼—**baarheid** penetrability. ▼—**en** penetrate; 't drong tot hem door, it dawned on him; 't drong niet tot mij door, I did not realize it; ik wil u ervan —, I want to drive (bring) home to you. ▼—**end** piercing (eyes); penetrating (smell). ▼—**endheid** piercingness, penetration. ▼—**ingsvermogen** penetrative power. ▼**doordrongen**: — zijn van, be fully alive to.

doordruk/ken 1 (v. papier) press through; **2** go on printing; **3** force (a matter). ▼—**strip** (medicijn, enz.) push pack.

dooreen pell-mell, in confusion. ▼—**genomen** on an average. ▼—**gooien** throw (huddle) together. ▼—**halen**, —**haspelen** muddle up. ▼—**mengen** mix together. ▼—**schudden** shake up; dooreengeschud worden (in rijtuig), be jolted. ▼—**strengelen** intertwine. ▼—**vlechten** interlace. ▼—**weven** interweave.

dooreten eat on.

doorgaan 1 go on; dit kan zo niet —, a) this can't last; b) this has got to stop; — met, continue with, carry on with; — met lachen, keep laughing; op (over) de zaak —, pursue the subject; **2** go through (the kitchen, life); run through (a letter); **3** (plaatsvinden) come off, take place; niet —, (v. wedstrijd) be cancelled; er—, (wet) pass; (motie) be carried; — voor, pass for (a Frenchman); zich laten — voor, pass o.s. off as, pose as; —de trein, through (non-stop) train; —d verkeer, through traffic; —d bericht, relay message. ▼**door/gaans** generally. ▼—**gang** passage; geen —!, no thoroughfare! ▼—**gangsgebied** (mil.) staging-area. ▼—**gangshuis** refuge; (fig.) clearing-house. ▼—**gangskamp** transit camp.

doorgeefluik service hatch.

doorgefourneerd dyed in the wool; (ongunstig) unmitigated.

door/geven pass (the salt), pass on (to). ▼—**gewinterd** dyed-in-the-wool. ▼—**gloeien** inspire. ▼—**graven** dig through; (v. berg) tunnel. ▼—**groefd** (gelaat) lined, furrowed. ▼—**gronden** fathom (a secret). ▼—**hakken** cut (through).

door/halen 1 (iem., iets ergens —) pull through; **2** (woord enz.) cross out; — wat niet verlangd wordt, delete as necessary; **3** hij zal 't er wel —, he is sure to pull through; een wetsontwerp er—, carry a bill. ▼—**haling** erasure.

doorhebben see through (a p. or thing), be wise to (s.th.); iets —, rumble.

doorheen through; zich er — slaan, carry it off; pull through; hij zal zich er wel goed — slaan, he'll make a good job of it.

door/helpen see (a p.) through. ▼—**hollen** on.w rush on; ov.w rush through. ▼—**jagen** er—, (geld) run through (money), (wetsontwerp) rush (a bill) through, railroad (a bill).

doorkijk vista. ▼—**blouse** see-through blouse. ▼—**en** look through; (boek) skim.

doorklieven cleave.

doorkneed: — in, well versed in, (he is an) adept in. ▼—**heid** intimate acquaintance (with).

door/komen get through (lett. en fig.); tide over (difficult times); (v. tanden) come through; er is geen — aan, it is impossible to get through. ▼—**krijgen** carry (a plan) through; iem. —, see through a p. ▼—**kruisen** traverse (country); cross (a p.'s mind).

doorlaat culvert. ▼—**post** check-point.

doorlaten let through; pass (a candidate); geen geluid —, be soundproof; geen water —, be waterproof.

door/leefd genuine. ▼—**léven** live through.

doorlezen I ov.w read through, peruse. II on.w go on reading.

doorlicht/en X-ray (a patient). ▼—**ing** radioscopy.

doorliggen: zich —, become bedsore.

door/loop passage. ▼—**lopen** move, walk on; wat —, mend one's pace; mijn voeten zijn doorgelopen, my feet are sore. ▼—**lópen** pass through (a school). ▼—**lopend** continuous, consecutive (numbers), non-stop (programme); —e kaart, season-ticket. ▼—**lopers** (schaatsen) speed skates.

doorluchtig illustrious. ▼—**heid** illustriousness; Zijne Doorluchtige Hoogheid, His Serene Highness.

doormaken go through (a crisis, hardships).

doormengen mix with.

doormidden in two.

doorn thorn, spine; dat is me een — in het oog, it is a thorn in my flesh.

doornat wet through, soaked.

doorn/bes gooseberry. ▼—**bos** bramble-bush.

doornemen go through (a letter).

doornenkroon crown of thorns.

doorneuzen ransack, rummage in.

doorn/haag, —**heg** thorn-hedge. ▼**D—roosje** the Sleeping Beauty. ▼—**struik** bramble-bush.

door/nummeren number consecutively. ▼—**plòegen** plough (ook fig.). ▼—**praten** go on talking; blijven —, keep on talking; iets —, discuss s.th., thrashout s.th. ▼—**prikken** prick, (gezwel) lance. ▼—**ratelen** rattle on. ▼—**razen** (van personen) rave on, (van storm) rage on. ▼—**redeneren**: aldus —d, following up this line of argument.

doorrégen streaky (bacon), marbled (meat).

doorregenen: 't dak regent door, the roof is leaky; 't regent hier door, the rain is coming through.

door/reis passage; ik ben op —, I am passing through (on my way through). ▼—**reizen** travel on. ▼—**reizen** travel all over.

door/rijden 1 ride (drive) on; **2** wat —, ride (drive) faster; **3** ride (drive) through; zich —, get saddle-sore. ▼—**rit** passage.

door/roeren stir. ▼—**roesten** rust through. ▼—**roken** I on.w smoke on. II ov.w colour (a pipe). ▼—**roker** colouring-pipe. ▼—**rollen** roll through; er—, scrape through. ▼—**schemeren** glimmer through; hij liet — dat..., he hinted that... ▼—**scheuren** tear. ▼—**schieten** on.w go on shooting; (van een vliegtuig) overshoot. ▼—**schieten 1** riddle (with bullets); **2** interleave (a book).

doorschijnend translucent.

doorschrappen strike out. ▼—**seinen** transmit. ▼—**sijpelen** ooze through.

door/slaan I ov.w drive (a nail) through. II on.w (doordraven) run on: de balans doen —, tip the scales; (v. schroef, motor) race; doorgeslagen zekering, blown fuse. ▼—**slaand** conclusive (proof). ▼—**slag** carbon copy; een — maken, take a c. c. of; de — geven, turn the scale; settle the matter. ▼—**slaggevend** decisive. ▼—**slagpapier** carbon paper.

door/slapen sleep on. ▼—**slepen** drag through. ▼—**slijten** wear through. ▼—**slikken** swallow. ▼—**smeren** grease.

doorsnede section, slice.

doorsnee/monster bulk sample. ▼—**prijs** average price.

door/snijden cut in two; intersect. ▼—**snuffelen** rummage. ▼—**spékken** lard. ▼—**spelen** play on; (stuk) play through. ▼—**spoelen** rinse (a tube); flush (a drain). ▼—**sporen** travel through (by train). ▼—**spreken** speak on. ▼—**spuien** ventilate. ▼—**spuiten** syringe (ear). ▼—**stáàn** stand (test); sustain (attack); endure (pain); weather (storm, crisis). ▼—**stappen** step out. ▼—**steken** pierce, cut; doorgestoken kaart, put-up job. ▼—**stéken** stab.

door/stoot (bilj.) follow. ▼—**stoten** push through; (bilj.) run through; (mil.) push on (to).

doorstral/en shine through. ▼—**ing**: voor goede — zorgen, keep the bowels open.

doorsturen send on.

door/tasten take a strong line. ▼—**tàstend**

energetic. ▼—**tastendheid** energy.
doortocht 1 march through, passage; **2** right
of way; *zich een — banen*, force one's way
through.
doortràpt consummate. ▼—**heid** cunning,
craft.
door/trekken (*door opening*) pull through;
extend (railway); march through (the streets);
(*v. wc*) flush. ▼—**trèkken** pervade, soak.
▼—**trokken** soaked (with water); steeped (in
knowledge).
door/vaart passage. ▼—**vaarthoogte**
headway. ▼—**varen 1** sail on; **2** pass through
(a canal).
doorvechten fight on.
door/verkoop resale. ▼—**verkopen** resell.
door/vlèchten interweave, interlace.
▼—**vloeien** (*v. papier*) blot.
doorvoed well-fed.
doorvoer transit. ▼—**en** convey (goods) in
transit; *te ver —*, push (s.th.) too far.
▼—**handel** transit trade. ▼—**haven** transit
port. ▼—**verbod** transit embargo.
doorvracht transit freight.
door/waadbaar fordable; *—bare plaats*, ford.
▼—**waden** ford.
door/weekt soaked; (*v. wegen, enz.*) soggy,
waterlogged. ▼—**weken** soak.
door/werken *on.w* work on; *ov.w* work
through, finish. ▼—**wèven** interweave.
▼—**worstelen** struggle through. ▼—**wrocht**
thorough, elaborate. ▼—**zagen** saw through.
door/zakken (*v. muur*) sag; (*v. pers.*) give at
the knees. ▼—**zakking** sag. ▼—**zaklanding**
(*luchtv.*) pancake landing.
doorzeilen *on.w* sail on; *ov.w* sail through.
doorzend/en send on, forward. ▼—**station**
relay-station.
doorzett/en I *on.w* persevere, carry on; (*het
onweer*) *zette niet door*, did not develop.
II *ov.w* carry ... through. ▼—**er** hustler,
gogetter. ▼—**ingsvermogen** perseverance.
doorzèven riddle (with bullets).
doorzicht insight.
doorzichtig transparent (*ook fig.*) ▼—**heid**
transparency.
door/zien look through, skim. ▼—**ziën** see
through (a p.).
door/zitten: *zich —*, get saddle-sore.
▼—**zoeken** search (house); comb out
(district).
doos box, case; *in de — zitten*, be in quod; *uit
de oude —*, antiquated, (*fam.*) old hat; *—je
sigaretten*, packet of cigarettes.
dop (*v. ei, noot*) shell; (*v. zaden*) husk; (*v.
erwt*) pod; (*deksel*) lid; (*v. vulpen, flacon*) cap;
(*v. degen*) button; (*hoed*) bowler, (*hoge*)
topper; *in de —*, (*fig.*) budding (poet); *kijk uit
je —pen*, 1 keep your eyes skinned; **2** look
where you're going.
dop/eling child to be baptized. ▼—**en** baptize,
christen; name (a ship); *laten we hem Willem
dopen*, let us christen him William. ▼—**er**
baptizer; *Johannes de D—*, John the Baptist.
dop/erwt green pea. ▼—**heide** bell-heather.
▼—**moer** cap nut. ▼—**pen** shell (beans,
eggs).
dor dry (wood, subject); barren (land).
▼—**heid** dryness; barrenness.
dorp village.
dorpel threshold.
dorps countrified, rustic. ▼—**bewoner**
villager. ▼—**dominee** country parson.
▼—**gemeenschap** village community.
▼—**genoot** fellow-villager. ▼—**kerk** village
church. ▼—**kermis** country-fair. ▼—**leven**
village life. ▼—**pastoor** villagepriest.
▼—**pastorie** villageparsonage. ▼—**plein**
village-green.
dors/en thresh. ▼—**machine**
threshing-machine.
dorst thirst (for, after). ▼—**en**: *— naar*, thirst
for. ▼—**ig** thirsty. ▼—**stillend** t. quenching.
dorstijd threshing-season.
dorstverwekkend causing thirst, thirsty
(work).

dors/vlegel flail. ▼—**vloer** threshing-floor.
dos attire; *— haar*, head of hair.
doseren dose. ▼**dosis** dose; amount (of
courage), supply (of patience); *te grote —*,
overdose; *te kleine —*, underdose.
dossier (*in rechtszaak*) dossier; (*kantoor*) file;
een — aanleggen van, file, place on file.
dot 1 knot (of hair); tuft (of grass); **2** *een —
van een hoed*, a dream of a hat; *wat een
—(je)!*, what a (little) dear!
dotatie donation. ▼**doteren** endow.
dotterbloem marsh-marigold.
douairière dowager.
douane custom-house, (the) Customs.
▼—**beambte** custom-house officer. ▼—**boot**
revenue-cutter. ▼—**formaliteiten** customs
formalities. ▼—**kantoor** custom-house.
▼—**loods** customs shed. ▼—**onderzoek**
customs examination. ▼—**papieren** customs
documents. ▼—**post** customs station.
▼—**rechten** customs duties. ▼—**tarief**
customs tariff. ▼—**unie** customs union.
▼—**verklaring** customs declaration.
▼—**voorschriften** customs regulations.
▼—**zegel** customs seal. ▼**douanier**
custom-house officer.
doublé (gold-, silver-) plated work.
doubl/eren double; (*een klas, ook*) repeat.
▼—**eur** non-promoted pupil. ▼—**ure**
understudy.
douceur(tje) gratuity, tip.
douche shower-bath; *koude —*, (*fig.*) cold
douche.
dove deaf person; *dat heb je aan geen —
gezegd*, I'll make a note of that; *voor —n
preken*, preach to deaf ears. ▼—**kool** dead
coal. ▼—**man**: *hij klopte aan —s deur*, he
obtained no hearing.
doven extinguish, put out (light, fire); deaden
(sound).
dovenetel dead nettle.
dovig somewhat deaf.
doyen doyen.
dozijn dozen; *—en eieren*, dozens of eggs; *bij
het —*, *verkopen*, sell by the dozen.
dra soon, before long.
draad thread; (*metaal—*) wire; (*vezel*) fibre; (*in
elektr. lamp*) filament; (*bij onderzoek*) clue; *ik
heb geen droge — aan 't lijf*, I have not a dry
stitch on me; *de — kwijtraken*, lose the t.; *de —
van iets weer opvatten*, take up the t. of s.th.;
een — in de naald steken, thread a needle; *aan
een zijden — hangen*, hang in the balance;
tegen de —, against the grain; *hij is altijd tegen
de —*, he is a cross-grained man; *wees niet zo
tegen de —*, don't be so perverse (obstinate);
tot op de — versleten, worn to a t.; *met iets
voor de — komen*, come out with s.th.
▼**draad/baan** wire-way. ▼—**bank**
draw-bench. ▼—**harig** wire-haired (terrier).
▼—**je** thread. ▼—**kabel** wire-cable. ▼—**loos**
wireless. ▼—**nagel** wire-nail. ▼—**omroep**
re-diffusion. ▼—**opnemer**, —**schaar**
wirecutter. ▼—**spanner** turnbuckle. ▼—**tang**
pliers. ▼—**trekken** wire-drawing.
▼—**trekkerij** wire-drawing mill.
▼—**versperring** wire entanglement.
▼—**werk** wirework; (*goud, enz.*) filigree.
draag/baar I *zn* stretcher, litter. **II** *bn* portable
(gramophone); (*kleren*) wearable. ▼—**balk**
girder. ▼—**band** strap. ▼—**juk** yoke. ▼—**koets**
palanquin. ▼—**korf** pannier. ▼—**kracht**
bearing-power; (*v. vuurwapen*) range; (*v.
stem*) carrying-power; (*v. schip, brug, enz.*)
carrying-capacity; (*v. vliegtuig ook*) lift; *het
gaat mijn — te boven*, it is beyond my means;
financiële —, financial capacity. ▼—**lijk** (*wat
verdragen kan worden*) bearable, supportable;
(*vrij goed*) tolerable, passable. ▼—**loon**
porterage. ▼—**raket** carrier rocket. ▼—**riem**
strap; (*v. officier*) lanyard. ▼—**stoel** sedan; (*v.
zieke*) carrying-chair. ▼—**tas** carrier bag.
▼—**vermogen** carrying-capacity; (*v.
vliegtuig*) lift. ▼—**vlak** (*v. vliegtuig*) plane.
▼—**wijdte** range (of gun); (*v. voorstel*) scope;
import (of words). ▼—**zeel** strap. ▼—**zuil**

supporting column.
draai turn; (*v. weg*) bend; *een — om de oren*, a box on the ear(s); *ergens een — aan geven*, give a turn to it, twist it; *zijn — hebben*, be as pleased as Punch; *een — nemen*, take a bend; *zijn — nemen*, (*fig.*) veer round, make a change of front. ▼**—baar** revolving. ▼**—bank** lathe. ▼**—beitel** turning-chisel. ▼**—boek** (*v. film*) scenario, script. ▼**—boekschrijver** s. writer. ▼**—boom** swing-gate. ▼**—brug** swivel-bridge. ▼**—deur** revolving door.
▼**draaien** I *on.w* turn; (*om as*) revolve, rotate; (*snel*) spin (round); (*v. wind*) shift; (*fig.*) prevaricate, hedge; *mijn hoofd draait*, my head swims; *alles draaide om hem heen*, his brain was in a whirl; *zenuwachtig heen en weer —*, fidget nervously; *alles draait hierom*, everything turns on this; *er omheen —*, fence, beat about the bush, equivocate. II *ov.w* turn (a wheel, wood); traverse (a gun); roll (pills); dial (a telephone number); play (a record); twiddle (a knob); *kapot —*, overwind (watch); *zich eruit —*, wriggle out. ▼**draai/er** turner; (*fig.*) equivocator; (*wervel*) axis. ▼**—erig** giddy. ▼**—erij** turnery; (*fig.*) equivocation.
▼**—gewricht** pivot joint. ▼**—hek** swing-gate. ▼**—ing** turn(ing); (*v. hemellichaam om eigen as*) rotation; (*om ander hemellichaam*) revolution. ▼**—ings as** axis of rotation.
▼**—kolk** vortex, eddy. ▼**—kruk** crank.
▼**—krukje** revolving stool. ▼**—licht** revolving light. ▼**—molen** merry-go-round; roundabout. ▼**—moment** (*tech.*) torque, twisting-moment. ▼**—orgel** barrel-organ.
▼**—punt** turning-point. ▼**—raam** casement.
▼**—schijf** potter's wheel; (*spoorw.*) turn(ing)-table. ▼**—spit** roasting-spit; (*radio*) moving coil. ▼**—stoel** swivel-chair.
▼**—stroom** (*elektr.*) rotary current.
▼**—stroommotor** rotary-current motor.
▼**—tol** top; (*fig.*) whirligig. ▼**—toneel** revolving stage. ▼**—trap** winding staircase.
▼**—zaag** circular saw. ▼**—ziekte** staggers.
draak dragon; (*theat.*) thriller, melodrama; *een — van een mens*, an odious person; *de — steken met*, poke fun at.
drab dregs, lees. ▼**drabbig** turbid, muddy.
▼**—heid** turbidity, muddiness.
dracht dress, costume; (*last*) load; range of a gun; *— slagen*, sound thrashing.
drachtig with young; in foal, in calf, etc.
▼**—heid** gestation.
draconisch Draconic.
drad(er)ig thready, stringy.
draf 1 trot; *op een —*, at a t.; '*t op een — zetten*, break into a t.; 2 (*varkensvoer*) swill, hogwash.
drag/en bear (a weight, sorrow, fruit, date, the ice bears); (*aan 't lichaam*) wear (clothes); carry (s.th. from one place to another); (*v. wond*) fester, discharge; (*v. kanon*) carry (far); *die stof blijft goed in 't —*, that material wears well; *hij kon 't niet langer —*, he couldn't bear it any longer. ▼**drager** bearer, carrier, porter; (*fig.*) exponent (of an idea).
dragon sword-knot; (*plk.*) tarragon.
dragonder dragoon.
draineerbuis drain-pipe. ▼**drainer/en** drain.
▼**—ing** drainage, draining.
drakerig sensational; *een — stuk*, a melodrama.
dralen tarry, delay; *zonder —*, without delay; without hesitation.
drama drama. ▼**—tiek** dramatic art. ▼**—tisch** dramatic. ▼**—tiseren** dramatize. ▼**—tisering** dramatization. ▼**—turg** dramatist. ▼**—turgie** dramaturgy.
drang pressure (of public opinion); (*innerlijke —*) impulse, urge; *— naar vrijheid*, desire for liberty; *onder de — der omstandigheden*, under (the) stress of circumstances.
drank drink, beverage; (*med.*) draught, potion; *sterke —*, strong drink, spirits; *aan de — zijn*, be addicted to liquor; *aan de — raken*, take to drink(ing). ▼**—bestrijder** teetotaller.
▼**—bestrijding** temperance movement.

▼**—duivel** d.-fiend. ▼**—handel** liquor-trade.
▼**—huis** public house; (*fam.*) pub. ▼**—je** draught, potion. ▼**—lucht** alcoholic smell.
▼**—misbruik** excessive drinking. ▼**—orgel** boozer. ▼**—slijter** retail spirit-dealer.
▼**—slijterij** gin-shop. ▼**—smokkel** bootlegging. ▼**—smokkelaar** bootlegger.
▼**—smokkelarij** bootlegging. ▼**—verbod** prohibition. ▼**—verbruik** consumption of d.
▼**—vergunning** spirit-licence. ▼**—verkoop** sale of liquor. ▼**—vraagstuk** liquor problem.
▼**—wet** licensing-law. ▼**—zucht** dipsomania.
▼**—zuchtige** dipsomaniacal. ▼**—zuchtige** dipsomaniac.
draperen drape. ▼**draperie** drapery.
dras/sig marshy, swampy. ▼**—land** marshland, swamp.
drastisch drastic.
draven trot. ▼**draverij** trotting race.
dreef 1 lane, avenue; 2 field; *op — zijn*, be in great form; *ik ben er nog niet mee op —*, I have not got into my stride yet; *op — komen*, warm up to (a subject), get into one's stride; *iem. op — helpen*, give a p. a start, help a p. on; *zich op — voelen*, feel in great shape.
dreg drag, grapnel. ▼**—anker** grapnel.
▼**—haak** drag-hook. ▼**—net** drag-net.
dreig/brief threatening letter; (*om geld*) blackmailing letter. ▼**—ement** threat, menace.
▼**—en** threaten, menace; *hij dreigde te sterven*, he was in danger of dying; *het dreigt onweer*, it looks like thunder. ▼**—ing** threat, menace.
dreinen whine (for).
drek dung, filth. ▼**—k(er)ig** filthy.
drempel threshold; (*sluis*) sill; (*haven*) bar.
▼**—vrees** threshold fear. ▼**—waarde** threshold value.
drenkeling drowning person, drowned person.
drenk/en water (cattle, flowers); (*in iets*) steep, soak. ▼**—plaats** watering-place.
drentelen lounge, saunter.
drenz/en whine. ▼**—erig** whining; (*v. weer*) drizzly.
dress/eren train (animals); break (in) (horses); drill (pupils); *gedresseerd*, trained, performing (animals). ▼**—eur** trainer. ▼**—uur** training.
dressoir sideboard, dresser.
dreumes nipper, toddler.
dreun (*v. geluid*) boom, rumble; (*v. stem*) singsong, drone; (*klap*) sock, biff. ▼**—en** rumble, boom.
drevel punch, drift. ▼**—en** punch, drift.
dribbel/aar 1 toddler; 2 dribbler. ▼**—en** toddle, trip; (*voetbal*) dribble.
drie three; *alle goede dingen bestaan in —*, third time does the trick. ▼**—benig** t.-legged.
▼**—bladig** trifoliate. ▼**—dekker** t.-decker; (*vliegtuig*) triplane. ▼**—delig** tripartite.
▼**—dubbel** treble. ▼**D—eenheid** Trinity.
▼**—erlei** of three sorts.
driehoek triangle. ▼**—ig** triangular.
▼**—smeting** trigonometry. ▼**—sverhouding** (the) eternal t.
driehonderdjarig tercentenary; *— bestaan* tercentenary.
drie/hoofdig three-headed. ▼**—jaarlijks** triennial. ▼**—kaart** tierce. ▼**—kant(ig)** three-cornered (hat). ▼**—kleur** tricolour.
▼**D—koningen** Epiphany, Twelfth-night.
▼**—kwart** three fourths; threequarters (of a mile). ▼**—kwartsmaat** three-four time.
▼**—ledig** threefold. ▼**—lettergrepig** trisyllabic. ▼**—ling** triplets. ▼**—loops** three-barreled. ▼**—luik** triptych.
▼**—maandelijks** quarterly. ▼**—manschap** triumvirate. ▼**—master** three-master.
▼**—motorig** triple-engined. ▼**—poot** tripod.
▼**—puntsgordel** shoulder belt, shoulder harness. ▼**—puntslanding** (*luchtv.*) three-point landing. ▼**—span** team of three.
▼**—sprong** three-forked road.
driest audacious, reckless. ▼**—heid** audacity.
drie/stemmig for three voices, three-part (song). ▼**—tal** three, trio. ▼**—talig** trilingual.

▼—**tand** trident. ▼—**versnellingsnaaf** threespeed gear. ▼—**voet** tripod. ▼—**voetig** three-footed, three-legged. ▼—**voud** treble; *in* — *opgemaakt*, drawn up in triplicate. ▼—**voudig** threefold, triple; tripartite (pact). ▼—**wegstekker** three-way plug. ▼—**werf** thrice, threetimes. ▼—**wieler** tricycle. ▼—**zijdig** three-sided, trilateral.

drift passion, temper; drove (of oxen); (*v. schip*) drift; *op — gaan*, break adrift. ▼—**bui** fit of temper. ▼—**ig** hot-tempered, choleric; — *worden, zich — maken*, fly into a passion, flare up. ▼—**igheid** hot temper. ▼—**kop** hotnead.

drijf/anker sea-anchor, drogue. ▼—**as** driving-shaft. ▼—**hamer** chasing-hammer. ▼—**hout** drift-wood. ▼—**ijs** drift-ice. ▼—**ijzer** driving-bolt. ▼—**jacht** battue, drive; (*fig.*) round-up. ▼—**kracht** (*op water*) floating power; (*v. machine, enz.*) driving power. ▼—**nat** soaking wet, dripping. ▼—**riem** driving-belt. ▼—**schaal** floating bowl. ▼—**stang** connecting-rod. ▼—**veer** motive, main-spring. ▼—**vermogen** buoyancy, floatage. ▼—**werk** chasing; (*v. machine*) driving gear. ▼—**wiel** driving-wheel. ▼—**zand** quicksand(s).

drijven I *on.w* (*niet zinken*) float (on, in the water, in the air), swim (in butter); (*met de stroom mee*) drift (down a river); (*nat zijn*) be soaking; *—de verspering*, boom; *hij dreef van 't zweet*, he was dripping with perspiration; *de vereniging drijft op hem*, he is the mainstay of the society. **II** *ov.w* drive (cattle, a p. to despair); chase (metal); *iem. ergens toe —*, drive a p. to s.th.; *een zaak —*, carry on (run) a business; *het te ver —*, carry things too far; *door stoom gedreven*, driven by steam; *door afgunst gedreven*, prompted by jealousy; ▼**drijv/er** (cattle) driver; (*jacht*) beater; (*v. metalen*) chaser; (*v. vliegboot*) float; (*fig.*) fanatic, zealot. ▼—**erij** fanaticism.

dril (*boor*) drill; (*gelei*) jelly. ▼—**boor** drill. ▼—**len** drill. ▼—**school** cramming-school.

dring/en I *on.w* push; (*v. menigte*) throng; *de tijd dringt*, time presses. **II** *ov.w* push, press; *zich bij iem. in de gunst —*, worm o.s. into a p.'s favour; *ik voel mij gedrongen om*, I feel compelled to. ▼—**end** urgent (need, request); pressing (engagement).

drink/baar drinkable. ▼—**bak** watering-trough, drinking-trough. ▼—**bakje** fountain. ▼—**beker** goblet, cup. ▼—**ebroer** tippler, toper. ▼—**en I** *ww* drink; (*met kleine teugjes*) sip; *stevig —*, drink hard (heavily); — *op iemands gezondheid*, d. to a p.'s health. **II** *zn* drinking; (*concr.*) drink(s), beverage. ▼—**er** drinker. ▼—**gelag** drinking-bout. ▼—**geld** drink-money, tip. ▼—**glas** drinking-glass, tumbler. ▼—**nap** drinking-bowl. ▼—**water** drinking-water.

droef sad, afflicted; — *peinzend*, wistful; — *te moede zijn*, be dispirited. ▼—**enis** sorrow, grief. ▼—**geestig** melancholy. ▼—**geestigheid** melancholy. ▼—**heid** sadness, sorrow.

droesem dregs, lees.

droevig sad, sorrowful; — *resultaat*, poor result.

drogbeeld delusion, misrepresentation; *'n — van iets ophangen*, misrepresent the facts.

droge dry land; *op 't — brengen*, land; *op 't — zitten*, be stranded. ▼**drogen** dry. ▼**drogerij** drying-house. ▼—**en** drugs. ▼**drogist** druggist. ▼—**erij** druggist's (shop).

drogreden sophism. ▼—**aar** sophist.

drol (*volkst.*) turd.

drom crowd, throng.

dromedaris dromedary.

drom/en dream. ▼—**enland** dreamland. ▼—**er** dreamer. ▼—**erig** dreamy. ▼—**erigheid** dreaminess. ▼—**erij** reverie.

drommel deuce (*loop naar de —*, go to the d.); *arme —*, poor devil; *wat —!*, dash it!; *om de —niet!*, not on your life!; *wat voor de — betekent dit?*, what the deuce does this mean? ▼**drommels I** *tw* the deuce!, by Jove!; — *nog*

toe, hang it all. **II** *bw*: — *duur*, confoundedly (darned) expensive; *dat weet je — goed*, you know that jolly well.

drommen crowd, throng.

dronk drink (of water), draught; *hij heeft een kwade — over zich*, he is quarrelsome in his cups; *een — instellen*, propose a toast. ▼—**aard** drunkard. ▼—**elap** soak. ▼—**eman** drunk. ▼—**emanspraat** drunken talk. ▼—**emanswaanzin** delirium tremens. ▼**dronken** drunken (*alleen attr.*: a drunken man); drunk (*ook fig., alleen pred.*: he is drunk), intoxicated, tipsy: *zo — als een kanon*, as drunk as a lord. ▼—**schap** drunkenness, intoxication; *in staat van — verkeren*, be the worse for drink.

droog dry; *daar verdien je geen — brood mee*, that won't earn you enough to buy bread and cheese; *hij is nog niet — achter de oren*, he is scarcely out of the shell yet. ▼—**doek** rubbing-cloth. ▼**droog** d.-dock; *drijvend —*, floating dock. ▼—**heid** dryness. ▼—**je**: *op een —*, without anything to drink. ▼—**jes** drily. ▼—**komiek** d.-boots. ▼—**leggen** drain (land, bogs); reclaim (the Zuider Zee); (*fig.*) make d. ▼—**legging 1** drainage, reclamation; **2** prohibition. ▼—**lijn** clothes-line. ▼—**lopen** run d. ▼—**machine** drying-machine. ▼—**maken** dry. ▼—**malen** drain, make dry. ▼—**middel** siccative. ▼—**molen** rotary dryer. ▼—**oven** drying-kiln. ▼—**pruim(er)** d. stick. ▼—**raam, —rek** drying-frame; (*voor kleren*) clotheshorse. ▼—**scheerapparaat** dry-shaver. ▼—**schuur** drying-shed. ▼—**shampoo** dry shampoo. ▼—**stoppel** *zie —pruim(er)*. ▼—**te** dryness; (*periode van —*) drought. ▼—**trommel** tumble dryer. ▼—**voets** dry-shod. ▼—**zolder** drying-loft.

droom dream; *dromen zijn bedrog*, dreams are deceptive; *in dromen verzonken zijn*, be lost in dreams, be day-dreaming; *iem. uit de — helpen*, undeceive a p. ▼—**beeld, —gezicht** vision. ▼—**wereld** d.-world.

drop 1 (*snoepgoed*) licorice; **2** (*drup*) drop. ▼—**pel** *zie* druppel. ▼—**water** licoric-water.

drossen run away, desert; (*v. zeelui*) jump ship.

druide druid.

druif grape; *de druiven zijn zuur*, the grapes are sour. ▼—**luis** vine-pest.

druil/en mope, pout; (*v. weer*) drizzle. ▼—**erig** moping! (*v. weer*) drizzly. ▼—**oor** mope.

druip/en drip (with grease, sweat); be ploughed (in an examination). ▼—**er** clap. ▼—**nat** dripping (wet). ▼—**steen** sinter; (*hangend*) stalactite; (*staand*) stalagmite. ▼—**steengrot** stalactitic cave.

druive(n)/blad vine-leaf. ▼—**kas** grape-house, vinery, grapery. ▼—**nat** grape-juice. ▼—**oogst** grape-harvest. ▼—**pit** grape-stone. ▼—**pluk** vintage. ▼—**plukker** vintager. ▼—**sap** grapejuice. ▼—**schil** grapeskin. ▼—**suiker** grape sugar, glucose. ▼—**tros** bunch of grapes.

druk I *bn* busy (street, day, practice); (*—bezocht*) much frequented (café); lively, brisk (trade); (*— doend*) fussy; loud (colours); *wegens —ke werkzaamheden*, owing to pressure of work; *het — hebben*, be b.; *'t — hebben met leren*, be busy learning; *'t was er erg —*, the place was very crowded; *hij was te — bezig met pakken om mij te helpen*, he was too busy packing to help me; *zich — maken*, get excited, worry; *hij maakt zich niet —*, he takes it easy. **II** *bw* busily; — *bezig*, very busy; *'t werd — besproken*, it was in everybody's mouth; it was much discussed; — *bezochte vergadering*, well-attended meeting; *er werd — gestemd*, there was a heavy poll; *het wordt — verkocht*, it sells like hot cakes. **III** *zn* pressure (high, low, financial); strain (on the nerves); squeeze (of the hand); oppression; (*v. boek*) print(ing), edition; *met grote —*, in large print (type); — *uitoefenen op*, exert pressure on; *voor de — bezorgen*, see (a book) through the press. ▼**druk/bel** push-bell. ▼—**doenerij**

fussiness. ▼—**fout** misprint, printer's error.
▼—**foutenduiveltje** printer's imp. ▼—**inkt**
printer's ink. ▼—**kajuit** (*luchtv.*) pressure
cabin.
drukk/en I *ov.w* press, squeeze; (*fig.*) oppress,
weigh (heavy) upon; (*boek*) print; *iem. de
hand* —, shake hands with a p.; *de markt* —,
depress the market; *iem. aan zijn hart* —, press
(clasp) a p. to one's heart; *iem. in zijn armen*
—, hug a p.; *iem. iets op 't hart* —, impress s.th.
on a p. II *on.w* press; (*knellen*) pinch. ▼—**end**
heavy (feeling); oppressive (heat); sultry
(weather). ▼**drukker** printer; *bij de* — *zijn*, be
in the press; *naar de* — *sturen*, send to press.
▼—**ij** printing-office; (*katoen*—)
printing-shop. ▼—**sbedrijf** printing-trade;
(*zaak*) printing-business. ▼—**sjongen**
printer's devil.
druk/- printing-. ▼—**knoopje** press-stud.
▼—**knop** (*elektr.*) bell-push; (*radio*)
push-button. ▼—**kosten** p.-expenses.
▼—**kunst** (art of) p. ▼—**letter** type;
(*tegenover schrijfletter*) printed character.
▼—**loon** printing-charge. ▼—**machine**
printing-machine. ▼—**meter** pressure gauge.
▼—**papier** printing-paper. ▼—**pers**
(p.-) press; *vrijheid v.* —, freedom of the press.
▼—**proef** proof(-sheet). ▼—**raam** (*fot.*)
p.-frame. ▼—**sluiting** press-stud.
drukte bustle, excitement; (*last*) trouble;
(*ophef*) fuss; (*bij uitverkoop enz.*) rush; (*in
zaken*) rush (of pressure) of business;
(*zenuwachtige* —) flurry; (*zaken*) in tijden van
—, in times of pressure; *de kerstdrukte*, the
Christmas rush; *kouwe* —, la-di-da, flah-flah;
maak er niet zo'n (*kouwe*) — *over*, don't make
such a fuss about it. ▼—**maker** 1 noisy fellow;
2 fuss-pot.
druk/toetstelefoon press-button telephone.
▼—**vorm** printing form. ▼—**werk** printed
matter; *als* — *verzenden*, send as p.m.
druppel drop, drip; —*s* (*medicijn*), drops; *'t is
een* — *op een gloeiende plaat*, it is a drop in
the ocean; *op elkaar lijken als twee* —*s water*,
be as much alike as two peas (in a pod); *de
gestadige* — *holt zelfs de hardste steen uit*,
constant dropping wears away the stone.
▼—**en** drop, drip, trickle (of tears).
▼—**sgewijs** dropwise; (*fig.*) by dribblets;
binnenkomen, trickle in.
ds.: — *Jansen*, (the) Rev. Mr. Johnson.
D-trein corridor train.
dubbel I *bn* double; —*e* bottom, false bottom;
— *boekhouden*, bookkeeping by d. entry; —*e
briefkaart*, reply postcard; —*e naam*,
d.-barrelled name; — *raam*, storm window,
(*als isolatie*) double glazed window; —*le
rijweg*, dual carriageway. II *bw* doubly; — *zo
lang*, twice as long; — *en dwars verdiend*,
amply (richly) deserved. III *zn*: —*e*, duplicate,
double; *'t* —*e*, double the amount. ▼—**ganger**
double. ▼—**hartig** d.-hearted.
▼—**hartigheid** d.-dealing. ▼—**koolzure**: —
soda, bicarbonate of soda. ▼—**loops**
d.-barrelled. ▼—**punt** colon. ▼—**schroef**
(*stoomboot*) twin-screw (steamer). ▼—**slaan**
d.(-up). ▼—**spel** (*sp.*) double. ▼—**spoor**
double track. ▼—**ster** binary (star).
dubbeltje twopence; *op de* —*s passen*, take
care of the pence; *het is een* — *op zijn kant*, it's
a toss-up, it's touch and go. ▼—**skwestie**
question of £ s.d.
dubbel/vouwen fold in two. ▼—**zinnig**
ambiguous, equivocal; (*onkies*)
double-meaning. ▼—**zinnigheid** ambiguity,
equivocalness; (*onkiesheid*) double entendre.
dubben be in two minds. ▼**dubieus** doubtful,
dubious. ▼**dubio**: *in* — *staan*, waver, hesitate,
be in two minds (about s.th.).
ducht/en dread, fear. ▼—**ig** *bn* sound,
thorough; —*e weerstand*, stout (strong)
resistance.
duel duel, single combat. ▼—**leren** (fight a) d.
duet duet.
duf musty, stuffy; (*fig.*) fusty, stale.
duffels duffel.

dufheid stuffiness, (*fig.*) staleness.
duidelijk clear (type); plain (language);
obvious (mistake); *iem. iets* — *maken*, make
s.th. clear to a p. ▼—**heid** clearness, etc.
▼—**heidshalve** for clearness' sake.
duiden I *on.w*: — *op*, suggest (weakness);
point to. II *ov.w* interpret; *iem. iets ten kwade*
—, take s.th. amiss of a p.
duif pigeon, dove; *onder iemands duiven
schieten*, poach on a p.'s preserves.
duig stave; *het plan viel in* —*en*, the plan fell
through, the plan miscarried.
duik dive. ▼—**bommenwerper** dive-bomber.
▼—**boot** submarine. ▼—**bootjager** s.
destroyer. ▼—**bootoorlog** s. warfare.
▼**duikel/aar** diver; (*speelgoed*) tumbler.
▼—**en** tumble; (*luchtv.*) loop (the loop); (*fig.*,
bijv. van ministerie) fall, come to grief.
▼**duik/en** dive (for), plunge; (*voor een slag*)
duck; *hij zat ineengedoken*, he sat hunched,
huddled up; (*v. dier*) it crouched. ▼—**er** diver;
(*sluis*) culvert. ▼—**helm** diving-helmet.
▼—**klok** diving-bell. ▼—**pak** diving-dress.
▼—**toestel** diving-apparatus. ▼—**vest** Davis
apparatus. ▼—**vlucht** (*luchtv.*) (nose-)dive.
duim thumb; (*maat*) inch; *iem. onder de* —
hebben (*houden*), have (hold) a p. under
one's t.; *hij kan op zijn* — *fluiten*, he can
whistle for it; *iets uit zijn* — *zuigen*, make up a
story. ▼—**breed**: *geen* — *wijken*, not budge
an inch. ▼—**en**: *ik zal voor je* —, I'll keep my
fingers crossed. ▼—**pje**: *dat kent hij op zijn* —,
he has it at his fingers' ends. ▼—**schroef**
thumbscrew. ▼—**stok** (folding) rule.
▼—**zuigen** t.-sucking.
duin dune. ▼—**enrij** chain of dunes. ▼—**gras**
beach-grass. ▼—**grond** d.-soil. ▼**D—kerken**
Dunkirk. ▼—**pan** dip (cup) in the dunes.
▼—**streek** d. district. ▼—**water** d. water.
▼—**waterleiding** d. waterworks. ▼—**zand**
d.-sand.
duister dark, obscure; *iem. in 't* — *laten*, leave a
p. in the d.; *in 't* — *tasten*, be in the d. ▼—**heid**
obscurity, darkness. ▼—**ling** obscurant(ist).
▼—**nis** dark(ness).
duit: *hij heeft geen rooie* —, he hasn't a bean;
een — *in 't zakje doen*, put in a word; *een flinke*
— *kosten*, cost a pretty penny; *op de* — *en zijn*,
be a money-grabber. ▼—**endief** skinflint,
scrape-penny.
Duits German; —*e Democratische Republiek*,
German Democratic Republic. ▼—**er** German.
▼—**gezind** pro-German. ▼—**land** Germany.
duiveei pigeon-egg.
duivel devil; (*fam.*) Old Harry; *alle* —*s!*, the d.!;
hij was des —*s*, he was furious; *loop naar de*
—*!*, go to the d. (to blazes)!; *daar mag de* —
wijs uit worden, the d. take me if I can make
head or tail of it; *om de* — *niet*, not on your life;
de — *in hebben*, have one's back up; *'t is alsof
de* — *ermee speelt*, it is as if the d. (the deuce)
is in it; *als je van de* — *spreekt, dan trap je op
zijn staart*, talk of the devil and he is sure to
appear. ▼—**achtig** devilish, fiendish.
▼—**bezweerder** exorcist. ▼—**in** she-devil.
▼**duivels** I *bn* devilish, fiendish; *een* —*e kerel*,
a devil of a fellow; — *maken*, infuriate; *je zou er*
— *van worden*, it's enough to vex a saint. II *bw*
devilish(ly). III *tw*: —*!*, the devil, the deuce!; —
veel geld, the devil of a lot of money.
▼—**broed** brood of Satan. ▼—**kind** limb of
Satan. ▼—**kunstenaar** magician.
▼—**kunst**(*enarij*) magic. ▼—**toejager**
factotum. ▼**duiveltje**: — *in een doosje*,
jack-in-the-box.
duiven/- pigeon-. ▼—**hok** p.-house.
▼—**houder**, —**melker** p.fancier. ▼—**til**
p.-house. ▼—**sport** p.-flying.
duizel/en grow dizzy; *'t duizelt mij*, my head
swims. ▼—**ig** dizzy, giddy. ▼—**igheid**
dizziness. ▼—**ing** dizziness. ▼—**ingwekkend**
dizzy.
duizend a (one) thousand; *de D— en één
Nacht*, the Arabian Nights' Entertainments;
een vrouw uit —*en*, a woman in a million.
▼—**erlei** (*bijv. moeilijkheden*) a thousand.

▼—**jarig** millennial; *het — rijk*, the millennium. ▼—**poot** centipede; (*dienstmeisje*) slavey. ▼—**schoon** sweet-william. ▼—**ste** *& zn* thousandth. ▼—**tal** a thousand. ▼—**voud** multiple of 1000. ▼—**voud(ig)** *bn* thousand-fold.

dukaat ducat.

dukdalf mooring-buoy.

duld/baar bearable. ▼—**en** (*pijn*) bear, endure; *geen uitstel —*, brook no delay; *dat duld ik niet*, I won't stand (for) it; *je wordt daar slechts geduld*, you are there only on sufferance.

dum dum dumdum (bullet).

dun thin (beer, hair); slender (waist); rare (air); *—ne darm*, small intestine; *dat is 'n —ne streek*, that is a lousy trick; *— toelopen*, taper. ▼—**bevolkt** thinly populated. ▼—**doek** bunting. ▼—**heid** thinness, rarity (of air).

dunk opinion; *een hoge — hebben van zichzelf als ...*, (*ook*) fancy o.s. as ...; *geen hoge — hebben van*, have a low of, not think much of. ▼**dunken**: *mij dunkt*, I think; it seems to me; *wat dunkt u daarvan?*, what do you think of it?, how about it?

dunnen *ov. w* thin (the ranks). ▼**dunnetjes** I *bw* thinly; *het — overdoen*, go through it again; have another try. II *bn* rather thin, rather poor.

duo duo, duet. ▼—**rijden** ride pillion. ▼—**rijder** pillion-rider. ▼—**zitting** pillion-seat.

dupe dupe, victim; *hij werd er de — van*, he was left to face the music. ▼**duperen** (*bedriegen*) dupe; inconvenience; (*benadelen*) inconvenience.

duplicaat duplicate. ▼**dupliek** rejoinder. ▼**duplo**: *in —*, in duplicate; *in — opmaken*, draw up in duplicate.

duren last; continue; go on; endure; *van A. naar B. duurt tien minuten*, from A. to B. takes ten minutes; *'t duurde niet lang, of zij kwam naar buiten*, it was not long before she came out, she was not long in coming out; *duurt 't lang voor je klaar bent?*, will you be long about it?; *'t zal lang — voor ik weer kom*, I won't come again in a hurry; *wachten duurt altijd lang*, watched pot never boils; *dat duurt mij te lang*, that is too long for me.

durf pluck, daring. ▼—**al** dare-devil. ▼—**ven** dare; *ik durf zweren*, I'll swear; *jij durft!*, you've got a nerve!; *hoe durf je het te doen!*, how d' you (do it)!; *dat zou ik niet zeker — zeggen*, I could not say that for sure.

dus so, consequently; (*aldus*) thus; *dat is — afgesproken*, that's a bargain then. **I** *bn* such. **II** *bw* in such a way, so. ▼—**ver(re)** *tot —*, so far.

dut/je nap, snooze; *'n — doen*, take a nap. ▼—**ten** doze, snooze.

duur I *zn* duration; (*v. contract*) currency; *op de —*, in the end, in the long run; *tijdens de — van*, during, for the d. of; *van lange (korte) —*, of long (short) d. **II** *bn* dear, expensive, costly; *hoe — is dat?*, how much is it?; *een dure eed zweren*, swear a solemn oath; *je dure plicht*, your bounden duty! **III** *bw* dear(ly); *— (ver)kopen*, buy sell dear; *zijn leven — verkopen*, sell one's life dearly!; *— bevochten*, dearly won. ▼—**koop** dear (at the money). ▼**duurte** dearness, expensiveness; *dat brengt de — erin*, that makes it dear; *wegens de —*, owing to the high cost of living. ▼—**toeslag** cost-of-living allowance.

duurzaam durable, lasting, permanent; (*v. stof ook*) hard-wearing. ▼—**heid** durability, permanence.

duw push; thrust, shove; *een — geven (met elleboog*) nudge (a p.). ▼—**en** push, thrust, shove; *niet —!*, don't push!

dwaal/begrip misconception, fallacy. ▼—**leer** false doctrine, heresy. ▼—**licht** will-o'-the-wisp. ▼—**spoor** wrong track; *op een — brengen*, lead astray. ▼—**ster** planet. ▼—**weg** *zie —spoor*.

dwaas I *bn* silly, foolish, absurd. **II** *zn* fool, ass. ▼—**heid** folly, absurdity.

dwal/en roam, wander; (*fig.*) err; *— is menselijk*, to err is human. ▼—**ing** error, mistake; *iem. uit zijn — helpen*, undeceive a p.; *de —en zijns weegs inzien*, see the e. of one's ways; *rechterlijke —*, judicial e.

dwang compulsion, coercion; *onder —*, under c., (*jur.*) under duress. ▼—**arbeid** penal servitude, hard labour. ▼—**arbeider** convict. ▼—**bevel** warrant; (*v. belastingen*) distress-warrant. ▼—**buis** straitjacket. ▼—**maatregel** coercive measure. ▼—**middel** means of coercion. ▼—**nagel** hang-nail. ▼—**positie** forced position; *iem. in een — brengen*, force a p.'s hand. ▼—**som** penal sum. ▼—**voorstelling** obsession. ▼—**zet** (*schaakspel*) forced move.

dwarrel whirling. ▼—**en** whirl; *alles dwarrelt mij*, my head is in a whirl. ▼—**vlucht** (*luchtv.*) falling leaf. ▼—**wind** whirlwind.

dwars transverse, diagonal; (*fig.*) contrary, pig-headed; *iem. de voet — zetten*, iem. — *zitten*, thwart (make trouble for) a p.; *het zit me —*, I feel sore about it, it worries me, it rankles within me; *— door ... heen, — over*, (right) across. ▼—**balk** cross-beam. ▼—**besturing** (*luchtv.*) lateral control. ▼—**bijl** adze. ▼—**bomen** cross, thwart. ▼—**doorsnede** cross-section. ▼—**draad** woof. ▼—**drijven** be cross-grained. ▼—**drijver** cross-grained fellow. ▼—**fluit** German flute. ▼—**helling** (*luchtv.*) bank. ▼—**hout** cross-beam: (*v.e. goal*) cross-bar. ▼—**kijker** spy, snooper. ▼—**legger, —ligger** (*spoorw.*) sleeper. ▼—**ligger** (*fig.*) obstructionist, obstructor. ▼—**lijn** cross-line. ▼—**naad** cross-seam. ▼—**over** (right) across, athwart. ▼—**scheeps** athwart-ships; (*wind*) abeam. ▼—**schip** (*v. kerk*) transept. ▼—**schot** bulkhead. ▼—**stang** cross-bar. ▼—**steeg** by-lane. ▼—**straat** cross-street. ▼—**te**: *in de —*, athwart, across. ▼—**weg** cross-road. ▼—**wind** cross-wind, (*luchtv., mar.*) beam-wind.

dweep/ziek fanatic(al). ▼—**zucht** fanaticism.

dweil (floor)cloth; (*stokdweil*) mop; (*slons*) slut. ▼—**en** wash (floors); mop, swab (deck).

dwep/en be fanatical; *— met*, rave about, be mad on, idolize; *met de film —*, be a filmfan. ▼—**er** fanatic; enthusiast. ▼—**erig** gushing.

dwerg dwarf, pigmy. ▼—**achtig** dwarfish. ▼—**eik** d.-oak. ▼—**volk** d.-tribe.

dwingeland tyrant. ▼—**ij** tyranny.

dwing/en force, coerce, compel; *dat laat zich niet —*, it's no use forcing the matter. ▼—**end** compulsory, coercive, imperative. ▼—**erig** insistent, masterful.

dynamica dynamics.

dynamiet dynamite. ▼—**patroon** d. cartridge.

dynamisch dynamic(-al).

dynamo dynamo, generator.

dynastie dynasty.

dysenterie dysentery.

dyspepsie dyspepsia.

eau de cologne eau-de-Cologne.
eb ebb; — *en vloed*, ebb and flood, low tide and high tide.
ebbehout(en) ebony.
ebben ebb. ▼
eboniet ebonite. ▼—en ebonite.
echec set-back; — *lijden*, suffer a reverse; (*bij stemming*) be defeated.
echo echo. ▼—ën (re-)echo. ▼—(peil)lood d. sounder. ▼—put echoing well.
echt I *bn* genuine (feeling); real (diamonds); authentic (portrait); legitimate (child); regular (scoundrel); true(-born) (Englishman); *o, wat echt!*, (*wat fijn!*) oh, how topping! II *bw* really (true); genuinely (in love). III *zn* marriage, matrimony; *in de* — *treden*, enter into matrimony. ▼—**breken** commit adultery. ▼—**breker** adulterer. ▼—**breuk** adultery. ▼—**breukig** adulterous. ▼**echte/lieden** married couple. ▼—**lijk** matrimonial, conjugal; *de —e staat*, the married state, matrimony. ▼**echten** legitimate.
echter however.
echt/genoot husband. ▼—**genote** wife, lady.
echtheid genuineness; (*v. kinderen*) legitimacy.
echt/ing legitimation. ▼—**paar** married couple. ▼—**scheiden** divorce.
▼echtscheiding divorce; — *aanvragen*, sue for a d. ▼—**saanvrage** application for (a) d. ▼—**sproces** d. suit. ▼echt/verbintenis, —verbintenis marriage. ▼—**verklaring** legitimation (of a child).
eclatant brilliant (success); signal (defeat).
eclips eclipse. ▼—**eren** eclipse; (*fig.*) abscond.
ecologie ecology. ▼ecologisch ecological.
▼ecoloog ecologist.
econom/etrie econometry. ▼—**ie** economy, economics; (*zuinigheid*) economy; *geleide* —, planning, directed economy. ▼—**isch** economic; (*zuinig*) economical. ▼econoom economist.
eczeem eczema.
edel noble (prince); precious (stones); —*e delen*, vital parts; *de —en*, the nobles; — *gas*, inert gas. ▼—**aardig(heid)** noble-minded(ness). ▼—**achtbaar** honourable; *edelachtbare* (*als aanspreking*) Your Honour. ▼—**denkend** noble-minded. ▼—**gesteente** precious stone, gem. ▼—**heid** nobleness. ▼—**hert** red deer. ▼—**knaap** page. ▼—**man** nobleman. ▼—**moedig** generous. ▼—**moedigheid** generosity. ▼—**smid** gold- and silversmith. ▼—**steen** precious stone. ▼—**vrouw** noblewoman. ▼—**weis(s)** edelweiss.
Eden: *de hof van* —, the garden of Eden.
edict edict, decree.
editie edition.
educatie education. ▼educatief educative.
eed oath; *de* — *afleggen*, take the o.; *een* — *doen*, swear an o.; *onder ede bevestigen*, confirm on o.; *onder ede staan*, be under o., be on o. ▼—**afligging** taking the o.
▼—**afneming** administration of an (the) o., swearing-in. ▼—**breker** perjuror. ▼—**breuk** perjury; — *plegen*, commit perjury.
▼—**genoot** confederate. ▼—**genootschap**

confederacy.
EEG EEC (European Economic Community), Common Market.
eega spouse.
eekhoorn squirrel; *gestreepte* —, chipmunk.
eelt callosity. ▼—(**acht)ig** callous.
▼—**knobbel** callosity.
een a, an, one; — *dertig mensen*, some thirty people; *éne Smit*, one S.; *iedere shilling is er één voor hem*, he has to turn every shilling twice; — *en al leugen*, a pack of lies; — *en al modder*, muddy all over; — *en al oor*, all ears; — *en al zenuwen*, a bundle of nerves; *'t — en ander*, (know) something; *'t (de)* — *of ander*, something (some one) or other; *'t* — *of ander huis*, some house (or other); *'t — met 't ander*, what with one thing and another (I've been very busy); *op — na*, (all) except one, (the last) but one; *wij zijn van één leeftijd*, we are of an age; — *voor* —, one by one.
een/akter one-act play. ▼—**cellig** unicellular.
▼—**cilinder** one-cylinder.
eend duck; (*fig.*) silly, goose, fool; *jonge* —, duckling; *vreemde* — *in de bijt*, stranger, intruder; *wilde* —, wild duck, mallard.
▼—**achtig** d.-like; (*fig.*) stupid.
eendaags one-day. ▼eendagsvlieg ephemeron, day-fly.
eende/ei duck's egg. ▼—**jacht** duck-shooting. ▼—**kroos** duck-weed.
eendekker monoplane; (*bus*) single-decker.
eenden/kooi decoy. ▼—**vijver** duck-pond.
eender alike, the same; *'t is mij* —, it's all the same to me.
eendracht concord; — *maakt macht*, union is strength. ▼—**ig I** *bn* united, unanimous. II *bw* in unison.
eendvogel duck; (*fig.*) goose, stupid.
eeneiig identical.
eenhandig one-handed.
eenheid unit (army-); (*'t één zijn*) unity; *brengen in*, unify; *dramatische eenheden*, dramatic unities. ▼—**sfront** united front.
▼—**sprijs** unit price; (*in winkel*) uniform price. ▼—**sstaat** totalitarian state.
een/hoofdig monarchical; one-head (system). ▼—**hoorn** unicorn. ▼—**jarig** of one year, one year old; —*e cursus*, one-year course; *het* — *bestaan vieren*, celebrate the first anniversary. ▼—**kennig** shy, timid.
▼—**kennigheid** shyness, timidity. ▼—**kleurig** unicoloured, monochromatic (light).
▼—**knopstoestel** single-control set.
▼—**lettergrepig** monosyllabic. ▼—**ling** individual; (*fam.*) lone wolf.
▼—**loopsgeweer** single-barreled rifle.
eenmaal once; one day. ▼—*is geenmaal*, once is no custom; —, *andermaal, derdemaal*, going, going, gone; *'t is nu* — *zo*, it can't be altered; there it is; *hij is nu* —..., he happens to be... ▼eenmalig unique.
een/manswagen one-man car. ▼—**motorig** single engined. ▼—**ogig** one-eyed.
▼—**pansmaaltijd** one-course dinner.
▼—**parig** unanimous; —*e beweging*, uniform motion; — *versneld*, uniformly accelerated.
▼—**parigheid** unanimity. ▼—**persoons** single (bed, bedroom); —, *vliegtuig*, single-seater. ▼—**richtingverkeer** one-way traffic.
eens I *bw* (*eenmaal*) once; (*in 't verleden*) once, one day; (*in de toekomst*) one day; — *op een dag*, one day; *als je 't hem* — *vroeg*, suppose you asked him; *luister nu toch* —, please listen now; *een* — *machtig land*, a o. powerful country; *zij antwoordde mij niet* —, she did not even answer me; — *voor al*, once (and) for all; — *zo duur*, twice as dear; *in*—, at once; *een som in*—, a lump sum; *in*— *betalen*, pay the whole sum at once; *op*—, all at once, suddenly. II *bn*: *'t* — *zijn*, agree, be agreed (on); *'t* — *zijn met*, agree with; *op dat punt ben ik het met je* —, I'm with you there; *'t met zichzelf niet* — *zijn*, be in two minds (about s.th.); *'t* — *worden*, come to an agreement (to terms); *we zullen 't op dat punt nooit* —

worden, we shall never see eye to eye on that point.

eensdeels: —..., *anderdeels*..., partly..., partly...

eensgezind unanimous. ▼—**heid** unanimity.

eensklaps all of a sudden.

eensluidend of the same tenor; — *afschrift*, true copy; —*e verklaringen*, identical statements.

eenstemmig unanimous, (*muz.*) for one voice; — *zingen*, sing in unison. ▼—**heid** unanimity.

eentje one; *jij bent me er* —*!*, you are a one!; *laten we er* — *nemen*, let's have one; *op* (*in*) *mijn* —, by myself; *iets op z'n* — *doen*, go it alone.

eentonig monotonous; drab. ▼—**heid** monotony, drabness.

eenvormig uniform. ▼—**heid** uniformity.

eenvoud simplicity. ▼—**ig** I *bn* simple, plain. II *bw* simply; *ik kan 't* — *niet*, I just can't do it. ▼—**igheid** simplicity. ▼—**igheidshalve** for the sake of simplicity.

eenwording unification.

eenzaam solitary, lonely, isolated, sequestered, secluded; (*doods*) desolate; *zich* — *voelen*, feel lonely. ▼—**heid** solitude, loneliness; desolation; sequestration, seclusion.

eenzelvig shy, retiring; — *persoon*, loner, (*fam.*) lone wolf. ▼—**heid** shyness.

eenzijdig one-sided (man); unilateral (disarmament); (*partijdig*) bias(s)ed. ▼—**heid** one-sidedness, partiality, bias.

eer I *bw & vgw* before. II *zn* honour; credit; *hij doet zijn meester* — *aan*, he is a c. to his master; *doe mij de* — *aan om*, do me the h. to; *dat doet u* — *aan*, that does you credit; *iem.* — *bewijzen*, do (pay) h. to a p.; *de laatste* — *bewijzen*, pay the last honours (to a p.); *iem. alle* — *geven voor*, give a p. full credit for; *zichzelf ergens de* — *van geven*, take credit to o.s. for s.th.; *je hebt alle* — *van je werk*, you've made a very fine job of it; *de* — *aan zich houden*, put a good face on the matter; — *inleggen met*, gain h. (credit) by; *ergens een* — *in stellen*, take a pride in s.th.; *ere wien ere toekomt*, h. to whom h. is due; *hij was aan zijn* — *verplicht te* ..., he was in h. bound to ...; *in alle* — *en deugd*, in all decency; *in ere houden*, honour; *met ere*, with honour, honourably; *te zijner* —, in his h.; *ter ere van*, in h. of; *'t strekt hem tot* —, it is to his credit; *ik reken het mij tot een* —, I consider it an h.; *men moet hem tot zijn* — *nageven*, it must be said to his credit. ▼—**baar** virtuous. ▼—**baarheid** virtue. ▼—**betoon, —betuiging, —bewijs** homage; *militaire eerbewijzen*, military salutes; (*bij begrafenis*) m. honours.

eerbied respect. ▼—**ig** respectful. ▼—**igen** respect. ▼—**igheid** respect. ▼—**iging** respect. ▼—**waardig** respectable. ▼—**waardigheid** respectability. ▼—**wekkend** imposing.

eerdaags before long, one of these days.

eerder before, sooner, rather; *hoe* — *hoe liever* (*beter*), the sooner the better; — *meer dan minder*, rather more than less.

eergevoel sense of honour.

eergierig ambitious. ▼—**heid** ambition.

eergister/en the day before yesterday. ▼—**avond** the evening before last.

eerherstel rehabilitation.

eerlang before long, shortly.

eerlijk I *bn* honest (man); (*billijk*) fair (treatment); — *is* —, fair is fair; *zo* — *als goud* (*as*) straight as a die; — *duurt 't langst*, honesty is the best policy; *een* —*e kans*, a fair chance; — *spel*, fair play; *een* — *stuk brood verdienen*, turn an h. penny. II *bw* honestly, fairly; *alles ging strikt* — *toe*, everything was fair and square; — *spelen*, play fair; — *gezegd*, frankly (speaking); — *waar*, honestly. ▼—**heid** honesty, fairness. ▼—**heidshalve** in fairness (to a p.).

eerloos infamous. ▼—**heid** infamy. ▼**eer/roof** defamation (of character). ▼—**shalve** for

honour's sake.

eerst I *bn* first; prime (minister); *de* —*e de beste*, the f. man (you meet), any man; —*e bediende*, chief clerk; *de* —*e de beste kan 't je zeggen*, anyone can tell you; *neem de* —*e de beste*, take the first one that comes along; *hij is niet de* —*e de beste*, he is not everybody; *bij de* —*e de beste gelegenheid*, at the first opportunity; —*e hulp* (*bij ongelukken*), f. aid; —*e hulp verlenen*, render f. aid; *de* —*e levensbehoeften*, the first necessities of life; —*e redevoering*, maiden speech; —*genoemde*(*n*), (*v. twee*) the former; (*v. meer*) the first (-mentioned); *hij is de* —*e v. d. klas*, he is at the top of his class; *in 't* —, at f.; *ten* —*e*, first(ly); *voor 't* —, for the f. time. II *bw* first; (*in 't* —) at first, initially; (*pas*) only (this year); *die 't* — *komt, die 't* — *maalt*, f. come, f. served; *toen* —, only then; *dat is* — *een kerel!*, there's a man for you!; *dat moet* — *nog blijken*, that remains to be seen; *als hij maar* — *hier is* (*was*), once he is here . . .; if only he were here. ▼—**aanwezend** senior (officer, etc.). ▼—**beginnend** beginner. ▼—**daags** one of these days. ▼—**edagenvelop** first-day cover. ▼—**ehands** f.-hand. ▼—**ejaarsstudent** f.-year student. ▼—**eklas** (*lett. en fig.*) first-class, (*fig.*) first-rate. ▼—**eling** f.-born. ▼—**ens** first. ▼—**erangs** f.-rate. ▼—**esteenlegging** laying of the foundation stone. ▼—**geboorterecht** right of primogeniture. ▼—**genoemde** former. ▼—**komend, —volgend** next; *de* —*e dagen*, the next few days.

eervol honourable; — *ontslag*, h. dismissal; —*le vermelding*, h. mention.

Eerwaarde: *de* — *Heer A.*, the Rev. A.

eerzaam respectable. ▼—**heid** respectability.

eerzucht ambition. ▼—**ig** ambitious.

eet/baar eatable, edible. ▼—**gelegenheid** eating-place. ▼—**gerei** dinner-things. ▼—**hoek** dining-area. ▼—**huis** eating-house. ▼—**kamer** dining-room. ▼—**kamerameublement** dining-room suite. ▼—**keteltje** mess-tin. ▼—**lepel** table-spoon. ▼—**lust** appetite; — *opwekkend*, appetizing. ▼—**partij** feed. ▼—**servies** dinner-set. ▼—**stokjes** chop-sticks. ▼—**tafel** dining-table. ▼—**waar** eatables, provisions. ▼—**zaal** dining-hall; (*mil.*) mess-room.

eeuw (*100 jaar*) century (the 20th -); (*tijdvak*) age (the Victorian -); *ik heb je in geen* — *gezien*, I have not seen you for ages. ▼—**enoud** centuries old. ▼—**enlang** age-long. ▼—**feest** centenary. ▼—**euwig** eternal, perpetual, perennial; — *lang weg-blijven*, stay away an unconscionable time; *'t is* — *jammer*, it's a thousand pities. ▼—**durend** perpetual, everlasting. ▼—**heid** eternity; *de* — *ingaan*, pass into e.; *nooit in der* —, never to all e.; *we hadden hem in geen* — *gezien*, we had not seen him for ages; *tot in* —, to all e. ▼—**euwwisseling** turn of the century.

effect effect; (*bilj.*) side. ▼—**bejag** clap-trap; straining after e., gallery-play.

effecten stocks, securities; (*in samenstelling*) s. ▼—**belening** loan on securities. ▼—**beurs** s.-exchange. ▼—**handel** s. jobbing. ▼—**handelaar** s.-jobber. ▼—**houder** s.-*holder*. ▼—**kantoor** s.-broker's office. ▼—**koers** price of stocks. ▼—**makelaar** s.-broker. ▼—**markt** s.-market. ▼—**rekening** s. account. ▼—**zaak** stockbroker's business.

effectief effective (measure); real (value); *in effectieve dienst*, on active service.

effectueren (*verkoop*) effect; (*order*) execute.

effectvol effective; (*v. terrein*) bumpy.

effen even, smooth, level; (*v. stoffen*) unicoloured, plain; *een* — *gezicht*, a straight face, a poker face. ▼—**en** level, smooth; *'t pad* — *voor*, pave the way for. ▼—**heid** smoothness.

eg harrow.

egaal smooth, level; *'t is mij* —, it's all the same to me. ▼**egali/satiefonds** equalization fund.

▼**—seren** equalize.

egard(s) regard(s), attention(s); *we moeten de — ten opzichte van hem in acht nemen*, we must treat him politely.

Egeische Zee Aegean Sea.

egel hedge-hog.

egelantier sweet-briar, eglantine.

eggen harrow. ▼**egger** harrower.

egocentrisch egocentric. ▼**egoïsme** egoism, selfishness. ▼**egoïst** egoist, self-seeker. ▼**egoïstisch** egoistic(al), selfish.

Egypt/e Egypt. ▼**—enaar** Egyptian. ▼**—isch(e)** Egyptian. ▼**—ologie** Egyptology. ▼**—oloog** Egyptologist.

ei I *tw* indeed!, ah! II *zn* egg; (*biol.*) ovum; *zacht (hard) gekookt —*, soft (hard) boiled egg; *'t van Columbus*, the e. of Columbus; *beter een half — dan een lege dop*, half a loaf is better than no bread; *het — wil wijzer zijn dan de hen*, teach your grandmother to suck eggs; *je bent als een kip die haar — niet kwijt kan*, you are like an ill-sitting hen; *hij koos —eren voor zijn geld*, he climbed down a peg or two.

eider/dons eider(down). ▼**—eend** eider.

eier/- egg-. ▼**—boer** e.-man. ▼**—dans** e.-dance. ▼**—dooier** (egg-)yolk. ▼**—dop** e.-shell. ▼**—dopje** e.-cup. ▼**—klopper**, —klutser e.-beater. ▼**—koek** e.-cake. ▼**—kolen** ovoids. ▼**—koopman** e.-dealer. ▼**—lepeltje** e.-spoon. ▼**—rek(je)** e.-rack. ▼**—schaal** e.-shell. ▼**—struif** omelet(te). ▼**—veiling** e.-mart. ▼**—wekker** egg-timer. ▼**—winkel** e.-shop.

eigen own, private; (*aangeboren*) naturel, innate; (*kenmerkend*) characteristic; (*vertrouwd*) familiar; *op de hem — wijze*, in his characteristic manner, in the way he has; *voor — gebruik*, for private use; *mijn — geld*, my o. money; *hij heeft een — auto*, he has a car of his o.; *hij is een — broer van…*, he is o. brother to …; *— weg*, private road; *zich een taal — maken*, acquire a language; *met iem. — zijn*, be familiar with a p.; *hij is daar helemaal —*, quite at home. ▼**—aar** owner, proprietor. ▼**—aardig** peculiar, singular. ▼**—aardigheid** peculiarity. ▼**—ares** proprietress. ▼**—baat** egoism. ▼**—belang** self-interest.

eigendom property; *iets in — verkrijgen*, obtain the ownership of. ▼**—sbewijs** title-deed. ▼**—soverdracht** transfer of property. ▼**—srecht** proprietary right(s); (*v. boek*) copyright. ▼**—sregister** register of title-deeds.

eigendunk self-conceit.

eigen/gebakken, **—gemaakt** home-baked, -made.

eigengerechtig(heid) self-righteous(ness).

eigengereid highhanded. ▼**—heid** highhandedness.

eigenhandig with one's own hands; *'n — geschreven brief*, a personal letter.

eigenliefde self-love.

eigenlijk I *bn* proper; *de —e kwestie*, the question p., the heart of the matter. II *bw* properly (strictly) speaking, really; *wat bedoel je —?*, what exactly (just what) do you mean?

eigenmachtig arbitrary.

eigennaam proper name.

eigenschap quality (of persons); property (of things).

eigenst very, same.

eigentijds contemporary.

eigenwaan self-conceit.

eigenwaarde *gevoel van —*, selfrespect.

eigenwijs (self-) opinionated, selfwilled. ▼**—heid** self-conceit.

eigenzinnig obstinate. ▼**—heid** obstinacy.

eik oak. ▼**eikel** acorn. ▼**eikehout(en)** oak, oaken.

eiland island; isle (the Isle of Wight); *de Britse —en*, The British Isles. ▼**—bewoner** islander. ▼**—engroep** group of islands, archipelago. ▼**—enrijk** i. kingdom. ▼**—er** islander. ▼**—je** islet, little island.

eileider oviduct.

eind end (of year, street); conclusion, close (of meeting); (*uiteinde*) extremity, end; piece (of wood, of string); *'n heel —*, a long way; *een — weegs*, part of the way; *'t — van 't liedje was*, the upshot was; *— goed, ai goed*, all is well that ends well; *aan alles komt een —*, all things come to an end; *daar moet een — aan komen*, that must stop; *komt er nooit een — aan?*, (*ook*) shall I never hear (see) the last of it?; *een — maken aan*, put an e. to, (bring to a) stop; *zijn — naderen*, draw to an e. (a close); *bluffen dat hij doet!, daar is het — van weg*, he is no end of a braggart; *een heel — (weg)*, a long way (off); *een heel — in de 40*, well into the forties, well over 40; *'t — ze zal de last dragen*, he is heading for a cropper, fate will present the bill; *een —e nemen*, come to an e.; *aan 't andere — van de wereld*, (live) at the back of beyond; *lelijk aan zijn — komen*, come to a bad e.; *aan 't langste — trekken*, come off best, get the best of it; *aan 't kortste — trekken*, get the worst of it; *je hebt 't bij 't rechte —*, you are right; *je hebt 't bij 't verkeerde —*, you are mistaken; *in 't —*, in the e.; *op het — van*, at the e. of; *het loopt met hem op een —*, he is on his last legs; *te dien —e*, to that e.; *ten —e brengen*, bring to a conclusion; *ten — lopen*, draw to an e., expire (of contract); *ten —e zijn*, be at an e., be over; *hij was ten — raad*, at his wits' (wit's) end; *een boek ten —e lezen*, read through a book; *tot een goed — brengen*, bring to a happy conclusion; *tot 't — e (toe)*, till the e.; *tot het —e doorzetten*, go the whole hog; *van het ene — tot het andere*, from e. to e. ▼**eind/**- final. ▼**—balans** final balance sheet. ▼**—bedrag** total, sum total. ▼**—beslissing** final decision. ▼**—bestemming** ultimate destination. ▼**—cijfer** final figure; (*op rapport*) final mark. ▼**—conclusie** final conclusion. ▼**—diploma** (school) leaving-certificate. ▼**—doel** ultimate object.

eindelijk I *bw* at last. II *bw* ultimate.

eindeloos endless. ▼**—heid** endlessness.

eind/examen final examination. ▼**—fase** final (closing) stage. ▼**—haven** terminal port.

eindig finite. ▼**—heid** finiteness. ▼**—en** I *on.w* end, finish; *bij het — van*, at the end of; *— in*, e. in; *— met*, e. in (disorder); wind up with (a song); *het eindigde met zijn bekering*, it resulted in his conversion; *— op een a.*, e. in an a. II *ov.w* end (letter, life); finish (work).

eind/indruk final impression. ▼**—je** (cigar-)end; stub (of pencil); stump (of candle); piece (of string); (*afstand*) distance; (*om te slaan*) rope's end; *loop je een — mee?*, are you coming part of the way?; *het is maar 'n —*, it is only a short way; *ik ga 'n — fietsen*, I'm going for a spin; *de —s aan elkaar knopen*, (*fig.*) make ends meet. ▼**—klank** f. sound. ▼**—klassement** final placings. ▼**—oordeel** f. judgement. ▼**—oorzaak** ultimate cause. ▼**—overwinning** f. victory. ▼**—overzicht** f. review. ▼**—paal** (*sp.*) winning-post; (*fig.*) goal. ▼**—produkt** f. product. ▼**—punt** end; (*v. spoorw., enz.*) terminus. ▼**—rapport** f. report. ▼**—resultaat** f. result, upshot. ▼**—rijm** end rhyme. ▼**—ronde** f. round. ▼**—salaris** f. salary. ▼**—stand** f. score, close-of-play score. ▼**—station** terminus. ▼**—streep** (*sp.*) finish; *als eerst over de — gaan*, finish first, (*ook*) breast the tape first. ▼**—strijd** f. contest. ▼**—uitslag** f. result. ▼**—vergadering** closing meeting.

eirond oval, egg-shaped.

eis demand; claim (for damages); (*v. Off. v. Just.*) sentence demanded; requirement (for examination); petition (for divorce); *naar de —, properly*; *naar de —en des tijds ingericht*, fitted with every modern convenience, up-to-date; *iemands — afwijzen*, (*jur.*) find against a p., dismiss his action; *van een — afzien*, waive a claim; *een — instellen*, bring a claim (for), bring an action (against); *—en stellen*, make demands on; *een — toewijzen*, (*jur.*) give judgement for the plaintiff. ▼**eisen** demand (of, from); require (of); claim (from).

▼**eiser(es)** (*jur.*) plaintiff; (*bij arbitrage*)

claimant.
eivol chock-full, crammed; *het was er* —, the place was absolutely packed. ▼**eiwit** white of egg; (*med.*) albumen. ▼—**houdend** albuminous.

ejaculatie ejaculation.

ekster magpie. ▼**eksteroog** (*lett. en fig.*) corn.

el (Dutch) ell; yard.

elan dash, spirit.

eland elk.

elast/iciteit elasticity. ▼—**iek**, —**isch** elastic.

elders elsewhere; *naar* —, elsewhere.

electoraal electoral. ▼—**electoraat** electorate.

elegant elegant, smart. ▼—**ie** elegance.

eleg/ie elegy. ▼—**isch** elegiac.

elektricien electrician. ▼**elektriciteit** electricity. ▼—**sbedrijf**: *gemeentelijk* —, municipal e. supply works. ▼—**smeter** electric(ity) meter. ▼—**sverbruik** consumption of e. ▼—**svoorziening** e. supply. ▼—**swerken** e. works. ▼—**swinkel** e. shop. ▼**elektri/ficatie** electrification. ▼—**sch** electric. ▼—**seermachine** electrical machine. ▼—**seren** electrify.

elektro-/analyse elektro-analysis. ▼—**chemie** electro-chemistry. ▼—**de** electrode. ▼—**dynamica** electrodynamics. ▼—**encefalogram** electroencephalogram. ▼—**kutie** electrocution. ▼—**lyse** electrolysis. ▼—**magneet** electromagnet. ▼—**motor** electric motor. ▼—**n** electron. ▼—**nika** electronics. ▼—**nisch** electronic. ▼—**scoop** electroscope. ▼—**technicus** electrical engineer. ▼—**techniek** electro-technics, electrical engineering. ▼—**technisch** electrotechnical.

element element (*ook fig.*); (*elektr.*) cell; *z. in zijn — voelen*, be in one's e. ▼—**air** elementary.

elevatie elevation. ▼—**hoek** angle of e. ▼**elevator** elevator.

elf I *zn* elf. II *telw.* eleven; *hij doet alles op zijn —endertigst*, he does everything at a snail's pace. ▼—**de** *bn* eleventh; *ter — ure*, at the eleventh hour. ▼—**tal** eleven.

elimin/atie elimination. ▼—**eren** eliminate.

elite élite; the upper ten. ▼—**troepen** picked (crack) troops.

elixir elixir.

elk (*bijvoeglijk*) every, each; (*zelfstandig*) everyone. ▼**elkaar, elkander** each other, one another; *aan* — (*knopen*), (tie) together; *achter* —, behind each other; *uren achter* —, for hours together; *achter* — *de klas in* (*uit*) *gaan*, file into (out of) the class-room; *achter* — *lopen*, walk in single file; *bij* —, together; *hij nam z'n paperassen bij* —, he gathered up his papers; *deze woorden kunnen door — gebruikt worden*, are interchangeable, can be used promiscuously; *door* —, in a heap, higgledy-piggledy; *door — genomen*, on an average; *in — leggen, zetten*, put together; *het touw zat in* —, the rope was tangled; *zit niet zo in* —, don't sag like that; *met* —, together, between us (them); *na* —, after each other; *naast* —, side by side; *onder* —, among (themselves); *op* — (*v. plaats*), on top of each other; *uit — gaan*, separate; *ik kan ze niet uit — houden*, I can't tell them apart; *uit — vallen*, fall to pieces; *ze hebben niets van* —, they are entirely unlike; *dat is voor* —, that is settled; *hij kon't niet voor — krijgen*, he could not manage it.

elleboog elbow; *zijn ellebogen staken door zijn mouwen*, he was out at elbows; *hij heeft ze achter de ellebogen*, he is a sneak.

ellend/e misery, distress. ▼—**eling** wretch, villain. ▼—**ig** miserable, wretched.

ellenlang yards long; (*fig.*) sesquipedalian (words); — *verhaal*, interminable story.

ellepijp ulna.

ellips ellipse. ▼**elliptisch** elliptic(al).

elpee, LP long-play(ing) record.

els 1 (*priem*) awl; 2 (*boom*) alder.

Elzas: *de* —, Alsace, Alsatia.

▼—-**Lotharingen** A.-Lorraine. ▼—**ser**, —**sisch** Alsatian.

elzekatjes alder-catkins. ▼**elzen** *bn* alder.

email enamel. ▼—**leren** enamel. ▼—**leur** enameler.

emancip/atie emancipation. ▼—**eren** emancipate.

emballage packing. ▼—**afdeling** p.department. ▼—**kosten** p.charges. ▼**emball/eren** pack (up). ▼—**eur** packer.

embargo embargo; *onder — leggen*, embargo.

embarkeren embark.

embleem emblem.

embolie embolism.

embryo embryo. ▼—**logie** embryology. ▼—**naal** embryonic.

emend/atie emendation. ▼—**eren** emend.

emerit/aat superannuation. ▼—**us** retired.

emigr/ant emigrant. ▼—**atie** emigration. ▼—**eren** emigrate.

eminent eminent. ▼—**ie** eminence.

emissie issue. ▼—**huis** issuing house. ▼—**koers** price of issue. ▼**emitteren** issue.

emmer pail, bucket; *'t regent alsof 't met —s uit de lucht valt*, the rain is coming down in bucketfuls.

emoe emu.

emolumenten emoluments.

emotie emotion. ▼**emotionaliteit** emotionalism, emotionality. ▼**emotioneel** emotional.

emplacement (railway) yard.

empirisch empiric(al).

emplooi employ, employment. ▼**employ/é** employee. ▼—**eren** employ.

emulgeren emulsify. ▼**emulsie** emulsion.

en and; *én jij én ik*, both you and I.

en bloc (sell, buy) in the lump; (*als één man*) en bloc (*of*: in a body).

encadreren frame (picture); officer (army).

encanailleren: *zich* —, make o.s. cheap.

encefalitis encephalitis.

enclave enclave.

encycliek encyclical (letter).

encycloped/ie (en)cyclop(a)edia. ▼—**isch** encyclopedic. ▼—**ist** encyclopedist.

endeldarm rectum.

endocrinologie endocrinology.

endoss/ant endorser. ▼—**ement** endorsement. ▼—**eren** endorse.

enenmale: *ten* —, entirely, absolutely.

energie energy, go; (*elektr.*) power. ▼—**bedrijf** power company. ▼—**levering** power supply. ▼—**verbruik** energy consumption. ▼**energiek** energetic.

enerlei of the same kind.

enerzijds on the one side (hand).

enerveren enervate.

en face full face (portrait).

enfin 1: —!, Ah, well!; 2 (*kortom*) in short; *maar* —, still; but there.

eng narrow (passage); tight (clothes); creepy, weird (story); *in —ere zin*, in a narrower sense; *een — e vent*, a horror; — *behuisd zijn*, be cramped for space; *ik werd er — van*, it gave me the creeps.

engag/ement engagement. ▼—**eren** engage; *zich* —, become engaged (to).

engel angel. ▼—**achtig** angelic. ▼—**achtigheid** angelic nature.

Engeland England; (*dicht.*) Albion.

engelbewaarder guardian angel. ▼**engelen/bak** (upper) gallery; *in de* —, among the gods. ▼—**geduld** patience of an angel. ▼—**schaar** host of angels.

Engels English; *'t* —, E.; *de* —*en*, the E.; *de* —*e bank*, The Bank of England; *de* —*e Kerk*, the Church of England, the Anglican Church; *hij was lid van de* —*e Kerk*, he was C. of E., Anglican; —*e sleutel*, monkey-wrench, spanner; —*e vlag*, Union Jack; —*e ziekte*, rachitis, rickets. ▼—**e** Englishman. ▼—**man** E.man.

engerd horrible man, horror, (*sl.*) creep; *hij is een* —, (*ook*) he gives you the creeps.

eng/hartig(heid) narrow-minded(ness).

▼—**heid** narrowness, tightness.
en-gros wholesale.
engte narrow(s), strait(s); (berg—) defile; (land—) isthmus.
enig I bn only (son); unique (chance); een —e vakantie, a unique (topping) holiday. **II** bw: —mooi, wonderful, uniquely beautiful; wat —!, how marvellous! **III** vnw some (bread, loaves); (in vragen) any (have you any bread, a loaves?); er waren — en die..., there were some who... ▼—**erhande,** —**lei** of some kind; op — wijze, in some (any) way. ▼—**ermate** to some extent. ▼—**geboren** only-begotten.
enigszins somewhat, slightly, rather; indien — mogelijk, if at all possible; zo gauw hij maar — kon, as soon as ever he could.
enjambement enjamb(e)ment; een regel met —, a run-on line.
enkel I zn ankle. **II** bn single; a few (books); de —en die, the few who; geen —e kans, not a s. chance; een — foutje, an occasional mistake; een —e handschoen, an odd glove; één — glaasje dan, just one glass then; —e reis, s. journey; één —e Londen, one single London. **III** bw simply, only; — en alleen, simply and solely. ▼—**ing** individual. ▼—**spel** single. ▼—**spoor** single track. ▼—**voud** singular. ▼—**voudig** singular; simple (fraction).
enorm enormous. ▼—**iteit** enormity.
enquête inquiry; een — instellen (houden), set up (hold) an i. (into).▼—**formulier** questionnaire.
ensceneren stage.
ensemble ensemble, whole.
entameren broach.
enten graft (trees); inoculate (persons).
enter/en board. ▼—**haak** grappling iron.
enthousi/asme enthusiasm. ▼—**ast I** zn enthusiast, addict. **II** bn enthusiastic; — maken/zijn, enthuse.
ent/ing (en) grafting; inoculation. ▼—**mes** grafting-knife.
entomologie entomology.
entourage entourage, environment.
entr'acte entr'acte, interlude.
entree ('t binnengaan) entrance, entry; (ingang) entrance; (—betalen), pay for admission; — vrij, admission free. ▼—**biljet** ticket. ▼—**geld** admission; (als lid) entrance-fee. ▼—**prijs** price of admission.
entrepot bonded warehouse; in — opslaan, bond; goederen in —, bonded goods. ▼—**houder** warehouse-keeper. ▼—**kosten** warehouse-charges.
entresol entresol, mezzanine.
ent/rijs graft, scion. ▼—**spleet** graft. ▼—**stof** inoculum; (koepok—) vaccine.
envelop(pe) envelope.
enz., enzovoort(s) etc., et cetera, and so on.
epaulet epaulet(te); (v. lakei) shoulder-knot.
epicentrum epicentre.
epicurist epicure.
epidem/ie epidemic. ▼—**isch** epidemic.
epidiascoop epidiascope.
epigoon epigone (mv -s of -goni).
epi/lepsie epilepsy. ▼—**leptisch** epileptic. ▼—**lepticus** epileptic.
epileren depilate.
epiloog epilogue.
episch epic.
episcopaat episcopacy.
. episode episode. ▼**episodisch** episodic.
epistel epistle.
epitheton epithet.
epopee epopee, epic.
epoque epoch; — makend, e.-making.
epos epic.
equator equator. ▼—**iaal** equatorial.
equipage equipage, carriage; (mar.) crew.
equipe (sp.) team.
equivalent equivalent, counterpart.
er there; we zijn —, here we are; hoeveel heb je —, how many have you?; — zijn — die ..., t. are those who ...; wat is —?, what is it?; is — iets?, is anything the matter?; ze zijn — nog niet, (wacht maar) they are not yet out of the

wood; — werd gedanst, there was a dance (going on); — werd gefluisterd dat, it was whispered that.
erbarm/elijk pitiable, pitiful, miserable; — slecht, abominable. ▼—**en I** ww: zich — over, have mercy on. **II** zn = —**ing** pity.
ere honour. ▼—**ambt,** —**baantje** post of honour. ▼—**boog** triumphal arch. ▼—**burger** freeman. ▼—**burgerschap:** hij kreeg het — der stad aangeboden, he was offered the freedom of the city. ▼—**comité** honorary committee.
erectie erection.
ere/dame maid of h. ▼—**dienst** (public) worship. ▼—**diploma** honorary certificate. ▼—**doctoraat** honorary degree. ▼—**gast** guest of h. ▼—**krans** wreath of h. ▼—**kruis** cross of h. ▼—**kwestie** question of h. ▼—**lid** honorary member. ▼—**lidmaatschap** (honorary) freedom; hij kreeg het — van de vereniging, he was made free of the society.
eren honour; wie 't kleine niet eert, is 't grote niet weerd, he that can not keep a penny shall never have many.
ere/naam name of honour. ▼—**palm** palm (of honour); de — wegdragen, bear the palm. ▼—**plaats** place of honour; de — innemen, (fig.) have pride of place. ▼—**poort** triumphal arch. ▼—**prijs** prize; (plant) veronica. ▼—**saluut** salute; een — aan ..., honour to ... ▼—**schuld** debt of h. ▼—**teken** mark of h.; (medaille) badge of h. ▼—**titel** honorary title. ▼—**veld** military cemetery. ▼—**voorzitter(schap)** honorary chairman(ship). ▼—**wacht** guard of h. ▼—**woord:** op zijn — vrijlaten, release on parole. ▼—**zaak** affair of h.
erf (farm)yard; (grond om huis) premises.
erf/- hereditary. ▼—**deel** portion, heritage; vaderlijk —, patrimony; zijn — krijgen, come into one's own.
erfdienstbaarheid easement.
erfdochter heiress. ▼**erfelijk** hereditary; —e belasting, h. taint; — belast zijn, have a h. taint. ▼—**heid** heredity. ▼—**heidsleer** genetics. ▼**erf/enis** inheritance, heritage, legacy. ▼—**genaam** heir; wettig —, heir-at-law, legal h. ▼—**gename** heiress. ▼—**gerechtigd** heritable. ▼—**goed** inheritance; het — onzer vaderen, our national heritage. ▼—**later** testator. ▼—**lating** bequest. ▼—**oom** legacy-uncle. ▼—**opvolging** hereditary succession. ▼—**opvolgingsoorlog** war of succession. ▼—**pacht** long lease; (huur) ground-rent. ▼—**pachter** long leaseholder. ▼—**recht** law of succession; (recht om te erven) right of succession; (erfelijk recht) h. right. ▼—**stuk** heirloom. ▼—**tante** legacy-aunt. ▼—**vijand** h. enemy. ▼—**zonde** original sin.
erg I bn bad; vind je het — als ik ga?, do you mind me going?; een misdaad is iets heel —s, a crime is s.th. very serious; er is nog niets —s gebeurd, there are no bones broken. **II** bw badly (hurt); very (old); much (impressed); hij is er — aan toe, he is in a bad way; je maakt 't te —, you are going too far; hij had — veel weg van jou, he looked very much like you. **III** zn zonder —, unintentionally; ik had er geen — in, I was not aware of it; voor je er — in hebt, before you know where you are.
ergens somewhere (ook: — heen); — anders, somewhere else; — mee, in, op, enz., with s.th., etc.
erger worse; des te —, so much the w.
erger/en annoy, vex; (aanstoot geven) scandalize, shock; zich —, be vexed, annoyed; take offence (at). ▼—**lijk** annoying, aggravating; shocking; 't — e ervan is ..., the annoying part of it is ... ▼—**nis** annoyance; (aanstoot) offence.
ergonomie ergonomics.
ergst worst; op zijn —, at w.; de winter op zijn —, winter at its w.; in 't — e geval, if the w. comes to the w.; at a pinch.
erica erica, heath.

erkenn/en acknowledge, recognize (authority); (*toegeven*) confess, admit; *een vordering* —, allow a claim; *ontvangst* —, acknowledge receipt; *dit is erkend de beste ploeg*, this is admittedly the best team; *naar u zelf erkent*, on your own confession. ▼**—ing** acknowledgement, recognition; admission (of a fact).

erkentelijk grateful, thankful. ▼**—heid** gratitude.

erkentenis acknowledgement, recognition; admission (of a fact); *tot de — komen* (*dat iets onmogelijk is*), realize.

erker bay window, bow window.

ernst earnest(ness), seriousness; *in volle —*, in sober earnest, in all seriousness; *'t was hem —*, he was in earnest, he meant business; *'t wordt nu —*, it is getting serious now; *met —*, seriously. ▼**—ig** earnest (face, desire); serious (accident, situation); grave (countenance); severe (punishment).

eroderen erode. ▼**erosie** erosion.

ero/geen erogenous. ▼**—tiek** erotics, eroticism. ▼**—tisch** erotic.

erts ore. ▼**—ader** mineral vein, lode. ▼**—groeve** o.-pit. ▼**—houdend** o.-bearing. ▼**—mijn** o.-mine. ▼**—rijk** rich in ore. ▼**—winning** o.-mining.

erudiet erudite. ▼**eruditie** erudition.

ervar/en I *ww* experience, find out. II *bn* experienced, skilled. ▼**—enheid** experience, skill. ▼**—ing** experience; *bij —*, by e.; *tot de — komen dat...*, find out that...; *uit —*, by (from) e.; *volgens mijn —*, in my e.

erven I *zn* heirs. II *ww* inherit.

erwt pea. ▼**—edop** p.-pod. ▼**—ensoep** p.-soup.

es ash (tree).

escadrille squadron. ▼**—commandant** s.-leader.

escalatie escalation. ▼**—eren** escalate.

escapade escapade.

escapisme escapism.

escort/e escort. ▼**—eren** escort.

esdoorn maple (tree).

eskader squadron. ▼**—commandant** (*luchtmacht*) squadron-leader. ▼**eskadron** squadron.

Eskimo Eskimo. ▼**—hut** igloo.

esoterisch esoteric(al).

esp asp(-tree). ▼**—en** aspen.

espresso espresso (*mv -s*). ▼**—machine** espresso.

esprit esprit; *— de corps*, e. de corps, corporate spirit.

essay essay. ▼**—ist** essayist.

esse/hout ash-wood. ▼**—houten, essen** ashen.

essentieel essential; *'t essentiële*, the essence, the essential part; *van — belang*, essential, of vital importance.

estafette dispatch-rider. ▼**—loop, —rit** relay race.

estheet aesthete. ▼**esthet/ica** aesthetics. ▼**—isch** I *bn* aesthetic. II *bw* aesthetically.

Estland Est(h)onia. ▼**—er, —s** Est(h)onian.

etablissement establishment.

etage stor(e)y, floor. ▼**—woning** flat.

étagère what-not.

etalage shop-window, show-window. ▼**—goederen** window-goods. ▼**—kast** show-case. ▼**—pop** window-figure. ▼**—venster** display-window. ▼**—verpakking** dummy. ▼**—wedstrijd** window-dressing competition. ▼**etal/eren** I *ww* display (articles); dress the windows. II *zn* window-dressing. ▼**—eur** window-dresser.

etappe halting-place; (*afstand*) stage; *in —*, in (by) stages. ▼**—ntroepen** supply-troops.

et cetera et cetera.

eten I *ww* eat; dine; have dinner; *veel* (*weinig*) —, eat much (little); *zij — er goed van*, they feed well; *wat — we?*, what do we have for dinner?, (*fam.*) what's cooking?; *hij eet uit je hand*, he eats out of your hand; *zich dik aan iets —*, eat one's fill of s.th.; *hij kan flink —*, he is a hearty eater (feeder); *ik ga bij mijn vriend —*, I'm dining at the house of my friend; *kom bij ons —!*, come and dine with us!; *mensen te — hebben* (*vragen*), have (ask) people to dinner; *uit — gaan*, dine out. II *zn* (*voedsel*) food; (*maal*) meal, dinner; *te — geven*, feed; *iem. te — hebben*, have s.o. to dinner; *dat is — en drinken voor hem, hij laat er — en drinken voor staan*, it is meat and drink to him; *het — klaarmaken*, cook the dinner; *zich kleden voor 't —*, dress for dinner; *na den —*, after d. ▼**etens/bak(je)** trough. ▼**—bord** dinner-plate. ▼**—lucht** smell of cooking. ▼**—tijd** dinner-time. ▼**—uur** dinner-hour. ▼**—waren** food, eatables. ▼**etentje** small dinner-party. ▼**eter** eater; *een flinke, slechte —*, a big, poor eater; *we krijgen —s*, we have people to dinner.

ether ether; (*radio:*) *door de —*, over the air; *in de —*, on the air.

ethica, ethiek *de —*, ethics. ▼**ethisch** ethical.

Ethiop/ië Ethiopia. ▼**—iër, —isch** Ethiopian.

etiket label. ▼**—teren** label.

etiquette etiquette.

etmaal 24 hours.

etnisch ethnic. ▼**etno/graaf** ethnographer. ▼**—grafie** ethnography. ▼**—logie** ethnology. ▼**—logisch** ethnologic(al). ▼**—loog** ethnologist.

ets etching; *droge —*, drypoint. ▼**—en** etch. ▼**—er** etcher. ▼**—kunst** (art of) etching. ▼**—naald** etching-needle.

ettelijke several.

etter matter, pus. ▼**—buil** abscess. ▼**—en** fester, suppurate. ▼**—ing** suppuration. ▼**—wond** suppurating wound.

etui case, container.

etymo/logie etymology. ▼**—logisch** etymological. ▼**—loog** etymologist.

eucharist/ie Eucharist. ▼**—isch** eucharistic.

eufemis/me euphemism. ▼**—tisch** euphemistic.

eugenese eugenics.

eunuch eunuch.

Euromarkt (European) Common Market. **Europa** Europe. ▼**Europeaan, Europees** European.

euthanasie euthanasia, mercy killing.

euvel (*kwaad*) evil; (*gebrek*) fault; *duid 't mij niet —*, don't take it ill of me. ▼**—daad** evil deed, crime. ▼**—moed** wantonness; audacity, insolence.

Eva Eve.

evacu/atie evacuation. ▼**—ee** evacuee, displaced person. ▼**—eren** evacuate.

evalu/atie evaluation, assessment. ▼**—eren** evaluate, assess.

evangelie gospel; *tot het — bekeren*, evangelize; *het — prediken*, preach the G. ▼**—dienaar** Minister of the G. ▼**—prediker** preacher of the G., evangelist. ▼**—woord** gospel. ▼**evangel/isatie** evangelization. ▼**—isch** evangelic(al). ▼**—iseren** evangelize. ▼**—ist** evangelist.

even *bn* even; *— of oneven*, odd or e.; *'t is mij om 't —*, it is the same to me; *om 't — wie*, no matter who. II *bw* equally (big); as (big as); (*eventjes*) just; *wacht —*, just wait a moment; (*dat is*) *al — erg*, equally bad; (*hij is*) *altijd rustig*, always very quiet; *— in de 30*, in the early thirties, just over thirty; *maar heel — eerder*, ever so little earlier.

evenaar equator.

evenals (just) as, (just) like.

evenaren equal, be a match for (a. p.).

evenbeeld image, (very) picture.

eveneens as well, likewise, too.

evenement event.

evengoed *bw* (just) as well, equally well.

evenknie equal, compeer.

evenmens fellow-man.

evenmin *— als*, no more than.

evennaaste fellow-man.

evennachtslijn equator.

evenredig proportional (representation);

proportionate (to needs); commensurate (with). ▼—**heid** proportion.

eventjes (only) a moment; just (have a look).

eventualiteit eventuality, contingency. ▼**eventueel** I *bn* possible, eventual. II *bw* — *morgen*, perhaps to-morrow; *indien het* — *mocht regenen*, if by any chance it should rain; *mocht dit* — *'t geval zijn*, should this be the case.

even/veel as much, as many. ▼—**wel** however.

evenwicht balance, equilibrium; *in* — *brengen, houden*, balance; *iem. uit z'n* — *brengen*, throw a p. off his b.; *'t* — *herstellen*, restore the b. ▼—**ig** (well-) balanced, steady. ▼—**sorgaan** balancing-organ. ▼—**stoestand** equilibrium.

evenwijdig parallel. ▼—**heid** parallelism.

even/zeer (I like it) as much (as you); (this is) equally (true). ▼—**zo** likewise. ▼—**zovele** so many.

everzwijn wild boar.

evident evident, obvious. ▼—**ie** evidence.

evolueren evolve. ▼**evolutie** evolution.

exact exact (sciences); precise. ▼—**heid** exactness; precision.

examen examination, (*fam.*) exam; *een* — *afleggen*, undergo an e.; — *doen*, sit for an e.; *zich aan een* — *onderwerpen*, go up (in) for an e. ▼—**commissie** examining-board. ▼—**eisen** e. requirements. ▼—**geld** e.-fee. ▼—**lokaal** e.-room. ▼—**opgaaf** e.-paper. ▼—**opleider** coach. ▼—**opleiding** e. training. ▼—**vak** subject of e. ▼—**vrees** e. fright. ▼—**werk** e. paper(s). ▼**examin/andus** examinee. ▼—**ator** examiner. ▼—**eren** examine.

excellentie excellency.

excentr/iek *zn en bn* excentric. ▼—**isch** excentric.

except/ie exception. ▼—**ioneel** exceptional.

exces excess. ▼—**sief** excessive.

exclusief exclusive; — *verpakking*, e. of packing.

excommunic/atie excommunication. ▼—**eren** excommunicate.

excursie excursion, trip.

excuseren excuse; *zich* —, excuse o.s. ▼**excuus** excuse, apology; — *maken*, apologize; *ik vraag u* —, I beg your pardon, I apologize.

execut/ant executant, performer. ▼—**eren** execute (a criminal); *'n hypotheek* —, foreclose a mortgage. ▼—**eur** (**testamentair**) executor (of a will). ▼—**ie** execution; (*v. hypotheek*) foreclosure.

exegese exegesis.

exemplaar specimen, sample; (*v. boek, enz.*) copy. ▼**exemplair** exemplary.

exerceren drill. ▼**exercitie** drill, practice. ▼—**patroon** dummy cartridge. ▼—**veld** parade-ground.

exhibition/isme exhibitionism. ▼—**ist** exhibitionist.

existential/isme existentialism. ▼—**ist** existentialist. ▼—**istisch** existentialist.

exobiologie exobiology.

exorbitant exorbitant.

exotisch exotic.

expansie expansion. ▼—**politiek** policy of e.

expedi/ëren forward, dispatch, ship. ▼—**teur** forwarding-agent, shipping-agent. ▼**expeditie** (*tocht*) expedition; (*verzending*) forwarding, shipping. ▼—**afdeling** shipping-department, forwarding-department. ▼—**firma** firm of forwarding agents. ▼—**kantoor** forwarding-office. ▼—**leger, —macht** expeditionary force. ▼—**onderneming** parcels delivery company. ▼—**zaak** haulage-business, shipping-office. ▼—**zaken** shipping matters.

experiment experiment. ▼—**eel** experimental. ▼—**eren** experiment.

expert expert; (*verzekerings*—) assessor. ▼**expertise** assessment.

explicat/eur explainer. ▼—**ie** explication.

expli/ciet explicit. ▼—**citeren** make e., state explicitly.

exploderen explode.

exploitant exploiter (of mine); owner (of newspaper, hotel); operator (of a bus-service). ▼**exploitatie** exploitation, working (of mines, railways, inventions); running (of a business); operation (of a bus-service). ▼—**kosten** cost of running (operation). ▼—**mogelijkheden** possibilities of e. ▼**exploiteren** exploit (workers, mines), run, own (a newspaper).

exploot writ.

explosie explosion. ▼**explosief** explosive.

exponent exponent.

export export. ▼—**artikel** e. article. ▼—**bedrijf** e. business. ▼—**eren** export. ▼—**eur** exporter. ▼—**firma** e. firm. ▼—**gebied** e. field. ▼—**handel** e. trade. ▼—**produkt** e. product.

expos/é exposé, exposition. ▼—**eren** exhibit. ▼—**itie** exhibition, show.

expres I *bn* express. II *bw* expressly, on purpose. ▼—**brief** express.

expressionisme expressionism.

exprestrein express (train).

extase ecstasy; *in* — *geraken*, go into ecstasies. ▼**extatisch** ecstatic.

exterieur exterior.

extern non-resident.

extra extra; — *bagage*, excess luggage; — *trein (nummer)* special train (number).

extract extract (of beef); excerpt (of book).

extraparlementair non-party (cabinet).

extrapoleren extrapolate.

extratrein special train.

extravagant extravagant.

extreem extreme. ▼**extremist(isch)** extremist. ▼**extremiteiten** extremities.

extrovert extrovert, extravert.

ezel ass, donkey; (*v. schilder*) easel; *een* — *stoot zich geen tweemaal aan dezelfde steen*, once bit(ten) twice shy; *zo koppig als een* —, as obstinate as a mule. ▼—**achtig** asinine; *wees niet zo* —, don't be a stupid ass. ▼—**achtigheid** stupidity. ▼—**drijver** donkey-driver. ▼—**in** she-ass, jenny-ass. ▼—**innemelk** ass's milk. ▼—**sbrug(getje)** aid to memory. ▼—**skop** ass's head; (*fig.*) dunce, blockhead. ▼—**soor** ass's ear; (*v. boek*) dog's ear. ▼**ezeltje rijden** *zn* donkey-riding.

F

faam fame, reputation; *te goeder naam en — bekend staan*, have a good reputation, be generally esteemed.
fabel fable. ▼—**achtig** fabulous. ▼—**leer** mythology.
fabric/age manufacture. ▼—**eren** manufacture; (*fig.*) fabricate (lies).
fabriek factory, (cotton, paper) mill, works. ▼—**en**: (*in elkaar* —) fabricate. ▼**fabrieks/**-factory. ▼—**arbeid** f. work. ▼—**arbeid(st)er** f.-worker. ▼—**artikel** f. product. ▼—**baas** foreman, overseer. ▼—**bevolking** industrial population. ▼—**district** industrial district. ▼—**geheim** trade secret. ▼—**installatie** plant. ▼—**merk** trade-mark. ▼—**prijs** f. price. ▼—**schoorsteen** f. chimney. ▼—**stad** manufacturing town. ▼—**terrein** f. site. ▼—**waren**, —**werk** manufactured goods. ▼**fabrik/aat** manufacture, make; *Engelse fabrikaten*, English products (goods). ▼—**ant** manufacturer.
fabuleus fabulous.
façade façade.
facet facet; (*fig. ook*) angle.
facie mug, phiz.
faciliteit facility.
facsimile facsimile.
facteur postal orderly.
factor factor.
factorij trading-station.
factotum factotum, man-of-all-work.
factureren invoice. ▼**factuur** invoice. ▼—**bedrag** i. amount.
facultatief optional, facultative.
faculteit faculty.
faecaliën, faeces faeces, (*Am.*) feces.
fagot bassoon. ▼—**tist** bassoonist.
failliet I *zn* bankruptcy. II *bn* bankrupt; —*e boedel*, bankrupt's estate; — *gaan*, fail, go bankrupt; — *verklaard worden*, be adjudged bankrupt. ▼—**verklaring** adjudication order. ▼**faillissement** bankruptcy; — *aanvragen*, present a bankruptcy petition (against o.s., a firm); *in staat van* — *verkeren*, be in bankruptcy. ▼—**saanvrage** petition (in bankruptcy). ▼—**sverklaring** adjudication, adjudication order. ▼—**swet** bankruptcy act.
fakir fakir.
fakkel torch; (*luchtv.*) flare. ▼—**drager** torch-bearer. ▼—**optocht** torch-light procession.
falanx phalanx.
falen fail; *het faalt hem aan inzicht*, he lacks insight; *nimmer falend*, unfailing, unerring.
falie mantle; *iem. op z'n* — *geven*, dust a p.'s jacket.
fallisch phallic. ▼**fallus** phallus.
falsaris forger, falsifier.
falset(stem) falsetto (voice).
falsificatie falsification, forgery.
fameus famous (man); enormous (sum).
familiaar familiar, informal (talk, party). ▼**familiariteit** familiarity; *zich* —*en veroorloven*, take liberties.
familie family; — (*leden*), relations, relatives; *verre* —, distant relations; *hij is van goede* —, he is of a good family. ▼—**album** f.-album. ▼—**band** f.-tie. ▼—**berichten** births,

marriages and deaths. ▼—**betrekking** relationship. ▼—**hotel** private hotel. ▼—**kring** f.-circle. ▼—**kwaal** f.-ailment; *het is een* —, it runs in the family. ▼—**lid** relation, relative, member of the f. ▼—**naam** surname. ▼—**pension** private boarding-house. ▼—**reünie** f. reunion. ▼—**schandaal** f.-scandal. ▼—**vete** f.-feud. ▼—**wapen** coat of arms. ▼—**zaken** f.-affairs. ▼—**ziek** clannish.
fanat/icus fanatic. ▼—**iek** fanatical. ▼—**isme** fanaticism.
fanfare fanfare. ▼—**korps** brass band.
fantaseren I *on.w* romance. II *ov.w* invent. ▼**fantasie** phantasy, fancy; (*muz.*) fantasia. ▼**fantast** fantast. ▼—**isch** fantastic.
farizeeër Pharisee.
farmaceut (pharmaceutical) chemist, pharmacist. ▼—**isch** pharmaceutical. ▼**farmacie** pharmacy.
fasciner/en fascinate. ▼—**end** fascinating.
fasc/isme Fascism. ▼—**ist** ,—**istisch** Fascist.
fase phase; stage; *de ziekte is in een kritieke* — *gekomen*, the disease has reached a critical stage; *in* —*n*, phased. ▼**faseren** phase.
fat dandy, fop.
fataal fatal. ▼**fatalisme** fatalism. ▼**fatalist** fatalist. ▼—**isch** fatalistic.
fatsoen (*vorm*) shape, form; (*correctheid*) decency, good manners, good breeding; *hou je* —, behave yourself; *zijn* — *ophouden*, save appearances; *uit zijn* —, out of shape; *ik kon met goed* — *niet weigeren*, I could not in decency refuse; *voor zijn* —, for decency's sake. ▼—**eren** fashion, shape. ▼—**lijk** decent, respectable. ▼—**shalve** for decency's sake.
fatt(er)ig foppish, dandified. ▼—**heid** foppishness, dandyism.
fatum fate.
faun faun.
fauna fauna.
fauteuil easy-chair; (*schouwburg*) fauteuil.
favoriet favourite.
fazant pheasant. ▼—**ejacht** p.-shooting.
februari February.
feder/alisme federalism. ▼—**atie** federation.
fee fairy. ▼—**ënland** Fairyland. ▼—**ëriek** fairy-like.
feeks vixen, shrew. ▼—**achtig** shrewish.
feest feast, festival; *een* — *geven*, give a f.; *het zal mij een waar* — *zijn*, I shall be delighted. ▼—**artikelen** novelties. ▼—**avond** festive evening. ▼—**commissie** organizing-committee. ▼—**dag** f.-day; *op zon- en* —*en*, on Sundays and holidays. ▼—**dronk** toast. ▼—**drukte** festivities. ▼—**elijk** festive, festal; *dank je* —!, nothing doing! ▼—**elijkheid** festivity. ▼—**en** feast. ▼—**ganger** feaster. ▼—**gedicht** festive poem. ▼—**gedruis** festive noise. ▼—**redenaar** official speaker. ▼—**gelag** symposium. ▼—**genoot** (fellow-)guest. ▼—**gewaad** festive attire. ▼—**maal** banquet. ▼—**rede** official speech. ▼—**stemming** festive mood. ▼—**terrein** festive grounds. ▼—**vierder** feaster, reveller. ▼—**vieren** feast. ▼—**viering** feasting, merry-making. ▼—**vreugde** merry-making. ▼—**zaal** festive hall.
feil fault, mistake. ▼—**baar** fallible. ▼—**baarheid** fallibility. ▼—**loos** faultless, unfailing (regularity).
feit fact; *in* —*e*, in fact. ▼—**elijk** I *bn* actual. II *bw* actually; practically, virtually. ▼—**elijkheid** fact. ▼—**enkennis** knowledge of the facts, factual knowledge.
fel fierce, sharp; vivid (colour); *daar ben ik* — *op*, I'm keen on that. ▼—**heid** fierceness, keenness.
felicit/atie congratulation. ▼—**atiebrief** congratulatory letter. ▼—**eren** congratulate (on); (*wel*) *gefeliciteerd!*, congratulations!; (*op verjaardag*) many happy returns (of the day)!
femel/aar canter. ▼—**arij** cant. ▼—**en** cant.
femin/isme feminism. ▼—**ist(e)** feminist. ▼—**istisch** feminist(ic).
feniks phoenix, phenix.

fenom/een phenomenon. ▼—**enaal** phenomenal.

feodaal feudal.

ferm firm (attitude, market); generous (portion); stout (legs); energetic, vigorous (man); sound (reprimand).

ferment ferment. ▼—**atie** fermentation. ▼—**eren** (*lett. en fig.*) ferment.

fervent fervent; ardent; *hij is een —e voorstander van het vrije woord*, he is a — believer of free speech. ▼—**ie** fervency.

festijn feast, banquet. ▼**festival** festival.

fêteren fête, make much of.

feuilleton serial (story); *als — (verschijnen)*, in serial form.

fiasco failure, (*sl.*) flop, wash-out.

fiber fibre.

fiche counter.

fictie fiction. ▼**fictief** fictitious.

fideel jovial, jolly; *'n fidele vent*, a sport, (*Am.*) a regular guy.

fiducie faith, confidence.

fielt villain, scoundrel. ▼—**achtig** villainous.

fier proud. ▼—**heid** pride.

fiets (bi)cycle; (*fam.*) bike; (*in tegenstelling met motorfiets*) push-bike. ▼—**band** b.-tire. ▼—**bergplaats** b.-shed. ▼—**en** cycle; *'n eindje gaan* —, go for a spin. ▼—**enbewaarplaats** (bi)cycle store. ▼—**er** cyclist. ▼—**ketting** b.-chain. ▼—**lantaarn** b.-lamp. ▼—**pad** cycle-track. ▼—**pomp** b.-pump. ▼—**rijder** cyclist. ▼—**sleutel** b.-spanner. ▼—**tasje** tool-bag. ▼—**tocht** cycling-tour.

figur/ant(e) super(numerary), mute. ▼—**eren** figure (as).

figuur (*alg.*) figure; (*roman enz.*) character; (*afb. bij tekst*) figure; *een — als modder slaan*, cut a sorry f., look extremely foolish; *een goed (slecht, gek) — maken (slaan)*, make (cut) a good (poor, foolish) f.; *iem. een gek — laten slaan*, make a p. look silly; *zijn — redden*, save one's face. ▼—**lijk** figurative. ▼—**rijden** f.-skating. ▼—**zaag** fret-saw. ▼—**zagen I** *ww* do fretwork. **II** *zn* fretwork.

fijn fine (sand); refined (taste); lovely (book); choice (food); tiny (voice); (*kerks*) orthodox, strict; *dat is* —, that's fine; —*e gereedschappen*, precision tools; *'n — heer (lid)*, (*iron.*) a nice specimen; —*e kam*, small-tooth comb; — *stemmetje*, tiny voice; — *verschil*, subtle difference; *hij weet er het —e van*, he knows the rights of it. ▼—**besnaard** finely (-) strung. ▼—**besneden** fine-cut. ▼—**gebouwd** of slender build. ▼—**gevoelig** sensitive. ▼—**gevoeligheid** sensitiveness. ▼—**hakken** mince. ▼—**heid** fineness; (*in godsd.*) orthodoxy. ▼—**kauwen** masticate. ▼—**maken** pulverize. ▼—**malen** grind. ▼—**proever** connoisseur. ▼—**snijden** cut up fine. ▼—**stampen** pulverize. ▼—**tjes** subtly.

fikken (*fam.*) paws.

fiks *zie* **flink**.

filantr/oop philanthropist. ▼—**opie** philanthropy. ▼—**opisch** philanthropic.

filatel/ie philately. ▼—**ist** philatelist. ▼—**istisch** philatelic.

file file, queue; *in de — staan (gaan staan)*, queue up. ▼—**vorming** queueing.

fileren fillet (fish). ▼**filet** fillet.

filharmonisch philharmonic.

filiaal branch. ▼—**zaak** multiple shop, chain store.

filigraan filigree, filigrane.

Filippijnen: *de* —, the Philippines.

film film, (*bioscoop*) motion-picture, movie, (*sl.*) flick; *naar de — gaan*, go to the movie, (*sl.*) go to the flicks; *er draait een goede — in* ..., there is a good film on at ...; *bij de — zijn*, be on the films. ▼—**acteur**, —**actrice** f.-, screen-actor, -actress. ▼—**artiest** f. artist. ▼—**bewerking** f.-, screen-version. ▼—**camera** film camera, cine camera. ▼—**club** cine club. ▼—**doek** screen. ▼—**en** film, shoot (a scene). ▼—**industrie** motion

picture industry. ▼—**journaal** news-reel. ▼—**keuring** f.-censorship. ▼—**kunst** cinematographic art. ▼—**liedje** f.-song, screen-song. ▼—**liga** f. society. ▼—**muziek** f.-music. ▼—**operateur** f. operator. ▼—**opname** shot; *'n — maken*, shoot a scene. ▼—**projector** cine projector. ▼—**rechten** f. rights. ▼—**regisseur** f. director. ▼—**ster** f.-star. ▼—**toestel** f. set. ▼—**vertoning** f.-show.

filolog/ie philology. ▼—**isch** philological. ▼**filoloog** philologist.

filosof/eren philosophize. ▼—**ie** philosophy. ▼—**isch** philosophic(al). ▼**filosoof** philosopher.

filter filter, percolator. ▼**filtraat** filtrate. ▼**filtreer/machine** filtering-machine. ▼—**papier** filter(ing)-paper. ▼—**toestel** filtering-apparatus. ▼**filtreren** filter, strain; (*koffie*) percolate.

Fin Finn.

finaal *bn* final (decision), total, complete (victory); *finale uitverkoop*, windup sale. **II** *bw* quite, clean, utterly. ▼**final/e** finale, (*sp.*) final. ▼—**ist** finalist.

financ/ieel financial. ▼—**iën** (*geld*) finances; (*financiewezen*) finance, financial system. ▼—**ier** financier. ▼—**ieren** finance.

fineer veneer. ▼**fineren** refine (gold); veneer (wood).

finesse finesse, nicety; *de —s*, the ins and outs, details; *tot in de —s berekend*, calculated in detail.

fingeren feign, simulate, stage, fake.

Finland Finland. ▼**Fins** Finnish.

firma firm, concern.

firmament firmament, sky.

firmanaam firm, style. ▼**firmant** partner.

fiscaal fiscal; *fiscale rechten*, f. duties. ▼**fiscus** exchequer, treasury, revenue.

fistel fistula.

fixeer/bad fixing-bath. ▼—**middel** fixative. ▼**fixeren** fix.

fjord fjord.

flabberen flap, flutter.

flacon flask, bottle.

fladderen (*v. vogel*) flutter; (*v. kleren*) flap.

flagrant flagrant, glaring.

flair flair.

flakkeren flicker; (*in de tocht*) waver.

flambard slouch(-hat).

flambouw torch.

flamingo flamingo.

flanel flanel; —(*letje*) singlet.

flaneren lounge, stroll. ▼**flaneur** lounger.

flank flank, side. ▼—**aanval** f.-attack. ▼—**beweging** flanking-movement. ▼—**dekking** f. protection. ▼—**eren** flank.

flansen: *hij heeft er maar wat van geflanst*, he has scamped the job, botched it up.

flap I *zn* slap, box (on the ear). **II** *tw* flop! ▼—**hoed** slouch(-hat). ▼—**kan** tankard. ▼—**pen** flap; *eruit* —, blurt out.

flarden rags, tatters; *aan* —, in rags.

flat flat, (*Am.*) apartment; *zie* —**gebouw**. ▼—**bewoner** f.-dweller, (*Am.*) a.-dweller.

flater blunder, howler.

flat/gebouw block of flats, (*Am.*) apartment building. ▼—**je** flatlet, small flat.

flatt/eren flatter; *de balans* —, cook the balance-sheet; *geflatteerd portret*, flattering portrait. ▼—**eus** flattering.

flatwoning *zie* **flat**; *een hoge* —, a high-rise flat.

flauw insipid (remark); flat (soup); silly (joke); dim (light, idea); faint (colour); dull, flat (market); *zich — voelen*, feel faint. ▼—**ekul** bunk, rubbish; *nou geen — alsjeblieft*, no hanky-panky please. ▼—**erd**, —**erik** silly; (*bangerd*) sissy. ▼—**iteit** silly joke. ▼—**te** faint; *een — krijgen*, faint. ▼—**tjes** dimly, faintly. ▼—**vallen** faint, pass out.

fleer 1 (*klap*) box on the ear; **2** (*slons*) trollop.

flegma phlegm. ▼—**tiek** phlegmatic.

flemen cajole, coax.

flens flange.

flensje thin pancake.
fles bottle; *met de — grootbrengen*, feed by bottle; *op de — gaan*, go to pot, go bust; *hij is op de —*, he is broke (bust). **▼flessen/melk** bottled milk. **▼—trekker** swindler. **▼—trekkerij** swindling.
flets dull (colour); lacklustre (eyes); faded (flowers). **▼—heid** dullness, fadedness.
fleur: *in de — van het leven*, in the prime of life; *in volle —*, in full bloom. **▼—ig** blooming; (*fig.*) florid, gay. **▼—igheid** liveliness.
flikflooi/en softsawder, toady. **▼—er** toady. **▼—erig** smarmy. **▼—erij** toadyism.
flikje chocolate-drop.
flikken cobble (shoes); *dat heb je 'm aardig geflikt*, you pulled it off very nicely; *dat moet je mij niet meer —*, don't try it on me again.
flikker 1 cad; **2** queer; **3** body; **4** (he doesn't know) a damn thing (about it).
flikker/en flicker (of candle); twinkle (of stars); flitter, glint (of eyes). **▼—ing** flicker(ing). **▼—licht** flash-light.
flink energetic, efficient, smart (business-man); (*—gebouwd*) fine, strapping (boy); considerable (sum); plucky (deed); (*v. slag*) smart; (*v. pak slaag*) sound; (*v. dosis, wandeling*) stiff; (*hij verloor*) *en — ook!*, and how!; *— optreden tegen*, take a firm line with, deal firmly with. **▼—heid** boldness, resoluteness.
flippen flip (out).
flipperkast pin-ball machine.
flirt flirt, philanderer. **▼—en** flirt, philander. **▼—ziek** flirtatious.
flits flash (*lett. & fig.*). **▼—blokje** flash cube. **▼—en** flash. **▼—lampje** flash bulb.
flodder 1 mud; **2** (*vrouw*) slattern; *losse —*, blank cartridge. **▼—broek** baggy trousers, bags. **▼—en 1** flounder through the mud; **2** (*v. kleren*) hang loosely. **▼—ig** dowdy (woman); slovenly (work); baggy (trousers). **▼—madam** shabby-genteel woman.
floep pop!, flop!
floers crape; (*fig.*) veil.
flonker/en sparkle, twinkle. **▼—ing** sparkle, twinkling.
flop (*sl.*) flop, (*sl.*) wash-out, failure.
floreren flourish, prosper.
floret foil.
florissant flourishing, prospering.
flottielje flotilla. **▼—leider** f.-leader.
flox phlox.
fluim phlegm, gob; *een — van een vent*, a disgusting fellow.
fluister/aar whisperer. **▼—campagne** whispering-campaign. **▼—en** whisper. **▼—stem, —toon** whisper.
fluit flute; (*signaal—*) whistle; *op z'n —(je) blazen*, blow one's whistle. **▼—en** (*v. mond of signaalfluit*) whistle; (*v. vogel*) warble; (*op fluit*) play the f.; *naar je geld —*, whistle for your money. **▼—glas** flute (-glass). **▼—ist** flutist. **▼—ketel** whistling-kettle. **▼—signaal** whistle-signal. **▼—spelen** play the flute. **▼—speler** flute-player. **▼—toon** whistle, whistling sound, (*elektr. kort en hoog*) beep, bleep.
fluks quickly.
fluor fluor. **▼—escentie** fluorescence. **▼—esceren** fluoresce. **▼—ideren** fluoridate. **▼—idering** fluoridation.
fluweel velvet. **▼—achtig** velvety. **▼fluwelen** velvet.
FM F.M. **▼—ontvanger** F.M. receiver. **▼—ontvangst** F.M. reception. **▼—zender** F.M. transmitter.
fnuik/en: *macht —*, cripple power; *trots —*, put down pride. **▼—end** fatal, pernicious.
fobie phobia; *hij heeft een — voor water*, he has a phobia about water.
foedraal case.
foef(je) trick, stunt; (*sl.*) gimmick; (*uitvlucht*) dodge.
foei fie!, shame (upon you)! **▼—lelijk** as ugly as sin.
foelie mace; (*v. bladmetaal*) (tin-) foil.

foer/age forage. **▼—ageren** forage. **▼—ier** quartermaster-sergeant.
foet, foetus foetus, (*Am.*) fetus. **▼—aal** foetal, (*Am.*) fetal.
foeteren storm, rage (at).
föhn 1 föhn; **2** hair-drier.
fok foresail; (*bril*) specs.
fokhengst service stallion.
fokkemast foremast.
fok/ken breed, rear. **▼—ker** breeder. **▼—kerij** stock-farm. **▼—merrie** breeding-mare.
foksia fuchsia.
fokvee breeding-cattle, -stock.
foliant folio.
folie (tin) foil.
folio folio. **▼—formaat** f.-size. **▼—papier** foolscap. **▼—vel** folio.
folklor/e folklore. **▼—istisch** folkloristic.
folter/aar tormenter. **▼—bank** rack. **▼—en** torture. **▼—end** excruciating (pains). **▼—ing** torture. **▼—kamer** torture-chamber. **▼—(werk)tuig** instrument of torture.
fondament foundation; (*achterste*) bottom, fundament.
fondant fondant.
fondering foundation.
fonds fund; (*zieken—*) club. **▼—en** (*effecten*) securities, stock(s). **▼—catalogus** publisher's catalogue. **▼—dokter** club-doctor. **▼—patiënt** (sick-) club patient.
fondue fondu(e).
foneem phoneme.
fonet/icus phonetician. **▼—iek** phonetics. **▼—isch** phonetic.
fonkel/en sparkle. **▼—nieuw** bran(d)-new.
fono/logie phonology. **▼—logisch** phonologic(al). **▼—loog** phonologist.
fontein (*in park*) fountain; (*in huis*) wash-basin; (*voor vogel*) fountain; *de — werkt*, the f. is playing.
fooi tip, gratuity; *iem. een — geven*, tip a p. **▼—enstelsel** tipping-system.
fop/pen fool, kid. **▼—speen** comforter, (baby) soother.
force majeure force majeure, circumstances beyond one's control; (*in connossement*) Act of God.
forceps forceps.
forceren force (door); strain (eyes, voice); *de zaak —*, f. the issue.
forel trout. **▼—lenkwekerij** t.-farm.
foren/s non-resident; (*Am.*) commuter. **▼—zentrein** commuters' train.
formaat size, format; *iem. v. zijn —*, a man of his stature.
formaline formalin.
form/alisme formalism. **▼—aliteit** formality. **▼—atie** formation. **▼—eel** formal. **▼—eren** form.
formidabel formidable.
formul/e formula. **▼—eren** formulate. **▼—ering** formulation, wording, expression (of an opinion). **▼—ier** form.
fornuis cooking-range, kitchen-range.
fors robust, sturdy (man); bold (handwriting). **▼—gebouwd** strongly built. **▼—heid** robustness, sturdiness.
forsythia forsythia.
fort (*mil.*) fort; (*fig.*) strong point. **▼—ificatie** fortification.
fortuin fortune; *zijn — maken*, make one's f.; *de — diende mij* (*was mij gunstig*), f. favoured me. **▼—lijk** lucky. **▼—zoeker** f.-hunter.
Fortuna: *Vrouwe —*, Dame Fortune.
forum forum, (*radio, ook*) panel.
fosf/aat phosphate. **▼—or** phosphorus. **▼—orescentie** phosphorescence.
fossiel (*bn & zn*) fossil; *—e brandstof*, fossil fuel.
foto photo. **▼—album** photograph album. **▼—copie** photocopy, photostat. **▼—elektrisch** photoelectric; *—e cel*, ph. cell. **▼—finish** photo finish. **▼—geniek** photogenic. **▼—graaf** photographer. **▼—graferen** photograph; *zich laten —*, have one's photo taken. **▼—grafie** photograph; (*de*

kunst) photography. ▼—**grafisch** photographic. ▼—**toestel** camera.
fouilleren search. ▼**fouillering** search.
fourneren furnish (money); *volgefourneerde aandelen*, paid-up shares.
fournituren haberdashery.
fout I *zn* mistake; (*gebrek*) defect; (*schuld*) fault; *een — begaan*, make a m.; *in de — vervallen om*, fall into the error of; *niemand is zonder — en*, no one is faultless. **II** *bn* = —**ief** wrong, faulty. ▼—**je** slip.
foyer foyer, lobby.
fraai beautiful, fine; *dat staat je —!*, (*iron.*) that's nice of you; *'t is een —e geschiedenis*, it's a pretty kettle of fish. ▼—**heid** beauty. ▼—**igheid** (*iron*) rubbish; *ik houd niet van die gedwongen —*, I don't like this forced blandness.
fractie fraction (of a second); group, party.
fractuur fracture.
frag/iel fragile. ▼—**iliteit** fragility.
fragment fragment. ▼—**arisch** fragmentary. ▼—**atiebom** fragmentation bomb.
framboos raspberry.
▼**framboze/nlimonade** r.-drink. ▼—**sap** r.-juice.
Française Frenchwoman.
franciscaan Franciscan; *franciscaner monnik*, Franciscan friar.
franco post-free; (*v. goederen*) carriage paid; *niet —*, carriage forward; *— boord*, free on board, f.o.b.; *— huis*, free domicile; *— pakhuis*, free warehouse; *— spoor*, free rail; *— wagon*, free on truck; *— vracht*, carriage paid; *— wal*, free on quay.
franc-tireur sniper.
franje fringe; (*fig.*) frill(s).
frank I *bn* frank; *— en vrij*, frank and free. **II** *zn* (*munt*) franc.
frankeer/kosten (*v. brief*) postage; (*v. pakje*) carriage. ▼—**machine** franking machine. ▼—**waarde** postal value. ▼—**zegel** postage stamp. ▼—**franker/en** prepay; stamp (a letter); *gefrankeerd*, post-paid. ▼—**ing** (*het betalen*) prepayment; (*de kosten*) postage; — *bij abonnement*, paid.
Frankrijk France. ▼**Frans 1** French; *de — en*, the F.; *in 't —*, in F.; *zich er met de —e slag van af maken*, scamp one's work; *daar is geen woord — bij*, that's plain speaking; *2 een vrolijke —*, a cheerful lad. ▼—**e** Frenchwoman. ▼—**gezind** Francophil. ▼—**man** Frenchman. ▼—**oos** Frenchy.
frapp/ant striking. ▼—**eren** strike.
fras/e phrase. ▼—**eologie** phraseology. ▼—**eur** phrase-monger.
frater (lay) brother, friar. ▼—**school** Christian Brothers' school.
fratsen caprices, whims; *malle —*, silliness. ▼—**maker** buffoon.
fraude fraud; *— plegen*, practise fraud. ▼**frauduleus** fraudulent.
freesmachine milling-machine.
fregat frigate.
frêle frail, fragile, delicate.
frequent frequent. ▼—**ie** frequency. ▼—**iemodulatie** frequency modulation.
fresco fresco. ▼—**schildering** f. painting.
fresia freesia.
fret 1 (*dier*) ferret; **2** (*boor*) (twist) auger.
frezen mill.
frictie friction.
friemelen fumble.
fries frieze.
Fries Frisian; (*v. rundvee*) Friesian. ▼—**land** Friesland. ▼**Friezin** Frisian (woman).
friet chips; *zie* patates frites.
frigidaire refrigerator, (*fam.*) fridge.
frigid/e frigid. ▼—**iteit** frigidity.
frik pedant, pedagogue, (*sl.*) beak.
frikadel minced-meat ball.
frikkerig pedantic(al).
fris fresh; *zo — als een hoen*(*tje*), as f. as a daisy.
friseer/ijzer, —tang curling-iron. ▼**fris/eren** singe, curl. ▼—**eur** hairdresser.

fris/drank soft drink, (*fam.*) pop. ▼—**heid** freshness. ▼—**jes** pretty cool.
frites chips; *zie* patates frites.
frituur/pan deep-frying pan. ▼—**vet** deep-frying fat.
frivoliteit frivolity. ▼**frivool** frivolous.
fröbel/onderwijs kindergarten instruction. ▼—**school** kindergarten.
frommelen crumple, fumble.
frons frown; (*boos*) scowl. ▼—**en** frown; (*boos*) scowl.
front front; *aan het —*, at the front; *met 't — naar 't westen*, facing west; *voor het — der troepen*, in front of the troops; *voor 't — komen*, stand forward. ▼—**aal** frontal; *frontale botsing*, head-on collision. ▼—**aanval** frontal attack. ▼—**balkon** f.-circle. ▼—**breedte** frontage. ▼—**je** shirt-front. ▼—**loge** f.-box. ▼—**pagina** f.-page.
fruit fruit.
fruiten fry.
fruit/handel fruit-trade. ▼—**kraampje** f.-stall. ▼—**markt** f.-market. ▼—**schaal** f.-dish. ▼—**winkel** f.-shop.
frustr/atie frustration. ▼—**eren** frustrate, thwart.
fuchsia fuchsia.
fuga fugue.
fuif party; (*drink—*) spree, beano; *'n — geven*, throw a party. ▼—**nummer** gay dog, man about town.
fuik bow-net, fish-trap; *in de — lopen*, fall into the trap.
fuiven feast, revel, make whoopee; *iem. —*, feast a p.; *— op*, treat (a p.) to.
fulmin/ant fulminant, fulminating. ▼—**eren** fulminate (against), thunder (against).
functie function; *een hoge — bekleden*, hold a leading position; *in — treden*, enter upon one's duties; *de — vervullen van*, act as, officiate as. ▼**functionaris** functionary. ▼**functioneel** functional. ▼**functioneren** function.
fundament *zie* fondament. ▼—**eel** fundamental.
funest disastrous, fatal.
fungeren: *— als*, act (officiate) as.
fungus fungus (*mv —i*).
furie fury. ▼**furieus** furious.
fusie fusion, amalgamation.
fusilleren shoot.
fust (*vat*) cask, barrel; (*emballage*) packing.
fut go, spirit, grit, spunk; *de — is er bij hem uit*, there's no go left in him; *er zit geen — in hem*, there's no spirit in him; *hij heeft heel wat —*, he has plenty of go in him.
futiel futile, insignificant, trifling. ▼**futiliteit** futility, triviality.
futloos spiritless.
futur/isme futurism. ▼—**ist** futurist. ▼—**ologie** futurology. ▼—**oloog** futurologist.
fuut grebe.
fysic/a physics. ▼—**us** physicist.
fysiek I *bn* physical. **II** *zn* physique.
fysio/loog physiologist. ▼—**logie** physiology. ▼—**therapeut** physiotherapist. ▼—**therapie** physiotherapy.
fysisch physical.

gaaf whole, perfect; sound (fruit); undamaged (specimen). ▼**—heid** soundness; undamaged condition.

gaai jay.

gaan go; (*v. film*) be on; (*v. toneelstuk*) run; (*v. artikel*) sell; *'t verhaal gaat*, the story goes; *er — geruchten*, there are rumours; *laat maar —*, let it go (pass); *hij liet zich —*, he let himself go; *laat je gedachten er eens over —*, think it over; *hoe gaat het?*, how are you (getting on)?; *'t gaat nogal, not too bad*; *'t ging goed (slecht) met haar*, she was doing well (badly); *'t ging hem voor de wind*, he prospered; *de klok gaat voor (achter, gelijk)*, the clock is fast (slow, right); *zo gaat 't goed*, that's the stuff; *'t ga je goed*, good luck to you; *'t gaat niet*, it won't work, it's impossible; *'t zal niet —!*, nothing doing!; *dat gaat niet aan*, that won't do; *zo gaat 't (in de wereld)*, such is life; *daar gaat 't dan*, here goes; *'t ging hem aan 't hart*, it went to his heart; *er gaat niets boven*, there's nothing like it (nothing to beat it); *in de politiek —*, go into politics; *dat gaat er bij mij niet in*, that won't go down with me; *er — duizend mensen in dit theater*, this theatre can hold (accommodate) 1000 people; *'t gaat om een groot bedrag (mijn leven)*, a great sum (my life) is at stake (involved); *'t gaat erom of*, the question (point) is whether; *daar gaat het niet om*, that's beside the point; *6 gaat 3 maal op 18*, 6 into 18 goes three times; *er vandoor —*, make off, run away, (*v. paard, dief*) bolt; *kom, ik ga er vandoor*, well, I'm off now; *er stilletjes vandoor —*, take French leave; *we — over Bazel*, we go by way of B.; *wie gaat hierover?*, who is in charge of this?; *ik ga eten*, I'm going to dine; *laten we — eten*, let us go and dine; *— roeien*, go (out) rowing; *— wandelen*, go for a walk; *ga je wassen*, go and wash. ▼**gaande** going on; *de — en komende man*, comers and goers; *wat is er —?*, what is up? (going on); *— houden*, keep g.; *'t gesprek — houden*, keep up the conversation; *— maken*, rouse (indignation).

gaanderij gallery.

gaandeweg gradually.

gaans: *een uur —*, an hour's walk.

gaap yawn. ▼**—ziekte** the gapes.

gaar done, cooked; *goed —*, well-d.; *te —*, overdone; *niet —*, underdone; *hij is niet —*, he is half-baked; *'n halve gare*, a ninny, a crazy coot. ▼**—keuken** eating-house, soup-kitchen.

gaarne willingly, gladly; *ik lees —*, I like to read; *dat geloof ik —*, I quite believe that; *ik ben bereid om het te doen*, I will gladly do so; I shall be pleased to do so.

gaas gauze, (mosquito) netting; (*kippen—*) wire netting.

gaatje small hole; (*in band*) puncture.

gabardine gabardine.

gade husband; wife; spouse.

gadeslaan watch, observe.

gading: *dat is niet van mijn —*, it is not to my taste, it is not in my line; *alles is van zijn —*, all is fish that comes to his net.

gaffel two-pronged fork; pitch-fork; (*mar.*) gaff.

gage salary; (*mil.*) pay.

gal bile, gall; *de — loopt hem over*, his blood is up; *de — doen overlopen*, stir up a p.'s bile; *zijn — uitbraken*, vent one's gall (on).

gala gala; *in —*, in g., in full dress. ▼**—avond** g.-night. ▼**—bal** g.-ball.

galachtig bilious. ▼**—heid** biliousness.

galakleding gala dress, full dress.

galant I *bn* gallant. **II** *zn* intended, fiancé. ▼**galanterie** gallantry; *—en*, fancy-goods. ▼**—winkel** fancy-goods shop.

galappel gall-nut, oak-gall.

gala/uniform full-dress (uniform). ▼**—voorstelling** gala performance.

galblaas gall-bladder.

galei galley. ▼**—boef, —slaaf** galley-slave.

galerij gallery.

galg gallows, gibbet; *hij groeit op voor — en rad*, he is heading straight for the gallows. ▼**—eaas, —ebrok** gallows-bird. ▼**—ehumor** grim humour. ▼**—emaal** last meal. ▼**—etronie** gallows-face.

galjoen galleon. ▼**—beeld** figure-head.

Gallië(r) Gaul. ▼**Gallisch** Gallic, Gaulish.

galm reverberation, boom. ▼**—en** resound, echo; (*v. pers.*) bawl. ▼**—gat** sound-hole.

gal/mug Hessian fly. ▼**—noot** gall-nut.

galon lace. ▼**—neren** lace.

galop gallop; *korte —*, canter; *in volle —*, (at) full g. ▼**—peren** gallop.

galsteen gall-stone.

galvaniseren galvanize.

galwesp gall-wasp.

gal/ziekte —zucht bilious complaint.

gambiet (*schaakspel*) gambit.

gamma (*muz.*) gamut, scale.

gammel crazy, dilapidated (house); (*feel*) seedy.

gang passage; (*v. trein, gebouw*) corridor; (*aan boord*) companion-way, alley-way; (*mijn*) gallery; (*v. pers.*) walk, gait; (*scheepv.*) tack; (*gerecht*) course; *de — der gebeurtenissen*, the course of events; *er zit geen — in*, there is no go in it; *zijn eigen — gaan*, go one's own way; *ga uw —!*, go ahead!, carry on!, do as you please!; *alles gaat zijn gewone —*, business as usual; *— hebben*, have speed; *— maken*, spurt, set the pace; *iemands — nagaan*, shadow a p.; *iemands — en laten nagaan*, have a p. shadowed; *je kunt je die — besparen*, you can spare yourself that walk (journey); *de normale — van zaken*, the normal procedure; *voor een goede — van zaken*, for a proper conduct of affairs (course of affairs); *aan de — blijven*, keep going; *je kunt daarmee niet aan de — blijven*, you can't go on like that; *je kunt met hem wel aan de — blijven*, he never gives you any rest; *aan de — brengen*, set going, start, spark off (quarrel, etc.). (*de zaak*) start the ball rolling; *aan de — gaan*, set to work; *aan de — helpen*, give (a p.) a start (in life); *aan de — houden*, keep things going; (*gesprek ook*) keep the conversation alive; (*winkel, enz.*) keep the shop running; *hij kan de motor niet aan de — krijgen*, he can't get the engine started; *aan de — zijn*, (*v. pers.*) be at work, (*v. ding*) be in progress, have begun; *ze zijn weer aan de — geweest*, they have been at it again; *er — achter zetten*, speed it up, push on with it; *in volle —*, (*werk, feest, enz.*) in full swing; *op — brengen*, (*helpen*), set going; *goed op —*, well under way, in full swing; *op — komen*, get going, get under way; *zodra alles op — is*, as soon as everything is going properly.

gangbaar current (coin, article); accepted (theory). ▼**—heid** currency, acceptance.

gangboord gangway.

gangetje jog-trot; (*hoe gaat 't?*) zo'n —, just keeping alive; *'t gewone — volgen*, jog on as usual; *het dagelijkse —*, the daily routine.

gang/klok hall-clock. ▼**—loper** passage-carpet.

gang/maker pace-maker. ▼**—making** pace-making.

gang/mat hall-mat. ▼**—pad** gangway; (*in kerk*

en theater) aisle.
gangster gangster, gun-man, (*sl.*) mobster.
gannef sharper, crook, swindler.
gans I *zn* goose; *Moeder de* —, Mother Goose.
II *bn* whole, entire. III *bw* wholly, entirely; —
niet slecht, not at all bad. ▼**ganze/jacht**
goose-shooting. ▼**—leverpastei** goose-liver
paste. ▼**ganzen/borden** play the game of
goose. ▼**—mars**: *in de* —, (in) single file.
gap/en (*ook v. afgrond*) yawn. ▼**—end**: —*e
wond*, gaping wound. ▼**—erig** yawny. ▼**—ing**
gap, hiatus.
gappen (*sl.*) pinch, nab, nobble; filch, pilfer.
garage garage; *in de* — *stallen*, garage (the
car). ▼**—houder** g.-keeper. ▼**—ruimte**
g.-accommodation.
garanderen guarantee, warrant. ▼**garant**
guarantor. ▼**garantie** guarantee. ▼**—bewijs**
warranty.
garde (*roede*) rod; (*mil.*) guard(s).
▼**—officier** officer of the Guards.
▼**—regiment** Guards regiment.
garderobe wardrobe; (*in theater, enz.*)
cloak-room. ▼**—juffrouw**
cloak-room-attendant.
gareel collar, harness; *in 't* — *lopen*, be in
harness.
garen I *ww* gather, collect. II *zn & bn* thread,
yarn; — *en band*, haberdashery; —
handschoenen, thread gloves; — (*-en-band*)
winkel, haberdasher's (shop).
garf sheaf.
garnaal shrimp; (*steur*—) prawn; *een
geheugen als* — —, a memory like a sieve.
▼**garnalen/broodje** shrimp-roll. ▼**—vangst**
shrimping. ▼**—visser** shrimper. ▼**—visserij**
shrimping.
garn/eren (*kleding*) trim; (*schotel*) garnish.
▼**—ering**, —**eersel** trimming; —**ituur** (*v.
kleding*) trimming; (*v. schotel*) garniture; (*v.
juwelen*) set of jewels.
garnizoen garrison. ▼**—scommandant**
g.-commander. ▼**—sdokter** army surgeon.
▼**—sleven** life in a g. ▼**—splaats** g.-town.
gas g; *vloeibaar* —, liquid gas; — *geven*,
open the throttle, step on the g.; *minder* —
geven, throttle down; *vol* — *geven*, give full
throttle. ▼**—aanleg** laying on of g.
▼**—aansteker** g.-lighter. ▼**—aanval**
g.-attack. ▼**—aanvoer** g.-supply. ▼**—arm**
g.-bracket. ▼**—bedrijf** g.-business,
gas-works. ▼**—bel** g. pocket. ▼**—brander**
g.-burner. ▼**—buis** g.-pipe. ▼**—druk**
g.-pressure. ▼**—fabriek** g.-works. ▼**—fitter**
g.-fitter. ▼**—fles** g. cylinder. ▼**—fornuis**
g.-cooker. ▼**—granaat** gas shell. ▼**—haard**
g.-fire. ▼**—houder** g.-holder. ▼**—kachel**
g.-stove. ▼**—kamer** (*v. ontsmetting*)
fumigator; (*executie*) g. chamber, (*v. dieren*)
lethal chamber. ▼**—klep** throttle. ▼**—kolen**
g.-coal. ▼**—komfoor** g.-ring. ▼**—kousje**
g.-mantle. ▼**—kraan** g.-tap. ▼**—lamp**
g.-lamp. ▼**—leiding** (*in huis*) g.-pipes; (*in
straat*) g.-main. ▼**—lucht** smell of gas.
▼**—man** g.-man. ▼**—meter** g.-meter.
▼**—oorlog** g.-warfare. ▼**—oven** g.-oven.
▼**—pedaal** accelerator. ▼**—pit** gas-jet.
▼**—slang** g.-tube. ▼**—stel** g.-ring.
▼**—verlichting** g.-lighting. ▼**—vlam**
g.-flame.
gast guest, visitor; (*vrolijke, rare, enz.*) —,
fellow; *een slimme* —, a sly dog; *te* — *gaan
aan*, feast on. ▼**—arbeider** foreign labourer.
▼**—dirigent** guest-conductor. ▼**—enboek**
visitors' book; (*v. hotel*) hotel register.
▼**—eren** be a g.-artist. ▼**—heer** host.
▼**—hoogleraar** visiting professor. ▼**—huis**
hospital. ▼**—maal** feast, banquet.
gas/toestel gas-appliance, gas-ring.
▼**—toevoer** gas-supply.
gastrol star-part.
gastron/omie gastronomy. ▼**—omisch**
gastronomic. ▼**—oom** gastronomer.
gast/voorstelling guest-performance; —*en
geven*, star. ▼**—vrij** hospitable. ▼**—vrijheid**
hospitality. ▼**—vrouw** hostess.

gas/verbruik gas-consumption.
▼**—vergiftiging** g.-poisoning.
▼**—verwarming** g.-heating. ▼**—vlam**
g.-flame. ▼**—voorziening** g.-supply.
gat gap, hole; (*achterste*) bum, bottom,
backside; *een saai* —, a dull hole; *een* — *eten
in*, walk into; *een* — *in de dag slapen*, sleep far
into the day; *een* — *in zijn hoofd vallen*, break
one's head; *iem. een schop onder zijn* —
geven, kick a p. in the pants; *iem. 't* — *van de
deur wijzen*, show a p. the door; *ik zie er geen*
— *in*, I don't see my way out of it; *hij is voor één*
— *niet te vangen*, he is a slippery customer;
iets in de —*en krijgen*, get wind of s.th., spot
s.th.; *ik heb hem in de* —*en*, I've got his
measure; *houd hem in de* —*en!*, watch out for
him!; *in de* —*en lopen*, attract notice.
▼**—likker** toady. ▼**—likkerij** toadyism.
gauw I *bn* quick, swift. II *bw* quickly, soon,
easily; *zo* — *als* (*hij komt*), as soon as; — *wat!*,
hurry up!, look sharp!; *ik wist niet zo* — *wat te
zeggen*, I did not know what to say on the spur
of the moment; *dat is* —*er gezegd dan gedaan*,
that's easier said than done. ▼**—dief**
pickpocket; (*fig.*) crook. ▼**—igheid**
quickness; *in de* —, in a hurry, hurriedly.
gave gift; *de* — *van 't woord*, the g. of the gab.
gazel(le) gazelle.
gazen gauze.
gazeuse aerated lemonade.
gazon lawn, green.
geaard disposed; *zo ben ik nu eenmaal* —,
that's my nature. ▼**—heid** disposition.
geabonneerde subscriber.
geacheveerd finished.
geacht esteemed, respected; —*e heer*, Dear Sir.
geaderd veined.
geadresseerde addressee.
geaffecteerd affected. ▼**—heid** affectation.
geagiteerd agitated, fluttered.
geallieerd allied; *de G—en*, the Allies.
geanimeerd animated. ▼**—heid** animation.
gearmd arm in arm.
gearresteerde person under arrest.
geavanceerd advanced.
gebaar gesture; *breed* —, large g.
gebaard bearded.
gebabbel gossip, chit-chat.
gebak pastry, cake(s). ▼**—je** pastry.
gebakkelei tussle; (*gekibbel*) wrangling.
gebakschaal cake-dish.
gebalk braying.
gebaren/spel pantomime, dumb-show.
▼**—taal** sign-language.
gebazel balderdash, twaddle.
gebed prayer; *zijn* — (*en*) *doen*, say one's
prayers. ▼**gebedel** begging. ▼**gebedenboek**
prayer-book.
gebeente bones; *wee je* — *als*, woe betide you
if; *verkleumd tot op 't* —, chilled to the bone.
gebeier ringing, chiming.
gebekt *zie* vogeltje.
gebelgd incensed, offended (at). ▼**—heid**
resentment.
gebergte mountain range; *in het* —, in the
mountains.
gebeten: — *zijn op*, have a grudge against, be
embittered against. ▼**—heid** grudge,
embitterment.
gebeurde: *'t* —, what has happened, the
occurrence, incident. ▼**gebeuren** happen,
occur; *dat zal me niet weer* —, you won't catch
me at it again; *'t zal je* —*!*, fancy that
happening!, what an awful thing to happen!;
er moet heel wat aan —, a lot has to be done to
it; *wat is er met je gebeurd?*, what has
happened to you?; *'t is met hem gebeurd*, it's
all over with him; *'t is zo gebeurd*, it takes only a
short time; *wat ik zeg, gebeurt*, what I say goes;
het gebeurde toevallig dat, it so happened that;
't moet —, it has to be done; *dat gebeurt niet!*,
you will do nothing of the kind; *wat gebeurd is,
is gebeurd*, it is no use crying over spilt milk.
▼**gebeurlijkheid** eventuality, contingency.
▼**gebeurtenis** event, occurrence; *blijde* —,
happy e.; *de loop der* —*sen afwachten*, wait

and see, await further developments.
gebeuzel trifling, dawdling.
gebied territory, area; (*rechts*—) jurisdiction; (*fig.*) domain; *dat behoort niet tot mijn* —, that falls outside my province; *een autoriteit op het* — *van*, an authority on (in the field of), an expert on.
gebied/en command, order; *voorzichtigheid is geboden*, caution is needed. ▼—**end** commanding, imperative (need); —*e wijs*, imperative (mood). ▼—**er**, —**ster** ruler.
gebit teeth; (*kunst*—) set of teeth, denture.
geblaat bleating.
gebladerte foliage.
geblaseerd blasé, surfeited. ▼—**heid** satiety.
gebloemd flowered (design).
geblok swotting, plodding.
geblokt chequered.
gebluf bragging.
gebocheld hunch-backed; —*e*, hunch-back.
gebod order, command; *de tien* —*en*, the ten commandments.
geboefte riff-raff, rabble.
gebogen bent (back); bowed (head); curved (line); arched (eye-brows).
gebonden tied; (*v. boek*) bound; (*v. saus*) thick; — *zijn*, be committed (to s.th.). ▼—**heid** lack of freedom; (*v. soep*) thickness.
gebons banging, thumping.
geboomte trees.
geboorte birth; (*van*) *voor de* —, pre-natal; (*van*) *na de* —, post-natal; *Brit van* —, Briton by b. ▼—**akte** b.-certificate. ▼—**dag** b.-day. ▼—**grond** native soil. ▼—**huis** b.-place. ▼—**jaar** year of one's b. ▼—**land** native country, home land. ▼—**nbeperking** b.-control. ▼—**ncijfer** b.-rate. ▼—**noverschot** increase in population. ▼—**nregister** b.-register. ▼—**stad** native town, home town. ▼**geboortig**: — *uit*, born at (in). ▼**geboren** born; *een* — *staatsman*, a b. statesman; *een* — *idioot*, a congenital idiot; — *uit een Hollandse moeder*, b. of a Dutch mother; *een* — *Engelsman*, an Englishman by birth; — *en getogen*, b. and bred.
geborneerd limited, narrow-minded.
geborrel bubbling; (*drinken*) tippling.
gebouw building, edifice.
Gebr.: — *A.*, A. Bros.
gebraad roast meat.
gebrabbel gibberish.
gebrand burnt; — *zijn op*, be keen on.
gebras debauchery, revelry.
gebreid knitted; —*e goederen*, k. goods.
gebrek want, lack; shortage; — *aan arbeidskrachten*, shortage of labourers; (*fout*) defect; (*kwaal*) infirmity; — *hebben* (*lijden*) *aan*, be in w. of, short of; *aan niets* — *hebben*, want for nothing; — *krijgen aan*, run short of; *bij, door, uit* — *aan*, for lack of; *bij* — *daaraan*, failing that; *in* —*e blijven*, fail to; *in* —*e stellen*, hold liable. ▼—**kig** faulty (pronunciation); defective (judgment); crippled (man). ▼—**kigheid** faultiness, defectiveness; (*v. pers.*) lameness.
gebries snorting.
gebroddel bungling.
gebroed brood.
gebroeders: *de* — *A.*, the A. brothers.
gebroedsel brood.
gebroken broken, fractured; — *Engels*, b. English.
gebrom buzz(ing), murmur; (*v. hond*) growl(ing); (*v. pers.*) grumbling.
gebrouilleerd: — *zijn met*, not to be on speaking terms with.
gebruik use (of alcohol); (*gewoonte*) custom, usage; (*verbruik*) consumption; — *maken van*, make use of, use; *een druk* — *maken van*, use freely; *buiten* —, out of u.; *buiten* — *raken*, go out of u.; *door 't* — *leren*, learn by practice; *in* —, in u.; *in* — *nemen*, put into u., (*een weg*) open to the traffic; *ten* —*e van*, for the u. of. ▼—**elijk** usual. ▼—**elijkheid** usage. ▼—**en** (*instrumenten*) use; (*voedsel, suiker i thee*) take; (*maaltijd*) have (eat); (*verbruiken*)

consume; *ik kan hier geen luilakken* —, I have no use for idlers here; *ik kan wel een nieuw pak* —, I could do with a new suit; *wat* —, have some refreshment; *wat wil je* —?, what's yours?; *ik gebruik nooit sterke drank*, I never touch alcohol. ▼—**er** user; (*verbruiker*) consumer. ▼—**saanwijzing** directions for use. ▼—**svoorwerp** article of use. ▼**gebruikt** used; second-hand (goods).
gebruind tanned, sunburnt.
gebruis 1 effervescence; **2** roar.
gebrul roaring, roar.
gebulder boom(ing).
gebulk bellowing.
gecharmeerd: — *zijn van*, be taken with.
geciviliseerd civilized.
gecommitteerde delegate; (*bij examen*) supervisor.
gecompliceerd complicated; —*e breuk*, compound fracture.
geconditioneerd conditioned; *goed* —, well-c., in good condition; —*e reflex*, conditioned reflex.
geconsigneerde consignee.
gedaagde defendant.
gedaan done, finished; (*in akten*) given (this 12th day of June); *'t is* —, the game is up; *'t is met hem* —, he is done for, he is finished; *dan is het met het gezag* —, then authority goes for nothing; *'t is niets* —, it's no good; *iem.* — *geven*, give a p. the sack; — *krijgen*, get the sack; *ik kan alles van hem* — *krijgen*, he will do anything for me; *hij kreeg 't* —, he brought it off; *gedane zaken nemen geen keer*, it is no use crying over spilt milk.
gedaante shape, figure; *zich in zijn ware* — *vertonen*, come out in one's true colours; *van* — *veranderen*, change one's shape. ▼—**verandering**, —**verwisseling** metamorphosis, transformation.
gedaas twaddle, tosh, vapourings.
gedachte thought, idea, notion; —*n zijn tolvrij, t. is free; zijn* —*n bij elkaar houden*, keep one's mind on the job; *zijn* —*n niet bij elkaar hebben*, be wool-gathering; *bij de* — *aan*, at the t. of; *in* —*n*, in the spirit; (*mijmerend*) absorbed (lost) in t.; *ik zal 't in* — *houden*, I'll keep it in mind; *'t schoot me in de* — *n dat* ..., it occurred to me that ...; *naar alle* —*n*, in all likelihood; *hij bracht me op de* —, he suggested the idea to me; *iem. tot andere* — *n brengen*, make a p. change his mind; *iets uit de* —*n zetten*, put s.th. out of one's mind; *van* —*n veranderen*, change one's mind; *van* —*n wisselen*, exchange views; *van* — *zijn dat*, be of opinion that. ▼—**loos(heid)** thoughtless(ness). ▼—**nassociatie** association of ideas. ▼—**ngang** train of thought.
gedachtenis (*herinnering*) memory, remembrance; (*cadeau*) souvenir; *ter* — *van*, in m. of; *zaliger* —, of blessed m.
gedachten/kring sphere of t. ▼—**lezen** t.-reading. ▼—**lezer** t.-reader. ▼—**loop** train of t. ▼—**overbrenging** t.transference. ▼—**wereld** world of t. ▼—**wisseling** exchange of views. ▼**gedachtig** mindful (of).
gedartel frolicks.
gedaver booming.
gedecideerd resolute; — *onjuist*, decidedly wrong. ▼—**heid** resolution.
gedecolleteerd low-necked; bare-necked.
gedecoreerd decorated.
gedeelte part, section; instalment; *bij* —*n*, in instalments; *voor een groot* —, largely, to a large extent; *voor het grootste* —, for the greater part. ▼—**lijk** *bn* partial; *bw* partially, partly.
gedegen native (gold); solid (knowledge); sound, thorough (work).
gedegenereerd degenerate.
gedekt laid (table); (*schaken, kaarten*) guarded.
gedelegeerde delegate.
gedenk/boek memorial volume. ▼—**dag** anniversary. ▼—**en** remember, commemorate. ▼—**jaar** jubilee-year. ▼—**naald** memorial

needle, obelisk. ▼—**plaat** plaque. ▼—**schrift**
memoir. ▼—**spreuk** aphorism. ▼—**steen**
memorial stone. ▼—**teken** monument,
memorial. ▼—**waardig(heid)**
memorable(ness). ▼—**zuil** commemorative
column.

gedeponeerd: — *handelsmerk*, registered
trade-mark.

gedeporteerde deportee.

gedeputeerde deputy; *G— Staten, (ongev.)*
County Council.

gedetailleerd I *bn* detailed. II *bw* in detail.

gedetineerde prisoner.

gedicht poem.

gedienstig obliging; *(al te —)* officious; *onze
—e*, our servant. ▼—**heid** obligingness.

gedierte animals; *(ongedierte)* vermin.

gedijen prosper, thrive; *onrechtvaardig
verkregen goed gedijt niet*, ill-gotten gains do
not prosper.

geding lawsuit, action, case; *vonnis in kort —*,
summary judgment; *een kort — aanspannen*,
apply a rule nisi; *een zaak in kort —
beslissen*, settle a case summarily; *in het —
brengen*, argue; *in het — komen*, come into
play; *in het — zijn*, be at issue.

gediplomeerd certificated, qualified.

gedisponeerd: *goed (slecht) —*, in good
(bad) form.

gedistilleerd spirits.

gedistingeerd refined, distinguished.
▼—**heid** distinction.

gedocumenteerd documented.

gedoe doings; *t hele —*, the whole show.

gedogen brook; *(met neg.)* tolerate, allow,
suffer; *deze zaak gedoogt geen uitstel*, this
matter brooks no delay.

gedonder thunder; *hou op met dat —!*, stop
that racket! ▼—**jaag** bullying.

gedraaf trotting (about).

gedraai turning, wriggling; *(fig.)* shuffling.

gedraal lingering, delay.

gedrag conduct, behaviour; *getuigschrift van
goed —*, certificate of good character. ▼—**en**
I *ww: zich —*, behave, conduct o.s.; *zich slecht
—*, misbehave. II *bn* lofty (style); worn
(clothes). ▼—**ingen** behaviour, conduct.
▼—**slijn** line of conduct, policy.
▼—**swetenschap** behavioural science.

gedrang crush; *in 't — raken*, get among the
crowd; *t onderwijs kwam in 't —*, education
suffered.

gedrentel sauntering.

gedreun 1 *(v. grond)* shaking; 2 drone, din.

gedribbel *(v. kind)* toddling; *(in voetbal)*
dribbling.

gedrocht monster. ▼—**elijk** monstrous.

gedrongen: — *gestalte*, thick-set figure; —
stijl, terse style; *zich — voelen te...*, feel
prompted to... ▼—**heid** compactness,
terseness.

gedruis noise.

gedrukt *(v. boek)* printed; *(v. gevoel)*
dejected. ▼—**heid** depression.

geducht formidable, enormous.

gedu(i)vel: *wat heb je aan 't —?*, what's the
use of all this fuss?; *hou op met dat —!*, stop
your ballyragging!

geduld patience; — *hebben*, have patience;
mijn — is op, my patience is at an end. ▼—**ig**
patient.

gedupeerde victim.

gedurende: — *(6 dagen)*, for (6 days); during
(the day, his life).

gedurfd daring, risky.

gedurig continual.

geduw pushing, jostling.

gedwarrel whirling.

gedwee meek, docile.

gedweep fanaticism; cult (of a p.).

gedwongen enforced (idleness); forced
(gaiety, smile); compulsory (sale);
constrained (manners); — *arbeid*, forced
labour; — *voeding*, forcible feeding; —
glimlachen, force a smile.

geef: *dat is te —*, it's a gift; *dat is ook niet te —*,

that's a stiff price.

geëigend, proper, appropriate.

geel I *bn* yellow; *het gele gevaar*, the y. peril;
gele koorts, y. fever. II *zn* yellow; *(v. ei)* yolk.
▼—**koper(en)** brass. ▼—**zucht(ig)**
jaundice(d).

geëmailleerd enamelled.

geen *(bijvoeglijk)* no; *(zelfstandig)* not one,
none; — *van beiden*, neither of them; — *van
allen*, none of them.

geëngageerd engaged (to).

geenszins by no means, not at all.

geest spirit, mind; *(onstoffelijk wezen)* spirit,
ghost; *(geestigheid)* wit; *de — van de tijd*, the
s. of the times; *boze —en*, evil spirits; *de
Heilige Geest*, the Holy Ghost (Spirit); — *van
zout*, spirits of salt; *tegenwoordigheid van —*,
presence of mind; *(er heerst) een prettige —*, a
pleasant tone (atmosphere); *de — van een
elftal*, the spirit of a team; *de — is gewillig,
maar het vlees is zwak*, the s. is willing, but the
flesh is weak; *de — geven*, expire; *als hij de —
krijgt*, when he is inspired; *geheel in de —
van...*, quite in the s. of...; *hij is een grote —*, a
great mind, a master s.; *hij sprak in dezelfde —*,
in the same vein (strain); *naar de —*, in s.; *voor
de — komen*, come to one's mind; *voor de —
roepen*, call to mind; *je ziet er uit als een —*, you
look like a ghost; *hoe groter —, hoe groter
beest*, the more learned, the less wise.
▼**geest/dodend** soul-killing, deadly.
▼—**dodendheid** dullness, monotony.
▼—**drift** enthusiasm; *in — raken*, get
enthusiastic; *tot — brengen*, make
enthusiastic, enthuse. ▼—**driftig**
enthusiastic. ▼—**drijver** fanatic. ▼—**drijverij**
fanaticism.

geestelijk spiritual, mental; *(kerkelijk)*
spiritual, clerical (power); religious (orders);
—e gezondheid, mental health. ▼—**e**
clergyman; — *worden*, enter the Church.
▼—**heid** clergy.

geesteloos spiritless, insipid. ▼—**heid**
insipidity.

geesten/bezweerder necromancer.
▼—**bezwering** necromancy. ▼—**rijk**,
—wereld spirit world. ▼—**ziener** visionary.

geestes/beschaving mental culture.
▼—**gaven** intellectual gifts. ▼—**gesteldheid**
mentality. ▼—**oog** (the) mind's eye.
▼—**richting** spiritual movement; mental
attitude. ▼—**toestand** state of mind.
▼—**wetenschappen** humanities. ▼—**ziek**
mentally ill; *inrichting voor —en*, mental home.

geestig witty. ▼—**heid** witticism.

geest/kracht energy, strength of mind.
▼—**rijk** witty; *—e dranken*, spirits.
▼—**verheffend** elevating. ▼—**vermogens**
(mental) faculties. ▼—**verschijning**
apparition. ▼—**vervoering** ecstasy.
▼—**verwant** I *bn* kindred congenial. II *zn*
kindred spirit, sympathizer.
▼—**verwantschap** spiritual relationship
(kinship).

geeuw yawn. ▼—**en** yawn. ▼—**erig** yawny.

geeuw/honger canine hunger.

geëvacueerde evacuee.

geëxalteerd overwrought; exaggerated.
▼—**heid** overwrought condition;
exaggeration.

gefingeerd fictitious.

geflatteerd flattered, flattering.

geflikflooi toadyism, fawning.

geflikker twinkling, glittering.

geflirt flirtation.

geflonker sparkling, twinkling.

gefluister whisper(ing).

gefluit whistling; *(v. vogels)* warbling.

gefoeter storming.

gefonkel twinkling.

geforceerd forced.

gefortuneerd wealthy. ▼—**heid** wealth.

gefrankeerd post-paid, stamped (envelope).

gefundeerd: *goed —*, well-founded.

gegadigde party interested; *(koper)*
prospective purchaser; *(sollicitant)* applicant.

gegalm pealing.
gegeneerd embarrassed. ▼—**heid** embarrassment.
gegeven I zn datum (mv data). II bn given (at a g. moment); in de — omstandigheden, in the present circumstances.
gegiechel giggling.
gegier screaming, screams; (v. wind) shrieking; (v. motoren en granaten ook) whine, whining.
gegil screaming, screams.
geginnegap sniggering, tittering.
geglaceerd (v. gebak) frosted; (v. vruchten) candied.
gegoed well-to-do. ▼—**heid** wealth.
gegolfd waving, wavy (hair); corrugated (iron).
gegons buzz; (v. machine) whirr.
gegoochel juggling.
gegooi throwing; daar heb je het — in de glazen, now the fat is in the fire.
gegoten — ijzer, cast iron.
gegradueerde graduate.
gegrinnik chuckle, chuckling.
gegroefd grooved; (v. gezicht) lined.
gegrom snarling, growling.
gegrond good, well-founded, just. ▼—**heid** soundness, justness.
gehaaid sharp, knowing.
gehaast hurried; — zijn, be in a hurry.
gehakkel stammering.
gehakt minced meat. ▼—**bal** minced-meat ball.
gehalte percentage (of water, etc.); (hoedanigheid) quality, standard; (v. goud, enz.) alloy; (v. alcohol) proof.
gehamer hammering.
gehandicapt handicapped; de —en, the handicapped, the disabled.
gehard hardened (body); tempered (steel); seasoned (troops); — tegen pijn, inured to pain. ▼—**heid** temper; (fig.) hardiness, inurement.
geharnast armoured.
geharrewar bickering(s), squabble(s).
gehaspel 1 (knoeiboel) bungling; **2** (gekibbel) bickering; **3** (last, moeite) trouble.
gehavend damaged, battered.
gehecht — aan, attached to. ▼—**heid** attachment, devotion.
geheel I bn whole, entire; met — mijn hart, with all my heart. II bw: — en al, altogether, entirely; — de uwe, yours truly. III zn whole; 't werk als —, the work as a w.; drie in 't —, three in all; in 't — niet verbaasd, not at all surprised; iets in zijn — beschouwen, consider s.th. in its entirety, as a whole; over het —, (up)on the whole.
geheelonthoud/er teetotaller.
▼—**ersvereniging** temperance society.
▼—**ing** teetotalism.
geheim I bn secret; clandestine (transmitter, marriage, trade); occult (science); —e politie, s. police; —e Raad, Privy Council; iets — houden, keep s.th. (a) secret (from). II zn secret; publiek —, open s.; een — bewaren, keep a s.; in 't —, in s., secretly. ▼—**houdend** secretive. ▼—**houding** secrecy; iemand — opleggen, enjoin s. upon a p. ▼—**schrift** cipher. ▼**geheimzinnig** mysterious; — doend, secretive. ▼—**doenerij** secretiveness. ▼—**heid** mysteriousness, mystery.
gehelmd helmeted.
geheugen memory; in het — houden, remember, bear in mind; in het — roepen, call to mind; het ligt mij nog vers in het —, it is still fresh in my memory; als mijn — mij niet bedriegt, if my memory serves me.
▼—**oefening** m.-training. ▼—**verlies** loss of m., amnesia. ▼—**werk**: ('t is slechts) —, matter of m.; (ik houd niet van al dat) —, memorizing.
gehijg panting.
gehinnik neighing.
gehoest coughing.
gehoon (cries of) decision.

gehoor hearing; (audiëntie) audience; (toehoorders) audience; een aardig —, a nice sound; een muzikaal — hebben, have an ear for music; — geven aan, (verzoek) comply with, (advies) act upon, (oproep) respond to, (uitnodiging) accept, (bevel) obey; geen — krijgen, get no answer; — vinden, find a hearing; (het plan) vond geen —, met with no response; onder zijn —, among his audience; op 't —, from hearing; op 't — spelen, play by ear; ten gehore brengen, play, sing (music), present (a radio play). ▼—**apparaat** hearing-aid. ▼—**organen** auditory organs. ▼—**safstand**: op —, within ear-shot. ▼—**zaal** auditory.
gehoor/zaam obedient. ▼—**zaamheid** obedience. ▼—**zamen** obey.
gehorig noisy. ▼—**heid** noisiness.
gehos jigging.
gehouden obliged to, bound to. ▼—**heid** obligation.
gehucht hamlet.
gehuichel hypocrisy.
gehuil crying; (v. dier) howl(ing).
gehuisvest housed, lodged.
gehumeurd: goed, slecht —, good-, ill-tempered.
gehuppel hopping, skipping.
gehuwd married; —en, m. people.
geijkt: —e maten, legally stamped measures; —e uitdrukking, set phrase.
geil lascivious, lecherous, lewd, (sl.) horny; (v. grond, plant) rank. ▼—**heid** lasciviousness, lewdness, lubriciousness; rankness.
geïllustreerd illustrated.
geïmproviseerd improvised.
gein fun; humour.
geïnteresseerd interested.
geïnterneerde internee.
geiser geyser, (v. bad ook) gas (water-) heater.
geit (she)goat; (kwibus) coxcomb. ▼—**ebok** billy-goat. ▼—**ehoeder** goatherd. ▼—**emelk** goat's milk. ▼—**evlees** goat's flesh. ▼**geitje** kid.
gejaag hunting; (fig.) hurry(ing), bustle.
gejaagd agitated. ▼—**heid** agitation.
gejacht hustle, hurry(ing).
gejakker rushing along; (in auto) speeding.
gejammer lamentation.
gejank whine, whining.
gejoel shouting, clamour.
gejouw hooting, jeering.
gejubel, gejuich cheers, jubilation.
gek I bn mad, crazy; (zot) foolish, silly; (raar) funny, strange, queer; zich — houden, sham madness; — maken, drive mad; — worden, go mad; je wordt er — van, it is maddening; hij is niet zo — als hij er uit ziet, he is not such a fool as he looks; — op, mad on, crazy about; — van, mad with; 't —ke is, the funny part of it is. II zn madman, lunatic; (zot) fool; (v. schoorsteen) chimney-jack; de —ken krijgen de kaart, fortune favours fools; —ken en dwazen schrijven hun namen op deuren en glazen, fool's names, like their faces, appear in all places; als een —, (run) like mad; voor de — houden, make a fool of, kid; voor — spelen, play the f. (the giddy goat).
gekabbel lapping (of waves), murmur (of a stream).
gekakel cackle; (geklets) chit-chat.
gekanker grousing.
gekant: — zijn tegen, be opposed to.
gekarteld (v. blad) crenated; (v. muur) crenellated; (v. munt) milled.
gekeerd: —e japon, turned dress.
gekef yapping.
gekerm moans, lamentation(s).
gekeuvel chit-chat.
gekheid folly, (tom)foolery; (grapje) joke; och wat! —!, nonsense!; alle — op een stokje, joking apart; — uithalen, play pranks; haal nou geen — uit, don't do anything foolish; hij kan geen — verdragen, he cannot take a joke; geen — verstaan, stand no nonsense; uit —, for fun; zonder —, no kidding, seriously.

gekibbel squabbling, bickering.
gekken joke, jest. ▼**—huis** madhouse. ▼**—werk** madness, folly. ▼**gekkin** fool.
geklaag lamentation.
geklap clapping; (*fig.*) prattle.
geklapper flapping; (*v. tanden*) chattering.
geklapwiek fluttering.
geklater splash(ing); (*v. applaus, donder*) rattle.
geklauter clambering.
gekleed dressed; *het staat —*, it is dressy; *geklede jas*, frock-coat.
geklets twaddle; *hou op met dat —*, cut out the cackle.
gekletter (*v. regen*) patter; (*v. wapens*) rattle, clang(our).
gekleurd coloured; *— glas*, stained glass.
geklingel jingling.
geklop knocking.
geklots dashing, lapping.
geknars grating; (*v. tanden*) gnashing.
geknetter crackle; (*v. geweer, donder*) rattle.
geknipt: *— voor*, cut out for (a soldier); *dat is — voor mij*, that is the very thing I want.
geknoei (*gepruts*) bungling; (*met water, enz.*) messing; (*gekonkel*) intriguing; (*bedrog*) fraud; (*v. voedsel*) adulteration.
geknutsel pottering; (*lapwerk*) patch-work.
gekoketteer coquetry.
gekonkel intriguing.
gekostumeerd: *— bal*, fancy(dress) ball; *—e optocht*, pageant.
gekraak creaking; crack.
gekrakeel squabbling, bickering.
gekras scratching (of pen); croaking (of raven).
gekreun groaning, groans.
gekrijs screaming.
gekrioel swarming.
gekruist 1 crossed; **2** cross-bred; *— ras*, cross-breed.
gekscheren jest, joke; *— met*, poke fun at; *niet met zich laten —*, stand no nonsense from anyone.
gekuch coughing.
gekuip intriguing, scheming.
gekunsteld artificial, affected (interest, way of speaking), laboured (gaiety, style of writing). ▼**—heid** artificiality.
gekwetste wounded man (woman), casualty.
gelaarsd booted; *de —e kat*, Puss in Boots.
gelaat countenance, face. ▼**—skleur** complexion; *met een donkere —*, dark complexioned. ▼**—skunde** physiognomy. ▼**—skundige** physiognomist. ▼**—smassage** face massage. ▼**—sspier** facial muscle. ▼**—trek** feature. ▼**—suitdrukking** facial expression. ▼**—szenuw** facial nerve.
gelach laughter, laughing.
geladen (*fig.*) explosive, tense; *een — stemming*, a tense atmosphere.
gelag score; *'t is een hard — (voor hem)*, it is hard lines (on him); *'t — betalen*, pay the piper.
gelagkamer tap-room, parlour.
gelambrizeerd wainscoted.
gelang: *naar—*, (grow wiser) as (you grow older); *naar — van*, according to.
gelast/en order, charge. ▼**—igde** delegate, deputy.
gelaten resigned. ▼**—heid** resignation.
gelatine gelatin(e). ▼**—pudding** jelly.
geld money; (*fam.*) L.S.D.; (*sl.*) dough; *je — of je leven!*, stand and deliver!; *— als water verdienen*, make big m.; *— maakt niet gelukkig*, money cannot buy happiness; *daar is — mee te verdienen*, there is m. in it; *het — dat stom is, maakt recht wat krom is*, m. works wonders; *alles draait om —*, m. makes the mare go; *'t — groeit me niet op de rug*, I am not made of m.; *er is geen — onder de mensen*, there is no m. stirring; *mensen met (van) —*, moneyed people; *'t is met geen — te betalen*, it's priceless, invaluable; *te — maken*, realize; *voor geen — van de wereld*, not at any price, not for the world; *voor geen — of goede*

woorden te krijgen, not to be had for love or m. ▼**geld/afpersing** extortion of money, blackmail. ▼**—belegging** investment. ▼**—boete** (m.-) fine. ▼**—duivel** (*hebzucht*) demon of m.; (*vrek*) m.-bags, m.-grubber. ▼**—elijk** monetary, financial; *alles van de —e kant beschouwen*, consider everything in terms of money.
gelden (*van kracht zijn*) be in force, apply, hold (good); *dit geldt als*, this is considered as (c. to be); *dat geldt niet*, that does not count; *wie — deze woorden?*, whom are these words meant for?; *voor wie geldt deze regel?*, to whom does this rule apply?, whom does this rule affect?; *het geldt hier te…*, this point is to…; *dat laat ik —*, I admit that; *rechten doen (laten) —*, assert rights; *zich doen —*, assert o.s.; *hij geldt voor een knap man*, he passes for a clever man; *de algemeen —de opinie*, the prevailing opinion.
geld/gebrek want of money. ▼**—handel** m.-trade, banking.
geldig valid; *— voor de dag v. afgifte*, available on the day of issue. ▼**—heid** validity. ▼**—heidsduur** period of v. (availability).
geldingsdrang assertiveness, aggressiveness.
geld/inzameling collection. ▼**—kist** strong-box. ▼**—kistje** cash-box. ▼**—kwestie** question of money. ▼**—lade** till. ▼**—markt** m.-market. ▼**—middelen** finances. ▼**—prijs** m.-prize. ▼**—sanering** currency reform. ▼**—schieter** m.-lender; (*v. programma, manifestatie*) sponsor. ▼**—som** sum of m. ▼**—standaard** monetary standard. ▼**—stuk** coin. ▼**—swaarde** m.-value. ▼**—swaardig**: *—e papieren*, valuable papers. ▼**—verlegenheid** financial difficulties. ▼**—verspilling** waste of m. ▼**—wereld** financial world. ▼**—wezen** finance. ▼**—wolf** m.-grubber. ▼**—zending** remittance.
geleden ago; (*van uit 't verleden gerekend*) before; *kort —*, a short time ago; *lang —*, long ago; *heel kort —*, quite recently.
geleding joint; (*fig.*) section. ▼**geleed** jointed; (*v. kust*) indented.
geleerd learned, scholarly; *de —e wereld*, **1** the scientific world; **2** the world of scholarship. ▼**—e** scholar. ▼**—heid** learning, scholarship, erudition.
gelegen situated (on); **2** convenient; *te —er tijd*, in due time; *het kwam mij niet —*, it did not suit me; *hoe zijn de zaken —?*, how do matters stand?; *hoe is 't daarmee —?*, how about that?; *'t is zo —*, it's like this; *er is mij veel aan —*, it matters a great deal to me; *hij liet er zich niets aan — liggen*, he cared nothing for it. ▼**gelegenheid** occasion; (*gunstige —*) opportunity; (*ruimte*) room; place, café; *een zekere —*, the convenience, the w.c.; *als de — zich aanbiedt*, **a)** when the opportunity offers, **b)** when the occasion arises; *de — aangrijpen*, seize (take) the opportunity; *de — maakt de dief*, opportunity makes the thief; *bij —*, on occasion; occasionally; *bij — van*, on the occasion of; *in de — stellen*, enable, give an opportunity; *in de — zijn te*, be in a position to; *(travel)* on one's own, (do business) on one's own account; *per eerste —*, by first steamer (train); *voor de —*, for the occasion; for the nonce. ▼**gelegenheids/gedicht** occasional poem. ▼**—gezicht** face suited to the occasion. ▼**—koopje** bargain.
gelei jelly.
gelei/biljet (*spoorweg*) way-bill; (*douane*) permit. ▼**—brief** safe-conduct.
geleid guided; *—e wapens*, guided weapons; *—e projectielen*, g. missiles; *—e economie*, planned economy. ▼**geleide** attendance, guard; (*mil.*) escort; (*v. vloot*) convoy; *onder —*, under escort; *kinderen zonder —*, children without escort. ▼**—hond** guide-dog.
geleidelijk gradual, progressive. ▼**—heid**: *langs lijnen van —*, gradually, step by step, progressively.
geleid/en lead, conduct, escort; (*nat.*) conduct (heat). ▼**—er** guide, conductor.

▼—**ing** leading, conducting.
▼—**ingsvermogen** conductivity.
▼**geleidraad** conducting-wire.
geletterd literary, lettered. ▼—**e** man of letters, literary man.
geleuter rot, drivel.
gelid joint; (*mil.*) rank; *achterste* —, rear rank; *voorste* —, front rank, van; *in 't — staan*, be lined up; *in de voorste gelederen staan*, be in the front rank, be in the van; *in de voorste gelederen blijven*, (*fig.*) stay in the lead; *de gelederen sluiten*, close the ranks.
geliefd dear, beloved. ▼—**e** lady-love, lover.
geliefkoosd favourite.
gelieven ww choose, wish; *gelieve mij te berichten*, please inform me.
gelig yellowish.
gelijk I bn same, equal; (*precies —*) identical; (*gelijkend*) similar; (*alleen pred.*) alike; (*effen*) level, smooth; *één-één* —, one all; *zichzelf — blijven*, be consistent; *het is mij* —, it is all the same to me; *jullie vrouwen zijn allemaal —*, you women are all alike; *alle mensen zijn —*, all men are equal; — *met*, level with (the water); *in —e mate*, equally; *met —e wapenen tegemoet treden*, meet a p. on equal terms; *op —e wijze*, in the same way; *van —e leeftijd*, of an age, of the same age. **II** bw: — *op delen*, (share and) share alike; — *handelen*, act alike. **III** zn right; *hij geeft mij* —, he thinks I am right, he agrees with me; — *hebben*, be right; *hij wil altijd — hebben*, he is very positive; *je hebt groot* —, you are quite right; *daar heb je — aan*, I'm with you there; — *heb je!*, quite right too!; — *krijgen*, be put in the right, carry one's point; *de feiten stellen je in 't —*, the facts prove you to be right. **IV** vgw as. ▼**gelijke** equal, peer; *zijn —n*, his equals; *zijns —n*, (*geringschattend*) the likes of him; *hij heeft zijns — niet*, he is without a peer. ▼—**lijk** equally.
gelijken: — (*op*), resemble, look like; *een goed —d portret*, a good likeness.
▼**gelijk-en-gelijkvormigheid** congruence.
▼**gelijkenis** resemblance, likeness; (*bijb.*) parable.
gelijk/gaan keep good time. ▼—**gerechtigd** (having) equal (rights). ▼—**gerechtigdheid** equality of rights. ▼—**gezind** like-minded.
▼—**hebberig** disputatious, argumentative.
▼—**heid** equality. ▼—**hoekig** equiangular.
▼—**komen:** — *met*, draw level with.
▼—**lopen 1** keep time; **2** run parallel to.
▼—**luidend** (*v. document*) identical.
▼—**maken** equalize; level (ground); (*sp.*) draw level, equalize; *met de grond —*, raze to the ground; — *aan*, bring into line with.
▼—**maker** equalizer. ▼—**making** equalization, levelling. ▼—**matig** equable (climate); even (voice). ▼—**moedig** even-tempered. ▼—**namig** of the same name.
▼—**richter** rectifier. ▼—**schakelen** co-ordinate. ▼—**schakeling** co-ordination.
▼—**soortig** similar. ▼—**soortigheid** similarity. ▼—**spelen** draw. ▼—**staan** be equal; — *met*, be tantamount to. ▼—**stellen** put on a par with; give equal rights.
▼—**stelling** equalization. ▼—**stroom** direct current. ▼—**tijdig** simultaneous.
▼—**tijdigheid** simultaneousness. ▼—**vloers** on the ground floor. ▼—**vormig(heid)** similar(ity). ▼—**waardig** equal, equivalent (to). ▼—**waardigheid** equivalence.
▼—**zetten** set (watch). ▼—**zijdig** equilateral.
gelinieerd ruled.
gelofte vow; *een* — *doen*, make a v.
geloof belief, faith; — *hechten* (*slaan*) *aan*, give credence to; *iem.* — *schenken*, believe a p.; — *stellen in*, put faith in; *geen — verdienen*, deserve no credit; — *vinden*, find credence, go down (with a p.); *het — kan bergen verzetten*, faith will remove mountains; *iets op goed — aannemen*, take s.th. on trust.
▼—**baar** credible. ▼**geloofs/artikel** tenet, article of faith. ▼—**belijdenis** creed.
▼—**bezwaren** religious scruples. ▼—**brieven**

credentials. ▼—**dwang** religious compulsion.
▼—**genoot** co-religionist. ▼—**ijver** religious zeal. ▼—**leer** religious doctrine.
▼—**overtuiging** religious conviction.
▼—**regel** rule of faith. ▼—**vervolging** religious persecution. ▼—**verzaker** apostate.
▼—**verzaking** apostasy. ▼—**vrijheid** religious liberty.
geloofwaardig credible (story); reliable (man). ▼—**heid** credibility, reliability.
geloop coming and going.
gelov/en 1 (*v. mening zijn*) think, believe; **2** (*godsd.*) believe; *geloof dat maar*, take it from me; *dat geloof ik graag!*, I dare say!; *hij gelooft het wel*, he does not bother; *je kunt me — of niet*, believe it or not; *'t is niet te —*, it's incredible; — *aan*, b. in; *hij moest er aan —*, he was in for it, he had to… ▼—**ig** religious.
▼—**igheid** piety.
gelui ringing, pealing.
geluid sound; *'n vrolijk — laten horen*, strike a gay note. ▼—**dempend** s.-damping, s.-proof.
▼—**demper** (*v. muziek*) mute; (*v. motor*) silencer. ▼—**demping** (*v. gebouwen, enz.*) s.-proofing. ▼—**dicht** s.-proof; — *maken*, s.-proof. ▼—**loos** soundless. ▼—**meting** s.-ranging. ▼—**sband** (*film*) sound-track, magnetic (recording) tape. ▼—**sbarrière** s.-barrier. ▼—**sfilm** s.-film. ▼—**sgolf** s.-wave.
▼—**sinstallatie** recording and play back equipment. ▼—**sleer** acoustics. ▼—**sopname** s.-record. ▼—**ssnelheid** speed of sound.
▼—**sspoor** zie —**sband**, —**sfilm**.
▼—**ssterkte** s.-**svolume** volume. ▼—**zoeker** sound-locator.
geluier idling.
geluimd: *goed* —, good-humoured; *slecht* —, bad-tempered.
geluk (*gevoel*) happiness, bliss; (*fortuin*) fortune; *wat een —!*, what a piece of luck!; *wat een — dat…*, what a mercy…; *bij* (*per*) —, by chance; *as luck would have it; op goed* — (*af*), at random; — *ermee!*, I wish you joy (of it)! *dat is meer — dan wijsheid*, it is more by hit than by wit; *'t was stom* —, it was a mere fluke; *'t is met de stoutmoedige*, fortune favours the bold; *'t was een — voor je*, it was lucky for you; — *brengen*, bring luck; *zijn — beproeven*, try one's luck; — *hebben*, be in luck; *je mag nog van — spreken*, you may count yourself lucky; *je mag van — spreken dat je ontkwam*, you were lucky to escape; —*je* piece of luck, windfall. ▼**gelukken** succeed; *'t kunstje gelukte niet*, the trick did not come off; *'t gelukte hem te ontkomen*, he managed to escape; *'t gelukte hem niet om…*, he failed to…; *'t is gelukt!*, I've done it! ▼**gelukkig** (*v. gevoel*) happy; (*door toeval*) lucky, fortunate; —*!*, Thank goodness!; — *toeval*, lucky chance; —*e vertaling*, h. translation; — *in 't spel, ongelukkig in de liefde*, lucky at cards, unlucky in love; — *maar!*, a good thing too!
▼—**erwijze** fortunately. ▼**geluk/sdag** (lucky) day. ▼—**spoppetje** mascot.
▼—**stelegram** telegram of congratulation.
▼—**svogel** lucky dog. ▼—**swens** congratulation. ▼—**wensen** ww congratulate (on). ▼—**zalig** blessed. ▼—**zaligheid** bliss.
▼—**zoeker** adventurer.
gemaakt (*v. kleren*) ready-made; (*geaffecteerd*) affected, artificial. ▼—**heid** affectation, artificiality.
gemaal 1 consort (prince c.); **2** (*polder*—) pumping-engine; **3** (*fig.*) bother.
gemachtigde deputy; (*v. postwissel, enz.*) endorsee.
gemak ease, comfort; w.c.; *van moderne —ken voorzien*, fitted with modern conveniences; *hou je —!*, keep quiet!; *zijn — nemen*, take one's e.; *met* —, easily; *op zijn — zijn*, be at one's ease; *doe het op je —*, take your time; *op zijn — gesteld zijn*, be easy-going; *iem. op zijn — zetten*, set a p. at ease; *voor 't —*, for the sake of convenience. ▼**gemakkelijk** easy (work); comfortable (chair); *'t — hebben*, have an easy time of it; — *uitgevallen zijn*, be

easy-going; — *verdiend geld*, e. money; *'t zich
— maken*, make o.s. comfortable; — *zitten*,
(*pers.*) be comfortable; (*kleding*) fit easily.
▼—heid ease, facility, comfortableness.
▼gemakshalve for convenience sake. ▼—ig
easy-going.
gemalin spouse, consort.
gemaniëreerd mannered. ▼—heid
mannerism.
gemarchandeer haggling.
gemarineerd marinaded.
gemartel tormenting.
gemaskerd masked; — *bal*, masked ball.
gematigd moderate (claims); temperate
(zone). ▼—heid moderation.
gember ginger. ▼—bier g. -beer. ▼—koek
gingerbread. ▼—koekje g. snap.
gemeen I *bn* 1 common (interests); 2 (*slecht*)
bad, vile (weather); low, mean (trick, fellow);
wicked (character); filthy (language);
(*grootste*) *gemene deler*, (greatest) c. divisor
(denominator); (*kleinste*) *gemene veelvoud*,
(least) c, multiple; — *soldaat*, private (soldier);
— *spel*, foul play; *gemene wond*, nasty
wound; *de gemene zaak*, the public cause; *iets
— hebben met*, have s.th. in common with.
II *bw* meanly; (act) beastly (cold).
gemeengoed common property.
gemeenheid meanness, vileness, wickedness,
filthiness.
gemeen/lijk usually. ▼—plaats
commonplace, platitude.
gemeenschap (*verbinding*) communication,
connection; (*groep, maatschappij*)
community; (*omgang*) intercourse; *vleselijke
—*, sexual intercourse; *in — van goederen
trouwen*, marry on equal terms; *buiten — van
goederen*, (marry) under the separate estate
arrangement; *in — staan met*, be in
communication with, be in touch with.
▼—pelijk I *bn* common (property); joint
(action); — *gezang*, community singing. II *bw*
jointly, together. ▼—sgeest, —szin public
spirit. ▼—sleven communal life.
gemeente municipality; (*kerkelijk*) parish; (*'t
gehoor*) congregation. ▼gemeente/-
municipal. ▼—ambtenaar m. official.
▼—arbeider m. worker. ▼—arts medical
officer. ▼—autoriteiten m. authorities.
▼—bedrijven m. works. ▼—begroting m.
budget. ▼—belasting local rates.
▼—bestuur municipality, corporation.
▼—huis town-hall. ▼—kas m. treasury.
▼—lijk municipal. ▼—ontvanger city
treasurer. ▼—raad town-council.
▼—raadslid town-councillor.
▼—raadsverkiezing m. election.
▼—reiniging cleansing department.
▼—school m. school. ▼—secretaris
town-clerk. ▼—tram corporation tramway.
▼—verordening by-law. ▼—werken m.
works; *directeur der —*, m. surveyor.
▼—werkman corporation workman.
▼—woning council-house.
gemeenzaam familiar. ▼—heid familiarity.
gemeld above-mentioned.
gemelijk peevish, sullen. ▼—heid p.ness,
s.ness.
gemenebest commonwealth.
gemengd mixed; — *baden*, m. bathing; —*e
berichten*, — *nieuws*, miscellaneous news; —*e
koor*, m. choir; —*e lading*, general cargo; —*e
verzekering*, endowment insurance.
gemest: *het — kalf*, (*bijb.*) the fatted calf.
gemeubileerd furnished.
gemiddeld I *bn* average. II *bw* on an a.; *'t komt
— op twee uur per dag*, it averages two hours a
day. ▼—e average; 't — nemen, strike an a.
gemier bother. (*gemodder*) muddling.
gemijmer meditation, reverie.
gemis lack, want.
gemodder muddling, bungling.
gemoed mind, heart; *zijn — luchten*, vent
one's feelings, pour out one's heart; *zich in —e
afvragen*, ask o.s. in all conscience; *de —eren*

waren opgewonden, feeling ran high.
gemoedelijk (*goed* (-hearted), genial; cosy
(inn); — *gesprek*, informal conversation.
▼—heid kind-heartedness, geniality.
gemoedereerd *dood—*, coolly.
gemoeds/aandoening emotion.
▼—bezwaar conscientious scruple.
▼—gesteldheid temper. ▼—leven inner life.
▼—rust tranquillity of mind. ▼—stemming
frame of mind, mood. ▼—toestand state of
mind.
gemoeid: *zijn leven was ermee —*, his life was
at stake (depended on it); *daar zal lange tijd
mee — zijn*, that will take a long time; *er zijn
grote sommen mee —*, it involves large sums.
gemompel mumbling.
gemopper, gemor grumbling, (*sl.*) grousing.
gemotoriseerd motorised.
gems chamois. ▼—leder shammy (leather).
gemunt coined; — *op*, aimed at; *hij had het op
haar geld —*, he was after her money; *waarom
heb je 't altijd op mij —?*, why do you always
pick on me?; *dat was op jou —*, that was aimed
at you.
gemurmel murmur(ing), babbling.
gemutst: *goed* (*slecht*) —, in a good (bad)
temper.
genaamd called, named.
genade grace (of God); (*barmhartigheid*)
mercy; (*gerechtelijk*) pardon; *door Gods —*, by
the g. of God; *goeie —!*, good gracious!; *in —
aannemen*, restore to favour; *overgeleverd zijn
aan de — van*, be at the mercy of; *zich
overgeven op — of ongenade*, surrender at
discretion; *de vijand gaf geen —*, the enemy
gave no quarter; — *voor recht laten gelden*,
temper justice with mercy; *iem. — schenken*,
pardon a p.; *geen — vinden in de ogen van*,
find no favour in the eyes of. ▼—brood bread
of charity. ▼—middel means of grace.
▼—slag finishing stroke, death-blow; *dat gaf
hem de —*, that settled his hash. ▼genadig
merciful; (*neerbuigend*) gracious,
condescending; —*e hemel!*, merciful Heaven!;
er — afkomen, get off lightly. ▼—heid
condescension.
genaken I *ov.w* approach. II *on.w: niet te —*,
inaccessible.
gênant embarrassing, awkward.
gendarme gendarme. ▼—rie gendarmerie.
gene that; *deze … gene*, the former … the latter;
aan — zijde van, beyond, across.
genees/heer physician; —*directeur*, medical
superintendent. ▼—kracht healing power.
▼—krachtig healing. ▼—kunde medical
science. ▼—kundig medical; —*e dienst*,
public health service (department); *arts van de
g. d., medical officer of health.* ▼—kundige
doctor, physician. ▼—lijk curable. ▼—middel
remedy, medicine. ▼—wijze cure, treatment.
genegen inclined, willing, ready; *iem. — zijn*,
have a certain affection for a p. ▼—heid
affection, inclination.
geneigd inclined (to); (*tot kwaad*) prone (to).
▼—heid inclination, disposition.
generaal *bn & zn* general. ▼—-majoor
major-general. ▼generalis/atie
generalization. ▼—eren generalize.
generatie generation. ▼—kloof g. gap.
generator generator; (*v. gas*) producer.
generen: *zich —*, feel embarrassed; *geneer je
niet*, don't be shy; *zich niet — te…*, not
hesitate to…
generlei no…whatever.
geneugte pleasure, delight.
genez/en I *ov.w* cure a p. of; heal (wounds).
II *on.w* recover (from); (*v. wond*) heal. ▼—ing
cure, recovery, healing.
geniaal: — *man*, man of genius; *iets —s*, a
touch of genius. ▼genialiteit genius. ▼genie
1 genius (*mv* geniuses); 2 *de —*, the Royal
Engineers. ▼—soldaat engineer.
geniep: *in 't —*, on the sly. ▼—ig sneaking.
▼—igerd sneak, back-stabber. ▼—igheid
sneakiness.
geniet/baar enjoyable. ▼—en I *ov.w* enjoy;

receive (education, salary). **II** on.w enjoy o.s.; — van, enjoy (book). ▼—ing enjoyment.
genietroepen engineers. ▼**genist** engineer.
genitief genitive.
genius genius (mv genii) goede —, good g.
genodigde guest.
genoeg enough, sufficient; eten tot men — heeft, eat one's fill; ik heb er — van, I've had e. (my fill) of it; I am fed up with it; daar krijg ik nooit — van, I can never have e. of it.
genoegdoening satisfaction.
genoeg/en pleasure, joy; — doen, give p.; 't doet mij — te horen, I am glad (pleased) to hear; iem. een — doen, do a p. a pleasure; het zal me een waar — zijn, I shall be only too glad; — nemen met, be content with, put up with, settle for; — scheppen in, take (a) pleasure in; met —, with p.; naar —, satisfactory; naar ieders —, to the satisfaction of everyone; ten — van..., to please...; tot —/, pleased to have met you! ▼—lijk pleasant. ▼—lijkheid pleasantness.
genoegzaam sufficient. ▼—heid sufficiency.
genoot partner. ▼—schap society.
genot pleasure, delight, enjoyment; (vruchtgebruik) usufruct; — scheppen in, delight in; in 't volle — van zijn geestvermogens, in full possession of his faculties. ▼—middel luxury. ▼—rijk, —vol delightful. ▼—ziek pleasure-loving. ▼—zucht love of pleasure. ▼—zuchtig pleasure-loving.
genre genre, style; niet mijn —, not my s.
Gent Ghent.
gentiaan gentian.
Genu/a Genoa. ▼—ees Genoese.
geode/sie geodesy. ▼—tisch geodetic.
geoefend practised, trained, expert.
geograaf geographer. ▼**geograf/ie** geography. ▼—isch geographic(al).
geolog/ie geology. ▼—isch geological. ▼**geoloog** geologist.
geometr/ie geometry. ▼—isch geometric(al).
geoorloofd permissible.
geopolitiek geopolitics.
gepaard by twos; 't gaat — met..., it is attended by (with) (fever), it involves (risk of life); daarmee gaat —..., coupled with it...; de daarmee — gaande kosten, the cost involved.
gepakt: — en gezakt, ready for the journey, with bag and baggage.
gepantserd armoured.
geparenteerd related (to).
gepast proper, becoming. ▼—heid fitness, propriety.
gepeins meditation, reverie.
gepensioneerde pensioner.
gepeperd peppery; (v. rekening) tall.
gepeupel mob, populace.
gepeuter fumbling; picking (at the nose).
gepieker brooding.
gepiep (v. muis) squeaking, (v. vogel) chirping.
gepikeerd piqued, sore (at). ▼—heid pique.
geplaag teasing.
geplas splashing.
gepoch boasting, bragging.
gepommadeerd smarmy.
gepraat talk.
gepresseerd pressed (for time).
geprikkeldheid irritation.
gepromoveerde graduate.
geprononceerd pronounced.
geproportioneerd proportioned.
gepruil pouting.
gepruts pottering.
gepruttel (op vuur) simmering; (v. pers.) grumbling.
gepunt pointed.
geraakt (fig.) offended, nettled. ▼—heid irritation, pique.
geraamte skeleton; (fig.) frame; (v. paraplu) frame; (v. huis) shell; (v. schip) hull.
geraas din, noise.
geraaskal raving(s).
geraden advisable; het is hem —, he'd better.
gerafeld frayed.

geraffineerd refined; —e schurk, thorough-paced villain; —e leugenaar, arrant liar. ▼—heid cunning, subtlety.
geraken get; achter —, fall behind; achter iets —, (fig.) find out s.th.; onder dieven —, fall among thieves; te water —, fall into the water; tot zijn doel —, attain one's end.
gerammel rattling.
geranium geranium.
gerant manager.
gerecht I zn course; court (of justice), tribunal; voor 't — brengen, bring (a p.) into c.; voor 't — dagen, summon; voor 't — verschijnen, appear in c. **II** bn just, due. ▼—elijk judicial (error); legal (adviser); —e geneeskunde, forensic medicine; iem. — vervolgen, proceed against a p. ▼—igd qualified, entitled. ▼—igheid justice. ▼—sbode usher. ▼—sdienaar minion of the law. ▼—shof court (of justice). ▼—skosten law-costs. ▼—szaal court-room. ▼—szitting session (of the court).
geredekavel logic-chopping.
geredeneer arguing.
gereed ready; (af) finished; —komen met iets, finish s.th.; het is —gekomen, it has been finished; zich —maken, prepare, get r.; — staan, be r., stand r. (in readiness). ▼—heid readiness; in — brengen, put in readiness, get ready.
gereedschap tools, instruments. ▼—skist tool-box. ▼—stas tool-kit.
gereformeerd Calvinist(ic). ▼—e Calvinist.
geregeld regular. ▼—heid regularity.
gerei tackle, gear.
gerekt long-drawn, protracted; (v. rede) long-winded.
geren running.
gerenommeerd renowned; —e firma, well-established house.
gereserveerd reserved, reticent. ▼—heid reserve, reticence.
gereutel (v. stervende) death-rattle.
geria/trie geriatrics. ▼—ter geriatrician.
geribd ribbed (cloth); corrugated (iron).
gericht: het jongste —, the Last Judgment.
gerief convenience, comfort; ten gerieve van, for the convenience of. ▼—elijk convenient, comfortable. ▼—elijkheid convenience. ▼**gerieven** accomodate, oblige (with).
gerijmel rhyming, versifying.
gering small, scanty, slight; een —e dunk hebben van, have a poor (low) opinion of. ▼—achten, —schatten disparage. ▼—schattend disparaging. ▼—schatting disdain.
gerinkel jingling.
geritsel rustling.
Germaan Teuton, German. ▼—s Germanic, Teutonic. ▼**german/isme** Germanism. ▼—is/t Germanist, Germanic scholar. ▼—istiek study of Germanic.
gerochel (doods—) rattle; ('t opgeven) expectoration.
geroddel gossip, backbiting.
geroep shouting, cries.
geroepen: zich — voelen, feel called upon.
geroezemoes buzz, hum.
geroffel roll, rub-a-dub.
gerommel rumbling.
geronk (v. slaper) snoring; (v. vliegtuig) roar.
geronnen (v. bloed) clotted.
geronto/logie gerontology. ▼—logisch gerontological. ▼—loog gerontologist.
gerst barley. ▼—ekorrel b.-corn.
gerucht rumour, report; (geluid) noise; — maken, make a noise, cause a stir; 't bij —e weten, have it by (from) hearsay; in een kwaad — staan, be in bad repute; hij is voor geen klein —je vervaard, he is not easily frightened. ▼—makend sensational.
geruim considerable.
geruis noise; (v. papier, boom) rustle. ▼—loos noiseless. ▼—loosheid noiselessness.
geruit checked.

gerust easy, quiet, calm; —*!*, certainly!; *je kunt het — nemen*, you are welcome to it; *men kan — zeggen dat…*, one may safely say that…; *ik zou 't — durven zeggen*, I should make no bones about saying it; *je kunt er — op zijn dat…*, you may rest assured that… ▼**—heid** peace of mind, calm; *met —*, quietly, confidently; *dat is een grote —*, that is a great comfort. ▼**geruststell/en** reassure, set (a p.'s mind) at ease; *zich —*, r. oneself; *stel je gerust!*, don't worry. ▼**—end** reassuring. ▼**—ing** reassurance.

geschakeerd variegated.

geschal (*v. trompet*) flourish, (*v. radio*) blaring, (*v. stemmen*) sound.

geschater peals of laughter.

gescheiden divorced (couple); separate (rooms); apart (from this).

geschenk gift, present; *iem. iets ten —e geven*, present a p. with s.th., give s.th. as a present; *iets ten —e krijgen*, get s.th. as a p.

geschermutsel skirmishing.

geschetter blare; (*fig.*) rant.

geschiedboeken annals.

geschieden happen, occur; (*overkomen*) befall; *wat geschied is, is geschied*, what is done cannot be undone; *wat moet er — met…*, what about…, what is to be done with… ▼**geschiedenis** history; (*verhaal*) story; *de nieuwe —*, modern h.; *de oude —*, ancient h.; *'t is (weer) de oude —*, it's the old story (again); *een beroerde —*, an unpleasant affair. ▼**—boek** h.-book. ▼**—leraar** h.-master. ▼**geschied/kunde** history. ▼**—kundig** historical. ▼**—kundige**, —schrijver, —vorser** historian. ▼**—schrijving** historiography.

geschift curdled; (*fig.*) dotty, crazy.

geschikt fit, suitable; (*aardig*) decent (fellow); *dit was niet — om de zaak beter te maken*, this did not tend to improve matters; *ik ben niet — voor zoiets*, I am no good at that sort of thing; *— zijn voor*, make (a good nurse); *dat maakt je nog niet — voor dokter*, that does not fit you to be a doctor. ▼**—heid** fitness, suitability, ability.

geschil difference, dispute. ▼**—punt** point at issue, controversy.

geschimp scoffing.

geschipper trimming.

geschitter glitter(ing).

geschommel swinging.

geschoold trained, schooled; *—e arbeiders*, skilled labourers (labour).

geschraap 1 scraping; **2** (*v. keel*) throat-clearing; **3** (*v. geld*) money-grubbing.

geschreeuw cries; *veel — en weinig wol*, much cry and little wool. ▼**geschrei** weeping.

geschrift (piece of) writing, pamphlet.

geschrijf scribbling, writing.

geschubd scaly.

geschut artillery, guns. ▼**—poort** port-hole. ▼**—toren** (gun-)turret. ▼**—vuur** gun-fire.

gesel scourge, whip. ▼**—en** flog; (*fig.*) lash. ▼**—ing** flogging, scourging. ▼**—paal** whipping-post. ▼**—roede** scourge.

gesitueerd situated.

gesjacher traffic, bartering, chaffering.

gesjouw (*lopen*) traipsing; (*gesjor*) dragging.

geslaagd successful. ▼**—e** s. candidate.

geslacht race, family, generation; (*biol.*) genus; (*gram.*) gender; *'t menselijk —*, the human r., mankind; *'t schone —*, the fair sex. ▼**—elijk** sexual. ▼**—kunde** genealogy. ▼**geslachts/boom** family tree. ▼**—delen** genitals. ▼**—drift** sex urge. ▼**—gemeenschap** sexual intercourse. ▼**—naam** family name. ▼**—orgaan** sexual organ. ▼**—rijp** sexually mature. ▼**—rijpheid** puberty. ▼**—verwantschap** genetic affinity. ▼**—wapen** family coat-of-arms. ▼**—ziekte** venereal disease, V.D.

gesleep dragging.

geslenter sauntering, lounging.

geslepen sharpened (knife); (*fig.*) cunning; *— glas*, cut glass. ▼**—heid** cunning.

geslinger swinging; (*v. schip*) rolling.

gesloof slaving, toiling.

gesloten closed, shut; (*op slot*) locked; (*rijtuig*) close; (*auto*) closed; (*fig.*) close, reticent; *— gelederen*, serried (closed) ranks; *— enveloppe*, sealed envelope; *— (televisie)systeem*, closed-circuit; *— als het graf*, as close as wax. ▼**—heid** closeness, reticence.

gesluierd veiled.

gesmeed — *ijzer*, wrought iron.

gesmolten melted (butter); molten (lead).

gesnap tittle-tattle; (*v. kind*) prattle.

gesnoef bragging.

gesnurk snoring.

gesorteerd assorted; *ruim — zijn*, have a large stock.

gesp buckle, clasp.

gespannen stretched, bent (bow), tense (situation); tight, taut (rope); *— verhoudingen*, strained relations; *met — aandacht*, with close attention; *— verwachting*, tense expectation; *de verwachtingen zijn hoog —*, there are great expectations; *op — voet staan met*, be at daggers drawn with. ▼**—heid** tenseness, tightness; strain.

gespartel sprawling, floundering.

gespen buckle; (*met riem*) strap.

gespierd nervous (language); muscular (man). ▼**—heid** nervousness; muscularity.

gespikkeld speckled.

gesprek conversation, talk; (*tel.*) call; *in —*, (be) in conference; (*tel.*) number engaged; *een — voeren*, hold a c.; *'t — brengen op*, turn the c. on to; *'t — op iets anders brengen*, change the subject.

gespuis rabble, scum, riff-raff.

gesputter sp(l)uttering; (*fig.*) grumbling.

gestadig steady, constant. ▼**—heid** steadiness, constancy.

gestalte figure, stature.

gestamel stammering.

gestand *zijn woord (belofte) — doen*, keep one's word (promise).

gesteente stone; *'t vaste —*, the solid rock.

gestel constitution.

gesteld — *dat hij kwam*, suppose he came; *de —e machten*, the powers that be; *goed —e brief*, well-written letter; *binnen de —e tijd*, within the time specified (set); *hoe is 't ermee —?*, how do matters stand?; *het is er zó mee — dat…*, the fact is…; *ik ben er erg op — om…*, I'm very keen on…; *daar ben ik niet op —*, I want none of that; *op zijn rust —*, fond of one's rest; *op zijn waardigheid — zijn*, stand on ceremony (on one's dignity).

gesteldheid state, condition, constitution.

gestemd tuned; (*fig.*) disposed.

gesternte constellation, star(s); *mijn gelukkig —*, my lucky star.

gesteun moaning.

gesticht I *zn* institution, establishment; home, hospital. **II** *bn* (*godsd.*) edified; *allesbehalve — zijn over*, be anything but pleased at.

gesticuleren gesticulate.

gestoei romping.

gestoffeerd (*vertrek*) furnished; (*meubels*) upholstered.

gestrafte punished person; (*mil.*) defaulter.

gestreept striped.

gestrekt stretched; *in —e galop*, at full gallop.

gestroomlijnd streamlined.

gestudeerd — *man*, university man.

gesuf day-dreaming.

gesuis buzz(ing); (*in oren*) singing; (*v. wind*) sough(ing)

gesukkel 1 (*ziekte*) ailing; **2** trudging.

getal number; *in groten —e*, in great numbers, in force; *ten —e van*, to the n. of. ▼**—lencomputer** digital computer.

getalm lingering, dawdling.

getalsterkte numerical strength.

getand toothed, indented; (*v. wiel, enz.*) cogged.

getapt drawn (beer); (*fig.*) popular (with).

getekend: *mooi —*, (*v. dier*) beautifully

marked.
getheoretiseer theorizing.
getier noise, clamour.
getij tide; *hoog* (*laag*) —, high (low)t.; *het* —
waarnemen, take the t. at the flood.
getij(den)boek breviary, book of Hours.
getij/haven tidal harbour. ▼—**rivier** tidal river.
getik ticking; (*met vinger*) tapping. ▼—**tak**
tick-tock.
getikt (*fig.*) balmy, crack-brained.
getimmer carpentering.
getingel tinkling.
getjilp chirp(ing).
getob (*werk*) toiling; (*gepieker*) worrying.
getoeter hooting.
getokkel twang(ing).
getralied barred, latticed.
getrappel tramp, trampling.
getrapt: —*e verkiezingen*, indirect elections.
getreuzel dawdling.
getroosten: *zich de moeite* — *om*, take the
trouble to; *zich veel moeite* —, be at great
pains; *zich opofferingen* —, make sacrifices.
getroubleerd cracked.
getrouw faithful (translation, portrait); true
(love); loyal (subject). ▼—**e**f. follower; *oude*
—, faithful retainer. ▼—**heid** faithfulness,
fidelity.
getto ghetto.
getuige witness; (*bij duel*) second; — *à*
charge, w. for the prosecution; — *à decharge*,
w. for the defence; — *het feit dat...*, w. the fact
that...; *als* — *voorkomen*, appear as a w., take
the stand; *van goede* —*n voorzien*, with good
references; *iem. tot* — *roepen*, call (take) a p.
to w.; — *zijn van*, witness, be a w. of (to).
▼**getuigen I** *ov.w* testify; bear witness (to); *jij*
kunt 't —, you can bear me out. **II** *on.w* appear
as a witness, give evidence; — *tegen*, give
evidence against; *de feiten* — *tegen hem*, the
facts are against him; — *van*, testify to, bear
witness to; *voor iem.* —, testify in a p.'s favour.
▼—**bank** witness-box. ▼**getuigenis**
evidence, testimony; — *afleggen*, bear e. (*van*,
to); *valse* — *afleggen*, give false e.
▼**getuigen/verhoor** examination of the
witnesses. ▼—**verklaring** testimony
▼**getuigschrift** certificate; (*v. personeel*)
testimonial; (*v. dienstbode*) character; *van*
goede —*en voorzien*, good references
(testimonials).
getwist quarrelling, wrangling.
geul channel, gully.
geur fragrance, scent; flavour (of coffee,
cigars). ▼—**en** smell; — *met*, show off, sport.
▼—**ig** fragrant. ▼—**maker** swank-pot.
geus Beggar. ▼**geuzenpenning** Beggar's
medal.
gevaar danger, risk, peril; — *lopen*, be in d.; —
lopen om..., run the risk of...; *ik wens geen* —
te lopen, I want to take no risks; *buiten* — *zijn*,
be out of d., (*fam.*) out of the wood; *in* —
brengen, endanger; *in* — *komen*, get into d.;
zijn positie kwam in —, his position was
jeopardized; *met* — *voor zijn leven*, at the risk
of his life; *op* — *af...*, at the risk of... ▼—**lijk**
dangerous, risky. ▼—**lijkheid** dangerousness.
gevaarte colossus, monster.
gevaarvol hazardous, perilous.
geval case; *lastig* —, akward case; *in* — *van*
nood, in c. of emergency; *in geen* —, in no c.,
by no means, on no account; *in elk* —, at all
events, at any rate; *in 't ergste* —, at a pinch, if
the worst comes to the worst; *in voorkomende*
—*len*, should the c. arise; *voor 't* — *dat...*, in
c...
gevallen: *'t zich laten* —, put up with it.
gevallig agreeable.
gevangen captive; *zich* — *geven*, surrender.
▼—**bewaarder** jailer. ▼—**e** prisoner.
▼—**houden** detain, keep in prison.
▼—**houding** detention. ▼**gevangenis** prison,
jail; *de* — *ingaan*, go to j.; *in de* — *zetten*, put
in p., imprison; *uit de* — *breken*, break p.
▼—**boef** jail-bird, convict. ▼—**straf**
imprisonment. ▼—**wezen** p.system.

▼**gevangen/nemen** arrest; (*mil.*) take
prisoner. ▼—**neming** arrest; capture.
▼—**schap** imprisonment, captivity.
▼—**wagen** prison-van. ▼—**zetten** imprison.
▼—**zetting** imprisonment. ▼—**zitten** be in
prison.
gevarendriehoek warning triangle.
gevat quick-witted, clever, smart. ▼—**heid**
ready wit, smartness.
gevecht fight, action (killed in a.); *buiten* —
stellen, put out of action, (*soldaat*) disable.
▼—**sbommenwerper** fighter-bomber.
▼—**seenheid** fighting unit. ▼—**sfront**
battle-front. ▼—**skleding** b.-dress.
▼—**ssterkte** fighting-strenght. ▼—**sterrein**
battle-ground, combat-area. ▼—**suitrusting**
battle-kit. ▼—**svliegtuig** fighter.
▼—**swaarde** fighting-value. ▼—**swagen**
tank. ▼—**szone** battle zone.
gevederd feathered. ▼**gevederte** feathers.
geveinsd feigned, assumed. ▼—**heid**
insincerity.
gevel façade, front. ▼—**dak** gable-roof.
▼—**toerist** cat burglar.
geven give, afford; (*rente*) yield; (*geur*,
warmte) give out; (*veroorzaken*) cause
(trouble); (*kaartspel*) deal; *hoe oud geef je*
mij?, how old do you think I am?; *ik geef je*
veertig jaar, I put you dwon at 40; *God geve*
dat..., God grant that...; *wat wordt er*
gegeven?, (*schouwburg*) what is on?; *'t is niet*
iedereen gegeven om, it is not given to
everyone to; *zich gewonnen* —, own o.s.
beaten, admit defeat; *dat moet ik u gewonnen*
—, I'm with you there; *zijn betrekking* (*het*
roken) *eraan* —, give up one's post (smoking);
iem. ervan langs —, give a p. what for, let a p.
have it; *zich* — *aan*, give o.s. to, throw o.s. into
(one's work); *zich* —, relax, let o.s. go; *zich* —
zoals men is, be without affectation; *wat geeft*
dat?, **1** what does that matter?; **2** (*wat helpt*
het) what's the use?; **3** (*wat zou dat*) what of
that?; *woorden* — *niets*, words are no good;
veel (*weinig*) — *om*, care a great deal (little)
for; *ik geef niet om kou*, I don't mind cold; *ik*
geef niet veel voor zijn kansen, I don't give
much for his chances. ▼**gever** giver; donor (*bij*
bloedtransfusie).
gevest hilt.
gevestigd established; —*e orde van zaken*,
established order of things.
gevierd celebrated.
gevierendeeld quartered.
gevit fault-finding, cavilling.
gevlamd flamed, watered (silk).
gevlei flattering.
gevlekt spotted.
gevleugeld winged.
gevlij: *iem. in 't* — *komen*, humour a p.
gevloek swearing.
gevoeglijk decently; (you might) as well (give
up).
gevoel feeling, sensation, sentiment; — *voor*
(*humor*), sense of (humour); *wat voor* — *is 't?*,
what does it feel like?; *met* —, feelingly; *de*
weg op 't — *vinden*, grope one's way.
▼**gevoelen** feeling, opinion; *naar mijn* —, in
my opinion; *ik ben van* — *dat...*, I am of
opinion that... ▼**gevoelig** sensitive (nature);
(*lichtgeraakt*) touchy; (*pijnlijk*) tender (skin);
—*e klap*, smart (sharp) blow; —*e koude*, bitter
cold; —*e les*, sharp lesson; —(*e*) *nederlaag*
(*verlies*), heavy defeat (loss); —*e plek*, tender
spot; *hij raakt me op een* —*e plek*, (*fig.*) he
touched me on the raw; *op dat punt zijn ze erg*
—, they are very touchy on that point; — *voor*,
sensitive to. ▼—**heid** sensitiveness;
touchiness; tenderness; *iemands* — *ontzien*,
spare a p.'s sensibilities (feelings).
▼**gevoelloos** unfeeling, callous; (*v.*
lichaamsdeel) numb; — *voor*, insensible to.
▼—**heid** callousness; numbness.
▼**gevoel/sleven** emotional life. ▼—**smens**
man of feeling. ▼—**swaarde** emotional value.
▼—**szenuw** sensory nerve. ▼—**vol** tender; (*v.*
weergave) sensitive.

gevogelte birds, fowls.
gevolg (v. pers.) suite, train; (resultaat) consequence, result; geen nadelige —en ondervinden van, be none the worse for; de —en zijn voor jou, you must take the consequences; — geven aan een plan, carry out a plan; — geven aan een verzoek, grant (comply with) a request; met goed —, successfully; ten —e hebben, bring on, result in; zonder —, (his efforts remained) without success, unsuccessful. ▼—trekking conclusion; —en maken, draw conclusions (from).
gevolmachtigd having full powers; bent u hiertoe —?, do you hold a power of attorney? ▼—e proxy, plenipotentiary.
gevorderd advanced (age); late (hour); cursus voor —en, advanced course.
gevraagd zeer — zijn, be in great demand.
gevrij love-making, wooing.
gevuld full, plump (figure), well-filled (purse).
gewaad attire, garb.
gewaagd risky; (fam.) chancy; ze zijn aan elkaar —, they are a match for each other.
gewaand supposed.
gewaardeerd valued; (v. order) esteemed.
gewaar/worden notice, become aware of; (te weten komen) find out. ▼—wording sensation.
gewag: — maken van, (make) mention (of). ▼**gewagen**: — van, mention.
gewapend armed; —beton, reinforced concrete. ▼—erhand by force of arms.
gewapper fluttering. ▼**gewarrel** whirl.
gewas vegetation; plant (oogst) crop(s).
gewatteerd quilted, wadded; —e deken, quilt.
gewauwel fiddle-faddle, twaddle; sentimenteel —, sentimental tosh.
geweeklaag wailing, lamentation.
geween weeping.
geweer gun; (leger—) rifle; het — presenteren, present arms; in het — komen, stand to (arms); (fig.) be up in arms. ▼—kogel (r.-)bullet. ▼—kolf r.-butt. ▼—maker gunsmith. ▼—schot gun-shot. ▼—vuur r.-fire.
gewei antlers.
geweifel hesitation.
geweld violence; met —, by force; met alle —, at any cost; — aandoen, (geweten) do v. to, (wet) violate; hij moest zich — aandoen om..., he had to make an effort to...; — gebruiken, — plegen, use v. ▼—daad act of v., outrage. ▼—dadig violent. ▼—enaar tyrant, bully. ▼—enarij tyranny. ▼**geweldig** violent (storm); enormous (power); prodigious (wealth); hij speelde —, he played marvellously. ▼**geweldpleging** violence.
gewelf vault, arch. ▼—d vaulted (passage); arched, curved (eye-brows).
gewend accustomed; ik ben nog niet —, I have not yet settled down; jong —, oud gedaan, as the twig is bent, the tree is inclined; — zijn aan, be used to. ▼**gewennen** I ov.w accustom, habituate (to). II on.w: — aan, get used to. ▼—ing habituation.
gewenst desired; ('t is zeer —) desirable.
gewerveld vertebrate.
gewest region, province; betere —en, better lands. ▼—elijk regional.
geweten conscience; kwaad —, bad c.; zijn — begon te spreken, his c. pricked him; ik kan 't niet met mijn — overeenbrengen, I cannot reconcile it to my c.; op zijn —, on his c. ▼—loos unscrupulous. ▼—loosheid u.ness. ▼—sangst pangs of c. ▼—sbezwaar scruple; vrijstelling wegens gewetensbezwaren, exemption on grounds of c. ▼—sbezwaarde conscientious objector, (sl.) conchie. ▼—sdwang moral constraint. ▼—sgeld c.-money. ▼—svraag home-question. ▼—svrijheid freedom of c. ▼—swroeging compunction. ▼—szaak matter of c.
gewettigd justified, legitimate.
geweven woven; — stoffen, textiles.
gewezen late, former, ex-.

gewicht weight; (fig. ook) importance; soortelijk —, specific gravity; weer op zijn — komen, recover one's lost w.; man van —, man of importance; — hechten aan, attach importance to; — heffen, put the w.; dat legt geen — in de schaal, that carries no w.; zijn — in de schaal werpen, throw one's w. into the scale. ▼—heffen putting the w. ▼**gewichtig** weighty; important, momentous; — doen, behave pompously. ▼—doend pompous. ▼—doenerij pomposity. ▼—heid weight, importance.
gewiebel wobbling.
gewiekst sharp, smart, knowing. ▼—heid smartness.
gewijd consecrated (soil); sacred (music).
gewijsde: het vonnis is in kracht van — gegaan, sentence has become final.
gewild in demand, much sought after, popular; (gemaakt) affected; — geestig, would-be witty.
gewillig willing, ready; 'n — oor lenen aan, lend a ready ear to. ▼—heid willingness, readiness.
gewin gain, profit; eerste — is kattegespin, win first, lose last. ▼—zucht covetousness.
gewis certain, sure. ▼—heid certainty.
gewoel bustle, turmoil.
gewonde wounded man.
gewoon I bn (gewend) accustomed, used (to); (gebruikelijk) usual, customary; (alledaags) ordinary, common; (eenvoudig) plain; (ordinair) common; gewone breuk, vulgar fraction; de gewone lezer, the general reader; de gewone man, the man in the street; gewone pas, quick march; zoals hij — was, as was his wont (habit); ik ben niet — te lopen, I am not used to walking; hij was — te gaan vissen, he used to go fishing; — raken aan, get used to. II bw (behave) commonly; simply, just (I just can't). ▼—lijk usually; als —, as usual. ▼**gewoonte** custom, usage; (persoonlijk) custom, habit; —drinker, habitual drinker; als naar —, (ouder —) as usual; uit —, out of habit. ▼—recht common law. ▼**gewoonweg** downright (ridiculous); simply (nonsense); just (he just won't).
geworstel struggle, struggling.
gewricht joint. ▼—sontsteking arthritis. ▼—sreumatiek articular rheumatism.
gewriemel wriggling.
gewrocht production, creation.
gewroet rooting; (fig.) intrigues.
gewrongen tortuous.
gezaag sawing; (op viool) scraping.
gezag authority, prestige; het bevoegde —, the competent (proper) authorities; op — aannemen, take on trust; op eigen —, on one's own a.; 't — voeren, (be in) command (of). ▼—hebbend authoritative; —e kringen, leading circles. ▼—hebber manager; de —s, the authorities. ▼—sdrager authority. ▼—sorgaan organ of a. ▼—voerder (mar.) master, captain; (luchtv.) captain.
gezakt (in zakken) bagged; (niet geslaagd) ploughed.
gezamenlijk I bn complete (works); total (cost); joint (owners); collective (responsibility); combined (efforts); concerted (action); — eigendom, collective ownership; voor —e kosten, at joint expense; voor —e rekening, for (on) joint account. II bw together, (go) in a body.
gezang singing; (lied) song, hymn. ▼—boek song-book; hymn-book.
gezanik bother.
gezant ambassador, (v. lagere rang) minister; (afgezant) envoy; buitengewoon —, a. in ordinary; buitengewoon —, a. extraordinary. ▼**gezantschap** embassy, legation. ▼—sgebouw embassy. ▼—spersoneel e. staff. ▼—ssecretaris secretary to the e.
gezapig easy-going.
gezegde saying, expression; (gram.) predicate.
gezegeld sealed (envelope); stamped (paper).
gezegend blessed.

gezeg/lijk obedient. ▼—**gen**: *zich laten* —,
listen to reason.
gezel fellow, mate; (*handwerks*—)
journeyman.
gezellig (*v. personen*) companionable,
sociable; (*v. vertrek*) pleasant, cosy, snug; —*e
omgang*, social intercourse; — *avondje*, social
evening, social. ▼—**heid** sociability; (*v.
vertrek*) snugness, cosiness; *ik houd van* —, I
like company; *voor de* —, for company.
gezellin companion.
gezelschap company, society; *juffrouw van*
—, lady-companion; *in* — *van*, in the c. of; *iem.
— houden*, keep a p. company. ▼—**sbiljet**
party ticket. ▼—**sdame** lady-companion.
▼—**sleven** social life. ▼—**sreis** conducted
tour. ▼—**sspel** round game.
gezet corpulent; (*gedrongen*) thick-set; *op
—te tijden*, at set times.
gezeten: — *zijn*, be seated; be mounted (on a
horse); — *burger*, substantial citizen.
gezetheid corpulence.
gezeur (*narigheid*) bother; (*geleuter*) rot,
twaddle.
gezicht face, countenance; (*aanblik en
gez.vermogen*) sight; view (of London);
(*visioen*) vision; *een vrolijk* — *zetten*, put on a
cheerful face; *hou je* —*/*, shut up!; —*en
trekken*, pull faces; *bij 't* — *van*, at (the) sight
of; *in 't* — *van*, in s. (view) of; *in 't* — *krijgen*,
catch s. of; *in zijn* —, (tell a p.) to his face; *op 't
eerste* —, af first s.; *iem. op zijn* — *geven*, give
a p. a good hiding; *uit 't* — —, out of s.; *uit 't* —
verliezen, lose s. of; *iem. van* — *kennen*, know
a p. by s. ▼**gezichts/bedrog** optical illusion.
▼—**einder** horizon. ▼—**hoek** angle (of
vision). ▼—**kring** horizon; *dat valt buiten zijn*
—, that is beyond his ken. ▼—**orgaan** organ of
sight. ▼—**punt** point of view, angle; *nieuwe
—en openen*, open new aspects. ▼—**veld**
range of vision. ▼—**vermogen** (eye-)sight.
▼—**zenuw** optic nerve. ▼—**zintuig** organ of
sight.
gezien esteemed, respected; *zeer* — *onder*,
very popular with; *voor* — *tekenen*, visa; —
het feit dat, in view of the fact that.
gezin family, household.
gezind disposed, inclined; *Engels* —,
pro-English, Anglophil. ▼—**heid** disposition;
(*kerk.*) persuasion. ▼—**te** denomination, sect.
gezins/hoofd head of the family. ▼—**hulp**
home help. ▼—**leden** members of the family.
▼—**leven** family life. ▼—**loon** family wages.
▼—**planning** family planning. ▼—**toelage**
family allowance. ▼—**verzorging** help in the
household. ▼—**verzorgster** mother's help.
▼—**zorg** family-welfare.
gezocht far-fetched (explanation); studied
(attitude); *zeer* —, in great demand, much
sought after.
gezoem buzz(ing).
gezond healthy (man); sound (principle, idea,
fruit); healthy, salubrious (climate); sane
(view); wholesome (food); *uitstekend* —, in
excellent health; — *e taal spreken*, talk sense;
— *verstand*, common sense; *zo* — *als een vis*,
as fit as a fiddle; — *en wel*, safe and sound; —
naar lichaam en geest, sound in body and
mind; — *blijven*, keep fit; — *maken*, cure; *de
zaak is* —, it's all right, it's all in the bag.
▼**gezondheid** (*v. pers.*) health; (*v. klimaat*)
healthiness; (*v. opvatting*) soundness, sanity;
— *is de grootste schat*, h. is better than wealth;
op iemands — *drinken*, drink a p.'s h.; (*op je*
—*/*, here's luck!, here's to you! ▼—**sdienst**
public health service. ▼—**skolonie** h. colony.
▼—**sleer** hygiene. ▼—**smaatregel** sanitary
measure. ▼—**sredenen** reasons of h.
▼—**stoestand** state of h. ▼—**szorg** health
care.
gezouten salt, salted.
gezusters: *de* — *A.*, the A. sisters.
gezwam vapourings, tosh.
gezwel swelling, tumour.
gezwets brag(ging).
gezwind swift. ▼—**heid** swiftness.

gezwoeg toil.
gezwollen swollen; (*fig.*) bombastic, turgid.
▼—**heid** swollenness, turgidity.
gezworen sworn (friends). ▼—**e** juror.
gids guide.
giechelen giggle, titter.
gier 1 vulture; **2** (*mest*) stale, liquid manure;
3 (*gil*) scream.
gieren scream; (*v. wind*) whistle; (*v. schip*)
yaw; *land* —, dress land with liquid manure.
gierig avaricious, stingy. ▼—**aard** miser.
▼—**heid** avarice, stinginess.
gierput manure-pit.
gier/valk gyrfalcon. ▼—**zwaluw** swift.
giet/bui downpour. ▼—**en 1** pour; *'t giet*, it is
pouring; **2** water (flowers); **3** (*v. beeld*) cast;
(*v. gedachten, kaarsen*) mould; *'t zit je als
gegoten*, it fits you like a glove. ▼—**er
1** watering-can; **2** (*pers.*) founder. ▼—**erij**
foundry. ▼—**ijzer** cast iron. ▼—**kroes**
crucible. ▼—**vorm** casting-mould, matrix.
▼—**werk** cast work.
gift 1 present, gift; **2** (*vergift*) poison.
gift/beker poisoned cup. ▼—**drank** poisoned
draught. ▼—**gas** poison-gas. ▼—**ig**
poisonous; (*fig.*) venomous; (*boos*) waxy.
▼—**igheid** poisonousness. ▼—**meng(st)er**
poisoner. ▼—**tand** venom-tooth,
poison-fang.
gigolo gigolo.
gij you.
gijzel/aar hostage. ▼—**en** take as a hostage;
(*wegens schuld*) imprison for debt. ▼—**ing**
imprisonment as a h.; impr. for debt.
gil yell, shriek.
gild(e) guild, corporation. ▼—**huis** g.-hall.
▼—**meester** g.-master. ▼—**wezen** guilds.
gillen yell, shriek; *'t is om te* —, it is a scream.
ginder, ginds over there, yonder; *aan* —*e kant
van*, beyond, on the other side of.
ginnegappen giggle, snigger.
gips gypsum, gyps; (*gebrand*) plaster (of
Paris). ▼—**afdruk**, —afgietsel plaster-cast; (*v.
dode*) death-mask. ▼—**en** bn & ww plaster. ▼
—**beeld** plaster figure. ▼—**kalk** plaster (of
Paris). ▼—**model** plaster cast. ▼—**verband**
plaster bandage. ▼—**vorm** plaster-mould.
giraffe giraffe.
gireren transfer. ▼**giro** giro, clearing, transfer.
▼—**bank** clearing bank. ▼—**betaalkaart** Giro
cheque. ▼—**biljet** (*overschrijving*) Giro
transfer form, (*storting op eigen rekening*)
Giro deposit form. ▼—**cheque** Giro cheque.
▼—**dagafrekening** Giro statement of
account. ▼—**dienst** National Giro (Service).
▼—**gids** Giro directory. ▼—**kaart** *zie* —**biljet**.
▼—**kantoor** (National) Giro Centre.
▼—**nummer** Giro account number. ▼—**pas**
Giro card. ▼—**rekening** Giro account.
▼—**stelsel** Giro (transfer) system.
▼—**verkeer** transfer business (transactions).
gis guess; *op de* —, at random.
gispen blame, censure.
giss/en guess, conjecture. ▼—**ing** guess,
conjecture; *naar* — at a g., at a rough estimate;
zich in —*en verdiepen*, speculate (upon).
gist yeast, barm. ▼—**en** ferment; *het gist in het
land*, the country is in a ferment; *laten* —,
ferment.
gister(en) yesterday; — *voor een week*, y.
week; *ik ben ook niet van* —, I was not born y.
▼—**avond** last night, y. evening. ▼—**middag**
y. afternoon. ▼—**morgen** y. morning.
▼—**nacht** last night.
gist/ing ferment(ation). ▼—**kuip**
fermenting-vat. ▼—**middel** ferment.
git jet.
gitaar guitar. ▼—**speler** guitarist.
gitzwart jet-black.
glaasje (little) glass; (*v. toverlantaarn en
microscoop*) slide; — *tot afscheid*,
stirrup-cup, (*fam.*) one for the road; *hij heeft te
diep in 't* — *gekeken*, he has had a g. (a drop)
too much.
glacé kid(-leather).
glaceren (*tegels, enz.*) glaze; (*gebak*) ice.

glad I *bn* smooth, sleek (hair); plain (ring); slippery (road); clever, cute (fellow); *dat is nogal* —, naturally. **II** *bw* smoothly; *'t gaat hem — af*, he does it as if to the manner born; *dat zal je niet — zitten*, you're not going to get away with that; — *vergeten*, clean forgotten; — *verkeerd*, altogether wrong. ▼—**boenen** polish. ▼—**ekker** slyboots. ▼—**geschoren** clean-shaven. ▼—**harig** smooth-haired. ▼—**heid** smoothness; slipperiness.
gladiator gladiator.
gladiool gladiolus.
glad/janus sly dog. ▼—**maken** smooth, polish. ▼—**strijken** (*oppervlak*) smooth (out); (*veren*) preen. ▼—**weg** clean (forgotten).
glans gloss, lustre, shine; (*poetsmiddel*) polish; (*fig.*) splendour; — *van genoegen*, beam of pleasure; — *bijzetten* (*verlenen*) *aan*, add (lend) lustre to; *hij slaagde met* —, he passed with flying colours. ▼—**loos** lustreless, lacklustre. ▼—**machine** glazing-machine. ▼—**middel** polish. ▼—**papier** glazed paper. ▼—**periode** heyday, golden age. ▼—**punt** crowning feature, acme, height, high spot. ▼—**rijk** glorious; *'t — afleggen*, fail dismally; *'t kan de vergelijking — doorstaan*, it compares very favourably (with). ▼—**verf** gloss paint.
▼**glanz/en I** *on.w* shimmer, gleam; (*vochtig*) — *glisten*. **II** *ov.w* gloss (collars); glaze (paper); burnish (metals); polish (marble). ▼—**end**: — *haar*, glossy hair; — *maken*, polish. ▼—**ig** shining, glossy.
glas glass; (*v. lamp*) chimney; (*mar.*) bell; *bij een — wijn*, over a g. of wine; *zijn eigen glazen ingooien*, cook one's own goose. ▼—**bak** (*gemeentereiniging*) bottle bank. ▼—**blazen I** *ww* blow g. **II** *zn* g.-blowing. ▼—**blazer** g.-blower. ▼—**blazerij** g.-works. ▼—**blazerspijp** blow-pipe. ▼—**handel** g.-trade. ▼—**hard** (*fig.*) ruthless, as hard as nails. ▼—**helder** (as) clear as g., crystal-clear. ▼—**kraal** g. bead. ▼—**scherf** fragment of g. ▼—**schilder** stained glass artist. ▼—**slijper** g.-grinder. ▼—**snijder** g.-cutter. ▼—**verzekering** plate-g. insurance. ▼—**vezel** fibre-glass. ▼—**waren** glassware. ▼—**winkel** g.-shop. ▼**glazen** glass, glassy; *wie in een huis woont, moet niet met stenen gooien*, people who live in g. houses should not throw stones. ▼—**maker** glazier; (*insekt*) dragon-fly. ▼—**wasser** window-cleaner. ▼—**wasserij** window-cleaning business. ▼**glazig** glassy; waxy (potato).
glazuren glaze. ▼**glazuur** (*v. aardewerk*) glaze, glazing; (*v. tanden*) enamel; (*v. gebak*) icing.
gletsjer glacier.
gleuf groove; (*v. automaat*) slot; (*v. brievenbus*) slit. ▼—**hoed** trilby.
glibber/en slither. ▼—**ig** slithery.
glij/baan slide. ▼—**bank** sliding-seat. ▼—**den** (*op ijs*) slide; (*op water*) glide; (*uit—, af—*) slip; *de loonschaal*, sliding scale of wages; *hij liet een shilling in zijn hand* —, he slipped a sh. into his hand. ▼— *vliegtuig* glider. ▼—**vlucht** glide.
glimlach smile. ▼—**en** smile (at).
glimm/en glimmer, shine, gleam, glisten (with sweat). ▼—**end** shiny.
glimp glimpse; *met een — van waarheid*, with some colour.
glimworm glow-worm.
glinster/en glitter, sparkle, twinkle. ▼—**ing** glitter(ing), sparkle.
glippen slip.
globaal rough; broad; — *genomen*, roughly speaking. ▼**globe** globe.
gloed glow, blaze; (*fig.*) ardour; *in* —, aglow; *in — geraken over zijn onderwerp*, warm up to one's subject. ▼—**nieuw** brand-new. ▼—**vol** glowing.
gloei/draad filament. ▼—**en** glow. ▼—**end**: — *heet*, burning hot, scalding (piping) hot; (*v. metaal*) red hot. ▼—**erig** burning. ▼—**hitte** white (red) heat. ▼—**ing** glowing. ▼—**kousje**

gas mantle. ▼—**lamp** (electric) bulb. ▼—**licht** incandescent light. ▼—**oven** annealing furnace.
glooi/en slope, shelve. ▼—**ing** slope.
gloren glimmer; (*v.d. dag*) dawn.
glorie glory. ▼—**rijk, glorieus** glorious. ▼—**tijd** heyday. ▼**glorificatie** glorification.
glos(se) gloss; —*en maken op*, gloss.
gloss/arium glossary. ▼—**eren** gloss (a text).
glucose glucose.
gluip/en sneak. ▼—**er(d)** sneak. ▼—**erig** sneaking, furtive.
glunder cheerful, beaming (face). ▼—**en** beam (at).
gluren peep; (*ongunstig*) leer.
glycerine glycerine. ▼—**spuitje** g.-syringe.
gniffelen, gnuiven chuckle (over, at).
gobelin gobelin.
God God; *van* — *noch gebod weten*, live without God; —*s water over* —*s akker laten lopen*, let things slide; — (*zij*) *dank*, thank G.; *zo waarlijk helpe mij* — *almachtig*, so help me G.; *lach in* —*snaam niet*, don't laugh for Heaven's sake; *ik zal 't in* —*snaam maar doen*, since there is no help for it, I'll do it; *om* —*s wil*, for God's sake; — *weet waar*, goodness knows where; *een leven hebben als* — *in Frankrijk*, live in clover; *grote* —*en!*, good Heavens! ▼**god** *de* —*ganse dag*, the livelong day. ▼**goddank** thank God; — *zag hij me niet*, providentially he did not see me. ▼**goddelijk** divine. ▼—**heid** divineness, divinity. ▼**goddeloos** godless, ungodly; (*vreselijk*) terrible. ▼—**heid** godlessness, impiety. ▼**goddorie!** lummel, blimey! ▼**goden/dienst** idolatry. ▼—**dom** gods. ▼—**drank** nectar. ▼—**leer** mythology. ▼—**schemering** twilight of the gods. ▼—**spijs** ambrosia. ▼—**wereld** world of the gods. ▼**god/geklaagd**: *'t is* —*/*, it cries to heaven! ▼—**geleerd** theological. ▼—**geleerde** divine, theologian. ▼—**geleerdheid** theology. ▼—**heid** (*abstr.*) godhead, divinity; (*concr.*) deity. ▼—**in** goddess. ▼—**loochenaar** atheist. ▼—**loos** godless. ▼—**sbegrip** idea of God.
godsdienst religion. ▼—**ig** religious. ▼—**igheid** religiousness. ▼—**ijver** religious zeal. ▼—**oefening** divine service. ▼—**onderwijs** religious instruction. ▼—**oorlog** religious war. ▼—**vrijheid** religious liberty. ▼—**waanzin** religious mania. ▼**gods/gericht** ordeal, divine judgment. ▼—**huis** house of God. ▼—**lasteraar** blasphemer. ▼—**lastering** blasphemy. ▼—**lasterlijk** blasphemous. ▼—**liederlijk** miserable. ▼—**oordeel** ordeal. ▼—**rijk** kingdom of God. ▼—**vering** worship of God. ▼—**vrede** truce of God, political truce. ▼—**vrucht** piety. ▼**god/vergeten** God-forsaken. ▼—**vruchtig** God-fearing, pious. ▼—**vruchtigheid** piety.

goed I *bn* good; (*goedhartig*) kind (deed); (*juist*) right (word); (*gezond*) (he is) well. **II** *bw* well; (*juist*) (do it) right; (*behave*) properly; (*flink*) thoroughly; *een — jaar*, a g. year; *een — 20 pond*, twenty odd pounds; *op een — morgen*, one fine morning; *en maar — ook!*, and a g. thing too!; *'t is maar — dat*, it's a g. thing that, it's as well that; *G—e Vrijdag*, G. Friday; *de — en moeten met de kwaden lijden*, the good must suffer with the bad; (*alles*) — *en wel*, (all) well and g., that is all very well; *ik wou dat ik — en wel thuis was*, I wish I were safely at home; *dat vlees blijft niet* —, that meat won't keep; *die bloemen blijven niet* —, those flowers don't last; *jij hebt — praten*, it is all very well for you to talk; *'t smaakt* —, it tastes g.; *mij* —, O.K. with me, I don't mind; *'t ging niet* —, it did not go right; *hij is er niet te — voor*, he is not above that sort of thing; *ze zijn weer — op elkaar*, they are friends again; *die is —!*, that is a g. one!, I like that!; —, *dan kom ik*, all right, very well...; *net —!*, serve you (him, etc.) right!; *ze maken 't* —, they are doing well; — *in de talen, g.* at languages; *zit je* —?, are you comfortable?; *'t — hebben*, be well off; *als ik 't*

— *heb*, if I am not mistaken; *'t kan niet anders dan — werken*, it's all to the g.; *ik kan 't niet — krijgen*, I can't get it right; — *zo!, zo gaat ie —!*, good show!, well done!; *zo — als*, as g. as, all but; *zo — als niets*, next to nothing; *zo — en zo kwaad als het gaat*, as best it may, somehow or other; *zo — ik kon*, as best I could; *wees zo — te…*, be so kind as to…, be g. enough to…; *wil je zo — zijn het raam te sluiten?*, will you please shut the window?, do (would) you mind shutting the w.?; *dat kan ik niet — betalen*, I cannot very well afford that. **III** zn *(het goede)* good; *(bezit)* goods, property; *(land—)* estate; *(stof)* stuff; *(kleren)* things; *(bagage)* luggage; *(waar)* goods, stuff; *men kan van 't — e te veel krijgen*, one can have too much of a g. thing; *hij heeft veel —s*, there's much g. in him, he has many g. points; — *doen*, do g.; *'t — e doen*, do what is right; *daarna kon ik geen — meer doen*, after that I could not do anything right; *ik kan geen — bij hem doen*, he never has a g. word for me; *zich te — doen aan*, do o.s. well on, tuck into, feast upon; *ik heb nog een tientje van je te —*, you owe me a pound; *ten — e (of ten kwade)*, for g. (or evil); *veranderen ten — e*, change for the g.; *houd 't mij ten — e*, excuse me (saying so); *ten — e komen*, do g., benefit; *voor— (blijven)*, for good; *'t kleine — (je)*, the youngsters; — *en bloed*, life and property.

goedaardig good-natured, benignant; *(v. ziekten, gezwel)* benign, mild. ▼—**heid** good(-)nature, mildness.

goedbloed: *Joris —*, soft Johnny.

goeddeels for the greater part.

goeddunken I *ww* think fit. **II** *zn* pleasure; *naar — van*, at the discretion of; *handel naar —*, use your own pleasure.

goedendag good day; — *zeggen*, pass the time of day; say good-bye to.

goederen goods, merchandise. ▼—**beurs** produce exchange. ▼—**bureau** goods-office. ▼—**handel** (goods) trade. ▼—**loods** goods-shed. ▼—**makelaar** produce-broker. ▼—**prijzen** commodity prices. ▼—**trein** goods-train. ▼—**verkeer**, —**vervoer** goods-traffic. ▼—**vliegtuig** cargo-plane. ▼—**voorraad** stock. ▼—**wagen** luggage-van, goods-van; *(open)* truck.

goedertieren merciful, clement. ▼—**heid** mercy, clemency.

goed/geefs liberal, open-handed. ▼—**geefsheid** liberality. ▼—**gehumeurd** good-tempered. ▼—**gelijkend** good. ▼—**gelovig** credulous. ▼—**gelovigheid** credulity. ▼—**gemanierd** well-mannered. ▼—**geordend** well-regulated. ▼—**gezind** well-disposed. ▼—**gunstig** kind, favourable; — *beschikken op een verzoek*, grant a request. ▼—**gunstigheid** kindness. ▼—**hartig(heid)** kind(ness); *grote —*, good gracious. ▼—**ig** kind-hearted.

goedje stuff.

goedkeur/en approve of; *(notulen)* adopt; *(medisch)* pass (a p.); *(film)* pass; *(v. begroting, subsidie)* vote, agree to; *koninklijk goedgekeurd worden (v. maatschappij enz.)*, be incorporated; *iets gedachteloos —* rubberstamp s.th. ▼—**end**: approving; — *glimlachen*, smile approval. ▼—**ing** approval; *(koninklijke)* (royal) assent; *(v. notulen)* adoption; *zijn — hechten aan*, approve of, sanction; *onder nadere — van*, subject to the a. of; *ter — voorleggen*, submit for a.

goedkoop I *bn* cheap, inexpensive; — *is duurkoop*, a bad bargain is dear at a farthing. **II** *bw* (buy, sell) cheap; *er — afkomen*, get off cheaply. ▼—**te** cheapness.

goed/lachs cheerful; — *zijn* laugh readily. ▼—**maken** make good, make up for, redeem, put right, make amends for; *ze kunnen de kosten nauwelijks —*, they can scarcely defray the cost; *niet meer goed te maken*, irretrievable, irreparable. ▼—**moedig** good-natured. ▼—**praten** gloze over, explain away; *'t is niet goed te praten*, it is inexcusable. ▼—**schiks**

with a good grace; — *of kwaadschiks*, willy-nilly. ▼—**smoeds** (be) of good cheer, cheerful. ▼—**vinden I** *ww* think fit, consent, approve of. **II** *zn* consent; *met wederzijds —*, by mutual c.; *met uw —*, with your permission; *naar —*, at pleasure; *handel naar —*, use your pleasure. ▼—**willig(heid)** willing(ness). ▼—**zak** kind soul. ▼**goeierd** kind soul, dear.

goelasj goulash.

gok/automaat gambling machine, *(fam.)* fruit-machine, *(sl.)* one-armed bandit. ▼—**je** gamble; *een — wagen*, have a (little) flutter. ▼—**kantoor** bucket-shop. ▼—**ken** gamble. ▼—**ker** gambler.

golf 1 wave, billow, roller; **2** *(inham)* gulf, bay; *korte —*, *(radio)* short w.; **3** *(spel)* golf. ▼—**baan** golf-links. ▼—**band** *(radio)* w.-band. ▼—**beweging** undulation. ▼—**breker** break-water. ▼—**ijzer** corrugated iron. ▼—**jongen** caddy. ▼—**lengte** w.-length. ▼—**lijn** wavy line. ▼—**slag** wash of the waves. ▼—**slagbad** surfpool. ▼—**speler** golf-player, golfer. ▼—**stok** golfclub.

Golfstroom Gulf Stream.

golv/en wave, undulate, *(v. vlakte)* roll. ▼—**end** waving (grass); wavy (hair); rolling (field). ▼—**ing** waving, undulation.

gom gum. ▼—**elastiek** india rubber. ▼**gommen** gum; *(uit—)* rub (out).

gondel gondola. ▼—**ier** gondolier. ▼—**vaart** trip in a g.

gong gong. ▼—**slag** stroke of the g.

goniometr/ie goniometry. ▼—**isch** goniometric(al).

gonzen *(v. insekt)* hum, buzz; *(v. motor)* purr.

goochel/aar conjurer. ▼—**arij** conjuring. ▼—**en** conjure. ▼—**kunst** art of conjuring. ▼—**kunstje**, —**toer** conjuring trick.

goochem knowing, smart. ▼—**erd** slyboots.

gooi throw, cast; *een — doen naar*, have a shot at, *(fig.)* make a bid for; *zij doen een goede — naar het kampioenschap*, they stand a good chance of gaining the championship. ▼—**en** throw, fling, pitch; *met de deur —*, slam the door; *iem. — met*, pelt a p. with; *door elkaar —*, jumble; *'t — op*, put the blame on; *het op een akkoordje —*, reach a compromise. ▼—**er** thrower; *(baseball)* pitcher.

goor *(smerig)* dingy; *(v. kleur)* sallow; *(fig.)* nasty.

goot gutter; *(stort—)* chute, shoot. ▼—**gat** sink-hole. ▼—**steen** (kitchen-)sink. ▼—**water** g.-water.

gordel *(om het lichaam)* belt, girdle; *(anders)* circle. ▼—**dier** armadillo. ▼—**riem** belt. ▼—**roos** shingles.

gorden gird; *zich ten strijde —*, gird o.s. for the fight.

gordiaans: *de — e knoop doorhakken*, cut the Gordian knot.

gordijn curtain; *(rol—)* blind; *(theat.)* het — *ophalen (neerlaten)*, raise (drop) the c.; *'t — gaat op voor…*, the c. rises on. ▼—**koord** c.-cord. ▼—**rail** c. rail. ▼—**stof** *(vitrage)* lace; *(anders)* c.-cloth.

gorgel/en gargle. ▼—**drank** gargle.

gorilla gorilla.

gors salting(s); *(vogel)* bunting.

gort groats. ▼—**ebrij**, —**epap** barley-gruel. ▼—**ig**: *het al te — maken*, go too far.

gossiemijne lawk(s), gosh.

Got(h)en Goths. ▼**gotiek** Gothic, Gothic style. ▼**gotisch** Gothic; —*e letter*, black (Gothic) letter.

goud gold; *het is niet alles — wat er blinkt*, all is not g. that glitters; *hij is — waard*, he is worth his weight in g.; *met geen — te betalen*, invaluable. ▼—**aankoop** purchase of g. ▼—**aanvoer** g. arrivals. ▼—**achtig** g.-like. ▼—**ader** g.-vein. ▼—**blad** g.-leaf, g.-foil. ▼—**blond** golden. ▼—**brokaat** g.-brocade. ▼—**dekking** g. cover (reserve). ▼—**delver** g.-digger. ▼—**dorst** thirst for g. ▼**gouden** gold (chain); golden (hair, age); — *bergen beloven*, promise mountains of gold; — *bril*, g.-rimmed spectacles; *het — kalf aanbidden*,

worship the golden calf; — *standaard*, g.
standard. ▼**—regen** laburnum. ▼**goud/erts**
gold-ore. ▼**—gehalte** g.-content.
▼**—gerand**: *—e waarden*, gilt-edged stock
(securities). ▼**—graver** g.-digger. ▼**—invoer**
g. import(s). ▼**—kever** rose-chafer.
▼**—klomp** nugget of g. ▼**—koorts** g.-fever.
▼**—korrel** grain of g. ▼**G—kust** G.-Coast.
▼**—mijn** g.-mine. ▼**—renet** golden rennet.
▼**—sbloem** marigold.
Gouds Gouda (cheese); *—e pijp*, long clay,
(pipe), churchwarden.
goud/smid goldsmith. ▼**—staaf** bar of gold.
▼**—stof** g.-dust. ▼**—stuk** g. coin. ▼**—vink**
bull-finch. ▼**—vis** g.fish. ▼**—vissekom** g.fish
bowl. ▼**—voorraad** g.-stock; (*bij
emissiebank*) g.-holding. ▼**—waarde**
g.-value. ▼**—weefsel** g.-tissue. ▼**—winning**
g.-mining. ▼**—zoeken** g.-seeking. ▼**—zoeker**
g.-seeker. ▼**—zucht** greed of g.
gouvernante governess. ▼**gouvernement**
government. ▼**—eel** governmental.
▼**—sambtenaar** g.-officer. ▼**—sdienst**: *in —
zijn*, be in g.-employ. ▼**—gouverneur**
governor; (*onderwijzer*) tutor. ▼**—generaal**
g.-general; (*onderwijzer*) tutor. ▼**—generaalschap**
g.-generalship. ▼**—schap** governorship,
tutorship.
gouw district.
gouwenaar long clay, churchwarden.
graad degree; *een — halen*, take one's d.; *in
hoge —*, to a high d.; *in de hoogste —*, to the
last d.; *neef in de eerste —*, cousin in the first d.
(remove); *5 graden vorst*, 5 degrees of frost;
nog een —je erger, a degree worse. ▼**—boog**
graduated arc. ▼**—meter** graduator.
▼**—verdeling** graduation.
graaf (*Engelse*) earl; (*buitenlandse*) count.
▼**—schap 1** earldom, countship;
2 (*landstreek*) county, shire.
graaf/werk digging. ▼**—wesp**
digger (-wasp).
graag I *bn* hungry, eager. **II** *bw* gladly, readily,
willingly; *— of niet*, take it or leave it; *—!*, (will
you come?) rather!, (more cake?) yes, please!;
wat —!, with all my heart!; *ze zal wat — gaan*,
she will be delighted to go; *ik rook —*, I like to
smoke; *ik zou het dol— hebben*, I would love
to have it; *ik erken —*, I'm quite willing to
admit. ▼**—te** eagerness, appetite.
graaien grabble; snatch (away).
graal (Holy) Grail. ▼**—ridder** Knight of the G.
▼**—roman** romance of the Holy Grail.
graan corn, grain; (*granen*) cereals. ▼**—akker**
c.-field. ▼**—bergplaats** granary. ▼**—bouw**
c.-growing. ▼**—bouwer** c.-grower.
▼**—gewas** c.-crop. ▼**—handel** c.-trade.
▼**—handelaar** c.-dealer. ▼**—kantoor**
grain-merchant's office. ▼**—korrel** grain of
corn. ▼**—machine** reaper-harvester.
▼**—markt** g. (c.) market. ▼**—oogst** c. crop.
▼**—pakhuis** granary. ▼**—schuur** granary.
▼**—silo** g.-silo. ▼**—tje**: *een — pikken*, have a
quick one. ▼**—voorziening** g. supply.
▼**—zuiger** g.-elevator.
graat fish-bone; *van de — vallen*, faint, have a
roaring appetite; *hij is niet zuiver op de —*, he is
unreliable; (*politiek*) he is not sound on the
goose. ▼**—achtig** bony.
grabbel: *geld te — gooien*, throw money for a
scramble, (*fig.*) make ducks and drakes of
one's money; (*v. eer, naam*) throw away.
▼**—en** scramble (for pennies), grabble (in).
▼**—ton** lucky dip, (*Am.*) grab-bag.
gracht canal; (*slot—*) moat.
gracieus graceful, elegant.
gradueel (difference) of (in) degree.
▼**graderen** graduate.
graecus Greek scholar.
graf grave; (*literair*) tomb, sepulchre; *zijn eigen
— graven*, dig one's own g.; *hij zou zich in zijn
— omkeren*, he would turn in his g.; *een — in
de golven vinden*, find a watery g.; *ten grave
dalen*, sink into one's g.; *ten grave slepen*, carry
off. ▼**—delver** g.-digger.
grafelijk of a count (earl); like a count (earl);

—e waardigheid, countship, earldom.
graf/gewelf sepulchral vault, crypt.
▼**—heuvel** burial mound. ▼**—kamer**
sepulchral chamber. ▼**—kelder** family-vault.
▼**—krans** funeral wreath. ▼**—lucht** sepulchral
smell. ▼**—rede** funeral oration. ▼**—schender**
desecrator of graves. ▼**—schennis**
desecration of tombs. ▼**—schrift** epitaph.
▼**—steen** tomb-stone. ▼**—stem** sepulchral
voice. ▼**—tombe** tomb. ▼**—waarts** to the g.
▼**—zuil** sepulchral column.
grafiek 1 graphic art; **2** (*voor statistiek*)
graphics.
grafiet graphite.
grafisch graphic; *de —e vakken*, the printing
trade; *—e voorstelling*, diagram.
gram gramme.
grammat/ica grammar. ▼**—icaal**
grammatical. ▼**—icus** grammarian. ▼**—isch**
grammatical.
grammofoon gramophone. ▼**—plaat**
g.-record.
gramschap anger, wrath.
granaat shell. ▼**—appel** pomegranate.
▼**—kartets** shrapnell, shell. ▼**—scherf**
splinter of a shell. ▼**—trechter** shell-hole.
▼**—vuur** shell-fire. ▼**granaten** *bn* garnet.
grandioos grandiose.
graniet granite. ▼**—achtig** granitic. ▼**—en**
granite. ▼**—steen** granite.
grap joke, jest; (*v. komiek*) gag; a bit of fun;
hoax; *—pen vertellen*, tell funny stories; *'n dure
—*, (*fig.*) an expensive business; *hij maakte er
een —(je) van*, he made fun of it; *dat is geen
—je meer*, it's past a joke; *een — uithalen*, have
a bit of fun, play a joke; *die —pen moet je niet
met me uithalen*, don't play those tricks on me;
uit (voor) de —, for fun, in sport; *het mooiste
van de —*, the cream of the jest; *ik kan wel
tegen een —*, I can take a joke. ▼**—jas**,
—penmaker joker, funny man, wag.
▼**—penmakerij** drollery. ▼**grappig** funny,
amusing, facetious; *ik zie er 't —e niet van*, I
don't see the fun of it; *'t —ste was dat*, the
funniest part of it was that. ▼**—heid** fun,
facetiousness.
gras grass; *hij liet er geen — over groeien*, he
did not let the g. grow under his feet; *je hebt mij
het — voor de voeten weggemaaid*, you have
cut the g. from under my feet. ▼**—boer**
g.-farmer. ▼**—boter** g.-butter. ▼**—duinen**
browse. ▼**—etend** herbivorous. ▼**—halm**
blade of g. ▼**—klokje** harebell. ▼**—land**
g.-land, pasture. ▼**—maaier** (*man*) g.-mower;
(*machine*) lawn-mower. ▼**—mat** (*v.
sportveld*) turf. ▼**—perk** lawn. ▼**—plant**
g.-plant. ▼**—rand** g.-border. ▼**—spriet** blade
of g. ▼**—tapijt**, **—veld** lawn. ▼**—vlakte**
prairie. ▼**—zaad** g.-seed. ▼**—zode** sod.
gratie grace; (*v. straf*) pardon; (*v. doodstraf*)
reprieve; *bij de — Gods*, by the g. of God; *weer
in de — komen bij iem.*, be reinstated in a p.'s
favour; *bij iem. uit de — geraken*, lose a p.'s
favour; *uit de — zijn*, be out of favour.
gratificatie bonus.
gratis I *bn* gratis, free. **II** *bw* gratis, free of
charge.
grauw I *zn* **1** (*grom*) snarl; **2** (*gepeupel*)
rabble. **II** *bn* grey, gray; *—e erwten*, yellow
peas. ▼**—en** snarl. ▼**—tje** donkey.
graveer/der engraver. ▼**—kunst** art of
engraving. ▼**—naald** engraving-needle.
▼**—werk** engraving.
graven dig.
's-Gravenhage The Hague.
graver digger.
grav/eren engrave. ▼**—eur** engraver.
gravin countess.
gravure engraving.
graz/en graze; *iem. te — nemen* (*bedriegen*),
do a p.; (*de leeuw*) *had hem aardig te —
gehad*, had badly mauled him. ▼**—ig** grassy.
greb(be) trench, furrow.
greep grip, grasp; (*v. zwaard*) hilt; *een
gelukkige — doen*, make a lucky hit; *een —
doen naar*, make a grab at.

greintje: geen —, not a particle, scrap.
grenadier grenadier.
grenadine grenadine. ▼—en bolt.
grendel bolt. ▼—en bolt.
grenen (red) deal. ▼—hout deal; *Amerikaans* —, pitch-pine.
grens limit, boundary, bound; (*v. land*) frontier; (*gr. streek*) border; *alles heeft zijn grenzen,* there is a l. to everything; *men moet ergens de — trekken,* one has to draw the line somewhere; *zijn eerzucht kent geen grenzen,* his ambition knows no bounds; *nu is de — bereikt,* that's the limit; *aan de —,* on the frontier; *binnen de grenzen van,* within the limits of; *dat gaat alle grenzen te buiten,* that exceeds all bounds; *zij wonen op de —,* they live on the border; *'t is (net) op de —, (fig.)* it is (just) on the border-line; *op de — van,* on the verge of; *over de — zetten,* put across (over) the frontier. ▼—beambte frontier-official.
▼—bewaker f. -guard. ▼—bewaking guarding of the f. ▼—bewoner f. inhabitant.
▼—correctie f. readjustment.
▼—documenten custom-documents.
▼—formaliteiten customs formalities.
▼—gebied border(land), confines.
▼—geschil f. -dispute. ▼—geval borderline case. ▼—kantoor f: custom-house.
▼—leeftijd age-limit. ▼—lijn boundary-line.
▼—paal boundary-post. ▼—post f. -post.
▼—rechter (*sp.*) linesman, (*rugby*) touch-judge. ▼—station f. station. ▼—steen boundary-stone. ▼—streek f. -area.
▼—verkeer f. traffic. ▼—waarde limit; (*econ.*) marginal value. ▼—wacht f. -guard.
▼—wijziging rectification of the f.
▼**grenzeloos** boundless. ▼**grenzen:** — *aan,* (*lett.*) be bounded by; (*lett. en fig.*) border on; *aan elkaar —, (v. velden, enz.)* join, be contiguous.
greppel trench, ditch.
gretig eager. ▼—heid eagerness.
gribus slum.
grief grievance, offence.
Griek Greek. ▼—enland Greece. ▼**Grieks** Greek; (*v. kunst ook*) Grecian; —*e kerk,* Greek church.
griend holm. ▼—hout osiers.
grienen blubber, whimper.
griep influenza, flu(e).
gries grit. ▼—meel semolina.
griet skirt, (*Am.*) dame, baby; *'n moord—,* a swell d.; (*vogel*) godwit.
griev/en grieve, hurt; *het grieft me in de ziel,* it cuts me to the heart. ▼—end grieving, bitter.
griezel horror. ▼—en shudder; *iem. doen —,* give a p. the creeps. ▼—ig weird, eerie; —*knap,* uncannily clever. ▼—verhaal creepy story, thriller.
grif promptly; — *toegeven (verkocht worden),* admit (sell) readily.
griffel slate-pencil. ▼—koker (slate-)pencil case.
griffen engrave.
griff/ie record-office, registry; *een document ter — deponeren,* file a document. ▼—ier clerk, recorder.
griff(i)oen griffin.
grijns sneer, grin. ▼—lach sneer, grin.
▼—lachen, **grijnzen** sneer, grin.
grijpen seize, grip, catch, grasp; *deze tandraderen — in elkaar,* these cog-wheels gear into each other; *hun lezingen — in elkaar,* their lectures overlap; — *naar,* grab (snatch) at; *dan grijp je ernaast,* then you may whistle for it; *het vuur greep snel om zich heen,* the fire spread fast; *voor het — liggen,* be ready to hand; *je hebt ze maar voor 't —,* they are as common as dirt; *(zo'n baan) ligt niet voor 't —,* does not grow on every bush; *de verklaring ligt voor 't —,* the explanation is obvious.
▼**grijp/er** grab. ▼—kraan g.-crane. ▼—lijn beckets. ▼—vogel griffin.
grijs grey, gray, hoary; *grijze beer,* grizzly (bear); *'t grijze verleden,* hoary antiquity, the dim past. ▼—aard g.-haired man, old man.

▼—heid greyness. ▼**grijzen** grey.
gril caprice, whim, (*ook*) freak (trick) (of fate, nature, etc.).
grillen *ww* 1 shudder; 2 grill, (*ook*) (*Am.*) broil. ▼**grilleren** grill, (*Am.*) broil.
grillig capricious, whimsical, fanciful, fickle (weather). ▼—heid capriciousness, whimsicality.
grimas grimace; —*sen maken,* make grimaces.
grim/e make-up. ▼—eren make up. ▼—eur make-up man.
grimlach grin. ▼—en grin.
grimmig grim. ▼—heid grimness.
grind gravel; (*grof—*) shingle. ▼—pad, —weg g.-path. -road.
grinniken (*gnuiven*) chuckle, chortle, (*giechelen*) snigger.
grissen snatch.
groef groove; (*in zuil*) flute.
groei growth; *ze zijn nog in de —,* they are still growing. ▼—en grow; *iemand boven 't hoofd —,* outgrow a p.; *hij groeide in de gedachte…,* he exulted in the thought…; *in kleren —,* outgrow (g. out of) one's clothes; *er zal wel een goede dokter uit hem —,* he will make a good doctor; *wat zal er van hem —?,* how will he turn out? ▼—kracht growing-power, vitality. ▼—stuipen growing-pains. ▼—tijd growing-period. ▼—zaam favourable; —*weer,* growing weather.
groen I *bn* green; —*e erwten,* g. peas; —*e kaart,* g. card; —*e zeep,* soft soap; *'t werd me — en geel voor de ogen,* my head was swimming. **II** *zn* green; (*planten*) verdure; (*pers.*) greenhorn; (*univ.*) freshman. ▼—en grow g. ▼—haring fresh (green) herring.
Groenland Greenland. ▼—er Greenlander.
groen/lopen be a freshman. ▼—maken festoon.
groente (green) vegetables, greens. ▼—boer green-grocer. ▼—handel vegetable trade; (*winkel*) greengrocery. ▼—kar vegetable barrow, greengrocer's cart. ▼—markt vegetable market. ▼—soep vegetable soup.
▼—tuin kitchen-garden. ▼—veiling vegetable mart. ▼—wagen greengrocer's van.
▼—winkel greengrocer's (shop).
groen/tijd noviciate. ▼—tje freshman.
groep group, cluster (of trees, houses, etc.), (*ook*) batch (of pupils, letters, recruits) body (of men); *in —jes van drie of vier,* in threes and fours. ▼—eren group. ▼—ering grouping.
▼—sbelangen sectional interests.
▼—sgewijze in groups. ▼—spraktijk group practice. ▼—stherapie group therapy.
groet greeting. salute; *met vriendelijke —en,* with kind regards; *de —en thuis,* remember me to the family; *de —en aan…,* remember me to… ▼—en greet, salute, pass the time of day; *groet je vader van mij,* remember me to your father; *hij laat je —,* he wishes to be remembered to you, (*fam.*) he sends his love; *gegroet!,* so long!
groeve pit; (*steen—*) quarry. ▼—n *ww* groove.
groezelig dingy, grubby. ▼—heid dinginess.
grof (*niet fijn*) coarse (face); (*onbeleefd*) rude (remark); (*kras*) gross (injustice); (*ruw*) rough (work); *grove stem,* harsh voice; — *spelen,* play high; — *geld verdienen,* make big money, coin money; — *geld verteren,* spend money like water; — *worden,* cut up rough.
▼—gebouwd large-limbed. ▼—heid coarseness, etc.; *grofheden debiteren,* make rude remarks.
grog grog, (*met suiker*) toddy. ▼—stem groggy voice.
grol antic.
grom growl. ▼—men growl. ▼—mig grumpy. ▼—pot growler.
grond ground, earth, soil; bottom (of river); (*bouw—*) site; ground, foundation; (*motief*) ground, reason; *vaste — onder de voeten hebben,* be on firm g.; *er is goede — om,* there are good reasons for; *'t gerucht mist elke —,* the rumour is without any foundation; — *voelen,* touch b.; *geen — voelen,* be out of

one's depth; *aan de* — *lopen* (*raken*), run aground; *aan de* — *zitten*, be aground; (*fig.*) be on the rocks; *hij had wel door de* — *willen zinken*, he felt he could sink through the floor; *ik stond aan de* — *genageld*, I stood transfixed/rooted to the earth (spot); *in de* —, at bottom, essentially; *in de* — *van de zaak*, to all intents and (purposes), fundamentally, basically; *in de* — *boren*, send to the bottom; *met* —, with (good) reason; *onder de* —, underground; *op goede* —, on good grounds; *op* — *van*, on the g. of, on account of; *te* — *e gaan*, be ruined, go to ruin, (*sl.*) go to the dogs; *te* — *e richten*, ruin, wreck; *tegen de* — *gooien*, throw to the g.; (*huis*) pull down; *tot de* — *toe afbranden*, burn down to the g.; *uit de verrijzen*, spring out of the g.; *uit de* — *van mijn hart*, from the bottom of my heart; *van de* — *komen*, get off the ground; *van de koude* —, open-grown (fruit), (*fig.*) twopenny (¹half-penny) (poet), (a politician) of sorts; *van alle* — *ontbloot*, without any foundation; — *aanwinnen* (*door indijking, enz.*), reclaim land (from the sea). ▼—**afwatering** land-drainage. ▼—**afweergeschut** ground defences. ▼—**beginsel** basic principle; —*en* (*v. wetenschap, enz.*) elements, rudiments. ▼—**begrip** fundamental (basic) idea. ▼—**belasting** land-tax. ▼—**betekenis** original meaning. ▼**bewerking** tillage. ▼—**bezit** landed property. ▼—**bezitter** landowner, landlord. ▼—**deining** g. swell, g. sea. ▼—**dienst** (*luchtv.*) g.-organisation. ▼—**eigenaar** land-owner. ▼—**eigendom** landed property. ▼—**eigenschap** axiom. **gronden** *ww* found; base (opinion); (*verven*) prime.
grond/erig earthy. ▼—**fout** basic error.
▼—**gebied** territory. ▼—**gedachte** basic (underlying) idea. ▼—**getal** *zie* —**tal**.
grondig thorough (knowledge); profound (study); radical (change), searching (examination). ▼—**heid** thoroughness; profoundness.
grond/ijs ground-ice. ▼—**kleur** (*verf*) g.-colour; (*anders*) primary colour. ▼—**laag** bottom layer, (*verf*) priming-coat. ▼—**lasten** land-tax. ▼—**legger** founder. ▼—**legging** foundation. ▼—**loon** basic wages. ▼—**lucht** earthy smell. ▼—**oorzaak** root cause. ▼—**organisatie** g.-organization. ▼—**pacht** land-rent. ▼—**personeel** (*luchtv.*) g.-staff. ▼—**recht** 1 basic law; 2 right to use the soil. ▼—**regel** principle. ▼—**salaris** basic salary. ▼—**slag** (*v. gebouw*) foundation(s); (*v. besprekingen*) basis; *ten* — *liggen aan*, underlie; *de omstandigheden die eraan ten* — *liggen*, the underlying conditions; *iets tot* — *nemen van*, make s.th. the basis of. ▼—**stelling** (*v. leer*) tenet; (*wisk.*) axiom. ▼—**stof** raw material. ▼—**tal** base. ▼—**toon** (*geluidsleer, muz.*) fundamental (note, tone); (*muz.*) key-note. ▼—**troepen** ground forces. ▼—**verf** g.-colour, priming. ▼—**verkaveling** land-division. ▼—**versnelling** floor gear-change. ▼—**verven** prime, ground. ▼—**verzakking** subsidence. ▼—**vesten** *I zn* foundations; *iets op zijn* — *doen schudden*, shake s.th. to its foundations. II *ww* found. ▼—**vester** founder. ▼—**vorm** primitive form. ▼—**water** ground water. ▼—**waterstand** water-level, water-table. ▼—**werker** navvy. ▼—**wet** constitution. ▼—**wetsartikel** article of the constitution. ▼—**wetsherziening** revision of the constitution. ▼—**wettelijk**, —**wettig** constitutional. ▼—**zee** ground-swell.
groot I *bn* (*uitgestrekt*) large (wood); (*omvangrijk*) big (house); (*lang*) tall (man); (*volwassen*) grown(-up); (*fig. en gevoelswoord*) great (a g. writer, a g. big lion); *een grote A*, a capital A; *'t* — *ste deel van*, the greater part of; *grote kinderen*, grown-up children; *grote lui*, grand folk; *de grote massa*, the masses, *de grote mogendheden*, the Great Powers; *het grote publiek*, the general public;

de Grote Oceaan, the Pacific; —*ste snelheid*, top speed; *een* — *uur*, a good hour; *grote weg*, high-road; *de grote wereld*, society, the upper ten; *zo dom als hij* — *is*, as stupid as they make them; — *met elkaar zijn*, be thick together; — *worden*, (*v. kind*) grow up. II *bw*: — *gelijk*, quite right. III *zn*: — *en klein*, great and small; *alles in 't* — *doen*, do everything on a large scale. ▼—**bedrijf** big industry. ▼—**bek** braggart. ▼—**boek** ledger. ▼—**brengen** bring up, raise (family). ▼**G**—**Brittanje** Great-Britain. ▼—**doen** swagger. ▼—**doener** swaggerer, snob. ▼—**doenerij** swaggering, snobbery. ▼—**grondbezit** land-lordism. ▼—**grondbezitter** large landowner. ▼—**handel** wholesale trade. ▼—**handelaar** wholesale dealer. ▼—**handelsprijs** wholesale price.
grootheid greatness (of character); (*fig.*) magnitude (of a disaster); (*pers.*) man of consequence, (*fam.*) big shot. ▼—**swaanzin** megalomania.
groothertog grand duke. ▼—**dom** grand duchy. ▼—**in** grand duchess.
groothouden: *zich* —, bear up bravely.
grootindustr/ie: *de* —, the big (major) industries. ▼—**ieel** captain of industry.
grootje granny; *maak dat je* — *wijs!*, tell that to the marines!
groot/kanselier Lord High Chancellor. ▼—**kapitaal** big capital, high finance. ▼—**mama** grandmamma. ▼—**moeder** grandmother. ▼—**meester** grand-master.
grootmoedig magnanimous. ▼—**heid** magnanimity.
groot/ouders grand-parents. ▼—**papa** grandpapa, grand(d)ad.
groots grand, grandiose.
groot/scheeps I *bn* grand; ambitious; largescale (production, evacuation). II *bw* (live) in great state. ▼—**heid** grandeur, majesty, pride. ▼—**spraak** boast(ing). ▼—**spreken** boast. ▼—**spreker** boaster. ▼—**steeds** city (life).
grootte greatness, size, extent, magnitude; (a man's) height; *op ware* —, full-sized; *ter* — *van*, the size of.
groot/vader grandfather. ▼—**waardigheidsbekleder** high dignitary. ▼—**zegel(bewaarder)** (Keeper of the) Great Seal.
gros gross; *'t* — *van de mensen*, the bulk of the people.
grossier wholesale dealer. ▼—**derij** wholesale business. ▼—**shuis** wholesale firm.
grot cave, cavern. ▼—**bewoner** cave-dweller. ▼—**woning** cave-dwelling.
grotelijks greatly. ▼**grotendeels** mainly, largely.
grotesk grotesque.
gruis grit; (*geol.*) waste; (*v. kolen*) coal-dust. **gruizelementen** smithereens, pieces.
grut: *'t kleine* —, the small fry.
grutten groats. ▼**grutterij** corn-chandler's (shop).
grutto godwit.
gruwel 1 (water-)gruel; 2 *het is mij een* —, I detest it. ▼—**daad** atrocity. ▼—**ijk** atrocious, gruesome; *zich* — *vervelen*, be bored to tears. ▼—**ijkheid** horribleness, atrocity. ▼—**kamer** chamber of horrors. ▼—**verhaal** thriller.
gruw/en shudder; — *van*, detest. ▼—**zaam** gruesome.
guerrilla guer(r)illa (warfare). ▼—**troepen** g. forces.
guillotin/e guillotine. ▼—**eren** guillotine.
Guinea, Guinee Guinea. ▼**Guinees** Guinea; — *biggetje*, g.-pig.
guirlande garland, wreath.
guit wag; *kleine* —, little rogue. ▼—**enstreek** roguish trick. ▼—**ig** roguish, arch. ▼—**igheid** archness.
gul generous; —*le ontvangst*, cordial reception.
gulden I *zn* guilder. II *bn* golden (sunset).
gulhartig open(-hearted), cordial. ▼—**heid** open-heartedness, cordiality.

gulheid generosity.
gulp 1 (*v. broek*) fly; **2** (*v. bloed*) gulp. ▼**—en** gush.
gulzig greedy. ▼**—aard** glutton. ▼**—heid** greed(iness), gluttony.
gummi (india)rubber. ▼**—artikelen** rubber articles. ▼**—laarzen** gum-boots. ▼**—stok** truncheon.
gunn/en award (a contract to); place (an order with); *ik gun 't je*, (*iron.*) I wish you joy of it; you can have it!; *'t is je* (*van harte*) *gegund*, you are (heartily) welcome to it; *zij gunt hem het licht in zijn ogen niet*, she grudges him the light of his eyes; *men moet een ander ook wat —, ik gun ieder 't zijne*, (one must) live and let live; *je moet je de tijd ervoor —*, you must allow yourself the time for it; *hij gunt je geen ogenblik rust*, he does not give you a moment's rest. ▼**—ing** award (of a contract).
gunst favour; — *nog toe!*, good gracious!; *iem. een — bewijzen*, do a p. a favour; *in iemands — trachten te geraken*, ingratiate o.s. with a p.; *in de — komen bij*, find f. with; *weer in de — komen*, return to f.; *in de — staan bij iem.*, be in a p.'s good books; *hoog in de — staan*, be in high f.; *ten —e van*, in f. of; *uit de — geraken*, fall out of f. ▼**—bejag** f.-hunting. ▼**—betoon**, **—bewijs** mark(s) of f. ▼**—eling** favourite.
▼**—ig** favourable; *'t lot is mij —*, fortune favours me; *in 't —ste geval*, at (the) best; *bekend staan*, enjoy a good reputation; — *denken over*, think well of; — *stemmen*, propitiate; *zich — voordoen*, do the agreeable.
gut! good gracious.
guts gouge. ▼**—en** (*v. bloed*) gush; (*v. regen, zweet*) pour (down); gouge.
guttapercha gutta-percha.
gutturaal guttural.
guur raw (weather); bleak (place).
gymnas/iaal grammar-school...; — *onderwijs*, classical teaching. ▼**—iast** grammar-school pupil. ▼**—ium** grammar-school.
gymnast gymnast. ▼**gymnastiek** gymnastics, physical training, P.T. ▼**—broek** shorts.
▼**—juffrouw**, **—lerares** gymnastic mistress.
▼**—leraar** gymnastic master. ▼**—schoen** gymnasium shoe. ▼**—school** gymnasium.
▼**—vereniging** gymnastic club. ▼**—zaal** gymnasium.
gynaeco/logie gynaecology. ▼**—logisch** gynaecological. ▼**—loog** gynaecologist.

ha! ha!, ah!
Haag: *Den —*, The Hague.
haag hedge; (*v. personen*) lane.
haai shark; (*haaibaai*) shrew; *dan ben je voor de —en*, then you are a goner; *dat geld is voor de —en*, ... is a dead loss; *naar de —en gaan*, (*v. schip*) go to the bottom, (*v. zaak*) go to pieces. ▼**—baai** shrew. ▼**—ig** shrewish, snappish.
haak (*vis—, enz.*) hook; (*v. raam*) catch; (*in muur*) clasp; (*v. telefoon*) clamp; (*v. zetter*) composing-stick; (*v. kapstok*) peg; (*v. timmerman*) square; (*in kleren*) tear; —*je*, bracket; *haken en ogen*, hooks and eyes, (*fig.*) squabbles; *aan de — slaan*, hook (a fish, a man); *schoon aan de —*, (*v. dier*) dressed, (*v. pers.*) undressed; *'t weer in de — brengen*, square s.th.; *'t is niet in de —*, it is not as it should be; *er is iets niet mee in de —*, there is something wrong about it; *tussen —jes*, between brackets, (*fig.*) incidentally, by the way; *iets tussen —jes zetten*, put s.th. between brackets; *de telefoon van de — nemen*, take up the receiver. ▼**—garen** crochet-cotton.
▼**—naald**, **—pen** crochet hook, c. pin.
haaks square; — *op*, at right angles to.
haaksluiting hooks and eyes.
haak/ster crochet-worker. ▼**—werk** crochet(ing).
haal pull (at a rope); haul (of a net); stroke (of the pen); *aan de — gaan*, take to one's heels; *aan de — zijn*, be on the run.
haalbaar feasible; manageable; *die slag is niet —*, that trick can't be made.
haan cock; *dat zal geen — naar kraaien*, nobody will be the wiser; *zonder dat er een — naar zou kraaien*, and no questions asked; *de — v. e. geweer overhalen*, cock a gun. ▼**—pal** safety-catch. ▼**—tje** cockerel, young cock; *hij is — de voorste*, he is (the) cock of the walk.
haar I *bez.vnw* her, *mv* their. **II** *pers.vnw* her, *mv* them. **III** *zn* hair; *zijn wilde haren verliezen*, sow one's wild oats; *ik heb er grijze haren van gekregen*, it has turned my h. grey; *'t scheelde geen — of ik...*, I was within an ace of (doing it), I was very nearly (run over); *'t scheelde maar een —*, it was touch and go; *hij heeft — op zijn tanden*, he has a sharp tongue; *er is geen — op mijn hoofd dat eraan denkt*, I should not dream of doing such a thing; *geen — beter dan*, not a whit better than; *'t er bij de haren bijslepen*, drag it in; *elkaar in 't — vliegen*, fly at each other; *elkaar in 't — zitten*, be at loggerheads; *alles op haren en snaren zetten*, leave no stone unturned. ▼**—band** h.-band; (*lint*) ribbon. ▼**—borstel** h.-brush.
▼**—bos** tuft of h.; (*haardos*) mop of h.
▼**—breed** h. breadth; *geen — wijken*, not yield (budge). ▼**—buis** capillary (vessel).
haard hearth, fireplace; (*kachel*) stove; (*ziekte—*) focus; centre (of resistance); seat (of fire); *eigen — is goud waard*, there is no place like home; *bij de — zitten*, sit near the fire. ▼**—hekje** fender. ▼**—ijzer** (= *rand*) fender; (*anders*) fire-dog. ▼**—kleedje** h.-rug.
haardos (head of) hair.
haardplaat hearth-plate.
haardroger hair-drier.

haard/scherm fire-screen. ▼—**stede** fireside.
▼—**stel** (set of) fire-irons. ▼—**vuur** h.-fire.
haar/fijn I *bn* minute, subtle. **II** *bw* minutely.
▼—**groei** h.-growth. ▼—**kam** h.-comb.
▼—**kloven** split hairs, quibble. ▼—**klover**
hair-splitter. ▼—**kloverij** h.-splitting,
quibbling. ▼—**knippen** *zn* h.-cutting. ▼—**lint**
hair-ribbon. ▼—**lok** lock of h. ▼—**middel**
h.-tonic. ▼—**netje** h.-net. ▼—**olie** h.-oil.
▼—**pijn** (*fig.*) hang-over. ▼—**roos** dandruff.
▼—**scherp** dead sharp. ▼—**scheurtje**
(*metaal, enz.*) hair-line crack. ▼—**speld**
hairpin; *een —bocht*, hairpin bend, h. corner.
▼—**stukje** hair-piece. ▼—**tooi** head-dress.
▼—**wassing** shampoo. ▼—**water** h.-wash.
▼—**zak(je)** h.-tidy; (*anat.*) h.-follicle.
▼—**ziekte** h.-disease.
haas 1 hare; **2** (*vlees*) fillet; *er vandoor gaan als
een —*, dart off. ▼—*je: je bent 't —*, you are for
it; — *over spelen*, play at leap-frog.
haast I *bw* almost, nearly; *kom je —?*, are you
never coming?; *ben je — klaar?*, have you
finished yet?; — *niet*, hardly; — *geen geld*,
hardly any money. **II** *zn* haste, hurry; *in*
(*vliegende*) —, in a (tearing) hurry; *er is — bij*,
it is urgent; *er is geen — bij*, there is no hurry;
— *hebben*, be in a hurry; — *maken*, make
haste, hurry up; — *maken met*, speed up, hurry
up, press on with. ▼**haasten** hurry (a p.); *zich*
—, hasten; *haast je wat!*, hurry up!; *haast je
maar niet*, take your time; *haast u langzaam*,
hasten slowly; *haast je, rep je*, (ride) hell for
leather; (write) in a hurry. ▼**haastig I** *bn* hasty,
hurried; —*e spoed is zelden goed*, more hurry,
less speed. **II** *bw* hastily, hurriedly, in a hurry.
▼—**heid** hastiness, hurry. ▼**haastwerk** urgent
work; rush order.
haat hatred; — *en nijd*, rancour. ▼—**dragend**
resentful, vindictive. ▼—**dragendheid**
... ness.
habbekras a mere song.
habitué habitué, frequenter.
hachee hash, hashed meat.
hachelijk critical, precarious. ▼—**heid**
precariousness.
hachje: *hij schoot er 't — bij in*, he lost his life in
it; *z'n — redden*, save one's bacon (one's
skin); *hij is bang voor z'n —*, he fears for his
skin.
hagedis lizard.
hagedoorn hawthorn.
hagel hail; (*jacht*—) shot. ▼—**bui** h.-storm; *een
— van stenen*, a shower of stones. ▼—**en** hail.
▼—**korrel**, —**steen** h.-stone. ▼—**wit** (as)
white as snow.
Hagenaar inhabitant of The Hague.
hage/prediker hedge-priest. ▼—**preek**
hedge-sermon.
hak 1 heel; *met hoge —ken*, high-heeled; *iem.
een — zetten*, play a p. a nasty trick; **2** *van de
— op de tak springen*, ramble. ▼—**bijl** hatchet;
(*v. slager*) chopper. ▼—**blok** chopping-block.
haken hook, hitch, ('*n handwerkje doen*)
crochet; (*blijven—*) catch; — *naar*, hanker
after.
hakenkruis swastika.
hakhout coppice, scrub.
hakkel/aar stammerer. ▼—**en** stammer,
stutter. ▼—**ig** stammering, faltering.
hakken chip, cut (up); mince (meat); '*n leger in
de pan —*, rout an army; *hij zit altijd op mij te
—*, he's always chipping at me; *waar gehakt
wordt vallen spaanders*, from chipping come
chips; *dat hakt erin*, that's a costly business.
hakkenbar heel-bar.
hak/machine mincing-machine. ▼—**mes**
chopper. ▼—**sel** chaff.
hakstuk heel-piece.
hal (*vestibule*) (entrance-)hall; (*zaal*) hall.
▼—**bank** h.-seat.
halen fetch (*ook muz.*), get; '*n akte —*, obtain a
certificate; *haal 'n kam door je haar*, draw a
comb through your hair; *laten —*, send for; '*n
dokter erbij —*, call in a doctor; *de eerste prijs
—*, take first prize; *de trein —*, catch the train;
van de trein —, meet (a p.) at the station; *er*

moest vele malen voor hem gehaald worden,
he got many curtain-calls; *door elkaar —*, mix
up; *hij zal het best —*, he will pull through all
right; *jij haalt de 90 wel*, you'll live to be 90; *er
valt bij hem niets te —*, there's nothing to be
had out of him; *hij haalde het net*, he scraped
through, barely made it; *de helling —*, make
the grade; (*v. auto*) *hij haalt 100 km per uur*,
she can do 60 miles an hour; *dat haalt er niet
bij*, that is not a patch upon it; *niets kan erbij —*,
nothing adds up to it; *naar beneden —*, lower;
naar binnen —, fetch in; *naar zich toe —*, draw
towards one, rake in (money); *iets te
voorschijn —*, take out, produce s.th.; *de
waarheid uit iem. —*, elicit the truth from a p.;
iets uit iem. trachten te —, (*voordeel*) try to get
s.th. out of a p.; *dat haalt niets uit*, that is no
good; *waar haal je dat vandaan?*, where did
you pick that up?
half half; semi- (final); *de halve wereld*, half the
world; *voor halve dagen*, h.-time; *een baan
voor halve dagen*, a part-time job; — *een*, half
past twelve; — *mei*, the middle of May; *zijn
werk ten halve doen*, do one's work by halves;
*beter ten halve gekeerd, dan ten hele
gedwaald*, better to turn back half-way than to
get lost altogether; — *klaar met*, h.-way
through; *je weet niet* ..., you little know ...;
niet — genoeg, not h. enough; '*t was haar
maar — naar de zin*, she liked it but h.; — *en —
beloven*, h. promise; — *en — zin hebben om*,
have h. a mind to; — *om —*, h. and h.
▼**half/bakken** h.-baked. ▼—**beschaafd**
h.-civilized. ▼—**blind** h.-blind. ▼—**bloed I** *zn*
h.-breed. **II** *bn* h.-bred. ▼—**broer** h.-brother.
▼—**cirkelvormig** semi-circular. ▼—**dek**
quarter-deck. ▼—**donker I** *bn* half-dark. **II** *zn*
semi-darkness. ▼—**dood** h. dead; *iem. —
slaan*, thrash a p. within an inch of his life; *zich
— lachen*, nearly laugh one's head off; *zich —
lopen*, run o.s. off one's legs; *zich — schrikken*,
be frightened out of one's wits. ▼—**door** in h.
▼—**dronken** h. seas over. ▼—**duister** *zie
donker*. ▼—**edelgesteente** precious
stone. ▼—**elliptisch** semi-elliptic(al).
▼—**fabrikaat** semi-finished (manufactured)
article. ▼—**gaar** h.-done; (*fig.*) h.-baked.
▼—**god(in)** demi-god(dess). ▼—**heid**
h.-heartedness. ▼—**jaarlijks** half-yearly,
biannual. ▼—**leer**: *in — gebonden*, h.-bound.
▼—**linnen** h.-linen. ▼—**luid** in an undertone.
▼—**maandelijks** h.-monthly, fortnightly.
▼—**officieel** semi-official. ▼—**rijp** h.-ripe.
▼—**rond** *zn* hemisphere. **II** *bn* hemispherical.
▼—**slachtig** amphibious; (*fig.*) half-hearted.
▼—**slachtigheid** h.-heartedness,
irresolution. ▼—**stok** (*v. vlag*) h.-mast.
▼—**uurdienst** h.-hourly service. ▼—**vol**
h.-full. ▼—**was** learner, improver. ▼—**wassen**
h.-grown. ▼—**weg** h.-way. ▼—**wijs** h.
-witted. ▼—**zacht** semi-soft; (*zoetsappig*)
soft. ▼—**zachtheid** semi-softness; (*fig.*)
softness. ▼—**zuster** h.-sister.
halleluja hallelujah.
hallo hullo.
hallucin/atie hallucination. ▼—**eren**
hallucinate. ▼—**ogeen I** *zn* hallucinogen.
II *bn* hallucinogenic.
halogeen halogen. ▼—**lamp** h.lamp, quartz
iodine lamp.
halm (corn) stalk; blade (of grass).
hals neck (*in alle bet.*); tack (of a sail);
onnozele —, sucker, mug; *om — brengen*,
dispatch a p.; (*sl.*) do for a p.; *iem. om de —
vallen*, fall upon a p.'s neck; *zich iets op de —
halen*, bring s.th. on o.s.; incur (debts); catch
(disease); *weet wel wat je je op de — haalt!*,
be careful what you are letting yourself in for!
iem. iets op de — schuiven, shove s.th. on to
somebody; — *over kop*, (leave) hurriedly;
(fall) headlong. ▼**hals/ader** jugular. ▼—**band**
collar. ▼—**brekend** break-neck. ▼—**doek**
scarf. ▼—**ketting** necklace. ▼—**kraag** collar;
(*geplooide*) frill. ▼—**lengte** neck-length; *met
een — winnen*, win by a n. ▼—**misdaad**
capital crime. ▼—**sieraad** n.-ornament.

▼—**slagader** carotid (artery). ▼—**snoer** necklace.

halsstarrig stubborn, obstinate, stiff-necked. ▼—**heid** stubbornness, obstinacy.

halster halter.

hals/wervel cervical vertebra. ▼—**wijdte** width round the neck.

halt halt, stop; — (*laten*) *houden*, stop, halt; *een* — *toeroepen*, call a h. to. ▼**halte** stop; *volgende* —!, next stop, please!

halter (*kort*) dumb-bell; (*lang*) bar-bell.

halve *zie* half. ▼ **halvemaan** half-moon, crescent. ▼—**vormig** crescent(-shaped).

▼**halveren** halve; (*hoek*) bisect.

▼**halver/hoogte:** *ter* —, half-way up. ▼—**wege** half-way.

ham ham.

hamel wether.

hamer hammer, (*houten*) mallet; *tussen* — *en aambeeld*, between the devil and the deep sea; *onder de* — *brengen*, put up to auction, bring to the hammer; *onder de* — *komen* (*gaan*), be put up for sale, come (go) under the hammer. ▼—**baar** malleable. ▼—**baarheid** malleability. ▼—**en** hammer; *ergens op* —, (*fig.*) hammer at s.th.; *ergens op blijven* —, keep on about s.th.; *erin* —, hammer s.th. into a p.; (*spijker*) hammer home (a nail); *blijf daar nu niet op* —, don't rub it in.

hamster hamster. ▼—**aar** (food) hoarder; (*sl.*) food-hog. ▼—**en** hoard.

hand hand (*ook v.* —*schrift*); —*en thuis*, hands off; *iem. de* — *geven*, shake hands with a p.; *mijn* — *erop!*, my hand upon it!; *ergens de* — *in hebben*, have a h. in it; *ik heb mijn* —*en vol aan hem*, he is a handful; *ik heb er mijn* —*en aan vol*, I have my work cut out with it; *de* —*en houden aan 'n regel*, enforce a rule; *je moet er de* — *aan houden*, you must keep it up; *iem. de* —*en boven 't hoofd houden*, protect, screen; *de* — *leggen op*, lay hands on; *vele* —*en maken licht werk*, many hands make light work; *hij draait er zijn* — *niet voor om*, he thinks nothing of it; *de* — *aan iem.* (*zichzelf*) *slaan*, lay violent hands on a p. (o.s.); *de* —*en aan 't werk slaan*, set to work; *de* —*en ineenslaan*, clasp one's hands, (*fig.*) join hands; *zij sloegen hun* —*en in elkaar van verbazing*, they threw up their hands in astonishment; *zijn* — *en staan verkeerd*, his fingers are all thumbs; *de* —*en uit de mouwen steken*, put one's shoulder to the wheel; *als de ene* — *de andere wast worden zij beide schoon*, scratch my back and I'll scratch yours; *iem. de vrije* — *laten*, leave a p. a free hand; *de laatste* — *aan een werk leggen*, put the finishing touches to a work; *zij schonk haar* — *aan*…, she gave her hand to…; *hij stak geen* — *uit om mij te helpen*, he did not lift a finger to help me; *nooit een* — *uitsteken*, never do a stroke of work; *je kon geen* — *voor ogen zien*, you could not see your h. before your face; *aan de* — *van gegevens*, on the basis of these data; *aan* — *en voeten gebonden*, bound h. and foot; *iem. 'n baan aan de* — *doen*, get (procure) a p. a job; *iem. 'n middel aan de* — *doen*, suggest a remedy to a p.; — *aan* — *gaan*, go h. in h.; *zijn fiets aan de* — *hebben*, wheel one's bicycle; *te veel aan de* — *hebben*, have too much on h.; *wat is er aan de* —?, what is up?; *er is iets aan de* —, there is s.th. going on; *er is niets aan de* —, there is nothing wrong; *iets achter de* — *hebben*, have s.th. up one's sleeve; *bij de* — *hebben*, hold by the h., (*fig.*) have at h.; *dat heb ik vaker bij de* — *gehad*, I am an old h. at this; *bij de* —*zijn*, be at h., (*fig.*) be clever; *vroeg bij de* — *zijn*, be up early; *in* —*en*, (*op brieven*) by h.; *in* —*en hebben*, possess (proof), have (a situation) in h., control (a market); *de politie heeft de zaak in* —*en*, the police have the case in h.; *in* —*en krijgen*, happen (up)on; *iem. iets in* —*en spelen*, smuggle s.th. into a p.'s hands; *in* —*en stellen van*, refer to, place the case in the hands of; *iem. iets in de* —*en stoppen*, palm s.th. off on a p.; *je hebt je wat in je* —*en laten stoppen*, you've been taken in; *iem. een geldstuk in de*

— *en stoppen*, slip a coin into a p.'s hand; (*de brief*) *viel mij in* —*en*, fell into my hands; *in de* — *werken*, (*iets*) foster, (*iem.*) play into the hands of; *met beide* —*en aangrijpen*, jump at (a proposal); seize (an opportunity) with both hands; *met 'n vol weggooien*, spend (money) like water; *met* — *en tand verdedigen*, defend tooth and nail; *met de* — *gemaakt*, made by h., hand-made; *met de* —*en in 't haar zitten*, be at one's wits' end; *met de* — *op 't hart*, in all conscience; *met de* — *over 't hart strijken*, stretch a point; *iem. naar zijn* — *zetten*, force a p. to one's will; *niets om* —*en hebben*, have nothing on, be disengaged, be at a loose end; *om de* — *v. e. meisje vragen*, ask a girl's hand; *onder de* —, meanwhile; *onder* —*en hebben*, have in h., be engaged on; *onder* —*en nemen*, 1 (*opknappen*) take in h.; 2 (*werk*) undertake; 3 (*berispen*) take a p. to task, give (a p.) a good talking-to; 4 (*auto, fiets, enz.*) clean, overhaul; *op eigen* —, on one's own authority; *iem. op de* —*en dragen*, be devoted to a p.; *op* —*en en voeten*, on all fours; *op* —*en zijn*, be (near) at h.; — *over* —, h. over h.; *ter* — *nemen*, take in h., take up; *ter* — *stellen*, hand; *ik heb 't uit de eerste* (*tweede*) —, I have it at first (second) hand; *inlichtingen uit de eerste* —, inside information; *uit de* — *lopen*, (*v. situatie*) get out of hand; *uit de* — *vallen*, disappoint; *van de* — *doen*, dispose of; *duur van de* — *gaan*, sell at high prices; (*'t werk*) *ging vlug van de* —, proceeded quickly; *van de* — *in de tand leven*, live from h. to mouth; *van de* — *wijzen*, (*verzoek*) refuse, (*uitnodiging*) decline, (*beroep*) dismiss, (*voorstel*) reject, turn down; *van dezelfde* —, by the same h.; *van hoger-voorgeschreven*, decreed by the authorities; *maatregelen van hoger*—, government measures; *alles nemen wat voor de* — *komt*, take everything that comes one's way; *voor de* — *liggen*, be obvious.

hand/appel eating-apple. ▼—**arbeid(er)** manual labour(er). ▼—**bagage** h.-luggage. ▼—**bal** h.-ball. ▼—**bediening:** *met* —, hand-operated; *kan ook met de hand worden bediend*, can also be hand-operated, with provisions for manual operation. ▼—**beweging** motion of the h., gesture. ▼—**blusser** h.-extinguisher. ▼—**boeien** hand-cuffs. ▼—**boek** manual, h.-book. ▼—**boor** gimlet. ▼—**breed:** *geen* — *wijken*, not yield (budge) an inch. ▼—**breedte** h.'s breadth. ▼—**doek** towel; (*op rol*) roller-towel. ▼—**doekrek** towel-rail. ▼—**druk** handshake; *een* — *wisselen*, shake hands.

handel 1 (*v. machine*) handle; 2 trade, commerce, business; (*ongunstig*) traffic (in drugs, etc.); — *en wandel*, conduct; — *drijven*, do business, carry on trade; *in de* — *gaan*, go into business; *in de* — *brengen*, put upon the market, bring out; *in de* — *zijn*, (*personen*) be in business, (*artikelen*) be in (on) the market; *niet in de* —, not on the market, not for sale. ▼—**aar** (*vooral met buitenland*) merchant, dealer (horse-d., used-car d.), trader; trafficker. ▼—**baar** tractable, manageable. ▼—**baarheid** tractability, manageability. ▼—**drijvend** trading. ▼—**en** act; (*h. drijven*) trade (with a p., on a country); — *in*, deal in; — *in strijd met de wet*, contravene the law; — *volgens advies*, act on advice; — *over*, treat of, deal with. ▼—**end:** — *optreden*, take action. ▼—**ing** action; —*en*, (*v.e. genootschap*) transactions, (*v. Parlement*) (Parlementary) Reports. ▼—**maatschappij** trading-company. ▼**handels/-:** *vaak* commercial. ▼—**aangelegenheid** trade (business) matter. ▼—**aardrijkskunde** c. geography. ▼—**agent(schap)** c. agent (agency). ▼—**artikel** commodity. ▼—**attaché** c. attaché, trade commisioner. ▼—**balans** (*boekhouden*) balance sheet; (*anders*) trade-balance. ▼—**bank** c. bank. ▼—**bediende** clerk. ▼—**bedrijf** business. ▼—**belang** c. interest. ▼—**belemmeringen**

trade barriers. ▼—**bericht** c. report; (*mv ook*) c. news. ▼—**betrekkingen** trade relations. ▼—**beurs** c. exchange. ▼—**blad** trade journal. ▼—**brief** business letter. ▼—**centrum** c. centre. ▼—**correspondent** c. correspondent. ▼—**correspondentie** c. correspondence. ▼—**crisis** c. crisis. ▼—**dagschool** day school of commerce. ▼—**economie** c. economy. ▼—**firma** trading-firm. ▼—**gebied** field of trade; *op* —, in the domain of trade. ▼—**gebruik** trade custom. ▼—**geest** c. spirit, (*ongunstig*) commercialism. ▼—**hogeschool** c. university, School of Economics. ▼—**huis** business house. ▼—**kantoor** business office. ▼—**krediet** c. credit. ▼—**kringen** c. quarters, trade circles. ▼—**man** business man. ▼—**merk** trade-mark. ▼—**naam** trade-name. ▼—**overeenkomst** trade-agreement. ▼—**prijs** trade price. ▼—**register** c. register. ▼—**reiziger** c. traveller. ▼—**school** c. school. ▼—**taal** business language. ▼—**verdrag** c. treaty. ▼—**vereniging** trading-company. ▼—**verkeer** c. traffic, trade. ▼—**vloot** merchant fleet. ▼—**waar** merchandise. ▼—**wereld** c. world. ▼—**wet** c. law. ▼—**wetboek** c. code. ▼—**zaak** business.
handelwijze proceeding, way of acting, course.
hand/en ww suit. ▼—**enarbeid** manual labour, handicraft; *leraar* —, handicraft instructor. ▼—**gebaar** gesture. ▼—**geklap** h.-clapping, applause. ▼—**geld** earnest-money, handsel. ▼—**gemeen I** *bn*: — *worden*, come to blows. **II** *zn* scuffle. ▼—**getouw** h. loom. ▼—**gewricht** wrist. ▼—**granaat** (h.) grenade. ▼—**greep 1** grip; **2** (*kunstgreep*) knack; **3** (*foefje*) trick, dodge.
handhav/en maintain (discipline, an opinion, rights), uphold (a claim, a decision, one's honour); *zich* —, maintain o.s.; *iem. in zijn ambt* —, continue a p. in office. ▼—**er** maintainer. ▼—**ing** maintenance.
handicap handicap, disability.
handig handy (book); skilful, clever; — *gedaan*, cleverly done, neatly done; — *gelegen*, conveniently situated. ▼—**heid** handiness; skill, cleverness; *t is een* —*je*, it's just a knack.
hand/je: *hij heeft er 'n* — *van om*…, he is apt to…, he has a way of…; *'n* — *helpen*, give (lend, bear) a hand. ▼—**jevol** handful. ▼—**kar** barrow, h.-cart. ▼—**koffer** h.-bag. ▼—**langer** tool, accomplice. ▼—**leiding** manual, guide-book, handbook. ▼—**lezen** palm-reading, palmistry. ▼—**naaimachine** hand sewing-machine. ▼—**omdraai**: *in een* —, in a trice. ▼—**opsteken** show of hands. ▼—**palm** palm of the h. ▼—**peer** eating-pear. ▼—**penning** earnest-money. ▼—**pers** hand-press. ▼—**pomp** h.-pump. ▼—**rem** h.-brake. ▼—**schoen** glove; (*sp.*) gauntlet; *met de* — *trouwen*, marry by proxy; *iem. de* — *toewerpen*, throw down the gauntlet to a p. ▼—**schrift 1** manuscript; **2** hand-writing. ▼—**slag** slap (with the hand); *'t op* — *beloven*, slap hands upon it. ▼—**tas(je)** h.-bag. ▼—**tastelijk**: — *worden*, use violence; paw (a girl). ▼—**tastelijkheden** physical violence; pawing. ▼—**tekenen** free-hand drawing. ▼—**tekening** signature. ▼—**vat** handle. ▼—**versnelling** manual gear-change. ▼—**vest** charter, covenant. ▼—**vol** handful. ▼—**vuurwapens** small arms. ▼—**waarzeggerij** palmistry. ▼—**wagen** barrow.
handwerk trade, craft; (*niet machinaal*) handwork; *fraaie* —*en*, fancy needlework. ▼—**en** do needlework. ▼—**er** handworker. ▼—**je** piece of fancy-work. ▼—**sgezel** journeyman. ▼—**sgilde** craft-guild. ▼—**sman** artisan.
hand/wijzer finger-post, sign-post. ▼—**woordenboek** concise dictionary, desk dictionary.
handzaam (*v. pers.*) manageable; (*v. dingen*) handy.

hane/balk purlin; *onder de* —*en*, in the garret. ▼—**kam** cock's comb. ▼—**ngevecht** cock-fight(ing). ▼—**poten** scrawl.
hang tendency, inclination.
hangar hangar.
hang/brug suspension-bridge. ▼—**buik** swag-belly.
hangen hang; (*lui* —) loll; (*v. bloem*) droop; *tussen* — *en wurgen*, between the devil and the deep sea; *met* — *en wurgen slagen*, succeed by the skin of one's teeth; *het hoofd laten* —, hang one's head; *ik mag* — *als*…, I'll be hanged if…; *aan iem.'s lippen* —, hang on a p.'s lips; *hij hangt niet aan geld*, he does not care for money; *ze* — *erg aan elkaar*, they are greatly attached to each other; *in Frankrijk blijven* —, linger on in France; *de lucht bleef* —, the smell lingered; *ik bleef met mijn broek aan een spijker* —, I caught my trousers on a nail; *aan de letter van de wet* —, stick to the letter of the law; (*fam. & fig.*) *daar hing hij op*, that hanged him; *een beetje van de laster blijft altijd* —, some of the mud will stick; *staan te* —, hang about. ▼**hangend(e)** hanging, drooping (ears); (*v. kwestie*) pending; *boven het hoofd* —, hanging over one's head, impending; —*e kwesties*, pending issues; —*e het onderzoek*, pending the inquiry. ▼**hanger** hanger, pendant; (ear-) drop. ▼—**ig** drooping, listless. ▼—**igheid** l.ness. ▼**hang/ijzer** pot-hanger. ▼—**kast** hanging-cupboard. ▼—**klok** (wall)clock. ▼—**lamp** hanging-lamp. ▼—**lip** hanging lip. ▼—**map** hanging file. ▼—**mappenkast** filing-cabinet (with hanging files). ▼—**mat** hammock. ▼—**oor** lop-ear. ▼—**op** curds. ▼—**partij** (*schaken*) adjourned game. ▼—**plant** hanging plant. ▼—**slot** padlock. ▼—**wangen** flabby cheeks.
Hannover Hanover. ▼—**aan**, —**s** Hanoverian.
hansop (child's) sleeping-suit, (*fam.*) nighty, nighties.
hansworst buffoon, clown. ▼—**erij** buffoonery.
hanteerbaar manageable. ▼—**heid** manageability. ▼**hanter/en** handle. ▼—**ing** handling, manipulation.
hap bite; (*stuk*) morsel; *hij weet er een* — *en* — *een snap van*, he has a smattering of it; *'t is 'n hele* — *uit mijn portemonnaie*, it's a large slice of my income.
haper/en (*v. stem*) falter; *dat hapert nooit*, that never fails; *er hapert iets aan de motor*, there's s.th. wrong with the engine; *'t gesprek haperde*, the conversation flagged; *zonder* —, without a hitch. ▼—**ing** hitch, hesitation.
hapje: *eerst een* — *eten*, let's first have a snack; *lekker* —, titbit; *dat is geen* —, that's no joke. ▼**happen** bite; — *naar*, snap at.
happening happening.
happig eager (for), keen (on). ▼—**heid** …ness.
harakiri hara-kiri, happy dispatch.
hard I *bn* hard; harsh (judgment); fast (pace); loud (voice); stern (reality). **II** *bw* (work) hard; (rain) heavily; (treat) harshly; (run) fast; *hij heeft een* — *hoofd*, he is thick-headed; *ik heb er een* — *hoofd in*, I have my doubts about it; *'t is* — *voor je*, it is hard (lines) on you; — *betwijfelen*, doubt very much; *het gaat* — *tegen* —, the gloves are off; — *nodig*, sorely needed; —*er spreken*, speak up; — *vooruitgaan*, make rapid progress; — *worden*, harden, set; *om 't* —*st met elkaar lopen*, race each other; *ze zongen om 't* —*st*, they sang their loudest; *zij prezen hem om 't* —*st*, they vied in praising him.
hard/draven trot. ▼—**draverij** trotting-race.
harden harden; temper (steel); steel (nerves); (*uithouden*) bear, stand; (*'t was*) *niet te* —, … unbearable. ▼**hardglas** hardened glass.
hardhandig rough. ▼—**heid** roughness.
hardheid hardness, harshness, loudness, sternness, fastness (*zie hard*).
hardhoofdig obstinate, headstrong. ▼—**heid** obstinacy.

hardhorig hard of hearing. ▼—**heid** hardness of hearing.
hardleers dull, dense, thick-skulled. ▼—**heid** dullness.
hardlijvig constipated, costive. ▼—**heid** constipation, costiveness.
hardlop/en zn running. ▼—**er** runner; (op korte afstand) sprinter; —s zijn doodlopers, slow and steady wins the race.
hardnekkig obstinate, dogged, stubborn; persistent (rumour). ▼—**heid** obstinacy, stubbornness; persistency.
hardop loud, aloud.
hardrijd/en (met auto) speed, race; (schaatsen) speed-skating. ▼—**er** (in auto) speeder, road hog, speed-fiend; (schaatser) speed-skater. ▼—**erij** skating-match.
hardste(e)n(en) freestone.
hardvallen be hard upon, blame (a p.); het valt mij hard dit te zeggen, I say it with reluctance.
hardvochtig harsh, callous. ▼—**heid** harshness.
harem harem. ▼—**broek** h.-skirt.
harerzijds on her part.
harig hairy. ▼—**heid** hairiness.
haring 1 herring; nieuwe —, fresh h.; daar moet ik — of kuit van hebben, I want to get to the bottom of it; als —en in een ton, packed like sardines; **2** (v. tent) peg. ▼—**kaken** curing of herrings. ▼—**kaker** h.-gutter. ▼—**logger** h.-drifter. ▼—**net** h.-net. ▼—**roker** h.-curer. ▼—**vangst** h.-fishery. ▼—**visser(ij)** h.-fisher(y). ▼—**vloot** h.-fleet.
hark rake; stijve —, stick. ▼—en rake. ▼—**erig** stiff, uncouth (manners). ▼—**erigheid** stiffness.
harlekijn harlequin; (speelgoed) jumping-jack. ▼—**spak** h.'s suit, motley.
harmonie harmony. ▼—**leer** theory of h. ▼—**orkest** wind-band. ▼**harmon/iëren** harmonize. ▼—**ieus**, —**isch** harmonious. ▼—**iseren** harmonize. ▼—**ium** harmonium.
harmonika concertina, accordeon. ▼—**trein** corridor-train.
harnas armour; iem. in 't — jagen, antagonize a p.; ze tegen elkaar in 't — jagen, set them by the ears. ▼—**sen**: zich — tegen, arm (o.s.) against.
harp harp. ▼—**ist** harper, h.-player.
harpij harpy.
harpoen harpoon. ▼—**(er)en** harpoon.
harp/spel harp-playing. ▼—**speler** harp-player.
harrewarren squabble, bicker.
hars resin. ▼—**achtig** resinous. ▼—**houdend** resiniferous. ▼—**lucht** resinous smell.
hart heart; hij heeft een zwak —, he has a weak (bad) h.; waar 't — vol van is loopt de mond van over, what the h. thinks, the mouth speaks; zijn — klopte in zijn keel, his h. was in his mouth; haar — kromp ineen van angst, her h. tightened with fear; hij had 't — niet om te gaan, he had not the courage (fam. the guts) to go; heb 't — niet te…, don't you dare to…; mijn — draaide ervan om in mijn lijf, it turned my stomach; zijn — aan iets ophalen, enjoy o.s. to one's heart's content; hij heeft (draagt) het — op de tong, he wears his h. on his sleeve; iem.'s — stelen, steal a p.'s heart; iem.'s —veroveren, win a p.'s heart; zijn — zetten op, set one's h. on; het gaat me aan 't —, it goes to my h.; in — en nieren, to the backbone; in zijn —, at h.; hij zegt wat er in zijn — omgaat, he speaks his mind freely; met — en ziel, h. and soul; je bent er niet met — en ziel bij, je hebt geen — voor de zaak, your h. is not in it; een man naar mijn —, a man after my own h.; 't was (werd) hem bang om 't —, his heart was heavy (his heart sank); met de hand op 't —!, cross my heart!; ik kan met de hand op het — zeggen, I can say in all conscience; iem. iets op het — binden (drukken), impress s.th. on a p.; iets op 't — hebben, have s.th. on one's mind; ik kon het niet over mijn — krijgen, I had not the heart (could not find it in my heart) to do it; iets ter —e nemen, lay a thing to h.; uw

belangen gaan mij ter —e, I have your interests at h.; de zaak gaat mij zeer ter —e, I feel very strongly about it; van ganser —e, with all my h.; ik doe 't werk niet van —e, my heart is not in the work. ▼**hart/aandoening** heart-condition. ▼—**aanval** h.-attack.
▼—**ader** great artery.
▼—**bewakingseenheid** coronary care unit.
▼—**boezem** auricle. ▼—**brekend** h. breaking.
▼—**chirurg** h. surgeon. ▼—**chirurgie** h. surgery.
harte/bloed h.('s)-blood. ▼—**dief**, —**lap** darling, pet. ▼—**leed** grief, distress.
hartelijk hearty, cordial. ▼—**heid** heartiness, cordiality.
harteloos heartless, callous. ▼—**heid** …ness.
hartelust: naar —, to one's heart's content.
harten (kaartspel) hearts; één —, one heart.
hart- en vaatziekten cardio-vascular diseases.
hartenvrouw queen of hearts.
harte/pijn h.-ache. ▼—**wens** h.'s desire.
hart/gangmaker pace-maker. ▼—**geruis** heart- (of cardiac) murmur(s).
hartgrondig I bn heart-felt, cordial. **II** bw cordially.
hartig salt, hearty (meal); een — woordje, a heart-to-heart talk; een — woordje zeggen over, make some outspoken comment on. ▼—**heid** saltness, heartiness.
hartinfarct heartinfarct.
hart/je (little) heart; in 't — van de winter, in the dead (the depth) of winter; in 't — van de zomer, in the height of summer. ▼—**kamer** ventricle (of the heart). ▼—**klep** valve (of the h.). ▼—**klop** h.-beat. ▼—**klopping** palpitation (of the h.). ▼—**kramp** spasm of the h. ▼—**kwaal** h. disease. ▼—**lijder** h.-sufferer.
▼—**longmachine** heart-lungmachine.
▼—**patiënt** heart patient. ▼—**roerend** touching. ▼—**sgeheim** secret of the h.
▼—**shoorn** hartshorn. ▼—**slag** heart-beat.
▼—**slagader** aorta. ▼—**specialist** h.-specialist. ▼—**stikke**: hartstikke dood, stone dead. ▼—**stimulator** pace-maker.
hartstocht passion. ▼—**elijk** passionate.
▼—**elijkheid** passionateness.
hartstreek region of the heart.
hartsvanger cutlass.
hartsvriend(in) bosom friend.
hart/vergroting dilation of the h.; athlete's h. ▼—**verheffend** exalting; sublime.
▼—**verlamming** h.-failure.
▼—**verscheurend** h.-rending.
▼—**versterking** cordial, tonic, pick-me-up.
▼—**vervetting** fatty degeneration of the h.
▼—**vormig** h.-shaped. ▼—**zakje** pericardium.
▼—**zeer** h.-ache; van — sterven, die of a broken heart. ▼—**ziekte** h.-disease.
▼—**zwakte** cardiac weakness.
hasj(iesj) hashish, hasheesh, (fam.) hash.
haspel reel. ▼—**aar** bungler. ▼—en **1** reel; **2** (kibbelen) bicker; **3** namen door elkaar —, mix up names.
hatelijk spiteful, nasty. ▼—**heid** malice; een —, a gibe.
hat/en hate. ▼—**er** hater.
hausse boom, trade-boom; (v. prijs) rise.
▼—**beweging** bull movement. ▼—**neiging** bullish tendency. ▼—**periode** boom period.
▼—**positie** bull-position. ▼—**speculant** bull.
▼—**speculatie** bull speculation.
▼—**stemming** bullish mood (tone).
▼**haussier** bull.
hautain haughty.
haut-reliëf haut relief, high relief.
havanna havana. ▼—**sigaar** h. cigar.
have property, stock; levende —, live stock; —en goed, goods and chattels. ▼—**loos** shabby.
haven harbour, port; (fig.) haven; in (veilige) —, safe in port; een — binnenlopen, put into port. ▼—**arbeider** dock-worker. ▼—**dam** jetty, pier.
havenen batter.
haven/gelden harbour-dues. ▼—**hoofd** jetty. ▼—**meester** harbour master. ▼—**stad** port.

▼—**staking** dock strike. ▼—**werken** h.-works. ▼—**werker** dock-worker.

haver oats; *iem. van — tot gort kennen*, know a p. intimately (inside out).

haverklap *om de —*, continually.

havermout oats; (*pap*) oatmeal porridge.

havik hawk. ▼—**sneus** hook-nose.

hazardspel game of hazard.

haze/-hare. ▼—**jacht** h.-shooting.

hazelaar hazel.

hazelip hare-lip.

hazelnoot (hazel-)nut.

haze/pad: *het — kiezen*, take to one's heels. ▼—**peper** jugged hare. ▼—**slaap** dog-sleep. ▼—**wind** greyhound.

he I say!, hey!; *mooi weer, hè?*, nice weather, isn't it?

hebbeding thingummy.

hebbelijkheid habit, way, knack.

hebben I ww have; *ik heb het* (*niet*), I have (not) got it; *daar heb je het nou!*, there you are!; (*hij sloeg erop*) *van heb ik jou daar*, lustily; *een knal van heb ik jou daar*, an enormous bang; *het rijk* (*koud*) —, be rich (cold); *het goed* (*slecht*) —, be well (badly) off; *dan kan je het goed bij me —*, then you've got it coming to you; *gelijk* (*ongelijk*) —, be right (wrong); *hoe heb ik het nou?*, well, I'm jiggered!; *hoe laat heb je het?*, what time do you make it?; *daar heb je bijv.*, there is e.g., now take e.g.; *wat heb je?*, what's wrong with you?; *hier heb je het*, here you are; *hebt u een ogenblikje* (*£5 enz.*), can you spare me a minute (£5. etc.); *dat — we weer gehad*, that's that; *willen —*, want; *hij wou het niet —*, he would not have (allow) it; *graag —*, like; *ik heb graag dat hij komt*, I like him to come; *liever —*, prefer (tea to coffee)· *ik had liever dat je niet ging*, I'd rather you would not go; *ik kan het niet —*, I cannot bear (stand) it; *wie moet je —?*, whom do you want?; *ik moet niets van hem —*, I'll have no truck with him; *ik moet er niets van —*, I am not having any, I don't believe in it; *daar heb ik niets aan*, that's (of) no use to me; *— is —, maar krijgen is de kunst*, possession is nine points of the law; *je weet nooit wat je aan hem hebt*, you never know where you are with him; *wat zullen we nu —!*, (good) heavens, what's up?; *het aan de longen —*, have lung trouble; *wat heb je daaraan?*, 1 what's the good of it?; 2 what good is it to you?; *ik wist niet hoe ik 't had*, I felt puzzled; *ik heb het bij me*, I've got it with me; *ik heb het niet erg op hem*, I don't like him very much; *het over iets —*, talk about s.th.; *daar heb ik het niet over*, that's not the point; *iedereen heeft het erover*, it's the talk of the town; *hij weet waar hij het over heeft*, he knows what he's talking about; *nu ik het er toch over heb*, as I am on the subject; *hij heeft iets over zich*, there's something about him; *ik heb er niets tegen*, I have no objection (against it); *het heeft er iets van*, it looks like it; *het heeft er veel van weg dat we…*, it looks very much as if we…; *ze — niets van elkaar*, they are completely unlike; *dat heb je ervan*, that comes of it. II *zn: hun hele — en houden*, all their belongings, (*fam.*) all their traps.

hebberig greedy, covetous.

Hebreeer, Hebreeuws Hebrew.

Hebriden: *de —*, the Hebrides.

hebzucht greed. ▼—**ig** greedy.

hecht *bn* firm, strong.

hechtdraad (*med.*) suture.

hechten (*vastmaken*) attach, fasten; (*wond*) stitch; *daar hecht ik geen betekenis aan*, I don't attach any importance to it; I don't believe in it; *zijn goedkeuring — aan*, give one's assent to; *zeer aan de traditie —*, be a stickler for tradition; *zich — aan*, attach o.s. to, become attached to.

hechtenis custody, detention; *in — nemen*, take into c.

hechtheid solidity, strength.

hecht/ing suture, stitch. ▼—**pleister** sticking-plaster.

hectare hectare. ▼**hecto/graaf** hectograph. ▼—**graferen** h. graph. ▼—**gram** h.gram(me). ▼—**liter** h.litre. ▼—**meter** h.metre.

heden to-day; *— over een week*, to-day week; *tot op —*, up till now, up to the present, so far; *— ten dage*, nowadays; *de krant van —*, to-day's paper; *het —*, the present. ▼—**avond** this evening, to-night. ▼—**daags** I *bw* nowadays. II *bn* modern, present-day. ▼—**middag** this afternoon. ▼—**morgen** this morning. ▼—**nacht** to-night.

heel I *bn* whole, entire, quite; *er bleef geen ruit —*, not a window was unbroken; *het hele gezelschap*, the entire company; *de hele dag*, the whole day, all the day; *een hele tijd* (*boel, enz.*) quite a time (lot, etc.). II *bw* quite, very; *— anders*, quite different; *— veel*, a great many (birds), a great deal of (time); *— wat*, a lot of; *— wat goedkoper*, a good deal cheaper; *— wat anders*, quite a different thing; *— al*, quite, wholly.

heelal universe.

heelhuids without injury, unhurt.

heelkracht healing power. ▼**heelkund/e** surgery. ▼—**ig** surgical. ▼—**ige** surgeon. ▼**heelmeester** surgeon; *zachte —s maken stinkende wonden*, desperate cases require desperate remedies; *de tijd is de grote —*, time is the great healer.

heem yard, farmyard. ▼—**raad** (*pers.*) dike-reeve; (*bestuur*) polder-board.

heen away; *nergens —*, nowhere; *overal →*, everywhere; *waar ga je —?*, where are you going?; *waar wil hij —?*, 1 where does he want to go to?; 2 (*fig.*) what is he driving at?; *waar moet deze stoel —?*, where does this chair go?; *waar moet dat —?*, (*fig.*) what's the world coming to?; *hij is ver —*, he is far gone; *— en terug*, there and back; *— en weer*, to and fro, up and down.

heen-en-terugreis double trip.

heen-en-weer: *—geloop*, coming and going; *—gepraat*, cross-talk.

heen/gaan go away, leave; (*sterven*) pass away; *in vrede —*, depart in peace; *er ging veel tijd mee —*, it took much time. ▼—**komen** I *ww* get away; *— door*, get through (a book, the crowd). II *zn: een goed — zoeken*, seek safety in flight. ▼—**lopen:** *loop —!*, get along with you! ▼—**reis** outward journey (voyage). ▼—**rennen** run away. ▼—**rijden** drive (ride) away. ▼—**rit** (*in auto, rijtuig, op motor*) drive (ride) out; (*in trein*) outward journey. ▼—**sluipen** steal away, slink off. ▼—**snellen** run away. ▼—**spoeden** speed away; *zich —*, hurry off. ▼—**sturen** send away. ▼—**vluchten** fly away. ▼—**vaart** outward voyage. ▼—**weg** the way there. ▼—**zenden** send away.

heer 1 (*leger*) host, army; 2 (*persoon*) gentleman; lord (of a castle, a country); master (of the house); (*aan tafel*) partner; (*kaartspel*) king; *Geachte —*, Dear Sir; *een raar —*, a queer customer; *onze lieve Heer*, our Lord; *dames en heren*, ladies and gentlemen; *de heren der schepping*, the lords of creation; *de — A.*, Mr. A.; *de jonge — A.*, Master A.; *de oude —*, the governor, the pater; *strenge heren regeren niet lang*, tyrants never reign long; *— en meester*, lord and master; *zo — zo knecht*, like master, like man; *twee heren dienen*, serve two masters; *nieuwe heren, nieuwe wetten*, new lords, new laws; *in het jaar onzes Heren*, in the year of our Lord; *och Heer!*, Oh Lord! ▼**heer/baan** high-road. ▼—**leger** host.

heerlijk 1 manorial (rights); 2 delicious (food); lovely (weather); *ik zou 't — vinden!*, I'd love to! ▼—**heid** 1 manor; 2 …ness.

heerschaar host; *de Heer der heerscharen*, the Lord of Hosts.

heerschap master; (*iron.*) cove, gent. ▼—**pij** mastery, dominion, lordship; *de — ter zee*, command of the sea; *de — voeren over*, rule over, hold sway over; *onder Franse —*, under French rule.

heers/en (*v. vorst*) rule, reign; (*v. mening, gewoonte, wind*) prevail; *er heerste stilte,* there was silence; silence reigned; *er heerste griep,* the flu was about; *er heerst veel werkeloosheid,* unemployment is widely prevalent, (*fam.*) there is a lot of u.; — *over,* rule (a country). ▼—**end** prevailing (wind); ruling (prices). ▼—**er** ruler. ▼**heerszucht** lust of power. ▼—**ig** imperious. ▼—**igheid** imperiousness.

heertje (*fatje*) swell, dandy; *'t — zijn,* **1** be quite the gentleman; **2** be on top of the world.

hees hoarse. ▼—**heid** hoarseness.

heester shrub. ▼—**bosje** thicket.

heet hot; — *van de naald,* straight off; *bij het debat ging het — toe,* it was a heated debate; *in het —st van de strijd,* in the thick of the fight. ▼—**gebakerd** hot-, quick-tempered. ▼—**hoofd** hothead. ▼—**hoofdig(heid)** hot-headed(ness). ▼—**lopen** get heated (*ook fig.*). ▼—**waterkruik** hot-water bottle.

hef/bok screw jack. ▼—**boom** lever. ▼—**boomwerking** leverage. ▼—**brug** vertical lift-bridge.

heffe: *de — des volks,* the dregs of the people.

hef/fen raise, lift; (*belasting*) levy, impose; (*schoolgeld*) charge. ▼—**fing** levying, imposition; — *ineens,* capital levy. ▼—**kraan** (lifting-) crane. ▼—**machine** lifting-machine. ▼—**schroefvliegtuig** helicopter.

heft handle, haft; *het — in handen hebben,* be in command; *het — in handen nemen,* take command.

heftig vehement. ▼—**heid** vehemence.

hef/truck lift truck. ▼—**vermogen** lifting power. ▼—**werktuigen** lifting-tackle.

heg hedge, fence; *over — en steg,* up hill and down dale; — *noch steg weten,* be a complete stranger.

hegemonie hegemony.

hegge/mus hedgesparrow, dunnock. ▼—**schaar** hedge-shears.

hei hey!; — *daar!,* hey there!

heibel (*ruzie*) row; (*lawaai*) racket.

heibezem heath-broom.

heiblok rammer.

heide heath, moor; (*plant*) heather. ▼**hei(de)/achtig** heathy, heathery. ▼—**bloem** heath-flower. ▼—**brand** h.-fire. ▼—**grond** moorland. ▼—**kruid** heather. ▼—**maatschappij** moorland reclamation society.

heiden heathen, pagan; *aan de —en overgeleverd zijn,* be in Queer street. ▼—**dom** heathenism, paganism. ▼—**s** heathen (gods), pagan; — *kabaal,* infernal racket.

heide/ontginning reclamation of moorland. ▼—**plag** tuft of heather. ▼—**plant** heather. ▼—**struik** heather. ▼—**veld** (tract of) moorland.

hei/en ram, drive. ▼—**er** rammer.

heiig hazy.

heil welfare, good; (*ziele*—) salvation; *daar zie ik geen — in,* I don't believe in it; *zijn — verwachten van,* pin one's faith to; *zijn — zoeken in,* seek refuge (safety) in.

Heiland Saviour.

heil/dronk toast. ▼—**gymnastiek** remedial gymnastics.

heilig holy (City, Father); sacred (duty); — *huisje,* **1** pub, **2** taboo; *de —e Schrift,* Holy Writ; *de —e waarheid,* the holy truth; *'t is nog — bij...,* it's vastly better than...; — *verklaren,* canonize; *zich — voornemen,* make a firm resolution. ▼—**dom** (*plaats*) sanctuary, (*ding*) relic; *zijn —,* his sanctum. ▼—**e saint.** ▼—**en** sanctify, hallow; keep holy (the Sabbath-day). ▼—**edag** holy day. ▼—**enbeeld** image of a saint. ▼—**heid** holiness, sanctity; *Zijne H— de Paus,* His Holiness the Pope. ▼—**ing** sanctification. ▼—**making** sanctification. ▼—**schennis** sacrilege. ▼—**verklaring** canonization.

heil/loos fatal. ▼—**soldaat** salvationist. ▼—**staat** ideal state, Utopia. ▼—**wens** congratulation. ▼—**zaam** salutary, beneficial.

▼—**zaamheid** salutariness.

heimachine pile-driver.

heimelijk secret, furtive. ▼—**heid** secrecy.

heimwee homesickness, nostalgia; — *hebben,* be homesick (for).

heinde: *van — en verre,* from far and near.

hei/paal pile. ▼—**stelling** ram framework.

heitje tanner; *een — voor een karweitje,* bob a job.

hei/toestel pile-driver. ▼—**werk** (*abstr.*) pile-driving; (*concr.*) pile work.

hek fence, railing(s), gate; (*klein* —) wicket; (*versperring*) barrier; (*bij wedloop*) hurdle; *het — is van de dam,* the fences are down, it's Liberty Hall; *de —ken zijn verhangen,* the tables are turned.

hekel 1 (*werktuig*) hackle; *over de — halen, zie —en;* **2** (*afkeer*) dislike; *een — hebben aan,* dislike; *een — krijgen aan,* take a dislike to. ▼—**aar** hackler. ▼—**dicht** satire. ▼—**dichter** satirist. ▼—**en** hackle; (*fig.*) criticize.

hekkensluiter last comer; — *zijn,* (*sp.*) bring up the rear.

heklicht stern-light.

heks witch; *ouwe —,* (old) hag. ▼**heksen**: *ik kan niet —,* I am no magician. ▼—**ketel** witches' cauldron. ▼—**toer** tough job; *dat is geen —,* that's nothing wonderful. ▼**hekserij** sorcery, witchcraft.

hel I *bn* bright (colour); glaring (light). **II** *zn* hell; *loop naar de —,* go to h.; *de weg naar de — is geplaveid met goede voornemens,* the way to h. is paved with good intentions.

helaas alas.

held hero. ▼**helden/-** heroic. ▼—**daad** h. deed. ▼—**dicht** h. poem, epic poem. ▼—**dichter** epic poet. ▼—**dood** h. death. ▼—**moed** heroism. ▼—**sage** heroic saga. ▼—**schaar** band of heroes. ▼—**tenor** leading tenor. ▼—**tijd(vak)** h. age. ▼—**verering** hero-worship. ▼—**wereld** h. world.

helder (*v. water, licht, geluid, begrip, stijl*) clear, (*v. kleur, verstand*) bright, (*zindelijk*) clean; *'t is — dag,* it is broad daylight; — *ogenblik,* lucid moment. ▼—**heid** clearness, brightness, cleanness. ▼—**klinkend** clear, ringing. ▼—**ziend 1** c.-sighted; **2** clairvoyant; *een —e,* a clairvoyant. ▼—**ziendheid 1** c.-sightedness; **2** clairvoyance, second sight.

heldhaftig heroic. ▼—**heid** heroism.

heldin heroine.

helemaal quite, all (wrong), entirely, altogether; — *tot,* all the way to; — *boven,* right at the top; — *erdoorheen,* right through; — *van A.,* all the way from A.; — *in Spanje,* right away in S.; — *niet,* not at all; *niet —,* not altogether, not quite; — *niets,* nothing at all.

helen 1 (*v. goederen*) receive; **2** (*v. wond*) heal. ▼**heler** receiver; *de — is zo goed als de steler,* the receiver is as bad as the thief.

helft half; *ieder de — betalen,* go halves; (*fam.*) go fifty-fifty; *zijn betere —,* his better h.; *de beste —,* the better h.; *de grootste — van,* the best part of; *de — te veel,* too many (much) by h.; *de — minder,* less by h.; *we zijn op de —,* we are h.-way; *tegen de — v. d. prijs,* at h. the price; *voor de — gevuld,* h. full.

heli/haven heliport. ▼—**kopter** helicopter.

heling receiving.

helio/graaf heliograph. ▼—**troop** heliotrope.

helium helium.

hellebaard halberd. ▼—**ier** halberdier.

Helleen Hellene. ▼—**s** Hellenic. ▼**hellen/isme** Hellenism. ▼—**ist** Hellenist. ▼—**istisch** Hellenistic.

hellen slant, slope; (*v. schip*) list; *het —d vlak,* (*fig.*) the downward slope.

helle/pijn torments of hell. ▼—**veeg** shrew; hell-hag. ▼—**vuur** h.-fire.

helling slope, declivity; (*tech.*) gradient; (*v. schip*) list; (*scheeps*—) slips. ▼—**shoek** angle of inclination, gradient.

helm 1 helmet; *met de — geboren,* born with a caul; **2** (*plant*) bent-grass. ▼—**draad** filament.

helpen help, aid; *help!,* help!; *wat helpt 't?,*

what's the use?; *het helpt niets*, it's (of) no use; *ik kan u er wel aan* —, I can get it for you, I can fix you up (with it); *kunt u mij* — *aan een lucifer?*, can you oblige me with a match?; *dat zal je door de moeilijkheden heen* —, that will carry you through; *hij hielp me met mijn jas*, he helped me (on) with my coat; *iem. naar de andere wereld* —, dispatch a p.; *het helpt tegen*..., it is good against...; *iem. uit de verlegenheid* —, help a p. out; *iem. in 't ongeluk* —, ruin a p.; *iem. in 't zadel* —, give a p. a leg up. ▼**help(st)er** assistant, aid.

hels hellish, infernal.

hem *vnw* him; *Jan is* —, J. is it.

hemd (under)shirt, vest; (*v. vrouw*) chemise; *het* — *is nader dan de rok*, charity begins at home; *geen* — *aan zijn lijf*, not a shirt to his back; *in zijn* — *staan*, look foolish; *iem. in z'n* — *zetten*, make a p. look foolish; *tot op het* — *toe nat*, soaked to the skin; *ze vragen je 't* — *van het lijf*, they turn a man inside out with questions. ▼—**smouw** shirt-sleeve.

hemel heaven; (*uitspansel*) sky; (*v. troon*) canopy; *goeie* —*!*, (good) heavens!; *de* — *mag weten hoe*, h. knows how; *dat mag de* — *weten*, only goodness knows; — *en aarde bewegen*, move heaven and earth; *de* — *zij dank*, thank h.; *aan de* —, in the sky; *bij heldere* (*bedekte*) —, with a clear (dull) sky; *in de* —, in h.; *in de zevende* —, be in the seventh heaven; *om 's* — *wil*, for h.'s sake; *onder de blote* —, in the open (air), under the open sky; *ten* — *varen*, ascend to h.; (*gebeden*) *ten* — *zenden*, send up; *tussen* — *en aarde*, between h. and earth, (hang) in mid-air; *in* — *s naam*, for Heaven's sake. ▼**hemel/bol** celestial globe. ▼—**en** *ww* go to heaven. ▼—**gewelf** vault of h. ▼—**hoog** sky-high; *hemelhoge bergen*, soaring mountains; — *prijzen*, extol, laud to the skies. ▼—**ing** celestial. ▼—**koor** heavenly choir. ▼—**lichaam** heavenly body. ▼—**poort** gate of H. ▼—**rijk** kingdom of H. ▼**hemels** heavenly. ▼—**blauw** sky-blue, azure. ▼—**breed** I *bn* enormous (difference). II *bw*: *ze verschillen* —, they are poles apart; *5 mijl* —, 5 miles as the crow flies. ▼—**breedte** celestial latitude. ▼**hemel/sluizen**: *de* — *gingen open*, the heavens discharged their floods. ▼—**streek 1** point of the compass; **2** climate, zone; *uit alle hemelstreken*, from all quarters of the globe. ▼—**teken** sign of the zodiac. ▼—**tergend**: *'t is* —, it cries to heaven. ▼—**trans** vault of heaven. ▼—**vaart** Ascension; *Maria* —, Assumption of the Holy Virgin. ▼**H**—**vaartsdag** Ascension day. ▼—**vuur** lightning. ▼—**waarts** heavenward. ▼—**water** rain.

hen I *zn* hen. II *vnw* them.

henen away.

Hendrik Henry; *een brave* —, a paragon of virtue.

hengel fishing-rod. ▼—**aar** angler. ▼—**en** angle; — *naar*, fish (angle) for. ▼—**club** angling-club. ▼—**snoer** angling-line. ▼—**sport** angling. ▼—**wedstrijd** angling-contest.

hengsel handle; (*scharnier*) hinge.

hengst stallion; (*lomperd*) lout, bumpkin. ▼—**en** (*hard leren*) swot. ▼—**veulen** colt.

hennep hemp. ▼—**en** hemp(en). ▼—**olie** hempseed-oil. ▼—**vezel** hemp-fibre.

hens: *alle* — *aan dek*, all hands on deck.

her 1 (*voorvoegsel*) re-; **2**: — *en der*, here and there; *dat was jaren* —, that was many years ago; *van jaren* — *dateren*, be of many years' standing; *van ouds* —, of old.

herademen breathe more freely. ▼—**ing** relief.

heraldiek I *zn* heraldry. II *bn* heraldic.

heraut herald.

herbebossen reafforest.

herbenoemen re-appoint. ▼—**ing** re-appointment.

herberg inn, public-house, tavern. ▼—**en** lodge, put up; harbour (enemies). ▼—**ier** inn-keeper, host, landlord.

herbewapen/en rearm. ▼—**ing** rearmament.

herboren reborn, born again.

herbouwen rebuild.

hercirculatie recycling.

Herculisch Herculean.

herdenken (*vieren*) commemorate; (*nadenken over*) recall. ▼**herdenking** commemoration. ▼—**sdienst** memorial service. ▼—**splechtigheid** c. ceremony. ▼—**spostzegel** commemorative stamp. ▼—**srede** memorial discourse.

herder shepherd, herd (cowherd). ▼—**lijk** pastoral; — *schrijven*, pastoral (letter). ▼—**sdicht** pastoral (poem). ▼—**shond** sheep-dog. ▼—**sstaf** crook; (*v. bisschop*) crosier. ▼—**szang** pastoral (song).

herdoop re-baptism, re-christening. ▼**herdopen** rebaptize, rechristen.

herdruk reprint. ▼—**ken** reprint.

hereboer gentleman-farmer.

heremiet hermit.

heren/artikelen (gentle)men's wear. ▼—**fuif** stag party. ▼—**huis** gentleman's house.

herenig/en reunite. ▼—**ing** reunion.

heren/kleding men's clothing. ▼—**leventje**: *een* — *leiden*, live in clover. ▼—**winkel** gentlemen's outfitter.

herexamen re-examination.

herfst autumn; (*Am.*) fall. ▼—**draden** gossamer. ▼—**ig** autumnal.

hergebruik recycling. ▼—**en** recycle.

hergroepering regrouping.

herhaald repeated; —*e malen*, repeatedly. ▼**herhal/en** repeat, reiterate, (*kort* —) summarize (a story). ▼—**ing** repetition, reiteration; *bij* —, repeatedly; *in* —*en vervallen*, repeat o.s. ▼—**ingscursus** refresher course. ▼—**ingsoefening** revision exercise; —*en*, (*mil.*) retraining.

herinner/en: *zich* —, remember, recollect; *men zal zich* —..., it will be remembered —; *iem. aan iets* —, remind a p. of s.th.; (*spreker*) *herinnerde aan de vorige oorlog*, recalled the previous war. ▼—**ing** memory, recollection; (*vaag*) reminiscence; (*wat doet herinneren*) reminder; (*souvenir*) memento; *ter* — *aan*, in memory of. ▼—**ingsmedaille** commemoration medal.

herkauw/en ruminate, chew the cud. ▼—**er** ruminant. ▼—**ing** rumination, chewing the cud.

herken/baar recognizable, identifiable. ▼—**nen** recognize, (*ter identificatie*) identify. ▼**herkenning** recognition, identification. ▼—**smelodie** signature tune. ▼—**splaatje** identity disc. ▼—**steken 1** sign of recognition (give a.s. of r.); **2** identification mark, badge.

herkeur/en re-examine. ▼—**ing** re-examination.

herkiesbaar re-eligible; *zich* — *stellen*, stand (offer o.s.) for re-election. ▼—**heid** re-eligibility. ▼**herkiez/en** re-elect. ▼—**ing** re-election.

herkomst origin, source; *land van* —, country of o.

herkrijg/en recover, regain. ▼—**ing** recovery.

herleidbaar reducible. ▼—**heid** reducibility. ▼**herleid/en** reduce. ▼—**ing** reduction.

herlev/en revive. ▼—**ing** revival.

herlez/en re-read, read again. ▼—**ing** re-reading.

hermafro/diet hermaphrodite. ▼—**ditisch** hermaphroditic.

hermelijn ermine, stoat. ▼—**en** ermine.

hermetisch hermetic, air-tight.

hermiet hermit.

hernem/en take again; resume, retake. ▼—**ing** recapture.

Hernhutter Moravian.

hernieuw/en renew; resume (old friendship). ▼—**ing** renewal.

heroïek, heroïsch heroic.

heroïne heroin, (*sl.*) horse.

heronderzoek re-examination.

heropen/en re-open. ▼—**ing** re-opening.

heroriënter/en reorient(ate). ▼—**ing**

reorientation.
herover/en reconquer (a country), recapture
(a town, a market). ▼—**ing** recapture,
reconquest.
herrie (*lawaai, opschudding*) noise, din,
racket, row; (*ruzie*) row, shindy; — *krijgen met
iem.*, get into a row with a p.; —*maken*
(*schoppen*), kick up a row. ▼—**maker,**
—**schopper** rowdy, hooligan. ▼—**makerij**
rowdyism.
herrijz/en rise again. ▼—**ing** resurrection.
herroep/en revoke (a decision); repeal (laws);
countermand (an order); retract (a promise).
▼—**ing** revocation; repeal; retractation.
herschatt/en re-estimate (cost), revalue
(property). ▼—**ing** re-estimate, revaluation.
herschepp/en re-create, transform into.
▼—**ing** re-creation, transformation.
herschol/en retrain, recondition. ▼—**ing**
retraining, reconditioning.
hersen/arbeid brain-work. ▼—**bloeding**
cerebral hemorrhage. ▼**hersenen, hersens**
(*orgaan*) brain; (*verstand*) brains; *hij heeft
geen —*, he has no brains; *hij heeft een goed
stel* —, he is a brainy man; *hoe haalt hij het in
zijn —?*, how does he get it into his head?; *iem.
de — inslaan*, knock a p.'s brains out; *hij zal 't
wel uit zijn — laten*, he will think twice before
doing it. ▼**hersen/gezwel** brain tumor.
▼—**gymnastiek** quizz. ▼—**kwab** lobe of the
brain. ▼—**operatie** brain surgery. ▼—**pan**
brain-pan, cranium. ▼—**schim** chimera; *je ziet
—men*, you're seeing ghosts. ▼—**schimmig**
chimerical. ▼—**schors** cerebral cortex.
▼—**schudding** concussion of the brain.
▼—**spoeling** brainwashing. ▼—**vlies** cerebral
membrane. ▼—**vliesontsteking** meningitis.
herstel (*v. wat stuk is*) repair; (*v. zieke*)
recovery; (*v. orde*) restoration; (*v. onrecht*)
redress. ▼—**baar** reparable, curable.
▼—**betalingen** reparations. ▼—**kosten** cost
of repairs. ▼**herstellen** I *ov.w* mend, repair
(shoes, etc.); redress (grievances); restore
(the balance); remedy (evil); rectify (an error);
retrieve (a loss); re-establish; *in zijn eer —*,
rehabilitate; *zich —*, recover o.s., pull o.s.
together, (*v. prijs, markt*) rally, recover. II *on.w*
recover, convalesce; *ziekenhuis voor —den*,
convalescent home. ▼**herstell/er** repairer.
▼—**ing** repair, rectification, recovery,
restoration, re-establishment. ▼—**ingsoord**
health-resort; (*ziekenhuis*) convalescent
home. ▼**herstel(lings)werk** repair work,
repairs.
herstemm/en vote again. ▼—**ing** second
ballot.
herstructurer/en re-structure. ▼—**ing**
re-structur(al)isation.
hert deer; (*mannetje*) stag.
hertax/atie revaluation. ▼—**eren** revalue.
herte/jacht stag-hunting, deer-stalking.
▼—**nkamp** deer-park.
hertell/en re-count. ▼—**ing** re-count.
hertog duke. ▼—**dom** dukedom, duchy.
▼—**elijk** ducal. ▼—**in** duchess.
's-Hertogenbosch Bois-le-Duc.
heruitzend/en, —ing (*radio*) relay,
re-broadcast.
hervatt/en resume. ▼—**ing** resumption.
herverkaveling (*ongev.*) reallocation,
re-allotment.
hervorm/d reformed; —*e kerk*, R. Church.
▼—**de** protestant. ▼—**en** reform. ▼—**er**
reformer. ▼—**ing** reform; (*kerk.*) reformation.
herwaarder/en revalue. ▼—**ing** revaluation.
herwinnen regain, recover.
herzien (*boek, vonnis*) revise; (*wet, machine*)
overhaul. ▼—**er** revisor. ▼—**ing** revision.
het /w the; *ben jij —?*, is it you?; *ik ben* —, it is
me.
heten 1 (*heet maken*) heat (up); **2** name, call;
hoe heet dat?, what is it called?; *hoe heet je?*,
what's your name?; *hij heet*, he is called; *zoals
dat heet*, as the phrase goes; *het heet, dat hij
rijk is*, he is said to be rich; *hij heet naar mij*, he
is called after me; *iem. welkom —*, wish (bid) a

p. welcome.
heterdaad *iem. op — betrappen*, catch a p. in
the act (red-handed).
heterogeen heterogeneous.
hetgeen what; (*na antecedent*) which.
hetwelk which.
hetze smear campaign; witch-hunt.
hetzelfde the same.
hetzij: —...*of*, (*nevenschikkend*) either...or;
(*onderschikkend*) whether...or.
heug: *tegen* — *en meug*, reluctantly,
willy-nilly.
heug/en *de tijd heugt me dat*..., I remember
the time when...; *de tijd heugt me niet dat*...,
don't know when...; *dát zal u* —, you will be
sorry for this. ▼—**enis**: *sinds mensenheugenis*,
within living memory. ▼—**lijk** joyful (news);
memorable (day).
heul 1 (*brug*) bridge; **2** (*duiker*) culvert;
3 (*papaver*) poppy; **4** (*toevlucht, troost*)
comfort, refuge.
heulen: — *met*, be in league with.
heup hip; (*v. dier*) haunch; *'t op de —en
hebben*, be in (high) dudgeon; *als hij 't op de
—en krijgt*, when the fit is on him. ▼—**been**
h.-bone. ▼—**doek** loin-cloth. ▼—**gewricht**
h.-joint. ▼—**zak** h.-pocket.
heus I *bn* courteous, polite. II *bw* really, indeed.
▼—**heid** courtesy.
heuvel hill; (*verkeers*—) island. ▼—**achtig,**
—**ig** hilly. ▼—**land** hilly country. ▼—**reeks**
chain of hills. ▼—**tje** hillock. ▼—**top** h.-top.
hevel siphon. ▼—**en** siphon. ▼—**pomp**
s.-pump.
hevig violent (storm); intense (hatred).
▼—**heid** violence, intensity.
hexameter hexameter.
hiaat hiatus, gap.
hiel heel; *zodra ik mijn —en licht*, as soon as I
turn my back; *hij zat mij dicht op de —en*, he
was close upon my heels.
hiep, hiep, hoera! hip, hip hurrah!
hier here; — *A..* (*tel.*) A. speaking; — *en daar*,
h. and there; *het — en daar over hebben*, talk
about this and that; *ergens — in de buurt*,
somewhere around h.; — *te lande*, in this
country. ▼—**achter** behind (this).
hiërarch hierarch. ▼—**ie** hierarchy. ▼—**iek,**
—**isch** hierarchical.
hier/beneden below, down here. ▼—**bij** (live)
hard by; (I declare) herewith. ▼—**binnen** in
here. ▼—**boven** overhead; up here.
▼—**buiten** outside. ▼—**door 1** owing to this;
2 through here. ▼—**heen** this way; (send the
letter) to this place. ▼—**in** in here, in this.
▼—**langs** along here. ▼—**me(d)e** with this.
▼—**na** hereafter, after this. ▼—**naar** (act)
according to this; (judging) from this.
▼—**naartoe** here. ▼—**naast** next door.
▼—**namaals** hereafter. ▼—**nevens** enclosed.
▼—**om** for this reason. ▼—**omheen** round
this. ▼—**omtrent** hereabout(s). ▼—**onder**
below. ▼—**op** upon this, hereupon. ▼—**over**
about this. ▼—**tegen** against this.
▼—**tegenover** opposite, (*fig.*) against this; —
staat dat hij, on the other hand he. ▼—**toe** for
this purpose; *tot* —, thus far. ▼—**tussen**
between these. ▼—**uit** from this. ▼—**van** of
this. ▼—**voor** (in return) for this; (*v. tijd*)
before this; (*v. doel*) for this.
hi-fi hi-fi. ▼— **installatie** hi-fi equipment,
hi-fi set.
hij he.
hijgen pant, gasp (for breath).
hijs/en hoist(ing); *'n hele* —, quite a job. ▼—**balk**
crane. ▼—**blok** pulley-block. ▼—**brug**
hoist-bridge. ▼—**en** hoist (the flag, a sail); pull
up (a p.); (*drank* —) booze. ▼—**kraan**
hoisting crane. ▼—**machine** hoist.
▼—**toestel** hoisting-apparatus.
hik hiccup; *de — hebben*, have the hiccup(s).
▼**hikken** hiccup; *tegen iets aan* —, shrink
from, have no stomach for.
hilariteit hilarity.
Himalaya Himalayas.
hinde hind, doe.

hinder hindrance, impediment; *hij heeft — van zijn rug*, his back troubles him; *ik heb er geen — van*, it's no trouble to me; *hebt u — van de tafel?*, is the table in your way? ▼**—en hinder,** hamper; (*ergeren*) annoy; *hinder ik?*, am I in the way?; *dat hindert niet*, that does not matter. ▼**—laag** ambush; *in — liggen*, lie in ambush; *iem. in een — lokken*, ambush a p. ▼**—lijk** troublesome, inconvenient; (*ergerlijk*) annoying, aggravating. ▼**hindernis** obstacle, hindrance; *wedren met —sen*, obstacle race. ▼**—licht** (*luchtv.*) obstacle-light. ▼**—wedstrijd** hurdle race. ▼**hinder/paal** obstacle. ▼**—wet** nuisance act.

Hindoe(s) zn & bn Hindu, Hindoo. ▼**h—isme** Hinduism.

hinkelen hop, play (at) hop-scotch.

hinken limp; *op twee gedachten —*, halt between two opinions.

hinkepink hobbler. ▼**—en** hobble along.

hink/spel (game of) hop-scotch. ▼**—-stap-sprong** hop, skip and jump.

hinniken neigh, whinny.

hip hip. ▼**hippie** hippy, hippie.

historicus historian, student of history. ▼**historie** history, story. ▼**—schrijver** historian. ▼**historisch** historical (novel), historic.

hit pony; cob; (*dienstbode*) slavey; hit (*succes*).

Hitler/iaan(s) Hitlerite. ▼**—isme** Hitlerism.

hits/en incite. ▼**—ig** hot (-blooded). ▼**—igheid** heat.

hitte heat. ▼**—bestendig** heat-proof, (*moeilijk smeltbaar*) refractory. ▼**—golf** h.-wave.

hittepetit chit (of a girl).

hitteschild heatshield.

ho ho!, stop!; *men moet geen — roepen voor men over de brug is*, don't halloo till you are out of the wood.

hobbel knob. ▼**—en rock;** (*in rijtuig*) jolt. ▼**—ig** rough, bumpy (road). ▼**—paard** rocking-horse. ▼**—stoel** rocking-chair.

hobbezak dowdy, frump. ▼**—kig** dowdy.

hobo hautboy, oboe. ▼**—ïst** h.-player.

hockey hockey. ▼**—bal** h.-ball. ▼**—club** h.-club. ▼**—stok** h.-stick. ▼**—wedstrijd** h.-match.

hocuspocus hocus-pocus, hanky-panky; — *pas!*, hey, presto!

hoe how; — (*dat*) *zo?*, why (so)?; — *eer — beter*, the sooner the better; — *langer — erger*, worse and worse; — *langer je wacht, hoe ...,* the longer you wait, the ...; — *dan ook,* anyhow, anyway; *ik wil weten — of wat,* I want to know where I am (stand); *'t — en wat,* the rights of the case; — *het ook zij,* however that may be.

hoed hat, bonnet; *hoge —*, top h., (*fam.*) topper; *zijn — afnemen voor,* raise one's hat to; (*fig.*) take off one's hat to; *met de — in de hand, komt men door het ganse land,* cap in hand will take you through the land.

hoedanig how (do you want it); what sort of (books). ▼**—heid** quality; *ik spreek in de — van,* I speak in the capacity of.

hoede guard, care; *iets aan iem.'s toevertrouwen,* commit (entrust) s.th. to a p.'s care; *iem. onder zijn — nemen,* take charge of a p.; *onder de — stellen van,* put under the charge of; *op z'n — zijn* (*voor*), be on one's g. (against), (*fam.*) watch out (for).

hoede/- hat-. ▼**—borstel** h.-brush. ▼**—speld** h.-pin. ▼**—nfabrikant, —nmaker** hatter. ▼**—nwinkel** hatter's shop.

hoeder guardian, keeper.

hoedje *onder één — spelen,* be hand and glove; *onder een — te vangen zijn,* be very subdued.

hoef hoof. ▼**—afdruk** h.-mark. ▼**—beslag** horse-shoes. ▼**—getrappel** trampling of hoofs. ▼**—ijzer** horse-shoe. ▼**—slag** h.-beat. ▼**—smid** farrier. ▼**—spoor** h.-print.

hoegenaamd — *geen pijn,* no pain at all; — *niet,* not at all; — *niets,* absolutely nothing.

hoek 1 corner; **2** (*wisk.*) angle; **3** (*vishaak*) hook; *in* (*uit*) *alle —en en gaten,* in (from) every nook and corner; *iem. in de — drijven,* corner a p.; *om de —,* round the corner; *met* (*onder*) *een — van 90°,* at an a. of 90 degrees; *op de —,* at (on) the corner; *flink uit de — komen,* come down handsomely; *verstandig uit de — komen,* come out sensible; *uit welke — (komt dat voorstel)?,* from what quarter? ▼**hoek/beslag** corner-clasps. ▼**—huis** corner-house. ▼**—ig** angular. ▼**—igheid** angularity. ▼**—je** nook; *'t — omgaan,* peg out, join the majority. ▼**—lijn** diagonal. ▼**—man** jobber. ▼**—meter** goniometer; (*v. landmeter*) graphometer. ▼**—meting** goniometry. ▼**—plaatsje** corner-seat. ▼**—punt** angular point. ▼**—schop** corner-kick. ▼**—steen** corner-stone. ▼**—tand** eye-tooth. ▼**—venster** corner-window. ▼**—vormig** angular.

Hoek van Holland Hook of Holland.

hoen hen, fowl. ▼**hoender/hok** chicken-house. ▼**—pest** fowl-plague. ▼**—teelt** chicken-farming. ▼**hoentje** chicken, pullet; *zo fris als 'n —,* as fit as a fiddle.

hoepel hoop. ▼**—en** trundle a h. ▼**—rok** h.-skirt, crinoline.

hoepla hoopla.

hoer whore, harlot.

hoera hurrah; *drie — 's voor,* three cheers for. ▼**hoer/enhuis** bawdy-house. ▼**—eren** whore. ▼**—erij** fornication.

hoes cover, dust-sheet; (*boek*) slip-cover; (*grammofoonplaat*) sleeve. ▼**—laken** fitted sheet.

hoest cough. ▼**—bui** coughing-fit. ▼**—drank** c.-mixture. ▼**—en** cough. ▼**—middel** c.-remedy. ▼**—tablet** c.-lozenge.

hoeve farm, farmstead.

hoeveel (*ev*) how much; (*mv*) how many. ▼**—heid** quantity, amount. ▼**—ste** *de — hebben wij?,* what is the day of the month?; *de — keer is dit?,* how many times does this make?

hoeven need; *je hoeft niet te gaan,* you n. not go.

hoever *in — (re),* how far.

hoewel though, although.

hoezeer how much; (*toegevend*) however much, much as; — *ik hem* (*ook*) *bewonder,* much as I admire him.

hof 1 court; **2** (*tuin*) garden; — *v. appel* (*arbitrage, cassatie, justitie, revisie*), c. of appeal (arbitration, cassation, justice, review); *aan 't — ,* at c.; *'t — maken,* court, make love to. ▼**—arts** c.-physician. ▼**—bal** c.-ball. ▼**—beambte** c. officer. ▼**—ceremonieel** c.-ceremonial. ▼**—dame** lady in waiting. ▼**—dichter** poet laureate. ▼**—dienaar** c. servant. ▼**—etiquette** c. etiquette.

hoffelijk courteous. ▼**—heid** courtesy.

hof/houding royal household. ▼**—je** court; (*huisje*) almshouse. ▼**—kringen** c.-circles. ▼**—leverancier** purveyor to the Royal Household. ▼**—maarschalk** Lord Chamberlain. ▼**—meester** steward. ▼**—meesteres** stewardess. ▼**—nar** c.-jester. ▼**—prediker** c.-chaplain. ▼**—rouw** c.-mourning. ▼**—stad** c.-capital, royal residence. ▼**—stede** farmstead. ▼**—stoet** royal train.

hogelijk highly, greatly.

hogepriester high priest.

hogerhuis House of Lords.

hogerop higher up; — *willen,* want to get on; *'t — zoeken,* submit the case to a higher authority.

hogeschool university.

hok (*duiven—*) dove-cot, pigeon-house; (*honde—*) dog-kennel; (*konijne—*) rabbit-hutch; (*varkens—*) pig-sty; (*schape—*) sheep-pen; (*kippe—*) den. ▼**—je** compartment, (*cabine*) cabin, (*vierkantje*) square; (*v. schildwacht*) box; (*v. bureau*) pigeon-hole; (*kamertje*) cubby-hole, cubicle; — *invullen,* fill in a space. ▼**hokken 1**: *bij elkaar —,* huddle together; *hij hokt altijd thuis*, he always sticks at home; **2**: *het gesprek hokte*, the conversation flagged; *haar stem hokte*, there was a catch in her voice. ▼**hokk(er)ig** poky. ▼**hokvast** stay-at-home.

hol I *zn* **1** cave, cavern; (*v. dieven, enz.*) den, haunt; (*v. wild dier*) den, lair; (*v. vos*) hole, earth; (*v. konijn*) burrow; **2**: *iem. 't hoofd op — brengen*, turn a p.'s head; *op — gaan* (*raken, slaan*), bolt, run away, (*fig.*) run amuck; *zijn verbeelding sloeg op —*, his imagination ran riot. **II** *bn* (*tand, stem, enz.*) hollow; (*maag*) empty; (*oog*) gaunt; (*lens*) concave; *—le vaten klinken het hardst*, empty vessels make the greatest sound; *—le weg*, sunken road; *—le zee*, hollow sea; *in 't —st van de nacht*, at dead of night.

hola hullo; (*anders*) stop.
holbewoner cave-dweller.
holderdebolder head over heels, helter-skelter.
holen/kunde speleology. ▼**—kundig** speleological. ▼**—kundige** speleologist.
holheid hollowness, emptiness.
Holland Holland. ▼**—er** Dutchman, Hollander; *Vliegende —*, Flying D. ▼**—s** Dutch; *'t —*, Dutch. ▼**—se** Dutch-woman.
hollen run, scamper; *het is met hem — of stilstaan*, he always runs to extremes.
hol/ogig gaunt, hollow-eyed. ▼**—rond** concave.
holster holster.
holte cavity; (*v.d. hand*) hollow.
hom milt, soft roe.
homeo/paat homoeopath(ist). ▼**—pathie** homoeopathy. ▼**—patisch** homoeopathic.
hometrainer (*fiets*) exercise bicycle, (*roeien*) rowing machine.
hommel bumble-bee.
hommeles: *ik heb — met hem*, I am at odds with him; *'t wordt —*, there will be a row.
homo homo, (*sl.*) queer. ▼**—fiel** *zn & bn* homophile, homosexual. ▼**—filie** homosexuality.
homo/geen homogeneous. ▼**—geniteit** homogeneity.
homoniem *zn* homonym; *bn* homonymous.
homoseksu/aliteit homosexuality. ▼**—eel** *zn & bn* homosexual.
homp lump, chunk.
hond dog; (*jacht*) hound; (*straat—*) cur; *jonge —*, puppy, pup; *rode —*, krijgen, get German measles; *blaffende —en bijten niet*, barking dogs seldom bite; *een dode — bijt niet*, dead men tell no tales; *kwade —en bijten elkaar niet*, d. will not eat d.; *komt men over de — dan komt men over de staart*, time and the hour run through the roughest day; *met onwillige —en is het kwaad hazen vangen*, you may lead a horse to water, but you cannot make him drink; *men moet geen slapende —en wakker maken*, let sleeping dogs lie; *wie een — wil slaan, vindt altijd wel een stok*, any stick will do to beat a d.; *twee —en vechten om een been, een derde loopt ermee away with it*; *de — in de pot vinden*, go without one's dinner. ▼**honde/baantje** dog's job. ▼**—hok** (*dog-*)kennel. ▼**—kar** d.-cart. ▼**—leven** d.'s life; *een — hebben*, have a d.'s life of it; *hij had een — bij haar*, she led him a d.'s life.
▼**honden/gevecht** dog-fight. ▼**—koopman** d.-fancier. ▼**—rennen** dog races. ▼**—tentoonstelling** d.-show.
▼**honde/penning** dog-licence. ▼**—poep** dog dirt, dog's mess. ▼**—ras 1** breed of dogs; **2** canine race.
honderd a (one) hundred; *nummer —*, the w.c.; *— uit praten*, talk nineteen to the dozen; *alles ligt in 't —*, things are all at sixes and sevens; *de zaak liep in 't —*, things went all wrong; *de zaak in 't — jagen*, muddle the whole thing. ▼**—duizend** a (one) h. thousand. ▼**—jarig** centenary; *een —e*, a centenarian; *— bestaan*, centenary. ▼**—ste** hundredth. ▼**—tal** a (one) h. ▼**—voud**

centuple. ▼**—voudig** a hundredfold.
honde/riem dog's lead. ▼**—voer** d.'s meat.
▼**—wacht** middle-watch. ▼**—weer** beastly weather. ▼**—ziekte** (dog-) distemper.
▼**—zweep** d.-whip. ▼**honds** churlish.
▼**—dagen** dog days. ▼**—dolheid** rabies; (*v. pers.*) hydrophobia. ▼**—draf** ground-ivy.
▼**—heid** churlishness. ▼**—roos** dog-rose.
▼**—vot** hound.
honen gibe at, jeer at. ▼**—d** jeering, derisive.
Hongaar(s) Hungarian. ▼**Hongarije** Hungary.
honger hunger; *— maakt rauwe bonen zoet*, h. is the best sauce; *— hebben*, be hungry; *— krijgen*, get hungry; *— lijden*, starve, go hungry; *van — (doen) omkomen*, starve to death; *ik rammel van de —*, I'm starving.
▼**—dood** death from starvation; *de — sterven*, die of starvation. ▼**—en** hunger, be hungry (for). ▼**—ig** hungry. ▼**—igheid** hungriness.
▼**—kunstenaar** faster. ▼**—kuur** hunger-cure.
▼**—lijder** starveling. ▼**—loon** starvation wages; *laten werken voor een —*, exploit, sweat. ▼**—oedeem** hunger oedema.
▼**—oproer** h.-riot(s). ▼**—snood** famine.
▼**—staking** h.-strike; *in — gaan*, go on h.-strike.
honi(n)g honey; *iem. — om de mond smeren*, soft-sawder a p.; *men vangt meer vliegen met — dan met azijn*, men are more easily led than driven. ▼**—bij** h.-bee. ▼**—pot** h.-jar. ▼**—raat** h.-comb. ▼**—zoet** as sweet as h.; *op —e toon*, in a honeyed voice, mellifluously.
honk home; (*spel*) base; *bij — blijven*, stay at h. ▼**—bal** baseball.
honneponnig dinky.
honneur honour; *drie —s hebben*, hold three honours; *de —s waarnemen*, do the honours.
▼**honor/air** honorary. ▼**—arium** fee.
▼**—eren** (*wissel*) honour; (*pers.*) pay, remunerate. ▼**—ering** (*v. wissel*) honouring; (*v. pers.*) payment, remuneration. ▼**honoris causa**: *doctor —*, honorary doctor.
hoofd (*lichaamsdeel, v. zaak, v. school*) head; (*v. school, ook*) headmaster; (*v. brief, enz.*) heading; (*v. groep, partij*) chief, leader; *een — groter, a h. taller; zoveel —en zoveel zinnen*, so many men so many minds; *het — bieden*, face, brave; *mijn — is ermee gemoeid*, my life is at stake; *mijn — staat er niet naar*, I am not in the mood for it; *zij staken de —en bij elkaar*, (*fam.*) they went into a huddle; *'n — als vuur krijgen*, flush crimson; *'t — kwijtraken*, lose one's h.; *het — opsteken*, rear one's head; *het — stoten*, (*lett.*) knock one's h. (against), (*fig.*) meet with a rebuff; *zich het — breken over*, cudgel one's brains about; *breek je daar maar niet 't — over*, don't worry about that; *hij is niet goed bij het —*, he is not all there; *het is mij door 't — gegaan*, it has slipped my mind; *ze viel 'n gat in haar —*, she broke her h.; *al naar 't hem in zijn — komt*, according as the fancy takes him; *iem. een beschuldiging naar 't — gooien*, level an accusation at a p.; *al ga je op je — staan*, whatever you say; *over 't — zien*, overlook; *bedrag per —*, amount per h.; *uit — van*, on account of; *uit dien —e*, for that reason; *uit 't — leren*, learn by heart; *uit 't — citeren*, quote from memory; *sommen uit 't — maken*, do sums in one's head; *uit 't — rekenen*, do mental arithmetic; *dat zal hij wel uit zijn — laten*, he knows better than that; *iem. iets uit 't — praten*, talk a p. out of s.th.; *van 't — tot de voeten*, from h. to foot; *iem. voor 't — stoten*, rebuff, offend a p.
hoofd/- principal; (*v. dingen*) main.
▼**—aanval** m. attack. ▼**—agent 1** general agent; **2** police sergeant. ▼**—agentschap** general agency. ▼**—akte** headmaster's certificate. ▼**—altaar** high altar.
▼**—ambtenaar** high official. ▼**—arbeid** brain-work. ▼**—arbeider** brain-worker.
▼**—artikel** leading article, leader. ▼**—assistent** chief assistant. ▼**—band** head band. ▼**—bedrijf** m. industry. ▼**—beroep** chief occupation. ▼**—bestanddeel** chief

ingredient. ▼—**bestuur** general committee, executive (committee). ▼—**bestuurslid** member of the general committee.
▼—**bewoner** p. occupant. ▼—**boekhouder** chief bookkeeper. ▼—**breken**: *'t kostte me veel* —, it caused me a good deal of worry.
▼—**buis** main. ▼—**bureau** head office; (*v. politie*) police headquarters. ▼—**commies** (*op kantoor*) chief clerk; (*bij douane*) chief custom-house officer. ▼—**commissariaat** police headquarters. ▼—**commissaris** (chief) commissioner (of police). ▼—**dader** p. offender. ▼—**dek** m. deck. ▼—**deksel** headgear. ▼—**directeur** general manager. ▼—**directie** general management. ▼—**doel** main object. ▼—**einde** head.
hoofdelijk: —*e omslag*, (*belasting*) poll-tax; — *stemmen*, vote by call; (*e stemming*, roll-call vote.
hoofd/figuur leading figure. ▼—**film** feature film. ▼—**gebouw** main building.
▼—**gedachte** principal idea. ▼—**gerecht** main course. ▼—**getal** cardinal (number).
▼—**getuige** chief witness. ▼—**haar** hair of the head. ▼—**ig** obstinate. ▼—**ingang** main entrance. ▼—**ingenieur** chief engineer.
▼—**inspecteur** chief inspector. ▼—**kaas** brawn. ▼—**kantoor** head-office.
▼—**kenmerk** principal feature. ▼—**knik** nod.
▼—**kraan** main cock; *de* — *dichtdraaien*, turn off the main. ▼—**kussen** pillow. ▼—**kwartier** headquarters. ▼—**leiding 1** supreme direction; **2** (*water, gas*) main. ▼—**letter** capital (letter). ▼—**lijn** trunk-line, main line.
▼—**macht** main force. ▼—**man** chief.
▼—**officier** field officer. ▼—**onderwijzer** head teacher. ▼—**peluw** bolster. ▼—**persoon** principal person; (*in boek, toneelstuk*) leading character. ▼—**pijn** headache.
▼—**postkantoor** central post-office.
▼—**prijs** first prize. ▼—**punt** main point; *'t* — *v. 't program*, the main item. ▼—**redacteur** editor-in-chief. ▼—**rekenen** mental arithmetic. ▼—**rol** leading part; *de* — *spelen*, play the leading part, be the leading man/lady.
▼—**schotel** principal dish; (*fig.*) staple.
▼—**schudden** shake of the head.
▼—**schuldige** chief offender. ▼—**slagader** aorta. ▼—**stad** capital; (*v. prov.*)
county-town. ▼—**stedelijk** of the capital, metropolitan. ▼—**steun** head rest, (*auto*) head restraint. ▼—**straat** main street. ▼—**stuk** chapter. ▼—**telefoon** headphone. ▼—**trek** main feature; *in* —*ken*, in outline. ▼—**vak** principal subject. ▼—**verkeersweg** main road. ▼—**verpleegster** head nurse, ward-matron. ▼—**wapen** main arm.
▼—**wassing** shampoo(ing). ▼—**watertje** hair-wash. ▼—**weg** main road. ▼—**wond** head-wound. ▼—**zaak** main point; *in* —, in the main. ▼—**zakelijk** mainly, chiefly.
▼—**zetel** principal seat.
hoofs courtly. ▼—**heid** courtliness.
hoog high (cost, opinion, voice, mountain); tall (building), lofty (tree, ideals); (*in rang, stand*) exalted; great (age); *de hoge c*, the upper C; *twee* —, two pair high; — *en droog*, h. and dry, out of harm's way; *in 't hoge noorden*, in the extreme North; *Hoge Raad*, Supreme Court of Judicature; *hoge rug*, a stoop; — *grijpen*, (*fig.*) aim high; *hoge woorden*, h. words; *tenslotte kwam het hoge woord eruit*, at last he made a clean breast of it; *een* — *woord hebben*, vapour; — *staan*, (*v. water, barometer, aandelen*) be high; *dat zit mij* —, that sticks in my throat; *hij achtte zich niet te* — *om te werken*, he was not above working; *dat gaat mij te* —, that is beyond me; *of je* — *of laag springt*, whether you like it or not; *hoger onderwijs*, higher education; *een hoge ome*, a big shot, VIP (very important person), (*mil.*) brass hat.
hoog/achten esteem highly. ▼—**achtend** Yours faithfully (truly). ▼—**achting** esteem.
hoogaltaar h. altar.
hoog/bejaard aged. ▼—**blond** reddish.

hoogconjunctuur boom.
hoogdravend high-falutin, stilted. ▼—**heid** grandiloquence.
Hoog/duits High German. ▼—**edelachtbaar** (Right) Honourable.
hoogfrequentie h. frequency.
hoog/gaand: —*e ruzie*, violent quarrel.
▼—**geacht**: —*e heer*, (Dear) Sir.
hooggebergte h. mountains.
hoog/geleerd very learned. ▼—**gelegen** high, elevated. ▼—**geplaatst** high, high-up, highly placed.
hooggerechtshof High Court (of Justice).
hoog/geroemd boasted. ▼—**gespannen**, —*gestemd* high (hopes).
hooghartig haughty. ▼—**heid** haughtiness.
hoogheid highness.
hooghouden uphold, maintain.
hooglander Highlander.
hoogleraar professor. ▼—**sambt** professorship.
Hooglied the Song of Songs.
hoog/lopend *zie* —**gaand**.
hoogmis h. mass.
hoogmoed pride; — *komt vóór de val*, pride will have a fall. ▼—**ig** proud, haughty.
▼—**swaanzin** megalomania.
hoognodig highly necessary; — *hersteld moeten worden*, be in urgent need of repair; *alleen 't* —*e doen*, do only what is absolutely necessary; *zelfs niet 't* —*e hebben*, be without the bare necessities of life.
hoogoven blast-furnace. ▼—**bedrijf** blast furnaces. ▼—**installatie** blast-furnace plant.
hoog/schatten esteem highly. ▼—**schatting** esteem, regard.
hoogspanning high tension. ▼—**skabel** h. tension cable. ▼—**net** h. tension network.
hoogspringen the high jump.
hoogst *I bn* highest, sovereign (power); top (class); (*de pret*) *was op zijn* (*het*) —, at its height; *tien op z'n* —, ten at most; *boete van ten* —*e...*, a fine up to... *II bw* highly, extremely.
hoogstaand high (character), of high standing.
hoogst/biedende highest bidder. ▼—**eigen**: *in* — *persoon*, in his own proper person.
hoogstens at best, at most.
hoogte height, pitch; *hij kreeg de* —, he got tipsy; *ik kan er geen* — *van krijgen*, it beats me; *ik kan geen* — *van hem krijgen*, I cannot make him out; *in de* — *bouwen*, build upward(s); *in de* — *gaan*, rise; *de* — *doen ingaan*, send up; *in de* — *steken*, put up (a hand); *cry* (crack) *up* (a person); *op de* — *van Dover*, off D.; *op dezelfde* — *blijven*, remain stationary; *op de* —*van*, abreast of; *niet op de* — *van*, out of touch with; *hij is er geheel van op de* —, he is well up in the matter, well posted in the subject; (*fam.*) knowledgeable about it; *op de* — *blijven*, keep abreast of; *op de* — *brengen*, post, put wise; *op de* — *houden*, keep (a p.) in the picture, keep (a p.) posted; *op gelijke* — *staan met*, be on the same level as; (*fig.*) rank with; *ter* — *van*, **1** off (Yarmouth); **2** the h. of (the window); *uit de* — *behandelen*, treat (a p.) haughtily, off-handedly; *uit de* — *optreden*, take a high line; *erg uit de* — *zijn*, be very supercilious (high and mighty); *hij doet een tikje uit de* —, he is a trifle superior; *uit de* — *neerzien op*, look down upon.
▼**hoogte/grens** (*luchtv.*) ceiling. ▼—**kaart** relief map. ▼—**lijn** perpendicular; (*oplandkaart*) contour (line). ▼—**meter** altimeter. ▼—**meting** altimetry. ▼—**punt** height, acme, zenith; *'t* — *bereiken*, culminate, reach a climax. ▼—**record** height record.
▼—**roer** elevator. ▼—**verschil** difference in height (altitude). ▼—**vrees** fear of heights.
▼—**zon** sun-lamp, sun-ray lamp; —*behandeling*, sun-ray treatment.
hoogtij: — *vieren*, reign supreme; (*ongunstig*) be rampant. ▼—**dag** high-day.
hoogveen peat-moor. ▼—**gebied** peat-moor district.

hoogverheven lofty.
hoogverraad h.-treason.
hoogvlakte uplands, plateau.
hoogvlieger: *hij is geen* —, he is no genius.
hoogwaardig highgrade. ▼—**heidsbekleder** dignitary.
hoogwater h. tide.
hooi hay; *hij neemt te veel* — *op zijn vork*, he bites off more than he can chew; *te* — *en te gras*, once in a while, at odd moments.
▼—**berg** h.-stack. ▼—**bouw** haymaking.
▼—**broei** heating of h. ▼—**en I vw** make h. II *zn* h.-making. ▼—**er** h.-maker. ▼—**kist** h.-box. ▼—**koorts** h.-fever. ▼—**machine** h.-making machine. ▼—**mijt** h. stack.
▼—**schelf** h. rick. ▼—**schuur** h.-barn. ▼—**tijd** h.-time. ▼—**vork** pitch-fork. ▼—**wagen** 1 h.-wagon; 2 (*dier*) daddy-long-legs.
▼—**zolder** h.-loft.
hoon scorn. ▼—**gelach** derisive laughter, jeers.
hoop 1 (*verwachting*) hope (of); *goede* — *hebben*, have good hopes; *veel* (*weinig*) — *geven*, hold out much (little) h.; *dat sloeg onze* — *de bodem in*, that shattered our h.; *hij vestigde zijn* — *op*, he set his h.s on; *in de* — *dat*, in the h. that; *hij verkeert in de* — *dat hij zal slagen*, he lives in hopes of succeeding; *op* — *van*, in the h. of; *iets op* — *van zegen doen*, trust to (one's) luck; *tussen* — *en vrees leven*, hover between fear and h.; 2 (*stapel*) heap, pile; *'n hele* — *geld* (*mensen*), quite a lot of money (people); *'n* — *beter*, heaps (a great deal) better; *de grote* —, the hoi polloi, the common herd; *met de grote* —*meedoen*, run with the crowd; *bij de* — *verkopen*, sell in the lump; *bij hopen*, (lie) in heaps, (die) by the score; *te* — *lopen*, gather in a crowd.
▼**hoop/gevend**, —**vol** hopeful.
hoor/apparaat hearing-aid. ▼—**baar** audible.
▼—**baarheid** audibility. ▼—**bril** spectacles-aid. ▼—**buis** ear-trumpet.
▼—**college** lecture. ▼—**der** hearer, listener.
hoorn horn, bugle; (*v. tel.*) receiver; — *van overvloed*, h. of plenty; *te veel op zijn horens nemen*, zie **hooi**. ▼—**blazer** h.-blower; (*mil.*) bugler. ▼—**drager** (*fig.*) cuckold. ▼—**en** horn.
▼—**geschal** flourish (of trumpets). ▼—**ig** horny. ▼—**signaal** bugle-call. ▼—**vee** horned cattle. ▼—**vliesontsteking** inflammation of the cornea.
hoor/spel radio play. ▼—**zitting** hearing.
hoos water-spout, whirl-spout.
hop 1 (*plant*) hop; 2 (*vogel*) hoopoe.
hopeloos hopeless. ▼—**heid** hopelessness.
▼**hopen** hope; *het beste* —, h. for the best; *het gehoopte resultaat*, the hoped-for result.
hopje toffee.
hopman chief, scout-master.
hoppen hop.
hopsa(kee) whoopsadaisy.
hor wire gauze.
horde 1 (*troep*) horde; 2 (*vlechtwerk*) hurdle.
▼—**nloop** hurdle-race.
horecabedrijf 1 hotel and catering industry; 2 hotel, inn.
horen 1 (*behoren*) should, ought to; *voor wat hoort wat*, one good turn deserves another; 2 (*vernemen*) hear; *hoor eens*, listen, (*als protest*) look here; *'t is niet gemakkelijk, hoor!*, it's not easy, you know (mind you)!; *nee, hoor!, niks, hoor!*, not much!, nothing doing!; *wie niet* — *wil moet voelen*, he that will not be taught must suffer; *ik moet altijd maar* — *dat...*, I am constantly told...; *dat is hier niet te* —, that cannot be heard here; *te* — *krijgen*, hear, be told; *hij kreeg heel wat te* —, he was properly told off; *ik kreeg te* — *dat...*, I was given to understand that...; *van* — *zeggen*, by (from) hearsay; *hij hoorde lopen*, he heard footsteps; *hij heeft veel van zich laten* —, he has made a great stir; he has made quite a name for himself; *laat eens wat van je* —, let us hear from you; *niets van zich laten* —, send no news of o.s.; *geluid laten* —, utter (emit) sound; *dat laat zich* —, that sounds fair enough; *het laat zich* — *dat hij dat niet wilde*, naturally he

would not do that; *zo mag ik 't* —, now you're talking; *men kon aan uw stem* —, one could tell by your voice; — *naar*, listen to; *hij wou er niet van* —, he would not hear of it; *moeilijk* —, be hard of hearing; *'t was een lawaai, dat* — *en zien je verging*, the noise was deafening; *de doof zijn*, pretend not to hear.
horige serf.
horizon horizon. ▼—**taal** horizontal.
horlepijp hornpipe.
horloge watch. ▼—**bandje** w.-ribbon.
▼—**kast** w.-case. ▼—**ketting** w.-chain.
▼—**maker** w.-maker. ▼—**veer** w.-spring.
▼—**winkel** w.-shop. ▼—**zakje** w.-pocket.
hormonen hormones.
horoscoop horoscope; *iemands* — *trekken*, cast a p.'s h.
horrelvoet club-foot.
horretje screen, wire-blind.
hors-d'oeuvre hors d'oeuvre.
hort jerk, jolt; *met* —*en en stoten*, joltingly; (*fig.*) by fits and starts; —*!*, gee-up! ▼—**en jolt**, jerk. ▼—**end** jerky.
hortensia hydrangea.
horzel hornet, horse-fly, gad-fly.
hospes landlord. ▼**hospita** landlady.
hospitaal hospital. ▼—**schip** h.-ship.
▼—**soldaat** (h.-) orderly.
hospit/ant(e) listener. ▼—**eren** attend classes as a listener. ▼**hospitium** hospice.
hossen jig, (*v. kar*) jolt.
hostie host. ▼—**kelk** pyx.
hotel hotel. ▼—**bedrijf** h.-business.
▼—**gelegenheid** h. accommodation.
▼—**houder** hotelier, h.-keeper. ▼—**kamer** h.-room. ▼—**knecht** h.-servant. ▼—**kosten** h. expenses. ▼—**pension** residential h.
hotsen jolt, bump.
houdbaar tenable. ▼—**heid** tenability.
houden (*vast*—) hold; (*er op na* —) keep (pigeons); (*behouden*) keep (the change); (*inhouden*) hold (one's breath); (*nakomen*) keep (a promise); (*afsteken*) make, deliver (a speech); *houd de dief!*, stop thief; *een vergadering* —, hold a meeting; *rechts* —, keep to the right; *hij was niet te* — *van woede*, he was beside himself with rage; (*het ijs*) *houdt nog niet*, does not bear yet; *zijn woord* —, keep one's word; *zich goed* —, acquit o.s. well; control one's emotion; (*niet lachen*) keep a straight face; bear up (bravely); carry one's years well; *ik kon me niet goed* —, I could not help laughing; (*eerst eens kijken*) *hoe hij zich houdt*, how he shapes; *je hebt je kranig gehouden*, you were splendid, you behaved splendidly; *hou je goed!*, (*bij afscheid*) take care of yourself, (*aanmoediging*) go it!, keep it up!; *het weer hield zich goed*, — held, remained fair; *deze stof houdt zich goed*, ...wears well; *hij houdt zich maar zo*, he is only pretending, it's only make-believe; *zich aan een belofte* (*de feiten*) —, stick to a promise (the facts); *je weet nooit waar je je aan te* — *hebt*, you never know where you are; *dat recht houd ik aan mij*, I reserve that right for myself; *zich* — *bij*, stick to (one's work); *ik houd het met u*, I side (hold) with you; *'t met andere vrouwen* —, carry on with other women; *ik kon het niet tegen hem* —, I was no match for him; *ik kan ze niet uit elkaar* —, I cannot tell them apart; — *van*, like, be fond of; *zich ver* — *van*, h. (keep) aloof from; *een opmerking vóór zich* —, keep a remark to o.s.; *hou je brutale mond voor je!*, none of your lip!; *houd je medelijden maar vóór je!*, spare me your pity!; *'t ervoor* — *dat...*, believe that...; *mag ik 't ervoor* — *dat...?*, may I take it that ...?; *waar hou je me voor?*, what do you take me for?; *ik hield hem voor...*, I mistook him for...; *ik houd hem voor een eerlijk man*, I consider him (to be) an honest man. ▼**houder** (*v. café, enz.*) keeper; (*v. kaart, effecten*) holder; (— *om iets te bevatten*) holder, container.
houding carriage, bearing, attitude, posture; *in de* — *staan*, stand at attention; *de* — *aannemen*, come (stand) to attention; *een*

dreigende — aannemen, assume a threatening attitude; *een arrogante —,* an arrogant manner; *zich 'n — geven,* strike (adopt) an attitude; *om zich 'n — te geven,* to save his face; *'t is maar een — van hem,* he is only posing.

houdstermaatschappij holding company.

hout wood; *(timmerhout)* timber; *(v. schaats)* stock; *alle — is geen timmerhout,* every reed will not make a pipe; *dat snijdt geen —,* that cuts no ice; *hij kreeg van dik — zaagt men planken,* he got a severe scolding *(of:* hiding); *hij is uit ander — gesneden,* he is of a different mould; *hij is uit het goede — gesneden,* he is made of the right stuff; *he has got the right stuff in him.* ▼—**aanplant** afforestation. ▼—**bewerker** woodworker. ▼—**bewerking** w.-work(ing). ▼—**blok** log of w. ▼—**draaier** turner in w. ▼—**duif** w.-pigeon. ▼—**en** wooden. ▼—**erig(heid)** wooden(ness). ▼—**graveur** w.-engraver. ▼—**gravure** w.-engraving, w.-cut. ▼—**hakker** w.-cutter. ▼—**handel** timber-trade. ▼—**handelaar** timber-merchant. ▼—**haven** timber-port.

houtje: *op zijn eigen —,* on one's own account; *op een — moeten bijten,* have little to peck at; *—hakken,* chop wood.

hout/koper timber-merchant. ▼—**krullen** wood-shavings. ▼—**lijm** joiner's glue. ▼—**luis** w.-louse. ▼—**mijt** w.-stack; (funeral) pile. ▼—**skool** charcoal. ▼—**snee** w.-cut. ▼—**snijder** w.-carver. ▼—**snijkunst**, **-snijwerk** w.-carving. ▼—**snip** w.-cock; *(gerecht)* welsh rabbit. ▼—**spaander** chip of w.; w.-kindling. ▼—**sprokkelaar** w.-picker. ▼—**stapel** w.-stack. ▼—**veiling** timber-sale. ▼—**vester** forester. ▼—**vesterij** forestry. ▼—**vezel** wood(y) fibre. ▼—**werf** timber-yard. ▼—**wol** w.-wool. ▼—**zaagmolen** saw-mill. ▼—**zager** (w.-)sawyer. ▼—**zagerij** saw-mill.

houvast hold, foothold, handhold; *(fig.)* grip, hold; *geen — hebben,* (lett.) have no hold (on), *(fig.)* have nothing to go by.

houw cut, gash. ▼—**degen** *(pers.)* fire-eater. ▼—**degenpartij** hell-for-leather game.

houweel pick-axe.

houwen hew, cut, slash.

houwitser howitzer.

hovaard/ig presumptuous. ▼—**ij** presumption.

hoveling courtier.

hozen bale, scoop.

hufter lout, clod-hopper.

hugenoot Huguenot.

huichel/aar hypocrite. ▼—**achtig** hypocritical. ▼—**arij** hypocrisy. ▼—**en I** *ov.w* simulate, sham. **II** *on.w* dissemble. ▼—**taal** cant.

huid skin; *(v. dier)* hide; *een dikke — hebben,* be thick-skinned; *hij steekt in een slechte —,* he has a poor constitution; *met — en haar,* hide and hair; *iem. de — vol schelden,* heap abuse on a p.; *hij verkocht zijn — duur,* he sold his life dearly; *iem. op zijn — geven,* give a p. a sound hiding. ▼—**aandoening** s.-affection. ▼—**arts** s. doctor.

huidig present-day; *tot op de —e dag,* to this (very) day; down to the present.

huid/kleur complexion. ▼—**klier** cutaneous gland. ▼—**kwaal** skin complaint. ▼—**ontsteking** inflammation of the skin. ▼—**plooi** fold of the skin. ▼—**specialist** s. specialist. ▼—**uitslag** rash, eczema. ▼—**verzorging** care of the s. ▼—**weefsel** s. tissue. ▼—**ziekte** s. disease.

huif hood. ▼—**kar**, **—wagen** covered waggon.

huig uvula.

huik: *de — naar de wind hangen,* trim one's sails to the wind.

huil/bui crying-fit. ▼—**ebalk** cry-baby. ▼—**en** *(v. mens)* cry; *(v. hond)* howl; *'t is om te —,* it's enough to make one cry; *ik kon wel —,* I could have cried; *het — stond mij nader dan het lachen,* I was on the verge of tears; *je moet niet — voor je geslagen wordt,* don't cry before you are hurt; *— met de wolven in het bos,* run with

the hare and hunt with the hounds. ▼—**erig** tearful.

huis house; *heer (vrouw) des huizes,* master (mistress) of the h.; *— en erf,* premises; *— en haard,* hearth and home; *— van bewaring,* house of detention; *huizen zien,* be h.-hunting; *hij sprong huizen hoog van vreugde,* he nearly jumped out of his skin with joy; *— aan — bezorgen,* distribute from house to house; *bij iem. aan — komen,* visit a p.; *in — zijn bij,* live with; *in — nemen,* take in; *er is geen melk in —,* ... in the house; *langs de huizen gaan,* go from h. to h.; *naar —,* home; *uit 't — zetten,* evict; *van — gaan,* leave home; *van — uit,* originally; *van goeden huize,* of a good family; *dan ben je nog verder van —,* then you are even worse off. ▼**huis/adres** home address. ▼—**akte** certificate for private tuition. ▼—**apotheek** medicine chest. ▼—**architectuur** domestic architecture. ▼—**arrest** house arrest. ▼—**arts** family doctor. ▼—**baas** landlord. ▼—**bewaarder** caretaker. ▼—**bewoner** householder. ▼—**bezoek** h.-to-h. call; *(v. armen)* district visiting, slumming. ▼—**brandolie** domestic (fuel) oil. ▼—**dier** domestic animal. ▼—**dokter** family doctor. ▼—**eigenaar** h.-owner; *(—baas)* landlord.

huiselijk domestic (circumstances); homelike (feeling); home-loving (man); *de —e haard,* the fireside; *—e kring,* d. circle; *— leven,* d. life, home life. ▼—**heid** domesticity.

huis/genoot inmate, house-mate. ▼—**gezin** family, household. ▼—**heer** landlord. ▼—**hen** *(fig.)* stay-at-home.

huishoudboek housekeeping book.

▼**huishoudelijk** domestic; *—e vergadering,* private meeting; *—e artikelen,* household goods. ▼**huishoud/en I** *zn* housekeeping, management; *(gezin)* family, household; *'t — doen,* keep house; *een — opzetten,* set up house. **II** *ww* keep house; *er valt met hem geen huis te houden,* he is impossible; *danig — onder,* play havoc with (among). ▼—**geld** housekeeping money. ▼—**ing** housekeeping; *de — leren,* learn h.; *de — doen,* run the house. ▼—**kunde** domestic economy. ▼—**onderwijs** teaching of domestic economy. ▼—**school** school of domestic economy. ▼—**ster** housekeeper.

huis/huur house-rent. ▼—**industrie** home industry. ▼—**jas(je)** h.coat, smoking-jacket. ▼—**je** cottage. ▼—**jesmelker** rack-renter. ▼—**kamer** sitting-room. ▼—**kamerameublement** sitting-room suite. ▼—**knecht** (man-)servant. ▼—**middel** household medicine. ▼—**moeder** matron. ▼—**mus** h.-sparrow; *(fig.)* stay-at-home. ▼—**nijverheid** home industry. ▼—**onderwijs** private tuition. ▼—**onderwijzer** private teacher. ▼—**personeel** domestic staff. ▼—**raad** furniture. ▼—**schilder** h.-painter. ▼—**sleutel** latch-key. ▼—**sloof** domestic drudge. ▼—**telefoon** h.-telephone. ▼—**vader** family man. ▼—**vesten** accommodate, house, lodge. ▼—**vesting** accommodation, lodging; *iem. — verlenen,* accommodate a p. ▼—**vestingbureau** housing office, housing-board. ▼—**vestingsvraagstuk** housing problem. ▼—**vlijt** home industry. ▼—**vrede** domestic peace. ▼—**vredebreuk** disturbance of domestic peace; *zich aan — schuldig maken,* break the peace. ▼—**vriend** family friend. ▼—**vrouw** housewife. ▼—**waarts** homeward(s). ▼—**werk** h.-work; *(school)* task, prep. ▼—**zoeking** h.-search; *er werd — gedaan,* the h. was searched. ▼—**zwaluw** (house-)martin.

huiver/en *(v. koude)* shiver; *(v. afgrijzen)* shudder (at); *ergens voor —,* shrink from s.th. ▼—**ig:** *hij was — het te doen,* he shrank from doing it. ▼—**igheid** shiveriness; *(fig.)* reluctance. ▼—**ing** *(v. koude)* shiver(s); *(v. afgrijzen)* shudder. ▼—**ingwekkend** horrible.

huizen *ww* house, lodge. ▼—**blok** block of houses. ▼—**bouw** h.-building. ▼—**complex**

block of houses. ▼**—gebrek** shortage of houses. ▼**—hoog** mountains high; (leap) sky-high (w. joy). ▼**—makelaar** h.-agent. ▼**—nood** housing shortage. ▼**—woestijn** waste of houses.

hulde tribute, homage; *warme — brengen aan,* pay a warm tribute to; *—!,* hear, hear! ▼**—betoon** homage. ▼**—blijk** tribute.

▼**huldig/en** pay homage to; (*bij afscheid*) honour; *een opvatting —,* hold a view. ▼**—ing** homage; honouring.

hullen envelop, wrap (up).

hulp help, aid, assistance; *eerste — bij ongelukken,* first aid; *— in de huishouding,* mother's help; *— verlenen,* render assistance; *zich gereedhouden om — te verlenen,* stand by; *hij was op eigen — aangewezen,* he was thrown on his own resources; *te — komen,* come to the rescue and, assist. ▼**—actie** relief action. ▼**—akte** assistant teacher's certificate. ▼**—arbeider** relief man. ▼**—behoevend** helpless, infirm; (*behoeftig*) indigent. ▼**—behoevendheid** helplessness, infirmity; indigence. ▼**—besteller** auxiliary postman. ▼**—betoon** assistance; *maatschappelijk —,* public assistance. ▼**—boek** auxiliary book. ▼**—bron** resource. ▼**—comité** relief committee. ▼**—eloos(heid)** helpless(ness). ▼**—expeditie** relief expedition. ▼**—geroep** cries for help. ▼**—kantoor** sub-office. ▼**—kreet** cry for help. ▼**—middel** expedient, resource. ▼**—onderwijzer** assistant teacher. ▼**—ploeg** relief gang. ▼**—post** (first) aid-post. ▼**—postkantoor** sub-postoffice. ▼**—troepen** auxiliary troops. ▼**—vaardig** helpful. ▼**—vaardigheid** helpfulness. ▼**—verlening** assistance. ▼**—werkwoord** auxiliary.

huls pod, cod; (*v. kogel*) (cartridge-)case.

hulst holly.

hum: *goed in zijn — zijn,* be in good spirits; *uit zijn — zijn,* be out of temper.

humaan humane. ▼**human/isme** humanism. ▼**—iteit** humanity.

humeur temper, humour; *in zijn — zijn,* be in good humour; *uit zijn — zijn,* be out of temper; *iem. uit zijn — brengen,* put a p. out. ▼**—ig** moody. ▼**—igheid** moodiness.

hummel(tje) (tiny) tot, mite.

humor humour. ▼**—ist** humorist. ▼**—istisch** humorous.

humus humus.

Hun Hun.

hun I *bez.vnw* their. II *pers.vnw* them.

hunebed megalithic tomb, cromlech.

hunkeren *— naar,* hanker after; ache for (love); be spoiling for (a fight).

hunnerzijds on their part.

huppelen skip, frisk.

huren hire; (*v. huis ook*) rent.

hurken squat.

hut (*huisje*) cottage; (*armoedig*) hut, hovel; (*aan boord*) cabin. ▼**—jongen** cabin-boy. ▼**—koffer** cabin-trunk. ▼**—passagier** cabin-passenger.

hutspot hotchpotch.

huur (house-)rent, lease; *huis te —,* house to let; *auto's te —,* cars for hire; *de — is om,* the lease expires. ▼**—auto** taxi(-cab); rented car, hired car. ▼**—contract** lease. ▼**—der** hirer, renter; (*v. huis*) tenant. ▼**—huis** rented house. ▼**—kazerne** tenement house. ▼**—koop** hire-purchase. ▼**—ling** hireling. ▼**—prijs** rent. ▼**—troepen** mercenary troops. ▼**—verhoging** increase of rent. ▼**—verlaging** reduction of rent.

huwbaar marriageable.

huwelijk marriage, wedding; (*huwelijksstaat*) matrimony; *— uit liefde,* love match; *— met de handschoen,* marriage by proxy; *burgerlijk (kerkelijk) —,* civil (religious) marriage; *— sluiten,* contract a marriage; *een gelukkig — doen,* make a happy match; *een goed — doen,* marry well; *een rijk — doen,* marry a fortune; *zich in 't — begeven, in 't — treden,* enter into matrimony, marry; *ten — vragen,* propose to.

▼**huwelijks/aankondiging** wedding-announcement. ▼**—aanzoek** proposal. ▼**—advertentie** matrimonial advertisement. ▼**—afkondiging** public notice of m. ▼**—band** nuptial tie. ▼**—bed** m.-bed. ▼**—bedrog** conjugal deception. ▼**—bootje** Hymen's boat; *in 't — stappen,* embark on matrimony. ▼**—bureau** matrimonial agency. ▼**—cadeau** wedding-present. ▼**—dag** wedding-day. ▼**—feest** wedding(-party). ▼**—gelofte** m.-vow. ▼**—geluk** conjugal bliss. ▼**—geschenk** wedding-present. ▼**—kandidaat** suitor. ▼**—leven** married life. ▼**—liefde** conjugal love. ▼**—makelaar** m.-broker. ▼**—markt** m.-market. ▼**—ontrouw** conjugal infidelity. ▼**—reis** wedding-trip, honeymoon. ▼**—schuitje** *zie —bootje.* ▼**—staat** matrimony, married state. ▼**—trouw** conjugal fidelity. ▼**—voltrekking** celebration of a m. ▼**—voorlichting** m. guidance. ▼**—voorlichtingsbureau** m. guidance centre. ▼**—voorwaarden** m. settlement. ▼**—wetgeving** m. legislation. ▼**—zaken** matrimonial affairs. ▼**huwen** marry, wed.

huzaar hussar. ▼**huzarensla** Russian salad.

hyacint hyacinth.

hydraulisch hydraulic.

hyena hyena.

hygiën/e hygiene. ▼**—isch** hygienic.

hyper/gevoelig hypersensitive. ▼**—kritisch** hypercritical. ▼**—modern** ultra-modern.

hypnose hypnosis. ▼**hypnotis/eren** hypnotize. ▼**—eur** hypnotist.

hypocriet hypocrite.

hypotenusa hypothenuse.

hypothecair mortgage; *—e akte,* m.-deed; *—e schuld,* m.-debt. ▼**hypotheek** mortgage; *eerste — hebben op,* hold a first m. on; *geld op — nemen,* raise money on m.; *met (zware) — belast,* (heavily) mortgaged. ▼**—bank** m.-bank. ▼**—gever** mortgagor. ▼**—houder** mortgagee.

hypothe/se hypothesis. ▼**—tisch** hypothetic(al).

hyster/ica/—icus hysteric. ▼**—ie** hysteria. ▼**—isch** hysterical.

ibis ibis.

ideaal *bn & zn* ideal. ▼**ideal/iseren** idealize. ▼**—isering** idealization. ▼**—isme** idealism. ▼**—ist** idealist. ▼**—istisch** idealistic.

idee idea, notion, opinion; *ik heb zo'n — dat...*, I have a hunch that...; *iem. een — aan de hand doen*, suggest an idea to a p.; *dat geeft een heel ander —*, that strikes quite a different note; *ik heb er geen — in*, I don't fancy it; I don't care for it; *in 't — dat*, under the impression that; *met 't — om*, with the i. of; *naar mijn —*, in my view; *iem op 'n — brengen*, suggest an i. to a p.; *op 'n — komen*, hit upon an i. ▼**ideëel** ideal. ▼**ideeënbus** suggestions box. ▼**idée-fixe** fixed idea.

idem the same, ditto; *(bij citaat)* idem.

identiek identical.

identifi/catie identification. ▼**—ceren** identify. ▼**identiteit** identity. ▼**—sbewijs** i.-papers, i.-card (ID card).

ideo/logie ideology. ▼**—logisch** ideological.

idiomatisch idiomatic. ▼**idioom** idiom.

idioot I *bn* idiotic. II *zn* idiot, imbecile; *zich als een — gedragen*, make a perfect idiot of o.s. ▼**idiot/erie** idiocy. ▼**—erig** idiotic. ▼**—isme** idiocy.

idolaat: *— zijn van*, worship (a p.).

idyll/e idyll (l). ▼**—isch** idyllic.

ieder I *bn* every, any. II *zn* everyone, everybody; each; anyone. ▼**—een** *zie* ieder II.

iel thin.

iemand somebody, someone, a man; *zeker —*, somebody; *één aardig —*, a nice man.

iep elm (-tree). ▼**—en** *bn* elm. ▼**—ziekte** elm disease.

Ieperen Ypres.

Ier Irishman; *de —en*, the Irish; *vele —en*, many Irishmen. ▼**—land** Ireland; *(dicht.)* Erin; *(de Republiek)* Republic of Ireland, *(oude naam)* Eire. ▼**—s** Irish. ▼**—se** Irishwoman.

iets I *vnw* something. II *bw* a little, somewhat; *is er —?*, is anything the matter?; *ik heb nog nooit zo — gezien*, I have never seen the like of it (anything like it); *dat is weer echt — voor hem!*, how like him!; *dan is er nóg —*, then there is another thing; *het geeft — voornaams (aan het portret)*, it adds a touch of distinction; *het heeft — van*, it is suggestive of; *(deze hoed) is net — voor jou*, is the very thing for you. ▼**ietsje:** *een — zwaarder*, a trifle heavier. ▼**ietwat** somewhat.

iezegrim grumbler. ▼**—mig** surly, bearish.

ignoreren ignore.

ijdel vain (man); idle (hope, effort). ▼**—heid** vanity. ▼**—tuit:** *een —*, a vain creature. ▼**—tuiterij** frivolousness.

ijk stamp; *(op goud)* hall-mark; *(het ijken)* testing weights and measures. ▼**—en** hallmark; stamp and verify. ▼**—er** inspector of weights and measures. ▼**—kantoor** weights and measures office.

ijl I *bn* thin, rare. II *zn: in aller —*, post haste. ▼**—bode** courier, express (messenger). ▼**—en** 1 be delirious, rave; *—de koorts*, delirium; 2 hasten, hurry. ▼**—goed** express goods. ▼**—heid** thinness, rarity. ▼**—hoofd** feather-brain. ▼**—hoofdig** 1 delirious; 2 feather-brained. ▼**—hoofdigheid**

1 delirium; 2 fatuity. ▼**—ings** in great haste.

ijs ice; *(roomijs)* ice-cream; *'t — breken*, *(ook fig.)* break the ice; *door het — ingesloten*, i.-bound; *in — zetten*, ice (drinks); *zich op glad — wagen*, venture out of one's depth, skate on thin i.; *niet over één nacht — gaan*, take no risks; *goed beslagen ten — komen*, be well prepared. ▼**—afzetting** icing. ▼**—baan** skating-rink. ▼**—beer** polar bear. ▼**—beren** pace up and down. ▼**—berg** iceberg. ▼**—bestrijder** *(luchtv.)* de-icer; *(v. auto)* defroster. ▼**—bestrijding** de-icing. ▼**—bloemen** frost-flowers. ▼**—blok** block of ice. ▼**—breker** ice-breaker. ▼**—club** skating-club. ▼**—coman** i.-cream vendor. ▼**—dam** *(in rivier, enz.)* i.-jam. ▼**—dek** i.-cap. ▼**—elijk** horrible. ▼**—emmer** ice-pail. ▼**—fabriek** i.-factory. ▼**—heiligen** Ice Saints. ▼**—hockey** ice-hockey. ▼**—je** ice. ▼**—kast** refrigerator, *(fam.)* fridge; *(fig.) in de — zetten (houden)*, put (keep) on ice. ▼**—kegel** icicle. ▼**—kelder** i.-house. ▼**—koud** icy-cold; *(fig.)* frosty; *(bedaard)* cool.

IJsland Iceland. ▼**—er** Icelander. ▼**—s** Icelandic.

ijs/lollie ice-lolly. ▼**—machine** freezing-machine. ▼**—muur** ice-barrier. ▼**—pegel** icicle. ▼**—periode** i.-age. ▼**—schol, —schots** i.-floe. ▼**—tijd** i.-age. ▼**—venter** i.-cream vendor. ▼**—vermaak** i. sport. ▼**—vlakte** sheet of i. ▼**—vlet** i. boat. ▼**—vogel** kingfisher. ▼**—vorming** *(luchtv.)* icing. ▼**—wafel** i.-brick. ▼**—zee** polar sea; *de Noordelijke (Zuidelijke) —*, the Arctic (Antarctic).

ijver diligence, industry; *(geestdrift)* zeal, ardour. ▼**—aar** zealot, stickler. ▼**—en:** *— voor*, advocate zealously; *— tegen*, declaim against. ▼**—ig** diligent, industrious; *(geestdriftig)* zealous, ardent; *zo — als een bij*, as busy as a bee; *— bezig zijn met*, be intent upon. ▼**—zucht** jealousy, envy. ▼**—zuchtig** jealous, envious.

ijzel glazed frost. ▼**—en:** *het ijzelt*, there is a glazed frost.

ijzen shudder (at).

ijzer iron; *men kan geen — met handen breken*, you can't make bricks without straw; *smeed het — terwijl het heet is*, strike the i. while it is hot; *hij is van — en staal*, he is made of i. ▼**—draad** (i.-)wire. ▼**—draadschaar** (pair of) wire-cutters. ▼**—en** iron *(lett. & fig.)*. ▼**—gaas** wire-netting. ▼**—garen** waxed thread. ▼**—gieter** i.-founder. ▼**—gieterij** i.-foundry. ▼**—handel** i.-trade; ironmongery. ▼**—handelaar** ironmonger. ▼**—houdend** ferrous. ▼**—oer** bog-ore. ▼**—pletterij** i.-mill. ▼**—roest** i.-rust. ▼**—smederij** forge. ▼**—smelterij** i.-foundry. ▼**—smid** blacksmith. ▼**—sterk** (as) strong as i. ▼**—vreter** fire-eater, war-horse. ▼**—waren** hardware, ironware. ▼**—winkel** ironmongers' (shop). ▼**—zaag** hacksaw.

ijzig icy.

ijzing shudder. ▼**—wekkend** gruesome, horrifying.

ik I; *het —*, the self, the ego.

illegaal illegal. ▼**illegaliteit** 1 illegality; 2 resistance movement.

illumin/atie illumination. ▼**—eren** illuminate.

illus/ie illusion; *zich geen —s maken omtrent*, be under no illusions about. ▼**—oir** illusory.

illuster illustrious. ▼**illustr/atie** illustration; *ter — van*, in illustration of. ▼**—ator** illustrator. ▼**—eren** illustrate.

imagin/air imaginary. ▼**—atie** imagination.

imbeciel *bn & zn* imbecile. ▼**imbeciliteit** imbecility.

imit/atie imitation. ▼**—eren** imitate.

imker bee-keeper.

immens immense. ▼**—iteit** immensity.

immer ever; voor *—*, for ever.

immers: *je kent hem —?*, you know him, don't you?; *— zij is mijn vrouw*, for she is my wife.

immigr/ant immigrant. ▼**—atie** immigration. ▼**—eren** immigrate.

immoraliteit immorality. ▼**immoreel** immoral. ▼—**heid** immorality.

immuniseren immunize. ▼**immuniteit** immunity. ▼**immuun** immune (from, to); —maken, immunize. ▼—**making** immunization.

impasse impasse; deadlock.

imperatief imperative (zn & bn).

imperiaal imperial (zn & bn); (op auto) roof rack.

imperial/isme imperialism. ▼—**ist** imperialist. ▼—**istisch** imperialist(ic). ▼**imperium** empire; imperium.

impertinent impertinent. ▼—**ie** impertinence.

impliceren imply.

imponderabilia imponderables.

imponer/en impress. ▼—**end** impressive.

impopul/air unpopular. ▼—**ariteit** unpopularity.

import import. ▼—**eren** import. ▼—**eur** importer.

imposant imposing, impressive.

impotent impotent. ▼—**ie** impotence.

impresario impresario, (publicity) manager.

impression/isme impressionism. ▼—**ist** impressionist. ▼—**istisch** impressionist(ic).

imprint imprint.

improduktief unproductive.

improvis/atie improvisation. ▼—**eren** improvise.

impuls impulse. ▼—**ief** impulsive.

in (rust) in, inside; (richting) into, inside; (voor namen v. grote steden en plaats v. inwoning) in; (voor andere plaatsen) at; (in ss) very, bijv.: inblij, very glad; hij was — de veertig, he was in his forties; er waren er — de twintig, there were twenty odd; dat wil er bij mij niet —, that won't go down with me; 't kan er niet —, it won't go into it.

inachtneming observance; met — van, with due o. of.

inactief inactive. ▼**inactiviteit** inactivity.

inadem/en breathe, inhale. ▼—**ing** breathing, inhalation.

inaugureel inaugural (address).

inbaar collectable. ▼—**heid** collectability.

inbakeren swaddle, wrap up.

inbedrijfstelling putting into operation.

inbedroefd deeply afflicted.

inbeeld/en zich —, fancy, imagine; hij beeldt zich heel wat in, he fancies himself. ▼—**ing** fancy, imagination.

inbegrepen included; alles —, all found, no extras; prijs alles —, overhead price. ▼**inbegrip** met — van, including; zonder — van, not including.

inbeslagneming seizure; (v. tijd) taking up.

inbeuren take (money).

inbezitneming occupation.

inbinden bind; (fig.) climb down.

inblaz/en blow into; (fig.) prompt; leven —, breathe life into. ▼—**ing** suggestion, prompting.

inbleek intensely pale.

inblikken tin, can.

inboedel furniture, household effects.

inboeken book, enter.

inboeten lose.

inboezemen inspire (confidence); strike (fear) into, excite (suspicion); fill (a p. with disgust, fear).

inboorling native, indigene.

inborst disposition, nature.

inbouw/element built-in unit. ▼—**en** build in; ingebouwd, built-in (cooker, cupboard); self-contained (aerial).

inbraak burglary, housebreaking. ▼—**verzekering** b.-insurance. ▼**inbrek/en** break into a house; er was bij hem ingebroken, there had been a burglary at his house. ▼—**er** burglar, cracksman. ▼—**erswerktuigen** burglars' tools.

inbreng portion, contribution. ▼—**en** (eig.) bring (take) in; (bij de spaarbank) deposit; — tegen, bring up against, allege against; daar valt niets tegen in te brengen, that argument is unanswerable; hij had niets in te brengen, he

had nothing to say; hij heeft heel wat in te brengen, he has great influence; zij had niets tegen hem in te brengen, she was no match for him. ▼—**er** depositor.

inbreuk (op wet) violation, infringement; (op rechten) encroachment; — maken op (wet, recht), infringe; (recht, vrijheid, privilege) encroach upon.

inburgeren naturalize, acclimatize; (v. woord, enz.) come to stay; ingeburgerd, current (word); (feel) at home.

incapabel incapable (of).

incarn/atie incarnation. ▼—**eren** incarnate; de geincarneerde onschuld, innocence personified.

incasseerder (debt-)collector. ▼**incasseren** collect; cash (a cheque); take (a blow). ▼**incassering** collection; cashing. ▼—**svermogen** stamina. ▼**incasso** collection; ter — geven, bank (a cheque). ▼—**bank** collecting agency. ▼—**giro** automatic debit transfer (ADT).

incident incident. ▼—**eel** incidental.

inclinatie inclination. ▼—**hoek** angle of i.

inclusief included. ▼**inclusive** inclusive (of).

incognito incognito.

incompetent incompetent. ▼—**ie** incompetence.

incompleet incomplete.

inconsequent inconsistent. ▼—**ie** inconsistency.

incontinent incontinent. ▼—**ie** incontinence.

inconveniëren inconvenience.

incorrect incorrect. ▼—**heid** incorrectness.

incourant unsalable; —e maat, off-size.

incrimineren incriminate.

incubatie incubation. ▼—**periode** i.-period.

indachtig mindful of.

indammen dam, embank.

indamp/en evaporate, damp (linen). ▼—**ing** evaporation.

indecent indecent. ▼—**ie** indecency.

indel/en (inlijven) incorporate (with); divide (into groups), class(ify). ▼—**ing** division, classification, incorporation.

indenken zich — in, (try to) realize (a p.'s position); ik kan 't mij niet —, I can't conceive it.

inderdaad indeed, in (point of) fact.

inderhaast in haste.

indertijd formerly, at the time.

indeuken dent, indent.

index index; — v.d. kosten v. levensonderhoud, cost of living index; op de — plaatsen, place on the i., black-list. ▼—**cijfer** i. figure. ▼—**cijfer** index; index link (policy, pension, etc.). ▼—**polis** index linked policy.

India, Indië India. ▼**Indiaas** Indian. ▼**Indiaan(s)** (Red) Indian.

indic/atie indication. ▼—**atief** indicative.

indien if, in case.

indien/en (wet) introduce; (motie) move; (begroting) present; (klacht) lodge; (ontslag) tender; (aanklacht) prefer; (verzoekschrift) present; (vordering) put in; 'n verzoek tot echtscheiding —, file a petition for divorce; 'n rapport —, hand in (submit) a report. ▼—**er** introducer, mover. ▼—**ing** introduction, presentation; handing in.

indienst/neming engagement. ▼—**stelling** putting into service; (v. schip ook) commissioning. ▼—**treding** entrance into office.

Indiër Indian.

indigestie indigestion.

indigo indigo. ▼—**blauw** i. blue. ▼—**tinctuur** i. tincture. ▼—**verf** i. dye.

indijk/en dike, embank. ▼—**ing** (en)diking, embankment.

indirect indirect; —e belasting, i. tax(ation).

Indisch Indian. ▼—**gast, —man** colonial.

indis/creet indiscreet. ▼—**cretie** indiscretion.

individu individual; 'n verdacht —, a shady character. ▼—**aliseren** individualize. ▼—**alisme** individualism. ▼—**aliteit**

individuality. ▼—eel individual.
indoctrin/atie indoctrination. ▼—eren indoctrinate.
Indo-europeaan, —-europees Indo-European.
indoen put in; *iets ergens bij —,* include (pack) s.th. with s.th. else.
Indo-germaans Indo-Germanic.
indolent indolent. ▼—ie indolence.
indommelen doze off, drop off.
indompel/en immerse, dip in. ▼—ing immersion.
Indones/ië Indonesia. ▼—iër, —isch Indonesian.
indopen dip in (to).
indraaien turn into; (*schroef*) screw in; (*fig.*) worm (o.s.) into (a place).
indrijven I *on.w* float (drift) into. II *ov.w* drive in (to).
indring/en penetrate (into); *zich —,* intrude; *zich bij iem. —,* obtrude o.s. upon a p. ▼—end (*fig.*) penetrative. ▼—(st)er intruder, (gate-)crasher. ▼—erig intrusive, importunate. ▼—erigheid intrusiveness.
▼—ing intrusion, penetration.
▼—ingsvermogen penetrative power.
indrinken drink in, imbibe.
indroevig extremely sad.
indrogen dry up.
indruisen: *— tegen,* (*belangen*) clash with, conflict with; (*principes*) run counter to.
indruk impression, (*v. vinger, voet*) finger-, foot-print, -mark; *grote* (*gunstige*) *— maken,* make big (favourable) i.; *ik krijg de — dat...,* I gather that...; *hij maakte geen — op de vergadering,* he failed to impress the meeting; *zij maakt op mij de — van...,* she strikes me as...; *diep onder de — van de film,* deeply impressed by the film; *onder de — verkeren dat...,* be under the i. that... ▼—ken push in (a button); (*kist*) crush; (*zegel*) impress.
▼—wekkend impressive.
indruppelen drip in.
induc/eren induce. ▼—tie induction. ▼—tief inductive. ▼inductie/klos induction-coil.
▼—stroom i.-current. ▼inductor inductor.
industrialis/atie industrialization. ▼—eren industrialize. ▼industrie industry; *zware —,* heavy industry. ▼industrie/- industrial.
▼—arbeider i. worker. ▼—artikel article of manufacture. ▼—bedrijf i. concern.
▼—bevolking i. population. ▼—centrum i. centre. ▼industrieel I *bn* industrial; *industriële vormgeving,* industrial design; *industriële spionage,* i. espionage. II *zn* industrialist. ▼industrie/gebied i. area.
▼—onderwijs technical instruction.
▼—produkt i. product. ▼—school technical school. ▼—stad i. town. ▼—terrein i. (factory) site, industrial estate.
indutten doze off.
ineen together. ▼—draaien twist t.
▼—duiken crouch. ▼—frommelen crumple up. ▼—gedrongen thick-set. ▼—grijpen interlock, dovetail. ▼—krimpen (*meest fig.*) wince; (*bij pijn*) double up. ▼—lopen (*v. kamers*) communicate; (*v. kleuren*) merge.
ineens suddenly, all at once; *— geraden,* guessed it first time; *een boek — uitlezen,* read a book straight through.
ineen/schrompelen shrivel up. ▼—schuiven telescope. ▼—slaan strike together.
▼—sluiten fit into each other. ▼—storten, —zakken collapse. ▼—storting collapse.
▼—strengelen interlace. ▼—vlechten intertwine. ▼—vloeien flow together; (*v. kleuren*) merge. ▼—zijgen, —zinken collapse.
inent/en vaccinate. ▼—ing vaccination.
inert inert. ▼—ie inertia.
infaam infamous.
infanter/ie infantry. ▼—ist i. man.
infan/tiel infantile. ▼—tilisme infantilism.
infarct infarct.
infecteren infect. ▼infectie infection.
▼—haard focus of i. ▼—ziekte infective

disease.
infer/ieur *bn & zn* inferior. ▼—ioriteit inferiority.
infiltr/atie infiltration. ▼—eren infiltrate.
inflatie inflation. ▼—gevaar danger of i.
▼—maatregel inflationary measure.
▼—politiek policy of i. ▼inflatoir inflationist.
influenceren influence.
influenza influenza, flu.
influisteren suggest, whisper.
inform/ant informant. ▼—atie(s) information; (*navraag*) inquiry; *— inwinnen,* make inquiries. ▼—atiebureau inquiry-office; information-bureau. ▼—atief exploratory (talks).
informeel informal.
informeren inquire (after); *iem. —,* inform a p.
infrastructuur infrastructure.
ingaan (*kamer*) enter, go into; (*maatregel*) come into force, take effect; (*vakantie, loon, enz.*) begin; *er —,* (*v. idee, enz.*) take on; (*sp.*) *ze gingen erin,* they got a licking; *de huur gaat de eerste januari in,* the rent is due from the first of J.; *op een voorstel —,* agree to a proposal; *op een onderwerp —,* go into a subject; *op een idee —,* take up an idea; *op een verzoek ingaan,* grant a request; *hij ging er niet op in,* he did not take to it; *— tegen,* go against, run counter to; *daar moet je tegen —,* you must oppose that. ▼—de: *— rechten,* import duties; *— 1 jan.,* (as) from Jan. 1st, with effect from Jan. 1st; (*deze maatregel*) *gaat in op 18 nov.,* will take effect from Nov. 18th. ▼ingang entrance, entry; *— vinden,* find acceptance.
ingebeeld imaginary (illness); (self-)conceited (man).
ingeboren innate, inborn.
ingehouden restrained, pent-up; *met — adem,* with bated breath.
ingekankerd inveterate.
ingemaakt preserved, (*in azijn, zout*) pickled.
ingenaaid sewn.
ingenieur engineer; *civiel —,* civil e.; *elektrotechnisch —,* electrical e.; *scheepsbouwkundig —,* shipbuilding e.; *werktuigkundig —,* mechanical e.
▼—sbureau engineering company.
ingenomen *— met,* pleased with; *met zichzelf —,* pleased with o.s. ▼—heid sympathy, satisfaction; *dwaze —,* infatuation; *— met zichzelf,* self-complacency.
ingeschapen innate, inborn.
ingesloten enclosed.
ingesneden indented.
ingespannen strenuous (work); intent (look).
ingetogen modest, quiet. ▼—heid modesty.
ingevallen hollow, sunken.
ingev/en administer (medicine); (*fig.*) suggest, dictate. ▼—ing prompting, suggestion, brain-wave; (act on) impulse.
ingevolge in accordance with (the law); in compliance with (the request).
ingevroren ice-bound.
ingewand/(en) bowels, entrails.
▼—sontsteking inflammation of the b.
▼—spijn intestinal pain. ▼—sziekte intestinal disease.
ingewijd initiated, adept. ▼—e adept; (*fam.*) insider.
ingewikkeld intricate. ▼—heid intricacy.
ingeworteld deep-seated.
ingezetene inhabitant, resident.
ingezonden: *— stuk,* letter (to the editor).
ingieten pour in (to); (*fig.*) instill.
ingooi (*cricket*) throw-in. ▼—en (*cricket*) throw in; smash (windows).
ingraven: *zich —,* dig (o.s.) in.
ingrediënt ingredient.
ingreep (*medisch*) operation; (*anders*) interference. ▼ingrijpen intervene, interfere; *operatief —,* operate; *—de veranderingen,* radical changes.
inhaal/manoeuvre overtaking manoeuvre.
▼—verbod overtaking prohibition.
▼—wedstrijd postponed match.
inhakken hew in; *— op,* pitch into.

inhal/atie inhalation. ▼**—eertoestel** inhaler.
inhalen (*iem. feestelijk* —) welcome in; (*zeil*) take in; (*vlag*) lower; (*oogst*) gather (in); (*onderweg*) overtake; (*verloren tijd*) make up for; (*achterstand*) make up (arrears).
inhaleren inhale.
inhalig greedy, covetous, grasping. ▼**—heid** greed, covetousness.
inham inlet, creek, bay.
inhameren hammer in.
inhechtenisneming arrest; *bevel tot* —, warrant.
inheems native (customs); home (market).
inheien drive in.
inherent inherent (in). ▼**—ie** inherence.
inhoud (*v. boek*) contents; (*grootte*) capacity; (*strekking*) purport; *korte* —, summary; *een brief van de volgende* —, a letter to this effect. ▼**—en** (*eig.*) hold, contain; (*betekenen*) imply, mean; (*drift*) restrain; (*paard*) pull up; (*loon*) stop; (*belofte*) hold out; (*verplichting*) involve; *zich* —, check o.s., restrain o.s. ▼**—ing** stoppage. ▼**—sberekening** calculation of the content. ▼**—smaat** cubic measure. ▼**—sopgave** table of contents. ▼**—sruimte** capacity.
inhuldig/en inaugurate, install. ▼**—ing** inauguration, installation.
inhumaan inhumane.
inhuren hire; *weer* —, renew the lease.
initialen initials.
initiatief initiative; *'t particulier* —, private enterprise; *op* — *van*, on (at) the i. of. ▼**—wetsvoorstel** private member's bill.
injectie injection. ▼**—spuitje** hypodermic syringe.
inkalven cave in.
inkapselen encapsulate.
inkeer introspection; (*berouw*) repentance; *tot* — *brengen*, bring (a p.) to his senses; *tot* — *komen*, come to one's senses, repent.
inkep/en notch, nick. ▼**—ing** notch, nick.
inkeren: *tot zichzelf* —, retire into o.s.
inkerv/en ▼**—ing** *zie* inkep/en, ▼**—ing**.
inkijken I *on.w* look in. II *ov.w* have a look at, dip into.
inklar/en clear. ▼**—ing** clearance. ▼**—ingshaven** port of entry. ▼**—ingskosten** clearing charges.
inklauteren clamber in(to).
inkled/en word, express. ▼**—ing** wording.
inklimm/en climb in(to). ▼**—er** cat-burglar.
inkoken boil down.
inkomen I *ww* come in; *daar komt niets van in*, that's out of the question; *daar kan ik* —, I can understand that; *de correspondentie* —, incoming correspondence; *—de rechten*, import duties. II *zn* income; *nationaal* —, national income. ▼**—sgrens** income limit. ▼**inkomst** entry; *—en*, income, earnings; (*v. Staat*) revenue. ▼**—enbelasting** income-tax. ▼**—envermeerdering** increase in income.
inkoop purchase; *—en doen*, make purchases. ▼**—boek** bought book. ▼**—sprijs** cost price. ▼**inkop/en** buy, purchase. ▼**—er** purchaser.
inkort/en shorten, curtail. ▼**—ing** shortening, curtailment.
inkrijgen get in; (*v. schip*) *water* —, make water.
inkrimp/en shrink, contract; cut down (expenses); *'t personeel* —, reduce the staff. ▼**—ing** shrinking; reduction.
inkt ink. ▼**—fles** i.-bottle. ▼**—gom** i.-eraser. ▼**—klad** i.-blot. ▼**—lap** pen-wiper. ▼**—patroon** ink cartridge. ▼**—pot** i.-pot, i.-well. ▼**—potlood** i. pencil. ▼**—stel** i.stand. ▼**—vis** i.fish, cuttle-fish. ▼**—werper** i.-thrower.
inkuilen (*aardappels*) clamp; (*veevoer*) ensilage.
inkwartier/en billet. ▼**—ing** billeting; *we hebben* —, we have soldiers billeted on us. ▼**—ingsbiljet** billet. ▼**—ingsgeld** billeting-allowance.
inlaat inlet. ▼**—buis** i.-pipe. ▼**—klep** i.-valve. ▼**—sluis** inlet.

inlad/en load (goods); gobble (one's food). ▼**—er** shipper. ▼**—ing** loading.
inland/er native. ▼**—s** native, home-made. ▼**—se** native woman.
inlass/en insert. ▼**—ing** insertion.
inlaten let in, admit; *zich* — *met*, take up with, concern oneself with (s.th.); associate with (a p.); *hij liet zich er niet mee in*, he would have nothing to do with it; *laat u er niet mee in*, don't meddle with it; *zich met politiek* —, go in for politics.
inleg (*v. lid*) entrance-fee; (*bij spel*) stake; (*in bank*) deposit. ▼**—gen** put in; (*geld*) deposit; (*bij spel*) stake; inlay (with gold); (*zoom*) take in; (*trein*) put on. ▼**—vel** supplementary sheet. ▼**—werk** inlaid work.
inleid/en (*lett.*) usher in; (*fig.*) introduce; open (a debate). ▼**—end** introductory. ▼**—er** introducer; (*spreker*) speaker. ▼**—ing** introduction.
inleven: *zich in een rol* —, enter into a part.
inlever/en hand in; present (petition); deliver up (arms). ▼**—ing** handing-in, delivery.
inlicht/en inform (about), enlighten (on). ▼**—ing(en)** information; *—en geven*, give i.; *—en vragen*, make inquiries. ▼**—ingenbureau** information bureau. ▼**—ingsdienst** information service; (*mil.*) intelligence service; *geheime* —, secret service.
inliggend enclosed.
inlijsten frame.
inlijv/en incorporate, annex; (*mil.*) enrol(l). ▼**—ing** incorporation, annexation; enrolment.
inlopen enter (a shop); turn into (a street); *schoenen* —, break in shoes; — *op iem.*, gain on s.o.; *achterstand* —, make up arrears; *er* —, walk (fall) into the trap; *iem. erin laten lopen*, take a p. in.
inloss/en redeem. ▼**—ing** redemption.
inluiden ring in; usher in (a period).
inluizen: *er* —, get caught.
inmaak (*daad*) bottling, pickling; (*groente*) preserved vegetables, pickles. ▼**—fles** preserving-bottle. ▼**—pot** preserving-jar. ▼**—tijd** preserving-time. ▼**inmaken** preserve, tin, can; (*in zout*) pickle.
inmeng/en mix (up) with it; *zich ergens* —, interfere. ▼**—ing** interference.
inmetselen build in; immure.
inmiddels meanwhile, in the mean time.
innaaien (*boek*) sew; (*kleding*) take in.
inname *zie* **inneming**. ▼**innem/en** take in (sail, water, etc.); collect (tickets); take (medicine); take up (space); take, capture (town); charm (a p.); (*kolen*) bunker; *iem. tegen zich* —, antagonize a p.; *iem. voor zich* —, prepossess a p. in one's favour. ▼**—end** winning, prepossessing. ▼**—endheid** charm. ▼**—er** captor. ▼**—ing** capture.
inn/en collect, cash. ▼**—er** collector.
innerlijk *bn* inner (life); intrinsic (value); *bw* inwardly.
innig profound, heart-felt, (*vurig*) fervent. ▼**—heid** profoundness, fervour.
inning collection. ▼**—skosten** collecting-charges.
inontvangstname receipt.
inoogst/en reap. ▼**—ing** reaping.
inpakk/en pack, wrap up; muffle (o.s.) up. ▼**—er** packer. ▼**—ing** packing (up).
inpalm/en haul in (a rope); rope in, win over, get round (a p.); *de winst* —, pocket the winnings. ▼**—ing** appropriation.
inpassen fit in.
inpeperen: *ik zal het je* —, I'll pay you out.
inperk/en fence in; (*fig.*) curtail. ▼**—ing** curtailment.
inpersen press in(to).
in petto: *iets* — *hebben*, have s.th. to fall back upon; have s.th. up one's sleeve; — *houden*, keep in reserve.
inpikken (*stelen*) pinch; (*inrekenen*) cop; snap up (the best seats); *'t* —, set about it.
inplakken paste in.
inplant/en plant; (*fig.*) implant, imprint.

▼—ing planting, insertion.
inpolder/en reclaim. **▼—ing** reclamation.
inpompen pump into; (*fig.*) cram (lessons).
inpraten: *iem. iets —*, talk a p. into doing s.th.; *zich er —*, put one's foot in it.
inprenten impress (s.th. on a p.).
inproppen cram in(to).
inquisit/eur inquisitor. **▼—ie** inquisition. **▼—oriaal** inquisitorial.
inregenen rain in.
inrekenen rake (fire); run in (a p.).
inricht/en (*regelen*) arrange; (*installeren*) fit up, furnish; (*maken*) construct, arrange; (*fam.*) fix up; organize (a course); *zich —*, set up house; (*v. dokter*) settle down in practice; *goed ingericht*, well appointed (house); *daar moeten we ons maar naar —*, we must adapt ourselves to it; *speciaal ingericht voor*, specially equipped for; *het zo … dat…*, manage so that… **▼—ing** structure, construction, geography (of the house), furnishing, fitting up, furniture; (*instelling*) institution.
inrijden drive (ride) in(to); (*paard*) break in; (*auto*) run in; *tegen elkaar —*, collide.
inrijgen lace in.
inrit gateway, entrance; *geen —*, no entry.
inroep/en call in, invoke. **▼—ing** invocation.
inroesten rust; *ingeroeste gewoonten*, engrained habits.
inrollen roll in(to).
inruil exchange (for). **▼—en** exchange (for); (*v. auto*) trade in. **▼—waarde** resale value, replacement value.
inruimen: *plaats —*, make room; (*fig.*) give space (to).
inrukken *I ov.w* march into. *II on.w* (*mil.*) break ranks, dismiss; (*v. politie, brandweer*) withdraw; *ruk in!*, clear out!; *laten —*, dismiss (troops).
inschakelen (*stroom*) switch on; (*motor*) slip (let) in the clutch; (*pers.*) enlist; dovetail (a p. into a job); gear (s.th. to …).
inschenken (*thee*) pour out; (*glas*) fill; *zal ik je nog eens —?*, shall I pour you out another glass?
inschep/en ship; *zich —*, embark (for). **▼—ing** embarkation. **▼—ingsdatum** date of e. **▼—ingshaven** port of e.
inscheppen ladle in.
inscherpen: *iem. iets —*, impress s.th. upon a p.
inscheuren tear.
inschieten: *zich —*, find the range; *er geld bij —*, lose money over it; *er zijn leven bij —*, lose one's life in it; *dat schiet erbij in*, that goes by the board.
inschikkelijk accomodating, obliging. **▼—heid** complaisance.
inschikken move up; (*fig.*) make allowances.
inschrift inscription.
inschrijfgeld enrolment fee. **▼inschrijv/en** book; enter (for an examination, competition, in a register), register (luggage, birth of child, etc.); (*bij aanbesteding*) tender (*op*, for); (*intekenen*) subscribe (for); *zich laten —*, enter one's name, register, enroll o.s. as a member; *aantal ingeschreven leerlingen*, number of pupils on the roll. **▼—er** tenderer; subscriber. **▼inschrijving** registration; enrolment; (*bij aanbesteding*) tender; (*bij wedstrijd*) entry; *de — openstellen*, invite tenders, subscriptions; *de — is gesloten*, the subscription-list is closed. **▼—sbiljet** tender. **▼—sformulier** form of tender. **▼—skosten** registration-fee.
inschrompelen shrink.
inschuiven shove in; (*inschikken*) close up.
inscriptie inscription.
insekt insect, (*Am. ook*) bug. **▼—enkenner** entomologist. **▼—enplaag** i.-pest. **▼—enpoeder** i.-powder. **▼—enverdelgingsmiddel** insecticide, pesticide.
insgelijks likewise; (*uitr.*) (the) same to you!
insigne badge, tag.

insinu/atie insinuation. **▼—eren** insinuate.
inslaan drive in; (*stuksl.*) smash (in); (*weg*) strike (into); (*goederen*) lay in; (*kleding*) take in; (*bliksem*) strike; (*fig.*) be a (great) success; *de juiste weg —*, (*fig.*) set about it in the right way.
inslag (*voorraad*) store; (*weefsel*) woof; (*in kleding*) turning; *mystieke —*, mystical strain.
inslapen fall asleep, drop off.
inslikken swallow.
insluimeren doze off, drop off (to sleep).
insluip/en steal in(to); (*fig.*) creep in. **▼—ing** stealing in.
insluit/en (*brief*) enclose; (*een persoon*) lock in; (*omvatten*) include; (*stad, land*) encircle; (*inhouden*) imply. **▼—ing** locking in; encirclement. **▼—ingspolitiek** policy of encirclement.
insmeren smear; (*met vet*) grease.
insmijten smash (in).
insneeuwen snow in; *het huis was ingesneeuwd*, the house was snow-bound (snowed in).
insnijd/en cut in to). **▼—ing** incision; (*v. kust*) indentation.
insnoer/en constrict. **▼—ing** constriction.
insnuiven sniff in, inhale.
inspann/en (*dier*) put to; (*ogen*) strain, (*kracht*) exert; *zich —*, exert o.s. **▼—end** exacting, strenuous. **▼—ing** strain; exertion, effort; *met — van alle krachten*, with the utmost exertion.
inspecteren inspect. **▼inspecteur** inspector; *— bij de belastingen*, i. (surveyor) of taxes; *— v. politie*, police i.; *— van gezondheid*, sanitary i. **▼—schap** inspectorate. **▼inspectie** inspection; (*district*) inspectorate. **▼—reis** tour of inspection. **▼inspectoraat** inspectorate. **▼inspectrice** inspectress.
inspelen (*v. naald*) settle; *zich —*, play o.s. in.
inspinnen *ov.w.* spin in; *zich —*, cocoon.
inspir/atie inspiration. **▼—eren** inspire.
inspraak 1 dictate; **2** voice, say; (*in bedrijf, universiteit*) participation; *de — van zijn hart volgen*, follow the dictate(s) of one's heart. **▼inspreken**: *iem. moed —*, put heart into a p.; (*fam.*) pep a p. up.
inspringen leap in(to); (*v. hoek*) re-enter; (*inbuigen*) bend in(ward); (*v. regels*) indent; *voor iem. —*, deputize for a p.
inspuit/en inject, (*v. heroïne, enz.*) main-line (*sl.*). **▼—ing** injection.
instaan — *voor*, guarantee; *voor iem. —*, answer for a p.; *ik kan niet voor de waarheid —*, I can't vouch for the truth.
install/ateur electrician; (*alg.*) installer; *erkend* (*bevoegd*) —, approved (qualified) installer. **▼—atie** (*ambtelijk en technisch*) installation; (*bedrijfs—*) plant. **▼—atieplechtigheid** i. (inauguration) ceremony. **▼—eren** install; (*huis*) fit up; (*school, enz.*) equip.
instampen: *iem. iets —*, drum s.th. into a p.'s head.
instandhoud/en maintain. **▼—ing** maintenance.
instantie (*jur.*) instance, resort; (*dienst*) body, authority; *in de eerste* (*laatste*) —, in the first instance (in the last resort).
instappen get in; *allen —!*, take your seats, please!, (*Am.*) all aboard!
insteekkamer mezzanine. **▼insteken** put in.
instell/en establish, institute, (*camera*) focus, (*instrument*) adjust; *een vordering —*, bring a claim; *op Engeland ingesteld*, orientated to England; *daar is de school niet op ingesteld*, the school is not geared for it. **▼—ing** institution; (*fig.*) attitude.
instemm/en — *met*, agree with, fall in with. **▼—ing** agreement; (*bijval*) approval.
instinct instinct. **▼—ief** instinctive.
institutionaliseren institutionalize. **▼instituut** institution, institute (scientific, social).
instoppen (*in bed*) tuck in; *stop 't hier maar in*, put it in here.

instoten push (knock) in(to).
instort/en fall in (down); collapse. ▼—**ing** downfall; collapse.
instouwen stow in(to).
instruct/eur instructor. ▼—**ie** instruction, direction; (*jur.*) inquiry; (*voor een vlucht, enz.*) briefing. ▼**instrueren** instruct; (*jur.*) prepare (a case); (*luchtmacht*) brief.
instrument instrument. ▼—**aal** instrumental. ▼—**arium**, —**enkast** cabinet of instruments. ▼—**enbord** dashboard, instrument panel.
instuderen (*rol*) study; (*stuk*) rehearse; (*muziek*) practise.
insturen 1 steer in(to); **2** send in(to).
insubordinatie insubordination.
intact intact, unimpaired.
inteelt in-breeding.
integendeel on the contrary.
integraal integral. ▼—**rekening** integral calculus. ▼**integr/atie** integration. ▼—**erend** integral.
integriteit integrity.
inteken/aar subscriber. ▼—**biljet** subscription form. ▼—**en** subscribe (to, for). ▼—**ing** subscription.
intellect intellect. ▼—**ualisme** intellectualism. ▼**ueel** *bn & zn* intellectual, (*fam.*) highbrow.
intelligent intelligent. ▼—**ie** intelligence. ▼—**ieonderzoek** intelligence test.
intendance Army Service Corps. ▼**intendant** intendant; (*mil.*) quartermaster.
intens intense. ▼—**ief** intensive. ▼—**iteit** intensity. ▼—**iveren** intensify.
inter/actie interaction. ▼—**ceptie** interception. ▼—**ceptor** interceptor.
intercom intercom.
intercommunaal *zie* **interlokaal**.
inter/departementaal interdepartmental. ▼—**disciplinair** interdisciplinary.
interen eat into one's capital; be (£ 5) to the bad.
interess/ant interesting. ▼—**e** interest. ▼—**eren** interest; *iem. voor iets* —, interest a p. in s.th.; *geïnteresseerd zijn bij*, be interested in.
interest interest; *samengestelde (enkelvoudige)* —, compound (simple) i.; *met* — *terugbetalen*, return with i.; *op* — *zetten*, put out at i.; *tegen* —, at i.
interieur interior.
inter/landwedstrijd international match. ▼—**lokaal** interlocal; — *gesprek*, trunk call; — *aansluiten*, put through on a trunk call; — *telefoneren*, make a t. call. ▼—**mezzo** intermezzo, interlude.
intern internal; (*inwonend*) resident; —*e geneeskunde*, internal medicine; — *zijn*, live in. ▼—**aat** boarding-school.
internation/aal international; *Internationale Vluchtelingenorganisatie*, I. Refugee Organisation; *I— Monetair Fonds*, I. Monetary Fund. ▼—**alisatie** internationalization. ▼—**aliseren** internationalize.
interner/en intern. ▼—**ing** internment. ▼—**ingskamp** internment camp.
internist internal medicine specialist, (*Am.*) internist.
interpell/ant interpellator; (*in Eng.*) questioner. ▼—**atie** interpellation. ▼—**eren** interpellate; (*in Eng.*) question.
interpol/atie interpolation. ▼—**eren** interpolate.
interpret/atie interpretation. ▼—**eren** interpret.
interpunctie punctuation.
interrumperen interrupt; *'n spreker op een politieke bijeenkomst op lastige (hinderlijke) wijze* —, heckle a speaker at a political meeting. ▼**interruptie** interruption.
interuniversitair inter-university.
interval interval.
interven/tie intervention. ▼—**iëren** intervene.
interview interview. ▼—**en** interview. ▼—**er** interviewer.
intiem intimate.
intimid/atie intimidation. ▼—**eren** intimidate.
intimiteit intimacy.

intocht entry.
intomen curb; (*fig.*) curb, check.
inton/atie intonation. ▼—**eren** intone.
intransitief intransitive.
intrappen (*grond*) tread in; (*deur*) smash; *'n open deur* —, force an open door.
intrede (*v. ambt*) entrance; (*binnenkomst*) entry; (*v. seizoen*) advent; *zijn* — *doen*, (*v. pers.*) enter upon one's office, (*v. jaargetijde*) set in. ▼**intreden** enter; (*v. vriesweer*) set in; *de dood trad onmiddellijk in*, death was instantaneous. ▼**intree** *zie* **intrede**. ▼—**biljet** ticket. ▼—**prijs** admission (fee). ▼—**rede** inaugural address.
intrek: *zijn* — *nemen*, put up (at), settle in.
intrek/baar retractile; — *onderstel*, retractable undercarriage. ▼—**ken** (*eig.*) draw in; retract (claws, landing gear); march (into a town); (*fig.*) withdraw (a licence, money, words); cancel (leave, an order); repeal (a law); revoke (a decree); *een rijbewijs tijdelijk* —, suspend a driving licence; *de verloven zijn ingetrokken*, all leave has been cancelled; *wanneer trek je hier in?*, when do you move in?; *de inkt zal er* —, the ink will soak in; *bij familie* —, put up with relations. ▼—**king** withdrawal; cancellation; repeal.
intrig/ant(e) intriguer, schemer. ▼—**e** intrigue, scheming. ▼—**eren** intrigue, scheme.
introduc/é guest. ▼—**eren** introduce. ▼—**tie** introduction. ▼—**tiebrief** letter of i.
intuït/ie intuition; *bij* —, by i., intuitively. ▼—**ief** intuitive.
intussen meanwhile.
inund/atie inundation. ▼—**eren** inundate.
inval (*v. vijand*) invasion; (*v. politie*) raid; (*idee*) idea, brain-wave; *een* — *doen in*, invade (a country), raid (a nightclub); *het is daar de.zoete* —, they keep open house there.
invalid *1 bn* invalid, disabled. **II** *zn* invalid, disabled soldier. ▼—**enhuis** home for d. soldiers. ▼—**enwagentje** i. carriage. ▼**invaliditeit** invalidity, disablement. ▼—**spensioen** disability pension. ▼—**suitkering** d. benefit. ▼—**sverzekering** health insurance, disablement i. ▼—**swet** national insurance act.
invallen (*v. huis*) fall in, collapse; (*v. nacht*) fall; (*v. dooi, enz.*) set in; (*bij zang*) join in; (*plaatsvervangen*) deputize; *'t viel hem in*, it occurred to him; *'n ingevallen gezicht*, a shrunken face; *zijn naam wil me niet* —, I cannot remember his name; *ze doen zoals het hun invalt*, as the fancy takes them; *met het* — *v.d. nacht*, at nightfall. ▼**invaller 1** (*sp.*) substitute, stand-in; **2** (*in land*) invader. ▼**invals/hoek** (*fig.*) angle, (*nat.*) angle of incidence, (*luchtv. ook*) angle of attack. ▼—**weg** approach (road).
invasie invasion. ▼—**leger** invading army.
inventaris (*lijst*) inventory; (*goederen ook*) equipment, furniture (and fittings); *de* — *opmaken*, take stock, make an i. ▼—**atie** stock-taking. ▼—**eren** make an i. of. ▼—**prijs** stock-taking price. ▼—**uitverkoop** stock-taking sale.
invest/atie, —**ering** investment. ▼—**eren** invest. ▼—**eringsstop** investment freeze.
invetten grease, oil.
invit/atie invitation. ▼—**é** guest. ▼—**eren** invite (to).
invlechten weave in; (*fig.*) introduce (remarks); insert (passage).
invlieg/en fly in(to); (*vliegtuig*) flight test; — *op*, fly (rush) at; *er* —, (*fig.*) be caught. ▼—**er** test pilot.
invloed influence, pull; (*uitwerking*) effect; *zijn* — *aanwenden*, use one's i.; — *uitoefenen*, exert an i.; *onder de* — *van*, under the i. of. ▼—**rijk** influential. ▼—**ssfeer** sphere of i.
invochten damp (down).
invoeg/en insert, put in. ▼—**ing** insertion. ▼—**sel** insertion. ▼—**strook** acceleration lane.
invoer import; (*goederen*) imports; (*computer*) input. ▼—**artikel** article of i. ▼—**bepaling** i. regulation. ▼—**beperking** i.

restriction. ▼—**cijfer** i. figure. ▼—**contingent** i. quota. ▼—**der** importer. ▼—**en** (*goederen*) import; (*stelsel*) introduce. ▼—**haven** port of import. ▼—**ing** introduction. ▼—**premie** bounty on importation. ▼—**produkt** imported product. ▼—**rechten** i. duties. ▼—**verbod** i. prohibition. ▼—**vergunning** i. licence.

invorder/baar collectable; (*v. schuld*) recoverable. ▼—**en** (*innen*) collect; (*v. schuld*) recover. ▼—**ing** collection, recovery.

invret/en corrode. ▼—**ing** corrosion.

invriezen freeze in.

invrijheidstelling release; *voorwaardelijke* —, conditional discharge.

invul/biljet blank form. ▼—**len** (*naam*) fill in; (*formulier*) fill up. ▼—**ling** filling in (up).

inwachten await (a reply); invite (applications).

inwendig inner, inward, interior; —(*e*) *letsel* (*kneuzingen*), internal injuries. ▼—**e**: *het* —, the interior.

inwerk/en: — *op*, act upon, affect; *op elkaar* —, interact; *op zich laten* —, absorb, assimilate; *zich* —, work o.s. in, work one's way in, master the details of a job; *iem.* —, break a person in. ▼—**ing** action, effect. ▼—**periode** initation period.

inweven interweave.

inwijd/en (*gebouw*) inaugurate; *iem.* — *in*, initiate a p. in. ▼—**ing** inauguration.

inwikkelen wrap, do up.

inwillig/en comply with; *eisen* —, concede demands. ▼—**ing** compliance, concession.

inwinnen: *inlichtingen* —, gather information, make inquiries; *iem.'s raad* —, take a p.'s advice; *rechtskundig advies* —, take legal advice.

inwissel/baar convertible (into), exchangeable (for). ▼—**en** change, exchange for.

inwon/en live in. ▼—**end**: — *geneesheer*, resident physician. ▼—**er** (*v. stad*) inhabitant; (*kostganger*) lodger. ▼—**ing** lodging, (*na-oorlogs*) living together; *ze hebben* —, they have people living with them; *kost en* —, board and lodging.

inwrijven rub in; — *met*, rub with.

inzage inspection, perusal; — *nemen van*, peruse; *ter* —, for inspection; *ter* — *leggen*, deposit for (public) i.; *ter* — *zenden*, send on approval.

inzakken collapse, sag.

inzamel/aar collector. ▼—**en** collect. ▼—**ing** collection; *een* — *houden*, make a c.

inzegen/en consecrate, bless; *'t huwelijk kerkelijk* —, c. the marriage. ▼—**ing** consecration.

inzend/en send in, contribute; *zijn stukken* —, send in one's papers. ▼—**er** correspondent, (*op tentoonstelling*) exhibitor; (*bij wedstrijd*) entrant. ▼—**ing** sending in; (*tijdschr.*) contribution; (*wedstr.*) entry; (*tentoonst.*) exhibit.

inzepen soap, (*bij scheren*) lather.

inzet 1 (*spel*) stake(s); (*bij verkiezingen*) main issue; *de hele* — *winnen*, win the pool; (*bij veiling*) upset-price; (*kaartje, enz.*) inset(-map); **2** (*begin*) start, opening phase; **3** (*toewijding*) devotion, dedication. ▼—**geld** stake. ▼—**prijs** upset price. ▼—**sel** insertion. ▼—**ten 1** (*ruit, enz.*) set in, put in; (*spel*) stake; **2** (*beginnen*) start; set in (winter, decay); (*muziek*) strike up; (a song, march); start (a psalm); (*aanval*) launch; (*op verkoping*) start (start a book at £ 2); (*materieel*) put on, bring into action; *zet er ook het stukje over je vader in*, put in the bit about your father; *er worden extra treinen ingezet*, they are putting on extra trains. ▼—**ter** first bidder.

inzicht (*begrip*) insight; (*mening*) opinion; *'n duidelijk* — *in iets hebben*, have a clear i. into s.th.; *wilt u uw* — *hierover eens kenbaar maken?*, will you state your views on this?; *naar eigen* — *handelen*, act on one's own discretion; *naar mijn* —, in my opinion; *een verschil van* —, a difference of opinion.

▼**inzien I** *ww* see, realize; (*stuk*) glance over; *dat zie ik niet in*, I do not see that; *iets verkeerd* (*somber*) —, take a wrong (gloomy) view of s.th. **II** *zn*: *mijns* —*s*, in my opinion; *bij nader* —, on second thoughts.

inzink/en sink in, subside; (*fig.*) decline; (*v. zieke*) relapse. ▼—**ing** subsidence; decline; relapse; *totale* —, collapse.

inzitt/en: *ergens lelijk mee* —, be in a fix about it; *er warmpjes* —, be a warm man; *erover* —, be worried about it. ▼—**end**: *de* —*en*, the occupants.

inzonderheid especially.

inzouten salt; (*groenten*) brine, pickle.

inzwachtelen swathe, bandage.

inzwelgen gulp down.

inzwenken wheel into, turn into.

ionisatie ionization. ▼**ioniseren** ionize.

Iraans Iranian.

Iraaks Iraqui. ▼**Irak** Iraq, Irak. ▼—**ees** Iraqi, Iraquian.

Iran Iran. ▼—**iër**, —**isch** Iranian.

iris iris.

iron/ie irony; *de* — *van 't noodlot*, the i. of fate. ▼—**isch** ironical.

irrationeel irrational.

irrelevant irrelevant. ▼—**ie** irrelevance.

irrigatie irrigation. ▼—**kanaal** i. canal. ▼—**sluis** i. sluice. ▼—**werken** i. works. ▼**irrigeren** irrigate.

irrit/atie irritation. ▼—**eren** irritate.

ischias sciatica.

islam: *de* —, Islam. ▼—**iet** Islamite. ▼—**itisch** Islamic.

isobaar isobar.

isolat/ie isolation; (*nat.*) insulation; — *van de spouwmuur*, cavity wall insulation. ▼—**ieband** insulating tape. ▼—**ievermogen** insulating power. ▼—**or** insulator. ▼**isolement** isolation. ▼—**spolitiek** isolationism. ▼**isoler/en** isolate; (*nat.*) insulate. ▼—**ing** isolation; (*nat.*) insulation.

Israël Israel. ▼—**i(ër)** Israeli (*mv* Israelis). ▼—**isch** Israeli, Israel. ▼—**iet** Israelite. ▼—**itisch** Israelitish.

Italiaan Italian. ▼—**s** Italian. ▼**Italië** Italy.

item item.

ivoor ivory. ▼—**draaier** i.-turner. ▼**ivoren** ivory.

J

ja yes; —, *zeker*, certainly; — *zelfs*, indeed; — *knikken*, nod assent; *op alles — en amen zeggen*, say y. and amen to everything; *een vraag met — beantwoorden*, answer a question in the affirmative; *maar —*, but then; but there; *(iron.) wel —!*, that's right!
jaag/lijn tow-line. ▼**—pad** tow(ing)-path.
jaap cut, gash.
jaar year; *t hele — door*, all the y. round; *de laatste jaren*, of late years, in recent years; — *in — uit*, y. in and y. out; *eens in 't —*, once a y.; *met de jaren*, with the years; *na — en dag*, after many years; *nog vele jaren!*, many happy returns of the day!; — *op —*, y. by y.; *op jaren komen*, be getting on in years; *een man op jaren*, an elderly man; *over een —*, after a y.; *vandaag voor een —*, a y. ago to-day; *jong voor zijn jaren*, young for his age.
▼**jaar/abonnement** annual subscription.
▼**—bericht** annual report. ▼**—beurs** industries fair. ▼**—beursgebouw** fair building. ▼**—boek** y.-book. ▼**—boeken** annals. ▼**—feest** anniversary. ▼**—gang** volume, file; *(v. wijn)* vintage; *een oude —*, a back volume. ▼**—geld** annuity. ▼**—genoot** class-mate. ▼**—getij(de)** season. ▼**—lijks** I *bn* yearly, annual. II *bw* every y., annually. ▼**—loon** annual pay. ▼**—markt** (a.) fair. ▼**—rente** annual interest; *(uitkering)* annuity. ▼**—ring** annual ring. ▼**—tal** date. ▼**—telling** era. ▼**—vergadering** annual meeting. ▼**—verslag** a. report. ▼**—wedde** (a.) salary. ▼**—wisseling**: *(bij de) —*, (at the) turn of the y.
jabroer yes-man.
jacht 1 *(algem.)* chase; *(op groot wild, vossen)* hunt(ing); *(met geweer)* shooting; **2** *(schip)* yacht; *op — gaan (zijn)*, go (be) out shooting (hunting); *(vossen)* ride to hounds; — *maken op*, hunt, *(fig.)* pursue. ▼**—akte** shooting-licence. ▼**—bommenwerper** fighter-bomber. ▼**—buit** bag. ▼**—buks** sporting rifle. ▼**—club** yachting-club.
jachten I *ov.w* hurry, rush. II *on.w* hustle.
jacht/eskader fighter squadron. ▼**—geweer** shot-gun. ▼**—grond** hunting-ground.
jachthaven yacht haven.
jacht/hond hound. ▼**—hoorn** hunting-horn. ▼**—huis** hunting-(shooting-)lodge.
jachtig hurried.
jacht/kostuum hunting-habit. ▼**—liefhebber** sportsman. ▼**—opziener** game-keeper. ▼**—paard** hunter. ▼**—partij** shooting-party. ▼**—schotel** hot-pot. ▼**—seizoen** hunting-(shooting-)season. ▼**—slot** hunting-(shooting-)lodge.
jachtsneeuw snowdrift.
jacht/stoet hunt. ▼**—tijd** shooting season, hunting season. ▼**—terrein, —veld** hunting-ground. ▼**—vereniging** hunt. ▼**—vlieger** fighter pilot. ▼**—vliegtuig** fighter.
jachtwerf yacht-building yard.
jachtwet game-act.
Jacob James; *de ware —*, Mr. Right.
jacquet morning-coat; *(fam.)* tails.
jagen hunt, shoot; stalk (deer); chase (prey); *(fig.)* drive, hurry, rush; *(snellen)* rush; *uit — gaan (zijn)*, go (be) out shooting (hunting); *'n*

wetsontwerp door 't Parlement —, railroad (rush) a bill through Parliament; *iem. een kogel door 't lijf —*, put a bullet through a p.; *heen en weer —*, chivy about. ▼**jager** sportsman, hunter; *(luchtv.)* fighter; *lange-afstands—*, long-range fighter.
jagerslatijn sportsman's yarn.
jaguar jaguar.
jak 1 jacket; **2** *(dier)* yak.
jakhals jackal; *kale —*, shabby-genteel fellow.
jakkeren rush, tear along.
jakkes! bah!
ja-knikker *(tech.)* nodding-donkey.
jaloers jealous. ▼**jaloezie 1** *(jaloersheid)* jealousy; **2** Venetian blind. ▼**—lat** slat.
jam jam; — *maken van*, make into j.
jamb/e iambus, iamb. ▼**—isch** iambic.
jammer misery; *wat —!*, what a pity!; *'t is erg —*, it is a great pity; *'t is — van 't geld*, I am sorry about the money; *'t is — voor je*, I am sorry for you; — *genoeg!*, more's the pity!; — *genoeg kwam hij niet*, sad to say… ▼**—en** lament, wail; *(fam.)* yammer. ▼**—klacht** lamentation. ▼**—lijk** woeful. ▼**—toon** tone of lamentation.
jampot jam-jar.
Jan John; — *en alleman*, all the world and his wife; — *Piet en Klaas*, Tom, Dick and Harry; — *Klaassen*, Punch; *'t is allemaal janklaassen*, it's all make-believe, *(sl.)* boloney; — *Publiek*, the man in the street; — *Salie*, stick-in-the-mud; *hij is boven —*, he is out of the wood.
jan/boel muddle, mess; *een grote —*, a dreadful mess. ▼**—boerenfluitjes**: *op z'n —*, in a happy-go-lucky way. ▼**—dorie!** by gum! ▼**—hagel** riffraff, rabble. ▼**—hen** betty, molly.
janken yelp, whimper.
jan/maat (jack-)tar. ▼**—plezier** char-a-banc. ▼**—salieachtig** spiritless. ▼**—saliegeest** spiritlessness. ▼**—sul** noodle, mug. ▼**jantje** Johnnie, Johnny; *(matroos)* blue-jacket; — *Contrarie*, perverse fellow; *(meisje)* Mary Contrary; — *Secuur*, finicky fellow; *zich met een —-van-leiden van iets afmaken*, shirk (skirt) the difficulty.
januari January.
jan-van-gent gannet.
Japan Japan. ▼**—ner** Japanese. ▼**Japans** Japanese.
japen gash, slash.
japon dress, gown, frock. ▼**—naaister** dressmaker. ▼**—rok** dress-skirt. ▼**—stof** dress-material.
jarenlang I *bn* of many years' standing. II *bw* for years (together).
jargon jargon.
jarig: *wanneer ben je —?*, when is your birthday?; *dan ben je nog niet —*, then you are in no end of a mess.
jarretelle suspender.
jas coat; *(kort)* jacket. ▼**—beschermer** overcoat guard. ▼**—je** jacket.
jasmijn jasmin, jessamine.
jas/band coat-tail. ▼**—zak** coat-pocket. ▼**—sehanger** coat-hanger.
jassen peel (potatoes).
jasses! bah!, faugh!
jatten I *ww* pinch, nab; *zie gappen.* II *zn* paws.
Java Java. ▼**Javaan(s)** Javanese. ▼**—se** Javanese woman.
jawel yes; *(iron.)* indeed! ▼**jawoord** yes, consent; *om het — vragen*, ask in marriage; *'t — geven*, say yes.
je you; *dat is — dat!*, that's absolutely it!
jee oh dear!
jegens towards, with.
Jehovagetuige witness of Jehovah.
jekker reefer.
jenever gin. ▼**—bes** juniper-berry. ▼**—fles** g.-bottle. ▼**—glas** g.-glass. ▼**—lucht** g.-smell. ▼**—neus** bottle-nose. ▼**—stoker(ij)** g.-distiller(y).
jengelen whine, whimper.
jennen badger.
jeremi/ade jeremiad. ▼**—ëren** wail; *(fam.)* belly-ache.

jeugd youth; *z'n tweede* —, his second childhood; *hier onderwijst men de* —, teach your grandmother to suck eggs; *niet meer in zijn eerste* —, past his prime; *zij heeft haar* — *gehad*, she is no chicken. ▼—**beweging** y.-movement. ▼—**bond** league of y. ▼—**droom** youthful dream. ▼—**herberg** y. hostel. ▼—**herinneringen** childhood reminiscences. ▼—**ig** youthful. ▼—**igheid** youthfulness. ▼—**leider** y. leader. ▼—**organisatie** y. organization. ▼—**vereniging** y. club. ▼—**vriend(in)** childhood friend. ▼—**werk** juvenile work; (*v. e. jeugdleider*) y. work.
jeuk itch; — *hebben*, itch. ▼—**en** itch; *zijn maag jeukte*, he felt peckish. ▼—**erig** itchy. ▼—**poeder** itch(ing)-powder.
jeune premier juvenile lead.
jezuïet Jesuit. ▼—**enklooster** J. convent. ▼—**enorde** Society of Jesus, order of Jesuits. ▼**jezuïtisch** Jesuitical.
Jezus Jesus. ▼—**kindje** Christ-child.
jicht gout. ▼—**ig** gouty. ▼—**igheid** goutiness. ▼—**lijder** sufferer from gout.
Jiddisch Yiddish.
jij you.
Job Job. ▼**jobs/geduld** patience of J. ▼—**tijding** J.'s news.
jochie kid, urchin.
jodelen yodel.
joden/buurt Jewish quarter. ▼—**dom** (*geloof*) Judaism; (*pers.*) Jewry. ▼—**hater** Jew-hater. ▼—**kerk** synagogue. ▼—**vervolger** Jew-baiter. ▼—**vervolging** persecution of the Jews, Jew-baiting. ▼**jodin** Jewess.
jodium iodine. ▼—**tinctuur** tincture of i.
Joegoslavië Jugoslavia, Yugoslavia.
▼**Joegoslaviër, Joegoslavisch** Yugoslav.
joelen shout.
Johannes John; — *de Doper*, J. the Baptist.
jokken fib, tell fibs. ▼**jokkebrok** fibber.
jol yawl, dinghy.
jolig jolly. ▼—**heid** jolliness. ▼**jolijt** joy.
jonassen toss (a p.) in a blanket.
jong I *bn* young. **II** *zn* young one, cub; —*en werpen*, litter. ▼**jonge/dame** young lady. ▼—**heer** y. gentleman; (*met naam*) Master (John). ▼—**juffrouw** y. lady; (*met naam*) Miss (Ada); *ouwe* —, old maid. ▼—**ling** y. man, youth. ▼—**lingsjaren** early manhood. ▼—**lui** young people.
jongen I *zn* boy, lad; —*s van Jan de Witt*, hearts of oak, stout fellows; —*s zijn* —*s*, boys will be boys; —, —*!*, my word! **II** *ww* litter; (*v. hond*) pup; (*v. kat*) kitten. ▼—**sachtig** boyish. ▼—**sgek** regular flirt. ▼—**sjaren** boyhood. ▼—**skleding** boys' clothes. ▼—**skop** (*v. meisje*) Eton crop. ▼—**sschool** boys' school. ▼—**sstreek** boyish prank. ▼—**stijd** boyhood.
jong/getrouwden newly-married couple. ▼—**gezel** bachelor.
jongl/eren juggle. ▼—**eur** juggler.
jong/maatje apprentice. ▼—**mens** young man.
jongs: *van* — *af*, from childhood.
jongst: —*e bediende*, junior clerk; *de* —*e dag*, the day of judg(e)ment; *de* —*e gebeurtenissen*, recent events. ▼—**leden** last.
jonk/er (young) nobleman; (*Duitse* —) junker. ▼—**heer** Jonkheer. ▼—**man** young man. ▼—**vrouw 1** maid; **2** unmarried noble lady; **3** (*titel*) (*ongev.*) lady.
jood Jew, Hebrew. ▼—**s** Jewish.
jool fun; (*studenten*—) rag; — *maken*, make fun; have a rag.
Joost: *dat mag* — *weten*, goodness knows.
jota iota; *geen* —, not a jot.
journaal journal; (*scheeps*—) log-book; (*film*) news-reel. ▼**journalist** journalist, newspaper man. ▼—**iek** journalism. ▼—**isch** journalistic.
jouw your.
jouwen hoot, boo.
joviaal jovial, genial. ▼**jovialiteit** joviality, geniality.
Jozef Joseph; *als de ware* — *komt*, if Mr. Right

comes along.
jubel jubilation. ▼—**dag** day of jubilation. ▼—**en** jubilate, exult (at). ▼—**jaar** jubilee year. ▼—**kreet** shout of joy. ▼—**toon** jubilation.
jubil/aris celebrator of a jubilee. ▼—**eren** celebrate one's jubilee. ▼—**eum** jubilee; *zijn zilveren* — *vieren*, celebrate one's silver j.
juchtleer Russian leather.
Judas Judas. ▼**judas/kus** J. kiss. ▼—**penning** honesty. ▼—**sen** nag. ▼—**streek** J. trick.
judo judo. ▼**judoka** (*ev & mv*) judoka.
juf miss; (*schooljuf*) teacher; *de* —, nurse. ▼**juffer** young lady, miss. ▼—**shondje** lap-dog; *beven als een* —, tremble like a jelly. ▼**juffrouw** lady, Miss (Smith); — *van gezelschap*, lady companion; — *in de huishouding*, lady help.
juich/en cheer. ▼—**kreet** cheer, shout of joy.
juist I *bn* right, correct; (*precies*) exact; *te* — *tijd*, just in time; —*!*, exactly!, quite so!; *o* —, oh, I see; *zeer* —*!*, hear! hear! **II** *bw* just, exactly; — *wat ik nodig heb*, the very thing I want; — *wat ik bedoel*, exactly what I mean; — *handelen*, do right, act rightly; — *beoordelen*, judge correctly; *dat is het* —, that's just it; — *daarom*, for that very reason; *zo*—, just now. ▼—**heid** rightness, correctness, exactness.
jujube jujube.
juk yoke; (*v. balans*) beam; *onder het* — *brengen*, bring under the y.
jukbeen cheek-bone.
juke-box juke-box.
juli July.
jullie (*pers.vnw*) you, you fellows; (*bez.vnw*) your.
jumbo-jet jumbo-jet.
jumper jumper.
juni June.
junior junior.
junk(ie) junkie, junky.
junta junta.
juridisch juridical; — *adviseur*, legal adviser, l. representative; — *e afdeling*, legal department; —*e bijstand*, l. advice, l. aid.
juris/dictie jurisdiction. ▼—**prudentie** jurisprudence.
jurist jurist, lawyer. ▼—**erij** legal quibble.
jurk dress, frock.
jury jury. ▼—**lid** member of the j. ▼—**rechtspraak** trial by j.
jus gravy. ▼—**kom** g.-boat. ▼—**lepel** g.-spoon.
justit/ie judicature; *hof van* —, court of justice; *de* —, the law; *aan de* — *overleveren*, hand (a p.) over to the law (to the police); *aangifte doen bij de* —, notify the police; *buiten het bereik van de* —, beyond the reach of the law; *uit de handen der* — *blijven*, keep clear of the law. ▼—**ieel** judicial.
Jut Jute; *hoofd van* —, try-your-strength machine.
jute jute. ▼—**weverij** j.-mill. ▼—**zak** gunny sack.
juweel jewel, gem. ▼**juwelenkistje** j.-case, -box. ▼**juwelier** jeweller. ▼—**swerk** jewel(le)ry. ▼—**swinkel**, —**szaak** jeweller's (shop).

kaai quay, wharf, embankment. ▼**—geld** quayage. ▼**—man** cayman, alligator. ▼**—werker** wharf-labourer, longshoreman.

kaak jaw, gill; *aan de — stellen*, denounce, show up; *iem. met beschaamde kaken doen staan*, put a p. to the blush; *met beschaamde kaken staan*, look shame-faced.

kaakje biscuit, cake.

kaak/kramp lock-jaw. ▼**—ontsteking** inflammation of the jaw. ▼**—slag** slap in the face.

kaal bald (head); bare (wall); threadbare (clothes); barren (fields); callow (bird); (*fig.*) shabby; *zo — als een knikker*, as b. as a coot; *zo — als een rat*, as poor as a church-mouse; *er — afkomen*, come away empty-handed; (*fig.*) *vreten*, eat bare, crop short. ▼**—geknipt** close-cropped. ▼**—geschoren** (*v. schapen, enz.*) shorn. ▼**—heid** baldness; threadbareness; barrenness; callowness; shabbiness. ▼**—hoofdig(heid)** bald(ness).

kaan 1 barge, lighter; **2** (*vet*) cracklings.

kaap cape, headland; *K— de Goede Hoop*, the C. of Good Hope. ▼**K—kolonie** *de —*, Cape Colony. ▼**Kaaps** Cape; ▼*—e Hollander*, Cape Dutchman. ▼**Kaapstad** Cape Town.

kaapstander capstan.

kaap/vaarder privateer. ▼**—vaart** privateering.

kaar (fish-) well.

kaard/en card (wool). ▼**—(st)er** carder. ▼**—wol** carding-wool.

kaars candle; (*v. paardebloem*) puff-ball. ▼**—enfabriek** c. factory. ▼**—enfabrikant** c.-maker. ▼**—houder** c.-bracket. ▼**—lantaarn** c.-lamp. ▼**—licht** c.-light. ▼**—recht** as straight as an arrow. ▼**—vet** tallow, c.-grease. ▼**—vlam** c.-flame.

kaart (*speel—, visite—*) card; (*land—, plattegrond*) map; (*zee—, weer—*) chart; (*toegangs—*) ticket; *groene —*, green card; *het is doorgestoken —*, it is a put-up job/a plant; *in — brengen*, map (out); (*vooral v. zee, zandbanken, enz.*) chart; *niet in — gebracht*, unmapped, uncharted; *een goede — hebben*, have a good hand; *iem. in de — kijken*, look at a p.'s cards, (*fig.*) see through a p.'s plans); *zich in de — laten kijken*, give o.s. away; *iem. de — leggen*, tell the cards for a p.; *—spelen*, play (at) cards; *open — spelen*, speak frankly, put one's cards upon the table; *in iem.'s — spelen*, play into a p.'s hands; *alles op één — zetten*, put all one's eggs in one basket; *van de —, off the map*, (*fig.*) finished; all at sea, upset. ▼**kaart/avondje** card-party. ▼**—en** play at cards. ▼**—enbak** card-tray. ▼**—enhuis** house of cards. ▼**—enkamer** chart-room. ▼**—je** (*visite—*) card; (*anders*) ticket; *zijn — afgeven*, leave one's c. (*bij iem.*, on a p.); *een — leggen*, have a game of cards. ▼**—leggen** card-reading. ▼**—legster** c.-reader, fortune-teller. ▼**—lezen** map-reading. ▼**—spel** card-playing. ▼**—speler** card-player. ▼**—systeem** card-index. ▼**—verkoop** sale of tickets, booking.

kaas cheese; *daar had hij geen — van gegeten*, that was beyond him; *zich de — niet van 't brood laten eten*, stand one's ground, fight

back. ▼**—boer** c.-maker, c.-monger. ▼**—dop** bowler. ▼**—handel** c.-trade. ▼**—handelaar** c.-monger. ▼**—jeskruid** mallow. ▼**—koekje** c.-biscuit. ▼**—korst** rind of c. ▼**—maker** c.-maker. ▼**—makerij** c.-dairy. ▼**—mes** c.-knife. ▼**—schaaf** c.-slicer. ▼**—schaal** c.-dish. ▼**—stolp** c.-cover. ▼**—wrongel** curd.

kaats/baan fives-court. ▼**—en** play at fives; *wie kaatst moet de bal verwachten*, those who play at bowls must look (out) for rubs. ▼**—er** fives-player. ▼**—spel** fives.

kabaal din, row; *— maken*, kick up a row.

kabbal/a cabbala. ▼**—isme** cabbalism. ▼**—ist** cabbalist. ▼**—istisch** cabbalistic.

kabbel/en babble, lap. ▼**—ing** rippling, babbling.

kabel cable; (*scheepv. ook*) hawser. ▼**—baan** c.-railway. ▼**—ballon** captive balloon, (*versperrings—*) barrage.b. ▼**—bericht** cablegram. ▼**—breuk** (*lichtnet*) break in the power-line. ▼**—en** cable.

kabeljauw cod.

kabel/ketting chain-cable. ▼**—net** electric mains. ▼**—schip** cable-(laying) ship. ▼**—spoorweg** funicular (cable) railway. ▼**—telegram** cable(gram). ▼**—televisie** cable television. ▼**—touw** cable.

kabinet 1 cabinet; **2** (*W.C.*) lavatory. ▼**—formaat** c.-size. ▼**—je** cabinet; closet. ▼**—scrisis** c. crisis. ▼**—sformateur** (*ongev.*) premier-designate. ▼**—sformatie** formation of a government. ▼**—sgeheim** c. secret. ▼**—skwestie** c. question; *de — stellen*, ask for a vote of confidence. ▼**—slid** c. member, member of the c. ▼**—sorder** order in council. ▼**—sraad** c. council. ▼**—swisseling** change, change of ministry. ▼**—szetel** seat in the c.

kabouter (hob)goblin, gnome.

kachel stove; *— zijn*, be tight. ▼**—hout** fire-wood. ▼**—pijp** s.-pipe.

kadaster land registry; (*kantoor*) land registry office. ▼**kadastraal** cadastral. ▼**kadastreren** survey.

kadaver dead body, carrion.

kade *zie* kaai.

kader (*mil.*) cadre; (*fig.*) framework, scope; *binnen het — blijven van*, remain within the f. (scope) of; *het valt buiten het — van*, it's beyond the scope of (this work, etc.); *van — voorzien*, officer (an army); *in 't — passen van*, fit in with. ▼**—opleiding** c.-training. ▼**—vergadering** (*pol.*) meeting of party officials.

kadet cadet. ▼**—tenschool** military college.

kadetje penny-loaf, roll.

kaduuk crazy, rickety; (*v. pers.*) decrepit.

kaf chaff; *het — van het koren scheiden*, separate c. from wheat.

kaffer Kaffir; (*fig.*) boor, (*domkop*) dolt.

kaft (paper) cover, wrapper.

kaftan caftan.

kaft/en cover. ▼**—papier** wrapping-paper.

kajak kayak; *— varen*, kayak.

kajuit cabin. ▼**—sjongen** c.-boy. ▼**—strap** companion-way.

kak shit; *kouwe —*, swank.

kakel/aar chatterer. ▼**—bont** gaudy. ▼**—en** cackle; (*fig.*) chatter, rattle, jabber.

kakement jaws.

kak/en (*haring*) gut (and cure). ▼**—er** gutter.

kaketoe cockatoo.

kaki khaki. ▼**—kleur** k. colour.

kakkerlak cockroach.

kakofonie cacophony.

kalebas gourd.

kalender calendar. ▼**—jaar** c.-year.

kalf calf; (*v. deur*) lintel; (*dwarshout*) cross-beam; *het gouden — aanbidden*, worship the golden c.; *het gemeste — slachten*, kill the fatted c.; *als het — verdronken is, dempt men de put*, when the steed is stolen, the stable-door is locked. ▼**—koe** cow in calf. ▼**kalfs/-** veal-. ▼**—biefstuk** v.-steak. ▼**—borst** breast of v. ▼**—bouillon** v.-tea. ▼**—bout** leg of v.

▼—**gehakt** minced v. ▼—**karbonade** v.-cutlet. ▼—**kop** c.'s head; (*fig.*) blockhead. ▼—**kotelet** v.-cutlet. ▼—**lapje** v.-steak. ▼—**leer** calf(skin), calf-leather. ▼—**oester** v.-collop. ▼—**rollade** rolled v., round of v. ▼—**zwezerik** sweetbread.

kali 1 potash, potassium; **2** (*rivier*) river.

kaliber calibre (*ook fig.*).

kalief caliph. ▼**kalifaat** caliphate.

kalium potassium.

kalk lime; (*geblust*) slaked l.; (*ongeblust*) quick l.; (*metsel*—) mortar; (*pleister*—) plaster. ▼—**aarde** calcareous earth. ▼—**achtig** limy, calcareous. ▼—**bodem** l. soil. ▼—**ei** egg ' preserved in l. ▼—**en** plaster; (*schrijven*) chalk. ▼—**gebergte** limestone mountains. ▼—**gehalte** l. content. ▼—**groeve** limestone quarry. ▼—**houdend** calciferous. ▼—**laag** limestone layer.

kalkoen turkey. ▼—**tje** (*fles*) quart-bottle.

kalk/oven lime-kiln. ▼—**put** l.-pit. ▼—**rots** limestone rock. ▼—**steen** limestone.

kalm calm, quiet; (— *aan!*, steady!; — *aan, dan breekt het lijntje niet*, steady does it; — *blijven, zich* — *houden*, keep c.; *'t* — *aanleggen*, go easy. ▼—**eren** I *ov.w.* calm, soothe. II *on.w* calm down, compose o.s. ▼—**erend**:— *middel*, sedative, tranquillizer. ▼—**pjes** quietly, calmly. ▼—**te** calm(ness), composure.

kalotje skull-cap.

kalven calve; (*v. grond*) cave in. ▼**kalver/achtig** calf-like. ▼—**liefde** calf-love.

kam comb; (*v. vogel*) crest; (*v. berg*) ridge; (*v. rad*) cog; (*v. viool*) bridge; (*het kun je over één* — *scheren*, you can lump them together; *we moeten ze over één* — *scheren*, ...treat them alike.

kameel camel. ▼—**drijver** c.-driver. ▼—**haar**, —**haren** camel's hair.

kameleon chameleon.

kamenier (lady's) maid.

kamer room, chamber; (*vuurwapens*) chamber; (*v. hart*) ventricle; *K— v. Koophandel*, Chamber of Commerce; (*gemeubileerde*) —*s te huur*, (furnished) apartments to let; *op* —*s wonen*, live in lodgings; *de Eerste K—*, the First Chamber, (*Eng.*: the Lords, the Upper House; *Am.*: the Senate); *de Tweede K—*, the Second Chamber, (*Eng.*: the (House of) Commons, the Lower House; *Am.*: the House of Representatives); *de K—* *bijeenroepen* (*ontbinden*), convoke (dissolve) the Chamber.

kameraad comrade; (*fam.*) chum, pal. ▼—**schap** companionship, (good-)fellowship. ▼—**schappelijk** companiable; (*fam.*) chummy; — *omgaan met*, fraternize with.

kamer/arrest open arrest; *hij heeft* —, (*fig.*) he is confined to his r. ▼—**bewoner** lodger. ▼—**concert** chamber-concert. ▼**K—debatten** parliamentary debates. ▼—**deur** door of the room. ▼—**dienaar** valet; (*hof*) chamberlain. ▼**K—fractie** parliamentary party. ▼—**geleerde** closet scholar. ▼—**gymnastiek** indoor gymnastics. ▼—**heer** chamberlain. ▼—**japon**, —**jas** dressing-gown. ▼**K—lid** Member of Parliament. ▼—**meisje** parlour-maid; (*hotel*) chamber-maid. ▼—**muziek** chamber-music. ▼**K—ontbinding** dissolution of Parliament. ▼—**orkest** chamber orchestra. ▼**K—overzicht** parliamentary report. ▼—**plant** house plant. ▼—**pot** chamber(-pot). ▼**K—rede** parliamentary speech. ▼—**scherm** draught screen. ▼—**temperatuur** room-temperature. ▼**K—vergadering** meeting of Parliament. ▼—**verhuurder**, -**ster** lodging-house keeper. ▼**K—verkiezing** parliamentary election. ▼**K—verslag** report of the parliamentary debates. ▼**K—zitting** session of Parliament.

kamfer camphor. ▼—**balletje** c.-ball. ▼—**spiritus** spirits of c.

kamgaren worsted.

kamille camomile. ▼—**thee** c.-tea.

kammen comb.

kamp 1 camp; *'t* — *opslaan*, pitch c.; *'t* — *opbreken*, break (strike) c.; **2** (*strijd*) fight, struggle; *hij gaf geen* —, he stood his ground. ▼—**bewaker** c. guard. ▼—**commandant** c. commandant.

kampeer/auto motor caravan, (*Am.*) motor-home. ▼—**der** camper(-out). ▼—**plaats**, —**terrein** camping-ground, camping-site. ▼—**uitrusting** camping equipment. ▼**kampement** encampment.

kampen fight; *te* — *hebben*, have to contend with, be up against; — *om*, contend for.

kamperen camp out.

kamperfoelie honeysuckle.

kampioen champion. ▼—**schap** championship; *het* — *behalen*, win the c. ▼—**swedstrijd** c. match.

kampong kampong.

kamp/plaats lists, arena. ▼—**rechter** umpire. ▼—**vechter** fighter. ▼—**vuur** camp-fire. ▼—**winkel** camping-shop, commissary.

kamrad cog-wheel.

kan jug, can; *wie het onderste uit de* — *wil hebben, krijgt het lid op de neus*, grasp all, lose all; *in* —*nen en kruiken*, in the bag, fixed up; *je kan niet het onderste uit de* — *verlangen*, you must not be too covetous.

kanaal canal; (*vaargeul*) channel; (*in lichaam*) canal, channel; (*fig.*) channel; *het K*—, the (English) Channel. ▼**K—boot** Cross-Channel boat. ▼—**haven** canal-harbour; (*a. h. Brits Kanaal*) Channel port. ▼**kanalis/atie** canalization. ▼—**eren** canalize.

kanarie canary. ▼—**geel** c.-yellow. ▼—**kooi** c.-cage. ▼—**vogel** c.-bird.

Kanarische Eilanden: *de* —, the Canaries.

kandelaar candlestick. ▼**kandelaber** candelabrum.

kandidaat candidate; (*sollicitant*) applicant; (*acad. graad*) bachelor; — *in de rechten, letteren, medicijnen, godgeleerdheid*, Bachelor of Law (B.L.), of Arts (B.A.), of Medecine (B.M.), of Divinity (B.D.); *iem.* — *stellen*, nominate a p.; *zich* — *stellen*, stand (for); — *zijn voor, ook*: run for (the Presidency, etc.). ▼—**lid** c. for membership. ▼—**notaris** notary's managing clerk. ▼—**sexamen** B.A. examination. ▼—**stelling** nomination. ▼**kandidatuur** candidature, nomination.

kandij candy. ▼—**suiker** sugar-candy.

kaneel cinnamon. ▼—**stokje** stick of c.

kangoeroe kangaroo. ▼—**schip** k.ship, LASH (*of lash* = lighter aboard ship).

kanis fish-basket, creel; (*kop*) pate; *hou je* —*!*, shut your trap!

kanjer whopper.

kanker cancer; (*v. planten*) canker.

kankeraar grouser.

kanker/achtig cancerous. ▼—**bestrijding** c.-control. ▼—**en** cancer; (*fig.*) canker; (*mopperen*) grouse, (*sl.*) chew the rag (fat). ▼—**gezwel** cancerous tumour, cancerous growth. ▼—**lijder** c.-patient. ▼—**onderzoek** c.-research.

kanni/baal cannibal. ▼—**balisme** cannibalism.

kano canoe; — *varen*, canoe.

kanon gun, cannon. ▼—**gebulder** roar of guns. ▼—**gieterij** g.-foundry. ▼—**neerboot** gunboat. ▼—**nevlees** cannon-fodder. ▼—**nier** gunner. ▼—**schot** g.-shot. ▼—**skogel** cannon-ball. ▼—**vuur** g.-fire.

kanovaarder canoeist.

kans chance; *er is niet veel* — *op*, there's not much c. of it; *de* —*en staan gelijk*, the chances are equal; *je hebt grote* — *dat hij komt*, there is a great c. he will come; he is very likely to come; *geen schijn van* — *hebben*, have (stand) not the ghost of a c.: *de* — *kan keren*, luck may turn; *de* — *doen keren*, turn the tide; *die* — *komt nooit weer*, it's the c. of a life-time; *die* — *lopen om te*, run the risk of; *de* — *schoon zien*,

see one's c.; *de* — *waarnemen*, seize the opportunity; *een* — *wagen*, take a c.; (*wedden*) have a flutter; *ik zie er geen* — *toe*, I don't see my way to it, it is beyond my power; — *zien te ontsnappen*, manage to escape.
kansel pulpit. ▼——**arij** chancery, chancellery. ▼——**arijstijl** official style. ▼——**ier** chancellor. ▼——**rede** sermon. ▼——**redenaar** p. orator. ▼——**stijl** p. style.
kans/hebber favourite. ▼——**rekening** theory of chances. ▼——**spel** game of chance.
kant I *zn* side; (*v. water*) edge; (*v. bladzijde*) margin; (*rand*) border; (*v. kwestie*) side, aspect; (*stof*) lace; *de goede* — *boven*, right side up; *de zaak heeft nog een andere* —, there's another side to the matter; *het gesprek ging een andere* — *op*, the conversation took a new turn; *dat raakt* — *noch wal*, that's absurd; *welke* — *ga je uit?*, which way are you going?; *die* — *moet het uit*, that's the course we ought to take; *de andere* — *uitkijken*, look the other way; *aan deze* — *van*, on this side of; *aan de* — *v.d. weg*, at the s. of the road; *aan de luie* —, on the lazy s.; *aan de éne* —..., *aan de andere* —..., on the one hand..., on the other...; *de jas (tapijt) kan aan beide* —*en gedragen (gebruikt) worden*, the coat (carpet) is reversible; *een kamer aan* — *maken*, tidy up (do) a room; *de zaken aan* — *doen*, retire from business; *fatsoen aan* — *zetten*, cast aside decency; *iem. aan de* — *zetten (de bons geven)*, throw a p. over; *naar de* — *zwemmen*, swim ashore; *naar alle* —*en*, (look) on every side, (run) in all directions; *op zijn* — *zetten*, cant, up-end; *'t is een dubbeltje op zijn* —, it's a toss-up; *laat het maar over je* — *gaan*, let it pass; *van alle* —*en*, on all sides, from every quarter; *de zaak van alle* —*en bezien*, consider the matter from all angles; *het mes snijdt-bij hem aan twee* —*en*, he has a double income; *men kan de zaak van twee* —*en bekijken*, there are two sides to the question; *iets van de vrolijke* — *bekijken*, look on the bright s.; *van mijn* —, I, on my s.; *van moeders* —, on the mother's s.; *van de* — *van*, on the part of; *zich (iem.)* — *maken*, make away with o.s. (a p.). **II** *bn*: — *en klaar*, (I'm) quite ready; ready-made (from the factory).
kanteel battlement.
kantel/en I *ov.w* cant, overturn; *niet* —*!*, this side up! **II** *on.w* topple over; (*v. schip*) capsize. ▼——**vleugel** tilt(ed) wing.
kanten I *bn* lace. **II** *ww*: *zich* — *tegen*, oppose, set one's face against.
kanthalf wing-half.
kantig angular, sharp-edged.
kantine canteen. ▼——**beheerder** c.-manager.
kant/je (*v. brief*) page, side; *'t was op 't* — *af*, it was a near thing; *er de* —*s aflopen*, idle; take it easy; *op 't* — *van onvoldoende*, barely sufficient; *op 't* — *af ontsnappen*, escape by the skin of one's teeth. ▼——**lijn** marginal line; *een* — *trekken*, rule a margin.
kanton canton. ▼——**naal** cantonal.
▼——**gerecht** district-court. ▼——**nement** cantonment. ▼——**rechter** district judge.
kantoor office; *dan ben je aan 't juiste (verkeerde)* —, you have come to the right (wrong) shop; *op een* — *zijn*, be in an o. ▼——**behoeften** stationery. ▼——**boekhandel** stationer's (shop). ▼——**boekhandelaar** stationer. ▼——**kruk** o.-stool. ▼——**leven** o.-life. ▼——**lokaal** office. ▼——**loper** collecting clerk. ▼——**meisje** o.-girl. ▼——**mensen** o. workers. ▼——**opleiding** business training. ▼——**personeel** o.-staff. ▼——**stoel** desk-chair. ▼——**tijd**, —**uren** o.-hours. ▼——**werkzaamheden** o.-work.
kanttekening marginal note.
kant/werk lace(-work). ▼——**wever** lace-weaver.
kanunnik canon.
kap cap; (*v. auto*) hood; (*v. huis*) roof; (*v. non*) wimple; (*v. monnik*) cowl; (*v. lamp*) shade; *onder de* — (*v. huis*), covered in; *Friese* —, gold casque. ▼——**doos** dressing-case.

kapel 1 chapel; **2** (*insekt*) butterfly; **3** (*muziek*—) band.
kapelaan curate, chaplain.
kapelmeester bandmaster.
kap/en capture (ship); (*stelen*) pinch; *een vliegtuig* —, hijack a plane. ▼——**er** privateer, raider, hijacker; *er zijn* —*s op de kust*, the coast is not clear; there are rivals in the field.
▼——**erschip** privateer, raider.
kapitaal I *zn* capital. **II** *bn* capital; *kapitale letter*, c. (letter). ▼——**aanwas** c. accretion.
▼——**aflossing** c. repayment. ▼——**afschrijving** c. reduction. ▼——**belasting** tax on c.
▼——**belegging** investment (of c.). ▼——**bezit** c. holding. ▼——**beziter** c. owner. ▼——**goederen** c. goods. ▼——**heffing** c. levy. ▼——**krachtig** substantial. ▼——**krachtigheid** financial strength (capacity). ▼——**markt** c. market.
▼——**uitgave** c. expenditure. ▼——**uitgifte** c. issue. ▼——**verkeer** movement of c. ▼——**verlies** loss of c. ▼——**vlucht** flight of c. ▼——**vorming** creation of c. ▼——**waarde** c. value. ▼——**winst** c. profit.
kapital/iseren capitalize. ▼——**isering** capitalization. ▼——**isme** capitalism. ▼——**ist** capitalist. ▼——**istisch** *bn* capitalist(ic).
kapiteel capital.
kapitein captain. ▼——**intendant** Army Service Corps c. ▼——**kwartiermeester** paymaster. ▼——**srang** rank of c., captaincy.
kapittel chapter; *stem in 't* — *hebben*, have a voice in the c. ▼——**en** lecture. ▼——**kerk** minster.
kap/je (little) cap; (*v. brood*) heel. ▼——**laars** top-boot. ▼——**mantel** dressing-jacket.
kapmes chopping-knife.
kapoen(tje) capon.
kapok kapok. ▼——**boom** k.-tree. ▼——**ken** kapok. ▼——**olie** k. oil.
kapot broken; (*v. auto of machine*) out of order; gone to pieces; (*v. schoenen*) worn out; (*v. zenuwen*) frayed, on edge; (*v. kous*) in holes; — *van moeheid*, knocked up with fatigue; *ik ben er* — *van*, I am cut up by it; *zijn kleren waren helemaal* —, his clothes were in tatters; —*gaan*, break down, go wrong; (*fam.*) conk out; (*v. kleren*) wear out, go to pieces; (*doodgaan*) pop off. ▼——**gooien** smash.
▼——**maken** break, spoil. ▼——**slaan** smash (up).
▼——**snijden** cut to pieces. ▼——**vallen** fall into pieces, be smashed. ▼——**werken**: *zich* —, work o.s. to death.
kapp/en fell, cut down (trees); chop (wood); cut (cable); dress (hair). ▼——**kapper 1** feller; **2** hairdresser. ▼——**ssalon** hairdresser's saloon.
▼——**swinkel** hairdresser's (shop).
kapseizen capsize, turn turtle.
kapsel hair-dress.
kapspiegel toilet-glass.
kapstok hat-rack; (*haak*) peg.
kaptafel dressing-table.
kapucijn/(er) (*erwt*) marrowfat (pea). ▼——**er monnik** grey friar. ▼——**enorde** Franciscan order.
kapverbod timber-felling prohibition.
kar cart; (*hand*—) barrow; (*auto*) car.
karaat carat; *18* — *s goud*, 18 c. gold.
karabijn carabine. ▼**karabinier** carabineer.
karaf water-bottle; (*voor drank*) decanter.
karakter character. ▼——**aanleg** disposition.
▼——**eigenschap** quality of c., idiosyncrasy.
▼——**fout** defect of c. ▼——**iseren** characterize.
▼——**istiek I** *bn* characteristic. **II** *zn* description.
▼——**komiek** c.-actor. ▼——**loos(heid)** characterless(ness). ▼——**ontleding** analysis of c. ▼——**ontwikkeling** c.-development.
▼——**schildering**, —**tekening** delineation of c. ▼——**studie** c.-study. ▼——**vastheid** firmness of c. ▼——**vormend** c.-forming. ▼——**vorming** c.-building.
karamel caramel; *zachte* —, fudge.
karate karate.
karavaan caravan.
karbonade chop, cutlet.
karbonkel carbuncle (*ook puist*).
karbouw buffalo.
kardinaal *zn & bn* cardinal; *'t kardinale punt*,

cardinal (vital) point. ▼—**schap** cardinalship.
▼—**shoed** c.'s hat. ▼—**vogel** c.-bird.
kardoes 1 (hond) poodle; **2** (patroon)
cartridge. ▼—**papier** c.-paper.
Karel Charles; — de Kale, de Stoute, C. the
Bald, the Bold; — de Grote, Charlemagne.
karig parsimonious (man); scanty, frugal
(meal); meagre, scant (praise); — met
woorden, sparing of (one's) words. ▼—**heid**
parsimony, scantiness, frugality.
karikat/uriseren caricature. ▼—**uur**
caricature. ▼—**uurtekenaar** caricaturist.
karkas carcass, skeleton.
karkiet reed-warbler.
karmijn carmine. ▼—**rood** crimson.
karn churn. ▼—**emelk** buttermilk. ▼—**en**
churn. ▼—**ton** churn.
karos state-carriage.
karper carp. ▼—**vijver** carp-pond.
karpet carpet.
karren cart; (fietsen) pedal. ▼**karre/paard**
cart-horse. ▼—**spoor** cart-rut. ▼—**tje** cart;
zich voor iem.'s — laten spannen, allow o.s. to
be made a stooge of by a p. ▼—**vracht**
cart-load. ▼—**weg** cart-track.
kártel notch. ▼—**en** notch; (munten) mill.
▼—**ig** notched. ▼—**schaar** pinking
shears/scissors.
kartél cartel.
karter/en map (out). ▼—**ing** mapping out.
kartets grape-shot.
karton cardboard; (doos) cardboard box,
carton. ▼—**fabriek** cardboard factory.
▼—**nage** boarding. ▼**nagefabriek** carton
factory. ▼—**nen** bn cardboard. ▼—**neren**
board. ▼—**nering** boarding. ▼—**verpakking**
cartons, carton packing.
karvol cart-load.
karwats riding-crop, cat(-o'-nine-tails).
karwei job; het was een heel —, it was quite a
job, it was a tough job; op het —, on the job;
allerlei —tjes opknappen, do odd jobs.
karwij caraway. ▼—**zaad** caraway seed.
kas case; (v. oog, tand) socket; (voor planten)
greenhouse; (broeikas) hothouse; (v. horloge)
case; (geld) cash, funds; (kassa) pay-desk; 's
lands —, the exchequer; de
gemeenschappèlijke —, the common fund; de
openbare —, the public funds; goed bij — zijn,
be in cash; ik ben niet (of: slecht) bij —, I am
out of (short of) cash; geld in —, cash in hand;
de — houden, keep the cash; aan de —
betalen, pay at the desk. ▼**kas/beambte**
cashier. ▼—**bedrag** cash balance. ▼—**beheer**
c. management. ▼—**beheerder** c.-keeper; (bij
bank) cashier. ▼—**boek** cash-book.
▼—**commissie** audit committee.
▼—**controle** c. checking, c. audit.
▼—**druiven** hothouse grapes. ▼—**geld**
till-money. ▼—**groenten** hothouse
vegetables. ▼—**houder** cashier. ▼—**loper**
bank messenger, collecting-clerk.
▼—**middelen** cash-in-hand. ▼—**overschot**
c. surplus. ▼—**overzicht** c. statement,
statement of accounts. ▼—**plant** hothouse
plant. ▼—**post** cash entry. ▼—**register**
cash-register. ▼—**rekening** c. account.
▼—**rozen** hothouse roses.
kassa cash; (v. zaak) pay-desk; (v. supermarkt)
check-out (point); (v. theater) box-office.
▼**kassaldo** cash balance. ▼**kassier** cashier.
▼—**sfirma** banking firm. ▼**kasstuk** box office
draw.
kast (alg.) cupboard; (kleren—) wardrobe;
(boeken—) bookcase; (v. piano, enz.) case;
(radio—, porselein—) cabinet; (kamer) digs;
oude —, (rijtuig) rattle-trap; iem. in de kast
stoppen, put a p. in quod.
kastanje chestnut; tamme —, sweet c.; wilde
—, horse-c.; de —s uit het vuur halen, pull the
c.s out of the fire. ▼—**bloesems** c.-bloom.
kaste caste.
kasteel castle; (schaakspel meest) rook.
kastegeest caste-feeling.
kastekort deficit.
kastelein innkeeper, landlord.

kastenmaker cabinet-maker.
kastenstelsel caste-system.
kastijd/en chastise, mortify (the flesh).
▼—**ing** chastisement, mortification.
kastje: van 't — naar de muur zenden, send
from pillar to post.
kastoor beaver. ▼**kastoren** beaver.
kastrand laced paper edging.
kasvoorraad cash-in-hand.
kasvruchten hothouse fruit.
kaszaken cash transactions.
kat 1 cat; **2** (zweep) cat(-o'-nine-tails).
3 (standje) reprimand; iem. een — geven, give
a p. a good ticking-off; zo nat als een —, wet
through, soaked; de — de bel aanbinden, bell
the c.; de — op het spek binden, set the fox to
watch the geese; als een — in 't nauw, like a
cornered animal; als de — in 't nauw zit doet ze
rare sprongen, desperate needs lead to
desperate deeds; als — en hond leven, live like
c. and dog; 't was een spelletje van — en muis,
it was a cat-and-mouse game; als de — weg
is, dansen de muizen, when the cat's away, the
mice will play; of je van de hond of van de —
gebeten wordt, is 't zelfde, it is six of one and
half a dozen of the other; als een — in een
vreemd pakhuis, (feel) like a fish out of water;
een — in de zak kopen, buy a pig in a poke; hij
knijpt de — in 't donker, he is a sneak; de — uit
de boom kijken, wait to see which way the cat
jumps; zij is een echte —, she is a real cat.
▼—**achtig** cat-like.
katapult catapult; sit on the fence; met een —
schieten, c.
kater tom-cat; (fig.) hang-over.
katern(tje) quire; section.
katheder chair.
kathedraal cathedral.
kathode cathode.
kathol/icisme (Roman) Catholicism. ▼—**iek**
bn en zn (Roman) Catholic.
katje kitten; zij is geen — om zonder
handschoenen aan te pakken, she is hot stuff.
▼—**sspel**: dat loopt op — uit, that will end in
mischief.
katoen cotton; iem. van — geven, give a p. hell
(beans); hem van — geven, let o.s. go.
▼—**baal** bale of c. ▼—**boom** c.-tree.
▼—**bouw** c. cultivation. ▼—**doek** c. cloth.
▼—**drukker** calico-printer. ▼—**drukkerij**
c.-printing mill. ▼—**en** cotton; — stoffen,
cottons. ▼—**fabriek** c.-mill. ▼—**fabrikant**
c.-manufacturer. ▼—**industrie** c. industry.
▼—**plant** c. plant. ▼—**plantage** c. plantation.
▼—**planter** c.-planter. ▼—**wever** c.-weaver.
▼—**weverij** c.-weaving mill.
katoog cat's eye (ook: lichtreflector op midden
van weg).
katrol pulley. ▼—**blok** p.-block. ▼—**schijf**
(p.-)sheave. ▼—**touw** p.-rope.
katte/bak cat's box; (v. auto) dickey.
▼—**belletje** scrawl. ▼—**darm** catgut.
▼**K—gat** Cattegat. ▼—**gekrol** caterwauling.
▼—**gemauw** mewing. ▼—**gespin** zie gewin.
▼—**kop** cat's head; (fig.) cat. ▼—**kwaad**
mischief. ▼—**muziek** caterwauling; (fig.)
Dutch concert. ▼**kattengeslacht** feline race.
▼**katte/pies**, —**pis**: dat is geen —, that is not
at all bad, that is not to be sneezed at.
katterig chippy. ▼—**heid** hang-over.
kattig catty. ▼—**heid** cattiness.
kat/uil barn owl. ▼—**vis** small fry.
kat/zwijm: in — liggen (vallen), be (fall)
in(to) a fainting fit, throw a faint.
Kaukasisch Caucasian.
kauw jackdaw.
kauw/en chew; zijn woorden —, mouth one's
words. ▼—**gom** chewing-gum. ▼—**spier**
masticatory muscle.
kavel parcel, lot. ▼—**en** lot (out), parcel out.
▼—**ing** (handeling) lotting; (stuk land) lot,
parcel.
kaviaar caviar.
kazemat casemate.
kazen curdle.
kazern/e barracks; een —, a barrack(s).

▼—**eleven** barrack-life. ▼—**eplein** barrack-square. ▼—**eren** barrack. ▼—**ewoning** tenement-house; (*fam.*) barrack.

kazuifel chasuble.

keel throat; (*—gat*) gullet; *iem. de — afsnijden*, cut a p.'s t.; *iem. de — dicht-, toeknijpen*, throttle a p.; *een — opzetten*, shout, make an outcry (about); *iem. de — smeren*, wet one's whistle; *het hangt me de — uit*, I'm sick and tired of it; *hij kon zijn eten niet door de — krijgen*, his gorge rose at the food; *'t woord bleef hem in de — steken*, the word stuck in his t.; *iem. naar de — vliegen*, fly at a p.'s t. ▼—**aandoening** affection of the t. ▼—**arts** throat specialist. ▼—**gat** gullet. ▼—**geluid** guttural sound. ▼—**holte** pharynx. ▼—**kanker** cancer of the t. ▼—**klank** guttural (sound). ▼—**-, neus-, oorarts** ear, nose and throat specialist. ▼—**ontsteking** inflammation of the t. ▼—**operatie** t. operation. ▼—**pastille** t.-lozenge. ▼—**pijn** sore t. ▼—**spiegel** laryngoscope. ▼—**stem** guttural voice.

keep notch, nick.

keer (*wending*) turn, change; (*maal*) time; *er zal wel eens 'n — komen*, things will take a turn; *hij slaagde de eerste de beste —*, he succeeded the very first time; *een enkele —*, once in a while; *een doodenkele —*, once in a blue moon; *één enkele —*, only once; *één —*, once; *in één —*, at one go; *op 'n —*, one day; *op —*, time and time again; *£ 1 per —*, £ 1 a time; *te—gaan*, take on, storm, rage (about); *ontzettend te—gaan*, raise Cain; *voor 'n —*, for once, once in a way; *voor deze —*, for this once.

keer/dam weir. ▼—**kring** tropic. ▼—**punt** turning-point. ▼—**zijde** reverse; (*v. stoffen*) wrong side; *alles heeft zijn —*, there is a reverse to every medal.

keeshond Pomeranian.

keet shed, shanty; (*herrie*) row, racket; (*rommel*) mess; *— hebben*, have a lark; *— schoppen*, kick up a row; *— schoppen bij een leraar*, rag (ballyrag) a master.

keff/en yap, yelp. ▼—**er** yapper.

keg/(ge) wedge. ▼—**gen** wedge.

kegel cone; (*voor spel*) skittle, ninepin. ▼—**aar** skittle-player. ▼—**baan** skittle-bowling-alley. ▼—**club** skittle-club. ▼—**en** play at skittles. ▼—**mantel** cone. ▼—**snede** conic section. ▼—**spel** (game of) skittles. ▼—**wedstrijd** skittle-match.

kei boulder; (*v. straat*) cobble(-stone); (*fig.*) crack; *iem. op de — en zetten*, sack a p. ▼—**hard** stone-hard; tough (guy).

keilen fling.

keiweg cobble(d) road.

keizer emperor; *waar niets is verliest de — zijn recht*, you cannot get blood out of a stone. ▼—**in** empress. ▼—**lijk** imperial. ▼—**rijk** empire. ▼—**schap** emperorship. ▼—**skroon** imperial crown; (*plant*) fritillary. ▼—**snede** caesarian section. ▼—**tijd** imperial time.

kelder cellar; (*v. bank*) vault; *naar de — gaan*, (*op zee*) go to the bottom; (*fig.*) go to pot. ▼—**bewoner** c.-dweller. ▼—**en** (*v. prijs, enz.*) slump. ▼—**gat** vent-hole. ▼—**gewelf** c.-vault. ▼—**ing** slump. ▼—**luik** c.-flap. ▼—**ruimte** c.-age.

kelen cut the throat of.

kelk cup, chalice; (*v. bloem*) calyx. ▼—**blad** sepal. ▼—**vormig** cup-shaped.

kelner waiter. ▼—**in** waitress.

Kelt Celt. ▼—**isch** Celtic.

kemel camel. ▼—**haren** *bn* camel's hair.

Kempen: *de —*, the Campine.

kemphaan fighting-cock.

Kenau: *een —*, a virago.

kenbaar recognizable; *— maken*, make known, express, state, declare, indicate. ▼—**heid** recognizability.

kenmerk characteristic, distinguishing mark, feature; *iets van een — voorzien*, marks s.th. ▼—**en** characterize, mark. ▼—**end**

characteristic (of).

kennel kennel.

kennelijk I *bn* recognizable; (*blijkbaar*) obvious, apparent. **II** *bw* clearly, obviously.

kennen know, be acquainted with; *ik ken hem absoluut niet*, I don't know him from Adam; *iem. leren —*, become acquainted with a p.; *iem. — moet hem —*, he takes some knowing; *hij deed zich — als ...*, he proved himself to be ...; *laat je niet —*, don't let yourself down; *zich van zijn beste kant laten —*, show o.s. at one's best; *te — geven*, intimate, hint; declare, state (an opinion); *de wens te — geven*, express a wish; *iem. — aan*, know a p. by; *iem. — als*, know a p. for; *hij heeft er mij niet in gekend*, he has not consulted me about it; *iem. van gezicht —*, know a p. by sight.

kenner connoisseur, judge. ▼—**sblik** eye of a c.

kennis knowledge, acquaintance; *'n — van mij*, an a. of mine; *— is macht*, k. is power; *— aanknopen met iem.*, strike up an a. with a p.; *— dragen van*, have k. of, be aware of; *iem. — geven van iets*, announce s.th. to a p.; notify a p. of s.th.; *zonder — te geven*, without notice; *— krijgen van iets*, become acquainted with s.th.; receive notice of s.th.; *— maken met iem.*, make a p.'s acquaintance; *— nemen van*, note; *bij — zijn*, be conscious; *weer bij — komen*, recover one's senses; *buiten — zijn*, be unconscious; *buiten — raken*, lose consciousness; *ik zal je met haar in — brengen*, I'll introduce you to her; *met iem. in — komen*, make a p.'s acquaintance; *iem. van iets in — stellen*, acquaint a p. with s.th., inform a p. of s.th.; *met — van zaken*, with k., from k.; *ter — brengen van*, bring to the notice of; *ter — komen van*, come to the k. of. ▼**kennis/geving** notice, announcement; *voor — aannemen*, note; (*fig.*) ignore; *voor — aangenomen*, duly noted. ▼—**making** acquaintance; *— aanknopen*, strike up an acquaintance; *ter —*, for your inspection. ▼—**neming** inspection, perusal. ▼—**senkring** circle of acquaintances.

kenschetsen characterize. ▼—**d** characteristic (of).

kenteken distinctive, badge; (*v. auto*) licence number. ▼—**bewijs** licence-card. ▼—**en** characterize. ▼—**end** characteristic (of).

kenter/en turn. ▼—**ing** turn.

kepen notch, nick.

keper twill; *iets op de — beschouwen*, examine s.th. closely; *op de — beschouwd*, on close examination; after all.

kepie (military) cap.

keramiek ceramics, ceramic art.

kerel fellow, chap. ▼—**tje** little man.

keren I *ov.w* (*draaien*) turn; (*tegenhouden*) stem, check; *iets onderstebove —*, t. a thing upside down; *zich naar rechts —*, t. to the right; *zich — tegen*, t. against; *zich ten goede —*, take a t. for the better. **II** *on.w* turn; *beter ten halve gekeerd dan ten hele gedwaald*, the shortest errors are the best; *per —de post*, by return (of post).

kerf notch, nick. ▼—**stok**: *hij heeft heel wat op zijn —*, he has a bad record.

kerk church, chapel; (*—dienst*) service; *scheiding van — en staat*, disestablishment; *de — gaat aan (uit)*, church begins (is over); *na de —*, after church; *de — in 't midden laten*, be reasonable. ▼—**ambt** c.-office. ▼—**appel** c.-parade. ▼—**bank** pew. ▼—**beeld** c.-image. ▼—**bestuur** c. council. ▼—**bezoek** c.-attendance. ▼—**bezoeker** c.-goer. ▼—**bode** parish-magazine. ▼—**boek** prayer-book. ▼—**deur** c.-door. ▼—**dienst** divine service. ▼**kerke/dienaar** verger, sexton. ▼—**kamer** vestry. ▼—**lijk** ecclesiastical; church (marriage, affairs); clerical (parties). ▼**kerken** go to church.

kerker jail, gaol.

kerke/raad church council. ▼—**zakje** collecting-bag; *met 't — rondgaan*, take up the collection. ▼**kerk/gang** c.-going. ▼—**ganger**

c.-goer, chapel-goer. ▼—**genootschap** denomination. ▼—**geschiedenis** c. history, ecclesiastical history. ▼—**gezang** hymn; (*zingen*) c.-singing. ▼—**hervorming** church-reform. ▼—**hof** churchyard; *de dader ligt op 't* —, the cat has done it. ▼—**klok** c.-bell. ▼—**koor** c.-choir. ▼—**leer** c.-doctrine. ▼—**lid** c.-member. ▼—**lied** (c.-) hymn. ▼—**muziek** c.-music. ▼—**orgel** c.-organ. ▼—**pad** c.-path. ▼—**portaal** c.-porch. ▼—**raam** c.-window. ▼—**recht** ecclesiastical law. ▼—**roof** c.-robbery. ▼—**s(gezind)** churchy. ▼—**tijd** c.-hours. ▼—**toren** c.-tower, steeple. ▼—**vader** c.-father. ▼—**vergadering** c.-meeting, synod. ▼—**voogd** (*rk*) prelate; (*prot.*) churchwarden. ▼—**vorst** prelate. ▼—**zakje** collection-bag.
kermen moan, groan.
kermis (fun)fair; — *in de hel*, sunny shower; *het is niet alle dagen* —, Christmas comes but once a year; — *houden*, be fairing; *met de* —, at f. time; *van een koude* — *thuiskomen*, come away with a flea in one's ear. ▼—**bed** shakedown. ▼—**ganger** f.-goer. ▼—**gast, klant** showman. ▼—**pret** fun at the f. ▼—**spul** showbooth. ▼—**tent** (f-)booth. ▼—**terrein** f.-ground. ▼—**volk** show-people. ▼—**wagen** caravan.
kern (*v. noot en fig.*) kernel; (*v. pruim, kers*) stone; (*v. atoom*) nucleus; (*fig.*) *de* — *van de zaak*, the heart (crux, gist) of the matter; *tot de* — *v. d. zaak doordringen*, go down to the root of the matter; *een* — *van waarheid*, a nucleus of truth. ▼—**aandrijving** nuclear propulsion. ▼—**achtig** pithy. ▼—**achtigheid** pithiness. ▼—**bewapening** nuclear armament. ▼—**centrale** nuclear power station. ▼—**energie** nuclear power, atomic energy. ▼—**fusie** nuclear fusion. ▼—**fysica** nuclear physics. ▼—**gezond** perfectly healthy. ▼—**kop** nuclear warhead; *projectiel met* —(*lading*), (*ook*) nuclear tipped missile. ▼—**macht, mogendheid** nuclear Power. ▼—**onderzeeboot** nuclear (powered) submarine. ▼—**onderzoek** nuclear research. ▼—**proef** atomic test, nuclear test. ▼—**punt** essential point. ▼—**reactor** atomic/nuclear reactor, atomic pile. ▼—**splitsing** nuclear fission. ▼—**spreuk** aphorism. ▼—**(proef)stop** nuclear test ban. ▼—**strijdmacht** nuclear (striking) force. ▼—**vak** key subject. ▼—**vraag** key problem. ▼—**wapen** nuclear weapon.
kerrie curry. ▼—**schotel** curried dish.
kers cherry; *met grote heren is het slecht* —*en eten*, he that sups with the devil, must have a long spoon. ▼**kerse/bloesem** c.-blossom. ▼—**bonbon** c.-chocolate. ▼—**boom**, c.-tree. ▼—**boomgaard** c.-orchard. ▼—**pit** cherry-stone; (*hoofd*) pate, noddle.
kerst/- Christmas-. ▼—**avond** (*24 dec.*) C. Eve; (25 *dec.*) C. evening. ▼—**boodschap** C. message. ▼—**boom** C.-tree. ▼—**dag** (*eerste*) C.-day; (*tweede*) Boxing-day. ▼—**drukte** C.-rush.
kersten/en christianize. ▼—**ing** christianization.
kerst/feest C. (feast). ▼—**geschenk** C. present. ▼—**groet** C. greeting(s). ▼—**kindje** Christ-child. ▼—**klokken** C. bells. ▼—**lied** C. carol. ▼—**maal** C. dinner. ▼—**man** Father Christmas. ▼**K**—**mis** Christmas, X-mas. ▼—**nacht** C. night. ▼—**tijd** Christmas (time). ▼—**vakantie** C. holidays. ▼—**versiering** C. decoration.
kersvers quite fresh.
kervel chervil; *dolle*—, hemlock.
kerv/en carve, notch. ▼—**er** carver.
ketel kettle; (*was*—, *brouw*—) cauldron, boiler. ▼—**dal** basin, bowl. ▼—**huis** boiler-house. ▼—**lapper** tinker. ▼—**muziek** kettle-drum music. ▼—**ruim** boiler-room. ▼—**steen** fur.
keten: (*lange*); *in* —*en slaan*, put into chains. ▼—**en** ww chain.
ketsen I *on.w* misfire; (*bilj.*) miscue. **II** *ov.w*

(*voorstel*) defeat, turn down; (*pers.*) blackball.
ketter heretic. ▼—**en** rage, storm. ▼—**ij** heresy. ▼—**jacht** witch-hunt, heresy-hunt. ▼—**s** heretical. ▼—**vervolging** persecution of heretics.
ketting chain: *aan de* — *leggen*, chain up; *de* — *op de deur doen*, chain the door. ▼—**botsing** c. collision, pile-up. ▼—**brief** c.-letter. ▼—**brug** suspension-bridge. ▼—**kast** gear-case. ▼—**reactie** chain reaction. ▼—**roker** c.-smoker. ▼—**wiel** c.-wheel.
keu 1 (*bilj.*) cue; **2** (*zwijn*) hog.
keuken kitchen; *Franse* —, French cuisine; *burger*—, plain cooking. ▼—**doek** k.-cloth. ▼—**folie** k. foil, cooking foil. ▼—**fornuis** k.-range. ▼—**gerei** k.-utensils. ▼—**kast** k.-cupboard. ▼—**meidenpootje** scrawl. ▼—**meidenroman** penny dreadful. ▼—**mes** k.-knife. ▼—**tje** kitchenette. ▼—**personeel** k.-staff. ▼—**stoel** k.-chair. ▼—**wagen** (*mil.*) k.-waggon. ▼—**wekker** k. timer. ▼—**zout** k.-salt.
Keulen Cologne; — *en Aken zijn niet op één dag gebouwd*, Rome was not built in a day.
keur (*keus*) choice; ('*t beste*) pick, flower (of the nation); (*v. goud*) hall-mark. ▼—**bende** picked men. ▼—**collectie** choice collection.
keuren examine, test, inspect; (*metalen*) assay; (*medisch*) examine; (*voedsel, drank*) sample; *iets geen blik waardig* —, not deign to look at s.th.
keurig charming, dainty, trim; — *e stand*, select neighbourhood; *het staat hem* —, it suits him very well; *hij zag er* — *netjes uit*, he looked very spruce (trim); *de keuken zag er* — *netjes uit*, the kitchen looked spick and span; *zij was* — *gekleed*, she was daintily (smartly) dressed.
keuring (medical) examination; (*v. voedsel*) inspection; (*v. metaal*) assay; (*v. film*) censorship; test. ▼—**scommissie** board of censors; (*med.*) medical board. ▼—**sdienst** food-inspection department. ▼—**sraad** medical board. ▼—**swet** Food and Drugs Act.
keur/korps crack regiment. ▼—**meester** inspector (of food); assayer (of gold).
keurs(lijf) bodice; (*fig.*) shackles.
keur/stempel, -teken hall-mark. ▼—**vorst** elector. ▼—**troepen** picked troops. ▼—**vorst** elector.
keus choice, selection; *een ruime* —, a large assortment, a wide choice; (*recht tot kiezen*) choice, option; *er blijft mij geen andere* — *over*, there is no alternative left to me; I have no option; *een* — *doen*, make a c.; *iem. de* — *laten*, leave a p. the c.; *de* —' *vestigen op*, fix upon; *naar* —, at c.; *vakken naar keuze*, optional subjects; *ter keuze van*, at the option of; *uit vrije* —, of one's own free will; *iem. voor de* — *stellen*, put a p. to the c.
keutel turd; (*v. dieren*) droppings. ▼—**aar** piddler. ▼—**(acht)ig** piddling, punctilious.
keuterboer crofter.
keuvel/aar talker; (*vrouw*) gossip. ▼—**arij** chit-chat. ▼—**en** chat, collogue.
keuze *zie* keus. ▼—**commissie** selection committee. ▼—**vak** optional subject.
kever beetle.
kibbel/aar bickerer, squabbler. ▼—**achtig** quarrelsome. ▼—**arij** bickering(s), wrangling, squabble. ▼—**en** squabble, bicker, (*fam.*) argy-bargy. ▼—**partij** squabble.
kidnap/pen kidnap. ▼—**er** kidnapper. ▼—**ing** kidnapping.
kiek(je) snap(shot).
kieken *ww* snap.
kiekendief kite.
kiektoestel camera.
kiel blouse; (*v. schip*) keel. ▼—**en** keel. ▼—**halen** keelhaul. ▼—**zog** wake; *in iem.'s* — *varen*, follow in a p.'s wake.
kiem germ; *in de* — *smoren*, nip in the bud. ▼—**cel** germ-cell. ▼—**en** germinate. ▼—**kracht** germinal force. ▼—**krachtig** germinative. ▼—**vrij** g.-free, sterile; — *maken*, sterilize. ▼—**wit** albumen.

kien keen, sharp, bright, quick-witted; — *op*, keen on, eager for.

kienen play at lotto. ▼**kienspel** lotto.

kier chink; *op een* —, ajar.

kies I *zn* molar, back-tooth; *een — laten trekken*, have a tooth (pulled) out. II *bn* delicate (question); considerate (man).

kies/baar eligible. ▼**—bevoegd** entitled to vote. ▼**—bevoegdheid** right to vote. ▼**—college** electoral college. ▼**—deler** quota. ▼**—district** constituency. ▼**—gerechtigd** entitled to vote.

kiesheid delicacy, considerateness.

kieskauw(er) reluctant eater. ▼**—en** toy with one's food.

kieskeurig dainty, fastidious, over-particular. ▼**—heid** daintiness.

kieskring polling-district.

kiespijn toothache; *ik kan hem missen als* —, I prefer his room to his company; *hij lachte als een boer die — heeft*, he laughed on the wrong side of his mouth.

kies/plicht compulsory voting. ▼**—recht** suffrage, franchise, vote; *algemeen* —, universal s.; *'t — krijgen*, be enfranchised, get the vote. ▼**—rechthervorming** electoral reform. ▼**—stelsel** electoral system. ▼**—toon** dialling tone. ▼**—vereniging** political club, electoral association. ▼**—wet** e. law.

kietel/en tickle. ▼**—ig** ticklish.

kieuw gill.

kievit pe(e)wit, lapwing; *lopen als een* —, run like a deer. ▼**—sei** plover's egg.

kiezel gravel. ▼**—pad** g. walk. ▼**—steen** pebble. ▼**—zuur** silicic acid.

kiez/en choose, select, single out; *je moet — of delen*, you must decide, it is one thing or the other; *je hebt ze maar voor het* —, you can have your choice. ▼**—er** constituent, voter, elector. ▼**—erskorps** electorate. ▼**—erslijst** register.

kijf: *buiten* —, beyond dispute. ▼**—partij** squabble, brawl. ▼**—ziek** quarrelsome, shrewish.

kijk view, outlook, conception; *mijn — op de zaak*, my view of the matter; — *op 't leven*, outlook upon life, conception of life; *een juiste — geven op*, give an accurate insight into; *ik begin er — op te krijgen*, I am getting my eye in; *er is geen — op verbetering*, there is no prospect (hope) of improvement; *te — staan*, be on show; *te — stellen*, display. ▼**—dag** show-day. ▼**—dichtheid** viewing figures. ▼**kijken** look, have a look; *iets laten* —, show s.th.; *laat eens* —, (*peinzend*) let me see; *ga eens* —, go and have a look; *hij komt pas* —, he has just come out of the shell; *daar komt heel wat bij* —, that's quite a job; *kijk nu eens aan!*, look at that now!; — *staat vrij*, a cat may look at a king; — *naar*, l. at; (*bespieden*) watch; *kijk naar jezelf!*, look at home!; *laat naar je* —, don't be silly; — *op*, look at (the clock); *daar kijk ik niet op*, I'm not particular about that; *iem. de woorden uit de mond* —, hang on a p.'s lips; *hij stond ervan te* —, it made him stare; *daar sta ik van te* —, that staggers me. ▼**kijk/er** spectator, looker-on; (*televisie*) viewer; (*instrument*) (field-)glasses; (*toneel*) opera-glass(es); — *s (ogen)*, peepers. ▼**—gat** peep-hole. ▼**—geld** viewing-money. ▼**—je** look, glimpse. ▼**—lustig** inquisitive; *—en*, sight-seers. ▼**—stuk** show-piece.

kijven brawl, wrangle; *waar er twee — , hebben er twee schuld*, when two quarrel both are in the wrong.

kik: *ze gaf geen* —, she didn't utter a sound. ▼**kikken:** *je hoeft maar te* —, you have only to say the word; *zij kikte er met geen woord over*, she did not breathe a word about it.

kikker frog; *van een — kan je geen veren plukken*, you can't get blood out of a stone. ▼**—billetje** frog's leg. ▼**—dril, —rit** f.-spawn, f.-jelly. ▼**—visje** tadpole. ▼**kikvors** frog. ▼**—man** frog-man.

kil *bn* chilly. ▼**—heid** chilliness.

kilo(gram) kilogram (me).

kilometer kilometre. ▼**—vreter** road-hog.

kilowatt kilowatt. ▼**—uur** k.-hour.

kim 1 horizon; **2** (*v. vat*) rim; (*v. schip*) bilge.

kimono kimono.

kin chin; *iem. onder de — strijken*, chuck a p. under the c.

kina quinine. ▼**—pil** q.-pill. ▼**—wijn** q. wine.

kind child; (*fam.*) kid; *wie zijn — liefheeft, kastijdt het*, spare the rod and spoil the child; *een — des doods*, a dead man; *ik ben daar als — in huis*, I am quite one of the family; — *noch kraai*, neither chick nor child; *het — bij zijn naam noemen*, call a spade a spade; *hij werd het — van de rekening*, he had to foot the bill; *'n — verwachten*, expect a baby. ▼**kindeke** little child; *het — Jezus*, the infant Jesus. ▼**kinder/achtig** childish. ▼**—achtigheid** childishness. ▼**—afdeling** (*winkel*) children's department; (*ziekenh.*) children's ward. ▼**—aftrek** rebate for children. ▼**—arbeid** child labour. ▼**—arts** children's doctor, pediatrician. ▼**—bedje** cot. ▼**—bescherming** child protection; *bureau voor* —, infant welfare centre. ▼**—beul** bully. ▼**—bewaarplaats** day nursery, crèche. ▼**—bijslag** children's allowance, child benefit. ▼**—boek** children's book. ▼**—dief** kidnapper. ▼**—feestje** children's party. ▼**—geneeskunde** pediatrics. ▼**—goed** baby-clothes. ▼**—hand:** *een — is gauw gevuld*, children are easily made happy; (*iron.*) little things please little minds. ▼**—hoofdje 1** baby's head; **2** (*v. bestrating*) cobble-stone. ▼**—huwelijk** child-marriage. ▼**—jaren** childhood. ▼**—juffrouw** nurse, (*fam.*) Nanny. ▼**—kaart** child's ticket. ▼**—kamer** nursery. ▼**—kleertjes** baby-clothes. ▼**—kliniek** infant clinic. ▼**—kolonie** children's holiday-camp. ▼**—lectuur** children's literature. ▼**—liefde** filial love. ▼**—lijk** childish, childlike. ▼**—lijkheid** naivety. ▼**—loos** childless; — *sterven*, die without issue. ▼**—meel** infants' food. ▼**—meisje** nurse. ▼**—mishandeling** child battering. ▼**—moord** infanticide, child-murder; (*Bethlehem*) Massacre of the Innocents. ▼**—pistool** toy pistol. ▼**—praat** childish talk. ▼**—rechtbank** juvenile court. ▼**—rechter** juvenile court magistrate. ▼**—rijmpje** nursery rhyme. ▼**—roof** kidnapping. ▼**—schoen:** *nog in de —en staan*, be still in its infancy; *de —en ontwassen zijn*, be past the age of childhood. ▼**—specialist** *zie*—arts. ▼**—spel** child's play, (*speelgoed*) children's game. ▼**—sterfte** infant mortality. ▼**—stoel** baby-chair. ▼**—stuipen** infantile convulsions. ▼**—taal** child's language. ▼**—tehuis** children's home. ▼**—toeslag** child benefit, family allowance. ▼**—uurtje** children's hour. ▼**—verhaal** children's story. ▼**—verlamming** infantile paralysis, poliomyelitis, (*fam.*) polio. ▼**—verzorging** child (infant, baby) welfare. ▼**—vriend** friend of children. ▼**—weegschaal** baby weighing-machine. ▼**—wereld** children's world. ▼**—werk** child's (children's) work; (*fig.*) *dat is* —, that is childish; (*v. geringe betekenis*) that is of little importance/of no consequence. ▼**—wagen** perambulator; (*fam.*) pram. ▼**—ziekenhuis** children's hospital. ▼**—ziekte** child's disease; (*fig.*) growing pains. ▼**—zorg** child welfare.

kindgericht child centred. ▼**kindje** baby. ▼**—lief** dear child. ▼**kinds** doting; — *worden*, grow childish; — *zijn*, be in one's dotage. ▼**—been:** *van — af*, from a child. ▼**—dagen** childhood. ▼**—deel** child's portion. ▼**—heid 1** childhood, infancy; **2** (*v. ouderdom*) second childhood, dotage. ▼**—kinderen** grandchildren.

kinine quinine.

kink: *er is een — in de kabel*, there is a hitch somewhere.

kinkel boor, lout. ▼**—achtig** boorish.

kinkhoest (w)hooping-cough.

kinnebak jaw-bone. ▼**kinriem** chin-strap.

kiosk kiosk.

kip hen, chicken; *gebraden* —, roast chicken;

redeneren als een — *zonder kop*, talk through one's hat; *de* — *slachten die de gouden eieren legt*, kill the goose that lays the golden eggs; *hij was er als de* —*pen bij*, he was down on it like a flash; (*fig.*) he was quick to seize his chance. **kipkar** tip-cart.
kiplekker as right as rain. **▼kippe/boutje** drumstick. **▼—ei** hen's egg. **▼—gaas** wire-netting. **▼—kuur** whim. **▼—soep** chickenbroth. **▼—vel** (*fig.*) goose-flesh; *ik krijg er* — *van*, it makes my flesh creep, it gives me the creeps. **▼kippen/boer** chicken-farmer. **▼—fokkerij** chicken farm. **▼—hok** chicken-house. **▼—loop** chicken-run. **▼—voer** chicken-food.
kippig short-sighted.
kipwagen tipping-waggon.
kirren coo.
kist (*packing-*)case; chest, box; (*dood*—) coffin; (*vliegtuig*) kite. **▼—en** *ww* coffin. **▼—je** box (of cigars). **▼—opener** case-opener.
kit 1 (*kolen*—) filler; **2** (*opium*—) (opium-)den; **3** (*kleefdeeg*) lute.
kittelen *zie* **kietelen**.
kittig smart, spruce. **▼—heid** s.ness.
klaag/geschrei, —**lied** lamentation(s). **▼K—muur** Wailing-wall. **▼—schrift** plaint. **▼—toon** plaintive tone.
klaar 1 (*helder*) clear (water); limpid (style); **2** (*gereed*) ready; (*af*) finished; *klare whisky*, whisky neat; *klare jenever*, raw gin; — *hebben,* (*bij de hand h.*) have ready; (*afh.*) have finished; — *is Kees*, that is that, there you are!; *ik ben* —, I am ready, I have finished; *ik ben ermee* —, I have finished with it, I'm through with it; *zo* — *als een klontje*, as plain as a pike-staff; — *wakker*, wide awake; *ouwe klare,* Hollands (gin).
klaarblijkelijk evident.
klaarheid clearness; *tot* — *brengen*, clear up.
klaar/houden keep ready. **▼—komen** get ready; (*orgasme*) climax. **▼—krijgen** get (it) ready. **▼—leggen** put ready.
klaarlicht: *op* —*e dag,* in broad daylight.
klaar/liggen lie ready. **▼—maken** get ready, prepare; cook (dinner); mix (salad); (*recept*) make up; (*leerling*) coach. **▼—over** (*ongev.*) school (crossing) patrol (*in Eng.* *volwassenen*); (*fam. voor beambte*) lollipop(wo)man. **▼—spelen:** *'t* —, manage, pull it off; *'t met leren.* —, manage a p. **▼—staan** be ready; *hij staat altijd voor iedereen klaar*, he is always ready to oblige; *hij moest altijd voor hem* —, he was at his beck and call. **▼—stomen** (*leerling*) cram. **▼—zetten** place ready, set out (tea things); *de tafel* —, set (lay) the table.
Klaas Nicholas; *een houten* —, a stick.
klabak copper, cop.
klacht complaint; *een* — *indienen*, lodge a c. **▼—enboek** complaint-book.
klad 1 (ink-)blot, stain; **2** (*schets*) rough draught; *de* — *erin brengen*, spoil the trade; *de* — *is erin*, the bottom has fallen out; *iem. bij z'n* —*den pakken*, collar a p.; *in het* — *maken*, make a rough copy. **▼—blok** scratch-pad. **▼—boek** waste-book, blotter. **▼—den** blot (*met verf*) daub. **▼—je** rough draught. **▼—papier** scribbling-paper. **▼—schilder** dauber. **▼—schilderen** daub. **▼—schilderij** daub. **▼—werk** rough copy; (*schilderstuk*) daub.
klag/en complain; (*weeklagen*) lament; *het is God geklaagd*, it cries to Heaven; *iem. zijn nood* —, pour out one's troubles to a p.; *ik heb niet over je te* —, I have no complaints to make of you. **▼—end** plaintive. **▼—er** complainant; (*jur.*) plaintiff.
klak (*zak*) smack. **▼—keloos** *bn* gratuitous.
klam damp, moist. **▼—heid** dampness.
klamboe mosquito-net.
klamp clamp. **▼—en** clamp.
klandizie (*abstr.*) custom; (*concr.*) customers; *iem. de* — *gunnen*, give one's custom to a p.; patronize a p.; — *krijgen*, get customers; *veel*

— *hebben,* have many customers.
klank sound, ring; *zijn naam heeft een goede* —, he enjoys a good reputation; *'n andere* — *laten horen,* (*fig.*) strike a different note. **▼—bodem, —bord** sound(ing)-board. **▼—film** s.-film. **▼—kast** resonance-box. **▼—kleur** timbre. **▼—leer** phonetics. **▼—loos** toneless (voice). **▼—nabootsend** onomatopoeic, sound-imitating. **▼—nabootsing** onomatopoeia. **▼—rijk** sonorous. **▼—stelsel** sound system. **▼—teken** phonetic symbol. **▼—verandering** s.-change.
klant customer. **▼—enbinding** registration of customers.
klap blow, slap; (*v. d. zweep*) crack; *de eerste* — *is een daalder waard*, the first blow is half the battle; *in één* —, at a blow; *iem. een* — *geven*, hit a p., strike a p. a blow; *een lelijke* — *krijgen*, get a nasty knock; (*fig.*) be hard hit. **▼—band** burst tyre. **▼—bankje** folding-seat. **▼—bes** gooseberry. **▼—camera** folding-camera. **▼—ekster** great grey shrike, (*fig.*) gossip. **▼—hoed** crush-hat. **▼—lopen** sponge (on a p.). **▼—loperij** sponging. **▼klappen** clap (one's hands); crack (a whip); click (one's tongue); *hij kent het* — *van de zweep*, he knows the ropes.
klapper 1 (*register*) index; **2** (*vuurwerk*) squib; **3** (*prater*) tattler.
klapperboom coco-nut tree.
klapperen (*v. zeil*) flap; (*v. tanden*) chatter.
klapper/noot coco-nut. **▼—olie** coco-nut oil. **▼—tanden:** *ik klappertandde*, my teeth chattered. **▼—tje** (snap-)cap.
klap/roos poppy. **▼—sigaar** trick cigar. **▼—stoel** folding-chair; (*in theater*) tip-up seat. **▼—stuk** rib-piece. **▼—wieken** clap (flap) the wings. **▼—zoen** smacking kiss.
klare: *oude* —, Hollands (gin).
klaren clarify; (*goederen, schip*) clear; *hij zal het wel* —, he'll manage.
klarinet clarinet. **▼—tist** clarinettist.
klaring clarification; clearance (of goods); (*luchtv.*) clearing.
klaroen clarion.
klas(se) class; (*v. lagere school*) standard; (*lokaal*) class-room; *in de* — *zitten bij*, be under (a master). **▼—bewustzijn** class-consciousness. **▼—geest** class feeling. **▼—genoot** c.-mate. **▼—justitie** c.justice. **▼—lokaal** c.-room. **▼—vertegenwoordiger** class-captain. **▼klassen/haat** class-hatred. **▼—strijd** c.-struggle.
klassiek classic(al); — *e muziek*, classical music; *de* —*en*, the classics.
klassikaal 1 cl.; **2** *bn* in class.
klater/en splash; (*v. donder, applaus*) rattle. **▼—goud** tinsel.
klauter/aar clamberer. **▼—en** clamber.
klauw (*v. roofdier*) claw; (*v. dier*) paw; (*v. roofvogel*) talon; (*v. anker*) fluke; *in de* —*en vallen van*, fall into the clutches of. **▼—en** scratch, claw. **▼—hamer** claw-hammer.
klauwier shrike; *grauwe* —, red-backed shrike.
klavecim/baal, —bel harpsichord.
klaver clover, shamrock. **▼—blad** c.-leaf. **▼—en/aas, —boer, —heer, —vrouw, —zes** ace (knave of) jack, king, queen, six) of clubs. **▼—veld** c.-field. **▼—vier** four-leaved c.
klavier 1 key-board; **2** piano.
kleden dress, clothe; *zich* —, dress; *zich overdadig* —, overdress; *het kleedt haar goed*, it suits (becomes) her. **▼klederdracht** costume. **▼kledij, kleding** clothes, clothing, dress, apparel. **▼—magazijn** outfitter's shop; (*mil.*) clothing-store. **▼—stuk** article of dress. **▼kleed** garment; (*japon*) dress; (*vloer*—) carpet; (*tafel*—) table-cover; *kleren maken de man*, fine feathers make fine birds; *dat raakt zijn kouwe kleren niet*, it leaves him cold; *iem. in de kleren steken*, clothe a p.; *dat gaat je niet in je* (*kouwe*) *kleren zitten*, that takes the stuff out of you. **▼—geld** dress-money. **▼—hokje** dressing-box. **▼—je** rug; (*tafel*—)

table-centre. ▼—**kamer** (v. acteurs, enz.)
dressing-room; (sp.) changing-room; (in
theater) cloak-room.
kleef/middel adhesive. ▼—**pleister** sticking
plaster. ▼—**stof** gluton.
kleer/borstel clothes-brush. ▼—**haak** peg.
▼—**hanger** coat-hanger. ▼—**kast** wardrobe.
▼—**maker** tailor. ▼—**mand** clothes-basket.
▼—**scheuren**: er zonder — afkomen, get off
without a scratch, (zonder straf) get off
scot-free. ▼—**schuier** clothes-brush.
klef sodden, clammy.
klei clay. ▼—**aardappelen** c. potatoes.
▼—**achtig** clayey. ▼—**grond** c.-soil. ▼—**laag**
c.-layer. ▼—**masker** mud-mask.
klein little, small; heel —, ook: tiny, diminutive;
—e druk, small print; —e eter, small eater;
—geld, (small) change; een —e tien gulden, a
little under a pound; — en groot, great and
small; — maar dapper, small but plucky; —
maar rein, small but select; iem. — houden,
keep a p. down; iem. —krijgen, break a p. in;
iets kort en — slaan, smash s.th. (up); zich —
voelen, feel small; Londen in het —, L. in
miniature; in het — beginnen, start on a sm.
scale; v. — af aan, from a little boy; de —e, the
l. one.
Klein-Azië Asia Minor.
klein/bedrijf small business.
▼—**beeldcamera** miniature camera.
▼—**burgerlijk** lower-middle-class.
▼—**dochter** grand-daughter. ▼**K—duimpje**
Tom Thumb. ▼—**eren** (—ering)
belittle(ment). ▼—**geestig** petty,
narrow-minded. ▼—**geestigheid** pettiness,
narrow-mindedness. ▼—**gelovig** of little faith.
▼—**gelovigheid** lack of faith. ▼—**goed** small
fry. ▼—**grondbezit** small holdings.
▼—**grondbezitter** small holder. ▼—**handel**
retail trade. ▼—**hartig** pusillanimous.
▼—**heid** smallness, littleness. ▼—**igheid** trifle.
▼—**kind** grandchild. ▼—**krijgen** (kind, dier)
break in; bring (a p.) to his knees. ▼—**maken**
cut up; (geldstuk) change.
kleinood jewel, trinket.
klein/steeds parochial, provincial.
▼—**steeds/heid** parochialism, provinciality.
▼—**tje** little one; veel —s maken een grote,
many a little makes a mickle; hij is voor geen —
vervaard, he is not easily scared. ▼—**zerig**
over-sensitive; (fig.) touchy. ▼—**zerigheid**
over-sensitiveness, touchiness. ▼—**zielig**
petty-mindel. ▼—**zieligheid** pettiness.
▼—**zoon** grandson.
klem zn catch, trap; (voor konijn) gin-trap;
(ziekte) lockjaw; met — spreken, speak with
emphasis; met — op iets aandringen, urge s.th.
strongly; in de — zitten (raken), be in (get
into) a hole; bn: een auto — rijden, jam a car.
▼—**men** I ov.w (v. voet, enz.) jam, pinch;
clench (teeth); tighten (lips). II on.w (v. deur)
jam, stick; dit klemt des te meer, daar…, this is
all the more cogent, as… ▼—**mend**
conclusive, convincing.
klemtoon stress. ▼—**teken** stress-mark.
klep (v. pet) peak; (v. zak, enz.) flap; (v. motor,
enz.) valve; (v. kachel) damper.
klepel (v. bel) clapper, tongue.
kleppen clatter; (v. klok) toll.
klepper 1 (pers.) watchman; 2 (ratel) rattle;
3 (paard) steed. ▼—**en** clapper, rattle; (v.
ooievaar) clatter.
kleptomaan kleptomaniac. ▼**kleptomanie**
kleptomania.
klerik/aal bn & zn clerical. ▼—**alisme**
clericalism.
klerk clerk.
klets 1 (slag) smack, slap; 2 (gezwam)
twaddle, rot. ▼—**en** (praten) chat(ter);
(zwemmen) gas, talk rot; — over iem.,
backbite a p. ▼—**er** twaddler, jaw-bacon.
▼—**koek** poppycock, rot, bilge, fiddlesticks.
▼—**kous** chatterbox. ▼—**majoor**, —**meier** zie
—**er**. ▼—**nat** soaking (wet). ▼—**praat**
twaddle, rot.
kletteren (v. regen) patter; (v. wapens) clang.

kleumen shiver.
kleur colour, complexion; (kaartspel) suit; —
bekennen, follow suit, (fig.) come out into the
open, show one's colours; iem. — doen
bekennen, force a p. into the open; een —
krijgen, colour, blush; van — verschieten,
change c.; — verzaken, revoke. ▼—**boek**
painting-book. ▼—**doos** paint-box. ▼—**echt**
fast-dyed. ▼**kleuren** I on.w blush. II ov.w
colour; (fot.) tone; — bij, tone with. ▼—**atlas**
colour atlas. ▼—**beeld** spectrum. ▼—**blind**
colour-blind. ▼—**combinatie** colour
combination. ▼—**dia** c. transparency, c. slide.
▼—**druk** c.-print(ing). ▼—**film** technicolour
film. ▼—**foto** c.-photo. ▼—**gamma** colour
range. ▼—**kaart** colour range. ▼—**pracht**
blaze of colour(s). ▼—**reproductie** colour
reproduction. ▼—**schema** colour scheme.
▼—**spectrum** (chromatic) spectrum. ▼—**spel**
play of colours. ▼—**televisie** colour
television. **kleur/filter** colour-filter.
▼—**gevoelig** colour sensitive. ▼—**houdend**
fast-dyed. ▼—**ig** colourful. ▼—**krijt** coloured
chalk. ▼—**ling** coloured person; —
enprobleem, colour problem. ▼—**loos**
colourless. ▼—**potlood** coloured pencil,
crayon. ▼—**rijk** colourful. ▼—**schakering**
shade of colour, tinge. ▼—**spoeling** colour
wash, colour rinse. ▼—**stof** pigment.
kleuter tot, toddler. ▼—**klas** nursery class.
▼—**leidster** nursery teacher. ▼—**school**
infant/nursery school. ▼—**schoolonderwijs**
i.s. education. ▼—**zorg** baby-care.
klev/en stick, cling, adhere; er kleeft bloed aan,
(lett.) there is blood on it; (fig.) it is tainted
with blood. ▼—**erig** sticky. ▼—**erigheid**
stickiness.
kliek clique; (eten) scraps. ▼—**jesmaal**
scrap-meal. ▼—**geest** cliquism.
klier gland. ▼—**achtig** scrofulous. ▼—**gezwel**
scrofulous tumour. ▼—**ziekte** scrofula.
klieven cleave.
klif cliff.
klik/ken tell tales; van iem. —, tell upon a p.
▼—**spaan** tell-tale, sneak.
klim climb; een hele —, a stiff c.
klimaat climate. ▼—**regelaar** combined
thermostat and humidistat.
klim/boon runner (bean). ▼—**ijzer**
climbing-iron. ▼—**men** climb, mount; in een
boom —, c. (up) a tree; bij het — der jaren,
with advancing years. ▼—**mend**: —e
belangstelling, growing interest. ▼—**mer**
climber. ▼—**op** ivy; met — begroeid,
ivy-grown. ▼—**paal** climbing-pole. ▼—**partij**
climb. ▼—**plant** climbing-plant. ▼—**rek**
climbing frame. ▼—**roos** rambler.
▼—**snelheid** (v. vliegt.) rate of climb.
▼—**touw** climbing-rope.
kling over de — jagen, put to the sword.
klingelen tinkle, jingle.
kliniek clinic, clinical hospital; — voor a.s.
moeders, antenatal clinic. ▼**klinisch** clinical;
—e dood, clinical death.
klink latch; op de — doen, latch.
klink/bout rivet. ▼—**dicht** sonnet.
klink/en I on.w sound, ring; — op, clink to;
't klinkt bekend, it has a familiar ring; vals —,
ring false; 't klonk hem vreemd in de oren, it
sounded strange to him; een stem die klinkt als
een klok, a bell-like voice; dat klinkt als een
klok, that sounds magnificent. II ov.w rivet,
nail. ▼—**end** resounding; ringing (laugh);
sounding (titles); —e munt, hard cash.
klinker 1 (spraakk.) vowel; 2 (steen) clinker,
brick. ▼—**bestrating** brick-pavement.
▼—**teken** vowel-sign. ▼—**weg** brick-paved
road.
klink/hamer riveting-hammer. ▼—**klaar**
sheer, rank. ▼—**machine** riveting-machine.
▼—**nagel** rivet.
klip rock, reef; blinde —, sunken r.; een
gevaarlijke — omzeilen, steer clear of a
dangerous rock, (fig.) surmount a great
obstacle; tegen de —pen aan (op), (lie)
outrageously, (drink) immoderately, (eat)

ravenously.
klipper clipper.
klip/vis dried cod. ▼—**zout** rock-salt.
klis, klit bur; *(haar)* tangle; *aan iem. hangen als een* —, stick to a p. like a bur. ▼—**kruid** burdock. ▼—**sen** *ww* be (get) tangled.
K.L.M. Royal Dutch Air Lines.
klodder clot, blob. ▼—**en** clot; *(met verf)* daub.
kloek I *zn* mother-hen. II *bn* stout (volume); bold (deed). ▼—**hartig** stout-hearted. ▼—**heid** boldness. ▼—**moedig** stout-hearted.
klok *(uurwerk)* clock; *(bel)* bell; *(stolp)* bell-glass, bell-jar; *hij heeft de* — *horen luiden, maar hij weet niet waar de klepel hangt*, he has heard something about it, but he does not know the rights of it; *'t aan de grote* — *hangen*, blaze abroad; *dat klinkt als een* —, that is splendid; *op de* — *af*, to the minute; *kun je al op de* — *zien?*, can you tell the time yet? ▼—**gelui** bell-ringing, chiming. ▼—**huis** core. ▼—**je** *(bloem)* harebell. ▼**klokke/huis** belfry. ▼—**toren** bell-tower.
klokken *ww* cluck, chuck; *(v. water)* gurgle; *(v. kalkoen)* gobble; *(bij aankomst op werk)* clock in *(bij vertrek*: out); *het* — *erderde de arbeiders*, the clockings-in-and-out irritated the workers.
klokken/gieter bell-founder. ▼—**gieterij** bell-foundry. ▼—**maker** clockmaker. ▼—**speler** carillonneur. ▼**klok/slag** stroke of the clock; *om* — *acht*, on the stroke of eight. ▼—**slot** time-lock. ▼—**spijs**: *'t ging erin als* —, it went down with them like hot cakes.
klomp *(brok)* lump, slug; *(houten schoen)* wooden shoe, clog; — *goud*, nugget of gold; *nou breekt mijn* —!, well, I never! ▼—**enbal, —endans** clog-dance. ▼—**je**: — *boter*, pat of butter.
klont *(suiker)* lump; *(verf)* daub; *(aarde)* clod. ▼—**er** clot, lump. ▼—**eren** clot, curdle. ▼—**erig** clotted. ▼—**je** lump (of sugar), pat (of butter). ▼—**jessuiker** lump-sugar.
kloof cleft, gap; *(huid)* chap; *(fig.)* gulf, rift, split (in a party).
klooster cloister; *(mannen)* monastery; *(vrouwen)* nunnery, convent; *in een* — *gaan*, go into a monastery. ▼—**broeder** friar. ▼—**cel** monastery cell. ▼—**gang** cloister. ▼—**gelofte** monastic vow. ▼—**kerk** monastic church. ▼—**leven** monastic life. ▼—**ling** monk, nun. ▼—**moeder** Mother Superior. ▼—**muur** cloister-wall. ▼—**orde** monastic order. ▼—**regel** monastic rule. ▼—**tuin** monastery-garden. ▼—**vader** Father Superior. ▼—**zuster** nun.
kloot ball; globe.
klop knock, tap; beat (of the heart); *iem.* — *geven*, lick a p.; — *krijgen van*, be licked by. ▼—**boor** hammer drill, drill with hammer action. ▼—**geest** rapping spirit. ▼—**jacht** battue. ▼—**kever** death-watch. ▼—**partij** scrap; *een algemene* —, a free-for-all. ▼—**pen** knock, tap, rap, pat; *(kleed, tegenstander)* beat; beat up (eggs); *(v. motor)* knock; *(wekken)* knock (a p.) up; *de as uit de pijp* —, k. the ashes from one's pipe; *iem. geld uit de zak* —, put a p. to great expense, make a p. fork up; *ja, dat klopt!*, yes, that's right!; *dat klopt met*, that tallies with, fits in with. ▼—**per** knocker.
klos reel, spool; *(inductie)* coil. ▼—**sen** *ww* stump.
klotsen dash; *(bilj.)* kiss.
klov/en cleave, split; chop (wood). ▼—**er** cleaver, chopper.
klucht farce. ▼—**ig** farcical. ▼—**igheid** farcicalness. ▼—**spel** farce. ▼—**spelschrijver** writer of farces. ▼—**spelspeler** low comedian.
kluif knuckle, bone; *het is een hele* —, it is a stiff job; *een lekker* —, a tit-bit.
kluis hermitage; *(v. bank)* strong-room. ▼—**deur** door of a safe. ▼—**gat** hawse-hole.
kluister fetter. ▼—**en** fetter, hobble (a horse); *aan zijn bed gekluisterd*, bed-ridden.
kluit clod, lump, pat: *hij is flink uit de* —*en gewassen*, he is a strapping fellow; *iem. met*

---

een —*je in het riet sturen*, fob a p. off with fair promises.
kluiven pick (a bone); gnaw at.
kluiver jib. ▼—**boom** jib-boom.
kluizenaar hermit. ▼—**shut** h.'s cell. ▼—**sleven** h.'s life.
klungel bungler; *(sl.)* clumsy clod. ▼—**en** bungle; *(treuzelen)* dawdle.
kluts: *de* — *kwijt raken*, get out of one's depth, become confused; *de* — *kwijt zijn*, be at sea. ▼**kluts/ei** whipped egg. ▼—**en** whip.
kluwen ball, clew.
knaagdier rodent.
knaap lad, boy; *(klerenhanger)* coat-hanger; *een* —, *(v.e. vis)* a whopper.
knabbel/aar nibbler. ▼—**en** nibble.
knagen gnaw; *(fig.)* — *aan*, gnaw at.
knak crack; *(ombuiging)* bend, twist; *een* — *krijgen*, be impaired; *het gaf mijn zelfvertrouwen een* —, it impaired my self-confidence. ▼—**ken** break, crack; *een geknakt leven*, a blasted life. ▼—**worst** German sausage.
knal report, crack; *(v. kurk)* pop. ▼—**demper** silencer. ▼—**effect** stage-effect. ▼—**gas** detonating gas. ▼—**len** *(v. geweer, zweep)* crack; *(v. kanon)* bang; *(v. kurk)* pop. ▼—**pot** silencer.
knap I *bn (v. uiterlijk)* handsome, personable, good-looking; *(v. verstand)* clever; *zij werd er niet* — *per op*, she was losing her looks; *een* — *uitziende man*, a handsome looking man; — *in iets*, clever at s.th. II *bw* cleverly. ▼—**heid** *(lichamelijk)* good looks; *(verstandelijk)* cleverness.
knappen I *on.w* crack; *(v. touw)* snap; *(v. vuur)* crackle. II *ov.w*: *een uiltje* —, take a nap.
knapperd clever fellow.
knapperen crackle.
knapzak haversack, knapsack.
knar: *ouwe* —, old fog(e)y; *conservatieve ouwe* —, Blimp.
knarsen *(v. scharnier)* creak; *(v. rem)* grate; *(v. tanden)* grind; *(v. grind)* crunch. ▼**knarsetanden** gnash one's teeth.
knauw bite; *(een lelijke* — *krijgen*, get badly mauled, *(fig.)* get a nasty knock. ▼—**en** I *on.w* gnaw, munch. II *ov.w* maul; *(fig.)* impair; *dat knauwt je*, that gets you down.
knecht servant, man. ▼—**en** enslave. ▼—**schap** bondage.
kneden knead; *(fig.)* mould. ▼**kneed/baar** kneadable. ▼—**baarheid** plasticity. ▼—**bom** plastic bomb. ▼—**machine** kneading-machine. ▼—**trog** kneading-trough.
kneep pinch; *(fig.)* dodge, trick; *hij kent de knepen*, he knows the ropes; *daar zit 'm de* —, there's the rub.
knekelhuis charnel-house.
knel: *in de* — *komen (raken)*, get into a scrape (hole); *in de* — *zitten*, be in a scrape; — *zitten tussen*, be wedged between. ▼—**len** pinch. ▼—**lend** *(fig.)* oppressive, irksome. ▼—**punt** bottle-neck.
knerpen (s)crunch.
knetteren crackle; *(v. donder)* crash.
kneus contusion, bruise. ▼—**je 1** cracked egg; **2** *(pers.)* lame duck. ▼**kneuz/en** bruise; *gekneusd ei*, cracked egg. ▼—**ing** bruise.
knevel moustache; *(mondprop)* gag; *(dwarspen)* toggle. ▼—**aar** extortioner. ▼—**arij** extortion. ▼—**en** pinion, truss up; *(mond)* gag; *(fig.)* oppress; *de pers* —, muzzle the press.
knibbel/aar haggler. ▼—**arij** haggling. ▼—**en** haggle.
knie knee; *er zitten* —*en in je broek*, your trousers are bagging at the knees; *door de* —*en gaan, (fig.)* knuckle down; *iets onder de* — *hebben*, have mastered s.th.; *onder de* — *krijgen*, master; *voor iem. op de* —*en vallen*, go down on one's knees before a p.; *een kind over de* — *leggen*, spank a child; *tot aan de* —*en*, k.-deep, up to one's knees. ▼—**beschermer** k.-pad. ▼—**broek** knickerbockers,

k.-breeches. ▼—**buiging** (*in kerk*) genuflexion; (*gymn.*) k.-bending. ▼—**gewricht** k.-joint. ▼—**holte** hollow of the k. ▼—**kous** sports stocking.

kniel/en kneel. ▼—**kussen** hassock.
kniepees ham-string. ▼—**schijf** knee-cap.
kniesoor mope.
knieval prostration; *een — voor iem. doen*, go down on one's knees before a p.
kniez/en mope, fret, worry. ▼—**erig** moping, fretful.
kniezwaai knee-grinder.
knijp/en pinch. ▼—**er** pincher; (clothes-)peg, fastener; (*v. kreeft*) pincer. ▼—**erig** stingy. ▼—**erigheid** stinginess. ▼—**tang** pincers.
knik nod; (*knak*) crack; (*in draad*) kink. ▼—**kebollen** nod. ▼—**ken** nod; *ja —*, nod yes; *met —de knieën*, with shaky knees.
knikker marble; *'t gaat niet om de —s, maar om 't spel*, it is not a matter of pence, but of principle. ▼—**en** play (at) marbles. ▼—**spel** game of marbles.
knip (*v. deur, tasje*) catch; (*v. bijbel*) clasp; (*jacht*) trap; (*v. schaar*) snip; *geen — voor de neus waard*, not worth a button. ▼—**beugel** snap-frame. ▼—**cursus** dress-cutting course. ▼—**mes** clasp-knife; *buigen als een —*, make a deep bow; kowtow. ▼—**ogen** wink. ▼—**oogje** wink; *iem. een — geven*, give a p. a wink. ▼—**patroon** paper pattern. ▼—**pen** I *ov.w*(*haar*) cut; (*nagels*) pare; (*heg*) trim; (*coupons*) clip; (*kaartjes*) punch; (*dief*) pinch; *zich laten —*, have a hair-cut; *kort geknipt haar*, close cropped hair. II *on.w* blink (one's eyes); snap (one's fingers).
knipper/en flicker. ▼—**bol** traffic beacon. ▼—**licht** flashing light, flasher; *automatische overwegbomen met —beveiliging*, level crossing with automatic barrier and flashing light.
knipsel cuttings, clippings; (*uit—*) cutting, clipping.
K.N.M.I. Royal Dutch Meteorological Institute.
knobbel bump. ▼—**ig** knotty, gnarled. ▼—**zwaan** mute swan.
knock-out knock-out; *iem. — slaan*, k. a p.o.
knoedel (*haar*) bun.
knoei *zie* **klem.** ▼—**boel** mess; (*bedrog*) swindle. ▼—**en** (*morsen*) make a mess; (*slecht werken*) bungle; (*zwendelen*) swindle; *— aan*, mess about with; *— met*, tamper with. ▼—**er** bungler; swindler. ▼—**erij** bungling; jobbery; (*met prijzen*) undercutting; (*geldelijk*) malversation(s), graft. ▼—**pot** (*fig.*) messy child. ▼—**werk** bungting.
knoest knot. ▼—**ig** knotty, gnarled.
knoet knout.
knoflook garlic.
knok bone, knuckle. ▼—**ig** knuckly, bony. ▼**knokkel** knuckle.
knokken scrap. ▼**knokploeg** gang of ruffians, strong-arm squad.
knol (*raap*) turnip; (*aardappel*) tuber; (*paard*) jade; *iem. —len voor citroenen verkopen*, sell a p. a pup; *hij laat zich geen —len voor citroenen verkopen*, he knows chalk from cheese. ▼—**gewas** tuberous plant. ▼—**lentuin**: *in zijn — zijn*, be in high feather. ▼—**raap** Swedish turnip. ▼—**zaad** turnip-seed.
knoop 1 (*aan jas*) button; (*in touw en als snelheid*) knot; **2** (*vloek*) oath; *de — doorhakken*, cut the k.; *een — leggen*, tie a k.; *daar zit 'm de —*, there's the rub; *in de — maken* (*raken*), knot; *uit de — halen*, unravel. ▼—**punt** (*v. spoorw.*) junction; (*v. lijnen*) knot; (*v. geluidsgolven*) nodal point. ▼—**sgat** button-hole.
knop (*v. deur, toestel*) knob; (*v. bel, schermdegen*) button; (*v. plant*) bud; (*v. elektr. licht*) switch; *in — komen*, bud; *op de — drukken*, press the button.
knopen tie, knot, button; *dat zal ik in mijn oor —*, I'll remember that.
knorhaan gurnard.
knor/ren grunt; *op iem. —*, scold a p., growl at

a p. ▼—**repot** grumbler, growler. ▼—**rig** grumbling, peevish. ▼—**righeid** peevishness.
knot knot, skein.
knots club, bludgeon. ▼—**slag** blow with a k.
knot/ten (*boom*) head; (*wilg*) poll; (*vleugel*) clip; (*kegel, enz.*) truncate. ▼—**wilg** pollard-willow.
knuffelen cuddle, hug.
knuist fist; *iem. in zijn —en krijgen*, lay (get) hold of a person.
knul (*vent*) fellow; (*sul*) mug. ▼—**lig** doltish.
knuppel cudgel; (*v. vliegt.*) (joy-)stick; (*pers.*) lout; *een — in 't hoenderhok gooien*, flutter the dovecote(s), drop a brick.
knus *bn* snug; (*fam.*) comfy. ▼—**jes** *bn* snugly.
knutsel/aar amateur. ▼—**en** potter; *— aan*, tinker at; *in elkaar —*, rig up. ▼—**werk** little job(s).
kobalt cobalt. ▼—**blauw** c.-blue.
koddebeier game-keeper.
koddig droll. ▼—**heid** drollery.
koe cow; *je moet geen oude koeien uit de sloot halen*, let bygones be bygones; *men noemt geen — bont, of er is een vlekje aan*, there is no smoke without fire; *men kan nooit weten hoe een — een haas vangt*, you never can tell; *de — bij de horens pakken*, take the bull by the horns. ▼—**beest** cow. ▼—**drek** cow-dung. ▼—**handel** (*fig.*) horse trading. ▼—**herder** cowherd. ▼—**huid** cow-hide. ▼—**ieplak** cow-pat.
koeioneren bully, dragoon.
koek gingerbread; (*gebak*) cake; *ze gaan als —*, they sell like hot cakes; *dat is gesneden —*, that is child's play; *oude —*, ancient history; *— en ei*, (they are) as thick as thieves; *alles voor zoete — opeten*, swallow everything. ▼—**ebakker** pastry-cook.
koekeloeren stare; nose around.
koek/en *ww* cake, coagulate. ▼—**epan** frying-pan. ▼—**je** small cake, biscuit. ▼—**jestrommel** biscuit-tin.
koekoek cuckoo; *dat haal je de — !*, I daresay! ▼—**sbloem** gillyflower. ▼—**sklok** c.-clock.
koel cool (*ook fig.*), cold, chilly; *een — onthaal*, cool (chilly) reception; *in —en bloede*, in cold blood; *zijn hoofd — houden*, keep (one's head) cool; *het wordt —er*, it's getting cooler (fresher). ▼—**bak** cooler.
koelbloedig I *bn* cold-blooded; imperturbable. II *bw ...ly*, in cold blood. ▼—**heid** coldbloodedness; imperturbability.
koel/cel refrigerator, cold-storage container, cold store. ▼—**emmer** ice-bucket. ▼—**en** I *ov.w* cool, ice (drinks); *zijn woede —*, vent one's rage (on). II *on.w* cool (down). ▼—**heid** coolness. ▼**koelhuis** cold store. ▼—**boter** storage butter.
koelie coolie. ▼—**arbeid** c.-labour. ▼—**werk** (*fig.*) drudgery.
koel/inrichting refrigerator. ▼—**kamer** cold-storage chamber. ▼—**kast** refrigerator, (*fam.*) fridge. ▼—**ketel** cooler. ▼—**mantel** water-jacket. ▼—**middel** refrigerant; (*vloeistof*) coolant. ▼—**pakhuis** cold-storage warehouse; *in — opslaan*, cold-store. ▼—**ruimte** cold-storage space. ▼—**te** coolness. ▼—**techniek** cold storage technique. ▼—**tje** gentle breeze; *er was geen —*, there was not a breath of air. ▼—**tjes** coolly, coldly. ▼—**vloeistof** coolant. ▼—**water** cooling-water.
koe/melk cow's milk. ▼—**mest** cow-dung.
koen bold. ▼—**heid** boldness.
koepel dome. ▼—**gewelf** vault. ▼—**venster** bow-window. ▼—**vormig** dome-shaped.
koepok cow-pock. ▼—**inenting** vaccination. ▼—**stof** vaccine.
koeren coo.
koerier courier.
koers (*v. schip en fig.*) course; (*v. effecten*) price; (*v. valuta*) rate; *tegen de — van*, at the rate of; *zijn — bepalen*, shape one's c.; *uit de — raken*, be driven out of one's c.; *— houden*, keep (on) one's c.; *— houden naar 't oosten*, head (stand) for the east; *de — kwijt zijn*, be

off one's c.; — *zetten naar*, steer a c. for; *een andere — inslaan*, alter c.; (*fig.*) veer round.
▼—**berekening** calculation of prices.
▼—**bericht** market-report. ▼—**beweging** movement in prices. ▼—**blad** stock-exchange list. ▼—**daling** fall in prices. ▼—**herstel** recovery in price. ▼—**houdend** steady.
▼—**notering** quotation. ▼—**schommeling** fluctuation. ▼—**speculatie** speculation in prices. ▼—**verhoging** advance.
▼—**verlaging** fall in exchange.
koes(t)! quiet!
koestal cow-house.
koesteren cherish (love, hope); entertain (an opinion); nurse (a grievance); harbour (suspicion); *vrees* —, fear; *twijfel* —, have (entertain) doubts; *zich* —, bask.
koeter/waals gibberish. ▼—**walen** jabber.
koetje: *over* —*s en kalfjes praten*, talk about one thing and another.
koets coach, carriage. ▼—**huis** coach-house.
▼—**ier** driver, coachman. ▼—**werk** coach-work.
koevoet crow-bar.
koffer (hand)bag, (suit)case; (*grote* —) trunk.
▼—**grammofoon** portable gramophone.
▼—**maker** t.-maker. ▼—**ruimte** boot, (*Am.*) trunk.
koffie coffee; *na de* —, after lunch; *dat is geen zuivere* —, it looks fishy, there's s.th. fishy about it; — *verkeerd*, white coffee; — *zonder melk*, c. without milk, black c.; *bij i em. op de* — *komen*, (*fig.*) catch it. ▼—**boon** c.-bean.
▼—**branderij** c.-roasting factory. ▼—**bus** c.-canister. ▼—**cultuur** c. growing. ▼—**dik** c.-grounds; *zo klaar als* —, as clear as mud.
▼—**drinken** lunch. ▼—**filter** c. filter, c. percolator. ▼—**huis** café, c.-house. ▼—**kamer** c.-room, foyer. ▼—**molen** c.-mill, c. grinder.
▼—**oogst** c.-crop. ▼—**pauze** c.-break.
▼—**plantage** c.-plantation. ▼—**praatjes** (*ongev.*) tea-table gossip. ▼—**uur** lunch hour.
▼—**water** water for c. ▼—**zetapparaat** c. machine.
kogel (*geweer*—) bullet; (*kanons*—, *fiets*—) ball; (*de* — *geven* (*krijgen*), shoot (be shot); *tot de* — *veroordelen*, sentence to be shot; *de* — *is door de kerk*, the die is cast; *iedere* — *heeft zijn bestemming*, every b. has its billet.
▼—**baan** trajectory. ▼—**gat** b.-hole.
▼—**gewricht** (*tech. en anat.*) ball-joint.
▼—**lager** ball-bearing. ▼—**regen** hail of bullets. ▼—**ring** ball race. ▼—**rond** spherical.
▼—**stoten** I *ww* put the weight. II *zn* putting the weight. ▼—**tje** pellet. ▼—**vanger** practice-butt. ▼—**vormig** b.-shaped. ▼—**vrij** b.-proof. ▼—**wond** bullet wound, shot-wound.
kohier assessment list (a. register).
kok cook; *wij eten van de* —, we have our meals sent in; *'t zijn niet allen* —*s, die lange messen dragen*, all are not hunters that blow the horn; *te veel* —*s bederven de brij*, too many cooks spoil the broth.
kokarde cockade.
koken boil (water), cook (food); (*fig. ook*) seethe, fume; *'t water kookt*, the kettle is boiling; — *op gas* (*enz.*), cook with gas (etc.); *zijn bloed kookt*, his blood is up; *inwendig* —, simmer, smoulder; —*d heet*, boiling hot, (*v. vloeistof*) scalding hot.
koker 1 boiler, cooker; 2 (*sigaretten*—) case; (*pijlen*—) quiver; (*stort*—) shoot.
kokerij cooking, (*zaak*) catering-business.
kokerrok pencil skirt.
koket *bn* coquettish. ▼—**te** coquette, flirt.
▼—**teren** coquette, flirt.
kokhalzen retch.
kokker(d) whopper.
kokmeeuw black-headed gull.
kokos/-coco-. ▼—**boom** c.-tree. ▼—**koek** c.-nut cake. ▼—**mat** c.mat. ▼—**melk** c.-nut milk. ▼—**noot** c.-nut. ▼—**olie** c.-nut oil.
▼—**vezel** c.fibre.
koks/jongen cook's boy. ▼—**maat** cook's mate.

kolbak busby, bearskin.
kolder giddy nonsense; (*ziekte*) staggers; *hij had de* — *in z'n kop*, he was in a mad fit.
kolen coal, coals; *op hete* — *zitten*, be on pins and needles. ▼—**bekken** c.-field.
▼—**bergplaats** c.-hole, c.-cellar. ▼—**damp** carbon monoxide. ▼—**dampvergiftiging** carbon monoxide poisoning. ▼—**drager** c.-heaver. ▼—**emmer** c.-bucket. ▼—**gruis** c.-dust. ▼—**handelaar** c.-dealer. ▼—**hok** c.-shed. ▼—**kelder** c.-cellar. ▼—**kit** c.-scuttle.
▼—**mijn** c.-mine, colliery. ▼—**ruim** bunker.
▼—**schop** c.-shovel. ▼—**voorziening** c.-supply. ▼—**wagen** c.-truck; (*v. locomotief*) tender. ▼—**zak** c.-sack.
kolf (*v. geweer*) butt; (*scheikunde*) receiver; (*v. mais*) cob. ▼—**je:** *dat is een* — *naar zijn hand*, that is nuts to him.
kolibrie humming-bird.
koliek colic; (*fam.*) gripes.
kolk pool; (*sluis*—) chamber; (*draai*—) eddy; (*lucht*—) (air-) pocket. ▼—**en** *ww* eddy, swirl.
▼—**gat** pot-hole. ▼—**sluis** lock.
kolom column.
kolonel colonel. ▼—**srang** colonelcy.
koloniaal I *bn* colonial; *koloniale waren*, c. produce. II *zn* colonial soldier. ▼**kolonie** colony. II**kolonis/atie** colonization. ▼—**ator** colonizer. ▼—**eren** colonize. ▼—**t** colonist.
koloriet colouring, colo(u)ration.
kolos colossus. ▼—**saal** colossal, huge; *kolossale oogst*, bumper crop.
kom bowl, basin; *de* — *der gemeente*, the centre of the town; *bebouwde* —, built up area.
komaan! come on!
komaf descent; *van hoge* —, high-born; *van lage* —, low-born.
kombuis caboose, galley.
komediant comedian, play-actor. ▼**komedie** comedy; *'t is alles* —, it is all make-believe; *ze speelt maar* —, she is only (play-)acting; *naar de* — *gaan*, go to the theatre. ▼—**spel** performance, acting, (*stuk*) comedy.
▼—**speler** actor.
komeet comet.
komen I *ww* come; *kom, kom!*, come, come!; *och kom!*, get on!, not really!; *ik kom al*, I'm coming; *er komt sneeuw*, we are going to have snow; *hoe komt dat?*, how is that?; *hoe komt het dat...*, how is it that...; *dat komt zo*, well, it's like this; *zo komt het dat...*, that is why...; *kom je nu haast?*, are you coming?; *hoe kom ik daar?*, how do I get there?; *iets te weten* —, find out s.th.; *hij is er of hij komt er*, he is always coming and going; *ik kan er niet van* —, I can't manage on it; *zo kom je er nooit*, in this way you will never make it (succeed); *met huilen kom je er niet*, crying will get you nowhere; *dat zal erg duur* —, that will be very expensive; (*af*)*halen*, call for; — *bezoeken*, come and see; *kom hier zitten*, come and sit here; *hoe ben je hieraan gekomen?*, how did you c. by this?; *aan een baan* —, get a job; *kom er niet aan*, don't touch it; *achter de waarheid* —, find out (get at) the truth; *ik kon er net bij* —, I could just reach it; *hoe kom je daarbij?*, how do you make that out?, whatever makes you think that?; *hoe kwam hij erbij om dat te doen?*, why on earth did he do that?; *ik kom direct bij u*, I'll come (attend) to you in a minute; *deze kleuren* — *niet bij elkaar*, these colours don't match; *ze kwamen vaak bij elkaar*, they often met; *door een examen* —, get through (pass) an examination; *door een stad* —, pass through a town; *in Londen* —, come to L.; *in de hoogste kringen* —, move in the highest circles; — *om*, come for; *om geld moet je bij hem niet* —, he hates to be asked for money; *het komt op £ 1 per persoon*, it works out at £ 1 per person; *op 'n onderwerp* —, get to a subject; *ik kan er niet op* —, (*lett.*) I can't get on it, (*fig.*) I can't remember it; — *over*, come over, settle on; *als het daartoe komt*, if it comes to that; *hoe kwam je ertoe om...?*, how did you come to...?; *ik kan er niet toe* — *om...*, I cannot bring myself

to ...; *tot zichzelf* —, come to one's senses; *het water kwam tot mijn middel*, the water came up to my waist; *tot een vergelijk* —, come to an agreement; *ik kom er niet uit*, I can't figure it out; *daar komt niets van in*, that's out of the question; *er komt nooit iets van*, it never gets done; *als er ooit iets van de plannen komt*, if the plans ever come to anything (materialize); *dat komt ervan, jongetje*, there you are, son, you've asked for it. II *zn: zijn — en gaan*, his comings and goings. ▼**komende**: *de gaande en — man*, comers and goers.

komfoor brazier, fire-pan; (*gas*—) gas-ring.

komiek I bn comical. II *zn* comedian. ▼**—eling** funny-man.

komijn cum(m)in. ▼**—ekaas** c. cheese.

komisch comic.

komkommer cucumber. ▼**—schaaf** c.-slicer. ▼**—tijd** silly season.

komma comma. ▼**—punt** semicolon. ▼**—lijk** needy. ▼**—vol** distressed.

kommer distress, trouble; sorrow. ▼**—lijk** needy. ▼**—vol** distressed.

kompas compass; *op* — *varen*, steer by compass. ▼**—huisje** binnacle. ▼**—naald** compass-needle. ▼**—streek** point of the c.

komplot plot, intrigue. ▼**—teren** plot, intrigue.

kompres compress.

komst coming, arrival; *hij is op* —, he is coming; *de lente is op* —, spring is on the way (is coming); *er is verandering op* —, a change is at hand.

komvormig bowl-shaped.

kond: *iem. — doen van iets*, notify a p. of s.th. ▼**—schap** information; *op — uitgaan*, make a reconnaissance.

konfijten preserve; comfit.

kongsi combine, clique.

konijn rabbit; (*fam.*) bunny. ▼**—ehok** rabbit-hutch. ▼**—ehol** r.-burrow. ▼**—ejacht** r.-shooting. ▼**—eplaag** r.-pest. ▼**—evanger** r.-catcher. ▼**—evangst** r.-catching. ▼**—evel** r.-skin.

koning king; *hij was de — te rijk*, he was as happy as a king. ▼**koningin** queen; *een — halen*, (*schaken*) queen a pawn. ▼**—moeder** q.-mother. ▼**—nevleugel** (*schaken*) queen-side. ▼**koningschap** kingship. ▼**konings/gezind** royalist. ▼**—gezinde** royalist. ▼**—huis** royal house. ▼**—kroon** royal crown. ▼**—vleugel** (*schaken*) king-side. ▼**konink/lijk** royal, kingly; (*—e*) *besluit*, Order in Council; *het — Huis*, the Royal House(hold); *van — en bloede*, of royal blood; *—e pracht*, regal splendour. ▼**—rijk** kingdom.

konkel/aar schemer. ▼**—arij** scheming. ▼**—en** intrigue.

konterfeit/en portray. ▼**—sel** portrait.

konvooi convoy.

kooi (*v. vogels en dieren*) cage; (*schaaps*—) fold; (*eenden*—) decoy; (*scheepv.*) berth; *naar — gaan*, turn in to. ▼**—eend** decoy-duck. ▼**—en** cage (bird). ▼**—ker** decoy-man.

kook: *aan de — brengen* (*komen*), bring (come) to the boil; *van de — zijn*, be all abroad; (*ontdaan*) be quite upset. ▼**—boek** cook(ery)-book. ▼**—cursus** cookery-course, cooking-class. ▼**—fornuis** cooking-range. ▼**—gereedschap** cooking-utensils. ▼**—gerei** cookery-utensils. ▼**—kunst** art of cooking. ▼**—plaat** boiling ring. ▼**—punt** boiling-point.

kool 1 coal; (*houts*—) charcoal; *dove — en gloeiende* —, dead c. and live c.; (*chem.*) carbon; **2** (*groente*) cabbage; *de — en de geit sparen*, temporize, run with the hare and hunt with the hounds; *groeien als* —, grow very fast; *hij is het laatste jaar gegroeid als* —, he has shot up in the last year; *iem. een — stoven*, play a p. a trick. ▼**—aanslag** carbon deposit. ▼**—akker** cabbage-field. ▼**—borstel** carbon-brush. ▼**—draad** (carbon) filament. ▼**—dioxyde** carbon dioxide. ▼**—gas** coal-gas. ▼**—hydraat** carbo-hydrate. ▼**—mees** great tit (mouse). ▼**—monoxyde** carbon monoxide. ▼**—oxyde** carbonic oxide. ▼**—raap** Swedish turnip. ▼**—rups**

cabbage-caterpillar. ▼**—spits**, **—staaf** carbon-point, rod. ▼**—stof** carbon. ▼**—stofverbinding** carbon compound. ▼**—stronk** cabbage-stalk. ▼**—teer** coal-tar. ▼**—waterstof** hydrocarbon. ▼**—witje** cabbage-white. ▼**—zaad** cole-seed, rape-seed. ▼**—zuur** carbonic acid.

koon cheek.

koop (*aankoop*) purchase, buying; (*verhandeling*) bargain, deal; *een goede — doen*, make a good b.; *een — sluiten*, strike a bargain; *de — ging niet door*, the deal did not go through (was called off); *te* —, put up for sale; *te — lopen met*, show off (parade); *te — staan*, be for sale; *te — zetten*, put up for sale; *te — gevraagd*, wanted to purchase; *weten wat er in de wereld te* — *is*, know life; *op de — toe*, into the bargain. ▼**—akte** title-deed. ▼**—avond** (*in Eng. alleen voor kerstmis, enz.*) (late) shopping night. ▼**—briefje** bought note, sold note. ▼**—contract** contract of sale. ▼**—dag** day of the sale. ▼**—graag** eager to buy. ▼**—handel** commerce, trade. ▼**—je** bargain; *'n — halen*, secure a b.; *iem. 'n — leveren*, sell a p. a pup; *op een* —, on the cheap; *ik kreeg ze voor een* —, I had them a (dead) b.; *op — s uit zijn*, be (out) bargain-hunting. ▼**—jesjager** bargain-hunter. ▼**—kracht** purchasing-power. ▼**—krachtig** with great purchasing-power. ▼**—lust** inclination to buy. ▼**—lustig** eager to buy. ▼**—lustige** intending purchaser, would-be buyer.

koopman merchant; (*op straat*) seller, hawker. ▼**—sboek** account-book. ▼**—schap** business-sense. ▼**—sgeest** commercial spirit; (*afkeurend*) commercialism. ▼**—sgoederen** merchandise. ▼**—sstand** mercantile class, trades-people.

koop/prijs purchase price. ▼**—som** purchase-money. ▼**—stad** commercial town.

koopvaarder (*schip*) merchantman, merchant vessel; (*gezagvoerder*) master-mariner. ▼**koopvaardij** merchant service. ▼**—kapitein** captain of a merchantman. ▼**—schip** merchantman. ▼**—vloot** mercantile marine.

koopwaar merchandise.

koor choir; (*toneel*) chorus. ▼**—bank** choir-stall.

koord cord, string; *iem. op 't slappe — laten komen*, put a p. through his paces. ▼**—dansen** rope-walking. ▼**—danser** rope-walker.

koordirigent choral conductor.

koordje bit of string.

koor/gezang choral singing. ▼**—hemd** surplice. ▼**—knaap** chorister.

koorts fever; *— hebben* (*krijgen*), have (get) a f.; *het joeg ze de — op het lijf*, it gave them the jimjams. ▼**—achtig** feverish. ▼**—achtigheid** feverishness. ▼**—ig** feverish. ▼**—thermometer** clinical thermometer. ▼**—uitslag** f.-blister(s). ▼**—vrij** free from f.

koorzanger chorister.

koosjer, kousjer kosher.

koot knuckle-bone. ▼**—je** (*v. vinger*) phalanx.

kop 1 head; (*fam.*) pate; (*in krant*) headline; (*v. vliegtuig*) nose; (*v. golf*) crest; **2** (*kom*) cup; *twaalf — pen aan boord*, twelve hands on board; *knappe —*, clever fellow; *— dicht!*, shut your trap!; *mijn — eraf!*, I'll eat my hat!; *— op!*, chin up!; *hij heeft een goede —*, he has a clever head on his shoulders; *de — indrukken*, (*opstand*) put down, quell; (*leugen*) scotch; *iets direct de — indrukken*, nip a thing in the bud; *het fascisme stak de — op*, fascism reared its head; *een — je kleiner maken*, behead; *zijn — er tegenin zetten*, nail one's colours to the mast; *de verkeerde bij de — hebben*, have got hold of the wrong man; *hij viel een gat in zijn* —, he broke his pate; *met de — tegen de muur lopen*, run one's head against a stone wall; *iem. op zijn — geven*, (*lett.*) punch a p.'s head; (*sp.*) lick a p., (*standje geven*) give a p. a talking-to; *al gaat hij op zijn — staan*, whatever he may say or do; *iets op de — tikken*, pick up, (*gappen*) pinch; *iem. op zijn —*

zitten, sit upon a p.; *hij liet zich niet op zijn — zitten*, he did not take any bullying; *op de — af*, exactly; *over de — gaan*, (v. *zaak*) go smash, (v. *fietser*) come a cropper; *ik had me voor mijn — kunnen slaan*, I could have kicked myself; *hij schoot zich voor zijn —*, he blew his brains out. ▼**kopbal** header.

kopen buy, purchase; (*zich*) *eruit —*, buy (o.s.) out; *wat koop ik ervoor?*, where does it get me?; *je koopt er niets voor*, it gets you nowhere.

Kopenhagen Copenhagen.

koper 1 buyer, purchaser; **2** (*metaal*) copper; *geel—*, brass. ▼**—druk** c.-plate. ▼**—en I** *bn* copper, brass. **II** *ww* copper; *het* —*ore*. ▼**—geld** coppers. ▼**—goed** c.-, brass-ware. ▼**—gravure** c.-plate. ▼**—groen** verdigris. ▼**—kleur(ig)** c.-colour(ed). ▼**—mijn** c.-mine. ▼**—slager** c.-smith, brazier. ▼**—slagerij** brass shop. ▼**—werk** c.-, brass-ware.

kopgroep leading group.

kopie copy; duplicate. ▼**kopieerapparaat** copying machine. ▼**kopiëren** copy; *'n akte —*, engross a deed.

kopij copy. ▼**—recht** copyright; *— voorbehouden*, c. reserved.

kop/je 1 head; **2** (*drink—*) cup; *— duikelen*, turn somersaults; *ik ging — onder*, I got a ducking. ▼**—klepmotor** overhead-valve engine. ▼**—lamp** head-light. ▼**—lastig** (v. *schip*) down by the head; (v. *vliegt.*) nose-heavy. ▼**—lengte** head. ▼**—licht** head-light. ▼**—loper** leader; *— zijn*, lead the field. ▼**—pakking** gasket.

koppel 1 (*riem*) belt; **2** (*paar*) couple; covey (of partridges). ▼**—aar(ster)** match-maker, procurer (procuress). ▼**—arij** match-making. ▼**—baas** recruiter, labour broker. ▼**—bout** coupling-pin. ▼**—en** couple, join. ▼**—ing** coupling, joining; (v. *auto*) clutch. ▼**—ingspedaal** clutch-pedal. ▼**—riem** (*mil.*) coupling-strap. ▼**—stang** coupling-rod. ▼**—teken** hyphen. ▼**—verkoop** conditional sale. ▼**—werkwoord** copula.

koppen head (a ball); cup (a patient). ▼**—snellen** head-hunting. ▼**—sneller** head-hunter.

koppig obstinate; (v. *drank*) heady. ▼**—heid** obstinacy; heidiness.

kopra copra(h).

kop/schuw shy; *— worden voor*, jib at. ▼**—spijker** tack. ▼**—station** terminus. ▼**—stem** falsetto-voice. ▼**—stuk** headpiece; (*fig.*) big man (shot), boss. ▼**—telefoon** head-phone(s). ▼**—zorg** worry.

koraal 1 coral, bead; **2** (*zang*) choral. ▼**—bank** c.-reef. ▼**—dier** c.-polyp. ▼**—eiland** c.-island. ▼**—gezang** choral-song. ▼**—muziek** choral music. ▼**—rif** c.-reef. ▼**—visser** c.-fisher. ▼**koralen** *bn* coral(line).

koran Koran.

kordaat resolute, firm. ▼**—heid** firmness.

kordon cordon.

Korea Korea. ▼**Koreaan(s)** Korean.

koren corn; *dat is — op zijn molen*, that is nuts to him. ▼**—aar** ear of c. ▼**—akker** c.-field. ▼**—bloem** c.-flower. ▼**—halm** c.-stalk. ▼**—molen** c.-mill. ▼**—oogst** c. harvest. ▼**—schoof** sheaf of c. ▼**—schuur** granary. ▼**—veld** c.-field. ▼**—zak** c.-sack. ▼**—zolder** c.-loft.

korf basket; (*bijen—*) hive. ▼**—bal** korfball.

korhoen (*mannetje*) black cock, (*vrouwtje*) grey-hen. ▼**—ders** grouse.

korist chorus-singer. ▼**—e** chorus-girl.

kornet cornet.

kornuit comrade, crony.

korporaal corporal. ▼**—schap** c.'s rank.

korps corps. ▼**—geest** corporate spirit, esprit de corps.

korrel grain; pellet; (*op geweer*) bead; *op de — nemen*, aim at; (*fig.*) make a butt of (a p.); *geen — (tje)*, not a g. ▼**—ig** granular. ▼**—ing** granulation. ▼**—tje** grain, granule; *met een — zout*, with a pinch of salt.

korset corset. ▼**—veter** c. lace.

korst crust; (*kaas*) rind; (*op wond*) scab. ▼**—en** crust. ▼**—ig** crusty.

kort short, brief; *— en bondig*, s. but to the point; *in short; — en dik*, squat; *— en goed*, in short; *— maar krachtig*, s. and snappy; *iem. — houden*, (*geldelijk*) keep a p. short; *— er maken* (*worden*), shorten; *alles — en klein slaan*, smash everything to bits; *— van stof*, brief; *— aangebonden*, s.-tempered; *— daarna*, shortly after; *om — te gaan*, to cut a long story short; *— geknipt*, close-cropped; *— geleden*, a s. time ago; *binnen—*, shortly; *in 't —*, in brief; *na — er of langer tijd*, sooner or later; *sedert — *, recently; *er is twee gulden te —*, there are two guilders short; *te — doen*, do scant justice to (the truth), wrong a p.; *geld (slaap) te — komen*, be s. of money (sleep); *tijd te — komen*, have not time enough; *we komen nog één man te —*, we are one man short; *jij komt er niets bij te —*, you are not a loser over it; *hij zorgt wel dat hij niets te — komt*, he has an eye to the main chance; *te — schieten in*, be deficient in; *tot voor —*, until recently.

▼**kort/aangebonden** short-tempered, curt. ▼**—aangebondenheid** short-temperedness, curtness. ▼**—ademig** short-winded, short of breath; (v. *paard*) broken-winded. ▼**—ademigheid** shortness of breath, short-windedness. ▼**—af** short, curt.

kortegolfzender short-wave transmitter.

kortelings recently.

kort/en shorten; (v. *dagen*) draw in; (*loon*) cut (down); *de tijd —*, beguile (shorten) the time. ▼**—geknipt** close-cut; (v. *haar*) close-cropped. ▼**—harig** short-haired. ▼**—heid** shortness, briefness. ▼**—heidshalve** for shortness sake; (Archie) for short.

korting (v. *loon*) shorten; reduction (of), cut (in); (*op prijs*) discount; (*op kosten, tarieven*) rebate; (*wegens beschadiging, enz.*) allowance; *— geven* (*krijgen*), give (get) a d.; *met 5% —*, less 5% d.; *10 shilling zonder —*, 10/- nett.

kort/lopend short-term. ▼**—om** in short, in brief. ▼**—schedelig** short-headed. ▼**—sluiting** s.-circuit(ing); *— maken*, s.-circuit. ▼**—stondig** brief, ephemeral, short-lived; *—e ziekte*, short illness. ▼**—stondigheid** brevity. ▼**—weg** shortly. ▼**—wieken** clip the wings. ▼**—zichtig** short-sighted. ▼**—zichtwissel** short bill.

korvet corvette.

korzelig crusty. ▼**—heid** crustiness.

kosmisch cosmic.

kosmo/naut cosmonaut. ▼**—poliet**, *—politisch* cosmopolitan.

kost food, fare, living; *— en inwoning*, board and lodging; *dat is oude —*, that is an old story; *de — gaat voor de baat uit*, outlay must precede returns; *de — verdienen*, earn one's living; *hij is zijn — waard*, he is worth his salt; *de — geven*, feed (a p.); (*zijn ogen*) keep one's eyes open; *de — voor 't kauwen hebben*, have the run of one's teeth; *aan de — komen*, make a living; *zij is bij A. in de —*, she boards with A.; *in de — doen*, put out to board; *in de — nemen*, take in as a boarder; *veel geld ten —e leggen aan*, spend much money on; *veel zorg aan iets ten —e leggen*, devote much care to s.th.; *ten —e van*, at the cost (expense) of; *te mijnen —e*, at my expense; *ten —e leggen aan*, spend on; *werken voor de —*, work for a living.

kostbaar expensive, valuable, precious. ▼**—heid** expensiveness. ▼**—heden** valuables.

kostelijk 1 (*duur*) costly; **2** (*prachtig*) exquisite, splendid, glorious; *die is —!*, that's rich! ▼**—heid** exquisiteness, magnificence.

kosteloos I *bn* free, gratis. **II** *bw* gratis, free of charge.

kosten I *zn* cost; (*gerechts—*) costs; (*uitgaven*) expense(s); *— van vervoer*, cost of carriage; *— van levensonderhoud*, cost of living (maintenance); *— maken*, incur expenses; *grote — meebrengen*, entail a great deal of expense; *hij werd in de — veroordeeld*, he was ordered (condemned) to pay costs; *op* *eigen* —, at one's own expense; *'t gaat op mijn* —, I'm paying, (*fam.*) it's on me; *op* — *jagen*, put a p. to expenses; *op hoge* — *zitten*, be heavily burdened. **II** *ww* cost; *wat kost dat?*, how much is it?; *het kost een bom duiten*, it runs into a lot of money; *'t koste wat het wil*, at any cost; *het zal tijd (moeite)* —, it will take time (trouble).

koster sexton, verger.

kost/ganger boarder; —*s houden*, take in boarders; *onze Lieve Heer heeft rare* —*s*, it takes all sorts to make a world. ▼—**geld** board. ▼—**huis** boarding-house. ▼—**juffrouw** landlady. ▼—**prijs** cost price. ▼—**school** boarding-school. ▼—**winner** bread-winner, wage-earner. ▼—**winning** livelihood.

kostumeren: *zich* —, dress up. ▼**kostuum** (*v. man*) suit; (*v. vrouw*) costume, suit. ▼—**naaister** dressmaker.

kot (*varkens*—) sty; (*schapen*—) pen; *in 't* — *zitten*, be in quod.

kotelet cutlet, chop.

kotsen retch; (*fig.*) *ik kots ervan*, it makes me sick.

kotter cutter.

kou cold; — *in 't hoofd*, c. in the head; —*vatten*, catch cold. ▼**koud** cold; *ik heb 't* —, I am c.; *dat laat mij* —, it leaves me c.; *dat valt me* — *op 't lijf*, that gives me quite a shock; *iem.* — *maken*, (*fig.*) do a p. in; *ik werd er* — *van*, it made me go c. all over; *—e oorlog*, cold war. ▼—**egolf** c. wave. ▼—**heid** coldness. ▼—**vuur** gangrene; *door* — *aangetast*, gangrened. ▼**koufront** cold front. ▼**koukleum** frowster.

kous stocking; *hij kwam met de* — *op de kop thuis*, he came away with a flea in his ear; *op zijn* —*en*, in one's stockings. ▼—**eband** garter; *Orde van de K*—, Order of the G. ▼—**enwinkel** hosier's shop. ▼—**je** (*lamp*—) wick; (*gloei*—) mantle.

kousjer, koosjer kosher.

kout chat. ▼—**en** chat.

kouwelijk chilly. ▼—**heid** chilliness.

kozak Cossack.

kozijn window-frame.

kraag collar; *bij de* — *pakken*, collar a p.; *hij heeft een stuk in zijn* —, he is tipsy. ▼**kraai** crow; (*fig.*) undertaker's man. ▼—**en** crow. ▼—**emars:** *de* — *blazen*, kick the bucket, pop off. ▼—**enest** crow's nest.

kraak crack; (*luchtv.*) crash. ▼—**actie** squat; *de* — *eindigde op vreedzame wijze*, the squat ended peacefully. ▼—**been** cartilage, gristle. ▼—**porselein** egg-shell china. ▼—**proces** (*olie-industrie*) cracking process. ▼—**stem** creaky voice. ▼—**zindelijk** spotlessly clean.

kraal 1 bead; 2 (*kafferdorp*) kraal, corral.

kraam booth, stall; *dat kwam niet in zijn* — *te pas*, that did not suit his purpose. ▼—**bed** childbed. ▼—**bezoek** lying-in visit. ▼—**heer** father of the child. ▼—**inrichting** lying-in hospital, maternity home. ▼—**kamer** lying-in room. ▼—**pje** stall. ▼—**verpleegster** maternity nurse. ▼—**vrouw** lying-in woman. ▼—**vrouwkliniek** lying-in hospital. ▼—**vrouwenkoorts** puerperal fever. ▼—**vrouwensterfte** maternity mortality.

kraan 1 tap, cock, (*Am.*) faucet; 2 (*hijs*—) crane, derrick; 3 (*pers.*) dab, crackerjack. ▼—**arm** crane jib. ▼—**drijver** crane-driver. ▼—**ladder** peg-ladder. ▼—**vogel** crane. ▼—**wagen** break-down lorry, derrick-car.

krab 1 (*met voorwerp*) scratch; 2 (*dier*) crab. ▼**krabbel** 1 (*met scherp voorwerp*) scratch; 2 (*schrift*) scrawl; 3 (*vluchtige schets*) thumb-nail sketch. ▼—**ig** scrawly. ▼—**pootje**, —**schrift** scrawl(s). ▼—**tje** scribbled note. ▼**krabben** scratch; (*v. paard*) paw; *zich achter de oren* —, s. one's head.

krach crash, collapse.

kracht (*die men bezit*) strength; (*die men gebruikt*) force; (*pers.*) man; hand; (*v. motor*) power; *een man van grote* —, a man of great s.; *de* — *waarmee hij slaat*, the f. with which he strikes; *met volle* — (*vooruit*), full speed (ahead); *z'n* —*en beproeven aan*, try one's

hand at; *God geeft* — *naar kruis*, God tempers the wind to the shorn lamb; *al z'n* — *ergens aan geven*, devote all one's s. (energy) to s.th.; *in de* — *van zijn leven*, in his prime; *met* — *verdedigen*, defend strongly (stoutly); *met alle* —, with all my (his, etc.) s.; *op* —*en komen*, recover one's s.; *op eigen* —*en aangewezen zijn*, be thrown on one's own resources; *op volle* — *werken*, work at full s.; *hij was uit zijn* — *gegroeid*, he had outgrown his s.; *van* — *blijven*, remain in force; *van* — *worden*, come into force (operation), take effect; *van* — *zijn*, be in force. ▼**krachtbron** source of power. ▼—**dadig** energetic. ▼—**heid** energy. ▼**krachteloos** (*v. pers.*) powerless; (*v. wet, contract*) ineffective. ▼—**heid** powerlessness; ineffectiveness. ▼**krachtens** in virtue of, on the strength of. ▼**krachtig** strong, powerful, nourishing (food); (*— gebouwd*, strongly(-)built. ▼**kracht/installatie** power plant. ▼—**meting** (*fig.*) show-down, trial of strength. ▼—**overbrenging** transmission of power. ▼—**patser** bruiser. ▼—**proef** *zie* —**meting**. ▼—**sinspanning** effort. ▼—**sport** weight-lifting. ▼—**station** power-station. ▼—**term** expletive; —*en*, strong language. ▼—**toer** feat of s. ▼—**voe(de)r** power-fodder.

krakélen wrangle, squabble.

krakeling cracknel.

kraken **I** *on.w* crack; (*v. deur, schoenen*) creak; (*v. grind*) crunch; (*v. sneeuw*) crackle; *het vriest dat het kraakt*, there is a sharp frost. **II** *ov.w* (*noot, fles*) crack; (*vernielen*) wreck; *een huis* —, squat a house. ▼**kraker** squatter.

kralen bn beaded. ▼—**snoer** string of beads.

kram staple, cramp. ▼—**men** cramp.

kramer pedlar, hawker.

kramp cramp. ▼—**aanval** fit of c. ▼—**achtig** spasmodic, convulsive.

kranig clever (pupil); smart (appearance); spirited (attitude); (*moedig*) plucky; *zich* — *houden*, acquit o.s. well; — *voor de dag komen*, come out well.

krankzinnig insane, mad; — *worden*, become i., go mad; *iem.* — *verklaren*, certify a p. ▼—**e** lunatic, madman. ▼—**engesticht** lunatic asylum, mental home. ▼—**enverple(e)g(st)er** mental nurse. ▼—**heid** insanity, madness.

krans wreath, garland. ▼—**en** wreathe. ▼—**je** (*fig.*) circle, club.

krant (news)paper. ▼**krante/artikel** newspaper-article. ▼—**bericht** n.-report, paragraph. ▼—**bureau** n.-office. ▼—**knipsel** press-cutting. ▼—**man** n.-man. ▼—**papier** newsprint paper; *in* — *gewikkeld*, wrapped in a newspaper. ▼**kranten/bezorger** paper carrier. ▼—**bezorging** n.-delivery. ▼—**jongen** news-boy, paper-boy. ▼—**kiosk** news-stand. ▼—**lezer** n.-reader.

krap I zn madder; clasp (of book). **II** bn (*v. jas, schoenen*) narrow, tight; *zij hebben 't* —, they are hard up, they are in straitened circumstances; — *berekenen*, cut (s.th.) very fine; *iem.* — *houden*, stint a p.; — *meten*, measure on the short side; — *in de duiten zitten*, be short of cash; *dat is* — *aan*, barely enough. ▼—**heid** tightness, scarcity.

kras I zn scratch. **II** bn (*v. pers.*) robust, strong, hale and hearty; strong (language); drastic (measure); *een* — *staaltje*, a crass example; — *optreden*, take a strong line (with); *dat is* —*!*, that's the limit!; *dat is wel wat al te* —, that's a bit thick; *dat is* — *gesproken*, that's putting it strongly; *zich* — *uitlaten over*, express o.s. strongly on. ▼—**sen** 1 (*en kras maken*) scratch; 2 (*v. stem*) grate; (*v. uil*) hoot, screech; (*v. raaf*) croak; (*v. kraai*) caw; *op de viool* —, scrape the violin.

krat crate.

krater crater. ▼—**meer** c.-lake. ▼—**vormig** c.-shaped.

krats song, mere trifle.

krauwen scratch.

krediet credit; (*sl.*) tick; *blanco* (*doorlopend*) —, blank (revolving) c.; — *geven*, give (allow) c.; *een — toestaan*, grant (vote) a c.; *op — kopen*, buy on c. (*sl.*: on tick). ▼—**bank** c. bank. ▼—**brief** letter of cr., L/C. ▼—**gever** lender. ▼—**instelling** c.-bank. ▼—**kaart** credit card. ▼—**nemer** borrower. ▼—**verstrekker** c.-giver. ▼—**verstrekking** c. accommodation. ▼—**waardig** solvent. ▼—**waardigheid** solvency. ▼—**wezen** c. system.

kreeft (*rivier*—) crawfish; (*zee*—) lobster; (*astr.*) cancer; the Crab. ▼—**enpark** lobster-ground. ▼—**esla** lobster salad. ▼—**skeerkring** tropic of Cancer.

kreek creek.

kreet cry, shout.

kregel peevish; *dat maakt me —*, it gets my goat. ▼—**heid** peevishness.

krek exactly.

krekel cricket.

kreng carrion; (*fig.*) blighter.

krenk/en offend, hurt; *zijn verstand is gekrenkt*, his mind is unhinged. ▼—**end** insulting. ▼—**ing** hurt, offence.

krent currant. ▼—**enbol** c. bun. ▼—**enbrood** c.-bread. ▼—**enteller** mean (niggardly) chap.

krenterig mean, stingy, niggling. ▼—**heid** meanness, stinginess.

Kreta Crete, Creta. ▼**Kretenzer** Cretan.

kreuk/el crease, wrinkle. ▼—(**el)en** crease. ▼—**elig** creased. ▼—**elzone** crush zone.

kreunen groan.

kreupel lame (of one leg); *— lopen*, limp; *— maken*, lame; *— worden*, go l.; *een —e*, a cripple. ▼—**heid** lameness. ▼—**hout** thicket. ▼—**rijm** doggerel.

krib/be (*bak*) manger; (*slaapplaats*) crib. ▼—**bebijter** crib-biter; (*fig.*) curmudgeon. ▼—**big** peevish.

kriebel/ig itch; *ik kreeg er de —*, it gave me the jimjams. ▼—**en** I *on.w.* itch. II *ov.w.* tickle. ▼—**ig** ticklish; (*fig.*) nettled; wriggly (writing); *ik werd er — van*, it irritated me.

kriek black-cherry.

krieken chirp; *bij het — van de dag*, at peep of day.

kriel 1 small potatoes, small fry. **2** (*viskorf*) creel. ▼—**haan** Bantam cock. ▼—**kip** Bantam (fowl).

krijg war.

krijgen (*alg.*) get, receive; have (rain, baby); catch (cold, thief); secure (right); sustain (damage); acquire (reputation, knowledge); obtain (rubber); *hoeveel krijgt u van me?*, how much do I owe you?; *een ongeluk —*, meet with an accident; *ruzie —, het aan de stok — (met iem.)*, fall out (with a p.); *als je er wat aan krijgt...*, if anything happens to it...; *je kunt het er weer bij —*, it can be replaced; *geld bij elkaar —*, raise money; *een vlek eruit —*, get out a stain; *hij kon niets uit hem —*, he could get nothing out of him; *hij kreeg er genoeg van*, he got tired of it; *het koud (warm) —*, begin to feel cold (hot); *het is (met geen mogelijkheid) te —*, it is not to be had (for love or money); *ik kreeg een jaar*, he got a year; *ik zal ze er wel toe —*, I shall get them to do it; *ik krijg het wel gedaan (voor elkaar)*, I shall get it done (fixed up); *ik krijg het koud*, I am getting cold; *ik zal je wel —*, I'll pay you out; *kan ik de hr. A. te spreken —?*, can I see Mr. A.?; *iem. te pakken —*, lay (get) hold of a p.; *je krijgt er rillingen van*, it gives you the shivers; *het zijne —*, come by one's own.

krijger warrior. ▼—**tje**: *— spelen*, play tag. ▼**krijgs/banier** banner of war. ▼—**bedrijven** military operations. ▼—**daad** warlike deed (exploit). ▼—**dans** war-dance. ▼—**dienst** military service. ▼—**gebeurtenissen** war-events. ▼—**geschiedenis** military history. ▼—**gevangene** prisoner of war. ▼—**gevangenkamp** prisoners-of-war camp, P.O.W. camp. ▼—**gevangenschap** captivity. ▼—**geweld** force of arms; (suffer from the) destruction of war. ▼—**haftig** warlike. ▼—**haftigheid** warlike appearance. ▼—**kans** chance(s) of war; *de — doen keren*, turn the fortunes of war. ▼—**kunde** military science. ▼—**lied** war-song. ▼—**lieden** warriors. ▼—**list** stratagem. ▼—**macht** (military) force. ▼—**makker** war comrade. ▼—**man** warrior. ▼—**manseer** military honour. ▼—**plan** plan of operations. ▼—**plicht** military duty. ▼—**raad** (*mil. rechtbank*) court-martial; (*anders*) council of war; *voor de — roepen*, court-martial. ▼—**recht** military law. ▼—**roem** military glory. ▼—**school** military school (college); *hogere —*, staff-college. ▼—**toneel** theatre of war. ▼—**verrichtingen** military operations. ▼—**wet** martial law; *de — afkondigen*, proclaim m. l. ▼—**zuchtig** bellicose, warlike.

krijs(en) scream, shriek.

krijt chalk; *in het — treden*, enter the lists; *met — tekenen*, crayon. ▼—**je** piece of c. ▼—**rots** chalk-cliff. ▼—**streep** c.-line. ▼—**tekening** crayon-drawing. ▼—**wit** I *zn* c.-dust. II *bn* c.-white.

krik jack.

Krim: *de —*; The Crimea; *de —oorlog*, the Crimean War.

krimp: *geen — geven*, not give in; *geen — hebben*, be wanting for nothing. ▼—**en** shrink; (*v. wind*) back; (*v. pijn*) writhe. ▼—**vrij** unshrinkable.

kring circle, ring; (*v. ster*) orbit; *in alle —en*, in all walks of life; *— en onder de ogen*, rings under one's eyes. ▼—**elen** wreathe. ▼—**etje** circlet, ring; *in een — ronddraaien*, argue in a c. ▼—**loop** circular course; circle, cycle (of events, seasons, etc.). ▼—**looppapier** recycled paper.

krinkel(en) crinkle.

krioelen teem, swarm; *het krioelt er van ongedierte*, the place is alive with vermin.

kris creese; *bij — en kras zweren*, swear by all that is holy.

kriskras criss-cross.

kristal crystal. ▼—**helder** c.-clear. ▼—**kijker** c.-gazer. ▼—**len** crystal (line). ▼—**lisatie** crystallization. ▼—**liseren** crystallize. ▼—**suiker** crystallized sugar. ▼—**werk** c.(-ware).

kritiek I *bn* critical. II *zn* criticism (of); *beneden alle —*, below c., beneath contempt; *— (uit)oefenen op*, criticize. ▼**kritisch** critical. ▼**kritiseren** criticize; review (a book).

kroeg public-house, pub; *de — en aflopen*, (go on a) pub-crawl. ▼—**houder** (*v. 'pub'*) publican, (*v. 'bar'*) barkeeper. ▼—**loper** pub-crawler.

kroes I *zn* mug; (*smelt*—) crucible. II *bn* crisp, frizzy. ▼—**harig** crisp-haired. ▼—**kop** curly-head; (*neger*) fuzzy-wuzzy. ▼**kroezen** friz(z).

kroketje *zie* **croquetje**.

krokodil crocodile. ▼—**letranen** c. tears.

krokus crocus.

krollen caterwaul. ▼**krols** in heat.

krom (*staf, vinger, enz.*) crooked; (*rug*) bent; (*neus*) hooked; (*plank*) warped; (*lijn*) curved; *— Engels*, bad English; *zich — lachen*, laugh one's head off; *zich — werken*, work one's fingers to the bone. ▼—**benig** bandy-legged. ▼—**heid** crookedness. ▼—**liggen** pinch and scrape. ▼—**lopen** (walk with a) stoop. ▼—**men** *ov.w & on.w* curve, bend. ▼—**ming** bend, curve. ▼—**passer** callipers. ▼—**staf** crook, crosier. ▼—**trekken** warp. ▼—**zwaard** scimitar.

kronen crown.

kroniek chronicle. ▼—**schrijver** chronicler.

kroning coronation. ▼—**sdag** c.-day. ▼—**seed** c.-oath. ▼—**sfeest** c.-feast. ▼—**splechtigheid** c.-ceremony.

kronkel twist, coil; (*in touw*) kink. ▼—**en** wind, meander; (*fam.*) wobble. ▼—**end, —ig** winding, meandering. ▼—**ing** twist. ▼—**pad** winding path; (*fig.*) crooked way.

kroon crown (*adellijke —*) coronet; (*v. kies*) jacket, crown; (*v. boom*) top; (*licht*—) chandelier; *dat spant de —*, that tops everything, (*sl.*) that takes the cake; *hij spande* *de* —, he bore the palm; *naar de* — *steken*, rival; *iem. de* — *v. h. hoofd stoten*, strip a p. of his glory; *de* — *op het werk zetten*, crown it all. ▼—**domein** c. demesne. ▼—**getuige** chief witness for the C. ▼—**kurk** crown cap. ▼—**lijst** cornice. ▼—**prins** c.-prince. ▼—**prinses** princess royal. ▼—**sieraden** regalia. ▼—*tje* coronet. ▼—**vormig** c.-shaped.

kroos duck-weed.

kroost issue, offspring.

kroot beet, beetroot.

krop 1 (*v. vogel*) crop, gizzard; **2** (*ziekte*) goitre; **3** (*sla*) head; *een — sla*, a head of lettuce. ▼—**duif** pouter (-pigeon). ▼—**gezwel** goitre. ▼—**sla** cabbage-lettuce.

krot hovel. ▼—**tenbuurt** slum. ▼—**woning** slum dwelling.

kruid herb; *daar was geen — voor gewassen*, there was no cure for that. ▼**kruiden** *ww* season, spice. ▼—**aftreksel** decoction of herbs. ▼—**azijn** medicated vinegar. ▼—**dokter** herb-doctor.

kruidenier grocer. ▼—**sbediende** grocer's man. ▼—**sboekje** grocery order-book. ▼—**spolitiek** shopkeeper's policy. ▼—**svak** grocer's trade. ▼—**swaren** groceries. ▼—**swinkel** grocer's shop.

kruid/erij spice(s). ▼—**ig** spicy. ▼—**je-roer-me-niet** sensitive plant; (*fig.*) touch-me-not. ▼—**kenner** botanist, herbalist. ▼—**koek** spiced gingerbread; (*fig.*) —**kunde** botany. ▼—**nagel** clove.

kruien 1 wheel; trundle; **2** (*v. ijs*) drift, break up; (*v. rivier*) be full of drift-ice.

kruier porter. ▼—**sloon** porterage.

kruik stone bottle, jar; *warme* —, hot-water bottle; *de* — *gaat zo lang te water tot ze breekt*, the pitcher goes so often to the well that it comes home broken at last.

kruim crumb. ▼—**el** crumb. ▼—**eldiefstal** petty theft. ▼—**elen** crumble. ▼—**(el)ig** crumbly; (*v. aardappel*) floury. ▼—**en** be floury. •

kruin crown, top; (*v. golf*) crest.

kruip/broekje crawlers. ▼—**en** creep; (*v. slang*) crawl; (*fig.*) cringe, grovel; *op handen en voeten* —, go on all fours. ▼—**er** toady. ▼—**erig** cringing, servile. ▼—**erij** toadyism. ▼—**spoor** crawler lane; (*aanduiding:*) *langzaam rijdend verkeer*, crawler lane traffic).

kruis cross; (*v. mens*) crotch; (*v. broek*) fork; (*v. dier*) croup; (*v. paard: ook*) crupper; (*fig.*) nuisance; *zijn* — *dragen*, bear one's cross; *— en en mollen*, sharps and flats; *— of munt*, heads or tails; *het Rode Kruis*, the Red Cross; *hij kreeg van mij 't heilige* — *na*, I was glad to be rid of him; *een* — *slaan*, cross o.s.; *aan het* — *slaan*, nail to th C. ▼—**afneming** descent from the C. ▼—**band** wrapper. ▼—**beeld** crucifix. ▼—**berg** (Mount) Calvary. ▼—**bes** gooseberry. ▼—**boog** cross-bow. ▼—**dood** death on the cross. ▼—**elings** crosswise. ▼—**en** I *ov.w* cross; (*dieren, enz. ook*) interbreed; *de degens* — *met*, cross swords with. II *on.w* (*v. schip*) cruise.

kruiser cruiser.

kruis/gang cloister. ▼—**gewelf** cross vault. ▼—**gewijs** crosswise. ▼**—hout** c.-beam; (*v. Christus*) the rood. ▼—**igen** crucify. ▼—**iging** crucifixion. ▼—**ing** c.-breeding; (*v. wegen*) crossing. ▼—**je** crosslet; (*teken*) mark. ▼—**punt** intersection; (*verkeer*) crossing; (railway-)junction. ▼—**raadsel** cross-word puzzle. ▼—**ridder** knight of the C. ▼—**snede** crucial incision. ▼—**snelheid** cruising speed. ▼—**spin** garden-spider. ▼—**tocht** (*gesch.*) crusade; (*v. schip en vliegt.*) cruise. ▼—**vaarder** crusader. ▼—**vaart** crusade. ▼—**verhoor** c.-examination; *een — afnemen*, c.-examine. ▼—**vormig** cruciform. ▼—**vuur** c.-fire. ▼—**weg 1** c.-road(s); **2** (*rk*) Stations of the C. ▼—**woordraadsel** c.-word puzzle.

kruit powder, gunpowder; *hij heeft al zijn* — *verschoten*, he has shot his bolt; *zijn* — *verspillen*, waste p. and shot. ▼—**damp** (gun)powder-smoke. ▼—**horen** p.-horn.

▼—**huis**, —**magazijn** p.-magazine.

kruiwagen (wheel)barrow; *achter een* — *lopen*, trundle a w.; *—s hebben*, (*fig.*) have a lot of pull.

kruizemunt water-mint.

kruk 1 crutch; **2** (*zetel*) stool; (*v. vogel*) perch; **3** (*v. deur*) handle; (*v. machine*) crank; **4** (*pers.*) bungler. ▼—**as** crank-shaft. ▼—**je** stool. ▼—**ken 1** (*ziekelijk blijven*) be ailing; **2** bungle. ▼—**kig 1** ailing; **2** clumsy.

krul curl; (*v. hout*) shaving; (*v. beeldhouwwerk*) scroll; (*v. schrift*) flourish; (*hout*) *krullen*, wood kindlings. ▼—**haar** curly hair. ▼—**pen** curling-pin. ▼—**ijzer** curling-iron. ▼—**lebol** curly-head. ▼—**len** *ww* curl. ▼—**lenjongen** carpenter's apprentice; (*fig.*) factotum. ▼—**letje** ringlet. ▼—**letter** flourished letter. ▼—**lig** curly. ▼—**tang** curling-tongs.

kubiek *bn* cubic; *—e inhoud*, solid contents; *in 't* — *verheffen*, cube. ▼**kubisme** cubism. ▼**kubus** cube. ▼—**vormig** cubical.

kuch (dry) cough. ▼—**en** cough. ▼—**hoest** hacking c.

kudde herd, flock. ▼—**dier** h.-animal. ▼—**geest** h.-spirit.

kuier stroll. ▼—**en** stroll.

kuif forelock; (*v. vogel*) tuft. ▼—**eend** tufted duck. ▼—**leeuwerik** crested lark. ▼—**mees** crested tit(mouse).

kuiken chicken; (*fig.*) ninny.

kuil pit, hole; (*scheepv.*) waist; *wie een* — *graaft voor een ander valt er zelf in*, harm watch, harm catch; *hij viel in de* —, *die hij voor een ander gegraven had*, he was hoist with his own petard. ▼—**en** put in pits, ensilage. ▼—**tje** (*in wang*) dimple; *—s in de wangen hebben*, have dimpled cheeks.

kuip tub; *ik weet wat voor vlees ik in de* — *heb*, I know whom I am dealing with. ▼**tub-bath.**

kuip/en cooper; (*fig.*) intrigue. ▼—**er** cooper; (*fig.*) intriguer. ▼—**erij** cooperage; (*fig.*) machination(s). ▼—**hout** staves.

kuis chaste. ▼—**en** chasten; (*v. boek, enz.*) bowdlerize. ▼—**heid** chastity.

kuit 1 calf; **2** (*v. vis*) spawn; *— schieten*, spawn. ▼—**been** splint-bone. ▼—**broek** knee-breeches.

kukeleku cock-a-doodle-doo.

kul: *flauwe* —, tomfoolery; twaddle.

kunde knowledge. ▼—**kundig** able; *hij is ter zake* —, he is an expert. ▼—**heid** ability.

kunne sex.

kunnen can, be able to; (*mogelijkheid*) may; *'t kan waar zijn*, it may be true; *dat kan niet*, that's impossible; *ik kon niet anders*, I had no choice; *'t kan niet anders*, there is no choice, it can't be helped; *hij kon niet meer*, he was spent (all in); *ik kan niet verder*, I can't go on; *dat kan zo niet langer*, this can't go on; *je kunt niets*, you are no good; *dat kan morgen even goed*, to-morrow will do as well; *hij kon uren zitten dromen*, he would sit dreaming for hours; *hoe kon hij dat weten?*, how was he to know?; *het kan er niet in*, it won't go in; *dat kan wel in mijn zak*, that will go in my pocket; *ik kan er niet bij*, I can't reach it; (*fig.*) it is beyond me; *dat kan ermee door*, it will do, it will get by; *ik kan er tegen*, I can stand (take) it.

kunst art; (*foefje*) trick; (*toer*) feat; *—en en wetenschappen*, arts and sciences; *dat is geen — aan*, that's no great feat; *dat is juist de* —, that's the whole secret; *hij verstaat de* — *om*, he knows how to; *met — en vliegwerk*, by hook or by crook. ▼—**academie** academy of arts. ▼—**arm** artificial arm. ▼—**been** artificial leg. ▼—**beleid** policy towards art. ▼—**beoefening** practice of art. ▼—**beoordeling** art criticism. ▼—**beschouwing** (*concr.*) essay on art; (*abstr.*) artistic view. ▼—**bewerking** operation. ▼—**bloem** artificial flower. ▼—**criticus** art critic. ▼—**drukpapier** art paper. ▼—**enaar** artist. ▼—**enares** artist. ▼—**enaarschap** artistry, artistic calling.

▼—enmaker acrobat. ▼—galerij art gallery. ▼—gebit denture. ▼—genootschap art society. ▼—genot artistic enjoyment. ▼—geschiedenis history of art. ▼—gevoel artistic feeling. ▼—greep artifice; *de —grepen v.h. vak kennen*, know the tricks of the trade. ▼—handel art-shop. ▼—handelaar art-dealer. ▼—hars plastic. ▼—ig ingenious. ▼—ijsbaan skating-rink. ▼—je trick; *—s doen (vertonen)*, do (perform) tricks. ▼—kenner art connoisseur, art expert. ▼—kring art-club; *in —en*, in art circles. ▼—kritiek art-criticism. ▼—leer imitation leather. ▼—licht artificial light. ▼—liefhebber art-lover. ▼—lievend art-loving. ▼—long iron lung. ▼—maan satellite. ▼—matig artificial; *—e ademhaling toepassen*, apply artificial respiration; *—e inseminatie*, artificial insemination. ▼—matigheid artificiality. ▼—mest fertilizer. ▼—middel expedient. ▼—nier artificial kidney, *(med.)* haemodialyser. ▼—nijverheid applied art. ▼—nijverheidsschool applied art school. ▼—onderwijs art teaching. ▼—oog artificial eye. ▼—produkt work of art. ▼—rijden circus-riding; *(op schaatsen)* figure-skating. ▼—rijder circus-rider; *(schaatser)* figure-skater. ▼—schilder painter, artist. ▼—spreiding dissemination of art. ▼—stuk 1 masterpiece; 2 stunt. ▼—tentoonstelling art exhibition. ▼—vaardig skilful. ▼—vaardigheid skill. ▼—veiling art sale. ▼—verzameling art collection. ▼—vliegen *ww* stunt; *zn* stunt-flying. ▼—vlieger stunter. ▼—vriend lover of art. ▼—voorwerp object of art. ▼—waarde artistic value. ▼—werk work of art. ▼—wol artificial/synthetic wool. ▼—zijde rayon, artificial silk. ▼—zin artistic sense. ▼—zinnig artistic.

kuras cuirass. ▼—sier cuirassier.

kurk cork. ▼—droog bone-dry, quite dry. ▼—eik c.-oak. ▼—en *ww & bn* cork. ▼—etrekker corkscrew.

kus kiss. ▼—handje hand-k.; *'n — geven*, blow a kiss.

kussen I *ww* kiss. II *zn* cushion; *(op bed)* pillow. ▼—sloop pillow-case.

kust 1 coast, shore; *aan de —*, on the c.; *onder de — varen*, skirt (hug) the c.; *de c. is veilig*, the c. is clear; *2 te — en te keur*, in plenty, galore. ▼—batterij shore battery. ▼—bewoner inhabitant of the c. ▼—boot coaster. ▼—gebied coastal area. ▼—licht c.-light. ▼—lijn c.-line. ▼—plaats coastal place. ▼—station shore station. ▼—streek coastal region. ▼—vaarder coaster. ▼—vaart coasting trade. ▼—verlichting c.-lights. ▼—visser(ij) inshore fisher(y). ▼—wacht coastguard. ▼—wachter coastguardsman. ▼—wateren coastal waters.

kut *(volkst.)* cunt.

kuur 1 caprice, whim; *(v. paard)* vice; 2 *(medisch)* cure; *een — doen*, take a cure.

kwaad I *bn (slecht)* bad (man, conscience); evil (day, intentions); *(boos)* angry; *(kwaadaardig)* malignant, vicious (dog); *iem. — maken*, make a p. angry; *zich — maken*, fly into a rage; *— worden*, get angry; *— zijn*, be angry (with); *dat is niet —*, that is not bad; *hij is een kwaaie*, he is an ugly customer. II *bw* badly; *ik had het niet —*, I was not badly off; *het te — krijgen*, break down; *het te — krijgen met*, get into trouble with. III *zn (wat slecht is)* evil, wrong; *(nadeel)* harm, injury; *goed en —*, good and evil; *'t kan geen —*, there's no harm in that; *ik bedoel geen —*, I mean no harm; *— denken van*, think evil of; *hij kon geen — bij haar doen*, he could do nothing wrong with her; *ten goede of ten kwade*, for good or evil; *ik duid het u niet ten kwade*, I don't take it amiss of you; *van — tot erger vervallen*, go from bad to worse. ▼—kwaad/aardig malicious, mischievous; malignant (disease growth). ▼—aardigheid malice, malignity; *(v. ziekte)* malignancy. ▼—denkend suspicious. ▼—denkendheid s.ness. ▼—gezind

malevolent, *(jegens iem.)* ill-disposed. ▼—heid anger. ▼—schiks unwillingly, with a bad grace. ▼—spreekster; —spreker scandalmonger. ▼—spreken talk scandal; *— van*, speak ill of, slander. ▼—sprekerij backbiting. ▼—willig malevolent. ▼—willigheid foul play.

kwaal ailment, complaint, disease.

kwab lobe; *(v. koe)* dewlap. ▼—big pendulous.

kwadraat *bn & zn* square; *in 't — verheffen*, (raise to a) s. ▼—getal s.number.

kwadr/ant quadrant. ▼—atuur quadrature; *de — van de cirkel zoeken*, try to square the circle.

kwadro/fonie quadrophonic (quadrisonic) system. ▼—fonisch quadrophonic.

kwajongen naughty boy; *(ventje)* urchin; *(lummel)* lout. ▼—sachtig boyish; loutish. ▼—sstreek monkey trick.

kwak 1 *(slag)* thud; 2 *(klodder)* blob.

kwaken *(v. eenden)* quack; *(v. kikkers)* croak.

kwaker quaker.

kwakkel/aar(ster) valetudinarian. ▼—en be ailing. ▼—winter fitful winter.

kwakken I *ov.w* dump, hurl. II *on.w* bump.

kwakzalv/er quack. ▼—erij quackery. ▼—ersmiddel quack medicine.

kwal jelly-fish; *een — van een vent*, a rotter.

kwalific/atie qualification. ▼—eren *— als*, call, style.

kwalijk 1 *(nauwelijks)* hardly; 2 ill; *— nemen*, take ill (amiss); *ik neem 't hem niet —*, I don't blame him (for it); *neem me niet —*, I beg your pardon; excuse me; *— verborgen*, ill-concealed.

kwalitatief qualitative. ▼kwaliteit quality; *(schaken) de — winnen*, win the exchange; *de — teruggeven*, lose back the exchange; *de — voorblijven*, to remain the exchange ahead. ▼—sartikel quality article.

kwansel/aar barterer. ▼—arij bartering. ▼—en barter.

kwansuis for form's sake; *zij stemde — toe*, she feigned to assent.

kwant chap, guy.

kwantitatief quantitative. ▼kwantiteit quantity.

kwark quark.

kwart quarter, fourth part; *(noot)* crotchet; *— over (voor) vijf*, a q. past (to) five; *een —eeuw*, a q. of a century. ▼—aal quarter. ▼—eeuw quarter of a century.

kwartel quail. ▼—koning corn-crake.

kwartet quartet(te).

kwartier 1 quarter of an hour; 2 *(woonwijk)* quarter; *(mil.)* quarters; *drie —*, three quarters of an hour; *eerste (laatste) —*, *(v. maan)* first (last) q.; *vrij —*, break; *geen — geven*, give no q.; *— maken*, prepare quarters. ▼—maker quartermaster. ▼—meester paymaster; *(scheepv.)* quartermaster.

kwartje *(ongev.)* sixpence. ▼—svinder crook, welsher.

kwartnoot crotchet.

kwarts quartz. ▼—achtig quartzy. ▼—horloge quartz watch.

kwast 1 *(verf—)* brush; *(aan muts, enz.)* tassel; 2 *(in hout)* knot; 3 *(pers.)* coxcomb; 4 *(citroen—)* lemon-squash; *nodig een —je moeten hebben*, need a fresh coat of paint.

kwasterig foppish.

kwebbel chatterbox. ▼—en chatter, gossip.

kweek/plaats nursery. ▼—reactor breeder (reactor); *snelle —*, fast breeder reactor. ▼—school *zie pedagogische academie*. ▼—tuin nursery(-garden).

kweepeer quince.

kwek/eling pupil-teacher. ▼—en grow, cultivate, breed, foster. ▼—er grower, nurseryman. ▼—erij nursery.

kwekken quack.

kwel/duivel —geest tormentor.

kwelen warble.

kwell/en vex, torment; *(v. gedachte: ook)* haunt; *dat kwelt me*, that worries me. ▼—er

tormentor. ▼—**ing** vexation, torment.
kwelwater seepage.
kwestie (*vraagstuk*) question; issue; (*zaak*)
matter; *geen — van,* **1** that's out of the
question; **2** not at all; *de — is...,* the point is...;
dat is de — niet, that is beside the point; *ik
kreeg — met hem,* I had an argument with him;
buiten —, beyond q. ▼**kwestieus**
questionable.
kwets/baar vulnerable. ▼—**baarheid**
vulnerability. ▼—**en** injure, wound. ▼—**ing**
(*fig.*) offence. ▼—**uur** injury, wound.
kwetteren (*v. vogels*) twitter.
kwezel(aar) bigot. ▼—**achtig** bigoted.
▼—**arij** bigotry. ▼—**en** cant.
kwibus coxcomb.
kwiek spry, sprightly, smart (boy).
kwijl slaver. ▼—**en** slaver. ▼—**er** slaverer.
kwijnen languish; (*v. bloem*) droop, wilt; (*v.
gesprek, belangstelling*) flag.
kwijt: —*raken,* lose (s.th.); get rid of (a p.); *ik
ben mijn boek —,* I have lost my book; *je bent
je verstand —,* you are off your head; *ik ben zijn
naam —,* I forget his name; *hij zei niet meer dan
hij — wou zijn,* he sat tight, he kept his own
counsel; *zij zijn hem liever — dan rijk,* they
prefer his room to his company.
kwijt/en: *zich — van,* acquit o.s. of; *een schuld
—,* pay a debt. ▼—**ing** discharge; *— verlenen,*
discharge.
kwijtscheld/en remit (a debt); forgive (a sin).
▼—**ing** remission.
kwik mercury. ▼—**bad** mercurial bath.
▼—**barometer** mercurial barometer. ▼—**buis**
mercury tube. ▼—**mijn** mercury mine.
▼—**staart** wagtail; *grote gele —,* grey wagtail.
▼—**zilver** mercury.
kwinkeleren warble.
kwinkslag witticism.
kwint quint, fifth. ▼—**essens** quintessence.
▼—**et** quintet(te).
kwis quiz.
*kwispelstaarten wag one's tail.
kwistig lavish, liberal; *— zijn met,* be lavish of;
met —e hand, with a lavish hand, lavishly.
▼—**heid** lavishness.
kwitantie receipt. ▼—**boekje** book of
receipts. ▼—**loper** bank-messenger.
▼**kwiteren** receipt.
kynoloog dog-fancier.

la drawer; (*winkel*—) till.
laad/boom derrick. ▼—**brug** loading-bridge.
▼—**gat** touch-hole. ▼—**geld** loading
charge(s). ▼—**kist** container. ▼—**lijn**
load-line. ▼—**plaats** loading-berth. ▼—**ruim**
cargo-space. ▼—**ruimte** cargo-capacity,
tonnage. ▼—**station** filling-station.
▼—**vermogen** carrying capacity.
laag I *zn* layer, stratum; (*v. verf*) coat; *listen en
lagen,* tricks and snares; *iem. de volle —
geven,* let a p. have it; *de volle — krijgen,* get it
hot, catch it properly. **II** *bn* low; (*fig.*) base,
mean; *lager onderwijs,* primary education; —
neerzien op, look down upon; (*de prijs*) *lager
stellen,* lower; *— gevallen,* (*fig.*) sunk low.
▼**laag/-bij-de-grond(s)** pedestrian.
▼—**conjunctuur** economic (*of:* trade)
depression. ▼—**hartig** vile. ▼—**hartigheid**
vileness. ▼—**land** lowland. ▼—**spanning** low
tension. ▼—**te** lowness; (*in terrein*) dip; *naar
de — gaan,* go down. ▼—**tepunt** low, low
record. ▼—**tij** low tide. ▼—**veen** peat-bog.
▼—**vlakte** lowlands. ▼—**water** low water.
laai: *in lichter —e staan,* be ablaze. ▼—**en**
blaze; *— van verontwaardiging,* blaze (burn)
with indignation.
laakbaar reprehensible. ▼—**heid** r.ness.
laan avenue; *iem. de — uitsturen,* send a p.
packing; *hij moest de — uit,* he got the sack.
▼—**tje** alley.
laars boot; *hoge —,* jackboot; *iets aan zijn —
lappen,* ignore s.th.; *dat lapt hij aan zijn —,* a fat
lot he cares! ▼**laarzeknecht** boot-jack.
▼**laarzenmaker** bootmaker.
laat late; *hoe — is het?,* what's the time?; *hoe
— heb je 't?,* what time do you make it?; *o, is
het zo —?,* (*fig.*) oh, is that your (his) little
game?; *kunt u mij zeggen hoe — het is?,* can
you tell me the time?; *op de late avond,* l. in the
evening; *tot — in de nacht,* l. into the night; *je
komt wel wat — met je verzoek,* it is rather l. in
the day for your request; *beter — dan nooit,*
better l. than never; *te — zijn (komen),* be l.; *te
— zijn voor 't eten,* be l. for dinner; *de trein was
een uur te —,* the train was an hour late
(overdue).
laatdunkend conceited. ▼—**heid** conceit.
laatje drawer; *geld in 't — brengen,* bring grist
to the mill.
laatst I *bn* (*tijd*) latest, last; (*volgorde*) last; *zijn
—e boek,* (*vóór zijn dood*) his last book,
(*jongste*) his latest book; *in mijn —e brief,* in
my last letter; *de —e trein,* the last train; *de —e
berichten,* the latest reports; *de —e dagen,* the
last few days; *in de —e jaren,* of late years; *in
de —e tijd,* of late, recently; *de —
aangekomene,* the latest comer; *de —en zullen
de eersten zijn,* the last shall be the first; *de —
genoemde(n)* (*v. twee*), the latter; (*v. meer*)
the last(-named, mentioned). **II** *zn:* *in het —
van november,* late in N., at the end of N.;
morgen op zijn —, to-morrow at (the) latest;
op het —, *ten —e,* at l.; *ten —e,* lastly, last; *tot 't
—,* to (till) the l.; *voor 't —,* for the l. time.
III *bw* (*onlangs*) lately, the other day.
▼—**geboren** last-born. ▼—**genoemd**
last-named, latter; *de —,* the latter.
labiel labile, unstable.

laborant laboratory worker. ▼**laboratorium** laboratory.

laboreren: *aan*, labour under, suffer from.

labyrint labyrinth. ▼**—isch** labyrinthine.

lach laugh, laughter; (*glim*—) smile; (*inwendig*) chuckle; *in een — schieten*, burst into a l. ▼**—bui** fit of laughter. ▼**—ebek** giglet. ▼**lachen** laugh; — *is gezond*, l. and grow fat; *zich doon* (*krom, slap, ziek enz*.) —, split one's sides with laughing, double up with laughter, laugh one's head off; l. till one cries; — *als een boer die kiespijn heeft*, laugh on the wrong side of one's mouth; *wie het laatst lacht, lacht het best*, he laughs best who laughs last; *hij kon zijn — niet houden*, he could not help laughing; *dat bracht ons aan 't —*, that set us off laughing; *in zichzelf —*, l. to o.s.; — *om*, l. at; *dat is niet om te —*, that's no laughing matter; *'t is om te —*, it's ridiculous; — *tegen iem.*, smile at a p.; *laat me niet —*, you're making me laugh. ▼**lacher** laugher; *hij had de —s op zijn hand*, he had the laugh on his side; *dat is 'n —tje*, that is a ridiculous suggestion (idea etc).

▼**lach/gas** laughing-gas. ▼**—kramp** convulsions of laughter. ▼**—lust**: *de — opwekken*, provoke laughter; *zijn — bedwingen*, restrain one's amusement. ▼**—spiegel** distorting mirror. ▼**—spier**: *op de —en werken*, tickle a p. ▼**—wekkend** laughable. ▼**—ziek** given to laughing.

laconiek laconic.

lacune gap; *een — aanvullen*, fill up a g.

ladder ladder (*ook in kous*). ▼**—en** ladder. ▼**—wagen** l.-truck.

lade drawer; (*winkel*—) till; (*v. geweer*) stock. ▼**—lichter** shop-lifter.

laden I *ov.w* (*schip*) load; (*accu*) charge. II *on.w* load.

ladenkast chest of drawers.

lader loader, charger. ▼**lading** cargo, load; (*v. vuurwapen en elektr*.) charge; — *innemen*, take in cargo. ▼**—meester** loading-clerk.

laf 1 cowardly; 2 (*flauw*) insipid. ▼**—aard**, **—bek** coward, (*sl*.) chicken.

lafenis refreshment.

lafhartig cowardly. ▼**—heid** 1 cowardice; 2 (*v. smaak*) insipidity.

lager I *zn* (*mach*.) bearing(s). II *bn* lower; *de prijzen zijn* —, the prices are down; *zijn eisen — stellen*, lower one's demands.

lager(bier) lager (beer).

Lagerhuis House of Commons.

lagerwal lee-shore; *aan — raken*, be caught on the lee-shore; (*fig*.) come down in the world.

lagune lagoon.

lak sealing-wax; (*vernis*—) lacquer; *allemaal —*, all humbug; *ik heb — aan hem*, he can go to Jericho; *daar heb ik — aan*, a fat lot I care.

lakei footman; (*smalend*) flunkey.

laken I *ww* blame. II *zn* 1 (*stof*) cloth; 2 (*v. bed*) sheet; (*v. tafel*) cloth; *van 't zelfde — een pak krijgen*, be served with the same sauce; *de —s uitdelen*, boss the show. ▼**—fabrikant** clothier. ▼**—hal** Cloth Hall. ▼**—koopman** cloth-merchant, clothier. ▼**—s** *bn* cloth. ▼**—ver ver** cloth-dyer. ▼**—volder** fuller. ▼**—winkel** draper's (shop).

lakken lacquer (a table); seal (a letter). ▼**lakleer** patent leather.

lakmoes litmus. ▼**—papier** l.-paper.

laks remiss, lax, slack.

lakschoenen patent leather shoes.

laksheid laxity, slackness.

lak/vernis lacquer. ▼**—werk** lacquered ware, japanned goods.

lam I *zn* lamb; *—meren krijgen*, lamb. II *bn* 1 paralysed; (*v. toets*) dumb; 2 (*vervelend*) awkward; *een —me*, a paralytic; *iem. — slaan*, beat a p. to a jelly; *zich — werken*, work one's fingers to the bone; *—me vent!*, wretched fellow!

lama llama.

lambrizer/en wainscot. ▼**—ing** wainscot.

lamen/tabel lamentable. ▼**—tatie** lamentation. ▼**—teren** lament.

lamheid paralysis.

lamlendig (*lui*) lazy; (*beroerd*) wretched, awkward. ▼**—heid** laziness; wretchedness, awkwardness.

lamme/ling blighter. ▼**—nadig** (*futloos*) spineless; (*beroerd*) rotten.

lammeren lamb.

lammergier lammergeyer.

lamp lamp; (*gloei*—) bulb; (*radio*) valve; *tegen de — lopen*, get caught, get into trouble. ▼**—eglas** l.-chimney. ▼**—ekap** l.-shade. ▼**—epit** l.-wick.

lampet/kan (water-) jug, ewer. ▼**—kom** wash-basin.

lampion Chinese lantern.

lams/bout leg of lamb. ▼**—kotelet** lamb cutlet.

lamstraal rotter, blighter.

lams/vacht lamb's fleece. ▼**—vlees** lamb.

lamzak blighter.

lanceer/buis launching-tube. ▼**—plaats**, **—terrein** launching pad, l. platform, l. stand. ▼**lancer/en** launch (*plan, torpedo enz*.); start (rumours); put forward (new proposals); lift (blast) off (space craft). ▼**—ing** launching, blast-off, lift-off.

lancet lancet.

lancier lancer.

land (*tegenover water*) land; (*staat*) country; (*platte*—) country; (*akker*) field; (*grond*) land; *hij heeft veel —*, he owns a great deal of land; *het — van belofte*, the promised land; *'s —s wijs, 's —s eer*, so many countries, so many customs; *het — hebben*, be annoyed; *ergens het — aan hebben*, hate s.th.; *aan alles het — hebben*, be fed up with everything; *het — hebben over*, be (feel) annoyed at; *het — krijgen aan*, take a dislike to; *aan — gaan*, go ashore; *door — ingesloten*, land-locked; *aan — komen*, land; *aan — zetten*, land, put on shore; *de zomer is in 't —*, summer has arrived; *op 't —*, in the country; (work) on the l.; *over —*, by l.; *ver/diep in het —*, far up-country; *te — komen*, land; *een meisje van 't —*, a country-girl; *uit welk — kom je?*, what nationality are you?; *uit het — zetten*, expel a p., deport. ▼**land/aanwinning** land reclamation. ▼**—aard** 1 nationality; 2 national character. ▼**—adel** landed nobility. ▼**—arbeid** work on the land. ▼**—arbeider** agricultural labourer.

landauer landau.

land/bezit landed property. ▼**—bezitter** landowner.

landbouw agriculture. ▼**landbouw/-** agricultural. ▼**—bedrijf** a. industry, agriculture. ▼**—consulent** a. consultant. ▼**—cursus** a. course. ▼**—er** farmer. ▼**—gereedschappen** a. implements. ▼**—hogeschool** a. college. ▼**—kunde** agriculture. ▼**—kundig** agricultural. ▼**—machine** a. machine. ▼**—onderwijs** a. instruction. ▼**—produkten** a. produce. ▼**—proefstation** a. experiment station. ▼**—schap** agricultural organization. ▼**—school** a. school. ▼**—streek** a. district. ▼**—tentoonstelling** a. show. ▼**—werktuig** a. implement.

land/dag diet; (*v. pol. partij*) field-day. ▼**—dier** land animal. ▼**—edelman** country nobleman. ▼**—eigenaar** landowner. ▼**—elijk** rural. ▼**—elijkheid** rusticity. ▼**—en** land, disembark; (*v. vliegt*.) land. ▼**—engte** isthmus. ▼**—en-volkenkunde** geography and ethnography. ▼**—enwedstrijd** international match. ▼**—en-zeemacht** Army and Navy.

landerig blue. ▼**—heid** the blues.

land/erijen landed estates. ▼**—genoot** countryman. ▼**—genote** countrywoman. ▼**—goed** country-seat. ▼**—grens** land-frontier. ▼**—haai** land-shark. ▼**—heer** landlord. ▼**—huis** country-house.

landing landing, disembarkation; (*vliegt*.) landing, touch-down. ▼**—sbaan** runway.

▼—**sbaken** l. beacon. ▼—**sboot** l. craft.
▼—**sbrug** gangway. ▼—**sgestel**
under-carriage, landing-gear. ▼—**slichten** l.
lights. ▼—**smast** mooring-mast.
▼—**spersoneel** ground staff. ▼—**splaats**
l.-place. ▼—**ssnelheid** l. speed. ▼—**sstrook**
air-strip; *verlichte* —, flare path. ▼—**sterrein**
l.-ground, l. area; *verlicht* —, flare-path.
▼—**stroepen** landing-forces. ▼—**svaartuig**
l.-craft.

land/jonker (country-)squire.
▼—**jonkerdom** squirearchy. ▼—**kaart** map.
▼—**klimaat** continental climate. ▼—**leger**
l.-forces. ▼—**leven** country-life. ▼—**loper**
tramp, bum. ▼—**loperij** vagrancy. ▼—**macht**
l.-forces. ▼—**man** c.-man. ▼—**meten**,
—**meting** surveying. ▼—**meter** surveyor.
▼—**mijn** l.-mine. ▼—**ouw** field. ▼—**post**
overland mail. ▼—**rot** l.-lubber. ▼—**schap**
landscape. ▼—**schapschilder**
landscapepainter. ▼**lands/dienaar** public
servant. ▼—**drukkerij** government
printing-office. ▼—**heer** sovereign lord.
▼—**man** countryman. ▼—**taal** vernacular.
▼**land/streek** region, district.
▼—**sverdediging** defence of the realm.
▼—**tong** spit of land. ▼—**verhuizer** emigrant.
▼—**verhuizing** emigration. ▼—**verraad**
high-treason. ▼—**verrader** traitor to one's
country. ▼—**verschuiving** landslide. ▼—**volk**
country-people. ▼—**voogd** governor.
▼—**waarts** landward(s); — *in*, inland.
▼—**wacht** Home Guard. ▼—**weg**
1 country-road; **2** overland route. ▼—**wind**
landwind. ▼—**winning** l. reclamation.
▼—**zijde** l.-side.

lang long; (*v. gestalte, boom*) tall; *ik ben zes
voet* —, I'm six feet high; — *zal hij leven!*, long
life to him; *een tijd* —, for a time; *vijf maanden*
—, for a period of five months; *mijn leven* —, all
my life; *een* — *gezicht zetten*, pull a l. face; —
van stof, l.-winded; *hij bleef* — *uit*, he was l. in
coming; *wat ben je* — *uitgebleven!*, what a
time you have been!; *hij is al* — *dood*, he has
been dead a l. time; *je had al* — *in bed moeten
liggen*, you should have been in bed long ago;
de trein had er al — *moeten zijn*, the train is
long overdue; *iets* — *en breed bespreken*,
discuss a thing at great length; *'t is zo* — *als 't
breed is*, it is as broad as it is l.; *ik had hem in* —
niet gezien, I had not seen him for a l. time; —
niet, bij —*e (na) niet*, not nearly, not by a long
way; (*sl.*) not by a long chalk; *hij is* — *niet gek*,
he's far from being a fool; *'t is* — *niet slecht*,
not at all bad; — *niet zo goed*, nothing like as
good; *je bent er nog* — *niet*, you still have a
long way to go; — *niet zoveel als ik nodig heb*,
nothing like what I need; *je hebt het bij* —*e na
niet geraden*, your guess is wide of the mark; *is
de tijd je* — *gevallen?*, have you found the time
l.?; *de tijd viel mij* —, time hung heavy on my
hands; *op zijn* —*st*, at the furthest.
▼**lang/aanhoudend** long-continued.
▼—**ademig** long-winded. ▼—**benig**
l.-legged. ▼—**dradig** l.-winded.
▼—**dradigheid** l.-windedness. ▼—**durig**
lasting (friendship), prolonged (absence,
stay), lengthy (business). ▼—**durigheid**
l.-duration. ▼—**gehoopt** l. hoped-for.
▼—**gerekt** l.-drawn (out) (negotiations),
protracted (visit). ▼—**gewenst** l. wished-for.
▼—**harig** l.-haired. ▼—**jarig** l. standing.
▼—**lopend** long term (credits). ▼—**oor**
long-ear(s). ▼—**orig** l.-eared.

langs along, past; *achter* (*voor*) —, behind (in
front of); — *een andere weg komen*, come by
another route; — *een huis komen*, pass a
house; — *elkaar heen praten*, talk (be) at
cross-purposes; — *iets lopen*, skirt s.th.; *bij
iem.* — *lopen*, drop in on s.o.; *dicht* — *de kust
varen*, hug the coast; *iem. er van* — *geven*, give
a p. what for, slap into a p.; *hij gaf ze er
ongenadig van* —, he gave them hell.
lang/schedelig long-headed;
dolichocephalic. ▼—**slaper** late riser, (*fam.*)
slug-abed. ▼—**speelplaat** long-playing

record.
langszij alongside.
lang/uit (at) full length. ▼—**verwacht**
l.-expected. ▼—**vingerig** l.-fingered; (*fig.*)
light-fingered. ▼—**werpig** oblong.
▼—**werpigheid** oblong form.
langzaam slow; — *maar zeker*, s. but sure; —
aan!, easy!, steady!; — *aan, dan breekt 't lijntje
niet*, easy does it. ▼—**aan-actie** slow-down
(action). ▼—**heid** slowness.
▼**langzamerhand** little by little, gradually.
lankmoedig(heid) long-suffering.
lans lance; *een* — *breken voor*, break a l. for.
▼—**ier** lancer. ▼—**punt** lance head.
▼—**schacht** lance shaft.
lantaarn lantern; (*fiets*—, *straat*—) lamp; *die
moet je met een* —(*tje*) *zoeken*, they are very
rare. ▼—**paal** lamppost; electric standard.
▼—**plaatje** l.-slide.
lanterfant/en idle, loaf. ▼—**er** idler, loafer.
lap (*v. stof*) piece, length; (*op kledingstuk*)
patch; (*om te wrijven*) cloth; (*vlees*) slice;
(*afgescheurd*) rag; (*afgeknipt*) cutting;
(*grond*) patch; —*pen* (*bij opruiming*)
remnants; *ouwe* —, old rag; *'t werkt als een
rode* — *op een stier*, it's like a red rag to a bull;
de —*pen hingen erbij*, it was in rags.
Lap Lapp, Laplander.
lapje (*vlees*) steak; (*om vinger, enz.*) rag; —
grond, patch of ground; *iem. voor het* —
houden, pull a p. 's leg.
Lapland Lapland. ▼—**er** Laplander, Lapp. ▼—**s**
Lappic.
lapmiddel expedient, makeshift.
lappen 1 patch (clothes); cobble (shoes);
2 shammy (windows); **3** (*sp.*) lap; *hij heeft het
hem gelapt*, he has done it, he has got there, he
has pulled it off; *wie heeft me dat gelapt?*, who
has played me that trick?; *dat heb je 'm goed
gelapt*, jolly good show!; *iem. erbij* —, report a
p., (*verraden*) tell on a p., sneak on a p.; *geld
erdoor* —, blue (squander) money.
lappen/deken patchwork quilt. ▼—**mand**: *in
de* — *zijn*, (*in bed*) be laid up; (*anders*) be off
colour.
lapsus lapse, slip.
lapwerk patchwork.
lardeerspek lard. ▼**larderen** lard.
larie stuff and nonsense, bunk, rubbish; —*!*,
fiddlesticks!
lariks(boom) larch.
larve larva, grub.
las joint, weld. ▼—**baar** weldable.
laser laser (light amplification by stimulated
emission of radiation). ▼—**straal** laser beam.
lash-schip lash, kangaroo ship.
las/ijzer welding-iron. ▼—**sen** weld. ▼—**ser**
welder.
lasso lasso; *met een* — *vangen*, lasso.
last load; (*v. schip*) cargo; (*fig.*) burden;
(*overlast*) trouble, nuisance; (*bevel*) order;
(*scheeps*—) 2 tons; (*maat*) 30 hectolitres;
(*haring*) 14 barrels; — *geven*, **1** (*l.
veroorzaken*) give trouble; **2** (*bevelen*) give
instructions; — *hebben te*, be instructed to; *ik
heb* — *van het licht*, the light is troubling me;
heb je — *van me?*, am I in the way?; *ik heb
geen* — *van je*, you don't give me any trouble;
hij heeft — *van zijn hart*, he has heart-trouble;
daar krijg je — *van*, that will get you into
trouble; — *bezorgen*, give a p. trouble; *dan is
Leiden in* —, then there will be the devil to pay;
de — *der jaren*, the burden of years; *ten* —*e
komen van*, be chargeable to; *ten* —*e van 't
Rijk komen*, be a national charge; *onkosten
komen te uwen* —*e*, charges are for your
account; *iem. iets ten* —*e leggen*, charge a p.
with s.th.; *ten* —*e* — *zijn*, be a burden on a p.;
ik ben u toch niet tot —?, I am not in the way, I
hope?
lastbrief mandate.
last/dier beast of burden. ▼—**drager** porter.
laster calumny, slander, defamation (of
character), smear. ▼—**aar** slanderer.
▼—**campagne** smear campaign. ▼—**en**
slander, defame. ▼—**ing** slander. ▼—**lijk**

slanderous. ▼—praatje scandal, smear.
▼—schrift libel. ▼—taal slanderous
language, smears. ▼—tong slanderous
tongue; (lasteraar) slanderer,
scandal-monger.
lastezel pack-donkey.
last/gever principal. ▼—geving
instruction(s). ▼—hebber agent.
lastig difficult (problem); awkward (position);
exacting (person); —e leeftijd, awkward age;
wat ben je —!, what a nuisance you are!; het
iem. — maken, make things difficult for a p.;
iem. — vallen, trouble a p. (for s.th.); dat zal —
gaan, that will hardly be possible. ▼—heid
difficulty, etc.
lastlijn load-line, Plimsoll mark.
lastoestel welding set.
lastpaard pack-horse.
lastpost nuisance.
lat lath; (v. jaloezie) slat.
latafel chest of drawers.
laten (toestaan) let, permit; (in een toestand
laten) leave; (nalaten) leave off, refrain from;
(zorgen dat iets gebeurt) make, cause, have,
get; (bevelen) tell, order; laten we gaan, let us
go; laat hij maar oppassen, he'd better watch
out; laat me gaan, let me go; laat uw jas maar
hier, leave your coat here; het laat me koud, it
leaves me cold; het roken —, leave off (refrain
from) smoking; laat dat!, stop it!, don't!; dat zal
je wel —, you'll do nothing of the kind; laat
maar, don't bother; ik kan het niet —, I can't
help it; doe wat je niet — kunt, do your worst;
hij liet mij hard werken, he made me work hard;
een brug — bouwen, have a bridge built,
cause a bridge to be built; iets — doen, have
s.th. done; hij liet me zijn boeken halen, he told
me to get his books; ik zal het daarbij —, I'll let
it go at that; laat het voor hetgeen het is, let it
pass; het laat zich niet ontkennen, dat…, it
cannot be denied that…, there's no denying
that…; het laat zich denken, dat…, it can be
imagined that…; ik zal het je — weten, I shall
let you know; — zien, show.
latent latent.
later I bn later. II bw later; (naderhand) later
on, afterwards.
lateraal lateral.
latertje: dat wordt een —, it will be late.
lathyrus sweet pea.
Latijn Latin. ▼—s Latin. ▼latin/isme Latinism.
▼—ist Latinist.
latrine latrine.
latwerk lath-work; (v. leibomen) trellis.
laurier laurel, bay. ▼—blad l. leaf, bay-leaf.
▼—boom l. tree, bay-tree.
lauw (v. pers.) lukewarm; (v. zaken) tepid.
lauwer laurel, bay; —en behalen, reap laurels;
op zijn —en rusten, rest on one's laurels.
▼—en crown with laurels. ▼—krans
l.-wreath.
lauw/hartig lukewarm. ▼—heid
lukewarmness; tepidity.
lava lava. ▼—stroom l.-stream.
lavement enema; een — zetten, administer an
e. (to a p.). ▼—spuit enema(-syringe).
laven refresh; (dorst) quench.
lavendel lavender. ▼—water l.-water.
laveren tack, (fig.) manoeuvre.
lawaai noise; (sterker) din, racket;
(geschreeuw) tumult, hullabaloo. ▼—(er)ig
noisy, tumultuous, rambunctious,
rumbustious. ▼—maker, —schopper
noise-maker, randy fellow. ▼—saus watery
gravy.
lawine avalanche.
laxeermiddel laxative. ▼laxeren purge.
▼laxerend laxative.
lazaret lazaret(to).
Lazarus Lazarus; — zijn, be tight, be plastered.
leasen lease. ▼leasing leasing.
lebberen lap.
lebmaag rennet-stomach.
lector lecturer. ▼—aat lectureship.
lectuur reading, reading-matter.
ledematen limbs.

ledenlijst list of members.
ledenpop dummy; (fig.) figure-head.
leden/tal membership. ▼—vergadering
members' meeting.
leder leather. ▼—en leather. ▼—goed,
—waren l. goods.
ledig empty, vacant; —e tijd, spare time. ▼—en
empty. ▼—gang idleness. ▼—heid emptiness;
— is des duivels oorkussen, idleness is the
parent of vice.
ledikant bedstead.
leed I zn (letsel) harm, injury; (geestelijk) grief,
sorrow; 't doet me — dat…, I am sorry (I
regret) that…; er zal je geen — geschieden,
you won't suffer any harm. II bn: met lede
ogen, with envious eyes. ▼—vermaak
gloating. ▼—wezen regret; tot mijn — kan ik
niet komen, I regret to say that I can't come.
leefbaar fit to live in, livable. ▼—heid livability.
▼leef/gemeenschap commune; (de
samenleving) society. ▼—regel regimen, diet.
leeftijd age; (levensduur) lifetime; boven de
—, over a.; onder de —, under a.; op de — van,
at the a. of; op — komen, get on in years; een
man op —, an elderly man. ▼—sgrens a. -limit.
▼—sgroep age group, age bracket; in de —
van 28-36, in the age bracket 28—36.
leeftocht provisions, victuals.
leefwijze manner (style) of living.
leeg empty, vacant; (huis) unoccupied;
(lietsband, enz.) flat; met lege handen,
empty-handed; met een lege maag, on an
empty stomach. ▼—drinken empty, drain.
▼—eten clear. ▼—gieten empty. ▼—halen
clear out. ▼—hoofd rattle-brain. ▼—hoofdig
rattle-brained. ▼—lopen (become) empty; (v.
lietsband) go flat; (lietsdoen) go idle (about),
loaf; laten —, (ballon, band) deflate; (bad)
drain. ▼—loper loafer, idler. ▼—maken
empty. ▼—plunderen loot. ▼—pompen
pump dry. ▼—staan stand (be) empty, be
unoccupied. ▼—stelen rifle. ▼—te emptiness;
(fig.) blank, void. ▼—zitten (be) idle.
leek layman, outsider; de leken, the laity, the
uninitiated.
leem (grond) loam. ▼—grond loamy soil.
▼—put l.-pit.
leemte gap, flaw; een — aanvullen, fill up a
gap.
leen (hist.) fief; te — geven, lend; te — hebben
(krijgen), have (get) (s.th.) on loan. ▼—bank
loan-bank. ▼—dienst feudal service. ▼Leen-
en Pachtwet Lend-Lease Act. ▼leen/goed
feudal estate. ▼—heer feudal lord. ▼—man
vassal. ▼—manstrouw allegiance. ▼—plicht
feudal duty. ▼—plichtig liege. ▼—stelsel
feudal system. ▼—tje-buur: — spelen bij
iem., borrow constantly from a p.
leep cunning. ▼—heid cunning. ▼—ogig
blear-eyed. ▼—oog (pers.) blear-eye.
leer I (leder) leather; van een andermans — is
't goed riemen snijden, it is easy to cut thongs
out of another man's l.; van — trekken, hit out,
pitch into a p.; — om —, tit for tat; 2 (ladder)
ladder; 3 (stelsel) doctrine, theory; laat dit je
een — zijn, let this be a lesson to you; in de —
doen bij, apprentice to; in de — zijn bij, serve
one's apprenticeship with; wat dit betreft hoeft
hij bij niemand in de — te gaan, he has nothing
to learn from anyone.
leer/behoeften school materials. ▼—boek
textbook. ▼—dicht didactic poem. ▼—film
instructional film. ▼—gang course (of
instruction). ▼—geld school-fee; — betalen,
learn from experience. ▼—gezag doctrinal
authority. ▼—gierig studious, eager to learn.
▼—gierigheid -s. -ness. ▼—jaar year's course;
(klas) form, class; leerjaren, (years of)
apprenticeship. ▼—jongen apprentice.
▼—kracht teacher.
leerling pupil; (leerjongen) apprentice.
▼—verpleegster student nurse,
(gevorderd) probationer. ▼—vlieger trainee
pilot.
leerlooi/en tan. ▼—er tanner. ▼—erij tannery.
leer/meester teacher. ▼—methode method

of teaching (learning). ▼—**middelen** educational appliances. ▼—**plan** curriculum. ▼—**plicht** compulsory education; *de* — *verlengen*, raise the school-leaving age. ▼—**plichtig** of school age; —*e leeftijd*, school age. ▼—**rijk** instructive. ▼—**school** school; *een harde* —, a hard school (apprenticeship). ▼—**stelling** doctrine. ▼—**stoel** (professorial) chair. ▼—**stof** subject-matter. ▼—**stuk** dogma. ▼—**tijd** pupil(l)age, (*v. leerjongen*) period of training, apprenticeship. ▼—**wijze** method of teaching (learning). ▼—**zaam** instructive.

leesbaar (*v. inhoud*) readable; (*v. schrift*) legible. ▼—**heid** readableness; legibility. ▼**lees/beurt 1** turn to read; **2** lecture, lecturing-engagement. ▼—**bibliotheek** circulating-library. ▼—**boek** reader. ▼—**gezelschap** reading-club. ▼—**kamer** reading-room. ▼—**lamp** reading lamp. ▼—**les** reading lesson. ▼—**oefening** reading exercise. ▼—**onderwijs** reading-lessons. ▼—**portefeuille** reading-case. ▼—**stof** reading-matter.

leest 1 (*v. pers.*) waist; **2** (*v. schoenmaker*) last; *op een andere* — *schoeien*, cast in a different mould, model on different lines; *op dezelfde* — *geschoeid*, organized on the same lines.

lees/tafel reading-table. ▼—**teken** punctuation mark. ▼—**woede** passion for reading. ▼—**zaal** reading-room; *openbare* —, public library.

leeuw lion; (*astr.*) Leo, the Lion. ▼—**ebek** lion's mouth; (*bloem*) snapdragon. ▼—**edeel** l.'s share. ▼—**ehok** l.'s cage. ▼—**ejacht** l.-hunt(ing). ▼—**ekuil** l.'s den. ▼—**entemmer** l.-tamer.

leeuwerik (sky)lark.
leeuwin lioness.

lef pluck; (*branie*) swank; *als je 't* — *hebt!*, if you dare!; *daar heb je het* — *niet toe*, you haven't got the guts for it. ▼—**doekje** outside handkerchief.

leg lay; *aan de* —, be laying; *de kip is van de* —, the hen has stopped laying.

legaat 1 legacy; **2** (*pauselijk* —) legate.
legalis/atie legalization. ▼—**eren** legalize.
legatie legation, embassy.
legen empty.
legend/arisch legendary. ▼—**e** legend.
leger 1 (*mil.*) army; (*fig.*) host; *L— des Heils*, Salvation Army; **2** (*bed*) bed, couch; (*v. wild dier*) lair; (*v. haas*) form. ▼—**aanvoerder** *zie* —**commandant.** ▼—**aalmoezenier** army chaplain, (*fam.*) padre. ▼—**afdeling** army unit. ▼—**begroting** army-estimates. ▼—**commandant** a.-commander, a.-leader, a.-captain.
légeren 1 encamp; **2** station (troops in a country).
legéren alloy. ▼**legéring** alloy.
légering encampment.
leger/kamp army camp. ▼—**korps** a.-corps. ▼—**macht** army, force. ▼—**plaats** camp. ▼—**predikant** a.-chaplain. ▼—**stede** couch, bed. ▼—**tent** a. tent. ▼—**trein** military train. ▼—**tros** impedimenta.
leges legal charges.
leggen lay (*ook v. kippen*), put, place; (*worstelsport*) throw. ▼**legger** layer; (*spoor*—) sleeper; register. ▼**leghen** layer.
legio legion; *hun aantal is* —, their number is l.; — *mensen*, lots of people.
legioen legion.
legitim/atie legitimation. ▼—**atiebewijs** identity card. ▼—**eren**: *zich* —, prove one's identity.
leg/kaart, -prent jig-saw puzzle.
leguaan iguana.
lei slate; *met een schone* — *beginnen*, start with a clean s. ▼—**achtig** slaty.
leiband leading string(s); *hij loopt aan de* — *van zijn moeder*, he is tied to his mother's apron-strings; *iem. aan de* — *houden*, put a p. in leading strains.

leiboom espalier (tree).
leidak slate(d) roof. ▼**leidekker** slater.
leid/en lead (persons, life, band) (*ook: voorstaan in sport*); conduct (visitors, war, meeting); manage (business); train (plants); *iemands schreden* —, guide a p.'s steps; *een vergadering* —, conduct a meeting, be in the chair; *wij moeten het daarheen zien te* — *dat* …, we must contrive that …; — *tot*, lead to; *tot niets* —, l. nowhere, serve no purpose; *zich laten* — *door*, be guided by. ▼—**end**: — *beginsel*, guiding principle. ▼—**er** leader; guide; (*v. zaak*) manager. ▼—**ing 1** (*abstract*) leadership; conduct; guidance; lead; (*v. zaak*) management; **2** (*concreet*) conduit-pipe(s); — *der zaken*, conduit of affairs; — *geven aan*, give guidance to; *de* — *hebben*, (*sport*) lead; *de* — *nemen*, take the lead; *onder* — *van*, under the leadership of; (*kerk*) *dienst onder* — *van*, service conducted by; *de vergadering stond onder* — *van*, the meeting was presided by. ▼—**ingwater** tap-water.
leidmotief Leitmotiv.
leidraad key, guide.
leid/sel rein. ▼—**sman** guide, mentor. ▼—**ster** guide.
lei/en slate; *het ging van een* — *dakje*, it was plain sailing. ▼—**groeve** slate-quarry. ▼—**kleur(ig)** slate-colour(ed). ▼—**steen** schist. ▼—**steenachtig** schistose.
lek I *bn* (*v. dak, enz.*) leaky; (*v. fietsband*) punctured; — *zijn*, (*v. schip*) make water; *zo* — *als een mandje/zeef*, leaky (leaking) like a sieve. **II** *zn* leak; puncture; *een* — *krijgen*, spring a leak; *een* — *stoppen*, stop a leak.
leke/broeder lay brother. ▼—**zuster** lay sister.
lekk/age leakage. ▼—**en 1** leak; (*v. schip*) make water; **2** (*v. vlammen*) lick; *nieuws laten uit*—, leak (out) the news; *een* —*de kraan*, a leaking (dripping) tap.
lekker nice, delicious, good, tasty; *ik ben niet* —, I am out of sorts, not quite fit; *zo* — *als kip*, as right as rain; *heb je* — *gegeten?*, have you enjoyed your meal?; *iem.* — *maken* rouse expectations in a p.; *'t smaakt* —, it tastes nice; — *vinden*, like, enjoy; — *warm*, nice and warm; *dank je* —!, nothing doing!; —!, serve you right!; — *mis!*, sucks!; *'t is wat* —*s!*, a nice job! ▼—**bek** epicure. ▼—**nij** titbit, delicacy. ▼**lekkers** sweets.
lel 1 (*v. oor*) lobe; (*v. haan*) wattle; **2** (*mep*) clout; (*trap*) vicious kick; **3** (*slet*) slut.
lelie lily; — *tje van dalen*, lily of the valley. ▼—**achtig** lily-like. ▼—**blank** lily-white.
lelijk plain; (*afstotend*) ugly; (*fig.*) ugly (deed), nasty (wound), bad (mistake, word); *zo* — *als de nacht*, (as) ugly as sin; *dat ziet er* — *uit*, (*fig.*) that looks pretty bad. ▼—**erd** ugly fellow; —!, nasty man! ▼—**heid** ugliness, plainness.
lemen *bn* loam; — *voeten*, feet of clay.
lemmer, lemmet blade.
lende loin. ▼—**ndoek** loin-cloth. ▼—**pijn** lumbar pain, lumbago. ▼—**streek** lumbar region. ▼—**stuk** sirloin (of beef); saddle (of mutton). ▼—**wervel** lumbar vertebra.
len/en lend (to); borrow (of, from); *'t oor* — *aan*, l. (an) ear to; *zich ergens toe* —, l.o.s. to s.th.; *zich ergens voor* —, l. itself to. ▼—**er** lender; borrower.
lengen lengthen; *de dagen* —, the days are drawing out (lengthening).
lengte length; (*v. pers.*) height; (*aardr.*) longitude; (*3 meter*) *in de* —, in l.; (*doorknippen*) *in de* —, lengthwise; *in zijn volle* —, at full l.; *over de* — van, the l. of; *ter* — *van*, the l. of; *tot in* — *van dagen*, for many a long day; *het moet uit de* — *of uit de breedte*, it must come from somewhere. ▼—**as** longitudinal axis. ▼—**cirkel** meridian. ▼—**dal** longitudinal valley. ▼—**doorsnee** longitudinal section. ▼—**graad** degree of longitude. ▼—**maat** linear measure.
lenig lithe, supple, pliant. ▼—**heid** litheness, suppleness.
lenig/en relieve, ease. ▼—**ing** relief.

lening loan; *een — sluiten*, contract a l.; *een — tot stand brengen*, float a l.; *een — uitgeven (plaatsen)*, issue (place) a l. ▼—**fonds** l.-fund.

lens I *zn* lens. II *bn* empty, dry; *iem. — slaan*, knock the stuffing out of a p. ▼—**opening** diaphragm. ▼—**pomp** bilge-pump. ▼—**vormig** lens-shaped.

lente spring. ▼—**achtig** s.-like. ▼—**bode** harbinger of s. ▼—**dag** s.-day. ▼—**klokje** harebell. ▼—**lied** vernal song. ▼—**lucht** s.-air. ▼—**maand** 1 March; **2** month in s. ▼—**tijd** s.-time. ▼—**weer** s.-weather. ▼—**zon** s.-sun.

lenzen (*ww*) empty; (*v. schip*) scud.

lepel spoon, ladle; (*—vol*) spoonful. ▼—**aar** spoonbill. ▼—**boor** s.-auger. ▼—**doosje** s.-box. ▼—**tje** spoon. ▼—**vaasje** s.-vase. ▼—**vol** s.-full.

leperd slyboots, deep one.

lepra leprosy. ▼—**lijder, leproos** leper. ▼**leproosheid** leprosy. ▼**leprozenhuis** leper hospital.

leraar master, teacher; — *in de klassieke talen*, classical m. ▼—**ambt, —schap** teaching profession. ▼—**skamer** masters' room, common room. ▼—**skorps** teaching staff. ▼—**sopleiding** training of teachers. ▼—**svereniging** teachers' association, (union). ▼—**svergadering** teachers' meeting, staff meeting. ▼**lerares** schoolmistress, (woman-) teacher.

leren I *ww* (*onderwijzen*) teach; (*kennis opdoen*) learn; *ik zal je —!*, I'll t. you!; *iets van iem. —*, learn s.th. from a p.; — *kennen*, get to know; *de tijd zal het —*, time will show. II *bn* leather.

lering instruction; — *trekken uit*, learn (a lesson) from.

les lesson; — *geven*, give lessons; *goed — geven*, be a good teacher; — *krijgen*, get lessons; *iem. de — lezen*, lecture a p.; — *nemen*, take lessons (*bij*, from); *zijn — opzeggen*, say one's l.

lesbisch lesbian.

les/boer teaching-hack. ▼—**geld** tuition fee. ▼—**je**: *iem. een — geven*, teach a p. a lesson; *daarin kan hij je nog wel een — geven*, he can give points to you in that respect. ▼—**rooster** time-table.

lessen quench (thirst).

lessenaar desk.

lest: — *best*, last best; *ten langen —e*, at long last.

les/uur lesson, period. ▼—**vliegtuig** training-plane. ▼—**wagen** learner car.

Letland Latvia.

letsel injury; *ernstig — oplopen*, sustain severe injuries; *iem. ernstig lichamelijk — toebrengen*, inflict grievous bodily harm on a p.; *iem. — toebrengen*, do a p. (an) i.

letten: *let wel*, mark you!, mind you; — *op*, (*aandacht schenken*) pay attention to, mind, (*zorgen voor*) look after; *wat let me, of...*, what prevents me from...; *gelet op*, considering; *zonder te — op*, heedless of.

letter letter; (*druk—*) type; *zich aan de — houden*, stick to the l.; *in de — en studeren*, study literature (philology); *met duidelijke gedrukt*, printed in clear type; *naar de —*, to the l.; *naar de — en naar de geest*, in l. and spirit. ▼—**dief** plagiarist. ▼—**gieter** type-founder. ▼—**gieterij** type-foundry. ▼—**greep** syllable. ▼—**knecht** verbalist. ▼—**kunde** literature. ▼—**kundig** literary. ▼—**kundige** literary man. ▼—**lievend** literary. ▼—**lijk** literal. ▼—**schrift** alphabetic writing. ▼—**slot** l.-lock. ▼—**soort** type. ▼—**teken** character. ▼—**tje**: *schrijf me eens 'n —*, drop me a line. ▼—**woord** acronym. ▼—**zetten** compose. ▼—**zetter** compositor. ▼—**zetterij** composing-room. ▼—**zifter** hair-splitter. ▼—**zifterij** hair-splitting.

leugen lie, falsehood; *onschuldig —tje*, white l.; *—s verkopen*, tell lies; *al is de — nog zo snel, de waarheid achterhaalt haar wel*, truth will out. ▼—**aar** liar; *voor — uitmaken*, give a p. the lie. ▼—**achtig** false, mendacious.

▼—**achtigheid** mendacity. ▼—**taal** lies. ▼—**tje** fib.

leuk (*aardig, prettig*) nice; (*amusant*) funny, amusing; *iets — vinden*, enjoy (like) s.th.; *dat is niet erg —*, that is not much fun; *die is —!*, that's a good one!; *'t —ste is, dat...*, the funniest part of it is that... ▼—**erd**: *jij bent ook een —!*, you're a nice one! ▼—**weg** coolly.

leun/en lean. ▼—**ing** rail; (*trap—*) banisters; (*v. stoel*) back. ▼—**stoel** arm-chair.

leur/der hawker. ▼—**en** hawk.

leus slogan, watch-word; *voor de —*, for form's sake.

leut fun; *voor de —*, for fun. ▼—**ig** funny.

leuter/aar (*zwammer*) twaddler; (*talmer*) dawdler. ▼—**en** 1 twaddle; 2 dawdle. ▼—**kous** twaddler. ▼—**praat** twaddle.

Leuven Louvain.

Levant Levant. ▼—**ijn** Levantine. ▼—**ijns** Levantin.

leven I *zn* life; (*lawaai*) noise, hubbub; (*gevoelig vlees*) the quick; *een druk — leiden*, lead a busy life; *dan heb je geen —*, then l. is not worth living; (*hij heeft er*) *zijn — lang (gewoond)*, ... all his life; *daar heb je je — lang genoeg aan*, it will last you a lifetime; *'t — laten*, lose one's l.; *zijn — laten voor*, lay down one's life for; *het — schenken aan*, 1 give birth to (a child); 2 grant (a p.) his l.; — *voelen* (*zwangere vrouw*), feel the baby move (kick); *bij zijn —*, during his l.; *bij — en welzijn*, if all is well; *in 't — blijven*, live; *in 't — houden*, keep alive; *nog in — zijn*, be still alive; *in 't — roepen*, set up, call into existence; *naar het — getekend*, drawn from (the) l.; *naar iets toe —*, adapt one's l. to s.th., look forward to s.th.; *om 't — brengen*, kill; *om 't — komen*, be killed, perish; *een strijd op — en dood voeren met*, wage a l.-and-death struggle with; *nooit van mijn —*, never in all my l.; *heb je ooit van je —!*, well, I never!; *voor het — benoemd worden*, be appointed for l. II *ww* live; *lang —*, make old bones; *dat doet het —*, that brings it to life; — *en laten —*, l. and let l.; *leve de koning!*, long live the King!; *lang zal hij —!*, long may he l.; *die dan leeft, die dan zorgt*, care killed the cat; *op zichzelf —*, l. to o.s.; *op zijn zenuwen —*, live on one's nerves; *van zijn rente —*, l. on one's means; *er goed van —*, do oneself well; *daar kan ik niet van —*, l cannot l. on that; *volgens zijn beginselen —*, l. up to one's principles.

levend living; (*attrib. v. dier*) live (tigre); (*alleen predik.*) alive; — *dood*, dead alive; — *begraven*, bury alive; *de — en en de doden*, the quick and the dead. ▼—**barend** viviparous.

levendig (*alg.*) lively; vivacious (man); vivid (colour, description). ▼—**heid** liveliness, vivacity.

leven/loos lifeless. ▼—**maker** noisy fellow.

levens/adem breath of life. ▼—**ader** fount(ain) of l.; (*fig.*) l.-string(s). ▼—**avond** evening of l. ▼—**behoefte** (*proviand*) provisions; (*fig.*) vital need; *de noodzakelijke —n*, the necessaries of l. ▼—**behoud** preservation of l. ▼—**belang** vital interest. ▼—**benodigdheden** necessaries of life. ▼—**bericht** biographical notice; (*v. gestorvene*) obituary (notice). ▼—**beschrijving** biography, curriculum vitae; *eigen —*, autobiography. ▼—**bron** l.-spring. ▼—**dagen** days of (one's) l. ▼—**doel** aim in l. ▼—**drang** urge to live, l.-impulse. ▼—**duur** life. ▼—**elixir** elixir of life. ▼—**ervaring** knowledge of l. ▼—**geesten** vital spirits; *de — waren geweken*, life was extinct, the spark of life was extinct; *de — weer opwekken*, resuscitate a p. ▼—**geschiedenis** l.-history, biography. ▼—**gevaar** risk (danger) of l.; *met —, at the risk of one's l.* ▼—**gevaarlijk** perilous; *met — snelheid*, at breakneck speed. ▼—**gezel(lin)** partner in l. ▼—**groot** l.-size, as large as l. ▼—**grootte** l.-size. ▼—**houding** attitude to l. ▼—**kosten** cost of living. ▼—**kracht** vital strength. ▼—**krachtig** vigorous. ▼—**kwestie** vital question. ▼—**lang**

lifelong; **—** *krijgen,* be sentenced for l. ▼**—licht** light (of day); *het* **—** *aanschouwen,* see the light (of day). ▼**—loop** career, course of life; *dit veranderde mijn hele* **—**, this changed the whole course of my life; *sollicitaties met vermelding van* **—**, applications stating qualifications and previous employment. ▼**—lust** animal spirits. ▼**—lustig** full of life, sprightly. ▼**—middelen** provisions, foodstuffs. ▼**—middelenbedrijf** provision merchant's food store. ▼**—middeleninindustrie** food manufacturers, food industry. ▼**—moe** weary of l. ▼**—moeheid** weariness of l. ▼**—omstandigheden** circumstances, conditions of life. ▼**—onderhoud** subsistence; *in zijn* **—** *voorzien,* support life; *in zijn eigen* **—** *voorzien,* support o.s.; *kosten van* **—**, cost of living. ▼**—opvatting** view of l. ▼**—sfeer** sphere of l. ▼**—standard** standard of l. (living). ▼**—vatbaar** viable. ▼**—vatbaarheid** viability. ▼**—verzekering** l. assurance; *een* **—** *sluiten,* take out a l.-policy. ▼**—verzekeringsmaatschappij** l. assurance company. ▼**—verzekeringspolis** l. assurance policy. ▼**—visie** vision of l. ▼**—vraag** vital question. ▼**—vreugde** joy of living. ▼**—wandel** life, conduct. ▼**—weg** path of l. ▼**—wijsheid** wordly wisdom. ▼**—wijze** mode of l.

leventje: *een* **—** *hebben als een prins,* live (be) in clover, live like a prince. ▼**levenwekkend** life-giving, vivifying.

lever liver; *'t aan de* **—** *hebben,* have a touch of l. ▼**—aandoening** l.-trouble.

lever/ancier (*alg.*) supplier, purveyor; (*winkelier*) tradesman; *van* **—** *veranderen,* transfer one's custom. ▼**—antie** supply. ▼**—baar** deliverable; *beperkt* **—** *zijn,* be in short supply. ▼**—en** supply; (*afleveren*) deliver; *hij zal het 'm wel* **—**, he'll bring it off; *stof* **—** *tot,* give rise to; *prachtig werk* **—**, do splendid work; *dat zal hij mij niet weer* **—**, he won't try that on me again. ▼**—levering** delivery, supply. ▼**—scontract** delivery-contract. ▼**—stermijn** term of delivery. ▼**—svoorwaarden** terms of d.

lever/kleur(ig) liver-colour(ed). ▼**—kwaal** liver-complaint. ▼**—pastei** l.-pie. ▼**—worst** l.-sausage.

leviet Levite. ▼**levitisch** Levitical.

lexico/graaf lexicographer. ▼**—grafie** lexicography. ▼**—grafisch** lexicographical. ▼**lexicon** lexicon.

lezen read; (*aren*) (*druiven*) glean; *'t stond op zijn gelaat te* **—**, it was written on his face; *die jas kan* **—** *en schrijven,* that coat has done me yeoman's service; *'t laat zich goed* **—**, it is (makes) good reading; *je leest over zo iets heen,* these things escape you (in reading); *tussen de regels door* **—**, read between the lines. ▼**—aar** reading-desk; (*in de kerk*) lectern. ▼**—swaard(ig)** readable. ▼**lezer** reader; (*uitzoeken*) gleaner. ▼**lezing** lecture; (*voorstelling v. zaken*) version; *een* **—** *houden,* deliver a lecture.

libel dragon-fly.

liber/aal liberal. ▼**—alisme** liberalism. ▼**—alist(isch)** liberalist(ic).

libertijn libertine.

Libië Lybia. ▼**Libiër, Libisch** Lybian.

licentie licence; *in* **—** *gebouwd,* built under l. ▼**—houder** licensee.

lichaam body (*ook fig.*); *naar* **—** *en geest,* in b. and mind. ▼**—sarbeid** bodily labour. ▼**—sbeweging** (bodily) exercise. ▼**—sbouw** build, physique. ▼**—sdeel** part of the b. ▼**—sgebrek** physical defect. ▼**—sgesteldheid** physical condition. ▼**—shouding** bearing. ▼**—skracht** physical strength. ▼**—soefening** physical exercise. ▼**—swarmte** body-heat. ▼**lichamelijk** bodily, corporal; *—e oefening,* physical training; *— letsel,* bodily harm. ▼**—heid** corporality.

licht I *bn* **1** (*niet donker*) light, bright; **2** (*niet*

zwaar) light (music, meal); mild (cigar); slight (damage); *—e vrouw,* l. woman; **—** *in het hoofd,* l.-headed, giddy; *te* **—** *bevonden,* found wanting; *zo lang het* **—** *is,* as long as there is day-l. **II** *bw* lightly; slightly; easily; **—** *opvatten,* take it lightly, make l. of it; *het leven* **—** *opvatten,* take life as it comes; *hij wordt* **—** *boos,* he is apt to get angry; *dat zal niet* **—** *gebeuren,* that won't easily happen, that is not likely to happen; *het valt* **—** *te begrijpen,* it is easy to understand. **III** *zn* light; *hij is ook geen* **—**, he is no great l.; **—** *brengen in een zaak,* clear a matter up; **—** *geven,* give l.; *iem. het* **—** *in de ogen niet gunnen,* hate the very guts of a man; **—** *maken,* strike a l.; turn on the light; *er gaat mij een* **—** *op,* I'm beginning to see the light; *het* **—** *opsteken,* light the lamp; *zijn* **—** *opsteken bij iem.,* make inquiries of a p.; **—** *werpen op,* throw (shed) l. on; *zijn* **—** *onder een korenmaat zetten,* hide one's l. under a bushel; *het* **—** *zien,* see the l.; *aan het* **—** *brengen,* bring to l.; *aan het* **—** *komen,* come to l.; *iets in een nieuw* **—** *stellen,* put s.th. in a new l.; *feiten in het* **—** *stellen,* set forth facts; *in dat* **—** *gezien,* viewed in that l.; *het werkt op het elektrisch* **—**, it is worked from the electric main; *ga uit het* **—**, stand out of the l. ▼**licht/aanleg** wiring. ▼**—baak** beacon. ▼**—bak** dazzle-light; *lezing met* **—***en,* lantern-lecture. ▼**—beeld** lantern-slide; *lezing met* **—***en,* lantern-lecture.

licht/blauw light blue. ▼**—blond** light.

licht/boei light-buoy. ▼**—boog** electric arc. ▼**—brekend** refractive. ▼**—breking** refraction of the light. ▼**—bron** source of l.

lichtbruin light brown.

licht/bundel pencil (shaft, beam) of light. ▼**—druk** (*plaat*) photo-type; (*procédé*) phototypy. ▼**—eenheid** light-unit, lumen. ▼**—effect** light-effect.

lichtekooi prostitute.

lichtelijk slightly.

licht/en (*oplichten*) lift, raise (weight, ship); *het anker* **—**, weigh anchor; *de bus* **—**, collect the letters; *de hand* **—** *met,* scamp (work); palter with (the truth); *een schip* **—** (*lossen*) lighten a ship; *iem. van het bed* **—**, lift a p. from his bed; (*weerlichten*) lighten; (*dagen*) dawn; (*v. zee*) phosphoresce; *het* **—** *v.d. zee,* phosphorescence. ▼**—end** shining; (*v. d. zee*) phosphorescent. ▼**—er** lighter.

lichter (*boot*) lighter. ▼**—geld** lighterage.

lichterlaaie (*in* **—**), in a blaze, ablaze.

▼**lichtfakkel** flare.

lichtgelovig credulous. ▼**—heid** credulity.

lichtgeraakt touchy. ▼**—heid** touchiness.

licht/gevend luminous. ▼**—gevoelig** photosensitive.

licht/gewapend light-armed. ▼**—gewicht** light-weight. ▼**—grijs** light grey. ▼**—groen** light (of pale) green. ▼**—heid** lightness. ▼**—hoofdig** light-headed.

lichting (*mil.*) levy, draft; (*post—*) collection.

licht/installatie light-plant. ▼**—jaar** light-year. ▼**—kabel** electric-light cable, mains. ▼**—kegel** cone of light. ▼**—knop** light switch. ▼**—kogel** Very light. ▼**—krans** (*om zon*) corona; (*om hoofd*) halo. ▼**—kroon** chandelier. ▼**—leiding** (*buitenshuis*) lighting-main(s); (*in huis*) electric-wiring. ▼**—mast** electric light standard. ▼**—matroos** ordinary seaman. ▼**—meter** photometer. ▼**—mis 1** (*kerk. feest*) Candlemas; **2** (*pers.*) libertine, rake. ▼**—net** (electric) mains. ▼**—pistool** Very pistol. ▼**—plek** patch of light. ▼**—punt** (*elektr.*) (l.) point, connection; (*fig.*) bright spot. ▼**—reclame** illuminated advertisement; (*op dak*) sky-sign.

lichtrood light red.

licht/scherm screen. ▼**—schip** lightship. ▼**—schuw** shunning the light; shady (individuals). ▼**—spoorkogel** tracer (bullet). ▼**—sterkte** intensity of l., candle-power. ▼**—stip** dot of light. ▼**—straal** ray (beam) of l. ▼**—streep** streak of light.

lichtvaardig rash. ▼**—heid** rashness.

licht/vlek *zie* **—plek**; (*op radarscherm*) blip.

licht/voetig light-footed, nimble. ▼—**zijde** bright side.

lichtzinnig frivolous, flighty. ▼—**heid** frivolity, flightiness.

lid (*v. lichaam*) limb; (*gewricht*) joint; (*v. vinger*) phalanx; (*v. insekt*) articulation; (*v. oog*) lid; (*v. club*) member; (*v. verwantschap*) degree; (*v. wet*) paragraph; (*v. vergelijking*) term; — *worden van,* join; *een arm in het* — *zetten,* reduce an arm; *uit het* —, out of joint; *uit het* — *vallen,* dislocate; *iets onder de leden hebben,* be sickening for s.th.; *over al zijn leden beven,* tremble in every limb. ▼—**maat** (church-)member. ▼—**maatschap** membership. ▼—**maatschapskaart** member's ticket. ▼—**woord** article.

lied song; (*kerk*—) hymn.

lieden people, folk.

liederboek song-book.

liederlijk (*v. pers.*) debauched; (*v. taal*) obscene. ▼—**heid** debauchery; obscenity.

liedje song, ditty; *'t is het oude* —, it's the old story; *dat was 't eind van 't* —, the end of the matter. ▼—**szanger** ballad-singer; street-singer.

lief I *bn & bw* dear; sweet; nice; *mijn lieve jongen!,* my dear boy!; *een lieve vrouw (gezicht),* a sweet woman (face); *een* — *tuintje,* a nice garden; *mijn* —*ste hoop (wens),* my fondest hope (wish); *zijn* —*ste vak,* his favourite subject; *Onze Lieve Heer,* Our Lord; *om 't lieve geld werken,* work for the loaves and fishes; *meer dan me* — *is,* more than I care for; — *doen,* do the amiable; *iets voor* — *nemen,* put up with s.th.; make shift with s.th.; *ik zou net zo* —, I'd just as soon. **II** *zn* sweetheart; — *en leed,* joys and sorrows.

liefdadig charitable. ▼**liefdadigheid** charity. ▼—**sconcert** c. concert. ▼—**sinstelling** charitable institution. ▼—**spostzegel** c. stamp. ▼—**svoorstelling** c. performance.

liefde love; *de* — *tot, voor,* l. of; *oude* — *roest niet,* old l. never dies; *ongelukkige* —, unfortunate love-affair; *met* —, with pleasure; *uit* — *(voor),* for l. (of); *huwelijk uit* —, l.-match. ▼—**blijk** token of l. ▼—**dienst** act of l. ▼—**drank** l.-potion. ▼—**loos** loveless. ▼—**loosheid** ...ness. ▼—**rijk** loving. ▼—**rijkheid** charitableness. ▼—**sbetrekking** l.-affair. ▼—**sbetuiging** profession of l. ▼—**sgeschiedenis** l.-story; l.-affair. ▼—**smart** pangs of love. ▼—**sverklaring** proposal; *een* — *doen,* propose (to). ▼—**vol** loving. ▼—**werk** work of charity. ▼—**zuster** sister of mercy.

liefdoenerij excessive amiability.

liefelijk lovely. ▼—**heid** loveliness.

liefhebb/en love. ▼—**end** loving. ▼—**er** lover; (*bij verkoping*) buyer; *er waren geen* —*s voor de baan,* the job went begging. ▼—**eren:** — *in,* dabble in. ▼—**erij** hobby; *er bestaat grote* — *voor,* it is greatly sought after, there is a keen demand for it; *er is geen* — *voor,* people are not interested; *uit* —, as a hobby.

lief/heid sweetness. ▼—**je** darling, sweetheart; (*minnares*) mistress; *mijn* —, *wat wil je nog meer?,* what more could you desire? ▼—**kozen** fondle, caress. ▼—**kozing** caress. ▼—**krijgen** fall in love with.

liefst preferably; *welke heb je 't* —?, which do you prefer?; — *niet,* rather not. ▼**liefste** lover; *mijn* —, my love.

lieftallig sweet. ▼—**heid** sweetness.

liegen lie; *dat is gelogen,* that's a lie; *als ik lieg, lieg ik in commissie,* I'm telling you this for what it is worth; *maar nou lieg ik,* I don't think; *je liegt, alsof 't gedrukt staat,* you lie till you are black in the face; *hij heette 't mij* —, he gave me the l.; *zich er uit* —, l. oneself out of it.

lier lyre; (*toestel*) winch; *'t brandt als een* —, it burns like matchwood; *de* — *aan de wilgen hangen,* hang one's harp on the willows. ▼—**dicht** lyric poem. ▼—**dichter** lyric poet. ▼—**zang** lyric poem.

lies groin. ▼—**breuk** hernia. ▼—**laarzen** waders.

lieveheersbeestje lady-bird.

lieveling darling, pet. ▼—**ssport** favourite sport.

lievemoederen: *daar helpt geen* — *aan,* there is no help for it.

liever *bw* rather, sooner; *ik heb* — *dit,* I prefer this, I'd rather have this; *ik wens niets* —, I'd like nothing better; *ik doe het* — *niet,* I had r. not do it; *zou je nu niet* — *gaan?,* hadn't you better go now?; *ik zou veel* — *willen dat hij bleef,* I'd much rather have him stay; — *dan,* r. than.

lieverd darling.

lieverkoekjes: — *worden niet gebakken,* if you do not like it, you may lump it.

lieverlede: *van* —, gradually.

lievevrouwebedstro woodruff.

lievigheid amenity; *haar* —*jes,* her honeyed ways.

liflafjes frills.

lift lift; *een* — *geven,* give a p. a lift. ▼—**bediende** l.-attendant. ▼—**en** hitch-hike. ▼—**er** hitch-hiker. ▼—**koker** l.-shaft.

liga league.

lig/dagen lay-days. ▼—**geld** harbour-dues.

lig/gen lie; be situated; *hij had het geld* —, he had the money ready; *dat ligt mij niet,* that is not in my line, that does not suit me; *blijven* — stay in bed; (*v. werk*) stand over; *blijf maar* —, don't get up; *gaan* —, lie down; (*v. wind*) drop; *iets laten* —, leave s.th.; *hij heeft het lelijk laten* —, he has failed conspicuously; *waar ligt het aan?,* what is the cause of it?; *het ligt aan jou,* it is your fault, you are to blame; *het kan aan mij* ... *maar* ..., I may be wrong, but ...; *dat ligt geheel aan u (hangt van u af),* that lies (rests) entirely with you; *hij lag met griep te bed,* he was laid up with grippe; *de kamer ligt op het W.,* the room faces West; *uit het raam* —, lean out of the window. ▼—**end** lying; *-e boord,* turn-down collar. ▼—**ing** situation, position. ▼**lig/hal** (garden-)shelter. ▼—**kuur** rest-cure. ▼—**plaats** (*v. schip*) berth. ▼—**stoel** lounge-chair. ▼—**stro** litter.

liguster privet.

lij lee; *aan* —, on the lee-side. ▼—**boord** lee-side.

lijdelijk passive; — *verzet,* p. resistance. ▼—**heid** passivity.

lijden I *ww* suffer, endure, bear; *een verlies* —, sustain (suffer) a loss; *het kan niet* —, I don't run to it; *iem. mogen* —, like a p.; *ik mag* — *dat het waar is,* I hope it will be true; — *aan,* s. from; — *door, s.* by; — *onder, s.* under; *te* — *hebben van, s.* from. **II** *zn* suffering(s); *uit zijn* — *helpen,* put a p. out of his misery; *na* — *komt verblijden,* after rain comes sunshine. ▼**lijdend** suffering; — *voorwerp,* direct object; *-e vorm,* passive voice. ▼**lijdens/beker** cup of sorrow. ▼—**geschiedenis** (*fig.*) tale of woe. ▼—**week** Holy Week. ▼—**weg** (*v. Christus*) way of the Cross; (*anders*) martyrdom. ▼**lijder** sufferer, patient.

lijdzaam patient. ▼—**heid** patience; *zijn ziel in* — *bezitten,* possess one's soul in patience.

lijf body; (*v. japon*) bodice; *hij had geen hemd aan 't* —, he had not a shirt to his back; *hij ondervond 't aan den lijve,* he found it to his cost; *in levenden lijve,* in the flesh; *pijn in 't* —, have a stomach ache; *niet veel om 't* — *hebben,* be of little importance; *iem. onverhoeds op 't* — *vallen,* catch a p. off his guard; *iem. met iets op 't* — *vallen,* spring s.th. on a p.; *iem. te* — *gaan,* go for a p.; *iem. tegen 't* — *lopen,* run across a p.; *blijf me van 't* —, don't touch me! ▼**lijf/arts** court-physician. ▼—**blad** favourite paper. ▼—**eigene** serf. ▼—**eigenschap** serfage, bondage. ▼—**elijk** bodily. ▼—**goed** underwear, wearing-apparel. ▼—**je** bodice. ▼—**rente** annuity. ▼—**sbehoud** preservation of life; *op* — *bedacht,* anxious to save one's life. ▼—**sdwang** constraint. ▼—**sgevaar** danger of life. ▼—**sieraad** personal ornament. ▼—**spreuk** device. ▼—**straf** corporal

punishment. ▼—**wacht** body-guard.
lijk corpse, dead body; *zo wit als een* —, as
white as a sheet; ▼—**achtig** cadaverous.
▼—**auto** motor-hearse. ▼—**bidder**
undertaker's man. ▼—**bleek** livid. ▼—**dienst**
burial (funeral) service. ▼—**drager** bearer.
lijken resemble, look like; (*schijnen*) seem,
appear; *je lijkt wel gek,* you must be mad; *dat
lijkt mij niet,* I do not like it; *dat lijkt nergens
naar,* that is ridiculous; — *op,* look like; *waar
lijkt 't op?,* what is it like?; *hij lijkt op zijn broer,*
he is like his brother; *dat begint er op te* —,
that's more like it.
lijk/enhuis(je) mortuary. ▼—**enroof**
body-snatching. ▼—**kist** coffin. ▼—**kleed**
shroud; (*op kist*) pall. ▼—**kleur** livid colour.
▼—**kleurig** livid. ▼—**koets** hearse. ▼—**krans**
funeral wreath. ▼—**rede** funeral oration.
▼—**schouwer** coroner. ▼—**schouwing**
post-mortem; (*gerechtelijk*) inquest.
▼—**verbranding** cremation. ▼—**wade**
shroud. ▼—**wake** lyke-wake. ▼—**zang** dirge.
lijm gum; (*houtlijm*) glue. ▼—**en** glue; (*bij 't
spreken*) drawl; *iem.* — (*voor iets*), rope a p.
in. ▼—**erig** gluey; (*fig.*) drawling; — *spreken,*
drawl. ▼—**fabriek** glue-works. ▼—**kwast**
g.-brush. ▼—**pot** g.-pot. ▼—**stok** lime-twig.
lijn line; (*v. hond*) lead; (*v. schaakbord*) line
(*horiz.*), file (*verticaal*); — *acht,* (*v. bus*)
number eight; *de grote —en,* the main lines; *de
— trekken,* slack, malinger, (*fam.*) swing the
lead, snurge; *één — trekken,* pull together; *een
vaste — volgen,* pursue a steady course; *dat
ligt niet in mijn —,* that is not in my l.; *op één —
met,* in l. with; *op één — staan met,* (*fig.*) be on
a par (a level) with; *iem. op één — stellen met,*
rank a p. with; *over de hele* —, all along the l.
▼**lijn/baan** rope-walk. ▼—**boot** liner. ▼—**en**
line.
lijn/koek linseed-cake. ▼—**olie** linseed oil.
lijnrecht (dead) straight; — *staan tegenover,*
be diametrically opposed to; — *in strijd met,* in
flat contradiction with.
lijnslager rope-maker.
lijnteken/en, —**ing** geometrical drawing.
lijntje: *iem. aan 't — houden,* keep a p. on a
string; *iem. aan het* (*zoet*) — *kregen ze hem
ertoe om naar huis te gaan,* they coaxed him
(into going) home; *zachtjes aan, dan breekt
het — niet,* easy does it.
lijntrekk/en/baan slack, malinger, (*fam.*) snurge.
▼—**er** slacker, loafer, malingerer, snurge.
▼—**erij** slacking.
lijn/verbinding landline connection.
▼—**vliegtuig** (air-)liner, (*korte afstanden
ook:*) airbus. ▼—**werker** (*tel.*) line(s)man.
lijnzaad linseed.
lijs slowcoach; *lange* —, maypole.
lijst 1 list, register; **2** (*kroon*—) cornice; (*v.
schilderij*) frame; *in een — zetten,* frame;
3 edge, border. ▼—**en** frame. ▼—**aanvoerder**
no 1 candidate. ▼—**enmaker** frame-maker.
lijster thrush; *grote* —, mistle-thrush. ▼—**bes**
mountain-ash berry.
lijstwerk frame-work.
lijvig corpulent (man); bulky (volume).
▼—**heid** corpulency; bulk(iness).
lijzig drawling; — *spreken,* drawl.
lijzijde lee-side.
lik lick; (*slag*) slap, box (on the ears).
likdoorn corn. ▼—**pleister** c.-plaster.
▼—**tinctuur** c.-solvent. ▼—**zalf** c.-salve.
likeur liqueur. ▼—**glaasje** l. glass.
likk/ebaarden smack one's lips; *hij
likkebaardde bij de aanblik,* he gloated on the
sight. ▼—**en** lick; *iem.* —, toady to a p. ▼—**er**
licker; (*fig.*) toady. ▼—**erij** toadyism.
lila lilac.
Lilliput(ter) Lilliput(ian).
limiet limit. ▼**limiteren** limit.
limonade lemonade; — *gazeuse,* aerated l.
limousine limousine.
linde lime(-tree). ▼—**bloesem** lime-tree
blossom. ▼—**boom** lime-tree. ▼—**nlaan**
lime-tree avenue.
linea recta straight.

lingerie lingerie, underwear.
linguist linguist. ▼—**iek** linguistics. ▼—**isch**
linguistic.
lineaal ruler.
linie line; *mannelijke* —, male l.; *de —
passeren,* cross the l.; *over de hele* —, right
down the l. ▼**liniëren** rule. ▼**linieschip** ship
of the line.
linker left, left-hand; *met 't —been uit bed
stappen,* (*fig.*) get out of bed the wrong foot
foremost. ▼—**kant** l.(-hand) side. ▼—**zijde**
left(-hand) side; (*in het parlement*) (the) Left.
▼**links I** *bn* left-hand; (*onhandig*) awkward;
(*pol.*) left-wing, leftist; *de —en, links,* the Left.
II *bw* to (on, at) the left; (*fig.*) awkwardly; —
stemmen, cast one's vote with the left, vote
with the left; *uiterst* —, drive well to the
left, (*sl.*) hug the left; *iem. — laten liggen,*
ignore a p. ▼—**af** to the left. ▼—**binnen** inside
left. ▼—**buiten** outside left. ▼—**half** left half
(back). ▼—**heid** (*fig.*) awkwardness.
linnen linen. ▼—**goed** linen. ▼—**kamer**
l.-room. ▼—**kast** l.-cupboard. ▼—**mand**
l.-basket.
linoleum linoleum.
lint ribbon. ▼—**bebouwing** r.-development.
▼—**je** ribbon. ▼—**jesregen** shower of titles.
▼—**worm** tape-worm. ▼—**zaag** band-saw.
linze lentil; *voor een schotel —n,* for a mess of
pottage.
lip lip; *een glas aan de —pen brengen,* put a
glass to one's lips; *aan iemands —pen hangen,*
hang (up) on a p.'s lips; *'t lag mij op de —pen
om te zeggen,* I had it on my lips to say; *zich op
de —pen bijten,* bite one's lips; *geen woord
kwam over zijn —pen,* not a word passed his
lips. ▼—**bloem(ig)** labiate. ▼—**lezen I** *ww*
lipread. **II** *zn* lipreading. ▼—**pendienst**
lip-service. ▼—**penstift** lipstick.
liquidatie winding-up, liquidation;
(*effectenbeurs*) settlement; *bevel tot* —,
winding-up order. ▼—**dag** settling-day.
▼—**kas** clearingbank. ▼—**koers**
settling-price. ▼—**uitverkoop** winding-up
sale. ▼**liquideren I** *ov.w* wind up. **II** *on.w* go
into liquidation.
lis flag, iris. ▼—**dodde** reed-mace.
lisp(el)en lisp.
list (*listigheid*) guile; (*truc*) ruse, trick. ▼—**ig**
cunning, crafty. ▼—**igheid** cunning.
litanie litany.
liter litre.
liter/air, —**arisch** literary. ▼—**ator** literary
man. ▼—**atuur** literature.
litho litho. ▼—**graaf** lithographer. ▼—**grafie**
lithography (*plaat*) lithograph.
lits jumeaux twin-bedstead(s).
litteken scar.
liturg/ie liturgy. ▼—**isch** liturgical.
living living area, living-dining room.
livrei livery. ▼—**knecht** l.-servant, footman.
lob lobe.
lobbes: *een goeie* —, a good soul.
lobvormig lobate.
loco spot; — *verkopen,* sell for immediate
delivery; — *station,* free station.
▼—**burgemeester** deputy-mayor.
▼—**motief** engine, locomotive. ▼—**prijs** spot
price. ▼—**zaken** spot transactions.
lodderig drowsy. ▼—**heid** drowsiness.
loden I *bn* lead, leaden; —*jas,* rough woollen
coat; (*fig.*) leaden. **II** *ww* (*scheepv.*) sound,
plumb; lead (windows).
loding (*scheepv.*) sounding.
loeder skunk, beast.
loef luff: *iem. de — afsteken,* outwit a p.
loefzijde weather-side.
loeien (*v. koe*) low; (*v. stier*) bellow; (*v.
vlammen*) roar; (*v. sirene*) shriek.
loens: *hij is* —, he has a cast in his eye.
loensen squint.
loep magnifying-glass; *onder de — nemen,*
(*fig.*) scrutinize.
loer: *op de — liggen,* lie in wait; *iem. een —
draaien,* play a p. a scurvy trick. ▼—**en** leer,
spy; — *op,* lie in wait for.

loev/en luff. ▼—**ert**: *te* —, to windward.
lof 1 praise, eulogy; **2** (*rk*) benediction;
3 (*groente*) chicory; *eigen* —, self-praise;
eigen — stinkt, self-praise is no
recommendation; *zijn eigen — verkondigen*,
blow one's own trumpet; *iem.'s* —
verkondigen, sound the praises of a p.; *boven
alle — verheven*, above all p.; *met — slagen*,
pass with credit. ▼—**dicht** panegyric.
▼—**dichter** panegyrist. **▼loffelijk** laudable;
— *spreken over* speak in flattering terms of.
▼—**heid** praiseworthiness. **▼lof/lied** hymn of
praise. ▼—**rede** eulogy. ▼—**redenaar**
eulogist. ▼—**spraak** commendation.
▼—**trompet**: *de — steken over*, sound the
praises of. ▼—**tuiting** eulogy. ▼—**waardig**
praiseworthy. ▼—**zang** panegyric; *een — op
iem. houden*, panegyrize a p., extol a p.
log I *bn* heavy (step); unwieldy (instrument);
lumbering (waggon). II *zn* log.
logaritme logarithm. ▼—**ntafel** logarithmic
table(s).
logboek log-book.
loge 1 (freemasons') lodge; **2** box (of a
theatre).
logé(e) guest; *betalend* —, paying g.
▼logeer/bed spare bed. ▼—**gast** guest.
▼—**kamer** visitor's room; (*in hotel*) bedroom.
▼logement inn. ▼—**houder** innkeeper.
logen *ww* steep in lye.
logenstraffen give the lie (to); belie (hopes).
logeplaats box-seat.
logeren stay; (*fam.*) stop; *bij iem.* —, stay with
a p.; *blijven* —, stay the night; *wij hebben
vrienden te* —, we have friends staying with
us.
logger lugger.
logheid heaviness, unwieldiness.
logica logic.
logies accommodation, lodging(s); (*scheepv.*)
living quarters; — *met ontbijt*, bed and
breakfast.
logisch logical, rational; *dat is nogal* —, that is
clear; obviously.
loglijn log-line.
logoped/ie speech therapy. ▼—**ist** s. therapist.
lok lock.
lokaal I *zn* room. II *bn* local. ▼—**spoorweg**
district railway. ▼—**trein** local (train).
lokaas bait, (*fig. ook*) lure.
loka!/iseren localize. ▼—**iteit** locality; room,
premises.
lokeend decoy.
loket (*vakje*) pigeon-hole, box; (*in station*)
ticket-window; booking-office; (*v. schouwb.*)
box-office; *aan't —* (*v. kantoor*), at the
counter. ▼—**bediende** booking-clerk,
counter-clerk. ▼—**dienst** counter-duty.
lok/fluitje bird-call. ▼—**ken** (al)lure, entice.
▼—**middel** lure, bait. ▼—**roep** call-note.
▼—**stem** lure. ▼—**vogel** decoy.
lol fun, lark; *reuze — hebben*, have great fun; —
maken, lark (about), make whoopee; *ik begrijp
de — er niet van*, I don't see where the fun
comes in; *voor de* —, for fun. ▼—**len** lark.
▼—**letje** lark, rag. ▼—**lig** funny, jolly.
lolly lollipop.
lommer (*schaduw*) shade; (*bladeren*) foliage.
lommerd pawnbroker's (shop), pawnshop; *in
de* —, at my uncle's, up the spout; *in de
zetten*, pawn; *uit de — halen*, get out of pawn.
▼—**briefje** pawn-ticket. ▼—**houder**
pawn-broker.
lommerig, lommerrijk shady.
lomp I *bn* (*v. vorm*) ungainly; (*onhandig*)
clumsy; (*onbeleefd*) rude. II *zn* rag, tatter.
▼—**enkoopman** ragman.
lomp/erd boor. ▼—**heid** boorishness.
Londen London. ▼—**aar** Londoner. ▼—**s**
London.
lon/en pay, repay; *'t loont de moeite*, it is worth
the trouble. ▼—**end** paying, profitable; — *zijn*,
pay.
long lung. ▼—**aandoening** affection of the
lungs. ▼—**arts** l. specialist. ▼—**enpest**
l.-plague. ▼—**gezwel** pulmonary abscess.

▼—**kwaal** l.-disease. ▼—**lijder** consumptive.
▼—**ontsteking** pneumonia. ▼—**slagader**
pulmonary artery. ▼—**tering** consumption of
the lungs.
lonk ogle; (amorous) glance. ▼—**en** ogle; *naar
iem.* —, ogle a p., leer at a p.
lont fuse; — *ruiken*, smell a rat; *de — in het
kruit werpen*, set fire to the powder; (*fig.*) put
the spark to the tinder.
loochen/aar denier. ▼—**baar** deniable. ▼—**en**
deny. ▼—**ing** denial.
lood lead; (*diep*—) plummet; (*schiet*—)
plumb-line; (*gewicht*) decagram(me); *'t is —
om oud ijzer*, it is six of one and half a dozen of
the other; *met — in de schoenen*, with leaden
step; *in — gevat*, lead(ed); *uit 't* —, out of
plumb; *uit 't — geslagen*, bewildered,
unbalanced. ▼—**gieter** plumber. ▼—**gieterij**
plumber's shop. ▼—**glans** l.-glance.
▼—**houdend** plumbiferous. ▼—**je** (*aan baal*)
seal, lead; *de laatste —s wegen het zwaarst*, it
is the last straw that breaks the camel's back;
het — leggen, get the worst of it. ▼—**kleur**
l.-colour, leaden hue. ▼—**kleurig** l.-coloured,
leaden. ▼—**lijn**: *een — oprichten, neerlaten*,
erect, drop a perpendicular. ▼—**mijn** l.-mine.
▼—**recht** perpendicular.
loods 1 shed; (*v. vliegt.*) hangar; **2** (*v. schip*)
pilot. ▼—**boot** p.-boat. ▼—**dienst** p.-service.
▼—**en** pilot. ▼—**geld** pilotage. ▼—**wezen**
pilotage.
lood/verf lead-paint. ▼—**vergiftiging**
l.-poisoning. ▼—**wit** white-lead.
▼—**witfabriek** whitelead works. ▼—**zwaar**
heavy as l., leaden.
loof foliage. ▼—**boom** foliage tree.
▼—**huttenfeest** Feast of Tabernacles.
▼—**rijk** leafy.
loog lye. ▼—**water** lye. ▼—**zout** alkali.
looi oak-bark. ▼—**en** tan. ▼—**er** tanner. ▼—**erij**
tannery. ▼—**kuil** bark-pit. ▼—**kuip** tanvat.
▼—**stof** tanning. ▼—**zuur** tannic acid.
look leek; — *zonder* —, sauce-alone.
loom languid (mood); oppressive (weather);
dull (market). ▼—**heid** languor;
oppressiveness; dullness.
loon wages, pay; (*beloning*) reward; *het is zijn
verdiende* —, it serves him right; —*trekken*,
draw wages; *met behoud van* —, with full pay.
▼—**actie** campaign for higher wages.
▼—**aftrek** deduction from wages. ▼—**arbeid**
wage-work. ▼—**arbeider** wage-earner.
▼—**belasting** P.A.Y.E. (pay as you earn).
▼—**beleid** wage policy. ▼—**derving** loss of
wages. ▼—**dienst** wage-earning; *in — zijn
bij*, be in the pay of. ▼—**eis** wage demand.
▼—**geschil** wage dispute. ▼—**herziening**
revision of wages. ▼—**lijst** wage-sheet.
▼—**onderhandelingen** wage negotiations.
▼—**overeenkomst** wage(s)-agreement.
▼—**regeling** w. settlement. ▼—**ronde** wage
round. ▼—**schaal** scale of wages; *glijdende
—*, sliding scale of wages. ▼—**slaaf** wage
slave. ▼—**spiraal** wages spiral. ▼—**staat** pay
sheet. ▼—**staking** wages-strike.
▼—**standaard** wage-rate. ▼—**stop** wage
freeze. ▼—**sverhoging** rise in wages.
▼—**sverlaging, svermindering**
wage(s)-cut. ▼—**tarief** wage tariff.
▼—**trekker** wage-earner. ▼—**verband**: *in —
werken*, be gainfully employed. ▼—**voorstel**
wage proposal. ▼—**vordering** claim for
wages. ▼—**vorming** determination of wages.
▼—**zakje** pay packet.
loop (*v. pers.*) walk, gait; (*v. zaken*) course; (*v.
geweer*) barrel; (*aanloop*) run; *de — der
gebeurtenissen*, the course (march) of events;
— *der treinen*, train-service; *de vrije — laten*,
give free course to; *in de — der jaren*, in the
course of years; *op de — gaan*, bolt; *op de —
zijn*, be on the run. ▼—**baan** career. ▼—**brug**
footbridge; (*v. schip*) gangway. ▼—**graaf**
trench. ▼—**gravenoorlog** trench-war(fare).
▼—**je** (short) run; (*muz.*) run; *n — nemen
met*, fool (a p.), poke fun at (s.th.). ▼—**jongen**
errand-boy. ▼—**kraan** travelling crane.

▼—**pas** double-quick; *in de — marcheren*, march at the double. ▼—**plank** (*v. schip*) gang-way; (*v. trein, enz.*) foot-board. ▼—**s** in heat. ▼—**sheid** heat. ▼—**tijd** (*v. wissel*) currency. ▼—**vlak** tread. ▼—**vogel** courser.

loor: *te—gaan*, be lost.

loos dummy (door); false (alarm); (*sluw*) crafty. ▼—**heid** craftiness.

loot (*v. boom*) shoot; (*fig.*) scion.

lopen I *ww* walk, go; (*v. trein, machine, rivier, contract, enz.*) run; *het is een uur —*, it is an hour's walk; *het liep heel anders*, it turned out quite differently; (*oh, loop heen!*, oh, get along with you!; *het moet gek — als hij niet komt*, he is sure to come; *af en aan —*, come and go; *— en draven*, run about; *het kan raar —*, strange things can happen; *alles liep gesmeerd*, everything went swimmingly; *het boek loopt goed*, the book sells well; *de auto liep 50 mijl per uur*, the car was doing 50 miles an hour; *ik zal zien hoe het loopt*, I'll wait and see; *de twist liep hoog*, the quarrel ran high; *laat me —*, leave me alone; *de zaken maar laten —*, let things slide; *de weg liep langs de rivier*, the road skirted the river; *met veters —*, hawk shoelaces; *met een meisje — (verkeren)*, walk out with (keep company with) a girl; *deze weg loopt naar A.*, this road leads (goes) to A.; *de wind liep naar het N.*; the wind shifted to the N.; *het loopt tegen zessen*, it is getting on for six o'clock; *ik loop naar de vijftig*, I am getting on for fifty; *de planeten — om de zon*, the planets revolve round the sun; *op een klip —*, strike a rock; *'t gesprek liep over*, the conversation ran on; *waar loopt het over?*, what is it about?; *het loopt over drie jaar*, it covers three years; *die zaken — over hem, ... are handled by him; over iets heen —*, (*fig.*) pass lightly over s.th.; *hij liep (met zijn hoofd) tegen de deur*, he knocked up (ran his head) against the door; *hij loopt tegen de 70*, he is getting on for 70. **II** *zn*: *'t is een uur —*, it is an hour's walk; *'t op een — zetten*, take to one's heels. ▼**lopend** running; *—e band*, conveyor (-belt); assembly-line; *produktie aan de —e band*, flow production; *aan de —e band gemaakt*, mass-produced; *—e orders*, outstanding orders; *— schrift*, r. hand; *—e schulden*, r. debts; *zich als een — vuurtje verbreiden*, spread like wild-fire; ▼**loper I** runner; (*bank-*) messenger; (*kranten-*) newsboy; **2** (*sleutel*) master-key; **3** (*schaaksp.*) bishop; **4** (*trap-*) carpet; (*tafel—*) table-runner.

lor rag; *een — (v. een ding)*, a dud; *'t kan me geen — schelen*, I do not care a hang; *geen — waard*, not worth a straw.

lorg/net (pair of) pince-nez. ▼—**on** eye-glass.

lork(eboom) larch.

lorreboel trash, rubbish.

lorrie truck, lorry.

lorrig trashy, trumpery.

lorum: *in de —*, **1** at sea, **2** (*dronken*) tipsy.

los I *zn* (*dier*) lynx. **II** *bn* loose (screw, stone, morals); (*v. manchetten, boord, enz.*) detachable; *— rijden (op fiets)*, ride with both hands off the handle-bar; *—se aantekeningen*, stray notes; *—se exemplaren*, single copies; *— geld*, l. money; *— gerucht*, floating rumour; *—se lading*, bulk cargo; *—se patroon*, blank cartridge; *—se stijl*, easy style; *— weer*, unsettled weather; *— werk*, casual work, jobbing; *— werkman*, casual labourer, jobbing worker; *met —se teugel*, with a l. rein; *op —se gronden oordelen*, judge rashly; *— in de mond zijn*, have a l. tongue; *en nu er op —!*, now for it!; *er op — kopen*, buy right and left; *er op — leven*, **1** live from hand to mouth; **2** lead a loose life; *er maar op — praten (schieten)*, talk (fire) at random; *hij steelt alles wat — en vast is*, he steals everything he can lay his hands on; *— van al het andere*, apart from everything else; *— van vooroordeel*, free from prejudice. ▼**los/bandig** dissolute, licentious. ▼—**bandigheid** dissoluteness, licentiousness. ▼—**barsten** (*v. omhulsel*)

burst; (*v. onweer*) break; (*v. bom*) explode. ▼—**barsting** bursting; outbreak; explosion. ▼—**bladig** loose-leaf. ▼—**bol** rake. ▼—**breken** break l.; (*v. applaus*) burst out. ▼—**doen** loosen, undo. ▼—**draaien** unscrew. ▼—**gaan** come l. ▼—**geld** ransom. ▼—**gooien** throw l.; cast off (ship). ▼—**haken** unhook. ▼—**hangen** hang l.; *—d haar*, hanging down hair.

loshaven port of discharge.

los/heid looseness; ease. ▼—**jes** loosely; (*fig.*) lightly.

loskade discharging quay.

los/knopen untie. ▼—**komen** (*v. gevangene*) be set free; (*fig.*) let o.s. go; (*v. vliegt.*) get off the ground. ▼—**kopen** ransom. ▼—**koppelen** uncouple. ▼—**krijgen** get l. (undone); (*fig.*) wangle (a favour); *geld van iem. —*, get money of a p. ▼—**laten** let loose, set free; let go (of) (a p. or thing); *laat —!*, let go!; *laat me —!*, let go of me!; *hij laat niets —*, he does not let out anything; *de gedachte liet hem niet —*, the thought haunted him. ▼—**lating** release. ▼—**lippig** indiscreet. ▼—**lippigheid** indiscretion.

losloon landing-charges.

los/lopen be at liberty; (*v. honden*) run free; *dat zal wel —*, that is sure to come right; *dat is te gek om los te lopen*, that's too absurd for words (utterly absurd); *zich wat — (v. atleet*), limber up. ▼—**maken** unfasten, loose, undo; (*schoenen, korset*) unlace; *— van*, detach from; *zich — van*, break away from; *ik kan me niet — van het idee*, I cannot get rid of the idea. ▼—**making** loosening, detachment, dissociation.

losplaats discharging-berth.

losprijs ransom.

los/raken get l.; come undone; (*v. ijs*) break up; *de tongen raakten —*, the tongues were loosened. ▼—**rukken** tear loose. ▼—**scheuren** tear loose; *zich —*, tear o.s. away. ▼—**schroeven** unscrew. ▼—**schudden** shake loose.

loss/en unload; (*schot*) fire. ▼—**er** unloader. ▼**lossing** discharge, unloading. ▼—**sgewicht** landed weight. ▼—**skosten** landing-charges. ▼—**shaven** port of discharge.

los/slaan I *ov.w* knock loose. **II** *on.w* (*v. schip*) break adrift. ▼—**springen** spring open. ▼—**stormen** rush (on a p.). ▼—**tornen** unrip. ▼—**trekken** pull l. ▼—**weg** loosely. ▼—**weken** soak off; (*door stoom*) steam open. ▼—**werken** work l.; *zich —*, free o.s. ▼—**werpen** cast off. ▼—**wikkelen** unwrap.

loszinnig frivolous. ▼—**heid** frivolity.

loszitten be l.

lot fate; (*levens-*) lot; (*lottery-*) ticket; (*prijs*) prize; *iem. aan zijn — overlaten*, leave a p. to his fate; *een — uit de loterij trekken*, draw a lucky number, back a winner; *zijn — was bezegeld*, his doom was sealed; *hij verbond zijn — aan*, he threw in his lot with; *door het — aanwijzen*, select by lot. ▼**loteling** conscript. ▼**loten** draw lots (for); *er in —*, draw a bad number. ▼**loterij** lottery. ▼—**briefje** l.-ticket. ▼—**wet** lotteries act.

lot/genoot partner in distress. ▼—**gevallen** vicissitudes.

loting drawing of lots, draw; *bij — aanwijzen*, assign by lot.

lotje: *je ben van — getikt*, you are nuts.

lots/bestemming destiny. ▼—**verbetering** betterment. ▼—**wisseling** vicissitude.

lotus lotus. ▼—**bloem** l.-flower.

louter pure (gold); *mere* (chance); sheer (nonsense). ▼—**en** purify, chasten. ▼—**ing** purification, chastening.

loven praise, commend; *— en bieden*, chaffer, haggle.

lover foliage. ▼—**tje** spangle.

loyaal loyal. ▼**loyaliteit** loyalty.

loz/en (*water*) drain off; (*urine*) void; *iem. —*, shed a p. ▼—**ing** draining, discharge.

lucht air; (*hemel*) sky; (*reuk*) smell; *— geven*

aan, give vent to; (*een speurhond*) give scent to; *ergens de — van krijgen*, get wind of s.th.; *in de — zijn*, (*v. vliegt.*) be up; *alles hangt nog in de —*, everything is still in the a.; *in de — vliegen*, be blown up; *in de — laten vliegen*, blow up; *dat zit tegenwoordig in de —*, that is in the air nowadays; *dat is uit de — gegrepen*, that is without any foundation; *hij kwam plotseling uit de — vallen*, he appeared out of the blue; *men kan van de — niet leven*, (one) cannot live on air. ▼—**aanval** air-attack. ▼—**acrobatiek** crazy flying, aerobatics. ▼—**afweer** anti-aircraft defence(s). ▼—**afweergeschut** anti-aircraft guns, (*fam.*) ack-ack. ▼—**alarm** air-raid alarm. ▼—**ballon** (a.-) balloon. ▼—**band** pneumatic tyre. ▼—**basis** a.-base. ▼—**bed** air mattress, lilo. ▼—**bel** a.-bubble. ▼—**bescherming** a.-raid precautions, A.R.P. ▼—**beschermingsoefening** a.-raid rehearsal. ▼—**bombardement** aerial bombardment. ▼—**brug** (*met vliegtuigen*) air-lift. ▼—**bus** airbus. ▼—**dicht** a.-tight. ▼—**dienst** a.-service. ▼—**doelgeschut** anti-aircraft gun, ack-ack. ▼—**drukgeweer** air gun. ▼—**drukrem** compressed air brake. ▼—**duel** air-duel.

luchten air, ventilate; (*fig. ook*) vent; *ik kan hem niet — (of zien)*, I hate the very guts of him; *z'n kennis —*, air (spout) one's learning; *zijn hart —*, relieve one's feelings, unburden o.s.

luchter candelabrum, chandelier. **lucht/eskader** air squadron. ▼—**filter** air-filter. ▼—**foto** aerial photograph. ▼—**gat** a.-hole. ▼—**gekoeld** a.-cooled. ▼—**gesteldheid** 1 atmosphere; 2 climate. ▼—**gevaar** danger from the a. ▼—**gevecht** a.-fight.

luchthartig light-hearted. ▼—**heid** light-heartedness.

luchthaven air-port.

luchtig (*kleed, toon*) airy; (*gebak*) light; —*opvatten*, make light of. ▼—**heid** airiness; lightness.

luchtinlaat (*v. vliegtuig*) air intake. ▼**luchtje** smell; *een — scheppen*, get a breath of air; *er is een — aan*, (*fig.*) there is s.th. fishy about it. ▼**lucht/kabel** aerial cable. ▼—**kartering** aerial survey. ▼—**kasteel** castle in the air; *—en bouwen*, build castels in the air. ▼—**klep** airvalve. ▼—**koeling** air-cooling. ▼—**koker** a.-shaft. ▼—**kussen** air-cushion. ▼—**kussenvoertuig** hovercraft. ▼—**laag** layer of a. ▼—**landingstroepen** airborne troops. ▼—**ledig** I *zn* vacuum. II *bn* void of a.; *— maken*, evacuate; *—e ruimte*, vacuum. ▼—**lijn** air line, airway. ▼—**macht** a.force. ▼—**net** a. network. ▼—**oorlog** airwar(fare). ▼—**pijp** wind-pipe; (*anat.*) trachea. ▼—**pomp** a.-pump. ▼—**post** air-mail. ▼—**postbrief** a.-mail letter. ▼—**postpakket** a.-m. parcel. ▼—**postpapier** a.-mail paper. ▼—**postzending** a.-mail packet. ▼—**reclame** (*op dak*) sky-sign; (*in de lucht*) aerial advertisement. ▼—**recht** (*post*) a.-mail postage; (*jur.*) aerial law. ▼—**reiziger** a. passenger. ▼—**rooster** a.-grid. ▼—**route** a. route, airway. ▼—**ruim** atmosphere, air. ▼—**schip** a.-ship. ▼—**schommel** swing-boats, swings. ▼—**schroef** propeller. ▼—**spiegeling** mirage. ▼—**sprong** caper. ▼—**streek** climate. ▼—**strijdkrachten** a.-forces. ▼—**stroom** a.-current. ▼—**toevoer** supply for a. ▼—**vaart** aviation. ▼—**vaartmaatschappij** a. line company. ▼—**vaartschool** aviation-school. ▼—**vaarttentoonstelling** aircraft exhibition. ▼—**verbinding** a.-route. ▼—**verdediging** a.-defence. ▼—**verkeer** a.-traffic. ▼—**verkenning** a.-reconnaissance. ▼—**verontreiniging** pollution of the a. ▼—**verschijnsel** atmospheric phenomenon. ▼—**verversing** ventilation. ▼—**vervoer** a. transport. ▼—**vloot** a.-fleet. ▼—**vlootbasis** a.-base. ▼—**waardig** airworthy.

▼—**waardigheid** airworthiness. ▼—**waarschuwingsdienst** a.-raid warning system. ▼—**wacht** a.-guard. ▼—**wapen**: *'t —*, the a.-arm. ▼—**weerstand** drag, resistance of the a. ▼—**weg** a.-route; *—en*, (*anat.*) bronchial tubes. ▼—**zak** a.-pocket. ▼—**ziek(te)** airsick(ness).

lucifer match. ▼—**doosje** m.-box. ▼—**skop** m.-head. ▼—**stokje** m.-stick.

lucratief lucrative.

ludiek playful, ludic.

luguber lugubrious.

lui I *zn* people, folk. II *bn* lazy, idle; —*e stoel*, easy chair; *hij is liever — dan moe*, he was born tired. ▼—**aard** lazy-bones; (*dier*) sloth.

luid loud; *spreek —er*, speak louder.

luiden I *on.w* (*v. klok*) ring, peal, chime; (*v. brief, enz.*) read, run; *het antwoord luidt ontkennend*, the answer is in the negative. II *ov.w* ring.

luid/keels at the top of one's voice. ▼—**ruchtig** clamorous, noisy, rampageous, rackety. ▼—**ruchtigheid** clamorousness. ▼—**spreker** loud speaker.

luier napkin, diaper; *schone —s aandoen*, change diapers.

luieren be idle, idle.

luiermand baby-linen basket.

luierstoel lounge-chair.

luifel penthouse; (*boven ingang*) awning, porch.

luiheid laziness, idleness.

Luik Liege, Liège.

luik (*scheepsv.*) hatch; (*valluik*) trap-door; (*voor venster*) panel, shutter.

luiken close; *geen oog —*, not sleep a wink.

luilak lazy-bones. ▼—**ken** laze.

▼**luilekkerland** (land of) Cockaigne.

luim (*gril*) caprice; (*stemming*) mood; (*scherts*) humour. ▼—**ig** capricious; humorous. ▼—**igheid** c.ness, humour.

luipaard leopard.

luis louse.

luister lustre; *— bijzetten aan*, add l. to. **luister/aar** listener. ▼—**apparaat** listening-apparatus. ▼—**bijdrage** wireless licence fee. ▼—**en** listen (to); (*radio*) listen in; *staan —*, eavesdrop; *dat luistert nauw*, it requires great precision; *— naar de naam van*, answer to the name of; *naar 't roer —*, respond to the helm; *of men ook geluid hoort*, l. for a sound.

luisterrijk glorious, magnificent.

luister/spel radio play. ▼—**vaardigheid** listening comprehension. ▼—**vergunning** radio licence. ▼—**vink** eavesdropper; (*radio*) listener.

luit lute.

luitenant: *eerste —*, lieutenant; *tweede —*, second l. ▼—**generaal** l.-general. ▼—**kolonel** l.-colonel; (*vliegdienst*) wing-commander. ▼—**ter-zee** (*1ste kl.*) lieutenant-commander; (*2de kl.*) sub-l. ▼—**vlieger** (*1e lt.*) flying officer; (*2e lt.*) pilot officer.

luitjes people, folk.

luit/spel lute-playing. ▼—**speler** lute-player.

luiwagen scrubbing-brush.

luiwammes lazy-bones.

luiz/en *ww* louse. ▼—**enbos** lousy fellow. ▼—**enkam** fine-tooth comb. ▼—**ig** lousy; (*fig.*) gorgeous.

lukken succeed.

lukraak haphazard(ly).

lul (*volkst.*) prick; (*fig. volkst.*) sod.

lullen *ww* gas. ▼—**ig** silly.

lumineus luminous; *een — idee*, a brain-wave, a splendid idea.

lummel lout, booby. ▼—**achtig** loutish. ▼—**en** hang about.

lunapark amusement park, fun-fair.

lunch lunch, luncheon. ▼—**room** tea-room.

lupine lupin(e).

lupus lupus. ▼—**lijder** l. patient.

lurken suck.

lurven: *bij de — pakken*, collar.

lus loop; (*v. touw*) noose; (*v. schoen, tram*) strap; (*v. jas*) tag.

lust (*verlangen*) desire, mind; (*genot*) delight; (*zinnelijke —*) lust; *een — voor de ogen*, it is a feast for the eyes, a treat; *werken dat 't een — is*, work with a will; *de —en en lasten des levens*, the sweets and bitters of life; *ik heb wel — in een glas bier*, I feel like a glass of beer; *ik heb grote — om*, I've a great mind to; *— krijgen in*, develop a taste for; *ik krijg — in een wandeling*, I'd like to go for a walk.

lusteloos listless. ▼—**heid** listlessness.

lusten like, fancy; *ik lust niet meer*, I can't eat any more; *ik lust jullie allemaal wel*, I'll take on the lot of you; *ik zou wel een sigaret —*, I could do with a cigarette; *het lust mij niet te …*, I have no desire to …; *hij zal ervan —*, he'll catch it; *iem. ervan laten —*, take it out on a p.

lust/hof pleasure-garden. ▼—**ig** merry. ▼—**igheid** cheerfulness, merriment. ▼—**moord** sex-murder. ▼—**moordenaar** murderer for lust. ▼—**oord** pleasureground.

lustre lustre, chandelier; **2** (*stof*) lustre.

lustrum lustrum. ▼—**feest** lustral feast.

Luther Luther. ▼—**s** Lutheran.

luttel little; (*meerv.*) few.

luur: *iem. in de luren leggen*, sell a p. a pup; *hij laat zich niet in de luren leggen*, he is too clever to be hoodwinked.

luw sheltered. ▼—**en** (*v. wind, boosheid*) die down; (*v. vriendschap*) cool down; (*v. ijver*) flag; *'t zal wel —*, (*fig.*) it is sure to blow over. ▼—**te** lee, shelter; *in de — van*, under the lee of.

luxe luxury. ▼—**artikel** (article of) l.; *—en*, l.-goods. ▼—**auto** l. car. ▼—**brood** fancy bread.

Luxemburg(s) Luxemburg. ▼—**er** Luxemburger.

luxe-uitgaaf de luxe edition. ▼**luxueus, luxurieus** luxurious, sumptuous.

Luzern Lucerne; *l—e* (*plk.*), lucerne.

lyceum lyceum.

lymfklier gland.

lynch/partij lynching. ▼—**en** lynch.

lyr/iek lyric poetry. ▼—**isch** lyric(al).

lysol lysol.

M

ma mamma.

maag 1 stomach, tummy; **2** (*verwant*) kinsman; *een goede — hebben*, have a good digestion; *iem. iets in zijn — stoppen*, (*fig.*) palm s.th. off on a p.; *hij zat ermee in zijn —*, he did not know what to do about it, (*met goederen*) was saddled with them; *zwaar op de — liggen*, lie heavy on the s.; *vriend noch —*, kith nor kin. ▼—**bloeding** gastric h(a)emorrhage. ▼—**catarre** gastric catarrh.

maagd maid(en), virgin; (*astr.*) Virgo, the Virgin; *de Heilige M—*, the (Holy) Virgin. ▼—**elijk** virginal. ▼—**elijkheid** maidenhood, virginity. ▼—**enroof** rape. ▼—**envlies** hymen, maidenhead.

maag/holte pit of the stomach. ▼—**kanker** cancer of the s. ▼—**kramp** s.-cramp. ▼—**kwaal** s.-complaint. ▼—**lijder** s.-sufferer. ▼—**ontsteking** gastritis. ▼—**operatie** s. operation. ▼—**pijn** s.-ache; (*fam.*) tummy-ache. ▼—**sap** gastric juice. ▼—**stoornis** gastric disorder. ▼—**streek** gastric region. ▼—**zuur** gastric acid. ▼—**zweer** gastric ulcer.

maai/en mow, (*gras*) cut; (*koren*) reap. ▼—**er** mower, reaper. ▼—**land** mowing field. ▼—**machine** lawn-mower; mowing-machine; (*voor koren*) reaper. ▼—**tijd** mowing-time. ▼—**veld 1** mowing field; **2** ground level.

maak: *in de — zijn*, (*v. wet, enz.*) be in the making; (*v. weg, enz.*) be under repair. ▼—**loon** cost of making. ▼—**sel** make. ▼—**werk** work made to order.

maal 1 time; *een —, twee —, drie —*, once, twice, three times; *nog vele malen na deze!*, many happy returns (of the day)!; *ten enen male onmogelijk*, utterly impossible; **2** meal; (*v. dier*) feed; *zijn — doen met*, dine off.

maalderij mill.

maalstroom whirlpool; (*fig.*) vortex, maelstrom.

maalteken multiplication sign.

maaltijd meal; *aan de — zijn*, be at table; *onder de —*, during the m.

maan moon; *volle —*, full moon; *'t is lichte (donkere) —*, there is a (no) m.; *bij lichte —*, with the moon shining; *naar de — gaan*, be ruined; *laat hem naar de — lopen!*, let him go hang!; *loop naar de —!*, go to the devil! ▼—**bewoner** inhabitant of the m.

maanbrief dunning-letter.

maand month; *de 15e dezer —*, the 15th inst.

maandag Monday.

maand/abonnement (*v. krant*) monthly subscription; (*v. trein*) monthly season-ticket. ▼—**blad** monthly (review, magazine). ▼—**elijks** monthly. ▼—**geld** monthly pay (allowance). ▼—**retour** monthly ticket. ▼—**staat** monthly return. ▼—**verband** sanitary towel. ▼—**verslag** monthly report.

maan/gestalte phase (of the moon). ▼—**godin** m.-goddess. ▼—**jaar** lunar year. ▼—**lander** lunar (excursion) module, LM. ▼—**landing** landing on the moon. ▼—**landschap** moonscape, lunarscape. ▼—**licht** m.light. ▼—**raket** moon-rocket. ▼—**schijf** lunar disk. ▼—**steen** (*v.d. maan*)

moonrock; (*delfstof*) moonstone. ▼—**stof**
moondust. ▼—**sverduistering** eclipse of the
m. ▼—**voertuig** lunar rover, m. car, m. crawler.
▼—**zaad** maw-seed. ▼—**ziek** m.-struck,
lunatic.

maar I *vgw.* but. **II** *bw* but, only; *als ik — kon,* if
only I could; *zo snel als hij — kon,* as fast as
ever he could; — *al te duidelijk,* only too clear;
— *niet,* only just; *ze lachte —,* she laughed and
laughed; *was Jan — hier,* if only John were
here; *wacht —!,* just wait!; (*waarom deed je
dat?*) *zo —,* for no reason at all; *dat gaat zo —
niet,* you can't do a thing like that; — *ja,* but
then; ah, well.

maarschalk marshal. ▼—**sstaf** m.'s baton.

maart March; — *roert zijn staart,* M. blusters.
▼**maarts** (of) March; —*e buiten,* April
showers.

Maas: *de —,* the Meuse.

maas mesh; (*v. breiwerk*) stitch; (*v. wet*)
loophole. ▼—**bal** darning-ball. ▼—**werk**
(*architectuur*) tracery; (*v. kousen*) darning; (*v.
net*) network, meshes.

maat 1 (*afmeting*) measure; (*v. schoen, boord*)
size; (*muz. abstr.*) measure, time; (*muz. concr.*)
bar; *de eerste —,* the first bar; *maten en
gewichten,* weights and measures; *kleine
(grote) —,* small (large) size; *hij heeft een
kleine — van schoenen,* he takes a small size in
shoes; *extra grote maten,* outsize (shoes); *niet
de volle —,* give short m.; — *houden,*
(*muz.*) keep time; (*fig.*) keep within bounds;
hij weet geen — te houden, he does not know
when to stop, where to draw the line; *de —
nemen,* take a p.'s m.; *dat doet de —
overlopen,* that is the last straw, that does it; *de
— is vol,* the cup is full; *de — slaan,* beat time;
in de —, in time; *in hoge mate,* in a large m.;
highly; *in de hoogste mate,* in the extreme; *in
zulk een mate dat,* to such an extent that; *in
meerdere of mindere mate,* more or less, to a
greater or lesser extent; *met name,* especially;
in moderation; *alles met mate,* everything in
reason; *met twee maten meten,* measure by
two standards; *naar —,* made to m.; *op —,* to
m., tailor-made; *pak op — gemaakt,* bespoke
suit, tailor-made suit; *welke — heb je?,* what's
your size?; *op de — der muziek,* in time to the
music; *uit de —,* out of time; **2** (*kameraad*)
mate, comrade, (sl.) chum; *dikke — (je)s,* great
pals.

maat/gevend decisive. ▼—**gevoel** sense of
rhythm. ▼—**glas** measuring-glass.

maatje 1 decilitre; **2** mate, chum; *goede —s
zijn,* be the best of friends.

maatjesharing matie.

maat/kleding made-to-measure clothes.
▼—**kostuum** suit to measure. ▼—**lat**
measuring-stick. ▼—**regel** measure;
Algemene — van Bestuur, Order in Council;
—*en nemen* (*treffen*), take measures.

maatschap partnership. ▼—**pelijk** social; —
hulpbetoon, public assistance; — *werk,*
welfare work, social work; — *werker,* welfare
worker. ▼—**pij** society (*ook genootschap*);
(*hand.*) company. ▼—**pijleer** social science.
▼—**pijvlag** house-flag.

maat/slag beat. ▼—**staf** standard; *naar die —,*
by that standard; *een — aanleggen,* apply a
standard. ▼—**stok** rule. ▼—**vast** (steady in)
keeping time. ▼—**werk** goods made to
measure; (*v. kleren*) bespoke tailoring.

macaroni macaroni.

mach Mach; *getal van —,* Mach (number);
twee — vliegen, fly at Mach two.

machinaal mechanical, automatic; —
vervaardigd, machine-made.

machinatie machination.

machine (*als beweegkracht*) engine; (*anders*)
machine; *met de — gemaakt,* machine-made.
▼—**bankwerker** engineering fitter.
▼—**fabriek** engineering-works. ▼—**geweer**
machine-gun. ▼—**industrie** engineering
industry. ▼—**kamer** e.-room. ▼—**olie** e.-oil.
▼—**personeel** engineers. ▼—**pistool**
tommy-gun. ▼—**rie(ën)** machinery.

▼—**schrift** typescript. ▼—**schrijven**
type-writing. ▼—**tekenen**, ▼—**tekening**
engineering-drawing. ▼—**werkplaats**
machine-shop. ▼—**zetsel** linotype.

machinist (*spoor*) (engine-)driver;
(*scheeps—*) engineer. ▼—**enschool** school
for mechanical engineers.

macht power (*ook in wisk.*); might, (*ouders
enz.*) authority; *uit de ouderlijke — ontzetten,*
deprive of parental rights; dominion;
wereldlijke — (geestelijke —), temporal
(spiritual) p.; *de — der gewoonte,* the force of
habit; *de — in handen hebben,* be in p.; *hij
heeft geen — over haar,* he has no power
(authority) over her; *het heeft een — goeds
gedaan,* it has done a power (world) of good;
een — geld (mensen), lots of money (people);
bij — e, able; *boven mijn —,* above my
strength; *buiten mijn —,* beyond my control;
aan de — brengen, lead (a party) into power;
de partij die nu aan de — is, the party now in
power; *in zijn — krijgen,* get into one's power,
get a hold on; *hij verloor de — over het stuur,*
he lost control of the car, the car went out of
control; *ik heb het niet in mijn —,* it is not in my
p.; *met (uit) alle —,* with might and main; *tot
de nde — verheffen,* raise to the nth p.
▼—**eloos** powerless, helpless. ▼—**eloosheid**
powerlessness, helplessness. ▼—**hebber**
ruler, man in power.

machtig I *bn* powerful, mighty, tremendous;
(*v. voedsel*) rich; *dat is mij te —,* that's too
much for me, (*v. verhaal*) that is a bit steep,
that's more than I can bear; *ik ben die taal niet
—,* I have not mastered that language; *een
kaart — worden,* secure a ticket; *het werd haar
te —,* her feelings overcame her, she was
swamped by emotion. **II** *bw* powerfully; —
mooi, (*fam.*) mighty fine. ▼—**en** authorize.
▼—**ing** authorization; — *verlenen,* authorize.
▼—**ingswet** enabling act.

machts/aanvaarding assumption of power.
▼—**apparaat** machinery of p. ▼—**evenwicht**
balance of p. ▼—**middel** weapon, means of p.
▼—**misbruik**, —*overschrijding* abuse of p.
▼—**overdracht** delegation of p.
▼—**overname** assumption of p. ▼—**politiek**
p.-politics. ▼**machtspreuk** knock-down
argument. ▼**machts/uitbreiding**
enlargement of p., aggrandizement.
▼—**verheffing** involution. ▼—**verhouding**
relative p.; (*pol.*) balance of p. ▼—**vertoon**
display of p. ▼—**wellust** lust of p.
▼—**wellusteling** p. maniac. ▼**machtwoord**
authoritative utterance.

macro/biotiek macro-biotics. ▼—**biotisch**
macro-biotic. ▼—**cosmos** macrocosm.
▼—**economie** macro-economics.
▼—**economisch** macro-economic.

made maggot, grub.

madeliefje daisy.

madonna Madonna.

maf: *ik heb —,* I am sleepy. ▼—**fen**: *gaan —,* hit
the hay, turn in.

magazijn warehouse, storehouse; (*mil.*)
magazine; (*winkel*) store(s). ▼—**bediende**
w.-clerk. ▼—**goederen** stores. ▼—**meester**
store-keeper.

mager (*v. pers.*) thin, lean; (*v. vlees*) lean; (*fig.*)
meagre; — *worden,* get (grow) thin, lose flesh;
—*e jaren,* lean years; —*e kaas,* skim-milk
cheese; *zo — als een lat,* as thin as a rake.
▼—**heid** ... ness.

magie magic. ▼**magiër** magician.

magirusladder extension ladder.

magisch magic(al).

magistraal magisterial.

magistr/aat magistrate. ▼—**atuur** magistracy.

magnaat magnate, (*fam.*) tycoon.

magneet magnet; (*v. motor*) magneto.
▼—**naald** magnetic needle. ▼—**ontsteking**
magneto-ignition.

magnes/ia magnesia. ▼—**ium** magnesium.

magnet/isch magnetic. ▼—**iseren** magnetize,
mesmerize. ▼—**iseur** mesmerist. ▼—**isme**
magnetism.

magnetofoon wire-recorder, tape-recorder.
magnifiek magnificent.
magnolia magnolia.
maharadja Maharaja(h).
mahoniehout(en) mahogany.
mail mail. ▼—**boot** m. boat. ▼—**dienst** m.-service. ▼—**trein** m.-train.
maillot tights; pantyhose.
mainten/ee kept woman, mistress. ▼—**eren** keep.
mais maize. ▼—**kolf** m.-ear, corn-cob.
maîtresse mistress.
maizena maizena, corn-flour.
majesteit majesty. ▼—**sschennis** lèse-majesté. ▼**majestueus** majestic.
majeur major.
majoor major. ▼—**srang** majority, rank of major.
majorette (drum) majorette.
mak tame, gentle; *hij is lang niet* —, he is difficult to handle.
makelaar broker; — *in effecten*, stock-b.; — *in vaste goederen*, (real) estate-agent. ▼—**dij** brokerage. ▼—**sloon** brokerage.
makelij make.
maken make (a cake, law, name, noise, friends, etc.); (*repareren*) repair, mend; (*doen worden*) make, render (sad, etc.); (*verdienen*) make (£6000 a year); *iem. aan 't lachen* —, make a p. laugh; *sommen (thema's)* —, do sums (exercises); *een foto* —, take a photograph; *hoe maak je het?*, how are you (keeping)?; *ik maak het goed*, I'm (doing) well; *ik hoop dat je het goed maakt*, I hope all goes well with you; *ik zal het wel goed met haar* —, I'll make it all right with her; *ik maak het niet lang meer*, I won't last much longer; *hij kan je* — *en breken*, he can make mince-meat of you; he can run (make) rings round you; *je hebt het er naar gemaakt*, you have only yourself to blame; *hij kan me niets* —, he cannot touch me; *wat heeft zij ermee te* —, where does she come in?; *daar heb ik niets mee te* —, that's none of my business, I've nothing to do with that; *je hebt hier niets te* —, you have no business here; *ik wil niets meer met hem te* — *hebben*, I'm through with him; *ik wil niets meer met die zaak te* — *hebben*, I wash my hands of the whole affair; *maak dat je wegkomt*, get out; *maak dat hij het niet ziet*, take care that he does not see it; *het maakt niets uit*, it makes no difference, it does not matter; *iem. tot koning* —, make a p. king; *we moeten ervan* — *wat we kunnen*, we must do the best we can; *ik weet niet wat ik ervan* — *moet*, I don't know what to make of it; *hij maakte er maar wat van*, he made a poor job of it. ▼**maker** maker, author.
makheid tameness, docility.
makkelijk zie **gemakkelijk**.
makker comrade, mate.
makreel mackerel.
mal I *zn* mould; stencil. **II** *bn* foolish, silly; *de* —*le leeftijd*, the awkward age; *doe niet zo mal, of…*, it shall go hard but…; *iem. voor de* — *houden*, pull a p.'s leg; *ben je* —*!*, don't be silly!
malaise slump, depression.
Malakka Malaya, Malacca.
malaria malaria. ▼—**lijder** malarial patient.
Malei/er Malay. ▼—**s** Malay (an).
malen grind; *wat maal ik erom?*, what do I care?; *dat maalt mij steeds door 't hoofd*, it keeps running in my head; *aan 't* — *zijn*, be off one's rocker; *maal me niet aan 't hoofd met*, don't bother me with.
malheid foolishness.
malheur mishap.
maliënkolder coat of mail.
maling *ik heb* — *aan hem*, he may go hang; be damned to him; *iem. in de* — *nemen*, make a fool of a p., pull one's leg.
mallejan truck.
mallemolen merry-go-round.
mallepraat, malligheid nonsense, fiddle-faddle, rubbish, tosh.
malloot idiot. ▼**mallotig** idiotic. ▼—**heid** idiocy.

mals (*vlees*) tender; (*weide*) lush; (*regen*) soft; *hij is lang niet* —, he is very severe. ▼—**heid** …ness.
Malthus/iaans Malthusian. ▼—**ianisme** Malthusianism.
malversatie malversation.
mama mamma; *mammie*, mummy.
mammoet mammoth.
mammon: *de* — *dienen*, serve Mammon.
man man; (*echtgenoot*) husband; — *v. d. wereld*, m. of the world: *een* — *een* —, *een woord een woord*, a bargain is a bargain; *als één* —, to a m.; as one m.; *zij stonden als één* — *achter mij*, they were solidly behind me; — *en paard noemen*, give chapter and verse; *hij staat zijn* —, he can hold his own; *hij heeft zijn* — *gevonden*, he has found his match; *aan de* — *brengen*, marry off (a daughter); sell (goods); *met* — *en muis*, with all hands; *met* — *en macht*, with might and main; *op de* — *af*, point-blank; *zoveel per* —, so much a head; *tot de laatste* —, to a m.; *gevecht van* — *tegen* —, hand-to-hand fight. ▼**manachtig** mannish.
management management; (*bedrijfskunde*) management science. ▼**managerziekte** manager's disease.
manbaar nubile. ▼—**heid** nubility.
manche (*sport*) heat; (*whist*) game.
manchet cuff. ▼—**knoop** (cuff-) link.
manco shortage; (*maat*) short weight.
mand basket; (*v. lastdier*) pannier; *door de* — *vallen*, make a clean breast of it.
mandaat mandate; (*betalings-*) pay-warrant; (*volmacht*) power of attorney; *zijn* — *neerleggen*, resign; *een bindend* — *meekrijgen*, receive a binding m.; *iem. een blanco* — *geven*, give a p. a free hand. ▼—**gebied** mandated territory. ▼—**houder** mandatory.
mandarijn mandarin. ▼—**tje** tangerine.
mandataris mandatory.
mande/fles wicker-bottle. ▼—**wieg** wicker-cradle.
mandement mandate, mandatory letter; *bisschoppelijk* —, episcopal m.
mandenmaker basket-maker.
mandoline mandolin.
manege riding-school, manège.
manen I *ww* (*tot betaling*) dun; (*anders*) urge; *dit maant tot voorzichtigheid*, this urges caution. **II** *zn* mane (*steeds enk.*).
mane/schijn moonlight. ▼—**straal** moonbeam.
mangaan manganese. ▼—**erts** m. ore.
mangat man-hole.
mangel 1 (*gebrek*) lack; **2** mangle. ▼—**en** mangle.
manhaftig manly. ▼—**heid** manliness.
maniak maniac, fiend.
manicur/e manicure, manicurist; (*voorwerpen*) m.-set. ▼—**en** *ww* manicure.
manie mania, rage.
manier manner, fashion, way; — *van doen*, manner; *dat is geen* — *van doen*, that is not the way to treat a p.; *op deze* —, in this w.; *op zijn* —, after his fashion; *op alle mogelijke* —*en*, in every possible way; *op de een of andere* —, one way or (an)other, somehow; *o, op zo'n* —, ah, I see what you mean.
maniërisme mannerism.
maniertje trick.
manifest manifesto; (*scheeps-*) manifest. ▼—**ant** demonstrator. ▼—**atie** demonstration. ▼—**eren** demonstrate.
manilla manilla (-cigar).
manipel maniple.
manipul/atie manipulation. ▼—**eren** manipulate.
mank lame, crippled; *hij gaat* —, he is l., he has a limp; *de vergelijking gaat mank*, the comparison is faulty (does not go on all fours). ▼—**e** cripple.
mankement defect, s.th. wrong; — *aan de motor*, engine trouble. ▼**mankeren** fail, be absent; *wat mankeert je?*, what is the matter

with you?; *ik mankeer niets*, I am all right; *er mankeert een stuiver aan*, there is a penny short; *dat mankeerde er nog maar aan!*, that would be the last straw!; *zonder —*, without f.
mankheid lameness.
manlief hubby.
manmoedig manful. ▼—**heid** manliness.
mannelijk (*geslacht*) male; (*gramm. en als v. e. man*) masculine (face); (*dapper*) manly; *de —e leeftijd bereiken*, reach (attain) manhood. ▼—**heid** masculinity, manliness, manhood.
mannen/afdeling men's ward. ▼—**hater** manhater. ▼—**kiesrecht** manhood suffrage. ▼—**kleren** men's clothes. ▼—**klooster** monastery. ▼—**koor** male choir. ▼—**taal** manly language; *dat is —!*, that's the stuff! ▼—**werk** man's job.
mannequin mannequin.
mannetje little man; (*v. dier*) male, bull, buck, stag; *— en wijfje*, male and female; *— aan —*, shoulder to shoulder. ▼—**sbij** drone. ▼—**seend** drake. ▼—**sezel** jack-ass. ▼—**sgans** gander. ▼—**sputter** he-man. ▼—**svos** dog-fox. ▼**manoeuvr/e** manoeuvre. ▼—**eerbaar** manoeuvrable. ▼—**eerbaarheid** manoeuvrability. ▼—**eren** manoeuvre.
manometer manometer.
mans: *ik ben — genoeg om ...*, I am man enough to ...; *hij is niet veel —*, he is not very strong.
manschappen (*mil.*) men; (*bij de marine*) (naval) ratings.
manslag manslaughter.
manspersoon male, man.
mantel (*dames—*) coat; (*zonder mouwen*) cloak, mantle; (*v. effecten*) mantle; (*tech.*) jacket; *iem. de — uitvegen*, scold (blow up) a p.; *iets met de — der liefde bedekken*, draw a veil over s.th. ▼—**pak** coat and skirt, lady's suit.
manufacturen drapery, dry goods. ▼—**winkel** draper's-shop. ▼**manufacturier** draper.
manuscript manuscript.
manusje: *— van-alles*, jack-of-all-trades; (*knecht*) odd-job man.
man/volk men-folk. ▼—**wijf** virago. ▼—**ziek** man-mad.
map (*schrijf—*) writing-case; (*voor tekeningen*) portfolio; (*voor brieven*) folder.
maquette model.
maraboe maraboo.
marathon Marathon. ▼—**loop** M. (race).
marchanderen bargain, haggle.
marcheren march; *de zaak marcheert prachtig*, things are going on swimmingly.
marconist wireless operator.
mare news, report.
marechaussee military police; *een —*, a military policeman.
maretak mistletoe.
margarine margarine; (*fam.*) marge.
marge margin.
margriet ox-eye daisy, marguerite.
Maria Mary, Maria. ▼—**beeld** image of the Virgin Mary. ▼—**Boodschap** Lady-Day. ▼—**-Hemelvaart** Assumption. ▼—**-Lichtmis** Candlemas. ▼—**-Ontvangenis** Conception of the Blessed Virgin. ▼—**verering** worship of the Blessed Virgin.
marihuana marihuana, (*sl.*) grass.
marine navy; (*attrib. ook*: naval). ▼—**attaché** naval attaché. ▼—**autoriteiten** naval authorities. ▼—**basis** naval base. ▼—**blauw** navy blue. ▼—**instituut** naval college. ▼—**luchtvaart** naval aviation. ▼—**luchtvaartdienst** (Royal Netherlands) naval aviation service; (*Engelse*) —, fleet air arm. ▼—**officier** naval officer. ▼—**staf** navy staff. ▼—**station** naval station. ▼—**vlieger** naval aviator. ▼—**vliegtuig** naval (aero)plane. ▼—**werf** government dockyard.
▼**marinier** marine; *'t korps —s*, the m. corps.
marionet puppet. ▼—**tentheater** p.-show.
marjolein marjoram.
markant striking, outstanding.

markeren mark.
marketentster sutler.
markies 1 marquis, marquess; **2** (*v. raam*) awning. ▼**markiezin** marchioness. ▼**markizaat** marquisate.
markt market; *aan de — brengen*, put on the m.; *naar de — gaan*, go to m.; *de — bederven*, spoil the market; *onder de — verkopen*, undersell, sell below market-price(s); *op de — gooien*, launch on the m.; *hij is van alle —en thuis*, he can turn his hand to anything. ▼—**analyse** market analysis. ▼—**bericht** m.-report. ▼—**dag** m.-day. ▼—**en**: *aan —, go marketing.* ▼—**ganger** marketer. ▼—**geld** m.-dues. ▼—**koopman** m.-vendor. ▼—**kraam** m.-stall. ▼—**onderzoek** m. research. ▼—**plein** m.-place. ▼—**prijs** m.-price, m.-rate. ▼—**schreeuwer** cheap Jack. ▼—**stad** m.-town. ▼—**vrouw** m.-woman. ▼—**waarde** m.-value.
marmelade marmalade.
marmer marble. ▼—**beeld** m. statue. ▼—**blok** m. block. ▼—**en I** *ww* marble, grain. **II** *bn* marble. ▼—**groeve** m.-quarry. ▼—**steen** marble.
marmot 1 marmot, woodchuck; **2** (*—je*) guinea-pig.
marokijn(en) morocco(-leather).
Marokkaan(s) Moroccan. ▼**Marokko** Morocco.
Mars Mars; (*bewoner*) *van —*, Martian.
mars 1 (*rugkorf*) pack; **2** (*scheepv.*) top; *hij heeft heel wat in zijn —*, he has a good headpiece; *ik zal eens kijken wat hij in zijn — heeft*, I shall put him through his paces; **3** march; *—! weg!*, away with you!; *op — gaan*, march, set out. ▼—**colonne** column of route, route column.
marsepein(en) marchpane.
Marshall-hulp Marshall aid.
marskramer pedlar, hawker.
mars/oefening route-march. ▼—**orde** marching order. ▼—**order** marching-orders. ▼—**route** line of m. ▼—**tempo** rate of m. ▼—**tenue** marching-kit. ▼—**vaardig** ready to march.
marszeil top-sail.
martel/aar martyr. ▼—**aarschap** martyrdom. ▼—**arij** torture, torment. ▼—**dood** martyrdom; *de — sterven*, suffer m. ▼—**en** torture. ▼—**ing** torture, torment. ▼—**kamer** torture chamber. ▼—**tuig** instrument(s) of torture.
marter marten.
martiaal martial.
marx/isme Marxism. ▼—**ist(isch)** marxist; marxian.
mascotte mascot.
masker mask; (*bij schermen*) face-guard; *iem. 't — afrukken*, unmask a p.; *onder 't — van*, under the cloak of. ▼—**ade** masquerade. ▼**maskéren** mask, camouflage.
masochist masochist.
massa mass; (*volks—*) crowd; *inerte —*, dead-weight; *een — dingen*, a lot (mass) of things; *de (grote) —*, the masses; *bij —'s*, in large quantities; *bij (in) de — verkopen*, sell by the lump. ▼**massaal** wholesale; massive (mountains); mass (attack); *zij schaarden zich — achter hem*, they rallied solidly behind him. ▼**massa/-aanval** mass attack. ▼—**artikel** mass-produced article. ▼—**beïnvloeding** m. persuasion. ▼—**beweging** m. movement. ▼—**bijeenkomst** mass-meeting. ▼—**fabricatie** mass manufacture.
massage massage. ▼—**inrichting** m. salon.
massa/goederen bulk goods. ▼—**graf** mass grave. ▼—**lading** bulk cargo. ▼—**media** mass media. ▼—**moord** mass murder. ▼—**moordenaar** mass murderer. ▼—**produktie** mass production. ▼—**psychologie** mass psychology. ▼—**suggestie** mass-suggestion.
mass/eren massage. ▼—**eur** masseur. ▼—**euse** masseuse.
massief solid (gold); massive (building).
mast mast; (*gymn.*) pole; *vóór de —*, afore the

m.; *ik zit voor de* —, (*fig.*) I cannot eat any more. ▼—**bos** fir-wood; (*fig.*) thicket of masts. ▼—**klimmen** climbing the pole.

mat I *zn* (door-)mat; (*schaakmat*) mate. **II** *bn* weary, languid; dim (light); mat (gold); dull (market, eye, colour); flat (voice). **III** (*schaaksp.*) checkmate; *je staat* —, you are c.; *iem.* — *zetten*, (*lett.*) mate a p.; (*fig.*) checkmate a p.; *wit zet in twee zetten* —, white mates in two moves; *ondekbaar* —, forced mate.

matador matador; (*fig.*) crack (at), pastmaster (in).

mate measure (*zie* maat). ▼—**loos** unlimited.

materiaal material(s). ▼**material/isme** materialism. ▼—**ist** materialist. ▼—**istisch** materialistic. ▼**materie** matter. ▼**materieel I** *bn* material. **II** *zn* materials; *rollend* —, rolling-stock.

mat/glas frosted glass. ▼—**heid** weariness; dimness; dullness; *zie* mat.

mathemat/ica mathematics. ▼—**icus** mathematician. ▼—**isch** mathematical.

matig moderate; *hij vond het maar* —, 1 he did not think much of it; 2 he was none too pleased about it. ▼—**en** moderate; (*verzachten*) mitigate. ▼—**heid** moderation, temperance. ▼—**ing** moderation; mitigation.

matinee matinée.

matje table-mat; *op het* — *roepen*, carpet.

matras mattress.

matrijs matrix.

matrone matron. ▼—**achtig** matronly.

matroos sailor; *licht*—, ordinary seaman; *vol* —, able-bodied seaman; — *1ste klas*, leading seaman. ▼**matrozen/hoed** sailor hat. ▼—**kleding** sailor's clothes. ▼—**liedje** chanty. ▼—**muts** sailor's cap. ▼—**pak** sailor suit.

matten I *ww* mat, rush. **II** *bn* rush-bottomed. ▼**matte/kloppen** *zn* mat-shaking. ▼—**klopper** carpet-beater. ▼**matten/maker** mat-maker. ▼—**vlechter** mat-plaiter. ▼**matwerk** matting.

Mattheus Passion St. Matthew Passion.

mausoleum mausoleum.

mauwen mew.

maximaal I *bn* maximum, top (speed). **II** *bw* at most. ▼**maximum** maximum; *hij staat op zijn* —, he is at his m. ▼—**snelheid** (*in stad*) speed limit; (*hoogste snelh.*) top speed.

mayonaise mayonnaise.

mazelen measles.

mazen darn.

mazzel piece of luck. ▼—**en** be in luck.

me me.

mecanicien mechanic.

mechan/ica mechanics. ▼—**iek**, —**isme** mechanism, *ook:* action (of gun, piano, instrument); *speelgoed met* —, clockwork toys. ▼—**isatie** mechanization. ▼—**isch** mechanical. ▼—**iseren** mechanize.

medaille medal. **medaillon** locket.

me(d)e I *zn* 1 (*plant*) madder; 2 (*drank*) mead. **II** *bw* also, too; *ik ging* —, I went with him. **III** (*in ss*) fellow-, co-. ▼—**aansprakelijk** jointly liable (responsible). ▼—**aansprakelijkheid** joint liability (responsibility). ▼—**aanwezigheid** co-presence. ▼—**aanzittenden** fellow-guests. ▼—**arbeider** fellow-worker. ▼—**beklaagde** co-accused. ▼—**belanghebbende** person having a joint interest. ▼—**bestuurder** co-director. ▼—**bestuurslid** fellow-member on the committee. ▼—**brengen** bring; (*fig.*) involve, imply, entail. ▼—**burger** fellow-citizen.

mede/deelzaam communicative; (*vrijgevig*) liberal; — *worden*, expand. ▼—**deelzaamheid** communicativeness; liberality. ▼—**delen** communicate; (*berichten*) inform. ▼—**deling** (piece) of information, announcement; *een* — *doen*, make an a.

mededing/en compete (for). ▼—**(st)er** rival, competitor. ▼—**ing** competition.

mededirecteur co-manager.

meedoen join (in); compete (in a race); (*aan*

---

examen) go in for; niet —, stand out; *als je niet dansen kunt, kun je niet* —, …., you're out of it (out of the swim); *hij kan goed* —, he can join the fun; *ik doe mee*, I'm on.

mededogen compassion. ▼—**dogend** compassionate. ▼—**dogendheid** compassion.

me(d)e/eigenaar joint proprietor. ▼—**eigendom** co-ownership; *iets in* — *bezitten*, be co-owner of. ▼—**erfgenaam** joint heir. ▼—**eten** stay (for) dinner. ▼—**eter** fellow-diner; (*in huid*) blackhead. ▼—**firmant** co-partner.

meegaan 1 accompany, go with; 2 (*v. kleding of persoon*) last; *lang* —, wear well; *ga je mee?*, are you coming?; *met zijn tijd* —, keep up (move) with the times; *met een voorstel* —, agree (subscribe) to a proposal.

me(d)e/gebruik joint use. ▼—**gerechtigd** co-entitled. ▼—**gerechtigde** participant. ▼—**gevangene** fellow-prisoner. ▼—**geven I** *ov.w* give; (*in huwelijk*) give as a dowry. **II** *on.w* yield, give. ▼—**gevoel** fellow-feeling, sympathy. ▼—**hebben**: *we hadden de wind mee*, we had the wind with us; *je hebt je leeftijd mee*, your age is in your favour; *daar heb je hem mee*, that's how you can plague him. ▼—**helpen** help, lend a hand. ▼—**help(st)er** assistant. ▼—**huurder** co-tenant. ▼—**klinker** consonant.

mee/komen come along (with a p.); *hij kan niet* —, he can't keep up with the others. ▼—**krijgen** get (a p.) along with one; (*ten huwelijk*) receive for one's portion; *ik kreeg het geld mee*, I was given the m.; *hij kreeg z'n toehoorders mee*, he carried his audience with him; *ik kon hem niet* —, I could not persuade him to come. ▼—**kunnen**: *kun jij mee?*, can you come?; (*v. kleding*) last; *lang* —, wear well. ▼—**lachen** join in the laugh(ter).

mede/leerling fellow-pupil. ▼—**leven I** *ww*: — *met*, sympathize with. **II** *zn* sympathy. ▼—**lid** fellow-member.

mede/lijden pity, compassion; — *met zichzelf*, self-pity; — *hebben met*, have pity on; *uit* —, out of p. (for); *om* — *mee te hebben*, pitiable. ▼—**lijdend** compassionate. ▼—**lijdendheid** compassionateness. ▼**meelijwekkend** piteous, pathetic.

mee/lokken entice. ▼—**lopen** accompany a p.; *alles loopt hem mee*, he is always lucky; *hij loopt al lang mee*, he is an old hand at the game (an old campaigner). ▼—**loper** hanger-on; (*pol.*) fellow-traveller.

me(d)e/maken go (be) through. ▼—**mens** fellow-man. ▼—**menselijk** considerate. ▼—**minnaar**, -**ares** rival. ▼—**moeten**: *hij moest mee*, he had to come along. ▼—**nemen** take with one; *een goede opinie van iets (iem.)* —, carry away a good opinion of s.th. (a p.); *dat is alvast meegenomen*, that is so much to the good; *van zijn colleges zal je niet veel* —, his lectures will not benefit you much. ▼—**ondertekenaar** co-signatory. ▼—**ondertekening** co-signature. ▼—**oprichter** joint founder. ▼—**opvarende** shipmate. ▼—**plichtig** accessory (to). ▼—**plichtige** accomplice; (*bij echtscheidingsproces*) co-respondent. ▼—**plichtigheid** complicity. ▼—**praten** join in the conversation, put in a word; *daar kan ik van* —, I know something about that; *met iemand* —, play up to a person. ▼—**profiteren** share in the profit of. ▼—**redacteur** co-editor. ▼—**regeren** share in the government. ▼—**reizen** travel with. ▼—**reiziger** fellow-traveller. ▼—**rekenen** include; count (in); *reken hem maar niet mee*, count him not; *niet meegerekend*, exclusive of. ▼—**rijden** drive (ride) along with a p.; *iem. laten* —, give a p. a lift; *vragen of men mag* —, ask for a lift. ▼—**schepsel** fellow-creature. ▼—**schuldige** accomplice. ▼—**slepen** (*lett.*) drag along; (*fig.*) carry away; (*v. water*) sweep away; *het onderwerp begint mij mee te slepen*, I'm warming up to the subject; *ik werd in hun* *ondergang meegesleept,* I was involved in their ruin. ▼—**sleuren** drag off, drag along. ▼—**spelen** take part in a game; (*v. acteur*) play. ▼—**speler** (*in paar*) partner; fellow-player. ▼—**spreken**: *mag ik ook een woordje —?,* may I put in a word?; *dat spreekt ook een woordje mee,* that also counts for s.th., that must also be taken into consideration; *toen begon de ervaring een woordje mee te spreken,* then experience made itself felt. ▼—**stander** supporter. ▼—**stemmen** vote (with the others). ▼—**strijder** ally. ▼—**student** fellow-student. ▼—**tellen** include; *dat telt niet mee,* that does not count; *niet meer —,* be off the map; *ieder die ook maar enigszins meetelt,* everybody who is anybody; *de leeftijd gaat bij hem —,* age is telling on him. ▼—**trillen** resound. ▼—**tronen** coax along, entice away. ▼—**vallen** exceed one's expectations; *'t valt nogal mee,* it might have been worse; *'t valt niet mee,* it takes some doing; *'t zal je niet —,* you won't find it an easy job; *hij valt mee bij kennismaking,* he improves upon acquaintance; (*'t stuk*) *viel niet mee,* was rather disappointing. ▼—**valler(tje)** stroke of luck, windfall. ▼—**vechten** join in the fight. ▼—**vennoot** co-partner. ▼—**voelen** feel (sympathize) with a p.; *hij voelde erg met ons mee,* he was very sympathetic. ▼—**voeren** carry away. ▼—**werken** co-operate; collaborate. ▼—**werker** co-operator; fellow-worker; (*aan tijdschrift*) contributor. ▼—**werking** co-operation, collaboration. ▼—**weten**: *met — van,* with the knowledge of. ▼—**zeggenschap** (*in bedrijf*) workers' participation; (*anders*): — *hebben,* have a voice (say) in the matter (in the running of the company etc.) ▼—**zingen** join in.

mediamiek mediumistic, psychic.
medicament medicament, medicine.
medicijn medicine; (*fam.*) physic; *student in de —en,* medical student. ▼—**fles(je)** m.-bottle. ▼—**man** m.-man.
medicus medical man, physician; (*student*) medical student. ▼**medisch** medical; — *adviseur,* medical adviser.
medit/atie meditation. ▼—**eren** meditate.
medium medium.
mee *zie* mede; *de wind — hebben,* have a tail wind, (*fig.*) ride on the crest of the wave; *dat heb je —,* that's to your advantage.
meedogenloos pitiless, ruthless. ▼—**heid** ...ness.
meegaand accommodating, compliant. ▼—**heid** compliance.
meel meal; (*gebuild*) flour. ▼—**dauw** mildew. ▼—**draad** stamen. ▼—**fabriek** flour-mill. ▼—**kost** farinaceous food. ▼—**zak** m.-sack, flour-sack.
meent common.
meer I *zn* lake. II *vnw* more; *ik hoop hem — te zien,* I hope to see m. of him; *hij had geen kracht —,* he had no strength left; *al* (*wel*) —, before; *wat dies — zij,* and so on; *geen woord —,* not another word; *niet of — ,* m. or less; (*hij woont hier*) *niet —,* no longer; *niets — of minder dan,* nothing less than; *niet — dan billijk,* only fair; *nooit —,* never m.; *onder —,* amongst others; *steeds —,* m. and m.; *te — daar,* the more so as; *zonder —,* without m. ado, simply, merely.
meerder greater, more, superior. ▼—**e** superior; (*mil.*) superior in rank; *ik moet in hem mijn — erkennen,* I have to acknowledge his superiority. ▼—**en** *ww* increase. ▼—**heid** (*v. aantal*) majority; (*v. geest*) superiority; *in de — zijn,* be in the m; *de zwijgende —,* the silent majority. ▼—**jarig** of age; — *worden,* come of age. ▼—**jarigheid** majority.
meer/gegoed: *de —en,* the well-to-do. ▼—**genoemd** aforesaid. ▼—**gevorderd(e)** advanced (student).
meerketting mooring-chain.
meerkeuze(toets) multiple choice (test).
meerkoet coot.
meerkosten extra charges.

meerlettergrepig polysyllabic.
meermalen more than once.
meerschuim(en) meerschaum.
meerstemmig arranged for several voices; — *gezang,* part-singing; — *zingen,* sing in parts.
meertouw mooring-rope.
meervoud plural. ▼—**ig** plural; — *kiesrecht,* p. vote. ▼—**suitgang** plural ending. ▼—**svorm** plural form.
meerwaarde surplus value.
mees titmouse.
meeslepend stirring, rousing.
meesmuilen smile ironically.
meespelen join in the game, play with (a p.); (*fig.*) be involved, enter the picture, come into play.
meest most; (*meestal*) mostly; *op zijn —,* at (the) m.; *de —e boeken,* m. books; *dat wens ik 't —,* that I wish most; *de —en,* most people; *de —en van ons,* m. of us. ▼—**al** mostly. ▼—**begunstiging** preferential treatment. ▼—**biedende** highest bidder. ▼—**entijds** most times.
meester master; — *in de rechten,* lawyer; *het Engels volkomen — zijn,* have a thorough command of E.; *de toestand — zijn,* be m. of the situation; *men is de toestand —,* the situation is well in hand, under control; *men is de toestand niet meer —,* the situation has got out of control; — *worden,* (*onderwerp*) master; (*brand*) conquer; *zich — maken van,* take possession of; *zichzelf weer — worden,* regain control of o.s.; *zichzelf — zijn,* be m. of o.s.; *zichzelf niet langer — zijn,* lose control of o.s.; *zijn — vinden,* meet one's master. ▼—**es** mistress; — *hand* m.-hand; (*dit verraadt*) *de —,* the m.'s hand. ▼—**knecht** foreman. ▼—**lijk** masterly. ▼—**schap** mastership, mastery. ▼—**stitel** degree of doctor of law, (*schaken*) m.'s title. ▼—**stuk,** —**werk** m.-piece. ▼—**zanger** m.-singer.
meestmogelijk the greatest possible.
meet: *van — af* (*aan*), from the start; *van — af aan beginnen,* start from scratch.
meet/baar(heid) measurable(ness). ▼—**band** measuring-tape. ▼—**instrument** measuring-instrument. ▼—**kunde** geometry; Euclid. ▼—**kundig** geometrical; —*e plaats,* locus. ▼—**kundige** geometrician. ▼—**lijn** measuring-line. ▼—**lood** plummet.
meeuw (*sea-*) gull, sea-mew.
meewarig compassionate. ▼—**heid** compassion.
mega/foon megaphone. ▼—**hertz** megacycle, megahertz. ▼—**litisch** megalithic. ▼—**lomaan** megalomaniac. ▼—**lomanie** megalomania. ▼—**ton** megaton. ▼—**watt** mega watt.
mei May. ▼—**betoging** May-day demonstration. ▼—**boom** may-pole.
meid (*dienst-*) (maid-) servant, maid; (*meisje*) girl.
mei/dag May-day. ▼—**doorn** hawthorn. ▼—**feest** May-feast. ▼—**kers** May-cherry. ▼—**kever** cock-chafer.
meinedig perjured. ▼—**e** perjurer. ▼—**heid** perjury. ▼**meineed** perjury; *een — doen,* forswear o.s., commit p.
meisje girl; (*verloofde*) fiancée; (*fam.*) sweetheart. ▼—**meisjes/achtig** girl-like, girlish. ▼—**gek** girl-crazy boy. ▼—**school** girls' school; *middelb. —,* girls' high school. ▼—**student** g.-student.
meiviering May-day celebration(s).
mejuffrouw (*zonder naam*) Madam *of* Miss; (*met naam*) Miss.
melaats leprous. ▼—**e** leper. ▼—**heid** leprosy.
melancholie(k) melancholy.
melange blend, mixture.
meld/en mention, state; report (snow, death, etc.); *zich —* (*bij*), report (to); *zich ziek —,* report sick; *ik zal het u —,* I shall let you know. ▼—**enswaardig** worth mentioning. ▼—**ing** mention; — *maken van,* mention.
mêlée mêlée. ▼**mêleren** blend, mix.
melig mealy; (*fig.*) dull, slow. ▼—**heid**

mealiness; dulness.
melk milk; *halfvolle —,* low-fat milk; *ontroomde melk,* skim-milk; *magere —,* low-fat milk; *zij ziet eruit als — en bloed,* she has a complexion of milk and roses; *de koe gaf goed —,* milked well. ▼**—achtig** milky. ▼**—auto** m.-van. ▼**—beker** m.-mug. ▼**—boer** milkman. ▼**—brood** m.-bread. ▼**—bus** m.-can. ▼**—centrale** m.-board. ▼**—chocolade** m.-chocolate. ▼**—en** milk. ▼**—er** milker. ▼**—erij** dairy. ▼**—fabriek** dairy factory, creamery. ▼**—fles** m.-bottle. ▼**—glas** m.-glass. ▼**—inrichting** dairy. ▼**—kalf** sucking calf. ▼**—kies** m.- molar. ▼**—klier** lacteal gland. ▼**—koe** dairy-cow, milch-cow. ▼**—machine** milking-machine. ▼**—meid** milkmaid. ▼**—muil** milksop. ▼**—poeder** m.-powder; *magere —,* low-fat m.-powder. ▼**—salon** milkbar. ▼**—slijter** dairy-man. ▼**—tand** m.-tooth. ▼**—voorziening** m. supply. ▼**M—weg** Milky Way, galaxy. ▼**—zuur** lactic acid.
melod/ie melody. ▼**—ieus** melodious.
melodrama melodrama. ▼**—tisch** melodramatic.
meloen melon.
memoires memoirs. ▼**memor/andum** memorandum. ▼**—eren** recall to memory; mention. ▼**—ie** memory; — *van antwoord,* — *van toelichting,* explanatory memorandum; *kort van — zijn,* be short of memory. ▼**—iseren** commit to memory.
men (*bedoelen*) mean; (*denken*) think, fancy; *ik meen het,* I m. it; *dat zou ik —!,* I should think so!; *hij meent het goed (met je),* he means well (by you); *iem. die het goed met u meent,* a well-wisher; *'t was niet kwaad gemeend,* no harm was meant. **menens:** *'t is —,* it is serious, the gloves are off.
mengel/en mingle. ▼**—ing** mixture. ▼**—moes** medley, jumble, farrago. ▼**—werk** miscellany.
meng/en mix, mingle; (*denken*) blend (tea); alloy (metals); *zich — in,* interfere in, join in (the conversation); *zich ongevraagd in iets —,* butt in, barge into (a conversation); *als ik mij er in mag —,* if I may butt in; *zich onder de menigte —,* mingle with the crowd. ▼**—er** mixer, blender. ▼**—sel** mixture, blend. ▼**—smering** two-stroke mixture. ▼**—taal** mixed language. ▼**—voe(de)r** compound animal feed.
menie red-lead, minium. ▼**meniën** paint with red-lead.
menig many (a); *in — opzicht,* in many ways; ▼**—een** m. a man. ▼**—maal** m. a time. ▼**—te** crowd, multitude; *in —,* plentifully. ▼**—vuldig** I *bn* manifold, frequent. II *bw* abundantly, frequently. ▼**—vuldigheid** multiplicity, abundance.
mening opinion; *de openbare —,* public o.; *ik geef mijn — gaarne voor een betere,* I am open to correction; *bij zijn mening blijven,* stick to one's o.; *in de — dat,* in the belief that, under the impression that; *naar (volgens) mijn —,* in my o.; *van — verschillen,* disagree, differ in o.; *van — zijn dat,* be of o. that. ▼**—suiting** expression of opinion; *vrijheid van —,* freedom of speech. ▼**—sverschil** disagreement, difference of o.
menn/en drive. ▼**—er** driver.
menopauze menopause.
mens man, woman; *— en,* men, people; *veel —en,* many people; *'t arme —,* the poor soul; *ik ben ook maar een —,* I'm only human; *wie is dat —?,* who is that person?; *dat — van Smit,* that S. woman; *de inwendige —,* the inner

man; *ik ben geen half — meer,* I am dead beat; *een — maken van,* make a m. of, (*fam.*) lick into shape; *door — gemaakt,* man-made; — *worden,* become human; *hij komt weinig onder de — en,* he does not mix much with people. ▼**—aap** man-ape, anthropoid (ape). ▼**—dom:** *het —,* mankind.
menselijk human. ▼**—erwijze:** — *gesproken,* humanly speaking. ▼**—heid** humanity.
mensen/- *dikw.* human. ▼**—eter** man-eater, ogre. ▼**—gedaante** h.-shape. ▼**—haat** misanthropy. ▼**—hand** the hand of man. ▼**—hater** misanthrope. ▼**—heugenis:** *sinds —,* within living memory. ▼**—jacht** man-hunt, round-up. ▼**—kenner** judge of men. ▼**—kennis** knowledge of h. character. ▼**—kind** h. being, son of man. ▼**—leeftijd** lifetime. ▼**—leven** h. life; *verlies van —s,* loss of life. ▼**—liefde** love of mankind. ▼**—ras** h. race. ▼**—recht** right of man. ▼**—roof** kidnapping. ▼**—schedel** h. skull. ▼**—schuw** unsociable. ▼**—schuwheid** shyness. ▼**—vlees** h. flesh. ▼**—vriend** philantropist. ▼**—werk** work of man.
mens/heid humanity; mankind. ▼**—lievend** humane. ▼**—lievendheid** humanity. ▼**—onterend** degrading.
menstruatie menstruation.
menswaardig worthy of a human being, decent.
mentaliteit mentality.
menthol menthol.
mentor mentor.
menu menu, (*—kaart*) bill of fare.
menuet minuet.
mep blow, crack, slap. ▼**—pen** slap.
merci thank you, thanks.
merel blackbird.
meren *ww* moor.
merendeel: *'t —,* the greater part (number). ▼**merendeels** for the greater part, largely.
merg marrow; (*v. plant*) pith; *dat geluid gaat je door — en been,* ... sets your teeth on edge; *een conservatief in — en been,* a conservative to the backbone, to the core.
mergel marl. ▼**—groeve** m.-pit.
mergpijp marrow-bone.
meridiaan meridian. ▼**—shoogte** m. altitude.
merk (*teken*) mark; (*fabrikaat*) make; (*soort*) brand; (*handels—*) trade-mark; (*keur*) hall-mark.
merk/baar noticeable. ▼**—elijk** marked. ▼**—en 1** mark (goods); **2** (*bemerken*) perceive, notice; *laat niets —,* don't let on. ▼**—inkt** marking-ink. ▼**—teken** mark, sign. ▼**—waardig** remarkable. ▼**—waardigheid** (*abstr.*) remarkableness; (*concr.*) curiosity. ▼**—zijde** marking-silk.
merrie mare. ▼**—veulen** filly.
mes knife; *'t — snijdt aan (van) twee kanten,* it cuts both ways; *'t — erin zetten,* apply the axe; *iem. 't — op de keel zetten,* put the k. to a p.'s throat; *onder 't —,* under the k.
mesalliance mésalliance, misalliance.
mesje blade.
mesjogge crazy, loony.
Mesopotamië Mesopotamia.
messelegger knife-rest. ▼**messen/-** knife-. ▼**—bak** k.-box. ▼**—maker** cutler. ▼**—makerij** cutlery. ▼**—slijper** k.-grinder.
Messiaans Messianic. ▼**Messias** Messiah.
messing brass.
messteek knife-thrust.
mest dung, manure. ▼**—en** (*grond*) dress, manure; (*dier*) fatten. ▼**—hoop** d.-hill.
mesties mestizo.
mest/kar d.-cart. ▼**—kever** d.-beetle. ▼**—stof** manure, fertilizer. ▼**—vaalt** d.-hill. ▼**—varken** porker. ▼**—vee** fatting-cattle, store-cattle. ▼**—vork** d.-fork. ▼**—wagen** d.-cart.
met with; *vat — wijn,* cask of wine; — *de boot, de post, de trein, het vliegtuig,* by boat, post, train, aeroplane; — *de dag erger,* worse every day; — *handenvol, by handfuls;* — *hoeveien zijn ze?,* — *z'n tienen,* how many are they?, they are ten; *de man — de overjas,* the man in

the top-coat; — *Pasen*, at Easter; — *inkt geschreven*, written in ink; — *dat al*, for all that.
metaal metal. **▼—achtig** metallic. **▼—bedrijf** m. trade. **▼—bewerker** m.-worker. **▼—draad** metallic wire; (*v. lamp*) m. filament.
▼—draadlamp metal filament lamp.
▼—gieter (m.-)founder. **▼—gieterij** (m.-)foundry. **▼—glans** metallic lustre.
▼—handel m. trade. **▼—handelaar** m.-merchant. **▼—houdend** metalliferous.
▼—industrie metal(lurgical) industry.
▼—waren m.-ware. **▼—zaag** hacksaw; (*met rond zaagblad ook*) metal saw.
metafoor metaphor.
metafys/ica metaphysics. **▼—isch** metaphysical.
metalen *bn* metal. **▼metalliek** metallic; — *blauw*, metallic blue.
metamorfos/e metamorphosis. **▼—eren** metamorphose.
meteen 1 at the same time; **2** at once; *ik kom zo —*, I'm coming in a minute.
meten measure; survey (land); *hij meet 6 voet*, he stands 6 feet; *zich met iem. —*, measure o.s. (one's strength) with; *hij kan zich niet met u —*, he is no match for you.
meteoor meteor. **▼—steen** meteoric stone.
meteorologisch meteorological; — *Instituut*, M. Office, weather-bureau.
meter 1 (*pers.*) measure; **2** (*maat*) metre; **3** (*gas-*) meter; **4** (*peet*) godmother.
▼—huur meter-rent. **▼—opnemer** inspector, gas-inspector.
metgezel(lin) companion, mate.
method/e method. **▼—iek** methodology.
▼—isch methodical. **▼—ist(isch)** Methodist.
Methusalem Methuselah.
meting measurement, measuring.
metriek I *bn* metric; — *stelsel*, m. system. **II** *zn* prosody.
metropool metropolis.
metrum metre.
metselaar bricklayer. **▼—sbak** hod.
▼—sknecht journeyman b. **▼metsel/arij** masonry. **▼—en set** (lay) bricks. **▼—kalk** mortar. **▼—steen** brick. **▼—werk** masonry.
metten matins; *korte — maken met*, make short work of; *hij maakt korte —*, he is a man of short ways.
metter/daad actually. **▼—tijd** in course of time. **▼—woon**: *zich —, vestigen*, settle.
metworst German sausage.
meubel piece (article) of furniture; —*en*, furniture; *een lastig —*, a handful. **▼—en ww** furnish. **▼—fabriek** cabinetmaking works.
▼—fabrikant f. manufacturer. **▼—magazijn** f.-store. **▼—maker** cabinet-maker, joiner.
▼—makerij f.-factory. **▼—opslagplaats** f.-repository. **▼—stuk** piece (*of*: article) of f.
▼—transport f.-removing. **▼—wagen** f.-van. **▼—winkel** f.-shop. **▼—zaak** f.-business. **▼meubil/air** furniture.
▼—eerinrichting furnishing house. **▼—eren** furnish. **▼—ering** (*het meubileren*) furnishing; (*de meubels*) furniture.
meug: *elk zijn —*, every man to his taste.
meute pack (of hounds).
mevrouw Mrs. (Johnson); (there is) a lady (to see you); (please sit down) Madam; *is — thuis?*, is your mistress in?
Mexicaan(s) Mexican.
mezzo-sopraan mezzo-soprano.
miauwen miaul.
mica mica. **▼—plaat(je)** m.-plate.
micro/be microbe. **▼—cosmos** microcosm.
▼-economie micro-economics. **▼—film** microfilm. **▼—foon** microphone; *verborgen —*, hidden microphone, (*sl.*) bug; *een verborgen — installeren in een kamer*, bug a room; *voor de — optreden*, appear before the m., broadcast. **▼—scoop** microscope.
▼—scopisch microscopic.
middag midday, noon; (*na—*) afternoon; *in (na) de —*, in the afternoon; *voor de —*, before noon; *heden—*, this afternoon; *'s —s*, in the afternoon. **▼—eten, —maal** dinner; *zijn —*

doen met, dine on. **▼—malen** dine. **▼—pauze** lunch interval. **▼—uur** noon (tide). **▼—zon** midday sun.
middel 1 (*v. lichaam*) waist; **2** (*voor 'n doel*) means, expedient; (*tegen ziekte*) remedy; device; *het is een —, geen doel*, it is a means to an end; — *van bestaan*, m. of subsistence; — *van vervoer*, m. of conveyance; *eigen —en hebben*, have private m.; *mijn —en laten dit niet toe*, I can't afford it; *door — van*, by m. of.
middelbaar medium, average; secondary (school); *op middelbare leeftijd*, at middle age; *van middelbare leeftijd*, middle-aged; *van middelbare grootte*, of medium size.
middel/eeuwen middle ages. **▼—eeuws** medi(a)eval.
middelerwijl meanwhile.
Middellandse Zee Mediterranean.
middellijn diameter.
middel/maat medium size. **▼—matig** middling (size); moderate (price); mediocre (capacities); medium (height).
▼—matigheid mediocrity.
middelmoot middle slice; (*fig.*) centre group.
middelpunt centre; *in 't — der belangstelling staan*, be in the centre of interest, be in the limelight. **▼—vliedend** centrifugal.
▼—zoekend centripetal.
middel/ste central, middle. **▼—stuk** middle (centre) piece. **▼—vinger** middle finger.
midden I *zn* middle (of a room, road, week), midst, centre (of town etc.); *het juiste —*, the happy mean; *het — houden tussen uitersten*, preserve the happy mean between extremes; *dit houdt het — tussen*, this is midway between; *in het — van de tuin, maand, weg*, in the middle of the garden, month, road; *in het — van de Oceaan*, in mid-Ocean; *in ons —*, in our midst; *iets in het — brengen*, put forward s.th.; *iets in het — laten*, leave s.th. an open question; *de waarheid ligt in het —*, truth lies midway; *op het — van de dag*, in the middle of the day; *te — van*, among (friends); in the midst of (enemies, danger); *een uit hun —*, one from their midst. **II** *bw — in de rivier*, in the middle of the river; — *in de dertig*, in the middle thirties. **▼M—-Afrika**,
M—-Amerika, M—-Azië Central Africa, C. America, C. Asia. **▼—baan** centre-road; (*tennis*) centre-court. **▼—berm** central reservation, (*Am.*) median.
▼—bermbeveiliging crash barrier. **▼—beuk** nave. **▼—cirkel** centre circle. **▼—deel** central part. **▼—ding** cross. **▼—door** in two; — *delen*, bisect; — *gaan*, go down the middle. **M—-Europa** Central Europe. **▼M—europees** Central European. **▼—gedeelte** central part. **▼—gewicht** middleweight. **▼—golf** medium wave.
▼—klasse middle class. **▼—lijn** halfway line. **▼—loop** middle course. **▼—man** middle man. **▼—oor(ontsteking)** (inflammation of the) middle ear. **▼—pad** centre path; (*in kerk*) centre aisle. **▼—rif** midriff, diaphragm.
▼—stand middle classes. **▼—standsbank** tradesmen's bank. **▼—standsbond** trader's association. **▼—standsdiploma** shopkeeper's diploma. **▼—streep** white line; *niet onderbroken —*, solid white line; *onderbroken —*, broken white line. **▼—stuk** centre-piece. **▼—velder** midfield (link) man.
▼—voetsbeentje metatarsal. **▼—voor** centre forward. **▼—weg** middle course; *de — bewandelen*, steer a middle course; *de gulden — bewandelen*, strike the golden mean.
middernacht midnight.
midgetgolf midget golf. **▼—baan** midget golf course.
mid/scheeps amidship(s). **▼—winter** midwinter. **▼—zomer** midsummer.
mier ant. **▼mieren/eter** ant-eater. **▼—hoop** ant-hill. **▼—leeuw** ant-lion. **▼—nest** ants' nest. **▼mierezuur** formic acid.
mierik(s)wortel horse-radish.
mieter: *een arme —*, a poor bugger; *een hoge —*, a big shot; *iem. op z'n — geven*, give a p. a

drubbing (scolding); *het kon hem geen —
schelen*, he did not care a hoot.
mieters smashing (car); *dat is —*, that's
wizard.
miezerig drizzly, dull (weather); measly (little
fellow).
migraine migraine. ▼**—stift** headache pencil.
mijden avoid, shun.
mijl mile; *de — op zeven*, a roundabout way;
—en uiteen, (fig.) poles apart; *hij steekt —en
uit boven de anderen*, he towers high above
the others. ▼**—paal** m.-stone; *(fig. ook)*
land-mark.
mijmer/aar (day-)dreamer. ▼**—en** muse.
▼**—ing** musing, day-dreaming.
mijn I *vnw* my; *het — en dijn*, mine and thine; *ik
en de —en*, I and mine; *daar wil ik 't —e van
hebben*, I want to know what is what; *ik denk
er 't —e van*, I have my own opinion about it; *ik
zei er 't —e van*. I had my say about it. II *zn*
1 mine, pit; 2 *(mil.)* mine; *op 'n — lopen*, strike
a m. ▼**—arbeid** mining. ▼**—bedrijf**
mining-industry. ▼**—bouw** mining.
▼**—bouwkundig** — *ingenieur*,
mining-engineer. ▼**—bouwmaatschappij**
colliery-company. ▼**—eigenaar** mine-owner.
mijnenlegger mine-layer.
mijnent/wege as far as I am concerned.
▼**—wille** *om* —, for my sake.
mijnen/veger mine-sweeper. ▼**—veld**
mine-field.
mijnerzijds on my part.
mijn/exploitatie working of mines.
▼**—galerij, —gang** mine-gallery. ▼**—gas**
fire-damp.
mijnheer Mr. (A); (yes) Sir; (who is this)
gentleman; *is — thuis?*, is your master in?; *—
de voorzitter*, Mr. Chairman.
mijn/ingenieur mining-engineer.
▼**—installatie** mining-equipment. ▼**—lamp**
mine-lamp. ▼**—ongeluk** m. accident.
▼**—opzichter** m.-surveyor. ▼**—ramp**
mining-disaster. ▼**—schacht** mine-shaft.
▼**—streek** mining-district. ▼**—werker** miner.
▼**—worm** hookworm.
mijt 1 *(dier)* mite; 2 *(stapel)* stack, pile.
mijter mitre.
mijzelf myself.
mikken (take) aim (at).
mikmak trouble; *de hele —*, the whole
caboodle.
mikpunt aim; *(fig.)* butt, target.
Milaan Milan. ▼**—ees** *bn en zn* Milanese.
mild *(royaal)* liberal, generous; *(zacht)* gentle
(rain). ▼**—dadig** liberal, generous.
▼**—dadigheid** liberality, generosity. ▼**—heid**
liberality.
milicien conscript, recruit.
milieu I *zn* milieu, environment. II *bn*
environmental. ▼**—kundige** environmentalist.
▼**—verontreiniging** environmental
pollution. ▼**—vriendelijk** not harmful to the
environment.
militair I *bn* military. II *zn* m. man; *de —en*, the
m. ▼**militant** militant. ▼**militair/isatie**
militarization. ▼**—iseren** militarize. ▼**—isme**
militarism. ▼**—ist** militarist. ▼**—istisch**
militarist. ▼**militie** militia.
miljard milliard; *(Am.)* billion. ▼**—air**
milliardaire.
miljoen (a, one) million. ▼**—ennota** budget.
▼**—enrede** budget-speech. ▼**miljonair**
millionaire.
milli/gram, —liter, —meter milligramme,
-litre, -metre. ▼**—meteren** *(v. haar)* crop
(close).
milt spleen, milt. ▼**—vuur** splenic fever.
▼**—ziek** splenetic. ▼**—ziekte** spleen.
mimiek mimic art.
min I *zn* 1 *(liefde)* love; 2 *(zoogster)* (wet-)
nurse. II *bn (v. kwaliteit)* poor; *(v. patiënt)*
poorly; *(gemeen)* mean; *zes — drie*, six less
(minus) three; *— of meer*, more or less; *dat is
mij te —*, that's beneath me; *daar moet je niet
zo — over denken*, that must not be
underestimated.

minacht/en disdain, slight. ▼**—ing** contempt
(of, for); *uit — voor*, in contempt of.
minaret minaret.
minder less (time); fewer (friends); inferior
(quality); *(v. patiënt)* worse; *de —e goden*, the
lesser gods; *de —e stand*, the lower classes; *—
worden*, decrease, fall off, lessen, decline; *dat
doet er — toe*, that is of lesser importance; *—
dan*, lesser (fewer) than; *kun je het niet een
gulden — doen?*, cannot you knock off a
guilder?; *hoe — je ervan zegt hoe beter*, least
said soonest mended. ▼**mindere** inferior; *de
—n*, *(leger)* the rank and file; *(marine)* the
ratings.
minderen ww diminish, decrease; *(bij breien)*
narrow; *vaart —*, slow down.
minderheid minority; *in de — zijn*, be in the m.
mindering *(bij 't breien)* narrowing; *in —
brengen*, deduct.
minderjarig under age. ▼**—e** minor. ▼**—heid**
minority; *(jur.)* infancy.
minderwaardig *(v. kwaliteit)* inferior,
low-grade; *(geestelijk —)* mentally deficient;
—e praktijken, abject practices. ▼**—heid**
inferiority. ▼**—scomplex** inferiority complex.
▼**—sgevoel** sense of inferiority.
mineraal mineral. ▼**—water** m. water.
mineur: *a —*, A minor.
miniatuur 1 miniature; 2 midget (golf-links).
miniem slight, insignificant.
minim/aal minimum. ▼**—aliseren** minimalize.
▼**minimum** minimum *(my minima) (ook
attr.);* *in een — van tijd*, in less than no time; *tot
een — terugbrengen*, reduce to a m. ▼**—loon**
minimum-wage. ▼**—loontrekker**
minimum-wage earner. ▼**—prijs**
reserve-price.
minister minister, secretary (of State); *Eerste
—*, Prime Minister, Premier; *— van Algemene
Zaken*, M. of General Affairs; *— van Arbeid*, M.
of Labour, *(in Eng. ongev.)* Secretary of State
for Employment; *— van Bevoorrading*, M. of
Supply; *— van Binnenlandse Zaken*, M. for
Home Affairs, *(in Eng.)* Secretary of State for
Home Affairs, Home Secretary; *— van
Buitenlandse Zaken*, M. for Foreign Affairs, *(in
Eng.)* Secretary of State for Foreign and
Commonwealth Affairs, Foreign Secretary, *(in
Am.)* Secretary of State; *— van Cultuur,
Recreatie en Maatschappelijk Werk*, M. of
Cultural Affairs, Recreation and Social Work;
— van Defensie, M. of Defence, *(in Eng.)*
Secretary of State for Defence; *— van
Economische Zaken*, M. of Economic Affairs;
— van Energievoorziening, M. of Energy, *(in
Eng.)* Secretary of State for Energy; *— van
Financiën*, M. of Finance, *(in Eng.)*
Chancellor of the Exchequer, *(in Am.)*
Secretary of the Treasury; *— van Handel*, M.
of Trade, *(in Eng.)* Secretary of State for
Trade; *— van Justitie*, M. of Justice, *(in Eng.
ongev.)* Lord Chancellor; *— van Koloniën*, M.
of the Colonies, *(in Eng.)* Secretary of State
for the Colonies, Colonial Secretary; *— van
Landbouw en Visserij*, M. of Agriculture and
Fisheries, *(in Eng.)* M. of Agriculture, Fisheries
and Food; *— van Luchtvaart*, *(mil.)* Air M.; *—
van Marine*, M. of Marine, *(in Eng.)* First Lord
of the Admiralty; *— van Milieubeheer*, M. of
the Environment, *(in Eng.)* Secretary of State
for the Environment; *— van Onderwijs en
Wetenschap*, M. of Education and Science, *(in
Eng.)* Secretary of State for Education and
Science; *— van Oorlog*, M. of War, War M.; *—
van Sociale Zaken*, M. of Social Affairs, *(in
Eng. ongev.)* Secretary of State for Social
Services; *— van Staat*, M. of State; *— van
Verkeer en Waterstaat*, M. of Transport and
Public Works; *— van Volksgezondheid en
Milieuhygiëne*, M. of Health and
Environmental Protection; *— van
Volkshuisvesting en Ruimtelijke Ordening*, M.
of Housing and Physical Planning; *— van
Wetenschapsbeleid*, M. of Science Policy.
ministerie ministry, department, Office; *het
M— (= de regering)* the Cabinet; *een —*

vormen, form a government; *— van Binnenlandse Zaken,* M. of Home Affairs, (*in Eng.*) Home Office; *— van Buitenlandse Zaken,* M. of Foreign Affairs, (*in Eng.*) Foreign Office, (*in Am.*) State Department; *— van Defensie,* M. of Defence (*ook in Eng.*); *— van Financiën,* M. of Finance, (*in Eng. ongev.*) the Treasury; *— van Landbouw en Visserij,* M. of Agriculture and Fisheries, (*in Eng.*) M. of Agriculture, Fisheries and Food; *— van Justitie,* M. of Justice; *— van Koloniën,* Department of the Colonies, (*in Eng.*) Colonial Office; *— van Marine,* M. of the Navy, (*in Eng. ongev.*) (Lords Commissioners of) the Admiralty; *— van Onderwijs en Wetenschap,* M. of Education and Science, (*in Eng.*) Department of Education and Science; *— van Oorlog,* M. of War, (*in Eng. vroeger*) War Office, (*tegenw.*) M. of Defence; *'t Openbaar —,* (*ongev.*) the Public Prosecutor; *ambtenaar van 't Openbaar —,* Counsel for the Crown (the Prosecution); *het Openbaar — werd waargenomen door …,* The Director of Public Prosecutions was represented by …
ministerieel ministerial; *ministeriële crisis,* cabinet crisis.
minister/-president Premier, Prime Minister. ▼**—raad** cabinet council; *vergadering van de —,* Cabinet meeting. ▼**—sambt** ministerial office. ▼**—sbank** Government bench. ▼**—sportefeuille** ministerial portfolio. ▼**—svergadering** meeting of Ministers, Cabinet meeting. ▼**—szetel** seat in the Ministry. ▼**—wisseling** reshuffle of the Cabinet.
minn/aar lover. ▼**—ares** mistress. ▼**—arijtje** love-affair. ▼**—brief** *in zier — schikken,* settle amicably. ▼**—brief** love-letter. ▼**—dicht** love-poem. ▼**—dichter** love-poet. ▼**—go(o)dje** cupid. ▼**—kozen** bill and coo. ▼**—lied** love-song. ▼**—lijk:** *—e schikking,* amicable settlement. ▼**—minnen** love. ▼**minne/nijd** jealousy. ▼**—pijn** pangs of love.
minnetjes poorly.
minst I *bn* least (time); fewest (friends); (*slechts*) worst. II *zn: ik zal de —e zijn,* I will yield; *in 't — (niet),* (not) in the least; *op z'n —,* at the l.; *ten —e,* at l. III *bw* least. ▼**minstens** at (the) least; *zij is — 30,* she is 30, if she is a day.
minstreel minstrel.
minteken minus sign.
minus minus, less.
minutieus minute.
minuut minute; *op de — af,* to the m. ▼**—wijzer** m.-hand.
minvermogend poor, indigent.
minzaam affable, bland., ▼**—heid** affability, blandness.
miraculeus miraculous. ▼**mirakel** miracle.
mirre myrrh.
mirtekrans myrtle-wreath.
mis I *bn* least (time); *stille —,* low m.; *gezongen —,* choral m.; *de — opdragen,* read (celebrate) m. II *bn* wrong, amiss; *je hebt het —,* you are wrong; *er is iets — met hem,* there is s.th. amiss with him; *— is —,* a miss is as good as a mile; *het schot was —,* the shot went wide (of the mark); *hij schoot —,* (*sport*) he shot wide; *'t is weer — met haar,* things are wrong again with her; *hij is lang niet —,* he is no fool; *dat is lang niet —,* that is not half bad.
misbaar I *zn* clamour, uproar; *groot — maken,* raise an outcry. II *bn* dispensable.
misbaksel (*v. aardewerk*) misfire; (*fig.*) freak.
misbruik abuse; *— van vertrouwen,* a. of confidence, breach of trust; *— maken van,* take advantage of (goodness), abuse; *— maken van sterke drank,* drink to excess. ▼**—en** *ww* abuse, misuse.
misdaad crime. ▼**misdadig** criminal, evil. ▼**—er** criminal, evil-doer. ▼**—heid** criminality.
misdeeld poor, destitute; (*geestelijk*) mentally deficient; (*lichamelijk*) physically defective; *de maatschappelijk —en,* the underdog.
misdien/aar server, acolyte. ▼**—st** mass.

misdóen do wrong. ▼**mis/doen** do wrong(ly). ▼**—dragen:** *zich —,* misbehave. ▼**—drijf** criminal offence, misdemeanour. ▼**—drijven** do wrong.
mise-en-scène mise-en-scène, staging.
miserabel miserable, wretched. ▼**misère** misery; *in de — zitten,* be under the weather.
mis/gaan go wrong. ▼**—geboorte** abortion. ▼**—gooien** miss. ▼**—greep** mistake. ▼**—grijpen** (*lett.*) miss one's hold; (*fig.*) fail. ▼**—gunnen** (be)grudge. ▼**—hagen** I *ww* displease. II *zn* displeasure. ▼**—handelen** ill-treat, manhandle. ▼**—handeling** ill-treatment. ▼**—hebben:** *het —,* be wrong. ▼**—kennen** misjudge; neglect. ▼**—kend** misunderstood, neglected. ▼**—kenning** misjudgment; neglect. ▼**—kleunen** slip up, blunder; *hij heeft zwaar misgekleund,* he has slipped up badly. ▼**—kleur** off-colour. ▼**—kocht** *zie* **bekocht.** ▼**—kraam** miscarriage. ▼**—leiden** deceive, mislead. ▼**—leider** deceiver, impostor. ▼**—leiding** deception. ▼**—lopen** I *on.w* go wrong, *zie* **mislukken.** II *ov.w* miss (a. p., s.th.); *ik had het niet graag willen —,* I wouldn't have missed it for anything; *hij is zijn carrière misgelopen,* he has mistaken his vocation; *hij is zijn straf misgelopen,* he got off scotfree.
misluk/eling failure; (*man*) misfit. ▼**—en** miscarry, fail, (*v. plan, opzet, enz. ook*) fall through; (*v. onderhandelingen*) break down; *'t is hem mislukt,* he has failed; *doen —,* wreck; *mislukt,* (*student*) unsuccessful, (*poging*) abortive. ▼**—ing** failure, flop, break-down; *de hele voorstelling was één grote —,* the performance was a complete failure (flop).
mismaakt deformed. ▼**—heid** deformity. ▼**mismaken** deform.
mismoedig dejected, disheartened. ▼**—heid** dejection.
misnoegd displeased (*over:* at, with). ▼**misnoegen** displeasure.
misoffer sacrifice of the mass.
misoogst bad harvest.
misplaatst mistaken (optimism); *dat is —,* that is out of place.
misprijzen disapprove of; *een —de blik,* a disapproving look, a look of disapproval.
mispunt rotter.
misraden guess wrong.
misreken/en miscalculate; *zich in iets —,* slip up in s.th. ▼**—ing** miscalculation.
misschien perhaps, maybe; *zoals je — weet,* as you may know; *ken je hem —?,* do you know him by any chance?
misschieten miss (the mark); (*sp.*) shoot wide.
misselijk sick; (*fig.*) sickening, disgusting; *zo — als een kat,* as s. as a cat. ▼**—heid** nausea, sickness.
missen I *ov.w* (*doel*) miss; (*trein*) lose; (*afstaan*) spare; (*niet hebben*) lack; (*kwijt zijn*) miss; *zijn uitwerking —,* be ineffective; *zijn woorden misten hun uitwerking niet,* his words struck home, had a marked effect; *wij kunnen hem slecht —,* we can ill-spare him; *kun je het —?,* can you spare it?; *ik zal je —,* I'll m. you; *een les —,* lose a lesson; *je hebt niet veel gemist,* you haven't missed much. II *on.w* miss; *het schot miste,* the shot went wide; *dat kan niet —,* that cannot fail; *er — er tien,* ten are missing. ▼**misser** (*op schietbaan*) outer.
missie mission. ▼**—werk** m.-work. ▼**missionaris** missionary.
missive missive.
mis/slaan miss. ▼**—slag** miss; (*fig.*) error. ▼**—staan** (*v. kleding*) not suit; (*fig.*) be unbecoming. ▼**—stand** abuse. ▼**—stap** misstep; (*fig.*) lapse. ▼**—stappen** miss one's footing. ▼**—stoot** miss. ▼**—stoten** thrust wrong; (*bilj.*) give a miss.
mist fog; (*nevel*) mist; *een dikke (dichte) —,* a thick (dense) fog; *we werden in Newcastle door de — opgehouden,* we were fog-bound in N.; *de — ingaan,* (*fig.*) come to nothing, flop. ▼**—achterlamp** rear fog-lamp.

mistasten fail to grasp; (*fig.*) blunder.
mistbank fog-bank.
misteltak mistletoe.
mist/en be foggy; *'t mist erg*, it is very foggy.
▼—**hoorn** fog-horn, siren. ▼—**ig** foggy.
▼—**igheid** fogginess. ▼—**lamp** fog-lamp.
mistroostig dejected. ▼—**heid** dejection.
mistsignaal fog-signal.
mis/vatting misconception. ▼—**verstaan** misunderstand, misconstrue. ▼—**verstand** misunderstanding. ▼—**vormd** deformed.
▼—**vormdheid** deformity. ▼—**vormen** deform. ▼—**vorming** disfigurement.
▼—**zeggen**: *daaraan heb je niets miszegd*, there's nothing wrong in what you said. .
mitella sling.
mitrailleren, mitrailleur machine-gun.
mits provide (that). ▼—**dien** consequently.
▼—**gaders** together with.
mixen mix; *gemakkelijke* —, be a good mixer.
▼**mixer** mixer.
mobiel mobile; — *maken*, mobilize.
▼**mobilis/atie** mobilization. ▼—**eren** mobilize. ▼**mobilofoon** radiotelephone.
modder mud; (*sneeuw*—) slush; *door de — halen*, drag (a p.'s name) in the m.; *onder de — zitten*, be plastered with m. ▼—**aar** bungler.
▼—**bank** m.-bank. ▼—**en** (*baggeren*) dredge; (*knoeien*) mess about, bungle. ▼—**laars** m.-boot. ▼—**praam** mud-scow. ▼—**sloot** muddy ditch.
mode fashion, style; *de — aangeven*, set the f.; — *worden*, become the f.; *bij de — ten achter*, behind the f.; *in de — brengen*, bring into f.; *in de — komen*, come into f.; *in de — zijn*, be in f.; *met de — meedoen*, follow the f.; *naar de nieuwste* —, after (in) the latest f.; *uit de — raken*, go out of f. ▼—**artikel** fancy-article.
▼—**blad** f.-paper. ▼—**gek** fop, dandy. ▼—**gril** freak of f. ▼—**huis** f.-house; dress shop; milliner's business.
model model (*ook v. kunstenaar*); pattern; *iets tot — nemen*, model o.s. on. ▼—**boerderij** m. farm. ▼—**echtgenoot** model (ideal) husband.
▼—**kamer** show-room; (*v. meubilering*) specimen apartment. ▼—**kleding** (*mil.*) regulation dress. ▼—**uniform** regulation uniform.
mode/maakster milliner. ▼—**plaat** fashion-plate. ▼—**pop** (*vrouw*) doll; (*man*) fop, dandy.
modern modern, modernist. ▼—**iseren** modernize. ▼—**isering** modernization, (*fig.*) face-lifting. ▼—**iteit** modernity.
mode/show fashion parade. ▼—**vak** millinery.
▼—**woord** vogue word. ▼—**zaak** (*dames*) milliner's (shop); (*heren*) gentlemen's outfitter's (shop). ▼**modieus** fashionable, stylish. ▼**modiste** milliner, dressmaker.
modulatie modulation.
module module.
moduleren modulate.
modulus module.
moe I *zn* mother. II *bn* tired, weary; *zo* — *als een hond*, dog-tired; *'t leven* —, weary of life; — *in de benen*, leg-weary; *zich* — *lopen*, tire o.s. (out) with walking; — *maken*, tire (out); *men wordt het nooit* — *ernaar te luisteren*, one never tires of listening to it.
moed courage; — *bijeenrapen*, muster c.; — *geven*, hearten; *hij had de euvele* — *om* …, he had the audacity to …; — *houden*, keep (a good) heart; *houd (goede)* —!, be of good cheer; *de* — *erin houden*, keep up one's c.; — *scheppen* (*vatten*), take c., take heart; *de* — *verliezen*, lose c.; *blij te* —, in high spirits; *droef te* — *e*, sad at heart; *je kunt je indenken hoe het hem te* — *e was*, you can imagine how he felt.
moedeloos despondent. ▼—**heid** despondency.
moeder mother; (*v. dier*) dam; — *de vrouw*, (*fam.*) the wife, the missus. ▼—**aarde** m. earth. ▼—**borst** m.('s) breast. ▼—**dag** M.'s Day. ▼—**dier** m.-animal. ▼—**hart** m.('s) heart.
▼—**kerk** m.-church. ▼—**land** m. (*of:* home)

country. ▼—**liefde** maternal love. ▼—**lijk** motherly, maternal. ▼—**loos** motherless.
▼ **M—maagd** Virgin Mother, Holy Virgin.
▼—**moord(enaar)** matricide. ▼—**naakt** stark naked. ▼—**schap** motherhood. ▼—**schip** mother ship; (*v. vliegt.*) aircraft carrier.
▼—**skant** on the m.'s side; maternal (uncle).
▼—**skindje** m.'s darling. ▼—**taal** m. language, native tongue. ▼—**vlek** birth-mark. ▼—**ziel**: *alleen*, quite alone, all forlorn. ▼—**szijde** zie —skant.
moedig courageous, plucky. ▼—**heid** pluck.
moedwil wantonness; (*opzet*) wilfulness; *met* —, on purpose; *uit* —, wantonly. ▼—**lig** wanton; (*opzettelijk*) wilful. ▼—**ligheid** wantonness; wilfulness.
moeheid fatigue, weariness.
moeien: *iem. in iets* —, involve a p. in s.th.; *zich in iets* —, take up a matter.
moeilijk I *bn* difficult, hard, arduous; *het is — te zeggen*, it's hard to say; *wij hebben 't — gehad*, we've been hard put to it. II *bw* with difficulty; (*bezwaarlijk*) hardly. ▼—**heid** difficulty, trouble; *iem. in — brengen*, get a p. into trouble, land a p. in difficulties; *in — raken* (*zitten*), get (be) into (in) trouble.
moeite (*last*) trouble, difficulty; (*inspanning*) trouble, pains; *de — waard*, worth while; *de — waard om te gaan*, worth going; *'t is de — niet* (*waard*), **1** it is not worth troubling about, **2** don't mention it!, no trouble (at all!); — *doen*, take pains; *doe geen* —!, don't bother, don't trouble!; *vergeefse* — *doen*, try in vain (to); *zich de* — *geven om te*, take the t. to; *iem. heel wat* — *geven*, cause a p. a great deal of t.; — *hebben met*, have difficulty with; — *hebben te*, find it difficult to; *hij had de grootste moeite om ernstig te blijven*, it was all he could do to keep a straight face; *ik had de grootste moeite om hem te overtuigen*, I had my work cut out in convincing him; *de* — *nemen*, take the t. to; *geen* — *ontzien*, spare no pains; — *veroorzaken*, give (cause) t.; *dat gaat in één door*, that can be done at the same time; *dat gaat bij hem in één* — *door*, he takes it in his stride; *met* —, with difficulty; *ik kon mij slechts met de grootste* — *goed houden*, it was all I could do to keep a straight face. ▼**moei/tevol** hard. ▼—**zaam** laborious.
moer **1** mother; (*v. dier*) dam; **2** (*v. schroef*) nut; **3** (*bezinksel*) lees.
moeras marsh, bog, swamp. ▼—**koorts** malaria. ▼—**land** marshland, swamp.
moerbei mulberry. ▼—**boom** m.-tree.
moeren mawl.
moersleutel spanner.
moes 1 pulp; **2** (*moeder*) mums. ▼—**appel** cooking apple.
moesje 1 mummy; **2** (*stipje*) spot; **3** (*op gelaat*) beauty-spot.
moesson monsoon.
moestuin kitchen-garden.
moet (*vlek*) spot, stain; (*indruksel*) dent, mark.
moeten must, have to, be obliged to; (*afspraak*) be to; (*behoren*) should, ought to; *jij moet*, your turn; *het móet*, it múst be done, it can't be helped; (*het is niet leuk maar*) *het moet*, it has got to be done, it can't be helped; *de stad moet* (*naar men zegt*) *in brand staan*, the town is reported to be on fire; (*dit plan*) *moet wel mislukken*, is bound to fail; *ze* — *dit wel opmerken*, they can't fail to notice this, it cannot fail to attract notice; (*hij is erg rijk*) *ja, dat moet wel*, he is bound to be; *ik moest wel lachen, of ik wou of niet*, I couldn't help laughing; *wat moet je hier?*, what do you want, what is your business?; *wat moet dat?*, what's the idea?; *wat moet dat voorstellen?*, what is that supposed to be?; *hij moest naar huis*, he had to go home; *ik moet ervandoor*, I must be off (home); *de kamer moet eens schoongemaakt worden*, the room wants cleaning; *het moet regelmatig schoongemaakt worden*, it requires cleaning regularly; (*je kan het van mij krijgen*) *als het moet*, at a pinch; *ik moet peren hebben*, I want pears; *ze moet erg*

rijk zijn, she is said to be (must be) very rich; *je moe(s)t nu maar gaan*, you had better go now; *dat moest de politie eens weten*, if only the police knew; *daar moet ik niets van hebben*, I'll have none of it; *ik weet niet hoe ik ermee aan moet*, I don't know how to set about it; *ik moet nog zien dat het gebeurt*, I have yet to see it happen, that'll be the day! ▼**moetje** shotgun marriage.

Moezel Moselle. ▼—**wijn** Moselle (wine).

mof 1 muff; **2** (*Duitser*) Hun, Jerry; (*Am*). Kraut; *zwijgen als een —*, be silent as the grave.

moffelen enamel.

mogelijk possible; *al het —e*, all that is p.; *bij —e moeilijkheden*, in case of difficulties; *het énig —e*, the only p. thing; *zo —*, if p.; *zo goed —*, to the best of my ability, as best as I can; *best —*, quite p.; *op alle —e manieren*, in every p. way. ▼—**erwijs** possibly. ▼—**heid** possibility; *ik kan met geen — komen*, I cannot possibly come.

mogen may, be allowed; (*houden van*) like; *dat mag ik wel*, I rather like it; *hij mag wel oppassen*, he had better be careful; *je had hem wel eens — helpen*, you ought to have helped him; *hij mag niet van zijn vader*, his father won't let him; *'t mocht wat!*, (honest) indeed!, not he!, nothing doing!; *mocht hij blijven…*, should he stay…

mogendheid power.

Mohammed Mohammed. ▼**m—aan(s)** Mohammedan. ▼—**anisme** Mohammedanism.

moker sledge. ▼—**en** hammer.

Mokerhei: *loop naar de —*, go to blazes; *ik wou dat hij op de — zat*, I wish he were at Jericho.

mokkel fat woman; (*sl.*) dame, baby.

mokken sulk.

mol 1 (*dier*) mole; **2** (*muz.*) flat.

mole/culair molecular. ▼—**cule** molecule.

molen mill; *ambtelijke —s malen langzaam*, the mills of government grind slowly. ▼—**aar** miller. ▼—**rad** m.-wheel. ▼—**tje:** *hij loopt met —s*, he has a bee in his bonnet. ▼—**wiek** wing (sail) of a m.

molest molest. ▼—**eren** importune, molest. ▼—**risico** war-risk. ▼—**verzekering** war-damage insurance.

mollen do (a p.) in; break (s.th.).

mollevel moleskin.

mollig plump, chubby. ▼—**heid** plumpness, chubbiness.

molm mould; (*turf—*) peat-dust. ▼—**en** moulder (away).

mols/gang, —**hoop** mole-hill.

molton(nen) swanskin.

mom mask; *onder 't — van*, under the cloak of. ▼**mombakkes** mask.

moment the moment. ▼—**eel I** *bn* momentary. **II** *bw* at the m. ▼—**opname** snapshot.

mompel/aar mutterer. ▼—**en** mutter.

monarch monarch. ▼—**aal** monarchical. ▼—**ie** monarchy. ▼—**isch** monarchical. ▼—**ist** monarchist. ▼—**istisch** monarchical.

mond mouth (*ook van: rivier, haven, vulkaan, enz.*); (*v. vuurwapen*) muzzle; *heb je geen —?*, have you lost your tongue?; *met twee —en spreken*, be two-faced; *met grote — hebben*, talk big; *hou je —!*, hold your tongue, shut up!; *hij deed geen — open*, he never said a word; *een grote — tegen iem. opzetten*, bluster at a p., bully a p.; *zijn — goed kunnen roeren*, have the gift of the gab; *iem. de — snoeren*, silence a p., shut a p. up; *haar — stond geen ogenblik stil*, her tongue was incessantly wagging, was going all the time; *zijn — voorbijpraten*, commit o.s.; *nou heb ik mijn — voorbijgepraat*, now I've put my foot in it; *er geen — aan zetten*, not touch it; *ieder had er de — vol van*, it was in everybody's m.; *bij —e van*, from the lips (mouth) of; *iem. woorden in de — leggen*, put words in a p.'s m.; *dapper met de —*, brave in words; *met open — naar iem. kijken*, gape at a p.; *hij stond met de — vol tanden*, he had not a word to say for himself; *met twee —en*

spreken, blow hot and cold; *iem. naar de — praten*, soft-sawder a p., play up to a p.; *je neemt me de woorden uit de —*, you take the words out of my m.; *'t viel mij uit de —*, it escaped me; *iets uit zijn — sparen*, save s.th. out of one's m.; *van — tot —*, from m. to m.; (*hij zegt maar*) *wat hem voor de — komt*, whatever comes into his head; *geen blad voor de — nemen*, not mince words.

mondain fashionable; mundane.

mond/eling I *bn* oral; —*e afspraak*, verbal agreement; —*examen*, oral (viva voce) examination, viva voce. **II** *zn* (*fam.*) (my) oral, viva. **III** *bw* orally, by word of mouth. ▼—**en-klauwzeer** foot-and-mouth disease. ▼—**harmonika** m.-organ. ▼—**hoek** corner of the m. ▼—**holte** m.-cavity.

mondiaal mondial, world-wide.

mondig(heid) *zie* meerderjarig(heid).

monding mouth.

mondje — *dicht!*, mum is the word!; *zij is niet op haar — gevallen*, she has a ready tongue; *'n aardig — Engels spreken*, speak E. fairly well. ▼—**smaat I** *zn* scanty measure. **II** *bw* parsimoniously, in dribblets. ▼**mond/klem** lock-jaw. ▼—**opening** m.-opening. ▼—**op—beademing** mouth-to-mouth resuscitation. ▼—**orgel** m.-organ. ▼—**spoeling** m.-wash. ▼—**stuk** m.-piece; (*v. sigaret*) tip; *zonder —*, plain. ▼—**verzorging** care of the m. ▼—**vol** m.ful. ▼—**voorraad** provisions.

monetair monetary.

monisme monism.

monitor monitor.

monnik monk; *gelijke —en, gelijke kappen*, (what is) sauce for the goose is sauce for the gander. ▼—**achtig** monkish. ▼—**enklooster** monastery. ▼—**enleven** monastic life. ▼—**enwerk** labour lost. ▼—**skap** cowl. ▼—**spij** monk's habit.

monocle monocle; eye-glass.

mono/gaam monogamous. ▼—**gamie** monogamy. ▼—**liet** monolith. ▼—**loog** monologue. ▼—**polie** monopoly. ▼—**theïsme** monotheism. ▼—**toon** monotonous.

monseigneur monseigneur, monsignor.

monster 1 monster, freak; **2** (*handel*) sample; —*zonder waarde*, s. without value; *aan het — beantwoorden*, come up to s.; *op — kopen*, buy from s. ▼—**achtig** monstrous. ▼—**achtigheid** monstrosity.

monster/briefje sampling-order. ▼—**en** muster, inspect. ▼—**ing** (*v. troepen*) muster; (*v. zeelui*) signing on. ▼—**kaart** pattern-card. ▼—**kamer** sample-room. ▼—**kist** sample-case. ▼—**rol** muster-roll; ship's articles. ▼—**zakje** sample-bag.

monstrueus monstrous.

montage assembling, mounting; (*film*) montage. ▼—**hal,** —**werkplaats** assembly hall. ▼—**woning** prefabricated house, prefab.

monter brisk, lively, sprightly.

mont/eren assemble (a car); mount (a picture, a jewel); stage (a play). ▼—**ering** assembly; mounting; staging.

Montessori/-onderwijs Montessori system of education. ▼—**school** M.-school. ▼—**stelsel** M. system.

mont/eur mechanic, (*luchtv. ook*) rigger. ▼—**uur** frame, mount; (*v. steen*) setting; *bril met hoornen —*, hornrimmed spectacles.

monument monument. ▼—**aal** monumental. ▼—**enzorg** Department of the Environment Historic Buildings Bureau.

mooi beautiful, handsome, fine, pretty, nice; *zo!, good!, that's right!; zijn — e kleren*, his Sunday best; *'t — e weer*, fine (fair) weather; —*e woorden*, fine words; *daar zijn we — mee!*, that's a pretty pickle we are in!; *daar kun je lang — mee zijn*, that may be a long story; *ik ben er al 'n maand — mee*, I have been troubled with it for a month now; — *doen*, do the agreeable; *zich — maken*, dress up; — *vroeg*, nice and early; — *zitten*, (*v. hond*) beg; *wat een —e!*,

what a beauty!; *jij bent ook een —e!*, you're a
nice one!; *dat is het —e ervan*, that is the
beauty of it; *dat is me wat —s!*, that's a nice
business!; *wel nu nog —er!*, well I never!; *zij
wordt er niet —er op*, she is losing her looks;
maar het —ste komt nog, but the funniest part
is yet to come; *'t —st van alles is dat*, the cream
of the story is that; *er op zijn —st uitzien*, look
one's best. ▼—**mooi/doenerij** airs and graces.
▼—**heid** beauty, fineness. ▼—**praten**
soft-sawder, flatter. ▼—**prater** flatterer.
▼—**praterij** flattery, blarney.
Moor Moor.
moord murder; (*sluip*—) assassination; *— en
brand schreeuwen*, howl lustily; (*fig*.) cry blue
murder, rais a hue-and-cry (an outcry).
▼—**aanslag** attempted m.; *een — doen op
iem.*, attempt to murder a p. ▼—**dadig**
murderous. ▼—**dadigheid** murderousness.
▼—**en** (commit) m., kill. ▼—**enaar** murderer.
▼—**enaarsbende** gang of murderers.
▼—**enares** murderess. ▼—**erij** slaughter.
▼—**hol** murderers' den. ▼—**kuil**: *hij maakt van
zijn hart geen —*, he wears his heart upon his
sleeve. ▼—**lust** murderousness. ▼—**partij**
massacre. ▼—**tuig** instrument(s) of murder,
weapons of destruction. ▼—**zuchtig**
murderous.
Moors Moorish.
moot slice; (*v. vis*) fillet.
mop 1 (*scherts*) joke; (*anders*) hoax; **2** (*liedje*)
tune; **3** (*inktvlek*) blot; *ouwe —*, chestnut;
voor de —, for a lark; *—pen tappen*, crack
jokes.
mopneus pug-nose.
moppentapper wag.
mopper/aar grumbler. ▼—**en** grumble (*over*:
at, about). ▼—**ig** grumbling.
moppig funny.
mops/(hond) pug(-dog). ▼—**neus**
pug-nose.
moraal moral; *de Christelijke —*, Christian
ethics. ▼**moral/iseren** moralize. ▼—**ist**
moralist. ▼—**iteit** morality.
moratorium moratorium.
moreel I *bn* moral. **II** *zn* (*mil*.) morale.
morene moraine.
mores: *iem. — leren*, teach a p. manners.
Morfeus Morpheus; *in — armen*, in the arms
of M.
morfin/e morphia. ▼—**e-inspuiting** m.
injection. ▼—**isme** morphinism. ▼—**ist**
morphinist.
morgen I *zn* **1** morning; **2** (*maat*) 2 acres.
II *bw* to-morrow; *— over acht dagen*,
to-morrow week; *'s —s*, in the m.; *op een —*,
one m.; *tot —!*, till to-morrow!; *van—*, this m.;
— brengen!, not likely. ▼—**appel** m.-parade.
▼—**avond** to-morrow evening. ▼—**blad**
m.paper. ▼—**japon** dressing-gown.
▼—**kleding** m.dress. ▼**M—land** Orient.
▼—**lucht** m.-air. ▼—**middag** to-morrow
afternoon. ▼—**ochtend** to-morrow m.
▼—**post** m. post. ▼—**rood** red m.-sky.
▼—**schemering** dawn. ▼—**stond** early m.; *de
— heeft goud in de mond*, the early bird
catches the worm. ▼—**uur** m.-hour.
▼—**wijding** (*radio*) early m.-service. ▼—**zon**
m.-sun.
Moriaan blackamoor; *'t is de — gewassen*, it is
labour lost.
mormel monster.
mormoon Mormon. ▼—**s** Mormon.
morrelen fumble.
morren grumble (at).
morsboel mess.
morsdood stone-dead.
morsealfabet Morse alphabet.
morsebel slut, slattern. ▼**morsen I** *on.w* mess.
II *ov.w* spill.
morse/schrift Morse code. ▼—**sleutel** M.
key. ▼—**toestel** M. apparatus.
mors/ig dirty. ▼—**igheid** dirtiness. ▼—**kleed**
crumb-cloth. ▼—**pot** mucker, messer.
mortel mortar. ▼—**bak** hod.
mortier mortar. ▼—**stamper** pestle.

mos moss. ▼—**achtig** mossy. ▼—**groen**
moss-green.
moskee mosque.
moskiet mosquito.
Moskou Moscow. ▼**Moskov/iet** Muscovite.
▼—**isch**: *— gebak*, sponge-cake.
moslem Moslem, Muslim.
mossel mussel.
mossig mossy.
most must.
mosterd mustard; *'t is — na de maaltijd*, it is a
day after the fair; *tot — slaan*, beat to a jelly.
▼—**gas** m.-gas. ▼—**pleister** m.-poultice.
▼—**pot** m.-pot.
mot moth; *de — zit erin*, it is m.-eaten.
▼—**balletje** m.-ball. ▼—**echt** moth resistant.
▼—**gaatje** moth-hole.
motel motel.
motie motion, vote; *— van afkeuring*, vote of
censure; *— van vertrouwen*, vote of
confidence; *— van wantrouwen*, vote of no
confidence.
motief (*beweeggrond*) motive; (*muz*.) motif.
▼**motiver/en** motivate. ▼—**ing** motivation.
motor motor; motor-cycle; (*v. vliegtuig, auto*)
engine; *met 1, 2 — (en)*, single-,
twin-engined; *— met zijspan*, motor cycle.
combination; *zware —*, heavy motor cycle.
▼—**agent** motor cycle policeman, (*sl*.) speed
cop, (*Am*.) motor cop. ▼—**boot** m.-boat,
m.-launch. ▼—**bril** m. goggles. ▼—**fiets**
motor bicycle, motor-bike. ▼—**handschoen**
motoring-gauntlet. ▼—**isch** motorial.
▼—**iseren** motorize. ▼—**jacht** m.-yacht.
▼—**kap** bonnet, (*Am*.) hood; (*v. vliegt*.)
cowling. ▼—**ongeluk** motor-accident.
▼—**ordonnans** despatch rider. ▼—**pech**
engine trouble. ▼—**politie** m.-police; (*sl*.)
speed-cops. ▼—**rijder** m.-cyclist. ▼—**rijtuig**
m.-vehicle. ▼—**rijwiel** m.-bicycle.
▼—**vermogen** engine power. ▼—**wagen**
m.-car. ▼—**zaak** m. business. ▼—**zenuw** m.
nerve.
motregen drizzle. ▼—**en, motten** drizzle.
mottig pock-marked.
motto device, motto; *brieven onder 't —:...
letters marked:...*
mousseline muslin. ▼—**n** muslin.
mousser/en effervesce. ▼—**end** effervescent.
mout malt.
mouw sleeve; *daar is wel een — aan te passen*,
that can be arranged; *we zullen er wel een —
aan passen*, we'll find a way out; *hij heeft ze
achter de —*, he is a bit of a sneak; *iem. wat op
de — spelden*, impose upon a p; *hij laat zich
alles op de — spelden*, he will swallow
anything; *hij schudt ze maar zo uit de —*, he
just knocks them off. ▼—**lengte**
sleeve-length. ▼—**vest** sleeved waistcoat.
▼—**wijdte** s.-width.
mozaïek mosaic. ▼—**vloer** m. floor.
mts Polytechnic (School).
mud hectolitre.
muf musty (smell); stuffy (room). ▼**muffen**
smell musty. ▼**muf(fig)heid** mustiness,
stuffiness.
mug mosquito, gnat; *van een — een olifant
maken*, make a mountain out of a mole-hill.
▼**mugge/beet** mosquito-bite. ▼—**ngaas**
m.-netting. ▼—**ziften** split hairs. ▼—**zifter**
hair-splitter. ▼—**zifterij** hair-splitting.
muil 1 (*bek*) muzzle; **2** (*pantoffel*) slipper.
▼—**band** muzzle. ▼—**banden** muzzle.
▼—**dier** mule; *zo koppig als een —*, as
stubborn as a mule. ▼—**ezel** hinny. ▼—**korf**
▼—**korven** ww muzzle. ▼—**peer** crack on the
chin. ▼—**tje** slipper.
muis 1 (*dier*) mouse; **2** (*v. d. hand*) ball of the
thumb; *dat muisje zal een staartje hebben*, it
won't end here. ▼—**jes** sugared
caraway-seeds. ▼—**stil** as still as a m.
muit/en mutiny, rebel; *aan 't — slaan*, mutiny,
▼—**end** mutinous. ▼—**er** mutineer. ▼—**erij**
mutiny. ▼—**ziek** mutinous.
muizehol mouse-hole. ▼**muizen** mouse;
(*eten*) tuck in. ▼—**issen** worries; *haal je geen*

— *in 't hoofd*, don't worry. ▼ **muizeval**
mouse-trap.
mul I *bn* loose (sand). II *zn* mould. ▼ **—heid**
looseness.
multimiljonair multimillionaire.
multinationaal multinational; —*al(e
onderneming, enz.)*, multinational.
mummelen mumble.
mummie mummy.
munitie munition; ammunition. ▼ **—depot**
m.-dump. ▼ **—fabriek** m.-works. ▼ **—trein**
m.-train. ▼ **—wagen** a.-wagon.
munt coin; *de M*—, the (Royal) Mint; — *slaan
uit*, cash in on, make capital out of; *iem. met
gelijke — betalen*, pay a p. (back) in his own
coin; *voor goede — aannemen*, swallow.
▼ **—biljet** currency note, treasury note.
▼ **—circulatie** circulation of currency.
▼ **—eenheid** monetary unit. ▼ **—en** coin, mint.
▼ **—er** minter, coiner. ▼ **—gas** slot-meter gas.
▼ **—gehalte** fineness of coinage.
▼ **—hervorming** currency reform. ▼ **—kenner**
numismatist. ▼ **—loon** mintage. ▼ **—meester**
mint-master. ▼ **—meter** gas-meter. ▼ **—soort**
currency. ▼ **—stelsel** currency (monetary)
system. ▼ **—stuk** coin. ▼ **—vervalser** coiner,
debaser of coins. ▼ **—verzamelaar** coin
collector. ▼ **—wasserij** launderette, coin-op,
laundromat. ▼ **—wezen** coinage.
murmelen murmur; (*v. stroompje ook*) babble.
▼ **murmureren** murmur, grumble.
murw soft, tender; — *maken*, soften up; *iem.
— slaan*, beat a p. to a jelly. ▼ **—heid** softness,
tenderness.
mus sparrow; *hij maakt zich blij met een dode
—*, he has found a mare's nest.
museum museum; gallery. ▼ **—stuk** museum
piece.
music/eren make music. ▼ **—us** musician.
muskaat nutmeg. ▼ **—wijn** muscadel.
musket musket. ▼ **—ier** musketeer.
muskiet mosquito. ▼ **—engaas** m.-netting.
▼ **—ennet** m.-net.
muskus musk. ▼ **—dier** m.-deer.
muts cap, bonnet; *daar staat me de — niet
naar*, I'm not in the mood for it; *hij gooit er met
de — naar*, he's merely guessing.
muur wall; *de muren hebben oren*, walls have
ears. ▼ **—anker** cramp-iron. ▼ **—bloem**
wallflower. ▼ **—schildering** mural painting.
▼ **—vast** (*lett.*) as firm as a rock; (*fig.*)
deep-rooted. ▼ **—versiering** mural
decoration.
muze muse.
muzel(man) Mussulman.
muziek music; (*muzikanten*) band; *met —*,
with the band playing; *op de —*, to the m.; *op
— zetten*, set to m.; *er zit — in*, it goes with a
swing. ▼ **—automaat** juke-box. ▼ **—avondje**
musical evening. ▼ **—boek** m.-book.
▼ **—cassette** musicassette. ▼ **—concours** *zie
—wedstrijd*. ▼ **—criticus** m. critic. ▼ **—doos**
m.-box. ▼ **—handel** m.-shop. ▼ **—handelaar**
m.-dealer. ▼ **—instrument** musical
instrument. ▼ **—korps** band. ▼ **—kritiek** m.
criticism. ▼ **—leer** musical science. ▼ **—leraar**
m.-master. ▼ **—lerares** m.-mistress. ▼ **—les**
m.-lesson. ▼ **—onderwijs** musical instruction.
▼ **—recensent** m. critic. ▼ **—school** school of
m. ▼ **—tent** band-stand. ▼ **—uitvoering**
musical performance. ▼ **—wedstrijd**, band
contest. ▼ **—winkel** m.-shop. ▼ **—zaal**
concert-room. ▼ **muzik/aal** musical; *een —
gehoor hebben*, have an ear for music. ▼ **—ant**
musician.
mysterie mystery. ▼ **—spel** mystery (-play).
▼ **mysterieus** mysterious.
myst/iek I *bn* mystic(al). II *zn* mysticism.
▼ **—isch** mystical.
myth/e myth. ▼ **—isch** mythical.
mytholog/ie mythology. ▼ **—isch**
mythological.

n: *de n-de macht*, the nth power; *voor de n-de
maal*, for the nth time.
na I *vz* after. II *bw* near; *jullie zijn mij allemaal
even —*, you are all equally dear to me; —
verwant zijn, be closely related; *allen op één
—*, all except one; *op een dag — een maand*, a
month less a day; *op M. —*, but for M.; *de
laatste op één —*, the last but one; *iem. te —
komen*, offend a p.; *dat kwam zijn eer te —*,
that hurt his pride; *de goeden niet te —
gesproken*, the good ones excepted; *krijgen
we nog iets —?*, is there anything to follow?
naad seam; (*v. wond*) suture; *zich uit de —
lopen*, run o.s. off one's legs; *'t — je van de
kous weten*, know the ins and outs of the
matter; *altijd 't — je van de kous willen weten*,
be very inquisitive. ▼ **—loos** seamless.
naaf nave, hub. ▼ **—rem** hub-brake.
naai/cursus sewing-class. ▼ **—doos**
sewing-box. ▼ **—en** sew; (*wond*) stitch;
(*coiteren*) screw. ▼ **—garen** sewing-cotton.
▼ **—kistje** *zie* **—doos**. ▼ **—kransje**
sewing-circle. ▼ **—machine** sewing-machine.
▼ **—mand** work-basket. ▼ **—meisje**
sewing-girl. ▼ **—sel** sewing. ▼ **—ster**
needlewoman; (*van beroep*) seamstress.
▼ **—werk** needlework. ▼ **—zakje** housewife.
naakt naked, bare, nude; — *e feiten*, n. facts;
— *figuur*, nude; — *zwemmen*, swim in the
nude, (*sl.*) skinny-dip; *naar 't — (model*)
tekenen, draw from the nude; (*zich*) —
uitkleden, strip to the skin. ▼ **—figuur** nude.
▼ **—heid** nakedness, nudity. ▼ **—loper** nudist.
▼ **—loperij** nudism.
naald needle; *door 't oog van de — kruipen*,
have a narrow escape. ▼ **—bos** pine-forest.
▼ **—enkoker** n.-case. ▼ **—hak** stiletto-heel.
▼ **—hout** conifers.
naam name; *hoe is uw —?*, what is your name?;
een goede (slechte) — hebben, have a good
(bad) n.; *ik wil er de — niet van hebben*, I
won't have it said of me; *dat mag geen —
hebben*, that is negligible; — *krijgen (maken)*,
make a n. (for o.s.); *in —, in n.*, nominal(ly); *in
— van*, in the n. of; *met — noemen*, mention
by n.; *met name*, particularly; *bekend staan
onder de —*, go by the n. of; *schrijven onder de
— van*, write under the n. of; *op zijn —
gekocht*, bought in his n.; (*het huis*) *staat op
mijn —*, stands in my n.; *vrij op —*, no legal
charges; *aandeel op —*, registered share; *te
goeder — (en faam) bekend staan*, have a
good reputation; (*het huis*) *staat ten name
van*, stands in the n. of; *uit mijn —*, from me, in
my n.; *uit — van*, on behalf of; *iem. van —
kennen*, know a p. by n.; *van —*, distinguished.
▼ **naam/bord** name-board. ▼ **—dag** n.-day.
▼ **—dicht** acrostic. ▼ **—genoot** namesake.
▼ **—geving** n.-giving. ▼ **—kaartje**
(visiting-) card. ▼ **—lijst** list of names, register,
panel. ▼ **—loos** nameless, anonymous;
naamloze vennootschap, limited liability
company. ▼ **—plaat(je)** door-plate. ▼ **—val**
case. ▼ **—valsuitgang** case ending.
▼ **—woord** noun. ▼ **—woordelijk** nominal.
naäp/en ape, mimic. ▼ **—er** aper, mimic.
▼ **—erij** aping, (slavish) imitation.
naar I *bn* unpleasant; (*sterker*) abominable,

nasty; sad (case); (feel) unwell; *zij was er — aan toe,* she was in a bad way; *ik werd er — van,* it made me feel sick. **II** *vz* to, towards; *— boven,* upstairs; *— huis,* home; *— waarheid antwoorden,* answer truthfully; *— wat men zegt,* from what people say; *genoemd —,* called after; *daar ben ik de man niet —,* I am not that sort. **III** *vgw* as; *— u verkiest,* as you choose; *— wij vernemen…,* it is reported that…; *— men hoopt,* it is hoped.

naargeestig gloomy. ▼—**heid** gloom.

naargelang according as.

naarling wretched fellow.

naarmate according as.

naarstig industrious. ▼—**heid** industry.

naast I *vz* next (to); *die opmerking er —,* is beside the mark. **II** *bw* nearest; *hij (be)staat mij 't —,* he is nearest to me. **III** *bn* next, nearest; *—e bloedverwant(en),* next of kin: *de —e toekomst,* the near future; *de —e weg,* the shortest way; *(zij wonen) — ons,* next-door to us; *ieder is zichzelf het —,* charity begins at home; *(sp.) (het schot) ging —,* went wide; *ten —e bij,* approximately, something like. ▼—**bestaande** next of kin. ▼—**bijgelegen,** —**bijzijnde** nearest. ▼—**e** fellow-man.

naasten *ww* nationalize, take over.

naast/enliefde charity. ▼—**gelegen** adjacent.

naasting nationalization.

nabauwen parrot.

nabehandeling after-treatment.

nabericht epilogue.

nabeschouwing commentary; (*luchtmacht*) debriefing; *een — houden,* give a c.

nabestaande relation, relative; *de —n,* the next of kin.

nabestell/en give a repeat order (for s.th.). ▼—**ing** repeat order.

nabetal/en pay afterwards. ▼—**ing** further (supplementary) payment.

nabetrachting after-consideration; *—en houden,* give a review.

nabij near, close by; *van —,* from close by; *van — kennen,* know intimately; *van — bekijken,* examine closely; *'t betreft u van —,* it concerns you nearly; *ik ben de wanhoop —,* I am near despair; *de tijd is — dat …,* the time is (near) at hand when… ▼—**gelegen** neighbouring, adjacent. ▼—**heid** nearness, neighbourhood. ▼—**komen** come close (to), approach. ▼—**zijnd** near-by (town); (*match*) forthcoming.

nablijv/en stay behind. ▼—**er** pupil kept in.

nabloeden keep bleeding.

nabloei second bloom. ▼—**en** bloom a second time. ▼—**er** late flowerer; (*fig.*) epigone.

naboots/en imitate, copy. ▼—**er** imitator, mimic. ▼—**ing** imitation, mimicry.

nabrand/en continue burning. ▼—**er** after-burner.

▼**nabrengen** bring after.

naburig neighbouring, near-by. ▼**nabuur** neighbour. ▼—**schap** neighbourhood.

nacht night; *— en dag,* in and day; *de — van… op…,* the night of Saturday-Sunday; *goede —!,* good n.! *bij —,* by n.; *bij — en ontij,* at unseasonable hours; *gedurende (in) de —,* during (in) the n.; *'s —s,* at n.; *van—, (verleden)* last n.; (*toekomstig*) to-night. ▼**nacht/arbeid** night-work. ▼—**asiel** n.-shelter. ▼—**bel** n.-bell. ▼—**boot** n.-boat. ▼—**braken** make a night of it. ▼—**braker** night-reveller. ▼—**club** night club. ▼—**dienst** (*v. boot, enz.*) n.-service; (*v. personeel*) n.-duty. ▼—**egaal** nightingale. ▼—**elijk** (*iedere nacht*) nightly; (*de nacht betreffende*) nocturnal, night (attack). ▼—**evening** equinox. ▼—**gewaad** n.-attire. ▼—**goed** n.-things. ▼—**hemd** n.-shirt. ▼—**japon** n.-gown. ▼—**kaars** *als een — uitgaan,* peter out. ▼—**kastje** night-stand. ▼—**kroeg** n.-pub. ▼—**kwartier** n.-quarters. ▼—**lampje** n.-light. ▼—**leger** bed; (*mil.*) bivouac. ▼—**leven** n.-life. ▼—**lichtje** n.-light. ▼—**logies** lodging. ▼—**lucht** n.-air. ▼—**mis**

midnight mass. ▼—**permissie:** *— hebben,* have a special licence for the n. ▼—**pitje** floating wick. ▼—**ploeg** n.-shift. ▼—**pon** nighty. ▼—**rust** n.'s rest. ▼—**schuit** n.-boat; *met de — komen,* come a day after the fair. ▼—**slot** double lock; *op 't — doen,* double-lock. ▼—**sociëteit** n.-club. ▼—**tarief** n. tariff. ▼—**trein** n.-train. ▼—**uil** screech-owl. ▼—**veiligheidsdienst** n.-watch service. ▼—**verblijf** accomodation for the n. ▼—**vliegen** n.-flying. ▼—**vlinder** (night)moth. ▼—**vlucht** n.flight. ▼—**vogel** n.-bird. ▼—**vorst** n.-frost. ▼—**wacht** n.-watchman. ▼—**werk** n.-work; *er — van maken,* (*studie*) burn the midnight oil; (*fuiven*) make a n. of it. ▼—**zuster** n.-nurse. ▼—**zwaluw** nightjar.

nacijferen check, verify.

nadat after.

nadeel disadvantage, drawback, injury, loss; *(zijn leeftijd) was in zijn —,* counted against him; *in 't — zijn,* be at a disadvantage; *ten .nadele van,* (be) detrimental to, (say s.th.) against (a p.). ▼**nadelig** disadvantageous, injurious, harmful; *— werken op,* be harmful to.

nadenk/en I *ww* think (about), reflect (upon), consider; *als je er goed over nadenkt,* when you come to think of it; *ik heb er eens goed over nagedacht,* I have given it serious consideration. **II** *zn* reflection, thought; *bij enig —,* on r.; *tot — brengen,* set a p. thinking. ▼—**end** thoughtful.

nader I *bn* nearer; (*uitvoeriger*) further; *—e bijzonderheden, iets —s,* further particulars; *bij — inzien,* on second thoughts; *tot — aankondiging* (*order*), until further notice (orders). **II** *bw* nearer; (*v. tijd*) afterwards; *— aanduiden,* specify; *er — van horen,* hear more of it; *— op iets ingaan,* go further into, enter into detail(s); *— leren kennen,* get better acquainted with; *— schrijven,* write again. ▼—**bij** nearer. ▼—**en** approach, draw near. ▼—**hand** afterwards, later on. ▼—**ing** approach.

nadien since.

nadienen serve extra-time.

nadoen imitate; *doe me dat eens na,* can you beat that?

nadragen carry after.

nadruk emphasis, accent; *de — leggen op,* (*fig.*) stress; (*boek*) reprint. ▼—**kelijk** emphatic. ▼—**ken 1** reprint; **2** (*ongeoorloofd*) pirate.

naëten dine after the others; *wat zullen we —?,* what shall we have for dessert?

nafta naphtha. ▼—**line** naphthaline.

nagaan (*volgen*) follow; (*in het oog houden*) keep track of (a criminal); (*opsporen*) trace (a development); (*toezien op*) keep an eye on (a p.'s work); (*onderzoeken*) check (up on); *wil je dat even —?,* will you check up on it?; *als ik dat alles naga,* when I consider all that; *dat kun je —!,* naturally!

nagalm reverberation, echo. ▼—**en** reverberate, echo.

nageboorte afterbirth.

nagedachtenis memory; *ter — van,* in m. of.

nagekomen *— berichten,* stop-press; *— stukken,* subsequent correspondence.

nagel nail; *iem.'s —s korten,* pare a p.'s claws; *een — aan mijn doodkist,* a n. in my coffin. ▼—**bijten** *zn* n.-biting. ▼—**bijter** n.-biter. ▼—**borstel** n.-brush. ▼—**en** nail; *aan de grond genageld,* rooted to the ground. ▼—**kaas** clove cheese. ▼—**lak** n.-polish. ▼—**riem** cuticle. ▼—**schaartje** n.-scissors. ▼—**schuier** n.-brush. ▼—**vijltje** n.-file.

nagemaakt counterfeit, spurious; forged (signature); faked (jewels).

nagenoeg almost, all but.

nagerecht dessert.

nageslacht posterity.

nageven *dat moet ik hem (tot zijn eer) —,* I'll say that (much) for him, I'll give him that.

nagewas after-growth.

nagloeien glow after extinction.
nagluren peep after.
nahouden (*scholier*) keep in; *er op* —, have (bad manners); hold (views); keep (a car, etc.); *ik kan er geen ... op* —, I can't afford a ...
naïef naive.
naijver envy. ▼—**ig** envious (of).
naïveteit naivety.
najaar autumn. ▼—**sweer** autumnal weather.
najagen I *ww* pursue. II *zn* pursuit.
najouwen hoot after, boo.
nakaarten have a post-mortem, (*sl.*) kibitz.
naken approach, draw near.
nakijken 1 stand watching; **2** (*les*) look over; **3** (*thema*) correct; (*motor*) overhaul; *dan heb je het* —, then you've had it.
naklinken echo.
nakom/eling descendant. ▼—**elingschap** offspring, progeny. ▼—**en** I *on.w* follow. II *ov.w* follow (a p.); (*belofte*) keep; (*regel, contract*) observe; (*bevel*) obey. ▼—**er** straggler. ▼—**ing** fulfilment, observance.
nalat/en (*achterlaten*) leave (behind); (*verzuimen*) omit; neglect (duty); leave off (smoking); *ik kan niet* — *te denken*, I can't help thinking; *nagelaten werken*, posthumous works. ▼—**enschap** inheritance; (*boedel*) estate. ▼—**ig** negligent. ▼—**igheid** negligence. ▼—**ing** omission.
nalev/en observe (rules); live up to (principles); perform (contract). ▼—**ing** observance; performance.
nalever/en deliver subsequently. ▼—**ing** subsequent delivery.
nalezen read over, read again. ▼**nalezing** perusal; *bij* —, on p.
nalopen (*ook fig.*) run after; *ik kan niet alles* —, I cannot take care of everything.
namaak imitation, counterfeit, forgery (signature etc.); *wacht u voor* —, beware of imitations; *dat is* —, it's imitation, (*fam.*) it's a fake. ▼—**sel** imitation, counterfeit. ▼**namak/en** imitate, counterfeit, forge. ▼—**er** imitator, counterfeiter, forger.
namelijk namely; *ik heb* — *geen geld*, for I have no money. ▼**nameloos** nameless; untold (misery). ▼**namens** on behalf of.
Namen Namur.
namiddag afternoon; *des* —**s**, in the a.
naogen follow with one's eyes.
naoorlogs post-war.
NAP New Amsterdam Level.
nap bowl; (*v. eikel*) cup.
napalm(bom) napalm (bomb).
Napels Naples.
napijn after-pain.
napluizen investigate, sift.
Napoleontisch Napoleonic.
Napolitaan(s) Neapolitan.
naprat/en *iem.* —, parrot a p., echo a p.; *nog wat blijven* —, sit on talking. ▼—**er** parrot. ▼—**erij** parrotry.
napret subsequent pleasure.
nar fool, jester.
narcis daffodil. ▼—**sme** narcissism.
narco/se narcosis, anaesthesia; *onder* — *brengen, zie* **narcotiseren**. ▼—**tica** narcotics. ▼—**tisch** narcotic; — *middel*, narcotic, drug; (*fam.*) dope. ▼—**tiseren** narcotize, anaesthetize. ▼—**tiseur** anaesthetist.
narede epilogue.
narekenen check.
narennen run after.
narigheid misery.
narijden: *iem.* —, (*fig.*) keep a p. up to scratch, chivvy a p.; *je moet ze altijd* —, you must always be after them.
naroepen call after; hoot.
narrenpak motley, fool's dress. ▼**narrig** peevish. ▼—**heid** peevishness.
nasaal nasal.
naschilderen copy.
nascholing(scursus) refresher course.
naschreeuwen hoot; shout after.
naschrift postscript. ▼**naschrijven** copy,

plagiarize. ▼**naschrijver** copyist.
naslaan (*woord*) look up; *er een woordenboek op* —, consult a dictionary. ▼**naslagwerk** referencebook.
nasleep aftermath.
nasluipen steal after.
nasmaak after-taste; *het heeft een bittere* —, it leaves a bitter taste (in the mouth).
nasnellen hasten after.
nasnuffelen (*laden*) rummage; (*feit*) hunt up.
naspel (*muz.*) postlude; (*toneel*) afterpiece; (*fig.*) aftermath, sequel. ▼**naspelen** play after a p.; *schoppen* —, return spades.
naspeuren trace.
naspoelen rinse again.
naspor/en trace. ▼—**ing** investigation; —*en doen*, make investigations, (*wetenschappelijk*) researches.
naspreken repeat (words), echo (a p.).
nastaren stare after.
nastreven strive after, pursue.
nasturen send after, forward.
nasynchronis/atie dubbing. ▼—**eren** dub.
nat I *bn* wet, damp; — *maken*, wet. II *zn* wet, liquid; (*etens*—) liquor; *ik heb nog geen* — *of droog gehad*, I've not yet tasted food or drink.
natafelen linger at table.
natekenen copy.
natellen check.
nat/hals tippler. ▼—**heid** wetness.
natie nation. ▼**nationaal** national. ▼—**socialisme** n.-socialism, Nazi(i)sm. ▼—**socialist** n.-socialist, Nazi. ▼**nationalis/atie** nationalization. ▼—**eren** nationalize. ▼—**me** nationalism. ▼—**tisch** nationalist. ▼**nationaliteit** nationality. ▼—**sbeginsel** right of self-determination. ▼—**sbewijs** national registration certificate. ▼—**sgevoel** national feeling.
natje: *hij lust zijn* — *en zijn droogje*, he is fond of his grub and his bub.
natrillen continue to vibrate.
natrium sodium.
nattig damp, wettish. ▼—**heid** wet; — *voelen*, smell a rat.
natura: *in* —, in kind; (*naakt*) in nature's garb. ▼**naturalis/atie** naturalization. ▼—**eren** naturalize. ▼—**me** naturalism. ▼—**tisch** naturalist.
naturel native.
naturist naturist.
natuur nature; (*landschap*) scenery; *een ernstige* —, a serious n.; *een tweede* —, second n.; *in de vrije* —, in the open country; *naar de* — *getekend*, drawn from n.; *tegen de* —, against n.; *v. nature*, naturally, by n. ▼—**bad** open-air bath. ▼—**bescherming** conservation of n. ▼—**beschrijving** description of n. ▼—**boter** natural butter. ▼—**filosofie** natural philosophy. ▼—**geneeswijze** nature cure. ▼—**getrouw** true to n. ▼—**historisch** natural-historical. ▼—**kenner** naturalist. ▼—**kennis** natural science. ▼—**kind** child of n. ▼—**kracht** force of n. ▼—**kunde** physics. ▼—**kundeleraar** science (physics) master. ▼—**kundelokaal** science room. ▼—**kundige** physicist. ▼—**liefhebber** lover of nature.
natuurlijk I *bn* natural; *het* — *verstand*, mother-wit; *een* —*e zaak*, a matter of course; —*e grootte*, n. size. II *bw* of course, naturally. ▼—**erwijze** naturally. ▼—**heid** naturalness.
natuur/mens natural man. ▼—**minnaar** nature-lover. ▼—**monument** nature reserve; *Vereniging tot Behoud v. Natuurmonumenten*, National Trust. ▼—**onderzoek** natural science. ▼—**onderzoeker** naturalist. ▼—**reservaat** nature reserve. ▼—**schoon** scenery. ▼—**staat** state of nature. ▼—**tafereel** natural scene. ▼—**verschijnsel** natural phenomenon. ▼—**volk** primitive people. ▼—**vorser** naturalist. ▼—**wet** law of nature. ▼—**wetenschap(pen)** natural science. ▼—**wonder** prodigy (of nature). ▼—**zijde** real silk.
nautisch nautical.

nauw I *bn* (*smal*) narrow; (*—sluitend*) tight; (*fig.*) close (relation); *— van geweten*, scrupulous. II *bw*...ly; (*nauwelijks*) scarcely; *'t — nemen*, be very particular; *— opeen*, close together. III *zn* narrows; strait(s); *'t — v. Calais*, the Straits of Dover; *iem. in 't brengen*, corner a p.; *in 't — zitten*, be in a fix.
nauwelijks scarcely, hardly; *— of*, scarcely (hardly)... when, no sooner ... than.
nauwgezet scrupulous, painstaking. ▼—**heid** s.ness, painstaking, accuracy.
nauwheid narrowness, tightness.
nauwkeurig accurate, exact. ▼—**heid** accuracy, exactitude.
nauw/lettend(heid) *zie* ▼—**keurig(heid)**. ▼—**sluitend** close-fitting. ▼—**te** defile; (*op zee*) strait(s); (*v.weg*) bottle-neck. ▼—**ziend** particular.
navel navel, (*kindert.*) belly-button. ▼—**breuk** n. rupture. ▼—**sinaasappel** n.-orange. ▼—**streng** n.-string, umbilical cord.
navenant in keeping.
navertellen retell, repeat.
naverwant closely related.
navig/atie navigation. ▼—**atiehut** n. compartment. ▼—**atielichten** n.-lights. ▼—**ator** navigator.
NAVO NATO.
navolg/baar imitable. ▼—**en** (*eig.*) follow; (*fig.*) imitate. ▼—**er** follower; imitator. ▼—**ing** imitation.
navorder/en make an additional claim; (*bij belasting*) make an additional assessment. ▼—**ing** additional claim; (*belasting*) additional assessment.
navors/en investigate. ▼—**er** investigator. ▼—**ing** investigation; (*wetenschappelijke*) —en, researches.
navraag inquiry; *bij —*, on i.; *— doen naar*, make inquiries about. ▼**navragen** inquire.
naweeën after-pains; (*fig.*) aftermath.
nawerken work overtime; *zijn invloed werkt nog na*, his influence is still felt. ▼**nawerking** after-effect(s).
nawijzen point at.
nawinter latter part of (the) winter.
nazaat descendant.
Nazarener Nazarene. ▼**Nazareth** Nazareth.
nazeggen repeat, say after; *dat kun je mij niet —*, (*fig.*) that is more than you can say.
nazenden send on.
nazetten pursue.
nazi Nazi.
nazien 1 look after (a p.); 2 (*les*) look over; 3 (*werk*) correct; (*motor*) overhaul; 4 (*controleren*) check.
nazisme Nazi(i)sm.
nazitten chase, hunt.
nazoek inquiry. ▼**nazoeken** (*zaken, enz.*) search; (*fout*) trace.
nazomer late summer; (*mooie —*) Indian s.
nazorg after-care.
necessaire travelling-case; (*naai—*) housewife.
nectar nectar.
ne(d)er down. ▼—**buigen** bend d. ▼—**buigend** condescending. ▼—**buigendheid** condescension. ▼—**dalen** descend. ▼—**daling** descent. ▼—**doen** let (put) d. ▼—**draaien** turn d. ▼—**drukken** press d., (*fig. ook*) depress. ▼—**gooien** throw d.; *de boel er bij —*, chuck it, (*bij staking*) down tools. ▼—**halen** (*muur*) pull down; (*vlag*) haul d.; (*zeil*) strike; (*vliegtuig*) bring d.; (*iem.*) run d. ▼—**hangen** droop, hang down.
nederig humble. ▼—**heid** humbleness.
ne(d)er/klappen fold downwards. ▼—**komen** come d.; *doen —*, bring down; *alles komt op mij neer*, everything devolves on me; *het komt op 't zelfde neer*, it comes to the same thing; *daar komt 't op neer*, that's what it boils down to. ▼—**kwakken** I *ov.w* dump down. II *on.w* flop down.
nederlaag defeat, overthrow.
Nederland The Netherlands, Holland, the Low Countries. ▼—**er** Dutchman, Netherlander.

▼—**erschap** Dutch nationality. ▼—**s** I *bn* Dutch, Netherlands; *de —e Bank*, the Bank of the Netherlands; *de —e Handelmaatschappij*, the Netherlands Trading Company. II *zn* Dutch, the Netherland(s) language.
ne(d)er- down. ▼—**laten** let d., lower. ▼—**leggen** (*wapens, enz.*) lay (put) d.; (*neerschieten*) shoot (kill); *de (voorzitters)hamer —*, vacate the chair; *naast zich —*, ignore, disregard; *zich ergens bij —*, put up with s.th. ▼—**ploffen** *ov.w* dump down; *on w* plump down. ▼—**sabelen** sabre. ▼—**schieten** I *ov.w* shoot (d.). II *on.w* (*roofvogel*) pounce, swoop down. ▼—**schrijven** write d. ▼—**slaan** I *ov.w* strike d.; (*ogen*) lower; (*kraag*) turn d.; (*gewas*) beat d; (*chem.*) precipitate. II *on.w* fall d.; (*chem.*) be precipitated. ▼—**slag** rain; (*v. H-bom*) fall out. ▼—**smijten** fling down. ▼—**steken** stab. ▼—**storten** fall d.; (*v. toren, vliegtuig*) crash. ▼—**strijken** (*haar*) smooth; (*v. vogels*) alight. ▼—**tellen** count d. ▼—**tuimelen** tumble down. ▼—**vallen** fall d., drop. ▼—**vellen** fell. ▼—**vlijen** lay d.; *zich —*, lie d. ▼—**waarts** downward. ▼—**werpen** cast (throw) d. ▼—**zakken** sink down. ▼—**zetten** set (put) d.; *zich —*, sit d., (*op zijn gemak*) settle d. ▼—**zetting** settlement. ▼—**zien** look d. upon. ▼—**zijgen, —zinken** sink d. ▼—**zitten** sit d.; *bij de pakken —*, sit d. in despair.
neef cousin; (*oom-, tantezegger*) nephew; *ze zijn — en nicht*, they are cousins.
neen no; *— maar!*, oh, I say!; *wel —!*, oh no!
neer down (*zie* ne(d)er)
neerlandicus student of Dutch.
neerslachtig dejected. ▼—**heid** dejection.
neerslag (*muz.*) down-beat; (*bezinksel*) sediment, deposit; (*chem.*) precipitation, precipitate; (*regen*) rain, rainfall; (*v. atoombom*) fall-out.
negatief negative; *— beantwoorden*, answer in the n.
negen nine. ▼—**de** ninth. ▼—**oog** carbuncle. ▼—**tal** nine. ▼—**tien(de)** nineteen (th). ▼—**tig** ninety. ▼—**tigjarige** nonagenarian. ▼—**tigste** ninetieth. ▼—**voud** multiple of nine. ▼—**voudig** ninefold.
neger negro, (*fam.*) darky, nigger. ▼—**bevolking** negro population. ▼—**bloed** n.-blood.
negeren bully.
negér/en ignore. ▼—**ing** ignoration; *met totale — van*, with a complete disregard of.
neger/hut negro-cabin. ▼—**ij** hole. ▼—**in** negress. ▼—**lied(je)** n.-song; (*godsdienstig*) (n.-)spiritual. ▼—**taal** Negro language.
negligé négligé, undress.
negorij (*dog-*) hole.
negotie trade; (*venterswaar*) (pedlar's) wares.
neig/en I *ov.w* bend, bow. II *on.w:* ten einde —; *ter kimme —*, decline; *tot het katholicisme —*, incline (gravitate) towards C. ▼—**ing** inclination, leaning, tendency.
nek neck; *iem. de — breken*, break a p.'s neck; *dat zal hem de — breken*, that'll be the end of him, that'll finish him off; *iem. de — omdraaien*, wring a p.'s neck; *iem. in de — zien*, do a p. in the eye; *iem. met de — aanzien*, cold-shoulder a p.; *zijn — uitsteken*, stick one's neck out. ▼—**ken** kill (a p.); (*fig.*) wreck (a plan); deal the deathblow to (commerce); *dat nekte hem*, that finished him. ▼—**kramp** cerebro-spinal meningitis, spotted fever. ▼—**slag** deathblow. ▼—**spier** cervical muscle. ▼—**steun** (*auto*) head restraint. ▼—**vel** scruff of the neck.
nemen take; take in (the milk); take out (policy); (*schaakspel*) take, capture; *een hindernis —*, t. an obstacle; *de dingen — zoals ze zijn*, t. things as they are; *dat neem ik niet*, I won't stand for it; *iets op zich —*, take s.th. (up) on o.s., take on; *tot zich —*, (*spijs*) take; (*kind*) adopt; *'t er goed van —*, do o.s. well (proud), spread o.s.; *jij neemt 't ervan!*, you are going it!
neologisme neologism.

neon neon. ▼—**buis** n.-tube. ▼—**reclame** n.-sign. ▼—**verlichting** n.-lighting.

nerf rib, vein; (*in hout*) grain.

nergens nowhere; *hij geeft — om*, he cares for nothing; — *goed voor*, good for nothing; *hij staat — voor*, he sticks at nothing.

nering trade; (*klandizie*) custom; — *doen*, keep a shop. ▼—**doende** tradesman, shopkeeper.

nerveus nervous. ▼—**heid** nervousness.

nest 1 nest; (*v. roofvogel*) *ook*: aerie, eyrie; **2** (*meisje*) hussy, insolent baggage; —*en uithalen*, go (bird's-)nesting; *naar zijn — gaan*, go to kip; *uit een goed — komen*, come of a good stock. ▼—**ei** nest-egg.

nestel (*v. lakei*) shoulderknot; (*metalen veterpunt*) tag.

nestelen nest; *zich —*, (*fig.*) ensconce o.s., lodge o.s.

nest/erij trifle. ▼—**erig** pert. ▼—**haar** down. ▼—**kuiken** nestling. ▼—**veren** nest feathers.

net I *zn* **1** net; (*in coupé*) rack; (*om luchtballon*) rope netting; (*spoorweg—, wegen—, enz.*) network; (*telefoon—*) system; *achter het — vissen*, come a day after the fair; **2** (*tegenover klad*) fair copy; *in het — schrijven*, copy fair. **II** *bn* (*proper*) tidy, clean; (*aardig*) neat, smart; *een — man*, a decent man; —*te manieren*, nice manners. **III** *bw* **1** (*netjes*) neatly; **2** *net; — goed*, serves you right!; — *toen ik viel*, just when I fell; *ik ben — klaar*, I am just ready; *we hebben nog — tijd om dat te doen*, we've just got time to do it; — *zo*, just like that; *hij — zo goed*, he just as well; *dat is — wat voor jou*, that is the very thing for you; — *gepast*, the exact money.

netel nettle. ▼—**doek(s)** muslin. ▼—**ig** thorny. ▼—**igheid** thornines.

netheid 1 neatness; **2** respectability.

nethemd net vest.

netje little net; (*tas*) string-bag.

netjes I *bw* neatly, (*zindelijk*) cleanly; (*fatsoenlijk*) properly; — *gezegd*, n. put. **II** *bn*: *dat is niet —*, **1** that is not fair; **2** that is bad form; *altijd — blijven*, always remain a gentleman (a lady); *'t — houden*, keep it (the party) clean.

netnummer local code, (*Am.*) area code.

netschrift fair-copy book.

netten/boet(st)er net-mender. ▼—**breier** net-maker. ▼—**knopen** net.

netto net(t); — *contant*, n. cash; —*gewicht*, n. weight; —*inkomen*, net income; —*loon*, net wage; —*opbrengst*, n. proceeds; —*winst*, n. profit.

net/vlies retina. ▼—**werk** net-work.

neuriën hum, croon.

neurose neurosis. ▼**neurotisch** neurotic.

neus nose; *een wassen —*, a blind, an empty formality; *doen alsof zijn — bloedt*, act dumb; *hij heeft een fijne — voor zo iets*, he has a n. (a flair) for that sort of thing; *een lange — maken tegen*, cock a snook at; *de — ophalen*, sniff; *de — ophalen voor*, turn up one's n. at; *wie zijn — schendt, schendt zijn aangezicht*, it's an ill bird that fouls its own nest; *overal zijn — in steken*, poke one's n. into everything, be a Nosy Parker; *dat gaat je — voorbij*, you may whistle for it; *dat moet je niet je — voorbij laten gaan*, you must not let it slip through your fingers; *hij kijkt niet verder dan zijn — lang is*, he can't see beyond his nose; *dat hoef je niet iedereen aan z'n — te hangen*, you need not blazon it abroad; *dat zal ik jou niet aan je — hangen*, that would be telling; *iem. bij de — nemen*, pull a p.'s leg; *iem. iets door de — boren*, cheat (defraud) a p. of s.th.; *door de — spreken*, speak through the n.; *langs zijn — weg*, casually; *met zijn — in de boter vallen*, be in luck; *'t iem. onder de — wrijven*, cast it in a p.'s teeth; *op zijn — kijken*, look foolish (blue); *de deur voor iem.'s — dichtdoen*, shut the door in a p.'s face. ▼**neus/arts** n. specialist. ▼—**been** nasal bone. ▼—**bloeding** nose-bleed(ing). ▼—**gat** nostril. ▼—**geluid** twang. ▼—**haar** hair in the nostrils. ▼—**holte** nose cavity.

▼—**hoorn** rhinoceros. ▼—**je** *'t — van de zalm*, the pick of the basket. ▼—**klank** nasal sound. ▼—**operatie** nasal operation. ▼—**poliep** nasal polypus. ▼—**spiegel** rhinoscope. ▼—**spuitje** nasal syringe. ▼—**stem** twang. ▼—**verkoudheid** cold in the n. ▼—**vleugel** wing of the n., nostril. ▼—**wijs** conceited.

neutraal neutral; (*onderwijs*) undenominational. ▼**neutralis/atie** neutralization. ▼—**eren** neutralize. ▼**neutraliteit** neutrality. ▼—**srecht** law of n. ▼—**schending** violation of n. ▼—**sverklaring** declaration of n. ▼—**swet** n. law.

neuzen nose; — *in*, pry into.

nevel haze, (*zware —*) mist. ▼—**achtig** hazy, misty. ▼—**achtigheid** haziness. ▼—**en**: *'t nevelt*, it is hazy (misty). ▼—**vlek** nebula.

neven/bedrijf subsidiary business; side-line. ▼—**betekenis** connotation. ▼—**betrekking** additional office, by-office. ▼—**bevoegdheid** secondary qualification. ▼—**schikkend** co-ordinative. ▼—**sgaand** enclosed.

nicht cousin; (*oomzegster*) niece.

nicotine nicotine. ▼—**vergiftiging** n. poisoning.

niemand nobody, no one, none; — *anders dan*, none ohter than; — *minder dan*, no less a person than.

niemendal nothing at all.

nier kidney. ▼—**gruis** gravel. ▼—**kwaal** k.-complaint. ▼—**steen** kidney stone in the k. ▼—**transplantatie** kidney transplant.

niet I *bw* not; — *eens*, not even; — *dat het waar is*, not that it is true; *hoe vaak heb ik dat — gezegd!*, how often have I told you!; *wat was dat — mooi!*, wasn't that wonderful! **II** *zn* nothing, nought; (*loterij*) blank; *als — komt tot iet, kent iet zichzelve —*, put a beggar on horseback and he'll ride to the devil; *een — trekken*, draw a blank; *in het — vallen*, pale into insignificance; *in 't — verdwijnen*, vanish into thin air; *om (voor) —*, for nothing, gratis, (play) for love; *te — doen*, annul (a contract); neutralize, offset (results), dash (hopes) to the ground; *te — gaan*, be lost, perish; *uit 't — te voorschijn roepen*, conjure out of the void.

niet/-aangesloten: — *arbeider*, nonunion worker. ▼—**aanvalsverdrag** non-agression pact. ▼—**alcoholish** non-alcoholic. ▼—**bestaand** non-existent. ▼—**betaling** non-payment. ▼—**drinkbaar** undrinkable; (*schadelijk ook*) not fit for drinking. ▼—**eetbaar** (*smaak*) uneatable; (*schadelijk*) inedible. ▼—**gebonden** (*pol.*) *de — landen*, the non-aligned countries. ▼—**geleider** non-conductor. ▼—**georganiseerd** *—e werknemer*, nonunion employee/worker.

nietig (*ongeldig*) void; (*v. pers.*) puny; (*gering*) paltry; (*reden*) futile; (*zaak*) trivial; — *maken*, invalidate, render null and void; — *verklaren*, declare null and void. ▼—**heid** nullity; insignificance, paltriness; *een —*, a trifle, triviality, futility. ▼—**verklaring** nullification.

niet-inmenging non-intervention.

nietje staple.

niet-lid non-member.

nietmachine stapler.

niet/-nakoming non-fulfilment. ▼—**ontvankelijk** — *verklaren*, non-suit; (*de vordering*) *is —*, will not lie. ▼—**rookcoupé** non-smoker.

niets nothing; — *wijzer dan te voren*, no wiser than before; — *dan klachten*, nothing but complaints; — *nieuws*, n. new; *dat is — voor mij*, that is not in my line; *ik heb er — aan*, it's no good to me; *'t is — voor jou om...*, it's not like you to (forget a friend); — *daarvan!*, n. of the sort; *'t bevalt mij —*, I don't like it at all; *'t lijkt er — op*, it's nothing like it; *er kwam — van*, nothing came of it; *verder —?*, is that all?; *dat is — vergeleken bij...*, it is (as) nothing compared with...; *'t is — gedaan*, it's no good; — *bang*, not at all afraid; *om —*, for n.; *voor —*, for n.; *niet voor* —, not for n.; *iem. voor* — *laten lopen*, send a p. on a fool's errand; *voor* — *en niemendal*, gratis and for nothing; *ik zou het nog niet voor* — *willen hebben*, I wouldn't have it as a gift; *al mijn werk is voor* — *geweest*, my work has all gone for nothing; — *te veel*, none too much. ▼—**betekenend** insignificant. ▼—**doend** idle. ▼—**doener** idler. ▼—**doenerig** idleness.

niet-sluitend (*v. begroting*) unbalanced.
niets/nut good-for-nothing. ▼—**waardig** worthless. ▼—**zeggend** meaningless, non-committal (words, speech); inexpressive (face).

niettegenstaande I *vz* notwithstanding. II *vgw* although, though.
niettemin nevertheless, none the less.
niet-verschijning non-attendance; (*jur.*) non-appearance.

nieuw new, fresh (attempt, courage); modern (history); *de* —*ste mode*, the latest fashion; *'t* —*ste op 't gebied van*, the last word in.
▼—**bakken** newly-baked; (*fig.*) n.-fangled.
▼—**bouw** n. building; (*concr.*) n. buildings.
▼—**eling** novice, n.-comer. ▼—**erwets** n.-fashioned; (*ongunstig*) n.-fangled.
▼N—Guinea N. Guinea. ▼—**heid** newness.
▼—**igheid** novelty. ▼—**jaar** New Year.
▼—**jaarsdag** N.-Y.'s day. ▼—**jaarskaart** N.-Y.'s card. ▼—**jaarswens** N.-Y.'s congratulation (greeting). ▼—**katholiek** *zn* & *bn* Neo-Catholic. ▼—**lichter** modernist.
▼—**lichterig** modernism. ▼—**modisch** *zie* nieuwerwets.

nieuws news; *iets* —, s.th. new; *niets* — *onder de zon*, nothing new under the sun; *wat is er voor* —?, what ('s the) n.? ▼—**agentschap** n. agency. ▼—**bericht** n. item. ▼—**blad** newspaper. ▼—**dienst** n. service.
nieuwsgierig inquisitive, curious, (*sl.*) nosey; *ik ben* — *wat hij zal doen*, I wonder what he will do; — *te weten*, curious (anxious) to know. ▼—**heid** inquisitiveness, curiosity.
nieuwslezer news-reader; (*Am.*) newscaster.
nieuwtestamentisch New-Testamentary.
nieuwtje (*bericht*) (piece of) news; (*anders*) novelty; *het* — *gaat er gauw af*, the novelty soon wears off.
Nieuw-Zeeland New Zealand.
niezen sneeze.
nihil nil. ▼—**isme** nihilism. ▼—**ist(isch)** nihilist.
nijd envy. ▼—**as** cross-patch. ▼—**assig** cantankerous. ▼—**ig** angry, cross, (*fam.*) huffy. ▼—**igheid** anger, crossness.
nijg/en bow, curts(e)y. ▼—**ing** bow, curts(e)y.
Nijl *de* —, the Nile. ▼—**dal** N. valley.
▼—**paard** hippopotamus.
Nijmegen, Nijmeegs Nijmegen, Nimeg(u)en.
nijp/en pinch; *als het nijpt*, when it comes to the p.; *'t begint te* —, it is getting serious; *'t v.d. honger*, the pinch of hunger. ▼—**end** — *tekort*, acute shortage. ▼—**tang** (pair of) pincers.
nijver industrious. ▼—**heid** industry.
▼—**heidsonderwijs** technical education.
▼—**heidsschool** t.-school.
nikkel nickel. ▼—**en** nickel.
nikker nigger.
niks nothing; *'n vent van* —, a rotter; *'n ding van* —, a flimsy affair.
nimf nymph. ▼—**omaan** nymphomaniac.
nimmer never. ▼—**meer** nevermore.
nippel nipple.
nippen sip.
nippertje: (*dat was*) *op 't* —, in the nick of time, a close shave; *op 't* — *komen*, cut it fine; *op 't* — *er door komen*, succeed by the skin of one's teeth, run it very close.
nis niche.
nitraat nitrate.
niveau level. ▼**niveller/en** level. ▼—**ing** levelling.
n.l. viz.
n.m. p.m.

nobel noble, high-minded.
Nobelprijs Nobel prize.
noch: — *A*, — *B*, neither A, nor B.
nochtans nevertheless.
node (go) reluctantly; ill (spare s.th.).
nodeloos needless. ▼—**heid** needlessness.
nodig I *bn* necessary; *de* — *e broodjes eten*, eat a good many buns; — *hebben*, want, need; *ik had niet lang* — *om…*, it did not take me long to; *je hebt hier niets* —, you have no business here; *je hebt er niets mee* —, it's no business of yours; — *maken*, necessitate; — *zijn*, be necessary, be needed; *er is grote moed voor* — *om…*, it requires great courage to …; *vandaag niet* —, not to-day, thank you; *zo* —, if necessary. II *bw* necessarily; *ik moet* — *weg*, I needs must go, it is high time for me to go; *het moet* — *hersteld*, it is badly in need of repair.
III *zn: het* —*e*, what is necessary; *het* — *verrichten*, do the needful; *'t énig* —*e*, the only thing needful.
nodigen invite; *hij liet zich niet lang* —, he did n't want pressing (prompting).
noem/en (*een naam geven*) name, call; (*vermelden*) mention; *ik noem geen namen*, I mention no names; *hoe noem je dat?*, what do you call that?; *de dingen bij hun naam* —, call a spade a spade. ▼—**enswaard(ig)** appreciable. ▼—**er** denominator.
noen noon. ▼—**maal** lunch(eon).
noest diligent; —*e vlijt*, unflagging industry.
▼—**heid** industry, diligence.
nog yet, still; — *altijd*, still; *zelfs nu* —, even yet; *tot* — *toe*, up to now, so far, as yet; — *niet*, not yet; — *steeds niet*, still not; *daarom is 't* — *niet waar*, it does not follow that …; — *een ei*, another egg; (*wil je*) — *thee?*, more tea?; — *slechts twee dagen*, only two more days; — *vele jaren*, many happy returns; *is er* — *melk?*, is there any milk left?; *hoe lang* —?, how much longer?; *hoe velen* —?, how many more?; *hoe ver* —?, how much further?; — *eens*, once more; — *eens zoveel*, as much (many) again; *dat is* — *eens een man!*, there's a man for you!; — *iemand*, somebody else; — *iets*, s.th. else, another thing; — *iets?*, anything else?; *gisteren* —, only yesterday; — *diezelfde dag*, that very day; *neem* — *wat*, take some more; — *maar*, only; *Jan* — *wel!*, J. too!; *en dat* — *wel vandaag!*, and that to-day of all days!; — *ouder*, still (even) older; *al weet hij* — *zoveel*, though he knows ever so much; *hij kent me* — *niet eens*, he does not even know me.
noga nougat.
nogal rather, pretty.
nogmaals once more, once again.
nok (*v. dak*) ridge; (*v. ra*) yard-arm. ▼—**kenas** camshaft.
nolens volens nolens volens, willy-nilly.
nomade nomad. ▼—**nleven** nomadic life.
▼—**nvolk** nomadic people. ▼**nomadisch** nomadic.
nomin/aal nominal; *nominale waarde*, face value. ▼—**atie** nomination; *hij staat no. 1 op de* —, he is first on the list; *op de* — *staan voor*, be short-listed for; (*fig.*) be a candidate for.
▼—**atief** nominative.
non nun.
non-actief on half-pay. ▼**non-activiteit:** *op* — *stellen*, place on half-pay.
nonchal/ance nonchalance. ▼—**ant** nonchalant, careless, off-hand.
non-interventie non-intervention.
nonnen/kleed nun's dress. ▼—**klooster** nunnery, convent.
non-proliferatie non-proliferation.
nonsens nonsense, rot, fiddlesticks! ▼—**icaal** nonsensical.
nood necessity, need, distress; — *breekt wet*, nec. knows no law; *geen* —!, no fear!; — *maakt vindingrijk*, nec. is the mother of invention; *als de* — *aan de man komt, in geval van* —, at a pinch; *als de* — *'t hoogst is, is de redding nabij*, when need is highest, boot is highest; the darkest hour is before the dawn; *in* — *verkeren*, be in distress; *in de* — *leert men*

zijn vrienden kennen, a friend in need is a friend indeed; *uit de — helpen*, set a p. on his legs; *van de — een deugd maken*, make a virtue of necessity. ▼**nood/adres** address in case of need. ▼**—anker** sheet-anchor.
▼**—brug** temporary bridge. ▼**—deur** emergency-door. ▼**—druft** (*voedsel*) victuals; (*gebrek*) indigence. ▼**—druftig** indigent. ▼**—gebouw** temporary building.
▼**—gedwongen** perforce. ▼**—geval** (case of) emergency. ▼**—haven** port of distress.
▼**—hulp** temporary help; (*ding*) makeshift; *bij wijze van —*, as a makeshift. ▼**—klok** alarm-bell. ▼**—kreet** cry of distress.
▼**—landing** forced landing. ▼**—lijdend** distressed; *—e fondsen*, defaulted securities; *—e wissel*, dishonoured bill. ▼**—lot** fate, destiny. ▼**—lottig** fatal. ▼**—lottigheid** fatality. ▼**—luik** ripping-panel.
▼**—maatregel** emergency measure.
▼**—rantsoen** emergency ration. ▼**—rem** safety-brake; *aan de — trekken*, pull the communication cord. ▼**—sein** distress-signal, -call. ▼**—toestand** state of emergency; *de — afkondigen*, declare a state of emergency.
▼**—uitgang** emergency exit. ▼**—verband** first dressing. ▼**—wachter** civil defence worker. ▼**—weer 1** heavy weather; **2** *uit — handelen*, act in self-defence. ▼**—wendig** necessary. ▼**—wendigheid** necessity.
▼**—wet** emergency act. ▼**—woning** emergency dwelling. ▼**—zaak** necessity.
▼**—zakelijk** necessary. ▼**—zakelijkheid** necessity. ▼**—zaken** compel, force; *zich genoodzaakt zien om*, be forced to.
nooit never; *— ofte nimmer*, never, never.
Noor Norwegian.
noord north. ▼**N—-Amerika(ans)**, N. America(n). ▼**—elijk** northern, northerly (wind); *— van*, north of. ▼**noorden** north; *ten — van*, (to the) n. of. ▼**—wind** north wind. ▼**noorder/breedte** North latitude.
▼**—keerkring** tropic of Cancer. ▼**—licht** northern lights. ▼**—ling** northerner. ▼**—zon**: *met de — vertrekken*, take French leave. ▼**noordoost** north-east. ▼**—elijk** *bn* north-east(erly). ▼**—en** north-east.
noordpool north pole. ▼**—cirkel** arctic circle. ▼**—expeditie** arctic expedition. ▼**—reiziger** arctic explorer. ▼**—ster** polar star. ▼**—zee** Arctic Ocean.
noord/s Nordic. ▼**—waarts I** *bw* northward(s). **II** *bn* northward. ▼**noordwest** north-west. ▼**—elijk** *bn* north-west(erly). ▼**—en** north-west.
Noordzee North Sea.
Noorman Northmann, Dane.
Noors, Noorwegs Norwegian, Norse. ▼**Noorwegen** Norway.
noot 1 (*vrucht*) nut; **2** (*muz.*) note; *veel noten op zijn zang hebben*, be hard to please; **3** (*aantekening*) note. ▼**—jeskolen** nuts.
▼**—muskaat** nutmeg.
nopen induce, compel. ▼**nopens** with regard to, concerning.
nopje: (*erg*) *in zijn —s zijn*, be in high feather, be highly pleased.
nor: *in de — zitten*, be in quod.
norm norm, standard. ▼**normaal** *bn & zn* normal; *beneden* (*boven*) *—*, below (above) n. ▼**—gewicht** standard weight. ▼**—school** n. school. ▼**—spoor** standard gauge.
▼**normalis/atie** normalization, regulation. ▼**—eren** normalize; regulate (*a river*). ▼**—ering** normalization. ▼**normaliter** normally.
Normand/ië Normandy. ▼**—iër**, **—isch** Norman.
nors gruff, surly. ▼**—heid** gruffness.
nota note; (*rekening*) bill; (*goede*) *— nemen van*, take (due) n. off.
notabele notable.
notariaat profession of notary. ▼**notarieel** notarial; *notariële akte*, n. act; *notariële volmacht*, power of attorney. ▼**notaris** notary. ▼**—ambt** office of n. ▼**—kantoor** n.'s office.

▼**—kosten** notarial charges.
note/bomen walnut. ▼**—dop** nutshell; (*bootje*) cockle-shell. ▼**—kraker** nut-crackers.
notenbalk staff.
noter/en note down; (*prijzen*) quote, (*in prijslijst ook*) list. ▼**—ing** (*v. prijs*) quotation; (*v. effecten*) price.
notie notion; *geen flauwe —*, not the faintest notion.
notitie notice; (*aantekening*) note; *neem er geen — van*, take no notice. ▼**—boek(je)** note-book.
notulen minutes, notes; *de — goedkeuren*, adopt the m.; *de — arresteren*, confirm the m.; *de — houden*, keep the m.; *de — maken*, take the m.; *in de — opnemen*, place on record.
▼**—boek** minute-book. ▼**notuleren** minute.
nou now; *nou!*, rather!
nouveauté novelty.
novell/e short story. ▼**—ist** short-story writer.
november November.
novi/ce novice. ▼**—ciaat** novitiate. ▼**noviet** freshman.
novum novelty.
nozem Teddy boy, yob.
nu I *bw* now, at present; *— niet*, not n.; *— nog niet*, not yet; *wat —?*, what next?; *— en dan*, n. and then, occasionally; *— eerst*, only n.; *— of nooit*, n. or never; *tot — toe*, up to n.; *van — af*, from this moment, from now (on); *— eens..., dan weer...*, now .., now; *— eens 'n ander*, now another one; *— nog*, even now. **II** *vgw* now that.
nuanc/e nuance, shade. ▼**—eren** shade. ▼**—ering** shade.
nuchter sober; matter-of-fact; (*v. maag*) empty; (*v. kalf*) new(ly)-born; (*fig.*) sober; *de —e feiten*, the cold (hard) facts; *hij was nog —*, **1** (*niet dronken*) he was still sober, **2** he had not had any breakfast. ▼**—heid** soberness; matter-of-factness.
nucleair nuclear.
nudisme nudism. ▼**nudist** nudist.
nuf prude. ▼**—fig** prudish. ▼**—figheid** prudery.
nuk caprice, whim. ▼**—kig** capricious, whimsical. ▼**—kigheid** capriciousness, whimsicality.
nul cipher, nought; (*nulpunt*) zero; *zes —*, six (to) nil; *hij is een —*, he is a mere cipher; *— op het rekest krijgen*, meet with a refusal; *van — en gener waarde zijn*, be null and void.
▼**—punt** zero.
numeriek numerical. ▼**numero** number.
numismatiek numismatics.
nummer number; (*op programma*) item, number; (*v. handschoen, enz.*) size; (*op verkoping*) lot; (*variété—*) turn; (*sport*) event; (*v. auto*) number; *'n mooi —*, (*iron.*) a fine specimen; *welk — hebt u?*, (*v. hoed, enz.*) what size do you take; *— een* (*twee*) *zijn*, (*bij wedstr.*) be first (second); *iem. op z'n — zetten*, put a p. in his place. ▼**—bewijs** licence. ▼**—bord** indicator; (*v. auto*) number-plate. ▼**—en** number. ▼**—ing** numbering. ▼**—plaat** number-plate. ▼**—schijf** (*tel.*) dial.
nunti/atuur nunciature. ▼**—us** nuncio.
nurks I *zn* grumbler. **II** *bn* surly. ▼**—heid** surliness.
nut use, profit; *het heeft geen — erheen te gaan*, it is no use going there; *— trekken uit*, benefit by, derive profit from; *ten —te van*, for the benefit of; *ten —te maken*, avail o.s. of; *de Maatschappij tot Nut van het Algemeen*, the Society for Public Welfare; *van groot —*, of great use; *nietsnut*, good for nothing.
nuts/bedrijf public utility. ▼**—bejag** utilitarianism.
nutt/eloos useless. ▼**—eloosheid** uselessness. ▼**—en avail**. ▼**—ig** useful; *— effect*, useful effect; *het — e met het aangename verenigen*, combine business with pleasure. ▼**—igheid** usefulness, utility.
nuttig/en take, partake of. ▼**—ing** consumption; (*rk*) Communion.

o.a. i.a., among others; among other things.
oase oasis.
obelisk obelisk.
o-benen bandy-legs.
ober(kelner) head-waiter.
object object; (*mil.*) objective. ▼**objectief I** *bn* objective. **II** *zn* (*v. kijker*) object-glass.
▼**objectiviteit** objectivity.
obligatie bond, debenture. ▼**—houder** bondholder. ▼**—kapitaal** debenture stock. ▼**—lening** debenture-loan. ▼**—schuld** bonded debt. ▼**—uitgifte** d.-issue.
obsceen obscene. ▼**obsceniteit** obscenity.
obscuur obscure; *een* — *zaakje*, a shady business. ▼**—heid** obscurity.
observ/atie observation. ▼**—atiepost** o.-post. ▼**—atorium** observatory. ▼**—eren** observe.
obsessie obsession.
obstinaat obstinate.
obstructie obstruction, (*fam.*) stonewalling. — *voeren*, practise o., (*fam.*) stonewall.
occasion (*koopje*) bargain.
occult occult. ▼**—isme** occultism.
oceaan ocean. ▼**—stomer** o. liner. ▼**—vlucht** transoceanic flight.
och oh!; — *arme!*, poor thing!; — *kom!*, you don't say so!; (— *wat*) oh, come!
ochtend morning; *des* —*s*, in the m. ▼**—blad** morning paper.
octaaf octave.
octaan octane. ▼**—gehalte**, **—getal** octane number (rating); *hoog* —, high octane rating.
octrooi 1 (*op uitvinding*) patent; **2** (*machtiging*) charter. ▼**—bezorger** p.-agent. ▼**—brief 1** letters patent; **2** charter. ▼**—bureau** p.-office. ▼**—eren 1** patent; **2** charter. ▼**—gemachtigde** p.-agent. ▼**—raad** p.-office. ▼**—wet** patents act.
oculeren inoculate, graft.
odeur scent, perfume.
oeco/loog ecologist. ▼**—logie** ecology. ▼**—logisch** ecological. ▼**—systeem** ecosystem.
oecumen/e (o)ecumenism, (o)ecumenicity. ▼**—isch** (o)ecumenical.
oedeem oedema.
OEES O.E.E.C., Organisation for European Economic Co-operation.
oefen/en I *ov.w* practise, exercise, train (the eye, memory, a person); *zich in iets* —, practise s.th.; *zich regelmatig* —, keep one's hand in practice; *lang niet geoefend hebben*, be out of practice. **II** *on.w* train, practise. ▼**—ing** practice, exercise; — *baart kunst*, practice makes perfect. ▼**—meester** trainer, coach. ▼**—schip** training-ship. ▼**—school** tr.-school. ▼**—tijd** period of instruction. ▼**—wedstrijd** practice-match.
oekaze ukase.
oekelele ukulele.
Oekrain/e *de* —, the Ukraine. ▼**—er** Ukrainian. ▼**—isch** Ukrainian.
Oeral *de* —, the Urals.
oer/conservatief ultra conservative; *een* —, a die-hard, a blimp. ▼**—mens** primitive man. ▼**—oud** very ancient. ▼**—taal** primitive language. ▼**—tijd** prehistoric times.

▼**—vervelend** extremely dull; *een* —*e vent*, a crashing bore. ▼**—woud** virgin forest, jungle.
OESO O.E.C.D., Organisation for Economic Co-operation and Development.
oester oyster. ▼**—handelaar** o.-dealer. ▼**—kweker** o.-breeder. ▼**—kwekerij** o.-farm. ▼**—plaat** o.-bank. ▼**—put** o.-pond. ▼**—schelp** o.-shell. ▼**—teelt** o.-culture. ▼**—visser(ij)** o.-fisher(y).
oever (*v. rivier*) bank, (*v. zee, meer*) shore; (*de rivier*) *is buiten haar* —*s getreden*, has flooded. ▼**—staat** riparian state. ▼**—zwaluw** sand martin.
of 1 (*nevenschikkend vgw*) or (right or wrong); **2** (*ondersch. vgw*) whether, if; *ik vraag je* — …, I ask you if (whether) …; *'t duurde niet lang*, — …, it was not long before …; *er is niemand*, — *hij weet dat*, there is nobody but knows that; (*ik doe het*) — *niet*, whether you like it or not; *een minuut* — *twintig*, some twenty minutes; *je ziet hem nooit*, — *hij rookt een sigaar*, you never see him without a cigar; *doe 't niet*, — *het moet nodig zijn*, don't do it unless it is necessary; *nou, en* —*!*, rather!, not half!
offensief offensive; — *optreden, tot het* — *overgaan*, take the o.
offer sacrifice; (*slachtoffer*) victim; *iets ten* — *brengen*, sacrifice s.th.; *als* — *vallen van*, fall a victim to. ▼**—altaar** sacrificial altar. ▼**—ande** offering, sacrifice; (*rk*) offertory. ▼**—blok**, **—bus** offertory-box. ▼**—dier** victim. ▼**—en** sacrifice, immolate; (*bijdragen*) make an offering. ▼**—feest** sacrificial feast. ▼**—gave** offering. ▼**—lam** Lamb of God. ▼**—maal** sacrificial repast. ▼**—priester** sacrificer. ▼**—schaal 1** sacrificing dish; **2** (*in kerk*) offertory-plate.
offerte quotation; *een* — *doen*, quote.
offervaardig liberal; willing to make sacrifices. ▼**—heid** liberality; readiness to make sacrifices.
officieel official, formal; *officiële gelegenheid*, ceremonial occasion.
officier officer; — *van administratie*, paymaster; — *v. gezondheid*, army surgeon, naval surgeon; — *v. Justitie*, public prosecutor. ▼**—saanstelling** commission. ▼**—skajuit** ward-room. ▼**—stafel** officers' mess. ▼**—-vlieger** Air Force officer, R.A.F. officer.
officieus semi-official.
offreren offer.
ofschoon (al)though.
ogen — *naar*, eye, look at.
ogenblik moment, instant; *een* —, *s.v.p.*, a m., please; *in een* —, in a m.; *na een* — *van nadenken*, after a moment's thought; *op 't* (*dit*) —, at the m.; *voor 't* —, for the m. ▼**—kelijk I** *bn* momentary; immediate (danger). **II** *bw* immediately.
ogendokter eye-doctor, oculist.
ogen/schijnlijk apparent, seeming. ▼**—schouw** *in* — *nemen*, inspect; (*situatie*) review.
oker ochre. ▼**—achtig** ochr(e)ous. ▼**—geel I** *bn* ochr(e)ous. **II** *zn* yellow ochre.
okkernoot walnut.
oksel arm-pit. ▼**—holte** arm-pit.
okshoofd hogshead.
oktober October.
olie oil; *heilige* —, holy oil; *ruwe* —, crude (oil); — *innemen* (*schip, enz.*), oil; — *op de golven gieten*, pour o. on the waters; — *verversen*, change oil; — *in het vuur gieten*, pour oil on the flames; *hij is in de* —, he is well oiled. ▼**—crisis** oil crisis. ▼**—doek** tarpaulin. ▼**—dom** as stupid as an owl. ▼**—drukmeter** oil pressure gauge. ▼**—embargo** oil embargo. ▼**—en-azijnstel** cruet-stand. ▼**—gestookt** oil fired. ▼**—houdend** oil-bearing. ▼**—jas** oilskin (coat). ▼**—kleren** oil-skins. ▼**—lamp** o.-lamp. ▼**—leiding** oil pipe (line); (*v. vliegtuigen, enz.*) oil-pipes. ▼**—man** oilman. ▼**oliën** oil, lubricate.
▼**olie/noot(je)** pea-nut, ground-nut.

▼—**peilstok** oil dip-stick. ▼—**plek** patch of oil. ▼—**producerende landen** oil producing countries. ▼—**raffinaderij** oil refinery.
oliesel extreme unction; *iem. het laatste — toedienen,* administer extreme unction to a p.
olie/slager oil-crusher. ▼—**spuitje** o.-syringe. ▼—**stookinrichting** o.-burner. ▼—**tank** oil (storage) tank. ▼—**vat** oil barrel; (*v. metaal*) oil drum. ▼—**veld** o.-field. ▼—**verbruik** o. consumption. ▼—**verf** o.-paint. ▼—**verfschilderij** o.-painting. ▼—**vlek** oil stain; (*in zee, enz.*) oil slick.
olifant elephant. ▼—**ejacht** e.-hunt. ▼—**jager** e.-hunter. ▼—**ssnuit** e.'s trunk. ▼—**stand** e.'s tooth.
olijf olive. ▼**O**—**berg** *de —,* the Mount of Olives. ▼—**olie** o.-oil.
olijk sly, roguish. ▼—**erd** slyboots, rogue. ▼—**heid** roguishness.
olm elm.
olymp/iade olympiad. ▼—**isch** Olympian (gods); Olympic (games).
om I *vz* 1 — *de tafel heen,* round (about, round about) the table; *ik kan ze niet — mij* (*heen*) *hebben,* I cannot have them about me; 2 — *een uur of twee,* about two o'clock; — *en bij,* somewhere near, roughly; 3 — *één uur,* at one o'clock; 4 (*telkens na*) — *de week,* every week; — *de drie jaar,* every three years; 5 (*voor, wegens*) for, on account of, because of; *vragen* —, ask for; *beroemd* —, famous for; — *te,* to, in order to; *niet* — *te eten,* not fit to eat. II *bw: de hoek* —, round the corner; *die dag is weer* —, that day has passed (is over); *je hebt hem* —, 1 (*dronken*) you are tight; 2 *you are wearing it; de tijd is* —, time is up; *die weg is* —, that's a roundabout way; *voor de week* — *was,* before the week was out; *de wind is* —, the wind has shifted.
oma grandma, granny.
omarm/en embrace. ▼—**ing** embrace.
omblazen blow down.
omboorden border, hem.
ómbouwen rebuild, reconstruct; — *tot,* convert into.
ombrengen (*doden*) dispatch, kill.
ombudsman ombudsman.
ombuigen bend.
omdat because.
omdoen put on; wrap round.
omdol/en wander about. ▼—**ing** wandering.
omdopen rechristen.
omdraaien I *ov.w* turn; *iem. de hals* —, wring a p.'s neck; *de hoek* —, turn (round) the corner; *'t om en om dr.,* t. it this way and that; *zich* —, turn round. II *on.w* (*v. wind*) shift; (*v. pers.*) swing round; (*fig. v. pers.*) change (one's mind).
omdrogen dry.
omduikelen topple.
omduwen push over, upset.
omelet omelet(te).
omfloersen (*trom*) muffle; (*fig.*) shroud.
omgaan 1 (*rondgaan*) go round; *een hoek* —, turn a corner; 2 (*gebeuren*) happen; *er gaat veel om in die zaak,* they do a good deal of business; *dat gaat buiten mij om,* I have nothing to do with it; (*hij deed het*) *buiten mij om,* without my knowledge; *wat er in hen omgaat,* what is going on inside them; 3 (*v. tijd*) pass; 4 — *met,* associate with, mix with; *met gereedschap* —, handle tools; *met mensen weten om te gaan,* know how to deal with (manage) people; *vertrouwelijk met iem.* —, be on familiar terms with a p.; *met een meisje* —, walk out with a girl; *moeilijk om mee om te gaan,* difficult to live with; *met leugens* —, deal in lies. ▼**omgaand:** *verzoeke — bericht,* kindly reply by return of post. ▼**omgang** 1 (*v. toren*) gallery; 2 (*verkeer*) (social) intercourse; — *hebben met,* associate with; *veel* — *hebben,* see a great many people; *prettig in de* —, nice to get on with; 3 (*rondgang*) round, procession. ▼—**staal** colloquial language; everyday speech. ▼—**svormen** manners.

omgekeerd I *bn & bw* (*v. glas, enz.*) upside down; (*v. volgorde*) reverse(d); *het* —*e geval,* the reverse; *de* —*e wereld,* the world turned upside down; *'t is juist* —, it is just the other way round; — *evenredig zijn met,* be inversely proportional to. II *zn: 't* —*e,* the reverse.
omgèv/en surround, envelop. ▼—**ing** surroundings, environs.
omgooien overturn, upset; (*v. roer*) shift; throw (a cloak) round (one).
omgorden gird on.
omhaal ceremony; — *maken,* make a fuss; *met veel* — *van woorden,* with a great show of words; *zonder veel* —, without much c.
omhakken cut down, fell.
ómhangen hang about.
omhángen hang (with).
omhelz/en embrace. ▼—**ing** embrace.
omhoog on high, aloft; *'t wil niet* —, it won't go up; *handen* —, 1 hands up!; *naar* —, up(wards); *van* —, from above. ▼—**gaan** rise, go up. ▼—**heffen** raise. ▼—**houden** hold up. ▼—**staan** stand up; (*v. haar*) stand on end.
omhul/len envelop, wrap up. ▼—**sel** cover, wrapping; *'t stoffelijk* —, the mortal remains.
omkappen cut down.
omkeer change; turn, reversal; (*v. gevoel*) revulsion. ▼—**baar** reversible. ▼—**baarheid** reversibility. ▼**omker/en** I *ov.w* turn; (*hooi*) turn over; (*zakken*) turn out; (*stelling*) convert; *ieder dubbeltje* —, look twice at every penny; *zich* —, turn (round). II *on.w* turn back. ▼—**ing** reversal.
omkieperen upset.
omkijken look back (round); *je hoeft niet naar hem om te kijken,* he does not need any watching; *je hebt er geen* — *naar,* there is no looking after; *hij kijkt niet naar zijn kinderen om,* he doesn't care for his children.
omklappen flip (a switch).
omklèden drape; *met redenen* —, give reasons for, motivate.
ómkleden change.
omklemmen clasp, grip.
omkomen perish; (*v. tijd*) pass; *'t aantal omgekomenen,* the number of deaths, the death-roll.
omkoopbaar corrupt(ible). ▼—**heid** corruptibility, corruptness. ▼**omkop/en** bribe, corrupt. ▼—**erij** bribery, corruption.
omkransen wreathe.
omkrijgen (*boord*) get on; (*boom, enz.*) get down; (*tijd*) pass; *hem* —, get mellow.
omkruipen (*v. tijd*) drag on (by).
omlaag below, down; *naar* —, down; *van* —, from below; — *gaan,* go down; — *houden,* keep down.
ómleggen (*weg*) deflect; (*verkeer*) divert; (*wissel*) shift; (*roer*) put over; (*verband*) apply. ▼**omlegging** diversion.
omliggend neighbouring, surrounding.
omlijn/d: *scherp* —, clean-cut. ▼—**en** (*woord*) 1 encircle; 2 (*politiek*) outline. ▼—**ing** 1 circle; 2 outline.
omlijst/en frame. ▼—**ing** frame; (*fig.*) setting.
omloop 1 circulation; *in* — *brengen,* put into c., circulate, (*gerucht*) spread; 2 (*v. maan*) revolution; 3 (*v. toren*) gallery. ▼—**stijd** time of revolution; (*v. wissel*) currency. ▼**omlopen** (*bijv. hoek*) go round; *een straatje* —, go for a turn, (*v. wind*) shift; *dat loopt om,* that's a roundabout way; *mijn hoofd loopt om,* my head reels.
omlummelen hang around; loaf about.
omme/gang procession. ▼—**keer** *zie* **omkeer.** ▼—**landen** surrounding country. ▼—**zien:** *in een* —, in a trice. ▼—**zijde** back; *aan* —, overleaf; *zie* —, please turn over.
omnibus omnibus, bus.
ómplanten transplant.
omploegen plough (up).
ompraten talk (a p.) round, shift (a p.).
omrasteren rail, fence in.
omreizen go by a roundabout way.
omreken/en convert. ▼—**ing** conversion.

omrijden go round; *eindje gaan* —, go for a drive (ride), (*op fiets*) a spin; *'t rijdt een heel stuk om*, it is a long way round.
omringen surround; (*met gevaar*) beset.
omroep (*radio*) broadcast (ing). ▼—**bijdrage** radio and television licence fee. ▼—**en** broadcast. ▼—**er** town-crier; (*radio*) announcer. ▼—**orkest** radio orchestra. ▼—**station** broadcasting station. ▼—**vereniging** broadcasting company. ▼—**zender** transmitter.
omschakel/aar change-over switch. ▼—**en** change over (*op*, to), switch over (to). ▼—**ing** change over, shift, switch over.
omschol/en retrain. ▼—**ing** retraining. ▼—**ingscentrum** employment rehabilitation centre. ▼—**ingsuitkering** maintenance allowance paid while retraining.
omschrijv/en define, describe. ▼—**ing** definition, description.
omsingel/en surround, (*v. fort*) invest. ▼—**ing** encirclement; (*v. vesting*) investment. ▼—**ingsmanoeuvre** pincer movement. ▼—**ingspolitiek** policy of encirclement.
omslaan I *ov.w* knock down; (*kleren*) wrap round one; (*bladzij*) turn over; (*broekspijp*) turn up; (*mouwen*) tuck up; *omgeslagen boord*, turn-down collar; *de hoek* —, turn (round) the corner; (*onkosten, enz.*) apportion (*over*, among). **II** *on.w: rechts* —, turn to the right; (*v. weer*) break; (*v. stemming*) turn; (*v. boot*) capsize, upset; *doen* —, upset.
omslachtig (*v. verhaal*) diffuse, long-winded; —*e manier*, cumbersome manner. ▼—**heid** long-windedness, cumbersomeness.
omslag 1 (*v. mouw*) cuff; (*v. broek*) turn-up; **2** (*v. boek*) cover, (*los* —) jacket; (*v. brief*) envelope; (*v. gram.plaat*) sleeve; **3** (*v. kosten*) apportionment; **4** (*drukte*) ado, fuss. ▼—**boor** brace and bit. ▼—**doek** shawl, wrap.
omsluieren veil.
omsluiten enclose; *door land omsloten haven*, land-locked harbour.
omsmelten melt down.
omsmijten knock down.
omspannen span; rope off.
omspitten dig up.
omspoelen rinse.
omspoelen wash.
omspringen jump about; *met iem.* (*iets*) *weten om te springen*, know how to manage a p. (s.th.).
omstander bystander.
omstandig I *bn* detailed, circumstantial. **II** *bw* in detail. ▼—**heid** circumstance; *in* (*onder*) *de gegeven omstandigheden*, in (under) the circumstances, *in gunstige omstandigheden verkeren*, be in favourable circumstances; *naar omstandigheden redelijk wel*, fairly well all things considered; *naar omstandigheden handelen*, act according to circumstances; *onder de druk der omstandigheden*, under pressure of circumstances; *onder de heersende omstandigheden*, in (under) the prevailing conditions (circumstances); *onder geen* —, on no account.
omstreden disputed, contested; *veel* —, vexed (question).
omstreeks about.
omstreken surroundings, neighbourhood.
omstrengelen enlace, entwine.
omstuwen crowd round.
omtobben: *ik heb heel wat met hem omgetobd*, I have had a lot of trouble with him.
omtoveren transform by magic, metamorphose.
omtrek outline; (*v. cirkel*) circumference; (*v. veelhoek*) perimeter; (*buurt*) neighbourhood, vicinity; *in* —, in circumference; *in de* —, in the neighbourhood; *mijlen in de* —, for miles around.
omtrent about; *of daar* —, or thereabouts.
omtuimelen tumble down.
omvallen fall over; *van verbazing*, be struck all of a heap; *ik val om van* (*moeheid, slaap,*

enz.), I'm ready to drop with ...
omvang (*v. ding*) size; (*v. lichaam, boom*) girth; (*v. schade*) extent; (*v. stem*) range; (*v. borstkas*) width; (*v. taak*) magnitude; *het had zulk 'n* — *aangenomen*, it had assumed such proportions. ▼—**rijk** extensive, bulky. ▼—**rijkheid** extensiveness.
omvaren circumnavigate, sail round.
omvatten enclose; (*fig.*) include, comprise.
omver down, over. ▼—**gooien** overthrow, upset (a theory). ▼—**praten:** *iem.* —, talk a p. down. ▼—**werping** (*fig.*) overthrow.
omvlechten entwine.
omvliegen fly round; (*v. tijd*) fly (by).
omvorm/en remodel, transform. ▼—**ing** remodelling, transformation.
omvouwen fold down, double.
omwaaien blow down.
omwass/en wash up. ▼—**er** dishwasher.
omweg roundabout way, detour; *zonder* —*en*, point-blank; straight out.
omwenden turn (round).
omwentelen revolve. ▼**omwenteling** revolution. ▼—**sas** axis of rotation. ▼—**ssnelheid** velocity of rotation.
omwerken refashion; (*boek*) rewrite; (*grond*) dig up.
omwinden wind round, wrap up.
omwissel/en change. ▼—**ing** change.
ómwoelen (*grond*) root up, churn up.
omwonend neighbouring; —*en*, neighbours.
omzagen saw down.
omzendbrief circular letter.
omzet sales, turnover; *kleine winst, grote* —, small profits, quick returns; *een vlugge* — *vinden*, sell readily. ▼—**belasting** purchase tax. ▼—**premie** turnover premium.
omzett/en (*meubels*) shift; (*letters*) transpose; (*motor*) reverse; *in geld* —, convert into money; *duizenden tonnen per jaar* —, handle thousands of tons annually; *de hoek komen* —, come running round the corner. ▼—**ing** shifting; transposition; reversal; conversion.
omzichtig cautious, wary. ▼—**heid** cautiousness.
omzien look back; look out (for work).
ómzomen hem.
omzómen border.
omzwaai sudden change; (*bij verkiezing, enz.*) swing, swing-over. ▼—**en** swing round; (*v. studie, beroep*) change over, switch over.
omzwachtelen bandage, swathe.
omzwerv/en wander, roam. ▼—**ing** wandering, ramble.
onaandachtig inattentive. ▼—**heid** inattention.
onaandoenlijk stolid. ▼—**heid** stolidity.
onaangedaan unmoved.
onaangekondigd unannounced.
onaangenaam unpleasant, disagreeable; — *aandoen*, jar (upon a p.); *'t stemde hem* —, it annoyed him. ▼—**heid** ... ness; *onaangenaamheden krijgen door*, get into trouble over (s.th.); *onaangenaamheden krijgen met iem.*, fall out with a p.
onaangepast maladjusted.
onaangetast unaffected (honour, position, health); intact (capital).
onaannemelijk (*v. voorstel*) unacceptable; (*onwaarschijnlijk*) unlikely. ▼—**heid** ...ness; unlikeliness.
onaantastbaar unassailable.
onaantrekkelijk unattractive.
onaanvechtbaar indisputable.
onaanzienlijk inconsiderable, insignificant; humble (birth). ▼—**heid** insignificance; humbleness.
onaardig unpleasant, unkind; *niet* —, not bad. ▼—**heid** unkindness.
onachtzaam inattentive, careless. ▼—**heid** inattention, carelessness.
onafgebroken continuous, unbroken.
onafgedaan unfinished; (*v. schuld*) unpaid.
onafgehaald unclaimed.
onafgelost unpaid.

onafgemaakt unfinished.
onafgewerkt unfinished.
onafhankelijk independent (of). ▼—**heid**
independence. ▼—**heidsdag** i. day.
onafscheid/baar inseparable. ▼—**baarheid**
inseparability. ▼—**elijk** inseparable.
onafwendbaar inevitable. ▼—**heid**
inevitability.
onafwijsbaar imperative.
onafzetbaar irremovable.
onafzienbaar vast, immense.
onappetijtelijk unappetizing.
onartistiek inartistic.
onattent inattentive; (onhoffelijk)
inconsiderate. ▼—**heid** inattention;
inconsideration.
onbaatzuchtig disinterested, unselfish.
▼—**heid** ... ness.
onbarmhartig merciless. ▼—**heid** ... ness.
onbeantwoord unanswered (letter);
unrequited (love).
onbedaarlijk uncontrollable.
onbedacht(zaam) thoughtless, rash.
▼—**heid** ... ness.
onbedekt uncovered, bare.
onbedenkelijk: niet —, rather serious.
onbedorven unspoiled, unsophisticated.
▼—**heid** innocence.
onbedreigd (sp.) unchallenged; — winnen,
have an easy win, win hands down.
onbedreven unskilful, unskilled. ▼—**heid**
unskilfulness, inexperience.
onbeducht undaunted, fearless.
onbeduidend insignificant (man); trivial
(reason); trifling (sum). ▼—**heid**
insignificance, triviality.
onbedwingbaar uncontrollable.
onbegaanbaar impassable.
onbegonnen: een — werk, a hopeless task.
onbegrensd unlimited.
onbegrijpelijk incomprehensible (word); dull
(boy). ▼—**heid** incomprehensibility; dullness.
onbehaaglijk unpleasant, ill at ease; —
gevoel, uncomfortable feeling. ▼—**heid**
unpleasantness, discomfort.
onbeheerd ownerless; — staand, unattended.
onbeheerst violent.
onbeholpen awkward. ▼—**heid** a.ness.
onbehoorlijk improper, unseemly. ▼—**heid**
impropriety.
onbehouwen (stam) unhewn; (fig.) (meubel)
unwieldy; (mens) unmannerly. ▼—**heid**
unmannerliness.
onbehuisd homeless.
onbehulpzaam unhelpful.
onbekend unknown; — maakt onbemind, u.,
unloved; ik ben hier —, I am a stranger here; —
met, ignorant of (a thing). ▼—**e** (pers.)
stranger; (wisk.) unknown. ▼—**heid**
obscurity; unacquaintedness, ignorance (of).
onbekommerd unconcerned; care-free.
onbekookt wild, ill-considered, rash. ▼—**heid**
... ness.
onbekrompen (royaal) unstinted; (v. geest)
open-minded; — leven, live comfortably.
▼—**heid** liberality.
onbekwaam unable, incapable. ▼—**heid**
inability, incapacity.
onbelangrijk unimportant, insignificant.
▼—**heid** unimportance, insignificance.
onbelast unburdened, unloaded; (v. huis,
land) unencumbered; (zonder belasting)
untaxed; duty-free.
onbeleefd impolite. ▼—**heid** impoliteness.
onbelemmerd unobstructed, unimpeded.
onbelezen illiterate.
onbeloond unrewarded.
onbemand unmanned.
onbemiddeld impecunious.
onbemind unpopular. ▼—**heid** unpopularity.
onbenullig trivial (reason); vapid (person).
▼—**heid** triviality; vapidity.
onbepaalbaar indeterminable. ▼**onbepaald**
indefinite; voor — e tijd, indefinitely. ▼—**heid**
... ness.
onbeperkt unlimited, unrestricted; —

vertrouwen, implicit faith.
onbeproefd untried.
onberaden ill-advised. ▼—**heid** ... ness.
onbereikbaar inaccessible; (fig.)
unattainable.
onbereken/baar incalculable; (v. pers.)
unpredictable. ▼—**d** unequal (to).
onberijdbaar impassable.
onberispelijk irreproachable, faultless.
▼—**heid** ... ness.
onberoerd unperturbed, unaffected.
onbeschaafd ill-bred; (v. volk) uncivilized.
▼—**heid** ill-breeding; lack of civilization.
onbeschaamd insolent, impudent. ▼—**heid**
insolence, impudence.
onbeschadigd undamaged.
onbescheiden immodest, indiscreet. ▼—**heid**
immodesty, indiscretion.
onbeschoft impudent. ▼—**heid** impudence.
onbeschreven blank (paper); unwritten
(law).
onbeschrijfelijk indescribable.
onbeschroomd unabashed.
onbeschut unsheltered, exposed.
onbeslapen not slept in.
onbeslecht, onbeslist undecided; de
wedstrijd eindigde —, the match ended in a
draw.
onbesmet undefiled; unsullied (honour).
onbespeelbaar unplayable.
onbespied unobserved.
onbesproken undiscussed; (plaats)
unreserved; (gedrag) blameless; iets — laten,
pass s.th. over.
onbestaanbaar impossible; — met,
incompatible with. ▼—**heid** incompatibility.
onbestelbaar undeliverable, dead (letter);
indien —, gelieve terug te zenden aan..., if
undelivered, please return to ...
onbestemd(heid) vague(ness).
onbestendig (v. weer) unsettled; (v. geluk,
liefde) inconstant. ▼—**heid** unsettled state,
inconstancy.
onbestorven (vlees) fresh; — weduwe,
(-naar), grass widow (widower).
onbestuurbaar unmanageable, out of control.
onbesuisd rash, reckless. ▼—**heid** ... ness.
onbetaalbaar (schuld) unpayable; (prijs)
prohibitive; (dienst) invaluable; (grap)
priceless.
onbetamelijk improper, unseemly. ▼—**heid**
impropriety, unseemliness.
onbetreurd unlamented.
onbetrouwbaar unreliable, not to be trusted;
(fam.) shady; een — sujet, a shady character;
hij is door en door —, he is utterly
untrustworthy. ▼—**heid** unreliability.
onbetuigd: zich niet — laten, 1 keep one's
end up; 2 be quick to respond (retaliate); (aan
tafel) do justice to a meal.
onbetwist undisputed. ▼—**baar** indisputable.
onbevaarbaar unnavigable. ▼—**heid** ... ness.
onbevangen unprejudiced, open-minded;
(vrijmoedig) unconcerned; geheel — staan
tegenover iets, have a completely open mind
on s.th. ▼—**heid** open-mindedness,
detachment; unconcern(edness).
onbevattelijk (pers.) dense; (zaak)
incomprehensible. ▼—**heid** d.ness;
incomprehensibility.
onbevlekt unstained; de — e ontvangenis, the
Immaculate Conception.
onbevoegd incompetent, unqualified; geen
toegang voor —en, no admittance for
unauthorized persons. ▼—**heid**
incompetence; having no authority.
onbevolkt unpopulated.
onbevooroordeeld unprejudiced.
onbevredigend unsatisfactory.
onbevreesd fearless. ▼—**heid** fearlessness.
onbewaakt unguarded; —e overweg, u. level
crossing.
onbeweeglijk motionless.
onbewerkt unmanufactured, raw (material);
undressed (leather); (onversierd) plain.
onbewijsbaar unprovable.

onbewimpeld frank.
onbewogen unmoved, (*gezicht*) deadpan.
onbewolkt cloudless.
onbewoon/baar uninhabitable; — *verklaren*, condemn. ▼—**d** uninhabited, unoccupied, untenanted; — *eiland*, desert island.
onbewust unconscious. ▼—**heid** unconsciousness.
onbezet vacant, unoccupied.
onbezield inanimate.
onbezoedeld undefiled.
onbezoldigd unpaid; — *rijksveldwachter*, special constable; — *secretaris*, honorary secretary.
onbezonnen rash. ▼—**heid** rashness.
onbezorgd undelivered (letter); care-free (life); — *achterblijven*, be left unprovided for. ▼—**heid** lightheartedness.
onbezwaard clear.
onbezweken unshaken (faith).
onbillijk unjust, unfair. ▼—**heid** injustice, unfairness.
onblusbaar unquenchable.
onbrandbaar uninflammable.
onbreekbaar unbreakable.
onbruik disuse; *in* — *geraken*, go out of use. ▼—**baar** useless; (*v. weg*) impracticable. ▼—**baarheid** u.ness; impracticability.
onbuig/baar inflexible. ▼—**baarheid** inflexibility. ▼—**zaam** inflexible; (*fig. ook*) unbending, uncompromising. ▼—**zaamheid** inflexibility.
onchristelijk unchristian. ▼—**heid** u. conduct.
oncontroleerbaar unverifiable.
ondank ingratitude; *zijns* —*s*, in spite of him; — *is 's werelds loon*, i. is the way of the world. ▼—**baar** ungrateful. ▼—**baarheid** ingratitude.
ondanks in spite of.
ondeelbaar indivisible; — *getal*, prime number.
ondegelijk unsound, unsubstantial.
ondekbaar — *mat*, forced mate.
onder I *vz* **1** (*lett. & fig.*) under, beneath; (*lett.*) underneath; *van* — *zijn stoel*, from under(neath) his chair; (*een poort*) *door*, under(neath); *ik heb de stukken* — *mij*, I have the documents in my keeping; *dat kan ik niet* — *mij laten*, I can't put up with that; **2** (*tussen*) among; amid(st); — *gejuich*, amid(st) cheers; — *vrienden*, among friends; — *vijanden*, amid(st) enemies; (*we zijn*) — *ons*, among ourselves; — *ons gezegd*, between ourselves; *'t moet* — *ons blijven*, it must not go any further; **3** (*tijdens*) during; — *'t eten*, at dinner, during meals; — *een kopje koffie*, over a cup of coffee; — *kantoortijd*, during business hours; — *de modder zitten*, be covered with mud. **II** *bw* **onder**; *de zon is* —, the sun is set; *er*—, underneath; *hoe was zij er* —?, how did she take it?; *naar* —(*en*), down; *van* —(*en*), underneath, (*richting*) from below; *2e regel van* —(*en*), second line from (the) bottom; *van* —(*en*) *op beginnen*, (*fig.*) start from scratch; *van* —(*en*) *naar boven*, from the bottom upward(s); *ten* — *brengen*, conquer, submit.
onder/aan at the foot of. ▼—**aards** subterranean, underground. ▼—**afdeling** subdivision. ▼—**arm** fore-arm. ▼—**betaald** underpaid. ▼—**bevelhebber** second in command. ▼—**bewust(zijn)** subconscious(ness). ▼—**bouw** substructure. (*v. spoorw.*) road-bed.
onder/breken interrupt. ▼—**breking** break, interruption.
onderbrengen lodge, house; shelter (fugitives); harbour (criminals); (*bij een soort of groep*) class (under); *zich nergens laten* —, fit in nowhere.
onder/broek (*man*) pants, (*vrouw*) knickers. ▼—**buik** abdomen. ▼—**buren** downstairs neighbours. ▼—**daan** subject; *onderdanen*, (*ook*) nationals; (*benen*) pins. ▼—**dak** shelter, accommodation; — *verschaffen*,

accommodate.
onderdanig submissive. ▼—**heid** s.ness.
onder/deel part; (*onderste*) lower part; (*v. leger*) unit; (*v. seconde*) fraction; *in een* — *van een seconde*, (*ook*) in a split second. ▼—**deks** under deck. ▼—**delen** (*v. machine*) parts, accessories; *reserve*—, spare parts. ▼—**directeur** sub-manager; (*v. school*) senior master (mistress), assistant headmaster (mistress).
onderdoen (*v. schaatsen*) tie on; *niet* — *voor*, not be inferior to, hold one's own with; *zij doen niet voor elkaar onder*, they are well-matched; *voor niemand* —, be second to none.
onderdompel/en immerse. ▼—**ing** immersion.
onderdoor under, underneath. ▼—**gaan**: *de zwakke studenten gaan er onderdoor*, weak students go to the wall. ▼—**gang** subway, (*onder weg*) underpass.
onderdrukk/en (*volk*) oppress; (*gevoel*) suppress; (*opstand*) crush; (*lachen, geeuw, schandaal, discussie*) stifle, smother; (*woede, teleurstelling*) fight down; (*tranen, snik*) choke back; *niet te* —, irrepressible. ▼—**er** oppressor. ▼—**ing** oppression.
onderduik/en go underground, dive, take a header; (*tijdens bezetting*) go into hiding. ▼—**er** person in hiding.
onderduwen push under.
ondereinde lower end.
onder/gaan go down, perish; (*zon*) set. ▼—**gaan** undergo (change, operation); endure (misery); serve (a term of imprisonment); suffer (humiliation); *iem. een verhoor doen* —, put a p. through an examination. ▼—**gang** (*v. zon*) setting; (*fig.*) (down)fall; *de* — *der wereld*, the end of the world; *dat was zijn* —, that was his undoing.
ondergeschikt subordinate, inferior (to); *een* — *e rol spelen*, (*fig.*) play second fiddle; *van* — *belang*, of minor importance; — *maken*, subordinate (to). ▼—**e** subordinate, inferior. ▼—**heid** subordination.
onder/getekende (*de*) —, the undersigned; (*scherts.*) yours truly. ▼—**goed** underclothing. ▼—**graven** undermine.
onder/grond sub-soil; (*op een witte*) —, ... (back)ground; (*fig.*) foundation. ▼—**gronds** *de* —*e* (*spoorweg*), the underground (railway), (*Am.*) subway; *de* —*e beweging*, the resistance movement.
onder/handelaar negotiator. ▼—**handelen** negotiate. ▼—**handeling** negotiation; — *aanknopen*, enter into negotiations.
onder/hands secret (treaty); private (sale); underhand (dealings). ▼—**havig**: *'t* —*e geval*, the present case. ▼—**hevig**: — *aan*, liable to, subject to; *aan twijfel* —, open to question.
onderhorig dependent. ▼—**e** subordinate. ▼—**heid** dependence.
onder/houd (*v. ding*) maintenance, upkeep; (*v. pers.*) maintenance, keep; (*gesprek*) interview; *in eigen* — *voorzien*, support o.s., pay for one's keep. ▼—**houden** keep under. ▼—**houden** keep in repair (house, road); keep up (correspondence, studies); maintain (service, relations with a p.); support (a family); (*aangenaam*) — entertain; *goed* — *wegen*, well-kept roads; (*het huis*) *is goed* (*slecht*) —, is in good (bad) repair; *iem. over iets* —, take a p. to task for s.th.; *zich met iem.* —, converse with a p. ▼—**houdend** entertaining. ▼—**houdskosten** cost of maintenance. ▼—**houdsman** maintenance man. ▼—**houdspersoneel** (*vliegtuig*) maintenance crew.
onderhuids subcutaneous; —*e inspuiting*, hypodermic (injection).
onder/huren sub-rent. ▼—**huur** subtenancy. ▼—**huurder** subtenant.
onderin at the bottom.
onder/jurk petticoat. ▼—**kaak** lower jaw. ▼—**kant** bottom.
onderkennen 1 distinguish; **2** recognize.
onder/kin double chin. ▼—**kleren** underwear.

▼—komen zn shelter. **▼—koning** viceroy.
onderkrijgen: *iem. er —,* make a p. toe the line, make a p. knuckle down, get the better of (a p. etc.).
onderkruip/en undercut; (*bij staking*) rat, scab. **▼—er** undercutter; (*bij staking*) blackleg, scab.
onder/laag substratum, (*lett. & fig.*) foundation. **▼—laken** bottom sheet.
▼—langs along the bottom.
onderlegd: *goed — zijn in,* be well grounded in.
onderlegger blotting-pad; (*onder matras*) underlay; (*onder rails*) girder.
onderliggen lie under; (*fig.*) get the worst of it; *de —de partij,* the underdog.
onderlijf lower part of the body.
onderling mutual (consent); relative (position); *— wedstrijd,* inter-club contest; *— beraadslagen,* consult together; *— verdeeld zijn,* be divided among themselves.
onderlip lower lip.
onder/lopen be flooded (swamped).
▼—mijnen undermine.
onderminister undersecretary (of state).
ondernem/en undertake. **▼—end** enterprising. **▼—er** (*in zaken*) entrepreneur; (*in bouwvakken*) contractor. **▼—ing** undertaking; (*bedrijf*) concern.
▼—ingsbelasting trade tax. **▼—ingsraad** works council, industrial council.
▼—ingswinst employers' profits.
onder/officier non-commissioned officer.
▼—onsje family party; (*ongunstig*) clique.
onder/pacht sub-lease. **▼—pachter** sub-lessee. **▼—pand** pledge, security.
▼—produktie under-production.
▼—regenen be flooded by rains.
onderricht instruction. **▼—en** instruct.
onderrok petticoat.
onderschatt/en underrate. **▼—ing** underestimation.
onderscheid difference; (*'t maken v. —*), distinction; *jaren des —s,* years of discretion; *— maken tussen,* make a distinction between, distinguish between; *dat maakt geen —,* that makes no difference; *allen zonder —,* all and sundry. **▼—en I** *ww* distinguish, discern; *je kunt ze niet van elkaar —,* you can't tell them apart; *zich —,* distinguish o.s.; *niet te — van,* indistinguishable from. **II** *bn* different, distinct (from); (*verscheiden*) several; (*allerlei*) various. **▼—enlijk** respectively.
▼—ing distinction. **▼—ingsvermogen** discrimination. **▼—ingsteken** badge.
onderschepp/en intercept. **▼—ing** interception. **▼—ingsvliegtuig** interceptor.
onder/schrift subscription; (*v. film, enz.*) caption. **▼—schrijven** (*fig.*) endorse.
ondershands privately.
onderspit: *'t — delven,* get the worst of it.
onderst lowest, bottom (the b. shelf).
onderstaand subjoined.
onderstand relief, assistance.
ondersteboven upside down; *— halen,* turn upside down; *— gooien,* overthrow, upset.
onderstel under-carriage.
onderstell/en suppose. **▼—ing** supposition.
ondersteun/en support; (*armen*) relieve.
▼—ing support; relief. **▼—ingsfonds, -kas** relief-fund; (*bij staking*) strike-fund.
onderstrep/en underline. **▼—ing** underlining.
onder/stuk bottom piece. **▼—stuur(d)** understeer(ed). **▼—tand** lower tooth.
onderteken/aar signer; (*v. verdrag*) signatory. **▼—en** sign. **▼—ing** signature; (*het ondertekenen*) signing.
ondertitel sub-title, sub-heading.
ondertrouw publication of the banns; *zij zijn in —,* they have had the banns published.
▼—en have the banns published.
ondertussen meanwhile; (*toch*) yet.
onderuit from below; *ergens — proberen te komen,* (*fig.*) try to get away with it; *daar kan je niet —,* you are in duty (in honour) bound to do that.

onder/vangen (*gevaar, moeilijkheid*) remove; (*bezwaren*) meet. **▼—verhuren** sublet.
ondervind/en experience, meet with. **▼—ing** experience; *spreken uit —,* speak from e.
ondervoed/en underfeed. **▼—ing** under-nourishment.
ondervoorzitter deputy-chairman, vice-president.
onder/vragen question, examine. **▼—vrager** questioner, examiner. **▼—vraging** interrogation, examination.
onderwater/fotografie underwater photography. **▼—sport** underwater sports.
onder/weg on the way; *— zijn,* head (make) for. **▼—wereld** underworld.
onderwerp subject, topic; *nu we het toch over dat — hebben,* since we are on the subject; *blijf bij het —,* stick to the point. **▼—en** subject (to), submit (to); *zich — aan,* submit to; (*aan zijn lot*) resign o.s. to (one's fate); *zich aan een examen —,* go in (present o.s.) for an examination. **▼—ing** subjection; submission; resignation.
onderwijl meanwhile.
onderwijs education, instruction; *schriftelijk —,* tuition by correspondence; *— geven,* teach; *bijzonder, hoger, lager, middelbaar —,* denominational, higher, primary, secondary education; *bij 't — zijn,* be a teacher.
▼—inrichting educational establishment.
▼—leerpakket learning package, learning materials kit. **▼—methode** method of teaching. **▼—programma** educational programme. **▼onderwijz/en** teach. **▼—end:** *— personeel,* teaching staff. **▼—er** (*school*) teacher. **▼—eres** (woman) teacher.
onderworpen subject (people); submissive (attitude); *— aan,* subject to. **▼—heid** submissiveness; resignation.
onderzee/boot, —ër submarine; *— met kernaandrijving,* nuclear (powered) s. **▼—s** submarine.
onderzoek inquiry, examination, investigation, check-up; (*chem.*) analysis; (*v. land*) exploration; (*wetensch.*) research; (*bloed—*) test; *geneeskundig —,* medical examination; *een — instellen,* make inquiries (look) into a matter; *een gerechtelijk — instellen naar,* hold a judicial i. into; (*de zaak*) *is in —,* is under investigation; *zonder nader — aanvaarden,* accept s.th. at its face value; *bij (nader) —,* upon (closer) examination. **▼—en** search (a house); look into (a matter); examine, investigate; (*chem.*) analyse; (*wetensch.*) research, make researches into; *— op,* test for. **▼—er** examiner; investigator; (*wetensch.*) researcher; (*chem.*) analyst; (*mijnbouw*) prospector. **▼—ing** *zie* onderzoek. **▼—ingstocht** exploring expedition.
ondeskundig inexpert. **▼—heid** inexpertness.
ondeugd vice; (*pers.*) rogue. **▼—elijk** unsound.
ondeugend naughty. **▼—heid** naughtiness.
ondienst bad turn. **▼—ig** useless.
ondiep shallow. **▼—te** shallow, shoal.
ondier monster.
onding absurdity; (*prul*) trash.
ondoelmatig inexpedient. **▼—heid** inexpediency. **▼ondoeltreffend(heid)** ineffective(ness).
ondoenlijk unfeasible; *dat is —,* that can't be done.
ondoordacht(heid) thoughtless(ness).
ondoordringbaar impenetrable. **▼—heid** impenetrability.
ondoorgrondelijk inscrutable. **▼—heid** inscrutability.
ondoorschijnend opaque. **▼—heid** opacity.
ondoorzichtig untransparent. **▼—heid** intransparancy.
ondraaglijk unbearable. **▼—heid** u.ness.
ondubbelzinnig unequivocal. **▼—heid** u.ness.
onduidelijk indistinct; (*v. betekenis*) obscure. **▼—heid** indistinctness; obscurity.

ondulatie wave.
onduldbaar unbearable. ▼—**heid** u.ness.
onduleren wave (hair).
onecht not genuine; spurious, false, counterfeit, meretricious (charm); illegitimate (child). ▼—**heid** spuriousness; illegitimacy.
onedel ignoble, base.
onedelmoedig ungenerous. ▼—**heid** u.ness.
oneens 't — zijn met, disagree with; hij was 't met zichzelf —, he was unable to make up his mind.
oneensgezind disunited. ▼—**heid** disunion, dissension.
oneer dishonour, disgrace.
oneerbaar indecent. ▼—**heid** indecency.
oneerbiedig disrespectful. ▼—**heid** disrespect.
oneerlijk dishonest, unfair. ▼—**heid** dishonesty.
oneervol dishonourable; — ontslaan, discharge ignominiously; — ontslag, ignominious dismissal.
oneetbaar uneatable. ▼—**heid** uneatableness.
oneffen uneven, rough. ▼—**heid** ...ness.
oneigenlijk figurative; —e breuk, improper fraction.
oneindig infinite; tot in 't —e, indefinitely. ▼—**heid** infinity.
on-Engels un-English.
onenig at variance. ▼—**heid** discord; — stichten, sow discord; — krijgen, fall out.
onervaren inexperienced. ▼—**heid** inexperience.
oneven odd.
onevenredig disproportionate. ▼—**heid** disproportion.
onevenwichtig unbalanced. ▼—**heid** lack of balance.
onfatsoenlijk indecent. ▼—**heid** indecency.
onfeilbaar infallible, fool-proof, (Am.) sure-fire. ▼—**heid** infallibility.
onfris stale, stuffy.
ongaar underdone.
ongaarne unwillingly, reluctantly.
ongastvrij inhospitable.
ongeacht vz in spite of; — de kosten, irrespective of cost.
ongeanimeerd lifeless, dull.
ongebaand pathless, untracked.
ongeblust unquenched; —e kalk, unslaked lime, quicklime.
ongeboeid unfettered; (fig.) uninterested.
ongeboekt unentered.
ongebonden unbound (book); (fig.) free (life); (losbandig) dissolute. ▼—**heid** dissoluteness.
ongeboren unborn.
ongebrand unroasted (coffee).
ongebreideld unbridled.
ongebruikelijk unusual.
ongebruikt unused; de tijd — laten voorbijgaan, let the time slip by.
ongebuild unbolted.
ongecompliceerd simple.
ongedaan undone; — maken, undo, (contract, enz.) cancel.
ongedacht unexpected.
ongedateerd undated.
ongedeerd unhurt.
ongedekt (lett. en v. vordering) uncovered; (v. crediteur) unsecured; (v. lening) fiduciary; —e cheque, bouncing cheque.
ongedienstig disobliging.
ongedierte vermin; vol —, verminous.
ongeduld impatience. ▼—**ig** impatient (at).
ongedurig fidgety, restless. ▼—**heid** restlessness.
ongedwongen unconstrained, natural, easy. ▼—**heid** unconstraint; ease of manner.
ongeëvenaard unequalled, matchless.
ongefortuneerd without means.
ongefrankeerd (brief) unpaid; (envelop) unstamped; — verzenden, send carriage forward.
ongegeneerd informal; off-hand. ▼—**heid** free and easy way(s).

ongegrond unfounded. ▼—**heid** u.ness.
ongehinderd unhindered, unhampered.
ongehoord unheard; (fig.) unprecedented, unheard-of.
ongehoorzaam disobedient. ▼—**heid** disobedience.
ongehuicheld unfeigned.
ongehuwd unmarried; —e moeder, unmarried mother; —e staat, u. state.
ongekend unprecedented.
ongekleed undressed.
ongekookt unboiled, raw.
ongekroond uncrowned.
ongekunsteld artless, unaffected. ▼—**heid** artlessness.
ongeladen (schip) unloaded, unladen; (wapen) unloaded; (elektr.) uncharged.
ongeldig invalid; — maken, invalidate; — verklaren, declare (null and) void. ▼—**heid** invalidity. ▼—**verklaring** nullification.
ongeleerd unlearned.
ongelegen inconvenient; 't komt mij —, it is i. to me; kom ik u —?, am I intruding?; hij kwam —, he came at an i. moment. ▼—**heid** inconvenience; in — brengen, inconvenience.
ongeletterd unlettered, ignorant.
ongelijk I bn (verschillend) unequal (height); unlike, dissimilar (characters); dat is —, that varies. II zn wrong; iem. — aandoen, wrong a p.; — bekennen, admit o.s. in the w.; iem. — geven, in 't — stellen, put a p. in the w.; — hebben, be (in the) w. ▼—**heid** inequality, disparity. ▼—**matig** unequal, uneven. ▼—**matigheid** inequality, unevenness. ▼—**soortig** heterogeneous. ▼—**soortigheid** heterogeneity.
ongelikt unlicked; —e beer, u. cub.
ongelimiteerd unlimited.
ongelofelijk incredible. ▼—**heid** incredibility.
ongelogen bw actually.
ongeloof unbelief. ▼—**waardig** incredible. ▼**ongelovig** (godsd.) unbelieving, (anders) incredulous. ▼—**e** unbeliever. ▼—**heid** incredulity.
ongeluk (gemoedstoestand) unhappiness; (tegenspoed) misfortune; (ongeval) accident; (mispunt) rotter; een — komt nooit alleen, misfortunes never come singly; een — zit in een klein hoekje, accidents soon happen; geen — zo groot of er is een gelukje bij, it is an ill wind that blows nobody (any) good; een — aan iem. begaan, do a p. an injury; zich een — eten, eat till one is ready to burst; 'n — hebben, krijgen, have (meet with) an accident; 't — wilde, as ill (-) luck would have it; bij (per) —, by accident, accidentally. ▼—**je** mishap. ▼**ongelukkig** (v. gevoel) unhappy; (rampspoedig) unfortunate; (door pech) unlucky; —e liefde, unhappy love-affair. ▼—**e** wretch; (gebrekkige) cripple. ▼—**erwijs** unfortunately. ▼**ongeluks/bode** bearer of bad news. ▼—**dag** unlucky day. ▼—**getal**, —**nummer** unlucky number. ▼—**vogel** unlucky person.
ongemak discomfort, inconvenience; (euvel) trouble. ▼—**kelijk** uneasy, uncomfortable; difficult (man); (ongelegen) inconvenient.
ongemanierd unmannerly. ▼—**heid** unmannerliness.
ongemeen uncommon.
ongemerkt I bn unperceived. II bw without being perceived, imperceptibly.
ongemeubileerd unfurnished.
ongemoeid undisturbed.
ongemotiveerd unwarranted.
ongemunt uncoined; — metaal, bullion.
ongenaakbaar unapproachable.
ongenade disgrace; in — vallen bij iem., fall into d. with a p. ▼—**ig** merciless.
ongeneeslijk incurable. ▼—**heid** incurability.
ongenegen disinclined, unwilling.
ongeneigd zie ongenegen. ▼—**heid** disinclination.
ongenietbaar indigestible; (pers.) disagreeable.
ongenoegen displeasure; — hebben, be at

variance (with); — *krijgen*, fall out.

ongenodigd, ongenood uninvited; —*e gast,* (*sl.*) (gate-)crasher.

ongeoefend untrained. ▼—**heid** lack of training, inexperience.

ongeoorloofd unlawful, illicit.

ongeordend unarranged, disorderly.

ongeorganiseerd unorganized; —*e arbeiders,* non-unionists, non-unionist workers.

ongepast improper, unbecoming. ▼—**heid** impropriety.

ongepeld unhusked.

ongerechtigheid iniquity; '*n poel van —,* a cesspool of vice, sink of iniquity.

ongereed unready; *in 't ongerede raken,* get lost; get out of order; *in 't ongerede brengen,* disable; derange (plans).

ongeregeld irregular (times); disorderly (life); desultory (study); *op —e tijden, ook:* at odd times; —*e goederen,* unassorted goods; —*e klant,* chance customer. ▼—**heid** irregularity. ▼—**heden** riots.

ongerekend exclusive of, apart from.

ongerept virgin (woods); unspoilt (beauty); (*v. kapitaal*) intact.

ongerief inconvenience. ▼—**elijk** inconvenient. ▼—**elijkheid** inconvenience.

ongerijmd absurd; *bewijs uit 't —e,* indirect demonstration. ▼—**heid** absurdity.

ongerust uneasy, anxious; *zich — maken,* worry (about). ▼—**heid** uneasiness, anxiety.

ongeschikt unsuitable (moment); unfit (for s.th.); (*onbekwaam*) inefficient; — *maken voor,* render unfit for; — *verklaren,* pronounce unfit; disqualify. ▼—**heid** unfitness, inefficiency.

ongeschild unpared, unpeeled.

ongeschonden undamaged.

ongeschoold untrained, unskilled; —*e arbeid,* unskilled labour; —*e arbeider,* unskilled labourer.

ongeschoren unshaved.

ongeschreven unwritten.

ongestadig inconstant. ▼—**heid** inconstancy.

ongesteld unwell, indisposed. ▼—**heid** indisposition.

ongestoord undisturbed.

ongestraft unpunished. ▼—**heid** impunity.

ongestudeerd unlettered.

ongetekend unsigned, anonymous.

ongetrouwd unmarried, single.

ongetwijfeld I *bn* undoubted. II *bw* undoubtedly, doubtless.

ongeval accident. ▼—**lenverzekering** a. insurance. ▼—**lenwet** Employers' Liability Act, Workmen's Compensation Act.

ongeveer about, roughly.

ongeveinsd unfeigned. ▼—**heid** sincerity.

ongevoelig unfeeling, callous; — *voor,* insensible to. ▼—**heid** insensibility, callousness.

ongevraagd (*gast*) unasked; (*raad*) uncalled-for.

ongewapend unarmed.

ongewend unaccustomed.

ongewenst undesirable.

ongewerveld invertibrate.

ongewettigd unauthorized, illegitimate.

ongewijd (*v. aarde*) unconsecrated; (*v. priester*) unordained.

ongewijzigd unaltered.

ongewild (*onopzettelijk*) unintentional; (*waren*) not in demand.

ongewillig unwilling.

ongewis uncertain. ▼—**heid** uncertainty.

ongewoon unusual. ▼—**heid** unusualness, novelty. ▼**ongewoonte** lack of practice.

ongezegeld unstamped.

ongezeglijk unbiddable. ▼—**heid** unruly conduct.

ongezellig unsociable (man); cheerless (room).

ongezond unhealthy (man, climate); unwholesome (food). ▼—**heid** unhealthiness, unwholesomeness.

ongezouten unsalted; *ik zei hem — de*

waarheid, I gave him a piece of my mind.

ongodsdienstig irreligious. ▼—**heid** irreligion.

ongrijpbaar elusive.

ongrondwettig unconstitutional. ▼—**heid** unconstitutionality.

ongunst disfavour.

ongunstig unfavourable; — *uitziend,* disreputable (man), forbidding (face); — *verleden,* bad record.

onguur unsavoury; sinister.

onhandelbaar unmanageable. ▼—**heid** ...ness.

onhandig clumsy, awkward. ▼—**heid** clumsiness.

onhartelijk unkind, cool. ▼—**heid** ...ness.

onhebbelijk rude, offensive. ▼—**heid** ...ness.

onheil evil, calamity; — *stichten,* make mischief. ▼—**spellend** ominous.

onherbergzaam inhospitable. ▼—**heid** inhospitality.

onherkenbaar unrecognizable.

onherroepelijk irrevocable. ▼—**heid** irrevocability.

onherstelbaar irreparable, irretrievable.

onheuglijk immemorial; *sedert —e tijden,* from time immemorial.

onheus, onhoffelijk discourteous, unkind, ungracious; *iem. — bejegenen,* snub a p. ▼—**heid** discourtesy.

onhoorbaar inaudible. ▼—**heid** inaudibility.

onhoudbaar untenable. ▼—**heid** untenability.

onhygiënisch unhygienic.

oningevuld blank, not filled in.

oningewijd uninitiated.

onjuist incorrect. ▼—**heid** i.ness; (*fout*) error.

onkenbaar unknowable.

onkerkelijk, onkerks unchurchly.

onkies indelicate. ▼—**heid** indelicacy.

onklaar out of order; — *raken,* be put out of action, (*fam.*) conk out.

onknap plain.

onkosten charges, expenses; *algemene —,* overhead e., overheads.

onkreukbaar (*v. stof*) uncrushable; (*fig.*) unimpeachable. ▼—**heid** integrity.

onkruid weeds; — *vergaat niet,* a bad sixpence always turns up. ▼—**verdelgingsmiddel** herbicide, weedkiller.

onkuis unchaste. ▼—**heid** unchastity.

onkunde ignorance. ▼**onkundig** ignorant.

onkwetsbaar invulnerable. ▼—**heid** invulnerability.

onlangs recently, the other day.

onledig; *zich — houden met,* be engaged in.

onleesbaar (*v. schrift*) illegible; (*v. roman*) unreadable. ▼—**heid** illegibility.

onlogisch illogical.

onloochenbaar undeniable.

onlusten riots.

onmaatschappelijk anti-social.

onmacht impotence; *in — vallen,* faint, swoon.▼—**ig** impotent; unable (to).

onmanlijk unmanly. ▼—**heid** unmanliness.

onmatig immoderate. ▼—**heid** ...ness.

onmededeelzaam uncommunicative.

onmeedogend ruthless, merciless.

onmeetbaar immeasurable; — *getal,* irrational number.

onmens brute. ▼**onmenselijk** inhuman. ▼—**heid** inhumanity.

onmerkbaar imperceptible.

onmetelijk immense. ▼—**heid** immensity.

onmethodisch unmethodical.

onmiddellijk I *bn* immediate. II *bw* immediately, at once, straight away.

onmin discord; *in — leven met,* be at variance with.

onmisbaar indispensable.

onmiskenbaar unmistakable.

onmogelijk I *bn* impossible. II *bw* not possibly; *een — vroeg uur,* an impossibly early hour. ▼—**heid** impossibility.

onmondig under age; — *houden,* keep in a state of tutelage. ▼—*e minor;* (*jur.*) infant. ▼—**heid** minority, tutelage.

onmuzikaal unmusical.
onnadenkend thoughtless. ▼—heid
thoughtlessness.
onnaspeurbaar inscrutable. ▼—heid
inscrutability.
onnatuurlijk unnatural, affected. ▼—heid
unnaturalness; affectation.
onnauwkeurig inaccurate. ▼—heid
inaccuracy.
onnavolgbaar inimitable.
onneembaar impregnable.
onnet (slordig) untidy; (onfatsoenlijk)
improper.
onnodig unnecessary, needless.
onnoemlijk countless (numbers);
inexpressible (sufferings); — veel geld, an
immense amount of money.
onnozel innocent (child); (gemakkelijk te
bedriegen) gullible; (onervaren) green; (dom)
stupid, silly; —e bloed, simpleton; zie je me
voor — aan?, do you take me for a sucker?
▼—heid innocence; gullibility; greenness;
stupidity, silliness; de vermoorde —, injured
innocence.
onnut I bn useless. II zn good-for-nothing.
onofficieel unofficial.
onomkoopbaar incorruptible. ▼—heid
incorruptibility.
onomstotelijk incontrovertible.
onomwonden plain.
onontbeerlijk indispensable.
onontgonnen uncultivated.
onontkoombaar inevitable.
onontvlambaar non-inflammable.
onontwarbaar inextricable.
onontwikkeld undeveloped; (pers.)
uneducated.
onooglijk unsightly.
onoordeelkundig injudicious.
onopgehelderd unexplained; unsolved
(murder).
onopgelost undissolved; (fig.) unsolved.
onopgemaakt (bed) unmade; (haar)
undressed; (hoed) untrimmed.
onopgemerkt unnoticed.
onopgesmukt unadorned, bald, sober (facts).
onopgevoed ill-bred.
onophoudelijk unceasing.
onoplettend inattentive. ▼—heid inattention.
onoplosbaar insoluble.
onoprecht insincere. ▼—heid insincerity.
onopzettelijk unintentional.
onordelijk disorderly.
onoverbrugbaar unbridgeable.
onoverdacht rash.
onoverdekt uncovered.
onovergankelijk intransitive.
onoverkomelijk insuperable.
onover/trefbaar unsurpassable. ▼—troffen
unsurpassed.
onoverwinlijk invincible.
onoverzichtelijk confused, obscure (style);
desultory, unmethodical, un-systematic
(arrangement). ▼—heid confusion;
desultoriness, lack of arrangement.
▼onoverzienbaar incalculable.
onpartijdig impartial. ▼—heid impartiality.
onpas: te —, out of season.
onpasselijk sick. ▼—heid sickness.
onpedagogisch unpedagogical.
onplezierig unpleasant.
onpraktisch unpractical.
onprodukt/ief unproductive. ▼—iviteit
u.ness.
onraad danger; — ruiken, scent danger, smell a
rat.
onrecht wrong, injustice; ten —e, wrongly;
iem. — aandoen, wrong a p. ▼—matig
unlawful, illegal; wrongful. ▼—vaardig
unjust. ▼—vaardigheid injustice.
onredelijk unreasonable. ▼—heid u.ness.
onregelmatig irregular; — gebouwd,
rambling. ▼—heid irregularity.
onrein unclean. ▼—heid uncleanness.
onridderlijk unchivalrous.
onroerend: —e goederen, immovables, real

estate.
onrust (in een land) unrest; (ongerustheid)
anxiety, uneasiness; (rusteloosheid)
restlessness. ▼—barend alarming. ▼—ig
restless; (v. slaap) uneasy, fitful; (opstandig)
turbulent. ▼—stoker firebrand.
ons I zn hectogram(me); (Eng.) ounce. II pers.
vnw us. III bez. vnw our.
onsamenhangend (v. taal) incoherent; (v.
zinnen) disconnected; scrappy (match).
▼—heid incoherence; scrappiness.
onschadelijk harmless; — maken, eliminate,
render h.; (doden) put (a p.) out of the way.
onschatbaar invaluable.
onscheidbaar inseparable.
onschendbaar inviolable; de Koning is —, the
King can do no wrong. ▼—heid immunity.
onschuld innocence; ik was mijn handen in —,
I wash my hands of i.; de beledigde —, injured
innocence. ▼—ig innocent (of); zo — als een
pasgeboren kind, as i. as a new-born babe.
onsmakelijk unsavoury, distasteful.
onsolide flimsy (material); unsound (firm).
onsportief (houding) unsporting,
unsportsmanlike.
onstabiel unstable. ▼onstabiliteit instability.
onstandvastig inconstant. ▼—heid
inconstancy.
onsterfelijk immortal. ▼—heid immortality.
onsterk flimsy.
onstoffelijk immaterial.
onstuimig impetuous (man); turbulent (sea).
▼—heid impetuosity; turbulence.
onsympathiek uncongenial.
ontaalkundig ungrammatical.
ontaard degenerate. ▼—en degenerate.
▼—heid degeneracy. ▼—ing degeneration.
ontactisch tactless.
ontastbaar intangible. ▼—heid intangibility.
ontber/en lack; ik kan het niet —, I can not
dispense with it. ▼—ing privation, hard-ship.
ontbieden summon.
ontbijt breakfast. ▼—en breakfast. ▼—servies
b.-service. ▼—tafel b.-table.
ontbind/en untie; (chem. en door rotting)
decompose; (leger) disband; (parl., huwelijk,
vereniging) dissolve; krachten —, resolve
forces. ▼—ing decomposition; disbandment;
dissolution; resolution; tot — overgaan,
become decomposed.
ontblader/en defoliate. ▼—ingsmiddel
defoliant.
ontbloot bare, naked; — van, devoid of; van
alle grond —, utterly unfounded. ▼ontbloten
bare; — van, strip of.
ontboezeming effusion.
ontboss/en deforest; clear. ▼—ing
deforestation.
ontbrand/baar inflammable. ▼—baarheid
inflammability. ▼—en take fire, ignite; (v.
oorlog) break out; doen —, kindle. ▼—ing
ignition. ▼—ingspunt flash-point.
ontbreken 1 be absent; 2 be missing; 't
ontbreekt me aan geld, I lack money; dat
ontbrak er nog maar aan!, that's the last strawl;
't —de, the deficiency; the balance.
ontcijfer/en decipher. ▼—ing decipherment.
ontdaan (fig.) dismayed, upset.
ontdekk/en discover, (fout) detect. ▼—er
discoverer. ▼—ing discovery; hij kwam tot de
— dat, he found. ▼—ingsreis, —ingstocht
voyage of d. ▼—ingsreiziger explorer.
ontdoen: — van, strip of; zich — van zijn jas,
take off one's coat; zich — van een
tegenstander, dispose of an adversary.
ontdooien thaw.
ontduik/en (slag, belasting) dodge; (wet)
evade; (plicht) shirk. ▼—ing evasion.
ontegenzeglijk unquestionable.
onteigen/en expropriate. ▼—ing
expropriation.
ontelbaar innumerable.
ontembaar indomitable. ▼—heid
indomitability.
onter/en dishonour; (vrouw) rape. ▼—ing
dishonouring; rape.

onterv/en disinherit. ▼—**ing** disinheritance.
ontevreden discontented (with). ▼—**heid** discontent.
ontferm/en: zich — over, take pity on. ▼—**ing** pity.
ontfutselen: iem. iets —, filch (pilfer) s.th. from a p.
ontgaan escape; het begin (de kans) ontging mij, I missed the beginning (the chance); 't verschil ontgaat me, I fail to see the difference.
ontgelden: (hij moest) het —, suffer for it.
ontginn/en (land) reclaim; (bos) clear; (mijn) exploit. ▼—**ing** reclamation; clearing; exploitation.
ontglippen slip from one's hands; (v. zucht) escape; hij ontglipte mij, he gave me the slip; het woord ontglipte mij, the word slipped out; (het jaartal) is mij ontglipt, has slipped my memory.
ontgoochel/en disillusion. ▼—**ing** disillusionment.
ontgrendelen unbolt.
ontgroeien outgrow.
ontgroenen (student) rag.
onthaal reception; (traktatie) treat.
▼**onthalen** treat (to), regale (with), (fam.) do a p. proud.
onthand inconvenienced.
onthar/en depilate. ▼—**ing** depilation.
▼—**ingsmiddel** depilatory.
ontheemde displaced person.
ontheff/en: — van zorg (ambt), relieve of care (functions); van een verplichting —, exempt from an obligation. ▼—**ing** exemption; verlenen van, grant relief (exemption) from.
ontheilig/en desecrate, profane. ▼—**ing** desecration, profanation.
onthoofd/en behead. ▼—**ing** decapitation.
onthoud/en 1 iem. iets —, deny a p. s.th.; zich — van, abstain from (criticism, alcohol); refrain from (laughing); **2** remember; help 't mij, — remind me (of it). ▼—**ing** abstinence; (v. stemming) abstention.
onthull/en (beeld) unveil; (geheim) reveal. ▼—**ing** unveiling, revelation.
onthutsen bewilder, disconcert.
ontij(d): bij nacht en —, at unseasonable hours, at all hours of the night. ▼—**ig** untimely, premature. ▼—**igheid** untimeliness.
ontkenn/en deny; 't valt niet te — dat..., there is no denying that... ▼—**end** negative. ▼—**ing** negation, denial.
ontkersten/en dechristianize. ▼—**ing** dechristianization.
ontketenen unchain; arouse (a protest); launch (an attack); spark off (a reaction, war).
ontkiemen germinate, sprout.
ontkleden undress, strip.
ontknop/en unbutton (coat); (fig.) unravel. ▼—**ing** dénouement, outcome.
ontkolen decarbonize.
ontkom/en escape, elude; daar kun je niet aan —, you can't get away from that. ▼—**ing** escape.
ontkoppelen disconnect; (motor) declutch.
ontkronen uncrown.
ontkurken uncork.
ontlad/en (wapen, schip) unload; (batterij) discharge. ▼—**ing** unloading, discharge.
ontlast/en unburden (one's heart); relieve (a p. of his coat); zich —, (v. onweer) burst, break, (v. pers.) ease oneself. ▼—**ing** discharge, relief; (stoelgang) motion; (uitwerpselen) stools, faeces; — hebben, go to stool; voor goede — zorgen, keep the bowels open.
ontled/en analyse; (lijk, dier, plant) dissect; (redekundig) analyse; (taalkundig) parse. ▼—**ing** analysis; dissection; parsing. ▼**ontleed/kamer** dissecting-room. ▼—**kunde** anatomy. ▼—**mes** dissecting-knife. ▼—**tafel** dissecting-table.
ontlen/en: — aan, borrow from, derive from, take from; een recht — aan, derive a right from. ▼—**ing** borrowing, derivation.
ontlokken elicit (from), draw (from).

ontlopen avoid (a p.); zij — elkaar niet veel, there is not much difference between them.
ontluik/en open, expand. ▼—**end** budding (talent); dawning (love).
ontluister/en tarnish, sully, defile. ▼—**ing** disfigurement.
ontluizen delouse.
ontmaagd/en deflower. ▼—**ing** defloration.
ontmannen emasculate; (fig.) unman.
ontmantel/en dismantle. ▼—**ing** dismantling.
ontmasker/en unmask, (fig. ook) expose. ▼—**ing** unmasking, exposure.
ontmoedigen discourage.
ontmoet/en meet (ook: elkaar —); (per toeval) come across, happen upon; (stuiten op) encounter. ▼—**ing** meeting, encounter.
ontnemen take (away) from, deprive (a p.) of.
ontnuchter/en sober, disenchant. ▼—**ing** sobering, disenchantment.
ontoegankelijk inaccessible. ▼—**heid** inaccessibility.
ontoegeeflijk unaccommodating. ▼—**heid** unyielding attitude.
ontoelaatbaar inadmissible. ▼—**heid** inadmissibility.
ontoepasselijk inapplicable, irrelevant.
ontoereikend inadequate. ▼—**heid** inadequacy.
ontoerekenbaar irresponsible, of unsound mind. ▼—**heid** irresponsibility.
ontoeschietelijk aloof, distant.
ontoonbaar not presentable; er — uitzien, look a sight.
ontplof/baar explosive. ▼—**fen** (ook: doen —) explode. ▼—**fing** explosion; tot — brengen, explode. ▼—**fingsmiddel** explosive.
ontplooi/en unfurl (a flag), unfold; zich —, unfurl; (leger) deploy; (fig.) unfold, expand. ▼—**ing** ...ing, development.
ontpoppen: zich — als, turn out to be; reveal o.s. as.
ontraadselen unravel.
ontraden dissuade (a p.) from (s.th.).
ontredder/en (verkeer) dislocate; (schip) disable; (financiën) cripple. ▼—**ing** dislocation; disablement; crippled state.
ontreinigen defile.
ontrieven inconvenience.
ontroer/en move, touch. ▼—**ing** emotion.
ontrollen (v. banier) unroll, unfurl; iem. geld —, pick a p.'s pocket.
ontroostbaar inconsolable.
ontrouw I bn unfaithful; zijn woord — worden, go back on one's word. **II** zn unfaithfulness.
ontroven: iem. iets —, rob a p. of s.th.
ontruim/en evacuate, clear. ▼—**ing** evacuation, clearing.
ontrukken snatch from, wrest from.
ontschep/en (passagiers) disembark; (goederen) discharge. ▼—**ing** disembarkation; discharge.
ontschieten: het is mij ontschoten, it has slipped my memory.
ontsier/en mar, disfigure. ▼—**ing** blot, disfigurement.
ontslaan (uit baan, enz.) discharge (from), dismiss; (sl.) fire, sack; (werknemers) lay off; release (from prison, an obligation); discharge (from hospital); iem. v.d. verantwoordelijkheid —, relieve a p. of the responsibility; van rechtsvervolging —, discharge. ▼**ontslag** discharge, dismissal; discharge (from hospital); release (from prison); zijn — indienen, send (in) one's resignation; (v. officier) resign one's commission; (zijn) — geven, dismiss; (zijn) — krijgen, be dismissed; (zijn) — nemen, resign from; eervol — verlenen, dismiss honourably. ▼—**aanvrage** resignation. ▼—**brief(je)** notice of dismissal; (v. gevangene) discharge certificate. ▼—**neming** resignation.
ontslapen pass away; de —e, the deceased.
ontsluieren unveil; (fig.) reveal.
ontsluiten open, unlock.

ontsmett/en disinfect. ▼—**ing** disinfection. ▼—**ingsdienst** sanitary department. ▼—**ingsmiddel** disinfectant.
ontsnapp/en escape, get away. ▼—**ing** escape, (*fam.*) get-away. ▼—**ingsclausule** escape clause. ▼—**ingsweg** escape road. ▼—**ingsluik** escape hatch.
ontspann/en unbend, release, ease (a spring); relax (muscles); *zich —,* (*v. pers.*) relax. ▼—**er** (*fot.*) release. ▼—**ing** relaxation, relief; (*verpozing*) diversion, relaxation.
ontspinnen: *er ontspon zich een debat* (*discussie*), a debate (discussion) arose.
ontspor/en be derailed; *doen —,* derail. ▼—**ing** derailment.
ontspringen (*v. rivier*) (take its) rise.
ontspruiten sprout; — *uit,* (*fig.*) arise from.
ontstaan I *ww* arise; *doen —,* cause, occasion; — *uit,* arise (proceed) from; — *door,* caused by. II *zn* origin.
ontstek/en kindle, light; (*v. wond*) inflame; *in toorn —,* fly into a rage; *in liefde —,* fall in love. ▼—**ing** ignition; (*v. wond*) inflammation.
ontstel/d alarmed, dismayed. ▼—**len** I *ov.w* alarm, dismay. II *on.w* be alarmed, dismayed. ▼—**tenis** alarm, dismay.
ontstelen steal (s.th. from a p.).
ontstem/d out of tune; (*fig.*) put out. ▼—**men** put out of tune; (*fig.*) displease, put out. ▼—**ming** displeasure.
ontstentenis: *bij — van,* in default of.
ontsticht/en offend. ▼—**ing** offence.
ontstoken (*v. wond*) inflamed.
onttakelen (*schip*) unrig, dismantle.
onttrekk/en (*geld, enz.*) withdraw (from); (*aan 't oog*) hide; *zich — aan,* shirk (one's duty), be hidden (from view); *ik kan mij niet aan de indruk —,* I cannot help thinking. ▼—**ing** withdrawal.
onttron/en dethrone. ▼—**ing** dethronement.
ontucht fornication; — *plegen met,* assault indecently. ▼—**ig** lewd, lascivious.
ontvallen: *'t woord ontviel me,* the word slipped out; *vader ontviel ons,* we lost our father.
ontvang/bewijs receipt. ▼—**dag** at-home. ▼—**en** receive; (*salaris*) draw; *ontvang mijn dank,* accept my thanks; *uw schrijven —,* your letter to hand; *het — de land,* the host country. ▼—**enis** conception; *onbevlekte —,* immaculate c. ▼—**er** receiver; (*v. goederen*) consignee; (*v. belastingen*) tax collector. ▼—**kamer** reception-room. ▼**ontvangst** (*v. brief, geld*) receipt; (*v. pers. en radio*) reception; —**en,** takings; *commissie van —,* reception committee; *bij (na) —,* on r. (of); *in — nemen,* receive; draw (salary). ▼—**bewijs** receipt. ▼**ontvangtoestel** receiving-set, receiver.
ontvankelijk susceptible; — *voor,* s. to, open to; *zijn eis werd (hen) — verklaard,* his claim was (dismissed) admitted. ▼—**heid** susceptibility.
ontveinzen dissemble, disguise; *wij — ons niet dat...,* we are fully alive to the fact that...
ontvell/en graze. ▼—**ing** graze.
ontvlam/baar inflammable. ▼—**men** inflame.
ontvlekken clean.
ontvlucht/en escape; *het ouderlijk huis —,* run away from home. ▼—**ing** flight, escape.
ontvoer/der/nkanper. ▼—**en** carry off, kidnap. ▼—**ing** abduction, kidnapping.
ontvolk/en depopulate. ▼—**ing** depopulation.
ontvouwen (*ook fig.*) unfold.
ontvreemd/en steal. ▼—**ing** theft.
ontwaken awake, wake up.
ontwapen/en disarm. ▼—**ing** disarmament.
ontwaren perceive, descry, discern.
ontwarr/en disentangle, straighten out. ▼—**ing** disentanglement.
ontwenn/en (*iem. iets*) wean a p. from; (*iets*) lose the habit of. ▼—**ingskuur** addiction cure.
ontwerp project, design; (*v. rapport*) draft; (*v. wet*) bill. ▼—**en** project, design; (*wet*) frame, design. ▼—**er** projector, designer.
ontwijd/en desecrate, profane. ▼—**ing**

desecration, profanation.
ontwijfelbaar I *bn* unquestionable. II *bw* unquestionably.
ontwijk/en (*slag, vraag*) dodge, evade; side-step (an issue); (*pers.*) avoid; (*plicht*) shirk. ▼—**end** evasive; *een — antwoord geven,* hedge, stall, give an e. answer. ▼—**ing** evasion.
ontwikkel/aar (*fot.*) developer. ▼—**d** developed; (*beschaafd*) educated. ▼—**en** develop; (*theorie*) evolve; (*kracht*) put forth; (*hitte*) engender. ▼**ontwikkeling** development; education; evolution; *tot — brengen (komen),* develop. ▼—**sgebied** development area. ▼—**shulp** development aid. ▼—**sland** developing country. ▼—**speil** educational level. ▼—**sproces** process of development. ▼—**sstadium** stage in the d.
ontwoekeren: — *aan,* reclaim from.
ontworstelen wrest from; *zich — aan,* break away from.
ontwortelen uproot.
ontwricht/en dislocate, disrupt (the economy). ▼—**ing** dislocation, disruption.
ontwringen wrest, wrench (from).
ontzag respect, awe; — *hebben voor,* stand in a. of; — *inboezemen,* awe. ▼—**lijk** awful, enormous. ▼—**wekkend** awe-inspiring.
ontzegg/en deny; *zich een genoegen —,* deny o.s. a pleasure; *zijn eis werd hem ontzegd,* he was nonsuited; *zijn benen ontzegden hem de dienst,* his legs failed him. ▼—**ing** denial.
ontzenuw/en unnerve (a p.); refute (argument). ▼—**ing** enervation; refutation.
ontzet I *zn* relief. II *bn* aghast, appalled; (*v. rails*) twisted, buckled. ▼—**ten** 1 (*stad*) relieve; (*pers.*) rescue; 2 *iem. uit zijn ambt —,* deprive a p. of his office; *uit ouderl. macht —,* deprive of parental rights; 3 (*verbijsteren*) appal, horrify; 4 (*v. rails*) twist. ▼—**tend** dreadful, awful. ▼—**ting** 1 relief; 2 deprivation; 3 dismay.
ontzield inanimate, lifeless.
ontzien respect (a p., a right); spare (pains, feelings); *zich —,* take care of o.s.; *zich niet — te,* not scruple to; *niets —d,* ruthless.
ontzind demented.
ontzinken: *de moed ontzonk mij,* my courage failed me.
onuitblusbaar inextinguishable.
onuitgemaakt undecided.
onuitgesproken unspoken.
onuitgewerkt preliminary (plans); unextinguished (volcano).
onuitgezocht unsorted; (*v. kwestie*) unsifted.
onuitputtelijk inexhaustible.
onuitroeibaar ineradicable.
onuitsprekelijk unspeakable, inexpressible.
onuitstaanbaar insufferable. ▼—**heid** i.ness.
onuitvoerbaar impracticable. ▼—**heid** impracticability.
onuitwisbaar indelible.
onvast unsteady (hand); unsettled (weather). ▼—**heid** instability; unsteadiness.
onvatbaar immune (from disease); impervious (to reason).
onveilig unsafe; — *sein,* danger signal; *'t sein staat op —,* the signal is at danger; — *maken,* make u., infest. ▼—**heid** unsafeness, insecurity.
onveranderlijk invariable. ▼—**heid** invariability.
onverantwoord unwarranted; (*v. geld*) unaccounted for. ▼—**elijk** (*v. pers.*) irresponsible; (*v. gedrag*) inexcusable. ▼—**elijkheid** irresponsibility.
onverbeterlijk incorrigible.
onverbiddelijk inexorable. ▼—**heid** inexorability.
onverbloemd plain.
onverbreekbaar unbreakable.
onverdedigbaar indefensible.
onverdeeld (*v. aandacht*) undivided; (*v. goedkeuring*) unqualified.
onverdienstelijk: *niet —,* not without merit.
onverdraaglijk *zie* **ondraaglijk.**

onverdraagzaam intolerant. ▼—heid intolerance.

onverdroten indefatigable.

onverenigbaar incompatible. ▼—heid incompatibility.

onverflauwd unabated, unflagging.

onvergankelijk imperishable.

onvergeeflijk unforgivable, unpardonable.

onvergelijkelijk incomparable.

onverhandelbaar not negotiable.

onverhoeds unexpected.

onverholen I bn unconcealed. II bw candidly.

onverhoopt unexpected.

onverhoord unheard.

onverklaarbaar inexplicable.

onverkoopbaar unsal(e)able.

onverkort unabridged; — handhaven, maintain to the full, m. fully (unreservedly).

onverkrijgbaar unobtainable.

onverkwikkelijk unpalatable, distasteful.

onverlaat ruffian.

onvermeld unmentioned.

onvermengd unmixed, unalloyed.

onvermijdelijk inevitable. ▼—heid inevitability.

onverminderd undiminished.

onvermoed unsuspected.

onvermoeibaar indefatigable.

onvermogen (onmacht) impotence, incapacity; (v. schuldenaar) insolvency; (behoeftigheid) indigence. ▼—d unable; insolvent; (behoeftig) indigent, poor; — e, poor person; school voor —en, charity school.

onvermurwbaar inexorable.

onverpakt unpacked.

onverpoosd uninterrupted.

onverricht undone; —er zake, empty-handed, with nothing achieved.

onversaagd undaunted. ▼—heid undauntedness.

onverschillig indifferent (to), careless; 't is mij —, it is i. to me; op een —e manier, in a c. manner; — wie, no matter who; — of 't waar is, no matter whether it is true. ▼—heid indifference, unconcern.

onversierd unadorned.

onverslijtbaar indestructible, hard-wearing.

onversneden undiluted.

onverstaanbaar unintelligible. ▼—heid unintelligibility.

onverstand unwisdom. ▼—ig unwise.

onverstoorbaar imperturbable. ▼—heid imperturbability.

onvertaalbaar untranslatable.

onverteerbaar indigestible.

onvertogen improper.

onvervaard undaunted.

onvervalst unadulterated, unalloyed; unmitigated (scoundrel).

onvervangbaar irreplaceable.

onvervreemdbaar inalienable.

onverwacht unexpected.

onverwijld immediate.

onverwoestbaar indestructible.

onverzadelijk insatiable. ▼—heid . . . ness.

onverzadigd not satiated, unsatisfied; (chem.) unsaturated; meervoudig —, polyunsaturated.

onverzettelijk immovable, inflexible. ▼—heid inflexibility.

onverzoenlijk irreconcilable, implacable (enemy); (inz. pol.) intransigent. ▼—heid implacability, irreconcilability; (pol.) intransigence.

onverzorgd (v. uiterlijk) untidy; unkempt; (v. stijl) slovenly; — achterblijven, be left unprovided for.

onvindbaar unfindable.

onvoldaan unsatisfied; (rekening) unpaid. ▼—heid dissatisfaction.

onvoldoend(e) insufficient.

onvolkomen imperfect. ▼—heid imperfection.

onvolledig incomplete; — gezin, one-parent family. ▼—heid incompleteness.

onvolmaakt imperfect. ▼—heid imperfection.

onvolprezen one and only, unsurpassed.

onvoltallig incomplete. ▼—heid incompletion.

onvoltooid unfinished.

onvolwaardig: —e arbeidskrachten, partially disabled workers; geestelijk —, mentally deficient.

onvolwassen half-grown.

onvoorbereid unprepared, off(-)hand.

onvoordelig unprofitable.

onvoorwaardelijk (v. overgave) unconditional; (v. vertrouwen) implicit.

onvoorzichtig imprudent. ▼—heid imprudence.

onvoorzien unforeseen.

onvriendelijk unkind. ▼—heid u.ness. ▼onvriendschappelijk unfriendly.

onvrij not free; 't is hier erg —, there is no privacy here. ▼—e serf. ▼—heid want of freedom; lack of privacy; (v. slaaf) serfdom.

onvrijwillig I bn forced. II bw against one's will.

onvrouwelijk unwomanly.

onvruchtbaar (v. land, vrouw, enz.) infertile, barren; (v. debat) unprofitable; — maken, sterilize. ▼—heid infertility, barrenness. ▼—making sterilization.

onwaar untrue. ▼—achtig insincere, untruthful.

onwaard/e invalidity; van — verklaren, invalidate. ▼—ig unworthy; undignified. ▼—igheid unworthiness.

onwaarheid untruth.

onwaarschijnlijk improbable, unlikely. ▼—heid improbability.

onwankelbaar(heid) firm(ness).

onweer thunder-storm; er zit — aan de lucht, there is th. in the air; er komt —, we are going to have a th.-st. ▼—achtig thundery.

onweerlegbaar irrefutable, unanswerable.

onweers/beestje midge. ▼—bui thunder-shower. ▼—lucht thundery sky.

onweerstaanbaar irresistible. ▼—heid irresistibility.

onweerswolk thunder-cloud.

onwel unwell.

onwelkom unwelcome.

onwellevend discourteous. ▼—heid discourtesy.

onwelluidend unmelodious, harsh.

onwelriekend evil-smelling.

onwelvoeglijk improper, indecent. ▼—heid impropriety, indecency.

onwelwillend unkind; unco-operative; — staan tegenover, view with disfavour.

onwennig (v. werk) unaccustomed; zich nog wat — voelen, feel still a bit strange.

onweren thunder; 't onweerde, there was a thunderstorm.

onwetend ignorant. ▼—heid ignorance.

onwetenschappelijk unscientific, unscholarly.

onwettelijk illegal. ▼onwettig unlawful, illegal; (v. kind) illegitimate. ▼—heid unlawfulness, illegality; illegitimacy.

onwijs unwise, foolish.

onwil unwillingness.

onwillekeurig involuntary.

onwillig unwilling. ▼—heid unwillingness.

onwrikbaar immovable, unshakable.

onzacht rough, rude.

onzedelijk immoral, obscene. ▼—heid immorality, obscenity.

onzedig immodest. ▼—heid immodesty.

onzegbaar unspeakable, inexpressible.

onzeker uncertain; (onvast) shaky, unsteady; unsettled (weather); unsafe (ice); precarious (existence); iem. in 't —e laten, leave a p. in doubt; in 't —e zijn omtrent, be in the dark (uncertain) as to. ▼—heid uncertainty; unsteadiness; insecurity.

onzelfstandig dependent. ▼—heid dependence on others.

onzelfzuchtig(heid) unselfish(ness).

onze-lieve-heersbeestje lady-bird.

onzent: te —, at our house; om —wil, for our sake. ▼onzerzijds on our part.

Onze Vader Our Father; *het* —, the Lord's Prayer.
onzichtbaar invisible. ▼—**heid** invisibility.
onzijdig neutral; *(gram.)* neuter. ▼—**heid** neutrality.
onzin nonsense; — *uitkramen*, talk n.
onzindelijk unclean. ▼—**heid** uncleanness.
onzinnig absurd. ▼—**heid** absurdity.
onzuiver impure; *(v. weegschaal)* unjust; *(v. toon)* false; *(v. inkomen)* gross; —*e waarneming*, inaccurate observation. ▼—**heid** impurity; inaccuracy.
ooft fruit.
oog *(v. mens, naald)* eye; *(v. dobbelsteen)* pip, spot; *haken en ogen*, hooks and eyes; *geen* — *dichtdoen*, not sleep a wink; — *hebben voor*, have an e. for, be alive to; *hij heeft zijn ogen niet in zijn zak*, he is wide-awake; *het* — *houden op*, keep an e. on; *een* — *in 't zeil houden*, keep one's weather-eye open; *grote ogen opzetten*, stare; *een* — *slaan in, het* — *slaan op*, cast a glance at; *de ogen sluiten voor*, shut one's eyes to, blink (the facts); *geheel* — *zijn*, be all eyes; *(blind) aan één* —, of one e.; *door het* — *van de naald kruipen*, have a narrow escape; *in mijn* —, in my eyes; *in het* — *houden*, keep an e. on, *(fig.)* bear in mind; *in het* — *krijgen*, *(fig.)* catch sight of, spot; *in het* — *lopen (springen, vallen)*, strike the e.; *in het* — *vallend*, striking, conspicuous (figure), glaring (error); *met het* — *op*, in view of (danger); *(ten einde)* with a view to; *iem. naar de ogen zien*, fawn upon a p.; *ik hoef niemand naar de ogen te zien*, I have nobody to consider; — *om* —, *tand om tand*, an e. for an e., a tooth for a tooth; *iem. iets onder het* — *brengen*, point out s.th. to a p.; *onder vier ogen*, private interview; *hij dorst mij niet onder de ogen te komen*, he dared not face me; *onder de ogen krijgen*, set eyes on; *onder de ogen zien*, face (problems, death); face up to; *op het* —, outwardly, on the face of it; *op het* —*hebben*, have in mind; *uit het* —, *uit het hart*, out of sight, out of mind; *ga uit mijn ogen!*, get out of my sight!; *kijk uit je ogen!*, look where you are going!; *uit het* — *verliezen*, lose sight of; *met dit doel voor ogen*, with this end in view; *met de dood voor ogen*, with death staring him in the face; *iets voor ogen houden*, bear s.th. in mind; *iem. iets voor ogen houden*, impress s.th. upon a p.; *het stond hem duidelijk voor ogen*, he had a clear picture of it in his mind; *zich een doel voor ogen stellen*, set an aim before one's eyes; *tracht je dit eens voor ogen te stellen*, try to visualize this; *ik kan geen hand voor ogen zien*, I can't see my hand before my face. ▼**oog/appel** eyeball. ▼—**arts** eye-specialist, oculist, ophthalmic surgeon. ▼—**bad** e.-bath. ▼—**druppels** eye drops. ▼—**getuige** eye-witness. ▼—**getuigeverslag** e.-w. account; *(sp.)* running commentary. ▼—**haar** eyelash. ▼—**heelkunde** ophthalmology. ▼—**hoek** corner of the e. ▼—**holte** e.-socket. ▼—**hoogte**: *op* —, at eye level. ▼—**je** eyelet; *een* — *hebben op*, have an eye on (a girl), have designs upon; *een* — *dichtdoen voor iets*, connive at s.th., turn the blind eye to (on) s.th.; *een* — *houden op*, keep an e. on. ▼—**kas** zie—**holte**. ▼—**klep** blinker. ▼—**kwaal** eye-disease, eye trouble. ▼—**lid** eyelid. ▼—**lijder** e.-patient. ▼—**lijdersgesticht** eye (ophthalmic) hospital. ▼—**luikend**: *toelaten*, connive at s.th. ▼—**merk** object in view, design; *met 't* — *om*, with a view to... ing; *(jur.)* with intent to. ▼—**onderzoek** *(v. bril, enz.)* eye(sight) test; eye examination. ▼—**ontsteking** inflammation of the e. ▼—**opslag** look, glance; *bij de eerste* —, at a glance. ▼—**punt** point of view, angle; *uit een* — *van*, from the point of view of; *uit verschillende* —*en bekijken*, view from different angles.
oogst harvest, crop(s). ▼—**en** reap, harvest; *(fig.)* reap (glory, laurels); earn (gratitude); *ondank* —, get little thanks. ▼—**er** reaper,

harvester. ▼—**feest** h.-home. ▼—**maand** h.-month. ▼—**machine** harvester. ▼—**tijd** h.-, reaping-time.
oog/tand eye-tooth. ▼—**verblindend** dazzling. ▼—**vlies** cornea. ▼—**water** e.-wash. ▼—**wit** white of the e. ▼—**zalf** e.-salve. ▼—**zenuw** optic nerve.
ooi ewe.
ooievaar stork; *de* — *heeft het gebracht*, it was found in the gooseberry bush.
ooit ever, at any time; *heb je* — *van je leven!*, well, I never!
ook also, too, as well; — *de armsten*, even the poorest people; *(hij is niet ziek) en ik* — *niet*, nor am I; *hij is* — *zo jong niet meer*, he is none so young either; *het valt dan* — *niet te verwonderen*, it is nothing wonderful therefore; *wat* — *maar*, whatever; *waar* — *maar*, wherever; *wie* — *maar*, whoever; *hoe heet je* — *weer?*, what is your name again?; *hebt u* — *eieren?*, have you any eggs?; *jij bent* — *een mooie!*, you are a nice one!
oom uncle; *naar ome Jan brengen*, pawn; *hoge ome*, big noise, big wig. ▼—**zegger** nephew. ▼—**zegster** niece.
oor ear; *(v. mand of pan)* handle; *(in boek)* dog's ear; *'t gaat 't ene* — *in en 't andere uit*, it goes in at one e. and out at the other; *geheel* — *zijn*, be all ears; *iem. de oren van 't hoofd eten*, eat a p. out of house and home; *geen* — *hebben voor (talen)*, have no e. for (lang.); *iem.'s* — *hebben*, have a p.'s ear; *een open* — *hebben voor iets*, have an open ear for s.th.; *ik heb er wel oren naar*, I rather like the idea; *zijn* — *te luisteren leggen*, put one's e. to the ground; *hij ligt nog op een* —, he's still in bed; *de oren opsteken (spitsen)*, prick up one's ears; *zijn oren sluiten voor*, turn a deaf e. to; *iem. aan de oren trekken*, pull a p.'s ears; *met een half* — *luisteren*, listen with half an e.; *iem. om zijn oren slaan*, box a p.'s ears; *'t (varken) is op een* — *na gevild*, it is almost finished; *zijn hoed op één* — *zetten*, cock one's hat; *'t is ons ter ore gekomen*, it has come to our ears, it has come our way; *kleuren tot achter de oren*, colour up to one's ears; *tot over de oren in 't werk (in de schuld) zitten*, be up to one's ears in work (debt); *tot over de oren verliefd*, over head and ears in love. ▼—**oorarts** ear specialist. ▼**oorbel** ear-ring. ▼**oorbiecht** auricular confession.
oord region; place.
oordeel *(vonnis)* judgment, sentence; *(mening)* judgment, opinion; *het laatste* —, the last j.; *'t was een leven als een* —, the noise was enough to raise the dead; *er ontstond een leven als een* —, pandemonium (*of*: Hell) broke loose; *een* — *vellen*, pass (pronounce) j. on; *daar kan ik geen* — *over vellen*, I cannot judge of that; *naar (volgens) mijn* —, in my j. (opinion); *van* — *zijn dat*, be of (the) opinion that. ▼—**kundig** judicious. ▼—**sdag** day of judgment, doomsday. ▼**oordelen** judge *(over, of)*; *te* — *naar*, judging from; *naar de schijn* —, judge by appearances.
oor/holte cavity of the e. ▼—**ijzer** casque. ▼—**klep** e.-flap. ▼—**knopje** e.-ring.
oorkonde charter.
oorlam dram; *een* — *nemen (geven)*, splice the main-brace.
oor/lel ear-lobe. ▼—**lijder** e.-patient.
oorlog war; *de* — *verklaren*, declare w. (up)on; — *voeren*, wage (make) w. against; *in staat van* —, in a state of w.; *in* — *zijn met*, — *hebben met*, be at w. with; *ten* — *trekken tegen 'n land*, go to war with a country. ▼**oorlogs/begroting** war-budget. ▼—**belasting** w.-tax. ▼—**buit** spoils of w.; w.-booty. ▼—**correspondent** w.-correspondent. ▼—**geweld** acts of w. ▼—**goed** war-time material. ▼—**handelingen** hostilities. ▼—**haven** naval port. ▼—**industrie** war industry. ▼—**invalide** w.-invalid. ▼—**lening** w.-loan. ▼—**macht** military forces. ▼—**materieel** w.-material. ▼—**misdadiger** w.-criminal.

▼—propaganda w.-propaganda. ▼—recht w.-law. ▼—schade w.-damage. ▼—schip man-of-war, w.-ship. ▼—schuld w.-debt. ▼—sterkte w.-strength. ▼—toestand state of w. ▼—tuig implements of w. ▼—uitrusting declaration of w. ▼—vloot navy, w.-fleet. ▼—winst w.-profit. ▼—zuchtig warlike. ▼—zuchtigheid warlike spirit. ▼oorlog/voerend belligerent. ▼—voering warfare, conduct of war.

oor-, neus- en keelarts ear-, nose- and throat-doctor. ▼oor/ontsteking inflammation of the ear. ▼—pijn e.-ache. ▼—ring e.-ring.

oorsprong origin, source. ▼oorspronkelijk original; —e bewoners, o. inhabitants, natives, aborigines; in 't —e lezen, in the o. ▼—heid originality.

oortje: hij keek alsof hij zijn laatste — versnoept had, he looked blue.

oor/veeg box on the e. ▼—verdovend deafening. ▼—verscheurend e.-splitting. ▼—worm e.-wig; een gezicht als een — zetten, look like a bear with a sore head.

oorzaak cause, origin; — en gevolg, c. and effect; kleine oorzaken hebben grote gevolgen, little strokes fell great oaks. ▼oorzakelijk causal. ▼—heid causality.

oorziekte ear disease.

oost east; de O—, the East; — west, thuis best, e. or west, home is best.

Oost-Duitsland East Germany, German Democratic Republic. ▼Oostduits East German.

oost/einde east end. ▼—elijk eastern, easterly; — van A., (to the) east of A. ▼oosten east; 't O., the East; 't Midden-O., the Middle East; ten — van, (to the) east of.

Oostenrijk Austria. ▼—er Austrian. ▼—s Austrian.

oostenwind east wind. ▼ooster/lengte east(ern) longitude. ▼—ling Oriental. ▼oosters Eastern, Oriental (languages); de O—e kerk, the E. church.

Oost-Europa Eastern Europe. Oost/-Indië the East Indies. ▼—indisch East-Indian; —e Compagnie, E.-India Company; —e inkt, Indian ink; —e kers, nasturtium.

oostwaarts eastward.

Oostzee (the) Baltic. oostzijde east side.

ootje: iem. in het — nemen, make fun of a p., have a dig at a p.

ootmoed humility. ▼—ig humble.

op.I vz on, upon (the table); at (school); in (his room); — je gezondheid!, here's to you!; duel — de degen, duel with swords; — gas koken, cook with gas; — zijn Engels, in (after) the English fashion; hoe heet dat — zijn Engels?, what is that in English?; — zijn hoogst, at (the) most; jaar — jaar, year after year; één — de tien, one in every ten; — zekere dag, one day; later — de dag, later in the day; — dit tijdstip, at this time; — de kop af, exactly; — mijn horloge, by my watch; — een eiland, in an island; — een kasteel, at a castle; — straat, in (Am. on) the street; — zee, at sea. II bw up; de heuvel —, uphill; — zijn, (v. pers.) (uit bed) be up, (doodop) be spent, be all in, (v. zon) be up, (v. kleren) be worn out, (v. drank, voedsel) be out, (v. geduld) be exhausted, (v. lamp) be burning; — is —, gone is gone; 't is helemaal —, there is nothing left; hij had een paar borrels —, he had had a few drinks; — en neer, up and down; 't is er — of er onder, it is kill or cure; — en top een heer, every inch a gentleman; spreek —!, speak up!; vraag maar —!, ask away!

opa grandad, grandpa.

opaal opal.

opbakken bake again, fry again.

opbaren lay out; opgebaard liggen, lie in state.

opbellen ring up, give (a p.) a ring, call up.

opberg/en put away; (in pakhuis) store

(away). ▼—ruimte (v. huis, enz.) cupboard space.

opbeuren lift up; (fig.) cheer (up).

opbiechten confess, own up.

opbieden: — tegen, bid against, outbid.

opbinden bind (tie) up.

opblaasbaar inflatable; opblaasbare rubberboot, inflatable rubber dinghy. ▼opblazen blow up; inflate (tyre, etc.); puff out (cheeks); blow up (house, bridge, etc.); (fig.) exaggerate, play up (a story).

opbleken ov.w & on.w bleach, whiten.

opblijven sit (stay up).

opbloei revival. ▼—en revive.

opbod: bij — verkopen, sell by auction.

opborrelen bubble up.

opborstelen brush up.

opbouw building, construction; (fig.) upbuilding. ▼—en build up; new —, reconstruct, rebuild. ▼—end constructive (criticism, policy).

opbranden burn (down).

opbreken I ov.w (straat) break up; (tent) strike; (beleg) raise. II on.w strike camp, break up; dat zal hem —, he will rue the day.

opbreng/en (geld, profijt) bring in, yield; (prijs) fetch; (belasting) pay; (dief) run in; (schip) seize; onkosten —, defray the cost; dat kan ik niet —, I can't afford that. ▼—st (geld) proceeds; (produktie) output; (v. oogst, belasting, enz.) yield.

opbruisend effervescent; (fig.) irascible.

opcenten surtax.

opdagen turn up.

opdat that, in order that; — niet, that . . . not, (lit.) lest.

opdelven dig up.

opdienen serve (up).

opdiepen unearth, dig up.

opdirken dress up, doll up.

opdissen serve (up); (verhaal) dish up.

opdoeken (fig.) do away with; (zaak) shut up shop; (weggaan) clear out.

opdoemen loom up.

opdoen (diner) serve; (verkrijgen) acquire, gain (experience); (inslaan) lay in; (ziekte) catch; waar heb je je Engels opgedaan?, where did you pick up your English?

opdokken cough up, fork out.

opdonder biff, clout. ▼—en: donder op!, beat it!; get (the hell) out of here.

opdraaien turn up (a lamp); wind up (a gramophone); ergens voor —, suffer for it; hij liet mij ervoor —, I was left to hold the baby; dan draai jij ervoor op, then you are going to take the rap.

opdracht (v. boek) dedication; (bevel) charge, instruction, mission; — geven, instruct; — hebben . . ., be instructed to . . .; in — handelen, act under orders; in — van, by order of. ▼—gever principal; employer. ▼opdragen (boek) dedicate; charge, instruct; (verslijten) wear out; de mis —, celebrate (say) mass; iem. een taak —, appoint a task to a p.; aan de zorg — van, recommend (commit) to the care of.

opdreunen rattle off.

opdrijven force up; wild —, start game.

opdring/en I on.w press forward. II ov.w: iem. iets —, force s.th. upon a p., ram s.th. down a p.'s throat; zich — aan, obtrude o.s. upon, inflict o.s. upon; de vraag dringt zich op, the question suggests itself. ▼—er obtruder, intruder. ▼—erig obtrusive, intrusive. ▼—erigheid . . . ness.

opdrinken empty, drink (up), finish.

opdrogen dry up.

opdruk overprint. ▼—ken impress on.

opduikelen dig up, pick up.

opduiken I on.w (lett.) emerge; (v. onderzeeboot) surface; (fig.) turn up. II ov.w unearth.

OPEC, Opec O.P.E.C., Organisation of Petroleum Exporting Countries.

opeen together, one upon another. ▼—drijven drive together, round up (cattle). ▼—dringen crowd t. ▼—hopen heap (pile) up, accumulate. ▼—**hoping** accumulation (of work), congestion (traffic); crowd, mass (of people); (v. sneeuw) snow-drift. ▼—**pakken** pack t.

opeens all at once, suddenly.

opeen/staan stand (close) together. ▼—**stapelen** pile up, stock up. ▼—**volgen** succeed. ▼—**volgend** successive. ▼—**volging** succession.

opeis/baar claimable. ▼—**en** claim, demand. ▼—**ing** claiming, demand.

open open; (v. betrekking) vacant; (v. kraan) on; — en bloot, openly; — been, sore leg; — dak, (v. auto) sun-shine roof; — haard, o. fire; — krediet, o. credit; de — lucht, the open air; — plek (wond) sore; (in bos) glade; — polis, o. (floating) policy; — riool, open drain (sewer); de — zee, the o. sea; in de — zee, on the high seas; de deur wil niet —, the door won't open.

openbaar public; openbare lagere school, p. elementary school, (County) Council school; de openbare weg, the public road; — maken, make p., disclose; in het — in p. ▼—**heid** publicity. ▼—**making** publication. ▼**open/baren** reveal, disclose; zich —, (v. ziekte, enz.) declare itself. ▼—**baring** revelation, disclosure; de O— van Johannes, the R. of St. John.

open/breken break o.; (slot) break; (deksel) prize off. ▼—**doen** I ov.w open. II on.w answer the door. ▼—**draaien** open. ▼—**en** open; iem. de ogen —, open a p.'s eyes (to); 't vuur — op, o. fire on. ▼—**er** blik—, fles—, tin-, bottle-opener. ▼—**gaan** open. ▼—**gewerkt** o.-work (stockings).

openhartig outspoken, frank. ▼—**heid** ...ness. ▼**openheid** openness, frankness.

opening opening; (in 'n heg) gap; — van zaken geven, disclose the state of affairs. ▼—**skoers** opening price. ▼—**srede**, —**sword** opening address.

open/laten leave open; (v. kraan) leave on. ▼—**leggen** lay o.; (fig. ook) disclose. ▼—**liggen** lie o. ▼—**lijk** open, public.

openlucht/- open-air. ▼—**spel** o.a. play; outdoor game. ▼—**voorstelling** o.-a. performance.

open/maken (deur) open, unlock; (pakje) undo. ▼—**slaan** (a book); —de deur, folding door(s). ▼—**sperren** open wide, distend. ▼—**springen** burst (o.); (v. huid) chap. ▼—**staan** be (stand) o.; (v. rekening) be unpaid. ▼—**steken** (slot) pick; (vat) broach. ▼—**stellen** open, throw o. (to the public).

op-en-top: — 'n heer, every inch a gentleman.

open/trappen kick open. ▼—**trekken** open (a bottle). ▼—**vallen** fall o.; (v. betrekking) fall vacant. ▼—**vouwen** unfold (newspaper). ▼—**zetten** open.

operæ opera. ▼—**gebouw** o.-house. ▼—**gezelschap** o.-company.

operateur operator. ▼**operatie** operation. ▼—**basis** base of operations. ▼**operatief** operative; — ingrijpen, perform an operation. ▼**operatie/kamer** operating-room. ▼—**tafel** operating-table. ▼—**terrein** (mil.) theatre of operations. ▼—**zaal** operating-theatre. ▼**operationeel** operational.

operazanger(es) opera-singer.

opereren operate; iem. —, o. (up)on a p.; hij is geopereerd aan..., he has had an operation for...; dat kan geopereerd worden, that is operable.

operette operetta, musical comedy.

opeten eat (up), finish.

opfleuren brighten (up), cheer up.

opfokken breed, rear.

opfriss/en I ov.w refresh; brush up (knowledge); zich wat —, have a wash and a brush-up. II on.w freshen (up); daar zul je van —, that will refresh you. ▼—**ing** refreshment.

opgaaf zie opgave.

opgaan (v. zon) rise; (v. lichten) go up; (trap, heuvel) mount, go up; (v. deling) terminate; (v. vergelijking) hold (good); dat argument

gaat niet op, that argument is not applicable; dat gaat niet op, that won't do; geheel in zijn werk —, be wholly engrossed (absorbed) in one's work; geheel — in een vrouw, be completely wrapped up in a woman; — in (een ander land, volk), merge into. ▼**opgang** (v. zon) rise; (fig.) rise, success; (v. huis) entrance; (grote) — maken, become (very) popular.

opgave (mededeling) statement, (official) returns; (voor belasting) return; (taak) task; (examen—) paper.

opgeblazen puffed, swollen; (fig.) puffed up, bumptious. ▼—**heid** puffiness, bumptiousness.

opgeld agio; — doen, be all the go.

opgelegd (scheepv.) laid up.

opgepropt crammed, packed.

opgeruimd cheerful. ▼—**heid** cheerfulness.

opgescheept: — zitten met, have (a p.) on one's hands.

opgeschoten: — jongen, hobbledehoy.

opgeschroefd inflated; —e vrolijkheid, synthetic cheerfulness.

opgesmukt gaudy.

opgetogen enchanted. ▼—**heid** enchantment.

opgeven give, state (name, etc.); set (a task); ask (a riddle); abandon (hope); spit (blood); return (income); give up (smoking); (schaken) abandon (a game); Zwart geeft 't op, Black resigns; hij gaf het op, he gave in; geef op die revolver, hand over that gun; hoog — van, speak highly of; zich — als lid, apply for membership; zich — (voor 'n wedstrijd), enter; (voor 'n cursus) enroll.

opgewassen: — zijn tegen, be a match for, be equal to (a task); tegen elkaar — zijn, be well matched; zich tegen de moeilijkheden — tonen, rise to the occasion.

opgewekt cheerful. ▼—**heid** cheerfulness.

opgewonden excited; heated (arguments); (fam.) worked up; (boos) in a great state (of mind). ▼—**heid** excitement.

opgezet stuffed (animals); swollen (cheek); full (feeling); groot —, elaborate (study), ambitious (programme). ▼—**heid** puffiness, bloatedness.

opgooi toss. ▼—**en** toss (up).

opgrav/en dig up, unearth; (oudheden) excavate; (lijk) exhume. ▼—**ing** excavation; (v. lijk) exhumation.

opgroeien grow up (into).

ophaal upstroke. ▼—**brug** draw-bridge. ▼—**dienst** collecting service.

ophakk/en brag. ▼—**er** braggart. ▼—**erij** bragging.

ophal/en draw up (bridge); pull up (socks, blinds); raise (curtain); shrug (shoulders); weigh (anchor); collect (money); turn up (nose); brush up (language); (bij wedren) pull up; (bij spel) pick up; oude herinneringen —, revive old memories. ▼—**er** collector.

ophanden at hand; het — zijnde feest, the coming festival.

ophang/en hang (up), suspend (a lamp); (tel.) replace the receiver, ring off; een schilderij —, put up a picture; een somber tafereel — van, paint a gloomy picture of. ▼—**ing** hanging, suspension.

ophebben have on; (maal) have eaten; ik heb 'n grote taak op, I have to do a big task; hij had te veel op, he had had a drop too much; veel — met iem., be fond of a p.; ik heb niet veel op met, I don't hold with; met zichzelf —, be self-complacent.

ophef fuss, song.

opheff/en lift (up), raise; (school, vergadering) close; (wet) abolish; (partij, zaak) liquidate; zijn hand — tegen, raise one's hand against; misstanden —, remove abuses; 'n staking —, call off a strike; 'n verbod —, lift a ban, abolish a prohibition; dat heft elkaar op, that cancels each other. ▼—**ing** lifting; raising; abolition; removal; cancellation; uitverkoop wegens —, winding-up sale.

ophelder/en I *ov.w* clear up; explain. **II** *on.w* (*v. gelaat, weer*) brighten. **▼—ing** explanation; brightening.

ophemelen extol, (*fam.*) crack up; puff (goods).

ophijsen hoist (up).

ophits/en set on (a dog), incite. **▼—ing** incitement.

ophoepelen make off; *hoepel op!*, hop it!, (*Am.*) scram!

ophogen raise.

ophop/en heap (pile) up; accumulate. **▼—ing** piling up; accumulation.

ophoren: *hij hoorde er vreemd van op*, he was surprised to hear it, it made him sit up.

ophouden I *ww* hold up (a hand, the work); keep on (hat); uphold (honour); *houd op!*, stop (it)!; *houd op met praten*, stop talking; *te bestaan*, cease to exist; *waar houdt hij zich op?*, where is he staying?; *zich — met*, keep (bad company), deal in (lies); *daar houd ik me niet mee op*, I don't go in for that. **II** *zn*: *zonder —*, continuously, without stopping.

opinie opinion; *naar mijn —*, in my o. **▼—onderzoek** Gallup poll, public opinion poll.

opium opium. **▼—eter** o.-eater. **▼—kit** o.-den. **▼—pijp** o.-pipe. **▼—schuiven** smoke o. **▼—schuiver** o.-smoker.

opjag/en (*stof*) raise; (*man*) hunt, chase; (*wild*) start; (*prijs*) force up; *jaag me niet zo op*, don't hurry (fuss) me so; *iem. de straat —*, turn a p. out into the street. **▼—er** driver, beater.

opjutten hustle; egg on, incite.

opkalefateren furbish up, refurbish, recondition; *zij zag er opgekalefaterd uit*, she looked dolled up.

opkammen comb (up); *iem. —*, crack a p. up.

opkijken look up (at); *daar zal hij van —*, that will be a surprise for him.

opkikker/en buck up. **▼—ing** tonic, pick-me-up.

opklap/baar tip-up (chair, seat). **▼—bed** convertible bed. **▼—pen** fold (back); (*schouwburgstoel*) tip up. **▼—stoel** tip-up seat.

opklar/en clear up. **▼—ing** bright interval (period).

opklauteren clamber up.

opklimm/en climb (up), mount; (*fig.*) rise; *tegen*, climb up; *van onderaf aan —*, (*fig.*) rise from the ranks. **▼—end**: *e reeks*, ascending progression.

opknappen I *ov.w* (*netjes maken*) tidy up, smarten up; patch up (clothes); (*zieke*) put right; *een karweitje —*, fix a job; *je zult ervan —*, it will pick you up; *hij wou mij ermee —*, he wanted to shove it onto me; *zich —*, tidy o.s. up. **II** *on.w* (*v. patiënt*) pick up; (*v. gezondheid, weer, uiterlijk*) improve.

opknopen string up (a p.).

opkoken boil up.

opkomen (*v. plant*) come up; (*v. deeg, zon, enz.*) rise; (*v. acteur en onweer*) come on; (*v. wind*) rise; (*mil.*) join up; (*v. moeilijkheid, vraag, stad*) arise; (*v. pokken*) come out; *kom maar op!*, come on!; *'t tij komt op*, the tide is coming in; *vele vragen kwamen op, ...* cropped up; *de gedachte kwam bij mij op*, the idea crossed my mind, occurred to me; *tegen iets —*, enter a protest against, object to s.th.; *voor 'n zaak —*, plead a cause. **▼opkomst** rise; (*bij vergadering*) attendance; (*onder de wapenen*) joining up.

opkop/en buy up. **▼—er** buyer-up; (*v. oude rommel*) junk-dealer.

opkrabbelen scramble to one's feet; (*v. zieke*) recover, pick up.

opkrassen skedaddle.

opkrijgen be set (a task); *ik kan het niet —*, I can't eat (manage) it; *— met*, take (a fancy) to.

opkrikken jack up.

opkruipen bottle up; *opgekropte woede*, pent-up rage.

opkruipen creep up.

opkrullen curl, frizzle.

opkunnen: *hij kon het eten niet op*, he could not eat all the food; *ik kon mijn plezier wel op*, I had a poor time of it; *de kast kan de trap niet op*, we can't get it up the stairs; *daar kan ik niet tegen op*, that beats me; *ik kan niet tegen je op*, I am no match for you.

opkweken (*plant*) grow; (*dier*) rear, breed; (*spelers, enz.*) train.

opkwikken refresh.

oplaag impression; *eerste —*, first edition; (*v. blad*) circulation; *in de — van heden*, in to-day's issue.

oplaaien blaze up.

opladen load (up).

oplappen patch up.

oplaten (*vlieger*) fly.

oplawaai clout, clip.

oplegg/en lay on; (*belastingen, taak*) impose; (*straf*) inflict; (*schip*) lay up; (*opslaan*) store, warehouse; (*wil*) bend a p. to one's will; *er een cent —*, raise the price by one cent. **▼—er** trailer, (*voor tanks, auto's, enz.*) transporter. **▼—ing** laying on; imposition; infliction.

opleid/en train (*ook v. plant*), educate; *voor een examen —*, coach for an examination. **▼—ing** training, education. **▼—ingscursus** training-course. **▼—ingsschool** training-school; (*lagere school*) preparatory school.

oplepelen spoon (soup); (*ook fig.*) ladle out.

oplett/en pay attention, attend (to); *opgelet!*, attention, please! **▼—end** attentive. **▼—endheid** attention.

opleven revive; *doen —*, revive.

oplever/en (*oogst, resultaat, geld*) furnish, produce, yield; (*werk*) deliver (up); *verlies —*, cause a loss; *niets —*, be useless; *niets —d*, futile. **▼—ing** (*v. werk*) delivery.

opleving revival; (*economic*) recovery.

oplezen read out.

oplicht/en lift; (*afzetten*) swindle. **▼—er** fraud, swindler, con-man, (*sl. Am.*) hustler. **▼—erij** swindle; swindling, con-game.

oploeven luff (up).

oploop crowd; *er was een —*, a crowd had collected.

oplopen (*heuvel, trap*) go (walk) up, mount; (*v. prijzen*) rise; (*straf*) incur; (*ziekte*) contract; (*verkoudheid*) catch; (*schade*) sustain; *bij iem. —*, drop in on a p.; *samen —*, walk on together; *tegen iem. —*, run into a p.

oplos/baar soluble, solvable. **▼—baarheid** solubility, solvability. **▼—middel** solvent. **▼—sen** (*in vloeistof*) dissolve; (*vraagstuk*) solve; *een dissonant (een vergelijking) —*, resolve a discord (an equation); *zich —*, dissolve. **▼—sing** solution. **▼—singsmiddel** solvent.

oplucht/en relieve. **▼—ing** relief.

opluister/en grace (a meeting); illustrate (a lecture); vary (with music); *met z'n tegenwoordigheid —*, grace with his presence. **▼—ing** adornment; *ter —*, by way of a.

opmaak (*v. krant*) lay-out; (*v. gelaat, boek*) make-up. **▼opmak/en I** (*voedsel*) eat; (*voorraad*) use up; consume; (*geld*) spend; **2** (*haar*) dress; (*bed*) make; (*schotel*) garnish; (*plan, contract*) draw up; *zich —*, make up; *zich — voor een reis*, get ready for the journey; *ik maak hieruit op dat ...*, from this I gather ...; *je kunt er niet veel uit —*, there's not a lot to go by (on). **▼—er** spendthrift.

opmarcheren march (on); (*weggaan*) make off. **▼opmars** advance.

opmerk/elijk striking. **▼—en** (*zien*) notice; (*zeggen*) observe, remark; *iem. iets doen —*, point out s.th. to a p. **▼—enswaardig** noteworthy. **▼—er** observer. **▼—ing** observation, remark, comment; *aanleiding geven tot —en*, call for comment. **▼—ingsgave** power of perception. **▼—zaam** attentive, observant; *iem. — maken op*, draw a p.'s attention to. **▼—zaamheid** attention.

opmet/en measure; (*v. landmeter*) survey. **▼—ing** measurement; survey.

opmonter/en cheer up. ▼—**ing**: *'n — nodig hebben*, need cheering up a bit.

opname recording; (*in ziekenhuis*) admission. ▼—**kop** (*tape-recorder*) record(ing) head. ▼—**leider** (*tv*) floor-manager. ▼**opnemen** I *ov.w* (*vloer, geld, steek*) take up; (*reizigers*) pick up; (*als compagnon —*) take into partnership; (*patient*) admit; (*in de regering —*) include; (*gasten*) take in; (*in zich —*) take in; (*morsboel*) mop up; (*muziek, stem*) record; (*film*) shoot; (*artikel*) insert; (*land*) survey; (*stemmen*) collect; (*temperatuur*) take; (*in ogenschouw nemen*) size up, survey; (*bestelling*) take; (*kas*) check (the cash); (*opschrijven*) take down; *'t neemt geen warmte op*, it does not absorb heat; *iem.'s tijd opnemen*, time a p.; *je neemt 't nogal kalm (makkelijk) op*, you are taking it calmly (easy); *iets goed (slecht) —*, take s.th. well (ill); *zoiets neem ik hoog op*, I take that very seriously; *iem. — in de Kerk*, receive a p. into the Church; *contact — met iem.*, contact a p., get into touch with a p.; *ik kan het tegen jou niet —*, I'm not a match for you; *hij nam het voor mij op*, he took my part. II *on.w* catch on; *'t nam geweldig op*, it was a tremendous success; (*dit kind*) *neemt makkelijk op*, is quick in the uptake. ▼**opnemer** surveyor; (*v. grammofoon*) (*zie opnemen*) pick-up. ▼**opneming** (*zie opnemen*); admission; reception; absorption; insertion. ▼—**svermogen** receptivity.

opnieuw again, once more.

opnoemen name, mention; *...noem maar op, ...and what not.*

opoe granny.

opoffer/en sacrifice. ▼—**ing** sacrifice; *met — van*, at the s. of.

oponthoud stay; (*v. trein*) stop; (*vertraging*) delay; *plaats van —*, whereabouts.

oppakken pick up; (*bijeenpakken*) pack up; (*dief*) run in, take up.

oppas baby-sitter. ▼—**sen** 1 (*hoed*) try on; 2 (*verzorgen*) take care of; nurse; 3 (*zich goed gedragen*) behave well; *pas op!*, take care!, be careful!, look out! — *voor*, guard against; *pas op voor de hond*, beware of the dog. ▼—**send** steady. ▼—**ser** (*mil.*) batman; (*in dierentuin*) attendant, keeper; (*knecht*) valet; (*v. zieke*) male nurse, (*mil.*) orderly.

oppeppen pep up.

opper/arm upper arm. ▼—**best** excellent. ▼—**bestuur** supreme government (direction). ▼—**bevel** supreme command. ▼—**bevelhebber** commander-in-chief.

opperen propose, suggest; (*bezwaren*) raise.

opper/gerecht(shof) Supreme Court (of Justice). ▼—**gezag** supreme authority. ▼—**heerschappij** sovereignty, supremacy; *de — voeren*, rule supreme. ▼—**hoofd** chief, chieftain. ▼—**huid** epidermis. ▼—**kamerheer** Lord High Chamberlain. ▼—**macht** supreme power. ▼—**machtig** supreme. ▼—**officier** general officer.

oppersen press.

opperste *bn* uppermost, supreme.

oppertoezicht general supervision; supreme control.

oppervlak surface. ▼—**kig** superficial; *— beschouwd*, on the face of it. ▼—**kigheid** superficiality. ▼—**te** (*bovenkant*) surface; (*gebied*) area. ▼—**tespanning** surface tension.

opperwachtmeester cavalry sergeant-major.

Opperwezen: *het —*, the Supreme Being.

oppeuzelen discuss (an apple); munch (nuts).

oppikken pick up.

opplakken paste.

oppoetsen polish; *iets een beetje —*, give s.th. a rub.

oppoken poke (up), stir.

oppompen pump (up).

oppon/ent opponent. ▼—**eren** oppose, raise objections.

opporren rouse, shake up.

opportun/isme opportunism. ▼—**ist(isch)** opportunist. ▼**opportuun** opportune.

oppositie opposition. ▼**opposant** opponent.

oppotten hoard, salt up.

opprikken pin (up); *opgeprikte kwast*, coxcomb.

oprakelen (*vuur*) stir up; (*het verleden*) drag up.

opraken run out; *mijn voorraad raakt op*, my stock is running out, is nearly exhausted.

oprapen pick up; *'t geld ligt niet voor 't —*, money does not grow on trees.

oprecht sincere. ▼—**heid** sincerity.

opredderen tidy up, straighten (up).

oprekken stretch.

opricht/en (*rechtop plaatsen*) set up, raise; (*standbeeld*) erect; (*organiseren*) establish; (*club*) start; *zich —*, draw o.s. up; (*in bed*) sit up. ▼—**er** founder; erector. ▼—**ing** erection, establishment. ▼—**ingskapitaal** original stock. ▼—**ingskosten** formation expenses.

oprij/den ride (drive) up; *'t trottoir —*, mount (run on to) the pavement. ▼—**laan** drive, sweep.

oprijzen rise.

oprisp/en repeat. ▼—**ing** eructation.

oprit (*v. brug*) approach; (*v. dijk*) ramp; (*v. autobaan*) access.

oproep summons (*om hulp*) call, appeal; (*telefoon*) call; (*voor betrekking*) notice. ▼—**en** summon; call up (soldiers); recall (memories); call over (names); conjure up (spirits). ▼—**ing** summons, call-up; (*v. vergadering*) notice; (*v.e. geest*) conjuring-up.

oproer rebellion, revolt. ▼—**ig** rebellious (mood); rebel (troops); seditious (speech). ▼—**igheid** rebelliousness. ▼—**kraaier** agitator; rioter. ▼—**ling** rebel, insurgent. ▼—**maker** rioter.

oproken finish (a cigar); smoke (a p.'s cigars).

oprollen roll up.

oprui/en incite, stir up. ▼—**end**: *—e woorden*, inflammatory words. ▼—**er** agitator. ▼—**ing** sedition; — *tot*, incitement to.

opruim/en (*wegruimen*) clear away; (*uitverkopen*) sell off, clear; (*afschaffen*) do away with; (*kast*) clear. ▼—**ing** clearing away; (*fig.*) clean-up, clearance (-sale); — *houden*, hold a sale; (*fig.*) make a clean sweep (of). ▼—**ingsploeg** break-down gang. ▼—**ingsuitverkoop** sale(s).

oprukken advance (on foot).

opscharrelen pick up, hunt out.

opscheep/en: *iem. met iets —*, saddle a p. with s.th., inflict s.th. on a p.; *ik zit ermee opgescheept*, I have it on my hands, I am burdened with it.

opschepp/en 1 ladle out, serve out (soup); 2 (*fig.*) swank. ▼—**er** swanker. ▼—**erig** swanky. ▼—**erij** swank.

opschieten shoot up; (*fig.*): *flink —*, make good progress; (*het werk*) *schoot langzaam op, ...* proceeded slowly; *hoe schiet je op?*, how are you getting on?; *schiet op!*, I hurry up!; 2 (*ga weg*) hop it!; *de tijd begint op te schieten*, time is running short; *zij kunnen niet met elkaar ...*, they do not get on together; *daar schiet je niets mee op*, that gets you nowhere.

opschik finery, frills. ▼—**ken** I *ov.w* dress up. II *on.w* move up.

opschommelen pick up.

opschort/en (*mouwen*) tuck up; (*vergadering*) adjourn; (*oordeel*) reserve; (*beslissing*) postpone. ▼—**ing** adjournment; reservation; postponement.

opschrift inscription; (*v. munt*) legend; (*v. artikel*) heading; (*v. brief*) superscription. ▼**opschrijfboek(je)** note-book, memorandum. ▼**opschrijven** write down; (*bij spel*) score.

opschrikken start; *doen —*, startle.

opschroeven screw up; (*fig.*) puff up.

opschrokken bolt, wolf.

opschudd/en shake, stir. ▼—**ing** commotion, stir; *een — veroorzaken*, cause a sensation; *in — brengen*, stir up a c. in.

opschuiframa sash-window. ▼**opschuiv/en**

push up; (*opschikken*) move up. ▼—ing moving up; (*fig.*) move up.
opsier/en adorn, embellish. ▼—ing adornment, embellishment.
opslaan I *ov.w* (*tent*) pitch; (*kraag*) turn up; (*mouwen*) roll back; (*prijs, ogen*) raise; (*boek*) open; (*bladzij*) turn up; (*voedsel*) lay in; (*in pakhuis*) warehouse; *de melk is opgeslagen*, milk has gone up; *zijn verblijf — te ...*, take up one's residence at ... **II** *on.w* (*v. artikelen*) go up. ▼**opslag** (*v. oog*) look; (*v. uniform*) facing; (*muz.*) up-beat; (*verhoging*) rise; (*in pakhuis*) storage; *iem. — geven*, raise a p.'s wages. ▼—**plaats** store, dump. ▼—**ruimte** storage room.
opslepen drag up; tow upstream.
opslokken swallow.
opslorp/en lap up, absorb. ▼—ing absorption.
opsluit/en lock (shut, mew) up; (*mil.*) close up; pen up (cattle); lock up (criminal); *zich in huis —*, be cooped up in one's house; *in 'n kleine ruimte —*, confine to a small space; *dat ligt erin opgesloten*, that is implied in it. ▼—ing confinement.
opsmuk finery. ▼—ken dress up; (*verhaal*) adorn.
opsnij(d)/en boast. ▼—er boaster. ▼—erig boastful. ▼—erij boasting.
opsnorren hunt out.
opsnuiven sniff, inhale.
opsomm/en enumerate, sum up. ▼—ing enumeration.
opsouperen spend, blue (money).
opspannen stretch.
opsparen save up.
opspelden pin on.
opspelen kick up a row.
opspor/en trace, find out, track (down), locate (missing people); run to earth (criminal). ▼—ing tracing; (*mijnbouw*) prospecting. ▼—ingsdienst criminal investigation department, C.I.D.
opspraak scandal; (— *verwekken*, cause (a) s.; *in — brengen*, compromise; *in — komen*, become the talk of the town.
opspreken speak up.
opspringen jump up; (*v. bal*) bounce.
opspuiten spout up; (*terrein*) raise (by spouting sand on).
opstaan 1 get up, rise; **2** rebel, rise; *'t eten staat op*, dinner is cooking; *'t water staat op*, the kettle is on; *van tafel —*, rise from table; *uit de dood —*, rise from the dead; *doen —*, raise; *—de boord*, stand-up collar; *—de rand*, raised border.
opstand 1 rising, rebellion, revolt; **2** (*v. winkel*) fixtures; *in — brengen*, revolt; *in — komen*, rise, revolt; *in — zijn*, be in revolt. ▼—**eling** rebel, insurgent. ▼—**ig** rebel, rebellious. ▼—**ing** resurrection.
opstap step.
opstapel/en pile up, stack (plates); *zich —*, accumulate. ▼—ing accumulation.
opstappen walk up (steps); walk into (the road); mount (bicycle); (*weggaan*) push off; *ik moet nu —*, I must be off now.
opsteken I *ov.w* (*hand, paraplu, zwaard, haar*) put up; (*geld*) pocket; (*sigaar*) light; *wil je eens —?*, have a smoke?; *weinig — van iets*, learn little from s.th. **II** *on.w* (*v. wind*) rise, get up.
opstel essay, paper; *een — maken*, write an e. ▼—**len** (*programma, rapport, document*) draw up, draft; (*kanon*) mount; (*troepen*) line up; *zich —*, line up; *zich ergens —*, take up one's position somewhere. ▼—er drafter. ▼—ing drafting; formation; (*sp.*) line-up.
opstijg/en rise, mount, ascend; (*v. vliegt.*) take off. ▼—ing ascent; (*v. vliegt.*) take-off.
opstijven (*v. pudding*) set; (*linnengoed*) starch.
opstok/en poke (up), (*fig.*) incite; *alle brandstof —*, burn all the fuel. ▼—er firebrand, agitator.
opstootje riot, disturbance.
opstopper punch, biff; *iem. een — geven*, punch a p. (on the nose, etc.).

opstopping stoppage; (*v. verkeer*) traffic block, jam, congestion.
opstormen race up.
opstrijken (*snor*) twirl up; (*kleren*) iron; (*geld*) rake in.
opstrompelen stumble up.
opstropen tuck up.
opstuiven fly up; (*fig.*) flare up (at), bristle, fly off the handle.
opsturen send on.
optakelen rig; *zich —*, dress up, doll up.
optant optant.
optekenen record, note down.
optell/en add (up). ▼—ing addition. ▼**optelsom** addition sum.
ópteren (*geld*) spend; (*voorraad*) use up, exhaust.
optéren opt for. ▼**optie** option; *iets in — hebben*, have the refusal of s.th., have an option on s.th.
optiek optics.
optillen lift up.
optimaal optimum.
optim/isme optimism. ▼—ist optimist. ▼—istisch optimistic.
optisch optical; *— bedrog*, o. delusion.
optocht procession, pageant.
optooi/en adorn, decorate. ▼—ing decoration.
optornen *— tegen*, cope with, battle with.
optreden I *ww* appear; (*toneel*) enter, go on; *in 'n stuk —*, appear; *flink — tegen*, take strong action against; *gewapend —*, take armed a.; *voor iem. —*, **1** act on behalf of a p.; **2** deputize for a p.; *als gastheer —*, act the host; *als verdediger —*, (*jur.*) appear for the defendant; *voor de eerste maal —*, make one's first appearance. **II** *zn* appearance, action, bearing, manner; *eerste —*, first appearance.
optrekje (holiday) cottage.
optrekken (*gordijn, vliegtuig*) pull up; (*wenkbrauwen*) raise, lift; (*schouders*) shrug; (*gebouw*) run up; (*v. leger*) advance; (*v. mist, enz.*) lift; (*v. motor*) accelerate, pick up; *ik heb heel wat met hem opgetrokken*, I have been through a lot of trouble with him.
optrommelen get together.
optuigen rig (a ship); harness (a horse).
opvall/en attract attention, strike; *het valt mij op dat*, it strikes me that; *doen —*, make conspicuous; *het valt niet op*, it is not conspicuous. ▼—**end** striking, marked.
opvang/centrum reception centre. ▼—**en** (*bal, enz.*) catch; (*stoot*) receive; (*gesprek*) overhear; *een blik v. iem. —*, catch a p.'s eye.
opvaren sail (steam) up (a river); *— naar*, proceed to. ▼—**den** passengers and crew.
opvatt/en (*pen, wapens, taak*) take up; (*haat, plan*) conceive; (*beschouwen*) understand, conceive; *iets verkeerd —*, **1** misunderstand s.th.; **2** take s.th. in bad part; (*ik was benieuwd*) *hoe hij het zou —*, how he would take it; *te licht (te somber) —*, take too light (too gloomy) a view of; *zijn taak weer —*, resume one's task. ▼—ing idea, conception.
opvegen sweep up.
opverven paint up.
opvijzelen jack up; (*fig.*) cry up.
opvissen fish up; (*lijk*) recover.
opvlieg/en fly up; (*uitvaren*) flare up; *de trap —*, dash up the stairs. ▼—**end** short-tempered. ▼—**endheid** quick temper.
opvoed/baar educable; *een moeilijk — kind*, a problem child. ▼—**en** educate, bring up, rear. ▼—**end** educative. ▼—**er** educator. ▼—**ing** education, upbringing; *lichamelijke —*, physical training, P.T.; *man van —*, well-educated man. ▼—**ingsgesticht** reformatory, Borstal institution, Approved school. ▼—**kunde** pedagogy. ▼—**kundig** pedagogic(al). ▼—**kundige** education(al)ist, pedagogue.
opvoer/en 1 raise (price); increase, step up (production); **2** perform, present (play); **3** *de capaciteit —*, increase the capacity; (*v. motor*)

tune up; *het peil* —, (*fig.*) raise the standard; *eisen* —, increase demands; *goederen de rivier* —, carry (convey) goods up the river. ▼—**ing** 1 increase; 2 performance.

opvolg/en succeed (one's father); obey (order); follow (advice); observe (rules). ▼—**er** successor. ▼—**ing** succession.

opvorder/en claim. ▼—**baar** claimable; (*v. geld*) withdrawable.

opvouw/baar folding, collapsible (boat). ▼—**en** fold up.

opvraagbaar claimable; (*v. geld*) withdrawable. ▼**opvragen** call in, withdraw (money); call in (mortgage); claim.

opvreten devour; *zich — van afgunst*, be consumed with jealousy; *hij wordt opgevreten van de zenuwen*, he is a nervous wreck.

opvrolijken I *ov.w & on.w* cheer (up). II *ov.w* enliven.

opvull/en fill up; (*kussen, kalkoen*) stuff; (*kleren*) pad. ▼—**ing** stuffing; padding.

opwaaien I *on.w* be blown up. II *ov.w* blow up.

opwaarts upward; —*e druk*, upward pressure.

opwacht/en wait for; (*vijandig*) waylay. ▼—**ing**: *zijn — maken bij*, wait upon.

opwarmen warm up.

opwegen — *tegen*, compensate, (counter)balance, offset; *zij weegt niet tegen hem op*, she is not up to him.

opwekk/en awake; (*fig.*) rouse, evoke; (*eetlust*) stimulate; generate (electricity). ▼—**end** stimulating; — *middel*, tonic, stimulant. ▼—**ing** evocation; stimulation; generation; (*oproep*) appeal.

opwell/en well up; (*de tranen*, gathering tears. ▼—**ing** impulse; access (of jealousy); burst (of enthusiasm); *in de eerste* —, on the first impulse.

opwerken (*een zaak*) work up; (*schilderij*) touch up; *zich* —, w. one's way up.

opwerpen throw up; (*vraag, moeilijkheid, hindernis*) raise; *een idee* —, suggest an idea; *zich — als*, set up for.

opwind/en wind (up); (*fig.*) excite; *zich* —, get excited; *zich hevig* —, work o.s. into a lather. ▼—**ing** excitement.

opwippen (*v. een stoel*) jump up.

opwrijven rub up.

opzadelen saddle (up).

opzeg/baar (*v. contract*) terminable; (*v. kapitaal*) redeemable at notice. ▼—**gen** (*les, enz.*) say; (*gedicht*) recite; (*contract*) terminate; (*verdrag*) denounce; (*geld, abonnement*) withdraw; *gehoorzaamheid* —, refuse further obedience; *een krant* —, discontinue a paper; *lidmaatschap* —, resign; *iem. de betrekking* —, give a p. notice; *de huur* —, give notice; *zeg op!*, speak out! ▼—**ging** termination; denunciation; withdrawal; notice; *met een week* —, at a week's notice. ▼—**gingstermijn** term of notice.

opzeilen sail up.

opzend/en send, forward; (*gebed*) offer (up); — *s.v.p.*, please forward. ▼—**ing** forwarding.

opzet design, intention; *boos* —, (*jur.*) criminal intent; *met 't* — *om*, with intent to; *met* —, on purpose, wilfully; *zonder* —, unintentionally. ▼—**telijk** intentional, wilful (neglect); deliberate (insult).

opzetten I *ov.w* set up, put up; (*zaak*) start; (*kraag*) turn up; (*paraplu*) put up; (*aardappels, hoed*) put on; (*schaakstukken*) array; (*breiwerk*) cast on; (*vogel*) stuff; (*ophitsen*) set on; — *tegen*, set against; *tegen elkaar* —, set people by the ears; *water* —, put the kettle on. II *on.w* swell (up); *komen* —, (*v. onweer*) come on.

opzicht supervision; *in dit* —, in this respect; *in zeker* —, in a way; *in ieder* —, in every respect, on all counts; *ten* —*e van*, with regard to. ▼—**er** overseer, superintendent; (*v. park*) keeper.

opzichtig showy (dress); loud (colours). ▼—**heid** showiness.

opzichzelfstaand isolated, individual; *iets*

—*s*, a thing by itself.

opzien I *ww* look up; — *tegen*, look up to (a p.); shrink from (the cost); *ik zie er tegen op om het hem te zeggen*, I feel rather shy of telling him; *hij ziet niet tegen een leugen op*, he does not stick at a lie. II *zn*: — *baren*, cause a sensation, make a splash. ▼—**er** inspector. ▼—**barend** sensational.

opzitten sit up; (*v. hond*) beg; *er zit niets anders op dan te gaan*, there is nothing for it but to go; *er zal wat voor hem* —, he'll cop it.

opzoeken look for; look up (a word); see (a p.).

opzuigen suck in (up), absorb.

opzwellen swell (up); *doen* —, swell.

opzwepen whip up.

opzwoegen toil up.

orakel oracle. ▼—**spreuk** oracle. ▼—**taal** oracular language.

orang-oetan orang-outang.

oranje orange; (*verkeerslichten*) amber; — *boven*, O. for ever! ▼—**bloesem** o.-blossom. ▼**O**—**huis** House of O. ▼—**klant** Orangeman. ▼**O**—**vrijstaat**: *de* —, the O. Free State.

oratie oration. ▼**oratorisch** oratorical.

oratorium oratorio.

orchidee orchid.

orde order; (*v. leraar*) goede — *hebben*, be a good disciplinarian; — *houden*, keep o.; — *scheppen in*, put (s.th.) in o.; — *op zijn zaken stellen*, put one's affairs in o.; *de openbare* — *verstoren*, disturb the peace; *'n zaak aan de* — *brengen*, raise a matter; *aan de* — *komen*, come up for discussion; *de voorzitter stelt aan de* —, opens the discussion on; *aan de* — *zijn*, be under discussion; *dat is nu niet aan de* —, that is out of o. now; *dat is aan de* — *van de dag*, that is the o. of the day; *buiten de* — *zijn*, be out of o.; *in* — *brengen* (*maken*), straighten out; fix; (*kamer*) tidy up; *'t zal wel weer in* — *komen*, it will be all right again; *in* —*!*, all right!, right oh!; *ik ben weer helemaal in* —, I'm quite all right again; *zie zo, dat is in* —, well, that's that; *er is iets niet in* —, there is s.th. wrong; *op* — *leggen*, order (s.th.) properly; *zodra we geheel op* — *zijn*, as soon as we are quite settled (all straight); *tot de* — *roepen*, call to o., pull up; *tot de* — *van de dag overgaan*, pass to the o. of the day; *voor de goede* —, for the sake of good o. ▼**orde/bewaarder** guardian of the peace; (*in zaal*) steward. ▼—**broeder** friar, brother. ▼—**geestelijke** regular. ▼—**houder** disciplinarian. ▼—**lievend** orderly, law-abiding. ▼—**lievendheid** love of order. ▼—**lijk** I *bn* orderly. II *bw* in good order. ▼—**lijkheid** orderliness. ▼—**loos** disorderly. ▼—**loosheid** disorderliness. ▼**orden/en** order, arrange; (*v. geestelijke*) ordain; *geordende economie*, planned economy. ▼—**ing** arrangement; (*economie*) planning; (*v. geestelijke*) ordination; *ruimtelijke* —, regional planning. ▼**ordentelijk** decent (man); fair (share).

order order, command; *cheque aan* —, cheque to order; *aan de heer A. of* —, (pay) to Mr. A. or o.; *aan de* — *van*, to the o. of; *om* —*s verzoeken*, solicit orders; *op* — *en voor rekening van*, by o. and for account of; *tot nader* —, until further notice; *wat is er van uw* —*s?*, what can I do for you?; *volgens* —, as per your order. ▼—**boek** o.-book. ▼—**briefje** note of hand. ▼—**formulier** o.-sheet.

orde/teken decoration. ▼—**verstoring** disturbance (of the peace).

ordinair common, vulgar.

ordonn/ans orderly; (*motor*—) dispatch-rider. ▼—**antie** order, ordinance. ▼—**eren** order, ordain.

oreren declaim, hold forth.

orgaan organ; (*krant*) newspaper. ▼—**transplantatie** organ transplant, transplant of organs. ▼**organiek** organic. ▼**organis/atie** organization. ▼—**ator** organizer. ▼—**atorisch** organizing (power); —*e fout*, mistake in the organization. ▼—**eren** organize.

organ/isch organic. ▼—**isme** organism.

organist organist, organ-player.
orgasme orgasm.
orgel organ; *een —draaien*, grind an o.
▼—**draaier** o.-grinder. ▼—**koor** o.-loft.
▼—**man** o.-grinder. ▼—**spel** o.-playing.
orgie orgy.
orient/atie orientation. ▼—**eren**: *zich —*, take
one's bearings, orient (orientate) o.s.; *zich —
naar*, gravitate towards; *hij kon zich niet meer
—*, he had lost his bearings. ▼—**ering**
orientation; *te uwer —*, for your information.
origin/aliteit originality. ▼—**e** origin. ▼—**eel**
bn & zn original.
orkaan hurricane.
orkest orchestra. ▼—**begeleiding** orchestral
accompaniment. ▼—**dirigent** conductor.
▼—**meester** leader. ▼—**muziek** orchestral
music. ▼—**partij** orchestral part.
▼**orkestr/atie** orchestration. ▼—**eren**
orchestrate, score.
ornaat: *in vol —*, in state; *(v. priester)* in full
pontificals. ▼**ornament** ornament.
ornitho/logie ornithology. ▼—**loog**
ornithologist.
orthodox orthodox. ▼—**ie** orthodoxy.
os ox; *(fig.)* ass; *hij sliep als een —*, he slept like
a log. ▼**osse/drijver** ox-driver. ▼—**haas** fillet
of beef. ▼—**staart** ox-tail. ▼—**vlees** beef.
osmo/se osmosis. ▼—**tisch** osmotic.
ostentatief ostentatious.
OT O.T., Old Testament.
otter otter.
oubollig comical, jocular.
oud old; stale (bread); *(v. taal, geschiedenis)*
ancient; *(gewezen)* former, ex-; *de —e talen*,
the classical languages; *mijn —elui*, my old
folks; *zo — als de weg naar Rome*, as old as the
hills; —*maken*, age; —*worden*, grow old, age;
voor — kopen, buy second hand; *jong en —*,
young and old; —*en nieuw vieren*, see the old
year out. ▼—**achtig** elderly. ▼—**bakken** stale.
oude: *de —heer*, the pater, the governor, the
old man; *de O—n*, the Ancients; *tehuis voor
—n van dagen*, home for the aged; *hij is (voelt
zich) weer geheel de —*, he is (feels) quite
himself again; *hij is niet meer de —*, he is not
the man he used to be; *bij het — blijven*,
remain as it was; *alles bij 't — laten*, leave
things as they are. ▼—**jaar(savond,
—jaarsdag)** New-Year's eve. ▼—**jaarsnacht**
Old-Year's night. ▼—**mannenhuis** old men's
home.
Oudengels Old English.
ouder I *bn* older, elder; *hoe — hoe gekker*,
there's no fool like an old fool; *— gewoonte*, as
usual; *de —en onder ons*, the older people
among us. II *zn* parent; *mijn —s*, my parents;
van — tot (op) — overgaan, be handed down
from generation to generation.
ouderdom *(leeftijd)* age; *(hoge leeftijd)* old
age; *een hoge — bereiken*, live to a great age;
de — komt met gebreken, old age has its
infirmities. ▼—**skwaal** infirmity of old age.
▼—**spensioen** old-age pension.
▼—**suitkering** old age pay.
▼—**sverzekering** old age insurance.
ouderejaars senior student.
ouder/huis parental home. ▼—**lijk** parental.
▼—**ling** elder. ▼—**loos** parentless; — *kind*,
orphan. ▼—**paar** parents. ▼—**vereniging**
parents' circle.
ouderwets I *bn* old-fashioned, ancient; out of
date. II *bw* in an old-fashioned way.
oude/vrijster old-maid. ▼—**vrouwenhuis**
old women's home. ▼—**wijvenpraat** old
wives' tale(s).
oudgediende veteran, ex-Serviceman; *(fig.
ook)* old hand, old-timer.
oudheid antiquity. ▼—**kunde** archaeology.
▼—**kundig(e)** antiquarian.
oud-katholiek Old Catholic.
oud/je old man, old woman; *de oudjes*, the old
folks. ▼—**leerling** old pupil, old boy.
▼—**officier** ex-officer. ▼—**oom** great-uncle.
▼—**roest** scrap iron.
ouds(her): *van —*, (from) of old.

oudst oldest, eldest; *(v. bediende, officier,
vennoot)* senior.
oudtijds in olden times.
outill/age equipment. ▼—**eren** equip.
ouverture overture. ▼**ouvreuse** usherette.
ouwel wafer.
ouwelijk oldish, elderly.
ovaal oval.
ovatie ovation; *een — brengen*, give an o.
oven oven; *(steen—)* kiln; *(hoog—)* furnace.
over I *vz (boven)* over; *(dwars —)* across (the
road); *(aan de overzijde van)* beyond (the
lake), opposite (the church); *(via)* by way of,
via; *(na)* in (a minute); past (one); after (some
time); *(meer dan)* over, above (a hundred);
(omtrent) about, over; — *de hele lengte*, along
the whole length; *hij heeft iets — zich*, there is
s.th. about him; — *de grens*, across the
frontier; — *land (en — zee)*, by land (and by
sea); *vandaag — een week*, to-day week; —
vijftig jaar, fifty years from now; *ze was — de
twintig*, she was past twenty; — *de post*, by
post; *(contributie)* — *het eerste kwartaal*, for
the first quarter. II *bw* over (the meeting was
over, my life is o.); left (there is no time l.); *deze
leerling is —*, has got his remove; *mijn oom is
—*, my uncle is over; *de pijn was —*, was gone;
hij woont hier —, he lives opposite, over the
way; — *en weer*, to and fro, mutually; *bewijzen
te —*, abundant (plenty of) proof.
overal everywhere; *(fam.)* all over the place; *hij
zorgt — voor*, he attends to everything; —
waar, wherever.
overbekend generally known, a household
word.
overbelast/en overburden; *(mach.)* overload.
▼—**ing** overburdening; overloading.
overbeleefd officious.
overbelicht over-exposed. ▼—**ing**
over-exposure.
over/beschaafd over-civilized.
▼—**beschaving** over-civilization.
over/bevolking overpopulation. ▼—**bevolkt**
overpopulated, congested.
over/blijfsel remainder, remnant, remains;
(fig. ook) hang-over; *(de smeulende) —en*,
debris, wreckage. ▼—**blijven** *(overschieten)*
be left, remain; *('s nachts)* stay the night; *(op
school)* remain during the midday pause;
maandag —, stay over (the) Monday; *'n paar
dagen —*, stay on a few days; *een trein —*, stay
over a train; *er blijft niets anders over dan te
gaan*, there is nothing left but to go; — *de plant*,
perennial (plant); *'t —de*, the remainder, the
rest; *(v. geld ook)* the balance.
over/bluffen bluff, put (a p.) out of
countenance. ▼—**bluft** dumbfounded.
overbodig superfluous. ▼—**heid** superfluity.
overboek/en transfer. ▼—**ing** transfer.
overboord overboard; — *slaan*, fall o.; —
werpen, throw o.; throw o. (caution) to the
winds.
overbreng/en *(goederen)* transport, convey;
(boodschap) take; *(ziekte)* carry; *(naar
ziekenhuis)* remove (a p. to hospital);
(warmte, enz.) transmit; *(vertalen)* translate;
(groeten) convey; *(opmerkingen)* pass on,
report; *(bij optellen)* carry. ▼—**er** carrier,
bearer; *(telegr.)* transmitter; *(klikker)* tell-tale.
▼—**ing** transport; transfer; removal;
transmission. ▼—**ingsas** shaft.
overbrieven repeat, blab.
overbrug/gen bridge (over). ▼—**ging**
bridging. ▼—**gingstoelage** transition benefit,
special allowance.
overcompleet *bn & zn* surplus.
over/daad excess; — *schaadt*, enough is as
good as a feast. ▼—**dadig** excessive.
over/dekken cover (in), roof over. ▼—**dekt**
covered, indoor.
overdag during the day, in the day-time.
overdenk/en reflect on, consider. ▼—**ing**
reflection, consideration.
overdoen 1 do (s.th.) over again;
2 *(overdragen)* transfer, put over.
overdonderen browbeat.

over/draagbaar transferable. ▼—**dracht** (*v. bezit, wissel*) transfer; (*v. recht*) assignment; (*v. gezag*) delegation, devolution. ▼—**drachtelijk** metaphorical. ▼—**drachtskosten** cost of transfer. ▼—**dragen** (*lett.*) carry over; (*fig.*) transmit; transfer; assign; devolve, delegate (*zie* **overdracht**).

over/dreven exaggerated, gushing; — *nauwgezet*, punctilious; — *edelmoedig*, generous to a fault. ▼—**drijven** (*v. onweer*) blow over; — **drijven** exaggerate, overdo; (*toneel*) overact. ▼—**drijver** exaggerator. ▼—**drijving** exaggeration.

overdruk *zn* (*v. artikel*) offprint; (*op postzegel*) overprint; (*tech.*) overpressure. ▼—**ken** reprint; (*postzegel*) overprint.

overduidelijk manifest, obvious.

overdwars across, crosswise.

overeen: — *uitkomen*, come to the same thing. ▼—**brengen** reconcile; *iets met zijn geweten* —, reconcile s.th. to (with) one's conscience. ▼—**komen** agree; — *met*, agree with, conform to; *gelijk zijn aan*) correspond (to); *iets* —, agree (up) on s.th. ▼—**komst**, —**stemming** agreement; (*gelijkenis*) correspondence, resemblance; (*verdrag*) treaty, pact. ▼—**komstig** corresponding, similar; — *de feiten*, in accordance with the facts. ▼—**komstigheid** conformity, similarity. ▼—**stemmen** agree; — *met*, agree with, fit in with. ▼—**stemming** agreement; *in* — *brengen met*, bring into a. with; *in* — *brengen met elkaar*, co-ordinate; *volkomen in* — *zijn met*, be in complete a. with; *tot* — *komen*, come to terms, reach an understanding.

overeind upright, on end; — *komen*, get up; — *zetten*, set up; — *gaan staan*, stand up.

over-en-weer: *beschuldigingen* —, mutual recriminations; — *gepraat*, palaver.

overerfelijk hereditary. ▼—**heid** hereditariness. ▼**over/erven** inherit. ▼—**erving** heredity.

overeten: *zich* —, overeat.

overgaan (*straat*) cross; (*v. bel*) ring; (*v. leerling*) be removed; (*v. pijn*) pass off; (*v. bui*) blow over; — *in*, pass into; *geleidelijk in elkaar* —, shade off into one another; *naar de vijand* —, go over to the enemy; (*de leiding*) *ging over op* …, passed to …; — *tot*, pass on to; proceed to; *tot de aanval* —, start an attack; *tot een godsdienst* —, embrace a religion; *tot handelen* —, proceed to action. ▼**overgang** (*over rivier, spoorlijn*) crossing; (*v. toestand*) transition, change-over; (*op school*) promotion. ▼—**sbepaling** temporary provision. ▼—**sexamen** promotion trial. ▼—**stijdperk** transition period. ▼—**stoestand** state of transition. ▼**overgankelijk** transitive.

over/gave (*v. stad*) surrender; (*v. goederen*) delivery; (*iets doen*) *met* —, with devotion (self-surrender). ▼—**geven** I *ov.w* (*aanreiken*) hand (over), pass; (*stad*) surrender; (*braken*) vomit; *zich* —, surrender; *zich* — *aan*, indulge in. II *on.w* vomit; *moeten* —, be sick.

overgevoelig over-sensitive. ▼—**heid** over-sensitiveness.

óver/gieten pour into another vessel. ▼—**gieten** water; *met licht* —, suffuse with light.

overgordijn curtain.

overgroot vast.

overgroot/moeder great-grandmother. ▼—**vader** great-grandfather.

overhaast precipitate, rash. ▼—**en:** (*zich*) —, hurry. ▼—**ing** hurry.

overhalen (*bel, hefboom*) pull; (*over rivier*) ferry over; (*overreden*) persuade; *zich laten* —, be persuaded; *de haan van een geweer* —, cock a rifle.

overhand: *de* — *hebben*, have the upper hand, prevail.

overhandig/en hand (over), deliver. ▼—**ing** delivery, presentation.

overhang/en hang over. ▼—**end** overhanging.

overhebben have (s.th.) left; *een kamer* —, have a spare room; *we hebben vrienden over*, we have friends staying with us; *ik heb er geen cent voor over*, I won't spend a penny on it; *hij heeft niets voor je over*, he won't do anything for you; *dat heb ik er wel voor over*, I don't mind; it is worth it.

overheen: (*er*) —, over, across, on top; *daar kunnen nog jaren* — *gaan*, it may be years first; *ik liet er geen tijd* — *gaan*, I lost no time (in warning him); *daar ben ik* —, I've got over that; *ik kan er niet* — (*komen*), I can't get over it; *ergens* — *stappen*, (*lett.*) step over s.th.; (*fig.*) pass over; *ik zal er maar* — *stappen*, I'll let it go at that; *zich ergens* — *zetten*, get over s.th.; *zet je daar maar* —, stop worrying about that.

overheers/en I *ov.w* dominate. II *on.w* predominate. ▼—**ing** domination.

overheid government. ▼—**sbeleid** g. policy. ▼—**spersoon** g. official. ▼—**spersoneel** public servants. ▼—**suitgaven** g. expenditure. ▼—**swege:** *van* —, by the authorities; *van* — *wordt verklaard*, the authorities declare.

overhell/en lean over, incline; (*v. schip*) list; (*v. vliegtuig*) bank; — *naar* (*tot*), (*fig.*) lean to, gravitate towards. ▼—**ing** leaning; (*scheepv.*) list.

overhemd shirt. ▼—**sknoopje** stud.

overhevelen siphon over; (*fig.*) transfer.

overhoop in disorder; (*fig.*) at variance; — *gooien*, upset; — *halen*, turn upside down, make hay of; — *liggen*, be in disorder; (*fig.*) be at odds (with); — *schieten*, shoot down; — *steken*, stab.

overhoren hear (lessons).

overhouden save (money); have (s.th.) left.

overig remaining; *'t* —*e*, the rest, (*v. geld ook*) the balance. ▼**overigens** for the rest; — *een goed man*, an otherwise good man; (*trouwens*) for that matter, indeed.

overijl/d rash, precipitate. ▼—**en:** *zich* —, rush things. ▼—**ing** rashness, undue haste.

overjas overcoat.

overkalken copy.

overkant opposite (far) side; *aan de* — *van*, beyond, across; *naar de* —, across.

overkáppen roof in.

overkijken look over.

overkoepelen cover; —*de organisatie*, overall organization.

overkoken boil over.

óver/komen come over; (*radio*) come through. ▼—**kómen** befall, happen to; *er is me een ongeluk* —, I have met with an accident; *er zal haar niets* —, she'll come to no harm. ▼—**komst** coming (over); (*in telegram*) presence.

overkropt: — *gemoed*, pent-up feelings.

overlaat overfall, waste weir.

over/laden (*in schip, wagon*) tranship. ▼—**lading** transhipment. ▼—**láden** (*schip*) overload; (*pers.*) overburden; (*de markt*) flood, glut; *met roem* —, covered with glory; *iem. met verwijten* —, heap reproach upon a p.; *zijn maag* —, surfeit one's stomach; — *programma*, (over-)crowded programme. ▼—**láding** overloading, surfeit.

overland by land, overland (transport).

overlangs I *bn* longitudinal. II *bw* lengthwise.

overlappen overlap.

overlast annoyance, nuisance; *iem.* — *aandoen*, be a nuisance to a p.

overlaten leave; *ik moet u even aan uzelf* —, I must leave you to your own devices.

overleden deceased; —*e*, the deceased.

over/leg (*beraad*) deliberation, (*beleid*) discretion; (*bespreking*) consultation; — *is 't halve werk*, look before you leap; — *plegen*, consult together; — *in* — *met*, in c. with; *met te werk gaan*, act with discretion. ▼—**léggen** consider, deliberate; *van te voren overlegd*, preconcerted; *goed overlegd plan*, well-planned scheme. ▼**óver/leggen** (*stukken*) produce; (*geld*) put by. **▼—legging**: *tegen — van*, on production of.

overleren learn over again.

over/leven outlive, survive. **▼—levende** survivor.

overlever/en hand down, transmit; *— aan*, deliver up to; *overgeleverd zijn aan*, be at the mercy of. **▼—ing** tradition.

overlezen read through.

overlijden I *ww* die, pass away. II *zn* death, decease.

over/loop (*v. trap*) landing; (*v. bad*) overflow.
▼—lopen run over, (*ook fig.*) brim over; *naar de vijand —*, defect, desert; *de druppel die de emmer doet —*, the last straw; *— naar de vijand*, go over to the enemy; *de brug —*, cross the bridge. **▼—loper** deserter, defector, turncoat.

overmaat excess; *tot — van ramp*, to crown all, on top of it all.

overmacht superior forces (numbers); (*noodzaak*) force majeure; (*in connossement, enz.*) the Act of God. **▼—ig** superior (in numbers).

over/maken do over again; (*geld*) remit; (*bezit*) transfer. **▼—making** remittance; transfer.

overmannen overpower.

overmatig excessive; *— drinken*, drink to excess.

overmeester/en overmaster, overpower. **▼—ing** overmastering.

overmoed recklessness. **▼—ig** reckless.

overmorgen the day after to-morrow.

overnachten stay (pass) the night.

over/name taking over; purchase; *ter — aangeboden*, offered for sale. **▼—nemen** take over; (*ontlenen*) copy; *'n amendement —*, adopt an a.; (*kopen*) buy. **▼—neming** *zie* **overname**.

overpeinz/en ponder (on), meditate. **▼—ing** meditation.

overpennen copy.

overplaats/en transfer. **▼—ing** transfer.

overproduktie over-production.

overred/en persuade. **▼—end** persuasive.
▼—ing persuasion. **▼—ingskracht** power of p.

overreiken hand, pass.

overrijden run over, knock down.

overrompel/en (take by) surprise. **▼—ing** surprise (attack).

overschaduwen overshadow; (*fig. ook*) eclipse.

overschakelen switch over; (*v. auto*) change gear; *we schakelen nu over naar* (*op*) *Hilversum*, we are now taking you over to H.

overschatt/en overrate. **▼—ing** overrating.

overschepen tranship.

overschieten 1 remain, be left; 2 shoot again.

overschoen galosh.

overschot remainder; (*aan geld*) balance; *stoffelijk —*, mortal remains.

overschreeuwen *iem. —*, shout a p. down.

overschrijden cross, exceed; *zijn verlof —*, overstay one's leave.

overschrijv/en copy (out); (*in 't net*) copy fair; (*boekhouden*) transfer. **▼—er** copyist. **▼—ing** transcription; transfer.

overseinen transmit.

overslaan omit, miss (out); (*bij uitdeling*) pass over; miss (a meeting); (*v. motor*) misfire; (*v. stem*) break; (*v. balans*) dip; *— op*, (*v. vlammen*) spread to; (*v. gevoel*) communicate itself to.

overslaghaven port of transhipment.

overspann/en I *bn* overwrought; *— arbeidsmarkt*, overstrained labour market. **▼—ing** 1 (*v. brug*) span; 2 over-exertion.

overspel adultery; *— plegen*, commit adultery.

overspelen (*sp.*) replay.

overspelig adulterous.

overspringen leap over; (*elektr.*) jump (over).

overstaan stand over; *ten — van*, before.

overstag *— gaan*, tack; (*fig.*) give a lurch.

overstap/je transfer. **▼—pen** step over; (*in*

trein) change.

overste lieutenant-colonel; (*v. klooster*) prior, prioress.

over/steekplaats crossing; *— voor voetgangers*, pedestrian crossing. **▼—steken** cross; *naar Engeland —*, c. over to E.; *hij zou met niemand willen —*, he would not swop with anybody.

overstelpen overwhelm; *iem. — met geschenken*, shower presents upon a p.; *overstelpt met werk*, snowed under with work.

overstemmen 1 vote again; '2 outvote; 3 (*lawaai*) drown.

overstrom/en I overflow; 2 flood, inundate. **▼—ing** flood.

oversturen forward.

overstuur upset; *— maken*, upset.

overstuur(d) oversteer(ed).

overtallig supernumerary.

overtekenen 1 draw again; 2 (*lening*) oversubscribe.

overtellen count again.

overtocht passage; crossing.

overtogen suffused (with).

overtollig superfluous. **▼—heid** superfluity.

over/treden break, offend against, contravene, infringe. **▼—treder** offender, trespasser. **▼—treding** offense, breach, trespass.

overtreffen exceed, surpass, outstrip; *dat overtreft alles*, that beats everything; *in aantal —*, outnumber; *zichzelf —*, surpass o.s.; *—de trap*, superlative.

over/trek cover. **▼—trekken** cover; (*overdrijven*) overstate, (*luchtv.*) stall. **▼'—trekken** (*grens, berg*) cross; (*tekening*) trace; (*v. bui*) blow over. **▼—trekpapier** tracing-paper.

overtroeven overtrump; (*fig.*) outdo, outwit.

overtuig/en convince, satisfy; *overtuigd katholiek*, convinced Catholic; *'n overtuigd voorstander van*, a firm believer in. **▼—end** convincing; *wettig en — bewijs*, legal proof. **▼—ing** conviction; *in de — dat*, in the c. that; *naar mijn —*, in my c.; *uit —*, from c.

overuren overtime; *— maken*, work overtime.

overval (*op vijand*) surprise (attack); (*op pers.*) assault; (*v. politie*) raid; (*op trein*) hold-up; (*op bank*) raid. **▼—len** (*vijand*) surprise; (*trein*) hold up; (*pers.*) assault; (*v. storm*) overtake; (*v. gevoelens*) assail, come over; *door een storm — worden*, be caught in a storm; *iem. — met een vraag*, spring a question upon a p.; *zijn plan heeft mij —*, … has caught me unprepared.

overvaren cross; *iem. —*, ferry a p. across. **▼overváren** run down.

oververhitten overheat; superheat (steam).

oververtellen repeat, pass (it) on; *je moet 't niet —*, don't let it go any further.

oververzadig/en supersaturate, (*fig.*) surfeit. **▼—ing** supersaturation; (*fig.*) surfeit.

overvleugelen outstrip.

overvloed abundance, plenty, profusion; *van tijd, tijd in —*, plenty of time; *in — voorkomen*, abound; *ten —e*, moreover, for greater security. **▼—ig** abundant, plentiful, copious. **▼—igheid** abundance.

overvloeien overflow.

overvoeren (*v. markt*) glut, overstock.

overvol (*over*-)crowded; cram-full, crammed (with).

overvrágen overcharge.

overwaard well worth (a visit).

overweg level crossing.

overwég: *goed met iem. — kunnen*, get on well with a p.

overweg/en I *ov.w* consider, weigh; *—de dat*, considering that; *alles wel overwogen*, all things considered. II *on.w* preponderate. **▼—end** predominantly; *van — belang*, of paramount importance. **▼—ing** consideration; *'n punt van — uitmaken*, be a matter for c.; *in — geven*, suggest; *in — nemen*, take into c.; *uit — van*, in c. of, in view of.

overwegwachter level-crossing keeper.
overweldig/en usurp, overpower, conquer.
▼—**end** overwhelming (victory); thrilling (spectacle). ▼—**er** usurper. ▼—**ing** usurpation, overpowering, conquest.
overwelven vault, arch over.
over/werk overwork. ▼'—**werken** work overtime. ▼—**wérken**: zich —, overwork (o.s.).
overwicht overweight; (fig.) preponderance; zedelijk —, moral ascendency, prestige; 't — hebben, preponderate.
overwinn/aar conqueror, victor. ▼—**en** conquer, gain the victory. ▼—**ing**·victory; (sport ook) win.
overwinst excess profit. ▼—**belasting** excess profits duty (tax).
overwinter/en winter, hibernate. ▼—**ing** wintering, hibernation.
overwippen hop over.
overwonnen vanquished; exploded (theory); abandoned (stand-point).
over/zee oversea(s). ▼—**zees** oversea(s).
overzenden send, transmit.
overzet/boot ferry-boat. ▼—**ten** ferry (over); (vertalen) translate. ▼—**ter 1** ferryman; **2** translator. ▼—**ting** translation. ▼—**veer** ferry.
overzicht survey, summary. ▼—**elijk** surveyable; — gerangschikt, conveniently arranged. ▼—**elijkheid** surveyability.
▼**overzien** look over, survey; met één blik —, take in at a glance; niet te —, incalculable.
overzijde zie overkant.
overzwemmen swim across.
o-weeër war-profiteer.
oxyd/atie oxidation. ▼—**eren** oxidize.
ozon ozone. ▼—**iseren** ozonize.

pa pa, dad.
paadje path.
paai: een ouwe —, an old fog(e)y.
paai/en 1 placate, appease, (fam.) jolly (a p.) along; **2** (v. vis) spawn. ▼—**tijd** spawning-season.
paal (telegraaf—) pole, (lantaren—) post; (hei—) pile; dat staat als een — boven water, that is indisputable; — en perk stellen aan, check. ▼—**brug** pile-bridge. ▼—**dorp** pile village. ▼—**tje** peg, picket. ▼—**werk** pile-work. ▼—**woning** pile-dwelling.
paap 1 priest; **2** papist. ▼**paaps(gezind)** popish.
paapje (vogel) whinchat.
paar pair, couple; bij paren, in couples (pairs); een vrijend —tje, a couple of lovers, two lovers; het jonge —, the young couple; een — dagen (dingen, enz.) a few days (things, etc.); niet ieder — hoort bij elkaar, every couple is not a pair.
paard horse; (schaakspel) knight; het beste — struikelt wel eens, it's a good horse that never stumbles; —en die de haver verdienen krijgen ze niet, one beats the bush and another gets the hare; — rijden, ride (on horse-back); men moet een gegeven — niet in de bek zien, do not look a gift h. in the mouth; 't — achter de wagen spannen, put the cart before the h.; op het verkeerde — wedden, back the wrong h.; hij is over het — getild, they have made too much of him; he has a swelled head; te —, on horseback; te — springen, vault into the saddle; te —!, to h.!; van 't — stijgen, dismount. ▼**paarde(n)/- horse-.** ▼—**arts** veterinary surgeon; (fam.) vet. ▼—**bek** h.'s mouth. ▼—**bloem** dandelion. ▼—**dief** h.-thief. ▼—**dressuur** h.-breaking.
▼—**fokker** h.-breeder. ▼—**fokkerij 1** h.-breeding; **2** stud-farm. ▼—**haar** h.-hair.
▼—**hoef** h.-hoof. ▼—**horzel** gad-fly.
▼—**knecht** groom. ▼—**koopman** h.-dealer.
▼—**kop** h.'s head. ▼—**kracht** h.-power.
▼—**leer** h.-leather. ▼—**liefhebbers** horsey people. ▼—**markt** h.-fair. ▼—**middel** drastic (desperate) remedy. ▼—**poot** h.-foot, h.-leg.
▼—**slager** h.-butcher. ▼—**spel** circus.
▼—**sport** hippic (equestrian) sport.
▼—**staart** horse-tail; (haardracht) pony-tail.
▼—**stoeterij** stud-farm. ▼—**tram** h.-tram.
▼—**tuig** harness. ▼—**vijg** ball of h.-dung; —en, h.-droppings. ▼—**vilder** (h.-)knacker.
▼—**vlees** h.-flesh. ▼—**vlieg** h.-fly.
▼—**voe(de)r** h.-fodder. ▼—**volk** cavalry.
▼**paardrijd/en** h.-riding. ▼—**er** horseman.
▼—**ster** horsewoman.
paarl pearl. ▼—**emoer(en)** mother of pearl.
paars violet, purple.
paarsgewijs in pairs.
paartijd pairing-time, mating-season
paas/- Easter-. ▼—**best** Sunday-best.
▼—**brood** Easter loaf; (joods) Passover bread.
▼—**dag** E.-day. ▼—**ei** E.-egg. ▼—**feest** Easter; (joods) Passover. ▼—**lam** paschal (E.) lamb. ▼**P—maandag** E.-Monday. ▼—**plicht** (rk) Easter duties. ▼—**tijd** E.-time.
▼—**vakantie** E.-holidays. ▼**P—zondag** E.-Sunday.

paatje daddy.
pacemaker pacemaker.
pacht (*contract*) lease; (*geld*) rent; *in — geven*, let out, (*tol*) farm out; *in — hebben*, have on l., rent; *hij denkt dat hij de wijsheid in — heeft*, he thinks he has a monopoly of wisdom. ▼**—akte** lease. ▼**—boer** tenant farmer. ▼**—brief** lease. ▼**—en** rent; (*tol, enz.*) farm. ▼**—er** lessee; (*v. boerderij*) tenant; (*v. tollen*) farmer. ▼**—geld** rent. ▼**—hoeve** farm. ▼**—som** rent. ▼**—tijd** term of a lease, tenancy. ▼**—wet** Agricultural Holding Act.
pacif/icatie pacification. ▼**—iceren** pacify. ▼**—isme** pacifism. ▼**—ist(isch)** pacifist.
pad path; *het — der deugd bewandelen*, walk in the p. of virtue; *vroeg op 't — zijn*, be abroad early; *op 't rechte — blijven*, keep straight; *van 't rechte — afdwalen, 't slechte — opgaan*, go astray, fall into evil ways.
pad(de) toad.
paddestoel toad-stool; (*eetbaar*) mushroom. ▼**—kwekerij** m.-farm.
padvind/er (boy) scout. ▼**—erij** (*het werk*) scouting; (*anders*) (boy) scout movement. ▼**—ersvereniging** boy scouts' association. ▼**—ster** (girl) guide.
paf! bang!; *hij stond er — van*, it made him gasp; *daar sta ik — van*, that staggers me.
paff/en pop, blaze (at). ▼**—(er)ig** puffy, flabby.
pagaai paddle. ▼**—en** paddle.
page page. ▼**—kopje** bobbed hair.
pagin/a page. ▼**—eren** page. ▼**—ering** paging.
pagode pagoda.
pain de luxe fancy bread.
pak package; (*pakje*) parcel, packet; (*baal*) bale, bundle; (*pak kleren*) suit; *een dik — sneeuw*, a heavy snowfall; *een — slaag*, a thrashing; *— voor de broek*, spanking; *van hetzelfde laken een — krijgen*, fare likewise; *hij kreeg een nat —*, he got a wetting; *er viel een — van mijn hart*, a load was lifted off my mind; *niet bij de —ken gaan neerzitten*, not sit down under it; *met — en zak*, bag and baggage. ▼**—dier** pack animal. ▼**—ezel** pack-donkey.
pakhuis warehouse. ▼**—ceel** w.-warrant. ▼**—huur** w.-rent, storage. ▼**—kosten** w.-charges. ▼**—ruimte** w.-room.
pakje parcel, packet. ▼**—sdrager** porter.
pakkage luggage.
pakken (*grijpen*) seize, catch; (*v. sleutel*) bite; (*inpakken*) pack; do up; (*omhelzen*) hug; (*boeien*) grip; (*v. sneeuw*) ball; *nu heb ik je te — now I've got you*; *de verkeerde te — hebben*, have got hold of the wrong person, have the wrong sow by the ear; *zij heeft het lelijk te — van hem*, she has got it very badly over him; *te — krijgen*, get hold of; *iem. te — nemen*, cheat a p., pull a p.'s leg; *zijn boeltje — pack up*. ▼**pakkend** catchy (tune); thrilling (story); catching, arresting (advertisement); snappy (title). ▼**pakker** packer. ▼**—ij** packing-room.
pakkerd hug, kiss, buss, smack.
pakket parcel, packet; package (of measures). ▼**—boot** packet-boat. ▼**—post** parcel-post. ▼**—vaart** packet-trade. ▼**—vaartmaatschappij** packet company.
pakking packing (*tech.*) gasket.
pak/kist packing-case. ▼**—paard** pack-horse. ▼**—papier** packing-paper. ▼**—touw** twine. ▼**—zadel** pack-saddle.
pal I *zn* catch. **II** *bw*: *— staan*, stand firm; *— noord*, due north.
paladijn paladin; (*fig.*) champion.
paleis palace. ▼**—revolutie** p. revolution. ▼**—wacht** p. guard.
Palestijn Palestinian. ▼**—s** Palestinian, Palestine. ▼**Palestina** Palestine.
palet palette. ▼**—mes** p. knife.
paling eel; *gestoofde —*, eel-stew.
palissade palisade, stockade.
palissanderhout(en) rose-wood.
paljas buffoon, clown.
palm (*v. hand*) palm; (*maat*) decimetre;

(*boom*) palm; *de — wegdragen*, bear the p.; (*fam.*) take the cake. ▼**—boom** p.-tree. ▼**—bos** p.-wood. ▼**—olie** p.-oil. ▼**P—pasen** P. Sunday. ▼**P—zondag** P. Sunday.
pamflet lampoon; (*brochure*) pamphlet.
pan I pan; (*dak—*) tile; **2** (*janboel*) mess; *onder de —nen zijn*, be out of harm's way; *gezellige —*, fine fun; *uit de — rijzen*, shoot up; *wat 'n — !*, what a mess!
panacee panacea.
pand 1 pledge, security; (*bij pandverbeuren*) forfeit; **2** (*jasslip*) tail, flap; **3** (*huis en erf*) premises; *—verbeuren*, play (at) forfeits. ▼**—brief** mortgage bond. ▼**—gever** pawner. ▼**—houder** pawnee. ▼**—jeshuis** pawn-shop. ▼**—jesjas** tail-coat. ▼**—nemer** pawnee. ▼**—verbeuren** game of forfeits.
paneel panel. ▼**—werk** panelling.
paneermeel bread-crumbs. ▼**paneren** crumb.
panharing white herring.
paniek panic, scare; *door — bevangen*, p.-stricken, panicky; *in — raken*, panic. ▼**—zaaier(ij)** scare-monger(ing). ▼**panisch** panic; *—e schrik*, panic.
panklaar dressed, ready for cooking, oven-ready.
panlat batten, tiling batten.
panne break-down; *— hebben*, have engine-, tire-trouble; *have a break-down*.
panne/koek pancake; (*'spiegelei'*) lollipop. ▼**—lap** p.-cleaner; p.-holder.
pannen/bakker tile-maker. ▼**—bakkerij** tile-works.
panopticum waxworks.
panorama panorama.
pantalon trousers; (*fam.*) pants.
panter panther.
panthe/isme pantheism. ▼**—ïst** pantheist. ▼**—istisch** pantheistic.
pantoffel slipper; *op —s*, in slippers; *hij zit onder de —*, he is henpecked. ▼**—held** henpecked husband. ▼**—parade** parade, church-parade.
pantomime dumb-show; (*vnl. rond Kerstmis*) pantomime.
pantser (suit of) armour; (*borst + rug*) cuirass; (*v. schepen*) armour-plate (-plating). ▼**—afweergeschut** anti-tank guns. ▼**—auto** armoured car. ▼**—dek** armoured deck. ▼**—dier** armadillo. ▼**—divisie** armoured division. ▼**—en** armour. ▼**—granaat** armour-piercing shell. ▼**—koepel** armoured cupola. ▼**—kruiser** armoured cruiser. ▼**—plaat** armour plate. ▼**—schip** iron-clad. ▼**—toren** armoured turret. ▼**—trein** armoured train. ▼**—wagen** armoured car.
panty tights, panty-hose.
pap porridge; (*op zweer*) poultice; (*zachte massa*) pulp; (*modder*) slush.
papa papa; (*fam.*) the pater.
papaver poppy. ▼**—achtig** papaverous. ▼**—bol** p.-head. ▼**—zaad** p.-seed.
papegaai parrot. ▼**—ziekte** psittacosis.
paperassen (*papieren*) papers; (*verachtend*) bumf; (*scheurpapier*) waste paper.
papier paper; *—en*, papers; (*effecten*) stock(s); *zijn —en zijn stijgend*, his stock is rising; *goede —en hebben*, have good testimonials; *'t loopt in de —en*, it runs into a lot of money; *op — zetten*, put on paper. ▼**—bak** litter-box. ▼**—bereiding** p.-making. ▼**—binder** p.-clip. ▼**—bloem** immortelle. ▼**—en** paper; *—servetten*, paper napkins. ▼**—geld** p. money. ▼**—fabricage** p.-making. ▼**—fabriek** p.-mill. ▼**—fabrikant** p.-maker. ▼**—handel** p.-trade. ▼**—handelaar** p.-merchant; (*winkelier*) stationer. ▼**—maché** papier mâché. ▼**—mand** waste-paper basket. ▼**—merk** watermark. ▼**—molen** p.-mill. ▼**—plant** papyrus. ▼**—rommel** litter of paper. ▼**—snijder** p.-knife. ▼**—tje** bit (slip) of p. ▼**—waren** p. ware. ▼**—winkel** stationer's (shop).
papillot curl-paper; *—ten zetten*, put one's hair in curl-papers.
papisme papism. ▼**papist** papist.

pap/kerel milksop. ▼—kind molly-coddle.
▼—kost (soft) pap. ▼—lepel pap-spoon; *iem. iets met de — ingeven*, spoon-feed a p. with s.th.
pappel poplar.
pappen (*zweer*) poultice; (*stoffen*) dress.
pappenheimers: *ik ken mijn —*, I know my customers.
pappie daddy.
pap/pig pulpy, pasty. ▼—pleister poultice.
▼—pot: *bij moeder s — blijven*, be a stay-at-home. ▼—zak fat-guts.
paprika paprika.
papyrus papyrus. ▼—rol papyrus.
paraaf initials.
paraat ready, prepared. ▼—heid preparedness.
parabel parable.
para/bolisch parabolic. ▼—bool parabola.
parachute parachute. ▼—ren (*on.w & ov.w*) parachute, (*ook*) drop (supplies, etc.).
▼—springer parachutist. ▼—sprong parachute jump. ▼—troepen parachute troops, paratroops. ▼parachutist parachutist, (*mil. ook*) paratrooper.
parade review, parade; — *afnemen*, take the salute; — *houden*, hold a p.; — *maken*, parade; *alleen om — te maken*, (*fig.*) only for show.
▼—mars parade-march. ▼—paard parade-horse; (*fig.*) show-pupil. ▼—pas parade-step. ▼—plaats parade-ground.
▼paraderen parade; — *met*, parade, make a show of.
paradigma paradigm.
paradijs paradise; *het —*, Paradise. ▼—achtig paradisiac(al). ▼—appel p.-apple. ▼—vogel bird of p.
paradox paradox. ▼—aal paradoxical.
paraferen initial.
paraffine paraffin.
parafras/e paraphrase. ▼—eren paraphrase.
paragraaf paragraph, section.
parallel *bn & zn* parallel; — *lopen*, run p. (to).
▼—isme parallelism. ▼—klas p. form.
▼—plaats p. passage. ▼—schakeling p. connection. ▼—weg p. road.
parameter parameter.
paramilitair paramilitary.
paraplu umbrella. ▼—bak, —standaard u.-stand.
parapsychologie parapsychology.
parasiet parasite. ▼parasit/air parasitic(al).
▼—eren parasitize; *op iem. —*, sponge on a p.
parasol parasol, sun-shade.
paratyfus paratyphoid.
parcours course, circuit.
pardoes bang, slap, smack.
pardon pardon; —*!*, (I beg your) p., pardon me; *geen — geven*, give no quarter; *geen — hebben met*, have no mercy on; *zonder —*, ruthlessly. ▼—neren pardon, excuse.
parel pearl; —*en voor de zwijnen werpen*, cast pearls before swine. ▼—achtig pearly.
▼—bank pearling-ground. ▼—duiken p.-diving. ▼—duiker p.-diver. ▼—en *l bn* pearl. *ll ww* sparkle; *het zweet parelde mij op het voorhoofd*, beads of perspiration stood on my brow. ▼—grijs p.-grey. ▼—hoen guinea-fowl. ▼—kleur(ig) p.-colour(ed).
▼—moer *zie* paarlemoer. ▼—moervlinder fritillary. ▼—oester p.-oyster. ▼—schelp p.-shell. ▼—snoer p. necklace. ▼—visser p.-fisher. ▼—visserij p.-fishery.
paren pair; mate, copulate; (*twee aan twee plaatsen*) pair off; *moed aan kalmte —*, combine courage with calmness.
parenthese parenthesis.
pareren parry, ward off.
parfum scent, perfume. ▼—eren scent, perfume. ▼—erie perfumery. ▼—zaak p. shop.
pari par; *à —*, at p.; *tegen — uitgeven*, issue at face-value; *beneden —*, below p., at a discount; *boven —*, above p., at a premium.
paria pariah.
Parijs *l zn* Paris. *ll bn* Parisian. ▼Parijse Parisienne. ▼Parijzenaar Parisian.
paring pairing, mating, copulation.

pariteit parity.
park park; *nationaal —*, national park.
parkeer/baan (*ruimtev.*) parking orbit.
▼—der parker. ▼—geld parking-fee.
▼—gelegenheid parking accommodation.
▼—haven lay-by. ▼—licht parking light.
▼—meter parking meter. ▼—plaats, —terrein parking-place, car-park; (*langs weg*) lay-by. ▼—schijf parking disc.
▼—wachter car-park attendant. ▼—zone (controlled) parking zone. ▼parkeren park; *verboden te —*, no parking; *ik sta daar geparkeerd*, I'm parked over there.
parket 1 (*in theat.*) parquet; 2 (*jur.*) (office of the) Public Prosecutor; *in een lastig — zitten*, be in an awkward predicament; *iem. in een lelijk — brengen*, put a p. into an awkward position. ▼—vloer parquet floor.
parkiet parakeet.
parlement parliament. ▼—air *bn* parliamentary; —*e vlag*, white flag. ▼—ariër parliamentarian, member of parliament, M.P.
▼—eren parley. ▼—sgebouw(en) Houses of Parliament. ▼—slid Member of P.
▼—smeerderheid parliamentary majority.
▼—svergadering meeting of P. ▼—swet act of P. ▼—szitting session of P.
parlevinken parleyvoo, palaver.
parmantig jaunty. ▼—heid jauntiness.
paroch/iaal parochial. ▼—iaan parishioner.
▼parochie parish. ▼—kerk p. church.
parod/ie parody. ▼—iëren parody.
parool parole; (*wachtwoord*) password; (*leus*) slogan; *op — (vrijlaten)*, (set free) on p.
part part; *voor mijn —*, for all I care; — *noch deel hebben aan*, have neither art nor part in; (*uw geheugen*) *heeft u — en gespeeld*, has played you tricks.
parterre (*v. schouwb.*) pit; (*v. huis*) ground-floor.
particip/ant participant, participator. ▼—atie participation. ▼—atiestelsel co-partnership.
▼—eren participate. ▼—ium participle.
particulier *l bn* private (school, secretary, etc.); *in — bezit*, privately owned; *in de —e sector*, in the private sector. *ll zn* private person.
partieel partial.
partij party; (*sp.*) side; (*spel*) game; (*huwelijk*) match; (*muz.*) part; (*zending*) shipment; (*goederen*) parcel, lot; *een goede — doen*, make a good match; *n — geven*, give a party, entertain; *goed — geven*, (*sp.*) play up well; *beide —en te vriend houden*, hold with the hare and run with the hounds; — *kiezen*, take sides; — *kiezen (trekken) voor iem.*, side with a p.; *de wijste — kiezen*, take the wisest course; — *trekken van*, take advantage of; *zijn — spelen*, play one's part; *zijn — vinden*, find one's match; *boven de — staan*, be above party; *van de — zijn*, be a member of the party; *bij —en verkopen*, sell in lots.
▼—belang p.-interest(s). ▼—benoeming partisan appointment. ▼—bestuur party-executive. ▼—bons p.-boss. ▼—dag p.-rally.
partijdig partial, bias(s)ed. ▼—heid partiality, bias.
partij/discipline party discipline. ▼—ganger partisan. ▼—genoot p.-member.
▼—groepering political constellation.
▼—kas p.-fund. ▼—leider p.-leader.
▼—leiding p.-leadership. ▼—leus slogan.
▼—lid p.-member. ▼—organisatie p.-organization, p.-machine.
▼—overwegingen p. considerations.
▼—politiek p.-politics; *de officiële —*, the party-line. ▼—stelling game position.
▼—strijd p.-strife. ▼—tje (*feestje*) party; (*goederen*) lot; (*spel*) game; *een kort —*, a brevity. ▼—zucht faction, p.-spirit.
▼—zuchtig factious.
partituur score.
partizaan partisan.
partje (*v. sinaasappel, enz.*) slice.
partner partner.

part-time part-time; — *werken*, work part-time. ▼**—werk** part-time work.
partuur match.
parvenu parvenu. ▼**—achtig** upstart.
pas I *zn* (*stap*) step, pace; (*berg—*) pass, defile; (*paspoort*) passport; (*verlof, enz.*) pass; *gewone pas!*, quick march!; *dat geeft geen —*, that won't do; *in de — gaan lopen*, fall into step; *op de plaats maken* (*de — markeren*), mark time; *in de — lopen* (*marcheren*), walk (march) in s.; *de — erin houden*, keep up a steady p.; *de — erin zetten*, step out briskly; *uit de — raken*, get out of s.; *te — en te onpas*, in season and out of season; *dat komt niet te —*, that won't do; *dat komt goed te —*, that comes in very useful; *het kwam zo in het gesprek te —*, it cropped up in the course of the conversation; (*de politie*) *moest eraan te — komen*, had to interfere; (*die kwestie*) *komt hier niet bij te —*, does not enter into it; *er komt meer bij te —*, there's more to it; *een waarschuwing* (*hulp*) *die juist van — komt*, timely warning (help); *je komt juist van —*, you are the very man I want; *vandaag komt het niet erg van —*, to-day it will not be very convenient; (*deze opmerking*) *was zeer van —*, was very apposite. **II** *bw* only (two years old); newly (married); just (bought); — *was hij thuis of*, hardly (scarcely) was he home when.
Pasen Easter; (*joods*) Passover; *zijn — houden*, (*rk*) do one's E. duty.
pasfoto passport photo.
pas/geboren new-born. ▼**—gehuwd** newly married.
pas/geld change, small money. ▼**—je** transfer.
pas/kamer fitting-room. ▼**—klaar** ready for trying on; *iets — maken voor*, adapt s.th. to.
paskwil farce, mockery. ▼**—lerig** farcical.
paslood plumb-line, plummet.
pasmunt change.
paspoort passport. ▼**—enbureau** passport office.
pass pass.
passaat(wind) trade-wind.
passage passage; (*galerij*) arcade; (*verkeer*) traffic; — *bespreken*, book a passage. ▼**—biljet** ticket. ▼**—bureau** passenger agency, booking-office. ▼**—geld** fare. ▼**—koers** making-up price. ▼**—kosten** cost of passage.
passagier passenger. ▼**—en** be out on shore-leave. ▼**passagiers/-** passenger-. ▼**—boot** p.-steamer. ▼**—dienst** p.-service. ▼**—goed** p.'s luggage. ▼**—hut** p.-cabin. ▼**—lijst** p.-list. ▼**—ruimte** p.-accommodation. ▼**—schip** p.-ship. ▼**—trein** p.-train. ▼**—verkeer** p.-traffic. ▼**—vervoer** carriage of passengers. ▼**—vliegtuig** p.-plane.
passement trimming, braid.
passen 1 (*v. kleren en onderdelen*) fit; (*aan—*) try on; **2** (*bij kaartspel*) pass; **3** (*betamen*) become; (*schikken*) suit; *dat past precies*, it fits like a glove; *ik kan 't niet passen*, I don't have the exact sum; — *en meten om…*, inch and pinch; *met — en meten wordt de tijd versleten*, while the grass grows, the steed starves; *aan elkaar —*, fit together; *dat past er niet bij*, that does not match t.; *bij elkaar —*, (*v. pers.*) be suited to each other; *zij — goed bij elkaar*, they are well-matched; — *op*, **1** take care of (baby), **2** mind (the steps), **3** fit (a lock); *pas erop!*, mind your back(s)!; *ik pas er voor om…*, I refuse to …; *daar pas ik voor!*, I'm not having any. ▼**passend** (*eig.*) fitting, (*fig.*) fit; suitable, appropriate (term); *'n erbij —d*, a tie to match.
passer compasses; *een —*, a pair of c. ▼**—doos** box of c.
passeren pass (by); (*gebeuren*) happen; (*bij bevordering*) pass over; *hij is de 40 gepasseerd*, he is on the wrong side of 40.
passie passion. ▼**—bloem** p.-flower.
passief I *bn* passive. **II** *zn*: *actief en —*, assets and liabilities.

passie/spel passion-play. ▼**—tijd** P.-tide. ▼**—week** P.-week. ▼**P—zondag** P. Sunday.
passiva liabilities.
passiviteit passivity.
passpiegel fitting-room mirror.
pasta paste.
pastei pie. ▼**—bakker** pastry-cook. ▼**—deeg** paste. ▼**—tje** pasty, patty.
pastel pastel. ▼**—tekenaar** pastellist. ▼**—tekening** p., crayon.
pasteuris/atie pasteurization. ▼**—eren** pasteurize.
pastille pastil(le).
pastoor priest. ▼**pastor/aal** pastoral; — *werk*, pastoral work; *pastorale theologie*, pastoral theology. ▼**—ie** parsonage, vicarage; (*rk*) presbytery; (*Schots*) manse.
pat stalemate; — *zetten*, stalemate.
patates frites chips, French fried potatoes, French fries.
patent I *bn* excellent, first-rate; *er — uitzien*, look very fit. **II** *zn* (*voor uitvinding*) (letters) patent; (*voor bedrijf*) licence; — *aanvragen*, apply for a patent; — *nemen op*, take out a patent for; — *verlenen*, grant a patent. ▼**—aanvrage** application for a p. ▼**—artikel** p. article. ▼**—eren** patent. ▼**—houder** patentee. ▼**—medicijn** p. medicine. ▼**—nemer** patentee. ▼**—olie** p. oil. ▼**—recht** p. right. ▼**—sluiting** p. lock. ▼**—verlening** grant of a patent. ▼**—wet** p. act.
pater father. ▼**—nalisme** paternalism. ▼**—nalistisch** paternalistic. ▼**—noster** paternoster. ▼**—tje**: — *goedleven*, epicure; — *langs de kant*, ring-a-roses.
pathetisch pathetic.
patholo/gie pathology. ▼**—isch** pathological. ▼**patholoog** pathologist. ▼**pathos** pathos.
patience (*kaartspel*) patience.
patiënt patient. ▼**—enboek** case-book.
patjakker bounder, cad.
patriarch patriarch. ▼**—aal** patriarchal. ▼**—aat** patriarchate.
patric/iër patrician. ▼**—isch** patrician.
patrijs partridge. ▼**—hond** spaniel. ▼**—poort** port-hole. ▼**patrijzejacht** partridge-shooting; *op de — zijn*, be out shooting partridges.
patriot patriot. ▼**—tisme** patriotism. ▼**—tisch** patriotic.
patron/aat patronage; (*vereniging*) confraternity. ▼**—es** patroness.
patroon 1 (*baas*) employer, master; (*beschermheer*) patron; (*heilige*) patron saint; **2** cartridge; *losse —*, blank c.; *scherpe —*, ball c.; **3** (*dessin*) pattern, design. ▼**—houder** clip. ▼**—huls** cartridge-case. ▼**—tas** cartridge-box. ▼**—tekenaar** designer.
patrouille patrol. ▼**—leider** p. leader. ▼**—vaartuig** p. boat. ▼**—vlucht** p. flight. ▼**patrouilleren** patrol.
pats slap.
patser bounder. ▼**—ig** caddish.
patstelling stalemate, (*fig.*) deadlock.
pauk kettledrum. ▼**—enist** kettledrummer.
Paulus (St.) Paul.
pauper pauper. ▼**—iseren** pauperize.
paus pope; (*fig.*) autocrat. ▼**—dom** papacy. ▼**—elijk** papal, pontifical. ▼**—gezind** papistical. ▼**—gezinde** papist. ▼**—keuze** papal election. ▼**—schap** papacy.
pauw peacock. ▼**—achtig** peacockish. ▼**—estaart** p.'s tail. ▼**—eveer** p.'s feather. ▼**—oog** p.-butterfly.
pauze pause, interval, (*in schouwburg, enz.*) interval; (*Am. speciaal in schouwburg*) intermission; (*op school*) break. ▼**—teken** interval signal. ▼**pauzer/en** pause, stop. ▼**—ing** pause.
paviljoen pavilion; (*v. gesticht*) cottage.
pavoiseren dress, beflag.
pech bad luck; (*mankement*) trouble. ▼**—vogel** unlucky person.
pedaal pedal. ▼**—emmer** pedal bin.
pedagog/ie(k) pedagogy. ▼**—isch** pedagogic(al); *—e academie*, (*ongev.*)

(teacher) training college. ▼**pedagoog** pedagogue.
pedant I *zn* pedant. II *bn* pedantic, conceited. ▼—**erie** pedantry.
peddelen pedal; (*roeien*) paddle.
pedel bedel (l); academic registrar.
pedestal pedestal.
pedicure pedicure, chiropodist.
pee: *de — in hebben*, be in a huff; *de — hebben aan*, hate.
peel marshy land.
peen carrot; (*witte*) parsnip. ▼—**haar** carroty hair; (*scheldwoord*) carrots.
peer pear; (*v. gloeilamp*) bulb; *hij liet mij met de gebakken peren zitten*, he left me in the cart; *daar zit je nu met je gebakken peren*, your chickens have come home to roost.
pees tendon, sinew; (*v. boog*) string.
peet godfather, godmother; — *staan*, stand g. (to). ▼—**dochter** goddaughter. ▼—**oom** godfather. ▼—**schap** sponsorship. ▼—**tante** godmother. ▼—**zoon** godson.
peignoir peignoir, dressing-gown.
peil level, (water-)mark; (*fig.*) level; *beneden —*, (*v. water*) below the usual l.; (*anders*) not up to the m.; *op —*, up to the m.; *op hoger — brengen*, raise to a higher l.; *op — houden*, keep up to the m.; *daar kan men geen — op trekken*, that is quite unpredictable; (*die opmerking*) *is beneden —*, is beneath contempt. ▼—**bord** (tidal) gauge. ▼—**en** (*vaarwater*) sound, plumb, fathom; (*inhoud*) gauge; (*positie bepalen*) take (one's) bearings; (*wond*) probe; (*kennis*) test, gauge; (*gedachten*) fathom, probe. ▼—**glas** gauge (-glass). ▼—**ing** (*v. inhoud*) gauging; (*ter orientatie*) bearing; — *en doen*, take soundings (bearings). ▼—**lood** plummet. ▼—**loos** unfathomable. ▼—**schaal** gauge.
peinz/en ponder, meditate, muse (on); (*somber*) brood. ▼—**end** meditative, pensive. ▼—**er** meditator.
pek pitch; *wie met — omgaat wordt ermee besmet*, p. sticks. ▼—**draad** wax-end.
pekel brine, pickle; *lelijk in de — zitten*, be in a nice p. ▼—**achtig** briny. ▼—**en** brine, pickle. ▼—**haring** salt herring. ▼—**vlees** salt meat. ▼—**water** brine. ▼—**zonde** peccadillo.
Peking Peking, Pekin.
pelgrim pilgrim. ▼—**sstaf** p.'s staff. ▼—**stocht** pilgrimage.
pelikaan pelican.
pellen peel; shell (nuts); (*rijst*) husk. ▼**pellerij, pelmolen** peeling-mill.
peloton platoon.
pels (*onbewerkt*) pelt; (*bont*) fur. ▼—**dier** furred animal. ▼—**handel** fur-trade. ▼—**handelaar** furrier. ▼—**jager** (f.-)trapper. ▼—**jas** f. coat. ▼—**werker** furrier. ▼**pelterij** peltry, furriery.
peluw bolster.
pen pen; (*veer*) feather; (*slagpen*) pinion; (*v. egel en ganzepen*) quill; (*pin*) peg, pin; (*brei—*) needle; *de — vlot hanteren*, have a facile p.; *de — opnemen*, take p. in hand; *heel wat —nen in beweging brengen*, arouse a good deal of controversy; *iem. de — op de neus zetten*, put a p. down; *een werk in de — hebben*, have a work in hand; *'t is in de —*, it is on the stocks; *wat heeft je dit in de — gegeven?*, what has induced you to write this?; *'t is in de — gebleven*, nothing has ever come of it; *uit zijn —*, from his p.
penarie: *in de — zitten*, **1** be in the soup, **2** be in a blue funk.
penant pier. ▼—**spiegel** p.-glass.
pendant pendant, counterpart, opposite number.
pendel/aar commuter. ▼—**dienst** shuttle service. ▼—**en** commute. ▼—**ruimtevaartuig** space shuttle.
pendule clock, timepiece.
penetr/ant penetrating. ▼—**atie** penetration. ▼—**eren** penetrate.
penhouder penholder.

penibel awkward.
penicilline penicillin.
penis penis.
penitentie penance; (*fig.*) ordeal.
penne/kras stroke of the pen. ▼—**likker** quill-driver, pen-pusher, inkslinger. ▼—**mes** penknife. ▼**pennen** pen; (*bij schaken*) pin; *zolen —*, peg boots. ▼**penne/strijd** controversy. ▼—**vrucht** product of one's pen.
penning penny; (*gedenk—*) medal; (*v. politieagent*) badge; (*schaken*) pinning, pin; *hij is erg op de —*, he is very close-fisted; *'s lands —en*, the public funds. ▼—**kundige** numismatist. ▼—**meester** treasurer. ▼—**meesterschap** treasurership.
pens paunch; (*voedsel*) tripe.
penseel brush. ▼**penselen** paint; (*wond*) pencil.
pensioen pension; (*mil. ook*) retired pay; *iem. — geven, op — stellen*, pension a p. off; *met — gaan*, retire (on pension); *met vervroegd — gaan*, take an early retirement; *aan deze betrekking is — verbonden*, this post carries a pension; *een ambtenaar met —*, a retired civil servant; *recht op —*, pensionable rights; *voor — storten*, contribute towards one's p. ▼—**aanspraken** claims to a p. ▼—**aanvrage** application for a p. ▼—**aftrek** superannuation reduction. ▼—**fonds** pension fund. ▼—**geld** p. money. ▼—**gerechtigd** pensionable; *-e leeftijd*, pensionable, superannuation age. ▼—**gerechtigdheid** claim to a p. ▼—**grondslag** basis of pension. ▼—**jaar** year of pensionable service. ▼—**raad** pensions board. ▼—**regeling** pensions (superannuation) scheme. ▼—**sbijdrage** superannuation contribution. ▼—**trekker** pensioner. ▼—**uitkering** 1 payment of a p.; 2 pension allowance. ▼—**verlening** grant of a p. ▼—**wet** pensions act.
pension boarding-house; (*kost*) board; *in — zijn bij*, board with. ▼—**aat** boarding-school. ▼—**gast** boarder, lodger. ▼—**houd(st)er** boarding-house keeper.
pensioneren en pension off; (*mil. ook*) place on the retired list. ▼—**ing** retirement.
pensionprijs boarding-terms.
penteken/aar pen-draughtsman. ▼—**ing** pen-drawing.
peper pepper. ▼—**duur** most expensive. ▼—**en** pepper. ▼—**en-zoutkleurig** grizzled. ▼—**en-zoutstel** cruet-stand. ▼—**koek** gingerbread. ▼—**munt** peppermint. ▼—**noot** ginger-nut.
pep/middel, —pil pep pill.
peppel poplar.
pepsine pepsin.
per per (yard, hour, week); by (train, bus, post).
perceel (*kaveling*) lot; (*stuk land*) plot; (*gebouw*) premises. ▼—**sgewijze** in lots.
percent per cent, p.c.; *tegen 2 — uitstaan*, be put out at two per cent. ▼—**age** percentage. ▼—**sgewijze** proportional(ly).
percussie percussion.
pere/boom pear-tree. ▼—**bloesem** pear-blossom.
perfect perfect. ▼—**ie** perfection; *in de —*, perfectly, to perfection.
perfor/atie perforation. ▼—**eermachine** perforating-machine. ▼—**eren** perforate.
pergola pergola.
perikel peril.
period/e period. ▼—**iek** *bn & zn* periodical; *-e onthouding*, rhythm (safe period) method; *-e overschrijving*, payment by standing order; *-e verhogingen*, increments.
periscoop periscope.
perk 1 (*flower-*)bed; 2 (*grens*) bound, limit; *binnen de —en blijven*, keep within bounds; *binnen de —en der wet blijven*, keep within the law; *het gaat alle —en te buiten*, it passes all bounds.
perkament parchment; (*v. boeken*) vellum. ▼—**achtig** p.-like. ▼—**en** *bn* parchment. ▼—**papier** p.-, vellum-paper. ▼—**rol** p.-scroll.
permanent permanent; *zich laten —en*, have

one's hair permed.
permissie permission, leave. ▼**permitteren** permit, allow; *zich de vrijheid — om*, take the liberty to; *ik kan me die weelde niet —*, I cannot afford that luxury.
permutatie permutation.
peroratie peroration.
perplex perplexed, baffled; *iem. — doen staan*, perplex a p.
perron platform. ▼**—kaartje** p.-ticket.
Pers 1 Persian; **2** (*kleed*) Persian rug.
pers press; *de —*, the p.; *een goede — hebben*, have a good p.; *aan de — zijn*, be on the p.; *bij het ter —e gaan*, as we are going to p.; *ter —e zijn*, be in the p.; *iem. van de —*, newspaper man. ▼**—agent** p. agent. ▼**—agentschap** p. agency. ▼**—attaché** p. attaché. ▼**—beoordeling** p. opinion. ▼**—bericht** p. report, newspaper report. ▼**—bureau** news agency. ▼**—campagne** p.-campaign. ▼**—censuur** censorship of the p. ▼**—commentaar** p. comment. ▼**—conferentie** p. conference. ▼**—delict** p. offence. ▼**—dienst** news service.
per se (*eig.*) per se; *dit hoeft niet — waar te zijn*, this is not necessarily true; *hij wilde er —heen*, he wanted to go there by hook or by crook.
persen press, squeeze.
pers/foto press photograph. ▼**—fotograaf** cameraman, p. photographer. ▼**—gesprek** interview.
persifl/age persiflage. ▼**—eren** persiflage.
persijzer (*tailor's*) goose.
pers/kaart press pass. ▼**—kantoor** p. bureau. ▼**—klaar** ready for the p. ▼**—knipsel** newspaper cutting. ▼**—machine** bale-presser. ▼**—magnaat** p.-lord. ▼**—man** newspaper man. ▼**—muskiet** p.-hound.
personage personage, person.
personderhoud interview.
personeel I *bn* personal; *personele belasting*, inhabited house duty; *personele unie*, personal union. **II** *zn* staff, personnel, manpower; *te weinig* (*te veel*) *— hebben*, be understaffed (overstaffed). ▼**—chefs** s. (*of:* labour) manager. ▼**—sbeleid** staff management, personnel management. ▼**—sbezetting** establishment, staffing. ▼**—sopleiding** s. training. ▼**—suitbreiding** increase of s. (personnel). ▼**—svereniging** s. association. ▼**—szaken** s. matters.
personen/auto (**—trein**) passenger car (train).
personi/ficatie personification. ▼**—fiëren** personify.
· **persoon** person; (*in toneelstuk*) character; *per —*, a head, each; *in* (*eigen*) *—*, in p., personally; (*de gierigheid*) *in —*, personified; *ik voor mijn —*, for my own p., personally.
persoonlijk I *bn* personal; individual; private; (*op brief*) private; *'t —e*, the p. touch; *—e lening*, personal loan. **II** *bw* personally. ▼**—heid** personality.
persoons/bewijs identity card. ▼**—verheerlijking** personality cult. ▼**persoontje** little person; *... en mijn —*, and yours truly.
persoverzicht press review.
perspectief perspective. ▼**—vrijheid** freedom of the press.
pers/tribune press gallery. ▼**—vrijheid** freedom of the press.
pertinent positive; downright (*lie*).
Peru Peru. ▼**—aan(s)** Peruvian. ▼**p—balsem** Peruvian balsam.
pervers perverse. ▼**—iteit** perversity.
Perzië Persia; (*thans*) Iran.
perzik peach.
Perzisch Persian; (*in pol.*) Iranian; *—e Golf*, P. Gulf.
pessim/isme pessimism. ▼**—ist** pessimist. ▼**—istisch** pessimistic.
pest plague; (*fig.*) pest; *dat is de — voor...*, it plays the deuce with ...; *ik heb er de — aan*, I hate it like poison; *de — in hebben*, be in a huff. ▼**—buil** p.-botch. ▼**—en** plague; rag (a

teacher); badger, nag. ▼**—epidemie** p.-epidemic. ▼**—erij** ... ing. ▼**—icide** pesticide, pest-killer. ▼**—ilent** pestilent. ▼**—lijder** p. patient. ▼**—kop** bully. ▼**—lucht** pestilential air. ▼**—vent** pestilential fellow.
pet (peaked) cap; *dat gaat boven mijn —* (*je*), that is beyond me.
petekind godchild.
peterselie parsley.
petieterig poky (*room*); tiny.
petitie petition. ▼**petition/aris** petitioner. ▼**—eren** petition. ▼**—nement** petition.
petoet quod.
petro/chemie petrochemistry. ▼**—chemisch** petrochemical. ▼**petroleum, petrolie** (*ruwe*) petroleum; (*gezuiverd*) paraffin. ▼**—bron** oil-well; *een — ontdekken*, strike oil. ▼**—haven** oil-port. ▼**—kachel** oil-stove. ▼**—lamp** paraffin lamp. ▼**—maatschappij** p. company, oil-c. ▼**—motor** oil-engine. ▼**—raffinaderij** oil-refinery. ▼**—stel** oil-stove. ▼**—veld** oilfield.
Petrus Peter; (*de apostel*) (St.) Peter.
petto *iets in — hebben* (*houden*), have (keep) s.th. up one's sleeve, háve (keep) in reserve.
peuk(**je**) stub, stump.
peul (*dop*) pod; (*groente*) pea. ▼**—eschil** pea-pod; *dat is een — voor me*, that is a mere trifle for me. ▼**—tje**: *moet je nog —s?*, can you beat it? ▼**—vrucht**(**en**) pulse.
peuter little beggar, nipper. ▼**—aar** niggler. ▼**—en** niggle; *— aan*, tamper with; *in de neus* (*tanden*) *—*, pick one's nose (teeth). ▼**—ig** finicky, meticulous. ▼**—speelzaal** (*ongev.*) play group. ▼**—werk** finicky work.
peuzel/aar muncher. ▼**—en** munch.
pianino pianino, upright (cottage) piano. ▼**pianist**(**e**) pianist. ▼**piano** piano. ▼**—begeleiding** p.-accompaniment. ▼**—concert** p. concerto; (*voordracht*) p. recital. ▼**—juffrouw** piano-teacher. ▼**—kruk** music-stool. ▼**—la** pianola. ▼**—leraar, —lerares** p.-teacher. ▼**—les** p.-lesson. ▼**—muziek** p.-music. ▼**—onderwijzer(es)** p.-teacher. ▼**—spel** p.-playing. ▼**—spelen** play the p. ▼**—speler** pianist. ▼**—stemmer** p.-tuner.
piccolo page-boy, buttons; (*Am.*) bell-hop.
picknick(**en**) picnic.
piëdestal pedestal.
piek (*bergtop*) peak; (*wapen*) pike.
pieker/aar puzzle-head. ▼**—en** puzzle (over s.th.), brood, worry, fret; *zich suf —*, puzzle one's head off.
piekerig spiky.
piekfijn spruce, natty.
pienter bright, clever, smart. ▼**—heid** ... ness.
piep! peep! ▼**—en** (*v. muizen*) squeak; (*v. scharnier*) creak; (*v. adem*) wheeze; *'m —*, clear out. ▼**—er 1** (*aardappel*) spud; **2** (*vogel*) pipit; **3** (*speelgoed*) squeaker. ▼**—erig** squeaky, wheezy. ▼**—jong** extremely young. ▼**—kuiken** spring-chicken. ▼**—zak**: *in de —zitten*, be in a funk.
pier 1 (*dam in zee*) pier; **2** (*worm*) rain-worm; *zo dood als een —*, as dead as a door-nail.
pierement barrel-organ.
pierenverschrikker(tje) dram, drop, snifter.
pierewaai/en be on the spree. ▼**—er** rake.
Pierrette Pierrette. ▼ **Pierrot** Pierrot.
pies urine, (*fam.*) piss.
Piet Peter; *voor p— snot staan*, look silly; *een hele —*, quite a guy; *zich een hele — vinden*, fancy o.s.; *Zwarte —*, Black Jack.
pietepeuterig punctilious, finicky. ▼**—heid** punctiliousness, finicky behaviour.
pieterman weever.
pieterselie parsley.
pietlut niggler. ▼**—tig** niggling, petty, petty-minded (*man*). ▼**—tigheid** pettiness.
pigment pigment. ▼**—atie** pigmentation.
pij (*monk's*) habit. ▼**—jekker** pea-jacket.
pijl arrow, dart; *— en boog*, bow and arrow(s); *als een — uit de boog*, like a rocket (shot).
pijler pillar, column; (*v. brug*) pier.
pijl/koker quiver. ▼**—snel** (as) swift as an

arrow. ▼—**staartvlinder** hawk-moth.
▼—**vormig** arrowy. ▼—**wortel** arrowroot.
pijn pain; *(plotselinge —)* pang;
(aanhoudende —) ache; *(schrijnende —)*
smart; — *in de keel hebben,* have a sore throat;
— *in 't lijf,* gripes; *mijn hoofd doet pijn,* my
head aches; *iem. — doen,* hurt a p. ▼—**appel**
fir-cone, pine-cone. ▼—**bank** rack; *iem. op de
— brengen,* put a p. to the rack. ▼—**boom**
pine-tree. ▼—**igen** torment, rack, (one's
brains). ▼—**iger** tormentor. ▼—**iging** torment.
▼—**lijk** painful, sore (throat, feet);
embarrassing (situation); *met —e zorg,* with
meticulous care. ▼—**lijkheid** painfulness.
▼—**loos** painless. ▼—**stillend** soothing; —
middel, sedative.
pijp pipe; *(v. broek)* leg; *(buis)* tube; *(v. slang)*
nozzle; *(v. fluit)* fife; *(v. stoomboot)* funnel;
(lak) stick; *een lelijke — roken,* find o.s. in
Queer Street; *nog een —je (tabak)?,* another
fill? ▼—**aarde** p.-clay. ▼—**ekop** pipe-bowl.
▼**pijpen** *ww* pipe; *naar iem.'s — dansen,*
dance to a man's piping. ▼**pijpen/lade** long,
narrow room (house). ▼—**rek** pipe-rack.
▼**pijper** piper, fifer. ▼**pijpewisser**
pipe-cleaner. ▼**pijpleiding** pipe-line.
pik 1 *(pek)* pitch; **2** *(wrok)* spite, grudge;
3 *(volkst.)* cock; *de — hebben op,* have a
down on.
pikant *(v. spijzen)* piquant, savoury; *(v. stijl,
verhaal)* racy; *dat geeft er iets —s aan,* that
lends a certain piquancy to it. ▼—**erie**
piquancy; *(wrok)* pique. ▼—**heid** piquancy.
pik/blende pitch-blende. ▼—**broek** tar.
▼—**donker** I *bn* pitch-dark. II *zn* pitch
darkness. ▼—**draad** waxed thread.
pikeren pique, nettle.
piket 1 *(kaartspel)* piquet; **2** *(mil.)* picket;
officier van —, picket officer. ▼—**paal** picket.
pikeur riding-master; *(jager)* huntsman.
pik/haak hook. ▼—**houweel** pickaxe.
pikken *(v. vogels)* pick peck.
pikorde pecking order.
pikzwart pitch black.
pil pill; chunck (of bread); *—len draaien,* roll
pills; *de — vergulden,* gild (sugar) the p.
pilaar pillar, column. ▼—**hoofd** capital.
▼—**voet** base. ▼**pilaster** pilaster.
Pilatus Pilate.
pillen/doos pill-box. ▼—**draaier** pill-roller.
▼**pilletje** pilule.
piloot pilot; *tweede —,* co-pilot.
pils Pilsen beer.
pimpel *aan de — zijn,* be on the booze. ▼—**aar**
boozer, tippler. ▼—**en** booze, tipple.
pimpel/mees blue titmouse. ▼—**paars** purple.
pin peg, pin.
pince-nez pince-nez, folders.
pincet (pair of) tweezers.
pinda peanut. ▼—**kaas** p.-butter.
▼—**mannetje** p.-vendor.
pingel/aar haggler. ▼—**en** haggle, chaffer,
dicker; *(v. motor)* pink.
ping-pong ping-pong, table tennis.
piguin penguin.
pink 1 *(koe)* yearling; **2** *(vissers—)* smack;
3 *(v. hand)* little finger; *als men hem een —
geeft...,* give him an inch and he will take an
ell; *hij is bij de —en,* he is all there.
pinken 1 *(knipogen)* wink; **2** brush away (a
tear).
Pinkster Whitsuntide; *(joods)* Pentecost;
(attrib.) Whitsun. ▼**p—bloem** cuckoo-flower.
▼—**dag** Whit Sunday; *tweede —,* Whit
Monday. ▼—**en,** —**feest** Whitsun(tide); *met
—,* at W. ▼**p—tijd** Whitsuntide.
▼**p—vakantie** Whitsun holidays. ▼**p—week**
Whitsun week. ▼—**zondag** Whit Sunday.
pinnen pin.
pinnig 1 *(schriel)* mingy, stingy; **2** *(bits)* sharp,
tart.
pint pint.
pioen(roos) peony.
pion pawn; *een vrij—,* an advanced pawn.
pionier pioneer. ▼—**en** pioneer. ▼—**swerk**
pioneering.

pip *(vogelziekte)* pip.
pipa pater, governor.
pipet pipette.
pips *(fig.)* off colour.
piqué piqué, quilting.
piraat pirate.
piramidaal pyramidal; *(fig.)* colossal.
▼**piramide** pyramid.
pirouette(en) pirouette.
pis piss, urine; *zie* **pies.**
pisang banana.
pis/bak urinal. ▼—**pot** piss-pot. ▼—**sebed**
sow-bug. ▼—**sen** piss, make water.
pistache *(vrucht)* pistachio; *(bonbon)*
cracker.
piste *(v. circus)* ring.
piston *(muz.)* cornet.
pistool pistol; *hij zette mij het — op de borst,*
he put a pistol to my breast, *(fig.)* to my head.
▼—**schot** p.-shot.
pit *(eetbaar)* kernel; *(v. kers, perzik, enz.)* stone;
(v. appel) pip; *(v. kaars, lamp)* wick; *(gas—)*
jet; *(v. petroleumstel)* burner; *(fig.)* pith, spirit;
van —ten ontdoen, stone; *zonder —ten,*
stoneless; *hij heeft —,* he has plenty of go in
him; *op een zacht —je zetten,* put on ice.
▼—**ten** *ww* pit; *(slapen)* sleep, *(fam.)* snooze.
pittig *(v. pers.)* pithy; *(v. taal)* racy; *(v. rede)*
spirited; *(v. sigaar, wijn)* full-flavoured.
▼—**heid** pithiness, etc.
pk h.p., horse-power.
plaag plague, nuisance, pest. ▼—**geest**
tease(r). ▼—**ziek** teasing. ▼—**zucht** love of
teasing.
plaat 1 *(v. glas, metaal)* plate; *(v. beton,
marmer)* slab; *(v. ijzer)* sheet;
(grammofoon—) record; *(wijzer—)* dial;
2 *(prent)* picture, plate; *de — poetsen,* bolt,
clear out. ▼—**brood** griddle bread. ▼—**ijzer**
sheet-iron. ▼—**je:** *metalen —,* metal disc (tag).
plaats *(stad, plek)* place; (ship's) position;
(zit—) seat; *(ruimte)* room; *(pleintje, plaatsje)*
court, yard; *(betrekking)* post, place; *(v.
predikant)* living; *de — der handeling,* the
scene of action; *een — in het bestuur,* a seat on
the board; *— bepalen,* locate; *(scheepv.)* fix
the position; *—grijpen (hebben, vinden),* take
place; *zijn — innemen,* **1** take one's seat,
2 take up one's position; *iem.'s — innemen,*
take a p.'s place; *(tijdelijk)* deputize for a p.; *de
eerste — innemen,* take first place, rank first;
— maken voor, make room for, *(fig.)* give way
to; *— nemen,* take a seat; *weinig — innemen,*
take up little room; *—en nemen,* book seats;
zijn — weten, (fig.) know one's p.; *in — van,*
instead of; *in de eerste —,* in the first p., first of
all; primarily; *in de — stellen van,* substitute
for; *dit is niet op zijn —,* this is out of p.; *op de
— zelf,* on the spot, there and then; *op de —
rust!,* stand easy!; *zich niet op z'n — voelen,*
not feel at home; *iem. op zijn — zetten,* put a p.
in his place; *ter —e,* on the spot; *hier ter —e,* in
our town; *tot de laatste — bezet,* absolutely
packed, filled to capacity. ▼**plaats/bepaling**
position-finding; *(luchtv.)* fix; *(taalkunde)*
adjunct of place. ▼—**beschrijving**
topography. ▼—**bespreking** booking.
▼—**bewijs** ticket.
plaatselijk local; *— bestuur,* l. government; *—
commandant,* town-major; *—e tijd,* local time;
—e verordening, by(e)-law.
plaats/en place, put; *(stationeren)* station,
post; *(orders, lening)* place; *(advertentie)*
insert, put; *(kapitaal)* invest; *(aanstellen)*
appoint (to); attach (an officer to a regiment);
zich voor een moeilijkheid geplaatst zien, find
o.s. faced with a difficulty. ▼—**gebrek** want of
space. ▼**plaatsing** placing; posting;
appointment; attachment; investment.
▼—**sbureau** employment agency, registry
office. ▼**plaats/kaart** ticket.
▼—**kaartenbureau** *(station)* booking-office;
(schouwb.) box-office. ▼—**naam**
place-name. ▼—**ruimte** room,
accommodation. ▼—**vervangend** acting
(manager), deputy (member). ▼—**vervanger**

replacement, substitute, deputy; (*v. acteur*) understudy; (*v. dokter*) locum (tenens). ▼**—vervanging** substitution, replacement. ▼**—vinden** take place.

plaatwerk 1 illustrated work; **2** plating. ▼**—er** sheet metal worker.

plafond ceiling; *hij heeft zijn — bereikt*, he has reached his limits. ▼**plafonnière** ceiling light.

plag/en tease; (*lastig vallen*) trouble; worry; (*sarren*) badger; (*schertsend —*) chaff, banter; *zijn geweten plaagt hem*, his conscience troubles him; *mag ik u even —*, excuse me; *hij plaagde mij met…*, he chaffed me about… ▼**—er** tease(r). ▼**—erig** fond of teasing. ▼**—erij** teasing; chaff; bantering.

plag(ge) sod, *plaggen steken*, cut sods.

plagiaat plagiarism, plagiary; *— plegen*, plagiarize, crib. ▼**plagiaris, plagiator** plagiarist.

plaid plaid.

plak 1 (*snede*) slice; (*— spek*) rasher; (*— chocola*) slab; **2** (*op school*) ferrule; *hij zit onder de —* (*van zijn vrouw*), he is henpecked; *ze onder de — hebben*, have them under one's thumb.

plak/band adhesive tape. ▼**—boek** scrap-book.

plaket plaquette.

plakkaat placard, poster.

plak/ken paste, stick; *'t plakt niet*, it won't stick; *blijven —*, (fig.) stay on. ▼**—ker** paster, sticker; (fig.) sticker. ▼**—middel** paste. ▼**—pleister** sticking-plaster. ▼**—sel** paste. ▼**—zegel** receipt-stamp.

plamuren prime. ▼**plamuursel** priming.

plan plan, design, scheme, project; (*plattegrond*) (ground-)plan; (*niveau*) plane; *een — maken*, make a plan; *hij had geen — om…*, he had no intention of…; *met 't — om…*, with the intention of…; *ik ben niet van — om…*, I am not going to…; *volgens —*, according to plan; *dat ben ik niet van —*, I have no such intention; *iem. van — doen veranderen t.a.v. iets*, dissuade a p. from…; *van het eerste* (*tweede*) *—*, first- (second-)rate. ▼**plan de campagne** plan of action. ▼**planeconomie** planned economy.

planeet planet. ▼**planetarium** planetarium. ▼**planetenstelsel** planetary system.

planimetrie plane geometry.

plank plank, (*dunner*) board, shelf; *de — misslaan*, be beside the mark; *op de —en brengen* (*zijn*), put (be) on the stage; *van de bovenste —*, first-rate, top-hole. ▼**planken/koorts** stage-fright. ▼**— vloer** boarded floor. ▼**plankgas** *— geven*, step on the gas; *— rijden*, drive flat out. ▼**plankier** platform; (*v. wagon*) foot-board.

plankton plankton.

plan/loos planless. ▼**—matig** systematic. ▼**—nen maken** plan, make plans. ▼**—ning** *: op lange termijn*, long-term planning. ▼**plano/logie** town and country planning. ▼**—loog** (town) planner.

plant plant. ▼**—aardig** vegetable. ▼**—age** plantation, estate. ▼**—eleven 1** plant life; **2** (*plantengroei*) vegetation; **3** (fig.) vegetable life; *'n — leiden*, vegetate. ▼**planten** plant. ▼**planten/etend** herbivorous. ▼**—eter** herbivore. ▼**—gordel** zone of vegetation. ▼**—groei** vegetation. ▼**—kas** greenhouse. ▼**—kweker** nurseryman. ▼**—kwekerij** nursery(-garden). ▼**—leer** botany. ▼**—rijk** vegetable kingdom. ▼**—tuin** botanical garden. ▼**—wereld** vegetable world. ▼**planter** planter. ▼**plante/soort** species of p. ▼**—vezel** vegetable fibre. ▼**—ziekte** plant-disease. ▼**plant/kunde** botany. ▼**—kundig** botanical. ▼**—kundige** botanist.

plantsoen public garden(s). ▼**—wachter** park-keeper.

plas pool, puddle; (*meer*) lake. ▼**—je puddle**; *een — doen*, piddle. ▼**—regen** downpour. ▼**—regenen** pour. ▼**—sen 1** splash, paddle; **2** (*een plasje doen*) piddle; (*in bed*) wet the bed.

plastic I *bn* plastic; *— zak*, polythene bag. **II** *zn* plastic. ▼**—s** plastics.

plast/iek plastic art(s). ▼**—isch** plastic; *—e chirurgie*, p. surgery.

plastron plastron.

plat I *bn* flat (roof), (*horizontaal*) level; (*effen*) even; (fig.) broad, vulgar; (*dialect*) broad; *zo — als een dubbeltje*, as flat as a pancake; *— rijden* (*enz.*), flatten; (*een konijn*) *— gereden door een auto*, flattened by a car; *— drukken*, crush; *ik drukte me — tegen de muur*, I flattened myself against the wall; *—te beurs*, empty purse; *— bord*, dinner plate; *— maken* (*worden*), flatten. **II** *zn* (*v. d. hand*) flat; (*v. dak*) leads; *continentaal —*, continental shelf.

plataan plane-tree.

platboomd flat-bottomed.

platbranden burn to the ground.

platdrukken squeeze flat, flatten.

Platduits Low German.

plateel pottery. ▼**—bakker** pottery maker. ▼**—fabriek** pottery. ▼**—werk** pottery.

platen/speler record-player. ▼**—wisselaar** record changer.

platform platform; (*v. vliegveld ook*) tarmac.

platheid flatness; (fig.) vulgarity.

platina platinum. ▼**—blond** p.-blonde.

Plato Plato. ▼**p—nisch** platonic.

platschieten flatten out.

plattegrond ground-plan; (*v. stad*) plan, map.

platteland country. ▼**—er** c.man. ▼**—sbevolking** rural population. ▼**—sbewoner** countryman. ▼**—sdokter** country-doctor. ▼**—sdominee** country-parson. ▼**—sgemeente** rural municipality. ▼**—sschool** rural school.

plat/trappen trample down. ▼**—vloers** pedestrian. ▼**—voet** flat-foot. ▼**—weg 1** flatly; **2** vulgarly. ▼**—zak** broke.

plausibel plausible.

plavei/en pave. ▼**—sel** pavement.

plavuis flag(-stone).

plebe/jer plebeian, vulgarian. ▼**—jisch** plebeian. ▼**plebisciet** plebiscite. ▼**plebs**: *'t —*, the rabble.

plecht forward deck. ▼**—anker** sheet-anchor; (fig.) mainstay.

plechtig solemn, stately; *— openen*, open in state. ▼**—heid** solemnity, ceremony. ▼**plechtstatig** stately.

plee convenience.

pleeg/broeder 1 foster-brother; **2** (*verpleger*) hospital attendant, (male) nurse. ▼**—dochter** foster-daughter. ▼**—huis** f.-home. ▼**—kind** f.-child. ▼**—moeder** f.-mother. ▼**—ouders** f.-parents. ▼**—vader** f.-father. ▼**—zoon** f.-son. ▼**—zuster 1** f.-sister; **2** (*verpleegster*) nurse.

pleet/(werk) plated ware. ▼**—(zilver)** silver plate.

pleg/en *ww* **1** (*misdaad*) perpetrate, commit; *verzet —*, resist; **2** (*gewoon zijn*): *hij pleegt vroeg te komen*, he is used to come early; *men pleegt te vergeten*, one is apt to forget. ▼**—er** committer.

pleidooi plea(ding); *een — houden*, make a plea.

plein square.

pleister plaster; *'n — op de wond*, (fig.) salve on the wound. ▼**—afgietsel** p. cast. ▼**—en 1** plaster; **2** stop (for refreshment). ▼**—kalk** plaster, stucco.

pleisterplaats halting-place.

pleisterwerk stucco.

pleit (*geding*) (law)suit; (*pleidooi*) plea; *het — is beslist*, it is all over; *'t — winnen*, (eig.) gain one's suit; (fig.) carry one's point. ▼**—bezorger** solicitor; (fig.) advocate. ▼**—dag** court-day. ▼**—en** plead; *dat pleit voor je*, that is to your credit. ▼**—er** pleader; (*advocaat*) counsel. ▼**—zaak** lawsuit. ▼**—zaal** courtroom. ▼**—ziek** litigious. ▼**—zucht** litigiousness.

plek spot; (*vlek*) stain. ▼**plekkerig** spotty.

pleng/en shed (tears, blood); pour out (wine).

▼—**offer** libation.
plet/hamer flattening-hammer. ▼—**machine** rolling-machine. ▼—**ten** I *ov.w* flatten, roll (out). II *on.w* (*v. stoffen*) crush. ▼—**ter** 1 flatter; 2 *te — slaan*, smash; *te — vallen*, (*v. pers.*) be smashed to death; (*v. vliegt.*) crash. ▼—**terij** rolling-mill, flatting-mill.
pleuris, pleuritis pleurisy.
plevier plover.
plexiglas plexiglass.
plezier pleasure; *veel —!*, enjoy yourself!, have a good time!; *veel — ermee*, (*iron.*) I wish you joy of it; *iem. — doen*, do a p. a favour; — *hebben*, enjoy o.s., have a good time; — *hebben over*, be amused at; *daar kun je nog jaren — van hebben*, that will serve you for years; — *krijgen in*, take (a fancy) to; — *vinden in*, take (a) pleasure in; *met —*, with pleasure; *ten — e van*, to please; *voor* (*zijn*) —, for pleasure. ▼—**boot** pleasure boat. ▼—**en** please. ▼—**ig** pleasant. ▼—**jacht** pleasure yacht. ▼—**maker** merry-maker. ▼—**tocht(je)** outing, (*boot*) pleasure-boat trip.
plicht duty, obligation; *zijn — doen*, do one's d.; *uit — tegenover...*, in d. to... ▼—**matig** dutiful; *louter —*, perfunctory ▼—**pleging** ceremony, compliment. ▼—**besef** sense of d. ▼—**sbetrachting** devotion to d. ▼—**sgetrouw** dutiful. ▼—**svervulling** performance of one's d. ▼—**vergeten** undutiful. ▼—**verzaker** shirker. ▼—**verzaking, —verzuim** neglect of d.
plint plinth.
plissé pleating. ▼**plisseren** pleat.
▼**plissèwerk** pleating.
ploeg 1 plough; 2 (*arbeiders*) gang, shift, relay; (*mil. enz.*) squad; (*sp.*) team; (*roei—*) crew; (*bij exam.*) batch (of candidates); *de hand aan de — slaan*, put (set) one's hand to the p.; *in — en*, in shifts. ▼—**baas** ganger, foreman. ▼—**en** plough. ▼—**er** plougher. ▼—**ijzer** coulter. ▼—**jongen** p.-boy. ▼—**land** p.-land. ▼—**machine** ploughing-machine. ▼—**schaar** ploughshare. ▼—**sgewijze** in batches.
ploert cad, skunk; (*niet-student*) townee. ▼—**achtig** caddish. ▼—**endoder** black-jack, bludgeon. ▼—**endom** cads. ▼—**enstreek** caddish trick. ▼—**ig(heid)** caddish(ness).
ploeter/aar plodder, drudge. ▼—**en** (*in water*) splash; (*zwoegen*) toil, plod, drudge; — *aan*, peg away at.
plof thud, flop. ▼**ploffen** plump down; plop (into the water).
plombeersel filling. ▼**plomberen** fill (teeth); lead (goods).
plombière ice-cream; (*Am.*) sundae.
plomp I *zn* 1 (*plant*) water-lily; 2 (*plof*) thud, flop. II *bn* clumsy; (*onbeleefd*) rude. ▼—**en** *zie* **ploffen**. ▼—**verloren** plump. ▼—**weg** bluntly.
plons splash. ▼**plonzen** flop, splash.
plooi fold, pleat; (*valse —*) ruck; (*in broek*) crease; (*rimpel*) wrinkle; *zijn gezicht in de — zetten*, compose one's face; *hij komt nooit uit de —*, he never relaxes (unbends). ▼—**baar** pliable. ▼—**baarheid** pliability. ▼—**en** fold, crease; (*rimpelen*) wrinkle; *een zaak —*, arrange matters. ▼—**ing** (*geol.*) folding. ▼—**kraag** ruff. ▼—**rok** pleated skirt.
plots(eling) I *bn* sudden; *'t — e van*, the suddenness of. II *bw* suddenly, all of a sudden, all at once.
pluche(n) plush.
plug plug; (*in vat*) bung. ▼—**gen** plug; block (close) with a plug; (*v. grammofoonplaat*) plug.
pluim plume, feather; (*—pje*) tuft; (*fig.*) compliment; *dat is een — op je hoed*, that is a feather in your cap; *hij stak me een — op de hoed*, he stuck a feather in my cap. ▼—**age** plumage; *vogels van diverse —*, all sorts and conditions of men. ▼—**bos** plume, crest. ▼—**gedierte** poultry. ▼—**staart** bushy tail. ▼—**strijken** fawn upon. ▼—**strijker** fawner, lickspit. ▼—**strijkerij** fawning.

▼—**varen** royal fern. ▼—**vee** poultry.
▼—**veetentoonstelling** poultry show.
pluis I *bn*: *het* (*de zaak*) *is niet —*, there is s.th. fishy about it; *'t is bij hem niet — in de bovenverdieping*, he has a screw loose. II *zn* fluff. ▼**pluiz/en** I *ov.w*: *touw —*, pick oakum. II *on.w* become fluffy. ▼—**er** picker; (*fig.*) ferreter. ▼—**ig** fluffy.
pluk gathering, picking. ▼—**haren** be at loggerheads, tussle. ▼—**ken** gather, pick (flowers); pluck (a bird). ▼—**ker** reaper, picker, ▼—**sel** lint. ▼—**tijd** picking-season.
plumeau feather-duster.
plunder/aar plunderer. ▼—**en** plunder, loot. ▼—**ing** plundering. ▼—**tocht** marauding expedition. ▼—**zucht** rapacity.
plunje duds, togs. ▼—**zak** kit-bag.
plus plus; *—minus*, about, approximately. ▼—**punt** advantage. ▼—**teken** p. sign.
plutocraat plutocrat. ▼**plutocrat/ie** plutocracy. ▼—**isch** plutocratic.
pluvier plover.
pneumatisch pneumatic.
p.o. by return (of post).
poch/en boast, brag. ▼—**er** boaster, braggart.
pocheren poach (eggs).
poch/erij boasting, bragging. ▼—**hans** braggart.
pocket(boek) paperback, pocket-book. ▼—**uitgave** paperback edition.
podium platform, dais.
poedel poodle; (*bij 't kegelen*) miss, boss. ▼—**en** miss, boss. ▼—**naakt** stark naked. ▼—**prijs** booby prize.
poeder powder; *tot — malen* (*maken*), pulverize. ▼—**chocolade** chocolate powder. ▼—**donsje** p.-puff. ▼—**doos** p.-box. ▼—**en** powder. ▼—**suiker** powdered sugar.
poëem poem. ▼**poëet** poet.
poeha (*drukte*) fuss; (*bluf*) swank. ▼—**maken** make a fuss; swank. ▼—**maker** swanker.
poeier powder.
poel pool; — *van ongerechtigheid*, sink of iniquity.
poelier poulterer.
poema puma.
poen bounder. ▼—**ig** caddish.
poep dirt, dung; (*wind*) fart. ▼—**en** relieve nature. ▼—**erd** bottom.
poes pussy-cat; *—/, —/*, puss!, puss!; *dan ben je voor de —*, then you are a goner; *hij is niet voor de —*, he is not to be trifled with; (*zo'n bedrag*) *is niet voor de —*, that is not to be sneezed at. ▼—**lief** bland, sugary.
poespas hotch-potch, farrago.
poesta puszta.
poet swag.
poët/isch poetic(al). ▼—**iseren** poetize.
poets trick, prank; *iem. een — bakken*, play a trick upon a p.
poets/borstel polishing-brush. ▼—**doek** cleaning-rag. ▼—**en** polish, brush. ▼—**er** polisher, cleaner. ▼—**gerei, —goed** polishing-things. ▼—**katoen** waste cotton. ▼—**lap** cleaning-rag. ▼—**pommade** polishing-paste.
poezel(ig) plump, chubby.
poëzie poetry. ▼—**album** p. album.
pof: *op de — kopen*, buy on tick. ▼—**broek** plus-fours. ▼—**fen** 1 buy on tick; 2 (*kastanjes*) roast.
poffertje fritter. ▼—**skraam** f.-booth.
pofmouw puff sleeve.
pog/en endeavour, try, attempt. ▼—**ing** effort, attempt; *een — wagen*, have a try.
pogrom pogrom.
point d'honneur: *op zijn — staan*, stand on one's dignity. ▼**pointe** point.
pokdalig pock-marked.
poken: *in 't vuur —*, poke the fire.
pokken: *de — hebben*, have (the) smallpox; *van de — geschonden*, pockmarked. ▼—**briefje** certificate of vaccination. ▼—**lijder** smallpox patient. ▼**pokstof** vaccine.
pol clump (of grass).

polair polar; (*fig.*) diametrical. ▼**polaris/atie** polarization. ▼—**eren** polarize. ▼**polariteit** polarity.
polder polder. ▼—**jongen** navvy.
polem/iek controversy. ▼—**isch** controversial. ▼—**iseren** carry on a controversy. ▼—**ologie** polemology. ▼—**ologisch** polemological.
Polen Poland.
poliep (*dier*) polyp; (*gezwel*) polypus.
polijsten polish, burnish.
polikliniek policlinic, out-patients' department.
polio polio, infantile paralysis.
polis policy; *voorlopige* —, covering note; *een* — *sluiten*, take out a policy. ▼—**houder** p.-holder. ▼—**kosten** p.fee.
politicus politician.
politie police; (*in burgerkleding*) plain clothes; *bereden* —, mounted police; *hij is bij de* —, he is in the p.(-force). ▼—**afzetting** p.-cordon.
▼—**agent** policeman, constable; *vrouwelijke* —, policewoman. ▼—**auto** p.-car.
▼—**bericht** p.-message. ▼—**bewaking** p.-guard. ▼—**blad** p.-gazette. ▼—**bureau** p.-station. ▼—**commissaris** p.-commissioner. ▼—**hond** p.-dog.
▼—**inspecteur** p.-inspector. ▼—**inval** p.-raid.
politiek I *zn* (*alg.*) politics; (*gedragslijn*) policy; *in de* — *gaan* (*zijn*), go into (be in) politics. II *bn* political; (*fig.*) politic. III *bw* — *geengageerd*, politically engaged.
▼—**economisch** politico-economical.
politie/kordon police cordon. ▼—**korps** p.force. ▼—**maatregel** p.-measure. ▼—**macht** (*abstr.*) p. powers; (*concr.*) p. force. ▼—**man** p. officer. ▼—**onderzoek** p. investigation.
▼—**optreden 1** conduct of the p.; **2** p. action.
▼—**overval** p.-raid. ▼—**post** p.-station.
▼—**rapport** p.-report. ▼—**rechtbank** p.-court. ▼—**rechter** (p.-)magistrate.
▼—**toezicht** p.-supervision. ▼—**troepen** military police. ▼—**verordening** p.-regulation. ▼—**wagen** p.-van. ▼—**wezen 1** police; **2** p.-system. ▼—**zaak** p.-case; *er een* — *van maken*, notify the police.
politiseren politicize.
politoer polish. ▼—**en** polish.
pollepel ladle.
polo polo; — *spelen*, play p. ▼—**club** p.-club.
▼—**hemd** p.-shirt. ▼—**spel** game of p.
▼—**speler** p.-player. ▼—**wedstrijd** p.-match.
polonaise polonaise.
pols 1 (*stok*) jumping-pole; *spring niet verder dan je* — *lang is*, cut your coat according to your cloth; **2** (*gewricht*) wrist; **3** (*polsslag*) pulse; *een snelle* —, a rapid pulse; *een sterke* (*zwakke*) —, a strong (low) pulse; *zijn* — *jaagt*, his pulse is racing; *iem. de* — *voelen*, feel (take) a p.'s pulse. ▼—**armband** wristlet.
▼—**en**: *iem.* —, sound a p. ▼—**gewricht** wrist(-joint). ▼—**horloge** wrist-watch.
▼—**mof** wristlet. ▼—**slag** pulse; *de* — *meten*, measure the pulse rate. ▼—**slagader** radial artery. ▼—**stok** jumping-pole.
▼—**stokspringen** I *ww* pole-jump, vault. II *zn* pole-jump(ing), vaulting.
polyester polyester.
poly/gaam polygamous. ▼—**gamie** polygamy.
polytechnisch polytechnic; —*e school*, polytechnic (school).
poly/theïsme polytheism. ▼—**theïst** polytheist. ▼—**theïstisch** polytheistic.
pomerans 1 bitter orange; **2** (*bilj.*) (cue-)tip.
pommad/e pomade. ▼—**eren** pomade.
pomp pump; *loop naar de* —!, go to Jericho!
▼—**bediende** (petrol) pump attendant, petrol station attendant.
pompelmoes grape-fruit.
pompen pump; *'t is* — *of verzuipen*, it is sink or swim.
pompeus pompous, (*fam.*) stuffed; — *leeghoofd*, stuffed shirt.
pomp/inrichting 1 pumping-device; **2** pumping-station. ▼—**machine** pumping-engine.
pompoen pumpkin.
pomp/station pumping-station; (*voor benzine*) filling-station. ▼—**water** pump-water. ▼—**zwengel** p.-handle.
pond pound; — *sterling*, p. sterling; *'t volle* — *eisen*, exact one's p. of flesh; *iem. 't volle* — *geven*, be fair to a p., deliver the goods.
▼—**spondsgewijs** pro rata.
poneren propound, put forward.
ponjaard poniard.
pons punch. ▼—**en** punch. ▼—**kaart** punch(ed) card. ▼—**machine** punching-machine.
pont ferry-boat. ▼—**geld** fare.
pontific/aal pontifical; *in* —, in full pontificals; (*iron.*) in full feather. ▼—**aat** pontificate.
ponton pontoon. ▼—**brug** p.-bridge. ▼—**nier** pontoneer.
pontschipper ferryman.
pony 1 (*dier*) pony; **2** (*haarlok*) fringe.
pooier bully; cad.
pook poker.
Pool Pole.
pool pole. ▼—**beer** polar bear. ▼—**cirkel** polar circle. ▼—**expeditie** polar expedition. ▼—**ijs** polar ice. ▼—**licht** polar lights. ▼—**reiziger** arctic explorer.
Pools Polish; —*e landdag*, bear-garden.
pool/shoogte latitude; — *nemen*, (*fig.*) see how the land lies. ▼—**spanning** terminal voltage. ▼—**ster** polar star. ▼—**streken** polar regions. ▼—**tocht** polar expedition. ▼—**zee** polar sea.
poort gate(way). ▼—**er** burgher. ▼—**wachter** gate-keeper.
poos while, time; *bij pozen*, from time to time.
▼—**tje** little while.
poot (*v. pers. en dier*) paw; (*v. tafel*) leg; *een* — *geven*, give a paw; — *aan spelen*, be up and doing; *op zijn* — *spelen*, raise Cain; *op zijn achterste poten staan*, be up in arms (over); *een brief die op poten staat*, a strongly worded letter.
poot/aardappel seed-potato. ▼—**goed** seeds.
pootje (little) paw; *met hangende* —*s*, chop-fallen, meekly. ▼—**baden** paddle.
▼—**bader** paddler.
pootvijver nurse-pond.
pop doll; (*marionet*) puppet; (*v. kleermaker*) dummy; (*v. insekt*) chrysalis; (*gulden*) guilder; *toen had je de* —*pen aan 't dansen*, then the fat was in the fire.
popelen: *zij* — *om aan de slag te gaan*, they are itching to get down to work.
popeline poplin.
popgroep popgroup. ▼**popmuziek** popmusic.
poppe/gezicht doll's face. ▼—**goed** d.'s clothes. ▼—**ledikant** d.'s cot. ▼**poppen/huis** d.'s house. ▼—**kast** Punch and Judy show; (*fig.*) fiddlesticks. ▼—**spel** puppet-show.
▼—**theater** puppet theatre. ▼**poppe/rig** doll-like. ▼—**tje**: —*s tekenen*, doodle.
▼—**wagen** doll's carriage.
populair popular. ▼—**wetenschappelijk** semi-scientific. ▼**popular/iseren** popularize.
▼—**iteit** popularity.
populatie (*ook statistiek*) population.
populier poplar.
por (*met mes*) stab; (*anders*) prod.
poreus porous. ▼—**heid** porosity.
porfier porphyry.
porie pore.
porno/film blue movie. ▼—**graaf** pornographer. ▼—**grafie** pornography.
▼—**grafisch** pornographic.
porren poke, stir; (*iem.*) prod.
porselein china, china-ware, porcelain.
▼—**aarde** p.-clay. ▼—**en** china, porcelain.
▼—**fabriek** p.-factory. ▼—**fabrikant** p.-manufacturer. ▼—**goed** c.-ware. ▼—**kast** c.-cabinet; *voorzichtigheid is de moeder der* —, prudence is the mother of wisdom.
▼—**winkel** c.-shop.

port postage; (*wijn*) port(-wine).
portaal porch; hall; (*trap*—) landing.
porte-brisée folding-door(s).
portee purport.
portefeuille (*zak*—) pocket-book, wallet; (*groot omslag*) portfolio; *de* — *van Financiën*, the portfolio of Finance; *aandelen* (*bankbiljetten*) *in* —, unissued shares (banknotes); *in* — *houden*, keep in portfolio; *minister zonder* —, minister without portfolio. **▼—kwestie** question of confidence; *de* — *stellen*, make it a q. of c.; ask for a vote of confidence. **▼—wisseling** reshuffle.
portemonnaie purse.
portglas port-glass.
portheffing charging postage.
porti postage(s).
portie portion, part; amount (of courage); (— *eten*) helping; *een* — *ijs*, an ice.
portiek porch, portico.
portier (*v. villa*) gate-keeper; (*v. gebouw, hotel, theat.*) porter, commissionaire; (*v. auto*) door. **▼—shuisje** p.'s lodge. **▼—swoning** lodge.
porto, —kosten postage.
portret portrait, photo(graph); *een lastig* —, a handful; *zijn* — *laten maken*, have one's photo taken; *haven one's portrait painted*. **▼—lijst** photo-frame. **▼—schilder** p.-painter. **▼—teren:** *iem.* —, paint a p.'s portrait.
Portug/al Portugal. **▼—ees** *zn & bn* Portuguese.
portuur match.
portvrij postage free.
portwijn port.
pose pose, attitude. **▼poseren** sit (for one's portrait); (*fig.*) pose, attitudinize. **▼poseur** poseur; poser, attitudinizer.
positie position; *zijn* — *verbeteren*, better o.s.; — *kiezen* (*nemen*) *tegen*, make a stand against; *in* — *zijn*, be in the family way. **▼—bepaling** fix.
positief *bn & zn* positive; *positieve pool*, p. pole; *ik weet 't* —, I am positive.
positie/jurk maternity-dress. **▼—oorlog** trench war(fare).
positieven: *ze heeft haar* — *goed bij elkaar*, she has all her wits about her; *zijn* — *bij elkaar houden*, keep one's head; *zijn* — *kwijtraken*, lose one's head.
positieverbetering improvement of position, betterment.
positivis/me positivism. **▼—tisch** positivist.
post (*standplaats*) post, station; (*schildwacht*) sentry; (*bij staking*) picket; (*ambt*) post-office, place; (*v. deur, enz.*) post, jamb; (*rekening*) item; (*in boek*) entry; (*brieven*—) post, mail; *de* —, **1** the postman. **2** the postal service; *is er* —?, is there any post?; *een* — *boeken*, make an entry; — *vatten*, post o.s.; (*v. gedachte*) take shape; *met de* — *verzenden*, send by post; *een brief op de* — *doen*, post a letter; *op* — *staan*, stand sentry; be stationed; *op* — *zijn*, be on duty; *op* — *zetten*, post; *over de* — (*per* —) *verzenden*, send by (through the) p.; *per kerende* —, by return of post.
▼—administratie Post Office authorities.
▼—adres postal address. **▼—agentschap** postal agency. **▼—ambtenaar** post-office official. **▼—auto** mail-van. **▼—band** wrapper. **▼—beambte** p.-office servant. **▼—bedrijf** postal service. **▼—besteller** postman.
▼—bestelling postal delivery. **▼—bewijs** postal order. **▼—bode** postman. **▼—boot** mail-boot. **▼—bus** p.-office box. **▼—cheque** postal cheque. **▼—cheque- en girodienst** Post Office Giro. **▼—code** post-code, (*Am.*) zip code. **▼—dienst** postal service.
▼—directeur postmaster. **▼—duif** carrier-pigeon, homing-pigeon.
postelein purslane.
posten post; (*bij staking*) picket.
Post- en Telegraafdienst Postal and Telegraph Service.
posteren post, station.
post/e-restante poste restante, to be (left till)

called for. **▼—erijen:** *de* —, the Post Office.
▼—formulier post-office form.
▼—gelegenheid post-office facilities; *per eerste* —, by first post. **▼—giro** postal clearing.
▼—girobiljet *zie* girobiljet. **▼—hoorn** post-horn. **▼—kantoor** post-office.
▼—koets mail-coach. **▼—kwitantie** postal collection order. **▼—merk** post-mark.
▼—order mail-order. **▼—orderbedrijf** mail-order firm. **▼—pakket** postal parcel; *als* — *verzenden*, send by parcel-post.
▼—pakketdienst parcel-post.
▼—pakketzending parcel-post package. **▼—papier** note-paper. **▼—rekening** postal cheque account. **▼—rijtuig** mail-van.
▼—scriptum postscript. **▼—spaarbank** p.-office savings-bank.
▼—spaarbankboekje p.-office deposit book.
▼—stempel postmark. **▼—stuk** postal packet. **▼—tarief** postal rates. **▼—trein** mail-train.
postul/aat postulate. **▼—eren** postulate.
postunie postal union.
postuum posthumous.
postuur figure; (*houding*) posture; *zich in* — *stellen*, draw o.s. up.
post/verbinding postal communication.
▼—verkeer mail traffic. **▼—vervoer** carriage of mails. **▼—vliegtuig** mail-carrier.
▼—vlucht mail-flight. **▼—voorschriften** postal regulations. **▼—vrij** post-free.
▼—wagen mail-van. **▼—weg** post-road.
▼—wezen the postal system. **▼—wissel** money order. **▼—wisselformulier** money-order form. **▼—zak** mail-, p.-bag.
▼—zaken postal matter(s).
postzegel (postage) stamp. **▼—album** s.-album. **▼—automaat** (automatic) s.-machine. **▼—boekje** book of stamps.
▼—handelaar s.-dealer. **▼—loket** stamps-counter. **▼—verzamelaar** s.-collector. **▼—verzameling** s.-collection.
postzending postal packet.
pot pot, jar; (*nacht*—) chamber(-pot); (*v. kachel*) fire-pot; (*bij spel*) stakes, pool; *burger*—, plain cooking; *een hoofd als een ijzeren* —, a wonderful memory; *eten wat de* — *schaft*, take pot luck; *de* — *verteren*, spend the pool, *de* — *verwijt de ketel, dat hij zwart is*, the p. calls the kettle black.
potas potash.
pot/deksel pot-lid. **▼—dicht** hermetically closed; (*fig.*) as close as an oyster.
poteling seedling; (*vent*) husky, burly fellow. **▼poten** plant, set.
potentaat potentate. **▼potentiaal, potentieel** *bn & zn* potential. **▼potentie** potency, power.
potig burly, robust, husky.
potje (little) pot; (*geld*) nest-egg; *het geld in 'n* — *doen*, pool the money; *een* — *voetballen*, have a game of football; *hij kan een* — *bij me breken*, he is one of my favourites; *een* — *maken*, lay by some money; *zijn eigen* — *koken*, do one's own cooking; *kleine* —*s hebben grote oren*, little pitchers have long ears. **▼—slatijn** dog Latin. **▼potkachel** pot-bellied stove.
potloden black-lead. **▼potlood** (lead-) pencil; (*poetsmiddel*) black lead. **▼—houder** pencil-holder. **▼—krabbels** p.-scrawls.
▼—tekening p. drawing.
potnat: *'t is één* —, it's six of one and half a dozen of the other.
potpourri (*muz.*) medley, pot-pourri.
pots drollery, prank. **▼—enmaker** buffoon.
potscherf potsherd.
potsierlijk droll, grotesque.
pottekijker nosey Parker, snooper.
potten (*planten*) pot; (*geld*) hoard.
pottenbakker potter. **▼—ij** pottery.
▼pottenwinkel pottery-shop.
potter hoarder.
potverdikkie! by Jingo!
pot/verteerder beanfeaster. **▼—verteren**
I *ww* spend the pool. **II** *zn* spending the pool.

potvis sperm-whale.
poulet chicken.
pousseren push.
pover poor (result); shabby (clothes). ▼—**heid** poorness. ▼—**tjes** poorly.
Praag Prague.
praai/afstand speaking distance. ▼—**en** (*schip*) speak.
praal pomp, splendour. ▼—**bed** bed of state; *op een — liggen*, lie in state. ▼—**graf** mausoleum. ▼—**hans** braggart. ▼—**hanzerij** braggartism. ▼—**wagen** float. ▼—**ziek** ostentatious. ▼—**zucht** ostentation.
praam pra(a)m.
praat talk; *ik wil u niet langer aan de — houden*, I won't detain you; *iem. aan de — krijgen*, get a p. to t.; *aan de — raken met*, drop into t. with; *veel —s hebben*, talk big; *je krijgt te veel —s*, you are getting too big for your boots; *hij heeft —s genoeg voor tien*, he is a gas-bag. ▼—**graag** talkative. ▼**praatje** talk, chat; (*gerucht*) rumour, story; *geen —s!*, no back-chat!; *louter —s*, mere talk (gossip); *een — houden over...*, give a t. on...; *'n — maken*, have a chat; *mooie —s*, fine talk, blarney; *'t — gaat*, the story goes; *—s vullen geen gaatjes*, fair words butter no parsnips; *dat is maar een — voor de vaak*, that is a mere blind; *zonder —s*, without more ado. ▼—**smaker** gas-bag.
▼**praat/lustig** talkative, loquacious. ▼—**paal** roadside telephone. ▼**praats** *zie* **praat**.
▼**praat/stoel**: *op zijn — zitten*, be in a rattling vein. ▼—**vaar** tattler. ▼—**ziek** talkative. ▼—**zucht** talkativeness.
pracht splendour, magnificence; *— en praal*, pomp and circumstance. ▼—**band** ornamental binding. ▼—**gelegenheid** splendid opportunity. ▼—**ig** splendid, magnificent. ▼—**lievend**(**heid**) ostentatious(ness). ▼—**uitgave** de luxe edition.
practic/um practical work. ▼—**us** practical person.
praeses chairman, president.
prak hash; *een auto in de — rijden*, smash up a car.
prakkezeren (*verzinnen*) contrive; (*nadenken*) think, puzzle; *zich suf —*, puzzle one's head off.
praktijk practice; *kwade —*, evil practices; *een advocaat zonder —*, a briefless barrister; *de — neerleggen*, retire from practice; *een — overdoen* (*overnemen*), sell (buy) a practice; *de — uitoefenen*, practise; *in — brengen*, put into practice. ▼**praktisch** practical.
▼**praktizer/en** practise. ▼—**end**: *— geneesheer*, medical practitioner.
pral/en shine; *— met*, show off. ▼—**er** braggart. ▼—**erij** ostentation, display.
praline praline.
prangen press; (*fig.*) oppress.
prat: *— gaan op*, pride o.s. on, glory in.
praten talk; *— over*, t. of, about; *hij kan — als Brugman*, he has the gift of the gab; *zij heeft goed —*, it is all very well for her to t.; *iem. aan het — krijgen*, draw a p. out; *aan het — raken*, fall into t.; *langs elkaar heen —*, be at cross-purposes; *er valt met jou niet te —*, you are not reasonable; *om de zaak heen —*, prevaricate, beat about the bush; *daar valt (niet) over te —*, that admits of (no) discussion; *daar is al heel wat over gepraat*, there has been a great deal of talk about it; *iem. iets uit zijn hoofd —*, t. a p. out of s.th.; *praat me niet van...*, don't talk to me of... ▼**prater** talker, conversationalist.
prauw proa.
preadvies proposals.
precair precarious.
precedent precedent; *dit zou een — scheppen*, this would create, set (up) a p.; *zonder —*, without p., unprecedented.
precies precise, exact; *Jantje —*, Mr. Particular; *om tien uur —*, at ten precisely (sharp). ▼—**heid** precision.
precieus precious.
preciseren define, state precisely.

predestin/atie predestination. ▼—**eren** predestinate.
predikaat (*gram.*) predicate; (*titel*) title; (*cijfer*) mark.
predikant clergyman. ▼—**splaats** living, incumbency. ▼—**swoning** parsonage.
▼**predik/atie** sermon. ▼—**atief** predicative. ▼—**beurt** *zie* **preekbeurt**. ▼—**en** preach. ▼—**er** preacher. ▼—**heer** Dominican (friar). ▼—**ing** preaching. ▼**preek** sermon; *een — houden*, preach, deliver a s.; (*smalend*) preachify. ▼—**beurt** engagement to preach; *een — vervullen*, officiate. ▼—**stoel** pulpit. ▼—**toon** pulpit voice; preachy tone.
prefer/abel preferable (to). ▼—**ent** preferential; *— aandeel*, preference share. ▼—**entie** preference; *...genieten —*, *...* are preferred. ▼—**eren** prefer (to).
prehistor/ie prehistory. ▼—**isch** prehistoric.
prei leek.
prek/en preach; (*smalend*) preachify. ▼—**erig** preachy.
prelaat prelate. ▼—**schap** prelacy.
preliminair preliminary.
prelude, preluderen prelude.
prematuur premature.
premie premium; (*loontoeslag, prestatiebeloning*) bonus; (*voor pensioen*) contribution; (*op export, enz.*) bounty. ▼—**affaire** option. ▼—**jager** p.-hunter; (*sl.*) stag. ▼—**lening** lottery-loan. ▼—**obligatie** lottery-bond.
premier premier, prime minister.
première first night. ▼—**bezoeker** first-nighter.
premie/stelsel bonus system, bounty system. ▼—**vrij** non-contributory (pension); *—e polis*, paid-up policy. ▼—**zaken** option dealings.
premisse premise, premiss.
prenataal antenatal.
prent print, picture. ▼—**briefkaart** picture postcard. ▼—**en** impress (on the memory). ▼—**enboek** picture-book. ▼—**je** picture.
prepar/aat preparation. ▼—**eren** prepare; (*huiden*) dress.
prepositie preposition.
presbyteriaan(s) Presbyterian.
present *zn & bn* present; *—!*, here!; *— roepen*, answer to one's name.
present/ator —atrice (*tv*) host, hostess, compere. ▼—**eerblad** salver, tray. ▼—**eren** (*thee, enz.*) offer; (*rekening, enz.*) present; *het geweer —*, present arms; *zich —*, present o.s. ▼—**exemplaar** presentation copy.
presentie/geld attendance fee. ▼—**lijst** roll, attendance list (register).
preservatief contraceptive.
president president, chairman. ▼—**-commissaris** chairman of the board (of directors). ▼—**e** chairwoman, president. ▼—**ieel** presidential. ▼—**schap** presidency. ▼—**sverkiezing** presidential election. ▼**presideren** I *on.w* preside, be in the chair. II *ov.w* preside at, chair (meeting).
pressant pressing, urgent. ▼**pressen** press.
▼**presse-papier** paper-weight. ▼**presseren** press; *het presseert niet*, there's no hurry. ▼**pressie** pressure; *— uitoefenen op*, exert p. on; *onder — staan van*, be under p. from. ▼—**groep** pressuregroup.
prestatie achievement, performance. ▼—**vermogen** capacity; (*v. vliegt.*) performance. ▼**presteren** achieve.
prestige prestige; *zijn — ophouden*, maintain one's prestige; *zijn — redden*, save one's face; *— verliezen*, lose face. ▼—**kwestie** question of prestige. ▼—**verlies** loss of p., loss of face.
pret fun, pleasure; *veel — hebben*, have great f.; *— hebben om* (*over*), be amused at; *— maken*, make merry, lark about; *'t is uit met de —*, it is up with the fun; *voor de —*, for fun. ▼—**bederver** kill-joy.
pretend/ent pretender (*minnaar*) suitor. ▼—**eren** lay claim to. ▼**pretentie** (*aanspraak*) claim, pretension; (*aanmatiging*) pretension; *zonder —s*, unpretentious. ▼—**loos**

unpretentious. ▼**pretentieus** pretentious.
pret/je lark; *hij houdt wel van een —*, he likes a bit of fun. ▼**—maker** merry-maker.
▼**—makerij** merry-making. ▼**—tig** pleasant, nice; *iets — vinden*, like s.th.
preuts prudish, prim. ▼**—heid** prudery, primness.
prevaleren prevail.
prevelen mutter.
preventief preventive; *preventieve hechtenis*, detention.
prieel summer-house.
priem awl; *(dolk)* dagger. ▼**—en** pierce.
priemgetal prime number.
priester priest; *— worden*, take (be admitted to) (holy) orders; *onder de plak van de —s zitten*, be priest-ridden. ▼**—ambt** priestly office. ▼**—es** priestess. ▼**—gewaad** sacerdotal vestments. ▼**—heerschappij** hierarchy. ▼**—kaste** priestly caste. ▼**—klasse** priestly class, priesthood. ▼**—kleed** sacerdotal (clerical) garments. ▼**—lijk** priestly.
▼**—schap, —stand** priesthood. ▼**—wijding** ordination; *de — ontvangen*, be ordained.
prietpraat tittle-tattle, *(Am.)* prit-prat.
prijken appear (on the menu); *bloemen — op tafel, ...*, adorn the table; *(pronken) — met*, parade, show off.
prijs 1 *(kost—)* price; **2** *(beloning)* prize; *(lof)* praise; *de eerste —*, the first prize; *— maken*, seize, capture; *— verklaren*, confiscate, seize; *een — op iem.'s hoofd zetten*, set a price on a p.'s head; *ik stel er — op te verklaren*, I wish to state; *in de — van... tot...*, at from... to...;
onder de — verkopen, undersell; *er — op stellen*, appreciate; *iets op — houden*, keep up (maintain) the price; *tegen de — van*, at the price of; *tot elke —*, at any price, at all costs; *van lage —*, low-priced; *voor een zacht —je*, at a low price; *voor geen —*, not at any price.
▼**—aanduiding** p. indication. ▼**—aanvrage** inquiry. ▼**—afspraak** p. agreement.
▼**—begroting** estimate. ▼**—beheersing** price-control. ▼**—beleid** p. policy.
▼**—bepaling** p.-fixing. ▼**—berekening** calculation of prizes. ▼**—bewust** p.-conscious. ▼**—catalogus** p.-list.
▼**—courant** p.-list. ▼**—daling** fall (in prices).
▼**—geven** abandon; *terrein —*, yield ground.
▼**—houdend** firm, steady. ▼**—index** p. index.
▼**—klasse** price class. ▼**—lijst** p.-list.
▼**—niveau** p.-level. ▼**—notering** quotation.
▼**—opdrijving** forcing-up of prices.
▼**—opgave** *(handel)* quotation; *— doen*, make a q.; *— vragen voor*, make inquiries for; *(kostenbegroting)* estimate(s). ▼**—raadsel** prize riddle. ▼**—recht** prize-law. ▼**—schieten** shooting-match. ▼**—schommeling** p.-fluctuation. ▼**—spiraal** p. spiral.
▼**—stijging** rises in prices. ▼**—stop** price stop. ▼**—uitdeling, —uitreiking** prize distribution. ▼**—verhoging** rise in prices.
▼**—verlaging** reduction. ▼**—verloop** movement of prices. ▼**—vraag** prize question, competition; *een — uitschrijven*, offer a prize; open a c. ▼**—winnaar** prize-winner.
prijzen praise, commend; *(v. prijs voorzien)* price, ticket; *(in catalogus)* list; *ik prijs mij gelukkig dat...*, I consider myself fortunate that... ▼**prijzenswaardig** praiseworthy, laudable. ▼**—heid** praiseworthiness.
prijzig expensive, pricey.
prik prick, stab; *hij weet 't op een —*, he knows it to a T; *iets voor een —je kopen* buy s.th. for a song. ▼**—bord** pinboard.
prikkel goad; *(stekel)* prickle; *(fig.)* stimulus, incentive. ▼**—baar** irritable, touchy.
▼**—baarheid** irritability, touchiness.
▼**—draad** barbed wire.
▼**—draadversperring** b.-w.-entanglement.
▼**—en** prickle; *(fig.)* excite (curiosity); stimulate (appetite); *(ergeren)* irritate, nettle; *iem. — tot*, stimulate a p. to (greater efforts), goad a p. into (a fury, protest). ▼**—ig** prickly, caustic. ▼**—ing** prickling; *(fig.)* irritation, stimulation. ▼**—lectuur** sensational literature.

prik/ken I *ov.w* prick; *(v. bij)* sting. **II** *on.w* tingle. ▼**—slede** sledge moved by prickers.
▼**—tol** peg-top.
pril early (youth); *het —le groen*, the tender green.
prima *bn* first-rate, high-grade; *'t is —, (fam.)* it's A1, top-hole; tiptop; *— fondsen*, gilt-edged securities.
primaat primate. ▼**—schap** primateship.
primair primary.
prima vista at sight.
primeur *het — hebben*, be the first to get (see, hear) s.th.; *(journalistiek)* have a scoop.
primitief primitive. ▼**—heid** p.ness.
primula primrose.
primus first; *(—stel)* Primus (stove).
principaal principal.
princip/e principle; *in —*, in p.; *uit —*, on p.
▼**—ieel** fundamental, essential; *een principiële beslissing*, a principled decision; *— tegenstander*, opponent on principle; *— dienstweigeraar*, conscientious objector; *om principiële redenen*, on principle.
prins prince; *'n leventje hebben als een —*, live like a prince; *ik weet van de — geen kwaad*, I am as innocent as the babe unborn. ▼**—dom** principality. ▼**—elijk** princely. ▼**—es** princess.
▼**—esseboon** string-bean. ▼**—gemaal** prince consort. ▼**—regent** prince-regent.
prior prior. ▼**—aat** priorate. ▼**—es, —in** prioress. ▼**—iteit** priority. ▼**—schap** priorship.
prisma prism. ▼**—kijker** p. binoculars.
▼**—tisch** prismatic.
privaat I *bn* private. **II** *zn* privy; w.c. ▼**—bezit** private property. ▼**—docent** external university lecturer. ▼**—les** p. lesson. ▼**—recht** p. law. ▼**—rechtelijk** private (property, nature).
privé private, personal. ▼**—adres** private address. ▼**—bezit** private property.
▼**—kantoor** private office. ▼**—middelen** private means.
privilege privilege.
pro pro; *het — en contra*, the pros and cons.
probaat approved, sovereign (remedy).
probeersel experiment. ▼**proberen** try, test, try out (a method, new car); sample (wine); *laat mij het eens —*, let me have a try (go, bash); *probeer 't nog eens*, have another try; *probeer dat niet met mij (uit te halen)*, don't try it on me; *probeer het raam (te openen)*, try the window.
probleem problem; *—kind*, problem child.
▼**problematiek, problematisch** problematic(al).
procédé process.
proced/eren litigate; *gaan —*, go to law.
▼**—ure** *(methode)* procedure; *(proces)* suit, lawsuit, action.
procent *zie* percent.
proces action; *iem. een — aandoen*, bring an a. against a p.; *in — liggen*, in een — gewikkeld zijn*, be involved in a lawsuit; *een — voeren, (door eiser)* prosecute an action, *(v. advocaat)* conduct a case. ▼**—kosten** costs.
processie procession.
proces/stukken documents of the case.
▼**—verbaal** *(verslag)* official report; *(bekeuring)* (police-)warrant; *'n — krijgen*, be reported; *— opmaken tegen iem.*, report a p.
▼**—voering** procedure.
proclam/atie proclamation. ▼**—eren** proclaim (a p. king).
proconsul proconsul.
procuratie procuration, power of attorney.
▼**—houder** managing clerk, deputy manager.
▼**procureur** solicitor, attorney.
▼**—generaal** attorney-general.
pro Deo free of charge.
produc/ent producer. ▼**—eren** produce.
▼**produkt** product *(ook in wisk.)*; production; *bruto nationaal —*, gross national product.
▼**—enbeurs** produce exchange. ▼**—schap** production organisation. ▼**produktie** production; *(opbrengst)* output. ▼**—afname**

decrease in p. ▼—**apparaat** machinery of p.
▼—**beperking** restriction of p. ▼—**capaciteit**
productive capacity. ▼**produktief** productive,
prolific; *zijn kennis — maken*, turn one's
knowledge to account.
▼**produktie/goederen** producers' goods.
▼—**kosten** cost of production. ▼—**middelen**
means of production. ▼—**vermogen** power of
production. ▼**produktiviteit** productivity.
proef trial, try-out, test, experiment; (*fot. en
druk—*) proof; (*nat.*) experiment; *proeve van
bewerking*, specimen page; *proeven van
bekwaamheid afleggen*, pass a proficiency
test; *de — doorstaan*, stand the test; *de — op
de som maken*, do the proof; *dat is de — op de
som*, that settles it; *een — ermee nemen*, give it
a trial, try-out; *proeven nemen*, experiment; *op
—*, on trial, on probation; *op de — stellen*, put
to the test, tax, try (strength). ▼**proef/balans**
trial balance; *een — opmaken*, take a t. b.
▼—**ballon** plant; *een — oplaten*, fly a kite; *bij
wijze van —*, tentatively. ▼—**bank** test-bench.
▼—**bestelling** trial order. ▼—**blad**
specimen-page; (*drukproef*) proof-sheet.
▼—**boring** trial boring. ▼—**demonstratie**
experimental demonstration. ▼—**dier** test
object. ▼—**draaien** run on trial. ▼—**druk**
proof. ▼—**houdend** proof, genuine. ▼—**jaar**
probationary year. ▼—**konijn** laboratory
rabbit; (*fig.*) (human) rabbit.
▼—**laboratorium** testing laboratory. ▼—**les**
probation lesson; (*v. cursus*) specimen lesson.
▼—**lezer** proof-reader. ▼—**lokaal** bar.
▼—**maatregel** experimental measure.
▼—**monster** trial sample. ▼—**nemer**
experimenter. ▼—**neming** experiment.
▼—**nummer** specimen-copy.
▼—**ondervindelijk** experimental, empirical.
▼—**pakket** trial packet. ▼—**proces** test case.
▼—**rit** trial run. ▼—**schrift** thesis; *'n
verdedigen*, uphold a thesis. ▼—**stadium**
experimental stage. ▼—**station** experimental
station. ▼—**stemming** (*Am.*) straw vote.
▼—**stomen** *ww* make a trial trip. ▼—**stuk**
specimen (of one's work); (*gilde*)
masterpiece. ▼—**tijd** (period of) probation.
▼—**tuin** experimental garden. ▼—**vel** proof.
▼—**vlieger** test-pilot. ▼—**vlucht** test-flight.
▼—**werk** test paper.
proesten sneeze; *— van 't lachen*, explode
with laughter.
proeven taste; (*keuren*) sample.
prof (*in sport*) pro, professional.
profaan profane. ▼—**heid** profanity.
▼**profan/atie** profanation. ▼—**eren** profane.
profeet prophet; *een — die brood eet*, a false
p.
professie profession; *van —*, by profession.
▼**professioneel** professional.
professor professor. ▼—**aal** professorial.
▼—**aat** professorate, professorship.
profet/eren prophesy. ▼—**ie** prophecy.
▼—**isch** prophetic.
profiel profile.
profijt profit, gain. ▼—**elijk** profitable.
▼**profit/eren** profit (by); benefit (by, under);
avail o.s. (of); take advantage (of); *zoveel
mogelijk van onze tijd —*, make the most of our
time; *je kunt niet van twee dingen tegelijk —*,
you cannot have the best of both worlds.
▼—**eur** profiteer.
pro forma pro forma. ▼— **factuur** pro forma
invoice.
prognose prognosis. ▼**prognostiek**
prognostication.
program(ma) program(me); (*school—*)
curriculum; (*politiek*) program(me), platform,
(*Am.*) ticket; *wat staat er op het —?*, what is on
the pr.? ▼—**wijziging** change of program.
▼**programm/eertaal** programming
language, computer language. ▼—**eren**
program; *geprogrammeerde instructie*,
programmed instruction. ▼—**eur** programmer.
progres/sie progression. ▼—**sief** progressive;
(*v. belasting*) graduated.
project project. ▼—**eren** project. ▼—**ie**

projection. ▼—**iel** projectile, missile; *geleide
—en*, guided missiles. ▼—**ielantaarn**
projector. ▼—**iescherm** screen. ▼—**ievlak**
projection surface. ▼—**ontwikkelaar**
property developer. ▼—**or** projector; *dia—*,
slide projector.
proleet vulgarian, cad. ▼**proletar/iaat**
proletariat. ▼—**iër** proletarian. ▼—**isch**
proletarian.
prolongatie (*verlenging*) extension; (*v. film*)
prolongation; (*v. lening, wissel*) renewal;
effecten in — nemen, make loans on
securities; *geld op — geven*, lend money on
security; *op — kopen*, buy on margin.
▼—**premie**, —**rente** contango.
▼**prolongeren** continue; (*wissel*) renew.
proloog prologue.
promenade promenade. ▼—**concert** p.
concert. ▼—**dek** p. deck.
promesse promissory note.
prominent prominent.
promotie promotion, rise; (*univ.*) graduation
(ceremony); — *maken*, get promotion.
▼—**diner** graduation dinner.
▼—**plechtigheid** degree ceremony.
▼**promotor** (*in zaken*) promoter; (*univ.*)
professor presenting a graduating student.
▼**promoveren I** *on.w* graduate. **II** *ov.w*
1 promote; **2** confer a doctor's degree on.
prompt prompt; — *op tijd*, punctual; *iets —
kennen*, have it pat. ▼—**heid** promptness.
pronk display, ostentation; *te — lopen met*,
show off. ▼—**boon** scarlet runner. ▼—**en**
show off, cut a dash; — *met*, flaunt; *met
andermans veren —*, adorn o.s. with borrowed
plumes. ▼—**er** dandy. ▼—**erig** showy.
▼—**erwt** sweet pea. ▼—**juweel** gem.
▼—**stuk** show-piece. ▼—**zucht** love of
ostentation.
prooi prey; *ten — zijn aan*, be a prey to.
proost 1 (*pers.*) dean; **2** (*prosit*) (*bij niezen*)
bless you; (*bij drinken*) here's to you!
prop (*v. hout, metaal*) plug; (*watten*) wad; (*op
fles*) stopper; (*v. vat*) bung; (*in de mond*) gag;
(*propje*) pellet; *ik had een — in de keel*, I had a
lump in my throat; *op de —pen komen*, crop
up; *op de —pen komen met*, come out with.
propaedeu/se propaedeutics. ▼—**tisch I** *bn*
preliminary. **II** *zn* preliminary (examination).
propagand/a propaganda. ▼—**eren**
propagandize. ▼—**ist** propagandist.
▼—**istisch** propagandist. ▼**propageren**
propagate.
propeller propeller.
proper neat, clean.
propje (*papier*) pellet; (*persoon*)
humpty-dumpty; (*anders*) little plug.
proport/ie proportion. ▼—**ioneel**
proportional.
proppen *ww* cram.
proppeschieter pop-gun.
propvol chock-full, packed.
proseliet proselyte.
prosit *zie* proost **2**.
prostit/uée prostitute, street-walker.
▼—**ueren** prostitute. ▼—**utie** prostitution.
protect/ie protection; (*bij benoeming*)
influence. ▼—**ionisme** protectionism.
▼—**ionist**(**isch**) protectionist. ▼—**oraat**
protectorate. ▼**protégé(e)** protégé(e).
▼**protegeren** patronize.
protest protest; — *aantekenen tegen*, enter a
protest against; *een — laten horen*, raise a p.;
hiertegen ging een — op, a p. was raised
against this; *onder —*, under p.; *uit —*, in
protest.
protestant Protestant. ▼—**isme**
Protestantism. ▼—**s** Protestant.
protest/eren protest; *een wissel laten —*, have
a bill protested. ▼—**nota** note of protest.
▼—**staking** p. strike. ▼—**vergadering** p.
meeting. ▼—**wissel** protested bill.
prothese (*tanden*) prosthesis; (*anders*)
artificial limb.
protocol protocol.
protoplasma protoplasm.

prots/en flaunt. **▼—erig** caddish.
proviand provisions; victuals. **▼—eren**
provision. **▼—ering** provisioning. **▼—schip**
store-ship.
provinciaal provincial; *de Provinciale Staten*,
the P. States; the County Council. **▼provincie**
province. **▼—stad** provincial town.
provisie 1 (*voorraad*) provision, stock;
2 (*loon*) commission. **▼—kamer** pantry.
▼—kast larder. **▼provis/ioneel** provisional.
▼—orisch provisional.
provoc/ateur provoker. **▼—atie** provocation.
▼—eren provoke. **▼—erend** provocative.
proza prose. **▼—isch** prosaic. **▼—schrijver**
p.-writer. **▼—stijl** p.-style. **▼—verhaal** p.
story.
pruik wig; *een oude —*, an old fogey.
▼pruiken/maker wig-maker. **▼—tijd** pigtail
period.
pruil/en pout, sulk. **▼—er** sulker. **▼—erig**
sulky. **▼—mondje** pout.
pruim 1 (*gedroogd*) prune; **2** (*tabaks*—)
quid. **▼—edant** prune. **▼—en** chew. **▼—epit**
plum-stone. **▼—tabak** chewing-tobacco.
Pruis Prussian. **▼—en** Prussia. **▼—isch**
Prussian; *— blauw*, Prussian blue; *— zuur*,
prussic acid.
prul dud; gimcrack; (*krant*) rag; *een — van 'n*
ding, trash; *een — van 'n vent*, a dud.
▼—dichter rhymester. **▼—ding** *zie* **prul**.
▼—laria rubbish. **▼—leboel** trash.
▼—lenmand waste-paper basket. **▼—l(er)ig**
trashy, rubbishy. **▼—schrijver** scribbler.
▼—werk trash.
prut (*v. koffie*) grounds; (*slijk*) mire.
pruts/en (*knoeien*) bungle; *zitten — aan*,
tinker at, mess about with. **▼—er** bungler,
tinker. **▼—erig** flimsy. **▼—werk** bungling,
shoddy work.
pruttel/aar(ster) grumbler. **▼—en** grumble;
(*op 't vuur*) simmer.
psalm psalm. **▼—boek** p.-book. **▼—dichter**
psalmist. **▼—gezang** p.-singing.
pseudo- pseudo-. **▼—niem I** *zn* pseudonym.
II *bn* pseudonymous.
psyche psyche. **▼—delisch** psychedelic,
hallucinogenic.
psychia/ter psychiatrist. **▼—trie** psychiatry.
▼—trisch psychiatric.
psychisch psychic(al). **▼psycho/analyse**,
—analist, —analytisch psycho-analysis,
-analyst, -analytic. **▼—logie** psychology.
▼—logisch psychological. **▼—loog**
psychologist. **▼—paat** psychopath.
▼—pathisch psychopathic. **▼—se** psychosis.
puber adolescent. **▼—teit** puberty.
▼—teitsjaren puberty.
publi/ceren publish. **▼—citeit** publicity;
geven aan, give p. to. **▼—katie** publication.
publiek I *bn* public; *— geheim*, open secret; *—*
huis, bawdy house; *—e veiling*, p. auction; *—e*
vrouw, prostitute; *—e zitting*, open court; *—e*
werken, p. works; *— maken*, make p.;
(*onthullen*) disclose; *— worden*, become
known. **II** *zn* public; (*gehoor*) audience; *'t*
grote —, the general p.; *in 't —*, in p. **▼—recht**
p. law. **▼—rechtelijk** *= eigendom*, p.
property; *— lichaam*, corporation, p. body.
pudding pudding. **▼—schaal** p.-dish.
▼—vorm p.-mould.
puf: *ik heb er geen — in*, I don't like it.
puff/en puff. **▼—erig** (*v. pers*.) puffy; (*v.*
weer) sultry.
pui front; (*stoep*) steps.
puik I *bn* choice, prime. **II** *zn*: *'t —je van...*, the
pick of...
puilen bulge; *de ogen puilden hem uit het*
hoofd, his eyes started from their sockets.
▼puilogig goggle-eyed.
puimsteen pumice.
puin debris, rubbish, rubble; *— storten*, shoot
r.; *in — liggen*, lie in ruins; *in — vallen*, fall to
pieces. **▼—hoop** rubbish-heap, ruins.
puist blotch. **▼—(je)** pimple. **▼—(er)ig**
pimply.
pukkel(tje) pimple.

pul jug, vase.
pulken pick; *in de neus —*, p. one's nose.
pulp pulp.
pulver (gun)powder.
pummel lout. **▼—ig** loutish.
punaise thumb-tack.
punch punch.
punctu/aliteit punctuality. **▼—atie**
punctuation. **▼—eel** punctual.
punt point, tip; (*stip*) dot; (*v. zakdoek, boord*)
corner; (*leesteken*) full stop; (*v. programma*)
item; (*in dagvaarding*) count; (*rapportcijfer*)
mark; *dubbele —*, colon; *—en en strepen*, dots
and dashes; *een — van belang*, an important
p.; *een — van bespreking*, subject for
discussion; *dit vormt een — van overweging*,
this is a subject for consideration (a point to be
considered); *het — van uitgang*, the starting
point; *op 't — van...*, in p. of..., in the matter
of...; *op dit —*, on this p.; *op 't — staan om...*,
be on the p. of...; *op — winnen*, win on points; *—*
voor —, point by
point. **▼punt/baard** pointed beard.
▼—boord wing collar. **▼—dicht** epigram.
▼—dichter epigrammatist. **▼—en** point,
sharpen; (*'t haar*) trim. **▼—enaantal** (*sp.*)
score; (*v. kandidaat*) number of marks.
▼—enlijst list of marks. **▼—enstelsel**
(*distrib.*) points system. **▼—gevel** gable.
▼—eslijper pencil sharpener. **▼—ig** pointed,
sharp. **▼puntje**: *daar kun je een — aan zuigen*,
that takes the shine out of you; *je moet —s op*
de i zetten, you must dot your i's and cross your
t's; *de fijne —s gaan er bij hem af*, he is getting
rusty; *als 't — bij 't paaltje komt*, when it comes
to the point; *alles was in de —s*, everything
was in apple-pie order; *er in de —s uitzien*,
look spick and span; *iets tot in de —s kennen*,
know s.th. to perfection; *tot in de —s verzorgd*,
(*v. pers.*) highly groomed, (*v. ding*) highly
finished. **▼punt/komma** semi-colon.
▼—schoen pointed shoe. **▼—sgewijs** point
by point.
pupil (*v. oog en leerling*) pupil; (*onmondige*)
ward, pupil.
puree purée; (*v. aardappelen*) mash.
purg/atorium purgatory. **▼—eermiddel**
purgative. **▼—eren** purge.
puris/me purism. **▼—t** purist. **▼—tisch**
puristic.
puritein(s) Puritan.
puper purple. **▼—en** *ww & bn* purple.
▼—glans p. glow. **▼—kleurig, —rood**
purple.
put (*water*—) well; (*kuil*) pit; *'n — graven*, sink
a w.; *in de — zijn*, be down-hearted; *je geld in*
een bodemloze — gooien, pour your money
down the drain. **▼—deksel** lid of a well.
▼—emmer w.-bucket. **▼—haak** w. hook;
over de — trouwen, marry over the
broomstick. **▼—je** (*v. pokken*) pock-mark.
▼—jesschepper sewer-man.
puts: *'n — water*, a bucketful of water.
putten draw; *uit eigen ervaring —*, draw from
one's own experience.
puur pure (gold); sheer (nonsense); neat, raw
(whisky). **▼—heid** purity.
puzzel puzzle.
pvc polyvinylchloride.
pygmee pygmy.
pyjama (pair of) pyjamas.
Pyreneeën: *de —*, the Pyrenees.
pyriet pyrites.
pyromaan pyromaniac.
Pyrrusoverwinning Pyrrhic victory.
Pythagoras Pythagoras; *stelling v. —*,
Pythagoras' proposition.
python python.

Q R

qua qua, as.
Quadragesima Quadragesima.
quadriljoen quadrillion.
quadrill/e quadrille. ▼**—eren** play quadrille.
quadrupeden quadrupeds.
quantité négligeable negligible quantity.
quantum quantum, quantity.
quarantaine quarantine; *in — liggen*, be in q.
quasar quasar (quasi stellar radio-source),
quasi-stellar object, QSO.
quasi quasi, mock (serious manner); *hij deed
— alsof hij sliep*, he pretended to be asleep;
—-wetenschappelijk, quasi scientific.
quatre-mains: *à —*, for four hands; *een —*, a
pianoforte duet; *— spelen*, play (pianoforte)
duets.
querulant querulous person, (*sl.*) grouser.
questionaire questionnaire, questionary.
queue queue, line; (*v. japon*) bustle; *— maken*,
queue up.
quickstep quickstep.
quiëtisme quietism.
quintiljoen quintillion.
quisling quisling.
quitte quits; *we zijn —*, we are quits.
qui-vive: *op zijn — zijn*, be on the alert.
quiz quiz.
quorum quorum.
quota, quote quota, contingent, share.
quotiënt quotient; *intelligentie—*, intelligence
quotient.

ra yard; *grote —*, mainyard.
raad advice, counsel (*een —*, a piece of
advice); (*lichaam*) council; *R— van Arbeid*,
board of Labour; *R— van Beheer
(Commissarissen)*, Board of Directors; *R—
van Europa*, Council of Europe; *R— van State*,
State Council; *R— van Toezicht*, Supervisory
Board; *goede — was duur*, here was a
dilemma; *iem. — geven*, advise (counsel) a p.;
— schaffen, find ways; *hij weet altijd —*, he is
never at a loss; *daar weet ik wel — op*, I can
manage that; *ik weet geen — (met)*, I don't
know what to do (with); *in de — zitten*, on the
(town-)council; *met — en daad*, by word and
deed; *luister naar mijn —*, be advised; *op —
van*, at (on) the a. of; *met iem. te rade gaan*,
consult a p.; *iem. van — dienen*, advise a p.
▼**raad/gevend** advisory. ▼**—gever** adviser.
▼**—geving** (piece of) advice. ▼**—huis** town
hall. ▼**—kamer** council chamber; *'t hof ging in
—*, the court withdrew. ▼**—pensionaris**
Grand pensionary. ▼**—plegen** consult, see (a
doctor). ▼**—pleging** consultation.
▼**—sbesluit 1** decision of the council; **2** (*fig.*)
decree.
raadsel riddle; mystery, puzzle; *in —en
spreken*, speak in riddles. ▼**—achtig**
enigmatic, mysterious. ▼**—achtigheid**
mysteriousness.
raads/heer councillor; (*jur.*) justice;
(*schaakspel*) bishop. ▼**—kamer** council
chamber. ▼**—kelder** town-hall cellar. ▼**—lid**
councillor. ▼**—lieden** counsellors, advisers.
▼**—man** adviser; (*advocaat*) counsel.
▼**—vergadering** council meeting.
▼**—verkiezing** municipal election.
▼**—verslag** (town-)council report. ▼**—zetel**
seat on the council. ▼**—zitting** sitting of the
council. ▼**raadzaal** council-hall.
raadzaam advisable, expedient. ▼**—heid**
advisability, expediency.
raaf raven; *witte —*, white crow.
raak: *— antwoord*, telling repartee; (*zijn
opmerkingen*) *zijn —*, are to the point; *die klap
was —*, that blow went home; *maar — praten*,
talk at random, t. aimlessly; *— schieten*, hit the
mark; *— slaan*, strike home. ▼**—lijn** tangent.
▼**—punt** point of contact. ▼**—vlak** tangent
plane; (*fig.*) interface.
raam window; (*lijst, enz.*) frame; (*de appels*)
lagen voor het —, were in the w.; *hij stond voor
het —*, he stood at the w. ▼**—antenne** frame
aerial. ▼**—kozijn** w.-frame. ▼**—vertelling**
frame-story. ▼**—werk** frame.
raap (*—zaad*) rape; (*knol—*) turnip. ▼**—koek**
rape-cake. ▼**—olie** rape(-seed) oil. ▼**—stelen**
turnip-tops. ▼**—zaad** rape-seed.
raar queer, strange, odd; *een rare Chinees*, a q.
fish; *zich — voelen*, feel q. ▼**—heid** queerness,
strangeness, oddity.
raaskallen rave.
raat honeycomb. ▼**—honing** comb-honey.
rabarber rhubarb.
rabat (trade) discount.
rabauw 1 (*pers.*) rapscallion; **2** (*appel*) rennet.
rabbi rabbi. ▼**—naal** rabbinic(al). ▼**—naat**
rabbinate.
race race. ▼**—auto** racing-car. ▼**—baan**

r.-course, speedway. ▼—**boot** racing-boat.
▼—**fiets, —jacht** racer. ▼—**n** race. ▼—**paard**
r.-horse. ▼—**wagen** racing-car.
rachitis rickets.
racisme racialism. ▼**racist** racist.
rad I bn swift; glib (tongue); — van tong zijn,
have the gift of the gab. **II** zn wheel; — van
avontuur, wheel of fortune; (op kermis)
joy-wheel; 't vijfde — aan de wagen, the fifth
w. to the coach; iem. een — voor ogen draaien,
throw dust in a p.'s eyes.
radar radar. ▼—**baken** radar beacon. ▼—**echo**
radar echo. ▼—**installatie** r. installation.
▼—**koepel** radome. ▼—**ontvanger** radar
receiver. ▼—**scherm** radar screen.
▼—**station** r. station. ▼—**zender** radar
transmitter. ▼—**zoeker** radar scanner.
radbraken break upon the w.; (taal) murder; ik
was geradbraakt, I was quite knocked up.
raddraaier ringleader.
radeer/gummi eraser. ▼—**kunst** etching.
▼—**mesje** erasing-knife.
radeloos desperate. ▼—**heid** desperation.
raden 1 (raad geven) advise, counsel;
2 (gissen) guess; ik geef je te — wie, guess
who; goed (mis) —, guess right (wrong); —
naar, guess at; laat je —, be advised; ra, ra, wat
is dat?, riddle my riddle.
radenrepubliek soviet republic.
rader/baar wheeled stretcher. ▼—**boot**
paddle-boat.
raderen erase.
rader/kast paddle-box. ▼—**werk** wheels; (v.
klok) clock-work.
radheid nimbleness; — van tong, glibness.
radiaal radial; —band, radial tyre.
radiateur, radiator radiator.
▼—**thermostaat** radiator thermostat.
radicaal bn & zn radical. ▼**radicalisme**
radicalism.
radijs radish.
radio radio, wireless; voor de — spreken, speak
on the w.; broadcast; voor de — optreden,
broadcast. ▼—**actief** r.-active. ▼—**activiteit**
r.-activity. ▼—**antenne** w. aerial. ▼—**baken**
r.-beacon. ▼—**bericht, —boodschap** w.
message. ▼—**bode** Radio Times. ▼—**centrale**
w. exchange. ▼—**dienst** w. service.
▼—**distributie** r. relay service. ▼—**grafie**
radiography. ▼—**grafisch** radiographic.
▼—**gram** radiogram. ▼—**grammofoon**
radiogram. ▼—**handel** w. trade; (winkel) w.
shop. ▼—**handelaar** w. dealer. ▼—**hut** w.
room. ▼—**inrichting** w. equipment. ▼—**kast**
w. cabinet. ▼—**lamp** w. valve. ▼—**lezing** w.
lecture. ▼—**mast** r.-mast. ▼—**metrie**
radiometry. ▼—**omroep** broadcast(ing)
service. ▼—**omroeper** w. announcer.
▼—**onderdelen** w. parts.
▼—**ontvangtoestel** w. receiving set.
▼—**peilstation** w. telegraph direction finding
station. ▼—**programma** w.-programme.
▼—**rede** r.-speech. ▼—**reporter** r.-reporter,
commentator. ▼—**spreker** broadcaster.
▼—**station** w.-station. ▼—**techniek**
radio-engineering.
▼—**telefonie** — **telegrafie**
r.-telephony/telegraphy. ▼—**telegrafist**
wireless operator. ▼—**telegram** wireless
telegram. ▼—**toestel** w. set. ▼—**uitzending**
broadcast. ▼—**vergunning** w.-licence.
▼—**verslaggever** r.-commentator.
▼—**zender** r.-transmitter.
radium radium. ▼—**houdend** r.-bearing.
radius radius.
radja rajah.
rafel ravel. ▼—**en** fray. ▼—**ig** frayed.
raffin/aderij refinery. ▼—**eren** refine.
rag cobweb.
rage craze, rage.
ragebol (lett. & fig.) mop.
ragfijn gossamer, filmy.
ragout hash, stew.
rail rail; uit de —s lopen, jump the rails.
rak (rivier—) reach; (aan ra) truss.
rakelings iem. (iets) — voorbijgaan, brush

(skim) past a p. (a thing).
raken hit; (aan—) touch; (geraken) get; dat raakt je niet, that
does not concern you, that's no business of
yours; aan de praat —, fall into talk; in
moeilijkheden —, get into difficulties.
raket racket; (projectiel vuurpijl) rocket.
▼—**aandrijving** rocket propulsion. ▼—**bom**
rocket bomb. ▼—**motor** rocket engine.
▼—**spel** rackets. ▼—**vliegtuig** rocket plane.
rakker rascal.
ram ram; (astr.) Aries; the Ram.
ramen estimate (at).
ramenas black radish.
raming estimate.
rammeien batter.
rammel iem. een pak — geven, give a p. a
hiding.
rammel/aar 1 (kinder—) rattle; **2** (konijn)
buck (-rabbit). ▼—**en** rattle; (v. geld) jingle;
(kletsen) rattle; iem. door elkaar —, shake a p.;
ik — van de honger, I am famished. ▼—**ing**
drubbing. ▼—**kast** (rijtuig) rattle-trap; (piano)
tin-kettle; (auto) jalopy, rumbler.
rammen ram.
ramp disaster, catastrophe. ▼—**gebied** area of
the d., distressed area. ▼**rampspoed**
adversity. ▼—**ig** ill-fated (man); disastrous
(event). ▼**rampzalig** wretched (man);
disastrous (year). ▼—**e** wretch. ▼—**heid**
wretchedness.
rancun/e rancour; sans rancune, no ill feeling.
▼—**eus** rancorous.
rand (v. kopje) rim; (v. hoed, beker) brim;
margin; (v. afgrond) brink; (v. tafel, water,
bos) edge; (v. gazon, japon) border; (richel)
ledge; aan de — van, on the verge of (ruin), on
the outskirts of (a town). ▼—**gebied** fringe
area. ▼—**gemeente** (ongev.) satellite town,
suburb. ▼—**gewest** outer region. ▼—**glosse**
marginal note. ▼—**schrift** legend. ▼—**staat**
border state. ▼—**stad** urban conglomeration,
conurbation. ▼—**steen** curb-stone.
▼—**versiering** ornamental border.
rang rank, degree, position; (schouwburg,
enz.) eerste —, dress-circle; een hoge —
bekleden, hold high r.; in — boven (onder)
staan, rank above (below); de hoogste in —
die aanwezig is (officier), the ranking officer;
mensen van alle —en en standen, people of all
ranks and classes; van de eerste —, first-class.
rangeer/der shunter. ▼—**locomotief**
shunting-engine. ▼—**schijf** turn-table.
▼—**terrein** shunting-yard. ▼**rangeren** shunt.
rang/getal ordinal (number). ▼—**lijst** list.
▼—**nummer** number. ▼—**orde** order; rank
order; — correlatie, rank-order correlation.
▼—**schikken** range, arrange; class, classify;
— onder, range under. ▼—**schikking**
arrangement, classification. ▼—**telwoord**
ordinal.
ranja orangeade.
rank I zn tendril. **II** bn slender; (v. schepen)
cranky. ▼—**heid** slenderness; crank(i)ness.
ranonkel ranunculus.
ransel 1 knapsack; **2** (slaag) hiding. ▼—**en**
thrash, flog.
ransuil long-eared owl.
rantsoen ration; op — stellen = —**eren** ration.
▼—**ering** rationing.
ranzig rancid. ▼—**heid** rancidness.
rap nimble, agile.
rapalje rabble.
rapen pick up.
rapheid nimbleness.
rapier rapier.
rapport report (ook op school); een —
opmaken, draw up a report; — maken van,
report. ▼—**cijfer** r.-mark. ▼—**eren** report.
rapsodie rhapsody.
rarigheid oddity.
rariteit curiosity. ▼—**enkabinet** freak
museum.
ras I zn (v. mensen) race; (v. dieren) breed.
II bn quick. **III** bw soon. ▼—**echt**
thoroughbred. ▼—**egoïst** thorough egoist.

▼—**genoot** congener, racial companion.
▼—**hond** pedigree dog. ▼—**kenmerk** racial characteristic.

rasp rasp, grater. ▼—**en** (*fijnmaken*) grate; (*anders*) rasp.

raspaard thoroughbred. ▼**rassehaat** racial hatred. ▼**rassendiscriminatie** racial discrimination. ▼—**identiteit** racial identity. ▼—**onlusten** race riots. ▼—**scheiding** segregation. ▼—**strijd** racial conflict. ▼—**vermenging** mixture of races. ▼—**verschil** racial difference. ▼—**vijandigheid** racial hostility. ▼—**vooroordeel** racial prejudice.

raster stake; (*tech.*) screen. ▼—**werk** lattice(-work), (wire) fencing.

ras/vee pedigree cattle. ▼—**veredeling** eugenics. ▼—**zuiver** thoroughbred.

rat rat.

rata: *naar* —, pro rata.

rataplan: *de hele* —, the whole caboodle.

ratel rattle; *zijn* — *staat geen ogenblik stil*, his tongue is always wagging; *hou je* —!, shut your trap. ▼—**aar** rattle(r). ▼—**en** rattle; (*v. donder*) crash. ▼—**kous** rattle(r). ▼—**populier** trembling-poplar. ▼—**slang** r.-snake.

ratific/atie ratification. ▼—**eren** ratify.

rational/isatie rationalization. ▼—**iseren** rationalize. ▼—**isme** rationalism. ▼—**ist** rationalist. ▼—**istisch** rationalist(ic). ▼**rationeel** rational.

ratjetoe hotchpotch; (*fig.*) farrago.

rats hotchpotch; (*vreselijk*) *in de* — *zitten*, be in a (blue) funk.

rattejacht ratting. ▼**ratten/gif** rat-poison. ▼—**kruit** arsenic. ▼—**plaag** rat nuisance. ▼—**vanger** rat-catcher. ▼**ratteval** rat-trap.

rauw (*v. handen, vlees*) raw; (*v. geluid*) raucous; *dat viel me* — *op 't lijf*, that was an unpleasant surprise. ▼—**heid** rawness, raucousness. ▼—**kost** raw (uncooked) food, raw vegetables, (*soms*) vegetable salad.

ravage ravage(s), devastation.

ravezwart raven-black.

ravijn ravine, gully.

ravotten romp. ▼**ravotter** romping boy.

rayon 1 area; **2** (*kunstzijde*) rayon.

razeil square sail.

razen rage, rave; *'t water raast*, the kettle sings. ▼**razend** furious, raving; *ben je* —?, are you mad?; —*e haast*, tearing hurry; —*e honger*, ravenous appetite; —*e hoofdpijn*, splitting headache; *iem.* — *maken*, drive a p. mad; *'t is om* — *te worden*, it's enough to drive you mad; — *verliefd*, madly in love. ▼**razende** madman. ▼**razernij** frenzy, rage.

razzia razzia, raid, round-up.

re (*muz.*) re.

reactie reaction; *in* — *op*, in response to. ▼—**patroon** reaction pattern. ▼—**tijd** reaction time. ▼—**vermogen** power of reaction.

reactionair *bn* & *zn* reactionary.

reactor reactor (*zie kern*—, **kweek**—); *homogene* —, homogeneous reactor. ▼—**vat** reactor tank.

reageer/buis test-tube. ▼—**middel** test. ▼—**papier** test-paper. ▼**reagens** reagent, test. ▼**reageren** react to; respond to (appeal).

real/isatie realization. ▼—**iseren** realize; *zich* —, realize. ▼—**isme** realism. ▼—**ist** realist. ▼—**istisch** realistic. ▼—**iteit** reality.

rebel rebel. ▼—**leren** rebel. ▼—**lie** rebellion. ▼—**s** rebellious.

rebus rebus.

recalcitrant recalcitrant. ▼—**heid** recalcitrance.

recapitul/atie recapitulation. ▼—**eren** recapitulate.

recens/ent reviewer, critic. ▼—**eren** review; (*kort* —) notice. ▼—**ie** review, criticism. ▼—**ie-exemplaar** review copy.

recent recent.

recept recipe, receipt; (*medisch* —) prescription. ▼—**enboek** prescription-book, book of recipes.

receptie reception. ▼**receptief** receptive; —*leren*, receptive learning. ▼**receptiezaal** r.-room. ▼**receptionist** receptionist.

reces recess; *op* — *gaan*, go into r., rise; *op* — *zijn*, be in r.

recessie recession.

recette receipts, takings; (*sp. ook*) gate.

recherch/e detective force, criminal investigation department. ▼—**ebureau** detective agency. ▼—**eur** detective.

recht I *bn* straight (line); right (word); —*e hoek*, r. angle; *de* —*e man op de* —*e plaats*, the r. man in the r. place; — *van lijf en leden*, s.-limbed, able-bodied; — *maken* (*trekken*), straighten; — *zetten*, adjust, put s.; (*fig.*) rectify; *ik weet er het* —*e niet van*, I don't know the rights of it. II *bw* straight, right, quite; —*afgaan op*, make s. for; —*door gaan*, go s. on; —*toe*, —*aan*, s. on; — *vooruit*, s. ahead; — *blij*, r. glad; *ik begrijp 't niet* —, I don't q. understand; *niet* — *bij zijn verstand*, not q. right in the head; *iem.* — *in het gezicht kijken*, look a p. full in the face. III *zn* right, claim; (*gerechtigheid*) right, justice; (*wetten*) law (*belasting*) duties; (*op documenten*) fee; — *van beroep*, r. of appeal; — *van vereniging en vergadering*, r. of free assemblage; — *van spreken hebben*, have a say in the matter; *dan heb je geen* — *van spreken meer*, then you have not a leg to stand on; *'t* — *van de sterkste*, the law of the jungle; — *doen*, do justice; — *geven op*, entitle to; — *hebben op*, have a r. to; *zich* — *verschaffen*, procure justice; *zichzelf* — *verschaffen*, take the law into one's own hands; *in zijn* — *zijn*, be within one's rights; *iem. in* —*e aanspreken*, sue a p.; *met* —, rightly; *naar* — *en billijkheid*, justly and fairly; *op zijn* — *staan*, stand on one's r.; *tot zijn* — *komen*, show to full advantage; *vrij van* —*en*, duty-free. ▼**rechtbank** law-court, court of justice.

rechtbuigen straighten.

recht/eloos rightless. ▼—**ens** by right(s).

rechter I *zn* judge, justice; — *van instructie*, examining magistrate; *zijn eigen* — *zijn*, take the law into one's own hands. II *bn* right (foot); right-hand (side). ▼—**commissaris** examining magistrate. ▼—**lijk** judicial (office, error, power); legal (judgment); *de* —*e macht*, the judicature. ▼—**sambt** judgeship. ▼—**stoel** judg(e)ment-seat.

rechter/vleugel right wing (football team, political party, etc.); *iem. die speelt op* (*behoort tot*) *de* —, right-winger. ▼—**zijde** right side; *de* — (*in de Kamer*), the Right.

recht/geaard right-minded. ▼—**gelovig** orthodox. ▼—**gelovigheid** orthodoxy. ▼—**hebbende** (rightful) claimant. ▼—**hoek** rectangle. ▼—**hoekig** rectangular; — *op*, at right angles to. ▼—**hoekszijde** perpendicular or base. ▼—**lijnig** rectilinear. ▼—**maken** straighten. ▼—**matig** rightful, legitimate. ▼—**matigheid** legitimacy. ▼—**op** upright, erect; — *zitten*, sit straight; — *gaan zitten*, sit up. ▼—**opstaand** vertical, erect.

rechts I *bn* right-handed. II *bw* on (to, at) the right; (*auto*) *met het stuur* —, with right-hand drive; — *en averechts breien*, knit plain and purl; — *v.*, to the r. of; *naar* —, to the r.; — *houden*, keep to the r.; *goed* — *rijden*, drive well on the right, (*sl.*) hug the right; — *inhalen*, pass (overtake) on the nearside; *op* — *stemmen*, cast one's vote with the right. ▼—**achter** (*speler*) right back. ▼—**af** to the r.

rechts/beginsel legal principle. ▼—**begrip** conception of justice. ▼—**bevoegd** competent. ▼—**bevoegdheid** competence, jurisdiction. ▼—**bewustzijn** sense of justice. ▼—**bijstand** legal aid.

rechts/binnen inside right. ▼—**buiten** outside right, right-winger.

rechtschapen righteous, honest. ▼—**heid** righteousness.

rechts/college tribunal, court. ▼—**gebied** jurisdiction. ▼—**gebouw** court-house. ▼—**gebruik** legal custom. ▼—**geding**

lawsuit. ▼—**geldig** legal, valid.
▼—**geldigheid** legality, validity.
▼—**geleerde** lawyer. ▼—**geleerdheid**
jurisprudence; *de faculteit der* —, the faculty of
law. ▼—**gelijkheid** equality before the law.
▼—**gevoel** sense of justice. ▼—**grond** legal
ground.
rechts/half right half back. ▼—**handig**
right-handed.
rechts/ingang: — *verlenen tegen*, commit for
trial. ▼—**kundig** legal; — *adviseur,* l. adviser.
▼—**kwestie** legal question. ▼—**middel**
(legal) remedy. ▼—**misbruik** abuse of the
law.
rechtsom to the right. ▼—**keert** about... turn;
— *maken,* face about; *(fig.)* turn on one's heel.
rechts/orde legal system. ▼—**persoon** legal
person, *(vereniging, enz.)* corporation; *als* —
erkennen, incorporate. ▼—**persoonlijkheid**
legal personality, incorporation; — *hebben*
(verkrijgen), possess (acquire) legal
personality, be incorporated. ▼—**pleging**
administration of justice. ▼—**positie** legal
status. ▼—**punt** point of law. ▼**rechtspraak**
jurisdiction. ▼**rechtspraktijk:** *de* —
uitoefenen, practice at the Bar.
▼**rechtspreken** administer justice.
▼**rechts/staat** constitutional state. ▼—**taal**
legal language.
rechtstandig perpendicular.
rechtsterm law-term.
rechtstreeks *bn* direct.
rechts/veiligheid legal security.
▼—**verkrachting** violation of the law.
▼—**vervolging** prosecution; *iem. van* —
ontslaan, dismiss the case against a p.
▼—**vordering** action, (legal) claim: *een* —
instellen, put in a claim. ▼—**wege:** *van* —, by
law, legally. ▼—**wetenschap** jurisprudence.
▼—**wezen** law-system; judicature. ▼—**zaak**
lawsuit. ▼—**zaal** court-room. ▼—**zekerheid**
legal security. ▼—**zitting** court-session.
rechtuit straight on.
rechtvaardig just, righteous. ▼—**en** justify,
warrant; *niet te* —, unjustifiable;
gerechtvaardigd, justifiable, legitimate.
▼—**heid** righteousness. ▼—**heidsgevoel**
sense of justice. ▼—**ing** justification; *ter* —, in
justification.
rechtverkrijgende assign, legal
representative.
rechtzett/en *(fig.)* rectify. ▼—**ing**
rectification.
rechtzinnig orthodox. ▼—**heid** orthodoxy.
recidivist recidivist, backslider.
reciproc/eren reciprocate. ▼—**iteit**
reciprocity.
recitatief recitative. ▼**reciteren** recite,
declaim.
reclame 1 advertising, advertisement,
publicity; *(concreet)* (electric) sign;
2 *(vordering)* claim; **3** *(bezwaar)* protest;
(tegen belasting) appeal; —*gevoelig publiek,*
admass; *'t is allemaal* —, it's all bunkum
(eyewash); — *maken,* advertise; *veel* —
maken voor iets, boots s.th. ▼—**aanbieding**
special offer, bargain offer. ▼—**afdeling**
advertising-department. ▼—**artikel**
catch-line; —*en,* advertising matter. ▼—**biljet**
handbill; *(opgeplakt)* poster. ▼—**boodschap**
(inz. v. radio/tv) commercial; *het uitzenden*
van —*pen op radio en tv,* commercial
broadcasting. ▼—**bord** hoarding, *(Am.)*
billboard. ▼—**bureau** publicity agency.
▼—**campagne** advertising campaign.
▼—**controlebureau** *(ongev.)* Advertising
Standards Authority, Code of Advertising
Practice Committee. ▼—**ontwerp** poster.
▼—**ontwerper** poster designer, commercial
artist. ▼—**plaat** show-card, poster. ▼—**tekst**
advertising copy, slogan. ▼—**televisie**
commercial television.
reclameren appeal (to), protest; *betaling* —,
claim payment; — *bij afzender,* claim on (put
in a claim on) senders.
reclame/tekenaar poster artist. ▼—**truc**

publicity stunt. ▼—**zin** slogan. ▼—**zuil**
advertising-pillar.
reclasser/en rehabilitate. ▼—**ing** *(dienst)*
probation and after-care services;
(heraanpassing) after-care for -, rehabilitation
of discharged prisoners. ▼—**ingsambtenaar**
probation officer. ▼—**ingswerk** probationary
work; rehabilitation work.
recommand/atie recommendation. ▼—**eren**
recommend.
reconstr/uctie reconstruction. ▼—**ueren**
reconstruct.
record record; *een* — *slaan (verbeteren),* beat
(break) a r. ▼—**houder** r.-holder.
recreatie recreation. ▼—**gebied** r. area.
▼—**gelegenheid** r. facilities. ▼—**oord** holiday
camp. ▼—**zaal** r.-room.
rectaal rectal.
rectific/atie rectification. ▼—**eren** rectify.
rector rector; *(v. school)* headmaster. ▼—
magnificus Vice-Chancellor. ▼—**aal**
rectorial. ▼—**aat** rectorship, headmastership.
reçu receipt; *(v. postzending)* certificate of
registration; *(v. bagage, kleding)* check.
recuperatie recuperation; recycling.
recycleren recycle, re-use.
redact/eur editor. ▼—**ie** editorship; *(concr.)*
editors. ▼—**iebureau** editorial office.
▼—**ioneel** editorial. ▼—**rice** editress.
reddeloos irretrievable.
redden save; *iem. uit een moeilijkheid* —, get a
p. out of a difficulty; *niet meer te* —, past
saving; *genoeg om me mee te* —, enough to
carry on with; *zijn figuur trachten te* —, try to s.
one's face; *zich eruit* —, extricate o.s.; *hij redt*
zichzelf, he shifts for himself; *hij zal zich wel*
weten te —, he'll manage; *ik kan me met £ 10*
—, £ 10 will help me out. ▼—**redder** *(v. pers.)*
rescuer, saver; *(v. land)* saviour; *de Redder,* the
Saviour. ▼—**en** put in order, arrange.
▼**redding** rescue; *(uitkomst)* salvation.
▼—**(s)boei** life-buoy. ▼—**boot** life-boat.
▼—**brigade** rescue-party. ▼—**gordel**
life-belt. ▼—**ladder** fire-escape. ▼—**lijn**
life-line. ▼—**maatschappij** Lifeboat
Association. ▼—**medaille** life-saving medal.
▼—**toestel** life-saving apparatus.
▼—**vaartuig** rescue-vessel. ▼—**vest**
life-jacket. ▼—**vliegtuig** rescue plane.
▼—**werk** rescue-work. ▼—**wezen** lifeboat
service.
rede 1 *(verstand)* reason, sense; *(redevoering)*
speech; **2** *(scheepv.)* roads; *iem. in de* —
vallen, interrupt a p.; *naar* — *luisteren,* listen to
r.; *iem. tot* — *brengen,* bring a p. to r. (to his
senses). ▼—**deel** part of speech. ▼—**kavelen**
bandy arguments, argue. ▼—**kunde 1** logic;
2 rhetoric. ▼—**kundig 1** logical; **2** rhetorical;
3 —*e ontleding,* analysis.
redelijk *(met rede begaafd)* rational; *(billijk)*
reasonable, fair; *(tamelijk)* passable; *wees* —,
be reasonable. ▼—**erwijs** reasonably.
▼—**heid** reasonableness.
redeloos irrational. ▼—**heid** irrationality.
reden *(beweeg—)* reason, motive, *(grond)*
ground, cause; ratio; *meetkundige* —,
geometrical ratio; *in directe (omgekeerde)* —
staan tot, be in direct (inverse) ratio to; — *te*
meer, all the more reason; *klemmende* —*en*
aanvoeren, put forward cogent reasons for; *er*
is alle — *om...,* there is every reason to...; *'t*
geeft — *tot'praatjes,* it gives rise to gossip; —
geven voor ongerustheid, give cause for alarm;
— *tot dankbaarheid hebben,* have reason to be
thankful; *geen* — *tot klagen hebben,* have no
reason (cause) for complaint; *en met* —, and
with (good) reason; *om* — *van,* by reason of;
om die —, for that reason; *zonder geldige* —,
without valid (good) reason; *zonder enige* —,
for no reason at all; *dat is de* — *waarom,* that's
the reason why; *zonder opgaaf van* —*en,*
without stating reasons; *met* —*en omkleden*
(v. besluit, enz.), state reasons (grounds) for a
decision.
redenaar orator. ▼—**skunst** oratory.
▼—**stalent** oratorical talent.

redenatie argument. ▼**redeneer/kunde**
logic. ▼**—trant** argumentation. ▼**redener/en**
reason, argue. ▼**—ing** reasoning, argument.

redengevend causal.

reder (ship-) owner. ▼**—ij** shipping-trade;
(*onderneming*) shipping-company.
▼**—sbedrijf** shipping-trade.

rederijk voluble. ▼**—er** rhetorician.
▼**—erskamer** chamber of rhetoric.
▼**—erskunst** rhetoric.

redetwist dispute. ▼**—en** dispute. ▼**—er**
disputant.

redevoer/der orator. ▼**—en** orate, hold forth.
▼**—ing** speech; *eerste —*, maiden s.

redigeren edit; (*opstellen*) draw up.

redmiddel remedy, resource.

redres redress. ▼**—seren** redress.

reduc/eren reduce. ▼**—tie** reduction.

redzeil (*bij brand*) jumping-sheet.

ree roe, hind, doe. ▼**—bok** r.-buck. ▼**—bout**
haunch of venison. ▼**—bruin** fawn.

reeds already; *— de gedachte*, the mere
thought of it.

reëel real, reasonable.

reef reef.

ree/geit roe. ▼**—kalf** fawn.

reeks series; (*wisk.*) progression; *'n — huizen*,
a row of houses; *'n — bergen*, a range of
mountains.

reep 1 (*— chocola*) bar; **2** (*touw*) rope, line;
(*strook*) strip.

reet 1 cleft, crack, crevice; **2** arse.

referaat report; (*lezing*) lecture.

referen/daris referendary. ▼**—dum**
referendum. ▼**—ties** references.

referte reference; *onder — aan*, with r. to.

reflect/ant (*koper*) would-be buyer;
(*sollicitant*) applicant. ▼**—eren** reflect; *— op*,
(*advertentie*) answer, (*aanbod*) entertain.
▼**—or** reflector.

reflex,—beweging reflex.

reform,—atie reformation. ▼**—eren** reform.

refrein refrain, chorus.

refugié refugee.

regeerder ruler.

regel rule; (*v. spel ook*) law; (*lijn*) line; (*orde*)
order; *in de —*, as a r.; *tegen de —s in*, contrary
to the rules; *zich tot — stellen te*, make it a rule
to; *tussen de —s*, between the lines; *volgens
de —en der kunst*, scientifically; *— voor —*,
line by line.

regel/aar regulator. ▼**—baar** adjustable.
▼**—en** settle, order, arrange; (*tech.*) regulate,
adjust (a clock); *het verkeer —*, regulate
(direct) the traffic; *zich — naar*, conform to.
▼**—ing** settlement, arrangement; regulation,
adjustment. ▼**—ingscommissie** organizing
committee. ▼**—maat** regularity. ▼**—matig**
regular. ▼**—matigheid** regularity. ▼**—recht**
straight. ▼**—tje**: *schrijf eens 'n —*, drop me a
line.

regen rain; *na — komt zonneschijn*, after r.
comes sunshine; *van de — in de drop komen*,
get from the frying-pan into the fire.
▼**—achtig** rainy. ▼**—bak** cistern. ▼**—boog**
rainbow. ▼**—bui** r.-shower. ▼**—dag** rainy day.
▼**—dicht** r.-proof. ▼**—droppel** r.-drop.
▼**—en** rain; *het regent dat het giet*, it's pelting
down, it's pouring (with rain); *'t regende
klachten*, complaints poured in. ▼**—jas** r.-coat,
mackintosh. ▼**—loos** rainless. ▼**—lucht** rainy
sky. ▼**—mantel** r.-coat. ▼**—periode** rainspell.
▼**—pijp** r.-pipe. ▼**—scherm** umbrella.
▼**—seizoen** rainy season.

regent regent, governor. ▼**—enregering**
oligarchy. ▼**—es** regent.

regen/tijd rainy season. ▼**—ton** water-butt.

regentschap regency.

regen/val rainfall. ▼**—vlaag** r.-squall.
▼**—wolk** r.-cloud. ▼**—worm** earth-worm.

regeren (*v.* rule, reign over; (*v. ministers*)
govern; *'n moeilijk te — kind*, a problem child;
niet langer te —, out of control. **II** *on.w* reign,
govern. ▼**regering** (*v. vorst*) reign; (*bestuur
en kabinet*) government; *aan de — komen*,
come to the throne; (*v. partij*) come into

power; *onder de — van*, in (under) the r. of.
▼**—loos** anarchic. ▼**—loosheid** anarchy.
▼**regerings/-** government. ▼**—aanhang** g.
supporters. ▼**—beleid** g. policy. ▼**—besluit** g.
decree. ▼**—bureau** G. office.
▼**—commissaris** g. commissioner.
▼**—communiqué** g. communiqué, g.
hand-out. ▼**—gebouw** g. building.
▼**—getrouw** loyal (to the g.); *de —en*, the
loyalists. ▼**—kringen** g.-circles.
▼**—maatregel** g. measure. ▼**—partij** g. party.
▼**—persoon** member of the g. ▼**—stelsel**
system of g. ▼**—subsidie** g. grant.
▼**—verklaring** g. statement.
▼**—voorlichtingsdienst** g. information
service. ▼**—vorm** form of g. ▼**—wege**: *van —*,
on behalf of the g., officially. ▼**—wisseling**
change of g. ▼**—zaak** matter for the g.; state
affair.

regie 1 régie, state monopoly; **2** (*toneel*)
stage-management; *de — voeren van een
stuk*, stage a play.

regime régime.

regiment regiment. ▼**—sbureau**
orderly-room. ▼**—scommandant** regimental
commander. ▼**—svaandel** regimental
colours.

regionaal regional. ▼**regionen** regions.

regis/eren stage (a play). ▼**—eur**
stage-manager.

register register; index; (*v. stem*) register;
(*orgel—*) (organ-) stop; *alle —s uithalen*, pull
out all the stops. ▼**—ton** r.: ton.

registratie registration. ▼**—kantoor** deeds
registry, registry office. ▼**—kosten** registration
fee. ▼**registreerapparaat** recorder,
registering apparatus. ▼**registreren** register.

reglement regulations; rules (of a club).
▼**—air** r. prescribed; *—e bepaling*, rule.
II *bw* in accordance with the regulations
(rules). ▼**—eren** regulate. ▼**—ering**
regulation; (*ringeloren*) regimentation.

regularis/atie regularization. ▼**—eren**
regularize. ▼**regul/ateur** regulator. ▼**—eren**
regulate, adjust. ▼**—ier** *bn & zn* (*rk*) regular.

rehabilit/atie rehabilitation. ▼**—atiebewijs**
bankrupt's certificate. ▼**—eren** rehabilitate.

rei 1 chorus; **2** dance. ▼**—dans** round dance.

reiger heron; *blauwe —*, grey heron.
▼**—kolonie** heronry.

reik/en *I on.w* reach, stretch, extend; (*v. stem*)
carry; *zo ver 't oog reikt*, as far as the eye can r.;
— naar, r. (out) for. **II** *on.w* reach, pass (the
salt); *iem. de hand —*, hold out one's hand to a
p. ▼**—halzen** crane one's neck; *— naar*, long
for. ▼**—wijdte** range.

reilen: *zoals 't reilt en zeilt*, lock, stock and
barrel.

rein pure, clean; (*kuis*) chaste; *de —ste
dwaasheid*, sheer (utter) folly; *in 't —e
brengen*, straighten out; *het zal wel in 't —e
komen*, things will straighten themselves out.

reincarnatie reincarnation.

reinheid purity, cleanness; (*kuisheid*) chastity.
▼**reinig/en** purify, clean; *chemisch —*,
dry-clean. ▼**—ing** cleaning, purification.
▼**—ingsdienst** cleansing-department.
▼**—ingsmiddel** cleanser.

reis 1 (*alg.*) journey; (*zee—*) voyage;
(*uitstapje*) trip; (*rondreis*) tour, trip; **2** (*keer*)
time; *zijn reizen door Afrika*, his travels through
Africa; *goede —!*, a pleasant journey (to you)!;
een — doen, make (take) a j.; *een — om de
wereld doen*, make a j. round the world, travel
round the world; *op — gaan*, go on a j.; *op —
zijn*, be on a j. *op — naar*, on the way to.
▼**—agentschap** travel agency. ▼**—apotheek**
traveller's medicine chest. ▼**—artikelen**
travelling-articles. ▼**—auto** touring-car.
▼**—avontuur** travel adventure.
▼**—behoeften,—benodigdheden** travel
requisites. ▼**—beschrijving** book of t.,
itinerary, travelogue. ▼**—beurs** travelling
scholarship. ▼**—biljet** ticket. ▼**—bureau**
travel bureau, tourist agency. ▼**—cheque**
traveller's cheque. ▼**—deken** travelling-rug.

▼—**doel** destination. ▼—**duur** duration of the journey. ▼—**- en verblijfkosten** travelling and hotel expenses. ▼—**geld** travelling-money; fare. ▼—**gelegenheid** means of conveyance; (*mv ook*) travel facilities. ▼—**genoot** travelling-companion. ▼—**gezelschap** travelling party. ▼—**gids** guide. ▼—**goed** luggage. ▼—**indrukken** impressions of travel. ▼—**koffer** (*travelling-*)trunk. ▼—**kosten** travelling-expenses. ▼—**kostuum** travelling-costume. ▼—**kredietbrief** traveller's letter of credit. ▼—**lust** love of travel. ▼—**makker** travelling-companion. ▼—**necessaire** dressing-case. ▼—**plan** plan for a j.; (*route*) itinerary. ▼—**seizoen** travelling-season. ▼—**vaardig** ready to start. ▼—**verbod** travel ban. ▼—**vereniging** travel association. ▼—**vergunning** travel permit. ▼—**verhaal** travel-story. ▼—**verzekering** luggage insurance. ▼—**wagen** motorcoach. ▼**reizen** travel, journey; (*op zee ook*) voyage; — *in thee*, t. in tea; *vrij — hebben*, get free travel. ▼**reiziger** traveller. ▼—**sverkeer** passenger traffic.

rek 1 (*gymn.*) horizontal bar; (*voor bagage, pijpen*) rack; (*v. kleren*) clothes-horse; (*v. handdoek*) towel-horse; **2** *dat is een hele —*, a long distance, quite a long time; *er zit geen — in*, it has no elasticity.

rekbaar elastic. ▼—**heid** elasticity.

rekel cur; *kleine —*, little rascal.

reken/aar calculator, arithmetician. ▼—**boek** ciphering-book. ▼—**bord** abacus. ▼**rekenen** **I** *on.w* cipher, (*sommen maken*) do figures, reckon, calculate, count. **II** *ov.w* reckon, count; *goed in —*, good at figures; *slecht in —*, bad at figures, have no head for figures; *uit het hoofd uit —*, work it out in one's head; *je moet — dat…*, you must take into account that…; *reken maar!*, you bet!; *reken er maar niet op*, don't bank on it; *zij rekende erop dat hij uit was*, she banked on his being out; *er niets voor —*, make no charge for it; *iem. te veel —*, overcharge (a p.); *bij elkaar —*, reckon together, add up; *door elkaar gerekend*, on an average; *naar onze tijd gerekend*, reckoning by our time; *iem. — onder*, reckon a. p. among; *op iem. —*, reckon on (count on) a p.; *reken niet op hem*, count him out; *het pond — op…*, r. the pound at…; *te — van vandaag*, reckoning from to-day; *hiernaar te —*, judging from this. ▼**rekenfout** mistake in the calculation.

rekening (*nota*) account, bill; (*berekening*) calculation, reckoning; *lopende —*, running a.; *— en verantwoording doen*, render an account (of); *een — hebben (openen) bij een bank*, have (open) an account with a bank; *— houden met*, make allowance for (age); reckon with (a possibility); (*niet uit het oog verliezen*) take into a.; consider (a p.'s feelings); *— en maken*, run up bills; *—en schrijven*, make out accounts; *in — brengen*, charge; *op — kopen*, buy on credit; *een bedrag op iem.'s — schrijven*, put an amount down to a p.'s account; *op nieuwe — overbrengen*, carry forward; *op — stellen van*, (*fig.*) put (set) down to; *volgens —*, as per account; *voor — van*, for account of; *voor eigen —*, for (on) one's own account; *voor gezamenlijke —*, on (for) joint account; *ik neem alle kosten voor mijn —*, I undertake to bear all the cost; (*deze uitlating*) *blijft voor zijn —*, is for his account; *dat neem ik voor mijn —*, I'll take charge of that; *zij namen (vier tanks) voor hun —*, they accounted for… ▼**rekening-courant** current account; *in — staan met*, have an account current with. ▼—**houder** current account customer.

reken/kamer audit-office. ▼—**kunde** arithmetic. ▼—**kundig** arithmetical. ▼—**les** arithmetic lesson. ▼—**liniaal** sliding-rule. ▼—**machine** calculating machine. ▼—**schap** account; *— afleggen van*, account for; *iem. — vragen*, call a p. to a.; *zich — geven van*, realize, appreciate. ▼—**som** sum, arithmetical

problem. ▼—**tabel** ready reckoner.

rekken I *ov.w* draw out (metal); stretch (linen, neck); (*fig.*) prolong, spin out, protract; *zich —*, stretch o.s. **II** *on.w* stretch. ▼**rekstok** horizontal bar.

rekruter/en recruit. ▼—**ing** recruitment. ▼**rekruut** recruit, (*Am.*) draftee.

rekwest petition, memorial. ▼—**rant** petitioner. ▼—**reren** petition.

rekwireren (*vorderen*) requisition; (*doen uitrukken*) call out.

rekwisieten (*stage-*)properties.

rel row, hullabaloo.

relais relay.

relaas account, story.

relateren relate (*aan*: to). ▼**relatie** relation, connection; *—s aanknopen met*, enter into relations with.

relatief relative. ▼**relativiteit** relativity. ▼—**stheorie** theory of r.

relayeren relay.

releveren point out.

reliëf relief; *en —*, in r.; *— geven aan*, throw into r., set off. ▼—**kaart** r. map.

relig/ie religion. ▼—**ieus** religious.

relikwie relic. ▼—**ënkastje** reliquary.

reling rail(ing).

relletje row, riot. ▼—**smaker** rioter.

relmuis dormouse.

rem brake; (*fig.*) check; (*ongunstig*) drag; *bekrachtigde —men*, power brakes; *de —men aanzetten*, apply the brakes. ▼—**bekrachtiger** brake servo mechanism. ▼—**blok** drag, skid. ▼—**blokje** (*v. fiets*) b.-block.

rembours: *onder — zenden*, send (goods) cash on delivery (C.O.D.).

remedie remedy.

reminiscentie reminiscence.

remise 1 (*tram—*) depot; **2** (*v. geld*) remittance; **3** (*schaak*) draw; *— spelen*, tie, draw; *in — eindigen*, end in a d.

rem/ketting drag-chain. ▼—**klep** air brake, brake flap. ▼—**leiding** brake circuit; *met gescheiden —en*, (equipped) with twin independent brake circuits (systems). ▼—**men I** *on.w* put on the brake(s), brake. **II** *ov.w* brake (a car, train), (*fig.*) brake, check, be a drag on (developments); inhibit; *hij remde plotseling*, he braked suddenly; *uit alle macht —*, slam the brakes on, (*sl.*) stand on the brakes; (*zijn aanwezigheid*) *remt me*, inhibits me; *te geremd om er over te praten*, too inhibited to talk about it; *een —de factor*, a restraining factor. ▼—**mer** brakesman. ▼—**ming** (*psych.*) inhibition.

remonstrant(s) Remonstrant.

remous remous.

rem/parachute brake parachute. ▼—**pedaal** brake pedal.

remplaçant substitute.

rem/raket retro rocket. ▼—**schijf** brake disc. ▼—**schoen** brake-shoe, drag, skid. ▼—**spoor** (*auto*) skid marks. ▼—**toestel** brake(-apparatus). ▼—**vloeistof** of brake fluid. ▼—**voering** brake lining. ▼—**weg** braking distance.

ren 1 race, run; (*sp.*) heat; *in volle —*, full speed; **2** (*kippen—*) chicken-run.

renaissance renaissance, renascence.

ren/baan race-course; (*motor—*) speedway, motor-circuit. ▼—**bode** courier.

rend/abel paying; *'n zaak — maken*, make a business pay. ▼—**ement** (*rente*) return; (*v. akker*) output; (*v. machine*) efficiency. ▼—**eren** pay (its way). ▼—**erend** paying, remunerative.

rendez-vous rendez-vous.

rendier reindeer. ▼—**huid** r.-skin. ▼—**mos** r.-moss.

renegaat renegade.

renet rennet.

rennen run, race, rush. ▼**renner** racer.

renovatie renovation. ▼**renoveren** renovate; (*wissel*) renew.

ren/paard race-horse. ▼—**sport** racing.

▼—stal racing-stable.
rentabiliteit (*v. onderneming*) earning-capacity; (*v. fonds*) return.
rente interest; *een behoorlijke — maken van je geld*, obtain a fair return on your capital; *op — zetten*, put out at i.; *tegen lage —*, at a low rate of i.; *van zijn — leven*, live on one's (private) means. ▼—**berekening** calculation of i.
▼—**betaling** payment of i. ▼—**gevend** i.-bearing. ▼—**kaart** insurance card. ▼—**loos** bearing no i.; — *liggen* (*staan*), lie (the stand) idle; — *kapitaal*, dead capital; — *voorschot*, free loan.
rentenier rentier, man of independent means, retired tradesman. ▼—**en** have retired (from business), live on one's private means; *gaan —*, retire from business. ▼—**end** retired.
rente/standaard rate of interest. ▼—**trekker** drawer of i.; (*ouderdoms—*) old-age pensioner. ▼—**vergoeding** i. payment.
▼—**verlaging** lowering of i. ▼—**verlies** loss of i. ▼—**verzekering** annuity assurance.
▼—**voet** rate of i. ▼—**zegel** insurance stamp.
rentmeester steward, bailiff. ▼—**schap** stewardship.
reorganis/atie reorganization. ▼—**eren** reorganize.
rep: *in — en roer brengen* (*zijn*), throw into (be in) commotion.
reparateur repairer. ▼**reparatie** repair(s); *in —*, under repair. ▼—**inrichting** repair-shop.
▼—**kosten** cost of repair. ▼—**werkplaats** repair-shop. ▼**repareren** repair, mend.
repasseren adjust (a watch).
repatriër/en I *on.w* return home. II *ov.w* repatriate. ▼—**ing** repatriation.
repercussie repercussion.
repertoire repertoire, repertory.
repeteren repeat; rehearse (a play); —*de breuk*, repeating fraction. ▼**repetit/ie** repetition; (*toneel*) rehearsal; (*generale —*) dress rehearsal; (*school*) test paper, examination. ▼—**or** coach, private tutor.
repliceren reply. ▼**repliek** rejoinder; *iem. van — dienen*, reply to a p.
reportage (running) commentary. ▼—**wagen** recording van. ▼**reporter** reporter.
reppen: — *van*, mention; *zich —*, hurry (up).
represaillemaatregel reprisal. ▼**represailles** reprisals; — *nemen*, make reprisals.
represent/ant representative. ▼—**atie** representation. ▼—**atief** representative.
▼—**eren** represent.
repressief repressive.
reprimande reprimand, rebuke.
reprise (*toneel*) revival.
reproduceren reproduce. ▼**reproduktie** reproduction.
reptiel reptile.
republiek republic. ▼**republikein(s)** republican.
reputatie reputation; *zijn — hooghouden*, maintain one's reputation; *zijn — getrouw blijven*, live up to one's r.
requiem requiem. ▼—**mis** requiem.
requisitoir requisitory.
rescontre settlement; *op — (ver)kopen*, buy (sell) for the account; —*dag: 1e —*, contango day; *2e —*, name day; *3e —*, settling-day.
reseda mignonette.
reservaat reserve, reservation.
reserve 1 (*voorraad*) reserve; 2 (*voorbehoud*) reservation; *bij de — zijn*, be on the reserve-list; *in — houden*, hold in reserve; *onder — aannemen*, accept with some reserve; *zonder —*, without reserve. ▼—**band** spare tyre. ▼—**fonds** r.-fund. ▼—**kapitaal** r. capital. ▼—**officier** r.-officer. ▼—**onderdeel** (*v. auto*) spare part. ▼—**personeel** r. staff.
reserver/en reserve. ▼—**ing** reservation.
reserve/troepen reserves. ▼—**vulling** spare (extra) refill. ▼—**wiel** spare wheel. ▼**reservist** reservist.
reservoir reservoir, tank.
resid/ent resident. ▼—**entie** royal residence.

▼—**eren** reside.
resol/utie resolution. ▼—**uut** resolute.
reson/antie resonance. ▼—**eren** resound.
respect respect. ▼—**abel** respectable.
▼—**eren** respect. ▼—**ief** respective, several.
▼—**ievelijk** respectively.
resp.ijt respite, delay. ▼—**termijn** period of grace.
ressort jurisdiction; (*fig.*) province; *een in hoogste — gewezen vonnis*, a judgment passed in the last instance, a final j. ▼—**eren**: — *onder*, be under the jurisdiction of.
rest rest, remainder; *voor de —*, for the rest.
▼—**ant** remnant; (*saldo*) balance.
▼—**antenuitverkoop** remnant-sale(s).
restaur/ant restaurant. ▼—**ateur** restaurant keeper; (*hersteller*) restorer. ▼—**atie** restaurant, refreshment-room; (*herstel*) restoration. ▼—**atiewagen** dining-car.
▼—**eren** restore.
resten remain, be left; *er restte hem niets anders dan te gaan*, he had no choice but to go.
▼**resteren** remain; *'t —de*, the remainder.
restit/ueren return refund. ▼—**utie** restitution.
restje remnant, left-over; (*v. vroegere toestand*) hang-over.
restrictie restriction.
result/aat result. ▼—**ante** resultant. ▼—**eren** result.
resumé summary; (*v. rechter*) summing-up.
▼**resumeren** sum up.
retirade lavatory. ▼**retireren** retire, withdraw.
retor/iek rhetoric. ▼—**isch** rhetorical.
retort retort.
retoucheren retouch, touch up.
retour return. ▼—**biljet** r.-ticket. ▼—**neren** return. ▼—**vlucht** r.-flight. ▼—**wissel** re-draft.
retraite retreat; *in — zijn* (*gaan*), be in (go into) r. ▼—**huis** retreat-house.
reu male dog.
reuk smell; (*geur*) scent, odour; (*een hond*) *— geven van*, give scent of; *ergens de — van hebben* (*krijgen*), get wind of s.th.; *in kwade — staan*, be in bad odour. ▼—**altaar** incense altar. ▼—(**e**)**loos** odourless. ▼—**flesje** smelling-bottle. ▼—**offer** incense offering.
▼—**orgaan** organ of s. ▼—**vat** censer.
▼—**water** scent(ed water). ▼—**werk** perfume. ▼—**zenuw** olfactory nerve. ▼—**zin** (sense of) smell, olfactory sense. ▼—**zout** smelling-salt(s).
reumat/iek rheumatism. ▼—**isch** rheumatic.
reünie reunion. ▼**reünistenbijeenkomst** gathering of Old Boys.
reus giant. ▼—**achtig** gigantic; (*fijn*) grand. — *groot*, gigantic, huge, enormous; — *fijn*, topping, (*sl.*) scrumptious.
reutel rattle. ▼—**en** rattle; (*zeuren*) (talk) twaddle.
'**reuze**': *dat is — !*, that is grand!
reuzel lard.
reuzen/geslacht race of giants. ▼—**hagedis** giant lizard. ▼—**schrede**: *met —n vooruitgaan*, make giant strides. ▼—**sterk** of gigantic strength. ▼—**taak** gigantic task.
▼—**volk** people of giants. ▼—**werk** *zie* —**taak**. ▼—**zwaai** grand circle. ▼**reuzin** giantess.
revalidatie rehabilitation. ▼—**centrum** r. centre.
revanche revenge. ▼—**wedstrijd** return match.
reveil revival. ▼**reveille** reveille. ▼— **blazen** sound the r.
reven I *ov.w* reef. II *on.w* reef down.
revenuen revenues.
revérence curtsy.
revers lapel, facing.
revis/eren revise; (*vonnis*) review; (*motor*) overhaul. ▼—**ie** revision; (*v. vonnis*) review; (*drukproef*) revise, clean proof, (*v. motor*) overhaul.
revolutie revolution. ▼—**bouw** jerry-building; (*concr.*) jerry-built houses. ▼—**bouwer**

jerry-builder. ▼—**geest** revolutionary spirit.
▼**revolutionair** *bn & zn* revolutionary.
revolver revolver. ▼—**schot** r. shot.
revue review; (*toneel*) revue; de — (*laten*)
passeren, pass in r. ▼—**gezelschap**
revue-company. ▼—**zanger(es)**
revue-singer.
riant splendid.
rib rib; (*v. kubus*) edge. ▼—**bel** rib, ridge.
▼—**belig** ribbed, ridgy. ▼—**benkast** body.
▼—**stuk** rib.
richard rich man.
richel ledge, ridge.
richten direct; (*wapen*) aim, level (at); (*kijker*)
train (on); (*camera*) point (at); (*brief*) direct,
address; *zich — naar,* conform to (a p.'s
wishes); adapt o.s. (to circumstances); *'t oog
— op,* fix one's eye upon; *kritiek — op,* level
criticism at; *zijn schreden — naar,* direct
(bend) one's steps to; *zich — tot iem.,*
(*spreken*) address o.s. to a p.; (*met verzoek*)
apply to.
richting direction; trend; (*overtuiging*)
persuasion, creed; *de moderne —,* the modern
school. ▼—**aanwijzer,** d.-indicator. ▼—**bord**
direction sign. ▼—**gevoel** sense of direction.
▼—**sroer** (*vliegt.*) rudder. ▼—**zoeker**
d.-finder.
richt/kijker bombsight. ▼—**lijn** line of sight;
(*wisk.*) directrix; *—en aangeven,* give
directives. ▼—**snoer** guide; *een — geven,*
give a lead; *tot — dienen,* serve for guidance.
ricoch(et)eren ricochet.
ridder knight; *— van de droevige figuur,* k. of
the rueful countenance; *— van de Kouseband,*
k. of the Garter; *— zonder vrees of blaam,* k.
without fear or reproach; *iem. tot — slaan,*
knight a person. ▼—**en** knight; *geridderd
worden, ook:* receive a knighthood. ▼—**goed**
manor. ▼—**hofstede** manor. ▼—**kasteel** k.'s
castle. ▼—**kruis** cross of knighthood. ▼—**lijk**
chivalrous. ▼—**lijkheid** chivalry. ▼—**orde**
order of knighthood. ▼—**roman** romance of
chivalry. ▼—**schap** knighthood. ▼—**slag**
accolade. ▼—**spoor** larkspur. ▼—**tijd** age of
chivalry. ▼—**verhaal** tale of chivalry. ▼—**zaal**
hall.
ridicuul ridiculous. ▼**ridiculiseren** ridicule.
rieken smell.
riem 1 (*v. leer*) strap, thong; (*om middel*) belt,
girdle; (*over schouder*) belt, lanyard;
(*schoen—*) strap; (*honde—*) lead, leash;
(*drijf—*) (driving-)belt; (*scheer—*) strop;
2 (*roei—*) oar; **3** (*papier*) ream; *de —en
binnenhalen,* ship the oars; *men moet roeien
met de —en die men heeft,* one must make
shift with what one has; *iem. een hart onder de
— steken,* put new heart into a p.
riet reed; (*bamboe*) cane; (*v. daken*) thatch;
(*bies*) rush. ▼—**en:** — *dak,* thatched roof: —
stoel, cane (wicker) chair. ▼—**gans**
bean-goose. ▼—**gors** *zie* —**vink.** ▼—**gras**
sword-grass. ▼—**hoen** moor-hen. ▼—**je**
(*stok*) cane; (*limonade—*) straw. ▼—**mat**
rush-mat. ▼—**molen** cane-mill. ▼—**suiker**
cane-sugar. ▼—**vink** reed-bunting.
▼—**zanger** sedge-warbler.
rif reef; *het Rif,* the Riff.
rij row, line, file, series; *— v. getallen onder
elkaar,* column; *— v. getallen naast elkaar,*
series; *de — sluiten,* bring up the rear; *de —en
sluiten,* close the ranks; *in een —,* in a row; *in
de — gaan staan,* queue up; *op de — af,* in
order, in sequence; *in —en van vijf staan,* stand
five deep; *hij heeft ze niet allemaal op een
—tje,* he's not all there. ▼**rijbaan** (*alleen voor
voertuigen*) roadway; (*rijstrook*) lane; *weg
met dubbele —,* dual carriageway; *vierbaans
autoweg,* four-lane motorway. ▼**rijbewijs**
(driving) license; *hij is niet in het bezit van een
—,* he hasn't got a driving License; *een —
halen,* pass the driving-test; *een — (tijdelijk)
intrekken,* suspend a driving license.
rijden l *on.w* (*in trein, tram, bus, op fiets,
paard*) ride; (*op schaatsen*) skate; (*in eigen
voertuig*) drive; (*v. vliegtuig*) taxi; (*v.*

sinterklaas) bring presents; *door rood licht —,*
(*trein*) pass the halt (stop) signal, (*auto, enz.*)
go through a red light, jump the lights; *de
bussen — vaak,* the buses run frequently; *gaan
—,* go out for a ride (a drive); *op een paard —,*
r. a horse, r. on horse-back; *zitten te —,* fidget
(about); *hij zat hem vreselijk te —,* he was in a
blue funk; *een kandidaat laten —,* rag a
candidate. **ll** *ov.w* drive; (*in ziekenwagentje*)
wheel. ▼**rijder** rider, horseman; (*schaats—*)
skater. ▼**rijdier** riding-animal, mount.
▼**rijdracht** riding wear. ▼**rijexamen**
driving-test. ▼**rijfatsoen** road courtesy.
rijgdraad tacking-thread. ▼**rijg/en** baste;
tack; (*met veters*) lace; (*kralen*) string; *iem.
aan de degen —,* run a p. through with one's
sword. ▼—**laars** lace-up boot. ▼—**naald**
bodkin. ▼—**steek** tack.
rijhandschoen (*motor*) (riding-)gauntlets,
(*auto*) driving-gloves. ▼**rijinstructeur**
driving instructor.
rijk l *zn* state, empire, realm; *'t Britse —,* the
British Empire; *'t — der fantasie,* the realm of
fancy; *'t behoort tot het — der mogelijkheden,*
it is within the bounds of possibility; *'t — der
letteren,* the republic of letters; *zijn — is uit,* his
rule is over; *ze hadden 't — alleen,* they had the
place all to themselves. **ll** *bn* rich, wealthy,
sumptuous (meal); *—e oogst,* a bumper crop;
ik ben geen auto rijk, I do not possess a car; *—
aan,* rich in; *de koning te — zijn,* be as happy as
a king. ▼**rijk/aard** rich man. ▼—**dom** riches,
wealth, affluence; (*fig.*) wealth, abundance.
▼—**elijk** rich, ample; *— belonen,* reward
amply (handsomely); *— bestrooien met
suiker,* liberally sprinkle with sugar. ▼—**elui**
rich people. ▼—**heid** richness.
rij/kleed (riding-)habit. ▼—**knecht** groom.
▼—**kostuum** riding costume, riding-kit.
▼—**kruk** (*tram*) driving-handle, (*trein*)
safety-handle, (*sl.*) deadman's handle.
rijks/- government. ▼—**accountant** g.
auditor. ▼—**adelaar** imperial eagle.
▼—**advocaat** State attorney. ▼—**ambt** g.
office. ▼—**ambtenaar** g. official, civil servant.
▼—**archief** Public Record Office.
▼—**archivaris** Master of the Rolls. ▼—**bank**
State bank. ▼—**begroting** g. estimates.
▼—**beheer** State control. ▼—**belasting** tax.
▼—**bemiddelaar** g. conciliator, g. mediator.
▼—**bestuur** national government.
▼—**betrekking** g. office. ▼—**beurs** State
scholarship. ▼—**bijdrage** g. contribution.
▼—**bureau** g. office. ▼—**conferentie**
imperial conference. ▼—**daalder** rixdollar.
▼—**dienst** g. service. ▼—**eigendom** State
property. ▼—**gebied** territory of the state,
national territory. ▼—**gebouw** public
building. ▼—**gelde** g. funds. ▼—**grens**
frontier. ▼—**inkomsten** (public) revenue.
▼—**inkomstenbelasting** income-tax.
▼—**instelling** g. institution. ▼—**kanselier**
Imperial Chancellor. ▼—**kommies**
revenue-officer. ▼—**kosten:** *op —,* at the
public expense. ▼—**kweekschool** g.
training-college. ▼—**landbouwconsulent**
agricultural consultant of the g.
▼—**landbouwschool** State agricultural
school. ▼—**lening** g. loan, national loan.
▼—**luchtvaartdienst** department of civil
aviation. ▼—**luchtvaartschool** civil aviation
school. ▼—**merk** g. mark, g. stamp.
▼—**middelen** g. resources; g. revenue.
▼—**minister** imperial minister. ▼—**munt** coin
of the realm; (*gebouw*) Royal Mint.
▼—**muntmeester** Master of the mint.
▼—**museum** national museum.
▼—**opvoedingsgesticht** approved school.
▼—**personeel** civil servants. ▼—**politie** g.
police, (*Am.*) Federal police.
▼—**postspaarbank** post-office
savings-bank. ▼—**raad** imperial council.
▼—**schatkist** national exchequer.
▼—**subsidie** g. grant; *met —,*
state-supported. ▼—**uitgaven** national
expenditure. ▼—**universiteit** state university.

▼—**verzekering** national insurance.
▼—**verzekeringsbank** national insurance bank. ▼—**verzekeringswet** National Insurance Act. ▼—**voorlichtingsdienst** Government Information Service. ▼—**weg** national highway. ▼—**wege**: van —, by the g.; state (assistance). ▼—**werf** g. dockyard. ▼—**werkinrichting** labour colony. ▼—**wet** national law.

rij/kunst horsemanship. ▼—**laars** riding-boot. ▼—**les** (te paard) riding-lesson; (in auto) driving-lesson.
rijm rhyme. ▼—**elaar** rhymester, versifier. ▼—**elarij** doggerel. ▼—**elen** write doggerel. ▼—**en** rhyme (to); (fig.) tally (with); hoe valt dit te — met…?, how can you reconcile this with…? ▼—**kroniek** rhymed chronicle. ▼—**kunst** art of rhyming. ▼—**pje** rhyme. ▼—**woord** rhyme(-word).
Rijn Rhine. ▼—**aak** R. barge. ▼—**dal** R. valley. ▼—**land**: het —, the Rhineland. ▼—**schipper** master of a R. barge. ▼—**streek** R. country. ▼—**vaart** navigation on the R. ▼—**wijn** R.-wine, hock.
rij-op rij-af schip drive-on/drive-off car ferry.
rijp I zn hoar-frost. II bn ripe; mature; — worden (maken), ripen; na — beraad, after mature consideration.
rijpaard riding-horse, mount. ▼**rijpad** (v. paard) bridle-path; (v. fiets) cycle-track.
rijp/en 1 het heeft gerijpt, there has been a hoar-frost; **2** (rijp (doen) worden) ripen, mature. ▼—**heid** ripeness, maturity; (psych.) lees—, reading readiness. ▼—**wording** ripening.
rijproef driving-test.
rijs twig, sprig. ▼—**hout** osiers, twigs.
rijschool (voor paardrijden) riding-school; (voor autorijden) school of motoring. ▼**rijsnelheid** driving-speed. ▼**rijstrook** lane. ▼**rijstrookmarkering** lane marking.
rijst rice; ongepelde —, unpolished rice. ▼—**baal** r.-bag. ▼—**bouw** cultivation of r. ▼—**ebrij**, epap r.-milk. ▼—**korrel** grain of r. ▼—**land** r.-field. ▼—**oogst** r.-crop. ▼—**pellerij** r.-hulling works. ▼—**tafel** r.-table, tiffin. ▼—**tafelen** tiffin.
rijswerk osiery; (mil.) fascinework.
rijten rip, tear.
rijtoer drive; een — doen, go for a drive.
rijtuig carriage; (huur—) cab; (—houden) keep a c. ▼—**fabriek** coach-works. ▼—**fabrikant, —maker** coach-builder. ▼—**verhuurder** livery-stable keeper.
rijverkeer vehicular traffic. ▼**rijweg** carriageway.
rijwiel bicycle, cycle; (pop.) bike. ▼—**hersteller** cycle repairer. ▼—**herstelplaats** b. repair-shop. ▼—**met-hulpmotor** autocycle. ▼—**pad** cycle-track. ▼—**stalling** cycle garage.
rijzen rise; (v. vraag, moeilijkh.) arise.
rijzig tall. ▼—**heid** tallness.
rijzweep riding-crop.
rikketik: (zijn hartje) ging van —, went pit-a-pat.
riksja rickshaw.
rill/en (v. kou) shiver; (v. angst) shudder. ▼—**erig** shivery. ▼—**ing** shiver(s), shudder.
rimboe jungle.
rimpel wrinkle; (diep) furrow. ▼—en ov.w & on.w wrinkle (forehead); ruffle (water). ▼—**ig** wrinkled, lined. ▼—**ing** wrinkling, ripple.
rimram rot, fudge.
ring ring; (om stok) ferrule. ▼—**baan** loop(-line); (luchtv.) ring runway. ▼—**baard** fringe. ▼—**band** ring binder. ▼—**dijk** ring-dike. ▼—**eloren** bully. ▼—**en** ring. ▼—**etje**: hij ziet eruit om door een — te halen, he looks as if he had just stepped out of a bandbox. ▼—**rijden** w tilt at the r. ▼—**slang** r.-snake. ▼—**steken** zie —rijden. ▼—**vaart** circular canal. ▼—**vinger** r.-finger. ▼—**vormig** r.-shaped. ▼—**werpen** I ww play quoits. II zn quoits. ▼—**worm** (huiduitslag) ringworm.

rinkelen jingle; (v. bel, telefoon) tinkle; (v. sabel) rattle.
rinoceros rhinoceros.
rins sourish.
rioler en sewer. ▼—**ing** sewerage. ▼**riool** sewer, drain. ▼—**buis** s.-pipe. ▼—**gas** s.-gas. ▼—**pers** gutter press. ▼—**stelsel** sewerage. ▼—**water** sewage. ▼—**werker** sewerman.
risee butt, laughing-stock.
risico risk; voor — van, at the r. of; op eigen —, at one's own r.; — lopen, run a r.; geen — nemen, take no chances; verzekerd tegen alle —, insured against all risks; —dragend kapitaal, risk capital. ▼**risk/ant** risky. ▼—**eren** risk.
rist string. ▼—**en** string.
rit (v. trein) run; (in trein, bus) ride; (in eigen auto) drive; een —je doen, go for a ride (drive).
ritme rhythm.
ritmeester cavalry captain.
ritm/iek rhythmic(s). ▼—**isch** rhythmic(al).
ritsel/en rustle. ▼—**ing** rustle.
ritsig rutting, in heat. ▼—**heid** rut, heat.
ritssluiting zip-fastener.
ritueel bn & zn ritual. ▼**ritus** rite.
rivaal rival. ▼**rivaliteit** rivalry.
rivier river; de — de Rijn, the River Rhine; de — op (af) varen, go up (down) the r.; aan de —, on the r. ▼—**arm** branch of a r. ▼—**bed(ding)** r.-bed. ▼—**bodem** r.-bottom. ▼—**haven** r.-port. ▼—**kant** riverside. ▼—**klei** r.-clay. ▼—**kreeft** crayfish. ▼—**mond** r.-mouth. ▼—**oever** r.-bank. ▼—**politie** r.-police. ▼—**sleepboot** r.-tug. ▼—**sleepvaart** r. towing-service. ▼—**slib** r.-silt. ▼—**stand** r. level. ▼—**vaartuig** r.-vessel. ▼—**vervoer** r.-transport. ▼—**water** r.-water.
rob seal.
robbedoes tomboy.
robbe/jacht seal-hunting. ▼—**jager** seal-hunter.
robber rubber.
robbevel sealskin.
robijn ruby. ▼—**en** bn ruby.
robot robot.
robuust robust.
rochade zie rokade.
rochel phlegm. ▼—**aar** spitter. ▼—**en** expectorate; (v. stervende) rattle.
roddel/aar backbiter. ▼—**en** backbite.
rodelbaan toboggan-slide.
rododendron rhododendron.
roebel rouble.
roede rod; (maat) rood; (met) de — krijgen, be caned. ▼—**loper** dowser, water-finder.
roef zn deck-house; (onderdek) home.
roei/en / rowing. ▼—**bank** r.-bench. ▼—**boot** r.-boat. ▼—**club** r.-club. ▼—**en** row, pull; gaan —, go for a row. ▼—**er** rower, oarsman. ▼—**pen** thole(-pin). ▼—**riem, —spaan** (voor twee handen) oar; (voor één hand) scull. ▼—**sport** rowing, boating. ▼—**tochtje** row. ▼—**vereniging** rowing-club. ▼—**wedstrijd** boat-race.
roek rook.
roekeloos reckless, rash. ▼—**heid** r.ness.
Roeland Roland; als een razende —, like (one) mad.
roem glory, fame.
Roemeens R(o)umanian.
roemen I ov.w praise, speak highly of. II on.w: — op, boast of; 't is niet om op te —, it is nothing to boast about.
Roemen/ië R(o)umania. ▼—**iër** R(o)umanian.
roemer rummer.
roem/loos inglorious. ▼—**rijk, —ruchtig, —vol** glorious. ▼—**zucht** vainglory. ▼—**zuchtig** vainglorious.
roep call, cry; (roem) fame; in een kwade — staan, have a bad reputation; in een kwade — brengen, bring into disrepute ▼**roepen** I on.w call; (luid —) cry; — om, call for; over iem. —, speak highly of a p. II ov.w call (a p.); call in (an expert) send for (a doctor); ik kan mij niet te binnen —, I can't recall; zich geroepen

voelen om, feel called upon to; (*hij kwam*) *als geroepen*, as if he had been sent for. ▼**roeping** call(ing), vocation. ▼**roep/letters** call letters. ▼**—naam** call name. ▼**—stem** call.

roer 1 (*—blad*) rudder; (*—pen*) helm; **2** (*fig.*) firelock; *hou je — recht!*, steady!; *'t — in handen nemen*, take the helm, (*fig.*) take control; *'t — omgooien*, put over the helm; *de man aan 't —*, the man at the wheel; *aan 't — komen*, come into power; *uit 't — lopen*, sheer.
roerdomp bittern.
roereieren scrambled eggs.
roeren I *ov.w* stir; (*fig.*) move, touch; *zijn mond* (*tong*) —, wag one's tongue; *zij weet haar mondje* (*tong*) *te* —, she has a tongue in her head; *zich goed kunnen* —, (*fig.*) be well off. **II** *n.w:* — *aan*, touch; —*in*, stir. ▼**roerend** moving, touching, stirring; —*e goederen*, movables, personal property.
roerganger helmsman.
roerig restless; (*oproerig*) turbulent. ▼**—heid 1** activity; **2** unrest.
roer/inrichting steering-gear. ▼**—ketting** steering-chain.
roerloos 1 (*v. pers.: zonder beweging*) motionless; **2** (*v. schip: zonder roer*) rudderless.
roerpen helm.
roersel motive; stirrings (of the soul).
roerspaan stirring-spoon.
roes drunken fit, intoxication; *de — der overwinning*, the flush of victory; *zijn — uitslapen*, sleep off one's debauch; *hij leefde in een — van vreugde*, he was intoxicated with joy.
roest 1 rust; *oud —*, scrap iron; *door — verteerd*, r.-eaten; **2** (*v. kippen*) roost. ▼**—en 1** rust; **2** roost. ▼**—igheid** rustiness. ▼**—kleur** rusty colour. ▼**—kleurig** rust-coloured. ▼**—vlek** spot of r. ▼**—vrij** r.-proof; stainless (steel).
roet soot; *je moet geen — in 't eten gooien*, you must not be a spoil-sport. ▼**—achtig** sooty. ▼**—deeltje** smut. ▼**—(er)ig** sooty. ▼**—kleur** sooty colour. ▼**—lucht** sooty smell.
roetsjbaan switch-back (railway).
roet/vlok sootflake. ▼**—zwart** black as soot.
roezemoez/en buzz. ▼**—ig** noisy.
roffel roll; *'n — slaan*, beat a roll. ▼**—aar** bungler. ▼**—en** roll (the drum); scamp (work). ▼**—ig** shoddy.
rog ray.
rogge rye. ▼**—brood** r.-bread. ▼**—meel** r.-flour. ▼**—veld** r.-field.
rok (*v. vrouw*) skirt; (*v. man*) dress-coat, (*pop.*) tails; *in* —, in evening dress.
rokade castling.
rokbeschermer dress guard.
roken smoke; *'t rookt hier*, there is s. here. ▼**roker** smoker.
rokéren castle; *kort* —, c. on the King's side; *lang* —, c. on the Queen's side.
rok/erig smoky. ▼**—erigheid** smokiness. ▼**—erij** smoke-house.
rokje little skirt; (*v. Hooglanders*) kilt; *zijn — omkeren*, turn one's coat.
rokken (*spin—*) distaff.
rokkostuum dress-suit.
rol roll; cylinder; (*onder haar*) pad; (*voor deeg*) rolling-pin; (*perkament*) scroll; (*katrol*) pulley; (*monster—*) (muster-)roll; (*jur.*) list; (*toneel*) part, role; *een — bezetten*, act a part; *een — spelen*, play a part; *dat speelt geen —*, that is of no account; *geld speelt geen —*, money is no object; *de —len verdelen*, cast (assign) the parts; *de —len zijn omgekeerd*, the tables are turned; *aan de — zijn*, be on the spree; *in de — blijven*, keep in character; *een zaak op de — plaatsen*, set a case down for hearing; *uit de — vallen*, act out of character. ▼**rol/baan** conveyor. ▼**—film** roll-film. ▼**—gordijn** roller-blind. ▼**—handdoek** roller-towel. ▼**—hoes** radiator screen. ▼**—lade** meat-roll. ▼**—lager** roller-bearing.
rollen roll; (*v. stoel, trap af*) tumble; (*v. vliegtuig*) taxi; *geld moet —*, money is round;

je weet nooit hoe een dubbeltje — kan, you never can tell; *iem.'s zakken —*, pick a p.'s pocket; *de zaak aan het — brengen*, set things going; *van z'n fiets —*, tumble off one's bicycle.
rollenspel role-playing.
rol/letje (*onder stoel, enz.*) caster; *'t ging op —s*, it went on wheels. ▼**—luik** rolling shutter. ▼**—mops** collared herring. ▼**—pens** minced beef in tripe. ▼**—prent** film. ▼**—roer** aileron. ▼**—rond** cylindrical; (*v. pers.*) rotund. ▼**—schaats** roller-skate. ▼**—schaatsbaan** (roller-)skating rink. ▼**—stoel** Bath chair. ▼**—trap** escalator. ▼**—vast** word-perfect. ▼**—verband** roller bandage. ▼**—verdeling** cast. ▼**—wagen** truck.
Romaans Romance.
roman novel. ▼**—ce** romance. ▼**—cier** novelist. ▼**—esk** romantic. ▼**—held** hero in a novel.
Romanen Romance nations.
romaniseren Romanize. ▼**romanist** student of Romance languages, Romanist.
roman/lezer novel-reader. ▼**—literatuur** (prose-)fiction. ▼**—schrijver** novelist. ▼**—schrijfster** (woman, lady) novelist.
roman/ticus romanticist. ▼**—tiek I** *bn* romantic. **II** *zn* romanticism. ▼**—tisch** romantic.
Rome Rome; — *is niet op één dag gebouwd*, R. was not built in a day. ▼**Romein** Roman. ▼**—s** Roman; — *recht*, R. Law; —*e cijfers*, R. numerals.
rommel (*prullen*) junk, rubbish; (*vuile boel*) mess; (*achtergelaten —*) litter; — *maken*, make a mess; *de hele —*, the whole lot; *ouwe —*, old junk. ▼**—en 1** rummage; **2** (*v. de donder*) rumble; *'t is* r. untidy. ▼**—kamer** lumber-room. ▼**—winkel** jumble-shop, junk-shop. ▼**—zooi** jumble.
romp trunk; (*v. schip*) hull; (*v. vliegtuig*) fuselage.
rompslomp fuss; (*rommel*) lumber.
rond I *bn* round, circular; (*ronduit*) straight; *in — getallen*, in r. numbers; —*e taal*, plain speaking. **II** *vz* round (the table). **III** *zn:* *in 't —*, r. about, (all) around.
rond/bazuinen blaze abroad. ▼**—boemelen** knock about.
rondborstig frank, candid. ▼**—heid** frankness, candour.
rond/brengen deliver. ▼**—brieven** spread about. ▼**—cirkelen** circle round. ▼**—delen** hand out. ▼**—dienen** hand r. ▼**—dobberen** be tossed about. ▼**—dolen** wander about. ▼**—draaien** turn (round), rotate; *in 'n kringetje —*, run round in circles; —*de beweging*, rotary motion. ▼**—draven** career (trot) about. ▼**—drentelen** lounge about. ▼**—drijven** float (drift) about. ▼**—dwalen** wander about.
ronde round, tour; (*baan—*) lap; (*v. patrouille*) round; (*v. agent, postbode*) beat; *de — doen*, make one's rounds. (*v. gerucht*) go round. ▼**—dans** round dance.
rondeel 1 (*gedicht*) rondel; **2** (*mil.*) round bastion.
ronden round.
rond/fietsen cycle about; *ik ga wat —*, I'm going for a spin. ▼**—fladderen** flutter about. ▼**—gaan** go r.; *laten —*, pass r.; —*de brief*, circular (letter). ▼**—gang** round, beat, tour. ▼**—geven** hand r. ▼**—hangen** hang (stand) about (around).
rond/heid roundness; (*fig.*) frankness. ▼**—hout** spar. ▼**—ing** rounding; (*v. lichaam, weg*) curve. ▼**—je** round; *een — geven*, stand a r.
rond/kijken look about. ▼**—komen** (*met salaris*) make (both) ends meet; *we moeten ermee —*, we must make it do. ▼**—kuieren** stroll about. ▼**—leiden** lead about; *iem. —*, show a p. round. ▼**—lopen** walk about; *een eindje gaan —*, go out for a turn; *met een plan —*, hatch a plan; *vrij — (v. misdadiger)*, be at large; *een van de grootste schurken, die er —*,

one of the greatest scoundrels alive; *loop rond!*, get along with you! ▼—**lummelen** moon about. ▼—**neuzen** nose about.

random *bw & vz* all r., r. about.

rond/reis (circular) tour, r. trip; *'n — maken door*, be on tour in. ▼—**reisbiljet** circular ticket. ▼—**reizen** travel about. ▼—**reizend** itinerant; — (*toneel*)*gezelschap*, touring company. — (*tonee*)*gezelschap*, touring company. ▼—**rijden** drive (ride) about. ▼—**rit** tour. ▼—**scharrelen** potter about, hover about (around). ▼—**schrijven** circular letter. ▼—**sjouwen** traipse (trudge) about. ▼—**slingeren I** *ov.w* fling about. **II** *on.w* lie about; *laten —*, leave about. ▼—**sluipen** prowl about. ▼—**snuffelen** nose about. ▼—**staan** bulge. ▼—**staren** stare about. ▼—**strooien** strew about; (*fig.*) spread. ▼—**sturen** send round, send out. ▼—**tasten** grope about.

rondte circle; *in de — draaien*, turn round, revolve; *in de — (gaan) staan*, stand around. **rond/tollen** spin round. ▼—**trekken** wander about. ▼—**trekkend** *zie* —*reizend*.

ronduit I *bn* straightforward. **II** *bw* frankly, plainly, flatly; — *gezegd*, frankly (speaking); — *weigeren*, refuse flatly.

rond/vaart circular trip, cruise. ▼—**varen** sail round, round (a cape). ▼—**venten** hawk about. ▼—**vertellen** spread. ▼—**vliegen** fly about. ▼—**vlucht** aerial tour; (*korte —*) joy-flight. ▼—**vraag** (*op agenda*) other business; *bij de —*, upon questions being asked; *iets in — brengen*, put the question. ▼—**wandelen** walk about. ▼—**wandeling** walk round, tour. ▼—**waren** (*v. spook*) walk; (*anders*) hover about, be about. ▼—**weg** *bw zie* ronduit, *zn* by-pass, orbital road. ▼—**wentelen** revolve. ▼—**zenden** send round, send out. ▼—**zien** look about. ▼—**zwalken** (*op zee*) be tossed about; (*anders*) roam about. ▼—**zwerven** wander about. ▼—**zwieren** (*op ijs*) glide about.

ronken (*snorken*) snore; (*v. motor*) throb; (*v. vliegtuig*) roar.

ronsel/aar crimp. ▼—**en** crimp, press.

röntgen/en röntgen, X-ray. ▼—**foto** röntgenogram, X-ray; *een — maken*, make an X-ray. ▼—**onderzoek** X-ray examination. ▼—**ologie** röntgenology. ▼—**oloog** röntgenologist. ▼—**stralen** X-rays.

rood red; *rode hond*, German measles; *rode kool*, r. cabbage; *de roden*, the Reds; *een glaasje —*, a glass of black-currant gin; — *maken*, make r., redden; — *worden*, redden; *zo — als een kreeft*, as r. as a lobster. ▼—**achtig** reddish, ruddy. ▼—**borstje** (robin) redbreast. ▼—**gloeiend** r.-hot. ▼—**harig** r.-haired. ▼**R**—**heid** redness. ▼—**huid** redskin. ▼**R**—**kapje** Little Red Riding-hood. ▼—**koper(en)** copper. ▼—**vonk** scarlet fever.

roof 1 (*op wond*) scab; **2** (*diefstal*) robbery; (*buit*) plunder, booty; *op — uitgaan*, go out plundering; (*v. dieren*) go on the prowl. ▼—**bouw** overcropping, premature exhaustion. ▼—**dier** beast of prey. ▼—**hol** robbers' den. ▼—**moord** murder for robbery. ▼—**nest** robbers' den. ▼—**overval** hold-up. ▼—**ridder** robber knight. ▼—**tocht** foray. ▼—**vogel** bird of prey. ▼—**zucht** rapacity. ▼—**zuchtig** rapacious.

rooien 1 (*aardappels*) lift, dig (up); (*bomen*) pull up; **2** (*mikken*) aim; *hij zal 't wel —*, he'll manage all right; *ze kon 't niet met hem —*, she could not get on with him. ▼**rooilijn** alignment, building-line.

rook smoke; *in — opgaan*, vanish into thin air. ▼—**artikelen** smoking materials; smokers' requisites. ▼—**baar** smokable. ▼—**coupé** smoking-compartment, smoker. ▼—**gat** s.-hole. ▼—**gordijn** s. screen. ▼—**kamer** smoking-room. ▼—**kanaal** flue. ▼—**kolom** pillar of s. ▼—**lucht** smell of s. ▼—**masker** s.-mask. ▼—**pluim** wreath of s. ▼—**salon** smoking-saloon. ▼—**scherm** s. screen. ▼—**stel** smoker's set. ▼—**tabak** pipe-tobacco. ▼—**tafeltje** smoking-stand. ▼—**vlees**

smoked beef. ▼—**wolk** cloud of s. ▼—**worst** smoked sausage. ▼—**zuil** pillar of s.

room cream; *geslagen —*, whipped c. ▼—**achtig** creamy. ▼—**boter** c. butter. ▼—**horen** c. horn. ▼—**ijs** ice-c. ▼—**kaas** c.-cheese.

rooms-katholiek(e) Roman Catholic.

room/soes cream-puff. ▼—**taart** c.-tart.

roos rose; (*op hoofd*) dandruff; (*v. kompas*) card; (*v. schijf*) bull's eye; *geen — zonder doornen*, no r. without a thorn; *in de — schieten*, score a bull's eye; *dat was midden in de —*, (*fig.*) that was bang on the target. ▼—**kleurig** rosy, roseate.

roosten roast.

rooster 1 grating, grid; (*kachel—*) grate; (*braad—*) grill; **2** (*les—*) time-table; (*werk—*) (duty-)rota; *volgens — aftreden*, go out by (in) rotation. ▼—**en** roast; (*vlees*) broil, grill; (*brood*) toast; *geroosterd brood*, toast. ▼—**spanning** grid potential. ▼—**werk** grating(s).

ros *zn* steed.

rosarium rosary.

rosbief roast beef.

rosharig red-haired.

roskam curry-comb. ▼—**men** curry.

rosmarijn rosemary.

rossen ride recklessly, career.

rossig reddish, sandy-haired.

rossinant jade.

rot I *zn* **1** rat; **2** (*mil.*) squad; *de geweren aan — ten zetten*, pile arms. **II** *bn* rotten, putrid; *— te tand*, bad tooth.

rotatie rotation. ▼—**pers** rotary press. ▼**roteren** rotate.

rotheid rottenness.

rotogravure rotogravure.

rotonde rotunda; (*verkeersrotonde*) roundabout.

rots rock, (*steil*) crag, (*aan zee*) cliff. ▼—**achtig** rocky. ▼—**achtigheid** rockiness. ▼—**blok** boulder. ▼**R**—**gebergte**: *het —*, the Rocky Mountains. ▼—**helling** rocky slope. ▼—**kloof** chasm. ▼—**kristal** r.-crystal. ▼—**partij** mass of rocks, rockery. ▼—**punt** peak. ▼—**rand** rocky ledge. ▼—**spleet** chasm. ▼—**tuin** rock-garden. ▼—**vast** firm as a r. ▼—**wand** r.-face. ▼—**woning** r.-dwelling.

rot/ten rot, decay. ▼—**tig** rotten. ▼—**ting 1** rotting; **2** (*stok*) cane. ▼—**ziekte** rot. ▼—**zooi** mess.

roul/atie circulation. ▼—**eren** circulate; (*v. pers.*) take turns, work in shifts. ▼—**ette** roulette. ▼—**ettetafel** roulette-table.

rout/e route, way. ▼—**ine** routine.

rouw mourning; *zware* (*lichte*) —, deep (half) m.; *de — aannemen*, go into m.; — *dragen*, mourn (for); *in de — zijn* (*gaan*), be in (go into) m. ▼**rouw/—**mourning- ▼—**band** m.-band. ▼—**beklag** condolence. ▼—**bezoek** visit of c. ▼—**brief** m.-letter. ▼—**dag** day of m. ▼—**dienst** memorial service. ▼—**drager** mourner. ▼—**en** mourn. ▼—**floers** crape. ▼—**gewaad** m.(-attire). ▼—**handschoen** black glove. ▼—**ig**: *ik ben er niet — om*, I am not sorry for it. ▼—**kaart** funeral card. ▼—**kamer** funeral chamber. ▼—**kapel** funeral chapel. ▼—**klacht** lamentation. ▼—**klagen** lament. ▼—**klager** mourner. ▼—**kleding** m.(-clothes). ▼—**kleed** pall. ▼—**koets** m.-coach. ▼—**koop** smart-money; — *hebben*, repent one's bargain. ▼—**krans** funeral wreath. ▼—**pak** m.-suit. ▼—**papier** m.-paper. ▼—**rand** m.-border. ▼—**stoet** funeral train. ▼—**tijd** period of m. ▼—**vlag** flag at half-mast.

roven rob; kidnap (children). ▼**rover** robber, highwayman. ▼—**bende** gang of robbers. ▼—**hoofdman** r.-chief. ▼—**ij** robbery. ▼—**shol** robbers' den. ▼—**tje**: — *spelen*, play (at) robbers.

royaal liberal, open-handed (man); generous (reward); ample (income); *het kan er — uit*, there's enough and to spare; *te — leven*, live beyond one's income; — *voor de dag komen*, be lavish, come down handsomely; *hij was —*

nummer één, he was easily first. ▼**royal/isme** royalism. ▼—**ist** royalist. ▼—**istisch** royalist(ic). ▼—**iteit** liberality, generosity.

roy/ement (v. koop) cancellation; (v. lid) expulsion. ▼—**eren** (koop) cancel; (als lid) expel.

roze pink.

roze/blad rose-leaf. ▼—**boom** rose-tree. ▼—**bottel** r.-hip. ▼—**geur** perfume of roses; 't leven is niet alles — en maneschijn, life is not a bed of roses. ▼—**hout** r.-wood. ▼—**knop** r.-bud. ▼—**laar** r.-bush. ▼—**marijn** rosemary. ▼**rozen/bed** bed of roses. ▼—**hoedje** (rk) chaplet. ▼—**krans** garland of roses; (rk) rosary; een — bidden, tell one's beads, say the rosary. ▼**R—kruiser** Rosicrucian. ▼—**kweker** rose-grower. ▼—**perk** r.-bed. ▼—**tuin** r.-garden. ▼**roze** / -rose-. ▼—**rood** r.-red. ▼—**stek** r.-cutting. ▼—**struik** r.-bush.

rozet rosette, favour.

rozig rosy.

rozijn raisin. ▼—**enpudding** plumpudding.

rubber rubber. ▼—**boot** (r.) dinghy. ▼—**plantage** r.-plantation. ▼—**slang** r. hose. ▼—**waren** r. ware (goods).

rubriceren classify, class (under). ▼**rubriek** head(ing); (afdeling) category, class, division; (in krant) column; onder 'n — vallen, come under a head(ing).

ruchtbaar — maken, make known; — worden, become k., transpire. ▼—**heid** publicity; — aan iets geven, divulge s.th., spread s.th. abroad.

rudimentair rudimentary.

rug back; (v. neus) bridge; (berg—) ridge; iem. de — toekeren, turn one's b. (up) on a p.; een hoge — zetten, put up one's b.; — aan —, b. to b.; achter zijn —, behind his b.; dat is achter de —, that's over (finished); de wind in de — hebben, have the wind at one's b.; in de — aanvallen, attack in the rear.

rugby Rugby (football), (fam.) rugger; betaald (beroeps—), Rugby League; amateurs—, Rugby Union.

rugge/graat backbone, spine. ▼—**lings** backward. ▼—**merg** spinal marrow. ▼—**spraak** consultation; — houden met iem., consult with a p. ▼—**steun** support. ▼—**steunen** back (up), support. ▼—**wervel** dorsal vertebra. ▼**rug/leuning** back. ▼—**pijn** pain in the back. ▼—**schild** carapace. ▼—**slag** b.-stroke. ▼—**spier** dorsal muscle. ▼—**vin** dorsal fin. ▼—**waarts** backward. ▼—**zak** (met draagstel) (frame) rugsack, (Am.) backpack. ▼—**zijde** back. ▼—**zwemmen** swimming on the b.

rui moulting. ▼—**en** moult.

ruif rack.

ruig 1 rough, rugged; **2** (v. haar) shaggy. ▼**ruigharig** shaggy. ▼—**heid** shagginess. ▼**ruigheid 1** roughness; **2** (v. haar) shagginess.

ruiken I ov. w smell; (wild) scent; maar dat kon ik niet —, but I could not possibly know that. **II** on. w smell; lekker —, s. nice; — aan, s. at; hij mag er alleen maar aan —, he has only got the s. of it; daar zal zij niet aan —, you may whistle for it; daar kan hij niet aan —, he can't hold a candle to it; — naar, smell (reek) of; dat ruikt naar ketterij, that smacks of heresy; uit zijn adem —, have a bad breath.

ruiker nosegay, bouquet.

ruil exchange; (pop.) swop. ▼—**artikel** article for barter. ▼—**baar** exchangeable. ▼—**en** exchange; (pop.) swop; van plaats —, change places. ▼—**handel** barter. ▼—**hart** heart transplant. ▼—**middel** medium of e. ▼—**nier** kidney transplant. ▼—**object** object of e. ▼—**overeenkomst** e. agreement. ▼—**verdrag** barter-pact. ▼—**verkaveling** re-allotment. ▼—**verkeer** exchange; 't vrije —, free trade. ▼—**waarde** e.-value.

ruim I zn (v. schip) hold; (v. kerk) nave. **II** bn spacious, large, broad; (royaal) liberal (income); zij had het niet —, she was not well off; —e blik (opvatting), broad view; —e keus,

wide (large) choice; een — gebruik maken van, make an ample use of; het —e sop kiezen, stand out to sea; op —e schaal, on a large scale. **III** bw: — zestig, sixty odd, over sixty; — meten, give good measure; op zijn —st berekend, at the outside calculation.

▼**ruim/en** empty, clear; (v. wind) veer. ▼—**heid** spaciousness, roominess; — van blik, breadth of view; — van opvatting, broad-mindedness. ▼—**schoots** amply, abundantly; — gelegenheid, ample opportunity; de tijd hebben, have plenty of time. ▼**ruimte** room, space; (tech. ook) clearance; — van beweging, elbow-room; geef hem de —, give him a wide berth; in de — praten, talk through one's hat; gezwam in de —, blether, blah; zich op de — houden, hedge. ▼—**besparing** space-saving. ▼—**capsule** space capsule. ▼—**eiland** s. island. ▼—**gebrek** lack of s. ▼—**kostuum** space suit. ▼—**kundig** spatiological. ▼—**laboratorium** space laboratory. ▼—**lijk** spatial; —e ordening, town and country planning. ▼—**maat** cubic measure. ▼—**pendel** space shuttle. ▼—**raket** s.-rocket. ▼—**schip** s. ship. ▼—**sonde** space probe. ▼—**vaarder** astronaut. ▼—**vaart** s. travelling, travelling in s. ▼—**vaartstation** space station; bemand —, manned space station. ▼—**vaartuig** space craft. ▼—**vlucht** (alg.) s. flying; (bepaalde vlucht) s. flight. ▼—**voertuig** space craft. ▼—**vrees** fear of open spaces. ▼—**wandeling** space walk.

ruin gelding.

ruin/e ruins. ▼—**eren** ruin. ▼—**eus** ruinous.

ruisen rustle; (v. water) murmur.

ruit pane; (v. deur) glass panel; (figuur) diamond; (v. schaakbord) square; (geruite stof) check; je eigen — en ingooien, cut your own throat. ▼—**esproeier** screen-washer. ▼—**ewisser** (mv.) -screen wiper.

ruiten I ww check, chequer. **II** bn checkered. **III** zn diamonds. ▼—**aas** ace of diamonds.

ruiter horseman, rider. ▼—**bende** body of horse. ▼—**feest** hippic festival. ▼—**ij** cavalry. ▼—**lijk** frank. ▼—**pad** bridle-path. ▼—**standbeeld** equestrian statue. ▼—**stoet** cavalcade.

ruitijd moulting-time.

ruitje 1 (v. glas) pane; **2** (patroon) check. ▼—**sgoed** check, check material.

ruitvormig diamond-shaped.

ruk pull, tug, jerk; in één —, at a stretch. ▼—**ken** pull, tug, jerk; (snel grijpen) snatch; uit zijn verband —, (fig.) wrench from its context. ▼—**wind** squall.

rum rum. ▼—**boon** brandy-bean. ▼—**grog** rum-grog.

rumoer noise. ▼—**en** make a noise. ▼—**ig** noisy, randy. ▼—**maker** noise-maker.

rumpunch rum-punch.

run tan.

rund cow, ox; (fig.) boor; hij bloedde als een —, he was bleeding like a stuck pig. ▼**runder/horzel** ox gad-fly. ▼—**lapje** beefsteak. ▼—**rollade** collared beef. ▼**rund/leer** cowhide. ▼—**vee** (horned) cattle. ▼—**veestamboek** herd-book. ▼—**vet** beef suet. ▼—**vlees** beef.

rune rune. ▼—**nschrift** runic writing.

runlooier tanner.

rups caterpillar. ▼—**band** c., track; met —en, tracked. ▼—**bandwiel** c. wheel.

Rus Russian. ▼—**land** Russia. ▼—**sisch** Russian; —e eieren, Russian eggs.

rust rest, repose, quiet, calm; (muz.) rest; (wedstrijd) half-time, interval; — geven, give a r.; de — handhaven, maintain the peace; er heerste overal — in het land, there was quiet throughout the country; geen ogenblik — hebben, have not a moment's peace; — noch duur hebben, have no peace nor r.; hij herstelde de —, he restored the peace; de eeuwige — ingaan, enter into one's r.; — nemen, take a r.; — roest, idleness rusts the mind; op de plaats —!, stand easy!; in —, at r.; alles was in diepe —, all was quiet; met —

laten, leave alone, leave in peace; *zich ter —e begeven*, go to r., retire for the night; *ter —e leggen*, lay to r.; *tot — brengen*, set at r.; *tot — komen*, settle down. ▼**rust/bank, —bed** couch. ▼**—dag** day of rest, holiday.
▼**—eloos(heid)** restless(ness). ▼**rusten** rest, repose; *wel te —!*, good night!; *hier rust...*, here lies...; *hij ruste in vrede!*, may he rest in peace!; *ik ga wat —*, I'm going to have a rest; *laten —*, rest (a horse), drop (a subject); *het verleden laten —*, let the past rest; *ze ligt te —*, she is resting; *na gedaan werk is het goed —*, rest is sweet after the work is done; *(zijn blik) bleef — op*, came to rest on; lingered on; *op mij rust de aangename plicht om...*, it is my pleasant duty to...; *er rust een verdenking op u*, you are under suspicion; *er rust een zware verantwoordelijkheid op hem*, hè carries a heavy responsibility. ▼**rust/end** retired (official). ▼**—gevend** restful. ▼**—huis** rest-home.
rusticiteit rusticity. ▼**rustiek** rustic.
rustig calm, quiet, tranquil; *zich — houden*, keep q. ▼**—heid** calm(ness), quietness, tranquillity. ▼**—jes** quietly.
rusting armour, panoply.
rust/kuur rest-cure. ▼**—lokaal** rest-room. ▼**—oord** retreat. ▼**—periode** period of rest. ▼**—plaats** resting place. ▼**—poos** breathing-space. ▼**—punt** pause, rest. ▼**—stand** (*sp.*) half-time-score. ▼**—stoel** rest-chair. ▼**—teken** rest. ▼**—uur** hour of rest. ▼**—verstoorder** disturber of the peace. ▼**—verstoring** disturbance.
rut broke, hard up.
ruw (*oneffen*) rough; (*onbewerkt*) raw (cotton, sugar), crude (oil); (*grof*) coarse; (*fig.*) rude (behaviour); rough (sea, draft, customer); *—e score*, raw (original) score; *— geschat*, roughly; *— in de mond*, rough-spoken. ▼**—harig** shaggy. ▼**—heid** roughness; rudeness; coarseness.
ruzie quarrel, row; *met iem. — hebben* (*maken*) *over iets*, q. with a p. about s.th.; *— krijgen*, fall out; *— zoeken*, pick a q. ▼**—achtig** quarrelsome. ▼**—maker, —zoeker** quarrelsome person, trouble-maker.

saai I *bn* dull, slow. **II** *zn* serge. ▼**—en** serge. ▼**—heid** dullness.
saam together. ▼**—horigheid** solidarity. ▼**—horigheidsgevoel** sense of community, feeling of solidarity.
sabbat sabbath. ▼**—dag** s.-day.
sabbelen suck; *— op*, suck.
sabel 1 sword; **2** (*bont, kleur*) sable. ▼**—dier** sable. ▼**—en** sabre. ▼**—gekletter** sabre-rattling. ▼**—houw** sabre-cut. ▼**—schermen** sword-fencing.
sabot/age sabotage, wrecking; *— plegen*, commit s. ▼**—eren** sabotage, wreck. ▼**—eur** saboteur.
sacharine saccharine.
sacrament sacrament; *de —en der stervenden*, the last sacraments; *voorzien van de heilige —en*, fortified with the rites of the Holy Church. ▼**—eel** sacramental. ▼**S—sdag** Corpus Christi. ▼**—shuisje** tabernacle.
sacristie sacristy, vestry. ▼**sacristijn** sacristan, sexton.
sadisme sadism. ▼**sadist** sadist. ▼**sadistisch** sadistic.
safari safari; *op — gaan*, go on safari. ▼**—park** safari park.
safe/houder holder of a safe. ▼**—loket** safe deposit box.
saffiaanleer morocco leather.
saffier(en) sapphire.
saffraan *bn & zn* saffron.
sage saga.
sago sago. ▼**—korrel** grain of s.
Sahara: *de —*, the Sahara.
sajet, —ten worsted.
sakkerloot! by Jove!
Saks Saxon. ▼**—en** Saxony. ▼**—isch** Saxon; *— porselein*, Dresden china.
salade salad.
salamander salamander.
salariër/en salary, pay; *te laag gesalarieerd worden*, be underpaid. ▼**—ing** pay. ▼**salaris** salary, pay; *op een — van*, at a s. of. ▼**—actie** agitation for higher salaries. ▼**—aftrek** deduction from the s. ▼**—herziening** revision of salaries. ▼**—klasse** s. group. ▼**—korting** cut in salaries. ▼**—kwestie** s. question. ▼**—opslag** rise in s. ▼**—regeling** rate (scale) of pay. ▼**—toeslag** bonus. ▼**—verhoging** rise. ▼**—vermindering** cut (reduction) in s.
saldo balance; *batig —*, credit b., surplus; *nadelig —*, debit b., deficit; *met een nadelig — sluiten*, leave a deficit; *per —*, on b.
saletjonker carpet-knight, beau, ladies' man, lounge-lizard.
salie sage.
salmiak sal-ammoniac.
salon drawing-room; (*v. schip, kapper*) saloon. ▼**—ameublement** d. furniture. ▼**—boot** saloon steamer. ▼**—muziek** light music. ▼**—rijtuig, —wagen** saloon carriage. ▼**—vleugel** parlour grand.
salpeter salpetre, nitre. ▼**—groeve** s.-mine. ▼**—zuur** nitric acid.
SALT S.A.L.T., Strategic Arms Limitation Talk.
salto mortale somersault; *'n — maken*, turn a somersault.
salueren salute.

saluut salute, salutation; —/, cheerio!
▼—schot(en) salute; —en lossen, fire a s.
salvo salvo, volley.
Samaritaan Samaritan; de barmhartige —, the Good S.
sameet velvet.
samen together. ▼—binden bind (tie) t.
▼—brengen bring t., unite, combine.
▼—doen put t.; (in zaken) be partners.
▼—drukken compress. ▼—drukking compression. ▼—flansen knock t., patch.
▼—gaan go t.; — met, go with; stand in with (a party); dat gaat niet samen met, that is incompatible with; doen —, combine.
samengesteld compound, complex, complicated; —e breuk, complex fraction; (med.) compound fracture. ▼—heid complexity.
samengroei/en grow t., coalesce. ▼—ing coalescence.
samenhang connexion. ▼—en be connected. ▼—end connected, coherent.
samenhorigheid solidarity.
samen/klinken I on.w harmonize. **II** ov.w rivet together. ▼—knijpen compress; screw up (eyes). ▼—komen meet. ▼—komst meeting. ▼—leving society. ▼—loop concourse of people); confluence (of rivers); — van omstandigheden, coincidence. ▼—lopen join, meet, converge; alles liep samen om..., everything conspired to... ▼—nemen take together; alles samengenomen, altogether. ▼—pakken pick up; zich —, crowd together; (v. wolken) gather. ▼—persen press together, compress. ▼—persing compression. ▼—raapsel jumble, hotch-potch; — van leugens, tissue of lies. ▼—rapen collect, gather. ▼—rijmen reconcile. ▼—roepen call together; convene (a meeting). ▼—rott/en assemble. ▼—ing assembly.
samen/scholen assemble. ▼—scholing assembly.
samensmeden forge together.
samensmelt/en melt together, fuse; (in zaken) amalgate. ▼—ing fusion; amalgamation.
samenspann/en plot, conspire. ▼—ing plot.
samenspel (muz., toneel) ensemble; (sp.) teamwork. ▼—spraak dialogue. ▼—spreking conference.
samenstel structure. ▼—len compose; arrange (program). ▼—ler composer. ▼—ling composition; arrangement (of program).
samenstrom/en (v. rivieren) flow together; (v. mensen, enz.) assemble. ▼—ing confluence; concourse.
samen/tellen add (up). ▼—treffen I ww (v. mensen) meet; (v. gebeurtenissen) coincide. **II** zn meeting; coincidence.
samentrekk/en contract, concentrate (troops); zich —, contract. ▼—end astringent. ▼—ing contraction, concentration.
samenvallen coincide.
samenvatt/en take together; (fig.) summarize. ▼—ing summary.
samenvlechten intertwine.
samenvloei/en join, meet. ▼—ing confluence.
samenvoeg/en join, combine, unite. ▼—ing junction, combination. ▼—sel combination.
samenvouwen fold up.
samenweefsel texture, (fig.) tissue.
samenwerk/en work (act, pull) together; co-operate, combine. ▼—ing co-operation.
samenweven interweave.
samenwon/en live together. ▼—ing living together.
samen/zang community singing. ▼—zijn zn gathering.
samen/zweerder conspirator. ▼—zweren plot, conspire. ▼—zwering plot.
sam-sam: iets — doen, go fifty-fifty.
sanatorium sanatorium.
sanct/ie sanction. ▼—ioneren sanction.
sandaal sandal.
sandelhout sandal-wood.

saner/en (buurt) sanitate; (bedrijf) reorganize. ▼—ing (v. buurt) sanitation; (v. bedrijf) reorganization. ▼—ingsmaatregel measure of s.
sanitair sanitary; —e artikelen, bathroom equipment.
Sanskriet Sanskrit.
santé! your health!; (bij niezen) bless you!
santenkraam: de hele —, the whole caboodle.
sap (v. plant) sap; (vruchte—) juice. ▼—loos sapless, juiceless. ▼—perloot by Jove. ▼—pig, —rijk sappy (plant); juicy (fruit); succulent (meat). ▼—pigheid juiciness, succulence.
sapristie by George.
sarcas/me sarcasm. ▼—t sarcastic person. ▼—tisch sarcastic.
sarder nagger.
sardine, sardientje sardine. ▼—blikje s.-tin.
sarong sarong.
sarr/en nag, bait. ▼—ig baiting.
sas (sluis) lock-chamber; in zijn — zijn, be in high spirits.
satan Satan. ▼—s, —isch satanic. ▼—skind limb.
satelliet satellite; (fig.) henchman. ▼—staat s. state.
sater satyr.
satijn(en) satin.
satir/e satire. ▼—endichter satirist. ▼—iek, —isch satiric(al).
satisfactie satisfaction.
saucijs sausage. ▼**saucijzebroodje** s.-roll.
sauna sauna.
saus sauce; (jus) gravy; (sla) dressing. ▼—en sauce. ▼—kom s.-boat. ▼—lepel sauce ladle.
sauteren sauté (verl. tijd: -d, -ed).
savanne savanna(h).
Savooie Savoy. ▼—kool s. cabbage.
savoureren relish.
sawah paddy-field.
saxofoon saxophone. ▼**saxofonist** saxophonist.
s-bocht S-bend.
scalp scalp. ▼—eermes scalping-knife. ▼—eren scalp.
scandaleus scandalous.
scander/en scan. ▼—ing scansion.
Scandinav/ië Scandinavia. ▼—iër, —isch Scandinavian.
scapulier (rk) scapular(y).
scenario scenario, (film-)script. ▼—schrijver s.writer.
scène scene; een — maken, make a s.
scepter sceptre; de — zwaaien, wield the s.
scept/icisme scepticism. ▼—icus sceptic. ▼—isch sceptical; — staan tegenover, be s. of.
schaaf plane, (kaas—) slicer. ▼—bank carpenter's bench. ▼—beitel plane-iron. ▼—machine planning-machine. ▼—mes plane-iron. ▼—sel shavings. ▼—wond(e) graze; gall.
schaak chess; —/, check!; partij —, game of chess; — spelen, play chess; — staan, be in check; — zetten, check. ▼—bord chess-board. ▼—club chess-club. ▼—mat checkmate; — zetten, mate; (fig.) checkmate. ▼—meester chess master. ▼—partij game of chess. ▼—probleem chess problem. ▼—spel (game of) chess; (—stukken) chess-set. ▼—speler chess-player. ▼—stuk chess-man. ▼—toernooi chess tournament. ▼—zet chess move.
schaal (schotel) dish; (bloem—) bowl; (voor collecte) plate; (v. ei) shell; (—verdeling en v. balans) scale; (weegschaal) scales; in de — werpen, throw into the s.; dat doet de — doorslaan, that settles the matter, that turns the scales; op — tekenen, draw to s.; op — vergroten (verkleinen), scale up (down); op grote —, on a large s.; operaties op grote —, large-scale operations; slachting (verwoesting) op grote —, wholesale slaughter (destruction). ▼—dier crustacean. ▼—verdeling graduation.
schaam/been pubic bone. ▼—delen genitals,

privy parts. ▼—**haar** pubic hair. ▼—**rood** I *zn* blush. II *bn* blushing with shame; *dit joeg mij het — naar de kaken,* this put me to the blush. ▼**schaamte** shame. ▼—**gevoel** sense of s. ▼—**loos** shameless. ▼—**loosheid** shamelessness.

schaap sheep; *dat arme —!,* the poor lamb!; *'t zwarte —,* the black sheep; *er gaan veel makke schapen in één hok,* there is always room for a good one; *als er één — over de dam is, volgen er meer,* come one, come all. ▼—**achtig** sheepish. ▼—**achtigheid** s.ness. ▼—**herder** shepherd. ▼—**je:** *hij heeft zijn —s op het droge,* he has feathered his nest. ▼—**skooi** s.-pen. ▼—**skop** sheep's head; *(fig.)* blockhead. ▼—**skotelet** mutton-cutlet. ▼—**sleer** sheepskin.

schaar (pair of) scissors; *(voor schapen, heggen)* (pair of) shears; *(v. ploeg)* share; *(v. kreeft)* pincers. ▼—**beweging** scissor-movement.

schaars I *bn* scarce, rare, scanty. II *bw* scantily; *(nauwelijks)* scarcely; *(verlicht)* dimly; *(zelden)* rarely. ▼—**heid,** —**te** scarcity, scantiness, dearth (of food, coal), (water-, coal-)famine.

schaats skate. ▼—**en(rijden)** I *ww* skate. II *zn* skating. ▼—**enrijder** skater.

schacht *(v. lans)* shaft; *(v. veer)* quill; *(v. mijn)* shaft.

schade damage, harm, injury; *(verlies)* loss; *— aanrichten,* do d.; *z'n — inhalen,* make up for the loss, make up for lost ground; *— lijden, (v. pers.)* suffer a loss; *(v. zaken)* sustain d.; *door — en schande wordt men wijs,* bought wit is best; *door — en schande wijs worden,* learn by (bitter) experience; *tot — van,* to the detriment of; *(hij ondervond) tot zijn —,* to his cost. ▼—**-expert** insurance company (claims) assessor. ▼—**-formulier** *(verz.)* (insurance) claim-form.

schadelijk harmful. ▼—**heid** h.ness.

schadeloos harmless; *iem. — stellen,* indemnify a p. ▼—**stelling** indemnification.

schaden damage, harm, hurt.

schade/post loss; *dat levert mij een grote — op,* that leaves me with a big l. ▼—**regeling** settlement of damage; *(assurantie)* adjustment. ▼—**vergoeding** compensation, indemnification; *— van iem. eisen,* claim damages from a p. ▼—**verzekering** indemnity insurance. ▼—**vordering** claim.

schaduw *(vaste omtrek)* shadow; *(geen omtrek)* shade; *hij kan niet in zijn — staan,* he is not fit to hold a candle to him; *in de — stellen,* overshadow, dwarf; *het wierp een — over zijn vreugde,* it cast a shadow over his joy; it damped his joy. ▼—**beeld** silhouette. ▼—**en** shade; *(volgen)* shadow. ▼—**loos** shadeless. ▼—**rijk** shady, shadowy. ▼—**zijde** shady side; *(fig.)* drawback.

schaffen give, procure; *we moeten raad —,* we must find ways and means.

schaft/en knock off (for a meal). ▼—**lokaal** canteen. ▼—**tijd,** —**uur** meal-time.

schakel link. ▼—**aar** switch. ▼—**armband** chain-bracelet. ▼—**bord** switch-board. ▼—**en** *(aan elkaar)* link; *(elektr.)* connect; *(auto)* change gear; *(mech.)* couple; *van een naar twee —,* change from bottom (first) into second gear. ▼—**ing** connection. ▼—**kast** switch-cupboard. ▼—**schema** wiring diagram.

schak/en 1 play at chess; **2** abduct (a girl); *zij liet zich door hem —,* she eloped with him. ▼—**er 1** chess-player; **2** abductor.

schaker/en variegate. ▼—**ing** variegation, shade (of opinion, of colour).

schaking elopement, abduction.

schalk rogue. ▼**schalks** roguish. ▼—**heid** r.ness.

schallen sound, resound.

schamel poor. ▼—**heid** poverty.

schamen: *zich —,* be (feel) ashamed; *schaam je!,* for shame!; *zich — over,* be ashamed of; *je moest je (de ogen uit het hoofd) —,* you ought

to be (thoroughly) ashamed of yourself; *ze schaamde zich dood,* she was burning with shame.

schampen graze.

schamper scornful. ▼—**en** say scornfully. ▼—**heid** scorn.

schampschot graze; *hij kreeg een — in zijn arm,* a bullet grazed his arm.

schand/aal scandal; *wat een —!,* what a shame! ▼—**alig** scandalous, shameful, outrageous. ▼—**aliseren** *(ergeren)* scandalize; *(onteren)* disgrace. ▼—**daad** outrage. ▼**schande** disgrace, shame, ignominy; *— aandoen, te — maken,* disgrace; *— spreken van iets,* cry s. upon, cry out against (at) s.th. ▼—**lijk** disgraceful, shameful, ignominious; *er — uitzien,* look disgraceful; *— slecht,* shocking (roads). ▼—**lijkheid** shamefulness, ignominy. ▼**schand/knaap** catamite. ▼—**merk** stigma. ▼—**merken** stigmatize. ▼—**paal** pillory; *iem. aan de — nagelen,* pillory a p. ▼—**vlek** stain, disgrace. ▼—**vlekken** disgrace.

schans entrenchment.

schape/bout leg of mutton. ▼—**keutels** sheep-droppings. ▼**schapen/** - sheep-. ▼—**fokkerij** s.-breeding. ▼—**markt** s.-fair. ▼—**scheerder** s.-shearer. ▼—**scheren** *zn* s.-shearing. ▼—**teelt** s.-breeding. ▼**schape/stal** sheep-fold. ▼—**vacht** fleece, sheepskin. ▼—**vet** mutton fat. ▼—**vlees** mutton. ▼—**wol** sheep's wool. ▼—**wolkjes** fleecy clouds.

schappelijk fair, reasonable; *(clement)* lenient. ▼—**heid** fairness, r.ness; leniency.

schar dab.

schare multitude; *(leger—)* host.

scharen range, draw up; *zich — aan de zijde van,* range o.s. on the side of; side with; *zich — om,* gather round; *(fig.)* rally round.

scharensliep scissors-grinder.

scharlaken *zn & bn* scarlet.

scharminkel bag of bones.

scharnier hinge. ▼—**gewricht** h.-joint.

scharrebijter ground-beetle.

scharrel/aar cheap-jack; *(knoeier)* botcher; *(met meisjes)* flirt. ▼—**eieren** free-range eggs. ▼—**en** *(v. hoenders)* scratch; *(in je zak)* fumble; *(handel drijven)* traffic, deal (in second-hand cars, etc.); *(op schaatsen)* muddle along; *laat hem maar —,* let him muddle (struggle) along; *iets bij elkaar —,* scrape s.th. together; *met meisjes —,* play about with girls. ▼—**kippen** free-range hens. ▼—**partijtje** flirtation. ▼—**tje:** *een aardig —,* a nice piece of goods.

schat treasure; *(pers.)* dear, darling; *van bloemen (inlichtingen),* wealth of flowers (information). ▼—**bewaarder** treasurer.

schater/en roar with laughter. ▼—**end: — gelach,** roar (peals) of laughter. ▼—**lach** burst of laughter.

schat/graver treasure-digger. ▼—**kamer** t.-chamber; *(fig.)* storehouse. ▼—**je** darling. ▼—**kist** exchequer, (public) treasury. ▼—**kistbiljet** exchequer bill. ▼—**plichtig** tributary; *(voor belasting)* taxable. ▼—**plichtigheid** tributariness; taxability. ▼—**rijk** wealthy. ▼—**tebout** sweet.

schatt/en *(taxeren)* value, appraise; *(ramen, begroten)* estimate, assess; *— op,* value at; *hoe oud schat je hem?,* how old do you take him to be?; *afstanden —,* judge distance; *te hoog —,* overrate; *te laag —,* underrate; *verkeerd —,* misjudge. ▼—**er** appraiser, valuer.

schatting sweet.

schatting *(raming)* estimation; *('t geraamde)* estimate; *(heffing)* tribute; *'n — opleggen,* exact a t. from; *naar ruwe —,* at a rough estimate. ▼—**skosten** valuation charges.

schaven plane; *(huid)* graze.

schavot scaffold.

schavuit rascal. ▼—**enstreek** knavish trick.

schede sheath; *(anat.)* vagina; *in de — steken,* put up (sword).

schedel skull. ▼—**basisfractuur** fracture of

the s. ▼—**beenderen** cranial bones. ▼—**boor** trepan. ▼—**boring** trepanation. ▼—**breuk** fracture of the s. ▼—**holte** cranial cavity. ▼—**vorm** shape of the s.

scheef (*vertrokken*) wry (face); (*krom*) crooked (back); (*schuin*) oblique (line); (*ongelijk*) lop-sided (figure); leaning (tower of Pisa); slanting (eyes); *scheve verhouding*, false position; *ik zal je er niet — om aankijken*, I won't hold it against you; — *groeien*, grow crooked; — *houden*, tilt (a plate), cock (one's head); — *trekken*, I *on.w* warp. II *ov.w* distort; — *voorstellen*, misrepresent; — *zetten*, cock (one's hat); — *zitten*, sit sideways, sit awry; *je das zit —*, your tie is crooked. ▼—**heid** wryness; obliqueness; crookedness.

scheel squinting, cross-eyed; *schele hoofdpijn*, migraine; *hij is* (*ziet*) — he squints; *met schele ogen aanzien*, view with jealousy (envy); — *worden van jaloezie*, turn green with envy; *ik wil geen schele ogen maken*, I don't want to stir up jealousy. ▼—**heid**, —**ogig** squinting. ▼— **zien** squint.

scheen shin. ▼—**been** s.-bone.

scheepgaan go on board, embark. ▼**scheeps**/-**ship**-. ▼—**aandeel** (*scheepvaartaandeel*) shipping share. ▼—**agent** shipping agent. ▼—**artikelen** s.'s articles. ▼—**artillerie** naval artillery. ▼—**behoeften** — **benodigdheden** s.'s provisions; *leverancier van —*, ship-chandler. ▼—**berichten** shipping-intelligence. ▼—**beschuit** ship('s) biscuit. ▼—**bouw** ship-building. ▼—**bouwer** s.-builder. ▼—**bouwkunde** naval architecture. ▼—**bouwkundig** — *ingenieur*, naval engineer. ▼—**brand** s.-fire. ▼—**dek** deck. ▼—**dokter** s.'s surgeon. ▼—**gelegenheid**: *per eerste —*, by first (available) steamer. ▼—**geschut** naval guns. ▼—**helling** slipway, slips. ▼—**jongen** cabin-boy. ▼—**journaal** log(-book). ▼—**kapitein** s.-captain, master. ▼—**keuken** galley. ▼—**kok** s.'s cook. ▼—**kolen** bunker coals. ▼—**ladder** Jacob's ladder. ▼—**lading** s.-load. ▼—**lantaarn** s.'s lantern. ▼—**last** last, shiplast. ▼—**lengte** s.'s length. ▼—**maat** 1 s.'s measure; 2 (*pers.*) ship-mate. ▼—**macht** naval force(s). ▼—**manifest** (s.'s) manifest. ▼—**officier** s.'s officer. ▼—**papieren** s.'s papers. ▼—**plaat** ship plate. ▼—**raad** s.'s council. ▼—**ramp** shipping-disaster. ▼—**recht** maritime law; *driemaal is —*, third time lucky. ▼—**roeper** megaphone. ▼—**rol** muster roll. ▼—**romp** hull. ▼—**ruim** s.'s hold. ▼—**ruimte** tonnage, shipping space. ▼—**term** shipping (nautical) term. ▼—**tijdingen** shipping intelligence. ▼—**timmerman** s.'s carpenter. ▼—**timmerwerf** s.-building yard, ship-yard; (*mar.*) dockyard. ▼—**ton** (register) ton. ▼—**tuig** rigging. ▼—**volk** (s.'s) crew. ▼—**vracht** ship-load. ▼—**werf** *zie* —**timmerwerf**.

scheepvaart (*bedrijf*) shipping; (*het varen*) navigation. ▼—**aandeel** shipping share. ▼—**bedrijf** shipping(-trade). ▼—**kanaal** ship-canal. ▼—**kunde** science of n. ▼—**maatschappij** shipping-company. ▼—**verkeer** shipping. ▼—**wet** n.-act.

scheer/**apparaat** shaving-apparatus. ▼—**bakje** shaving-bowl. ▼—**crème** shaving-cream. ▼—**der** barber; (*v. schapen*) shearer. ▼—**gereedschap**, —**gerei** shaving-tackle. ▼—**kwast** shaving-brush. ▼—**mes** razor. ▼—**mesje** razor-blade. ▼—**riem** strop. ▼—**salon** shaving saloon. ▼—**water** shaving-water. ▼—**zeep** shaving-soap.

scheidbaar separable. ▼**scheiden** *ov.w* & *on.w* part, separate; ('*t haar*) part; (*gehuwd paar*) divorce; *zich laten — van zijn vrouw*, divorce one's wife; — *van tafel en bed*, separate from bed and board; *uit het leven —*, depart this life; *hij kan niet van z'n geld —*, he cannot part with his money. ▼**scheiding** separation, division, parting; (*v. goederen*)

partition; (*grens*) boundary; (*in haar*) parting; (*echt—*) divorce; — *van tafel en bed*, s. from bed and board; — *van Kerk en Staat*, disestablishment. ▼—**slijn** dividing-line, boundary.

scheids/**gerecht** court of arbitration. ▼—**muur** partition-wall; (*fig.*) barrier. ▼—**rechter** arbiter; (*sp.*) umpire, referee. ▼—**rechteren** umpire, referee. ▼—**rechterlijk** arbitral.

scheikund/**e** chemistry. ▼—**ig** chemical. ▼—**ige** chemist. ▼—**eleraar** chemistry master.

schel I *bn* shrill (voice); glaring (light). II *zn* bell.

Schelde: *de —*, the Scheldt.

scheld/**en** call names; — *op*, abuse, rail at; *gaan —*, become abusive; — *doet geen zeer*, hard words break no bones. ▼—**naam** nickname. ▼—**partij** slanging match. ▼—**woord** term of abuse.

schelen make a difference, differ; *zij — niet veel* (*in leeftijd*), they don't differ much; *dat scheelt je twee dagen*, that makes a difference of two days; *het kan niet —*, never mind; *het kan mij niet —*, (*geen lust*) I don't care, (*geen bezwaar*) I don't mind; *wat kan hem dat —?*, what does he care?, a fat lot he cares!; *dat scheelt veel*, that makes a great difference; *dat scheelde niet veel!*, that was a near thing!; *het scheelde weinig* (*maar 'n haar*) *of zij hadden gewonnen*, they had very nearly won, they came within an ace of winning; *wat scheelt eraan?*, what's the matter?; *er scheelt mij niets*, there's nothing the matter with me.

schelf (*hooi*) rick; (*koren*) stack.

schelheid shrillness; (*v. licht*) glare.

schellak shellac.

schellen ring.

schellinkje gallery.

schelm rascal, knave. ▼—**achtig** rascally, knavish, roguish. ▼—**enroman** picaresque novel. ▼—**enstreek** roguish trick.

schelp shell; (*bij diner*) scallop.

schelvis haddock.

schema (*tekening*) diagram; (*schets*) outline, schedule. ▼—**tisch** schematic.

schemel stool.

schemer twilight, dusk. ▼—**achtig** dim, dusky. ▼—**avond**, —**donker** twilight. ▼—**en** ('*s morgens*) dawn; ('*s avonds*) grow dusk; (*v. lichtjes*) glimmer; *zitten te —*, sit in the twilight; *er schemert mij zoiets voor de geest*, I remember it vaguely (dimly); *het begon hem te — voor de ogen*, his head reeled. ▼—**ing** twilight, dusk; *de — viel in*, twilight fell. ▼—**lamp** floor-lamp. ▼—**licht** twilight. ▼—**uurtje** twilight (hour).

schend/**en** (*verdrag, vrouw*) violate; (*kerk, graf*) desecrate; (*wet*) infringe, transgress; (*schoonheid*) mar, mutilate; (*iem.'s eer*) sully. ▼—**er** violator; desecrator; transgressor. ▼—**ing** violation; desecration; transgression; mutilation.

schenkblad tray.

schenkel shank.

schenk/**en** (*gieten*) pour out (tea); (*serveren*) serve (wine); 2 (*geven*) give, grant, make a present of; *de rest schenk ik je*, you may keep the rest; *ze schonk haar man een zoon*, she presented her husband with a son; *aandacht —*, pay attention (to); *geloof —*, give credence (to). ▼—**er** 1 pourer; 2 (*gever*) giver, donor. ▼—**ing** gift, donation. ▼—**ingsakte** deed of gift. ▼—**kan** flagon. ▼—**tafel** sideboard.

schennis violation.

schep scoop, shovel; (*een — vol*) spoonful, shovelful; *een —.geld*, a lot of money.

schepel bushel.

schepeling member of the crew.

schep/**lepel** ladle, scoop. ▼—**net** landing-net. ▼**schepp**/**en** 1 scoop; shovel (snow, coal); ladle (soup); dip (paper); hive (bees); 2 (*maken*) create; *behagen — in*, take (a) pleasure in; *moed —*, take courage; *orde —*, set up order. ▼—**end** creative. ▼—**er** creator.

▼**schepping** creation. ▼—**sdrang** creative urge. ▼—**skracht** creative power. ▼—**sverhaal** creation story. ▼—**svermogen** creative power. ▼—**swerk** work of creation.

schepraad paddle-wheel.

schepsel creature.

scheren shave; shear (sheep, cloth); skim (over the water); *zich* —, shave; *zich laten* —, have a shave.

scherf potsherd; (*v. glas, granaat*) fragment, splinter. ▼—**vrij** splinter-proof.

schering warp; — *en inslag,* w. and woof; *dat is — en inslag,* that is of daily occurrence.

scherm screen; (*toneel—*) curtain; (*zonne—*) awning; (*plk.*) umbel; (*v. parachute*) canopy; *achter de —en kijken,* peep behind the scenes; *achter de —en zitten,* pull the ropes (wires). ▼—**bloem** umbelliffer. ▼—**bloem(igen** umbelliffer(ae). ▼—**club** fencing-club. ▼—**en fence;** — *met,* (*fig.*) make play with. ▼—**er** fencer. ▼—**handschoen** fencing-glove. ▼—**kunst** art of fencing. ▼—**leraar** fencing-master. ▼—**les** fencing-lesson. ▼—**masker** fencing-mask. ▼—**meester** fencing-master. ▼—**oefening** fencing-practice.

schermutsel/en skirmish. ▼—**ing** skirmish.

schermzaal fencing-room.

scherp I *bn* sharp, keen; (*fig. ook*) acute, tart; — *besneden,* clean-cut; — *gesteld,* strongly worded (letter); — *stellen* (*v. lens*), focus. **II** *zn* edge; *een paard op* — *zetten,* calk a horse. ▼—**en** sharpen. ▼—**heid** sharpness, keenness. ▼—**schutter** s.-shooter. ▼—**slijper** extremist. ▼—**snijdend** keen-edged. ▼—**te** sharpness. ▼—**ziend** s.-sighted. ▼—**ziendheid** s.-sightedness. ▼—**zinnig** acute, shrewd. ▼—**zinnigheid** a.ness, s.ness.

scherts joke, fun; *als* — *opvatten,* treat as a j.; *hij verstaat geen* —, he can't take a j.; *in* —, in jest. ▼—**en** jest, joke. ▼—**enderwijs** jokingly, by way of a joke.

schervengericht ostracism.

schets sketch, outline. ▼—**boek** s. book. ▼—**en** sketch, outline. ▼—**kaart** skeleton-map. ▼—**matig** sketchy.

schetter/aar braggart; (*redenaar*) ranter. ▼—**en** (*v. trompet*) blare; (*v. redenaar*) bawl, rant; (*bluffen*) brag; — *tegen iem.,* inveigh against a p. ▼—**ig** randy, ranting, rackety.

scheur crack; (*in kleding*) tear.

scheurbuik scurvy. ▼—**lijder** scorbutic.

scheur/en I *ov. w* (*per ongeluk*) tear; (*weiland*) plough up; *in stukken* —, tear to pieces. **II** *on.w* tear; (*v. ijs, enz.*) crack. ▼—**ing** rupture, split; (*kerkelijk*) schism. ▼—**kalender** block-calendar. ▼—**papier** waste paper.

scheut (*v. plant*) shoot, sprig; (*v. pijn*) twinge; (*v. vloeistof*) dash.

scheutig liberal. ▼—**heid** liberality.

schicht flash (of lightning). ▼—**ig** shy, skittish; — *worden,* jib, shy (at). ▼—**igheid** s.ness.

schielijk quick; sudden.

schieman boatswain's mate.

schier almost.

schiereiland peninsula.

schietbaan rifle-range. ▼**schieten I** *ov.w* shoot; *zich voor 't hoofd* —, blow out one's brains; *loten* —, put forth shoots; *zaad* —, go to seed; *de zon* —, s. the sun; *iem. dadelijk* —, (*fig.*) take a p.'s measure at once. **II** *on.w* shoot, fire; (*zich snel bewegen*) dart, rush; *iem. laten* —, drop a p.; *laat maar* —, let it go; *'n touw laten* —, 1 let a rope go; 2 (*vieren*) pay away a rope; *'t zal me wel weer te binnen* —, it will come back to me; *'t schoot mij door 't hoofd,* it crossed my mind; *in de hoogte* —, s. up; — *op,* fire at (on); *zijn ogen schoten vol tranen,* his eyes filled with tears; *voorover* —, pitch forward. ▼—**gebedje** little prayer. ▼—**graag** trigger-happy. ▼—**katoen** gun-cotton. ▼—**lood** plummet. ▼—**oefening(en)** target-practice. ▼—**partij** shooting. ▼—**school** gunnery school.

▼—**spoel** shuttle. ▼—**stoel** ejector seat. ▼—**tent** shooting-gallery. ▼—**terrein** rifle-range. ▼—**vereniging** rifle-club. ▼—**wedstrijd** shooting-match.

schift/en sift, sort (out), separate; (*v. melk*) curdle. ▼—**ing** shifting, sorting; curdling.

schijf (*alg.*) disk; (*schiet—*) target; (*tel.*) dial; (*plakje*) slice; (*dam—*) man; (*v. katrol*) sheave. ▼—**remmen** disk-brakes; *luchtgekoelde* —, air-cooled disk-brakes. ▼—**schieten** target-practice.

schijn 1 (*licht*) glimmer; 2 (*voorkomen*) appearance; (*attr. vaak:*) sham, bogus; *'n* — *van waarheid,* a semblance of truth; *dat geeft er 'n* — *van waarheid aan,* that lends some colour to it; *hij heeft geen* — *van kans,* he has not the ghost of a chance, he has not a snowball's chance in hell; — *bedriegt,* appearances are deceptive; *hij heeft de* — *tegen zich,* appearances are against him; *'t heeft er alle* — *van,* it looks very much like it, there is every appearance (that he will come); *de* — *redden,* save appearances; *de* — *wekken dat…,* give the appearance that…; *meer* — *dan wezen zijn,* be more apparent than real; *in* —, seemingly; *naar de* —, outwardly; *naar alle* —, to all appearance(s); *op de* — *afgaan,* judge by appearances; *onder de* — *van,* under the show of; *voor de* —, **1** for the sake of appearances, **2** for show. ▼**schijn/aanval** sham attack. ▼—**baar** seeming, apparent. ▼—**beeld** phantom, illusion. ▼—**beweging** feint. ▼—**dood I** *zn* apparent death. **II** *bn* apparently dead. ▼—**dode** apparently dead person.

schijnen 1 (*v. zon, enz.*) shine; 2 (*lijken*) seem; *naar 't schijnt,* apparently; *naar 't schijnt is het waar,* it appears to be true.

schijn/geleerde would-be scholar. ▼—**geleerdheid** would-be learning. ▼—**gestalte** phase. ▼—**gevecht** sham fight. ▼—**heilig** hypocritical. ▼—**heilige** hypocrite. ▼—**heiligheid** hypocrisy. ▼—**huwelijk** sham marriage. ▼—**proces** bogus trial. ▼—**reden** ostensible reason.

schijnsel shine, radiance, glimmer.

schijntje (*'t kost maar*) *een* —, only a trifle.

schijn/vertoning sham, farce, mockery. ▼—**vrucht** false fruit.

schijnwerper search-light; (*v. auto*) spot-light; *met* —*s verlichten,* flood-light.

schijt shit. ▼—**en** shit. ▼—**laars** rat, chicken, pussyfoot, funk(er).

schik fun; *hij was er erg mee in zijn* —, he was very pleased with it.

schikgodinnen *de* —, the fates.

schikkelijk accommodating (man); reasonable, fair (price). ▼**schikken** (*ordenen*) arrange, order; (*gelegen komen*) suit; *een zaak in der minne* —, settle a matter amicably; *'t schikt nogal,* (I'm) middling, pretty well; *zodra 't u schikt,* at your earliest convenience; *dat zal zich wel* —, that'll be allright; *zich* — *in zijn lot,* resign o.s. to one's fate; *zich zo goed mogelijk in iets* —, make the best of it; *zich in de omstandigheden* —, accomodate o.s. to circumstances; *zich naar iem.'s wensen* —, comply with a p.'s wishes; *zich om de tafel* —, draw round the table. ▼**schikking** agreement, arrangement, settlement; *tot 'n* — *komen,* come to an a., reach a settlement; *'n* — *treffen,* make an a.

schil (*v. appel*) rind, peel; (*v. bessen, druiven, bananen*) skin.

schild shield; (*wapen—*) (e)scutcheon; (*v. schildpad*) carapace, shell; (*v. kever*) wing-case; *hitte—,* heat shield; *wat voert hij in zijn* —?, what is he up to? ▼—**drager** shield-bearer.

schilder 1 (*kunstenaar*) painter, artist; 2 (*house-*) painter.

schilderachtig picturesque. ▼—**heid** p.ness.

schilder/en 1 paint; picture; 2 (*v. schildwacht*) stand sentry; *geschilderd glas,* stained glass. ▼—**es** paintress.

schilderij picture, painting. ▼—**enkabinet**

picture-gallery. ▼—**ententoonstelling** exhibition of paintings. ▼—**enverzameling** collection of paintings.
schilder/ing picture. ▼—**kunst** (art of) painting. ▼—**les** lesson in painting. ▼—**school** school of painting.
schilders/ezel easel. ▼—**gereedschap** painter's tools. ▼—**knecht** journeyman painter. ▼—**kwast** paint-brush. ▼—**penseel** paint-brush. ▼—**stok** maulstick.
▼**schilder/stuk** picture, painting. ▼—**swerkplaats** house-painter's workshop. ▼—**werk** painting.
schild/kever tortoise-beetle. ▼—**klier** thyroid gland. ▼—**knaap** shield-bearer. ▼—**luis** coccus. ▼**schildpad** tortoise; (zee—) turtle. ▼—**den** bn t.-shell. ▼—**soep** turtle-soup. ▼**schildwacht** sentry, sentinel; op — plaatsen, put on s.; op — staan, stand sentinel. ▼—**huisje** sentry-box.
schilfer flake, scale. ▼—**en** peel off, flake.
schil/len peel. ▼—**mesje** peeling-knife.
schim shadow, shade. ▼—**mig** shadowy.
schimmel 1 (paard) grey (horse); **2** mould, mildew. ▼—**en** get mouldy. ▼—**ig** mouldy. ▼—**ziekte** mycosis.
schimmen/rijk spirit world. ▼—**spel** shadow-show, phantasmagoria.
schimp taunt, abuse. ▼—**dicht** satire. ▼—**en:** — op, gibe at. ▼—**er** scoffer. ▼—**erij** scoffing. ▼—**naam** nickname. ▼—**rede** diatribe. ▼—**scheut** gibe.
schip ship, vessel; (v. kerk) nave; schoon — maken, make a clean sweep; een — op 't strand, een baken in zee, one man's fault is another man's lesson.
schipbreuk shipwreck; — lijden, be shipwrecked; (fig.) fail; doen — lijden, wreck. ▼—**eling** shipwrecked man.
schipbrug pontoon-bridge.
schipper master, skipper; (v. binnenvaartuig) bargeman; (v. kleine boot ook) boatman. ▼—**aar** trimmer.
schipperen give and take; (klaarspelen) manage.
schippers/baardje bargee-beard. ▼—**beurs** shipping-exchange. ▼—**haak** boat-hook. ▼—**hond** barge-dog. ▼—**kind** barge-child. ▼—**knecht** barge hand. ▼—**volk** bargemen.
schitter/en glitter, sparkle (eyes, diamonds, etc.); shine; (uitblinken) shine, excel; — door afwezigheid, be conspicuous by one's absence. ▼—**end** (fig.) brilliant, splendid. ▼—**ing** lustre, splendour. ▼—**licht** flash-light.
schizo/freen schizophrenic. ▼—**frenie** schizophrenia.
schlager hit.
schmink paint, make up. ▼—**en** make up.
schobbejak villain.
schobberdebonk: op de — lopen bij iem., sponge on a p., cadge on a p.
schoeien 1 shoe; **2** campshed, timber.
schoeisel foot-wear.
schoelje villain.
schoen shoe (ook v. rem); (hoge —) boot; de stoute —en aantrekken, pluck up courage; wie de — past, trekke hem aan, whom the cap fits, let him wear it; daar wringt (knelt) hem de —, that's where the s. pinches; gooi geen oude —en weg voor je nieuwe hebt, don't throw old shoes away, before you have new ones; hij staat vast in zijn —en, he is sure of his ground; iem. iets in de —en schuiven, fasten (father) s.th. on a p., lay s.th. at a p.'s door, saddle a p. with s.th.; ik zou niet graag in zijn —en staan, shouldn't like to be in his shoes; 't hart zonk hem in de —en, his heart sank into his boots; met loden —en, with leaden feet, reluctantly. ▼—**borstel** s.-brush. ▼—**crème** boot-(shoe-) polish.
schoener schooner.
schoen/lappen cobbling. ▼—**lapper** cobbler. ▼—**lepel** shoehorn, s.-lifter. ▼—**maker** shoemaker. ▼—**poets** boot-polish. ▼—**poetser** s.-black. ▼—**reparaties** s.-repairs. ▼—**smeer** blacking, boot-polish.

▼—**trekker** s.-lifter. ▼—**veter** boot-lace. ▼—**winkel** b.-shop. ▼—**zool** s.-sole.
schoep paddle; (v. turbine) blade.
schoffeerder violator.
schoffel hoe. ▼—**en** hoe.
schofferen violate.
schoft 1 (minne kerel) cad, scoundrel; **2** (v. paard) withers; **3** (werktijd) shift. ▼—**erig** scoundrelly. ▼—**tijd** mealtime.
schok jolt (car, etc.), jerk; (bij botsing) impact; (aarde, elektr.) shock; (fig.) shock; — absorberend (v. auto, enz.), impact absorbing; ▼—**behandeling** shock treatment (therapy). ▼—**beton** vibrated concrete. ▼—**breker** shock absorber. ▼—**buis** percussion fuse. ▼—**golf** shock wave. ▼—**ken** shake, jerk; (fig.) shake; het heeft mij zeer geschokt, it has given me a great shock. ▼—**kend:** — nieuws, startling news. ▼—**ker** fishing-boat. ▼—**schouderen** shrug one's shoulders.
schol 1 (vis) plaice; **2** (ijs—) floe.
scholastiek scholasticism.
scholekster oyster-catcher.
scholen school. ▼—**gemeenschap** comprehensive school. ▼**schol/ing** schooling. ▼—**ier** scholar.
scholver cormorant.
schommel swing. ▼—**en I** ov.w swing, rock. **II** on.w (op schommel) swing; (v. trein, in stoel) rock; (v. boot) roll; (manier v. lopen) waddle; (v. prijs) fluctuate; (v. slinger) swing; —de beweging, wobbling movement; —de gang, waddling gait, waddle. ▼—**ing** swinging; fluctuation. ▼—**stoel** rocking-chair.
schonk bone, shank. ▼—**ig** bony.
schoof sheaf.
schooi/en beg. ▼—**er** beggar, bum, tramp; (schoft) cad. ▼—**erachtig** blackguardly. ▼—**erij** begging.
school school; (grote kost—) college, academy; (v. vissen ook) shoal; — met de bijbel, denominational s.; basis —, primary school; lagere —, elementary s.; middelbare —, secondary s.; iem. van de oude —, a man of the old s.; de — is uit, s. is over; (naar) — gaan, go to s.; — maken, found a s.; de — verzuimen, be absent from s.; naar — gaan, go to s.; op — doen, put to s.; uit de — klappen, tell tales; van — gaan, leave s. ▼—**arts** s.-doctor. ▼—**bank** s.-desk (and seat). ▼—**behoeften** educational aids. ▼—**bestuur** s.-board. ▼—**bevolking** s.-population. ▼—**bezoek** s. attendance. ▼—**bibliotheek** s.-library. ▼—**blad** s. magazine. ▼—**blijven I** ww be kept in. **II** zn detention. ▼—**boek** s.-book, class-book. ▼—**bord** black-board. ▼—**dag** s.-day. ▼—**dekaan** (studiebegeleiding) school counsellor; (voor beroeps-, studiekeuze) careers master. ▼—**examen** s.-examination. ▼—**feest** s.-feast. ▼—**film** educational film. ▼—**frik** pedant, (vrouw) school-marm. ▼—**gaand** s.-going. ▼—**gebouw** s.-building. ▼—**geld** s.-fee. ▼—**geleerdheid** book-learning. ▼—**hoofd** headmaster. ▼—**jaar** s.-year, scholastic year. ▼—**jeugd** s.-children. ▼—**juffrouw** s.-mistress, s.-teacher. ▼—**kameraad** s.-mate. ▼—**kind** s.-child. ▼—**lokaal** class-room. ▼—**makker** s.-fellow. ▼—**meester** school-master; (vos) pedant. ▼—**meesterachtig** schoolmasterly, pedantic. ▼—**meesteren** play the s.m. ▼—**meisje** schoolgirl. ▼—**opziener** s.-inspector. ▼—**plein** s.-yard, playground. ▼—**plicht** compulsory s. attendance. ▼—**plichtig** of s.-age. ▼—**rapport** s.-report. ▼—**reis** s.-journey. ▼—**rijpheid** school readiness. ▼—**s** s. scholastic. ▼—**slag** breast stroke. ▼—**tandarts** school-dentist. ▼—**tas** s.-bag; (op rug) satchel. ▼—**televisie** school(s) television, educational television. ▼—**tijd 1** s.-hours; **2** (—jaren) s.-days; gedurende de — (van vakantie tot vakantie), during term; onder —, during lessons; buiten —, out of s. ▼—**uitgave** s.-edition.

▼**—uitzending** (*radio, tv*) school(s) programme, educational broadcast. ▼**—vergadering** teachers' meeting. ▼**—verlater** school-leaver. ▼**—verzuim** non-attendance. ▼**—voorbeeld** classic example. ▼**—vos** pedant. ▼**—wereld** scholastic world. ▼**—werk** s.-work. ▼**—wet** education world. ▼**—wijsheid** s.-stuff. ▼**—zaken** s.-affairs. ▼**—ziek** shamming.

schoon 1 (*mooi*) beautiful; 2 (*zindelijk*) clean; — *goed*, clean underwear (clothes), (*vormelijk*) change of linen; *schone sokken*, change of socks; *de schone kunsten*, the fine arts; *het is — op*, it's clean gone; *het schone*, the b. ▼**—broer** brother-in-law. ▼**—dochter** daughter-in-law. ▼**—familie** (*fam.*) in-laws, my wife's (etc.) family.

schoonheid beauty; *een —*, a b. ▼**—sfoutje** minor flaw, slight mistake. ▼**—sgevoel** sense of b. ▼**—sinstituut** b.-parlour. ▼**—skoningin** b.-queen. ▼**—sleer** aesthetics. ▼**—smasker** face-pack. ▼**—smiddel** cosmetic. ▼**—ssalon** b.-parlour. ▼**—specialist** beauty specialist, (*Am.*) beautician. ▼**—swedstrijd** b.-competition. ▼**schoon/houden** keep clean. ▼**—klinkend** (*fig.*) fine-sounding. ▼**—maak** cleaning, clean-up (*ook fig.*), (*voorjaar*) spring-cleaning; *aan de grote — zijn*, be spring-cleaning. ▼**—maakbedrijf** cleaning firm. ▼**—maakbeurt** turn-out. ▼**—maakster** charwoman. ▼**—maken** clean; gut (fish); (*in voorjaar*) spring-clean. ▼**—maker** cleaner.

schoon/moeder mother-in-law. ▼**—ouders** parents-in-law. ▼**—rijden** fancy-skating. ▼**—schijnend** specious. ▼**—schrift** calligraphic writing; (*cahier*) copy-book. ▼**—schrijven** zn calligraphy.

schoonvader father-in-law.

schoon/vegen sweep clean; clear (the streets). ▼**—wassen** wash (clean); (*fig.*) whitewash. ▼**—wrijven** polish.

schoon/zoon son-in-law. ▼**—zuster** sister-in-law.

schoor shore. ▼**—muur** buttress.

schoorsteen chimney; (*v. stoomb.*) funnel; *daar kan de — niet van roken*, that won't keep the pot boiling. ▼**—kleed** mantelpiece covering. ▼**—mantel** mantelpiece. ▼**—pijp** c.-shaft; (*v. stoomboot*) funnel. ▼**—veger** c.-sweep(er). ▼**—wissel** accomodation bill; (*sl.*) kite.

schoorvoet/en hesitate. ▼**—end** reluctant.

schoot lap; (*v. zeil*) sheet; *de — des tijds*, the womb of time; *in de — der aarde*, in the bowels of the earth; *de — der Kerk*, the bosom of the Holy Church; *met de handen in de — zitten*, sit with folded hands, sit idle; *'t hoofd in de — leggen*, come to terms, give in, knuckle down. ▼**—hondje** lap-dog.

schoots/afstand (*mil.*) range. ▼**—hoek** angle of projection. ▼**—lijn** line of fire.

schootsvel apron.

schootsveld (*mil.*) field of fire.

schop 1 shovel, spade; 2 (*trap*) kick. ▼**schoppen** I ww kick (at); *herrie —*, make a row; *'t ver —*, go far. II zn spades. ▼**—aas** ace of spades. ▼**schopstoel** *hij zit daar op 'n —*, he may be dismissed at any moment, he is there on sufferance only.

schor I zn salting(s). II bn hoarse.

schorem I bn shabby. II zn riff-raff, scum. ▼**—erd** ragamuffin.

schoren shore up, underpin.

schorheid hoarseness.

schorpioen scorpion; (*astr.*) Scorpio; the Scorpion.

schorremorrie riff-raff, scum.

schors bark, rind.

schorsen suspend (a p.); adjourn (a meeting).

schorseneer salsify, (*zwarte*) scorzonera.

schorsing (*v. pers.*) suspension; (*v. vergadering*) adjournment. ▼**—sbesluit** s. order.

schort apron; (*kinder—*) pinafore.

schorten: *wat schort er aan?*, what is wrong?

schot 1 (*v. geweer, enz.*) shot; (*knal*) report, crack; 2 (*afscheiding, tussen —*) partition; (*in schip*) bulkhead; — *brengen in de zaak, ergens — achter zetten*, speed up the matter; — *geven, een — lossen*, fire a shot; *er komt — in*, things are beginning to move; *er zit geen — in*, it is hanging fire; *binnen (buiten) —*, within (out of) range; *buiten — blijven*, (*fig.*) keep out of harm's way; *onder —*, within range; *de vijand onder — krijgen*, find the range of the enemy.

Schot Scotchman, Scot, Scotsman; *de —ten*, the Scots.

schotel (*eten*) dish; *kop en —*, cup and saucer.

Schotland Scotland. ▼**Schots** Scottish, Scotch, Scots.

schots I zn floe, ice-floe. II bw: — *en scheef door elkaar*, higgledy-piggledy.

schotschrift lampoon, squib.

schotwond shot-wound.

schouder shoulder; *de —s ophalen*, shrug one's shoulders; *zijn — eronder zetten*, put one's s. to the wheel; — *aan — staan*, stand s. to s., show a united front; *iem. op de —s ronddragen*, carry a p. shoulder high; *'n taak op de —(s) nemen*, shoulder a task. ▼**—band** s.-strap. ▼**—bedekking** s.-knot. ▼**—blad** s.-blade. ▼**—gewricht** s.-joint. ▼**—ophalen** shrug. ▼**—riem** s.-belt, baldric. ▼**—tas** shoulder-bag.

schout sheriff, bailiff.

schout-bij-nacht rear-admiral.

schouw 1 (*schoorsteen*) fireplace; 2 (*boot*) scow; 3 (*v. wegen*) survey.

schouwburg theatre. ▼**—bezoek** t.-attendance. ▼**—bezoeker** play-goer. ▼**—directeur** t.-manager. ▼**—directie** t.-management. ▼**—voorstelling** theatrical performance (production). ▼**—zaal** t.-hall.

schouw/en inspect, survey; *een lijk —*, perform a post-mortem. ▼**—spel** spectacle, scene. ▼**—toneel** stage.

schoven sheave.

schraag trestle. ▼**—pijler** buttress.

schraal (*mens*) lean, thin; (*huid*) irritated, rough; (*inkomen*) slender; (*maaltijd*) poor, scanty; (*wind*) scarce; *schrale troost*, cold comfort; — *in de kleren zitten*, be shabbily dressed; — *bij kas zijn*, be short of money. ▼**—hans** miser; — *is er keukenmeester*, they live on short commons there. ▼**—heid** leanness, etc.

schraap/ijzer scraper. ▼**—sel** scrapings. ▼**—zucht** stinginess.

schrab scratch. ▼**—ben** scratch, scrape.

schragen shore (up); (*fig.*) support, sustain.

schram scratch. ▼**—men** scratch.

schrander clever, smart, bright. ▼**—heid** cleverness, smartness, brightness.

schransen gormandize, tuck in; *hij kan geweldig —*, he is a huge feeder.

schrap/en scrape; (*fig.*) (pinch and) scrape; *zich de keel —*, clear one's throat. ▼**—er** scraper. ▼**—erig** stingy. ▼**—pen** 1 (*aardappels*) scrape; (*vis*) scale; 2 (*naam*) strike out; (*clausule*) delete, cancel; *hij werd van de lijst geschrapt*, he was struck off the list. ▼**—sel** scrapings.

schrede step, pace; *zijn —n richten naar*, turn one's steps to; *met rasse —n*, with rapid strides.

schreef line, scratch; *over (buiten) de — gaan*, overstep the mark.

schreeuw shout, cry; *een — geven*, give a cry. ▼**—en** shout, cry, bawl; (*v. varken*) squeal; (*v. uil*) hoot; *schreeuw niet vóór je geslagen wordt*, don't squeal before you are hurt. ▼**—bek** loudmouth. ▼**—end** crying (*ook fig.*); (*v. kleur*) loud; — *duur*, outrageously expensive. ▼**—er** bawler; (*fig.*) ranter. ▼**—erig** noisy, clamorous. ▼**—lelijk** bawler.

schreien weep, cry; *'t schreit ten hemel*, it cries to Heaven; *iem. aan het — maken*, make a p. cry, reduce a p. to tears; *tot —s toe bewogen*, moved to tears.

schriel mean, close-fisted. ▼—**hannes** pincher. ▼—**heid** meanness.

schrift (hand) writing, script; *de (Heilige) S—*, Holy Writ, (Holy) Scripture. ▼—**elijk I** *bn* written; — *e cursus*, correspondence course. **II** *bw* in writing; — *maken*, do in writing. ▼—**geleerde** scribe. ▼—**kunde** graphology. ▼—**kundige** graphologist, handwriting expert. ▼—**uitlegging** exegesis. ▼**schriftuur** document. ▼—**lijk** scriptural. ▼**schriftvervals/er** forger. ▼—**ing** forgery.

schrijden stride, stalk.

schrijf/- writing-. ▼—**behoeften** stationery. ▼—**boek** exercise-book. ▼—**blok** w.-block. ▼—**bureau** w.-table. ▼—**fout** clerical error. ▼—**gereedschap** w.-materials. ▼—**inkt** w.-ink. ▼—**kamer** w.-room. ▼—**kramp** writer's cramp. ▼—**les** w.-lesson. ▼—**letter** script-letter. ▼—**machine** typewriter. ▼—**machinelint** typewriter ribbon. ▼—**machinewerk** typewriting. ▼—**map** w.-case. ▼—**papier** w.-paper. ▼—**ster** (woman) writer. ▼—**taal** written language. ▼—**tafel** w.-table. ▼—**trant** manner of w. ▼—**werk** writing, clerical work. ▼—**wijze** manner of writing; spelling; (*v. getallen*) notation.

schrijlings astride; — *zitten op*, straddle.

Schrijn shrine.

schrijn/en smart. ▼—**end**: — *leed*, poignant sorrow.

schrijnwerk joinery. ▼—**er** joiner.

schrijven I w w write; *iem. —*, w. to a p.; *groot (klein)* w. large (small); *een recept (een cheque)* —/w. out a prescription (a cheque); *met inkt* —, write in ink; *om iets* —, w. for s.th.; *op een advertentie* —, answer an advertisement; — *over*, write on (about). **II** *zn* letter. ▼**schrijver** (*v. brief*) writer; (*v. boek*) writer, author; (*klerk*) clerk, secretary; — *dezes*, the (present) writer. ▼—**ij** writing. ▼—**sgilde** writing-fraternity. ▼—**tje** (*tor*) whirligig.

schrik fright, alarm; (*vrees*) terror, dread; *hij is de* — *van iedereen*, he is a holy terror; — *aanjagen*, frighten; — *inboezemen*, strike terror into the heart of; *een* — *krijgen*, get a fright; *met* — *wakker worden*, awake with a start; *met de* — *vrijkomen*, get off with a fright; *de* — *sloeg hem om 't hart*, he was seized with alarm; *iem. een* — *op 't lijf jagen*, give a p. a fright; *zich van de* — *herstellen*, *van de* — *bekomen*, recover o.s. ▼—**aanjagend** terrifying. ▼—**achtig** jumpy, easily frightened; shy (horse). ▼—**achtigheid** jumpiness. ▼—**barend** appalling. ▼—**beeld** bugbear. ▼—**bewind** (Reign of) Terror. ▼—**draad** shock wire.

schrikkeljaar leap-year.

schrik/ken be frightened; (*opschrikken*) start; *hij schrok zich dood*, he was frightened to death; *doen* —, frighten, startle; *wakker* —, awake with a start. ▼—**wekkend** terrifying, frightful.

schril shrill (voice); violent (contrast); glaring (colours).

schrobb/en scrub. ▼—**er** scrubber.

schrobbering scolding, dressing down; *iem. een* — *geven*, scold a p.; give a p. a talking-to; (*Am.*) bawl a p. out.

schroef screw; (*v. boot en vliegtuig*) propeller; (*bank*—) vice; (*v. viool*) (tuning-)peg; *alles staat op losse schroeven*, everything is unsettled. ▼—**as** propeller-shaft. ▼—**bank** vice-bench. ▼—**blad** propeller-blade. ▼—**boor** s.-auger. ▼—**boot** s.-steamer. ▼—**bout** s.-bolt. ▼—**dop** s.-cap. ▼—**draad** s.-thread. ▼—**gat** s.-aperture. ▼—**kop** s.-head. ▼—**loos** — *vliegtuig*, jet(-propelled) aircraft. ▼—**moer** nut. ▼—**pers** s. press. ▼—**pomp** hydraulic s. ▼—**sleutel** spanner. ▼—**sluiting** s.-cap. ▼—**vliegtuig** propeller aircraft.

schroeien I *ov.w* (*haar*) scorch, singe; (*wond*) cauterize. **II** *on.w* be singed.

schroevedraaier screw-driver. ▼**schroeven**

screw.

schrok/ken gorge. ▼—**ker** glutton. ▼—**kig** gluttonous. ▼—**kigheid** gluttony.

schromelijk gross; *op* —*e wijze*, grossly; *zich* — *vergissen*, be greatly mistaken.

schromen hesitate; *zonder* —, without hesitation.

schrompel/en shrivel (up). ▼—**ig** shrivelled.

schroom/(valligheid) diffidence; reluctance. ▼—**vallig** diffident; reluctant.

schroot scrap-iron; (*mil.*) grape-shot, shrapnel. ▼—**ijzer** scrap-iron. ▼—**staal** scrap-steel.

schub scale. ▼—**achtig** scaly. ▼—**ben** *ww* scale. ▼—**big** scaly.

schuchter shy. ▼—**heid** shyness.

schudden shake; (*kaarten*) shuffle; *'t hoofd* —, shake one's head; *iem. de hand* —, s.a.p.'s hand; *elkaar de hand* —, s. hands; *iem. door elkaar* —, jolt a p.; *een drank door elkaar* —, shake up a draught; *doen* —, shake, rock.

schuier brush. ▼—**en** brush, sweep.

schuif (*alg.*) slide; (*v. machine*) valve; (*kachel*) damper; (*grendel*) bolt. ▼—**blad** leaf. ▼—**dak** (*v. auto*) sunshine roof. ▼—**deur** sliding-, folding-door(s). ▼—**elen** shuffle. ▼—**gordijn** curtain. ▼—**klep** slide-valve. ▼—**ladder** extension-ladder. ▼—**raam** sash-window. ▼—**tafel** extending table. ▼—**trompet** trombone.

schuil: *zich* —*houden*, shelter, hide. ▼—**en** take shelter; (*zich verbergen*) hide (o.s.); *daar schuilt meer achter*, there is more behind it. ▼—**evinkje**: — *spelen*, (play at) hide and seek. ▼—**gaan** hide (itself); — *achter*, be hidden by. ▼—**hoek** hiding-place. ▼—**hol** retreat. ▼—**houden**: *zich* —, lie low. ▼—**kelder** (A.R.P.) shelter. ▼—**loopgraaf** air-raid trench. ▼—**naam** pen-name. ▼—**plaats** hiding-place, shelter, refuge; *een* — *zoeken*, take shelter (refuge); *bomvrije* —, bomb-proof shelter.

schuim foam; (*op bier, enz.*) froth; (*v. zeep*) lather; (*op soep, enz.*) scum; (*fig.*) scum; *'t stond hem op de mond*, he was foaming at the mouth. ▼—**bad** bubble-bath. ▼—**bekken** foam at the mouth. ▼—**blaasje** bubble. ▼—**en** foam; froth; lather; (*v. wijn*) sparkle. ▼—**er** (*klaploper*) sponger. ▼—**ig** foamy, frothy. ▼—**pje** meringue. ▼—**rubber** foam-rubber. ▼—**spaan** skimmer.

schuin I *bn* slanting, sloping, oblique; (*fig.*) broad; —*e mop*, smutty story; —*e zijde*, (*v. driehoek*) hypotenuse. **II** *bw* obliquely, slantwise, aslant, awry; — *aflopen*, slope; — *houden*, slope; (*fles*) tilt; — *tegenover*, nearly opposite. ▼—**heid** obliqueness; broadness. ▼—**schrift** sloping writing. ▼—**smarcheerder** loose fish. ▼—**te** slope.

schuit boat, barge, (old) tub. ▼—**enmaker** b.-builder. ▼—**je** (*v. ballon*) car, basket; (*weverij*) shuttle; *wij zitten in 't zelfde* —, we are in the same b.; *wie in 't — zit moet meevaren*, in for a penny, in for a pound. ▼—**jevaren** (go out) boating.

schuiv/en push, shove; *de schuld op iem.* —, put the blame on a p.; *bij het vuur* —, draw up to the fire; *onrustig heen en weer* —, fidget; *laat hem maar* —, he knows what's what; *there are no flies on him*. ▼—**er**: *een* — *maken*, give a lurch.

schuld debt; (*fout, enz.*) guilt, fault; *bezit en* —*en*, assets and liabilities; — *bekennen*, plead guilty; *jij draagt de* — *van alles*, 't is allemaal *jouw* —, you are to blame for everything; *je moet mij de* — *er niet van geven*, you must not blame me for it (blame it on me); *ik heb er geen* — *aan*, I'm not to blame (not responsible) for it; it is through no fault of mine; *de* — *krijgen*, get the blame; *de* — *laden op*, put the blame on; —*en maken*, contract (run up) debts; *vergeef ons onze* —*en*, forgive us our trespasses; *buiten mijn* —, through no fault of mine; *door zijn* —, through his fault; *dood door* —, culpable homicide; *in de* — *raken*, get into d.; *bij iem. in de* — *staan*, be in a p.'s d.; *zich in*

de — steken, run into d.; *uit de — raken*, get out of d. ▼—**bekentenis 1** confession of guilt; **2** (*v. geld*) I O U. ▼—**belijdenis** confession of guilt. ▼—**besef** sense of guilt. ▼—**bewust** guilty. ▼—**brief** debenture. ▼—**eiser** creditor. ▼—**eloos** guiltless. ▼—**enaar** debtor. ▼—**enlast** burden of d. ▼—**gevoel** feeling of guilt. ▼**schuldig** guilty, culpable; *— zijn*, **1** be g., **2** owe (money); *hij moest het antwoord — blijven*, he had nothing to reply; *iem. — bevinden*, find a p. guilty; *iem. — verklaren*, convict a p., *zich — verklaren*, plead guilty; *zich — maken aan*, be g. of; *comm. de —e*, the culprit. ▼**schuld/inning** debt-collection. ▼—**invordering** recovery of debts. ▼—**kwijting** discharge of a d. ▼—**regeling** debt-settlement. ▼—**vordering** claim. ▼—**vraag** liability; *de — onderzoeken*, examine who is to blame; *de — uitmaken*, fix (apportion) the blame.
schulp shell; *in zijn — kruipen*, pipe down. ▼—**en** scallop.
schunnig shabby (trick); scurrilous (language); *een — zaakje*, a shady affair. ▼—**heid** scurrility.
schuren scour (a kettle); (*met schuurpapier*) sandpaper; (*v. cilinderkleppen*) grind in (the valves), grate (over sand).
schurft scabies; (*v. paard, hond*) mange. ▼—**ig** scabby, mangy.
schurk scoundrel, villain. ▼—**achtig** villainous. ▼—**achtigheid** villainy. ▼—**enstreek** (piece of) villainy.
schut (*scherm*) screen; (*schutting*) fence; *voor — lopen*, look a sight; *voor — staan*, look silly. ▼—**blad** fly-leaf. ▼—**dak** pent-house. ▼—**deur** lock-gate. ▼—**geld** lockage. ▼—**kleuren** mimicry. ▼—**kolk** lock-chamber. ▼—**sengel** guardian angel. ▼—**sluis** lift-lock. ▼—**spatroon** patron saint. ▼—**svrouw** patroness. ▼—**ten** (*schip*) lock (through).
schutter marksman, shot.
schutterig awkward, clumsy.
schutters/koning champion-shot. ▼—**kunst** marksmanship.
schutting fence.
schuur barn.
schuur/gerei scouring-things. ▼—**linnen** emery cloth. ▼—**middel** abrasive. ▼—**papier** sand-paper.
schuw shy. ▼—**en** shun, eschew. ▼—**heid** shyness.
scooter scooter.
scorebord score-board. ▼**scoren** score.
scrabbelen play scrabble.
scribent scribe; (*minachtend*) scribbler. ▼**script-girl** script-girl.
scrupul/e scruple. ▼—**eus** scrupulous.
Scylla: *tussen — en Charybdis*, between Scylla and Charybdis, between the devil and the deep blue sea.
seance séance, seance.
S.E.A.T.O., SEATO S.E.A.T.O., South-East Asia Treaty Organisation.
sec (*v. wijn*) dry; (*in kaartspel*) unguarded.
second/air secondary. ▼—**ant** (*in duel*) second.
seconde second. ▼—**wijzer** second(s)-hand.
seconderen second.
secretar/esse (lady) secretary. ▼—**iaat** secretaryship, secretariat. ▼—**ie** town clerk's office. ▼**secretaris** secretary. ▼—**generaal 1** permanent under-secretary; **2** s.-general. ▼—**penningmeester** s. and treasurer.
sectar/iër sectarian. ▼—**isch** sectarian. ▼—**isme** sectarianism.
sectie section; (*v. lijk*) dissection, post-mortem; (*mil.*) platoon; *— verrichten*, make a post-mortem. ▼—**vergadering** sectional meeting.
sector sector.
secul/air secular. ▼—**arisatie** secularization. ▼—**ariseren** secularize.
secundair secondary; *Het S—*, the Secondary; *van — belang*, of secondary (minor) importance; *— onderwijs*, secondary

education; *—e geslachtskenmerken*, secondary sexual characteristics; *—e kleuren*, secondary colours.
securiteit accuracy; *voor alle —*, to be on the safe side. ▼**secuur** accurate, precise.
sedert I *vz* (*tijdpunt*) since (the twelfth of May); (*tijdruimte*) for (two weeks); *— enige tijd*, for some time past. **II** *bw & vgw* since.
sediment sediment. ▼—**air** sedimentary.
segment segment.
segregatie segregation.
sein signal; *—en geven*, make signals; *— van vertrek*, signal of departure. ▼—**en** signal; (*per telegr.*) wire. ▼—**er** signaller. ▼—**fluit** s.-whistle. ▼—**fout** telegraphic error. ▼—**huisje** s.-box. ▼—**hut** (*radio*) wireless hut. ▼—**inrichting** signalling-apparatus. ▼—**lamp** s.-lamp. ▼—**paal** semaphore. ▼—**sleutel** tapping-key. ▼—**station** s.-station. ▼—**toestel** signalling-apparatus. ▼—**wachter** signalman.
seismograaf seismograph.
seizoen season; *midden in 't —*, at the height of the s. ▼—**arbeid(er)** seasonal work(er). ▼—**artikel** seasonal article. ▼—**bedrijf** season(al) trade. ▼—**opruiming** end-of-season sale(s).
seks/blad sex magazine. ▼—**boetiek** sex shop. ▼**seks/e** sex; *de schone —*, the fair s. ▼—**leven** sex life. ▼—**ueel** sexual, sex; *seksuele voorlichting* (*op school, enz.*), sex education.
sekte sect. ▼—**geest** sectarianism.
selderij celery.
select/ie selection; *een scherpe — toepassen*, make a careful selection. ▼—**ief** selective. ▼—**iekenmerken** selection characteristics. ▼—**iviteit** selectivity.
semafor semaphore.
seman/tiek semantics. ▼—**tisch** semantic.
semester semester.
Semiet Semite. ▼**Semitisch** Semitic.
seminar/ie seminary. ▼—**ist** seminarist.
senaat senate. ▼**senator** senator.
seniel senile; *—e aftakeling*, s. decay. ▼**seniliteit** senility, dotage.
senior senior. ▼—**enconvent** standing committee.
sensatie sensation, thrill. ▼—**blad** sensational newspaper. ▼—**lust** sensationalism. ▼—**pers** yellow press. ▼—**roman** s.-novel, thriller. ▼—**stuk** thriller. ▼**sensationeel** sensational.
sensitivity/groep sensitivity-group, self-realization group. ▼—**training** sensitivity training.
sensu/aliteit sensuality. ▼—**eel** sensual.
sentiment/aliteit sentimentality; (*fam.*) slush. ▼—**eel** sentimental, sloppy.
separ/aat separate. ▼—**eren** separate.
seponeren dismiss (a case).
september September.
septet septet(te).
seques/tratie sequestration. ▼—**treren** sequestrate, sequester.
seraf(ijn) seraph.
serenade serenade; *iem. een — brengen*, serenade a person.
sergeant sergeant. ▼—**majoor** s.-major. ▼—**majoor-instructeur** company s.-m. ▼—**vlieger** flight-sergeant.
serie series; (*bilj.*) break; (*sp.*) heat. ▼—**hoorspel** serial play, (*fam.*) soap opera. ▼—**letter** serial letter. ▼—**nummer** serial number. ▼—**schakeling** series connection.
serieus serious. ▼**sérieux**: *au — nemen*, take seriously.
sering lilac. ▼—**eboom** lilac(-tree).
sermoen sermon, lecture.
serpent serpent; (*fig.*) shrew.
serpentine (paper) streamer.
serre conservatory, verandah.
serum serum.
serveerboy dumb waiter. ▼**serveren** serve (*ook bij tennis*).
servet (table) napkin, serviette; *tussen — en tafellaken*, at the awkward age. ▼—**ring**

serviette-ring.
servicebeurt: *een auto een — laten geven*, have a car serviced.
Servië Serbia. ▼—**r** Serb(ian).
servies dinner-service; (*thee—*) tea-set.
Servisch Serbian.
servituut easement, charge.
sext/ant sextant. ▼—**et** sextet(te).
sfeer sphere; (*fig. ook*) province; *in hoger sferen*, (*fig.*) in the clouds.
sfinx sphinx.
shampooën shampoo.
S.H.A.P.E., Shape SHAPE, Supreme Headquarters Allied Powers Europe.
sherry sherry.
Siber/ië Siberia. ▼—**iër**, —**isch** Siberian; *het laat me Siberisch*, I couldn't care less, it leaves me cold.
Sicil/iaan(s) Sicilian. ▼—**ië** Sicily.
sidder/aal electric eel. ▼—**en** tremble, shake. ▼—**ing** shudder.
siepelen seep, ooze.
sier: *goede — maken*, make good cheer. ▼—**aad** ornament. ▼—**en** adorn. ▼—**lijk** graceful. ▼—**lijkheid** gracefulness. ▼—**lijst** ornamental edge. ▼—**plant** ornamental plant.
sifon siphon.
sigaar cigar; *de — zijn*, be in for it. ▼**sigare/ cigar-**. ▼—**aansteker** c.-lighter. ▼—**as** c.-ash. ▼—**bandje** c.-band. ▼—**eindje** c.-stub. ▼**sigaren/fabriek** c.-factory. ▼—**handelaar** tobacconist. ▼—**kist(je)** c.-box. ▼—**koker** c.-case. ▼—**magazijn** c.-store(s). ▼—**maker** c.-maker. ▼—**winkel** tobacconist's (shop). ▼**sigarepijpje** cigar-holder.
sigaret cigarette. ▼—**tenkoker** c.-case. ▼—**tepijpje** c.-holder.
signaal signal; (*op hoorn*) call. ▼—**hoorn** s.-horn; (*mil.*) bugle. ▼**signal/ement** description. ▼—**eren** signalize (a mistake); describe (a p.).
signatuur signature. ▼**signet** signet, seal.
sijpelen seep, ooze, filter.
sijs(je) siskin. ▼—**slijmer** tedious fellow; slow-coach.
sik (*geit*) goat; (*baard v. geit*) goat's beard; (*v. man*) goatee.
sikkel reaping-hook, sickle; (*v. maan*) crescent, sickle.
sikkeneurig(heid) peevish(ness).
sikkepit(je): *geen —*, not a scrap.
silhouet silhouette. ▼—**teren** silhouette.
silo (grain) elevator.
simpel simple, mere; (*onnozel*) silly. ▼—**heid** simplicity; silliness. ▼**simplistisch** simplistic.
simul/ant malingerer, simulator. ▼—**atie** simulation, malingering, sham, malinger.
simultaan simultaneous. ▼—**seance** simultaneous display.
sinaasappel orange. ▼—**limonade** o.-squash. ▼—**schil** o.-peel.
sinds *zie* sedert. ▼—**dien** since.
singel (*gordel*) girdle; (*gracht*) moat; (*als wandelplaats*) boulevard.
sinister sinister.
sinjeur (*strange*) fellow.
sint saint.
sintel cinder. ▼—**baan** dirt-track. ▼—**pad** c.-path.
sinterklaas St. Nicholas. ▼—**avond** St. Nicholas' Eve.
Sint-Joris St. George.
sint-jut(te)mis: *met — (als de kalveren op 't ijs dansen)*, on the Greek calends; when pigs fly.
Sint-Margriet (*ongev.*) St. Swithum.
sint-vitusdans St. Vitus's dance.
sip: *— kijken*, look blue.
Sire Sire, your Majesty.
sirene siren. ▼—**nzang** s. song.
sirocco sirocco.
siroop treacle; (*vruchten—*) syrup.
sis/klank hissing sound, hiss. ▼—**sen** hiss; (*in pan*) sizzle. ▼—**ser** (*vuurwerk*) squib; *met een — aflopen*, blow over.

situatie situation; *de — redden*, save the s. ▼—**tekening** topographical drawing, sketch.
sjaal shawl, wrap.
sjablone stencil (plate); *bn* conventional.
sjacher/aar 1 barterer, huckster; **2** racketeer. ▼—**en** barter.
sjagrijn *zie* chagrijn.
sjako shako.
sjalot shallot.
sjees gig.
sjeik sheik(h).
sjerp sash, scarf.
sjezen be ploughed.
sjilpen, sjirpen chirp, cheep.
sjoelbak (*ongev.*) shovel-board.
sjofel shabby. ▼—**heid** shabbiness.
sjokk/en trudge. ▼—**er** trudger.
sjorren 1 (*binden*) lash; **2** (*slepen*) lug.
sjouw: *een (hele) —*, a tough job, a grind. ▼—**en I** *ov.w* carry; (*sleuren*) drag, lug. **II** *on.w* **1** (*zwaar werken*) toil, fag; **2** (*rondslenteren*) knock about, traipse. ▼—**er** porter; dock-hand.
skelet skeleton.
skelter (go-)kart.
ski ski. ▼—**baan** ski-run. ▼—**ën I** *ww* ski. **II** *zn* skiing. ▼—**ër** skier. ▼—**helling** ski-run. ▼—**lift** ski-lift. ▼—**leraar** ski(ing) instructor. ▼—**pak** ski-suit. ▼—**sport** skiing. ▼—**springen** ski-jumping. ▼—**stok** ski-stick. ▼—**terrein** ski-run. ▼—**vakantie** skiing holiday. ▼—**wedstrijd** ski-race.
skiff skiff.
sla salad; (*plant*) lettuce; *'n krop —*, a lettuce; *— aanmaken*, dress salad.
Slaaf Slav.
slaaf slave. ▼**slaafs** slavish. ▼—**heid** slavishness.
slaag: *'n pak — krijgen*, get a beating; *meer dan eten*, (get) more kicks than halfpence. ▼—**s:** *— raken*, come to blows.
slaan strike, hit; (*herhaaldelijk*) beat; (*met platte hand*) slap; (*met stok, enz.*) thrash, wack, thwack; (*v. hart*) beat; (*v. paard*) kick; (*v. vogel*) warble, sing; (*schaakspel*) take, capture; *het sloeg 10 uur*, it struck ten; *dat slaat alles*, that beats everything; *een brug —*, build a bridge; *de maat —*, beat time; *munten —*, s. coins; *de trommel —*, beat the drum; *wij zullen ons er wel doorheen —*, we'll pull (win) through; *het is hem in het hoofd geslagen*, he has a screw loose; *de bliksem sloeg in de boom*, the tree was struck by lightning; *met de deur —*, slam the door; *met de staart —*, swish their tails; *— naar*, s. (hit out) at; *naar binnen —*, polish off (food); toss down, knock back (drink); *om zich heen —*, s. out right and left; *een mantel om zich heen —*, wrap a cloak round one; *hij sloeg zijn arm om haar heen*, he put his arm round her; *erop los —*, lay about one; *met de vuist op de tafel —*, thump the table; *zich op de borst —*, beat one's breast; *dat slaat op jou*, that refers to you; *de armen (benen) over elkaar —*, cross one's arms (legs); *de golven sloegen over 't dek*, the waves swept the deck; *tegen elkaar —*, knock together; *tegen de grond —*, knock a p. down; (*de vlam*) *sloeg uit 't dak*, burst from the roof; *ergens geld uit —*, make money out of s.th.; *de kosten eruit —*, recover the expenses.
slaap 1 sleep; **2** (*v. hoofd*) temple; *— hebben*, be (feel) sleepy; *— krijgen*, get sleepy; *in — zijn*, be asleep; *in — vallen*, fall asleep; *in — wiegen*, rock asleep; (*fig.*) put to s.; *iem. uit de — houden*, keep a p. from s.; *niet kunnen kijken van de —*, be blind with s. ▼—**bank** (convertible) bed-settee, couch; (*trein, schip*) couchette. ▼—**been** temple bone. ▼—**coupé** sleeping compartment. ▼—**drank** sleeping-draught. ▼—**dronken** drunk with s. ▼—**gelegenheid** sleeping-accommodation. ▼—**goed** night-things. ▼—**huis** doss-house. ▼—**je:** *een — je doen*, take a nap. ▼—**kamer** bed-room. ▼—**kameraad** bed-fellow. ▼—**kamerameublement** bedroom suite. ▼—**kop** sleepy-head. ▼—**liedje** lullaby. ▼—**middel** opiate, soporific. ▼—**muts**

night-cap; *een* —*je*, a night-cap. ▼—**pil**
sleeping pill. ▼—**plaats**
sleeping-accommodation. ▼—**poeder**
sleeping-powder. ▼—**rijtuig** *zie* —**wagen**.
▼—**ruimte** sleeping-space. ▼—**stad**
dormitory town. ▼—**ster** sleeper; *de Schone
Slaapster*, the Sleeping Beauty.
▼—**stoornissen** sleep disorders. ▼—**tablet**
sleeping-tablet. ▼—**verdrijvend**
s.-dispelling. ▼—**vertrek** sleeping-apartment,
bed-chamber. ▼—**verwekkend** soporific.
▼—**wagen** sleeping-car, sleeper.
▼—**wandelaar** s.-walker. ▼—**wandelen** *ww*
walk in one's s. ▼—**zaal** dormitory. ▼—**zak**
sleeping-bag. ▼—**ziekte** sleepy sickness.
▼—**zucht** coma.
slaatje salad; *er een* —*uit slaan*, make a good
thing out of it, cash in on it.
slabakk/en slack(en), dawdle. ▼—**er** slacker.
slabbetje bib.
slacht 1 slaughtering; **2** slaughtered animal(s).
▼—**bank** slaughtering-table. ▼—**beest**
slaughter-beast. ▼—**bijl** pole-axe. ▼—**blok**
slaughtering-block. ▼—**en 1** (*lijken op*) take
after; **2** (*doden*) kill, slaughter. ▼—**er** butcher.
▼—**erij** slaughter-house. ▼—**huis**
slaughter-house. ▼—**ing** slaughter.
▼—**maand** November. ▼—**masker** humane
killer. ▼—**mes** butcher's knife. ▼—**offer**
victim; *'t* — *worden van*, fall a victim (victims)
to; *tot* — *maken*, victimize. ▼—**plaats**
slaughter-house. ▼—**tijd** butchering time.
▼—**vee** slaughter-cattle, beef cattle, fat stock.
sladood: *lange* —, maypole.
slag stroke, blow; (*met hand*) blow, box (*om de
oren*), (*in 't gezicht*) slap; (*met zweep*) lash;
(*v. zwemmer, roeier*) stroke; (*v. hart, pols*)
beat; (*v. klok, zuiger*) stroke; (*v. donder*) clap;
(*bij 't kaarten*) trick; (*plof*) thud; (*v. touw*)
turn; (*verlies*) blow; (*veld*—) battle;
(*handigheid*) knack; (*soort*) sort, kind; *hij
heeft er* — *van om* …, he has a knack of …; *je
moet er* — *van hebben*, it's only a knack; *ik heb
er geen* — *van*, I have not got the knack of it;
hij heeft een — *van de molen beet*, he has a
screw loose; *hij heeft er de* — *van beet*, he's
got the hang of it; *er een* — *naar slaan*, make a
guess, make a stab at it; — *houden*, keep
stroke; *een* — *om de arm houden*, refuse to
commit o.s., hedge; — *leveren*, give battle; —
roeien, row stroke; *een* — *slaan*, seize the
opportunity; *er een* — *naar slaan*, make a shot
at it; *een* — *toebrengen*, deal a blow; *hij voert
geen* — *uit*, he never does a stroke of work; *nu
aan de* —*!*, now to work!; *aan de* — *gaan*, get
going, get to work; *bij de eerste* —, at the first
blow; *met één* —, at one (a) blow; *op* —, on
the spot, at once; *op* — *van zessen*, on the
stroke of six; *van* — *zijn*, (*v. roeier*) be off one's
stroke, (*v. klok*) be off the stroke; *van* —
brengen, put off his stroke; *zonder* — *of stoot*,
without a blow.
slagader artery. ▼—**lijk** arterial.
slag/bal hand-ball. ▼—**boom** barrier.
slagen succeed; (*voor exam.*) pass, qualify;
erin — *te* …, s. in …ing.
slager butcher. ▼—**ij** b.'s shop. ▼—**sbijl**
butcher's axe. ▼—**sknecht** b.'s man.
▼—**swinkel** b.'s shop.
slag/hamer mallet. ▼—**hoedje**
percussion-cap. ▼—**koord** cordtex.
▼—**kruiser** battle-cruiser. ▼—**linie** line of
battle. ▼—**orde** order of battle; *zich in* —
scharen, form in o. of b. ▼—**pin** striker.
▼—**regen** down-pour. ▼—**regenen** pour
with rain. ▼—**room** whipped cream.
▼—**schaduw** cast shadow. ▼—**schip**
battle-ship. ▼—**tand** (*v. hond, wolf*) fang; (*v.
olifant*) tusk. ▼—**uurwerk** striking clock.
▼—**vaardig** ready for battle; (*fig. ook*)
quick-witted. ▼—**vaardigheid** readiness for
battle; quick-wittedness. ▼—**veer** main
spring. ▼—**veld** battlefield. ▼—**werk** (*v. klok*)
striking-part; (*v. orkest*) instruments of
percussion. ▼—**woord** slogan. ▼—**zee** heavy
sea; *een* — *over krijgen*, ship heavy seas.

▼—**zij(de)** (*scheepv.*) list; — *hebben*, (have
a) list. ▼—**zin** slogan. ▼—**zwaard**
broad-sword, (*Schots*) claymore.
slak snail, slug; (*v. metaal*) slag; *je moet niet op
alle* —*ken zout leggen*, you must not carp at
everything.
slaken (*zucht*) heave; (*boeien*) break.
slakke/gang *met een* — *gaan*, go (move) at a
snail's pace. ▼—**huis(je)** snail-shell.
slakrop head of lettuce.
slampamper good-for-nothing.
slang (*dier*) snake, serpent; (*buis*) tube; hose;
(*v. fietspomp*) connection. ▼—**achtig** snaky.
▼—**ebeet** snake-bite. ▼—**emens**
contortionist. ▼—**enbezweerder**
snake-charmer. ▼—**evel** snake-skin.
▼—**vormig** serpentine.
slank slender, slim; *aan de* —*e lijn doen*, be
slimming; *goed voor de* —*e lijn*, good for the
figure. ▼—**heid** s.ness.
slaolie salad oil.
slap (*v. touw, handel, discipline*) slack; (*v.
bier*) thin; (*niet doortastend*) lax, slack; (*v.
pers. en dranken*) weak; (*v. spieren*) flabby; (*v.
fietsband*) flat; (*v. boord, hoed*) soft;
(*lusteloos, slap hangend*) limp; *ik lachte mij
—*, I nearly laughed my head off; *we hadden de
—pe lach*, we had a fit of giggles; *te* — *zijn
tegen*, keep a slack hand (reign) on; —
neerhangen, hang limp(ly), droop; *zich* —
voelen, feel limp (weak); *zo* — *als 'n vaatdoek*,
as limp as a rag.
slapeloos sleepless, wakeful. ▼—**heid** … ness,
insomnia. ▼**slapen** sleep; — *gaan*, go to s.;
(*fam.*) turn in; *zich te* — *leggen*, compose o.s.
to s.; — *als een os* (*roos*), s. like a log (top); *ik
zal er eens op* (*over*) —, I'll s. (up)on it;
buitenshuis —, sleep out; *zij kon er niet van* —,
she lay awake over it. ▼**slaper** sleeper; (*dijk*)
back-dike. ▼—**ig** sleepy, drowsy. ▼—**igheid**
sleepiness, drowsiness.
slapheid slackness, etc. (*zie* **slap**)
slapie bedfellow.
slappeling weakling. ▼**slapte** slackness.
Slaven Slavs, Slavonians.
slaven/- slave-. ▼—**aard** slavish nature.
▼—**arbeid** slavery; (*fig.*) drudgery.
▼—**drijver** s.-driver. ▼—**handel** s.-trade.
▼—**handelaar** s.-trader. ▼—**houder**
s.-owner. ▼—**jacht** s.-hunt(ing). ▼—**jager**
s.-hunter. ▼—**juk** yoke of bondage. ▼—**leven**
s.'s life; (*fig.*) a drudge's life. ▼—**markt**
s.-market. ▼—**oorlog** s. war. ▼—**schip** slaver.
▼**slavernij** slavery, bondage. ▼**slavin** slave,
bondwoman.
Slavo/nië Slavonia. ▼—**niër**, —**nisch**
Slavonian. ▼**Slavisch** Slav(onian), Slavonic.
slavork salad fork.
slecht I *bn* bad; (*moreel* —) evil, wicked. **II** *bw*
badly, ill; *hij eet* —, he is a poor eater; *'t gaat
hem* —, he is doing badly; *'t moet al* — *gaan of
…*, it shall go hard but …; *hij is* — *van gezicht*,
his eye-sight is bad; *ik ben* — *te spreken over
hem*, I am discontented with him. ▼—**aard**
wicked man.
slechten level (to the ground), demolish.
slecht/er worse. ▼—**heid** badness,
wickedness. ▼—**horend** hard of hearing.
slechts only, but, merely.
slechtst worst.
slechtvalk peregrine.
sled/e of **sledge**, sleigh; (*v. draaibank*) carriage.
▼—**en** *ww* sledge, sleigh. ▼—**etocht**
sledge-ride. ▼**slee 1** *zn* big car. **2** (*vrucht*)
sloe. ▼—**doorn** sloe. ▼**sleeën** sleigh, sledge.
sleep train; (*slier*) trail; (*opschrift*) on
tow; *met een schuit op* —, with a barge on tow.
tow. ▼—**anker** drag-anchor. ▼—**antenne**
trailing aerial. ▼—**boot** tug (-boat).
▼—**bootkapitein** captain of a tug.
▼—**bootmaatschappij** towing-company.
▼—**dienst** towing-service. ▼—**drager**
train-bearer. ▼—**japon** train-gown. ▼—**lijn**
tow-line. ▼—**kabel** (*schip*) (towing-) hawser;
(*auto*) tow-rope. ▼—**kosten** towage.
▼—**loon** towage; (*te land*) haulage. ▼—**net**

drag-net. ▼—**tarief** towage tariff. ▼—**touw**
tow-rope; *op* — *hebben* (*nemen*), have (take)
in tow. ▼—**tros** hawser. ▼—**vaart**
towing-service. ▼—**vaartbedrijf** towing; *een*
—, a towage company.

sleets: — *zijn*, wear out one's clothes very
quickly.

slemiel goof.

slemp/en carouse, revel. ▼—**er** carouser,
reveller. ▼—**partij** carousal.

slenter/aar saunterer. ▼—**en** saunter.

slep/en drag; (*boot*) tow; (*muz.*) slur notes;
gesleept worden, be on tow; *na zich* —, entail;
een zaak — *de houden*, let a thing drag; (*Am.*)
stall; — *de ziekte*, lingering disease. ▼—**er**
carter, (road) haulier. ▼—**ersfirma** haulage
firm. ▼—**erij** carter's business, haulage
company. ▼—**erspaard** dray-horse.
▼—**erswagen** dray(-cart).

slet slut, trollop.

sleuf groove, slot.

sleur routine, rut; *tot een* — *vervallen*, get into
a rut.

sleuren drag, trail.

sleurwerk routine-work.

sleutel key; (*v. kachel*) damper; (*muz.*) clef;
Engelse —, adjustable spanner. ▼—**been**
collar bone. ▼—**bloem** primula, primrose.
▼—**bord** k.-rack. ▼—**bos** bunch of keys.
▼—**en** (*aan een motor*) do repair jobs, tinker,
monkey (with). ▼—**gat** k.-hole. ▼—**geld**
k.-money. ▼—**kinderen** latch-key kids.
▼—**positie** k.-position. ▼—**ring** k.-ring.
▼—**stelling** k.-position.

slib silt, slime. ▼—**achtig** slimy.

slibber/en slither. ▼—**ig** slippery.

slier(t) (*streep*) streak, smear; (*rij*) string.

slijk dirt, mud, mire; *'t* — *der aarde*, filthy lucre.
▼—**erig** muddy.

slijm slime; (*fluim*) phlegm. ▼—**afscheiding**
mucous secretion. ▼—**erig** slimy. ▼—**hoest**
catarrhal cough. ▼—**klier** mucous gland.
▼—**vlies** mucous membrane.

slijp/en grind, sharpen; (*diamanten*) cut;
polish. ▼—**er** grinder, cutter, polisher. ▼—**erij**
grindery. ▼—**machine** grinding-machine;
(*voor scheermes*) stropper. ▼—**plank**
knife-board. ▼—**sel** grindings. ▼—**steen**
grindstone. ▼—**zand** scouring-sand.

slijtage wear end tear. ▼**slijten I** *ov.w* wear
out; (*leven*) pass. **II** *on.w* wear off (out, away).
▼**slijt/er** retailer; (*v. dranken*) licensed victualler.
▼—**erij** licensed victualler's shop.

slikken swallow; (*fig.*) swallow, put up with,
stomach.

slim sly, clever, cute; (*erg*) bad; *hij was mij te* —
af, he was one too many for me; *wie niet sterk
is, moet* — *zijn*, necessity is the mother of
invention. ▼—**heid** slyness, cleverness.
▼—**merd** slyboots. ▼—**migheid(je)** sly trick.

slinger (*v. klok*) pendulum; (*draagband*) sling;
(*v. grammofoon*) handle; (*guirlande*) garland;
een — *om de arm houden*, hedge; *daar heeft
hij zijn* — *in*, he enjoys it no end. ▼—**aap**
spider-monkey. ▼—**beweging** oscillation.
▼—**en I** *on.w* swing, oscillate; (*bungelen*)
dangle; (*v. dronkaard*) reel; (*v. schip*) roll,
lurch; (*v. pad, rivier*) wind; (*overal liggen*) lie
about; *laten* —, leave about; (*tussen hoop en
vrees*) —, hover, waver. **II** *ov.w* swing;
(*werpen*) fling, hurl; (*over de schouder*) sling;
iem. iets naar 't hoofd —, fling s.th. at a p.'s
head; *zich* —, (*v. rivier*) wind, meander.
▼—**ing** swing(ing), oscillation; roll, lurch.
▼—**plant** creeper. ▼—**tijd** time of oscillation.
▼—**wijdte** amplitude (of an oscillation).

slinken shrink; (*door koken*) boil down; (*v.
voorraad*) dwindle (down).

slinks(heid) cunning.

slip lappet; (*coat-*) tail, flap; (*dames*) panties,
(*heren*) men's (*short*) pants, briefs.
▼—**gevaar** danger of skidding; (*als
waarschuwing*) slippery road. ▼—**jacht** drag.
▼—**pedrager** pall-bearer. ▼—**pen** slip (*ook v.
koppeling*); (*v. auto*) skid; *leren* —, practise
controlling skidding vehicles; *plaats waar men*

kan leren —, skid-pan. ▼—**pertje**: *een* —
maken, go off on the sly. ▼—**vrij** non-skid.

slobber/en eat (drink) noisily. ▼—**ig** sloppy,
baggy (trousers).

slobkous spat.

sloddervos (*man*) sloven; (*vrouw*) slattern.

sloep boat, sloop.

sloerie slut.

slof I *bn* slack. **II** *zn* slipper; (*v. sigaretten*)
carton; *je kunt het op je* —*jes afdoen*, you can
take your time over it, you have plenty of time
for it; *uit zijn* — *schieten*, fly out, (*sl.*) go off the
deep end. ▼—**fen** shuffle, shamble; (*nalatig
zijn*) slack; *alles laten* —, let things slide.
▼—**fig** slack, remiss. ▼—**figheid** slackness.

slok draught, pull; (*sl.*) swig. ▼—**darm** gullet.
▼—**je** sip; (*borrel*) dram, drop. ▼—**ken** gulp,
guzzle. ▼—**ker**: *arme* —, poor devil. ▼—**op**
glutton.

slons slattern, dowdy, frump. ▼**slonzig**
slatternly, dowdy. ▼—**heid** dowdiness.

sloof 1 (*schort*) apron; **2** (*pers.*) drudge.

sloom slow; *een slome duikelaar*, a
slow-coach. ▼—**heid** slowness.

sloop pillow-case.

sloot ditch; *met de hakken over de* — *komen*,
get through by the skin of one's teeth. ▼—**kant**
side of a ditch. ▼—**water** ditch-water.

slop slum; (*blinde* —) blind alley.

slop/en (*huis*) pull down, demolish; (*schip*)
break up; (*fabriek*) dismantle; (*kracht*) sap.
▼—**end**: — *werk*, exhausting work; —*e ziekte*,
wasting disease. ▼—**er** breaker, demolisher.
▼—**erij** breaking(-up) yard.

slordig slovenly, slipshod, careless, untidy; *een
—e kans maken*, stand a sporting chance.
▼—**heid** slovenliness.

slorpen sip, suck.

slot (*v. deur*) lock; (*aan boek*) clasp; (*aan
halssnoer*) snap; (*kasteel*) castle,
manor-house; (*einde*) end, conclusion; *het* —
van het liedje was…, the upshot was…; *achter
— doen*, lock up; *iem. achter* — *en grendel
zetten*, clap a p. under lock and key; *op* —
doen, lock; *'t kan niet op* —, it cannot be
locked; *per* — *van rekening*, after all; *ten* —*te*,
lastly, finally; *tot* —, in conclusion.
▼**slot/akkoord** final chord. ▼—**alinea**
concluding paragraph. ▼—**bedrijf** last act.
▼—**bijeenkomst** final meeting.

slotenmaker locksmith.

slot/gracht castle-moat. ▼—**heer** lord of the
manor.

slot/koers closing price. ▼—**scène** final
scene. ▼—**som** result, upshot; *tot de* —
komen, come to the conclusion. ▼—**stuk**
concluding piece. ▼—**toneel** closing scene.
▼—**woord** closing word.

sloven drudge, toil.

Slowaak(s) Slovak. ▼**Slowakije** Slovakia.

Sloween Slovene. ▼—**s** Slovenian.

sluier veil; *de* — *aannemen*, take the v.
▼—**effect** (*radio*) fading. ▼—**en** veil.

sluik lank. ▼—**goederen** contraband goods.
▼—**handel** illicit trade. ▼—**harig** lank-haired.

sluimer slumber. ▼—**aar** slumberer. ▼—**en**
slumber. ▼—**ing** slumber.

sluip/en sneak, steal, slink; (*v. wolf*) prowl.
▼—**gat** bolt(ing)-hole. ▼—**moord**
assassination. ▼—**moordenaar** assassin.
▼—**schutter** sniper. ▼—**wesp** ichneumon
(fly).

sluis (*schut*—) lock; (*uitwaterings*—) sluice;
de sluizen der welsprekendheid, the
floodgates of eloquence. ▼—**deur** l.-gate.
▼—**geld** lockage. ▼—**kolk** l.-chamber.
▼—**wachter** l.-keeper. ▼—**werken** locks,
sluices.

sluiten I *ww* shut, close; (*op slot doen*) lock;
(*vóór het naar bed gaan*) lock up; (*v.
radiostation*) close down; (*v. kleding*) fit;
(*contract, verdrag*) conclude; (*vergadering,
debat*) close; *een koop* —, strike a bargain; *een
lening* —, contract a loan; *de begroting sluit*,
the budget balances; *de markt sloot vast*, the
market closed firm; *de redenering sluit niet*, the

argument does not hold water; *de rekening
sluit met een verlies van . . .*, the account shows
a loss of . . .; *iem. aan het hart —*, clasp a p. to
one's heart; *in elkaar —*, dovetail; *zich —*,
close; *in zich —*, (*fig.*) imply. II *zn* conclusion.
▼**sluit/end** (*v. kleren*) close-fitting; (*v.
begroting*) balanced; *—e redenering*, sound
argument. ▼**—er** (*v. camera*) shutter.
▼**sluiting** closing(-down); (*radio*)
close-down; (*v. debat*) closure; (*concr.*)
fastening, clasp, lock. ▼**—sdag** closing-day;
(*v. school*) breaking-up day. ▼**—sdatum**
closing date. ▼**—splechtigheid**
closing-ceremony. ▼**—srede** closing-speech.
▼**—stijd** closing-time. ▼**sluit/post** closing
entry, balancing item; *als — gebruikt worden*,
be used to balance the budget. ▼**—rede**
1 syllogism; 2 closing speech. ▼**—steen**
key-stone. ▼**—stuk** (*lett.*) breech-block; (*fig.*)
crowning piece. ▼**—zegel** poster-stamp.
slungel lout. ▼**—en** slouch, lounge about.
▼**—ig** loutish (behaviour); gangling (figure).
slurf *v. olifant*) trunk; (*v. insekt*) proboscis.
slurp(en) sip.
sluw sly, cunning, (*fam.*) cagey. ▼**—heid**
slyness, cunning, cageyness.
smaad (*taal*) contumely; (*behandeling*)
indignity; *proces wegens —*, libel suit.
▼**—rede** diatribe. ▼**—schrift** libel, lampoon.
smaak taste, relish; *smaken verschillen*, tastes
differ; *ieder zijn —*, everyone to his t.; *—
hebben voor*, have a t. for; *— krijgen in*, get a t.
for; *er de — van beet krijgen*, acquire a t. for it;
getuigen van goede (*slechte*) *—*, be in good
(bad) taste; *bij vrouwen in de — vallen*, be a
great favourite with women; *zeer in de —
vallen van*, be greatly appreciated by; *met —
eten*, eat with relish; *naar de laatste — gekleed*,
dressed after the latest fashion; *naar mijn —*, to
my t. (liking); *over — valt niet te twisten*, there
is no accounting for tastes; *er zit een —je aan*,
it tastes slightly off; *zonder —*, tasteless.
▼**—organen** organs of t. ▼**—papil** taste-bud.
▼**—stof** flavouring. ▼**—vol** tasteful, in good
taste. ▼**—zin** sense of t.
smachten languish, yearn (for).
smadelijk ignominious (defeat); opprobrious
(term). ▼**—heid** ignominy. ▼**smaden** revile,
defame.
smak 1 (*bons*) thud; 2 (fishing-)smack;
3 smack(ing).
smakelijk savoury, tasty; *— eten!*, enjoy your
dinner!; *— lachen om*, laugh heartily at; *hij kan
— vertellen*, he can tell a story with gusto.
▼**smakeloos** tasteless; (*fig. ook*) in bad taste.
▼**—heid** t.ness. ▼**smaken** taste; *smaakt het?*,
do you like it?; *'t heeft goed gesmaakt*, it was
very enjoyable; *'t smaakt mij niet*, I have no
relish for it; *ik liet mij de wijn* (*het eten*) *goed
—*, I drank the wine with relish (I ate the food
with relish); *het genoegen — om*, have the
pleasure of; *— naar*, t. off, (*fig.*) savour of; *dat
smaakt naar meer*, that tastes morish.
smakken 1 (*smijten*) dash; *hij smakte op de
grond*, he was flung on the ground; 2 (*met de
lippen —*) smack.
smal narrow; *— gezicht*, (peaked) face; *—
toelopend*, taper(ing). ▼**—deel** squadron.
smal/en rail (at), scoff (at). ▼**—end** scornful.
smal/film 16 m.m. film. ▼**—heid** narrowness.
▼**—letjes**: *er — uitzien*, look thin (peaky).
▼**—spoor** narrow-gauge (railway).
smaragd emerald. ▼**—en** *bn* emerald.
▼**—groen** e.-green.
smart sorrow, grief, affliction; *met —
verwachten*, await anxiously. ▼**—egeld**
smart-money. ▼**—ekreet** cry of pain. ▼**—elijk**
painful. ▼**—en** grieve. ▼**—lap** (*Am.*)
tear-jerker.
smed/*en* forge, weld; (*plan, complot*) hatch.
▼**—er** forger. ▼**—erij** smithy, forge.
▼**smeed/baar** malleable. ▼**—hamer**
sledge-hammer. ▼**—ijzer** wrought iron.
▼**—kunst**, **—werk** wrought-ironwork.
smeek/bede supplication; appeal. ▼**—gebed**
humble prayer. ▼**—schrift** petition.

smeer 1 grease, fat; (*voor schoenen*) polish;
(*vlek*) smear; 2 (*slaag*) licking; *om de wille van
de —*, from love of gain. ▼**—boel** mess.
▼**—der** greaser, oiler. ▼**—geld** slush money.
▼**—inrichting** lubricator. ▼**—kaars**
tallow-candle. ▼**—kaas** pot cheese, spread
cheese, (*Am.*) whipped cheese. ▼**—kuil**
inspection pit. ▼**—lap** 1 greasy rag; 2 (*mens*)
bum, blighter, swine. ▼**—lapperij** filth.
▼**—middel** lubricant. ▼**—nippel** grease
nipple. ▼**—olie** lubricating oil. ▼**—poe(t)s**
dirty fellow. ▼**—sel** ointment; (*vloeibaar*)
liniment; (*voor boterham*) sandwich spread.
▼**—wortel** blackwort. ▼**—zalf** ointment.
smekeling suppliant. ▼**smeken** beseech,
entreat, implore.
smelleken merlin.
smeltbaar fusible. ▼**—heid** fusibility.
▼**smelt/en** I *ov.w* melt, fuse; (*erts*) smelt;
(*vet*) render. II *on.w* melt. ▼**—er** melter,
smelter. ▼**—erij** smelting-works. ▼**—kroes**
melting-pot. ▼**—oven** (s)melting-furnace.
▼**—punt** melting-point, fusing-point.
smeren (*met vet*) grease; (*met olie*) oil,
lubricate; (*lichaam*) embrocate; (*boter*)
spread; (*met vuil, teer, enz.*) smear; *'m —*, beat
it, clear out; *boter op 't brood —*, butter bread;
't ging gesmeerd, it went swimmingly.
smerig dirty, filthy. ▼**—heid** dirtiness.
smering (*met vet*) greasing; (*met olie*)
lubrication.
smeris (*sl.*) cop(per).
smet stain, blot; *iem. een.— aanwrijven*, cast a
slur on a p. ▼**—stof** virus. ▼**—teloos** spotless,
immaculate. ▼**—teloosheid** . . . ness. ▼**—ten**
stain, soil.
smeuig smooth, supple, pliant; thick (soup);
racy (story).
smeulen smoulder.
smid (black)smith. ▼**—se** smithy. ▼**—shamer**
smith's hammer.
smiecht rascal.
smiezen: *in de — krijgen*, (*lett.*) spot; (*fig.*)
twig; *houd hem in de —!*, watch out for him.
smijt/en fling, dash; *hij smijt met geld*, he
chucks his money about. ▼**—film** slapstick
film.
smikkelen: *— van iets*, tuck into s.th.
smoel mug; *hou je —*, shut your trap.
smoesje dodge, blind. ▼**—(s)** bunkum,
eyewash.
smoezelig dingy, grubby.
smoezen whisper.
smoking dinner-jacket.
smokkel/aar smuggler. ▼**—arij** smuggling.
▼**—auto** smugglers' car. ▼**—en** smuggle; (*bij
spel*) cheat. ▼**—handel** smuggling. ▼**—waar**
contraband.
smook smoke.
smoor: *de — in hebben*, be peeved; (*Am.*) be
sore; *zij was — van hem*, she had a pash for
him. ▼**—dronken** dead drunk. ▼**—heet**
broiling hot, sizzling. ▼**—hitte** broiling heat.
▼**—klep** throttle. ▼**—lijk**: *— verliefd*, over
head and ears in love.
smoren I *ov.w* smother, stifle, (*vlees*) stew;
(*fig.*) stifle; *met gesmoorde stem*, in a strangled
voice. II *on.w* stifle.
smous (*jood*) sheeny; (*hond*) griffon.
smout 1 (*reuzel*) lard; 2 (*uitgebrand vet*)
rendered fat; 3 (*drukwerk*) job-printing.
▼**—drukker** job-printer. ▼**—drukkerij**
jobbing-house. ▼**—en** grease. ▼**—werk**
job-work.
smuiger sneak.
smuk finery. ▼**—ken** deck out.
smul/broer gastronome. ▼**—len** feast (upon),
tuck in; *— van*, (*fig.*) revel in. ▼**—paap**
gastronome, epicure. ▼**—partij** feast,
blow-out.
smurrie sludge, dirt.
Smyrnaas: *— tapijt*, Turkey carpet.
snaai profit. ▼**—en** pilfer, pinch.
snaak wag; *vrolijke —*, gay dog; *rare —*, queer
fish. ▼**snaaks** waggish. ▼**—heid**
waggishness.

snaar string; (*v. harp en fig.*) chord; *'n gevoelige —* aanroeren, touch a sensitive chord. ▼**—instrument** stringed instrument.
snack snack. ▼**—bar** snack bar.
snakken: *— naar*, yearn for; *naar adem —*, gasp for breath; *ik snak naar 'n kop koffie*, I'm dying for a cup of coffee.
snappen 1 (*happen*) snap (at); **2** (*betrappen*) catch out; **3** (*begrijpen*) get, twig; **4** (*babbelen*) prattle; *snap je het?*, do you get it?; *gesnapt?*, get me?; *wat ik niet snap is…*, the thing that gets me is…
snarenspel string music.
snars: *hij weet er geen — van*, he does not know the first thing about it; *'t gaat je geen — aan*, it's none of your business; *'t kan me geen — schelen*, I don't care a button.
snater: *hou je —!*, shut up! ▼**—en** chatter (*ook v. pers.*); (*v. ganzen*) gaggle.
snauw snarl. ▼**—en** snarl, snap. ▼**—erig** snappy, snarly.
snavel bill; (*krom*) beak; *hou je —*, shut your trap.
snede, snee cut; (*insnijding*) incision; (*plak*) slice (of bread), rasher (of bacon); (*v. mes*) edge; *ter — zijn*, be to the point.
snedig witty, smart. ▼**—heid** ready wit, smartness.
sneetje cut, nick; slice (of bread).
sneeuw snow; *natte —*, sleet; *door — ingesloten*, s.-bound. ▼**—achtig** snowy. ▼**—bal** snowball (*ook fig.*). ▼**—ballen** throw snowballs. ▼**—bank** s.-bank, snow-drift. ▼**—berg 1** mound of s.; **2** s.-capped mountain. ▼**—blind(heid)** s.-blind(ness). ▼**—bril** s.-goggles. ▼**—bui** s.-shower. ▼**—en** snow. ▼**—grens** s.-line. ▼**—hoen** white grouse, ptarmigan. ▼**—hoop** bank of s. ▼**—hut** s.-hut; igloo. ▼**—ig** snowy. ▼**—ijs** s.-ice. ▼**—jacht** s.-storm. ▼**—ketting** snow-chain, (*om autoband*) non-skid chain. ▼**—klokje** snow-drop. ▼**—klomp** heap of s. ▼**—lucht** snowy sky. ▼**—ploeg** snow-plough. ▼**—ruimer** s.-clearer. ▼**—pop** s.-man. ▼**—schoen** s.-shoe. ▼**—storm** blizzard. ▼**—val** snow-fall. ▼**—vlaag** snow-squall. ▼**—vlok** s.-flake. ▼**—water** s.-water. ▼**—wit** s.-white. ▼**S—witje** Snow-white.
snel quick, fast, swift, rapid. ▼**—blusser** fire extinguisher. ▼**—buffet** quick-service buffet. ▼**—goed** fast goods. ▼**—heid** quickness, fastness, rapidity, velocity (of a shell, etc.), speed (of a train, etc.); *— over de grond, door de lucht*, ground-, air-speed; *— verminderen*, reduce speed; *met een — van*, at a speed of, at the rate of. ▼**—heidsgrens** speed-limit. ▼**—heidsmaniak** speed-hog. ▼**—heidsmeter** speedometer, (*luchtv.*) airspeed indicator. ▼**—heidsvermindering** speed reduction. ▼**—koker** pressure-cooker. ▼**—len** rush, hurry. ▼**—rekenaar** lightning calculator. ▼**—schrift** shorthand. ▼**—tekenaar** lightning artist. ▼**—trein** fast train. ▼**—verkeer** fast traffic. ▼**—voetig** swift-footed. ▼**—vuur** rapid fire. ▼**—vuurgeschut** quick-firing guns. ▼**—weg** motorway, (*Am.*) speedway. ▼**—werkend** quick-acting.
snerp/en cut, bite. ▼**—end** biting (cold); cutting (wind); raucous (voice).
snert pea soup; (*fig.*) trash, tripe. ▼**—vent** stinker.
sneu disappointing; hard (on a p.).
sneuvelen, sneven be killed.
snib shrew, vixen.
snibbig snappish. ▼**—heid** snappishness.
snij/bloemen cut-flowers. ▼**—boon** French bean; *'n rare —*, a queer fish. ▼**—den** cut; (*aan stukken*) cut up; (*hout, vlees*) carve; (*castreren*) geld, cut; (*afzetten*) fleece; (*v. auto*) cut in; elkaar —, (*v. lijnen*) intersect; *'t snijdt mij door de ziel*, it cuts me to the quick; *dat snijdt geen hout*, that does not hold water. ▼**—dend** cutting, biting, caustic. ▼**—der** cutter, carver. ▼**—ding** (inter)section.

▼**—dingslijn** intersecting-line. ▼**—kamer** dissecting-room. ▼**—lijn** secant. ▼**—machine** cutting (slicing) machine. ▼**—punt** intersection. ▼**—tafel** dissecting-table; (*v. leermaker*) cutting-table. ▼**—tand** incisor. ▼**—werk** carving(s). ▼**—wond** cut.
snik I *zn* sob, gasp; *de laatste — geven*, breathe one's last; *tot zijn laatste —*, to his last gasp. II *bn*: *niet recht —*, not all there. ▼**—heet** stifling hot. ▼**—ken** sob.
snip snipe.
snipper cutting, clipping; *—s papier*, bits of paper; *geen —tje*, not a scrap. ▼**—dag** day off. ▼**—en** cut up. ▼**—jacht** paperchase. ▼**—mand** waste-paper basket. ▼**—uur** spare hour.
snit cut; *naar de laatste —*, after the latest fashion.
snoei/en (*bomen*) prune; (*heg*) trim; (*geld*) clip. ▼**—er** lopper, pruner, trimmer; clipper. ▼**—mes** pruning-knife. ▼**—schaar** pruning-shears. ▼**—tang** garden-shears.
snoek 1 pike; **2** (*bij 't roeien*) crab. ▼**—baars** pike-perch.
snoep sweets. ▼**—achtig** fond of sweets. ▼**—centen** tuck-money. ▼**—en** eat sweets; *wil je eens —?*, have a sweet?; *van de honing —*, steal honey. ▼**—er** sneak; *oude —*, old rake. ▼**—erig** lovely. ▼**—erij**, ▼**—goed** sweets. ▼**—lust** fondness for sweets. ▼**—reisje** jaunt. ▼**—winkel** sweet-shop.
snoer cord; (*vis—*) line; (*parel—*) string; (*elektr.*) flex; (*van radio naar net*) mains lead. ▼**—en** string; *iem. de mond —*, bind a p. up, silence a p. ▼**—verbinding** flex connection.
snoes darling, duck. ▼**—haan:** *rare —*, queer fish; *vreemde —*, foreign chap.
snoet snout; (*gezicht*) mug ▼**—je:** *aardig —*, pretty face.
snoev/en boast, brag (of). ▼**—er** boaster.
snoezig sweet, lovely. ▼**—heid** sweetness.
snol tart.
snood vile, wicked. ▼**—aard** villain. ▼**—heid** villainy.
snor moustache; (*v. kat*) whiskers.
snork/en snore. ▼**—er** snorer.
snorren (*v. kat*) purr; (*v. machine, enz.*) whirr; (*zacht*) hum; (*v. kachel*) roar; (*v. kogel*) whiz; (*v. taxi*) ply for hire.
snorrepijperijen knick-knacks.
snot snot, (nasal) mucus. ▼**—aap, —jongen** brat, whipper-snapper. ▼**—neus** (*lett.*) snotty nose; (*fig.*) (arrogant) youngster. ▼**—teren** snivel, blubber.
snuf snuff.
snuffel/aar Nosy Parker. ▼**—en** sniff; (*fig.*) nose, rummage. ▼**—paal** air pollution detector.
snufje: *'t nieuwste —*, the latest novelty.
snugger smart, brainy. ▼**—heid** s.ness.
snuif snuff. ▼**—doos** s.-box. ▼**—je** pinch of s.
snuisterij knick-knack, bauble.
snuit snout, muzzle; (*v. olifant*) trunk; (*v. insekt*) proboscis; (*gezicht*) mug. ▼**—en** (*kaars*) snuff; (*neus*) blow. ▼**—er 1** (pair of) snuffers; **2** (*pers.*) chap; *een rare —*, a queer bird.
snuiven 1 sniff, snuffle; (*v. woede*) snort; (*v. paard*) snort; **2** (*snuif gebruiken*) take snuff.
snurken snore.
sober sober, frugal. ▼**—heid** soberness.
sociaal social; *sociale lasten* (*ongev.*), National Insurance contributions; *sociale uitkeringen*, social (security) benefits; *sociale verzekering*, social security; *sociale verzorging*, social work; *sociale voorzieningen*, social services; *— werker*, social worker; *sociale wetgeving*, social legislation.
▼**—democraat** s.-democrat.
▼**—democratie** s.-democracy.
▼**—democratisch** s.-democratic.
▼**—economisch** social-economic.
▼**social/isatie** socialization. ▼**—iseren** socialize. ▼**—isme** socialism. ▼**—ist** socialist.

▼—istisch socialist(ic).
sociëteit club(-house); *de S— van Jezus*, the Society of Jesus. **▼—sbezoeker** clubman.
socio/logie sociology, social science. **▼—logisch** sociological. **▼—loog** sociologist.
soda soda. **▼—water** s.-water.
sodomie sodomy.
sodomieter bastard, bugger; *— op*, bugger off, get lost, piss off; *iem. op zijn — geven*, let a p. have it; *naar de — gaan*, go to rack and ruin; *als de —*, like hell.
soebatten coax.
Soedan: *de —*, the S(o)udan. **▼—ees** *bn & zn* S(o)udanese.
soep soup; *in de — rijden*, smash up; *in de — zitten*, be in th s.; *niet veel — s*, not up to much. **▼—balletje** force-meat ball. **▼—blokje** s.-cube. **▼—bord** s.-plate.
soepel supple, flexible. **▼—heid** s.ness.
soep/groente s.-greens. **▼—ketel** s.-kettle. **▼—keuken** s.-kitchen. **▼—lepel** s.-ladle; s.-spoon. **▼—terrine** s.-tureen.
soesa bother; *daar krijg je — mee*, that will get you into trouble.
soeverein I *bn* sovereign; *—e minachting*, supreme contempt. II *zn* 1 sovereign, ruler; 2 (*munt*) sovereign. **▼—iteit** sovereignty.
soez/en *en doze*. **▼—erig** drowsy, somnolent.
sofist sophist. **▼—erij** sophistry. **▼—isch** sophistic.
software software.
soiree soirée, evening party.
soja soy. **▼—boon** soy(a) bean.
sok sock; (*tech.*) socket; (*pers.*) duffer, fuddy-duddy, muff; *er de —ken in zetten*, spurt; *van de —ken gaan*, go down; *iem. van de —ken slaan*, knock a p. down.
sokkel socle.
sokkerig spiritless.
sokophouder sock-suspender.
solarium solarium.
soldaat soldier; *— 1e klas*, lance corporal; *gewoon —*, private (soldier); *een fles — maken*, crack a bottle. **▼—je** toy s.; *— spelen*, play soldiers. **▼soldaten/barak** army hut. **▼—kleding** military dress. **▼—leven** a soldier's life, military life. **▼—muts** forage cap. **▼—volk** soldiery. **▼soldat/esk** soldier-like. **▼—eska** soldiery.
soldeer solder. **▼—bout** soldering-bolt. **▼—der** the solderer. **▼—sel** solder. **▼—tang** soldering-tongs. **▼—werk** soldering.
▼solderen solder.
soldij pay.
solidair solidary; *zich — verklaren met*, declare one's solidarity with. **▼solidariteit** solidarity; *uit —*, in sympathy (*met*, with). **▼—sgevoel** sense of s. **▼—sstaking** sympathy strike.
solid/e (*stevig*) solid, strong; (*v. persoon*) steady; (*v. firma*) reliable; (*v. fonds*) sound. **▼—iteit** solidity; steadiness; reliability; soundness.
solist soloist.
sollen romp; *— met*, drag about; *hij laat niet met zich —*, he is not to be trifled with.
sollicit/ant candidate, applicant; *—en oproepen voor*, invite applications for. **▼—atie** application. **▼—atiebrief** letter of application. **▼—eren** apply; *— naar*, apply for.
solo solo. **▼—spel** s. performance. **▼—vlucht** s. flight. **▼—zanger** soloist.
solutie solution.
solvabel solvent, sound. **▼solvabiliteit** solvency.
som sum; *een — maken*, do a sum.
somber sombre, gloomy, dreary. **▼—heid** sombreness, gloom, dreariness.
somm/atie summons. **▼—eren** summon.
sommige(n) some.
somnambule somnambulist.
soms sometimes, now and then; (*misschien*) perhaps; *als je Jan — ziet*, if you happen to see John, if you see John by any chance.
▼somtijds, somwijlen sometimes.
sonat/e sonata. **▼—ine** sonatina.

sonnet sonnet. **▼—tenkrans** s.-cycle.
sonoor sonorous. **▼sonoriteit** sonority.
soort sort, kind; (*biologie*) species; (*merk*) brand; *een — ei*, a sort of egg; *'t is in zijn — geen slecht huis*, it is not a bad house, as houses go; *eerste — thee*, first quality (grade, class) tea; *mensen van allerlei —*, all sorts and conditions of men; *— zoekt —*, like will to like; (*een goed man*) *in zijn —*, in his way; *hij is van het — dat…*, he is of the stuff that…; ('*t beste boek*) *in zijn —*, of its kind. **▼—elijk: — gewicht*, specific gravity. **▼—gelijk** similar. **▼—genoot** fellow. **▼—naam** class-name.
soos club; *op de —*, at the c.
sop broth; (*zeep—*) (soap-)suds; '*t ruime —*, the open sea; '*t ruime — kiezen*, stand out to sea; '*t — is de kool niet waard*, the game is not worth the candle; *iem. in zijn eigen — laten gaar koken*, let a p. stew in his own juice; *met 't zelfde — overgoten*, tarred with the same brush. **▼—pen** sop (bread). **▼—perig** soppy; (*v. eten*) sloppy.
sopraan soprano. **▼—zangeres** s. singer.
sorbet sorbet.
sorteer/der sorter. **▼—kamer** sorting-room. **▼—machine** sorting-machine. **▼sorter/en** sort, assort; (*geen*) *effect —*, be (in)effective. **▼—ing** sorting; (*collectie*) assortment.
sortie (*kaartje*) (return-)check.
sou: *geen —*, not a farthing.
souffl/eren prompt. **▼—eur** prompter. **▼—eurshokje** prompter's box.
souper supper. **▼—en** take (have) supper.
sourdine mute, sordine.
sous/bras dress-preserver. **▼—chef** sub-chief; Deputy Chief of Staff.
soutane soutane, cassock.
souteneur pimp.
souterrain basement.
souvenir souvenir, keepsake.
sovjet Soviet. **▼—republiek** S. Republic. **▼—isering** sovietization. **▼S—unie** S. Union.
spa spade.
spaak spoke; *— lopen*, go wrong; *iem. een — in het wiel steken*, put a s. in a p.'s wheel. **▼—been** radius.
spaan (*hout—*) chip; (*boter—*) scoop, pat; (*schuim—*) skimmer; *er bleef geen — van heel*, it was smashed to pieces. **▼spaander** chip. **▼spaanplaat** chipboard.
Spaans Spanish; *—e griep*, S. influenza, flu; *—e peper*, red pepper; '*t ging er — toe*, it was a regular rough-house. **▼—e** S. woman.
spaar/actie savings action. **▼—bank** savings-bank. **▼—bankboekje** s.-b.-book. **▼—bon** savings-coupon. **▼—brander** brander bypass burner. **▼—brandervlam** pilot flame. **▼—der** saver. **▼—centen, —duiten** savings. **▼—kas** savings-bank, savings-club. **▼—penningen** savings. **▼—pot** money-box; *een — je maken*, lay by a little money. **▼—rekening** (*bank*) savings account. **▼—zaam** thrifty, economical; sparing (of words). **▼—zaamheid** thrift, economy. **▼—zegel** savings-stamp.
spade spade.
spalk splint. **▼—en** splint.
span team (of horses); *een aardig —*, a nice couple.
spandoek banner.
spang clasp.
Spanjaard Spaniard. **▼Spanje** Spain.
spanjolet espagnolette.
span/kracht tensile force, tension. **▼—moer** tightening-nut.
spanne: *— tijds*, span.
spannen I *ov.w* stretch; (*strak —*) tighten; (*spieren, zenuwen*) strain; (*net*) spread; *de haan van 'n geweer —*, cock a rifle; *de paarden voor 't rijtuig —*, put the horses to; *iem. 'n strik —*, set a trap for a p.; *iem. voor je karretje —*, make a stooge of a p.; *zich ervoor —*, take the matter up. II *on.w* tight; *het zal er —*, it will be a tense struggle; *gespannen verhouding*, strained relationship. **▼spann/end** exciting, thrilling; tense (moment). **▼—er** nut-key.

▼**spanning** tension, strain; (*elektr.*) tension, voltage; (*v. brug*) span; (*fig.*) tension; (*onzekerheid*) suspense; *net*—, mains voltage; — *op de arbeidsmarkt*, strain on the labour market; *met* — *verwachten*, expect eagerly. ▼—**smeter** (*elektr.*) volt-meter; (*v. autoband*) tire-gauge.

spant rafter.

span/wijdte span. ▼—**zaag** span-saw.

spar (*boom*) spruce-fir; (*v. dak*) rafter. ▼—**appel** fir-cone.

sparen 1 save; **2** (*ontzien*) spare; *spaar me*, spare me; *geen moeite* —, spare no pains.

sparre/boom spruce-fir. ▼—**groen** pine-needles. ▼—**hout** fir-wood. ▼—**nbos** pine-wood.

spartelen sprawl, flounder.

spat (*bij paarden*) spavin; (*vlek*) speck, spot. ▼—**ader** varicose vein. ▼—**bord, —scherm** mud-guard, (*v. auto*) wing.

spat/ie space. ▼—**iëren** space. ▼—**iëring** spacing.

spatje speck; (*regen*—) spatter. ▼**spatlap** mud-flap. ▼**spatten** splash, spatter; (*v. pen*) splutter.

specerij spice. ▼—**achtig** spicy. ▼—**eilanden** Spice Islands. ▼—**handel** spice-trade.

specht woodpecker.

speciaal special, particular; *speciale lasten*, social charges. ▼**special/iseren** specialize. ▼—**isering** specialization. ▼—**ist** specialist. ▼—**iteit** speciality, specialty.

specie 1 specie, ready money; **2** (*kalk*) mortar.

specific/atie specification. ▼—**eren** specify. ▼**specifiek** specific.

spectraal-analyse spectrum analysis. ▼**spectrum** spectrum.

specul/ant speculator. ▼—**atie** speculation. ▼—**atiewoede** mania for speculation. ▼—**atief** speculative. ▼—**eren** speculate; — *op*, trade on, take advantage of.

speech speech. ▼—**en** speechify.

speeksel saliva, spittle. ▼—**afscheiding** secretion of s. ▼—**klier** salivary gland.

speel/bal play-ball; (*fig.*) toy, plaything; *een* — *der golven*, at the mercy of the waves. ▼—**bank** gaming-house. ▼—**doos** musical box. ▼—**duivel** gambling mania. ▼—**gelegenheid** gambling resort. ▼—**genoot** play-fellow. ▼—**goed** toys. ▼—**goedwinkel** toy-shop. ▼—**hol** gambling-den. ▼—**kaart** playing-card. ▼—**kameraad** playmate. ▼—**kwartier** break. ▼—**lokaal** games-room. ▼—**makker** playmate. ▼—**plaats** playground. ▼—**ruimte** (*fig.*) elbow-room, margin. ▼—**s** playful, sportive. ▼—**schuld** gambling-debt. ▼—**seizoen** play-season; (*v. toneel*) theatrical season. ▼—**sheid** playfulness. ▼—**ster 1** gambler; **2** actress. ▼—**tafel** gambling-table. ▼—**tafeltje** card-table. ▼—**terrein** play-ground. ▼—**tijd** playtime. ▼—**tuin** recreation-ground. ▼—**zaal** gambling-room.

speen teat. ▼—**varken** sucking-pig.

speer spear. ▼—**punt** spearhead; —*actie*, spearhead action. ▼—**werpen** *zn* javelin-throwing. ▼—**werper** javelin-thrower.

spek bacon; (*vers*) pork; *er voor* — *en bonen bij zitten*, sit mum; *met* — *schieten*, draw the long bow; *dat is geen* — (*je*) *voor jouw bek* (*je*), that's meat for your master. ▼—**ken** (*eig.*) lard; *zijn beurs* —, line one's purse. ▼—**nek** fat neck. ▼—**pannekoek** froise. ▼—**slager** pork-butcher. ▼—**steen** soap-stone.

spektakel uproar, hubbub, racket.

spek/vet bacon fat. ▼—**zool** crepe sole.

spel play; (*volgens regels*) game; set (of chessmen), pack (of cards); *hij gaf subliem* — (*te zien, te horen*), he gave a supreme performance; *gewonnen* — *hebben*, play a winning game, have it all your own way; *vrij* — *hebben*, have free play; *eerlijk* — *spelen*, play the game; *gevaarlijk* — *spelen*, play a

dangerous game; *het* — *gewonnen geven*, throw up the game; *het is 'n verloren* —, it's a lost game, (*fig.*) the game is up; *in het* — *brengen* (*komen*), bring (come) into play; *op het* — *staan*, be at stake; *op het* — *zetten*, risk, hazard, stake. ▼—**bederver** spoil-sport, kill-joy.

speld pin; *er is geen* — *tussen te krijgen*, **1** you can't get in a word edgeways; **2** that is water-tight. ▼—**eknop** pin's head. ▼—**en** pin. ▼—**enkussen** pin-cushion. ▼—**eprik** pin-prick. ▼—**epunt** p.-point.

spelemeien frolic, sport.

spelen play, have a game (of); (*gokken*) gamble; *wat wordt er gespeeld?*, what is on?; *het stuk speelt in* …, the scene is laid in …; *de baas* — (*over iem.*), boss (a p.); *de radio laten* —, turn on the wireless, have the w. on; *dat wijsje speelt me steeds door 't hoofd*, that tune keeps running in my head; — *met*, play with, trifle with (a girl's feelings), toy with (a watch-chain, an idea); *hij laat niet met zich* —, he is not to be trifled with; — *om geld*, play for money; *op de viool* —, play the violin; *voor Othello* —, play O., act O. ▼**spelenderwijs** in sport, (learn) without effort.

speleo/loog speleologist. ▼—**logisch** speleological.

speler player; (*gokker*) gambler. ▼**spelevaren** *gaan* —, go (out) boating.

spelfout spelling-mistake.

speling play; *enige* — *laten*, leave a margin; — *der natuur*, freak of nature.

spelleider games master; (*toneel, film*) producer.

spellen spell. ▼**spelling** spelling. ▼—**hervorming** spelling-reform.

spelonk cave, cavern.

spelregel 1 (*v. spelling*) spelling-rule; **2** (*v. spel*) rule of the game.

spenderen spend.

spenen wean.

sperballon barrage balloon.

sperma sperm.

spervuur barrage.

sperwer sparrow-hawk.

sperzieboon(tje) French bean.

spett(er)en spatter.

speur/der sleuth, detective; (*fam.*) tec. ▼—**en** trace, track. ▼—**hond** tracker (dog). ▼—**tocht** search, quest. ▼—**zin** flair.

spichtig lank, weedy; (*v. schrift*) spidery. ▼—**heid** lankness; spideriness.

spie pin, wedge.

spieden spy.

spiegat scupper (-hole).

spiegel mirror, looking-glass. ▼—**beeld** image. ▼—**blank** as bright as a mirror. ▼—**ei** fried egg. ▼—**en** mirror; *zich* — *aan*, take warning by; *die zich aan een ander spiegelt, spiegelt zich zacht*, one man's fault is another man's lesson. ▼—**gevecht** sham fight. ▼—**glad** as smooth as a mirror. ▼—**glas** plate-glass. ▼—**kast** mirror-wardrobe. ▼—**lijst** looking-glass frame. ▼—**ruit** plate-glass, window. ▼—**schrift** mirror writing. ▼—**zaal** hall of mirrors. ▼—**zool** clump.

spiek/en crib. ▼—**papiertje** crib.

spier muscle; *geen* — *vertrekken*, not move a m.

spiering smelt; *een* — *uitwerpen om een kabeljauw te vangen*, throw out a sprat to catch a whale.

spier/kracht muscular strength. ▼—**kramp** muscular spasm. ▼—**maag** gizzard. ▼—**naakt** stark naked. ▼—**pijn** muscular pain. ▼—**verrekking** sprain. ▼—**vezel** muscle fibre. ▼—**weefsel** muscle tissue. ▼—**wit** as white as a sheet.

spies spear, javelin. ▼**spietsen** spear, impale.

spijbel/aar truant. ▼—**en 1** wag school, play truant, (*Am.*) play hooky. **II** *zn* truancy.

spijker nail; *gloeiende* —, (*fig.*) pin-point of light; — *s met koppen slaan*, get down to brass tacks; *de* — *op de kop slaan*, hit the n. on the head; —s *op laag water zoeken*, split straws, cavil; *zo hard als een* —, as hard as nails. ▼—**broek** jeans. ▼—en nail. ▼—**schrift** cuneiform writing. ▼—**tje** tack; *tinnen* —, tin tack.

spij (*v. hek*) bar; (*v. stoel*) rung; (*v. trapleuning*) baluster.

spijs food, fare, viands; *verandering van* — *doet eten*, variety is the spice of life. ▼—**kaart** menu, bill of fare. ▼—**kast** pantry.

spijsvertering digestion; *slechte* —, indigestion. ▼—**skanaal** alimentary canal. ▼—**sorganen** digestive organs.

spijt regret; *in* (*ten*) — *van*, in spite of; *tot mijn* — *kan ik niet komen*, I regret to say I cannot come, I am sorry I cannot come; *ik heb er* — *van*, I regret it, I am sorry for it; *'t spijt me u te moeten meedelen*, I am sorry to inform you; *'t spijt me* (*van, voor*), I am sorry (about, for); *zijn* — *betuigen*, tender (express) one's regrets; — *voelen over iets*, feel sorry for s.t. ▼**spijten** regret; *'t spijt me*, I'm sorry; *het spijt me te moeten zeggen*, I'm sorry to say, I regret to say. ▼**spijtig** (*wrevelig*) spiteful; *dat is erg* —, that's a great pity.

spijzen dine. ▼**spijzig/en** feed, give to eat. ▼—ing feeding.

spiksplinternieuw bran(d)-new.

spil pivot; (*as*) axis; (*werktuig*) capstan; (*voetbal*) centre-half; *dat is de* — *waar alles om draait*, that is the pivot on which everything hinges.

spilebeen spindle-leg; (*pers.*) spindle-legs.

spil/ziek wasteful. ▼—**zucht** w.ness.

spin spider; *zo nijdig als een* —, as cross as two sticks. ▼—**achtig** spidery.

spinazie spinage, spinach. ▼—**zaad** s.-seed.

spinet spinet, virginal(s).

spinmachine spinning-machine.

spinnekop spider.

spinn/en spin; (*v. kat*) purr. ▼—er spinner. ▼—erij spinning-mill.

spinne/web cobweb. ▼—**wiel** spinning-wheel.

spin/nig (*fig.*) waspish. ▼—**nijdig** furious. ▼—**rag** cobweb. ▼—**rokken** distaff. ▼—**sel** spinning(s); (*v. zijderups*) cocoon.

spion spy. ▼—**age** espionage. ▼—**eren** spy. ▼—**netje** spying-mirror.

spiraal spiral. ▼—**draadlamp** coiled-coil lamp. ▼—**duik** spiral dive. ▼—**matras** spiral spring mattress. ▼—**tje** I.U.(C.)D., Intra-Uterine (Contraceptive) Device, (*fam.*) loop. ▼—**veer** spiral spring. ▼—**vorm** spiral form. ▼—**vormig** spiral.

spirit/isme spiritualism, spiritism. ▼—**ist** spiritualist, spiritist. ▼—**istisch** spiritualist(ic); —*e seance*, spiritualist séance (meeting).

spiritualiën spirits.

spiritus spirit(s). ▼—**stel** spirit-stove.

spit 1 (*braad*—) spit; **2** (*in rug*) lumbago.

spits I *bn* pointed, sharp; (— *toelopend*) tapering; (*slim*) brainy, acute; — *maken*, point. **II** *zn* point; (*toren*) spire; (*v. berg*) peak, top; (*voetbal*) striker, forward; *de* — *afbijten*, bear the brunt of the battle); *zich aan de* — *plaatsen*, place o.s. at the head; *aan de* — *staan*, (*fig.*) lead the world, hold pride of place; *de zaak op de* — *drijven*, force the issue.

spitsboef scoundrel.

spits/boog pointed arch. ▼—en point; *de oren* —, prick up one's ears; *zich* — *op*, look forward to. ▼—**heid** pointedness; (*fig.*) acuteness. ▼—**muis** shrew. ▼—**roede:** *door de* —*n lopen*, run the gauntlet. ▼—**uur** (*elektr.*) peak hour; (*v. drukte*) rush hour.

spitsvondig subtle, quibbling, fine-spun. ▼—**heid** quibble, special pleading.

spitt/en dig, spade. ▼—er digger.

spleet chink, crack, crevice.

splijt/en split, cleave. ▼—**ing** cleavage. ▼—**stof** fissile material. ▼—**zwam** fission fungus; (*fig.*) disrupting influence.

splinter splinter; *in* —*s slaan*, smash to smithereens. ▼—**bom** fragmentation bomb. ▼—en splinter. ▼—**nieuw** bran(d)-new.

▼—**vrij** splinterless; (*tegen bomscherven, enz.*) splinter-proof; — *glas*, shatter-proof glass, safety glass.

spliterwten split peas.

splits/en split (up); *zich* —, split (up). ▼—**ing** splitting (up), bifurcation.

spoed speed, haste, expedition; *met de meeste* —, with the greatest s. ▼—**behandeling** (*v. zaak*) speedy despatch; (*v. pers.*) emergency treatment. ▼—**bestelling** express delivery; (—*order*) rush order. ▼—**bijeenkomst** emergency meeting. ▼—**cursus** crash course, intensive course. ▼—**eisend** urgent. ▼—en: (*zich*) —, speed, hasten. ▼—**geval** emergency (case); *afdeling voor* —*len*, casualty-, (*emergency*) ward. ▼**spoedig I** *bn* speedy; *een* — *antwoord*, an early reply; *een* —*e levering*, a prompt delivery. **II** *bw* soon, speedily; *ten* —*ste*, as soon as possible; *gelieve het ten* —*ste terug te zenden*, please return at your earliest convenience. ▼**spoed/operatie** emergency operation. ▼—**opname** emergency admission. ▼—**shalve** to expedite matters. ▼—**stuk** urgent document. ▼—**telegram** urgent telegram. ▼—**vergadering** emergency meeting.

spoel spool; (*radio*) coil; (*v. filmrol*) reel.

spoel/en wash, rinse. ▼—**ing** hog-wash.

spoken: *het spookt daar*, the house is haunted; *jij bent al vroeg aan 't* —, you are stirring early; *'t kan op dat meer erg* —, that lake can be very rough.

spongat bung-hole.

sponning rabbet; (*v. raam*) runway.

spons sponge; *er de* — *over halen*, pass the sponge over it. ▼—**bakje** sponge-holder. ▼—en sponge.

sponsor sponsor. ▼—en be sponsor for.

spont/aan spontaneous. ▼—**aneïteit** spontaneity.

sponzig spongy.

spook ghost, spectre, phantom; *naar* —!, you beast! ▼—**achtig** ghostly. ▼—**beeld** phantom, spectre; (*fig.*) bogey. ▼—**gestalte** phantom. ▼—**huis** haunted house. ▼—**schip** phantom ship. ▼—**verschijning** (ghostly) apparition, spectre.

spoor (*v. wagen*) rut; (*v. voet*) foot-mark, track; (*v. taperecorder, film, enz.*) track; (*lucht v. wild*) scent; (*zweem, overblijfsel*) sign, vestige, trace; (*spoorweg*) railway; *enkel* (*dubbel*) —, single (double) track; (*v. ruiter*) spur; *'n paard de sporen geven*, spur (on) a horse; *sporen achterlaten*, (*fig.*) leave traces; *er is geen* — *van te vinden*, not a trace of it is to be found; (*de ziekte*) *heeft zijn sporen op haar gezicht achtergelaten*, has left its marks (traces) on her face; *zijn sporen uitwissen*, cover (up) one's tracks; *de sporen dragen van*, bear the marks of; (*de politie*) *vond 'n* — found a clue; *'n* — *volgen*, follow up a clue, (*lett.*) follow a track; *het* — *bijster zijn*, be off the scent; *hij is bij het* —, he is a railway-man; *de zaak in 't rechte* — *brengen*, straighten things out; *met 't* — *reizen*, travel by rail; *iem. op 't* — *komen*, track a p. down; (*v onderhandelingen*) *op het dode* — *komen*, come to a deadlock; *per* —, by rail; *uit het* — *lopen*, leave the metals; *iem. van het* — *brengen*, throw a p. off the track.

▼**spoor/abonnement** railway season-ticket. ▼—**baan** railway. ▼—**boekje** railway-guide. ▼—**boom**, —**bomen** level-crossing barrier(s). ▼—**breedte** (*v. auto*) track, (*spoorw.*) (railway) gauge. ▼—**brug** r.-bridge. ▼—**dijk** r.-embankment. ▼—**kaartje** r.-ticket. ▼—**lijn** r.-line. ▼—**loos** trackless; — *verdwijnen*, vanish into space. ▼—**rail** r.-rail. ▼—**reis** r.-journey. ▼—**slag** spur, incentive. ▼—**slags** at full speed. ▼—**staaf** rail. ▼—**student** day student. ▼—**trein** r.-train. ▼—**vervoer** rail-transport. ▼—**vorming** (*op waarschuwingsbord*) rills. ▼—**wagen** r.-carriage. ▼—**wijdte** *zie* —**breedte**.

spoorweg railway. ▼—**aandeel** r.-share.

▼—**beambte** r.-employee. ▼—**conducteur** r.-guard. ▼—**coupé** r.-compartment. ▼—**gids** r.-guide. ▼—**kaart** r.-map. ▼—**kaartje** r.-ticket. ▼—**knooppunt** railway junction. ▼—**maatschappij** r.-company. ▼—**net** r.-system. ▼—**ongeluk** r.-accident. ▼—**overgang** level crossing. ▼—**personeel** r.-staff, r.men. ▼—**ramp** r.-disaster. ▼—**rijtuig** r.-carriage, r.-coach. ▼—**staaf** rail. ▼—**station** r.-station. ▼—**tarieven** r.-rates. ▼—**verbinding** r.-connection. ▼—**verkeer** r.-traffic. ▼—**wachter** gate-keeper. ▼—**wissel** r.-switch, points.

spoorzoeker tracker.
sporadisch sporadic.
spore spore.
sporen go by rail; *een uur* —, an hour by rail.
sport 1 (*v. ladder*) rung; 2 sport. ▼—**artikelen** sports goods. ▼—**beoefening** playing games, athletics. ▼—**berichten** sports news. ▼—**broek** shorts. ▼—**demonstratie** sports display. ▼—**doeleinden** sporting purposes. ▼—**gebeurtenis** sporting event. ▼—**gebied**: *op* —, in athletics, in the field of sports. ▼—**hemd** sports-shirt. ▼—**ief** sportsmanlike. ▼—**iviteit** sportsmanship. ▼—**jasje** sports jacket. ▼—**kousen** sports-stockings. ▼—**kostuum** sports-suit. ▼—**kringen** sporting-circles. ▼—**liefhebber** sportsman. ▼—**nieuws** sporting-news. ▼—**praatje** sports talk. ▼—**rubriek** sports column. ▼—**term** sporting term. ▼—**terrein** sports-ground. ▼—**uitslagen** sporting results. ▼—**veld** playground, sports field. ▼—**vereniging** sports club. ▼—**vlieger** amateur pilot. ▼—**vliegtuig** sports-plane. ▼—**wedstrijd** sports meeting, sporting event. ▼—**wereld** sporting-community, -world.
spot mockery, ridicule, derision; (*lamp*) spotlight; (*reclame op film, tv*) commercial; *de* — *drijven met*, mock at, ridicule; *de* — *zijn van*, be the laughing-stock of. ▼—**beeld** caricature. ▼—**boef** mocker, scoffer. ▼—**dicht** satire. ▼—**goedkoop** dirt cheap. ▼—**koopje** genuine bargain. ▼—**lach** sneer. ▼—**lust** love of mockery; *de* — *opwekken*, excite ridicule. ▼—**prent** caricature, (*inz. pol.*) cartoon. ▼—**prijs** ridiculously low price; *voor 'n* —, for a mere song. ▼—**rede** diatribe. ▼—**spotten** mock, scoff, sneer; *er valt niet mee te* —, it's no joking matter; — *met*, mock at deride; *hij laat niet met zich* —, he is not to be trifled with, stands no nonsense; — *met elke beschrijving*, defy description; *'t spot met alle regels*, it defies all rules. ▼**spot/tenderwijs** mockingly. ▼—**ter** manier mockery. ▼—**ternij** mockery. ▼—**vogel** mocking-bird; (*fig.*) mocker. ▼—**ziek** mocking. ▼—**zucht** love of mockery.
spouw split. ▼—**en** split. ▼—**muur** hollow wall, cavity wall.
spraak speech, language. ▼—**gebrek** s.-defect. ▼—**gebruik** usage; *in 't gewone* —, in common parlance. ▼—**kunst** grammar. ▼—**kunstig** grammatical. ▼—**leraar** elocutionist. ▼—**makend**: *—e gemeente*, s.-making community. ▼—**orgaan** organ of s. ▼—**vermogen** power of s. ▼—**verwarring** confusion of tongues. ▼—**zaam** talkative, chatty. ▼—**zaamheid** t.ness. ▼**sprake**: *er is* — *van*, there is (some) talk of it; *het boek waarvan* — *is*, the book now under discussion; *geen* — *van!*, not a bit of it!; *daar kan geen* — *van zijn*, that is out of the question; *'n onderwerp ter* — *brengen*, raise a subject; *ter* — *komen*, come up for discussion; *het kwam zo ter* —, it cropped up. ▼**sprakeloos** speechless, dumb. ▼—**heid** s.ness.
sprank spark; (*stroompje*) watercourse. ▼—**elen** sparkle. ▼—**je**: *geen* —, not a spark (of hope).
spreek/beurt lecture-engagement; *'n* — *vervullen*, deliver a lecture. ▼—**buis** speaking-tube; (*in vliegt.*) gosport; (*fig.*) mouth-piece. ▼—**cel** (*tel.*) call-box. ▼—**gestoelte** pulpit. ▼—**kamer** consulting-room; (*in klooster*) parlour.

▼—**koor** speaking-chorus. ▼—**les** elocution lesson. ▼—**onderwijs** speech training. ▼—**ster** (woman) speaker. ▼—**taal** spoken language. ▼—**tempo** rate of speech. ▼—**trant** manner of speaking. ▼—**uur** hours of business; (*v. advocaat, arts*) office-hours; (*v. dokter*) consulting-hour(s). ▼—**vaardigheid** (spoken) fluency. ▼—**wijze** phrase. ▼—**woord** proverb. ▼—**woordelijk** proverbial.
spreeuw starling.
sprei bedspread, counterpane.
spreid/en spread; (*v. vakanties*) stagger. ▼—**ing** spreading; staggering. ▼—**licht** flood-light.
spreken I *ww* speak; *kan ik mijnheer A.* —?, can I see Mr. A.?; *ik moet je eens even* —, I want a word with you; *je hoeft maar te* —, just say the word; *hij spreekt Engels als een Engelsman*, he speaks English like a native; *hij was niet goed te* —, he was in a huff; (*tel.*) *met wie spreek ik?*, who is that speaking? *u spreekt met Z.*, (this is) Z. speaking; — *over*, s. about; *ik ben slecht te* — *over hem*, I'm annoyed with him; *over zaken* (*'t vak*) —, talk business (shop); *ze* — *niet tegen elkaar*, they are not on speaking terms; — *tot*, s. to; *uit ervaring* —, speak from experience; *daaruit spreekt zijn onkunde*, that reveals his ignorance; — *van*, s. of, bespeak; *men sprak ervan dat*, there was (some) talk of; *om nog maar niet te* — *van*, to say nothing of; *flink van zich af* —, stand up well; *defend o.s. well*; *van zich doen* —, be in the news, (*uitsl. gunstig*) make one's mark; *goed* (*kwaad*) — *van*, speak well (ill) of; *van tennis gesproken*, speaking of tennis; *dat spreekt vanzelf*, that goes without saying; *dat spreekt voor hem*, that speaks well for him; (*de feiten*) — *voor zichzelf*, speak for themselves; *'t gesprokene*, the speech. II *zn* speaking, speech; — *is zilver, zwijgen is goud*, speech is silver, silence is gold. ▼**sprekend** speaking; —*e film*, talking picture; — *voorbeeld*, striking example; —*e cijfers*, telling figures; *hij lijkt* — *op zijn vader*, he is the very image of his father. ▼**spreker** speaker, lecturer. ▼—**stalent** oratorical talent.
spreng (*bron*) source; (*beekje*) rill.
sprenkelen sprinkle (water); damp (clothes).
spreuk motto, aphorism; (*spreekw.*) proverb.
spriet blade (of grass); (*v. insekt*) antenna, feeler; (*v. schip*) sprit. ▼—**ig** lank; (*v. haar*) wispy.
spring/concours jumping contest. ▼—**en** spring, jump, leap; (*met behulp v. handen, polsstok*) vault; (*v. bal*) bounce; (*v. snaren*) snap; (*v. huid*) chap; (*v. band, ketel*) blow out, burst; — *met aanloop*, take a running jump; *laten* —, spring (a mine); *blast* (a rock); *break* (the bank); *ze staan er om te* —, they are crying out for it; *op* — *staan*, be on the verge of bankruptcy; *over een sloot* —, leap (clear) a ditch; — *van vreugde*, leap for joy; *gesprongen*, burst (tire); chapped (hands). ▼—**er** jumper. ▼—**in-'t-veld** romp. ▼—**lading** bursting-charge; (*voor rotsen*) blasting-charge. ▼—**levend** alive and kicking, very much alive. ▼—**matras** spring mattress. ▼—**middelen** explosives. ▼—**net** spring-net; (*bij brand*) jumping-sheet. ▼—**oefening** jumping-exercise. ▼—**plank** jumping board. ▼—**schans** jumping-ramp. ▼—**scherm** parachute. ▼—**stof** explosive. ▼—**tij** spring-tide. ▼—**touw** skipping-rope. ▼—**veren matras** spring mattress. ▼—**vloed** spring-tide. ▼—**zeil** jumping-sheet.
sprinkhaan locust, grass-hopper. ▼**sprinkhanenplaag** plague of locusts.
sprits shortbread.
sproei/en sprinkle; (*tegen ongedierte*) spray. ▼—**er** sprinkler, sprayer; (*v. carburateur*) spraying-chamber. ▼—**wagen** water(ing)-cart.
sproet freckle. ▼—**ig** freckled.
sprokkel/aar(ster) wood-gatherer. ▼—**en** gather wood. ▼—**hout** dead wood.

▼—maand February.

sprong jump, leap, spring; (*per vliegt.*) hop; *een — doen*, make (take) a spring (a leap); *een — in 't duister doen*, take a leap in(to) the dark; *kromme —en maken*, cut capers; *de — wagen*, take the plunge; *met een —*, at a bound; *met —en*, by leaps and bounds; *op — staan om te...*, be on the point of...

▼—sgewijs by leaps.

sprookje fairy-tale; *— van Moeder de Gans*, Mother Goose's tale. **▼—sachtig** fairy-like. **▼—sprins** Prince Charming. **▼—sschrijver** writer of fairy-tales.

sprot sprat.

spruit shoot, scion; (*telg*) scion; *—en*, (*fig. ook*) offspring. **▼—en** sprout, shoot; (*fig.*) be descended from. **▼—jes** (Brussels) sprouts.

spugen spit.

spui sluice. **▼—en** (*water*) sluice; (*lucht*) let in fresh air; (*goederen*) unload. **▼—gat** scupper(hole); *dat loopt de —en uit*, it passes all bounds, it is too bad. **▼—kraan** blow-off cock. **▼—sluis** sluice.

spuit syringe, squirt; (*voor insekten*) sprayer; (*brand*) (fire-)engine; (*paraplu*) brollie, gamp; (*verf*) spray-gun. **▼—en** spout, squirt. **▼—fles** siphon. **▼—gast** hoseman. **▼—gat** blow-hole. **▼—slang** hose. **▼—water** soda-water.

spul (*goedje*) stuff; (*last*) trouble. **▼—lebaas** showman. **▼—len** (*gereedschap*) utensils; (*kleren*) duds; *zijn spullen inpakken*, pack up one's things (belongings).

spurrie spurry.

spurten spurt, sprint.

sputteren sp(l)utter; *— tegen*, grumble at.

spuug spittle, saliva. **▼—bak** spittoon. **▼—lok** cow-lick. **▼spuwen** spit (blood); (*braken*) vomit.

st! sh!; hush!

staaf bar; (*v. goud*) ingot. **▼—goud** b.-gold.

staag steady.

staak stake, pole.

staal 1 (*metaal en medicijn*) steel; 2 (*monster*) pattern, sample. **▼—achtig** steely. **▼—bad** s.-bath. **▼—blauw** s.-blue. **▼—boek** pattern-book. **▼—constructie** s.-construction. **▼—draad** s.-wire. **▼—draadkabel** wire cable. **▼—fabriek** s.-works. **▼—gieterij** steel-foundry. **▼—hard** as hard as s. **▼—houdend** chalybeate. **▼—industrie** s. industry. **▼—kaart** pattern-card. **▼—kabel** wire-rope. **▼—oven** cementing-furnace. **▼—pletterij** steelrolling-mill. **▼—produktie** s. production. **▼—tje** example, sample, specimen; *'t is een — van zijn plicht*, it is no more than his duty; *een sterk —*, a remarkable example. **▼—waren** s.ware, s.goods. **▼—werker** s.-worker. **▼—wijn** s.-wine.

staan stand; (*o.a. van wind en zee*) be; (*v. kleren*) become; *de oogst stond goed*, the crops promised well; *blijf —*, stop; *gaan —*, **1** go and stand, **2** get up; *je moet weten waar je staat*, you must know your place; *wat staat ons te doen?*, what do we do next?; *dan sta je sterk*, then you are in a strong position; *hoe — de zaken?*, **1** how do things stand?, **2** how's life?; *nu de zaken zo —*, in the present state of affairs; *wat staat er in de brief?*, what does it say in the letter?, what does the letter say?; *laat dat —*, leave it alone; *laat dit, let alone this*; *dat staat niet aan mij*, that does not rest (lie) with me; *achter iem. —*, (*lett. en fig.*) stand behind a p.; *dat staat hier heel goed bij*, that goes very well with this; *boven iem. — be over a p.*; *daar — zij buiten*, that has nothing to do with them; *hoe staat het ermee?*, **1** how do matters stand?, **2** how's life?; *hoe staat het met Jan?*, how about John?; *'t staat slecht met hem*, he is in a bad way; *ik sta op mijn recht*, I stand (insist) on my right; *ik sta erop*, I insist on it; *je staat er goed op*, you have come out well; *hij staat erg op...*, he is a great stickler for...; *er staat boete* (*straf*) *op*, it is liable to a fine

(*punishment*); *dit geval* (*huis*) *staat op zichzelf*, this is an isolated case (a detached house); *zeggen waar het op staat*, speak plainly; *dat komt te — op £5*, that works out at £5; *— te kijken, enz.*, stand (be) looking; *tot — brengen*, bring to a stand, check (the enemy), pull up (a horse, a train), arrest (a development); *tot — komen*, come to a standstill, be checked; *daar sta ik voor*, (*fig.*) that puzzles me; *hij staat voor niets*, he stops at nothing; *zo staat de zaak er voor*, that's how the matter stands; *de zaak staat er goed voor*, things are looking well; *hij staat er slecht voor*, he is in a bad position; *hoe staat u er voor wat betreft...*, how are you placed for..., how are you off for...; *voor een tekort —*, be faced with a deficit. **▼staand** standing; upright; *— e boord*, stand-up collar; *—e klok*, mantel-piece clock; *— leger*, s.-army; *—e receptie*, stand-up reception; *—e de vergadering*, pending the meeting; *iets — houden*, maintain s.th.; *iem. —e houden*, stop a p.; *z. —e houden*, keep one's foothold, (*fig.*) stand one's ground. **▼staan/geld** (*op markt*) stallage; (*waarborg*) deposit. **▼—plaats** stand, cab-stand; *alléén maar —*, standing-room only.

staar cataract; (*grauwe —*) cataract.

staart tail; (*vlecht*) pigtail. **▼—been** t.-bone. **▼—je** (*fig.*) remnant; (*in glas*) heel-tap. **▼—stuk** t.-piece; (*vlees*) rump; (*v. kanon*) breech-piece. **▼—vlak** (*v. vliegt.*) t.-plane. **▼—wervel** caudal vertebra.

staat (*rijk, toestand*) state; (*in proces*) Crown; (*rang*) rank; (*lijst*) list; *de — van beleg afkondigen*, proclaim martial law; *— van dienst*, record; *— van zaken*, state of affairs; *— maken op*, rely on; *in — stellen*, enable; *in — van beschuldiging stellen*, indict; *in* (*niet in*) *— zijn te...*, be able (unable) to...; *tot alles in — zijn*, be capable of anything; *in goede — zijn*, be in good condition; *een grote — voeren*, live in great style; *in — van verdediging brengen*, put into a s. of defence. **▼—huishoudkunde** political economy. **▼—kunde** politics; (*beleid v. pers.*) statesmanship. **▼—kundig** political. **▼—loos** without nationality. **▼—loze** displaced person. **▼staats/— state**- state-. **▼—aangelegenheid** public affair. **▼—almanak** s. directory. **▼—ambt** public office. **▼—ambtenaar** public (civil) servant. **▼—bank** national bank. **▼—bankroet** national bankruptcy. **▼—bedrijf** government undertaking. **▼—begroting** national budget. **▼—beheer** s.-control. **▼—belang** interest of the s., national interest. **▼—beleid** statesmanship. **▼—bemoeiing** s. interference. **▼—bestel** constitution of the s. **▼—bestuur** government of the s. **▼—betrekking** government-office. **▼—bezit** s. property. **▼—blad** (*ong.*) Government Gazette; *in 't — opnemen*, publish in the G. G. **▼—bosbeheer** s. forestry-department, national forest administration. **▼—burger** citizen. **▼—burgerschap** citizenship. **▼—commissie** royal commission. **▼—courant** (Government) Gazette. **▼—dienaar** public (civil) servant. **▼—dienst** public service; *in — zijn*, hold office under the Government. **▼—domein** s.-demesne. **▼—drukkerij** s. printing-house. **▼—eigendom** s.-property. **▼—examen** state examination; (*voor univ.*) matriculation; *— doen*, matriculate. **▼—exploitatie** government exploitation. **▼—fondsen** government securities. **▼—geheim** s.-secret. **▼—gelden** public money. **▼—gevaarlijk** dangerous to the s. **▼—gevangenis** s.-prison. **▼—gezag** s.-authority. **▼—godsdienst** s.-religion. **▼—greep** coup d'état. **▼—hulp** s.-aid.

staatsie state, pomp, ceremony. **▼—bed** bed of s. **▼—degen** dress-sword. **▼—kleed** s.-robes, full dress. **▼—koets** s.-coach. **▼—vertrekken** s.-apartments.

staats/inkomsten public revenue. **▼—inmenging** state interference.

▼—inrichting 1 constitution, form of government; 2 (*vak*) political science, civics. ▼—kas Public Exchequer, Treasury. ▼—kerk Established Church. ▼—kosten: *op* —, at the public cost. ▼—lening s. loan. ▼—lichaam public institution. ▼—loterij s. lottery. ▼—man statesman. ▼—manswijsheid statesmanship. ▼—misdadiger s. criminal. ▼—monopolie s.-monopoly. ▼—onderneming s.-enterprise. ▼—papieren government securities. ▼—raad Privy Council. ▼—recht constitutional law. ▼—rechtelijk constitutional. ▼—ruif: *uit de* — *eten*, feed at the public trough. ▼—schuld national debt. ▼—secretaris Parliamentary Undersecretary. ▼—socialisme s.-socialism. ▼—spoorweg national railway. ▼—stuk s.-document. ▼—toezicht s. control. ▼—uitgaven public expenditure. ▼—vorm polity, form of government. ▼—wetenschappen political science. ▼—zaken s.-affairs. ▼—zorg s. care.
stabiel stable. ▼stabilis/ator stabilizer. ▼—atie stabilization. ▼—eren stabilize. ▼stabiliteit stability.
stad town; (*grote* —) city; *de* — *in gaan*, go into t.; *in de* —, in t.; *naar de* —, to t.; *uit de* — *gaan*, go out of (leave) t. ▼—bewoner city-dweller.
stade: *te* — *komen*, come in handy.
stadgenoot fellow townsman.
stadhouder stadtholder. ▼—lijk of a s. ▼—schap stadtholdership.
stadhuis townhall. ▼—bode town-beadle. ▼—taal bureaucratic English. ▼—woord learned word.
stadion stadium.
stadium stage, phase.
stads/bestuur (*raad*) municipality; (*anders*) t. government. ▼—bewoner t.-dweller. ▼—brief local letter. ▼—bus t.-bus. ▼—buurt quarter of the t. ▼—deel part of town. ▼—gewest (*ongev.*) conurbation. ▼—gezicht view. ▼—gracht t.-moat; (*in de stad*) canal of the t. ▼—guerrilla urban guerrilla. ▼—kaart town map, street gazetteer. ▼—leven t.-life. ▼—lichten (*v. auto*) sidelights; *verplichte* —, compulsory s. ▼—lucht t.-air. ▼—mensen townsfolk. ▼—muur t.-wall. ▼—ontwikkeling town planning. ▼—regering municipal government. ▼—reiniging *zie* gemeentereiniging. ▼—schouwburg municipal theatre. ▼—telegram local telegram. ▼—verkeer t. traffic. ▼—vernieuwing urban renewal. ▼—wal city rampart. ▼—wapen city-arms. ▼—wijk ward, quarter of a t. ▼—ziekenhuis municipal hospital. ▼stadwaarts townward(s).
staf staff; (*bisschops*—) crosier; *de generale* —, the general s.; *de staf breken over*, condemn. ▼—chef chief of s. ▼—kaart ordnance-map. ▼—muziek regimental band. ▼—muzikant bandsman. ▼—officier s.-officer. ▼—rijm alliteration.
stag stay; *over*— *gaan*, tack; (*fig.*) change one's tack, veer round.
stagflatie stagflation.
stagn/atie stagnation. ▼—eren be stagnant, stagnate.
sta-in-de-weg obstacle.
stak/en I *ov.w* stop; cease (fire); '*t werk* —, strike (work), go on strike. II *on.w*: *de stemmen* —, the votes are equal. ▼—er striker.
staket(sel) fence, paling.
staking stoppage, suspension; (*werk*—) strike; *bij* — *van stemmen*, in case of equality; *in* — *gaan*, go on strike; *in* — *zijn*, be out (on strike); *tot* — *oproepen*, call out (on strike). ▼—breker strike-breaker. ▼stakings/-strike. ▼—comité s.-committee. ▼—fonds s.-funds. ▼—kas s.-fund. ▼—parool: *het* — *uitgeven*, announce a s. ▼—recht right to s. ▼—wet s. act.
stakker pòor devil. ▼—ig pitiful.
stal stable, cow-house; (*sheep*-)fold;

(pig-)sty; *op* — *zetten*, stable, put in the s.; (*fig.*) lay up (a car), shelve (a p.); *je moet niet zo hard van* — *lopen*, go easy, don't force the pace; *van* — *halen* reinstate.
stalen I *bn* steel, iron (nerves); steely (courage); tenacious (memory); *met een* — *gezicht*, (as) cool as a cucumber. II *ww* steel.
stal/deur stable-door. ▼—houder (livery) stable-keeper. ▼—houderij livery-stable. ▼—jongen s. boy. ▼—knecht groom. ▼—lantaarn s.-lantern. ▼stallen (*vee*) stable; (*paarden*) put up; (*auto*) garage.
stalles stalls.
stalletje stall, stand.
stalling stabling (accommodation); (*voor auto's*) garage accommodation; (*parkeerruimte*) parking accommodation.
stam (*boom*—) trunk, stem; (*v. woord, plant*) stem; (*volks*—) tribe. ▼—boek (*v. pers.*) genealogical register; (*v. vee*) herd-book; (*v. paarden*) stud-book. ▼—boekvee pedigree cattle. ▼—boom genealogical tree, pedigree. ▼—café habitual café.
stamelen stammer; falter.
stam/gast habitué. ▼—hoofd tribal chief. ▼—houder son and heir. ▼—huis dynasty. ▼—kaart national registration certificate. ▼—kapitaal foundation (original) capital. ▼—land cradle-land. ▼—men (*uit de tijd dat*) date (from the time when). ▼—ouders ancestors.
stamp/en stamp; (*v. machine*) thump; (*v. schip*) pitch; (*fijn*—) pound; mash (potatoes); *'n les erin* —, cram up a lesson. ▼—er stamper; (*v. vijzel*) pestle; (*v. bloem*) pistil. ▼—pot hotchpotch. ▼—voeten stamp one's foot (feet). ▼—vol packed, crowded.
stam/tafel 1 genealogical table; 2 habitués' table. ▼—vader ancestor. ▼—verwant I *bn* cognate. II *zn* kinsman. ▼—verwantschap affinity, kinship.
stand (*toestand*) state; (*bij sport*) score; (*v. water, barometer*) height; (*v. maan*) phase; (*houding*) attitude; (*gymn.*) position; (*tentoonstelling*) stand; (*maatsch.* —) rank, station, standing; *lagere* (*hogere*) —*en*, lower (higher, upper) classes; *de* — *is 3-0 voor Manchester*, M is leading 3-0 (= nil); *de eind*— *is 3-0 voor M*, the final score is 3-0 to M; — *houden*, make a stand, hold out; *dat houdt geen* —, that will not last; *zijn* — *ophouden*, keep up one's position; *beneden* (*boven*) *zijn* — *trouwen*, marry beneath (above) one; *zich boven zijn* — *kleden*, dress above one's station; *boven zijn* — *leven*, live beyond one's means; *in* — *blijven*, survive, endure; *in* — *houden*, maintain; *op goede* —, in good position (neighbourhood); *tot* — *brengen*, bring about, achieve; *tot* — *komen*, come about, be achieved.
standaard standard. ▼—afwijking, —deviatie standard deviation. ▼—drager s.-bearer. ▼—gewicht s.-weight. ▼—isatie standardization. ▼—iseren standardize. ▼—loon s. wage. ▼—meetfout standard error. ▼—uitrusting standard equipment.
standbeeld statue.
stander stand.
standeschool class-school.
standgeld stallage.
standgenoot equal in station.
standje (*berisping*) scolding, talking to; (*herrie*) row; *een opgewonden* —, a regular whirlwind; *iem. een* — *geven*, give a p. a talking-to, rebuke a p.
stand/plaats stand; (*v. venter*) pitch; (*v. ambtenaar*) station, post; (*v. predikant*) living. ▼—punt standpoint, point of view; *'n* — *innemen*, take a view. ▼—recht summary justice. ▼—rechtelijk summary.
standsverschil class distinction.
standvastig steadfast. ▼—heid s.ness.
standwerker pitch-man.
stang rod, bar; (*v. paard*) bridle-bit; (*v. bril*) side; *iem. op* — *jagen*, put a p.'s back up.
stank stench, bad smell; *ik kreeg* — *voor dank*,

I got small thanks for my pains.
stap step, footstep; *een — doen*, take a s.; *de — wagen*, take the plunge; *bij iedere —*, at every s.; *op — gaan*, set out; *voor —*, s. by s.
stapel I *zn* pile, stack, heap; *aan (op) —s zetten*, stack, pile up; *op — staan*, be on the stocks; *op — zetten*, lay down; *van — laten lopen*, launch; *'t schip liep van —*, the ship was launched; *alles liep vlot van —*, everything passed off without a hitch. II *bn ben je —?*, are you crazy? ▼**—artikel** staple commodity. ▼**—bed** bunk-bed. ▼**—en** pile (up), stack, heap. ▼**—gek** stark raving mad. ▼**—goederen** staple commodities. ▼**—markt** staple-market. ▼**—plaats** emporium.
stappen step; *op de fiets —*, mount a bicycle; *op de tram —*, board a tram; *daar moet je overheen —*, you must get over that.
stapvoets at foot-pace, at a walk; *— rijden (op verkeersbord)*, dead slow.
star rigid, stiff; (*v. blik*) fixed.
staren stare; (*nadenkend —*) gaze.
starheid rigidity; (*v. blik*) fixedness.
start start. ▼**—baan** runway. ▼**—blok** starting block. ▼**—en** start; (*v. vliegt.*) take off. ▼**—er** starter. ▼**—inrichting** starter. ▼**—klaar** ready to start. ▼**—knop** starter, starter button. ▼**—lijn** starting-line. ▼**—motor** starter motor. ▼**—pistool** starting-pistol. ▼**—shot** starting shot.
staten/bijbel Authorised Version. ▼**—bond** confederation. ▼**S —Generaal** States General.
statie (*rk*) Station of the Cross.
statief stand, tripod.
statiegeld deposit.
statig stately, solemn. ▼**—heid** stateliness, solemnity.
station station; *— van aankomst* (*vertrek*), arrival (departure) s.; *— van afzending* (*ontvangst*), forwarding (receiving) s. ▼**—air** stationary; *— lopen*, (*v. motor*) tick over, idle. ▼**—car** estate car. ▼**—eren** station. ▼**stations/ —** station. ▼**—beambte** s. official. ▼**—boekhandel** railway bookstall. ▼**—chef** s.-master. ▼**—emplacement** s.-yard. ▼**—gebouw** railway-s. ▼**—kruier** railway porter. ▼**—personeel** s.-staff. ▼**—plein** s.-square.
statist/icus statistician. ▼**—iek** statistics; returns. ▼**—isch** statistical.
status status. ▼**—symbool** status symbol.
statutair in accordance with the articles of association; *— kapitaal*, authorized (nominal) capital. ▼**statutenwijziging** alteration of the articles of association. ▼**statuut** statute; *statuten*, (*v. maatschappij*) articles of association; (*v. vereniging*) regulations.
stavast: *een kerel van —*, a stalwart fellow.
stav/en (*aanklacht*) substantiate; (*theorie, mening*) support, corroborate, confirm. ▼**—ing** substantiation, confirmation; *tot — van*, in support of.
stearine stearin. ▼**—kaars** s. candle.
stede: *in — van*, instead of. ▼**—aanleg** town-planning. ▼**—bouw** town-building. ▼**—houder** viceroy; *van Christus*, Vicar of Christ. ▼**—lijk** town, municipal. ▼**—ling** townsman. ▼**stee** spot.
steeds I *bn* townish. II *bw* always, ever; (*voortdurend*) continuously, all the time; *nog —, still; — later*, later and later; *— moeilijker*, more and more (increasingly) difficult; *— toenemend*, ever increasing; *— de uwe*, ever yours.
steeg alley, alley-way, lane.
steek 1 (*met mes, dolk*) stab; (*met zwaard*) thrust; (*v. pijn en naaiwerk*) stitch; (*v. bij*) sting; 2 (*hoed*) three-cornered hat, cocked hat; 3 (*onder—*) bedpan; 4 (*hatelijkheid*) dig, thrust; *iem. een — in de rug geven*, stab a p. in the back; *dat is een — op jou*, that is a dig at you; *deze opvatting houdt geen —*, this view will not hold water; *een — laten vallen*, drop a stitch; *een — opnemen*, take (pick) up a stitch; *geen —*, not a bit; *geen — uitvoeren*, not to do a

stroke of work; *hij liet ons in de —*, he left us in the lurch, let us down; *zij lieten hun werk in de —*, they abandoned their work; (*zijn koelbloedigheid*) *liet hem nooit in de —*, ... never failed him; *daar is een — (je) aan los*, there is s.th. fishy about it. ▼**steek/beitel** paring-chisel. ▼**—houdend** sound. ▼**—mug** (stabbing) gnat. ▼**—partij** knifing(-affair). ▼**—penning** bribe. ▼**—pil** suppository. ▼**—proef** spot-check; sample taken at random; (*fig.*) random test; *steekproeven nemen*, take test samples. ▼**—sleutel** (*voor slot*) pick lock; (*voor moer, enz.*) open-end spanner. ▼**—spel** tournament; *politiek —*, political fencing. ▼**—vlam** blow-pipe flame; (*bij ontploffing*) shooting flame. ▼**—vlieg** stable-fly. ▼**—wapen** pointed weapon. ▼**—wond** stab-wound. ▼**—zak** slit-pocket.
steel handle; (*v. bloem, pijp*) stem. ▼**—pan** skillet, sauce-pan.
steels *bn* stealthy. ▼**—gewijze** stealthily.
steen (*bak—*) brick; (*dobbel—*) die; (*domino—*) piece; *— des aanstoots*, stone of offence; *— der wijzen*, philosopher's stone; *de eerste — leggen*, lay te first s.; *— en been klagen*, complain bitterly; (*pop.*) belly-ache; *al gaat de onderste — boven*, come what may. ▼**—aarde** brick clay. ▼**—achtig** stony. ▼**—arend** golden eagle. ▼**—bakker** brick-maker. ▼**—bakkerij** brick-yard. ▼**—blok** s.-block. ▼**—bok** ibex; (*astr.*) Capricorn; the Goat. ▼**—bokskeerkring** tropic of Capricorn. ▼**—druk** lithography. ▼**—drukkerij** 1 lithography; 2 lithographic printing-office. ▼**—eik** ilex. ▼**—groeve** quarry. ▼**—gruis** broken stones; (*geol.*) debris. ▼**—hard** s.-hard. ▼**—hoop** heap of stones; cairn. ▼**—houwer** stone-mason. ▼**—houwerij** stone-mason's yard.
steenkolen (pit-)coal. ▼**—bekken** c.-basin. ▼**—groeve** coal-pit. ▼**—laag** c.-seam. ▼**—mijn** colliery. ▼**—c.-mine**. ▼**steenkool** coal. ▼**—briket** briquette.
steen/koud stone-cold. ▼**—kruid** saxifrage. ▼**—laag** layer of stones. ▼**—legging** (*eerste —*), (foundation-) s.-laying. ▼**—massa** mass of s. ▼**—mos** rock lichen. ▼**—oven** brick-kiln. ▼**—puist** boil. ▼**—rood** brick-red. ▼**—slag** broken stones, rubble. ▼**—tijdperk** stone-age. ▼**—tje** small s., pebble; *een — bijdragen*, contribute a little, do one's bit. ▼**—uil** little owl. ▼**—valk** merlin. ▼**—worp** stone's throw; *op (binnen) een —*, at (within) a s.'s throw.
steevast regularly.
steg *zie* heg.
steiger (*bouw—*) scaffolding; (*landings—*) landing-stage.
steigeren rear, prance.
steigerwerk scaffolding.
steil steep, bluff; (*fig.*) rigid, uncompromising. ▼**—heid** steepness. ▼**—schrift** upright writing. ▼**—te** steepness; (*concreet*) precipice.
stek (*v. plant*) cutting.
stekeblind stone-blind.
stekel prickle; (*v. egel*) quill. ▼**—baars** stickleback. ▼**—doorn** gooseberry. ▼**—ig** prickly; (*fig.*) caustic. ▼**—igheid** prickliness; (*fig.*) sarcasm. ▼**—varken** porcupine.
steken (*met mes*) stab; (*v. bij, wond*) sting; (*v. likdoorns*) shoot; (*v. zon*) burn; *zoden —*, cut sods; *dat steekt me*, that stings me; *iem. een ring aan de vinger —*, put (slip) a ring on a p.'s finger; *daar steekt wat achter*, there is s.th. behind it; *hij stak het bij zich (in zijn zak)*, he put it in his pocket; *in de schuld —*, be in debt; *daar steekt geen kwaad in*, there is no harm in it; *blijven —*, get stuck; *in zijn woorden blijven —*, break down in one's speech. ▼**stekend** stinging, etc. *zie* steken.
stekje (*v. plant*) cutting, slip. ▼**stekken** slip.
stekker plug.
stel 1 (*v. kopjes, regels, enz.*) set; *— ondergoed*, suit of underwear; *'n goed — hersens*, good brains; *'n mooi —*, a nice

couple; (v. meer dan twee) a nice crowd, a fine lot; **2** op — en sprong, off hand.

stelen steal; hij steelt al wat los en vast is, he steals whatever he can lay his hands on; een kind om te —, a duck of a child; hij kan me gestolen worden, I prefer his room to his company.

stelkund/e algebra. ▼—**ig** algebraical.

stellage staging, scaffolding; (beurs) double option.

stellen I ww (plaatsen) place, put; (machine) erect; (vraag, probleem) put, pose; (rem, schroef) adjust; (brief) compose, write; (veronderstellen) suppose; (beweren) posit, declare, postulate; een kijker (camera) —, adjust (focus) a spyglass (camera); zich —, place o.s.; zich een doel —, set before o.s. an object; zich een taak —, set o.s. a task; stel dat hij komt, supposing he comes; hij kan het goed —, he is well off; — boven…, put before…; 't buiten iets —, do without s.th.; ik kan 't ermee —, it will do for me; ze had wat met hem te —, he gave her no end of trouble; hij had het zwaar te —, he was hard put to it; je zult het ermee moeten —, you will have to make it do; prijs —, op, value; de prijs — op 5/-, fix the price at 5/-; iem. voor een feit —, confront a p. with a fact; 't zonder iets —, dispense with s.th., go (do) without s.th. **II** zn composition; (v. machine) erection. ▼**steller** writer; — dezes, the (present) writer.

stellig positive; hij komt —, he is sure to come; ten —ste ontkennen, deny positively. ▼—**heid** positiveness.

stelling thesis; (wisk. & logica) proposition; (mil.) position; (steiger) scaffolding; — nemen tegen, make a stand against. ▼—**oorlog** trench warfare.

stelpen staunch, stop, check.

stel/regel maxim, rule. ▼—**ring** adjusting ring. ▼—**schroef** adjusting screw.

stelsel system. ▼—**loos** unsystematical. ▼—**matig** systematical. ▼—**matigheid** s.ness.

stelt stilt; (de hele zaal) stond op —en, was in an uproar; de boel op —en zetten, raise Cain (Hell). ▼—**loper** s.-walker.

stem voice; (bij stemming) vote; (in muziek) part; blanco —, abstention; de meeste —men gelden, most votes carry the day; ik heb geen — in 't kapittel, I have no voice in the matter; zijn — verheffen, raise one's v.; zijn — uitbrengen, record (register) one's vote; zijn — uitbrengen op, cast one's vote for, vote for; het aantal uitgebrachte —men, the number of votes cast, the poll; de tweede — zingen, sing second; (goed) bij — zijn, be in (good) v.; niet bij — zijn, be out of v.; met luide —, in a loud v.; met algemene —men, unanimously; met 5 —men voor en 3 tegen, by five votes in favour and three against. ▼**stembanden** vocal chords.

stem/bevoegd qualified to vote. ▼—**bevoegdheid** right to vote. ▼—**biljet** voting-paper.

stembuiging inflection (modulation) of the voice.

stem/bureau polling-booth. ▼—**bus** ballot-box; (fig.) poll. ▼—**dag** polling-day. ▼—**district** polling-district. ▼—**dwang** compulsaory voting.

stemgeluid voice.

stemgerechtigd (v. lid) entitled to vote; (v. burgers) enfranchised; —e leeftijd, voting age; — zijn, be entitled to vote; have the vote.

stem/hamer tuning-hammer. ▼—**hebbend** (v. klank) voiced; (v. lid) voting. ▼—**hokje** voting-booth. ▼—**lokaal** polling-booth.

stemloos voiceless.

stemmen 1 vote, (go to the) poll; (parl.) divide; **2** (instr.) tune; (v. orkest) tune up; er werd druk gestemd, there was a heavy poll; gunstig —, placate; vrolijk —, put in a cheerful mood; zachter —, soften; dankbaar gestemd zijn, be grateful; optimistisch gestemd zijn, be in an optimistic mood; — op, vote for; — over,

vote (up)on; laten — over, take a vote on; 't stemt ons tot tevredenheid, it is a cause for satisfaction; tot nadenken —, provide food for thought; tot ongerustheid —, give rise to anxiety; — voor, vote for (in favour of). ▼—**aantal**, —**cijfer** poll. ▼—**werver** canvasser. ▼**stemmer** voter; (muz.) tuner.

stemmig (v. pers.) grave, staid; (v. dingen) sober, quiet. ▼—**heid** gravity, staidness; soberness, quietness.

stemming 1 vote, ballot; (in parl.) division; **2** (gemoeds—) mood, frame of mind; (v.d. markt) tone; (v.h. publiek) feeling; een — houden, take a vote; — maken, create an atmosphere; — maken voor (tegen), rouse public feeling for (against); bij —, on a division; bij eerste — gekozen, elected at (of: on) the first ballot; in — brengen, put to the vote; ik ben er niet voor in de —, I am not in the mood for it; tot — overgaan, proceed to the vote; ik stel voor om nu tot — over te gaan, I propose (move) that the question be now put.

stem/oefening voice training. ▼—**omvang** range of voice.

stemopnemer teller.

stemorgaan vocal organ.

stempel stamp; (munt, enz.) die; (op goud) hall-mark; postmark; (v. bloem) stigma; zijn — drukken op, put one's stamp upon. ▼—**aar** stamper; (werkloze) unemployed. ▼—**band** cloth binding. ▼—**beeld** effigy. ▼—**bureau** dole-office. ▼—**en** stamp; (brief) postmark; (v. werkloze) sign the register; dit stempelt hem tot…, this stamps (marks) him as… ▼—**inkt** stamp-pad ink. ▼—**kussen** ink-pad. ▼—**lokaal** labour bureau. ▼—**machine** stamping-machine. ▼—**pers** stamping-press.

stem/plicht compulsory voting. ▼—**recht** (pol.) vote, suffrage, franchise; (v. leden) right to vote; algemeen —, universal suffrage.

stem/sleutel tuning key. ▼—**spleet** glottis. ▼—**val** cadence.

stemvee electoral mob.

stem/verheffing met — spreken, raise one's voice; zonder — spreken, speak in a level voice. ▼—**vork** tuning-fork. ▼—**vorming** voice production.

stencil stencil. ▼—**len** stencil, mimeograph. ▼—**machine** mimeograph.

stenen I bn stone, brick. **II** ww groan.

stengel stalk, stem.

stenig stony. ▼—**en** stone.

steno shorthand. ▼—**graaf** stenographer. ▼—**graferen I** on.w write s. **II** ov.w take down in s. ▼—**grafie** shorthand, stenography. ▼—**grafisch** s., stenographic. ▼—**gram** shorthand report. ▼**typist(e)** shorthand typist.

stentorstem stentorian voice.

step scooter.

steppe steppe.

ster star; (v. officier) pip; met —ren bezaaid, star-spangled; een — van de eerste grootte, a s. of the first magnitude.

stereo/fonie stereophony. ▼—**fonisch** stereophonic. ▼—**metrie** stereometry, solid geometry. ▼—**metrisch** stereometric. ▼—**scoop** stereoscope. ▼—**scopisch** stereoscopic. ▼—**tiep** stereotype; (fig.) stereotyped, stock (remark). ▼—**uitzending** stereo broadcast.

sterf/bed death-bed. ▼—**dag** day of a p.'s death; de — gedenken van, commemorate the anniversary of. ▼—**elijk** mortal. ▼—**elijkheid** mortality. ▼—**geval** death. ▼—**huis** house of mourning. ▼—**jaar** year of a p.'s death. ▼—**kamer** death-room. ▼—**register** register of deaths. ▼—**te** mortality. ▼—**tecijfer** death-rate.

steriel sterile, barren. ▼**sterili/satie** sterilization. ▼—**sator** sterilizer. ▼—**seren** sterilize. ▼—**teit** sterility.

sterk I bn strong; twintig man —, twenty s.; dat is —, that's a bit thick; het is zelfs zo —, even so much so; —e boter, rancid butter; —e daling, sharp fall; —e drank, strong drink, spirits, liquor; — *geheugen*, strong, tenacious memory; — *roker*, heavy smoker; *een* — *staaltje van*, an amazing example of; — *stukje*, quite a feat; — *verhaal*, tall story; *hij staat* —, he has a strong case; *wie niet* — *is moet slim zijn*, necessity is the mother of invention; — *in*, s. in. **II** *bw* strongly, highly, much; — *verschillend*, widely different; *dat is* — *gezegd*, that is coming it s.; *hij was er* — *voor*, he was s. in favour of it; *ik vraag me* — *af of* ..., I very much doubt whether ...; *ik maak me* — *dat* ..., I am pretty sure that ... ▼**sterk/en** strengthen, fortify. ▼—**gebouwd** strongly built. ▼—**gekleurd** highly coloured. ▼—**gespierd** muscular. ▼—**ing** strengthening. ▼**sterkte** strength; power; (*vesting*) stronghold. ▼**sterkwater** aqua fortis, spirits.

stern tern; *grote* —, sandwich tern; *zwarte* —, black tern. ▼—**tje** lesser (little) tern. **sterre/baan** course (orbit) of a star. ▼—**kers** garden-cress. ▼—**mos** starred moss. ▼**sterren**/-star-. ▼—**beeld** constellation. ▼—**gewelf** starry vault. ▼—**heir** starry host. ▼—**hemel** starry sky. ▼—**kaart** s.-map. ▼—**kijken** s.-gazing. ▼—**kijker** 1 s.-gazer; 2 telescope. ▼—**kunde** astronomy. ▼—**kundig** astronomical. ▼—**kundige** astronomer. ▼—**licht** s.-light. ▼—**regen** s. shower, meteoric shower. ▼—**wacht** (astronomical) observatory. ▼—**wichelaar** astrologer. ▼—**wichelarij** astrology. ▼**ster/retijd** siderial time. ▼—**retje** little star; asterisk (*); (*film*—) starlet. ▼—**rit** (*motor*-) rally. ▼—**speler** star player. **sterveling** mortal. ▼**sterven** die, expire; — *aan, door, van*, d. of (from); *op* — *liggen*, be dying, be at the point of death. ▼—**suur** dying-hour. **stervormig** star-shaped. **stethoscoop** stethoscope. **steun** support, prop, help; — *verlenen*, lend support; — *trekken*, be on the dole. ▼—**aanvrage** application for assistance. ▼—**actie** support action. ▼—**balk** supporting beam, girder. ▼—**comité** relief-committee. ▼—**en** 1 (*kreunen*) moan, groan; 2 (*onder*—) support, prop (up); (*fig.*) support, back (up); countenance; *'n motie* —, second (support) a motion; *op iets* —, lean on s.th.; *hij steunt geheel op zijn vader*, he relies entirely on his father. ▼—**fonds** relief-fund. ▼—**gerechtigd** entitled to relief. ▼—**maatregel** relief measure. ▼—**muur** retaining-wall. ▼—**pilaar** pillar; (*fig. ook*) main-stay. ▼—**punt** point of support; (*v. hefboom*) fulcrum; (*mil.*) base. ▼—**regeling** relief scheme (regulations). ▼—**sel** prop. ▼—**tje** (elbow-)rest. ▼—**toelage** relief allowance. ▼—**trekker** dole-drawer. ▼—**troepen** supports. ▼—**uitkering** relief payment; unemployment benefit. ▼—**zool** arch support. **steur** sturgeon. ▼**garnaal** prawn. **steven** stem; *de* — *wenden*, put about. **stevig** (*v. schoen, tafel, touw*) stout, strong; (*v. maal*) hearty, substantial; (*v. bries*) stiff; (*v. vlees, weefsel*) firm; (*v. meubels*) solid; (*v. pers.*) sturdy; — *aanstappen*, step out briskly; — *drinken*, drink hard; *houd me* — *vast*, hold me tight. ▼—**heid** stoutness, firmness, solidity; sturdiness. **stichtelijk** edifying. ▼—**heid** edification. ▼**sticht/en** (*gebouw, zaak*) found; (*lezer, toehoorder*) edify; *brand* —, raise a fire; *kwaad* —, do evil; *nut* —, be useful; *oproer* —, stir up sedition; *vrede* —, make peace. ▼—**er** founder. ▼—**ing** foundation; edification. **stief/broeder** stepbrother. ▼—**moeder** stepmother. ▼—**moederlijk** stepmotherly; — *behandeld* (*bedeeld*) *worden*, be treated in a s. fashion. ▼—**vader** stepfather. **stiekem I** *bn* underhand, hole-and-corner; (*fam.*) cagey, cagy; *zich* — *houden*, lie low. **II** *bw* on the sly; *er* — *vandoorgaan*, sneak off. ▼—**erd** sneak. **stier** bull; (*astr.*) Taurus, the Bull.

—**egevecht** b.-fight.
stierlijk: — *'t land hebben*, be properly riled; *iem.* — *vervelen*, bore a p. stiff; — *vervelend*, deadly tedious.
stift peg, pin. ▼—**tand** crowned tooth.
stigma stigma. ▼—**tiseren** stigmatize.
stijf stiff, rigid; (*na een wedstrijd, enz.*) muscle-bound; (*vormelijk*) starchy; — *van de kou*, s. (numb) with cold; *iets* — *en strak volhouden*, stoutly maintain s.th. ▼—**bevroren** frozen s. ▼—**deftig** starchy. ▼—**heid** stiffness, rigidity, starchiness. ▼—**kop** obstinate person. ▼—**koppig** obstinate. ▼—**koppigheid** obstinacy. **stijfsel** starch; (*om te plakken*) paste. ▼—**kwast** paste-brush. ▼—**pot** paste-pot. **stijfte** stiffness. **stijgbeugel** stirrup. **stijg/en** rise; *snel* —, r. sharply; *de wijn steeg hem naar 't hoofd*, the wine went to his head; *doen* —, (*temperatuur, prijs*) raise, send up; (*kans*) increase; *te paard* —, mount; *van 't paard* —, dismount. ▼—**ing** rise; (*zeer sterk*) boom. ▼—**kracht**, —**vermogen** (*vliegt.*) lift, climb. ▼—**snelheid** climbing-speed. **stijl** style; (*v. deur*) post, jamb; (*v. hek, leuning*) baluster. ▼—**bloempje** flower of speech. ▼—**figuur** figure of speech. ▼—**oefening** (exercise in) composition. ▼—**vol** stylish. **stijven** stiffen; (*linnen*) starch; (*fig.*) stiffen, embolden, encourage. **stik/donker I** *bn* pitch-dark. **II** *zn* pitch darkness. ▼—**gas** asphyxiating gas; (*in mijn*) choke-gas. ▼—**ken** 1 (*naaien*) stitch; 2 stifle, choke; *stik!*, be damned (to you)!; — *van woede* (*van 't lachen*), be choked with fury (laughter). ▼—**machine** stitching-machine. ▼—**naald** stitching needle. ▼—**sel** stitching. ▼—**ster** stitcher. **stikstof** nitrogen. ▼—**houdend** nitrogenous. **stikvol** chock-full. **stikwerk** stitching. **stil** (*roerloos*) still; (*geluidloos*) silent; (*rustig*) quiet; (*in zaken*) slack; (*v. markt*) quiet, dull; —!, quiet!; — *maar*, there, there; *een* — *le drinker*, a secret drinker; —*le mis*, low mass; — *spel*, by-play; —*le vennoot*, sleeping partner, *de* —*le week*, Holy Week; — *gaan leven*, retire from business; *hij leeft* —, he has retired; — *zitten*, sit still; *een* —*le in den lande*, a quiet man. **stileren** 1 compose; 2 (*in de kunst*) stylize. **stilet** stiletto. ▼**stiletto** flickknife, (*Am.*) switchblade. **stil/houden** stop; (*v. trein, auto ook*) pull up; *zich* —, keep quiet; *feiten* —, keep back facts; *schandaal* —, hush up a scandal. ▼—**leggen** stop (traffic), close down (factory). **stillen** (*dorst*) quench; (*honger, pijn, verlangen, vrees*) allay; (*geweten, kind*) quiet. **stil/letjes** secretly. ▼—**leven** still life. ▼—**liggen** lie still; (*v. schepen*) lie up; (*v. fabriek*) be idle. ▼—**staan** stand still; (*v. fabriek*) be idle; (*v. zaken*) be at a standstill; *blijven* —, stop; *laten* —, stop; *zijn mond staat geen ogenblik stil*, his tongue is continuously wagging; — *bij 'n feit*, dwell on a fact. ▼—**staand** (*v. auto, enz.*) stationary; (*v. water*) stagnant, still. ▼—**stand** standstill, stoppage, stagnation; *tot* — *komen* (*brengen*), come (bring) to a standstill! ▼**stilte** silence, quiet, stillness; *de* — *die de storm voorafgaat*, the calm before the storm; *in* —, in s., in private. ▼**stil/zetten** stop. ▼—**zitten** sit still; *hij kan niet* —, he can't sit still, he can't stop fidgeting; (*maar zijn vijand*) *had ook niet stilgezeten*, ... had not been idle either. ▼—**zwijgen I** *ww* keep silence (silent). **II** *zn* silence; *het* — *bewaren*, keep s., be silent; *ik zal er het* — *toe doen*, I shall remain silent; *hij deed er verder het* — *toe*, he fell silent, he lapsed into silence. ▼—**zwijgend** silent, tacit; *iets* — *aannemen*, take s.th. for granted. ▼—**zwijgendheid** silence, taciturnity. **stimul/ans** stimulant; (*fig.*) stimulus. ▼—**atie** stimulation. ▼—**eren** stimulate.

stink/bom stink-bom. ▼**—dier** skunk. ▼**—en** stink, smell; — *naar*, s. of; *er in* —, be caught out. ▼**—erd** stinker; *rijke* —, bloated capitalist. ▼**—stok** stinker. ▼**—zwam** stink-horn.
stip dot, point; (*vlekje*) speck.
stipendium stipend; (*studiebeurs*) scholarship.
stippel dot, speck. ▼**—en** dot, speckle. ▼**—lijn** dotted line.
stippen (*indopen*) dip.
stipt punctual, precise; (*streng*) strict. ▼**—heid** punctuality, precision. ▼**—heidsactie** work-to-rule(s) action.
stipuleren stipulate.
stobbe stump.
stoei/en romp. ▼**—er** romper. ▼**—erij, —partij** romp. ▼**—erig** rompish.
stoel chair; *de Heilige* —, the Holy See; *neem een* —, take a seat; *'t niet onder* — *en banken steken*, make no secret of it; *voor* —*en en banken praten*, speak to empty seats. ▼**—endans** musical chairs. ▼**—enmaker** c.-maker. ▼**—enmatter** c.-mender. ▼**—gang** stool(s). ▼**—kussen** c.-cushion. ▼**—leuning** c.-back. ▼**—poot** c.-leg. ▼**—tjeslift** chair-lift. ▼**—vast:** — *zijn*, be glued to one's chair.
stoep (flight of) steps; (*trottoir*) pavement, footway. ▼**stoepier** tout.
stoer sturdy, stalwart; — *doen*, show off. ▼**—heid** sturdiness, stalwartness.
stoet cortege, procession.
stoeterij stud (-farm).
stoethaspel stick; *een rare* —, a rum bird. ▼**—ig** clumsy.
stof (*substantie*) matter; (*voor kleren*) material, stuff; (*onderwerp*) subject-matter; (*stofdeeltjes*) dust; *lang van* —, long-winded; *kort van* —, short-tempered; — *afnemen*, dust (a room); — *opjagen*, raise a d.; *in 't* — *bijten*, bite the d.; *onder 't* — *zitten*, be covered with d.; *tot* — *vergaan*, crumble into d. ▼**—blik** dustpan. ▼**—bril** goggles. ▼**—deeltje** mote; particle of matter. ▼**—doek** duster.
stoffeerd/er upholsterer. ▼**—erij** upholstery.
stoffel blockhead. ▼**—achtig** stupid.
stoffelijk material; — *overschot*, mortal remains. ▼**—heid** materiality.
stoffen *ww* 1 dust; 2 (*pochen*) boast. ▼**stoffer** brush, duster; — *en blik*, dustpan and brush.
stoffer/en upholster. ▼**—ing** upholstering.
stoffig dusty. ▼**—heid** dustiness.
stof/goud gold-dust. ▼**—je** mote; speck of dust. ▼**—kam** fine-tooth comb. ▼**—laag** dust-layer. ▼**—laken** dust-sheet. ▼**—masker** industrial mask. ▼**—naam** material noun. ▼**—nest** dust-trap. ▼**—omslag** dust-jacket. ▼**—regen** drizzle. ▼**—regenen** drizzle. ▼**—sneeuw** snow-dust. ▼**—vrij** dust-free (air), dust-proof (space). ▼**—wisseling** metabolism. ▼**—wolk** dust-cloud. ▼**—zuiger** vacuum cleaner. ▼**—zuig(er)en** vacuum (clean).
stoïcijn stoic. ▼**—s** stoic(al).
stok stick; (*v. vlag*) pole; (*wandel*—) cane, walking-stick; (*politie*—) truncheon; (*dirigeer*—) baton; (*v. vogels*) perch; (*aanwijs*—) pointer; *'t aan de* — *hebben met*, be at loggerheads with; *'t met iem. aan de* — *krijgen*, fall foul of (fall out with) a p.; *met de* — *geven*, cane; *hij is er met geen* — *naar toe te krijgen*, wild horses won't drag him there; *op* — *gaan*, go to roost. ▼**—boon** runnerbean. ▼**—doof** stone deaf.
stokebrand firebrand, mischief-maker. ▼**stok/en** 1 *ov.w* (*kolen, hout*) burn; (*fornuis*) stoke; (*jenever*) distil; — *jullie* (*de kachel*) *al?*, have you lit the fire yet? **II** *on.w* make a fire; (*fig.*) make mischief. ▼**—er** stoker, fireman; distiller; (*fig.*) firebrand. ▼**—erij** distillery.
stokje (little) stick; *daar zal ik wel een* — *voor steken*, I'll put a stop to it; *van zijn* — *vallen*, pass out.
stokken (*v. spreker*) break down; (*v. gesprek*) flag; *zijn adem stokte*, his breath caught.
stok/oud very old, stricken in years.

stok/paardje hobby-horse; (*fig.*) hobby; *op zijn* — *rijden*, ride one's hobby. ▼**—roos** hollyhock. ▼**—slag** stroke with a stick. ▼**—stijf:** — *blijven staan*, stand stock-still; — *beweren*, maintain obstinately. ▼**—stil** stock-still. ▼**—vis** hake; (*gedroogde kabeljauw*) stockfish.
stola stole.
stoll/en coagulate, congeal, curdle; (*v. jus*) set. ▼**—ing** coagulation.
stolp glass cover, glass bell.
stom 1 dumb, mute; 2 (*dom*) stupid; *het* —*me dier!*, the poor brute!; *ik zal zo* — *als een vis zijn*, I'll be as mute as a fish; —*me film*, silent film; — *geluk*, a mere fluke; *geen* — *woord*, never a word. ▼**—dronken** dead (blind) drunk.
stomen steam; —*d verkopen*, sell to arrive.
stomheid dumbness, stupidity; *met* → *geslagen*, dumbfounded.
stommelen clatter (about).
stommeling, stommerik blockhead, dunce.
stommetje: *voor* — *spelen*, sit mum, stand mute. ▼**stommigheid, stommiteit** stupidity; (*concreet*) blunder.
stomp I *bn* blunt, dull; obtuse (angle); flat, snub (nose); (*fig.*) dense. **II** *zn* (*stuk*) stump, stub; (*stoot*) punch, prod. ▼**—en** punch, prod.
stomp/heid bluntness; (*fig.*) obtuseness. ▼**—hoekig** obtuse-angled.
stompje stump, stub.
stompzinnig dull, dense, obtuse. ▼**—heid** denseness.
stom/verbaasd amazed. ▼**—vervelend** deadly dull; *een* —*e vent*, a crashing bore.
stond hour; *van* —*e af aan*, from this (that) time forward; (*fam.*) from the word go. ▼**—en** (monthly) periods.
stoof foot-warmer. ▼**—peer** cooking-pear.
stook/gas fuel-gas. ▼**—gat** stoke-hole. ▼**—gelegenheid** fire-place. ▼**—inrichting** heating-apparatus. ▼**—middel** fuel. ▼**—olie** fuel oil. ▼**—oven** furnace. ▼**—plaats** fireplace; (*scheepv.*) stokehole.
stoom steam; — *maken*, get up s.; — *op hebben*, have s. up; *met volle* —, at full s.; *onder* — *liggen*, be under s. ▼**—bad** s.-bath. ▼**—barkas** s.-launch. ▼**—boot** steamer, steamship. ▼**—bootdienst** s.-service. ▼**—bootmaatschappij** steamship company. ▼**—brandspuit** steam fire-engine. ▼**—cursus** intensive course. ▼**—draaimolen** s. round-about. ▼**—fluit** s.-whistle. ▼**—gemaal** s. pumping-station. ▼**—hamer** s.-hammer. ▼**—hitte** s.-heat. ▼**—jacht** s.-yacht. ▼**—ketel** (s.-) boiler. ▼**—kraan** s.-cock; (*hijskraan*) s.-crane. ▼**—machine** s.-engine. ▼**—schip** steamer, s. ship. ▼**—schuif** s.-valve. ▼**—strijkijzer** steam iron. ▼**—tractie** s.-traction. ▼**—tram** s.-tram. ▼**—trein** s.-train. ▼**—vaart** s.-navigation. ▼**—vaartlijn** steamship line. ▼**—vaartmaatschappij** steamship company. ▼**—vaartroute** steamship route. ▼**—wals** s.-roller.
stoop stoup.
stoornis disturbance, disorder; *zonder* — *verlopen*, pass off without a hitch. ▼**stoorzender** jamming station.
stoot (*duw*) push; (*boks*—) punch; (*bij schot*) kick; (*met dolk*) stab; (*schermen*) lunge; (*biljart*) stroke, shot; (*wind*—) gust (of wind); (*schok*) impact; (*op hoorn, fluit*) blast; *de* — *geven tot*, initiate; *aan* — *zijn*, be in play; *op* —, in good form; *niet op* — *zijn*, have an off-day. ▼**—blok** buffer. ▼**—je** push; (*met elleboog*) nudge; *het kan wel tegen een* —, it can stand a good deal. ▼**—kussen** buffer. ▼**—troepen** shock troops.
stop (*v. fles*) stopper; (*v. vat*) bung; (*v. bad en elektr.*) plug; (*in kous, enz.*) darn. ▼**—bord** stop sign. ▼**—contact** (plug-) socket, power-point; *men kan het aansluiten op een* —, it plugs into an electric point. ▼**—fles** (glass) jar. ▼**—garen** mending. ▼**—katoen** mending-cotton. ▼**—lapje** (*fig.*) stop-gap.

▼—**licht** (*v. auto, enz.*) stop-light (lamp), (*verkeer*) stop-light. ▼—**naald** darning-needle. ▼—**page** invisible mending.
stoppel stubble. ▼—**ig** stubbly. ▼—**veld** s.-field.
stoppen 1 (*ophouden, doen ophouden*) stop; *verboden te* —, no stopping; 2 (*dicht maken met een stop*) plug up; (*kousen*) darn; (*gat, pijp*) fill; (*v. voedsel, tegenover laxerend werken*) constipate, bind; 3 (*ergens indoen*) put; *iem. de handen* —, bribe (square) a p.; *de vingers in de oren* —, stuff one's fingers into one's ears; *iem. in bed* —, pack a p. off to bed; *iem. in een baan* —, slide a p. into a job.
▼**stop/plaats** stop. ▼—**sein** stop-signal. ▼—**streep** halt-line. ▼—**trein** stopping train. ▼—**verbod** stopping prohibition. ▼—**verf** putty. ▼—**wol** darning-wool. ▼—**woord** expletive, stopgap. ▼—**zetten** stop; (*fabriek, enz.*) close down. ▼—**zetting** stopping; stoppage. ▼—**zijde** darning-silk.
storen disturb, interfere with; interrupt; (*radio*) jam; *stoor ik u?*, am I intruding?; *de lijn is gestoord*, (*tel.*) the communication is interrupted; *stoor je niet aan hem*, 1 do not mind him; 2 do not bother about him. ▼**storend** disturbing; (*v. drukfout*) annoying. ▼**storing** disturbance, interruption; (*radio*) atmospherics, interference, jamming; (*onderbreking*) break in transmission; — *van het elektrisch licht*, electric light failure; *technische* —, technical trouble. ▼—**sdienst** complaint service. ▼—**enbureau** complaint office. ▼—**vrij** trouble-free; (*v. radio*) static-free.
storm gale, storm, tempest; — *in een glas water*, s. in a tea cup. ▼—**aanval** assault. ▼—**achtig** stormy, tempestuous. ▼—**bal** black ball. ▼—**band** chin-strap. ▼—**centrum** s.-centre. ▼—**en** storm; *t stormt*, there is a gale, it is blowing a gale; (*fig.*) tear (rush). ▼—**enderhand:** — *innemen*, take by storm. ▼—**en-drang periode** period of s. and stress. ▼—**hoek** stormy corner. ▼**S—kaap** Cape of Storms. ▼—**klok** tocsin. ▼—**lamp** hurricane lamp. ▼—**loop** (*aanval*) assault; rush (for tickets), run (on the shops). ▼—**lopen:** — *op*, storm, rush; *ze lopen storm om*, there is a regular run on. ▼—**meeuw** common gull. ▼—**ram** battering-ram. ▼—**sein** s.-cone; (*fig.*) s.-signal. ▼—**troepen** s.-troops. ▼—**vogel** stormy petrel. ▼—**waarschuwing** gale warning. ▼—**waarschuwingsdienst** meteorological office. ▼—**weer** stormy weather. ▼—**wind** s.-wind, gale.
stort/bad shower-bath; *dit werkte als een* — *op zijn geestdrift*, this damped his enthusiasm considerably. ▼—**bui** downpour. ▼—**en** I o*v.w* (*vuil*) dump, shoot; (*graan*) pour; (*tranen*) shed; (*geld*) pay; *een land in oorlog* —, plunge a country into war; *zich in iem.'s armen* —, fling o.s. into a p.'s arms; *radioactieve afval in zee* —, dump nuclear waste in the sea; *de rivier stort zich in zee*, the river empties into the sea; *zich in de strijd* —, rush into the fray; *zich* — *op iem.*, fall upon a p.; *zich op zijn prooi* —, pounce upon one's prey. II *o.n.w.* plunge, fall; *voor zijn pensioen* —, contribute towards one's pension. ▼—**goederen** bulk cargo. ▼—**goot** shoot, chute. ▼**storting** dumping; pouring; shedding; payment. ▼**sbewijs** voucher, receipt. ▼—**sformulier** paying-in form. ▼**stort/kar** tip-cart. ▼—**plaats** dump, dumping ground. ▼—**regenen** pour. ▼—**vloed** torrent.
stoten (*duwen*) push; (*aan*—) nudge; (*met zwaard*) thrust; (*met de horens*) butt; (*schokken*) jolt; *zijn hoofd* —, bump one's head, (*fig.*) meet with a rebuff; *zijn teen* —, stub one's toe; *zich* —, knock o.s.; *zich* — *aan*, (*fig.*) take offence at; *op een rots* —, strike upon a rock; *op de vijand* —, run into the enemy; *uit de partij* —, expel from the party; *van de troon* —, drive from the throne; *van zich* —, cast (a p.) off. ▼**stotend** (*fig.*) offensive.

stotter/aar stutterer, stammerer. ▼—**en** stutter, stammer.
stout I *zn* stout. II *bn* (*ondeugend*) naughty; (*moedig*) bold. ▼—**erd** naughty child. ▼—**heid** boldness; naughtiness. ▼—**moedig** bold. ▼—**moedigheid** boldness.
stouw/age stowage. ▼—**en** stow. ▼—**er** stevedore.
stoven stew; *zich* —, bask.
straal I *zn* ray; (*v. cirkel*) radius; (*v. water*) jet. II *bw: iem.* — *negeren*, cut a p. dead. ▼—**aandrijving** jet propulsion. ▼—**breker** splash preventer. ▼—**breking** refraction. ▼—**bundel** pencil of rays, beam. ▼—**jager** jet-fighter. ▼—**motor** jet engine. ▼—**sgewijze** radially. ▼—**vliegtuig** jet. ▼—**vorming** radiated.
straat street; (*zee*—) strait(s); *op* —, in the street; *op* — *staan*, (*v. huurders*) be turned out; (*v. arbeiders*) be thrown out (of work); *iem. op* — *zetten*, turn a p. into the s. ▼—**afval** s.-refuse. ▼—**arm** as poor as a church-mouse. ▼—**belasting** frontage tax. ▼—**collecte** s.-collection, flag-day. ▼—**deur** s. door. ▼—**gevecht(en)** house-to-house fighting. ▼—**hoek** c.-corner. ▼—**hond** s.-dog. ▼—**jeugd** s.-urchins. ▼—**jongens** s.-arab. ▼—**kei** cobble. ▼—**koopman** s.-merchant. ▼—**lantaarn** s.-lamp. ▼—**lawaai** noise of the street. ▼—**leven** s.-life. ▼—**liedje** s.-song. ▼—**maker** road-maker, road-mender. ▼—**meid** s.-girl. ▼—**muzikant** s.-musician. ▼—**naam** s.-name. ▼—**orgel** s.-organ. ▼—**roof** s.-robbery. ▼—**rover** s.-robber. ▼—**rumoer** s.-noise(s).
Straatsburg Strasbourg.
straat/schender hooligan. ▼—**schenderij** hooliganism. ▼—**slijper** loafer. ▼—**veger** road-sweeper, scavenger, street orderly. ▼—**venter** s.-hawker. ▼—**verlichting** s.-lightning. ▼—**vuil** s.-refuse. ▼—**weg** highroad.
straf I *bn* (*streng*) severe; (*v. drank, wind*) stiff. II *zn* punishment, penalty. ▼—**baar** punishable; — *feit*, offence. ▼—**baarstelling** penalization. ▼—**bepaling** penal provision. ▼—**expeditie** punitive expedition. ▼—**feloos** with impunity. ▼—**feloosheid** impunity. ▼—**fen** punish; (*bij wedstrijd*) penalize; *dat straft zichzelf*, that carries its own punishment. ▼—**fer** punisher. ▼—**gevangenis** convict prison.
strafheid severity; stiffness.
straf/kolonie penal colony. ▼—**maatregel** punitive measure. ▼—**middel** means of punishment. ▼—**pleiter** criminal lawyer. ▼—**port(o)** surcharge. ▼—**predikatie** lecture; *een* — *houden*, read a lecture. ▼—**punt** bad mark, fault; —*en krijgen*, be penalized, be faulted. ▼—**recht** criminal law. ▼—**rechtelijk** criminal, penal; *iem.* — *vervolgen*, prosecute a p. ▼—**rechter** criminal judge. ▼—**regels** lines. ▼—**register** (*boek*) punishment-book; (*mil.*) defaulters' book; *'n blanco* — *hebben*, have a clean record. ▼—**schop** penalty kick. ▼—**schopgebied** penalty area. ▼—**stelsel** penal system. ▼—**tijd** term of imprisonment. ▼—**verordening** penal regulation. ▼—**vervolging** criminal prosecution; *een* — *tegen iem. instellen*, bring a criminal action against a p. ▼—**werk** imposition; — *maken*, do impositions (impots). ▼—**wet** criminal law. ▼—**wetboek** penal code. ▼—**wetgeving** penal legislation. ▼—**zaak** criminal case.
strak (*v. touw*) taut; (*v. gezicht*) set; (*v. blik*) fixed; — *aanhalen*, tighten; — *aankijken*, look hard at; — *gespannen*, taut. ▼—**heid** stiffness.
strakjes, straks (*aanstonds*) presently; (*zoëven*) just now, a little while ago; *tot* —!, so long!; see you later!
stral/en beam, radiate; (*op examen*) be plucked, fail. ▼—**enkrans, —enkroon** aureole, halo. ▼—**ing** radiation. ▼—**ingsziekte** radiation sickness.
stram stiff, rigid; ramrod (figure). ▼—**heid**

stiffness, rigidity.
stramien canvas; *op hetzelfde —
voortborduren*, go on in the same vein.
strand beach, sands; *op 't — lopen*, (*v. schip*)
run ashore. **▼—boulevard** sea-front,
promenade. **▼—en** strand, run ashore.
▼—jut(ter) b.comber. **▼—jutterij**
b.combing. **▼—loper** (*vogel*) sanderling.
▼—recht right of salvage. **▼—schoen**
b.-shoe. **▼—stoel** b.-chair. **▼—tent** b.-tent.
▼—vlo sand-hopper. **▼—wacht**
beach-rescue. **▼—wachter** coast-guard.
strateeg strategist. **▼strateg/ie** strategy.
▼—isch strategic(al).
stratosfeer stratosphere. **▼—tocht**
stratospheric ascent. **▼—vliegtuig**
stratoplane.
streber careerist, (social) climber.
streefdatum target date.
streek 1 (*land—*) region, district, part of the
country; **2** (*penne—*) stroke; (*viool*)
bowing; **3** (*kompas—*), point; **4** *een handige
—*, a clever trick (dodge); *streken uithalen*,
play tricks; *iem op — helpen*, put a p. right; *op
— komen* (*raken*), get into one's stride;
helemaal op — zijn, be quite settled; *van —*,
upset, put out, (*v. maag*) out of order, upset,
(*lichamelijk*) out of sorts; *de klok is van —*, the
clock has gone wrong. **▼—plan** regional
(area) plan. **▼—plandienst** regional planning
board. **▼—roman** regional novel. **▼—taal**
dialect.
streep stripe, streak, dash; *een — halen door*,
strike out; cancel; *een — door de rekening
halen*, upset a p.'s calculations; *er loopt 'n —
door bij hem*, he is a bit cracked; *laten we er
voor vandaag een — onder zetten*, let us call it
a day; *met strepen*, striped. **▼—je** dash;
(*koppelteken*) hyphen; (*stof*) stripe; *een —
voor hebben*, be privileged; *een — voor
hebben bij iem.*, be in p.'s good books.
▼—jesbroek striped trousers.
strekdam breakwater.
strekken stretch, extend; *zolang de voorraad
strekt*, as long as the stock lasts; *— om*, serve
to; *— tot*, (*fig.*) tend to; *dat strekt u tot eer*, that
does you credit; *tot voordeel* (*zegen*) *—*, be
beneficial to.
strekking (*v. woord*) meaning; (*v. betoog*)
purport, tenor; (*richting*) drift, tendency;
(*aard*) character; (*draagwijdte*) scope.
strekspier extensor (muscle).
strel/en caress, stroke, fondle; (*fig.*) flatter,
gratify. **▼—end** (*fig.*) flattering. **▼—ing** caress,
gratification.
strem/men (*v. melk*) curdle; (*v. bloed*)
congeal; (*verkeer*) obstruct, hold up. **▼—ming**
curdling; obstruction. **▼—sel** coagulant.
streng I *bn* (*toon, straf, klimaat*) severe;
(*geheimhouding, discipline*) strict; (*v. gelaat*)
stern; *'n — protestant*, a rigid (strict)
Protestant; *zich — aan de voorschriften
houden*, adhere (stick) rigidly to the
regulations; *— verboden toegang*, strictly
private. **II** *zn* (*v. garen*) skein; (*v. touw*) strand;
(*v. tuig*) trace; *— parelen*, string of pearls.
strengel strand. **▼—en** twist; *in elkaar —*,
intertwine. **▼—ing** twisting.
strengheid severity, strictness, rigour.
strepen stripe, streak.
streven I *ww* strive; *— naar*, s. after (for), aim
at, aspire to (the throne); *opzij —*, rival, run
close; *iem. voorbij —*, outstrip a p. **II** *zn*
striving, endeavour; (*neiging*) tendency.
striem weal. **▼—en** lash, castigate.
strijd struggle, contest, fight; *— om het
bestaan*, struggle for life; *de — aanbinden met*,
enter the lists against, join issue with; *er
bestaat — over of...*, it is a moot point
whether...; *— voeren tegen*, wage war
against; *in — met*, contrary to, in violation of
(the law); *in — zijn met*, run counter to, clash
with; *met elkaar in — zijnde opvattingen*,
conflicting views; *zij prezen* (*als*) *om —*, they
vied with each other in their praises of; *zich ten
—e rusten*, prepare for war; *als overwinnaar uit

de — komen*, come out on top; emerge
victoriously. **▼strijd/baar** warlike, militant.
▼—baarheid warlike spirit, militancy. **▼—bijl**
battle-axe, hatchet; *de — begraven*, bury the
h. **▼—en** fight, struggle; *— met*, (*fig.*) clash
with; *— om, voor*, fight for; *— tegen*, f. against.
▼—er fighter. **▼—gewoel** turmoil of battle.
strijdig contrary (to); *— belangen*,
conflicting interests. **▼—heid** contradiction.
strijd/kas fighting-fund. **▼—krachten**
military (fighting) forces. **▼—kreet**—**leus**
war-cry, slogan. **▼—lied** battle-song. **▼—lust**
pugnacity. **▼—lustig** pugnacious.
▼—makker brother in arms. **▼—middel**
weapon; (*mv ook*) arms. **▼—perk** lists; *in 't —
treden*, enter the lists. **▼—toneel** theatre of
war, combat area, theatre of operations.
▼—vaardig ready to fight. **▼—vaardigheid**
readiness to fight. **▼—vraag** controversial
point. **▼—wagen** chariot. **▼—wijze** method
of warfare.
strijk: *—'en zet*, again and again.
strijkage bow; *—s*, airs and graces; *—s maken
voor iem.*, bow and scrape to a p.
strijkbout iron-heater.
strijkconcert concert for strings.
strijken (*boot, vlag*) lower; (*zeil*) strike;
(*linnen*) iron; (*op 'n snaar*) bow; *de riemen —*,
back water; *— langs*, brush (past), skim (along
the water); *met de vingers door 't haar —*, run
one's fingers through one's hair; *met de hand
over de ogen —*, pass one's hand across one's
eyes; *met de winst gaan —*, pocket the gain;
iem. onder de kin —, chuck a p. under the chin;
zich 't haar uit 't gezicht —, push one's hair out
of one's face. **▼strijk/er** (*v. linnen*) ironer; (*in
orkest*) string-player. **▼—geld** charge for
ironing. **▼—goed** clothes to be ironed; ironed
clothes. **▼—ijzer** flat-iron. **▼—inrichting**
laundry.
strijk/instrument stringed instrument; *de
—en*, the strings. **▼—je** string-band.
▼—kwartet string quartette. **▼—muziek**
string-music. **▼—orkest** string-band.
strijk/plank ironing-board. **▼—ster** ironer.
strijkstok bow; *er blijft teveel aan de —
hangen*, too much sticks to the fingers.
strijkwerk ironing.
strik (*v. lint*) bow, knot; (*in knoopsgat*) favour;
(*dasje*) bow (-tie); (*om te vangen*) snare;
—ken zetten, lay snares. **▼—das** bow (-tie).
▼—je knot; bow (-tie). **▼—ken** (*das, enz.*) tie;
(*vangen*) snare; (*fig.*) ensnare; *iem. — voor
een werk*, rope a p. in for a job. **▼—kenzetter**
trapper.
strikt strict; *— genomen*, strictly speaking; *—
verboden*, strictly forbidden. **▼—heid**
strictness, precision.
strikvraag catch question, catch.
stripverhaal strip (cartoon).
stro straw; *over een — vallen*, stumble at a s.
▼—achtig strawy. **▼—bloem** immortelle.
▼—bokking red herring. **▼—bos** bundle of s.
▼—breed: *ik heb hem nooit een — in de weg
gelegd*, I have never thwarted him in any way.
▼—dak thatched roof.
stroef (*slot, manieren*) stiff; (*oppervlak*)
rough, uneven, harsh (features).
strof/e strophe. **▼—isch** strophic.
stro/fles wicker bottle. **▼—geel** straw-yellow.
▼—halm (blade of) straw; *zich aan een —
vastklampen*, catch at a s. **▼—hoed** s.-hat.
▼—karton s.-board.
stroken: *— met*, be in keeping with (in
accordance with).
stro/man straw-man; (*fig.*) figure-head,
dummy. **▼—matras** s.-mattress.
strom/en stream, flow, pour; *'t stroomt
bestellingen*, orders are pouring in; *de mensen
stroomden erheen*, people were flocking to it.
▼—end: *— water*, running water; *—e regen*,
pouring rain. **▼—ing** current; (*fig.*) tendency,
trend.
strompelen stumble, stagger, hobble.
stronk (*v. boom*) stump; (*v. kool*) stalk; *'n —
andijvie*, a head of endive.

stront muck, dung, dirt, filth. ▼—**je** sty (in the eye).

strooi/biljet handbill. ▼—**bus** dredger. ▼—**en** I *ww* strew, scatter; *tweedracht* —, sow discord. II *bn* straw; — *hoed*, straw hat, (*ook*) boater. ▼—**er** (*pers.*) strewer; (*op tafel*) caster; (*salt-*) sprinkler; ▼—**sel** litter; (*op de boterham*) grated chocolate.

strook strip (of land); slip (of paper); (*v. japon, enz.*) flounce; (*kanten —*) frill; (*v. postwissel*) counterfoil.

stroom (*rivier*) stream; (*elektr.*) current; (*fig.*) stream (of people), flood (of words); *'n — van scheldwoorden*, a torrent of abuse; (*de regen*) *viel bij (in) stromen neer*, came down in torrents; *'n draad onder —*, a live wire; *niet onder —*, dead; *onder — brengen*, electrify; *op — liggen*, be moored in mid-stream. ▼—**af(waarts)** downstream. ▼—**breker** breakwater. ▼—**draad** (*v. rivier*) main current; (*elektr.*) contact wire. ▼—**gebied** (river-) basin. ▼—**kap** (*v. vliegt.*) fairing. ▼—**kring** circuit. ▼—**levering** current supply. ▼—**lijn** streamline. ▼—**lijnen** *ww* streamline. ▼—**loos** dead. ▼—**meter** galvanometer. ▼—**op(waarts)** upstream. ▼—**pje** streamlet. ▼—**regelaar** current-regulator; ▼—**regeling** c.-control. ▼—**sluiter** circuit-closer. ▼—**sterkte** force of the current. ▼—**verbruik** consumption of current. ▼—**versnelling** rapid(s). ▼—**wisselaar** commutator, switch.

stroop treacle. ▼—**kwast** *met de — lopen*, = **—likken** toady. ▼—**likker** lickspittle. ▼—**likkerij** toadyism. ▼—**pot** treacle-pot. ▼—**smeren** toady, butter up. ▼—**smeerder** toady.

strooptocht raid.

stroopwafel treacle-wafer.

strootje straw; *over 'n — vallen*, stumble at a s.

strop halter; (*strik*) noose; (*v. laars*) strap; (*pech*) bad luck; (*verlies*) loss, bad bargain; *hij heeft zich een — gekocht*, he has made a bad bargain over it; *daar krijgt hij de — voor*, he will swing for it; *tot de — veroordeeld worden*, be condemned to be hanged.

stropapier straw-paper.

stropdas tie, stock.

strop/en (*wild*) poach; (*paling*) skin; (*tak*) strip; (*roven*) maraud. ▼—**er** poacher; marauder. ▼—**erij** poaching; marauding.

stropop straw man; (*fig. ook*) figure-head.

strot throat. ▼—**klep** epiglottis. ▼—**tehoofd** larynx.

stro/vuur straw-fire. ▼—**zak** s.-mattress.

strubbeling difficulty, trouble.

struc/tureel structural. ▼—**tureren** structure. ▼—**tuur** structure.

struif omelet(te).

struik bush, shrub.

struikel/blok stumbling-block. ▼—**en** stumble, trip (over).

struik/gewas brushwood, shrubs. ▼—**heide** ling. ▼—**roos** bush rose. ▼—**rover** highwayman. ▼—**roverij** highway robbery.

struis I *zn* ostrich. II *bn* sturdy, buxom. ▼—**veer** ostrich-feather. ▼**struisvogel** ostrich. ▼—**politiek** o.-policy.

struma struma, goitre.

strychnine strychnine.

stuc stucco, plaster.

studeer/kamer study. ▼—**lamp** reading-lamp. ▼—**tafel** study-table. ▼—**vertrek** study.

student student, undergraduate; — *in*, s. of. ▼—**e** girl student. ▼**studenten/almanak** student's almanac. ▼—**blad** undergraduate paper. ▼—**bond** students' union. ▼—**corps** guild of undergraduates. ▼—**haver** almonds and raisins. ▼—**jaren** college years. ▼—**jool** students' rag. ▼—**leven** college life. ▼—**muts** students' cap. ▼—**roeiwedstrijd** Boat Race. ▼—**sociëteit** students' club. ▼—**stop** limit on student-intake. ▼—**tijd** college days. ▼—**vereniging** students' association. ▼—**weerbaarheid** para-military students' organization. ▼**studentikoos** student-like,

jaunty. ▼—**heid** jauntiness.

studeren study; — *in de medicijnen* (*rechten*), s. medicine (law); *voor een examen —*, study (read) for an examination. ▼**studie** study; *in — nemen*, (*voorstel*) study, (*toneelstuk*) put into rehearsal; — *maken van*, make a s. of. ▼—**beurs** scholarship. ▼—**boek** text-book. ▼—**commissie** special committee (to study the subject). ▼—**fonds** endowment. ▼—**gebied** field of s. ▼—**genoot** fellow-student. ▼—**jaar** year's course; *hij is van mijn —*, he is of my year. ▼—**kop** great student. ▼—**kosten** college expenses. ▼—**kring** s.-club. ▼—**lust** love of s. ▼—**reis** s.-trip. ▼—**tijd** college days. ▼—**toelage** scholarship, exhibition. ▼—**vak** subject (branch) of s. ▼—**verlof** deferment. ▼—**verzekering** education insurance; *'n — afsluiten*, take out an education policy. ▼—**vriend** college friend. ▼—**zaal** reading room. ▼—**zin** love of study.

studio studio. ▼—**uitzending** s.-broadcast.

stuf eraser.

stug stiff, dour. ▼—**heid** s.ness, d.ness.

stuif/meel pollen. ▼—**zand** drift-sand. ▼—**zwam** puff-ball.

stuip convulsion, fit; *'n — krijgen*, have a f.; *zich een — lachen*, be convulsed with laughter; *iem. de —en op het lijf jagen*, send a p. (off) into a fit. ▼—**achtig** convulsive. ▼—**trekken** twitch, be convulsed. ▼—**trekking** twitching, convulsion.

stuitbeen tail-bone.

stuit/en (*v. bal*) bounce; (*tegenhouden*) stop, arrest; *op tegenstand stuiten*, encounter opposition; *dat stuit mij tegen de borst*, that goes against the grain with me. ▼—**end** shocking. ▼—**er** big marble.

stuit/je tail-bone. ▼—**stuk** rump-piece.

stuiven 1 (*rennen*) dash; 2 *het stuift hier*, it is dusty here.

stuiver penny. ▼—**sroman** penny dreadful. ▼—**stuk** penny. ▼—**tje** penny; *men weet nooit hoe een — rollen kan*, you never can tall; — *wisselen*, (play) pass in the corner; *'n — op zijn kant*, (*fig.*) a toss-up.

stuk I *zn* (*gedeelte*) piece; part, fragment; (*toneelstuk*) play, piece; (*schaak—, schilder—*) piece; (*op broek*) patch; (*document*) document; (*tijdschriftartikel, post—*) article; (*effect*) security; (*kanon*) gun; *'n — grond*, a patch of ground; *tien —s vee*, ten head of cattle; *'n — huisraad*, a piece of furniture; *ingezonden —*, letter to the editor; *'n stout —*, a bold feat; *'n raar — mens*, a queer specimen; *'n — of zes*, five or six; *—ken brokken*, odds and ends; *'n (heel) — beter*, (quite) a lot better; *2/- het —*, 2/- each; *'n heel — over de 30*, well over 30; *er bleef geen — heel in het huis*, the whole place was smashed up; *de kritiek liet geen — van hem heel*, the critics tore him to pieces (shreds); *'n —je in de krant*, a par in the paper; *uren aan één —*, for hours on end; *aan één — door*, without stopping, non-stop; *aan —ken breken* (*slaan*), break (knock) to pieces; *bij het — kopen*, buy by the piece; *bij —ken en brokken*, piecemeal, bit by bit; *in één — door*, right through; *op geen —ken na*, not by a long chalk, not nearly, nothing like; *op het — van*, in the matter of; *op — van zaken*, after all; *toen het op — van zaken aankwam*, when it came to the point; *hij bleef op zijn — staan*, he stuck to his point; *2/- per —*, 2/- each; *per — verkopen*, sell by the piece; *het is uit één —*, it is all of a piece; *'n man uit één —*, a sound man; *klein van —*, of a small stature; *iem. van —ken brengen*, upset, put off, disconcert a p.; *van zijn — raken*, become upset, lose one's head; — *voor —*, one by one. II *bn* broken; (*defect*) out of order.

stukadoor plasterer. ▼—**swerk** stucco-work. ▼**stukadoren** plaster.

stuk/arbeider piece-worker. ▼—**breken** break (to pieces). ▼—**draaien** overwind. ▼—**gaan** break (to pieces), go; (*v. auto*) break down. ▼—**goed(eren)** general cargo, piece-goods. ▼—**gooien** smash. ▼—**hakken** (deur) cut to pieces; (hout) chop (up). ▼—**je** (little) bit, small piece; een — eten, have a bite; — bij beetje, bit by bit. ▼—**lezen** read to pieces. ▼—**loon** piece-wages; op — werken, work on pieces rates. ▼—**maken** break. ▼—**scheuren** tear; tear to pieces. ▼—**sgewijs** piecemeal. ▼—**slaan** I on.w smash; (geld) squander. II on.w be dashed to pieces. ▼—**snijden** cut up. ▼—**vallen** fall to pieces. ▼—**werk** piece-work. ▼—**werker** piece-worker.

stulp hut; (stolp) glass-bell.

stumper bungler; 'n arme —, a poor devil. ▼—**ig** poor (show), fumbling (attitude).

stuntel bungler.▼—**en** bungle. ▼—**ig** clumsy.

stuntvlieg/en stunt-flying. ▼—**er** s. -flyer.

sturen (besturen) steer; (auto) drive; (brief) send; om iets —, send for s.th.

stut prop, support. ▼—**muur** buttress. ▼—**ten** prop, buttress, support.

stuur (v. schip) helm; (v. auto) wheel; (v. fiets) handlebar. ▼—**as** steering-shaft. ▼—**bekrachtiging** power-steering. ▼—**board** starboard. ▼—**cabine** cockpit. ▼—**groep** steering committee. ▼—**hut** cockpit, flight deck. ▼—**inrichting** steering-gear. ▼—**knuppel** control-column, (sl.) joy-stick. ▼—**kolom** steering column; schokabsorberende —, energy absorbing · steering column. ▼—**lastig** down by the stern. ▼—**loos** out of control.

stuurman chief (first) mate; (roerganger) helmsman; (sp.) cox; de beste stuurlui staan aan wal, bachelor's wives and maiden's children are well trained. ▼—**sbriefje** mate's receipt. ▼—**skunst** steersmanship.

stuur/organen (luchtv.) controls. ▼—**rad** steering-wheel. ▼—**raket** retro-rocket.

stuurs surly. ▼—**heid** surliness.

stuur/stang handle-bar(s). ▼—**stoel** control-seat. ▼—**versnelling** column gear-change. ▼—**wiel** (v. auto) driving-wheel; (v. vliegt.) control-wheel.

stuw weir.

stuw/adoor stevedore. ▼—**age** stowage.

stuw/dam weir. ▼—**en** 1 (scheepv.) stow; 2 (voortbewegen) propel; 3 (keren) dam up. ▼—**kracht** propelling-power, thrust; (fig.) driving-power; hij is de — (in het bestuur), he is the moving force (spirit).

subagent sub-agent. ▼—**schap** sub-agency.

subaltern subaltern; — e officier, subaltern.

subcommissie sub-committee.

subiet I bn sudden. II bw (dadelijk) at once; (plotseling) suddenly.

subject subject. ▼—**ief** subjective. ▼—**iviteit** subjectivity.

subliem sublime. ▼**sublimeren** sublimate.

sub rosa sub rosa, under the rose.

subsidiair with the option of.

subsid/ie subsidy, grant. ▼—**iëren** subsidize. door 't rijk gesubsidieerd, State-aided. ▼—**iëring** subsidizing.

substant/ie substance, matter. ▼—**ieel** substantial. ▼—**ief** substantive, noun.

substit/ueren substitute. ▼—**uut** substitute, deputy. ▼—**uutofficier** deputy prosecutor.

subtiel subtle. ▼**subtiliteit** subtlety.

subtropisch subtropical.

subversief subversive.

succes success; —/, good luck (to you)!; — hebben, have s., be successful; met (zonder) —, (un)successfully.

successie succession. ▼—**oorlog** war of succession. ▼—**rechten** death-duties. ▼**success/ief** successive. ▼—**ievelijk** successively.

succes/nummer, —stuk hit. ▼—**vol** successful.

sudderen simmer.

suède suede.

Suez-kanaal Suez Canal.

suf dull. ▼—**fen** doze; be day-dreaming; zit niet te —/, look slippy! ▼—**fer(d)** dullard, duffer. ▼—**ferig** dull. ▼—**figheid** dullness.

suggereren suggest. ▼**suggest/ie** suggestion. ▼—**ief** suggestive.

suiker sugar. ▼—**achtig** sugary. ▼—**biet** s.-beet. ▼—**boon** (groente) butter-bean; (bonbon) s.-plum. ▼—**brood** s.-loaf. ▼—**bus** s.-canister. ▼—**cultuur** s.-culture. ▼—**fabriek** s.-factory. ▼—**goed** confectionery, sweetmeats. ▼—**lepeltje** s.-spoon. ▼—**oogst** s.-crop. ▼—**oom** s. (legacy) uncle. ▼—**patiënt** diabetic. ▼—**peer** s.-pear. ▼—**plantage** s.-plantation. ▼—**planter** s.-planter. ▼—**pot** s.-basin. ▼—**raffinaderij** s.-refinery. ▼—**riet** s.-cane. ▼—**strooier** s.-caster. ▼—**tante** s. (legacy) aunt. ▼—**water** s. water. ▼—**ziekte** diabetes; lijder aan —, diabetic. ▼—**zoet** as sweet as s.; (fig.) sugary.

suite suite of rooms.

suizebollen stagger, be giddy; het deed hem —, it knocked him silly, it made him reel.

▼**suizel/en** rustle. ▼—**ing** rustling. ▼**suizen** buzz; (v. kogels) whizz; (v. wind) sough, sigh; (v. regen, boom) rustle.

sujet fellow; verdacht —, shady customer.

sukade candied peel. ▼—**koek** holiday cake.

sukkel dud, noodle, mug; aan de — zijn, be ailing. ▼—**aar** 1 invalid; 2 bungler. ▼—**achtig** ailing; (stumperig) bungling. ▼—**draf** jog-trot; op een —je, at a jog-trot. ▼—**en** be ailing; (lopen) jog, trudge; aan het — raken, fall into ill health; achteruit —, get worse; — met, have trouble with. ▼—**gangetje** jog-trot.

sul mug, soft Johnny.

sulfaat sulphate.

sulfer sulphur. ▼—**achtig** sulphurous.

sullig soft, goody-goody.

sultan sultan. ▼—**aat** s. sultanate. ▼—**e** sultana.

summier brief, concise, summary.

superfosfaat superphosphate.

superieur bn & zn superior. ▼**superioriteit** superiority.

superlatief superlative.

supermarkt supermarket.

supersonisch supersonic.

suppl/eren supplement, supply the deficiency. ▼—**ement** supplement. ▼—**etie** supplementary payment. ▼—**etoir** supplementary.

suppoost door-keeper, usher; (in gevangenis) turnkey, warder; (in museum) custodian.

supranationaal supranational.

surf/en surf, go surf-riding. ▼—**plank** surf-board, (met zeil) windsurfer, sail-board.

suprematie supremacy.

Surin/aams, —ame Surinam.

surnumerair supernumerary.

surplus surplus.

surprise surprise.

surrealisme surrealism.

surrogaat substitute.

surséance: — van betaling, moratorium, suspension of payment; — van betaling aanvragen, apply for an official m.

surveill/ance surveillance; (op school) supervision; (bij examen) invigilation. ▼—**ant** surveillant; (op school) duty-master; (bij examen) invigilator. ▼—**eren** I on.w supervise. II on.w (bij examen) invigilate; (v. politie) patrol.

sussen (kind) soothe; (ontevredenheid) appease; (zaakje) hush up; in slaap —, lull asleep.

suzerein suzerain. ▼—**iteit** suzerainty.

s.v.p. (if you) please.

swastika swastika.

syfil/is syphilis. ▼—**itisch** syphilitic.

syllabe syllable. ▼**syllabus** syllabus.

syllogisme syllogism.

symbol/iek symbolism. ▼—**isch** symbolic(al), token (payment). ▼—**iseren** symbolize. ▼**symbool** symbol.

symfon/ie symphony. ▼—**ieorkest** s.-orchestra. ▼—**isch** symphonic.

symmetr/ie symmetry. ▼—**isch** symmetric(al).

sympath/ie sympathy; —ën en antipathieën,

likes and dislikes. ▼—**iebetuiging** expression of s. ▼—**iek** (*omgeving*) congenial; (*plan*) attractive; (*gezicht*) appealing; (*pers.*) nice; (*zelden:*) sympathetic; *hij is mij —*, I like him. ▼—**iseren** sympathize.

symptoom symptom.

synagoge synagogue.

synchron/iseren synchronize. ▼—**isme** synchronism.

syncop/e (*muz.*) syncopation. ▼—**eren** syncopate. ▼—**isch** (*muz.*) syncopated.

syndicaat syndicate. ▼**syndical/isme,**—**ist** syndicalism, -ist.

syndroom syndrome.

synod/aal synodal. ▼—**e** synod.

synoniem I *bn* synonymous. II *zn* synonym. ▼**synonymiek** synonymy.

syntactisch syntactic. ▼**syntaxis** syntax.

synthe/se synthesis. ▼—**tisch** synthetic.

Syr/ië Syria. ▼—**iër,**—**isch** Syrian.

systeem system; *daar zit geen — in,* there is no method in it. ▼—**loos** unmethodic, haphazard. ▼**systemat/icus** systematician. ▼—**iek** systematics. ▼—**isch** systematic. ▼—**iseren** systematize.

taai tough (meat, clay, etc.), leathery (meat); sticky (mud, toffee); (*fig.*) tough (soldiers, animals), tenacious (of life, memory), dogged; (*saai*) dull, tedious; —*e volharding,* dogged persistence; *hou je —!,* keep your pecker up!; *geruchten hebben een — leven,* rumours are hard to kill. ▼—**achtig** toughish. ▼—**heid** toughness, tenacity.

taai-taai (kind of) gingerbread. ▼—**pop** gingerbread man.

taak task; (*pop.*) job; (*daltonstelsel*) assignment; *voor zijn — berekend,* equal to the occasion, well-equipped for the job; *op mij rust de taak om…,* it is my task (duty) to…, *dat behoort tot de — van de regering,* that is the responsibility of the government; *hij stelt zich tot — om…,* he makes it his t. to…; *dat legt mij een zware — op,* that sets me a heavy t. ▼—**analyse** job analysis. ▼—**omschrijving** (*commissie*) (terms of) reference; job description; (*voor bedrijf*) job order. ▼—**verdeling** allocation (assignment) of work (duties), division of labour.

taal language, speech; *hij gaf — noch teken,* he gave neither word nor sign; *duidelijke — spreken,* speak plainly; *vuile — uitslaan,* use foul language. ▼—**akte** l. diploma. ▼—**arm** linguistically deprived. ▼—**armoede** poverty of language. ▼—**atlas** linguistic atlas. ▼—**barrière** language barrier. ▼—**bederf** corruption of the l. ▼—**bederver** corrupter of a l. ▼—**begrip** linguistic feeling, idea of grammar. ▼—**beheersing** command (mastery) of a l. ▼—**beoefenaar** linguistic student. ▼—**beoefening** linguistic study. ▼—**cursus** language course. ▼—**eigen** idiom. ▼—**familie** l.-family. ▼—**fout** grammatical mistake. ▼—**gebruik** usage. ▼—**geleerde** linguist. ▼—**gevoel** linguistic feeling. ▼—**grens** linguistic frontier. ▼—**groep** linguistic group. ▼—**hervormer** reformer of the l. ▼—**kenner** linguist. ▼—**kunde** philology, linguistics. ▼—**kundig** linguistic, grammatical. ▼—**kundige** philologist, linguist. ▼—**leraar** l.-master. ▼—**onderwijs** l.-teaching. ▼—**onderwijzer** l.-teacher. ▼—**regel** grammatical rule. ▼—**rellen** language riots. ▼—**strijd** linguistic struggle. ▼—**studie** study of language(s). ▼—**tje** lingo. ▼—**uiting** utterance. ▼—**vaardigheid** (*alg.*) fluency, command of the language. ▼—**verrijking** enrichment of the language. ▼—**verwantschap** linguistic affinity. ▼—**verwarring** 1 confusion of tongues; 2 grammatical confusion. ▼—**verwerving** language acquisition. ▼—**wet** linguistic law. ▼—**wetenschap** linguistics, philology. ▼—**zuiveraar** purist. ▼—**zuivering** purism.

taan tan. ▼—**kleurig** tawny.

taart tart, cake. ▼—**je** pastry, tartlet.

tabak tobacco; *ik heb er — van,* I'm sick of it. ▼**tabaks/as** t.-ashes. ▼—**bouw** t.-growing. ▼—**cultuur** t.-culture. ▼—**doos** t.-box. ▼—**fabriek** t.-factory. ▼—**fabrikant** t.-manufacturer. ▼—**handel** t.-trade. ▼—**kerver** t.-cutter. ▼—**kerverij** t.-cutting factory. ▼—**lucht** smell of t. ▼—**monopolie** t.-monopoly. ▼—**onderneming**

t.-plantation. ▼—**oogst** t.-crop. ▼—**plant** t.-plant. ▼—**plantage** t.-plantation. ▼—**planter** t.-planter. ▼—**pot** t.-jar. ▼—**veiling** sale of t. ▼—**verkoper** tobacconist. ▼—**waren** smokers' requisites. ▼—**winkel** t.-shop. ▼—**zak** t.-pouch.

tabberd tabard; *iem. op zijn — komen,* dust a p.'s jacket.

tabel table, chart, index. ▼—**larisch** tabular.

tabernakel tabernacle.

tableau tableau, picture.

table d'hôte table d'hôte.

tablet tablet; *(hoest—)* lozenge.

taboe taboo; —*verklaren,* taboo.

tabouret tabouret; *(voetbankje)* footstool.

tachtig eighty. ▼—**er** 1 octogenarian; **2** writer of the eighties; *in de —jaren,* in the eighties. ▼—**jarig** octogenarian. ▼—**ste** eightieth.

tact tact. ▼—**icus** tactician. ▼—**iek** tactics. ▼—**isch** tactical. ▼—**loos** tactless. ▼—**vol** tactful.

tafel table; *Ronde T— Conferentie,* Round T. Conference; *de — van acht,* the eight-times table; *— van vermenigvuldiging,* multiplication; *er een goede — op nahouden,* keep a good t.; *aan — gaan,* go to t., sit down to dinner; *aan — zijn (zitten),* be at t.; *na (voor) —,* after (before) dinner; *iem. onder de — drinken,* drink a p. under the table; *het eten staat op —,* dinner has been served; *ter — brengen,* bring up (for discussion), table; *ter — komen,* come up for discussion.

▼**tafel/bediende** table-servant. ▼—**berg** t.-mountain. ▼—**blad** t.-top. ▼—**buur** neighbour at t. ▼—**dame** partner. ▼—**dans** t.-turning. ▼—**dekken** laying a (the) table. ▼—**dienen** waiting at t. ▼—**drank** t.-drink. ▼—**etiquette** t.-manners. ▼—**geneugten** delights of the t. ▼—**gerei** dinner-things. ▼—**gesprek(ken)** t.-talk. ▼—**heer** partner. ▼—**kleed** t.-cover. ▼—**kleedje** t.-centre. ▼—**lade** t.-drawer. ▼—**laken** t.-cloth. ▼—**linnen** t.-linen. ▼—**loper** t.-runner. ▼—**poot** t.-leg. ▼—**rede** after dinner speech. ▼—**ronde** Round Table. ▼—**servies** dinner-service. ▼—**tennis** t.-tennis. ▼—**tje** small table; *het was er — dek je,* it was cut-and-come-again. ▼—**wijn** t.-wine. ▼—**zilver** t.-silver, plate.

tafereel scene, picture; *een somber — ophangen van iets,* give a gloomy picture of s.th.

tafzijde taffeta silk.

taill/e waist. ▼—**eren** cut in; *getailleerd,* waisted. ▼—**eur** tailor. ▼—**euse** dress-maker.

tak branch; *(zware —)* bough; *(fig. ook)* offshoot; *— van dienst,* department.

takel tackle, pulley-block. ▼—**auto** breakdown lorry. ▼—**en** rig; *(ophijsen)* hoist (up). ▼—**werk** tackling, rigging.

takje twig, sprig. ▼**takkenbos** faggot.

taks 1 portion, share; **2** *(dashond)* badger-dog, basset.

tal number; *— van,* a (great) number of.

talen: *ik taal er niet naar,* I don't care for it in the least.

talenpracticum language laboratory.

talent talent; *(alle betek.); een man van (met) veel —en,* a man of great talents, a highly gifted man. ▼—**enjacht** search for talent. ▼—**vol** talented, accomplished.

talg tallow.

tal/ie tackle. ▼—**iën** *ww* tackle.

talisman talisman, amulet.

talk tallow. ▼—**poeder** talcum (talc) powder. ▼—**steen** talc.

talloos countless, numberless.

talmen linger, delay, loiter; *zonder —,* without delay.

talon *(v. cheque)* counterfoil; *(v. effect)* talon, voucher.

talrijk numerous. ▼—**heid** numerousness.

talud slope.

tam tame; *(fig. ook)* t.-spirited; *—me kastanje,* sweet chestnut.

tamarinde tamarind.

tamboer drummer. ▼—**en:** *op iets,* insist on; keep harping on. ▼—**ijn** tambourine. ▼—**majoor** drum-major.

tamelijk I *bn* fair. II *bw* fairly, rather, pretty.

tamheid tameness.

tampon tampon, plug.

tamtam tomtom; *(fig.)* ballyhoo.

tand tooth *(mv* teeth, *ook van zaag, tandrad, enz.); —en knarsen,* gnash one's teeth, *(in slaap)* grind one's teeth; *(v. wiel)* cog; *(v. vork)* prong; *de — des tijds,* the t. (the ravages) of time; *—en krijgen,* cut one's teeth; *een — laten trekken,* have a t. pulled out (extracted); *iem. aan de — voelen, (polsen)* sound a p., *(naar zijn kennis)* test a p.; *(een verdachte)* examine, interrogate; *met hand en —,* with might and main; *met lange —en eten,* trifle with one's food; *de —en op elkaar klemmen, (lett. & fig.)* set one's teeth, *(fig.)* keep a stiff upper lip; *zijn —en laten zien,* show one's teeth; *op de —en bijten,* set one's teeth; *tot de —en gewapend,* armed to the teeth.

▼**tand/arts** dentist. ▼—**artsassistent(e)** dental nurse. ▼—**been** dentine. ▼—**bederf** tooth decay, caries. ▼—**boor** dental drill. ▼—**cariës** caries. ▼—**crème** t.-paste. ▼—**eloos** toothless.

tandem tandem.

tand/enborstel tooth-brush. ▼—**engeknars** gnashing of teeth. ▼—**estoker** tooth-pick. ▼—**extractie** extraction (of a tooth). ▼—**glazuur** enamel. ▼—**heelkunde** dental surgery. ▼—**heelkundig** dental. ▼—**heelkundige** dentist. ▼—**holte** dental cavity. ▼—**merg** dental pulp. ▼—**pasta** t.-paste. ▼—**pijn** t.-ache. ▼—**poeder** t.-powder. ▼—**rad** gear-wheel, cog-wheel. ▼—**radbaan** rack-and-pinion railway. ▼—**steen** scale; *van — ontdoen,* scale. ▼—**technicus** dental mechanic. ▼—**techniek** dental mechanics. ▼—**verzorging** dental care. ▼—**vlees** gums. ▼—**vulling** filling. ▼—**wiel** cog-wheel. ▼—**wortel** root of a t. ▼—**zenuw** dental nerve. ▼—**ziekte** dental disease.

tanen 1 tan; 2 *(fig.)* wane, fade; *doen —,* tarnish.

tang (pair of) tongs; *(nijptang)* pincers; *(v. chirurg)* forceps; *wat 'n ouwe —!,* what an old harridan!; *dat slaat als een — op een varken,* that is without rhyme or reason. ▼—**beweging** pincer movement.

tangens tangent.

tangetje (pair of) tweezers.

tango tango.

tanig tawny.

tank tank. ▼—**auto** tanker. ▼—**en** *ww* (re)fuel. ▼—**gracht** anti-t.-ditch. ▼—**schip** tanker. ▼—**station** petrol station. ▼—**val** t.-trap. ▼—**wagen** *(spoorw.)* tanker-wagon.

tantaliseren tantalize. ▼**tantaluskwelling** tantalization.

tante aunt; *'n lastige —,* a handful; *je —!,* my foot!

tantième bonus, royalty. ▼—**belasting** bonus-tax. ▼—**stelsel** bonus-system. ▼—**uitkering** b.-distribution.

tap *(kraan)* tap; *(spon)* bung.

t.a.p. Loc. cit. *(loco citato:* in the place mentioned).

tapijt carpet; *op het — brengen,* bring on the c.; broach. ▼—**schuier** carpet brush. ▼—**werker** carpet-maker, -weaver.

tapiss/erie tapestry. ▼—**ière** pantechnicon.

tap/kast bar. ▼—**pelings:** *(het zweet) liep — langs zijn gezicht,* was streaming down his face. ▼—**pen** tap, draw; *(verkopen)* sell; *moppen —,* crack jokes. ▼—**per** publican. ▼—**perij** public-house.

taps taper; *— toelopen,* taper.

taptemelk skim(med) milk.

taptoe tattoo, last post.

tap/verbod prohibition. ▼—**vergunning** on-licence.

tarbot turbot.

tarief tariff, rate; *(prijs)* charge; *billijk —,*

moderate terms; (*tel.*) — *van binnenlands verkeer*, inland call charges;— *van buitenlands verkeer*, international call charges; *het volle* — *berekenen*, make the full charge.
▼—**hervorming** t. reform. ▼—**muur** t.-wall.
▼**tarievenoorlog** tariff war.

Tartaar Tartar. ▼—**s** Tartar.

tart/en defy, challenge; flout (the law); brave (danger). ▼—**end** defiant.

tarwe wheat. ▼—**aar** w.-ear. ▼—**bloem** w.-flour. ▼—**brood** wheaten bread.
▼—**korrel** grain of w. ▼—**meel** w.-meal.
▼—**veld** w.-field. ▼—**vlokken** w.-flakes.

tas 1 bag; (*aktentas*) (despatch) case, brief-case; **2** (*kopje*) cup; **3** :— *hooi*, heap of hay. —**je** bag; (*v. fiets*) tool-bag.

tassen heap up.

tastbaar tangible, palpable. ▼—**heid** tangibility, palpability. ▼**tasten** I *ov.w* touch, feel; *iem. in zijn eer* —, hurt a p.'s pride. II *on.w* grope, fumble for; *om zich heen* —, (*v. vlammen*) spread. ▼**tast/orgaan** tentacle.
▼—**zin** tactile sense.

tatoeëren tattoo.

tautolog/ie tautology. ▼—**isch** tautological.

taxateur appraiser, valuer. ▼**taxatie** valuation, appraisement. ▼—**kosten** valuer's fee.
▼—**prijs** valuation (price). ▼—**waarde** appraised value. ▼**taxeren** value, appraise, estimate.

taxi taxi(cab). ▼—**bedrijf** t.-business.
▼—**chauffeur** t.-driver. ▼—**ën** taxi.
▼—**meter** taxi-meter; (*fam.*) clock.
▼—**onderneming** taxicab company. ▼—**rit** t.-ride. ▼—**standplaats** (taxi)cab rank.

t.b.c. tuberculosis.

te I *vz* at (home); in (London). II *bw* too (late); (*voor onbep. wijs*) to.

techn/icus technician. ▼—**iek** (*vakkunde*) technique (of dancing); (*als wetenschap*) technical science. ▼—**isch** technical; *Middelbare T—e School*, Polytechnic (School).

teder, teer tender (skin, point); delicate (health, tints); — *bemind*, dearly beloved.
▼—**heid** tenderness, delicacy.

teef bitch; (*vos*) vixen.

teel/aarde black earth. ▼—**bal** testicle.
▼—**kracht** generative power. ▼—**krachtig** prolific.

teelt cultivation; culture; (*v. vee*) breeding.
▼—**keus** selection.

teen 1 (*v. voet*) toe; **2** (*wilgetwijg*) osier (-twig); *op de tenen*, on tiptoe; *hij is gauw op zijn tenen getrapt*, he is easily offended. ▼—**hout** osier(s). ▼—**wilg** osier (-willow).

teer I *zn* tar. II *bn zie* **teder**. ▼—**achtig** tarry.

teergevoelig sensitive. ▼—**heid** sensitiveness.

teerhartig tender-hearted. ▼—**heid** t.ness.

teerkwast tar-brush.

teerling die; *de* — *is geworpen*, the d. is cast.

teerpot tar-pot.

teerspijze *de* (*H.*) —, the (holy) viaticum.

teer/ton tar-barrel. ▼—**zeep** (coal)tar soap.

tegel tile. ▼—**aarde** t.-earth. ▼—**bakker** t.-maker. ▼—**bakkerij** t.-works.
▼—**bekleding** tiling.

tegelijk(ertijd) at the same time, at once; *allen* —!, all together!; *één* —, one at a time; — *met*, simultaneously (along) with.

tegel/steen tile. ▼—**vloer** tiled floor.
▼—**werk** t. work. ▼—**zetter** tiler.

tegemoet/gaan go to meet; *zijn ongeluk* —, ride for a fall, court disaster; *een moeilijke tijd* —, be in for a hard time; *hij gaat een grote toekomst tegemoet*, he has a great future in store for him. ▼—**klinken** meet one's ears.
▼—**komen** come to meet; *ik wil u in de kosten wel wat* —, I'm willing to bear part of the expenses; *aan een wens* —, meet a wish.
▼—**komend** conciliatory, forthcoming, friendly, accommodating; *weinig* —, not very friendly, unaccommodating; *het* — *e verkeer*, the oncoming traffic. ▼—**koming**

accommodation; concession; (*vergoeding*) allowance, compensation. ▼—**lopen** go to meet. ▼—**rijden** drive to meet. ▼—**snellen** run to meet. ▼—**treden** advance towards (a p.); meet, face (difficulties). ▼—**zien** look forward to; face (the future).

tegen I *vz* against; (*in rechtszaak*) versus; (*tijd*) towards, by; (*prijs*) at; (*jegens*) to; *'t is tien* — *één*, it's ten to one; — *betaling van*, on payment of; — *het eten*, just before dinner; — *zessen* (*zal ik terug zijn*), by six o'clock; *'t liep* — *zessen*, it was getting on towards six; *ik ben er* —, I am against it; *ik heb niets* — *je*, I have nothing against you; *daar heb ik niets op* —, I don't mind in the least, I have no objection at all; *ik kan er niet* —, I cannot stand it, (*v. eten*) it does not agree with me; *hij kan niet* — *zijn verlies*, he is a bad loser; *de mensen* — *zich maken*, antagonize people; *de argumenten voor en* —, the arguments pro and con. II *bw*: *we hadden de wind* —, we had the wind against us; *hij heeft zijn uiterlijk* —, his looks are against him; *iem.* — *krijgen*, antagonize a p. III *zn*: *het voor en* —, the pros and cons.
▼**tegen/**- (*dikw.*) counter-. ▼—**aan** against.
▼—**aanval** c.-attack. ▼—**antwoord** rejoinder. ▼—**argument** c.-argument.
▼—**beeld** counterpart. ▼—**bericht** message to the contrary; *zonder uw* —, unless we hear from you to the contrary. ▼—**beschuldiging** recrimination. ▼—**betoging** c.-manifestation.
▼—**bevel** c. order. ▼—**bewijs** c.-proof.
▼—**bezoek** return-visit. ▼—**bod** c.-bid.
▼—**deel** contrary, opposite, reverse. ▼—**druk** c.-pressure. ▼—**effect** check-side. ▼—**eis** c.-claim. ▼—**eten** *zich iets* —, take a dislike to s.th. ▼—**gaan** check, prevent. ▼—**geschenk** present made in return. ▼—**gesteld** opposite, contrary; *het* —*e*, the opposite (reverse).
▼—**gif** antidote. ▼—**hanger** counterpart.
▼—**houden** stop; check, arrest; (*vertragen*) hold up. ▼—**kandidaat** rival candidate; opponent; *zonder* — *gekozen worden*, be returned unopposed. ▼—**kanting** opposition.
▼—**klinken** meet (a p.'s) ears. ▼—**komen** meet, come across. ▼—**lachen** smile at; (*v. plan*) appeal. ▼—**lichtopname** photograph taken against the light. ▼—**ligger** oncoming car (ship). ▼—**list** c.-stratagem. ▼—**lopen**: *alles liep hem tegen*, everything went wrong with him. ▼—**maatregel** c.-measure.
▼—**maken**: *iem. iets* —, set a p. against s.th.
▼—**middel** antidote. ▼—**natuurlijk** unnatural. ▼—**natuurlijkheid** unnaturalness.
▼—**offensief** c.-offensive. ▼—**order** c.-order.

tegenover (*lett.*) opposite (to), facing, over against; (*bij*) with (girls); in the presence of (strangers); (*hij beledigde mij*) — *de hele vergadering*, before the whole meeting; (*zij verkochten 2000 stuks*) — *1000 dit jaar*, as against …; (*ik woon*) *hier*—, opposite, across the road; — *deze feiten* (*helpt geen ontkenning*), against (in the face of) these facts; *zijn plicht doen* — *iem.*, do one's duty by a p.; *we staan* — (*grote moeilijkheden*), we are faced with, we are up against; *er staat wel iets* —, there are compensations; *daar staat* — *dat het* …, on the other hand it …; *hoe sta je* — (*dit voorstel*)?, how do you feel about?; *eerlijk zijn* — *iem.*, be honest with a p. ▼—**gelegen** opposite. ▼—**gesteld** opposite. ▼—**liggend**, —**staand** opposite.

tegen/partij opposite side; (—*stander*) opponent. ▼—**pool** antipole. ▼—**praten** answer back; *niet* —!, don't answer.
▼—**prestatie** quid pro quo, compensation.
▼—**prutteln** grumble. ▼—**rekening** contra-account; (—*vordering*) counter-claim.
▼—**slaan** be disappointing. ▼—**slag** reverse, set-back. ▼—**spartelen** resist; (*fig.*) raise objections; *zonder* —, without demur.
▼—**sparteling** resistance, demur. ▼—**speler** opponent; (*theat.*) opposite number.
▼—**spionage** counter-espionage. ▼—**spoed** adversity. ▼—**spraak** contradiction; *in* — *zijn*

met, contradict; *geen* — dulden, be peremptory. ▼—spreken contradict; deny (officially); *zich* —, contradict o.s.; *elkaar* —d, contradictory. ▼—sputteren object, demur.
▼—staan: *het eten* (*het idee*) *staat mij tegen*, I dislike the food (the idea); *alles stond hem tegen*, he was sick of everything; *zoiets gaat* —, such a thing palls on one. ▼—stand resistance; — bieden, offer r., resist.
▼—stander opponent, adversary.
▼—stelling contrast, antithesis; *een — vormen met*, contrast with; *in — met* (*tot*), in c. with, unlike, as distinct from. ▼—stem dissenting vote; (*muz.*) counterpart.
▼—stemmen vote against it. ▼—stemmer dissentient. ▼—stof antibody. ▼—stoot counterthrust. ▼—streven resist.
▼—stribbelen *zie* —spartelen. ▼—strijdig contradictory, conflicting. ▼—strijdigheid contradiction. ▼—stroom counter-current; (*elektr.*) inverse current. ▼—vallen be disappointing. ▼—valler disappointment, bit of bad luck. ▼—verwijt recrimination.
▼—voeter antipode. ▼—voorstel counter-proposal. ▼—vordering c.-claim.
▼—waarde equivalent, c.-value. ▼—weer resistance. ▼—werken (*iem.*) work against, cross; thwart (plans). ▼—werking opposition. ▼—werpen object. ▼—werping objection. ▼—wicht counterpoise; *een — vormen tegen*, c.-balance, offset. ▼—wind adverse (head) wind.
tegenwoordig I *bn* present (situation); present-day (Holland). **II** *bw* at present, nowadays. ▼—heid presence.
tegen/zet counter-move. ▼—zin dislike (of), aversion (from); *met* —, reluctantly, with a bad grace.
tegoed (*bank*) balance; *zie verder* **goed**.
tehuis *zn* home, shelter; — *voor daklozen*, shelter for the homeless; — *voor gevallen vrouwen*, rescue h.; — *voor militairen*, militair —, soldiers' centre.
teil (—*tje*) bowl; (*was* —) tub.
teint complexion.
teisteren afflict, ravage, harass, sweep; *de geteisterde gebieden*, the distressed areas.
teken sign, token, indication; (*signaal*) signal; (*symptoom*) symptom; (*lees*—) mark (of punctuation); — *van achting*, token (mark) of esteem; *een — des tijds*, a s. of the times; *op een* — *van*, at a s. (signal) from; *ten* — *van*, in token of.
teken/aar draughtsman. ▼—academie academy of arts. ▼—akte drawing certificate.
▼—behoeften drawing-materials. ▼—boek sketch-book. ▼—doos drawing-case.
▼—driehoek triangle. ▼—en **1** draw, sketch; **2** (*onder*—) sign; **3** (*kenmerken*) stamp, characterize; *hij tekent gauw*, he makes easily; (*iets*) *met zijn naam* —, sign one's name to; — *voor* (*ter ontvangst*) sign for; sign on (for three years); subscribe (£ 5). ▼—end characteristic (of). ▼—film cartoon. ▼—gereedschap drawing-instruments. ▼—haak (T-)square.
▼—ing **1** drawing, sketch; **2** (*het ondertekenen*) signing; *in* — *brengen*, make a s. of; *ter* — *voorleggen*, present for signature; *er begint* — *in de toestand te komen*, the situation is becoming clearer. ▼—kamer drawing-office. ▼—krijt crayon. ▼—kunst art of drawing. ▼—leraar d.-, art-master.
▼—papier d.-paper. ▼—potlood d.-pencil.
▼—schrift drawing copy-book. ▼—zaal art-room.
tekort shortage, deficiency; (*fin.*) deficit; — *aan arbeidskrachten*, labour shortage; — *aan kennis*, gap in one's knowledge; *een* — *hebben aan*, be short of; *een* — *aan personeel hebben*, be short of staff; — *aan slaap*, lack of sleep; *een* — *dekken*, make up a deficit; *'n* — *inhalen*, make up (for) arrears. ▼—koming shortcoming.
tekst text; (*verband*) context; (*bij muziek*) words; (*v. film*) script; — *en uitleg geven*, give chapter and verse. ▼—begrip reading

comprehension. ▼—boekje libretto.
▼—kritiek textual criticism. ▼—ueel textual.
▼—verklaring exposition. ▼—vervalsing falsification of a (the) t. ▼—wijziging alteration of the t.; *een* — *aanbrengen*, make an alteration in the t. ▼—zet text.
tel count; *de* — *kwijtraken*, lose c.; *niet in* — *zijn*, be of no account; *pas op je* —*len*, be on your guard, watch out.
telaatkomer late-comer.
te(**n**)**lastelegging** charge.
telecommunicatie telecommunication.
telefon/eren telephone, phone; *automatisch* — *met Nederland*, make an automatic (an STD) call to Holland (STD = Subscriber Trunk Dialling); *je kunt hiervandaan niet automatisch* — *met York*, you can't dial York directly from here (the call must go through the operator). ▼—ie telephony. ▼—isch telephonic. ▼—ist(e) telephone operator, telephonist. ▼**telefoon** telephone; (*fam.*) phone; *de* — *neerleggen* (*ophangen*), replace the receiver; *de* — *opnemen*, (*lett.*) lift the receiver, answer the (tele)phone; *aan de* — *blijven*, hold the line; *de* — *van de haak nemen*, lift the receiver; *er is iem. aan de* —*voor u*, there is someone on the t. for you; *per* —, by t., over the t.; *zij hebben geen* —, they are not on the (tele)phone. ▼—aansluiting t.-connection.
▼—abonnee telephone subscriber.
▼—antwoordapparaat automatic (telephone) answering machine. ▼—bericht t.-message. ▼—boek t.-directory. ▼—cel call-box. ▼—centrale t.-exchange.
▼—dienst t.-service. ▼—draad t.-wire.
▼—gesprek **1** t.-conversation; **2** t.-call; *voor rekening v.d. opgeroepene*, transferred charge call, collect call. ▼—gids t.-directory.
▼—haak t.-hook. ▼—hoorn t.-receiver.
▼—juffrouw t.-girl. ▼—kabel t.-cable.
▼—kantoor t.-office. ▼—kosten t.-charge(s). ▼—net t.-system. ▼—nummer t.-number; *een* — *draaien*, dial a number; *kosteloos* —, freetone (number). ▼—oproep t.-call. ▼—paal t.-pole. ▼—personeel t.-operators. ▼—tje ring. ▼—toestel telephonic apparatus. ▼—verkeer t.-traffic.
telegraaf telegraph; *per* —, by wire. ▼—dienst t.-service. ▼—draad t.-wire. ▼—kabel t.-cable. ▼—kantoor t.-office. ▼—lijn t.-line.
▼—net t.-system. ▼telegraf/eren wire, telegraph. ▼—ie telegraphy. ▼—isch telegraphic. ▼—ist(e) operator. ▼telegram telegram, wire. ▼—adres telegraphic address.
▼—besteller telegraph messenger.
▼—formulier telegraph form. ▼—stijl telegram style.
telelens telelens.
telen (*gewassen*) grow; (*dieren*) breed.
telepaat telepathist. ▼**telepath/ie** telepathy.
▼—isch telepathic.
teler grower, cultivator, breeder.
telescoop telescope. ▼**telescopisch** telescopic.
teleurstell/en disappoint. ▼—ing disappointment.
televisie television, TV, (*pop.*) telly; — *hebben*, have television; *door* — *overbrengen*, televise; *naar de* — *kijken*, watch t.
▼—antenne television aerial. ▼—beeld television picture. ▼—bewerking television adaptation. ▼—bijdrage *zie* kijk- en luistergeld. ▼—buis picture tube.
▼—journaal television news. ▼—kanaal television channel. ▼—kijk(st)er (television) viewer, televiewer. ▼—presentator *zie* presentator. ▼—programma television programme. ▼—scherm television screen.
▼—toestel television (receiving) set.
▼—uitzending television (TV) broadcast, telecast. ▼—zender t. transmitter.
telex (*dienst*) telex (teleprinter exchange); (*bericht*) telex; (*apparaat*) teleprinter. ▼—en telex, send by telex. ▼—ist telex operator.
telfout error in the addition.
telg (*scheut*) shoot; (*mens*) scion.

telganger ambler.

telkenmale, telkens again and again, every now and then.

tel/len count; (*bedragen*) number; *dat telt niet*, that does not c.; *niet* —, (*niet opzien tegen*) think (make) nothing of; *hij stond alsof hij geen tien kon* —, he looked as if butter would not melt in his mouth; *ik tel hem onder mijn vrienden*, I c. him among my friends; *zijn dagen zijn geteld*, his days are numbered. ▼—**ler** counter, reckoner; (*v. breuk*) numerator. ▼—**ling** count(ing). ▼—**machine** counting-machine.

teloorgaan be lost (wasted).

tel/raam abacus. ▼—**woord** numeral; *hoofd*—, cardinal number; *rang*—, ordinal number.

tem/en drawl. ▼—**er** drawler. ▼—**erig** drawling.

temet 1 perhaps; 2 now and then; 3 almost.

temm/en tame. ▼—**er** tamer.

tempel temple. ▼—**dienaar** priest. ▼—**dienst** t.-service. ▼—**ier** templar.

tempera distemper.

temperament temperament, temper. ▼—**vol** temperamental.

temperatuur temperature; *op* — *komen*, warm up (engine). ▼—**daling** drop (fall) in temperature. ▼—**schommelingen** fluctuations of temperature. ▼—**staat** t.-chart. ▼—**stijging** rise in temperature. ▼—**sverhoging** rise of t.; — *hebben*, have a t.

temperen (*staal, hitte*) temper; (*geestdrift*) damp; (*licht*) dim; (*pijn*) ease; (*geluid*) subdue, soften.

tempo (*muz.*) time, tempo; pace; *'t* — *aangeven*, set the pace. ▼—**dwang** (*schaken*) zugzwang.

temporiser/en temporize, soft-pedalling.

temptatie (*verzoeking*) temptation; (*kwelling*) vexation.

ten — *eerste, tweede*, first(ly), second(ly); *zie verder onder hoofdwoord.*

tendens tendency. ▼—**roman** novel with a purpose. ▼—**stuk** problem play. ▼**tendentieus** tendentious.

tender tender.

teneinde — *te*, in order to.

tenen *bn* osier, wicker.

tenger slight, slender.

tengevolge — *van*, owing to.

tenietdoen annul, cancel.

tenlastelegging charge, indictment.

tenminste at least.

tennis (lawn-) tennis. ▼—**baan** t.-court. ▼—**bal** t.-ball. ▼—**net** t.-net. ▼—**schoen** t.-shoe. ▼—**sen** play t. ▼—**veld** t.-ground.

tenor/(**zanger**) tenor. ▼—**partij** t. (-part).

tent ridge tent, (*bungalow* —) frame tent; — *voor vier personen*, four-person tent, 4-berth tent; *in een* — *slapen* (*wonen*), sleep (live) under canvas; *een leuk* — *je om te eten*, a nice eating-out spot; *hij liet zich niet uit zijn* — *lokken*, he refused to be drawn; *ergens zijn* — *opslaan*, (*lett.*) pitch one's tent somewhere; (*fig.*) settle somewhere.

tentamen preliminary examination.

tent/dak pavilion-roof. ▼—**dek** awning-deck. ▼—**doek** canvas. ▼—**enkamp** encampment.

tentoon/spreiden display. ▼—**spreiding** display. ▼—**stellen** exhibit. ▼—**stelling** exhibition; show. ▼—**stellingsterrein** exhibition-ground(s); show-ground(s).

tentzeil awning.

tenue dress, uniform; *groot* —, full d.; *klein* —, undress.

tenuitvoer/brenging, —legging execution.

tenzij unless.

tepel nipple, teat.

ter at; in; to; — *illustratie* (*vergelijking*), by way of illustration (comparison).

teraardebestelling interment, funeral.

terdege thoroughly.

terdoodbrenging execution.

terecht rightly, justly; *zeer* —, quite rightly,

very properly; — *of ten onrechte*, rightly or wrongly; (*mijn fiets*) *is* —, has been found; *ben ik hier* —?, am I right here?; *ben ik hier* — *bij A.?*, does A. live here?; —*kunnen: je kunt daar nu niet terecht*, it is closed now; *je kunt in die winkel goed terecht*, that's a very good shop (for the purpose); *met Engels kun je overal terecht*, English will serve everywhere; *ik kan er niet mee terecht*, I can't handle it. ▼—**brengen** put to rights, arrange; *hij bracht er niet veel van terecht*, he made a pretty poor show. ▼—**helpen** set right; direct. ▼—**komen** turn up; *dat zal wel* —, it will turn out all right; *niet* —, (*v. brief*) miscarry; *in de sloot* —, land in a ditch; *tenslotte kwam ze terecht in*, she ended up in; *er komt niets van hem terecht*, he will come to no good; *en van z'n werk kwam niets terecht*, and his work was sadly neglected. ▼—**staan** stand one's trial, be put on (one's) trial. ▼—**stellen** execute. ▼—**stelling** execution. ▼—**wijzen** 1 set right; 2 reprimand. ▼—**wijzing** reprimand. ▼—**zetten** set straight; (*fig.*) put (a p.) in his place. ▼—**zitting** session (of); *ter* —, in court.

teren 1 (*met teer bestrijken*) tar; 2 : — *op*, live on.

terg/en provoke. ▼—**ing** provocation.

terhand/neming taking in hand. ▼—**stelling** handing over, delivery.

tering consumption; *de* — *hebben*, be consumptive; *de* — *krijgen*, go into c.; *je moet de* — *naar de nering zetten*, you must cut your coat according to your cloth. ▼—**achtig** consumptive. ▼—**lijder** consumptive.

terloops *bn* casual, incidental; *iets* — *aanroeren*, touch upon s.th. in passing; make a passing reference to.

term term; (*reden*) ground; *in de* — *en vallen om* (*belasting te betalen*), be liable to (taxation); *in de* — *en vallen voor* (*'n benoeming, enz.*) be eligible (qualified) for; *volgens de* — *en der wet*, within the meaning of the law.

termiet termite. ▼—**enheuvel** termitary.

termijn (*tijd*) term; (*afbetaling*) instalment; *een* — *stellen voor* ..., state a time-limit for ...; *binnen de gestelde* —, within the time stipulated (in the contract), within the set time; *in* — *en betalen*, pay by (in) instalments; *op* —, for future delivery; *op* — *verkopen*, sell forward; *op korte* —, at short notice; *voor de* — *van een jaar*, for the time (period) of one year; *lening* (*enz.*) *op korte* (*lange*) —, short-term (long-term) loan. ▼—**aflossing** instalment payment. ▼—**betaling** payment by instalments. ▼—**contract** forward contract. ▼—**handel** futures. ▼—**levering** forward delivery. ▼—**zaken** futures.

terminologie terminology.

ternauwernood hardly, scarcely; — *ontsnappen*, have a narrow escape; escape narrowly.

terne(d)er/drukken depress. ▼—**geslagen** dejected. ▼—**geslagenheid** dejection. ▼—**slaan** cast down.

terp mound.

terpentijn turpentine. ▼—**olie** oil of t.

terracotta terra cotta.

terras terrace. ▼—**land** terraced country. ▼—**tuin** terraced garden. ▼—**vormig** terraced.

terrein ground; (*landschap*) terrain; (*bouw*—) (building-)site; (*ommuurd* — *bij gebouw, enz.*) precincts; (*om huis als tuin, enz.*) grounds; (*fig.*) ground, province, field; *afgesloten* —, enclosure; *eigen* —, private property, (*opschrift*) private; (*sportclub*) home-ground (*ook fig.*); *meester van 't* — *blijven*, remain master of the situation; *'t* — *verkennen*, reconnoitre, (*fig. ook*) see how the land lies; — *winnen* (*verliezen*), gain (lose) g.; *dit ligt binnen het* — *van* ..., this comes within the scope of ...; *dat valt buiten mijn* —, that falls outside my scope. ▼—**gesteldheid** nature of the terrain, (*sportveld, enz.*) condition of the ground. ▼—**hoogte** level of

the g. ▼—**kaart** topographical map.
▼—**knecht** groundsman. ▼—**plooi** dip of the
g. ▼—**rit** cross-country ride. ▼—**verhoging**
rise in the g.
terreur terror.
terrier terrier.
terrine tureen.
territor/iaal territorial. ▼—**ium** territory.
terror/isatie terrorization. ▼—**iseren**
terrorize. ▼—**isme** terrorism. ▼—**ist** terrorist.
▼—**istisch** terrorist(ic).
tersluiks stealthily, by stealth.
terstond at once, forthwith.
tertiair tertiary; *het T—*, Tertiary.
terts third; *grote (kleine) —*, major (minor)
third.
terug back; *10 p —, 10 p* change; *vier jaar —,*
four years ago (back); *een stap —,* a step
backward(s); *ik ben zo —,* I shan't be a minute;
daar had hij niet van —, that shut him up.
▼—**bekomen** get b., recover. ▼—**betalen** pay
b., refund. ▼—**betaling** repayment.
▼—**bezorgen** restore. ▼—**bezorging** return,
restoration. ▼—**blik** retrospect, retrospective
view. ▼—**blikken** look back (*op:* upon), take a
retrospective view of. ▼—**boeken** reverse (an
entry). ▼—**brengen** bring (take) b.; *in de
oorspronkelijke staat —,* restore to its original
(former) conditions; *— tot,* reduce to.
▼—**deinzen** shrink b.; *— voor iets,* shrink from
(recoil from) s.th.; *voor niets —,* stick at
nothing. ▼—**denken** *— aan,* recall; *zich — in,*
carry one's mind b. to. ▼—**doen** put back; *iets
—,* do s.th. in return. ▼—**drijven** drive b., repel.
▼—**eisen** claim (demand) back. ▼—**gaan** go
b., return; *dat gaat terug tot,* that dates b. to.
▼—**gang** decay, decline. ▼—**gave** restoration;
restitution. ▼—**getrokken** retiring; *— leven,*
live in retirement. ▼—**getrokkenheid**
retirement, reserve. ▼—**geven** give b., restore,
return. ▼—**grijpen** *— op,* fall b. on.
▼—**groeten** greet b., return a salute.
▼—**hebben**: *ik heb 't terug,* I've got it b.; *niet
—,* have no change. ▼—**houden** keep b.,
detain. ▼—**houdend** reserved, reticent, aloof.
▼—**houdendheid** reserve(dness), reticence.
▼—**houding** reserve, restraint. ▼—**kaatsen**
I *ov.w* throw back, reflect; *(geluid)* echo,
reverberate; *(bal)* rebound. II *on.w* be
reflected. ▼—**kaatsing** reflection, echo.
▼—**keer** return. ▼—**keren** return; *(omkeren)*
turn (back); *op zijn schreden —,* retrace one's
steps; *steeds —d,* ever-recurring. ▼—**komen**
come b., return; *— op 't onderwerp,* return to
the subject; *— van,* go b. on, change
(decision); *van dat denkbeeld is men thans
teruggekomen,* that idea has now been
abandoned. ▼—**komst** return. ▼—**kopen** buy
back; *(inlossen)* redeem. ▼—**koppeling**
(radio) reaction; feedback. ▼—**krabbelen**
back out (of it); *('n toontje lager zingen)* back
down. ▼—**krijgen** get b., recover.
▼—**kunnen**: *ik kan niet meer terug,* I can't go
b. ▼—**loop** (*v. kanon*) recoil. ▼—**lopen** walk
b.; (*v. kanon*) recoil; (*v. prijzen, enz.*) fall, drop.
▼—**nemen** take b.; *(verklaring, wetsontwerp)*
withdraw, *(woorden)* unsay; *gas —,* throttle
back (down). ▼—**plaatsen** put b. ▼—**reis**
return-journey. ▼—**reizen** travel b. ▼—**rijden**
ride (drive) b. ▼—**rit** drive (ride) b.
▼—**roepen** call b., recall. ▼—**roeping** recall.
▼—**schakelen** switchback; *(auto)* change
down. ▼—**schakeling** reconversion.
▼—**schrijven** write b. ▼—**schrikken** start
back, recoil, jib; *— voor,* recoil from, shrink
back from, jib at. ▼—**schuiven** push b.
▼—**slaan** hit b.; *(bal)* return; *(vijand)* repulse;
(*v. motor*) back-fire. ▼—**slag** (*v. kanon*)
recoil; repercussion; *(fig.)* reaction,
repercussion; *(achteruitgang)* set-back.
▼—**stoot** rebound, recoil. ▼—**stootloos**
recoilless (gun). ▼—**stoten** push b.; *—d
uiterlijk,* forbidding appearance. ▼—**stuiten**
rebound. ▼—**tocht** 1 retreat; 2 return-journey.
▼—**trappen** kick b.; *(op fiets)* b.-pedal.
▼—**traprem** pedal brake. ▼—**treden** step b.;

(fig.) withdraw. ▼—**trekken** I *ov.w* pull
(draw) back, withdraw; *(fig.)* retract; *zich —,*
(*v. vijand*) retreat, *(uit zaken, naar zijn kamer)*
retire; *(bij verkiezing, enz.)* stand down; *(bij
examen)* withdraw; *zich in zichzelf —,* shrink
into o.s. II *on.w* retreat, fall back. ▼—**trekking**
retreat; retirement; withdrawal; retractation.
▼—**val** backsliding. ▼—**vallen** fall b., relapse
(into). ▼—**verlangen** I *ov.w* want b. II *on.w:
— naar,* long back for. ▼—**verplaatsen**: *laten
we ons in gedachten — naar,* let us carry our
thoughts back to. ▼—**vertalen** retranslate.
▼—**vinden** find again. ▼—**voeren** carry back.
▼—**vorderen** claim b.; *(bij bank)* withdraw.
▼—**vordering** reclamation; *(bij bank)*
withdrawal. ▼—**weg** way b. ▼—**wensen**
want (wish) b. ▼—**werken** react; *— de kracht,*
retrospective effect; *wetgeving met — de
kracht,* retrospective legislation. ▼—**werking**
reaction. ▼—**werpen** throw back, return.
▼—**wijken** fall b. *(fig.)* back down.
▼—**wijzen** *(weigeren)* refuse; *(verwijzen)*
refer b. ▼—**winnen** win b., regain. ▼—**zeggen**
answer b. ▼—**zenden** send b. ▼—**zetten**
(klok) put b.; *(boek)* replace; *(iem.)* reduce in
rank.
terwijl *vgw* while, whilst, as.
terwille *— van,* for the sake of.
terzelfdertijd at the same time.
terzijde aside; *— laten,* leave aside; *— leggen,*
(sparen) set aside; lay aside (for s.o.); *— staan,*
help, aid, assist; *van —,* sidelong. ▼—**stelling**
met — van, setting a.; regardless of.
test 1 fire-pan; 2 *(hoofd)* nut; 3 test.
testament (last) will, testament; *zijn —
maken,* make one's will; *hij kan zijn — wel
maken,* he is done for. ▼—**air** testamentary.
testen test.
testimonium testimonial.
teug draught, pull; *met volle — en genieten,*
enjoy o.s. thoroughly; *hij dronk het glas in één
— leeg,* he emptied the glass at a d.
teugel rein; *(met hoofdstel)* bridle; *de — s van
het bewind in handen hebben (nemen)*, hold
(assume) the reins of government; *de — strak
houden,* keep a tight rein on a p.; *iem. de vrije
— laten,* give a p. a free rein (hand); *de — s
vieren,* slacken the reigns; *naar de — luisteren,*
obey the rein; *iem. de — s uit handen nemen,*
take the reins from a p. ▼—**loos** unbridled.
▼—**loosheid** u.ness.
teugje sip.
teut dawdler. ▼—**achtig** dawdling. ▼—**en**
dawdle. ▼—**kous** slow-coach.
teveel: *'t —,* the surplus.
tevens at the same time.
tevergeefs in vain, vainly.
tevoren before, previously; *(van tevoren)*
beforehand; *— betalen,* pay in advance.
tevreden (*v. aard*) contented; (*— over iets*)
satisfied; *(alleen pred.)* content. ▼—**heid**
contentment, content, satisfaction.
▼—**heidsbetuiging** letter of appreciation.
▼—**stellen** content, satisfy.
tewaterlating launching.
teweegbrengen bring about, bring on, cause.
tewerk/gestelden employees. ▼—**stelling**
employment.
textiel textile. ▼—**arbeider** t. worker.
▼—**artikelen** t. manufactures. ▼—**fabriek** t.
works. ▼—**goederen** t. goods. ▼—**industrie**
t. industry. ▼—**onderneming** t. concern.
tezamen together.
thans at present, now.
theater theatre. ▼—**bureau** music-hall
agency. ▼**theatraal** theatrical, stag(e)y; *—
gedoe,* theatricality.
thé complet afternoon tea.
thee tea; *— drinken,* have t.; *— zetten,* make
(the) t.; *iem. op de — hebben,* have a p. to t.
▼—**bezoek** t.-party. ▼—**blad** 1 tea-leaf;
2 *(schenkblad)* t.-tray. ▼—**bus** t.-canister.
▼—**cultuur** t.-culture. ▼—**gerei** t.-things.
▼—**huis** t.-house. ▼—**ketel** t.-kettle.
▼—**kopje** t.-cup. ▼—**krans(je)** t.-circle.
▼—**lepel** t.-spoon. ▼—**leut** t.-bibber.

▼—**lichtje** tea-stove.
Theems Thames.
thee/muts tea-cosy. ▼—**onderneming**
t.-estate. ▼—**oogst** t.-crop. ▼—**plantage**
t.-garden. ▼—**planter** t.-planter. ▼—**pot**
t.-pot. ▼—**salon** t.-shop. ▼—**schenkerij**
t.-house. ▼—**servies** t.-set. ▼—**tafel** t.-table.
▼—**tante** gossip. ▼—**visite** t.-party.
▼—**water** t.-water; 't — *opzetten*, put the
kettle on for t.; *boven zijn — zijn*, be in one's
cups. ▼—**winkel** t.-shop. ▼—**zakje** tea-bag.
▼—**zeefje** t.-strainer.
theïs/me theism. ▼—**t** theist. ▼—**tisch**
theistic.
thema exercise; (*onderwerp*) theme. ▼—**boek**
book of exercises. ▼—**schrift** e.-book.
theolog/ie theology. ▼—**isch** theological.
▼**theoloog 1** (*geleerde*) theologian;
2 (*student i.d. theologie*) clerical student.
theoret/icus theoretician. ▼—**isch** theoretical.
▼—**iseren** theorize, speculate. ▼**theorie**
theory; *in —*, in t.
theosoof theosophist. ▼**theosof/ie**
theosophy. ▼—**isch** theosophical.
therap/eut therapeutist. ▼—**eutisch**
therapeutic. ▼—**ie** therapeutics, therapy.
thermiek thermics.
thermometer thermometer. ▼—**stand**
t.-reading.
thermonucleair thermonuclear.
thermosfles thermos flask.
thesaur/ie treasury. ▼—**ier** treasurer.
thesis thesis.
Thomas Thomas; *'n ongelovige —*, a doubting
Thomas.
thuis I *bw* at home; *handjes —!*, hands off!; —
zijn, be at h.; *doe of je — bent*, make yourself at
h.; *goed — zijn in een onderwerp*, be well up in
a subject; *daar is hij niet van —*, he won't hear
of it; *zich niet — voelen*, not feel at h. **II** *zn*
home. ▼—**bezorgen** deliver to a p.'s house.
▼—**bezorging** delivery. ▼—**blijven** stay at h.
▼—**blijver** stay-at-home. ▼—**brengen** *iem.
—*, see (take) a p. home; *ik kan hem niet —*,
(*fig.*) I cannot place him. ▼—**club** home side.
▼—**front** home front. ▼—**haven** home-port.
▼—**horen** belong. ▼—**houden** keep at home;
zijn handen —, keep one's hands off.
▼—**komen** come (get) home. ▼—**komst**
home-coming. ▼—**reis** homeward journey
(voyage). ▼—**sturen** send to a p.'s house.
▼—**vloot** Home Fleet. ▼—**wedstrijd** home
match. ▼—**werker** home worker.
tiara tiara.
Tibet Tibet. ▼—**aan(s)** Tibetan.
tichel brick, tile. ▼—**bakker** b.-, tile-maker.
▼—**bakkerij** b.-works.
tien ten; (*beoordeling*) een —!, full marks!; *'t is
— tegen één*, it is t. to one. ▼—**daags** t. days'.
▼—**de** tenth; *—n betalen*, pay tithes. ▼—**delig**
decimal (fraction, system); (*maten en
gewichten*) metric; *overgaan op het — stelsel*,
metricate, (*fam.*) go metric. ▼—**dubbel**
tenfold.
tienduizend ten thousand. ▼—**ste** ten
thousandth. ▼—**tallen** tens of thousands.
tiener teen-ager.
tien/jarig: *de — e Jan*, ten year old John; *een
— jubileum*, a decennial jubilee.
▼—**rittenkaart** ten-ride ticket. ▼—**tal** ten,
decade; *een — jaren*, a decade. ▼—**tallig**: —
stelsel, decimal system. ▼—**tje 1** (*tien gulden*)
t.-guilder piece; **2** (*rk: v. rozenkrans*) decade.
▼—**voud** decuple. ▼—**voudig** tenfold.
tierelantijntje (*krul*) flourish; (*opschik*)
gewgaw, gimmick, frills; (*muz.*) t(w)iddley bit.
tierelieren warble.
tieren 1 (*razen*) rage; **2** (*gedijen*) thrive; (*fig.*)
flourish; (*ongunstig*) be rife. ▼**tierig** thriving,
lively. ▼—**heid** l.ness.
tiet tit.
tij tide.
tijd time, period, season; (*gram.*) tense; *'n
aardig — je*, for quite a while; *de hele —*, all the
time; *'n hele —*, quite a t.; *Here m'n —!*, dear
me!; *het is hoog —*, it is high t.; *de goede oude*

—, the good old days; *een — lang*, for a period,
for some time; *de slappe —*, the off (slack)
season; *vrije —*, spare t., leisure; *de — doden*,
kill time; *dit heeft de langste — geduurd*, this
cannot last (go on) much longer; *ik geef u nog
één week de —*, I'll give (grant) you one more
week; *hij gunde zich de — niet om ...*, he didn't
give himself time to ..., he didn't wait to ...; *we
hebben alle —*, we have all the time in the
world, we are in no hurry; *ik heb de —*, I've
plenty of t.; *dat heeft de —*, that can wait;
there's no hurry; *ik heb er gewoon de — niet
voor*, I just (simply) cannot spare (find, afford)
the time for it; *als je maar — van leven hebt*, if
only you live long enough; *komt — komt raad*,
with t. comes counsel; *de — zal het leren*, t. will
tell; *hij probeerde — te winnen*, he was playing
for time; *'t wordt mijn —*, I must be off now;
heb je de (juiste) —, have you got the (right)
time; *hij heeft zijn — gehad*, he's had his day,
he's past it; *alles heeft zijn —*, there is a time for
everything; *die jas heeft zijn beste — gehad*,
that coat has seen better days, is past its best;
hij heeft betere —en gekend, he has seen better
days; *zijn — uitzitten*, serve one's term of
imprisonment; (*alg.*) serve one's time; *de —en
zijn veranderd*, times (are) have changed; *ik
verloor elk besef van —*, I lost all sense of time;
hij probeerde — te winnen, he was playing for
time, tried to gain time; *het wordt zoetjesaan
—*, it is getting time now; *het is niet de — van
het jaar voor frambozen*, it is not the season for
raspberries; *het is alleen maar een kwestie van
—*, it's only a matter of time; *dat was nog eens
een —*, those were times; *er was een — dat ...*,
time was when ...; *bij de — zijn*, be up-to-date;
binnen die —, within that t.; *bij — en*, at times;
bij — en wijle, off and on; *in deze —*, in these
times; *in geen —en*, not for ages; *in vroeger —*,
in former times; *in een jaar — s*, in a year; *in deze
— van het jaar*, in this time of year; *in minder
dan geen —*, in less than no time; *in mijn eigen
—*, in my own time; *in mijn — was het anders*,
in my days things were different; *met de —*, in
course of t.; *met zijn — meegaan*, keep up with
the times; *om deze — van het jaar*, at this time
of year; *op — in t.; hij is meestal niet op —*, he
is not punctual, he is rarely on time; *hij is nooit
op —*, he is always late, he is never on time; *op
alle —en*, at all hours; *goed (slecht) op —*, in
good (bad) t.; *op zijn —*, all in good t.; *op vaste —en*,
at set times; (*de trein) is over —*, is overdue
(behind t.); *'t is al over de —*, it's past t.; *over —
werken*, work overtime; *te rechter —*, in due
course; *te allen — e*, at all times; *tegen die —*, by
that t.; *ten — e van*, at the t. of; *toen ter — e*, at
the t.; *dat is uit de —*, obsolete, out of date; (*hij
is) uit de —*, behind the times; *van — tot —*,
from t. to t.; *de grootste schilder van alle — en*,
the greatest painter of all time; *vanaf die —*,
ever since, then from that time onward; *ik was
een uur voor (de) —*, I was an hour early; *hij is
zijn — vooruit*, he is ahead of his time; *vóór zijn
—*, before his t.; *voor de — van 't jaar*, for the t.
of year; *tot voor korte —*, until recently.
▼**tijd/affaires** (*effecten*) t.-bargains;
(*goederen*) futures. ▼—**bepaling**
computation of (the) t.; (*gram.*) adjunct of t.
▼—**besparing** t.-saving. ▼—**bom** t.-bomb.
▼—**charter** t.-charter.
tijdelijk temporary; (*wereldlijk*) temporal; —
personeel, temporary staff; *'t — e met 't
eeuwige verwisselen*, depart this life.
▼**tijdeloos** timeless.
tijdens during.
tijd/gebrek lack of time. ▼—**geest** spirit of the
age. ▼—**genoot** contemporary.
tijdig *bn* timely, betimes. ▼—**heid** timeliness.
tijding(en) news, tidings; *een goede —*, a
piece of good n.
tijd/interval time interval. ▼—**je** time, (little)
while; *een — geleden*, some t. ago; *over een —*,
in a little while; *voor een —*, for a while.
▼—**melding** (*tel.*) talking clock (service).
▼—**meter** chronometer. ▼—**nood** time

pressure; *in — komen*, be pressed for time. ▼**—opname** timing; (*fot.*) t.-exposure. ▼**—opnemer** t.-keeper. ▼**—passering** pastime. ▼**—perk** period, age. ▼**—punt** point of t. ▼**—rekening** chronology, era. ▼**—rovend** time-consuming; *'t is erg —*, it takes a lot of t. ▼**—ruimte** space of t., period. ▼**—sbeeld** picture of the time. ▼**—sbestek** space of time. ▼**—schrift** periodical. ▼**—sduur** time span, space of time. ▼**—sein** time-signal. ▼**—sgewricht** epoch. ▼**—slimiet** t.-limit, dead-line. ▼**—sloon** t.-wages. ▼**—somstandigheid**: *in de huidige tijdsomstandigheden*, under present-day conditions. ▼**—sorde** chronological order. ▼**—stip** (point of) time. ▼**—verloop** course of t., lapse. ▼**—sverschil** difference in time. ▼**—vak** period. ▼**—verdrijf** pastime. ▼**—verlies** loss of t. ▼**—verspilling** waste of t. ▼**—winst** gain of t. ▼**—zone** time zone.
tijgen go, set out; *aan het werk —*, set to work; *op weg — naar*, set out for.
tijger tiger. ▼**—achtig** t.-like. ▼**—huid** tigerskin. ▼**—in** tigress. ▼**—kat** t.-cat.
tijk tick; (*stof*) ticking.
tijloos jonquil; *gele —*, daffodil.
tijm thyme.
tik (*met zweep*) flick; (*op deur, schouder*) tap; (*harde —*) rap; *— op de vingers*, a rap over the knuckles; *— om de oren*, box on the ears. ▼**tikje** (light) tap; (*fig.*) touch (of vanity); *'n — beter*, a trifle better; *'n — donkerder*, a shade darker. ▼**tikken** I *ww* (*v. klok*) tick; (*v. breinaalden*) click; (*tegen ruit, deur*) tap, rap; (*bij kinderspel*) touch; (*op schrijfmachine*) typewrite, type; *iem. op de vingers —*, rap a p.'s knuckles; *de as van zijn sigaar —*, flick the ash from one's cigar. II *zn* ticking; typewriting. ▼**tikker** ticker. ▼**tikwerk** typing. ▼**tiktak** tick-tack, tick-tock; (*spel*) backgammon.
til 1 (*duiven—*) pigeon-house; 2 (*omhoogheffing*): *een hele —*, quite a lift; 3 : *er is iets op —*, there is s.th. in the wind. ▼**tilbaar** movable. ▼**tillen** lift, heave, raise.
timbre timbre.
timide timid, shy. ▼**timiditeit** timidity.
timmer/baas master carpenter. ▼**—en** I *on.w* carpenter; *hij timmert niet hoog*, he will not set the Thames on fire; *erop —*, hit out freely; *wie aan de weg timmert, heeft veel bekijks*, he that buildeth in the street many masters has to meet; *graag aan de weg —*, be fond of the limelight. II *ov.w* build, carpenter; *in elkaar —*, knock up. ▼**—gereedschap** carpenter's tools. ▼**—hout** timber. ▼**—jongen** carpenter's apprentice. ▼**—loods** carpenter's shed. ▼**—man** carpenter. ▼**—manswerkplaats** c.'s workshop. ▼**—werf** carpenter's yard. ▼**—werk** carpentry. ▼**—winkel** carpenter's shop.
tin tin; (*legéring*) pewter.
tinctuur tincture.
tinerts tin-ore.
tingelen jingle, tinkle.
tingeltangel third-rate music-hall.
tingroeve tin-mine.
tinkelen tinkle.
tinmijn tin-mine.
tinne pinnacle.
tinnegieter: *politieke —*, pothouse politician.
tinnen *bn* pewter.
tint tint, tinge, (*kleur*) hue, (*uiterlijk*) complexion; *een frisse —*, a fresh complexion.
tintel/en (*v. sterren, ogen*) twinkle (*v. geest, wijn*) sparkle; *— van de kou*, tingle with cold. ▼**—ing** twinkling, *enz.*
tinten tint, tinge; *getint glas*, tinted glass; *politiek getint*, politically slanted, with a political slant. ▼**tintje** tinge, touch.
Tinus: *een slappe —*, a weed; *een onhandige —*, a stumble-john, a clumsy clod.
tin/veiling tin auction. ▼**—winning** tin-mining.
tip, *tipje* tip; (*v. zakdoek*) corner.
tippel: *'t is een hele —*, it's a long tramp. ▼**—en** tramp, walk; (*v. prostituée*) walk the streets,

solicit.
tippen: *daar kan hij niet aan —*, he cannot touch that.
tiptop tiptop, top-hole, A 1.
tirade tirade.
tiran tyrant. ▼**—nie** tyranny. ▼**—niek** tyrannical. ▼**—niseren** tyrannize over, bully.
titanisch titanic.
titel title; *een — voeren*, bear a t.; *onder de — van*, under the t. of. ▼**—blad** t.-page. ▼**—houder** t.-holder. ▼**—plaat** frontispiece. ▼**—rol** t.-part.
titrage titration. ▼**titreren** titrate.
tittel tittle, jot; *hij weet er — noch jota van*, he does not know an iota about it.
titul/air titular; *—e rang*, t. rank. ▼**—aris** functionary. ▼**—atuur** titles, forms of address. ▼**—eren** title.
tjilpen chirp, twitter.
tjokvol chock-full.
TL-buis fluorescent strip light. ▼**TL-verlichting** strip-lighting, fluorescent lighting.
tobbe tub.
tobben (*sloven*) slave; (*piekeren*) worry; *— over*, worry about; *zich dood —*, worry o.s. to death; *hij tobt met zijn gezondheid*, he is suffering from bad health. ▼**tobber** drudge; worrier. ▼**—ig** worrying. ▼**—ij** drudgery; worrying.
toch 1 yet, still, for all that, all the same; 2 (*nadruk*): *ga nu*, do go now; *wees — stil*, do be quiet; 3 (*immers*): *je gaat —?*, you will go, won't you?; *je bent — niet doof?*, you are not deaf, are you?; 4 : *wat bedoel je —?*, whatever do you mean?; *het is — al erg genoeg*, it is bad enough as it is; *het kan misschien — wel waar zijn*, it may be true after all; *— niet*, not really.
tocht 1 (*reis*) journey, expedition; 2 (*wind*) draught; *in* (*op*) *de — zitten*, sit in a d. ▼**—band** list. ▼**—deken** d.-rug. ▼**—deur** swing-door. ▼**—en**: *het tocht*, there is a draught. ▼**—gat** 1 vent-hole; 2 draughty place.
tochtgenoot fellow-traveller.
tochtig draughty; (*v. dieren*) on (*Am.*: in) heat.
tochtje trip.
tocht/lat draught-stoppers. ▼**—latjes** whiskers. ▼**—raam** double window. ▼**—sloot** draining-ditch. ▼**—strip**, **—strook** (*buitenkant*) weather-strip, (*binnen en buiten*) draught-excluder. ▼**—vrij** draught-proof.
toe (*v. deur, enz.*) shut; *— ga nu*, do go now; *— maar*, go ahead, (*verbaasd*) good gracious; *ik ben er niet aan — gekomen*, I could not find the time for it; (*nu weet je*) *waar je aan — bent*, where you are; *daar ben ik nog niet aan —*, I have not got so far yet; *maar dat is tot daar aan —*, but let that pass; *er droevig* (*belabberd*) *aan — zijn*, be in a sorry plight; *er slecht aan — zijn*, be in a bad way; *waar ga je naar —?*, where are you going?; *naar het oosten —*, towards the East. ▼**toe/bedélen** allot, assign. ▼**—behoren** I *ww* belong to. II *zn*: *met —*, with appurtenances (accessories).
toebereid/en prepare. ▼**—ing** preparation. ▼**—selen** preparations.
toe/bijten bite; (*fig.*) swallow the bait. ▼**—brengen** (*schade*) do; (*letsel, nederlaag*) inflict; (*slag*) deal. ▼**—dekken** cover up; (*in bed*) tuck in. ▼**—denken** intend (for). ▼**—dichten** *iem. iets —*, impute s.th. to a p.
toedien/en administer (the last sacraments); deal (a p. a blow). ▼**—ing** administration; dealing.
toe/doen I *ww* close, shut; draw (the curtains); *dat doet er niet toe*, that does not matter; *'t doet er veel toe*, it matters a good deal; *dat doet aan de zaak niets toe of af*, that makes no difference, one way or another. II *zn*: *buiten mijn —*, through no fault of mine; *door zijn —*, through him; *zonder mijn —*, but for you. ▼**—draaien** turn off; *iem. de rug —*, turn one's back upon a p. ▼**—dracht**: *de — der zaak*, the facts of the case. ▼**—dragen**: *achting —*,

esteem; *iem. een goed hart* —, wish a p. well; *iem. een kwaad hart* —, bear a p. ill-will; *hoe heeft zich dat toegedragen?*, how did it come about? ▼—**drinken**: *elkaar* —, drink to each other, pledge each other.

toeëigen/en: *zich* —, appropriate, annex. ▼—**ing** appropriation.

toefluisteren: *iem. iets* —, whisper s.th. to a person.

toegaan 1 (*dichtgaan*) close, shut; **2** happen; *'t ging er vreemd toe*, it was a strange affair.

toegang admittance, admission, access; (*ingang*) entrance; *verboden* —, private, trespassers will be prosecuted; *vrije* —, admission free; *iem.* — *verlenen tot*, admit a p. to; *iem de* — *weigeren* (*ontzeggen*), refuse (deny) a p. admission; *zich* — *verschaffen*, gain access (to). ▼—**sbewijs** admission ticket. ▼—**sweg** approach. ▼**toegankelijk** accessible, open (to the public, to ideas, to correction). ▼—**heid** accessibility.

toegedaan: *'n mening* — *zijn*, hold an opinion (view); *iem.* — *zijn*, be devoted to a p.

toegeeflijk indulgent. ▼—**heid** indulgence.

toegenegen affectionate. ▼—**heid** affection(ateness).

toe/gepast applied. ▼—**gespen** buckle up. ▼—**gespitst** acuminate, tapering. ▼—**gestaan** allowed.

toegeven 1 *ov.w* **1** (*extra geven*) give into the bargain; **2** (*erkennen*) concede, admit, grant; *je moet hem wat* —, you must humour him a little. **II** *on.w* give in, yield; *over en weer wat* —, make mutual concessions; *aan smart* —, give way to sorrow; *iem. niets* —, be a match for a p.; *geen duimbreed* —, not budge an inch; *toegegeven dat*, granting. ▼—**d** indulgent. ▼—**dheid** indulgence.

toe/gift (*muz.*) encore, extra. ▼—**gooien 1** toss, throw to; **2** (*dichtwerpen v. sloot*) fill up. ▼—**grendelen** bolt. ▼—**grijnzen** grin at. ▼—**groeien** (*v. wond*) heal; (*v. sloot*) be choked up. ▼—**halen** tighten up. ▼—**happen** bite; (*fig.*) rise to the bait.

toe/hoorder auditor, hearer. ▼—**horen 1** (*luisteren*) listen; **2** belong to.

toehouden keep shut.

toejuich/en applaud, cheer. ▼—**ing** applause, cheer.

toekenn/en (*prijs*) adjudge, award; attach (meaning, importance, value) to; (*doelpunt*) allow; *niet* —, disallow. ▼—**ing** adjudication, award.

toekeren turn to(wards); *hij keerde mij de rug toe*, he turned his back upon me.

toekijk/en look on; *ik mocht* —, I was left out in the cold. ▼—**er** looker-on.

toe/knijpen (*ogen*) shut tight. ▼—**knikken** nod to. ▼—**knopen** button up. ▼—**komen** make (both) ends meet; *dat komt mij toe*, that is due to me; *doen* —, send; *met dat geld moeten we* —, that money will have to do; *ergens aan* —, get round to s.th.; — *op*, come up to, (*vijandig*) make for.

toekomend future; *het u* —*e bedrag*, the amount due to you. ▼**toekomst** future; *in de* — *zien*, look into the f.; look ahead; *het oog op de* — *gericht houden*, look to the f. ▼—**droom** dream of the f. ▼—**muziek** dream for the f. ▼—**plan** plan for the future.

toe/krijgen 1 get shut; **2** (*erbij krijgen*) get into the bargain. ▼—**kunnen**: (*de deur*) *kan niet toe*, won't shut; *daar kun je lang mee toe*, that will last you a long time.

toelaatbaar admissible; *niet* —, inadmissible. ▼—**heid** admissibility.

toelachen smile at; (*v. fortuin*) s.upon; (*v. idee*) appeal to.

toelage (special) allowance, bonus.

toelaten 1 (*toestaan*) permit, allow; *dat liet geen twijfel toe*, that admitted of no doubt; **2** (*binnenlaten*) admit; **3** (*laten slagen*) pass; *'t aantal toegelatenen*, the number of passes. ▼**toelating 1** (*toestaan*) permission, leave; **2** (*binnenlaten*) admission, admittance. ▼—**seisen** entrance requirements.

▼—**sexamen** entrance examination.

toeleg design. ▼—**gen**: **1** *ik moet er geld op* —, I am a loser (I am out of pocket) by it; **2** *het erop* — *om*, be bent on; *zich* — *op*, apply o.s. to (a task), engage in (a trade); *zich speciaal* — *op*, specialize in.

toelicht/en elucidate, explain; (*met voorbeelden*) illustrate. ▼—**ing** comment, explanation; illustration.

toe/lijken seem. ▼—**lonken** ogle.

toe/loop (*v. menigte*) concours; (*drukte*) rush; (*v. nieuwe leden*) influx. ▼—**lopen** come running on; *spits* —, taper.

toe/luisteren listen. ▼—**maken** close; (*jas*) button up. ▼—**meten** measure out.

▼—**metselen** wall up. ▼—**moeten**: *ik moet ermee toe tot. . .*, I must make it do till. . .

toen I *bw* then. **II** *vgw* when.

toe/naaien sew up. ▼—**naam** surname; *met naam en* — *noemen*, mention by name.

▼—**nadering** approach; (*fig.*) rapprochement; — *zoeken*, make overtures.

▼—**name** increase, growth (of population); build-up (of pressure).

toendra tundra.

toenemen increase, grow, build up; (*v. wind*) freshen; *in kracht* (*snelheid*) —, gather strength (speed); *in* — *de mate*, increasingly.

toen/maals then, at the time, ▼—**malig** of that time, of the day; *de* — *minister*, the then minister. ▼—**tertijd** at the (that) time.

toepass/elijk appropriate, suitable; — *zijn, op*, be applicable to, apply to. ▼—**elijkheid** a.ness, suitability. ▼—**en** (*regel*) apply, practise; (*wet*) enforce; *verkeerd* —, misapply. ▼—**ing** application; *verkeerde* — misapplication; *in* — *brengen*, practise; *van* — *zijn op*, apply to.

toeplakken (*reet*) paste up; (*brief*) seal.

toer (*reis*) tour; (*in rijtuig, auto*) drive; (*breien*) round; (*omwenteling*) turn, revolution; (*kunststuk*) feat, stunt; —*en doen*, do stunts; *'n motor op* —*en laten komen*, run up an engine; *hij is over zijn* —*en*, **1** he is overworked; **2** he is beyond himself; *daar zal ik (jij, hij) een* — *mee hebben*, that 'll take some doing. ▼—**auto** touring-car. ▼—**beurt** turn; *bij* —, in turns.

toereik/en *ov.w* hand, pass. ▼—**end** adequate, sufficient; — *zijn*, suffice.

toereken/baar responsible. ▼—**baarheid** responsibility. ▼—**en**: *iem. iets* —, impute s.th. to a p. ▼—**ingsvatbaar** responsible.

toeren take a drive (ride); *gaan* —, go for a drive.

toerental number of revolutions.

toerijgen lace up.

toer/isme tourism. ▼—**ist** tourist. ▼**toeristen/bond** touring club. ▼—**klasse** tourist class, economy class. ▼—**land** tourist country. ▼—**oord** tourist resort. ▼—**verkeer** tourist traffic.

toernooi tournament.

toeroepen call (out) to.

toerust/en equip, fit out. ▼—**ing** equipment.

toeschietelijk accommodating, forthcoming, complaisant; *weinig* —, rather reserved. ▼—**heid** complaisance.

toe/schieten rush forward; — *op*, rush at; (*op prooi*) pounce upon. ▼—**schijnen** seem to, appear to.

toeschouw/en look on. ▼—**er** onlooker, spectator.

toe/schreeuwen shout (s.th.) to (a p.). ▼—**schrijven**: — *aan*, ascribe to, attribute to, put down to; (*ongunstig*) impute to; *toe te schrijven aan*, attributable to, due to. ▼—**slaan I** *ov.w* bang; (*deur*) slam; (*boek*) shut. **II** *on.w* strike.

toeslag (*op loon*) addition, allowance; (*op rekening*) additional charge; (*trein*) excess fare.

toe/slibben silt up. ▼—**snauwen** snarl at (a p.). ▼—**snellen** rush (up) to. ▼—**speling** allusion; *bedekte* —, covert allusion. ▼—**spijkeren** nail up. ▼—**spijs** dessert.

▼—**spitsen** aggravate; *zich* —, become acute.
toe/spraak address, speech, harangue; *een* — *houden*, give an address. ▼—**spreken** speak to, address.
toespringen spring forward.
toestaan allow, permit; (*verzoek, eis*) grant, concede.
toestand (— *van het ogenblik*) position, situation; (— *van zaken*) state of things; (— *waaronder men leeft, werkt*) condition; *een beroerde* —, a wretched state of affairs.
toesteken hold out, extend.
toestel apparatus; (*fot.*) camera; (*vliegtuig*) machine.
toestemm/en consent; (*toegeven*) admit. ▼—**ing** consent; *met* — *van*, by permission of; by courtesy of.
toe/stoppen (*kind in 'bed*) tuck in; (*gat dichtmaken*) plug. ▼—**stromen** pour (flood) in. ▼—**sturen** send, forward.
toet (*gezicht*) face; (*sl.*) dial.
toe/takelen (*opdirken*) dress out; (*ranselen*) manhandle, knock about; (*verfomfaaien*) play the bear with. ▼—**tasten** take action; (*eten*) fall to.
toeten toot; *hij weet van* — *noch blazen*, he does not know chalk from cheese.
toeter tooter; (*v. auto*) hooter. ▼—**en** toot, hoot.
toetje 1 (*dessert*) sweet; **2** (*gezicht*): *een aardig* —, a pretty face.
toe/treden: *op iem.* —, go (walk) up to a p.; — *tot*, join (a club); enter into (an agreement). ▼—**treding** joining; entry.
toetrekken pull to.
toets (*v. piano*) key; (*v. penseel*) touch; (*v. metalen*) assay; (*fig.*) test; *het kan de* — *der kritiek* (*niet*) *doorstaan*, it will (not) bear (the scrutiny of) criticism. ▼—**en** test; assay; *aan 't oorspronkelijke* —, compare with the original; *aan de praktijk* —, try out. ▼—**naald** touch-needle. ▼—**steen** touchstone.
toeval 1 accident, chance; **2** (*ziekte*) fit of epilepsy; *een* — *krijgen*, have an epileptic fit (seizure); *het* — *wilde dat*..., it so happened that...; *aan* —*len krijgen*, be epileptic; *bij* —, by chance; *door een ongelukkig* —, by mischance. ▼—**len** fall to; (*v. bezit*) devolve to (upon). ▼—**lig** *bn* accidental, fortuitous; *een* —*e samenloop van omstandigheden*, a coincidence; *wat* —*!*, what a coincidence!; *bw*: — *zag ik hem*, I happened to see him; *ken je hem?* — *wel*, do you know him? As it happens, I do; — *had ik geen geld bij me*, as luck would have it, I had no money on me. ▼—**ligheid** accident.
toevallijder epileptic.
toeven (*blijven*) stay; (*dralen*) linger.
toe/verlaat (*plaats*) refuge; (*steun*) support. ▼—**vertrouwen**: *iem. iets* —, (en) trust a p. with s.th.; *dat is me wel toevertrouwd*, trust me for that. ▼—**vloed** influx. ▼—**vloeien** flow to; (*v. voordelen*) accrue to.
toevlucht (*plaats*) refuge; (*anders*) recourse; *zijn* — *nemen tot*, take refuge in, (*fig.*) resort to. ▼—**soord** refuge.
toevoeg/en add, join; *iem. iets* —, say s.th. to a p. ▼—**ing** addition. ▼—**sel** addition.
toevoer supply. ▼—**draad** supply wire. ▼—**en** supply. ▼—**lijn** supply line.
toe/vouwen fold up. ▼—**vriezen** freeze over. ▼—**waaien** be blown to; (*v. geuren*) be wafted to. ▼—**wenken** beckon to. ▼—**wensen** wish. ▼—**werpen** throw to.
toewijd/en dedicate to, devote to. ▼—**ing** devotion.
toewijz/en (*deel*) allot; (*taak*) assign; (*prijs*) award. ▼—**ing** allotment; assignment; award; *'n extra* — *krijgen*, get an extra allowance.
toewuiven wave to; *iem. een vaarwel* —, wave a farewell to a p.
toezegg/en promise. ▼—**ing** promise.
toezend/en send, forward. ▼—**ing** forwarding.
toe/zicht supervision, inspection; (*bij examen*) invigilation; — *houden*, (*bij examen*)

invigilate; — *houden op*, supervise. ▼—**zien** **1** look on; **2** (*oppassen*) take care, see to it; —*d voogd*, co-guardian.
toezwaaien: *iem. lof* —, sing (sound) a p.'s praises.
tof topping; *een* —*fe jongen*, a likely lad.
toffee toffee.
toga gown.
toilet toilet; (*w.c.*) lavatory; — *maken*, make one's t., dress; *groot* —, full dress. ▼—**benodigdheden** t.-requisites; t.-things. ▼—**emmer** slop-pail. ▼—**gelegenheid** lavatory. ▼—**kamer** dressing-room. ▼—**papier** t.-paper. ▼—**poeder** face-powder. ▼—**spiegel** t.-mirror. ▼—**tafel** dressing-table. ▼—**zeep** t.-soap.
tokkelen (*snaren*) pluck, (*instr.*) strum.
tol 1 (*speelgoed*) top; **2** (—*boom*) turnpike; (—*geld*) toll; (—*huis*) toll-house; — *betalen*, pay t.; — *heffen*, levy t. ▼—**baas** t.-collector. ▼—**beambte** custom-house officer. ▼—**boom** turnpike.
toler/antie tolerance, toleration. ▼—**eren** tolerate.
tol/geld toll. ▼—**heffing** t.-collection. ▼—**hek** t.-gate. ▼—**huis** t.-house.
tolk interpreter.
tolkantoor custom-house.
tollen spin a top; (*v. pers.*) spin round.
tol/lenaar publican. ▼—**muur** tariff-wall. ▼—**plichtig** liable to toll. ▼—**unie** customs union. ▼—**vlucht** spin. ▼—**vrij** toll-free. ▼—**weg** turnpike road.
tomaat tomato. ▼**tomaten/sap** t.-juice. ▼—**saus** t.-sauce. ▼—**soep** t.-soup.
tombe tomb.
tombola tombola.
tomeloos unbridled. ▼**tomen** bridle; (*fig.*) curb, check.
tompoes Tom Thumb; (*taartje*) cream slice.
ton (*gewicht, maat*) ton; (*vat*) cask, barrel; (*geld*) a hundred thousand guilders.
tondel, tonder tinder. ▼—**doos** t.-box.
tondeuse (pair of) clippers.
toneel (*schouwspel*) scene; (*in theater*) stage; (*voor film*) set, scene; (*fig.*) theatre; *aan* (*bij*) *'t* — *zijn* (*gaan*), be (go) on the s.; *een stuk ten tonele brengen*, produce (stage) a play; *ten tonele verschijnen*, appear on the scene (stage); *iem. van 't* — *spelen*, upstage a p. ▼—**aanwijzing** stage-direction. ▼—**achtig** theatrical. ▼—**benodigdheden** s.-properties. ▼—**bewerking** s. version, s. adaptation. ▼—**censuur** dramatic censorship. ▼—**club** dramatic club. ▼—**criticus** s. critic, dramatic critic. ▼—**decors** s. settings, theatrical scenery. ▼—**dichter** dramatic poet. ▼—**directeur** theatrical manager. ▼—**effect** s.-effect. ▼—**gezelschap** theatrical company. ▼—**kapper** make-up man. ▼—**kijker** opera-glass. ▼—**knecht** s.-hand. ▼—**koorts** s.-fright. ▼—**kringen** theatrical circles. ▼—**kritiek** dramatic criticism. ▼—**kunst** dramatic art. ▼—**kunstenaar** dramatic artist. ▼—**leider** producer. ▼—**laars** buskin. ▼—**leven** s.-life. ▼—**literatuur** dramatic literature. ▼—**matig** theatrical. ▼—**meester** property man. ▼—**recensent** dramatic critic. ▼—**regie** s.-management. ▼—**rekwisieten** s.-properties. ▼—**school** Academy of Dramatic Art. ▼—**schrijver** playwright, dramatist. ▼—**seizoen** theatrical season. ▼—**speelster** actress. ▼—**spel** acting. ▼—**speler** actor. ▼—**stuk** play. ▼—**uitvoering** (s.) performance. ▼—**verandering** scene-shifting. ▼—**vereniging** dramatic club. ▼—**verlichting** stage lights. ▼—**voorstelling** theatrical performance.
tonen show; manifest; (*aantonen*) prove, demonstrate; *zich ergens toe in staat* —, show (prove) o.s. capable of; *het toont meer dan het is*, it looks more than it is.
tong 1 tongue; **2** (*vis*) sole; —*filet*, filetted sole; *een fijne* — *hebben*, have a delicate palate; *'n gladde* (*scherpe*) —, a glib (sharp) t.; *de* —*en*

in beweging brengen, set tongues wagging; *iem.'s — losmaken*, loosen a p.'s t.; *zijn — sloeg dubbel*, he spoke thickly; *zijn — uitsteken*, put out one's t. (at); *'t lag mij op de —*, it was on the tip of my t.; *ze ging over de —*, she was on everybody's t.; *iem. over de — laten gaan*, backbite a p. ▼**—been** t.-bone. ▼**—riem** string of the t.; *hij is goed van de — gesneden*, he has a ready tongue. ▼**—val** accent; dialect.
tonicum tonic.
tonijn tunny.
tonnage tonnage. ▼**tonnen** ww barrel. ▼**—geld** tonnage. ▼**—maat** tonnage.
tonnetje little cask; (*pers.*) roly-poly. ▼**tonrond** tubby.
tonsuur tonsure.
toog 1 (*arch.*) arch; **2** (*toga*) cassock.
tooi decoration(s); (*kleding*) finery. ▼**—en** decorate, deck. ▼**—sel** finery.
toom 1 bridle; **2** (*kippen*) brood; *in — houden*, keep in check.
toon tone; (*klank*) sound; (*—hoogte*) pitch; (*klem—*) accent; (*tint*) tone; (*fig.*) tone (of a book), note (of fear); *de goede —*, good breeding; *de — aangeven*, give the key; (*fig.*) give (set) the t., (*mode*) set the fashion; *een — aanslaan*, strike a note, (*fig.*) adopt a note; *een andere — aanslaan*, change one's tone; *een hoge — aanslaan*, (*fig.*) adopt a high tone (with); *een optimistische — aanslaan*, strike an optimistic note; *— houden*, keep tune; *op zachte —*, in a soft voice. ▼**—aangevend** leading. ▼**—aard** key.
toon/baar presentable, fit to be seen. ▼**—bank** counter. ▼**—beeld** model, paragon.
toondemper mute.
toonder (*v. cheque*) bearer; *aan —*, to bearer.
toon/dicht composition. ▼**—dichter** composer. ▼**—hoogte** pitch.
toonkamer show-room.
toon/kunst music; *Maatschappij van —*, Musical Society. ▼**—kunstenaar** musician. ▼**—ladder** scale, gamut. ▼**—loos** toneless; (*gram.*) unaccented. ▼**—schaal** scale, gamut. ▼**—soort** key. ▼**—sterkte** tone-volume. ▼**—tje**: *een — lager zingen*, pipe down; *iem. een — lager doen zingen*, take a p. down a peg or two, make a p. climb down (pipe down). ▼**—vast** keeping tune; *— zijn*, keep tune.
toonzaal show-room.
toon/zetten set to music. ▼**—zetter** musical composer. ▼**—zetting** setting.
toorn wrath, ire. ▼**—ig** fulminate (against). ▼**—ig** wrathful, irate. ▼**—igheid** wrath, ire.
toorts torch. ▼**—drager** t.-bearer. ▼**—licht** t.-light.
toost toast; *een — instellen* (*uitbrengen*) *op*, ▼**—en** give (propose) a t. to.
top top, summit; (*v. golf*) crest, cap; (*v. vinger, neus*) tip; (*v. driehoek*) apex; *met de vlag in —*, with the flag at the mast-head; *de geestdrift steeg ten — voeren*, carry to extremes; *van — tot teen*, from head to foot, from top to toe; *—!*, done!, it's a deal!
topaas topaz.
topambtenaar executive. ▼**topberaad** summit talks. ▼**topconferentie** summit meeting. ▼**topgevel** gable. ▼**toplicht** mast-head light.
topo/graaf topographer. ▼**—grafie** topography. ▼**—grafisch** topographic(al); *—e dienst*, ordnance survey.
topprestatie top achievement. ▼**toppunt** (*alg.*) top; (*meetk.*) apex; (*sterrenkunde*) culminating point; (*zenit*) zenith; (*fig.*) zenith, acme, summit, climax; *dat is 't —*, that's the limit, that's the last straw; *'t — van dwaasheid*, the height of folly; *op 't — staan van zijn macht*, be at the zenith of one's power. ▼**topsnelheid** top speed. ▼**topvorm** top form; *in — zijn*, be in top form (at the top of one's form). ▼**topzeil** topsail. ▼**topzwaar** top-heavy.
tor beetle.
toren tower; (*met spits*) steeple; (*geschut—*) turret; (*schaken*) castle, rook. ▼**—flat** tower

block (of flats), high-rise flats. ▼**—gebouw** skyscraper. ▼**—hoog** towering; *— uitsteken boven*, tower above. ▼**—klok** church-bell; church-clock. ▼**—spits** spire. ▼**—tje** turret. ▼**—valk** kestrel. ▼**—zwaluw** swift.
torn rip, tear.
tornado tornado.
tornen 1 *ov.w* unsew, rip; **2** *— aan*, meddle with; *je kunt er beter niet aan —*, you'd better leave it as it is; *daar valt niet aan te —*, that cannot be altered.
torped/eren torpedo; *een idee —*, torpedo an idea, sit heavily on an idea. ▼**—ist** torpedist. ▼**torpedo** torpedo. ▼**—boot** t.-boat. ▼**—jager** destroyer. ▼**—vliegtuig** t.-carrying aircraft.
torsen bear, carry.
torsie torsion. ▼**—staaf** torsion bar. ▼**—veer** torsion spring.
torso torso.
tortel(duif) turtle-dove.
tot (*v. tijd*) till, until; (*v. plaats*) as far as, (up) to; *— aan*, as far as, up to; *— beneden*, to below; *— boven*, to above; *— boven aan toe*, up to the top; *dat is — daar aan toe*, let that pass; *— hier* (*toe*), so (thus) far; *— laat in ...*, far into ...; *— in 't oneindige*, indefinitely; *— en met*, up to and including (May 1), up to (May 1) inclusive; *— nu toe*, up to now, hitherto; *— nog toe*, hitherto, so far; *— op 'n millimeter nauwkeurig*, accurate to a millimetre; *— op de huidige dag*, to this day; *— op de laatste cent betalen*, pay to a penny; *— hoe ver?, — waar?*, how far?; *— wanneer?*, till when?; *— zelfs*, even to; *— vrouw* (*nemen*), (take) to wife; *iem. — koning kronen*, crown a p. king; *iem. — vriend kiezen*, choose a p. for (as) a friend; *hij werd — chef benoemd*, he was appointed chief.
totaal I *bn* total; *totale oorlog*, total war. **II** *zn* total, sum total; *algemeen — grand t.*; *in —*, in all; *in — bedragen*, total, *in —* ... ▼**—bedrag** t. amount. ▼**—cijfer** total, t. figure. ▼**—indruk** general impression. ▼**—kosten** t. expenses.
totalis/ator totalizator; (*fam.*) tote. ▼**—eren** totalize.
totali/tair totalitarian. ▼**—tarisme** totalitarianism. ▼**—teit** totality.
totdat till, until.
totebel slut, slattern.
totem totem. ▼**—isme** totemism. ▼**—paal** totem pole.
toto (*paardensp.*) totalizator, (*voetbal*) football-pool(s).
totstand/brenging achievement, accomplishment. ▼**—koming** completion.
toucheren (*salaris*) draw; (*rente*) receive.
toupet toupee hair-piece.
tour/caravan touring caravan. ▼**—ingcar** motor coach. ▼**—nee** tour; *op —*, on t.; *een — maken in* (*a country*).
tourniquet turnstile.
touw (*dik*) rope; (*zeer dik*) cord; (*dun*) string; *— slaan*, make ropes; *ik kan er geen — aan vast knopen*, I cannot make head or tail of it; *er is geen — aan vast te knopen*, there is neither rhyme nor reason in it; *in — zijn*, be in harness; *op — zetten*, get up, undertake; (*complot*) engineer; launch (an enterprise). ▼**—baan** rope-walk. ▼**—en** (*leer*) curry; (*schip*) tow. ▼**—fabriek** rope-works. ▼**—ladder** r.-ladder. ▼**—slager** rope-maker. ▼**—tje** bit (piece) of string; *de — s in handen hebben*, pull the strings. ▼**—tjespringen** skip. ▼**—trekken** *zn* tug of war.
toven/aar magician. ▼**—ares** sorceress. ▼**—arij** magic.
tover- magic. ▼**—achtig** magic(al). ▼**—boek** m. book. ▼**—cirkel** m. circle. ▼**—dokter** witch doctor. ▼**—drank** m. draught. ▼**—en** practise witchcraft; (*goochelen*) conjure. ▼**—fee** fairy. ▼**—fluit** m. flute. ▼**—formule** m. formula, spell. ▼**—godin** fairy. ▼**—heks** witch. ▼**—ij** magic. ▼**—kol** witch. ▼**—kracht** magic, m. power. ▼**—kunst** magic. ▼**—lantaarn** m. lantern. ▼**—macht** magic, m. power. ▼**—middel** charm, spell. ▼**—roede** m. wand.

▼—**slag**: *als bij* —, as if by magic. ▼—**spreuk** incantation, spell. ▼—**staf** m. wand.
▼—**woord** m. word.

traag slow; (*v. begrip*) slow-witted, dull.
▼—**heid** slowness; — *van begrip*, slowness of mind.

traan 1 tear; 2 (*walvis*—) blubber; *tranen storten*, shed tears; *hij zal er geen — om laten*, he won't shed a t. over it; *in tranen* (*badend*), (bathed) in tears; *in tranen uitbarsten*, burst into tears; *met* (*onder*) *tranen*, with tears; *tot tranen geroerd*, moved to tears. ▼—**achtig**: *het smaakt* —, it tastes of train-oil. ▼—**buis** t.-duct. ▼—**gas** t.-gas. ▼—**gasbom** t.-gas bomb. ▼—**klier** lachrymal gland. ▼—**kokerij** try-house. ▼—**ogen**: *hij traanoogde*, his eyes watered.

traceren trace out.
trachten attempt, endeavour; — *naar*, aim at.
tract/ie traction. ▼—**or** tractor.
tradit/ie tradition; *der* — *getrouw*, true to t.; *de — hooghouden*, uphold the t. ▼—**ioneel** traditional.

trag/edie tragedy. ▼—**iek** tragedy.
▼**tragi/komedie** tragi-comedy. ▼—**komisch** tragi-comic. ▼**tragisch** tragic; *dat is het* —*e ervan*, that is the tragedy of it.

trainen train, coach.
traineren (*v. plan*) hang fire; *met iets* —, delay s.th.
trainingspak track-suit.
trait d'union hyphen.
traject (*v. weg, spoorlijn*) section; (*route*) route.
traktaat 1 (*verdrag*) treaty; 2 (*blaadje*) tract.
traktatie treat.
traktement salary, pay. ▼—**sverhoging** rise.
trakteren I *ov.w* treat (a p. to); regale (a p. with). II *on.w* stand; *ik trakteer*, I'm standing.
tralie bar; *achter de* —*s*, under lock and key.
▼—**deur** grated door. ▼—**hek** grille; (*om huis*) railings. ▼**traliën** *ww* trellis, lattice. ▼**tralie/venster** barred window. ▼—**werk** trellis, lattice-work.

tram tram (-car). ▼—**abonnement** tramway season-ticket. ▼—**bestuurder** t.-driver.
▼—**conducteur** t.-conductor. ▼—**geld** t.-fare. ▼—**halte** t.-stop. ▼—**huisje** t.-shelter. ▼—**kaartje** t.-ticket. ▼—**lijn** tram(way) line.
▼—**men** go by t. ▼—**personeel** tramway men. ▼—**remise** tram-shed. ▼—**wagen** tram-car.
▼—**weg** tramway.

trance trance; *in* — *brengen*, throw into a t.; *entrance*; *in* — *geraken*, go off into a t.; *in* — *verkeren*, be in a t.
tranen *ww* water. ▼—**dal** vale of tears.
tranig tasting of train-oil.
trans pinnacle.
transactie transaction.
transatlantisch transatlantic.
transcendent(aal) transcendental.
transept transept.
trans/figuratie transfiguration. ▼—**formatie** transformation. ▼—**formationeel** transformational; *transformationele grammatica*, transformational grammar.
▼—**formator** transformer. ▼—**formeren** transform. ▼—**fusie** transfusion.

transito transit. ▼—**goederen** t.-goods.
▼—**handel** t.-trade. ▼—**haven** t.-port.
▼—**verkeer** t. traffic. ▼—**zending** shipment in t.
transmissie transmission.
transparant I *bn* transparent. II *zn* (*papier*) tracing-paper.
trans/piratie perspiration. ▼—**pireren** perspire.
transplant/aat transplant. ▼—**atie** transplant(ation). ▼—**eren** transplant.
transport transport; (*boekh.*) amount carried forward; *per* —, carried forward; —
gevangenen, convoy of prisoners.
▼—**arbeider** t.-worker. ▼—**arbeidersbond** t.-workers' union. ▼—**atie** transportation.
▼—**bedrijf** t. business. ▼—**dienst** t. service.
▼—**eren** transport; (*boekh.*) carry forward.

▼—**fiets** carrier bicycle. ▼—**gelegenheid** t. facilities. ▼—**kosten** cost of t. ▼—**loon** t. charges. ▼—**schip** t. vessel. ▼—**vliegtuig** t.-plane. ▼—**wezen** transport (system).

trans/seksualisme, ▼—**seksisme** transsexualism. ▼—**seksueel** transsexual.
trant style, manner, strain.
trap 1 (*trede*) step; (*al de treden*) stairs, staircase; *open* —, open staircase; (*fig.*) stage, degree; 2 (*schop*) kick; —*pen van vergelijking*, degrees of comparison; *de* — (*op* (*af*) *gaan*, go upstairs (downstairs); *op een hoge* — *van beschaving*, at a high level of civilization; *van de* —*pen vallen*, fall downstairs.
trapas crank axle.
trapeze trapeze. ▼—**werker** trapezist.
▼**trapezium** trapezium.
trapfiets push-bike.
trap/gat well. ▼—**gevel** step gable. ▼—**hekje** stair gate. ▼—**ladder** step-ladder. ▼—**leuning** banisters. ▼—**loper** stair-carpet.
trapmachine treadle-machine.
trappehuis well of a staircase.
trappelen trample; — *van ongeduld*, champ (stamp) with impatience.
trappen I *ov.w* (*schoppen*) kick; *water* —, tread water. II *on.w* kick (*naar*, at); (*op fiets*) pedal; — *op*, tread (step) on.
trapper treadle, pedal.
trap/portaal (*stair-*)landing. ▼—**roede** stair-rod. ▼—**sgewijze** I *bn* gradual. II *bw* in stages, step by step.
trauma a trauma. ▼—**atisch** traumatic.
traveller's cheque traveller's cheque.
travesteren, **travestie** travesty.
trawant satellite.
trechter funnel; (*v. molen, enz.*) hopper; (*v. granaat*) crater. ▼—**vormig** f.-shaped.
tred step, pace; *gelijke* — *houden met*, keep pace (step) with.
trede (*v. trap*) step; (*v. ladder*) rung.
treden tread, step; *nader* —, approach; *in bijzonderheden* —, go into detail(s); *in de plaats* — *van*, take the place of; *in iem.'s rechten* —, acquire a p.'s rights; *met voeten* —, trample upon; *naar voren* —, come forward, (*fig.*) stand out; — *uit*, resign (withdraw) from.
tredmolen treadmill.
treeplank footboard.
tref chance; *het is een* — *als*, it is a (mere) chance if; *wat een* —!, how lucky!
treffen I *ww* (*raken*) hit; (*v. bliksem*) strike; (*v. maatregel*) affect; (*aantreffen*) meet (with), come across; (*ontroeren*) move, (*fig.*) strike; *een overeenkomst* —, make an agreement; *het doel* —, hit the mark; *de getroffen gebieden*, the stricken areas; *je hebt het goed* (*slecht*) *getroffen*, you have been lucky (unlucky); *je treft het net*, you are in luck; *dat treft prachtig*, that is splendid; *hem treft geen schuld*, he is not to blame; *iem. thuis* —, find a p. in; *'t oor onaangenaam* —, jar upon the ear. II *zn* encounter, engagement. ▼**tref/fend** striking (features). ▼—**fer** hit; *een* — *plaatsen*, score a hit. ▼—**kans** probability of hitting.
▼—**snelheid** striking-velocity. ▼—**woord** catchword.
treil tow-line. ▼—**en tow** (*met net*) trawl.
▼—**er** trawler. ▼—**pad** tow(ing)-path.
▼—**visserij** trawling.
trein train; (*gevolg*) train, retinue; *de* — *van 2 uur*, the two o'clock t.; *de* — *van 2.35 u.*, the two thirty-five; *aan de* — *zijn*, meet the t.; *met de* — *gaan*, go by t.; *vertrekken met de* — *van 2.10 u.*, leave by the two-ten; *iem. naar de* — *brengen*, see a p. to the station; *iem. aan de* — *zetten naar*, put a p. on the t. for; *iem. van de* — *halen*, meet a p. at the station. ▼—**aansluiting** t. connection. ▼—**bestuurder** motor-man.
▼—**botsing** t.-crash, t.-smash.
▼—**conducteur** railway-guard. ▼—**dienst**, —**enloop** t.-service. ▼—**lectuur** railway-literature. ▼—**materieel** rolling-stock. ▼—**ongeluk** t.-accident.
▼—**personeel** railwaymen. ▼—**reis** t.-journey. ▼—**reiziger** r.-traveller. ▼—**rit**

t.-ride. ▼—**stel** t.-unit. ▼—**tjespelen** play (at) trains. ▼—**verkeer** railway-traffic. ▼—**vol** t.-load. ▼—**ziek** t.-sick. ▼—**ziekte** t.-sickness.
treiter/aar nagger. ▼—**en** nag.
trek 1 (*ruk*) pull, haul, tug; (*aan pijp*) pull, whiff; (*v. schoorsteen en tocht*) draught; **2** (*karakter*—) trait; (*gelaats*—) feature; **3** (*lust*) mind, inclination; (*eetlust*) appetite; **4** (*in kaartspel*) trick; **5** (*v. vogels*) migration; —*ken om zijn mond*, lines about his mouth; *hij kreeg z'n —ken thuis*, his chickens came home to roost; *aan zijn —ken komen*, come into one's own, get one's share; (*geen*) —*in iets hebben*, have a (no) mind for s.th.; *ik heb (geen) —in 'n kop thee*, I (don't) feel like a cup of tea, I could do with a cup of tea; *zeer in —zijn*, be all the vogue, be in great demand; *in —komen*, become popular; *iets in grote —ken aangeven*, outline s.th.; *op de —zitten*, sit in a draught. ▼**trek/automaat** slot-machine.
▼—**bak** hot frame. ▼—**bank** draw-bench.
▼—**dag** drawing day. ▼—**dier** draught-animal. ▼—**gat** draught-hole.
▼—**haak** (*auto*) towing bracket.
▼—**harmonika** accordion. ▼—**hond** draught-dog. ▼—**je** pull, whiff; (*fig.*) touch.
▼—**kebenen** drag a leg.
trekken I *ov.w* draw, pull; (*schip, auto*) tow; *een aanhangwagen*—, tow a trailer; (*publiek, klanten*) attract, draw; (*planten*) force. **II** *on.w* draw, pull; (*v. thee, schoorsteen*) draw; (*v. scheermes*) pull; (*reizen*) move, travel, trek; (*voettocht*) hike; (*krom*—) warp; (*zenuwachtig*) twitch; *een bal*—, (*bilj.*) twist a ball; *een kies* (*tand*) —, draw (extract) a tooth; *een prijs* (*salaris, wissel*) —, draw a prize (salary, bill); —*aan*, pull at; *aan de bel*—, pull the bell; *iem. aan zijn mouw*—, pull (pluck) a p. by the sleeve; *aan zijn pijp*—, pull at one's pipe; *de macht aan zich*—, usurp power; *door de straten*—, pass (march) through the streets; *in een nieuw huis*—, move into a new house; (*het vet*) *is er ingetrokken*, has soaked in; —*langs*, march past (the Queen), file along (the coffin); *met z'n been*—, drag one's leg; *om iets* —, draw lots for s.th.; *om een stad heen*—, by-pass a town; —*over*, cross (a stream); *uit een huis*—, move out of a house; *ik moest het uit hem*—, I had to drag it out of him; *eropuit* —, sally forth, set out. ▼**trekker 1** drawer; (*v. geweer*) trigger; (*v. laars*) tab; **2** (*wandelaar*) hiker.
trekking (*v. loterij*) drawing, draw. ▼—**sdag** d.-day. ▼—**slijst** list of drawings.
trek/koord (*v. bel*) pull; (*v. tas*) draw-string; (*v. parachute*) rip-cord. ▼—**kracht** tractive power, pull; (*v. auto ook*) pick-up. ▼—**lade** drawer. ▼—**lijn** tow-line. ▼—**machine** tractor. ▼—**net** drag-net, seine. ▼—**paard** draught-horse. ▼—**pad** towing-path.
▼—**pleister** blistering plaster; (*fig.*) attraction.
▼—**schuit** canal-boat. ▼—**sluiting** zip-fastener. ▼—**spier** contractor. ▼—**vaart** barge-canal. ▼—**vermogen** tractive power.
▼—**vogel** bird of passage. ▼—**zaag** cross-cut saw. ▼—**zeel** trace.
trema diaeresis.
tremm/en trim (coals). ▼—**er** trimmer.
trepaneren trepan.
tres (*boorsel*) braid; (*haar*) tress.
treur/dicht elegy. ▼—**dichter** elegist. ▼—**en** mourn, grieve; —*over* (*om*), m. for (over).
▼—**ig** sad, mournful. ▼—**igheid** sadness.
▼—**jaar** year of mourning. ▼—**lied** dirge.
▼—**mars** funeral march. ▼—**muziek** funeral music. ▼—**spel** tragedy. ▼—**speldichter** tragic poet. ▼—**wilg** weeping-willow.
▼—**zang** dirge.
treuzel/(aar) dawdler. ▼—**en** dawdle (over).
triangel triangle. ▼**triangul/air** triangular.
▼—**atie** triangulation. ▼—**eren** triangulate.
tribunaal tribunal, court of justice.
tribune (*bij sport*) stand; (*v. reporters*) gallery; (*v. spreker, bestuur*) platform.
tribuun tribune.
tricot (*stof*) stockinet, tricot; (*v. acrobaat,*

enz.) tights. ▼—**s** knitted goods.
Trien: '*n stevige* (*aardige*) —, a buxom wench.
triest (*ig*) dismal, dreary.
trigonometr/ie trigonometry. ▼—**isch** trigonometric(al).
trijp(en) mock-velvet.
triktrak backgammon.
triljoen trillion.
trill/en tremble, quiver; (*nat.*) vibrate. ▼—**er** (*muz.*) trill, shake. ▼—**ing** trembling, quiver(ing); vibration.
trilogie trilogy.
trilvrij vibration-proof, vibrationless.
trimester quarter; (*school*—) term.
trio trio.
triomf triumph. ▼—**antelijk** triumphant.
▼—**ator** triumphator. ▼—**boog** triumphal arch. ▼—**eren** triumph. ▼—**ering** triumphing.
▼—**kreet** cry of t. ▼—**poort** triumphal arch.
▼—**tocht** triumphal procession.
trip outing, pleasure-trip; (*drugs*) trip.
triple triple.
triplex/hout three-ply wood. ▼—**plaat** three-ply board.
triplo: *in* —, in triplicate, in threefold.
trippel/en trip, patter. ▼—**pas** tripping step(s).
triptiek triptych; (*v. auto*) tryptyque.
trits trio.
triviaal trite, trivial, vulgar. ▼**trivialiteit** triteness, triviality, vulgarity.
troch/ee trochee. ▼—**eïsch** trochaic.
troebel turbid, muddy; *in* —*water vissen*, fish in troubled waters. ▼—**en** *zn* riots. ▼—**heid** turbidity.
troef trump, trumps; —*bekennen*, follow suit; *iem.* —*geven*, give a p. a scolding; *hij heeft alle troeven in handen*, he holds all the trumps; —*krijgen*, **1** get a scolding, **2** get a whacking; *hij speelde zijn hoogste* —*uit*, (*fig.*) he played his master card. ▼—**kaart** t.-card. ▼—**kleur** t.-suit.
troel slut, trollop.
troep (*menigte*) crowd, troop; (*ong.*) pack, parcel; herd (of sheep, geese); pack (of wolves, dogs); troupe (of actors); gang (of robbers); set (of fools); body (of soldiers); '*n —je schoolmeisjes*, a bevy of school-girls; —*en*, (*mil.*) troops, forces.
▼**troepen/beweging** troop movement.
▼—**concentratie** t. concentration.
▼—**dienst** regimental duties. ▼—**leiding** command. ▼—**macht** military forces.
▼—**officier** regimental officer. ▼—**schip** t.-ship. ▼—**verplaatsing** t. movement.
▼—**vervoer** transport of troops.
▼**troep/leider** scout-master. ▼—**leidster** scout-mistress. ▼—**sgewijs** in troops.
troetel/kind cuddle, pet. ▼—**kind** spoiled child; *haar* —, her pet. ▼—**naam** pet-name.
troeven trump; (*slaan*) thrash.
trofee trophy.
troffel trowel.
trog trough.
troggel/aar wheedler. ▼—**arij** wheedling.
▼—**en** wheedle, coax.
Trojaan(s) Trojan; *het* —*e paard binnenhalen*, drag the Trojan horse within the walls. ▼**Troje** Troy.
trolley trolley. ▼—**bus** t. bus.
trom drum; *grote* —, big d.; *de grote* — *roeren*, beat the big d.; *met slaande* — *en vliegende vaandels*, with drums beating and colours flying; *met stille* — *vertrekken*, slink away; take French leave.
trombon/e trombone. ▼—**ist** trombonist.
trombose thrombosis.
tromgeroffel roll of drums. ▼**trommel** drum; (*tech.*) drum, barrel; (*doos*) canister, tinbox.
▼—**aar** drummer. ▼—**en** drum; strum (the piano). ▼—**rem** drum-brake. ▼—**slag** d.-beat.
▼—**slager** drummer. ▼—**stok** d.-stick.
▼—**vlies** eardrum. ▼—**vliesontsteking** tympanitis. ▼—**vuur** d.-fire.
tromp trunk; (*v. wapen*) mouth, muzzle.
trompet trumpet. ▼—**geschal** sound (flourish) of trumpets. ▼—**signaal** t.-call.

▼—ten trumpet. ▼—ter trumpeter.
tronen 1 throne, sit enthroned; **2** (*lokken*)
allure.
tronie mug.
tronk stump.
troon throne; *op de — komen*, come to the t.;
tot de — geroepen worden, be called to the t.
▼—opvolger heir to the throne.
▼—opvolging succession. ▼—pretendent
pretender. ▼—rede speech from the t., King's
speech. ▼—safstand abdication.
▼—sbestijging accession (to the t.). ▼—zaal
t.-room.
troost comfort, consolation; *— putten uit*,
derive comfort from; *iem. — toespreken*,
comfort a p.; *dat is een schrale —*, that is cold
comfort. ▼—brief consolatory letter.
▼—eloos disconsolate; (*fig.*) drab (life);
dreary (land). ▼—eloosheid …ness. ▼—en
comfort, console; *zich — met*, c. oneself with;
zich — over, c. oneself over; *wees getroost*, be
comforted. ▼—er comforter. ▼—prijs
consolation prize. ▼—rijk, —vol comforting.
▼—woord word of comfort.
tropen tropics. ▼—helm topee, topi.
▼—kleding tropical wear. ▼—kolder tropical
frenzy. ▼—uitrusting tropical outfit.
▼**tropisch** tropical.
tros (*bloeiwijze*) raceme; (*vruchten, bloemen*)
bunch; (*bijen*) cluster (of bees); (*touw*)
hawser; (*v. leger*) train.
trots I *bn* proud. **II** *zn* pride. **III** *vz* in spite of; *zo
— als een pauw*, as proud as Lucifer; *— zijn op*,
be proud of. ▼—aard proud person. ▼—heid
zie trots **II**.
trotseren defy, brave; *de eeuwen —*, last
through the centuries.
trottoir pavement, footway. ▼—band
kerb(stone).
troubadour troubadour.
trouw I *bn* faithful, loyal, true; regular
(customer). **II** *zn* fidelity, loyalty; *zijn —
betuigen aan*, own allegiance to; *zijn —
breken*, break one's faith; *— zweren*, swear
fidelity, (*voor huwelijk*) plight one's troth;
goede (kwade) —, good (bad) faith; *te goeder
— handelen*, act in good faith.
trouw/akte, —**boekje** marriage certificate.
▼—breuk breach of faith. ▼—dag
wedding-day.
trouweloos faithless, perfidious. ▼—heid
faithlessness, perfidy.
trouwen marry, be (get) married; *hij trouwde
(met) haar*, he married her; *snel getrouwd, lang
berouwd*, m. in haste, repent at leisure; *zo zijn
we niet getrouwd*, that's not in the bargain; *om
't geld —*, m. for money; *onder elkander —*,
intermarry; *op niets —*, m. on nothing; *ik ben
geen man om te —*, I am not a marrying man.
trouwens indeed, for that matter.
trouwgewaad wedding-dress.
trouwhartig true-hearted. ▼—heid
true-heartedness.
trouw/koets bridal carriage. ▼—lustig
desirous of marrying; *ze zijn niet erg —*, they
are not the marrying sort. ▼—pak w.-clothes.
▼—partij w.-party. ▼—plechtigheid
w.-ceremony. ▼—ring w.-ring.
truc tric, stunt, gimmick.
truffel truffle.
trui jersey, sweater.
trust trust. ▼—vorming trustification.
trut frump.
Tsaar Czar, Tsar. ▼**tsarisme** Tsarism.
T-shirt T-shirt.
Tsjech Czech. ▼—isch Czech.
▼—oslowaak(s) Czechoslovak.
▼—oslowakije Czechoslovakia.
tuba tuba.
tube tube. ▼**tubeless** tubeless.
tuberculeus tuberculous. ▼**tuberculose**
tuberculosis. ▼—bestrijding fight against t.
▼—lijder sufferer from t. ▼—patiënt t.
patient.
tucht discipline; *de — handhaven*, keep d.;
onder — staan, be under d. ▼—eloos

undisciplined, lawless. ▼—eloosheid
indiscipline, lawlessness. ▼—huis house of
correction. ▼—huisboef jail-bird.
▼—huisstraf hard labour. ▼—igen chastise.
▼—iging chastisement. ▼—middel means of
correction. ▼—school Borstal institution.
tufsteen tuff.
tuig 1 (*v. paard*) harness; (*vis—*) gear, tackle;
(*scheeps—*) rigging; **2** (*plebs*) scum. ▼—age
rigging. ▼—en (*paard*) harness; (*schip*) rig.
▼—huis arsenal. ▼—je (*baby*) safety-harness.
tuil bunch of flowers, posy.
tuimel/aar tumbler. ▼—en tumble. ▼—ing
tumble; (*v. paard*) toss; (*duikeling*)
somersault; *een — maken*, be spilt (from one's
horse, bicycle). ▼—raam flap-window.
tuin garden; *iem. om de — leiden*, deceive a p.,
lead a p. up the g.-path. ▼—aarde garden
mould. ▼—architect landscape gardener.
▼—baas gardener. ▼—bank g.-seat. ▼—bed
g.-bed. ▼—boon g.-bean.
tuinbouw horticulture. ▼—school
horticultural school. ▼—tentoonstelling
horticultural show.
tuincentrum garden centre.
tuinder market-gardener. ▼—sbond
horticultural union. ▼—sknecht garden
labourer.
tuin/deur garden-door; (*dubbel*) French
window. ▼—dorp g.-village.
tuinen *erin —*, get caught.
tuin/feest g.-party. ▼—gereedschap
garden(ing)-tools. ▼—groente vegetables.
▼—handschoenen garden gloves.
▼—huisje summer-house.
tuinier gardener. ▼—en garden. ▼—sbedrijf
gardening.
tuin/kers g.-cress. ▼—knecht
under-gardener. ▼—man gardener.
▼—manswoning gardener's cottage
(lodge). ▼—meubelen garden-furniture.
▼—muur garden-wall. ▼—schaar g.-shears.
▼—schommelbank swinging garden seat.
▼—schuurtje g.-shed. ▼—sla g.-lettuce.
▼—slang g.-hose. ▼—sproeier
garden-sprinkler. ▼—stoel g.-chair. ▼—wijk
garden-suburb.
tuit spout, nozzle; *tranen met —en huilen*, cry
profusely.
tuiten tingle.
tuk *— op*, keen on.
tukje *'n — doen*, take a nap (snooze).
tulband turban; (*gebak*) raisin cake.
tule tulle. ▼—n bn tulle.
tulp tulip. ▼—ebol t.-bulb. ▼—enbed t.-bed.
▼—enhandel t.-trade. ▼—enkweker
t.-grower. ▼—enkwekerij t.-nursery.
▼—enveld t.-field.
tumbler tumbler.
tumor tumour.
tumult tumult.
tuner-versterker tuner (and) amplifier.
Tunesië Tunisia. ▼—r Tunesian.
tuniek tunic.
tunnel tunnel, subway.
turbine turbine.
turbo/elektrisch turboelectric.
▼—generator turbogenerator. ▼—trein
turbo train.
tureluur redshank.
tureluurs mad; *je zou er — van worden*, it is
enough to drive one mad.
turen peer (at).
turf peat; *een —*, a lump of p.; *in 't veen ziet men
op geen —je*, have much and spend much.
▼—aarde p.-mould. ▼—achtig peaty.
▼—boer peatman. ▼—graver p.-digger.
▼—graverij p.-digging. ▼—molm p.-dust.
▼—schip p.-boat. ▼—steken cut p.
▼—steker p.-cutter. ▼—strooisel p.-litter.
▼—veen (*laag*) p.-bog; (*hoog*) p.-moor.
Turk Turk. ▼—ije Turkey.
turkoois turquoise. ▼**turkooizen** bn
turquoise.
Turks Turkish; *— bad*, T. bath.
turn/en do gymnastics. ▼—er gymnast.

turven 1 lay in peat; **2** score.
tussen (— *twee*) between; (— *meer dan twee*) among, amidst; *dat blijft — ons*, that's b. you and me; *hij kon er geen woord — krijgen*, he could not get in a word (edge-ways); *iem. er-nemen*, pull a p.'s leg; *je zit er lelijk —*, you are in a tight place. ▼—**bedrijf** entr'acte; *in de tussenbedrijven*, meanwhile. ▼—**beide** (*nu en dan*) now and then; (*tamelijk*) middling; —**komen**, intervene, step in; *als er niets — komt*, if all goes well. ▼—**dek** between-decks, steerage. ▼—**dekspassagier** steerage passenger. ▼—**deur** communicating door. ▼—**ding** cross. ▼—**door**: *ik kan er niet —*, I can't get through; *dat kan ik er wel — doen*, I can do that in between. ▼—**gelegen** intermediate. ▼—**gerecht** intermediate course. ▼—**gevoegd** interpolated. ▼—**handel** intermediate trade. ▼—**handelaar** intermediary, middleman. ▼—**haven** intermediate port. ▼—**in**: (*er*—) in between. ▼—**klasse** intermediate class. ▼—**kleur** intermediate colour. ▼—**komen** (*lett.*) come between; (*fig.*) intervene. ▼—**komst** intervention; *door — van*, through the medium of, through. ▼—**landing** intermediate landing. ▼—**maaltijd** collation, snack. ▼—**maat** medium size. ▼—**muur** partition-wall. ▼—**persoon** intermediary, agent, mediator. ▼—**poos** interval; *bij tussenpozen*, at intervals. ▼—**regering** interregnum. ▼—**ruimte** interspace; (*v. tijd*) interval. ▼—**schot** partition. ▼—**soort** medium quality. ▼—**spel** interlude. ▼—**station** intermediate (wayside) station. ▼—**tijd** interim; *in die —*, in the meantime. ▼—**tijds** between times; —*e vakantie*, half-term holiday; —*e vacature*, casual vacancy; —*e verkiezing*, by-election. ▼—**uit**: *er—gaan*, make off; *er een dagje—gaan*, take a day off. ▼—**voegen** insert, intercalate. ▼—**voeging** insertion, intercalation. ▼—**voegsel** insertion. ▼—**vorm** intermediate form. ▼—**weg** middle course. ▼—**werpsel** interjection. ▼—**zin** parenthetic clause.
tutoyeren thee and thou.
twaalf twelve; — *uur 's middags*, t. (o'clock) noon. ▼—**tal** dozen. ▼—**uurtje** midday-meal, lunch. ▼—**vingerige darm** duodenum. ▼—**voudig** twelvefold.
twee two; — *thee*, tea for two; *wijn en wijn is —*, there is wine and wine; — *aan —*, in twos; *in —en snijden*, cut in two (in half).
▼—**baansweg** dual carriage way. ▼—**benig** t.-legged. ▼—**cilinder** twin-cylinder. ▼—**daags** t.-day (trip), t. days. ▼**tweede** second; — *huis*, second home; *zo vind je er geen —*, you won't find another one like him (it); — *secretaris*, assistant secretary. ▼—**hands** second-hand. ▼—**jaars**: — *student*, second-year man. ▼**twee/dekker** (*vliegtuig*) biplane; (*bus*) double-decker. ▼—**delig** bipartite; (*kostuum*) two-piece. ▼—**derangs** second-rate. ▼—**dimensionaal** two-dimensional. ▼—**dracht** discord; — *zaaien*, sow d. ▼—**duims** two-inch. ▼—**ërlei** twofold, of t. kinds. ▼—**gesprek** interview; dialogue. ▼—**gevecht** duel. ▼—**handig** t.-handed. ▼—**honderdjarig** t. hundred years old; — *bestaan*, bicentenary. ▼—**hoofdig** t.-headed. ▼—**jaarlijks** bi-annual. ▼—**jarig** biennial. ▼—**kamerstelsel** t. chamber system. ▼—**klank** diphthong. ▼—**kwartsmaat** two-four time. ▼—**ledig** twofold, double; (*dubbelzinnig*) ambiguous. ▼—**lettergrepig** dis(s)yllabic. ▼—**ling** (pair of) twins; (*astr.*) Gemini, the Twins; *eeneiige —*, identical twins; *tweeëiige —*, fraternal twins; (*één van de twee*) twin. ▼—**lingbroeder** twin-brother. ▼—**loopsgeweer** double-barrelled rifle. ▼—**maandelijks** bimonthly. ▼—**master** t.-master. ▼—**motorig** twin-engined. ▼—**persoons**: — *auto* (*vliegtuig*) t.-seater; — *bed* (*kamer*), double bed (room). ▼—**polig** bipolar. ▼—**slachtig** bisexual; (*amfibisch*) amphibious; (*plk.*) androgynous; (*fig.*)

ambiguous; — *dier*, amphibian.
▼—**slachtigheid** bisexuality; (*fig.*) double-heartedness, ambiguity. ▼—**snarig** two-stringed. ▼—**snijdend** double-edged. ▼—**spalt** discord. ▼—**span** pair of horses; *rijtuig met —*, carriage and pair. ▼—**sprong** cross-road(s); *op de — staan*, (*fig.*) be at the parting of the ways. ▼—**stemmig** for t. voices; — *lied*, t.-part song. ▼—**strijd** inward conflict; *in — staan*, be in two minds. ▼—**takt** two-stroke. ▼—**taktmengsel** two-stroke mixture. ▼—**taktmotor** t.-stroke engine. ▼—**tal** pair, two. ▼—**talig** bilingual. ▼—**tallig** binary; — *stelsel*, binary system. ▼—**voeter** biped. ▼—**voetig** t.-footed, biped. ▼—**voud** double. ▼—**voudig** twofold, double; — *verbond*, dual alliance. ▼—**wieler** t.-wheeler, bicycle. ▼—**zijdig** t.-sided.
twijfel doubt; *er is geen — aan, het lijdt geen —*, there is no doubt of it, it is beyond doubt; *dat is aan — onderhevig*, that is open to d.; that is doubtful; *geen — laten*, leave no d.; — *opperen omtrent*, challenge; throw d. upon; — *koesteren*, feel d.; *aan alle — een einde maken*, put a matter beyond d.; *aan — onderhevig*, open to question (to d.); *boven alle — verheven*, beyond all d.; *buiten —*, beyond d.; *iets in — trekken*, question, have one's doubts about s.th.; *zonder —*, doubtless. ▼—**aar** sceptic, doubter. ▼—**achtig** doubtful, dubious. ▼—**achtigheid** d.ness. ▼—**en** doubt; *ik twijfel eraan*, I doubt it; *ik twijfel eraan of*, I doubt whether; *daar valt niet aan te —*, that's beyond doubt. ▼—**geval** doubtful case. ▼—**ing** doubt. ▼—**moedig** irresolute. ▼—**moedigheid** irresolution. ▼—**zucht** scepticism. ▼—**zuchtig** sceptical.
twijg twig; (*telg*) scion.
twijn twine. ▼—**der** twiner. ▼—**en** twine.
twintig twenty. ▼—**er** person of t. ▼—**ste** twentieth. ▼—**tal** score. ▼—**voudig** twentyfold.
twist quarrel, dispute; — *krijgen*, fall out; — *zaaien*, stir up (sow) discord; — *zoeken met*, pick a q. with. ▼—**appel** bone of contention. ▼—**en** quarrel, dispute; *daar kan men over —*, that is a matter for argument. ▼—**geschrijf** polemics, controversy. ▼—**gesprek** dispute. ▼—**punt** matter in dispute, point (at issue). ▼—**stoker** firebrand. ▼—**vraag** question at issue. ▼—**ziek** quarrelsome, cantankerous. ▼—**zoeker** quarrelsome p.
tyfoon typhoon.
tyfus typhoid fever. ▼—**lijder** t. patient.
type type; *'t is een —*, he is a character. ▼—**monster** type-sample.
typen/en typify. ▼—**end** typical (of).
▼**typisch** typical (of); (*eigenaardig*) curious; *'n — oud stadje*, a quaint little town.
typist typist, typewriter. ▼—**e** (girl) typist.
typo/graaf typographer. ▼—**grafie** typography. ▼—**grafisch** typographic(al).
t.z.t. *te zijner tijd*, in due course.

U *vnw* you.
'übermensch' superman.
U-boot U-boat.
Ufo U.F.O. (ufo), unidentified flying object.
ui 1 onion; 2 (*grap*) joke. ▼—**enlucht** smell of onions. ▼—**ensaus** o.-sauce. ▼—**ensmaak** taste of onions.
uier udder.
uiig funny, facetious.
uil owl; (*fig.*) fool; —*en naar Athene dragen*, carry coals to Newcastle. ▼—**ebril** owl-like spectacles. ▼—**ig** owlish. ▼—**skuiken** noodle, ninny. ▼—**tje** *zie* **knappen**.
uit I *vz* out of (love, gratitude, politeness); from (fear, ignorance, a sense of duty); *hij komt — A.*, he comes from A.; — *de kust*, off shore; (*hij bood het*) — *zichzelf* (*aan*), of his own accord. II *bw* out, away; *een dagje — zijn*, have a day's outing; *hij is met haar — geweest*, he has taken her out; *het vuur* (*mijn sigaar*) *is —*, the fire (my cigar) is out; *de kerk* (*school, het spel*) *is —*, church (school, the game) is over; *dat moet — zijn*, it's got to stop; *'t boek is —*, (*verschenen*) is out, (*uitgelezen*) is finished; *het is — tussen ons*, it is all over between us; (*de tand*) *moet er—*, must come out; *'t moet er—*, I must get it off my chest; *moeten*, have to go out; — *mogen*, be allowed to go out; *ik ben er helemaal —*, my hand is out; *de vlek wil er niet —*, the stain won't come out; *en daarmee —!*, and that's that!, and that's all there is to it; — *en thuis*, out and home; *erop-zijn om te …*, be out to …, be bent on …
uitadem/en breathe out; (*fig.*) exhale. ▼—**ing** breathing out; exhalation.
uitbagger/en dredge. ▼—**ing** dredging.
uitbakken fry out.
uitbalanceren equilibrate.
uitbann/en banish; (*geesten*) exorcize. ▼—**ing** banishment; exorcization.
uitbarst/en burst out, explode; (*v. vulkaan*) erupt; (*v. twist*) flare up; *in lachen —*, burst out laughing; *in tranen —*, burst into tears. ▼—**ing** explosion, outburst; (*v. vulkaan*) eruption; (*v. oproer, enz.*) outbreak; (*v. gevoelens, gelach*) burst.
uitbazuinen blaze abroad, proclaim.
uitbeeld/en depict; (*rol*) render. ▼—**er** portrayer. ▼—**ing** depiction; rendering.
uitbeitelen (*in steen*) chisel (out).
uitbenen bone (meat); (*fig.*) exploit (a person).
uitbested/en board out. ▼—**ing** boarding out.
uitbetal/en pay, pay out; cash (a cheque). ▼—**ing** payment.
uitbijten (*v. zuur*) corrode.
uitblazen blow out; *de laatste adem —*, breathe one's last; *even —*, take a breather; *laten —*, give a breather.
uitbleken bleach.
uitblijven stay out, stay away; *blijf niet lang uit*, don't be long; (*v. regen, enz.*) hold off; *hulp* (*het antwoord*) *bleef uit*, no help (answer) came; *de resultaten bleven uit*, results failed to materialize; *de reactie kon niet —*, the reaction was bound to come; *dat kan niet —*, that is bound to happen.
uitblink/en shine, excel; — *boven*, excel,

outshine. ▼—**er** brilliant (pupil, etc.).
uitbloeden stop bleeding.
uitbloeien: *uitgebloeid zijn* (*raken*), be out of flower; *uitgebloeide rozen*, blown (overblown) roses.
uitblussen extinguish, put out.
uitboren bore (out), drill.
uitbotten bud (forth), sprout.
uitbouw extension, expansion; (*vleugel*) wing, annex(e); (*bijgebouwd stuk*) addition. ▼—**en** extend, expand, enlarge.
uitbraak escape from prison.
uitbraaksel vomit.
uitbraden roast well.
uitbraken (*eten*) vomit; (*rook*) belch forth; (*scheldwoorden*) pour forth.
uitbrand/en burn out; (*wond*) cauterize; (*'t huis*) *brandde geheel uit*, was completely gutted, burnt out. ▼—**er** scolding, dressing-down; *iem. een — geven*, give a p. a talking-to, (*fam.*) give a p. the raspberry.
uitbreid/en (*armen*) spread, open; (*zaak*) extend, enlarge; *zich —*, expand, extend; (*v. brand, ziekte, enz.*) spread. ▼—**ing** enlargement, extension, expansion; spread(ing); *voor — vatbaar*, capable of e. ▼—**ingsplan** e.-scheme.
uitbrek/en I *ww* break out. II *zn*: *het —*, the outbreak. ▼—**er** jail-breaker.
uitbrengen (*woord, kabel*) bring out; (*geheim*) reveal; (*rapport*) deliver; (*nieuw produkt*) launch, place on the market.
uitbroeden, uitbroeien hatch.
uitbrullen roar (out).
uitbuit/en (*arbeiders*) exploit, sweat; *iets —*, make the most of s.th., make play with s.th. ▼—**er** exploiter, sweater. ▼—**ing** exploitation, sweating.
uitbulderen I *on.w* calm down. II *ov.w* roar out.
uitbundig exuberant, enthusiastic (joy, praise); vociferous (applause, cheers). ▼—**heid** exuberance.
uitdag/en challenge; (*fig.*) defy. ▼—**end** defiant. ▼—**er** challenger. ▼—**ing** challenge; *de — aannemen*, accept (take up) the c. ▼—**ingswedstrijd** challenge match.
uitdamp/en evaporate. ▼—**ing** evaporation.
uitdel/en distribute, deal out, hand out; *klappen —*, deal blows. ▼—**er** distributor. ▼—**ing** distribution.
uitdenken devise, contrive, invent.
uitdeuken beat out (metal).
uitdienen serve; *dat heeft uitgediend*, that is played out; *jij hebt bij mij uitgediend*, I have done with you.
uitdiepen deepen.
uitdijen expand, swell.
uitdoen (*lamp*) put out; (*kaars*) extinguish; (*kleren*) take off.
uitdossen dress up, deck out, attire.
uitdov/en extinguish, quench. ▼—**ing** extinction.
uitdraaien (*licht*) turn out, switch off (out); *iem. eruit draaien*, do a p. out of his job; *zich er —*, (*fig.*) wriggle out of it; *'t draaide uit op 'n mislukking*, it ended in failure; *op niets —*, come to nothing.
uitdrag/en carry out; (*fig.*) propagate. ▼—**er** second-hand dealer. ▼—**erij, —erswinkel** second-hand shop, (*fam.*) junk shop.
uitdrijv/en drive out, cast out. ▼—**ing** expulsion, exorcization.
uitdrinken finish, empty; *drink eens uit!*, finish your glass!
uitdrogen dry up.
uitdruipen drain; *laten —*, drain.
uitdrukkelijk express, explicit. ▼—**heid** explicitness. ▼**uitdrukk/en** squeeze (press) out; (*fig.*) express; *om 't zo eens uit te drukken*, so to speak; … *en dat is nog zacht uitgedrukt*, … and that is putting it mildly; *op zijn zachtst uitgedrukt*, to say the least. ▼—**ing** expression; — *geven aan*, give e. to, voice; *tot — brengen*, express; *tot — komen*, find e. ▼—**ingsloos** expressionless. ▼—**ingsvermogen** power of

e. ▼—**ingswijze** expression.
uitduiden point out, indicate.
uitdunnen thin (out).
uitduren: *'t zal mijn tijd wel* —, it will last my time.
uitduwen push out.
uiteen apart, asunder. ▼—**barsten** burst, explode. ▼—**drijven** disperse, break up. ▼—**gaan** separate, part, disperse; (*v. vergadering, enz.*) break up; (*v. parl.*) rise. ▼—**halen** pull to pieces. ▼—**houden** keep apart. ▼—**liggen** lie (be) far apart. ▼—**lopen** diverge, differ; —*de meningen*, divergent views. ▼—**nemen** take to pieces. ▼—**rafelen** unravel. ▼—**rukken** tear asunder. ▼—**scheuren** tear asunder. ▼—**slaan** knock to pieces, disperse, scatter. ▼—**spatten** burst asunder; (*fig.*) break up. ▼—**springen** 1 spring apart; 2 explode. ▼—**stuiven** scatter. ▼—**vallen** fall apart, fall to pieces. ▼—**zetten** explain, set forth. ▼—**zetting** explanation, exposition.
uiteinde extremity, (far) end. ▼—**lijk I** *bn* ultimate (result), eventual (failure, success). **II** *bw* eventually, in the last analysis.
uiten utter; (*wens*) express; *dit uit zich in…*, this finds expression in…; this manifests itself in…
uit-en-ter-na over and over again.
uitentreuren continually, *ad nauseam.*
uiteraard naturally, in the nature of things.
uiterlijk I *bn* outward, external. **II** *bw*…ly; (*op zijn laatst*) at the latest; (*op zijn hoogst*) at the utmost; —*rustig*, outwardly calm. **III** *zn* (outward) appearance; (*v. boek*) get-up; *naar het — oordelen*, judge by appearances; *naar zijn — te oordelen*, by the look of him. ▼—**heden** externals.
uitermate extremely, exceedingly.
uiterst I *bn* (*v. plaats*) extreme, out(er)most, farthest; (*fig.*) utmost; —*e prijs*, outside price; *zijn —e best doen*, do one's utmost; *in 't —e geval*, at a pinch; —*e nood*, extreme distress. **II** *bw* extremely, exceedingly. ▼**uiterste** *zn* extreme, extremity; *in (tot) —n vervallen*, go to extremes; *tot 't —*, to the utmost; *iets tot 't — drijven*, push s.th. to extremes; *van 't ene — in 't andere vallen*, go from the one to the other.
uiterwaarden outer marches, foreland.
uitflappen blurt out; (*geheim*) blab.
uitfluiten hiss.
uitfoeteren blow up, scold.
uitgaaf (*v. geld*) expenditure, expense; (*v. boek, enz.*) publication; (*druk*) edition.
uitgaan go out; (*v. vlek*) come out; *de kerk (school) ging uit*, church (school) was over; *vrij —*, be free from blame; — *boven*, exceed; *met een meisje —*, take a girl out; *op een klinker —*, end in a vowel; (*deze bevelen*) *gaan van hem uit*, issue (proceed) from him; (*het idee*) *ging van haar uit*, proceeded from the (originated with) her; *ik ga uit van het standpunt dat…*, I take the view that…; *hij ging uit van de veronderstelling*, based himself on the assumption; *er gaat niets van hem uit*, he has no initiative. ▼**uitgaand**: —*e rechten*, export duties; —*e brieven*, outward letters; —*e schepen*, outward-bound ships. ▼**uitgaans/avond** evening out. ▼—**dag** day out. ▼—**japon** evening-gown.
uitgalmen bawl out.
uitgang exit, way out; (*v. woord*) ending. ▼—**sdeur** exit-door. ▼—**spunt** starting-point.
uitgave *zie* uitgaaf.
uitgebreid extensive, comprehensive; — *lager onderwijs*, advanced elementary education. ▼—**heid**…ness, extent.
uitgehongerd famished.
uitgelaten elated, exuberant. ▼—**heid** elation.
uitgeleefd decrepit.
uitgeleerd: — *zijn*, have nothing more to learn; *men raakt nooit* —, one is never too old to learn.
uitgeleide: *iem.* — *doen*, show a p. out; (*aan station*) see a p. off.
uitgelezen select, choice. ▼—**heid**…ness.

uitgemaakt: *dat is een* —*e zaak*, that is a foregone conclusion.
uitgeput exhausted, worn-out, spent.
uitgerafeld frayed.
uitgerekend calculating.
uitgeslapen (*fig.*) wide awake, shrewd.
uitgesloten: *dat is* —, that is out of the question.
uitgesproken pronounced, distinct (advantage), expressed (desire), avowed (object); *zij zijn — anti-Duits*, they are distinctly anti-German.
uitgestorven extinct; (*verlaten*) deserted.
uitgestreken: *een — gezicht*, a smug face.
uitgestrekt extensive. ▼—**heid**…ness; (*concr.*) expanse, stretch.
uitgestudeerd: *ik ben erop* —, I have finished with it.
uitgeteerd emaciated.
uitgeven (*geld*) spend; (*bankbiljetten, lening*) issue; (*uitdelen*) distribute; (*boek*) publish; *zich — voor*, pass o.s. off as; pose as. ▼**uitgev/er** publisher. ▼—**erij**, —**ersfirma**, —**erszaak** publishing-firm.
uitgewekene refugee.
uitgewerkt elaborate; (*vulkaan*) extinct.
uitgewoond dilapidated.
uitgezocht exquisite.
uitgezonderd except, save, bar(ring); *niemand* —, no one excepted.
uitgieren: *het* —, scream with laughter; *'t was om 't uit te gieren*, it was screamingly funny.
uitgieten pour out.
uitgifte issue.
uitgillen scream out.
uitglijden slip.
uitglippen slip out.
uitgommen rub out.
uitgooien throw out; (*kleren*) throw off; (*cricketteam*) dismiss.
uitgrav/en dig out; excavate. ▼—**ing** digging out, excavation.
uitgroei/en: — *tot*, grow (develop) into. ▼—**sel** outgrowth.
uithakken cut out, hew out.
uithalen draw (pull) out, extract; (*zak*) turn out; (*breiwerk*) unpick; (*pijp, kachel*) clean out; *streken* —, play tricks; *het vuur* —, rake out the fire; *naar links* —, pull out to the left; *je kunt hem er dadelijk* —, you can spot him at once; *er — wat erin zit*, run the thing for all it is worth; *dat zou niets (niet veel)* —, that would be no good, that would serve no useful purpose; *dat moet je met mij niet* —, don't try that game on me; *de uitgaven er* —, make good the expense; *wat heb je nu weer uitgehaald?*, what have you been up to now?
uithameren hammer out.
uithang/bord sign-board. ▼—**en** hang out (*ook: verblijven*); (*fig.*) play; *de gebraden haan* —, do the grand. ▼—**kast** show-window.
uithebben have finished (a book).
uitheems exotic, foreign.
uithelpen help (a p.) out.
uithijsen hoist out.
uithoek remote (out-of-the-way) place; *tot in de verste —en*, to the farthest corners.
uithol/len hollow, excavate. ▼—**ing** hollowing out, excavation.
uithonger/en starve, famish. ▼—**ing** starving, starvation.
uithoren: *iem.* —, pump a p., draw a p., lead a p. on.
uithoud/en (*eig.*) hold out; (*fig.*) bear; *het* —, hold out; stand (stick) it. ▼—**ingsvermogen** staying-power, stamina, endurance. ▼—**ingsvlucht** endurance flight.
uithouwen hew (out).
uithozen bail (bale) out.
uithuilen have one's cry out, cry one's fill.
uithuizig undomestic. ▼—**heid** love of gadding about.
uithuwelijken marry off.
uiting utterance; (*v. kracht*) manifestation.
uitjagen drive out.
uitjammeren wail.

uitje 1 (*kleine ui*) (small) onion; **2** outing.
uitjouwen hoot (at), boo.
uitkafferen bawl at.
uitkammen comb (out).
uitker/en pay. ▼—**ing** payment; (*bij ziekte*) benefit; (*bij faillissement*) dividend; (*bij staking*) strike-pay; (*aan werklozen*) unemployment benefit; (*aan gescheiden vrouw*) alimony; — *ineens*, lump sum. ▼—**ingstarief** scale of benefits.
uitkermen groan, moan.
uitkienen puzzle out (a problem); think out (a plan); *hij kiende het zo uit, dat hij de beste plaats kreeg*, he contrived to get the best seat.
uitkiezen choose, select.
uitkijk (*pers.*) look-out; (*uitzicht*) view, prospect; *op de — staan*, be on the look-out. ▼—**en** look out; (*in de ogen*) stare one's eyes out; — *naar*, look out for; — *op*, overlook; *hij raakte er niet op uitgekeken*, he never tired of looking at it. ▼—**post** observation-post. ▼—**toren** watch-tower.
uitklar/en clear (out). ▼—**ing** clearance (outwards). ▼—**ingsakte** clearance certificate. ▼—**ingspapieren** clearance papers (documents).
uitkleden undress, strip; *zich —*, undress, strip.
uitklimmen climb out.
uitkloppen (*kleed*) beat; (*pijp*) knock out.
uitknijpen squeeze; (*weglopen*) abscond.
uitknikkeren *iem. er —*, bowl a p. out.
uitknip/pen cut out; (*licht*) switch out. ▼—**sel** cutting, clipping.
uitknobbelen figure out.
uitkoken boil out; (*vet*) render.
uitkomen (*v. bloem, boek, som*) come out; (*v. ei*) hatch (out); (*voor 'n club*) play; (*bij kaartspel*) lead; (*v. droom*) come true; (*bekend worden*) transpire, emerge, come out; (*rondkomen*) make (both) ends meet; (*de kleuren*) *kwamen goed uit*, showed well; *dat komt uit*, that is correct; *dat zal wel —!*, I should think so!; *dat komt mij niet erg goed uit*, that does not suit me very well; *dat komt me reuzegoed uit*, that suits me admirably; *het kwam heel anders* (*verkeerd*) *uit*, it turned out quite differently (wrong); *doe zoals 'tje 't beste uitkomt*, suit your own convenience; *ik kom er wel uit*, I can find my way out; *hij kon er maar niet —*, (*fig.*) he could not make it out; *dat komt me goedkoper uit*, that pays me better; *doen —*, bring out, set off, emphasize; *zij zullen met één invaller —*, (*sp.*) they will take the field with one substitute; *met harten —*, lead hearts; *daar kan ik niet mee —*, I can't make it do; — *op*, (*v. kamer*) give on, (*v. pers.*) emerge on; — *tegen*, show against, stand out against, (*sp.*) play (against); *ik kom er rond voor uit*, I frankly admit it; *voor zijn mening —*, be candid, speak one's mind; *voor zijn overtuiging durven —*, have the courage of one's convictions. ▼**uitkomst 1** (*resultaat*) result; **2** (*redding*) relief; *een ware —*, a perfect godsend.
uitkopen buy out, buy off.
uitkraaien *'t —*, crow.
uitkrabben scratch out (eyes); erase (a word).
uitkramen parade (learning); talk (nonsense).
uitkrassen scratch out.
uitkrijgen finish.
uitkrijten *zich de ogen —*, cry one's eyes out; — *voor*, decry as.
uitkristalliseren crystallize.
uitkunnen *ik kan de deur niet uit*, I can't leave the house; *mijn schoenen kunnen niet uit*, my shoes won't come off; *de zaak kan niet uit*, the business does not pay (its way); *ik kan er niet over uit*, I'm flabbergasted; it staggers me.
uitlaat exhaust. ▼—**gassen** e.-gases (fumes). ▼—**klep** e.-valve. ▼—**pijp** e.-pipe. ▼—**spruitstuk** exhaust manifold.
uitlachen laugh at.
uitladen unload, land.
uitlat/en 1 (*kleding*) leave off; **2** (*pers., dier*) let out; (*bezoeker*) show out; (*stoom*) let off; *'n woord —*, miss out (leave out) a word; *zich*

(*goedkeurend*) — *over*, speak (with approval) of; *daar wil ik mij niet over —*, I won't venture an opinion on that point. ▼—**ing** omission; **2** (*uiting*) utterance, statement.
uitleenbibliotheek circulating-library.
uitleg (*uitbreiding*) enlargement; (*verklaring*) explanation; *'n verkeerde — geven aan*, put a wrong construction on, misconstrue. ▼—**gen** (*stad*) extend; (*verklaren*) explain, expound; (*wet*) interpret. ▼—**ger** explainer, interpreter. ▼—**ging** explanation, interpretation; (*v.d. Bijbel*) exegesis. ▼—**kunde** exegesis.
uitlekken leak out; (*fig. ook*) transpire.
uitlenen lend (out), loan.
uitleven *zich* (*vrij*) —, live one's life to the full; *zich in zijn werk —*, realize o.s. in one's work.
uitlever/baar extraditable. ▼—**en** deliver; surrender (arms); (*misdadiger*) extradite. ▼—**ing** delivery; surrender; extradition. ▼—**ingsverdrag** extradition treaty.
uitlezen 1 finish; **2** (*kiezen*) select, pick out.
uitlichten lift out; (*'n zin*) omit, leave out.
uitlokk/en (*oorlog, enz.*) provoke; (*protest, antwoord*) draw forth, evoke, elicit. ▼—**ing** provocation.
uitloop outlet (*v. vliegt.*) landing-run. ▼—**poging** break-away. ▼**uitlopen** run out; walk down (a street); (*v. aardappelen*) sprout; (*uitbotten*) bud; (*v. schepen*) put out, sail; *het hele dorp liep uit*, the whole village turned out; — *in*, (*v. rivier*) run into; *in een punt —*, end in (taper to) a point; — *op*, (*v. straat, enz.*) run into, (*fig.*) result in; *op niets —*, come to nothing, end in smoke, fall off ineffectively, (*v. besprekingen*) break down. ▼**uitloper** (*v. plant*) offshoot, runner; (*sp.*) runaway. ▼**uitloten I** *ov.w* draw (out). **II** *on.w* be drawn. ▼**uitloting** drawing.
▼**uitloven** offer.
uitlui/*en* ring out.
uitmaken 1 (*beëindigen*) finish; (*verloving*) break off; (*vuur*) put out; (*vlekken*) remove; **2** (*vormen*) form, constitute; **3** (*beslissen*) decide; *dat maakt niets uit*, that does not matter; *iem. — voor leugenaar*, call a p. a liar.
uitmalen drain.
uitmelken milk out.
uitmergelen exhaust; (*pers.*) grind down; *uitgemergeld gezicht*, emaciated face.
uitmesten muck (out).
uitmeten measure (out); *breed —*, enlarge on.
uitmiddelpuntig(**heid**) eccentric(ity).
uitmond/en — *in*, discharge into. ▼—**ing** mouth, outlet.
uitmonster/en trim. ▼—**ing** facings.
uitmoord/en massacre. ▼—**ing** massacre.
uitmunt/en excel; — *boven*, excel. ▼—**end** excellent. ▼—**endheid** excellence.
uitnemend *zie* **uitmuntend**.
uitnodig/en invite. ▼—**ing** invitation; *op — van*, at the i. of.
uitoefen/en (*invloed, enz.*) exercise; (*ambt*) hold, occupy; (*ambacht*) practise; *macht —*, wield power. ▼—**ing** exercise; (*v. functie*) discharge; practice.
uitpakken unpack; *over iets —*, launch out about; (*dat zaakje*) *pakte niet goed uit*, did not pan (turn) out well.
uitpersen press out.
uitpiekeren puzzle out.
uitpikken pick out.
uitpluizen sift (out); (*de zaak*) *grondig —*, sift (probe) to the bottom; *touw —*, pick oakum.
uitplunderen plunder, loot.
uitpompen pump out.
uitpraten have one's say; *laat me —*, let me finish; *laten we de zaak eens —*, let's talk it over; *we waren al gauw uitgepraat*, we had soon exhausted the conversation; *ik ben uitgepraat*, I am played out; *hij raakte er nooit over uitgepraat*, he never tired of the subject.
uitproberen try (out), test.
uitproesten *'t —*, burst out laughing.
uitpuilen bulge; (*v. ogen*) protrude, goggle.
uitputt/en exhaust; *zich — in verontschuldigingen*, apologize profusely.

▼—**end** exhausting; — *behandelen*, treat exhaustively. ▼—**ing** exhaustion.
▼—**ingsoorlog** war of attrition.
uitpuzzelen puzzle out.
uitrafelen fray, ravel out.
uitraken (*v. engagement*) be broken off.
uitrangeren shunt out.
uitrazen (*toorn luchten*) blow off steam; (*v. storm*) spend itself.
uitregenen stop raining.
uitreik/en distribute; (*paspoort*) issue; (*prijs*) present. ▼—**ing** distribution; issue; presentation.
uitreis outward journey (voyage); (*het schip*) *was op de* —, was outward bound.
uitreken/en figure out, calculate. ▼—**ing** calculation.
uitrekken stretch (out), crane (one's neck).
uitrennen rush out of.
uitrichten do, accomplish.
uitrijden ride (drive) out of; (*v. trein*) move out of.
uitrijstrook deceleration lane.
uitrijzen rise above.
uitrit drive out.
uitroei/en (*doden*) root out, destroy, eradicate, (*vnl. fig.*) extirpate, exterminate (species, race), stamp out (heresy). ▼—**ing** extermination, extirpation.
uitroep exclamation. ▼—**en** exclaim; (*staking*) declare, call; *iem.* — *tot koning*, proclaim a p. king. ▼—**teken** note of exclamation.
uitroken (*pijp*) finish; (*dier*) smoke out; (*huis*) fumigate.
uitrollen unroll; *er* —, roll out.
uitrukken I *ov.w* pull (pluck) out. II *on.w* march (out); (*brandweer*) turn out; *ruk uit!*, clear out!
uitrust/en 1 (have a) rest; **2** equip, fit out.
▼—**ing** equipment, fitting out; (*v. reiziger*) outfit; *in volle* —, in full kit. ▼—**ingsstukken** equipment.
uitschakel/en switch off, disconnect; (*fig.*) eliminate, rule out. ▼—**ing** switching-off; elimination.
uitschateren: '*t* —, roar with laughter.
uitscheiden 1 secrete; **2** stop, leave off; *schei* (*daarmee*) *uit!*, stop (it)!
uitschelden call (a p.) names, abuse.
uitschenken pour out.
uitscheppen scoop out; (*boot*) bail out.
uitscheuren I *on.w* tear. II *ov.w* tear out.
uitschiet/en slip; shoot out; (*v. plant*) bud; *de kamer* —, dart out of the room. ▼—**er** bit of luck, fluke.
uitschilderen paint, portray.
uitschoppen kick out.
uitschot refuse, offal; (*bocht*) rubbish; (*personen*) scum, riff-raff.
uitschreeuwen cry out.
uitschrijven write out; (*factuur*) make out; (*lening*) float; (*verkiezing, vergadering*) call; (*wedstrijd*) organize, promote.
uitschudden shake out; *iem.* —, clean a p. out.
uitschuif/baar extensible. ▼—**blad** draw-leaf. ▼—**tafel** extending-table.
▼**uitschuiven** push out; draw out (a table).
uitschulpen scallop.
uitschur/en (*pan*) scour; (*kust, enz.*) erode.
▼—**ing** scouring (out); erosion.
uitslaan I *ov.w* knock (beat, strike) out; (*stofdoek*) shake out; (*kaart*) unfold; (*vleugels*) spread; *onzin* —, talk rot; *vloeken* —, rap out oaths. II *on.w* (*v. vlammen*) break (burst) out; (*van brood*) grow mouldy; (*van een muur*) sweat; —*de brand*, conflagration.
uitslag 1 (*op huid*) eruption, rash; (*op muur*) moisture; **2** (*afloop*) result; *de* — *der verkiezing bekendmaken*, declare the poll; *met goede* — *bekroond*, crowned with success.
uitslapen have one's sleep out.
uitslijpen grind (out); erode.
uitslijten wear out.
uitsloven: *zich* —, lay o.s. out; go out of one's way, spread o.s., bend over backwards; (*ong.*) fawn, toady. ▼**uitslover** toady. ▼—**ij**

toadyism.
uitsluit/en exclude, rule out (a possibility); debar (from a right); (*buitensluiten*) shut out; (*arbeiders*) lock out; *dat is volstrekt uitgesloten*, that is absolutely impossible.
▼—**end** exclusive. ▼—**ing** exclusion; (*v. arbeiders*) lock-out; *met* — *van*, exclusive of, to the exclusion of. ▼—**sel** definite (decisive) answer.
uitsmelten (*ertsen*) smelt; (*vet*) render, melt.
uitsmeren spread.
uitsmijt/en chuck out. ▼—**er 1** (*pers.*) chucker-out, bouncer; **2** slice of bread with ham or cold meat and a fried egg on top.
uitsnellen: *de kamer* —, dash out of the room.
uitsnijden cut out; (*uit hout, enz.*) carve.
uitsnikken: '*t* —, sob one's heart out.
uitsnuiten blow (nose); snuff out (candle).
uitspan/nen (*net*) spread; (*touw*) stretch; (*paarden*) put out. ▼—**ing 1** baiting-place; **2** tea-garden.
uitspansel firmament.
uitsparen save.
uitspatt/en commit excesses (debauchery).
▼—**ing** excess, debauch(ery).
uitspelen 1 finish (a game); **2** lead (a card); *hij wil jou tegen mij* —, he wants to play you off against me; *zijn rol is uitgespeeld*, his role is played out.
uitspinnen (*eig. & fig.*) spin out.
uitspoelen rinse (out).
uitspoken: *wat spook jij uit?*, what (mischief) are you doing?
uitspraak (*v. woord*) pronunciation; (*v. pers.*) accent; (*verklaring*) pronouncement; (*v. scheidsrechter*) **1** (*bij sp.*) decision, **2** (*anders*) award; (*v. jury*) verdict; (*v. strafrechter*) sentence, judgment; (*v. kiezers, publiek*) verdict; — *doen*, (*jur.*) give (pass) judgment, pass sentence. ▼—**leer** phonetics.
uitspreiden spread (out).
uitspreken I *ov.w* (*woord, vonnis*) pronounce; (*mening, wens*) express; *zich* — *over*, give one's opinion upon; *zich* — *voor* (*tegen*), declare o.s. in favour of (against); *uitgesproken*, (*fig.*) pronounced, marked. II *on.w* finish; *laat mij* —, let me finish.
uitspringen (*lett.*) jump out of; (*fig.*) project.
uitspruit/en sprout. ▼—**sel** sprout.
uitspuwen spit out.
uitstaan I *ov.w* stand, endure, bear; *ik kan hem* (*het*) *niet* —, I can't stand him (it); *zij heeft veel met hem uitgestaan*, she has gone through a great deal with him; *ik heb niets met je uit te staan*, I have nothing to do with you. II *on.w* stand out; (*v. oren*) stick out; (*v. zakken*) bulge; (*v. geld*) be put out at interest; —*de rekeningen*, outstanding accounts.
uitstal/kast show-case. ▼—**len** display.
▼—**ling** (*shop-window*) display. ▼—**raam** show-window.
uitstapje excursion, trip, outing; *een* — *maken*, make an e.
uitstappen alight, get out (of car); get off (tram); *ik stap eruit*, (*fig.*) I quit; *allen* —!, all change (here)!
uitstedig out of town. ▼—**heid** absence from town.
uitsteeksel projection, protuberance.
uitstek: *bij* —, pre-eminently.
uitstek/en I *ov.w* hold out (hand); put out (tongue, flag); extend (hand, arm), stretch out (hand, foot); (*fig.*) excel; *iem. de ogen* — (*lett.*) put out (gouge) a p.'s eyes, (*fig.*) make a p. green with envy. II *on.w* stick out, project, protrude; *hoog boven*... —, rise (tower) high above... ▼—**end** projecting, protruding.
uitstékend excellent. ▼—**heid** excellence.
uitstel postponement, delay; — *van betaling*, extension of payment; — *van dienstplicht*, deferment; — *van executie*, stay of execution, reprieve; — *geven*, grant a d.; *van* — *komt afstel*, delays are dangerous. ▼—**len 1** postpone, delay, put off; **2** (*rk*) expose (the Blessed Sacrament). ▼—**verlening** extension of time; (— *v. betaling*) moratorium.

uitsterv/en die out, become extinct. ▼—**end**
dying. ▼—**ing** extinction.
uitstijgen get out, descend.
uitstippelen dot; (fig.) outline, map out.
uitstomen I on.w (wegstomen) steam out.
II ov.w dry-clean.
uitstormen fling (rush) out of.
uitstort/en pour out; zijn hart —, pour out
(unburden) one's heart; zich — in, discharge
itself into. ▼—**ing** pouring out; — van de
Heilige Geest, descent of the Holy Spirit.
uitstot/en push out; expel (from club); utter (a
cry). ▼—**ing** expulsion.
uitstral/en radiate. ▼—**ing** radiation.
▼—**ingswarmte** radiant heat.
uitstrekken stretch, stretch out (one's hands);
zich — (v. land, enz.), stretch (out), extend;
(gaan liggen) lie down.
uitstrijk/en smooth; (wasgoed) iron;
(kreukel) iron out. ▼—**je** smear.
uitstromen stream (pour) out.
uitstrooien strew; geruchten —, spread
rumours.
uitstulp/en, —ing bulge.
uitstuiven rush out of.
uitsturen send out; iem. het veld —, order a p.
off the field; de haven —, steer out of port.
uittanden indent, tooth.
uittart/en defy, challenge. ▼—**ing** defiance,
challenge.
uittekenen draw.
uittellen count out.
uitteren waste away.
uittocht exodus.
uittrap (sp.) goal-kick. ▼—**pen** stamp out (a
fire); kick off (shoes); (v. keeper) take a
goal-kick; (over zijlijn) kick into touch.
uittred/en resign (from), retire (from); (mil.)
fall out. ▼—**ing** resignation, retirement.
uittrek/blad leaf. ▼—**ken** I ov.w pull out;
(kies) draw, extract; (handschoenen, kleren)
take off; (bedrag, geld) set aside, assign.
II on.w march out; erop — om..., set out to —.
▼—**sel** extract; (v. boek) summary; (v.d. burg.
stand) birth-certificate.
uitvaagsel scum, riff-raff.
uitvaardig/en issue; (wet) enact. ▼—**ing**
issue; enactment.
uitvaart funeral, obsequies.
uitval (mil.) sally; (schermen) pass, lunge;
(fig.) outburst, diatribe. ▼—**len** fall out; (sp.)
drop out; (schermen) lunge (at), make a pass;
(v. trein) be cancelled; (fig.) turn out; hoe het
ook uitvalt, whatever way things turn out; hij is
niet erg scheutig uitgevallen, he is none too
generous; tegen iem. —, fly out at a p.; gunstig
(ongunstig) — voor, go in favour of (against).
▼—**ler** straggler. ▼—**poort** sally-port.
uitvaren sail (out), put to sea; — tegen, fly out
at.
uitvechten: het —, fight it out; laat ze dat maar
onderling —, let them fight (have) it out by
themselves.
uitvegen sweep out; (met gummi) rub out; dat
moet je niet —, (fig.) that's not to be sneezed
at, that's not half bad.
uitvergroten (fot.) enlarge.
uitverkiez/en elect. ▼—**ing** election.
uitverkocht (v. artikel) sold out; (v. boek) out
of print; —e zaal, full house. ▼**uitverkoop**
(clearance-)sale; 't is —, the sales are on.
▼—**goederen** sale goods. ▼—**prijs** sale price.
▼**uitverkopen** sell off, clear.
uitverkoren chosen, elect; het — volk, the c.
people.
uitveteren bawl at.
uitvieren (v. touw) pay out; (v. verkoudheid)
nurse.
uitvind/en invent; (te weten komen) find out.
▼—**er** inventor. ▼—**ing** invention. ▼—**sel**
invention; (ding) contraption.
uitvissen (fig.) hunt out.
uitvlakken rub out; dat moet je niet —, (fig.)
that's not to be sneezed at.
uitvliegen fly out.
uitvloei/en flow out; (v. kleuren) run. ▼—**sel**

result.
uitvloeken swear at, curse.
uitvlucht subterfuge, pretext; —en zoeken,
prevaricate.
uitvoer export; (goederen) exports; ten —
brengen, execute, carry out. ▼—**artikel** export
article.
uitvoerbaar practicable. ▼—**heid**
practicability.
uitvoer/der executor. ▼—**en** 1 carry out (plan,
instructions, resolution), carry into effect,
execute (law, plan, p.'s will, sentence,
operation, piece of music), fulfil (promise),
perform (task, public function, piece of
music); 2 (goederen) export; wat heb jij
uitgevoerd?, what have you been up to?; hij
heeft de hele dag niets uitgevoerd, he has done
nothing all day; wat heb je uitgevoerd met het
geld?, what have you done with the money?;
niets —, do nothing; een goed uitgevoerd
boek, a well-produced volume; de —de
macht, the executive (power). ▼—**handel**
export trade. ▼—**haven** port of export(ation),
shipping port.
uitvoerig I bn detailed, ample, full. II bw in
detail, fully; — ingaan op, dwell at length on.
▼—**heid** fullness, comprehensiveness.
uitvoering execution (of a task); performance
(of a symphony); enforcement (of a law);
(afwerking) workmanship; (model) design,
style.
uitvoer/premie export bounty.
▼—**produkten** exports. ▼—**rechten**
export-duties. ▼—**verbod** embargo.
▼—**vergunning** export licence.
uitvors/en find out. ▼—**er** investigator.
uitvouwen unfold.
uitvracht outward freight.
uitvragen ask out; (uithoren) question, (fam.)
pump.
uitvret/en corrode (metal); sponge on (a p.).
▼—**er** sponger.
uitwaaien be blown out.
uitwaarts outward.
uitwas outgrowth; (fig.) excess.
uitwasem/en exhale. ▼—**ing** exhalation.
uitwassen wash (out).
uitwater/en: — in, discharge (itself) into.
▼—**ing** outlet, discharge. ▼—**ingskanaal**
drainage canal.
uitwedstrijd away game.
uitweg (lett. & fig.) way out; (alleen fig.)
resource; (voor water, stoom, gevoelens)
outlet.
uitwegen weigh out.
uitweid/en dwell, digress (on). ▼—**ing**
digression.
uitwendig outward, external; het —e, the
outside.
uitwerk/en I ov.w (plan) work out; (punt)
elaborate, labour; (theorie) develop; 't werkte
niets uit, it produced no results. II on.w:
uitgewerkt zijn, have spent its force, be
exhausted. ▼—**ing** working out (of a plan);
effect, result; geen — hebben, be ineffective;
het had niet de gewenste —, it failed to
produce the desired effect.
uitwerp/en throw out; (netten) cast.
▼—**selen** excrements; (v. dier) droppings.
uitwieden weed out.
uitwijk/en turn (step) aside; (schip) give way;
(voertuig) pull out, swerve; — naar, emigrate
to, take refuge in. ▼—**haven** (luchtv.)
alternate. ▼—**mogelijkheid** alternative.
▼—**plaats** passing bay.
uitwijz/en 1 (aantonen) show, prove;
2 (verdrijven) expel. ▼—**ing** expulsion.
uitwinnen save.
uitwippen nip out of.
uitwissel/en exchange. ▼—**ing** exchange.
uitwissen wipe out.
uitwoeden spend its fury, blow itself out,
subside.
uitwrijven rub out; (v. ogen) rub.
uitwringen wring out.
uitzaaien sow; (fig.) disseminate.

uitzakken sag.

uitzeilen sail.

uitzend/bureau (*ongev.*) exployment agency. ▼—**en** send out; (*radio*) broadcast, transmit. ▼—**ing** mission; (*radio*) broadcast, transmission.

uitzet outfit; (*v. bruid*) trousseau.

uitzetbaar expansible. ▼—**heid** expansibility. ▼**uitzett**(en) I *on.w* expand, swell; (*nat.*) expand. II *ov.w* expand; put out (money); plant (fish); lower (boats); post, set (guards); *iem. uit de partij zetten*, expel a p. from the party; *iem. uit zijn woning zetten*, evict a p. ▼—**ing 1** expansion; **2** expulsion; eviction. ▼—**ingsbevel** eviction order. ▼—**ingsvermogen** expansive power.

uitzicht (*lett.*) view; (*fig. & lett.*) outlook, prospect; *het — hebben op*, overlook; *je beneemt mij het —*, you are obstructing my view; *dat opent nieuwe —en*, that opens new vistas; *in — hebben*, have in prospect. ▼—**punt** viewpoint. ▼—**toren** belvedere. ▼—**wagen** observation-car.

uitzieken *dat moet eerst —*, that must first run its course.

uitzien look out; *hoe ziet hij eruit?*, what does he look like?; *je ziet er goed uit*, you look well; *dat ziet er mooi uit*, (*iron.*) here's a pretty kettle of fish; *'t ziet er vrij slecht voor ons uit*, things look pretty bad for us; *wat zie je eruit!*, what a sight you are!; *— naar*, look out for, (*met verlangen*) long forward to, (*met smart*) await anxiously; *'t ziet er naar uit alsof ...*, it looks as though ...; *het ziet er wel naar uit*, it looks like it; *— op*, overlook, face.

uitzingen finish (a song); *ik kan het nog wel een poosje —*, I can hold out, [(*Am.*) swing it] carry on for some time; *het hoogste lied —*, sing away lustily.

uitzinnig mad, out of one's wits; *— van vreugde*, ecstatic (with joy).

uitzitten sit out; *zijn straf (tijd) —*, serve one's sentence (*fam.* one's time).

uitzoeken select, pick out; (*sorteren*) sort (out); *een zaak —*, sift a matter out; *je kunt maar —*, you can have your pick; *zoek het zelf maar uit*, find out for yourself.

uitzonder/en except, bar. ▼—**ing** exception; *de —en bevestigen de regel*, the e. proves the rule; *behoudens enkele —en*, with a few exceptions; *bij —*, by way of e.; occasionally; *bij hoge —*, very rarely; *met — van*, with the e. of; *zonder —*, without e. ▼—**ingsbepaling** exceptive clause. ▼—**ingsgeval** exceptional case. ▼—**ingsmaatregel** exceptional measure. ▼—**ingswet** exceptive law. ▼—**lijk** exceptional.

uitzuig/en suck (out); (*fig.*) sweat, bleed white. ▼—**er** extortioner.

uitzuinigen economize, save.

uitzwermen swarm off.

uitzweten exude.

uk, ukje tiny tot.

ulaan uhlan.

Ulo/onderwijs (*vero.*) advanced primary education. ▼—**school** school for advanced primary education.

ulster ulster.

ultimatum ultimatum; *een — stellen* (*overhandigen*), state (deliver) an u.

ultimo: *— maart*, at the end of M.

ultra ultra. ▼—**kort** u.-short (wave). ▼—**rood** u.-r.

umlaut vowel-mutation.

unaniem unanimous. ▼**unanimiteit** unanimity.

unciaal uncial; *— (letter)*, uncial (letter).

UNCTAD, Unctad UNCTAD (United Nations Conference on Trade and Development).

UNESCO, Unesco UNESCO (United Nations Educational, Scientific and Cultural Organisation).

UNICEF, Unicef UNICEF (United Nations Children's (Emergency) Fund).

unie union; *personele —*, personal union.

uniek unique.

unificatie unification.

uniform *bn & zn* uniform. ▼—**iteit** uniformity. ▼—**jas** u. coat, tunic. ▼—**pet** u. cap. ▼—**tarief** u. (flat) rate.

univers/aliteit universality. ▼—**eel** universal; *— erfgenaam*, sole heir. ▼—**itair** university. ▼—**iteit** university; *naar de — gaan*, go to the u., go to college. ▼—**iteitsgebouw** u. building.

UNO UNO (United Nations Organisation).

uranium uranium.

urbaan urbane. ▼**urbaniteit** urbanity.

urgent urgent, pressing. ▼—**ie** urgency. ▼—**ieverklaring** declaration of urgency.

urin/e urine. ▼—**eleider** ureter. ▼—**eren** urinate. ▼—**oir** urinal.

urmen worry, fret.

urn urn.

urologie urology.

US(A) U.S.(A.) (United States of America).

usan/ce usage, custom. ▼—**tieel** customary.

USSR U.S.S.R. (Union of Soviet Socialist Republics).

usurp/atie usurpation. ▼—**ator** usurper. ▼—**eren** usurp.

utilis/atie utilization. ▼—**eren** utilize.

utilitair utilitarian. ▼**utiliteit** utility. ▼—**sbeginsel** utilitarian principle. ▼—**soverweging** *uit —en*, from considerations of u. ▼—**sreden** utilitarian reason.

Utopia Utopia. ▼**utop/ie** utopia. ▼—**isch** Utopian.

uur hour; *uren*, (*rk*) hours; *uren lang*, for hours (together); *verloren —tje*, spare hour; *ik ben aan geen — gebonden*, my time is my own; *om één —*, at one o'clock; *om het — een lepel*, every hour a spoonful; *op dat —*, at that h.; *over een —*, in an hour; *te elfder ure*, at the eleventh h.; *van — tot —*, from h. to h., hourly. ▼—**loon** hourly wage(s). ▼—**werk** timepiece; (*'t werk*) works. ▼—**werkmaker** clock-maker. ▼—**wijzer** h.-hand.

uw your; *geheel de —e*, faithfully yours.

uwent *te —*, at your house.

uwerzijds on your part.

vaag vague, hazy, dim. ▼—**heid** vagueness.
vaak bw often, frequently.
vaal sallow (face); faded (colour); drab (life).
  ▼—**bleek** sallow, muddy. ▼—**bruin** drab, dun.
  ▼—**grijs** dun. ▼—**heid** sallowness; fadedness;
  drabness.
vaalt dunghill.
vaam fathom.
vaan flag, banner; de — des opstands planten,
  raise the banner of revolt. ▼**vaandel** colours,
  standard, banner; met vliegende —s, with
  flying colours. ▼—**drager** standard-bearer.
  ▼—**parade** trooping the colour(s). ▼—**wacht**
  colour-party.
vaandrig ensign; (v. cavalerie) cornet.
vaanstand (luchtv.) feathered pitch.
vaantje vane, pennon.
vaarboom punting-pole.
vaardig (bedreven) skilled, skilful, adroit,
  proficient; (gereed) ready; — zijn met de pen,
  have a ready pen. ▼—**heid** skill, skilfulness,
  proficiency; fluency (of speech); readiness.
  ▼—**heidsproef** trial of skill. ▼—**heidsspel**
  game of s.
vaar/geld canal-due. ▼—**geul** channel;
  fairway; (in mijnenveld) (sea-)lane. ▼—**route**
  sailing-route.
vaars heifer.
vaart 1 (scheepvaart) navigation; 2 (snelheid)
  speed; 3 (kanaal) canal; de — op Indië, the
  Indian trade; grote —, foreign trade; zeeman
  v.d. grote —, deep-water seaman; kleine —,
  coasting trade; — hebben, have speed; —
  krijgen, gather speed, (scheepv.) gain
  headway; dat zal zo'n — niet lopen, it won't be
  as bad as that; — (ver)minderen, (ook als
  waarschuwing) reduce speed, slacken up,
  slow down; er — achter zetten, speed things
  up; in vliegende —, at a tearing pace, full tilt; in
  volle —, (at) full speed; in de — brengen,
  commission, place on the service; met een —
  van..., at a speed of...; uit de — nemen, take
  out of the service.
vaartje 1 father, hij heeft een aardje naar zijn
  —, he is a chip of the old block; 2 speed.
vaar/tuig vessel, craft. ▼—**water** (vaargeul)
  channel, fairway; (waterweg) waterway; iem.
  in 't — zitten, thwart a p.; uit iem.'s — blijven,
  give a p. a wide berth.
vaarwel tw & zn farewell; iem. — zeggen, say
  good-bye to a p.
vaas vase.
vaat de — afwassen (doen), wash up.
  ▼—**doek** dish-cloth. ▼—**je** keg; uit een ander
  — tappen, change one's tune.
vaat/stelsel vascular system.
  ▼—**vernauwend** vaso-constrictive.
  ▼—**verwijdend** vaso-dilating.
vaatwasmachine dishwasher.
vaatweefsel vascular tissue.
vaatwerk (vaten) casks; (keuken—) plates
  and dishes.
va-banque: — spelen, put everything on one
  card.
vacant vacant; — worden, fall v.; een —e
  plaats, a vacancy. ▼—**geld** fee. ▼**vacature** vacancy;
  een — vervullen, fill a v.

vaccinatie vaccination. ▼—**bewijs** v.-paper.
  ▼**vaccin/e** (stof) vaccine; (inenting)
  vaccination. ▼—**edwang** compulsory
  vaccination. ▼—**eren** vaccinate.
vacht (v. schaap) fleece; (v. hond) coat; (v.
  beer) fur.
vacuum vacuum. ▼—**fles** v.-flask.
vadem fathom. ▼—**en** fathom.
vader father; (fam.) dad; (v. paard) sire; (v.
  gesticht) master; Heilige V—, Holy Father; het
  onze—, the Lord's prayer; van — op zoon,
  from f. to son. ▼—**hand** hand of a f. ▼—**huis**
  paternal home.
vaderland (native) country, home; voor 't —
  weg, at random; (ongegeneerd) unblushingly.
  ▼—**er** patriot. ▼—**lievend** patriotic. ▼—**s**
  national (songs, history); native (soil);
  patriotic (feeling). ▼—**sliefde** patriotism.
vader/liefde fatherly (paternal) love. ▼—**lijk**
  bn paternal, fatherly; (fig.) avuncular. ▼—**loos**
  fatherless. ▼—**moord(er)** parricide.
  ▼—**rechten** paternal rights. ▼—**schap**
  paternity, fatherhood. ▼—**stad** native town.
  ▼—**szijde**: zijn oom van —, his paternal uncle.
vadsig indolent, lazy. ▼—**heid** indolence,
  laziness.
vagebond vagabond, tramp. ▼—**eren** tramp.
vagelijk vaguely.
vagevuur purgatory.
vagina vagina (mv -ae, -as).
vak (v. kast, enz.) compartment, pigeon-hole;
  (v. plafond, deur) panel; (v. muur) bay; (v.
  weg, spoorlijn) section; (mil.) sector; (v.
  begraafplaats) plot; (studie—) subject;
  (beroep) trade (carpenter, butcher, etc.),
  profession (lawyer, doctor, etc.); dat is mijn —
  niet, that's not my line of business; het over 't
  — hebben, talk shop.
vakantie holiday(s), vacation; de grote —, the
  summer holidays, (univ.) the long vacation; —
  houden, make holiday; — nemen, take a
  holiday; met — zijn, be (away) on holiday; met
  — gaan, go (away) on holiday. ▼—**adres** h.
  address. ▼—**cursus** h. course, (in zomer ook)
  summer school. ▼—**dag** holiday. ▼—**drukte**
  h.-rush. ▼—**ganger** h.-maker. ▼—**huis**
  holiday cottage (flat, bungalow, etc.).
  ▼—**huisje** bungalow. ▼—**kamp** tourist-camp.
  ▼—**kindertehuis** h. home for children.
  ▼—**kolonie** h.-camp. ▼—**loon** h. wages.
  ▼—**mensen** h.-people. ▼—**oord** h.-resort.
  ▼—**periode** h.-period. ▼—**piek** h. rush.
  ▼—**plan** h.-plan. ▼—**reis** h.-trip.
  ▼—**spreiding** staggering of holidays,
  staggered holidays. ▼—**stemming** h.-mood.
  ▼—**tijd** h.-season. ▼—**toeslag** h. allowance.
  ▼—**verblijf** h. home.
vak/arbeid skilled labour(er).
  ▼—**bekwaamheid** professional skill.
  ▼—**belang** trade interest, professional
  interest. ▼—**beweging** trade-unionism.
  ▼—**blad** trade journal; (v. intellectueel)
  professional journal. ▼—**bond**
  trade(s)-union. ▼—**bondleider**
  trade(s)-union leader. ▼—**centrale**
  federation of trade unions. ▼—**cursus** training
  course. ▼—**didacticus** methodologist.
  ▼—**didactiek** subject-teaching
  methodology. ▼—**diploma** professional
  diploma. ▼—**geheim** trade (professional)
  secret. ▼—**genoot** colleague. ▼—**groep**
  trade-group. ▼—**je** compartment,
  pigeon-hole. ▼—**kennis** professional
  knowledge. ▼—**kleding** industrial clothing.
  ▼—**kringen** professional circles. ▼—**kundig**
  expert, skilled. ▼—**kundige** expert.
  ▼—**kundigheid** skill, expert knowledge.
  ▼—**leraar** subject master. ▼—**literatuur**
  special literature. ▼—**lokaal** subject room.
  ▼—**man** expert, specialist; (handwerksman)
  craftsman. ▼—**onderwijs** vocational
  instruction. ▼—**onderwijzer** subject teacher;
  (voor beroep) vocational teacher.
  ▼—**opleiding** professional training.
  ▼—**organisatie** trade(s)-union. ▼—**studie**
  professional study. ▼—**term** technical term

▼—**terminologie** technical terminology.
▼—**verbond** federation of trade(s)-unions.
▼—**vereniging** trade(s)-union.
▼—**verenigingsraad** trade-union council.
▼—**verenigingswezen** trade-unionism.
▼—**werk** professional job; — *huizen*,
half-timbered houses.
val 1 (*'t vallen*) fall; (*v. vliegtuig*) crash; **2** (*om
te vangen*) trap; **3** (*scheepv.*) halyard; *de —
v.h. pond*, the fall of the pound; *de* (*zonde*)—,
the fall; *hij deed een lelijke —*, he had a bad f.;
in de — lokken, (en)trap; *in de — lopen*, fall
into a (the) trap; *ten — brengen*, overthrow,
bring down. ▼—**bijl** guillotine. ▼—**brug**
draw-bridge. ▼—**deur** trap-door.
valeriaan valerian.
val/gordijn blind. ▼—**helm** crash-helmet.
▼—**hoogte** drop.
valide (*geldig*) valid; (*gezond*) fit. ▼**validiteit**
validity.
valies portmanteau.
valk falcon. ▼—**ejacht** falconry; *op de — gaan*,
go hawking. ▼—**enier** falconer.
val/klep trap-valve. ▼—**kuil** pitfall.
vallei valley; (*nauw*) glen.
vallen I *ww* fall (*ook v. ministerie*); drop; (*v.
motie*) be defeated; (*v. toneelstuk*) be a failure;
je mantel valt goed, your cloak fits well; *het
werk viel hem zwaar*, he found it hard work; *het
zou mij makkelijk — om*, it would be easy for
me to; *de tijd viel mij lang*, time hung heavy on
my hands; *het leven nemen zoals het valt*, take
life as it comes; *doen —*, make (a p.) fall, (*fig.*)
ruin, defeat (plan, motion); *ik kwam te — over
. . .*, I stumbled over . . .; (*zich*) *laten —*, drop;
iets van de prijs laten —, abate something of
the price; *van weerszijden wat laten —*, make
mutual concessions; *dat valt nog niet te
zeggen*, that can't be said yet; *daar valt niet aan
te denken*, that is out of the question; *daar valt
niet over te lachen*, that is no laughing-matter;
er valt met jou niet te praten, you are
unreasonable; *— in*, fall into (a group), be
liable to (a tax); *— onder*, fall (come) under;
— op, fall on; *— over*, stumble at (trifles), stick
at (a few guilders); *het viel uit mijn mond*,
(*fig.*) it slipped out; *van de trap* (*pen*) —, f.
down the stairs. **II** *zn* fall; (*v.d. avond*)
nightfall; *bij 't — v.d. avond*, at nightfall; *hij
kwam er met — en opstaan*, he muddled
through. ▼**vallend** *—e ster*, shooting star; *—e
ziekte*, epilepsy, falling sickness. ▼**val/licht**
skylight. ▼—**luik** trapdoor. ▼—**reep**
man-rope; *glaasje op de —*, stirrup-cup.
valorisatie valorization.
vals I *bn* false; (*v. dier*) vicious, nasty, savage;
faked (passport); (*spottend*) bogus (antique);
een —e (*belasting*) *aangifte doen*, make a f.
return; *—e dobbelstenen*, loaded dice; *—e eed*,
f. oath; *— geld*, counterfeit money; *—e
handtekening*, forged signature; *—e juwelen*,
imitation jewels; *—emunter*, coiner; *—e noot*,
f. note; *—e speler*, (card-) sharper; *—e tanden*,
f. teeth. **II** *bw* falsely; *— spelen*, (*kaarten*)
cheat, (*muziek*) play out of tune; *— zingen*,
sing false. ▼—**aard** f. person. ▼—**elijk** falsely.
valscherm parachute. ▼—**jager** parachutist,
paratrooper. ▼—**troepen** parachute troops,
paratroops.
valsheid falseness; viciousness; (*v. leer*)
falsity; *— in geschrifte*, forgery.
valsnelheid rate of fall.
valstrik snare; *iem. een — spannen*, set a trap
for a p.
valuta value; (*koers*) (rate of) exchange;
(*munt*) currency; *Nederlandse —*, Dutch
currency. ▼—**arbitrage** arbitration of
exchange. ▼—**controle** control. ▼—**dag**,
—**datum** due date. ▼—**egalisatiefonds**
currency equalization fund. ▼—**handel**
(foreign) e. dealings. ▼—**hervorming**
currency reform. ▼—**verkoop** sale of currence.
▼—**winst** profit in foreign e. ▼—**zaken**
business in foreign e.
valwet law of falling bodies. ▼**valwind** squall.
vampier vampire.

van (*bezit, afkomst*) of (the house of my father);
he comes of a good family); (*scheiding*) from
(I got a letter from him); (*oorzaak*) with (numb
with cold); *een juweel — een gedicht*, a gem
of a poem; *een leerling — me*, a pupil of mine;
— wie is dat boek?, whose book is that?, (*van
welke schrijver*) who is that book by?; *dat is —
mij*, that's mine; *iem. — naam* (*v. gezicht*)
kennen, know a p. by name (by sight); *ik denk
— wel*, I think so; *— de week*, this week; *een
herrie — je welste*, the devil of a row; *—uit de
verte*, from afar.
vanaf from.
vanavond this evening, to-night.
vandaag to-day; *— of morgen*, (*fig.*) sooner or
later; *wat is het —?*, what is to-day?; *kom ik er
— niet, dan kom ik er morgen*, what cannot be
done to-day, can be done to-morrow; *lukt het
— niet, dan lukt het morgen*, if at first you don't
succeed, try, try, try again.
vandaal vandal.
vandaan: *ik kom er juist —*, I just come from
there; *blijf er—*, keep away from it; *hier —*, from
here; *waar —?*, from where?
vandaar (*plaats*) from there; (*oorzaak*) hence,
that's why.
vandalisme vandalism.
vandehands off.
vandoor: *hij is er—*, he has hooked it; *ik ga er—*,
I am off; *er* (*met een vrouw*) *— gaan*, run away
with; *ik moet er—*, I must be off.
vaneen asunder, apart; *— gaan*, part, separate.
vang (*v. molen*) brake. ▼—**arm** tentacle.
▼—**en** catch, capture; (*v. vis ook*) land. ▼—**er**
catcher. ▼—**lijn** painter. ▼—**net** safety net.
▼—**rail** crash barrier, guard rail, safety-fence.
▼**vangst** catch, haul; *een — doen*, make a c.
▼**vangzeil** (*bij brand*) jumping sheet.
vanhier from here.
vanille vanilla. ▼—**ijs** v.-ice.
vanmiddag this afternoon. ▼**vanmorgen** this
morning. ▼**vannacht** (*komende*) tonight;
(*afgelopen*) last night. ▼**vanochtend** this
morning.
vanouds of old, from of old.
vanwaar from where, whence.
vanwege on account of, owing to; (*namens*)
on behalf of.
vanzelf of itself, of themselves; automatically;
de rest ging —, the rest was plain sailing.
▼—**sprekend** I *bn* self-evident. II *bw* as a
matter of course; *iets als — aannemen*, take
s.th. for granted.
vaporisator vaporizer, spray.
varen I *zn* fern, bracken. **II** *ww* **1** sail, navigate;
2 be a sailor; *hoe vaart u?*, how are you?; *laten
—*, (*boot*) sail, (*hoop, idee*) abandon; *er wel
bij —*, profit by it, do well out of it; *het best bij
iets —*, have the best of it; *slecht bij iets —*,
come off badly over s.th.; *de duivel is in hem
gevaren*, the devil has entered into him; *langs
de kust —*, hug the coast; *— om*, sail round,
double (a cape); *op Engeland —*, trade to
England; *ten hemel —*, ascend to heaven; *ter
helle —*, go to hell. ▼—**sgast** seaman; ▼—**gezel** sailor,
seafaring man.
vari/a miscellanies. ▼—**abel** variable. ▼—**ant**
variant. ▼—**atie** variation; *voor de —*, for a
change. ▼—**ëren** vary.
variété (theater) variety theatre, music-hall.
▼—**artiest** variety artist. ▼—**gezelschap**
v.-company. ▼—**voorstelling** v.-show.
variëteit variety.
varken pig, hog, swine; *wild —*, boar; *lui —*,
lazy pig; *ik zal dat —tje wel wassen*, I'll handle
that; *schreeuwen als 'n mager —*, scream like a
stuck pig, howl lustily; *vele —s maken de
spoeling dun*, where the hogs are many, the
wash is poor; *vieze —s worden niet vet*, dainty
pigs never grow fat. ▼**varkens/achtig**
swinish. ▼—**bak** pig-trough. ▼—**blaas**
pig's-bladder. ▼—**centrale** pigs-board.
▼—**fokker** pig-breeder. ▼—**fokkerij**
pig-breeding; pig-farm. ▼—**gehakt**
sausage-meat. ▼—**haar** hog's hair.
▼—**hoeder** swineherd. ▼—**hok** pigsty.

▼—**huid** pigskin. ▼—**karbonade** pork-chop.
▼—**koopman** pig-dealer. ▼—**kop** pig's head.
▼—**kost** (fig.) pig's wash. ▼—**kot** pigsty.
▼—**kotelet** pork-cutlet. ▼—**lapje** pork-steak.
▼—**markt** pig-market. ▼—**oogjes** pig's eyes.
▼—**pest** swine-plague. ▼—**pootjes** pig's
trotters. ▼—**reuzel** lard. ▼—**rollade** rolled
pork. ▼—**slager** pork-butcher. ▼—**snuit** pig's
snout. ▼—**staart** pig's tail. ▼—**stal** pigsty.
▼—**voer** pig's wash. **varkentje** piglet.

vasectomie vasectomy.

vaseline vaseline.

vast I bn (—*gemaakt*) fast, fixed; (*blijvend*)
permanent; (*staag*) steady; (*niet vloeibaar*)
solid; (*stevig*) firm; — *in de leer*, sound in the
faith; *dat is* — (*en zeker*), that is dead certain;
—*e aardigheid*, standing joke; —*e ambtenaren*,
permanent officials; —*e arbeider*, regular
workman; —*e bedrijfsuitgaven*, overheads; —*e
benoeming*, permanent appointment; —*e
besluit*, firm determination; —*e bezoeker*,
regular visitor; —*e datum*, fixed date; —*e
gesteente*, solid rock; —*e gewoonte*, fixed
habit; —*e goederen*, real estate; *agent in* —*e
goederen*, estate-agent; —*e grond*, firm
ground; —*e halte*, compulsory stop; —*e hand*,
firm hand; —*e huur*, fixed rent; —*e klant*,
regular customer; —*e kleur*, fast colour; —*e
kosten*, overheads; '*t* —*eland*, the continent;
—*e lasten*, overheads; —*e markt*, firm market;
—*e mening*, firm opinion; —*e offerte*, firm
offer; —*e onkosten*, overheads; —*e personeel*,
permanent staff; —*e plant*, perennial plant; —*e
prijs*, fixed price; —*recht*, (douane) fixed duty,
(gas, enz.) fixed charge; —*e regel*, fixed rule;
—*e slaap*, sound sleep; —*e uitdrukking*, stock
phrase; —*e wastafel*, fixed basin; —*e wal*,
shore; —*e weer*, settled weather; —*e werk*,
regular work; —*e zetel*, permanent seat; —
worden, (v. iets vloeibaars) congeal, set, (v.
het weer) settle, (v. prijzen) harden. **II** bw fast,
firmly; regularly; steadily; (*promise*) positively;
— (*en zeker*), certainly; — *slapen*, sleep
soundly; *ik ga maar* — , I'll go meanwhile.

vastbakken stick to the pan.

vastberaden resolute. ▼—**heid** resoluteness,
resolution.

vastbesloten determined. ▼—**heid**
determination.

vast/binden fasten, tie up. ▼—**doen** fasten.
▼—**draaien** turn tight.

vasteland continent, mainland.

vasten I ww fast. **II** zn fast(ing); de —, Lent; de
— *onderhouden*, observe (keep) the fast.
▼**vastenavond** Shrove-Tuesday. ▼—**gek**
carnival buffoon. ▼—**grap** carnival joke.
▼—**pret** carnival fun. ▼**vasten/dag**
fast(ing)-day. ▼—**preek** Lenten sermon.
▼—**tijd** Lent. ▼**vaster** zn faster.

vast/gespen buckle (up). ▼—(*met riem*) strap.
▼—**grijpen** grip, catch hold of, clutch.
▼—**haken** hook; — *aan*, hook on to.
▼—**hebben** have got hold of. ▼—**hechten**
attach, fasten.

vastheid firmness, solidity, stability.

vasthouden I ov.w hold, hold fast; (*in arrest*)
detain; (*goederen*) hold up; *ik hield mijn hart
vast*, my heart was in my mouth; *hij hield zijn
hart vast bij de gedachte*, he trembled at the
thought; *zich — aan*, hold on to, cling to.
II on.w: — *aan*, stick to (an opinion), cling to
(a religion). ▼**vasthoudend** tenacious,
(*gierige*) close. ▼—**heid** tenacity; closeness.

vastigheid certainty.

vast/ketenen chain. ▼—**klampen**,
—**klemmen** zich — aan, cling to, clutch at (a
straw). ▼—**kleven** stick (to). ▼—**klinken**
rivet. ▼—**kluisteren** fetter. ▼—**knopen**
button (up), tie; *er een dagje aan* —, stay on
for another day. ▼—**koppelen** couple, link
together. ▼—**lakken** seal (up). ▼—**leggen** fix,
fasten; (*hond*) tie up; (*boot*) moor; (*fig.*) tie
up; (*op gram.plaat, enz.*) record; (*in de geest*)
fix (s.th.) in the mind; *ik wil dit feit even* —, I
want to record this fact; *het is in de notulen
vastgelegd*, it has been placed on record.

▼—**liggen** lie firm; (—*gebonden*) be fastened,
(v. schip) be moored, (v. kapitaal) be tied up.
▼—**lijmen** glue. ▼—**lopen** (v. machine) jam,
seize up; (v. verkeer) jam; (v. schip) run
aground; (fig.) get stuck; (v.
onderhandelingen) reach a deadlock.
▼—**maken** fasten; button up (coat).
▼—**meren** moor (to). ▼—**naaien** sew up.
▼—**nagelen** nail (on to). ▼—**nestelen**: zich
—, nestle. ▼—**pakken** seize, grip. ▼—**pennen**
peg, pin (down). ▼—**plakken I** on.w stick.
II ov.w stick, gum down. ▼—**praten** corner;
zich —, be caught in one's own words.
▼—**raken** get stuck. ▼—**rijgen** lace.
▼—**roesten** rust; *vastgeroeste vooroordelen*,
rooted prejudices. ▼—**schroeven** screw
home. ▼—**sjorren** lash. ▼—**staan** stand firm;
zoveel staat vast dat..., so much is certain
that...; *dat stond reeds van tevoren vast*, that
was a foregone conclusion; (*de datum*) *staat
nog niet vast*, has not yet been fixed (settled);
—*d feit*, established fact. ▼—**stampen** ram
down.

vaststell/en establish (a fact); fix (a price); fix,
appoint (a time); lay down (a rule); assess
(damages); (*opmerken*) notice; *bij de wet
vastgesteld*, laid down by the law. ▼—**ing**
establishment; fixation; assessment.

vast/vriezen be frozen up; *zijn handen vroren
vast aan...*, his hands froze on to...
▼—**werken** get entangled. ▼—**zetten** fix,
fasten; (*wekker*) stop; (*wiel*) chock; (*geld*) tie
up; (*in gevangenis*) put in prison; (*iem. in
debat*) corner; *het spel* —, fix the game; *geld
— op*, settle money on. ▼—**zitten** stick; (v.
deur, stuur) be jammed; (v. schip) be aground;
(*in gevangenis*) be in prison; (*fig.*) be stuck;
blijven —, jam, catch, be caught; *dan zit je
eraan vast*, then you are committed to it; *daar
zit meer aan vast*, there is more to it; *daar zit een
heel verhaal aan vast*, thereby hangs a tale; *het
eiland zit nu vast aan de wal*, the island is now
joined to the shore; — *in het ijs*, be jammed in
the ice, be ice-bound; *met alles wat eraan vast
zit*, (fig.) with everything it entails.

vat 1 (ton) cask, barrel; **2** (greep) grip, hold;
heilige —*en*, sacred vessels; *wat in* '*t* — *zit
verzuurt niet*, forbearance is no acquittance;
bier uit '*t* —, beer on draught; — *op zich geven*,
lay o.s. open to criticism, give a handle to one's
enemies; — *hebben op iem.*, have a hold over
(on) a p.

vatbaar — *voor*, capable of (improvement);
susceptible to (a disease); *voor rede* —, open
to reason. ▼—**heid** capacity; susceptibility.

vaten/kwast dish-washer. ▼—**wasser**
washer-up.

Vaticaan: *het* —, the Vatican. ▼—**s** Vatican.
▼—**stad** the Vatican City.

vatten catch, seize; (*begrijpen*) understand,
see; (*juweel*) set; *kou* —, catch cold. ▼**vatting**
setting (of a stone).

vazal vassal. ▼—**staat** satellite state.

v. C. B.C. (Before Christ).

vecht/en fight; — *om*, f. for; *over woorden* —,
quarrel about words. ▼— *er* fighter. ▼—**erij**
fighting. ▼—**ersbaas** fighter. ▼—**jas**
fire-eater. ▼—**lust** pugnacity, combativeness,
fighting spirit; — *tonen*, show fight. ▼—**lustig**
pugnacious, combative. ▼—**partij** scuffle,
scrap.

vedel fiddle. ▼—**aar** fiddler. ▼—**en** fiddle.

veder feather. ▼—**bos** tuft, crest. ▼—**gewicht**
f.-weight.

vee cattle. ▼**veearts** veterinary surgeon; (*fam.*)
vet. ▼—**enijkunde** veterinary science.
▼—**enijkundig** veterinary. ▼—**enijschool**
veterinary college. ▼**vee/boer** stock-farmer.
▼—**boot** cattle-boat. ▼—**dief** c.-stealer.
▼—**drijver** c.-driver. ▼—**fokker** c.-breeder,
c.-man. ▼—**fokkerij 1** c.-breeding;
2 stock-farm.

veeg I bn doomed; *een* — *teken*, a bad sign.
II zn (met doek) wipe; (met hand) gash; (klap)
box; *iem. een* — *uit de pan geven*, give a p. a
lick with the rough side of one's tongue; tell a

p. off. ▼—**sel** sweepings.
vee/handel cattle-trade. ▼—**handelaar**
c.-trader. ▼—**houder(ij)** zie—**fokker(ij).**
▼—**koek** linseed-cake. ▼—**koper** c.-dealer.
veel I telw. (ev) much; (mv) many; heel (zeer)
—, (ev) a great deal of, very much; (mv) a great
many, very many; weet ik veel?, **1** how should I
know?, **2** (this and that) and what have you; ik
ben hier te —, I am one too many here; het
heeft er — van weg, it looks very much like it;
zij hebben — van elkaar (weg), they are much
alike. **II** bw much, far (older); hij komt hier —,
he often comes here. ▼**veel/al** mostly.
▼—**belovend** promising. ▼—**besproken**
much discussed. ▼—**bestreden** much
contested. ▼—**betekenend** significant.
▼—**bewogen** stirring; eventful (times);
troubled (world). ▼—**cellig** multicellular.
▼—**eer** rather, sooner. ▼—**eisend** exacting.
▼—**eisendheid** exactingness. ▼—**gelezen**
widely read. ▼—**geprezen** much praised,
boasted. ▼—**goderij** polytheism. ▼—**heid**
multitude. ▼—**hoek** polygon. ▼—**hoekig**
polygonal. ▼—**hoofdig** many-headed.
▼—**jarig** of many years. ▼—**kleurig**
many-coloured. ▼—**kleurigheid** variegation.
▼—**meer** rather. ▼—**omvattend**
comprehensive.
veeloods cattle-shed.
veel/prater voluble talker. ▼—**schrijver**
voluminous writer. ▼—**schrijverij**
ink-slinging. ▼—**soortig** varied, manifold.
▼—**soortigheid** variety. ▼—**stemmig**
many-voiced; (muz.) polyphonic. ▼—**szins** in
many respects. ▼—**talig** polyglot.
▼—**vermogend** powerful. ▼—**voud** multiple.
▼—**voudig** multiple. ▼—**vraat** glutton.
▼—**vuldig** frequent. ▼—**vuldigheid**
frequency. ▼—**weter** know-all. ▼—**wijverij**
polygamy. ▼—**zeggend** significant. ▼—**zijdig**
many-sided, versatile. ▼—**zijdigheid**
many-sidedness, versatility.
veem 1 warehouse-company; **2** (pakhuis)
(public) warehouse.
veemarkt cattle-market.
veemceel dock-warrant.
veen moor, bog. ▼—**aardappel** fen-potato.
▼—**achtig** boggy, peaty. ▼—**arbeider**
peat-cutter. ▼—**boer** fen-farmer. ▼—**brand**
peat-moor fire. ▼—**derij** peat-cutting.
▼—**gebied** fen-area. ▼—**graver** peat-digger.
▼—**grond** fen-land. ▼—**kolonie** peat-colony.
▼—**laag** layer of fen (peat). ▼—**moeras** peat
swamp. ▼—**streek** fen-district. ▼—**werker**
p.-cutter. ▼—**wortel** knot-grass.
veepest cattle-plague, rinderpest.
veer 1 (v. vogel) feather; **2** (v. horloge, auto)
spring; **3** (over rivier) ferry; je kunt geen veren
plukken van een kikvors, you cannot get blood
out of a stone; in de veren liggen, be between
the sheets; in de veren kruipen, go to roost;
wagentje op veren, spring-cart. ▼—**boot**
ferry-boat; (auto's) car-ferry. ▼—**dienst**
ferry-service. ▼—**geld** ferriage. ▼—**huis**
ferry-house.
veerkracht buoyancy. ▼—**ig** buoyant.
veerman ferry-man.
veerplank spring-board.
veerpont ferry-boat.
veerslot spring-lock.
veertarief ferry-rate.
veertien fourteen; — dagen, a fortnight.
▼—**daags** fortnightly. ▼—**de** fourteenth.
veertig forty. ▼—**er** man of f.
veest (pop.) fart; een — laten, let a f.
vee/stal cow-house, byre. ▼—**stapel**
livestock.
veesten fart.
vee/teelt cattle-breeding.
▼—**tentoonstelling** c.-show. ▼—**voeder**
c.-fodder. ▼—**wagen** c.-truck. ▼—**ziekte**
c.-plague.
vegen (vloer) sweep; (kleed) brush; (neus,
voeten) wipe. ▼**veger** (pers.) sweeper;
(voorwerp) brush.
vegetar/iër vegetarian. ▼—**isch** vegetarian.

▼—**isme** vegetarianism.
veget/atie vegetation. ▼—**eren** vegetate.
vehikel vehicle.
veil bn venal, een —e deerne, a strumpet; zijn
leven — hebben voor, be ready to lay down
one's life for.
veilen put up for auction.
veilig safe; (Vereniging voor) V— Verkeer,
Safety First Association; de kust is —, the
coast is clear; — stellen, secure, safeguard;
(het signaal) stond op —, was at clear; de
—ste partij kiezen, keep on the safe side.
▼—**heid** safety; (elektr.) fuse; in — brengen,
put in s.; zich in — stellen, reach s.
▼**veiligheids/**-safety-. ▼—**dienst** security
services. ▼—**glas** safety glass. ▼—**gordel**
safety belt; — met rolautomaat, inertia reel
seat belt; — vastmaken, fasten the seat belt.
▼—**grendel** safety bolt. ▼—**halve** for safety('s
sake). ▼—**inrichting** s.-device. ▼—**klep**
s.-valve. ▼—**lamp** s.-lamp. ▼—**maatregel**
s.-measure. ▼—**pact** security pact. ▼—**pal**
safety-catch. ▼—**politie** security police.
▼—**raad** Security Council. ▼—**scheermes**
s.-razor. ▼—**slot** s.-lock. ▼—**speld** s.-pin.
▼—**verdrag** security pact. ▼—**wet** factory
act.
veiling auction, public sale. ▼—**meester**
auctioneer. ▼—**sdag** day of sale. ▼—**slokaal**
a.-room. ▼—**sprijs** sale price.
veine luck.
veinz/en feign, dissemble, simulate. ▼—**er**
dissembler, hypocrite. ▼—**erij** dissimulation,
hypocrisy.
vel (v. mens of dier) skin; (v. dier) hide; (in
melk) skin; (papier) sheet; — over been, all s.
and bone; iem. 't — over de oren halen, fleece
a p.; hij steekt in geen goed —, he has a weak
constitution; hij sprong bijna uit zijn — van
kwaadheid, he nearly exploded with anger; 't is
om uit je — te springen, it is enough to
provoke a saint.
veld field; (voetbal—) ground; 't — ruimen,
abandon the field; — winnen, gain ground; in
't open —, in the open f.; 't leger te —e, the
army in the field; te —e trekken tegen, (fig.)
fight, combat; uit 't — geslagen, disconcerted;
put out; niet makkelijk uit 't — te slaan, not
easily daunted. ▼—**arbeid** field-work, labour
in the fields. ▼—**arbeider** f.-labourer.
▼—**artillerie** f.-artillery. ▼—**batterij**
f.-battery. ▼—**bed** f.-bed. ▼—**bloem**
f.-flower. ▼—**boeket** bouquet of wild flowers.
▼—**dienst** f.-service. ▼—**dienstoefening**
f.-practice. ▼—**fles** flask; (mil.) canteen.
▼—**geschut** f.-guns. ▼—**gewassen**
(f.-)crops. ▼—**heer** general. ▼—**hospitaal**
f.-hospital. ▼—**kers** meadow-cress.
▼—**keuken** f.-kitchen. ▼—**kijker** (a pair of)
f.-glasses. ▼—**lazaret** f.-hospital.
▼—**leeuwerik** (sky)lark. ▼—**leger** f.-army.
▼—**loop** cross-country race. ▼—**maarschalk**
f.-marshal. ▼—**muis** f.-mouse. ▼—**prediker**
army-chaplain. ▼—**rit** cross-country. ▼—**sla**
corn-salad. ▼—**slag** battle. ▼—**spaat**
fel(d)spar. ▼—**stoel** camp-stool.
▼—**telefoon** f.-telephone. ▼—**tenue**
marching-dress. ▼—**tocht** campaign. ▼—**uil**
short-eared owl. ▼—**uitrusting** field-kit.
▼—**vruchten** crop(s). ▼—**wachter** county
police. ▼—**wachter** village constable.
▼—**werk** f.-work; (bij cricket) fielding.
velen ww stand, endure; hij kan niets —, he is
very touchy.
veler/hande, —**lei** various, manifold.
velg rim, felly. ▼—**rem** rim-brake.
velijn vellum. ▼—**papier** v.-paper.
vellen fell, cut down; 'n vonnis —, pass
(pronounce) a sentence.
velletje skin; — postpapier, sheet of
note-paper.
velours velours. ▼—**chiffon** chiffon velvet.
velum (rk) veil.
ven fen.
vendel 1 colour(s); **2** company.
vendu auction. ▼—**houder** auctioneer.

▼—**huis** a.-room. ▼—**meester** auctioneer.
venen dig peat.
venerisch venereal; —*e ziekte*, v. disease.
Venetiaan(s) Venetian. ▼ **Venetië** Venice.
Venezolaan(s) Venezuelan. ▼ **Venezuela**
Venezuela.
venijn venom. ▼—**ig** venomous. ▼—**igheid**
venomousness.
venkel fennel.
vennoot partner; *commanditaire* —, limited p.;
stille —, sleeping p.; *iem. als* — *opnemen*, take
a p. into partnership; ▼—**schap** partnership;
een — *aangaan*, enter into p.
venster window. ▼—**bank** w.-sill; (*zitplaats*)
w.-seat. ▼—**kozijn**, —**raam** w.-frame. ▼—**nis**
w.-recess. ▼—**ruit** w.-pane.
vent fellow, bloke, chap, guy; (*tot 'n jongetje*)
little man, sonny.
vent/en hawk, peddle. ▼—**er** hawker,
huckster; (*groente*-, *vis*-) coster(monger).
▼—**erskar** coster's barrow.
ventiel valve. ▼—**slang** v.-tubing.
ventil/atie ventilation. ▼—**atiekoker**
ventilating shaft. ▼—**ator** ventilator, fan;
-riem, fan belt. ▼—**eren** ventilate.
ventje little boy.
vent/vergunning hawker's licence. ▼—**weg**
service road.
Venus Venus. ▼**v—haar** maidenhair.
ver far, distant (relative); *daar kom je niet* —
mee, that won't get you very f.; *zich* — *re*
houden van, hold aloof from; *hoe* — *ben je?*,
how f. have you got? *op* —*re na niet*, not
nearly; —*re van gemakkelijk*, f. from easy; *van*
-re, from afar; — *weg*, f. away, f. off; *zo* — *zijn*
we nog niet, that's a f. cry yet.
veraangenamen make pleasant.
veraanschouwelijk/en illustrate. ▼—**ing**
illustration.
veraccijns/d duty paid. ▼—**baar** excisable.
veracht/elijk contemptible (conduct);
(*minachtend*) contemptuous (look). ▼—**en**
despise, scorn. ▼—**ing** contempt, scorn.
verademen breathe again. ▼—**ing** relief;
breathing time.
veraf far (away); — *gelegen*, remote, distant.
verafgod/en idolize. ▼—**ing** idolization.
veralgemenen generalize.
veramerikaansen Americanize.
veranda verandah.
veranderen change, alter; *dat verandert de*
zaak, that alters the case; *iets* — *aan*, alter s.th.;
daar is niets meer aan te —, it cannot be helped
now; — *in*, c. into, turn into; *van mening*
(*onderwerp*) —, c. one's mind (the subject).
▼**verandering** change, alteration; *alle* — *is*
geen verbetering, let well alone; — *ten goede*
(*ten kwade*), c. for the better (the worse); *voor*
de —, for a c. ▼**veranderlijk** changeable,
variable (winds); (*wispelturig*) inconstant,
fickle. ▼—**heid** changeability, inconstancy,
fickleness.
veranker/en (*schip*) moor; (*muur*) cramp;
stevig verankerde beginselen, firmly rooted
principles. ▼—**ing** (*electr.*) anchorage.
verantwoordelijk responsible; — *stellen*,
hold (make) r. (for).
▼**verantwoordelijkheid** responsibility; *de*
— *dragen*, carry the r.; *de* — *op zich nemen*,
take (shoulder) the r.; *alle* — *afwijzen*,
repudiate all r.; *de* — *op een ander schuiven*,
cast the r. on someone else; *op eigen* —, on
one's own r. ▼—**gevoel** sense of r.
▼**verantwoord/en** answer (account) for;
(*rechtvaardigen*) justify; *veel te* — *hebben*,
have a great r.; *het hard te* — *hebben*, be hard
put to it; *zich* —, justify o.s.; *zich moeten* —
wegens, be charged with, stand accused of.
▼—**ing** account; (*verantwoordelijkheid*)
responsibility; — *schuldig zijn aan*, be
responsible to; — *doen van*, render an account
of; *ter* — *roepen*, call to account.
verarm/en I *ov.w* impoverish. **II** *on.w*
impoverished. ▼—**ing** impoverishment.
verass/en cremate. ▼—**ing** cremation.

verbaasd astonished, surprised; — *staan over*,
be a. at. ▼—**heid** astonishment, surprise.
verbabbelen talk away.
verbalis/eren *iem.* —, take a p.'s name and
address. ▼**verbalisme** verbiage.
verband 1 (*om wond*) bandage, dressing;
2 (*samenhang*) connection; (*zins*—) context;
(*betrekking*) relation; (*verbintenis*) lien,
charge; *een* — *aanleggen*, apply a bandage;
een — *op een wond leggen*, dress a wound; —
houden met, be connected with, be relevant
to; bear upon; *helemaal geen* — *houden met*,
be in no way connected with, be neither here
nor there; *in* — *hiermee*, in this connection; *in*
— *met*, in c. with; *in* — *met de huidige stand*
van zaken, in view of the present state of
affairs; *in nauw* — *met*, closely connected
with; *in* — *brengen met*, connect (associate)
with; *met elkaar in* — *brengen*, co-ordinate; *de*
zaken met elkaar in — *brengen*, put things
together; (*het boek*) *ligt uit zijn* —, has come
to pieces; *uit zijn* — *rukken*, tear from its
context; *zonder* —, disconnected, rambling
(speech). ▼**verband/cursus**
ambulance-class(es). ▼—**gaas** aseptic gauze.
▼—**kist** first aid kit. ▼—**leer** wound-dressing.
▼—**linnen** roller bandages. ▼—**middelen**
dressings. ▼—**stof** dressing. ▼—**trommel**
first aid box. ▼—**watten** medicated
cotton-wool.
verbann/en in exile, banish; *uit zijn gedachten*
—, banish from one's thoughts. ▼—**ing** exile,
banishment.
verbaster/en degenerate; (*v. taal*) corrupt.
▼—**ing** degeneration; corruption.
verbaz/en astonish, surprise; *zich over iets* —,
be surprised at s.th. ▼—**end** astonishing,
surprising. ▼—**ing** astonishment, surprise.
▼—**ingwekkend** astonishing.
verbedden put into another bed.
verbeelden represent (of art), — imagine, fancy;
verbeeld je!, fancy (that)!; *verbeeld je dat ik het*
deed!, fancy me doing it!; *hij verbeeldt zich*
heel wat, he fancies himself a great deal; *wat*
verbeeld jij je wel?, who do you think you are?
▼**verbeelding** imagination, fancy;
(*verwaandheid*) (self-)conceit; *heel wat* —
hebben, fancy o.s. ▼—**skracht** imagination.
verbeiden await, abide.
verben/en ossify. ▼—**ing** ossification.
verbergen hide, conceal; — *voor*, hide from.
verbeten tight-lipped, grim. ▼—**heid**
grimness.
verbeter/aar improver; reformer. ▼—**en I** *on.w*
improve. **II** *ov.w* (make) better, improve;
(*thema, fout*) correct; (*wet*) amend; (*zedelijk*)
reform; *zich* —, mend one's ways; (*in positie*)
better o.s. ▼**verbetering** improvement,
betterment; correction; amendment; (*v. tekst*)
emendation; reformation. ▼—**sgesticht**
reformatory.
verbeurd forfeited; *daar is niets aan* —, it's no
loss; — *verklaren*, confiscate. ▼—**verklaring**
confiscation. ▼**verbeuren 1** forfeit (a right).
2 (*vertillen*) strain o.s. in lifting.
verbeuzelen fritter away.
verbidden *hij liet zich niet* —, he was
inexorable.
verbieden forbid, prohibit, ban (a film); *zich*
op verboden terrein bevinden, trespass;
verboden in te rijden, no entry, no
thoroughfare; *verboden te roken*, no smoking.
verbijster/d bewildered. ▼—**en** bewilder,
perplex. ▼—**ing** bewilderment, perplexity.
verbijten stifle; *zich* — *van woede*, chafe
inwardly.
verbinden join, connect, link up; combine;
(*tel.*) connect (met, with), put through;
verkeerd verbonden, wrong number; (*med.*)
bind up, dress; *verboden aan*, attached to;
aan een krant verbonden zijn, be on a paper;
wij — *u nu met*, (*radio*) we are now taking you
over to; *het verbindt u tot niets*, it commits you
to nothing; *zich* —, ally o.s., (*chem.*) combine;
zich — *tot iets*, commit o.s. to ▼**verbinding**
connection, combination (*ook chem.*); (*mil.*)

liaison; (*—smiddel*) communication; (*elektr.*) connection; *directe —*, direct communication, (*verkeersmiddel*) direct connection; (*trein*) through train; *met elkaar in — staan*, (*kamers, enz.*) communicate with; *zich in — stellen met*, communicate (get in touch) with, contact; — *krijgen*, (*tel.*) get through; — *tot stand brengen*, (*tel.*) put the call through; *de — verbreken*, (*tel.*) cut the connection; *met iem. in — staan*, be in touch with a p.; *offerte zonder —*, offer without engagement.
▼**verbindings/dienst** (*mil.*) signal service.
▼**—lijn** (*mil.*) line of communication.
▼**—middel** means of communication.
▼**—officier** liaison officer; (*v.d. verbindingstroepen*) signal officer. ▼**—teken** hyphen. ▼**—troepen** signal corps.
▼**—vliegtuig** liaison plane (aircraft). ▼**—weg** connecting road; *er zijn geen —en*, there are no communications.
verbintenis (*overeenkomst*) agreement; (*verplichting*) engagement; *een — aangaan*, enter into an e. (agreement).
verbitter/d embittered, fierce (fighting).
▼**—en** embitter, exasperate. ▼**—ing** embitterment, exasperation.
verbleken (grow) pale; (*v. kleuren*) fade; — *naast*, (*fig.*) pale before.
verblijd glad (at), pleased (with). ▼**—en** gladden, cheer; *zich —*, rejoice (at).
verblijf residence, stay; (*—plaats*) residence, abode, home. ▼**—kosten** expenses.
▼**—plaats** residence, abode; *geen vaste — hebben*, have no fixed a. ▼**—svergoeding** hotel allowance. ▼**—vergunning** staying permit. ▼**verblijven** stay, remain; *met de meeste hoogachting verblijf ik*, I remain respectfully yours.
verblind/en blind, dazzle; (*fig. ook*) infatuate. ▼**—ing** blindness; (*fig.*) infatuation.
verbloemen disguise, veil, camouflage.
verbluff/en dumbfound, stagger. ▼**—end** startling, staggering, astounding (ease).
verboden — *toegang*, — *in te rijden, enz.: zie toegang enz.* ▼**verbod/(sbepaling)** prohibition. ▼**—sbord** prohibitory sign.
verboek/en transfer. ▼**—ing** transfer.
verboemelen dissipate.
verboeren lose through farming.
verboersen become countrified.
verbolgen incensed. ▼**—heid** wrath.
verbond alliance, league; (*verdrag*) pact; (*bijb.*) covenant.
verborgen hidden; secret; — *houden voor*, keep from; *in 't —*, in secret. ▼**—heid** secrecy.
verbouwereerd bewildered, perplexed.
▼**—heid** bewilderment, perplexity.
verbouwing 1 (*v. huis*) rebuilding; **2** (*v. gewassen*) cultivation, growth.
verbranden I *ov.w* burn; burn down (a house). **II** *on.w* be burnt; (*v. huis*) be burnt down; (*door zon*) tan, get tanned; *hij was lelijk verbrand*, he was badly sun-burnt.
▼**verbranding** combustion, burning; (*lijk—*) cremation; *onvolledige —*, incomplete combustion. ▼**—skamer** combustion chamber. ▼**—smotor** internal combustion engine. ▼**—soven** incinerator. ▼**—sproces** process. ▼**—sprodukt** waste product.
▼**—ssnelheid** rate of combustion.
verbrass/en dissipate, squander. ▼**—ing** dissipation.
verbred/en widen; *zich —*, widen. ▼**—ing** widening.
verbreid/en spread. ▼**—er** spreader. ▼**—ing** spreading, diffusion.
verbrek/en (*belofte, woord, stilte*) break; (*eed*) violate; (*verloving*) break off; (*stroom*) cut (off); (*relaties*) sever; (*blokkade*) run.
▼**—er** breaker, violator. ▼**—ing** breaking, violation.
verbrijzelen smash, shatter.
verbroeder/en fraternize. ▼**—ing** fraternization.

verbrokkel/en crumble; (*tijd*) fritter (away); break up (a country). ▼**—ing** breaking up, disintegration.
verbruien *je hebt 't bij mij verbruid*, I'm through with you; *ik verbrui het*, I flatly refuse.
verbruik (*v. voedsel*) consumption; (*v. energie*) expenditure. ▼**—en** consume (food); use up (strength). ▼**—(st)er** consumer, user.
▼**verbruiks/artikel** article of consumption.
▼**—belasting** c.-tax. ▼**—goederen** consumer goods. ▼**—vereniging** co-operative society.
verbuig/baar (*gram.*) declinable. ▼**—en** bend, twist; (*v. wiel*) buckle, (*gram.*) decline. ▼**—ing** (*gram.*) declension.
verburgerlijken become bourgeois.
verchromen chromium-plate.
verdacht suspected (person); suspicious (circumstances); (*alleen pred.*) suspect; open to suspicion; — *huis*, house of ill fame; *een — persoon*, a suspect, a shady character; — *doen*, behave suspiciously; — *maken*, make (a p.) suspected; *het ziet er — uit, het komt mij — voor*, it looks suspicious (fishy) to me; — *zijn op*, be prepared for; *vóór je erop — bent*, before you are aware of it; *de —e*, the suspect, (*jur.*) the accused. ▼**—making** insinuation; reflection.
verdag/en adjourn. ▼**—ing** adjournment.
verdamp/en evaporate. ▼**—ing** evaporation.
verdedigbaar defensible; (*houdbaar*) tenable.
▼**—heid** defensibility, tenability.
▼**verdedig/en** defend; *iem.'s zaak —*, plead a p.'s cause; *niet te —*, indefensible (conduct).
▼**—end** defensive. ▼**—er** (*jur.*) counsel (for the defence); (*voetbal*) defender, back.
▼**verdediging** defence; *ter — van*, in d. of; *ter — aanvoeren*, allege in d. ▼**—slinie** line of d.
▼**—smiddel** means of d. ▼**—soorlog** war of d., defensive war. ▼**—srede** defence.
▼**—sstelsel** d.-system. ▼**—swapen** defensive weapon. ▼**—swerken** defences.
verdeel/baar divisible. ▼**—dheid** discord.
▼**—kast** distributing-box.
verdeemoedig/en humble, humiliate. ▼**—ing** humbling, humiliation.
verdek deck.
verdekt (*mil.*) under cover; masked; *zich opstellen*, take cover.
verdel/en divide, distribute; (*'n land*) partition; — *in*, divide into; — *onder*, divide (distribute) among; — *over*, spread over; *zich —*, divide, split up. ▼**—er** divider; (*auto, enz.*) distributor.
verdelg/en destroy. ▼**—er** destroyer. ▼**—ing** destruction. ▼**—ingsmiddel** pesticide, insecticide. ▼**—ingsoorlog** war of extermination.
verdeling division, distribution; partition (of a country).
verdenk/en suspect. ▼**—ing** suspicion; *de — doen vallen op*, fasten s. on; *aan — onderhevig*, open to s.; *boven (buiten) —*, above (beyond) s.; *onder — van*, on s. of.
verder (*afstand*) farther, further; (*nader*) further, again; — *op*, further on; — *nog iets?*, anything else? *wie —?*, who else?; — *niets*, nothing else; *het — e*, the rest; *ga —!*, go on!, proceed!; — *eten* (*lezen, rijden, enz.*), eat (read, drive) on; *ik moet eens —*, I must be getting on; *ik kan niet —*, I can't go any f., I've got stuck; *je zult 't nooit — brengen*, you will never get any f.; *daarmee kom je niet —*, that won't get you any f.
verderf ruin, destruction; *dood en —*, death and destruction; *iem. in 't — storten*, ruin a p.
▼**verderfelijk** pernicious, noxious. ▼**—heid** p. ness. ▼**verderv/en** corrupt, pervert. ▼**—er** corrupter.
verdicht 1 (*verzonnen*) fictitious (name); **2** (*samengeperst*) condensed (gas). ▼**—en 1** invent (a story). **2** condense (gas); *zich —*, condense. ▼**—ing 1** invention; **2** condensation. ▼**—sel** fiction, invention.
verdienen (*geld*) earn, make; (*straf, enz.*) deserve, merit; — *op*, make a profit on; *wat aan iem. —*, make some money out of a p.; *hij weet*

overal wat aan te —, he will squeeze money out of a stone; *daar is niets aan te* —, there is no money in it. ▼**verdienste** (*loon*) wages, earnings; (*winst*) profit, gain; (*fig.*) merit, desert(s); *ik reken hem dat als een* — *aan*, I give him credit for it. ▼**verdienstelijk** deserving, meritorious; *zich* — *maken jegens*, deserve well of. ▼—**heid** merit.

verdiep/en deepen; *zich* — *in*, lose o.s. in, go into (problem, reasons); *verdiept zijn in*, be lost (absorbed, engrossed) in. ▼—**ing** (*abstr.*) deepening; (*v. huis*) floor, stor(e)y.

verdierlijk/en I *ov.w* brutalize. II *on.w* become brutalized. ▼—**ing** brutalization. ▼—**t** brutalized, brutish.

verdikke(me), verdikkie! blimey!

verdikk/en thicken. ▼—**ing** thickening.

verdisconteerbaar discountable.
▼**verdisconter/en** discount, negotiate.
▼—**ing** negotiation.

verdobbelen gamble away.

verdoeken re-canvas.

verdoem/d damned. ▼—**elijk** damnable.
▼—**en** damn. ▼—**enis, —ing** damnation.

verdoen waste, squander; *zich* —, make a way with o.s.

verdoezelen (*omtrek*) blur; (*feiten*) obscure; (*tekortkomingen*) gloss over.

verdokteren pay to the doctor.

verdolen lose one's way.

verdomboekje: *hij staat bij iedereen in het* —, everyone is down on him. ▼**verdomd** damned. ▼**verdommen:** *ik verdom het*, (I'm) damned if I do (will).

verdonkeremanen (*geld*) embezzle; (*de waarheid*) suppress.

verdoofd benumbed; (*door slag*) stunned.

verdoolde deluded man.

verdopen rename.

verdorie dash it.

verdorren wither.

verdorven depraved. ▼—**heid** depravity.

verdoven I *ov.w* deafen; (*pijn, geluid*) deaden; (*door kou*) benumb; (*door een slag*) stun, stupefy; (*voor operatie*) anaesthetize; (*glans*) tarnish; (*middel*, narcotic, drug, (*sl.*) dope; *'t werd plaatselijk verdoofd*, they used a local anaesthetic. II *on.w* die out, fade.
▼**verdoving** deafening; stupor; anaesthesia.
▼—**smiddel** drug; (*bij operatie*) anaesthetic.

verdraaglijk bearable, tolerable.
▼**verdraagzaam** tolerant. ▼—**heid** tolerance.

verdraai/d: — *hard*, dashed hard; *wel* —!, dash it! ▼—**en** distort, twist; (*handschrift*) disguise. ▼—**ing** distortion; (perversion).

verdrag treaty, pact; *een* — *sluiten*, conclude (make) a t.

verdragen bear, suffer, endure, stand; *ik kan geen zout* —, salt does not agree with me; *hij kan een grapje* —, he can take a joke; *elkaar* —, bear with each other.

vèrdragend (*geschut*) long-range; (*stem*) carrying.

verdragshaven treaty port.

verdriedubbelen treble, triple.

verdriet sorrow, distress, grief; *hij had* — *over het verlies*, he grieved over the loss; *iem.* — *aandoen*, cause a p. grief (sorrow).
▼**verdrietelijk** annoying. ▼—**heid** annoyance. ▼**verdriet/en** annoy, grieve.
▼—**ig** sad, sorrowful.

verdrievoudigen treble, triple.

verdrijven drive away; dispel (doubt); dislodge (the enemy); pass away, beguile (the time).

verdringen push aside, crowd out; (*fig.*) drive out, oust, supersede, cut out (a p.); *verdrongen gedachten*, repressed thoughts; *elkaar* —, jostle each other; *zich* — *om*, crowd round (a p.)

verdrink/en I *ov.w* drown; spend (money) on drink; (*zorgen*) drown. II *on.w* be drowned, drown. ▼—**ing** drowning.

verdrogen dry up.

verdromen dream away.

verdronken drowned; (*land*) submerged.

---

verdrukk/en oppress. ▼—**er** oppressor.
▼—**ing** oppression; *in de* — *komen*, be hard pressed; *tegen de* — *ingroeien*, grow (flourish) under oppression.

verdubbel/en (*inspanning*) redouble (one's efforts); (*letter*) double. ▼—**ing** (re)doubling.

verduidelijk/en explain, illustrate. ▼—**ing** explanation, illustration; *ter* — *hiervan*, in i. of this.

verduister/en I *ov.w* darken; (*tegen luchtaanval*) black out; (*geld*) embezzle; *alcohol verduistert de geest*, alcohol clouds the mind; *zijn ogen werden verduisterd door tranen*, his eyes were dimmed with tears. II *on.w* darken, grow dark. ▼—**ing** darkening; (*in de oorlog*) black-out; (*v. zon, maan*) eclipse; (*v. geld*) embezzlement.

verduiveld devilish, deuced; — *laat*, jolly late; — *weinig*, precious little; (*wel*) —!, well, dash it (all)!

verduizendvoudigen multiply by a thousand.

verdunn/en thin; (*drank*) dilute; (*lucht*) rarefy. ▼—**ing** thinning; dilution; rarefaction.

verduren endure, bear; *het hard te* — *hebben*, be hard pressed, have a rough time.

verduurzam/en preserve, tin. ▼—**ing** preservation.

verduwen digest, swallow.

verdwaald lost; (*v. dieren*) stray.

verdwaasd infatuated. ▼—**heid** infatuation.

verdwalen lose one's way, get lost.

verdwaz/en infatuate. ▼—**ing** infatuation.

verdwijn/en disappear; (*snel, geheel*) vanish; (*langzaam*) fade away; *verdwijn!*, be off!; *uit 't oog* —, d. from sight. ▼—**ing** disappearance; vanishing.

veredel/en ennoble; (*vee, fruit*) improve.
▼—**ing** ennoblement; improvement.

vereelt callous. ▼—**en** make c.

vereend united; *met* — *e krachten*, with u. strength.

vereenvoudig/en simplify; *een breuk* — reduce a fraction. ▼—**ing** simplification; (*v. breuk*) reduction.

vereenzaamd lonely. ▼**vereenzam/en** become lonely. ▼—**ing** gradual isolation, retiring into oneself.

vereenzelvig/en indentify. ▼—**ing** indentification.

vereerder worshipper, admirer.

vereeuwig/en (*toestand*) perpetuate; (*persoon*) immortalize. ▼—**ing** perpetuation, immortalization.

vereffen/en settle. ▼—**ing** settlement.

vereis/en require, demand. ▼—**te** requirement, requisite; *een eerste* —, a prerequisite; *aan de* —*n voldoen*, meet all the requirements.

veren I *ww* be elastic (springy); —*d*, elastic, springy; *goed* —*d*, wellsprung. II *bn* feather.

verenen unite.

verengels/en I *ov.w* Anglicize. II *on.w* become Anglicized. ▼—**ing** Anglicization.

vereng/en narrow. ▼—**ing** narrowing.

verenigbaar consistent, compatible; *niet* — *met*, not compatible (incompatible) with.
▼**verenigd** united, combined; *de V*—*e Staten*, the United States. ▼**verenigen** join, unite, combine; *in de echt* —, join in matrimony; *dit is niet te* — *met*, this is incompatible with; *het nuttige met het aangename* —, combine business with pleasure; *stemmen op zich* —, poll votes; — *tot*, unite into; *zich* —, unite, join forces, (*met een voorstel*) agree to, (*met een mening*) associate o.s. with. ▼**vereniging** (*de handeling van verenigen*) union, combination; (*club*) union, society; (*v. twee rivieren*) confluence. ▼—**sbestuur** committee of the association, club-committee. ▼—**sgebouw** club-house. ▼—**sjaar** official year. ▼—**sleven** corporate life. ▼—**slokaal** club-room.
▼—**sorgaan** club-paper. ▼—**spunt** junction.
▼—**steken** badge. ▼—**swerk** club-work.

verer/en honour, revere, worship; — *met*, h. with; *de voorstelling met z'n tegenwoordigheid* —, grace the performance (with one's presence). ▼—**ing** worship.

vererger/en I *on.w.* grow worse, worsen. **II** *ov.w* worsen, aggravate. ▼**—ing** worsening, deterioration.

vereten spend money on food.

veretteren fester, suppurate.

verf paint; (*voor stoffen*) dye; *dat kwam niet uit de —*, that did not appear clearly. ▼**—doos** p.-box. ▼**—handelaar** colourman.

verfijn/en refine. ▼**—ing** refinement.

verfilm/en film. ▼**—ing** (*de actie*) filming; (*het produkt*) screen version.

verf/je: *een — nodig hebben*, be in need of a coat of paint. ▼**—kwast** paint-brush.

verflauwen (*v. ijver*) flag; (*v. snelheid*) slacken; (*v. wind*) abate; (*v. markt*) flag; (*v. licht*) fade.

verflensen fade, wither.

verfoei/en detest, abominate. ▼**—ing** detestation, abomination. ▼**—lijk** detestable, abominable.

verfomfaaien crumple, dishevel.

verfraai/en embellish, beautify. ▼**—ing** embellishment, beautification.

verfriss/en refresh. ▼**—ing** refreshment.

verfroller paint roller.

verfrommelen crumple (up).

verf/stof dye(-stuff), colour, paint. ▼**—waren** dyes, paints. ▼**—winkel** colour shop.

vergaan I *ww* (*omkomen*) perish; (*verteren*) decay; (*v. schip*) be wrecked, founder; *'t verging haar slecht*, she fared badly; *— van de kou* (*honger*), perish with cold (hunger); *— van angst*, be consumed with fear. **II** *zn* decay (of material); wreck (of ship).

vergaand far-reaching (measures).

vergaarbak receptacle, reservoir.

vergader/en I *ov.w* gather, collect. **II** *on.w* meet, assemble. ▼**—ing** meeting; *algemene —*, general meeting. ▼**—lokaal, —plaats** meeting-place. ▼**—zaal** meeting-room.

vergallen (*leven*) embitter; (*pret*) spoil.

vergalopperen: *zich —*, put one's foot in it.

vergankelijk transitory. ▼**—heid** transitoriness.

vergapen: *zich aan iets —*, become infatuated with s.th.; *zich aan de schijn —*, take the shadow for the substance.

vergaren gather, collect.

vergas/sen gasify; (*doden*) gas. ▼**—er** carburettor. ▼**—ing** gasification; (*om te doden*) gassing.

vergasten treat (to), regale (with); *zich — aan*, feast upon.

vergeeflijk pardonable.

vergeefs I *bn* idle, vain, futile. **II** *bw* in vain, vainly.

vergeestelijk/en I *ov.w* spiritualize. **II** *on.w* become spiritualized. ▼**—ing** spiritualization.

vergeetachtig forgetful. ▼**—heid** f.ness. ▼**vergeet/al** absent-minded beggar, forgetful person. ▼**—boek:** *in 't — raken*, fall into oblivion; *anders raakt het in het —*, otherwise it will be forgotten. ▼**—-mij-niet(je)** forget-me-not.

vergeld/en repay, requite (a p. for s.th.); *goed met kwaad —*, repay good with evil; *God vergelde het u!*, God reward you for it! ▼**—ing** requital, retribution; *dag der —*, day of reckoning. ▼**—ingsaanval** retaliatory attack. ▼**—ingsmaatregel** retaliatory measure, reprisal. ▼**—ingswapen** retaliatory (retaliative) weapon.

vergelen become yellow.

vergelijk agreement, compromise; *tot 'n — komen*, reach a settlement.

vergelijk/baar comparable. ▼**—en** compare; *— bij*, c. to, liken to; *— met*, c. with. ▼**—end** comparative, competitive (examination). ▼**—enderwijs** comparatively. ▼**—ing** comparison; (*wisk.*) equation; (*stijlfiguur*) simile; *in — met*, in c. with.

vergemakkelijk/en facilitate, make easier. ▼**—ing** facilitation; *ter —*, to make it easier.

vergen require, demand, ask; *'t vergt veel van...*, it is a great strain on...; *te veel — van*,

overstrain; *'t uiterste —*, demand the utmost of, tax to the limit.

vergenoegd pleased. ▼**—heid** contentment. ▼**vergenoegen** content, satisfy.

vergetelheid oblivion, forgetfulness; *aan de — ontrukken*, rescue from o.; *aan de — prijsgeven*, relegate (consign) to o.; *in — geraken*, fall into o. ▼**vergeten** forget; *zich —*, forget o.s.; *... en niet te — A.*, ... not forgetting A.

vergeven 1 forgive, pardon; **2** (*ambt*) give away; **3** (*vergiftigen*) poison; *iem. iets —*, forgive a p. s.th. ▼**vergevensgezind** forgiving. ▼**—heid** ...ness. ▼**vergeving** pardon, forgiveness; (*v. zonden*) remission.

vergevorderd (far) advanced.

vergewissen: *zich — van*, make sure of, ascertain; *zich ervan — dat ...*, make sure that ...

vergezellen accompany (equals); attend (superiors); *vergezeld gaan van*, be attended with; *iets vergezeld doen gaan van*, accompany s.th. with.

vergezicht prospect; (*doorkijk*) vista.

vergezocht far-fetched.

vergiet strainer, colander.

vergieten shed.

vergif(t) poison, venom.

vergiffenis pardon, forgiveness; *— vragen*, ask forgiveness, beg pardon.

vergiftig poisonous, venomous. ▼**—d** poisoned; (*v. pion*) tainted. ▼**—en** poison. ▼**—ing** poisoning. ▼**—ingsverschijnsel** symptom of poisoning.

vergissen: *zich —*, be mistaken, make a mistake; *als ik me niet vergis*, if I am not mistaken; *zich — in*, mistake, be mistaken in. ▼**vergissing** mistake, error, slip; *bij —*, by (in)m.; *een — begaan*, make a m., slip up.

verglazen glaze, enamel.

vergoddelijk/en deify. ▼**—ing** deification.

vergod/en deify; (*verafgoden*) idolize. ▼**—ing** deification; idolization.

vergoed/en (*verlies, kosten*) make good; *ik zal het u —*, I'll compensate you for it; *een onrecht —*, make amends for an injury; *dat vergoedt veel*, that makes up for a lot. ▼**—ing** compensation, damages; (*loon*) remuneration; (*beloning*) recompense, reward; (*voor onrecht, enz.*) amends; *tegen — van kost en inwoning*, on mutual terms, au pair; *tegen een kleine —*, for a small consideration; *— van reiskosten*, travelling allowance.

vergoelijk/en (*fouten*) smooth (gloze) over; (*gedrag*) excuse; (*misdaad*) extenuate. ▼**—ing:** *ter — van*, in extenuation of.

vergokken gamble away.

vergooien throw away.

vergrijp offence, delinquency. ▼**—en:** *zich — aan*, lay violent hands upon (a p.); assault (a girl); embezzle (money).

vergrijzen grow grey.

vergroeien grow together; (*v. pers.*) become deformed; (*v. litteken*) disappear; *— met*, (*fig.*) become merged in.

vergrootglas magnifying-glass.

▼**vergrot/en** enlarge, extend (house, garden); enlarge (photograph); increase, add to (difficulties); increase (in size, power, knowledge, quantity); (*met kijker*) magnify; *sterk —*, (*v. foto*) blow-up; *zie schaal; de —de trap*, the comparative (degree). ▼**—ing** enlargement, blow-up.

vergrov/en coarsen. ▼**—ing** coarsening.

vergruizen pulverize.

verguiz/en vilify, abuse. ▼**—ing** abuse.

verguld gilt; *hij is er reuze — mee*, he is awfully bucked with it. ▼**—sel** gilding. ▼**—en gild;** *de pil —*, gild the pill.

vergunnen permit, allow, grant. ▼**vergunning** permission, allowance; (*v. café*) licence. ▼**—houder** licensee. ▼**—wet** licensing act (law).

verhaal 1 story, tale, narrative; (*verslag*) account; *verward —*, rigmarole; *'n — doen*, tell a story; *een lang — opdissen*, spin a yarn; **2** (*vergoeding*) redress, remedy; *je hebt geen — op hem*, you have no remedy against him; **3** *op zijn — komen*, recover.

verhaalbaar recoverable.

verhaaltrant narrative style.

verhaasten hasten, accelerate; speed up (work).

verhakstukken (*v. schoenen*) heel; *ze hadden heel wat te — samen*, they had a great deal to talk about together.

verhal/en I tell, relate, narrate; **2** (*schip*) shift; **3** *hij wil 't op mij —*, he wants to take it out of me. ▼**—end** narrative. ▼**—enderwijs** narratively. ▼**—er** narrator, story-teller.

verhandel/baar marketable; (*v. wissel*) negotiable. ▼**—en** deal in, sell; (*wissel*) negotiate; (*bespreken*) discuss. ▼**—ing** treatise, essay.

verhard hardened; (*fig.*) obdurate, callous. ▼**—en** harden. ▼**—heid** hardness, obduracy.

verharen lose one's hair.

verhaspelen garble, botch.

verheerlijk/en glorify; *verheerlijkt zijn*, be delighted. ▼**—ing** glorification.

verheff/en lift, raise, lift up (heart, mind); (*prijzen*) exalt; *iem. in de adelstand —*, raise a p. to the peerage; *hij werd tot baron verheven*, he was made a baron; *zijn stem —*, raise one's voice; *zich —*, rise; *zich — op*, pride o.s. on. ▼**—end** elevating; sublime (spectacle). ▼**—ing** elevation, raising, uplift.

verheimelijken secrete (goods); keep secret.

verhelder/en brighten, clear up; (*vloeistoffen*) clarify. ▼**—ing** brightening; clarification.

verhel/en conceal, hide; *ik verheel mij niet*, I'm fully aware. ▼**—ing** concealment.

verhelpen remedy, set to rights.

verhemelte (*v. mond*) palate; (*v. troon*) canopy.

verheug/d happy, glad, pleased. ▼**—en** gladden, delight; *'t verheugt me te zien...*, I am glad to see...; *zich — (over)*, rejoice (at); *zich in een goede gezondheid —*, enjoy good health; *zich — op*, look forward to. ▼**—end** welcome, gratifying. ▼**—enis** joy.

verheven elevated, exalted, lofty. ▼**—heid** elevation, sublimity; (*heuveltje*) eminence, rise.

verhinder/en prevent; *iem. — te komen*, prevent (stop) a p. from coming; *ik ben verhinderd te komen*, I am unable to come. ▼**—ing** prevention; (*beletsel*) hindrance, obstacle; *bericht van —*, apology; *— wegens ziekte*, absence through illness.

verhippen: *ik vergie van de kou*, I'm perishing with cold; *het kan me niets —*, I don't care a button; *hij verhipte het*, he refused to do it. ▼**verhipt** *bw* deuced(ly).

verhit/en heat; *verhitte conjunctuur*, overheated economy. ▼**—ing** heating.

verhoeden prevent; *dat verhoede de hemel!*, Heaven forbid!

verhog/en (*het effect*) heighten; (*weg, prijs, loon*) raise; (*bod*) increase; (*bevorderen*) promote; *verhoogde bloeddruk*, high blood pressure. ▼**—ing** heightening; raising; (*in terrein*) rise; (*v. prijs, salaris, enz.*) increase, rise; (*school*) remove; (*podium*) dais, platform; *— hebben*, have a temperature; *jaarlijkse —en*, annual increments.

verholen concealed, secret.

verhollandsen I *on.w* become Dutchified. II *ov.w* Dutchify.

verhonderdvoudigen increase a hundredfold.

verhonger/en starve, be starved; *doen (laten) —*, starve. ▼**—ing** starvation.

verhoog platform, dais.

verhoor hearing, interrogation, trial; *iem. een — afnemen*, hear (examine) a p.; *een — ondergaan*, be heard (examined). ▼**verhoren** (*getuige*) hear, examine; (*gebed*) hear; (*wens*) grant.

verhouden: *zich — als...*, be in the proportion of... ▼**verhouding** (*tussen getallen*)

proportion, ratio; (*betrekking*) relation(s); *gespannen —*, strained relations; *in — tot*, in p. to; *naar —*, proportionally, comparatively, in p.; *naar — van*, in p. to. ▼**—sgewijs** proportionately.

verhovaardig/en: *zich —*, presume (on). ▼**—ing** presumption.

verhuis/auto furniture van, pantechnicon. ▼**—boel** furniture (to be removed). ▼**—dag** day of removal. ▼**—drukte** worry of removal. ▼**—kosten** moving-expenses. ▼**—man** removal man. ▼**—wagen** furniture van.

verhuiz/en I *on.w* move. II *ov.w* remove. ▼**—er** remover. ▼**—ing** removal.

verhuren let (rooms); let out, let out for hire, hire (out); *zich — als*, hire o.s. out as.

verhuur, renting, letting (out), hiring (out). ▼**verhuur/baar** lettable. ▼**—der** (*alg.*) letter; (*v. huis*) landlord, lessor. ▼**—inrichting** hire-service. ▼**—kantoor** registry office; (*voor huizen*) letting office. ▼**—voorwaarden** terms of letting.

verhypothekeren mortgage.

verific/ateur verifier. ▼**—atie** verification. ▼**verifiëren** verify, check; (*testament*) prove.

verijdel/en frustrate, defeat, foil. ▼**—ing** frustration, defeat.

vering spring action; (*concreet*) springs; (*v. auto*) suspension (system).

verinnigen I *on.w* become more intimate. II *ov.w* make more intimate.

veritaliaansen I *ov.w* Italianize. II *on.w* become Italianized.

verjaar/d superannuated; (*v. misdaad*) extinguished by limitation. ▼**—dag** birthday; (*v. gebeurtenis*) anniversary. ▼**—partij** birthday party.

verjag/en drive (chase) away; expel; dislodge (the enemy); dispel (fear, cares). ▼**—ing** expulsion.

verjaren celebrate one's birthday; (*v. recht, vordering*) become barred by lapse of time; (*v. misdrijf*) become extinguished by limitation. ▼**verjaring** birthday; (*vervalling*) prescription. ▼**—srecht** law of prescription. ▼**—stermijn** term of limitation.

verjong/en rejuvenate. ▼**—ing** rejuvenation. ▼**—ingskuur** rejuvenation cure.

verkalk/en calcify. ▼**—ing** calcination; — *v.d. bloedvaten*, hardening of the arteries.

verkapt disguised, veiled.

verkavel/en parcel out. ▼**—ing** parcelling (out).

verkeer traffic; (*omgang*) intercourse. **verkeerd** I *bn* wrong, bad, false; *de —e wereld*, the world upside down; *je hebt de —e voor*, you've mistaken your man, you've come to the w. shop; *iets — s doen*, do a bad thing wrongly; *— aflopen*, come to a bad end; *opnemen*, take (s.th.) amiss; *— begrijpen*, misunderstand; *alles liep —*, everything went wrong. ▼**—heid** wrongness.

verkeers/- traffic. ▼**—aanwijzingen** traffic directions. ▼**—ader** (t.-) artery. ▼**—agent** t.-policeman. ▼**—behoeften** t. requirements. ▼**—belang**: *in het — handelen*, act in the interest of t. ▼**—beleid** t. management, t. policy. ▼**—belemmering** obstruction of the t. ▼**—bepaling** t. regulation. ▼**—bord** road sign. ▼**—centrum** t. centre. ▼**—delict** traffic offence. ▼**—discipline** road discipline. ▼**—drempel** (*voor tellen v. verkeer*) detector pad, (*voor snelheidsbeperking*) sleeping policeman, (*ook*) judder bar, speed hump. ▼**—drukte** rush of t. ▼**—examen** t.-examination. ▼**—heuvel** t.-island. ▼**—informatie** traffic information. ▼**—leider** air-traffic controller. ▼**—licht** t.-light. ▼**—ongeval** road (of traffic) accident. ▼**—opstopping** t.-jam. ▼**—plein** *zie —rotonde*. ▼**—politie** t.-police. ▼**—regel** rule of the road. ▼**—regeling** t.-regulation. ▼**—reglement** highway code. ▼**—rotonde** roundabout. ▼**—sein** t.-signal. ▼**—slachtoffer** road casualty. ▼**—stremming** t.-jam. ▼**—teken** road-sign.

▼—**toren** control-tower. ▼—**veiligheid** road safety. ▼—**vlieger** (air)line pilot. ▼—**vliegtuig** passenger-plane. ▼—**voorschriften** t.-regulations, highway code. ▼—**vraagstuk** t.-problem. ▼—**weg** thoroughfare; (grote) arterial road. ▼—**wezen** traffic, transport. ▼—**zuiltje** guard-post, beacon.
verkennen survey; (mil.) reconnoitre. ▼**verkenner** scout. ▼**verkenning** reconnoitring; een —, a reconnaissance; op — uitgaan, make a reconnaissance. ▼**verkennings**/-reconnaissance. ▼—**dienst** r. service. ▼—**patrouille** r.-patrol. ▼—**tocht** r.-expedition. ▼—**vliegtuig** r.-plane. ▼—**vlucht** r. flight.
verkeren 1 (omgaan) have intercourse, associate (met, with); **2** (veranderen) change; in gevaar —, be in danger; aan 't hof —, move in court circles; 't kan —, it is a long lane that has no turning. ▼**verkering** courtship; — hebben met 'n meisje, be courting a girl, keep company with a girl.
verkerven: 't bij iem. —, incur a p.'s displeasure.
verketteren (fig.) denounce, decry.
verkiesbaar eligible; zich — stellen, (Am.) run (for); consent to stand (for). ▼—**heid** eligibility. ▼**verkies(e)lijk** preferable (to); (wenselijk) desirable. ▼**verkiezen** (wensen) choose; (bij stemming) elect, choose; (voor 't parlement) return; doe zoals je verkiest, do as you like, please yourself; iets — boven..., prefer s.th. to... . ▼**verkiezing** (alg.) choice, wish; (stemming) election; naar —, at c., at will; doe naar —, do as you please; uit eigen —, of one's own free will. ▼**verkiezings**/-election-. ▼—**bijeenkomst** electoral meeting. ▼—**blaadje** e.-pamphlet. ▼—**campagne** election(eering) campaign. ▼—**comité** e.-committee. ▼—**dag** e.-day, polling-day. ▼—**leus** slogan. ▼—**manoeuvre** electioneering manoeuvre. ▼—**pad**: op 't — zijn, be on the stump. ▼—**pamflet** e.-pamphlet. ▼—**plakkaat** e.-placard. ▼—**program** e.-programme; (Am.) ticket. ▼—**rede** e. speech. ▼—**strijd** e.-contest. ▼—**uitslagen** e.-results. ▼—**werk** electioneering.
verkijken: zijn kans is verkeken, his chance is gone; nu is alle kans verkeken, that's torn it; zich —, make a mistake.
verkikkerd: — op iets, keen on s.th.; — op een meisje, sweet on a girl.
verklaarbaar explicable. ▼**verklaard** declared. ▼—**e** any acceptable.
verklapp/en blab, let out; iem. —, give a p. away; de boel —, give the show away; verklap het aan niemand, don't tell anyone. ▼—**er** tell-tale.
verklar/en make clear, explain (difficulty, meaning, behaviour), account for (conduct); (zeggen) state, declare; (officieel) certify; (getuigen) depose; testify; hierbij verklaar ik dat..., this is to certify (state) that...; onder ede —, state (declare) on oath; zich voor (tegen) iets —, declare in favour of (against) s.th.; verklaar u nader, e. yourself; hij verklaarde zich ervoor, he declared himself in favour of it. ▼—**end** explanatory. ▼**verklaring** explanation; (mededeling) statement, declaration; (v. getuige) evidence; (attest) certificate; beëdigde —, affidavit; een — afleggen, make a statement; dit dwingt de raadsheer tot een —, (schaken) this puts the question to the bishop.
verkled/en (vermommen) disguise; zich —, **1** change, **2** (zich vermommen) dress up. ▼—**ing** disguise.
verklein/baar reducible. ▼—**en** reduce, diminish; (breuk) reduce; (kleren) cut down; (gevaar) minimize; (schuld) extenuate; (verdiensten) belittle. ▼—**glas** reducing glass. ▼—**ing** reduction; diminution; belittlement. ▼—**woord** diminutive.
verkleum/d benumbed, numb. ▼—**en** get

numb with cold.
verkleuren lose colour, fade.
verklikk/en peach on (a p.). ▼—**er** tell-tale, informer; (v. telefoon, enz.) alarm.
verklungelen trifle away.
verkneukelen, verkneuteren: zich — in (over), revel in; (ongunstig) gloat over.
verkniezen mope away; zich —, languish, pine away.
verknippen cut up; (bederven) cut to waste.
verknocht devoted, attached. ▼—**heid** devotion, attachment.
verknoeien spoil (beauty); bungle (work); waste (time).
verkoel/en cool. ▼—**ing** cooling, coolness.
verkoken boil away.
verkolen char; (tech.) carbonize.
verkommeren lapse into misery and poverty.
verkond(ig)/en proclaim, preach; het evangelie —, preach the gospel. ▼—**er** proclaimer, preacher. ▼—**ing** proclamation, preaching.
verkoop sale. ▼—**akte** deed of s. ▼—**baar** salable. ▼—**baarheid** salability. ▼—**boek** sales-book. ▼—**bureau** sales office. ▼—**cijfer** figure of sales. ▼—**dag** day of s. ▼—**factuur** sales invoice. ▼—**huis, —lokaal** auction-, sale-room. ▼—**kunde** salesmanship. ▼—**leider** sales manager. ▼—**methode** sales method. ▼—**nota** sold note. ▼—**order** selling order. ▼—**prijs** selling-price. ▼—**punt** sales point. ▼—**rekening** account sales. ▼—**som** selling price. ▼—**staat** list of sales. ▼—**ster** saleswoman. ▼—**waarde** market-value, zie inruilwaarde. ▼**verkop/en** sell, keep (we don't... those things); publiek —, s. by auction; iem.'s boeltje laten —, sell a p. up; grappen —, crack jokes. ▼—**er** seller, vendor; (in winkel) salesman; (huis aan huis) door-to-door salesman. ▼—**ing** sale, auction; op de — doen, sell by public auction.
verkoren: de —en, the elect.
verkort/en (het leven) shorten; (boek) abridge; (woord) abbreviate; (verlof, bezoek) curtail. ▼—**ing** shortening; abridg(e)ment; abbreviation; curtailment.
verkoud/en: — zijn, have a cold; — maken, give a cold; — worden, catch cold. ▼**verkoudheid** cold; 'n — opdoen, catch c.
verkracht/en (wet, recht) violate; (meisje) rape. ▼—**ing** violation; rape.
verkreukelen crumple (up), crush.
verkrijgbaar obtainable (from); bij elke boekhandel —, to be had of any bookseller; (dat boek) is niet langer —, is out of print; kaarten alleen voor leden —, tickets available for members only; overal —, on sale everywhere, on general sale. ▼**verkrijgen** obtain, get, acquire; toegang —, gain admission; hij kon het niet over zich — om..., he could not find it in his heart to... ▼**verkrijging** obtainment, acquisition; ter — van, in order to obtain (secure).
verkroppen suppress, stifle; dat kan ik niet —, that sticks in my throat.
verkruimelen crumble.
verkwanselen barter away.
verkwijnen pine away.
verkwikk/en refresh. ▼—**ing** refreshment.
verkwist/en squander, waste; — aan, waste on. ▼—**end** wasteful, prodigal. ▼—**er** spend-thrift. ▼—**ing** dissipation.
verlad/en ship. ▼—**ing** shipment.
verlag/en lower (ceiling, prices, wages), reduce (number, pressure, costs); (moreel) lower, debase; tegen verlaagde prijs verkopen, sell at reduced prices, at a reduction; zich —, l. (demean) o.s.; zich — tot, (ook) stoop to. ▼—**ing** lowering, reduction; debasement.
verlak lacquer. ▼—**ken** lacquer; iem. —, diddle (do) a p. ▼—**ker** varnisher; (fig.) diddler. ▼—**kerij** (fig.) sell. ▼—**t** bn lacquer(ed).
verlam/d paralysed; 'n —e, a paralytic. ▼—**men** paralyse; (handel, macht) cripple. ▼—**ming** paralysis; crippling.
verlang/en I ov.w desire, want; (eisen)

demand. II *on.w* long; — *naar*, long for, look forward to. III *zn* desire; longing; demand; *op — iets tonen*, show s.th. on demand; *op — van*, at (by) the desire of. ▼—**end** longing; — *naar*, desirous of, anxious for. ▼—**lijst** wish-slip.

verlangzamen slow down.

verlanterfanten idle away.

verlaten I *ww* 1 leave; (*in de steek laten*) abandon, desert; *de school* —, l. school; *zich — op*, rely on, put one's trust in; 2 (*later maken*) delay, postpone; *zich* —, be late; *verlaat bericht*, delayed message. II *bn* (*v. pers.*) lonely; (*v. plaats*) deserted, lonely. ▼—**heid** loneliness; desolation. ▼**verlating** (*uitstel*) delay, deferment; (*desertie*) abandonment, desertion; *moedwillige* —, wilful desertion.

verleden I *bn* last (week); — *tijd*, (*gram.*) past tense; *dat is* — *tijd*, that is over and done with, that's all water under the bridge; — *deelwoord*, past participle. II *bw* lately. III *zn* past; *een ongunstig* —, a bad record; *'t verre* —, distant past; *dat behoort tot het* —, that's past history now.

verlegen 1 (*v. aard*) shy, bashful; (*confuus*) embarrassed; *ik zit er 'n beetje* — *mee*, I am a little perplexed what to do with (about) it; — *zijn om*, be in want of; — *tegenover*, shy with; 2 (*v. artikelen*) shop-worn. ▼—**heid** shyness, bashfulness; embarrassment; *in* — *brengen*, embarrass; get into trouble; *in* — *geraken*, get into trouble; *in* — *zitten*, be embarrassed; *uit de* — *helpen*, help (a p.) out.

verlegg/en shift; (*verkeer, weg*) divert. ▼—**ing** shifting; diversion.

verleidelijk tempting, alluring. ▼—**heid** allurement. ▼**verleid/en** seduce; (*verlokken*) tempt; *iem. tot iets* —, seduce (tempt) a p. to s.th. ▼—**(st)er** seducer; tempter (temptress); *verborgen* —*s*, hidden persuaders. ▼—**ing** seduction, temptation.

verlekkerd keen (on).

verlen/en grant (a favour, request), give (permission); (*titel*) confer (on, upon); render, lend (assistance); *'t kiesrecht* — *aan*, confer the franchise on; *'t woord* — *aan*, call upon (Mr. N.) to speak. ▼—**ing** granting; conferment; (*v. hulp*) rendering.

verleng/baar (*v. paspoort, enz.*) renewable; (*v. krediet*) extensible. ▼—**en** lengthen; (*bezoek*) prolong; (*termijn, spoorlijn*) extend; (*paspoort*) renew. ▼—**ing** lengthening; prolongation; extension; renewal. ▼—**stuk** extension piece; continuation.

verleppen fade.

verleren unlearn; *ik heb het verleerd*, my hand is out; I'm out of practice.

verleuteren dawdle away.

verlevendig/en (*hoop*) revive; (*les*) enliven. ▼—**ing** revival; enlivening; *ter* — *van het geheel*, to liven things up.

verlicht 1 (*niet donker*) lighted, lit; (*fig.*) enlightened; 2 (*minder zwaar*) lightened; (*fig.*) relieved; *een* — *gevoel*, a sense of relief. ▼—**en** 1 (*met lamp*) light (up); (*fig.*) enlighten; 2 (*een last*) lighten; (*pijn*) relieve, ease; *de eeuw der* —, the age of enlightenment. ▼—**ing** 1 lighting; 2 lightening; relief, ease.

verliederlijken I *ov.w* brutalize. II *on.w* become brutalized.

verliefd in love, enamoured, amorous; *smoorlijk* — *op*, over head and ears in love with; — *worden* (*zijn*) *op*, fall (be) in love with; —*e blikken toewerpen*, make eyes at, ogle (a p.); *een* — *paartje*, a couple of lovers; —*en*, lovers. ▼—**heid** love-sickness.

verlies loss; — *aan geld*, l. in money; — *aan mensenlevens*, loss of life; *met* — *verkopen*, sell at a l.; *goed tegen zijn* — *kunnen*, be a good loser. ▼—**lijst** casualty-list. ▼—**post** loss. ▼**verliez/en** lose; *geen tijd* — *met*, waste no time in; (*spel*) *ik heb 't verloren*, I've lost; *er niets bij* —, l. nothing by it; — *op*, l. on; *uit 't oog* —, l. sight of. ▼—**er** loser.

verlof leave, permission; (*wegens ziekte*) sick-leave; (*tap*—) licence for the sale of beer; *met* —, on leave; *met groot* —, on long furlough; *met klein* —, on short l.; — *om aan wal te gaan*, shore leave; *met uw* —, by your l.; — *aanvragen*, apply for l.; *iem.* — *geven iets te doen*, give a p. permission to do s.th.; — *krijgen om*, obtain permission to s.th.; *alle verloven zijn ingetrokken*, all leave has been cancelled. ▼—**aanvrage** application for l. ▼—**dag** day off. ▼—**ganger** person on leave. ▼—**lijst** leave-roster. ▼—**pas** pass. ▼—**rooster** l.-roster. ▼—**tijd** (time of) l.

verlokk/elijk tempting, alluring. ▼—**en** tempt, allure. ▼—**ing** temptation, allurement.

verloochen/aar denier. ▼—**en** deny, repudiate; *zich* —, belie one's nature; deny o.s.; *de natuur verloochent zich nooit*, what is bred in the bone will come out in the flesh. ▼—**ing** denial, repudiation.

verloofd — *zijn*, be engaged (*met*, to). ▼**verloofde** fiancé(e).

verloop (*v. tijd*) course, lapse; (*v. ziekte, enz.*) course; (*achteruitgang*) falling off; *'n vlot — van zaken*, a quick despatch of business; *'t — van de zaak vertellen*, tell the whole story; *het had een vlot* —, it went off smoothly; *een gunstig* — *nemen*, take a favourable turn; *'t — van de zaak afwachten*, await developments; *na* — *van*, after (a lapse of); *na* — *van tijd*, in c. of time. ▼**verlopen** I *ww* (*v. tijd*) pass (away), elapse; (*v. pas, enz.*) expire; (*v. zaak*) decline, decay; (*v. staking*) peter out; *alles verliep rustig*, everything passed off quietly. II *bn* (*v. pers.*) seedy; (*zaak*) run-down.

verloren lost; *de zaak is* —, the game is up; *een — zaak*, a lost cause; — *moeite*, labour l.; — *ogenblikken*, spare moments; *de* — *zoon*, the prodigal son; — *gaan*, be (get) lost; *geen tijd — laten gaan*, lose (waste) no time; *er is niets aan* —, it is no loss; — *raken*, get l.

verloskund/e obstetrics, midwifery. ▼—**ig** obstetric. ▼—**ige** obstetrician; (*vrouw*) midwife. ▼**verloss/en** deliver; (*v. Christus*) redeem; (*bij bevalling*) deliver; *het* —*de woord spreken*, save the situation (by saying...). ▼—**er** deliverer, liberator; *de V*—, the Redeemer. ▼—**ing** deliverance, redemption; (*bevalling*) delivery. ▼**verlostang** forceps.

verlot/en raffle. ▼—**ing** raffle.

verloven affiance, betroth; *zich* —, become engaged (to). ▼**verloving** engagement, betrothal. ▼—**sfeest** e.-party. ▼—**skaart** e.-card. ▼—**sring** e.-ring.

verlucht/en (*boek*) illustrate; *zich* —, take a breather. ▼—**ing** 1 (*opluchting*) relief; 2 illustration.

verluiden: *naar verluidt*, reputedly, it is rumoured that.

verluieren idle (laze) away.

verlummelen waste, dawdle away.

verlustigen divert; *zich* — *in*, delight in; *zich — in andermans smart*, to gloat over a p.'s sorrow.

vermaagschapt related (to).

vermaak pleasure, entertainment, amusement; — *scheppen in*, take (a) pleasure in.

vermaan warning, admonition.

vermaard renowned, famous. ▼—**heid** renown, fame; *een* —, a celebrity.

vermager/en I *ov.w* emaciate. II *on.w* lose flesh, become thin. ▼—**d** emaciated. ▼**vermagering** emaciation; (*opzettelijk*) slimming. ▼—**skuur** slimming-cure. ▼—**smiddel** reducer.

vermakelijk amusing, entertaining. ▼—**heid**: *een* —, an amusement, an entertainment. ▼—**heidsbelasting** entertainment tax. ▼**vermak/en** 1 amuse, entertain; *zich* —, enjoy o.s.; 2 (*anders maken*) alter (clothes); 3 (*geld*) bequeath. ▼—**ing** 1 alteration; 2 (*v. geld*) bequest.

vermaledijen curse.

vermalen grind, crush.

verman/en admonish, warn. ▼—**ing** admonition, warning.

vermannen: *zich* —, pull o.s. together.
vermeend supposed, putative (father).
vermeerder/en increase, augment. **▼—ing** increase; — v. 't gezin, addition to the family.
vermeesteren capture.
vermeien: *zich* —, enjoy o.s.; *zich — in,* delight (revel) in.
vermeld/en mention, report. **▼—enswaard** worth mentioning. **▼—ing** mention; *eervolle* —, honourable m.
vermenen opine.
vermeng/en mix, mingle; (*thee, koffie*) blend; (*metaal*) alloy; *prijs* —, mix. **▼—ing** mixing; blending; (*mengsel*) mixture, blend, fusion.
vermenigvuldig/baar multipli(c)able. **▼—en** multiply. **▼—er** multiplier. **▼—ing** multiplication. **▼—machine** multiplying machine. **▼—som** multiplication sum. **▼—tal** multiplicand.
vermenselijken humanize.
vermetel audacious. **▼—heid** audacity.
vermeten: *zich* —, presume, dare.
vermicelli vermicelli. **▼—soep** v.-soup.
vermijd/baar avoidable. **▼—en** avoid; (*sterker*) shun. **▼—ing** avoidance; *ter — van,* to avoid.
vermiljoen vermillion.
verminder/en I *ov.w* lessen, diminish, decrease; (*prijs*) reduce; (*vaart*) slacken. II *on.w* decrease; (*v. gezondheid*) decline; (*v. storm, pijn*) abate. **▼—ing** decrease; reduction; slackening; abatement; decline.
vermink/en mutilate. **▼—ing** mutilation. **▼—te** cripple, disabled (soldier).
vermis/sen miss. **▼—ing** loss. **▼vermist** missing; — *worden,* be m.; *de —e,* the missing man.
vermits whereas, since.
vermoedelijk presumable, probable.
▼vermoeden I *ww* suspect, suppose. II *zn* supposition; (*verdenking*) suspicion; *bang* —, misgiving; — *op iem. hebben,* suspect a p.
vermoeid tired, fatigued, weary. **▼—heid** tiredness, fatigue, weariness. **▼vermoei/en** tire, fatigue, weary. **▼—enis** fatigue.
vermogen I *ww: veel* —, be able to do much; *niets — tegen,* be powerless against; *ik vermag niet in te zien,* I'm unable to see, I fail to see. II *zn* (*fortuin*) fortune; (*macht*) power; (*geschiktheid*) ability; (*mech.*) power, capacity; *verstandelijke —s,* intellectual faculties; *naar mijn beste —,* to the best of my ability. **▼vermogend** wealthy, influential.
▼vermogens/aanwas capital gains. **▼—belasting** property-tax. **▼—delict** offence against property. **▼—heffing** levy on property, capital levy. **▼—toename** increase of property.
vermolmen moulder.
vermomm/en disguise. **▼—ing** disguise.
vermoord/en murder; *de vermoorde,* the murdered man. **▼—ing** murder.
vermorsen waste.
vermorzelen crush, pulverize.
vermout vermouth.
vermurwen soften, mollify; *zich laten* —, relent; *zich niet laten* —, remain adamant; *niet te* —, inexorable.
vernachelen diddle; (*Am.*) double-cross.
vernagelen spike, nail up.
vernauw/en (*ook: zich* —) narrow. **▼—ing** narrowing; (*med.*) stricture.
verneder/en humble, humiliate; *daar wil ik mij niet toe* —, I won't stoop to that. **▼—end** humiliating. **▼—ing** humiliation.
vernederlandsen I *ov.w* Dutchify. II *on.w* become Dutch.
verneembaar perceptible, audible.
▼vernemen learn, hear, understand.
verneuk/en fool, diddle. **▼—erij** eye-wash.
verniel/al vandal. **▼—en** destroy, smash (up). **▼—end** destructive. **▼—er** destroyer. **▼—ing** destruction; *in de — zitten,* be at the end of one's tether. **▼—ziek** destructive. **▼—zucht** destructiveness.
vernietig/baar destructible. **▼—en** annihilate,

destroy; (*hoop*) wreck; (*meubels*) smash (up); (*vijand*) wipe out; (*nietig verklaren*) annul, quash. **▼—end** destructive; (*v. nederlaag, antwoord*) crushing; (*v. kritiek*) slashing; (*v. blik*) withering. **▼—ing** annihilation, destruction; annulment; quashing.
vernieuw/baar renewable. **▼—en** renew (library ticket), renovate (old house). **▼—er** renewer. **▼—ing** renewal, renovation; *stads*—, urban renewal.
vernikkelen nickel, nickelplate.
vernis varnish; (*fig. ook*) veneer. **▼—sen** varnish; (*fig. ook*) veneer. **▼—ser** varnisher.
vernuft genius, ingenuity; *'t menselijk* —, human i. **▼—ig** ingenious. **▼—igheid** ingenuity.
veronaangenamen make unpleasant.
veronachtzam/en (*plicht*) neglect; (*waarschuwing*) disregard. **▼—ing** neglect, negligence; disregard; *met — van,* in disregard of.
veronal veronal.
veronderstell/en suppose, assume. **▼—ing** supposition, assumption.
verongelijken wrong, injure. **▼verongelijkt** injured, aggrieved.
verongelukken meet with an accident; (*omkomen*) perish; (*v. schip*) be wrecked; (*v. vliegtuig en auto*) be wrecked, crash; *doen* —, wreck; *verongelukte auto,* wrecked car; *hij is in de bergen verongelukt,* he lost his life in the mountains.
verontheilig/en profane, desecrate. **▼—ing** profanation, desecration.
verontmenselijk/en dehumanize. **▼—ing** dehumanization.
verontreinig/en pollute, defile; (*hand, doek*) soil, dirty. **▼—er** (*afvalstof, enz.*) pollutant. **▼—ing** pollution, defilement; dirtying.
verontrust/en alarm, disquiet, disturb; *zich* —, be alarmed (at). **▼—end** alarming, disquieting, disturbing. **▼—ing** alarm.
verontschuldig/en excuse; *zich laten* —, ask to be excused; *'t is niet te* —, it is inexcusable. **▼—end** apologetic. **▼—ing** excuse; apology; *zijn —en aanbieden,* offer one's apologies.
verontwaardig/d indignant. **▼—en** fill with indignation; *zich* —, be indignant (at s.th., with a p.). **▼—ing** indignation.
veroordeelde condemned person; (*jur.*) convict. **▼veroordelaar** condemner, critic. **▼veroordel/en** (*afkeuren*) condemn; (*jur.*) sentence; (*in civiele zaken*) give judgment against; (*schuldig bevinden*) convict; *iem. in de kosten* —, condemn a p. in (to pay) the costs; *ter dood* —, sentence to death; *iem. tot gevangenisstraf* —, condemn a p. to imprisonment. **▼—ing** condemnation; (*jur.*) conviction.
veroorloofd allowed, allowable.
▼veroorlov/en allow, permit; *ik kan mij geen auto* —, I can't afford a car; *ik veroorloof mij op te merken,* I make bold to say. **▼—ing** permission.
veroorzaken cause, occasion, bring about.
veroosteren I *ov.w* orientalize. II *on.w* become orientalized.
verootmoedig/en humble, humiliate, chasten. **▼—ing** humiliation.
verorberen dispatch, dispose of.
verorden/en order, ordain; (*wet*) provide. **▼—ing** regulation. **▼verordineren** ordain.
verouder/d obsolete, antiquated. **▼—en** grow old, age; (*v. woorden*) become obsolete.
verover/aar conqueror. **▼—en** conquer, capture (*op, from*); *een blijvende plaats* —, gain a permanent place, come to stay. **▼—ing** conquest. **▼—ingsoorlog** war of conquest.
verpacht/en lease; (*v. belasting*) farm (out). **▼—er** lessor. **▼—ing** leasing; farming (out).
verpakk/en pack up, wrap up. **▼—er** packer. **▼—ing** packing.
verpand/en (*in lommerd*) pawn; (*zijn woord*) pledge; (*huis*) mortgage. **▼—ing** pawning; pledging; mortgaging.

verpatsen (*volkst.*) flog.
verpauperen be reduced to poverty, be made destitute.
verpersoonlijk/en personify. ▼—**ing** personification.
verpest/en infect, poison. ▼—**end** pestilential. ▼—**ing** infection.
verpierewaaid dissipated.
verpieterd measly.
verplaats/baar (re)movable, portable. ▼—**en** move, shift; ('*n zaak, beambten*) transfer; (*hoeveelheid water*) displace; *zich* —, move, shift; *verplaats u eens in mijn gedachten*, put yourself in my place; *zich in gedachten* — *naar*, transport o.s. mentally to. ▼—**ing** movement, removal, shift(ing); transfer; displacement.
verplanten transplant.
verpleeg/de patient; (*in inrichting*) inmate. ▼—**hulp** (*met opleiding*) assistant nurse, (*zonder opleiding*) nursing auxiliary. ▼—**inrichting** nursing-home. ▼—**ster** (sick-) nurse. ▼**verpleg/en** nurse, tend. ▼—**er** (male) nurse; (*mil.*) orderly. ▼—**ing** nursing. ▼**verplegings/inrichting** nursing-home. ▼—**kosten** nursing-fees.
verpletten *het nieuws verplette hem*, the news dumbfounded him.
verpletter/en crush, smash, shatter. ▼—**end**: —*e meerderheid*, overwhelming (sweeping) majority. ▼—**ing** smashing.
verplicht due (*aan*, to), obliged; compulsory (service); *zedelijk* —, under moral obligation; — *stellen*, make obligatory; —*e arbeidsdienst*, conscription of labour; —*e heiligedag*, (*rk*) holiday of obligation; *een* — *vak*, an obligatory subject; *ik ben u zeer* —, I am much obliged to you; *dat ben je hem* —, you owe it to him; — *zijn te*..., be obliged to..., have to... ▼**verplichten** oblige; *hij verplichtte zich om*..., he undertook to (engaged to)...; '*t verplicht u tot niets*, it commits you to nothing. ▼**verplichting** obligation; engagement; commitment; *een* — *aangaan*, commit o.s., undertake to; *zijn* — *en nakomen*, meet one's obligations (*geldelijk ook*: liabilities); *ik wil geen* — *aan hem hebben*, I want to be under no obligations to him; *zonder enige* —, without any o.
verpolitiekt politics-ridden.
verpopp/en: *zich* —, pupate. ▼—**ing** pupation.
verpot/en transplant. ▼—**ing** transplantation.
verpotten repot.
verpoz/en: *zich* —, relax, take a rest. ▼—**ing** rest, relaxation.
verpraten waste (one's time) talking; *zich* —, **1** let the cat out of the bag, **2** put one's foot in it.
verprutsen waste (time), spoil (work).
verraad treason, treachery, betrayal; — *plegen*, commit t. ▼—**ster** traitress. ▼**verrad/en** betray (*ook fig.*); *de zaak* —, (*lett.*) turn traitor; (*fig.*) give the show away; *zich* —, betray o.s., give o.s. away. ▼—**er** traitor, betrayer. ▼—**erij** treachery. ▼**verraderlijk** treacherous, traitorous; tricky (ground, road, job); tell-tale (nervousness). ▼—**heid** treacherousness; trickiness; tell-tale nature.
verrass/en surprise, take by surprise; *we werden door een onweer verrast*, we were caught in a thunder-storm; *zijn vrienden met 't nieuws* —, spring the news on one's friend. ▼—**ing** surprise.
verregaand extreme, gross; *dat is* —, that's outrageous.
verregend spoiled by the rain, bedraggled; washed-out (match).
vèrreikend far-reaching.
verreizen spend in travelling.
verreken/en 1 settle; **2** *zich* —, miscalculate. ▼—**ing 1** settlement; **2** miscalculation. ▼—**kantoor** clearing-house. ▼—**pakket** cash on delivery parcel.
verrekijker telescope, spy-glass, glasses.
verrekken sprain (arm); *zich* —, strain o.s.; *H.*

kan —!, H. be damned!; *verrek!*, be damned to you! ▼**verrekt I** *bn* sprained (ankle); blasted (fellow). **II** *bw*: — *goed*, damn(ed) good.
verreweg by far, far and away.
verricht/en do, perform; make (arrests). ▼—**ing** performance; (*handeling*) action, activity; (*functie*) function.
verrijk/en enrich. ▼—**ing** enrichment.
verrijzen rise; (*v. industrie, stad*) spring up; (*v. profeet*) arise; *uit de dood* —, r. from the dead. ▼—**is** resurrection. ▼**verrijzing** rising.
verrimpelen wrinkle.
verroeren stir, move, budge.
verroest rusty; (*wel*) —!, the deuce! ▼—**en** rust, get rusty; *hij kan* —, he may go hang. ▼—**ing** rusting, corrosion.
verroken spend in smoking.
verrot rotten. ▼—**heid** rottenness. ▼—**ten** rot; *doen* —, rot. ▼—**ting** rotting, decay.
verruilen exchange (for), barter.
veruim/en enlarge, broaden; (*de geest*) widen; (*de borstkas*) expand; *iem.'s blik* —, broaden a p.'s outlook. ▼—**ing** enlargement, widening; broadening.
verrukkelijk delightful, enchanting; (*v. voedsel*) delicious. ▼—**heid** delightfulness. ▼**verrukk/en** delight, enchant. ▼—**ing** delight, rapture; *in* — *brengen*, delight; *in* — *raken over*..., go into raptures over...
verruw/en roughen, coarsen. ▼—**ing** ... ing.
vers I *zn* poem; (*couplet*) stanza; (*in bijb.*) verse. **II** *bn* fresh (eggs), new (bread); *het ligt mij nog* — *in het geheugen*, it is still fresh in my memory.
versagen lose heart, falter.
versbouw versification.
verschaff/en supply, provide; (*zorgen te krijgen*) procure; get; *zich toegang* —, gain access (to). ▼—**ing** supply, provision; procurement.
verschalen go flat (stale).
verschalken outwit, outmanoeuvre, get round.
verschans/en entrench. ▼—**ing** entrenchment; (*v. schip*) bulwarks, rail.
verscheiden I *ww* depart. **II** *zn* decease. **III** *bn* several; (*verschillend*) various; diverse. ▼—**heid** variety.
verschenen: — *zondag*, last Sunday.
verschep/en ship, (*in ander schip*) tranship. ▼—**er** shipper. ▼—**ing** shipment. ▼—**ingsdocumenten** shipping-documents. ▼—**ingskosten** (*voor vracht*) freight charges; (*voor inladen*) shipping charges.
verscherp/en sharpen; (*bepaling*) tighten up; (*conflict*) aggravate; (*oorlog*) intensify. ▼—**ing** sharpening; tightening up; aggravation; intensification.
verscheur/en tear (up), tear to pieces; (*fig.*) rend, lacerate. ▼—**end**: —*e dieren*, ferocious animals.
verschiet distance; offing; (*fig.*) prospect; *in het* —, (*fig.*) in the offing, ahead.
verschieten I *ov.w* shoot; use up. **II** *on.w* (*v. pers.*) change colour; (*v. kleuren*) fade; (*v. ster*) shoot.
verschijn/dag due date. ▼—**en** appear; (*zich vertonen*) make one's appearance; turn up; (*v. termijn*) fall due, expire. ▼—**ing** appearance; (*v. boek ook*) publication; (*geest—*) apparition; (*v. termijn*) expiration; *een aardige* —, a pleasant personality; *een deftige* —, a stately presence. ▼—**sel** phenomenon, symptom; *dat is een dagelijks* —, that happens daily.
verschikken move up, shift.
verschil difference; (*onderscheid*) distinction; — *van mening*, difference of opinion.
verschilferen peel off.
verschil/len differ; — *van*, d. from. ▼—**lend** different (from); (*verscheiden*) several; (*allerlei*) various. ▼—**punt** point at issue.
verschimmelen become mouldy.
verscholen hidden; tucked-away.
verschon/en 1 (*kind*) change; (*bed*) change the sheets; **2** (*verontschuldigen*) excuse,

overlook; (*ontzien*) spare. ▼—**ing 1** change (of linen); **2** excuse; — *vragen*, apologize (for); *ter* —, by way of excuse. ▼—**ingsrecht** right to refuse to give evidence.
▼**verschoonbaar** pardonable.
verschoppeling outcast, pariah.
verschot (*keus*) choice; —*ten*, disbursements.
verschrijv/en *zich* —, make a mistake (in writing). ▼—**ing** slip of the pen.
verschrikkelijk terrible, dreadful.
▼**verschrikk/en** frighten, startle, scare.
▼—**ing** terror, horror.
verschroeien scorch; (*v. zon ook*) parch.
verschrompelen shrivel (up), shrink.
verschuifbaar sliding, movable.
verschuilen hide, conceal.
verschuiv/en shove (away), shift, move; postpone (date). ▼—**ing** shifting; postponement; — *naar links*, swing to the left.
verschuldigd indebted, due (to); *iem. dank* — *zijn*, owe a p. thanks; *dat ben je aan jezelf* —, you owe it to yourself; *het* —*e* (*bedrag*), the amount due.
vers/gebakken newly-baked. ▼—**heid** freshness.
versie version.
versier/en adorn (story with anecdotes, etc.), decorate (with flags, flowers, etc.), trim (coat with fur), deck, decorate (Christmas tree); *dat versier ik wel*, I'll fix it; *een meisje* —, chat up a girl. ▼—**ing**, —**sel** adornment, decoration.
versjacheren flog.
versjouwen drag away.
verslaafd addicted to, (*sl.*) hooked on. ▼—**e** addict, (*aan verdovende middelen*) drug addict. ▼—**heid** addiction.
verslaan 1 defeat, beat; (*dorst*) quench; **2** (*verslag geven*) cover; **3** (*verschalen*) go flat. ▼**verslag** report, account; (*radio*) commentary; *woordelijk* —, verbatim report; — *doen van*, give an account of; *voorlopig* (*tussentijds*) —, interim report; — *uitbrengen over*, deliver a r. on, report on.
verslagen defeated; (*fig.*) dismayed. ▼—**heid** dismay.
verslag/gever reporter; (*radio*) commentator. ▼—**geverstribune** press galery. ▼—**geving** reporting, coverage. ▼—**periode** period under review.
verslampampen squander, dissipate.
verslapen sleep away; *zich* —, oversleep o.s.
verslapp/en relax, slacken; (*zwak worden*) weaken. ▼—**ing** relaxation, slackening; weakening.
verslecht(er)/en I *ov.w* make worse. II *on.w* get worse. ▼—**ing** worsening.
versleer poetics, prosody.
versleten worn (out), threadbare (clothes, etc.); (*uitdrukking*) hackneyed; *tot op de draad* —, worn to a thread. ▼**verslijten** wear out; *waar verslijt je me voor?*, what do you take me for?
verslikken *zich* —, choke.
verslinden devour; (*v. golven*) engulf; *dat verslindt geld*, that is like eating money; that is a great drain on my purse.
verslingeren *zich* — *aan*, throw o.s. away on.
verslonzen spoil, ruin.
versmaat metre.
versmachten be parched (with thirst); (*fig.*) languish.
versmaden despise, disdain, scorn; *geenszins te* —, by no means to be sneezed at.
versmallen narrow; *zich* —, narrow.
versmelt/en (*boter, metaal*) melt; (*erts*) smelt; (*v. kleuren*) fuse. ▼—**ing** melting (down); smelting; fusion.
versmoren smother, stifle.
versnapering tibit; (*snoep*) sweets; *er werden* —*en aangeboden*, refreshments were served.
versnell/en accelerate, quicken, speed up. ▼—**er** accelerator. ▼—**ing** acceleration; (*v. fiets, motor*) gear; *hoogste, laagste* —, top, bottom gear. ▼—**ingsbak** gear-box. ▼—**ingshandle** gear-lever. ▼—**ingsnaaf** hub-gear.

versnijden curt up; (*wijn*) dilute.
versnipper/en cut into bits; (*stemmen*) split; (*tijd, geld*) fritter away. ▼—**ing** cutting up, etc.
versnoepen spend on sweets.
versober/en retrench, economize. ▼—**ing** austerity, economization.
verspelen gamble away; (*recht, kans, leven*) lose.
verspenen plant out.
versperr/en (*de weg*) block, bar; barricade. ▼—**ing** blocking(-up), obstruction, barrier; (*in rivier*) boom; (*v. prikkeldraad*) entanglement. ▼—**ingsballon** barrage balloon.
verspied/en scout. ▼—**er** scout.
verspill/en squander, waste. ▼—**er** squanderer, spendthrift. ▼—**ing** waste.
versplinteren splinter (up), shiver, sliver, break into shivers.
verspreid scattered (cottages). ▼—**en** (*gerucht, nieuws, ziekte*) spread; (*gerucht*) circulate, put about; (*lucht*) give out; (*warmte*) diffuse; (*menigte*) disperse; (*het evangelie*) propagate; *zich* —, (*v. ziekte, gerucht*) spread, (*v. menigte*) disperse; (*v. soldaten*) spread out; *verspreide buien*, scattered showers. ▼—**er** spreader, circulator; propagator. ▼—**ing** dispersion; circulation; diffusion, propagation; spread (of disease); distribution (of animals, etc.), proliferation (of nuclear weapons). ▼—**ingsgebied** (*planten, enz.*) area of distribution, range.
verspreken *zich* —, make a slip.
verspringen leap; *zich* —, sprain one's ankle.
vèrspringen I *zn* long jump. II *ww* do the l. j.
versregel verse, line.
verst farthest, furthest.
verstaan hear; (*begrijpen*) understand; *hij verstaat zijn vak*, he knows his job; *versta me goed!*, don't misunderstand me!; *wel te* —, that is to say; *verkeerd* —, misunderstand; *een wenk* —, take a hint; *geen gekheid* —, stand no nonsense; *te* — *geven*, give to u.; *zich met iem.* —, come to an understanding with a p.; — *onder*, u. by. ▼**verstaanbaar** (*hoorbaar*) audible; understandable; — *maken*, explain; *zich* — *maken*, make o.s. heard. ▼—**heid** audibility. ▼**verstaander**: *een goed* — *heeft maar een half woord nodig*, a word to the wise is enough.
verstand mind, intellect, intelligence, understanding; (*kennis*) knowledge; (*oordeel*) judgement; *beperkt* —, narrow mind; *gezond* —, common sense; *gebruik je* —, use your brains, listen to reason; *'n goed* —, a good intelligence; *zij heeft een goed* —, she is intelligent; *hij heeft niet veel* —, he has not got much sense; *naar hij* — *heeft*, according to his lights; *waar heb je je* — *toch?*, where's your sense?; *geen* — *hebben van*, be no judge of, know nothing about; *hij heeft er helemaal geen* — *van*, he doesn't know the first thing about it; *ik kan mijn* — *er niet bij houden*, I can't concentrate, I can't keep my mind on my work; *zijn* — *verliezen*, lose one's mind; *daar staat mijn* — *bij stil*, that passes my understanding; *dat gaat mijn* — *te boven*, that's beyond me; *het* — *komt met de jaren*, wisdom comes with age; *ik kon 't hem maar niet aan zijn* — *brengen*, I could not make him understand; *dat hoef ie mij niet aan het* — *te brengen*, there's no need to tell me that; *dat zal ik ze gauw genoeg aan 't* — *brengen*, I'll soon enough make it plain to them; *hij is bij zijn volle* —, he is in full possession of his faculties, he has all his wits about him; *je bent niet bij je* —, you are out of your senses; *met* —, intelligently; *met* — *te werk gaan*, proceed judiciously; *met dien* —*e dat*, on the understanding that, provided that; *tot goed* — *van de zaak*, for the right understanding of the matter; *een man zonder veel* —, a man without much intellect (brain). ▼**verstandelijk** intellectual; — *vermogens*, i. faculties.
▼**verstandeloos** senseless.
verstandhouding understanding; relations; *geheime* —, secret u.; *goede* —, good u.;

(*tussen landen*) friendly r.: *in goede — staan*, be on good terms (with).

verstandig sensible, intelligent, reasonable; *wees —*, be s.; *men kan geen — woord uit hem krijgen*, one cannot get any sense out of him; *hij was zo — om...*, he had the (good) sense to...; *hij zou — doen met te...*, he would be wise (well-advised) to...▼**verstands/kies** wisdom-tooth. ▼**—knobbel** bump of common sense. ▼**—verbijstering** insanity, mental derangement.

verstard rigid. ▼**verstarren** make (become) rigid.

verstedelijk/en I *ov.w* urbanize. II *on.w* become (get) urbanized. ▼**—ing** urbanisation. ▼**versteedsen** *zie* verstedelijken.

verstek (*jur.*) default; (*timmerwerk*) mitre; *— laten gaan*, make d., fail to appear; *bij — veroordelen*, condemn by d. ▼**—bak** mitre-box.

verstekeling stowaway.

verstekhaak mitre-square; *— zagen*, saw (cut) a mitre joint.

verstekvonnis judgment by default.

verstelbaar adjustable. ▼**verstel/d 1** (*v. kleren*) mended, patched; **2** *— staan*, be dumbfounded; *— doen staan*, stagger. ▼**—goed** mending. ▼**—len 1** (*kleren*) mend, patch; **2** adjust (a machine). ▼**—ler** mender. ▼**—ling 1** mending; **2** adjustment. ▼**—ster** mender. ▼**—werk** mending.

versten/en petrify; *versteend van de kou*, benumbed with cold. ▼**—ing** petrifaction.

versterf death; (*erfenis*) inheritance; *vaders (moeders) —*, paternal (maternal) i.

versterk/en strengthen, fortify; (*troepen*) reinforce; (*licht, geluid, foto*) intensify; (*radio*) amplify; *de inwendige mens —*, strengthen (refresh) the inner man. ▼**—end**: *—e lucht*, bracing air; *—e middelen*, tonics, restoratives. ▼**—er** (*fot.*) intensifier; (*radio*) amplifier. ▼**versterking** strengthening, fortification; reinforcement; intensification; (*radio*) amplification; *—en*, (*troepen*) reinforcements, (*werken*) fortifications. ▼**—swerken** fortifications.

verstevig/en consolidate. ▼**—ing** consolidation.

verstijv/en stiffen. ▼**—ing** stiffening.

verstikk/en suffocate, choke, stifle. ▼**—ing** suffocation, asphyxia. ▼**—ingsdood** death from asphyxiation.

verstoffelijken I *ov.w* materialize. II *on.w* become materialized.

verstoken I *ww* burn. II *bn*: *— van*, devoid of.

verstokt obdurate, hardened; (*v. roker, dronkaard*) inveterate, confirmed. ▼**—heid** hardness of heart, obduracy.

verstolen furtive, stealthy.

verstomd amazed; *hij stond er — van*, it took his breath away; *— doen staan*, stagger. ▼**verstommen** (*v. geschreeuw, enz.*) die down.

verstompen blunt, dull.

verstoord disturbed; (*boos*) annoyed. ▼**—er** disturber. ▼**—heid** annoyance.

verstopp/en 1 (*buis*) choke (up), stop up, clog; (*pijp*) plug; (*doorgang*) obstruct, block; *verstopte neus*, stuffy nose; *'t verstopt de ingewanden*, it causes constipation; **2** (*verbergen*) hide. ▼**—ertje**: *— spelen*, play hide-and-seek. ▼**—ing** stoppage, blockage; (*v. verkeer*) traffic-jam; (*v. ingewanden*) constipation.

verstor/en (*rust*) disturb; (*plannen*) upset; (*ontstemmen*) annoy; *de openbare rust —*, break the public peace. ▼**—ing** disturbance.

verstoten cast off, repudiate (one's wife).

verstouten: *zich — om*, make bold to, presume to.

verstouwen stow away.

verstrakken set.

verstrammen stiffen.

verstrekken provide, supply; (*mil.*) issue; *iem. iets —*, provide (supply) a p. with s.th.; *hulp —*, render aid; *inlichtingen —*, s. information.

vèrstrekkend far-reaching.

verstrekking supply, provision.

verstrijken (*verlopen*) pass, go by; (*eindigen*) expire; *de tijd is verstreken*, time is up; *'t —*, passage; expiration, lapse.

verstrikken ensnare, entangle.

verstrooid scattered; (*fig.*) absent-minded. ▼**—heid** absent-mindedness. ▼**verstrooi/en** scatter, disperse. ▼**—ing** dispersion; (*fig.*) diversion.

verstuiken sprain; *zich —*, sprain one's ankle.

verstuiv/en I *on.w* be blown away. II *ov.w* spray, pulverize. ▼**—ing** dispersion, scattering; spraying, pulverization.

versturen send off, dispatch.

versuffen I *on.w* grow dull. II *ov.w* dream away; *half versuft*, half dazed. ▼**versuftheid** stupefaction, daze.

versuikeren go sugary.

versvoet metrical foot.

vertaal/baar translatable. ▼**—bureau** translation bureau. ▼**—loon** translation fee. ▼**—recht** right of translation. ▼**—stuk** piece of translation. ▼**—werk** translations; *— doen*, do t. ▼**vertal/en** translate; *het laat zich moeilijk —*, it does not t. well. ▼**—er** translator. ▼**—ing** translation. ▼**—ingsrecht** right of translation.

verte distance; (*heel*) *in de —*, in the (far) d.; *in de — verwant*, remotely related; *in de verste de — niet zo goed*, not anything like as good; *ik denk er in de verste — niet aan*, I wouldn't dream of it; *uit de —*, from a d., from afar.

verteder/en soften, mollify. ▼**—ing** softening, mollification.

verteerbaar digestible; *licht —*, easily digestible; *zwaar —*, difficult to digest. ▼**—heid** digestibility.

vertegenwoordig/en represent; stand for. ▼**—end** respresentative. ▼**—(st)er** representative, agent; (*reiziger*) travelling salesman; *wettelijk —*, legal representative. ▼**—ing** representation, (*in de handel ook*) agency.

vertell/en 1 tell, narrate, relate; *dat moet je mij —!*, you are telling me!; *hij kan goed —*, he is a good story-teller; *hij heeft hier niets te —*, he has nothing to say here; **2** *zich —*, miscount. ▼**—er** narrator, story-teller. ▼**—ing** story, tale. ▼**vertelsel** story.

verter/en I *ov.w* (*voedsel*) digest; (*geld*) spend; (*metaal*) eat away, corrode; *verteerd worden van verlangen* (*door de vlammen*), be consumed with desire (by fire). II *on.w* (*v. voedsel*) digest; (*wegteren*) waste (away). ▼**—ing** (*v. voedsel*) digestion; (*onkosten*) expenses; (*gelag*) score; (*verbruik*) consumption; *grote —en maken*, spend freely.

verticaal vertical; *verticale prijsbinding*, resale price maintenance.

verteuten idle away.

vertienvoudigen I *ov.w* multiply by ten. II *on.w* increase tenfold.

vertier activity; (*vermaak*) amusement.

vertikken refuse flatly; *ik vertik 't om te gaan*, I am dashed if I go.

vertillen lift; *zich —*, strain o.s. in lifting.

vertimmer/en alter. ▼**—ing** alteration(s).

vertoeven sojourn, stay; (*talmen*) tarry.

vertolk/en interpret; render (a part, music); voice (an opinion). ▼**—er** interpreter, exponent. ▼**—ing** interpretation; rendering; voicing.

verton/en show, exhibit, display; (*film, toneelstuk*) show, present; *zich —*, appear, show (o.s.), (*v. pers. ook*) show up. ▼**—er** (*v. toneelstuk*) producer; (*v. film*) exhibitor. ▼**—ing** showing, exhibition, display; (*voorstelling*) performance; (*schouwspel*) spectacle.

vertoog remonstrance, discourse.

vertoon (*v. vreugde, macht*) demonstration, manifestation; *uiterlijk —*, show, ostentation; (*veel*) *— maken*, make a show, cut a dash; *met veel —*, with much show; *op — van*, on presentation of; *toegang op — van...*,

admittance by...
vertoorn/d incensed, angry (with). ▼**—en**
incense; *zich* —, become angry.
vertrag/en retard, delay; slacken (speed);
vertraagde film, slow-motion film. ▼**—ing**
delay, slackening; — *hebben,* be delayed.
vertrappen trample down; *de vertrapten,* the
downtrodden.
vertreden tread down; *ik ga me eens even* —,
I'm going to stretch my legs.
vertrek 1 (*kamer, enz.*) apartment; **2** (*het
weggaan*) departure; *plaats van* —, place of d.
▼**—bord** departure indicator. ▼**—ken 1** leave,
start, set out; (*v. boot ook*) sail, (*v. vliegtuig
ook*) take-off; **2** (*v. gezicht*) twitch; *hij vertrok
geen spier,* he didn't flicker, didn't bat an
eyelid. ▼**—tijd** time of departure.
vertreuzelen idle away.
vertroebelen (*lett.*) make turbid; (*fig.*)
confuse, obfuscate (the issue); *de sfeer* —,
poison the atmosphere.
vertroetelen (*molly-*)coddle, pamper.
vertroost/en console. ▼**—ing** consolation.
vertrouwd reliable, trustworthy; (*veilig*) safe;
in — *handen,* in safe keeping; — *raken met,*
become conversant (familiar) with; *zich* —
maken met, make o.s. familiar with; make up
one's mind to (an idea). ▼**—heid** familiarity.
▼**vertrouwelijk** (*familiaar*) familiar;
(*geheim*) confidential. ▼**—heid** familiarity;
confidentiality. ▼**vertrouweling** confidant.
▼**vertrouwen I** *zn* confidence, faith; *vol* —
op, confident of; *het* — *genieten,* enjoy the c.
of; — *hebben in,* have c. in; *iem.* — *schenken,*
confide in a p.; — *stellen in,* put c. in, have faith
in; *zijn* — *vestigen op God* (*het socialisme*),
put one's trust in God (pin one's faith on
s.ism); — *wekken,* inspire c.; *in* —, in c.; *zij
nam hem in* —, she took him into her
confidence; *met* —, with confidence,
confidently; *op goed* —, trustful. **II** *ww* trust;
— *op,* rely on; *op God* —, trust God; *vertrouw
er maar niet op,* don't bank on it.
▼**vertrouwens/crisis** crisis of confidence.
▼**—kwestie** *de* — *stellen,* put the question of
confidence, ask for a vote of confidence.
▼**—man** confidential agent. ▼**—post** position
of trust.
vertwijfel/d desperate. ▼**—en** despair.
▼**—ing** despair, desperation.
vervaard afraid (of).
vervaardig/en make, manufacture. ▼**—er**
maker, manufacturer. ▼**—ing** making,
manufacture.
vervaarlijk tremendous, awful.
vervagen fade (away), become blurred.
verval (*achteruitgang*) decay, decline; (*v.
rivier*) fall; (*fooien*) perquisites; (*v. wissel*)
maturity; *in* — *raken,* fall into decay. ▼**—dag**
(*v. huur, wissel*) due date; (*v. polis, recht*)
expiry date. ▼**—en I** *ww* decay, fall into decay;
(*v. contract, termijn*) expire; (*v. pas, polis*)
lapse; (*v. wissels*) fall due; (*v. coupons*)
become (be) payable; (*v. titel*) become
extinct; (*v. plan*) be dropped; (*v. wedstrijd*) be
cancelled; (*v. trein*) be taken off; *daarmee
vervalt uw argument,* that disposes of your
argument; *aan de Kroon* —, fall (revert) to the
Crown; — *in,* go to (extremes), incur
(expenses), fall into (errors); *in herhalingen*
—, repeat o.s.; *tot armoede* (*misdaad*) —, fall
into poverty (crime); *tot zwijgen* —, fall silent.
II *zn* lapse, expiry. **III** *bn* (*v. gebouw*)
ramshackle, dilapidated; (*v. wissel*) due; (*v.
coupons*) payable; (*v. contract*) expired; (*v.
recht*) lapsed; (*v. titel*) extinct; (*v. gezicht*)
shrunken; *iem.* — *verklaren van de troon,*
depose a p. ▼**—verklaring** deposition.
vervals/en (*brief, handtekening*) forge;
(*bankbiljet*) counterfeit; (*geld*) debase;
(*voedsel*) adulterate. ▼**—er** counterfeiter,
forger; adulterator. ▼**—ing** forging;
counterfeiting; adulteration; (*concreet*)
forgery.

offer alternative employment. ▼**—er** deputy,
substitute. ▼**—ing** replacement, substitution.
▼**—ingsmiddel** substitute. ▼**—ingswaarde**
replacement value.
vervatten: (*brief*) couch, word.
verveelvoudig/en multiply. ▼**—ing**
multiplication.
vervelen bore (*ergeren*) annoy; *zich* —, be
(feel) bored; *zich dood* —, be bored stiff; *tot
—s toe,* ad nauseam, over and over again.
▼**vervelend** tiresome, tedious; (*ergerlijk*)
annoying; *een* — *iem.* (*iets*), a bore; *wat* —!,
1 what a bore!; **2** what a nuisance! ▼**—heid**
tiresomeness, tediousness. ▼**verveling**
boredom, tedium.
vervell/en peel; (*v. slangen*) slough. ▼**—ing**
peeling, sloughing.
verveloos paintless. ▼**—heid** p.ness. ▼**verven**
paint (house); dye (hair).
verven/en dig peat (from). ▼**—ing**
peat-digging.
verv/er painter; dyer. ▼**—erij** dye-works.
ververs/en refresh; *olie* —, change the oil.
▼**—ing** refreshment; change. ▼**—ingskanaal**
drainage canal.
ververwijderd far-off, remote.
vervetten turn to fat; (*v.pers.*) grow fat.
vervlaams/en Flemish. ▼**—ing** Flemishing.
vervlakk/en (*v. kleuren*) fade (away); (*v.
karakter, enz.*) become superficial. ▼**—ing** loss
of depth, superficialization.
vervlechten interweave.
vervliegen (*v. benzine*) evaporate; (*v. hoop*)
vanish; (*v. tijd*) fly; *in lang vervlogen tijden,* in
far-off days.
vervloeien flow away; (*v. inkt*) run; (*deze
kleuren*) — *in elkaar,* melt into each other.
vervloek/en curse, damn; (*kerkelijk*)
anathematize. ▼**—ing** curse; (*banvloek*)
anathema.
vervluchtigen evaporate.
vervoeg/en conjugate; *zich* — *bij,* apply to.
▼**—ing** conjugation.
vervoer transport, transportation; (*reis*) transit;
openbaar —, public transport; *stedelijk* —,
urban (city) transport; — *te water,*
water-carriage; — *door de lucht,* air-t.; *vrij* —
hebben, have free transport. ▼**—baar**
transportable. ▼**—bewijs, —biljet** ticket.
▼**—dienst** transport service. ▼**—en** carry,
transport. ▼**—gelegenheid** transport
facilities. ▼**—ing 1** transport;
2 (*geestverrukking*) ecstasy; *in* — *brengen,*
throw into ecstasies; *in* — *geraken,* go into
ecstasies. ▼**—kosten** cost of carriage,
transport charges. ▼**—maatschappij**
transport company. ▼**—middel** conveyance.
vervolg continuation; — *op een boek,* sequel
to a book; *als* — *op,* in c. of; *in 't* —, in future;
ten — *e op mijn schrijven,* with reference to my
letter. ▼**—baar** (*v. vergrijp*) actionable; (*v.
pers.*) indictable. ▼**—en** continue (work);
(*achtervolgen*) pursue; (*kwellen*) persecute,
pester (don't pester me with this nonsense);
(*v. gedachte*) haunt; (*gerechtelijk*) prosecute,
(*om schadevergoeding*) sue; *zijn weg* —,
pursue one's way; *het ongeluk vervolgt hem,*
misfortune dogs him.
vervolgens further, next.
vervolg/er pursuer; persecutor; prosecutor.
▼**—ing** pursuit; persecution; prosecution; *'n*
— *instellen tegen,* bring an action against.
▼**—ingswaanzin** persecution mania.
▼**—klasse** senior class. ▼**—verhaal** serial
story.
vervolmak/en perfect. ▼**—ing** perfection.
vervorm/en transform; (*misvormen*) deform.
▼**—ing** transformation; deformation.
vervreemd/en alienate; (*pers.*) alienate,
estrange from; *iem. van zich* —, alienate a p.;
van elkaar —, drift apart. ▼**—ing**
estrangement, alienation.
vervroeg/en make earlier, put forward,
advance; (*vertrek*) accelerate. ▼**—ing**
acceleration.
vervuil/d filthy. ▼**—en I** *on.w* become filthy.

II *ov.w* pollute. ▼—**ing** pollution.
vervull/en (*ambt*) fill; (*taak*) accomplish; (*plicht*) perform; (*formaliteiten, belofte, wens*) fulfil; (*gebed*) hear; *van één gedachte vervuld*, possessed by one thought; *vervuld van*, full of (the news), absorbed in (thoughts, work); *met afgrijzen —*, fill with horror. ▼—**ing** fulfilment, accomplishment; performance, (*v. droom*) realization; *in — gaan*, be realized (fulfilled).
verwaaid dishevelled.
verwaand conceited, cocky. ▼—**heid** conceit.
verwaardigen: *hij verwaardigde mij met geen blik*, he did not vouchsafe me a glance; *zich — te...*, condescend to...
verwaarloz/en neglect. ▼—**ing** neglect.
verwacht/en expect; anticipate; *een kleine —*, expect a baby; *— van*, expect of (from); *dat verwacht ik niet van hem*, I won't stand it from him; *te —*, to be expected; prospective (cost). ▼—**ing** expectation; (*v.h. weer*) outlook; *vol — toezien*, look on expectantly; *hij spande zijn —en te hoog*, he put his expectations too high; *aan de — beantwoorden*, come up to expectations; *dat blijft beneden mijn —en*, that falls short of my expectations; *boven —*, beyond e.; *buiten —*, contrary to e.; *zij is in blijde —*, she is in the family way; *in gespannen —*, with tense e.; *tegen de — in*, against e.
verwant I *bn* related, kindred; cognate (words); (*alleen pred.*) akin; *—e vraagstukken*, related problems; *—e zaken*, kindred matters; *— aan*, allied (related) to. II *zn*: *—en*, relatives; *de naaste —en*, the next of kin. ▼—**schap** affinity, relation(ship), kinship; (*chem.*) affinity. ▼—**schapsband** tie of kinship. ▼—**schapt** related (to).
verward tangled (mass); tousled (hair); (*fig.*) confused (situation, ideas); entangled (facts); muddled (thinking); *— raken in*, get entangled in. ▼—**heid** confusion.
verwarm/d: *—e achterruit*, heated rear-screen. ▼—**en** heat, warm. ▼—**ing** heating, warming; *achterruit—*, rear-screen demister. ▼**verwarmings/-** heating.
▼—**adviseur** heating consultant.
▼—**apparaat** heater, (*mv ook*) heating appliances. ▼—**buis** h. pipe. ▼—**doeleinden** h. purposes. ▼—**element** heating element. ▼—**installatie** h. unit. ▼—**kosten** heating costs, cost of h. ▼—**monteur** (heating) engineer. ▼—**wijze** method of h.
verwarr/en tangle; *iem. —*, embarrass, confuse a p.; *met elkaar —*, confuse, mix up. ▼—**ing** confusion, entanglement; (*warboel*) muddle; (*verlegenheid*) confusion; *— stichten*, cause c.; *in — brengen*, (*ding*) throw into disorder, (*pers.*) confuse.
verwaten arrogant. ▼—**heid** arrogance.
verwateren I *ov.w* dilute; (*melk*) water. II *on.w* become diluted, lose vigour.
verwedden bet, wager, lose in betting; *ik verwed er £10 onder*, I'll b. you £10; *ik verwed er mijn hoofd onder*, I'll stake my head on it, I'll bet my shirt (my bottom dollar) on it.
verweer defence; *hij voerde als (tot zijn) — aan*, he alleged in (his) d.
verweerd weather-beaten, weathered.
verweer/der defendant. ▼—**middel** means of defence. ▼—**schrift** defence, apology.
verwekelijk/en I *on.w* become effeminate. II *ov.w* enervate. ▼—**ing** effeminacy, enervation.
verwekk/en (*kinderen*) beget; (*relletjes, verbazing, gelach*) cause; (*toorn*) rouse; (*protest*) raise; (*vrees, hoop*) inspire. ▼—**er** begetter; author; cause. ▼—**ing** begetting, etc.
verwelken wither, wilt.
verwelkom/en welcome. ▼—**ing** welcoming, welcome; *ter —*, in welcome.
verwen/nen spoil, pamper. ▼—**erij** pampering, coddling.
verwens/en curse. ▼—**ing** curse.
verwereldlijken I *ov.w* make worldly. II *on.w* become worldly.
verwer/en 1 weather, disintegrate; **2** defend;

je hebt je dapper verweerd, you have put up a good fight. ▼—**ing** weathering, disintegration.
verwerkelijk/en realize. ▼—**ing** realization.
verwerk/en process (materials, data), work up (materials), assimilate (facts), work into (jokes into a lecture); (*nieuws, leerstof*) digest; *— tot*, make into. ▼—**ing** processing, (*gegevens met computer, enz.*) electronic data processing; working up, digestion.
verwerp/elijk objectionable, reprehensible. ▼—**en** reject (an offer); (*bij stemming*) defeat. ▼—**ing** rejection, defeat.
verwerv/en obtain, win, earn. ▼—**ing** obtaining.
verwestersen I *ov.w* westernize. II *on.w* be (become) westernized.
verwezen dazed, stunned.
verwezenlijk/en realize; *zich —*, be realized. ▼—**ing** realization.
verwijden widen; *zich —*, widen.
verwijderd remote.
verwijder/en (*vlekken, enz.*) remove; (*v. school*) expel; (*v. sportveld*) send off; *je hebt hem van je verwijderd*, you have alienated him; *zich —*, withdraw; (*v. geluid*) recede. ▼—**ing** removal, expulsion; estrangement.
verwijding widening.
verwijfd effeminate. ▼—**heid** effeminacy.
verwijl delay; *zonder —*, without d. ▼—**en** stay, sojourn; *— bij een onderwerp*, dwell upon a subject.
verwijt reproach, reproof; *iem. een — maken van iets*, reproach a p. with s.th., blame a p. for s.th.; *een — richten tot iem.*, level a reproach at a p. ▼—**en** reproach; *dan hebben wij elkaar niets te —*, then we are quits; *zij hebben elkaar niets te —*, they are tarred with the same brush. ▼—**end** reproachful.
verwijven I *ov.w* effeminate. II *on.w* become e.
verwijz/en refer (to); *iets naar de prullenmand —*, consign s.th. to the waste-paper basket; *hij verwees mij naar (de 2e etage)*, he directed me to; *een zaak naar een andere rechtbank —*, remit a case to another court. ▼—**ing** reference; *onder — naar*, with r. to.
verwikkel/en complicate; *iem. — in*, involve, entangle a p. in. ▼—**ing** entanglement; (*v. roman*) plot.
verwikken: *niet te — of te verwegen*, immovable.
verwilder/d wild, unkempt (appearance, garden); haggard (look, face); *—e plant*, plant run wild. ▼—**en** run wild; (*moreel*) degenerate. ▼—**ing** running wild; degeneration, demoralization.
verwissel/baar interchangeable. ▼—**en** (*omruilen*) exchange, transpose (letters); *— met*, e. for; *je moet ze niet met elkaar —*, you must not confound them; *— tegen*, e. for; *van plaats (kleren) —*, change places (clothes). ▼—**ing** change, exchange; transposition; (*verwarring*) confusion.
verwittig/en inform, notify, advise. ▼—**ing** notice, information.
verwoed furious, fierce, ardent (supporter). ▼—**heid** fury, fierceness; ardour.
verwoest/en destroy, lay waste, devastate, ruin. ▼—**end** destructive. ▼—**er** destroyer. ▼—**ing** destruction, ravage, havoc; *—en aanrichten*, make r. (havoc).
verwond/en wound, injure, hurt. ▼—**ing** injury, wound.
verwonder/en surprise, astonish; *dat verwondert me*, I am surprised at it; *'t zal mij — of...*, I wonder if...; *is 't te — dat?*, is it any wonder that?; *'t is te — dat...*, it's a wonder that...; *'t is niet te — dat...*, no wonder that...; *zich —*, be surprised, wonder. ▼—**ing** surprise, wonder, astonishment. ▼—**lijk** astonishing, wonderful; (*zonderling*) strange.
verwonding wound, injury.
verwonen: *hoeveel — zij?*, what rent do they pay?
verword/en degenerate, decay. ▼—**ing** degeneration, decay.

verworpeling outcast.
verworvenheid acquisition.
verwrikken: *niet te* —, immovable.
verwring/en distort, twist. ▼—**ing** distortion, twisting.
verzacht/en soften; (*pijn*) ease; (*bewoordingen*) tone down; (*vonnis*) mitigate; (*bepaling*) relax. ▼—**end** softening, soothing; —*e omstandigheden*, extenuating circumstances; —*e uitdrukking*, euphemism. ▼—**ing** softening; (*v. pijn, smart*) relief; mitigation; relaxation.
verzaden satisfy, satiate; *niet te* —, insatiable.
verzadigd satisfied, satiated; (*chem.*) saturated. ▼—**heid** satiety; (*chem.*) saturation. ▼**verzadig/en** satisfy; (*chem.*) saturate. ▼—**ing** satiation; (*chem.*) saturation.
verzak/en (*plicht*) neglect; (*vriend*) forsake, desert; (*geloof*) renounce; (*kleur, troef*) revoke. ▼—**ing** neglect; desertion; renuntiation; revoke.
verzakk/en sag, subside; (*med.*) prolapse. ▼—**ing** subsidence, sag(ging); (*med.*) prolapsus.
verzamel/aar collector. ▼—**en** (*fortuin, honing, inlichtingen*) gather; (*feiten, zijn gedachten, postzegels*) collect; *nieuwe kracht* —, gather new strength; *zich* —, collect, gather, rally. ▼—**ing** collection, gathering. ▼—**kamp** transit camp. ▼—**naam** collective noun. ▼—**plaats** meeting-place, rallying-place. ▼—**werk** collective work; (*boek*) compilation. ▼—**woede** collecting mania.
verzand/en silt up. ▼—**ing** silting up.
verzegel/en seal (up). ▼—**ing** sealing (up).
verzeggen promise.
verzeilen (*op een bank*) run aground; *hoe kom jij hier verzeild?*, what brings you here?; (*ik weet niet*) *waar het verzeild is*, what has become of it; *verzeild raken onder* (*in*), fall among (thieves), fall into (bad company).
verzeker/aar insurer, assurer. ▼—**baar** insurable. ▼**verzekerd** assured, sure; (*geassureerd*) insured; *verplicht* —, compulsarily insured; *vrijwillig* —, privately insured; *daarvan ben ik* —, I am sure of that; —*e*, the insured, assured. ▼—**heid** assurance, conviction. ▼**verzekeren** (*assureren*) insure, assure (one's life); (*waarborgen*) guarantee, ensure; (*betuigen*) assure; (*vastmaken*) secure; *dat verzeker ik je!*, I (can) assure you!; *zich* —, insure o.s.; *zich* — *van*, ascertain, make sure of, (*bemachtigen*) secure. ▼**verzekering** assurance, guarantee; (*assurantie*) insurance, (*levens*—) assurance; 'n — *afsluiten op*, take out a policy on; — *tegenover derden*, third-party i.; — *dekt de schade*, the loss is covered by i. ▼**verzekerings/**-insurance-. ▼—**agent** i. agent. ▼—**bedrag** sum insured. ▼—**bedrijf** i. business. ▼—**boekhouding** i. accounts. ▼—**contract** contract of i. ▼—**expert** i. expert. ▼—**kantoor** i. office. ▼—**kas** i. club; (*geld*) i. fund. ▼—**kosten** cost of i. ▼—**maatschappij** i. company. ▼—**overeenkomst** i. contract. ▼—**plicht** compulsory i. ▼—**polis** i. policy. ▼—**premie** i.-premium. ▼—**tarief** i. rate. ▼—**uitkering** i. benefit. ▼—**wet** i. act. ▼—**wezen** i. business.
verzend/en send, dispatch, forward; remit (money). ▼—**er** sender; (*handel*) shipper, consignor. ▼—**ing** sending; (*handel*) shipment, consignment. ▼—**ingskosten** cost of forwarding; (*bij post*) transmission. ▼—**kantoor** despatching office. ▼—**kosten** *zie* —**ingskosten.**
verzengen scorch, singe.
verzenmaker poetaster.
verzepen I *ov.w* saponify. II *on.w* become saponified.
verzet 1 resistance, opposition; (*opstand*) revolt; **2** (*ontspanning*) diversion; *in* — *komen tegen*, rise (rebel) against; *in* — *komen tegen een vonnis*, appeal against a sentence. ▼—**je** diversion, break. ▼—**pleging** refractory

conduct. ▼—**sbeweging** resistance movement. ▼—**sgroep** r. group. ▼—**sorganisatie** underground organization. ▼—**sstrijder** member of the resistance, r. fighter. ▼—**ten** shift, move, remove; (*werk*) get through; *zijn horloge* —, put one's watch forward (back); *dat kon hij maar niet* —, he could not stomach it; *zich* —, **1** resist, **2** (*zich ontspannen*) take some recreation; *zich tegen iets* —, resist (oppose) s.th.
verziend long-sighted, far-sighted. ▼—**heid** long-sightedness, far-sightedness.
verzilver/en silver; (*te gelde maken*) cash. ▼—**ing** silvering; cashing.
verzinken 1 (*met zink overtrekken*) zinc; **2** sink; *in gedachten verzonken*, lost in thought.
verzinnelijk/en materialize. ▼—**ing** materialization.
verzin/nen devise, think out, invent, contrive, concoct. ▼—**sel** invention, concoction.
verzitten take another seat; shift one's position.
verzoek request; (—*schrift*) petition; *op* —, by r., on r.; *op* — *van*, at the r. of. ▼—**en** request, beg; (*uitnodigen*) ask, invite; (*in verzoeking brengen*) tempt; — *om*, ask for, request; *om 'n echtscheiding* —, petition for a divorce; *mag ik u om het zout verzoeken?*, may I trouble you for the salt? ▼—**ing** temptation; *iem. in* — *brengen*, tempt a p.; *in* — *komen om te ...*, feel tempted to ... ▼—**nummer** request number. ▼—**programma** request program. ▼—**schrift** petition; *een* — *indienen*, present a petition.
verzoen/baar reconcilable. ▼—**dag** day of reconciliation; *Grote V*—, Day of Atonement. ▼—**en** reconcile; (*gunstig stemmen*) conciliate; *zich* (*met elkaar*) —, be (become) reconciled; *zich met een idee* —, reconcile o.s. to an idea. ▼—**end** conciliatory. ▼—**er** reconciler. ▼—**ing** reconciliation. ▼—**ingsgezind** conciliatory. ▼—**ingspolitiek** policy of appeasement. ▼—**lijk** placable.
verzoeten sweeten.
verzolen resole.
verzorg/d (*bezorgd*) (well) provided for; *goed* —, well groomed (appearance), well-kept (garden), polished (style), well got-up (book); *slecht* —, ill-kept, ill-groomed. ▼—**en** provide for, take care of, look after; (*radioprogramma*) be in charge of, arrange; (*dier*) tend. ▼—**er** (*v. gezin*) supporter, bread-winner; (*v. dier*) attendant. ▼—**ing** care; get-up (of a book). ▼—**ingsflat** service flat.
verzot: — *op*, fond of, infatuated with. ▼—**heid** fondness, infatuation.
verzucht/en sigh. ▼—**ing** sigh; *een* — *slaken*, heave a sigh.
verzuil/en split up (a country) on a religious and political basis, split up politically. ▼—**ing** religious and political split, political split-up.
verzuim neglect, omission; (*op school*) non-attendance; (*op 't werk*) absenteeism; *zonder* —, without delay. ▼—**en** neglect (duty); miss (opportunity); stay away from (school); *hij verzuimde zijn kans te benutten*, he failed (omitted) to take his chance; *verzuim niet 't stuk te gaan zien*, do not miss seeing the play; *het verzuimde inhalen*, make up for lost time.
verzuipen I *ov.w* drown; spend on drink. II *on.w* be drowned, drown.
verzuren sour. ▼**verzuurd** soured.
verzwakk/en weaken. ▼—**ing** weakening.
verzwar/en make heavier; (*dijk*) strengthen; (*misdrijf*) aggravate; (*vonnis, lasten*) increase, enhance. ▼—**end** —*e omstandigheden*, aggravating circumstances. ▼—**ing** aggravation; strengthening; enhancement.
verzwelg/en swallow up. ▼—**ing** swallowing up.
verzwer/en fester, suppurate. ▼—**ing** suppuration, festering.
verzwijg/en conceal, suppress (a fact); *iem.*

iets —, keep s.th. from a p. ▼—**ing** suppression, concealment.

verzwikk/en sprain; *zich* —, sprain one's ankle. ▼—**ing** sprain.

vesper vespers, evensong. ▼—**dienst** vespers. ▼—**klokje** vesper-bell, evening-bell. ▼—**tijd** vesper-hour.

vest waistcoat; (*Am.*) vest.

Vestaals Vestal; *de —e maagden,* the V. virgins.

vestiaire cloak-room.

vestibule (entrance-) hall, lobby, vestibule.

vestigen establish, set up; *aandacht — op,* draw (call) attention to; *de blik — op,* fix one's eyes upon; *zijn hoop — op,* place (set) one's hope(s) on; *'n verkeerde indruk —,* make a wrong impression; *zich —,* settle (down), establish o.s., (*als dokter, enz.*) set up; *gevestigd zijn te…,* (*v. pers.*) living (residing) at…, (*v. zaak*) have its seat at… ▼**vestiging** establishment. ▼—**svergunning** licence to open a new business; permit (permission) to take up one's residence.

vesting fortress. ▼—**artillerie** garrison artillery. ▼—**bouw** fortification. ▼—**bouwkunde** (art of) fortification. ▼—**bouwkundige** fortress engineer. ▼—**geschut** garrison ordnance. ▼—**oorlog** siege war. ▼—**wal** rampart. ▼—**werk** fortification.

vest(jes)zak waistcoat-pocket.

▼**vestzakslagschip** pocket battleship.

vet I *zn* fat; (*smeer*) grease; (*druipvet*) dripping; *iem. zijn — geven,* polish a p. off; give as good as one gets; *zijn — krijgen,* catch (cop) it; *het — is van de ketel,* the cream is off; *iem. in zijn eigen — laten gaar koken,* let a p. stew in his own juice; *in 't — zetten,* grease; *'t — zit hem niet in de weg,* he is as lean as a rake. **II** *bn* fat; (*vuil*) greasy; *—te druk,* heavy type; *met —te letter,* in bold type; *—te grond,* rich soil; *'t —te der aarde genieten,* live on the fat of the land. ▼**vet/achtig** fatty, greasy. ▼—**arm** *— dieet,* low-fat diet. ▼—**buik** fat paunch; (*pers.*) fat-guts.

vete feud.

veter boot-lace; (*v. korset*) stay-lace.

veteraan veteran.

veterband tape.

veterinair I *zn* veterinary surgeon; (*fam.*) vet. **II** *bn* veterinary.

vet/gans penguin. ▼—**gehalte** fat content. ▼—**gezwel** fatty tumour. ▼—**heid** fatness; greasiness; richness. ▼—**kaars** (tallow-) dip. ▼—**klier** fat-gland. ▼—**klomp** lump of fat. ▼—**koker** oil-bottle. ▼—**lap** grease-rag. ▼—**leer**, —**leren** greased leather. ▼—**lok** fetlock. ▼—**mesten** fatten.

veto veto; *zijn — uitspreken,* put in one's v.; *zijn — uitspreken over,* veto; *recht van —,* right of v.

vet/plant succulent plant; (*fam.*) thick-leaf. ▼—**potje** lampion. ▼—**puistje** blackhead. ▼—**rantsoen** fat ration. ▼—**tig** fatty, greasy. ▼—**vlek** grease spot. ▼—**vrij** grease-proof. ▼—**weiden** fatten. ▼—**weider** grazier. ▼—**zak** fat-guts. ▼—**zucht** fatty degeneration. ▼—**zuur** fatty acid.

veulen foal; (*hengst*) colt; (*merrie*) filly.

vezel (*v. plant, spier, wol*) fibre; (*v. hout*) grain. ▼—**en** fray. ▼—**ig** fibrous. ▼—**plaat** fibreboard. ▼—**verwerking** fibre processing. ▼—**verwerkingsfabriek** fibre processing plant.

via via, by way of.

viaduct viaduct, fly-over.

viaticum (*rk*) viaticum.

vibreren vibrate, quaver.

vicaris vicar. ▼—**generaal** vicar-general.

vice-/admiraal vice-admiral. ▼—**consul** vice-consul. ▼—**president** vice-president. ▼—**voorzitter** vice-president.

vicieus vicious (circle).

victorie victory; *— kraaien* (*over iem.*), crow over a p.

video/band video tape. ▼—**cassette** video

cassette. ▼—**foon** videophone. ▼—**recorder** video recorder. ▼—**signaal** video signal.

vief dapper, smart.

vier four; *in — en vouwen,* fold in fours; (*hij deed het*) *met veel —en en vijven,* with a bad grace; *onder — ogen,* privately, in private. ▼—**baansweg** four-lane road (motorway). ▼—**benig** four-legged. ▼—**daags** f.-days'. ▼—**de** fourth; *ten —,* fourthly. ▼—**delig** fourfold. ▼—**demachts** biquadratic. ▼—**demachtswortel** fourth root. ▼—**dubbel** fourfold.

vieren/deel quarter. ▼—**delen** quarter. ▼**vierhoek** quadrangle. ▼—**ig** quadrangular.

viering celebration; observance; *ter — van,* in c. of.

vierkant I *bn & zn* square; *zes voet in 't —,* six feet s. **II** *bw* squarely; *iem. — uitlachen,* laugh outright at a p.; *— weigeren,* refuse flatly; *iem. — de deur uitgooien,* throw a p. bodily out of the room; *ik ben er — tegen,* I am dead against it. ▼—**svergelijking** quadratic equation. ▼—**swortel** square root.

vier/kwartsmaat four-four (time). ▼—**ledig** quadripartite, consisting of four parts. ▼—**ling** quadruplets. ▼—**master** f.-master. ▼—**motorig** four-engined. ▼—**persoonsauto** f.-seater. ▼—**potig** f.-legged. ▼—**regelig** f.-line, of four lines; *—vers,* quatrain. ▼—**schaar** tribunal; *de — spannen,* sit in judgment (upon a p.). ▼—**snarig** f.-stringed. ▼—**span** f.-in-hand. ▼—**sprong** cross-roads. ▼—**stemmig** f.-part. ▼—**taktmotor** f.-stroke engine. ▼—**tal** f., quartet(te). ▼—**talig** quadrilingual. ▼—**voeter** quadruped. ▼—**voetig** quadruped. ▼—**voud** quadruple; *in —,* in quadruplicate. ▼—**voudig** fourfold. ▼—**wieler** f.-wheeler. ▼—**wielig** four-wheeled. ▼—**wielsaandrijving** f.-wheel drive. ▼**V—woudstedenmeer** Lake Lucerne. ▼—**zijdig** four-sided, quadrilateral.

vies dirty, grubby; (*erg —*) filthy, nasty (duty, taste); (*v. stank*) offensive; (*woord*) obscene, filthy; (*kieskeurig*) particular, fastidious; *een — gezicht zetten,* make a wry face; *ik ben er — van,* it makes me sick; *hij is er niet — van,* he is not averse to it; *vieze varkens worden niet vet,* dainty pigs never grow fat. ▼—**heid** dirtiness; filthiness, nastiness, etc. ▼—**peuk** dirty pig.

viewer viewer.

viezerik dirty fellow. ▼**viezigheid** dirt, filth.

vigeren wd be in force.

vigilante cab, four-wheeler.

vigiliën vigils.

vignet vignette, head-piece, tail-piece.

vijand(in) enemy; (*dicht.*) foe. ▼**vijandelijk** (*v. daad*) hostile; (*v. bezit*) enemy. ▼—**heid** hostility. ▼**vijandig** (*v. daad, houding*) hostile; (*v. bezit*) enemy; *— staan tegenover iem., iem. — gezind zijn,* be hostile to a p. ▼—**heid** enmity, hostility. ▼**vijandschap** hostility, enmity, animosity.

vijf five; *geef me de —,* give me your fives; *een van de — is op de loop bij hem,* he is not all there. ▼—**de** fifth; (*v. auto*) *— deur,* hatchback, rear door; *— colonne,* fifth column; *ten —,* fifthly. ▼—**delig** consisting of five parts, quinque-partite; (*plk.*) quinate. ▼—**dubbel** fivefold. ▼—**enzestigplusser** senior citizen. ▼—**hoek** pentagon. ▼—**hoekig** pentagonal. ▼—**jaarsplan** f.-year plan. ▼—**kaart** quint. ▼—**kamp** (*sp.*) pentathlon. ▼—**ling** quintuplets. ▼—**stemmig** f.-part. ▼—**tal** f., quintet(te).

vijftien fifteen. ▼—**de** fifteenth.

vijftig fifty. ▼—**er man** (woman) of f. ▼—**jarig** fifty-year-old; semi-centennial; *de viering van het — bestaan,* semi-centennial celebrations. ▼—**ste** fiftieth.

vijfvoetig five-footed; *—e versregel,* pentameter.

vijfvoud quintuple. ▼—**ig** fivefold, quintuple.

vijg fig; (*uitwerpselen*) ball. ▼—**eblad** f.-leaf. ▼—**eboom** fig-tree.
vijl file. ▼—**en** file. ▼—**sel** filings.
vijver pond, lake.
vijzel 1 (*dommekracht*) jack-screw; **2** (*stampvat*) mortar. ▼—**en** screw up, jack (up).
viking viking.
vilder skinner, (horse-)knacker. ▼—**ij** knackery, knacker's yard.
villa villa, country-house; *kleine* —, cottage. ▼—**park** v.-park. ▼—**stad** garden-city.
villen flay, fleece, skin; *ik laat me — als…*, I'll be hanged if…
vilt felt. ▼—**en** felt. ▼—**papier** under-felt. ▼—**stift** felt(-tipped) pen.
vin 1 fin; **2** (*puist*) pustule; *ik kan geen — verroeren*, I can't move a finger.
vinden (*ook: bevinden*) find; (*aantreffen*) meet with, come across; (*van mening zijn*) think; *vind je niet?*, don't you t.?; *hoe vind je het?*, what do you think of it?; *hoe vind je hem?*, how do you like him?; *hij vond de dood*, he met his death; *ik vind het goed (best)*, I don't mind, it's all right with me; *hoe zou jij het — als (je geschopt werd)?*, how would you like it, if…; *hoe zou je het — om wat te gaan wandelen?*, how about going for a walk?; *zo iets — ze niets*, they don't make anything of it; *ze kunnen het samen heel goed —*, they get on very well together; *ze kunnen het helemaal niet met elkaar —*, they don't hit it off (agree) at all; *iets goed —*, approve of s.th.; *dat vind ik niet aardig van haar*, I don't think that is nice of her; *ik vind er niets aan*, **1** I don't like it at all, **2** I think there is nothing in it; (*ik begrijp niet*) what he sees in him; *ik ben ervoor te —*, I'm your man, I'm on; *daar ben ik niet voor te —*, I will have nothing to do with it, I don't lend myself to such things; *bureau voor gevonden voorwerpen*, lost property office. ▼**vind/er** finder; (*uitvinder*) inventor. ▼—**ing** discovery, invention. ▼**vindingrijk** inventive, resourceful. ▼—**heid** … ness, ingenuity. ▼**vindplaats** finding-place, find-spot.
vinger finger; *als je hem een — geeft, neemt hij de hele hand*, give him an inch, and he will take an ell; *lange —s hebben*, be light-fingered; *de — op de wonde leggen*, put one's f. on the spot; *de — opsteken*, put up one's f.; *hij zou geen — uitsteken*, he wouldn't raise a f.; *ik kan er aan elke — wel een krijgen*, I can get as many as I like; *iets door de —s zien*, overlook s.th., connive at s.th.; *je moet wat door de —s zien*, you must make allowances; *zich in de —s snijden*, cut one's fingers; (*fig.*) burn one's fingers; *overal met de —s aanzitten*, finger everything; *iem. met de — nawijzen*, point at a p.; *zij kan hem om haar — winden*, she can twist him round her (little) f.; *iem. op de —s kijken*, watch a p. closely; *dat kon je op je —s natellen*, that was a foregone conclusion; *iem. op de —s tikken*, rap a p. over the knuckles. ▼**vinger/afdruk** finger-print. ▼—**beentje** phalanx. ▼—**breed** the breadth of a f. ▼—**breedte** f.-breadth. ▼—**doekje** doily. ▼—**en** *ww* finger. ▼—**hoed** thimble. ▼—**hoedskruid** foxglove. ▼—**kommetje** f.-bowl. ▼—**kootje** phalanx. ▼—**lid** f.-joint. ▼—**ling** f.-stall. ▼—**oefening** f.-exercise. ▼—**taal** f.-language. ▼—**top** f.-tip. ▼—**vlug** light-fingered; ▼—**wijzing** hint; *ik zal je wel een kleine — geven*, I'll drop you a gentle hint. ▼—**zetting** fingering.
vink finch. ▼—**en** *ww* catch finches. ▼—**enjacht** catching finches. ▼—**ennest** f.'s nest. ▼—**entouw** fowling-line; *op het — zitten*, lie in wait.
vinnig (*v. wind, kou*) biting, cutting; (*v. woorden, tooh*) tart, snappy, sharp; (*v. gevecht*) fierce; *— koud*, bitterly cold, ▼—**heid** sharpness, tartness, fierceness.
vin/vis-in-fish. ▼—**vormig** fin-shaped.
violet violet.
violier stock.
violist violinist. ▼**violoncel** violoncello.

▼**viool** violin; (*fam.*) fiddle; *eerste —*, first v., leader. ▼—**bouwer** v.-maker. ▼—**concert** v. concerto. ▼—**kist** v.-case. ▼—**leraar** v.-teacher. ▼—**les** v.-lesson. ▼—**muziek** v.-music. ▼—**partij** v.-part. ▼—**sleutel** treble clef. ▼—**snaar** v.-string. ▼—**speler** violinist. ▼**viooltje** violet; (*driekleurig*) pansy.
Virginië Virginia. ▼**Virginiër** Virginian.
virtuoos virtuoso. ▼**virtuositeit** virtuosity.
vis fish; *zich als een — op het droge voelen*, feel like a f. out of water; *hij is — noch vlees*, he is neither f. nor flesh; *je weet nooit of je — of vlees aan hem hebt*, you never know where you are with him.
visa visa. ▼**viseren** visa.
vis/aas f.-bait. ▼—**achtig** fishy. ▼—**afslag 1** f.-auction; **2** f.-market. ▼—**akte** fishing-licence. ▼—**angel** f.-hook. ▼—**boer** fishman. ▼—**dief** (*vogel*) common tern. ▼—**gelegenheid** fishing. ▼—**gerei** fishing-tackle. ▼—**graat** f.-bone. ▼—**haak** f.-hook. ▼—**handel** f.-trade; (*winkel*) f.-shop. ▼—**handelaar** fishmonger.
visie vision. ▼**visioen** vision. ▼**visionair** *zn & bn* visionary.
visitatie (*v. bagage*) examination; (*v. pers.*) search.
visite visit, call; *een — afleggen (maken) bij*, pay a visit (call) to, call on; *— hebben (verwachten)*, have (expect) visitors; *op — komen*, come on a v. ▼—**kaartje** visiting-card.
visiteren (*bagage*) examine, inspect; (*pers.*) search.
vis/kaar —**kanis** f.-basket, creel. ▼—**kom** f.-globe. ▼—**kweker** f.-farmer. ▼—**kwekerij** f.-farm. ▼—**lijn** fishing-line. ▼—**lucht** fishy smell. ▼—**markt** f.-market. ▼—**mes** f.-knife. ▼—**net** fishing-net. ▼—**otter** common otter. ▼—**plaats** fishing-ground. ▼—**rijk** abounding in f. ▼—**schotel 1** f.-strainer; **2.** f.-dish. ▼—**schub** scale. ▼—**sebloed** fish-blood; *hij heeft —*, he is an ice-berg. ▼—**sen I** *ww* fish; *naar een complimentje —*, fish (angle) for a compliment; *uit — gaan*, go out fishing. **II** *zn* (*astr.*) Pisces; the Fishes. ▼—**ser** angler; (*beroeps—*) fisherman. ▼—**serij** fishery. ▼**vissers/bedrijf** fishing trade. ▼—**boot** fishing boat. ▼—**dorp** fishing village. ▼—**haven** fish-harbour. ▼—**hut** fisherman's hut. ▼—**leven** fisherman's life. ▼—**pink** fishing smack. ▼—**schuit** fishing-boat. ▼—**vloot** fishing-fleet. ▼—**volk** fisher-folk. ▼—**vrouw** fisherwoman. ▼**vis/smaak** fishy taste. ▼—**tas** fishing-bag. ▼—**tijd** fishing-season. ▼—**tuig** fishing-tackle.
visueel visual; *hij is — aangelegd*, he belongs to the visual type.
visum visa.
vis/vangst fishing. ▼—**venter** fish-hawker. ▼—**vereniging** fishing-club. ▼—**vergiftiging** fish-poisoning. ▼—**verkoper** f.-monger. ▼—**vijver** f.-pond. ▼—**vrouw** fishwife. ▼—**water** fishing-water. ▼—**wijf** fishwife. ▼—**winkel** f.-shop.
vitaal vital. ▼**vitaliteit** vitality.
vitamine vitamin.
vitlust captiousness.
vitrage lace. ▼—**gordijn** l. curtain.
vitrine (glass) show-case; show-window.
vitriool vitriol. ▼—**achtig** vitriolic.
vitt/en find fault (with); carp, cavil (at). ▼—**er** caviller, fault-finder. ▼—**erig** fault-finding, captious. ▼—**erij** fault-finding, cavilling. ▼**vitzucht** censoriousness.
vivat! three cheers for…!
vivisectie vivisection.
vizier 1 (*minister*) vizi(e)r; **2** (*v. helm*) visor; **3** (*v. vuurwapen*) (back) sight; *in 't — krijgen*, catch sight of; *ik heb hem in 't —*, (*ik heb hem door*) I've got his measure; *met open — strijden*, come out into the open. ▼—**inrichting** sights. ▼—**klep** leaf. ▼—**korrel** bead. ▼—**lijn** line of sight.
vla custard; (*gebak*) flan.
vlaag (*wind*) gust, squall; (*regen, enz.*)

shower; (*fig.*) fit; access, burst; *bij vlagen*, by fits and starts.

Vlaams Flemish. ▼**—gezind** pro-Flemish.

Vlaanderen Flanders.

vlag flag; (*mil. ook*) colours; (*v. veer*) vane; *de — hijsen* (*neerhalen*), hoist (lower) the f.; *de — strijken*, strike one's f.; *de — uitsteken*, put out the f.; *de Franse — voeren*, fly (carry) the French f.; *onder goedkope — varen*, sail under flag of convenience; *dat staat als een — op een modderschuit*, it fits as a f. on a broomstick; *met — en wimpel slagen*, pass with flying colours; *onder valse — varen*, sail under false colours. ▼**vlaggen** put out the flag (flags). ▼**—doek** bunting. ▼**vlagge/schip** f.-ship. ▼**—sein** flag signal. ▼**—stok** f.-staff. ▼**—touw** f.-line. ▼**—val** flag-line, flag-staff rope. ▼**vlag/officier** flag-officer. ▼**—vertoon** showing the f.

vlak I *bn* flat, level; *met de —ke hand*, with the f. of the hand; *de meetkunde*, plane geometry; *— maken*, level. II *bw* flatly; (*precies*) right; *— zuid*, due South; *— achter*, close behind; *— bij*, close by; *tot — bij*, right up to; *— boven*, right over; *— in het begin*, right in the beginning; *iem. — in het gezicht kijken*, look a p. straight in the face; *— in het midden*, right in the centre, in the very centre; (*de wind was*) *— tegen*, dead against us; *— tegen de storm in*, in the teeth of the gale; *— tegenover*, directly opposite; *— voor ons*, right in front of us. III *zn* level; (*meetk.*) plane; (*v. hand, zwaard*) flat; (*v. water, enz.*) sheet.

vlakbaangeschut horizontal fire guns.

vlakgom india-rubber.

vlakheid flatness.

vlakte plain, level; (*v. ijs, water*) sheet; *zich op de — houden*, be non-committal; *iem. tegen de — slaan*, knock a p. down; *jongen* (*meisje*) *van de —*, flash man (girl). ▼**—maat** square measure. ▼**—meter** planimeter. ▼**—meting** planimetry.

vlakversiering flat ornament.

vlam flame (*ook fig.*); (*v. hout*) grain; *— vatten*, catch fire; *in —men opgaan*, go up in flames; *in — staan*, be in flames.

Vlaming Fleming.

vlammen flame, blaze (up); *gevlamd hout*, grained wood; *gevlamde zijde*, watered silk. ▼**—werper** flame-thrower. ▼**—zee** sea of flames. ▼**vlampijp** fire-tube.

vlas flax. ▼**—achtig** flaxy; flaxen. ▼**—akker** flax-field. ▼**—blond** flaxen (hair); flaxen-haired (person). ▼**—bouw** f.-growing. ▼**—haar** flaxen hair. ▼**—harig** flaxen-haired. ▼**—kam(mer)** f.-comb(er). ▼**—kleur** flaxen colour. ▼**—kleurig** flaxen. ▼**—kop** flaxen head.

vlassen I *ww*: *— op*, look forward to. II *bn* flaxen.

vlas/spinner, —spinster flax-spinner. ▼**—spinnerij** flax-mill. ▼**—vezel** flax-fibre. ▼**—zaad** flax-seed, linseed.

vlecht plait, braid; (*staartje*) pigtail. ▼**—en** plait, braid; (*manden*) make; (*matten*) weave; (*krans*) wreathe. ▼**—er** plaiter, etc. ▼**—werk** basket-work, wicker-work, mat-plaiting.

vleermuis bat. ▼**—brander** batwing burner.

vlees flesh; (*als gerecht*) meat; (*tot*) *in 't — snijden*, cut to the quick; *iem. in den vleze zien*, see a p. in the flesh; *goed in zijn — zitten*, be in f.; *'t gaat hem naar den vleze*, he's doing well (prospering). ▼**—boom** fleshy growth. ▼**—dieet** meat-diet. ▼**—etend** carnivorous. ▼**—eter** (*pers.*) meat-eater; (*dier*) carnivore. ▼**—extract** meat extract. ▼**—gerecht** meat-course. ▼**—geworden**: *de — God*, the incarnate God. ▼**—hal** meat-market. ▼**—houwer** butcher; ▼**—houwerij** butcher's shop. ▼**—keuring** meat inspection. ▼**—kleur** flesh-colour. ▼**—kleurig** f.-coloured. ▼**—loos** meatless. ▼**—markt** meat-market. ▼**—mes** carving-knife. ▼**—molen** mincer. ▼**—nat** (*meat-*) broth, gravy. ▼**—pastei** meat-pie. ▼**—pasteitje** meat-patty. ▼**—pen** skewer.

▼**—pot** flesh-pot; *de —ten van Egypte*, the flesh-pots of Egypt. ▼**—schotel** m.-dish. ▼**—waren** m.-products, meats. ▼**—wond(e)** flesh-wound. ▼**—wording** incarnation.

vleet herring-net; *melsjes bij de —*, girls galore.

vlegel 1 flail; 2 (*pers.*) churl. ▼**—achtig** churlish. ▼**—achtigheid** c.ness. ▼**—jaren** awkward age.

vlei/en flatter, coax, wheedle; *ik vlei me met de hoop dat...*, I flatter myself with the hope that... ▼**—er** flatterer. ▼**—erig** coaxing. ▼**—erij** flattery. ▼**—naam** pet name. ▼**—ster** flatterer, coaxer. ▼**—taal** flattery.

vlek 1 spot, blot, stain (*de laatste twee ook fig.*); (*veeg*) smear, smudge; 2 (*stadje*) market-town. ▼**—je** speck. ▼**vlekkeloos** stainless, immaculate. ▼**—heid** spotlessness. ▼**vlek/ken** *ov.w* stain, soil. ▼**—kenwater** stain remover. ▼**—kig** spotty, patchy; blotchy (face). ▼**—tyfus** typhus. ▼**—vrij** stainless.

vlerk 1 wing; 2 (*vlegel*) churl; *blijf eraf met je —en*, keep your paws off.

vleselijk carnal; *de —e duivel*, the devil incarnate; *—e gemeenschap*, c. intercourse. ▼**—heid** carnality.

vlet flat.

vleug flicker, ray (of hope); spark (of life); breath (of wind).

vleugel wing; (*v. molen en schroef*) vane; (*piano*) grand piano; (*v. deur*) leaf; *met de —s slaan*, beat its wings; *iem. onder zijn — nemen*, take a p. under one's w. ▼**—commandant** w.-commander. ▼**—deur** folding-door(s). ▼**—klep** w.-flap. ▼**—lam** broken-winged. ▼**—loos** wingless. ▼**—man** guide. ▼**—moer** butterfly nut. ▼**—piano** grand piano; *kleine —*, baby grand. ▼**—raam** casement (-window). ▼**—slag** w.-beat. ▼**—spanning** w.-span. ▼**—speler** winger. ▼**—wijdte** w.-span.

vlezig fleshy, meaty, plump. ▼**—heid** fleshiness, meatiness, p.ness.

vlieden flee.

vlieg fly; *iem. een — afvangen*, steal a march on a p., score off a p.; *twee —en in één klap slaan*, kill two birds with one stone; *je zit hier niet om —en te vangen*, you are not here to twirl (twiddle) your thumbs; *hij doet geen — kwaad*, he won't harm a fly.

vlieg/- flying-. ▼**—basis** air-base. ▼**—bereik** f.-range. ▼**—boot** f.-boat. ▼**—brevet** pilot's licence. ▼**—bril** goggles. ▼**—club** f.-club. ▼**—dek** flight-deck. ▼**—dekschip** aircraft carrier. ▼**—demonstratie** f.-display. ▼**—dienst** f.-service, (*luchtlijn*) air-service, air line.

vliege/drek fly-dirt. ▼**—ëi** fly-blow.

vliegen I *ww* fly; (*snellen*) tear, rush, dart; *wat vliegt de tijd!*, how time flies!; *hij ziet ze —*, he has a bee in his bonnet; *in stukken —*, f. into (in) pieces; *over de weg —*, tear along; *over de Atl. Oceaan —*, fly the Atlantic; *hij vliegt voor me*, he is at my beck and call. II *zn* flying, aviation. ▼**vliegend** flying; *—e vis*, f. fish; *in —e haast*, in hot haste, in a tearing hurry; *—e tering*, galloping consumption.

vliegen/doder fly-paper. ▼**—gaas** fly-wire.

vliegenier flyer, airman, aviator, pilot.

vliegen/mepper swat. ▼**—plaag** fly-nuisance.

vliegens(vlug) quick as thought, hotfoot.

vliegen/vanger fly-trap. ▼**—zwam** fly-fungus.

vlieger kite; (*pers.*) airman, pilot, flyer; *die — gaat niet op*, that cock won't fight, that won't do, that cat won't jump; *een — oplaten*, fly a kite.

vlieg/eskader air squadron. ▼**—gewicht** (*boksen*) fly-weight; (*luchtv.*) all-up weight. ▼**—haven** airport. ▼**—hoogte** flying-height. ▼**—insigne** wings. ▼**—instructeur** flying-instructor. ▼**—kamp** aerodrome. ▼**—kampschip** aircraft-carrier. ▼**—kunst** aviation. ▼**—loods** hangar. ▼**—machine** aircraft, aeroplane, (air)plane; *per — vervoerd*, airborne. ▼**—ongeluk** flying-accident,

air-crash. ▼—**plan** flight plan. ▼—**post** air
mail. ▼—**ramp** air-disaster. ▼—**route** airlane.
▼—**snelheid** flying-speed. ▼—**sport**
aviation. ▼—**ster** airwoman. ▼—**terrein**
airfield. ▼—**tijd** flying-time. ▼—**tocht** flight.
vliegtuig aircraft; — **kapen**, sky-jack, hijack
(an aircraft). ▼—**basis** air-base.
▼—**bemanning** air crew. ▼—**bestuurder**
pilot. ▼—**bouwer** aircraft manufacturer.
▼—**constructeur** aircraft designer.
▼—**fabriek** aircraft factory. ▼—**geraamte**
airframe. ▼—**industrie** aircraft industry.
▼—**kaping** hijacking of an aircraft. ▼—**loods**
hangar. ▼—**moederschip** seaplane tender.
▼—**monteur** air mechanic, rigger. ▼—**motor**
aero-engine; *fabriek voor —en*, aero-engine
factory. ▼—**ongeluk** air-crash. ▼—**revisie**
overhaul of an aircraft. ▼—**romp** (aircraft)
fuselage. ▼—**schroef** air-screw.
vlieg/uren flying-hours. ▼—**veld** airfield;
(klein) airstrip. ▼—**wedstrijd** air race.
▼—**weer** flying weather. ▼—**werk**: *met kunst
en —*, by all sorts of tricks. ▼—**wezen** aviation,
flying. ▼—**wiel** fly-wheel.
vlier elder, attic. ▼—**boom** e.-tree.
vliering garret, attic. ▼—**kamertje**
garret-room, attic.
vlierstruik elder-bush.
vlies *(vacht)* fleece; *(dun laagje)* film; *(anat.)*
membrane. ▼—**achtig** filmy, membranous.
vliet brook, rivulet.
vliezig membranous, filmy.
vlijen lay down; *zich —*, nestle, snuggle.
vlijm lancet; *(v. veearts)* fleam. ▼—**en** cut; *in
—de bewoordingen*, in scathing terms.
▼—**scherp** sharp as a razor.
vlijt diligence, industry. ▼—**ig** diligent,
industrious.
vlinder butterfly. ▼—**bloemigen**
papilionaceous flowers. ▼—**dasje** b.-tie.
▼—**slag** b. stroke.
Vlissingen Flushing.
vlo flea.
vloed flood, (high) tide; *(rivier)* stream, river;
(fig.) flood (of tears), torrent (of words,
abuse); *bij —*, at high tide. ▼—**golf** tidal wave.
▼—**haven** tidal harbour. ▼—**lijn** f.-mark.
vloeibaar liquid, fluid. ▼—**heid** fluidity.
▼—**making**, —**wording** liquefaction.
vloei/blok blotting-pad. ▼—**en** flow;
(afvloeien) blot (a letter). ▼—**end** flowing;
smooth (style); fluent (English); — *Frans
spreken*, speak French fluently. ▼—**endheid**
fluency. ▼—**papier** blotting-paper;
(pakpapier) tissue paper. ▼—**rol** blotter.
▼—**stof** liquid. ▼—**tje** 1 piece of
blotting-paper; 2 cigarette-paper.
vloek *(vervloeking)* curse; *(vloekwoord)* oath;
er ligt een — op dit huis, a c. rests on this
house; *in een — en een zucht*, in a jiffy.
▼—**beest** swearer. ▼—**en** swear, use bad
language, curse; — *als een ketter*, s. like a
trooper; *(deze kleuren)* — *met elkaar*, clash
with each other. ▼—**er** swearer. ▼—**waardig**
damnable.
vloer floor; *hij komt hier veel over de —*, he is in
and out of the house a good deal; *toen gingen
de benen van de —*, then they shook a leg.
▼—**bedekking** f.-covering; *vaste — (tapijt)*,
fitted carpets. ▼—**en** *ww* floor. ▼—**kleed**
carpet. ▼—**kleedje** rug. ▼—**mat** f.-mat.
▼—**steen** flag (stone). ▼—**zeil** f.-cloth.
vlok flake. ▼—**en** *ww* flake. ▼—**kig** flaky.
vlonder plank bridge.
vlooiebeet flea-bite. ▼**vlooien** *ww* flea.
▼—**spel** tiddl(e)ywinks. ▼—**theater**
flea-circus.
vloot fleet, navy. ▼—**aalmoezenier** naval
chaplain. ▼—**eenheid** naval unit. ▼—**je**
butter-dish. ▼—**manoeuvre** naval operation.
▼—**predikant** naval chaplain. ▼—**sterkte**
naval strength. ▼—**voogd** admiral (of the
fleet).
vlot I *zn* raft. II *bn* afloat; *(fig.)* fluent, easy
(speaker, style); facile, ready (pen); smooth
(landing, co-operation); jovial (fellow); —*te*

afwikkeling, prompt settlement; — *krijgen*, set
afloat; — *raken*, get afloat. ▼—**heid** fluency;
ease; joviality, etc. ▼—**ten** float; *(fig.)* go
smoothly; *'t gesprek vlotte niet*, the
conversation dragged. ▼—**tend** floating
(debt, population). ▼—**ter** *(pers.)* raftsman;
(voorwerp) float.
vlucht *(ontvluchting v. vliegtuig, vogel, & fig.)*
flight, *(v. gevechtsvliegtuig ook)* sortie;
(vleugelspanning) wing-span; *(vliegende
troep)* flock (of birds); *de — nemen*, take to f.;
de — nemen naar, fly to, take refuge in; *een
grote — nemen*, assume large proportions; *in
de — schieten*, shoot on the wing; *hij zag 't in
de —*, he caught a glimpse of it; *op de —
drijven*, put to f.; *op de — gaan*, take to flight;
op de — neergeschoten, shot while trying to
escape; *op de — zijn*, *(v. misdadiger)* be on the
run. ▼—**eling** fugitive; *(uitgewekene)*
refugee. ▼—**en** fly, flee; — *naar*, fly (flee) to; —
uit, — *voor*, fly (flee) from. ▼—**haven** port of
refuge. ▼**heuvel** traffic island.
vluchtig *(v. benzine, enz.)* volatile; *(v. pers.)*
superficial, volatile; *(v. zaken)* hasty (meal),
superficial (acquaintance), cursory (look),
flying (visit), perfunctory (greeting,
inspection); — *doornemen*, skim (through);
— *zien*, glimpse. ▼—**heid** volatility;
cursoriness.
vluchtnabootser flight simulator.
vlucht/plaats refuge. ▼—**strook** hard
shoulder. ▼—**veld** *(schaken)* flight square.
vlug quick, fast, *(behendig)* nimble; *(— v.
begrip)* quick, bright, smart; — *wat !*, (be)
quick!, look sharp!; *als je er niet — bij bent*,
(sl.) if you are not q. about it; *hij kan — leren*,
he is q. at-his lessons; — *in 't rekenen*, q. at
figures; *iem. te — af zijn*, be too q. for a p.; —
achter elkaar, in q. succession. ▼—**heid**
quickness, nimbleness, smartness. ▼—**gerd**
smart boy. ▼—**schrift** pamphlet. ▼—**zout** sal
volatile.
vocaal I *bn* vocal. II *zn* vowel.
vocabulaire vocabulary.
vocatief vocative.
vocht *(vloeistof)* fluid, liquid; *(nat)* moisture.
▼—**en** *ww* moisten, damp. ▼—**gehalte**
percentage of moisture. ▼—**ig** moist;
(ongewenst —) damp, soggy; — *maken*,
moisten, wet. ▼—**igheid** *(abstr.)* moistness;
(concr.) moisture. ▼—**vlek** damp-stain.
vod rag, tatter; *iem. achter de — den zitten*,
1 chase a p.; **2** *(fig.)* keep a p. at it; *iem. bij de
—den pakken*, collar a p. ▼**vodde/boel**,
—**goed** rubbish, trash. ▼—**vodden/handel**
rag-trade. ▼—**koper**, —**man** rag-and-bone
man. ▼—**raper** rag-picker. ▼**voddig** ragged;
(fig.) shoddy, trashy. ▼**vodje** rag; — *papier*,
scrap of paper.
voeden feed, nourish; cherish, entertain
(hopes); *(zogen)* nurse; *zich — met*, feed on.
▼**voeder** fodder, provender. ▼—**bak** manger.
▼—**ing** feeding. ▼—**zak** nose-bag. ▼**voeding**
(abstr.) feeding; *(concr.)* food. ▼—**sbodem**
matrix; *(voor bacteriën)* medium; *(fig.)* soil.
▼—**skanaal** alimentary canal; *(v. water)*
feeder. ▼—**skracht** nutritive power. ▼—**sleer**
dietetics. ▼—**smiddel** article of food,
food-stuff. ▼—**sorgaan** digestive organ.
▼—**sstoffen** nutritious matter. ▼—**sstoornis**
alimentary derangement. ▼—**svet** dietary
(edible) fat. ▼—**swaarde** food value.
voedsel food, nourishment; *geestelijk —*,
mental f.; — *geven aan*, foster. ▼—**distributie**
f.-rationing. ▼—**kaart** f.-card. ▼—**nood**
famine. ▼—**pakket** food-parcel.
▼—**schaarste** f.-shortage. ▼—**voorraad** f.
supply. ▼—**voorziening** f.-supply; *minister
van —*, Minister of Food.
voedster nurse. ▼—**ling** foster-child.
voedzaam nourishing, nutritious. ▼—**heid**
nutritiousness.
voeg joint, seam; *uit de —en*, out of j.; *dat geeft
geen —*, that is not seemly.
voege: *in dier —*, in that manner; *in dier —
dat…*, so that…

voeg/en (*muur*) point, joint; (*schikken*) suit; (*passen*) become; — *bij*, add to; zich — *bij*, join; (*zien* — *naar*, conform to (rules), comply with (wishes); ▼—er pointer, jointer. ▼—**ijzer** jointer, pointing-trowel. ▼—**woord** conjunction.
voegzaam seemly, fit. ▼—**heid** fitness, seemliness.
voelbaar palpable. ▼—**heid** palpability.
▼**voel/en** feel; *ik voel wel iets voor 't idee*, I rather fancy the idea; *voel je iets voor een kop thee?*, do you feel like a cup of tea?; *ik voel er niet veel* (*niets*) *voor*, I'm not very (not at all) keen about it; *zich ziek* —, feel ill; *ik voel me een ander mens*, I feel a new man; *zij* — *zich nogal*, they rather fancy themselves.
▼—**hoorn** tentacle; *zijn* —*s uitsteken*, (*fig.*) put out feelers. ▼—**ing** feeling, touch; — *hebben met*, be in touch with; — *houden met*, keep in touch with. ▼—**spriet** feeler.
voer feeder, provender. ▼—**en 1** (*kind, vee*) feed; (*vee*) fodder; **2** (*een jas*) line; **3** (*brengen*) convey, carry (goods); take, bring (a p.); **4** (*leiden*) lead (a bride to the altar); carry on, conduct (negotiations); *op 't gang jagen*), bait, badger; **6** *lichten* —, carry lights; *'n vlag* —, fly a flag; *'n titel* —, bear a title; *obstructie* —, practise obstruction; *'n politiek* —, pursue a policy.
voering lining.
voer/man driver; (*vrachtrijder*) carrier. ▼—**taal** vehicle, medium. ▼—**tuig** vehicle, conveyance.
voet foot; — *geven*, encourage; *dat gaat zover als het* —*en heeft*, that's all very well as far as it goes; *het heeft heel wat* —*en in de aarde gehad*, it has taken a lot of doing; — *bij stuk houden*, make a firm stand, stand fast against, stick to one's guns; *vaste* — *krijgen*, obtain a foothold; *iem. de* — *lichten*, trip a p. up, (*fig.*) cut out a p.; *ik kan geen* — *verzetten*, I can't put one f. in front of the other; *geen* — *wijken*, not move (budge) an inch; — *aan wal zetten*, set foot ashore; *geen* — *buiten de deur zetten*, not stir abroad; *iem. de* — *dwars zetten*, thwart a p.; *hij zal geen* — *meer bij mij in huis zetten*, he shall not darken my doorstep again; *aan de* — *van*, at the f. of; *met* —*en treden*, set at naught; *onder de* — *lopen*, tread under f.; *overrun* (a country); *onder de* — *raken*, be trampled down; *op dezelfde* — *als*, on the same footing as; *op gelijke* — *met*, on terms of equality with; *op* — *van gelijkheid*, on equal terms; *iem. op de* — *volgen*, follow a p. closely; *op gespannen* — *staan met*, be on strained terms with; *op goede* (*slechte*) — *staan met*, be on good (bad) terms with; *op grote* — *leven*, live in great style; *op de grote* — *leven*, live beyond one's income; *op staande* —, there and then, on the spot; *op vrije* — *en stellen*, set free; *te* —, on f.; *iem. ten* —*en uit tekenen*, give a full-length portrait of a p.; *blijf mij uit de* —*en*, keep out of my way; *hij maakte zich uit de* —*en*, he made himself scarce; —*je voor* —*je*, f. by f., inch by inch; *iem. iets voor de* —*en werpen*, cast s.th. in a p.'s teeth.
▼**voet/afdruk** footmark, footprint. ▼—**angel** mantrap; —*s en klemmen*, (*fig.*) pitfalls, snags. ▼—**bad** foot-bath.
voetbal football; (*spel*) (Association) football, (*fam.*) soccer. ▼—**beker** football cup. ▼—**bond** f.-league. ▼—**broek** f.-shorts. ▼—**club** f.-club. ▼—**elftal** football eleven, soccer eleven. ▼—**len** play f. (soccer). ▼—**ler** f.-player, footballer, s. player. ▼—**ploeg** football team, soccer team. ▼—**pool** football pool. ▼—**schoen** f.-shoe. ▼—**speler** *zie* —**ler**. ▼—**terrein** f.-ground. ▼—**toto** football-pool. ▼—**uitslagen** f.-results. ▼—**veld** f.-ground. ▼—**vereniging** f.-club. ▼—**wedstrijd** f.-match.
voet/bank(je) foot-stool. ▼—**boog** cross-bow. ▼—**breed**: *geen* — *wijken*, not budge an inch. ▼—**brug** f.-bridge. ▼—**eneinde** foot. ▼—**enstuur** rudder-bar. ▼—**enzak** f.-muff. ▼—**ganger** pedestrian,

f.-passenger. ▼—**gangersdomijn, -gebied, -zone** pedestrian precinct.
▼—**gangersoversteekplaats** pedestrian crossing. ▼—**gangerstunnel** subway.
▼—**gewricht** ankle. ▼—*je*: *ik heb een wit* — *bij hem*, I am in his good books; — *voor* —, foot by foot; step by step. ▼—**knecht** foot-soldier. ▼—**kussen** hassock. ▼—**licht** footlights; *voor 't* — *verschijnen*, appear before the footlights; *voor 't* — *brengen*, put on (the stage). ▼—**mat** f.-mat. ▼—**noot** f.-note. ▼—**pad** f.-path. ▼—**pomp** f.-pump. ▼—**reis** *zie* —**tocht**. ▼—**reiziger** f.-traveller. ▼—**rem** f.-brake. ▼—**rust** f.-rest. ▼—**schakelaar** foot-switch. ▼—**spoor** f.-mark, track; *iem. 's* — *volgen*, follow in a p.'s track. ▼—**stap** footstep; *in iem. 's* —*pen treden*, follow (tread) in a p.'s steps. ▼—**stoots** out of hand. ▼—**stuk** pedestal. ▼—**tocht** walking-tour, hike. ▼—**val** prostration; *een* — *voor iem. doen*, go down on one's knees before a p. ▼—**veeg** doormat; *ik wil niet als* — *gebruikt worden*, I do not want to be made a convenience of.
▼—**verzorger** chiropodist. ▼—**volk** f.-soldiers, infantry. ▼—**zoeker** squib, cracker. ▼—**zool** f.-sole.
vogel bird; *een gladde* —, a sly dog; *zo vrij als een* — *in de lucht*, as free as a b. on the wing; *beter één* — *in de hand dan tien in de lucht*, a b. in the hand is worth two in the bush. ▼—**aar** fowler. ▼—**bek** bill, beak. ▼—**bekdier** platypus. ▼—**ei** bird's egg. ▼—**en** catch birds, fowl. ▼—**gezang** singing of birds; song of the birds. ▼—**handelaar** b.-fancier. ▼—**huisje** b.-box. ▼—**jacht** fowling. ▼—**kenner** ornithologist. ▼—**kers** b.-cherry. ▼—**kooi** b.-cage. ▼—**koopman** b.-fancier. ▼—**kunde** ornithology. ▼—**liefhebber** b.-lover. ▼—**lijm 1** b.-lime; **2** (*plant*) mistletoe. ▼—**nest** bird's nest; *ze gingen* —*jes uithalen*, they went bird's-nesting. ▼—**schieten** *zn* b.-shooting; (*volksvermaak*) pigeon-shooting. ▼—**soort** species of b. ▼—**spin** b.-spider. ▼—**stand** avifauna. ▼—**teelt** aviculture. ▼—*tje*: *ieder zingt zoals 't gebekt is*, a b. is known by its note, and a man by his talk; —*s die zo vroeg zingen zijn voor de poes*, sing before breakfast (and you'll) cry before night.
▼—**verschrikker** scarecrow. ▼—**vlucht** b.'s-eye view. ▼—**vrij** outlawed. ▼—*verklaren*, outlaw. ▼—**vrijverklaring** outlawry. ▼—**zaad** b.-seed.
Vogezen: *de* —, the Vosges.
voile veil. ▼—**stof** voile.
vol full (of); (*v. bus, theater, enz. ook*) full up; (*trein ook*) crowded; whole (milk); full-time (job); first (cousin); —*le dag*, full day; *drie volle weken*, three solid weeks; *in het* —*le daglicht*, in broad daylight; *'n gebouwd*, built over; —*maken*, (*glas*) fill (up), (*aantal*) complete; *hij wordt niet voor* — *aangezien*, he is not taken seriously; *je hebt het* —*ste recht om...*, you have a perfect right to...; *ten* —*le*, fully, to the full; *ten* —*le betalen*, pay in full; *de grond lag* — *met...*, the ground was littered with...; *het werk zit* — *fouten*, the work is f. of (bristles with) mistakes; — *met* (*van*), f. of.
volbloed thoroughbred; (*fig.*) out and out. ▼**volbloedig** full-blooded. ▼—**heid** full-bloodedness.
volbreng/en (*taak*) fulfil, achieve; (*reis, dienst*) complete. ▼—**ing** fulfilment, achievement; completion.
voldaan satisfied; (*onder rekening*) received (with thanks); *voor* — *tekenen*, receipt (a bill). ▼—**heid** satisfaction.
volder fuller.
voldoen I *ov.w* satisfy; (*schuld*) pay, settle; (*kwiteren*) receipt (a bill). **II** *on.w* (*voldoening geven*) give satisfaction; — *aan de behoeften van...*, meet the needs of...; *aan een belofte* —, fulfil (act up to) a promise; *aan een bevel* (*eis*) —, obey a command (demand); *aan zekere eisen* —, meet certain

requirements; *aan zijn verplichtingen* —, meet one's obligations; *aan de verwachtingen* —, come up to expectations; *aan een verzoek* —, comply with a request. ▼**voldoend(e)** satisfactory; sufficient; *zo is 't* —, that will do. ▼**voldoendheid** satisfactoriness, sufficiency. ▼**voldoening** satisfaction; (*betaling*) settlement; — *geven*, give satisfaction; *ter* — *aan uw verzoek*, in compliance with your request.

voldongen accomplished (fact).
voldragen mature, full-born.
voleind(ig)/en finish. ▼**—ing** completion.
volgaarne most willingly.
volgbriefje delivery order.
volgeboekt booked up.
volgefourneerd fully paid.
volgeling follower, supporter. ▼**volgen I** *ov.w* follow; pursue (plan, policy); dog, shadow; *colleges* —, attend lectures. **II** *on.w* follow, ensue; *als volgt*, as follows; *die volgt*, next; *wie volgt?*, who is next?; — *op*, f. after, f. on, succeed; *hieruit volgt dat...*, (hence) it follows that... ▼**volgend** following, next (week).
volgens according to (him); *niet — de wet*, not in accordance with the law; (*krachtens*) under, by virtue of.
volger follower.
volgestort fully paid (shares). ▼**volgieten** fill.
volg/koets coach. ▼**—nummer** rotation (serial) number; (*voor brieven*) reference number.
volgooien fill.
volg/orde order, sequence. ▼**—rijtuig** mourning-carriage.
volgroeid full-grown.
volgtrein relief-train.
volgzaam docile. ▼**—heid** docility.
volhandig: *ik heb het erg* —, I am up to my eyes in work.
volhard/en persevere; (*ongunstig*) persist. ▼**—ing** perseverance; persistance. ▼**—ingsvermogen** perseverance, endurance.
volheid ful(l)ness.
volhouden I *ov.w* (*zijn onschuld, de strijd, 'n bewering*) maintain; (*rol*) sustain (a role). **II** *on.w* persevere, hold out, keep it up.
volière aviary.
volijverig zealous, assiduous.
volk people, nation; —*!*, shop!; *'t (gewone)* —, the (common) people; *er was veel — op de been*, there were many people about; *onder 't — brengen*, popularize; *een man uit 't* —, a man of the people. ▼**volken/bond** League of Nations. ▼**—kunde** ethnology. ▼**—kundig** ethnological. ▼**—recht** international law. ▼**—rechtelijk** of (according to) i. l. ▼**volkje** people; *het jonge* —, the young folk, the youngsters.
volkomen (*volmaakt*) perfect; (*totaal*) complete; — *zeker*, quite certain; *zij zijn het — eens*, they are in complete agreement. ▼**—heid** perfection; completion.
volkorenbrood whole-meal bread.
volkrijk populous. ▼**—heid** p.ness.
volks folksy. ▼**—aard** national character. ▼**—belang** public interest. ▼**—bestaan** national existence. ▼**—beweging** popular movement. ▼**—blad** popular paper. ▼**—bond** temperance society. ▼**—buurt** working-class neighbourhood. ▼**—commissaris** people's commissar. ▼**—concert** popular concert. ▼**—dans** folk-dance. ▼**—deel** section of the community. ▼**—democratie** people's democracy. ▼**—deun** popular tune. ▼**—dichter** national poet. ▼**—dracht** national costume. ▼**—epos** national epic. ▼**—feest** public amusement. ▼**—front** popular front. ▼**—gemeenschap** national community. ▼**—gewoonte** national custom. ▼**—gezondheid** public health. ▼**—gunst** popular favour. ▼**—hogeschool** Folk High School. ▼**—huishouding** economic system. ▼**—huishoudkunde** national economy. ▼**—justitie** mob-law. ▼**—klasse** lower classes. ▼**—kleding** *zie* **—dracht**. ▼**—kunde**

folk-lore. ▼**—leider** popular leader, demagogue. ▼**—lied** popular song, folk-song; *het Nederlandse* —, the Dutch national anthem. ▼**—menigte** crowd, (*onrdelijk*) mob. ▼**—menner** demagogue. ▼**—mond**: *in de* —, in popular language. ▼**—nijverheid** national industry. ▼**—onderwijs** national education. ▼**—oproer** popular rising. ▼**—planting** colony. ▼**—poëzie** popular poetry. ▼**—redenaar** popular orator. ▼**—regering** popular government. ▼**—spelen** public games. ▼**—stam** tribe. ▼**—stemming** plebiscite. ▼**—taal** (*taal v.h. land*) vernacular; (*taal v.h. lagere volk*) popular language. ▼**—telling** census; *een — houden*, take a census. ▼**—tribuun** tribune of the people. ▼**—tuintje** allotment (garden). ▼**—uitdrukking** popular expression. ▼**—universiteit** extramural studies. ▼**—vergadering 1** national assembly; **2** public meeting. ▼**—verhuizing** migration of the nations. ▼**—vermaak** popular amusement. ▼**—vertegenwoordiger** representative of the people. ▼**—vertegenwoordiging** (*abstr.*) representation of the people; (*concr.*) representatives of the people. ▼**V—wagen** People's car. ▼**—welvaart** national prosperity. ▼**—wijs(je)** popular tune. ▼**—wil** will of the people.
volledig complete; full; — *pension*, full board; —*e betrekking*, full-time job; — *maken*, complete. ▼**—heid** c.ness, f.ness. ▼**—heidshalve** for the sake of c.ness.
volleerd accomplished, consummate, perfect.
vollemaan full moon. ▼**—sgezicht** moon-face; *met een* —, moon-faced.
voll/en full. ▼**—er** fuller.
vollopen full (up), get filled.
volmaakt perfect. ▼**—heid** perfection.
volmacht full (plenary) power(s); (*jur.*) power of attorney; (*procuratie*) procuration, proxy; *bij* —, by proxy. ▼**—igen** authorize.
volmak/en perfect. ▼**—ing** perfection.
volmondig frank, full, unconditional.
volontair unpaid clerk; (*mil.*) volunteer.
volop plenty of; *er is* —, there is plenty; *men kan er — genieten van...*, one can fully enjoy...
volproppen stuff, cram. ▼**volschenken** fill (to the brim).
volschieten (*met tranen*) fill.
volslagen complete, utter, total.
volstaan suffice; *daar kun je niet mee* —, that is not enough; *laat ik — met te zeggen...*, s. it to say...; *ik wil — met op te merken*, I will confine myself to remarking.
volstoppen cram, stuff. ▼**volstort/en** pay up. ▼**—ing** payment in full.
volstrekt absolute; — *niet*, by no means. ▼**—heid** absoluteness.
volt volt. ▼**—age** voltage.
voltallig complete, full, plenary (session). ▼**—heid** completeness.
voltampère voltampere.
volte ful(l)ness; (*gedrang*) crowd, crush.
voltekend (*v. lening*) fully subscribed; (*v. reis*) fully booked.
voltig/eren vault, tumble. ▼**—eur** vaulter, tumbler.
voltmeter voltmeter.
voltooi/en complete, finish. ▼**—ing** completion.
voltreffer direct hit; *een — plaatsen*, score a direct hit.
voltrekk/en (*vonnis*) execute; (*huwelijk*) solemnize. ▼**—er** executor; solemnizer. ▼**—ing** execution; solemnization.
voluit in full.
volume volume, bulk. ▼**—regelaar** (*radio*) v. regulator.
volvet full-cream.
volvoer/en fulfil, perform, accomplish. ▼**—ing** fulfilment, performance, accomplishment.
volwaardig full-fledged (dictionary, partner); able-bodied (worker); undepreciated, sound

(currency). ▼—**heid** able-bodiedness;
undepreciated value, soundness.
volwassen (full-)grown, grown-up, adult.
▼—**e** adult, grown-up. ▼—**heid** adultness.
volzin sentence, period.
vomeren vomit.
vondeling foundling; *te — leggen*, expose.
▼—**enhuis** foundling-hospital.
vonder plank bridge, foot bridge.
vondst find, discovery.
vonk spark; *—en schieten*, spark; (*fig.*) sparkle.
▼—**en** spark. ▼—**je** sparklet. ▼—**vrij**
non-sparking, (*v. lucifers*) impregnated.
vonnis sentence, judg(e)ment; (*uitspraak v.
jury; ook fig.*) verdict; *— vellen*, pass
(pronounce) s. (on). ▼—**sen** sentence,
condemn.
vont font.
voogd(es) guardian. ▼**voogdij** guardianship.
▼—**raad** guardianship board. ▼—**schap**
guardianship.
voor I *zn* 1 furrow; 2 *het — en tegen*, the pros
and cons. II *vz* (*plaats*) before, in front of;
(*tijd*) before (Sunday); (*gedurende*) for (two
weeks); (*geleden*) (five years) ago; (*doel*) for
(pleasure); *ik deed het — jou*, I did it for you;
— zijn leven verminkt, maimed for life; *ik ben
er—*, I am for it, in favour of it; *ik ben er— om te
spelen*, I am for playing; *ik — mij*, I for one;
je uit, in front of you (ahead of you); *gisteren
— een week*, yesterday week; *5 minuten — 2*,
five minutes to two; *nogal groot — een
studeerkamer*, rater big, as studies go;
goedkoop — de prijs, cheap at the price; *net
iets — hem, om niet te komen*, just like him,
not to come. III *bw* in front; *— en achter*,
before and behind; *— wonen*, live in the
frontroom; *— in de zaal*, in the front of the hall;
hij was — in de dertig, he was in his early
thirties; *Arsenal stond —*, A. was leading (by
2–0); *de auto staat —*, the car is waiting; *de
zaak komt spoedig —*, the case will soon be
on; (*de klok*) *is —*, is fast; *hij lag —*, he was
leading; *hij was mij —*, he forestalled me; *het
was doctor — en doctor na*, it was doctor this
and doctor that; *er is iets — te zeggen*, there is
s.th. to be said for it; *— en na*, time and again;
de een —, de ander na, one after another.
IV *vgw* before.
vooraan in front; *— instappen*, get in at the
front; *— staan*, stand in front, be in the front
rank; (*fig.*) rank first.
vooraandrijving front drive.
vooraanstaand (*fig.*) prominent, leading.
vooraanzicht front view.
vooraf beforehand, previously. ▼—**gaan**
precede, go before. ▼—**gaand** previous,
preceding; preliminary (remarks).
vooral (e)specially, particularly; *ga —*, go by
all means; *— niet*, on no account; *sluit — de
deur*, be sure to lock the door; *vergeet 't —
niet*, be sure not to forget it.
voor/aleer before. ▼—**alsnog** as yet. ▼—**arm**
forearm. ▼—**arrest** detention on remand; *zich
in — bevinden*, be on remand; *in — stellen*,
remand. ▼—**as** front axle. ▼—**avond** eve; *aan
de — van ...*, on the eve of ... ▼—**baat**: *bij —*,
in anticipation, in advance. ▼—**balkon** front
balcony; (*v. tram*) front platform. ▼—**band**
front tire.
voorbarig premature, rash. ▼—**heid**
prematureness, rashness.
voorbedacht premeditated; *met —en rade*,
with malice prepense.
voorbeding condition; *onder — dat*, on c.
that.
voorbeeld (*ter navolging*) example, model,
pattern (of virtue); (*ter illustratie*) example,
instance, specimen; *'n afschrikwekkend —*, a
terrible e.; (*act as a*) deterrent; *'n — aanhalen*,
cite an e.; *als — aanhalen*, instance; *een —
geven* (*volgen*), give (follow) an e.; *een —
stellen*, make an example; *een — aan iem.
nemen*, take e. by a p.; *bij —*, for instance, for
example, e.g.; *naar* (*op*) *'t — van*, after the e.
of; *ten* (*tot*) *— stellen*, hold up as an e.; *tot —*

strekken, serve as an e. ▼**voorbeeldig**
exemplary. ▼—**heid** exemplariness.
voorbeen front leg.
voorbehoedmiddel contraceptive,
preventive; (*med.*) prophylactic.
voorbehoud reserve, reservation; *een —
maken*, make a reservation; *enig — vereisen*,
need some qualification; *met dit —*, with this
r.; *zonder —*, unreservedly. ▼—**en**
ww reserve; *ongelukken —*, barring accidents.
voorbereid/en prepare; *zich —*, prepare
(o.s.). ▼—**end** preparatory, preliminary. ▼—**er**
preparer. ▼—**ing** preparation. ▼—**ingsschool**
preparatory school; *—sel* preparation; *—en
treffen*, make preparations.
voorbericht preface, foreword.
voorbeschikk/en predestine; *voorbeschikt
om te ...*, fated to ... ▼—**ing** predestination.
voorbespreking 1 preliminary discussion;
2 (*theater*) advance booking.
voorbestaan pre-existence.
voorbestemm/en predestine. ▼—**ing**
predestination.
voorbij I *vz* past, beyond. II *bw* past, over; *zijn
we A. al —?*, have we passed A. yet?
▼—**drijven** I *on.w* float past. II *ov.w* drive
past. ▼—**gaan** I *on.w* pass (by), go by; (*v.
ongesteldheid*) pass off. II *ov.w* pass; (*fig.*)
leave a p. out; *daar mogen wij niet aan —*, we
must not ignore that. III *zn*: *in 't —*, in passing;
met — van, over the head of. ▼—**gaand**
passing, transitory. ▼—**ganger** passer-by.
▼—**komen** pass (by). ▼—**laten** let pass.
▼—**lopen** walk past. ▼—**marcheren** march
past. ▼—**praten**: *zijn mond —*, let one's
tongue run away with one, (*Am.*) shoot off
one's mouth. ▼—**rijden** ride (drive) past.
▼—**schieten** I *on.w* dash past. II *ov.w* shoot
past; *het doel —*, (*fig.*) overshoot the mark.
▼—**snellen** rush past. ▼—**streven** outstrip.
▼—**trekken** march past; (*v. onweer*) pass
over. ▼—**varen** I *ov.w* outsail. II *on.w* sail
past, pass. ▼—**zien** overlook.
voorblijven remain in front, retain the lead.
voorbode forerunner, herald.
voordeel advantage, benefit; *hij kent zijn eigen
— niet*, he does not know (on) which side his
bread is buttered; *zijn — doen met*, take a. of,
turn to account; *— hebben van*, profit by; *—
trekken uit*, profit (benefit) by; *in het — van*, in
favour of; *in je —*, to your a.; *hij is in zijn —
veranderd*, he has changed for the better; *met
—*, with a., with profit; *tot — van, ten —e van*,
to the advantage (benefit) of. ▼—**tje** windfall.
voordek forward deck.
voordelig profitable, advantageous; (*in het
gebruik*) economical.
voordeur front door.
voordoen 1 (*schort*) put on; 2 *ik zal 't je eens
—*, I'll show you (how to do it); 3 *zich —*, (*v.
vraag, omstandigheid*) arise; (*v. gelegenh.*)
offer, present itself; *hij doet zich goed voor*, he
has a good address; *zij weet zich aardig voor te
doen*, she has a way with her; *zich — als*, pose
as, make o.s. out.
voordracht (*voor 'n betrekking*) nomination,
select list; (*lezing*) lecture, speech; (*muziek—*)
recital, (*v. gedicht*) recitation; (*wijze v.
voordragen*) delivery; (*uitvoering*) execution,
rendering. ▼—**kunstenaar** reciter, performer.
▼**voordragen** (*kandidaat*) propose,
nominate; (*muziek*) execute, render; (*gedicht*)
recite.
vooreerst in the first place, for one thing;
(*voorlopig*) for the present, for the time being.
voor/gaan go before, precede; (*in de kerk*)
conduct a service, officiate; (*wegwijzen*) lead
the way; (*een voorbeeld geven*) set an
example; (*de voorrang hebben*) take
precedence; (*v. uurwerk*) be fast, gain; *gaat u
voor!*, after you, please!; *mijn werk gaat voor*,
my work comes first; *zijn werk laten —*, put
one's work first; *goed — doet goed volgen*,
example is better than precept. ▼—**gaand**
preceding, last; *'t —e*, the foregoing.
▼—**ganger** predecessor; (*leider*) leader;

(*predikant*) pastor, minister.
voor/gebergte promontory, headland.
▼—gelijmd (*envelop enz.*) pre-gummed; (*behang enz.*) pre-glued. **▼—genoemd** above-mentioned. **▼—genomen** intended; proposed. **▼—gerecht** first course, entrée.
▼—geschreven requisite (number); appointed (time); obligatory, compulsory (evening-dress); regulation (lights, uniform).
▼—geschiedenis prehistory (of the world); (*v. zaak*) (previous) history; (*v. pers.*) past history. **▼—geslacht** ancestors, forefathers.
▼—gevallen: *het — e*, the occurrence; what has happened. **▼—gevel** (fore-)front, façade.
voorgeven 1 (*bij spel*) give odds (a handicap); **2** (*beweren*) pretend, make out.
voorgevoel presentiment; (*fam.*) hunch; *angstig —*, misgiving(s).
voorgift odds, handicap.
voorgoed for good (and all).
voorgrond foreground; *op de — plaatsen*, put in the forefront; *op de — staan*, be in the f.; (*fig.*) be to the fore; *op de — treden*, be prominent, be to the fore; *zich op de — stellen*, put o.s. forward.
voor/hamer sledge-hammer. **▼—handen** (*in voorraad*) on hand, in stock; (*aanwezig*) available; (*bestaande*) existing; *— goederen*, stock on hand. **▼—hang** curtain. **▼—hangen** (*als lid*) put up. **▼—haven** outport.
voorhebben have on; (*fig.*) *wie denk je dat je voor hebt?*, who(m) do you think you are talking to?; *wat heeft hij voor?*, what is he up to?; *hij heeft niets kwaads voor*, he means no harm; *ik heb 't goed met je voor*, I mean well by you; *dat heeft hij op je voor*, there he has the advantage of you; *zij heeft alles voor*, she has everything on her side, (*fam.*) she has got what it takes.
voorheen formerly, in former days; (*v. zaak*) late; *— de Wit*, late de Wit.
voorhistorisch prehistoric.
voorhoede advance guard, van; (*sp.*) forward-line. **▼—gevecht** preliminary skirmish. **▼—speler** forward.
voor/hoef fore-hoof. **▼—hof** fore-court.
▼—hoofd forehead. **▼—hoofdsholte** sinus; *—ontsteking*, sinusitis.
voorhouden 1 hold (s.th.) before (a p.); **2** (*schort*) keep on; *iem. iets —*, (*fig.*) impress s.th. upon a p.; *iem.* (*zijn slecht gedrag*) *—*, remonstrate with a p. on.
voor/huid foreskin, prepuce. **▼—huis** hall.
voorin in front; (*in boek*) at the beginning.
vooringang front entrance.
vooringenomen prepossessed, bias(s)ed.
▼—heid prepossession, bias.
voorjaar spring. **▼—sbloem** s. flower.
▼—sopruiming s.-sale. **▼—sregen** vernal rain. **▼—sschoonmaak** s.-cleaning.
▼—sweer s. weather.
voor/kamer front room. **▼—kant** front.
▼—kauwen: *iem. iets —*, explain s.th. over and over again. **▼—kennis** foreknowledge; *buiten mijn —*, without my knowledge.
voorkeur preference; *de — verdienen*, be preferable (to); *de — geven aan*, prefer; *— genieten*, be preferred; *bij —*, by p.
▼—sbehandeling preferential treatment.
vóórkomen I *ww* **1** (*gebeuren*) happen; **2** (*bij race*) get ahead (of a p.), gain a lead; **3** (*v. getuige*) appear in court; (*v. rechtszaak*) come up; (*v. rijtuig*) come round; *de auto laten —*, order the car round; **4** (*toeschijnen*) seem (appear) to; *'t laten — alsof ...*, make it appear that ...; **5** *in een toneelstuk —*, figure in a play; *in — de gevallen*, if required, should the occasion arise. **II** *zn* **1** (*v. pers.*) appearance, aspect; **2** (*v. ziekte*) occurrence.
voorkómen (*pers., wens*) anticipate, forestall; **2** (*kwaad*) avert; (*beletten*) prevent; (*vermijden*) avoid; *— is beter dan genezen*, prevention is better than cure.
voorkomend(heid) obliging (ness).
voorkoming prevention; *ter — van*, to avoid.
voor/laatst last but one; *de — e keer*, last time

but one. **▼—leer** front. **▼—leggen** submit to, lay (put) before (a p.); *'t aan de vergadering —*, put it to the meeting. **▼—leiden** bring up.
▼—letter initial (letter). **▼—lezen** read to; read out (a notice); (*aanklacht*) read over.
▼—lezing reading. **▼—licht** head-light.
voorlicht/en *ww* light; (*fig.*) enlighten.
▼—ing enlightenment, information, guidance; *seksuele —*, sex education.
▼—ingsambtenaar public relations officer.
▼—ingsdienst information service.
voorliefde predilection; *een — hebben voor*, have a predilection (special liking) for.
voorliegen lie to (a p.).
voor/lijk precocious. **▼—lopen** walk in front; (*v. klok*) gain. **▼—loper** precursor, forerunner.
voorlopig I *bn* provisional; *— verslag*, interim report. **II** *bw* for the time being.
voormalig former (Dutch East Indies), late (husband).
voor/man (*mil.*) man in front; (*v. werklui*) foreman; (*fig.*) leader. **▼—mars** foretop.
▼—marszeil foretopsail. **▼—mast** foremast.
▼—middag morning. **▼—mobilisatie** preliminary mobilization.
voorn roach, minnow.
vóórnaam Christian (first) name.
voornáám distinguished, aristocratic, grand; (*belangrijk*) important; *— leven*, live in style.
▼—ste principal; *dit is 't —*, this is the main point. **▼—doenerij** snobbery. **▼—heid** distinction.
voornaamwoord pronoun.
voornamelijk principally, chiefly, mainly.
voornacht first part of the night.
voornemen I *ww*: *zich —*, resolve, determine, make up one's mind (to). **II** *zn* intention, resolution; *de weg naar de hel is geplaveid met goede —s*, the road to hell is paved with good intentions.
voornoemd above-mentioned.
vooroefeningen preliminary exercises.
vooronder forecastle.
vooronderstell/en presuppose. **▼—ing** presupposition.
voor/onderzoek preliminary investigation.
▼—ontsteking advanced ignition.
▼—oordeel prejudice, bias. **▼—oorlogs** pre-war.
voorop in front; *— gaan*, lead the way.
▼—gezet preconceived (opinion).
vooropleiding primary training.
vooropstellen put first; (*bij redenering*) premise.
voorouderlijk ancestral. **▼voorouders** ancestors, forefathers.
voorover forward, prostrate. **▼—buigen** bend forward. **▼—hangen** hang f. **▼—hellen** incline f., lean over. **▼—leg** preliminary discussion (consultation). **▼—leunen** lean f.
▼—liggen lie prostrate. **▼—liggend** prostrate.
▼—lopen walk with a stoop. **▼—zitten** bend f.
voor/pagina front page. **▼—plecht** forecastle. **▼—plein** forecourt. **▼—poot** foreleg, forepaw. **▼—portaal** porch. **▼—post** outpost. **▼—pret** anticipatory pleasure.
▼—proef(je) foretaste. **▼—programma** first part of the programme.
voorraad stock, supply, store; *— opdoen*, lay in a supply; *in —*, in s., on hand; *uit — leveren*, deliver from s. **▼—kamer** store-room.
▼—kelder store-cellar. **▼—schip** supply-ship. **▼—schuur** granary. **▼—zolder** store-loft. **▼voorradig** in stock.
voorrand front edge; (*v. vliegtuigvleugel*) leading edge.
voorrang precedence, priority; (*in 't verkeer*) right of (the) way; *de — hebben*, have priority, take p.; *— verlenen*, give (right of) way; *om de — strijden*, fight for supremacy, contend for the mastery. **▼—sweg** major road.
voor/recht privilege. **▼—rede** preface.
▼—rekenen figure out. **▼—rijder** outrider.
▼—ruim forehold. **▼—ruit** (*v. auto*) wind-screen.

voorschiet/en (geld) advance. **▼—er** money-lender.

voorschijn: te — brengen, produce, bring out; te — halen, take out, produce; te — komen, appear, come out; te — roepen, call up, evoke; te — schieten, dart out.

voor/schoot apron. **▼—schot** advance; (aan ambtenaren) imprest; — geven op, advance money on; een —verlenen, make a loan.

voorschrift prescription, direction; op — van de dokter, under doctor's orders.
▼—schrijven (lett.) ik zal het je —, I'll write it out for you; (fig.) prescribe; (gebiedend) dictate; iem. de wet —, lay down the law to a p.; een recept —, write (out) a prescription; zie ook voorgeschreven.

voorshands for the present.

voor/slaan propose, suggest. **▼—slag** proposal. **▼—snijden** carve. **▼—snijmes** carving-knife. **▼—sorteren** (v. auto's) filter. **▼—spannen** put to; zich ergens —, take a thing in hand; ik zal hem er —, I'll enlist his services. **▼—spel** prelude; (toneel) prologue. **▼—spelden** pin on. **▼—spelen** play; (kaartspel) lead. **▼—speler** forward.

vóórspellen spell (words to a p.).

voorspell/en predict, foretell, forecast; dit voorspelt weinig goeds, this spells (bodes, portends) little good. **▼—er** prophet; forecaster. **▼—ing** prediction, prophecy, forecast.

voorspiegel/en: iem. iets —, hold out false hopes to a p.; ze spiegelden hem heel wat voor, they held out great hopes to him. **▼—ing** false hope(s), delusion.

voorspoed prosperity; — hebben, prosper, flourish. **▼—ig** prosperous, flourishing.

voor/spraak intercession (with), mediation; (pers.) intercessor, mediator; advocate; iemands — zijn bij, put in a word for a p. **▼—spreken** take a p.'s part.

voorsprong start; lead; een — hebben op, have the s. of.

voorstaan I on.w (v. rijtuig) be at the door; er staat me zo iets van voor, dat..., I seem to remember that...; zich laten — op, presume on, pride o.s. on; hij laat er zich niet op —, he takes no credit for it. II on.w advocate (a view); champion (a cause).

voorstad suburb.

voorstander advocate, champion; ik ben er geen — van, I don't believe in it.

voorste foremost, front, first.

voorstel 1 proposal, motion; (denkbeeld) suggestion; (wets-) bill; **2** (v. wagen) forecarriage; (v. trein) front coaches; een — doen, make a proposal, offer a s.; op — van, on the p. of, at the s. of. **▼—len** ('n voorstel doen) propose; ('n denkbeeld opperen) make a suggestion, suggest; (weergeven) represent; mag ik u even —, mijnheer A.?, may I introduce to you Mr. A.?; zij werd aan de koningin voorgesteld, she was presented to the queen; ik stel voor de vergadering te verdagen, I move (propose) that the meeting be adjourned; ('t is niet zo erg) als zij het —, as they make out; mag ik mij even —?, may I introduce myself?; ik kan 't mij niet —, I can't imagine (conceive) it; ik stel mij voor spoedig te vertrekken, I intend to leave soon; zij stelt zich er veel van voor, she has great hopes of it; ik kan mij het dorp nog zo goed —, I can even now recall the village; stel je voor!, just fancy!; ik kan 't mij best —, I can well imagine it. **▼—ler** proposer, mover. **▼—ling 1** (in theater) performance; 2 (aan iem.) introduction, presentation; **3** (v. zaken) representation, version; **4** (idee) notion, idea; verkrijgen door valse —, obtain by false pretences; verkeerde — , misrepresentation; een verkeerde — geven van, misrepresent. **▼—lingsvermogen** imagination.

voor/stemmen vote for it. **▼—stemmers** ayes. **▼—steven** stem. **▼—stoot** first stroke. **▼—stoten** play first. **▼—studie** preparatory study. **▼—stuk** front-piece; (v. schoen) front. **▼—suite** front drawing-room.

voort on, onwards; (weg) away, gone.

voortaan in future, henceforth.

voortand front tooth.

voort/bestaan I ww survive. II zn survival.
▼—bewegen propel; zich —, move (on). **▼—beweging** propulsion. **▼—borduren** embroider (on a theme). **▼—bouwen** go on building; — op, build on. **▼—brengen** produce, create, bring forth, generate. **▼—brenger** producer, generator. **▼—brenging** production, generation. **▼—brengingsvermogen** productive power, generative power. **▼—brengsel** product. **▼—draven** trot on. **▼—drijven** I ov.w drive on. II on.w float along. **▼—duren** continue, last. **▼—durend** continual, continuous, constant; (eeuwigdurend) everlasting. **▼—during** continuation; bij —, continuously.

voorteken sign, omen, indication.

voort/gaan go on, continue. **▼—gang** progress; — hebben, vinden, proceed, go on; — maken, hurry up, push on. **▼—gezet** continued; — onderwijs, secondary education. **▼—glijden** glide on. **▼—haasten:** zich —, hurry on. **▼—helpen:** iem. —, help a p. on. **▼—hollen** run on, rush on.

voortijd: de —, prehistoric times.

voortijdig premature.

voort/kankeren fester. **▼—komen:** — uit, arise from, proceed from, spring from. **▼—leven** live on. **▼—maken** make haste, hurry (up).

voortoneel proscenium.

voort/planten propagate; (v. licht, geluid, ziekte) transmit; zich —, propagate (o.s.); (v. geluid, licht, enz.) be transmitted, travel. **▼—ing** propagation; transmission. **▼—ingsorganen** reproductive organs. **▼—ingsvermogen** reproductive faculty.

voortploeteren plod on.

voortreffelijk excellent. **▼—heid** excellence.

voortrein relief train.

voortrek/ken iem. —, favour a p. **▼—ker** pioneer. **▼—kerij** favouritism.

voorts moreover, besides; en zo —, and so on, etcetera.

voort/schrijden stride along; (fig.) proceed, progress. **▼—sjokken** trudge along. **▼—slepen** drag along; (fig.) drag out (one's life); zich —, drag o.s. along. **▼—sluipen** steal along. **▼—spoeden:** zich —, speed on. **▼—spruiten:** — uit, arise from. **▼—stuwen** drive on, propel. **▼—stuwing** propulsion.

voortvarend energetic, pushing, go-ahead. **▼—heid** energy, push.

voortvloei/en: — uit, result from. **▼—end:** daaruit —, consequent, resulting. **▼—sel** result.

voortvlucht/ig fugitive. **▼—ige** fugitive.

voort/wentelen roll on. **▼—woekeren** fester. **▼—zeggen:** zegt het voort!, pass it on! **▼—zetten** continue, go on with, carry on. **▼—zetting** continuation. **▼—zeulen** drag along. **▼—zwepen** whip on.

vooruit forward; (voren) beforehand; — maar!, — met de geit!, go ahead! — nou!, come on now!; recht —, straight ahead; hij is zijn tijd ver —, he is far ahead of his time; ik kan niet — of achteruit, I'm completely stuck. **▼—bepalen** determine beforehand. **▼—bestellen** order in advance. **▼—bestelling** advance order. **▼—betalen** pay in advance. **▼—betaling** prepayment, payment in advance; bij — te voldoen, payable in advance. **▼—brengen** help on (a p.). **▼—gaan** go on before, lead the way; (fig.) get on, improve; (v. barometer) rise; hij gaat goed —, he is making good progress. **▼—gang** advance, improvement. **▼—helpen** help forward. **▼—komen** make headway; get on, rise (in life, in the world). **▼—lopen** go on ahead; — op, anticipate. **▼—rijden** ride on before; (in trein) face the engine. **▼—schieten** shoot forward. **▼—schuiven** shove forward. **▼—springend** projecting, jutting out. **▼—steken** I ov.w (*hand*) hold out; (*borst*) stick (thrust) out. **ll** *on.w* stick out, project. ▼—**strevend** progressive, go-ahead. ▼—**strevendheid** progressiveness. ▼—**werken** work in advance. ▼—**zetten** advance, put (clock) forward. ▼—**zicht** prospect, outlook; *iets in het — stellen*, hold out a prospect of s.th. ▼—**zien l** *on.w* look ahead. **ll** *ov.w* foresee. ▼—**ziend** far-seeing; far-sighted (policy); *—e blik*, foresight.

voorwaar indeed.

voorwaarde condition, stipulation; (*mv ook*) terms; *de — stellen*, make the c. (stipulate) that; *onder geen —*, on no account; *op (onder) — dat*, on (the) c. that. ▼—**lijk** conditional; *— veroordelen*, put on probation, bind over; *—e veroordeling*, conditional sentence; *— veroordeelde*, probationer; *— in vrijheid gestelde*, ticket-of-leave man.

voorwaarts *bn, bw & zn* forward; *— mars!*, quick… march!

voor/wand front wall. ▼—**warmen** warm up. ▼—**wedstrijd** preliminary match.

voorwend/en pretend, feign. ▼—**sel** pretext, pretence, blind.

voorwereldlijk prehistoric.

voorwerp object; *lijdend —*, direct o.; *meewerkend —*, indirect o.

voor/wiel front wheel; *—aandrijving*, front-wheel drive. ▼—**winter** early part of (the) winter. ▼—**woord** preface, foreword. ▼—**zaal** antechamber.

voor/zanger ancestor. ▼—**zanger** precentor.

vóórzeggen prompt.

voorzéggen predict.

voorzeil foresail.

voorzeker surely.

voorzet/sel preposition. ▼—**ten** put (s.th.) before (a p.); put (a clock) forward; centre (a ball).

voorzichtig careful, cautious, prudent. ▼—**heid** care, prudence, caution. ▼—**heidshalve** by way of precaution.

voorzien foresee; *dat was te —*, that was to be expected; *— van*, provide (supply) with; fit with; *zich — van*, provide o.s. with; *goed —*, well-spread (table), well-stocked (cellar); *ik ben al —*, I am suited; *— in (behoefte)* meet, supply, (*vacature*) fill up, (*moeilijkheid, bezwaar*) meet; *daarin moet — worden*, that should be attended to; *het — hebben op*, be after. ▼—**igheid** providence. ▼—**ing** provision, supply; *sociale —en*, social securities; *—en treffen*, make p.; *ter — in zijn levensonderhoud*, in order to make his living.

voor/zijde front. ▼—**zingen** sing to.

voorzit/ster chairwoman. ▼—**ten** preside, chair; *de motieven die bij mij —*, the motives that are guiding me. ▼—**ter** chairman, president; *— zijn*, be in the chair. ▼—**zitterschap** chairmanship, presidency.

voorzomer early summer.

voorzorg precaution. ▼—**smaatregel** precaution (ary measure).

voor zover so far as, in as far as.

voos spongy; (*fig.*) rotten. ▼—**heid** sponginess; rottenness.

vorder/en l *on.w* make progress. **ll** *ov.w* demand, claim; (*vereisen*) require; (*mil.*) requisition. ▼—**ing 1** (*vooruitgang*) progress. **2** (*eis*) claim. **3** (*mil.*) requisitioning.

vore furrow.

voren: *naar —*, to the front; *naar — treden*, step (come) forward; *naar — brengen*, put forward; *te —*, before, previously; *van —*, in front; *van — af aan*, from the beginning, once more. ▼—**bedoeld** referred to above.

▼—**genoemd** aforesaid. ▼—**staand** above.

vorig former, previous, last; *de —e dinsdag*, last Tuesday.

vork fork; *weten hoe de — in de steel zit*, know how matters stand. ▼—**heftruck** fork-lift truck.

vorm form; (*gedaante*) shape; (*formaliteit*) formality; (*giet—*) mould; *de —en in acht nemen*, observe the forms; *vaste — aannemen*, take shape; *— geven aan*, give shape to, shape; *in alle —*, in due f.; *hij staat niet op —en*, he does not stand on ceremony; *uit — zijn*, be out of form; *uit de — zijn*, be out of shape; *voor de —*, for f.'s sake; *dat is alleen maar voor de —*, that's a mere formality; *zonder — van proces*, without trial, summarily. ▼**vormelijk** formal. ▼—**heid** formality.

vormeling (*rk*) confirmee.

vorm/en (*regering, karakter, opinie*) form; (*uitmaken*) constitute; (*gestalte geven*) shape, mould; (*rk*) confirm; *— naar*, model upon; *zich — form. ▼—**end** (*fig.*) educative, formative; *van —e waarde*, of educational value. ▼—**er** former, moulder. ▼—**geving** composition, design, styling. ▼—**ing** formation, cultivation. ▼—**klei** moulding-clay. ▼—**leer** (*biol., gram.*) morphology; (*gram.*) accidence. ▼—**loos(heid)** shapeless(ness). ▼—**sel** (*rk*) confirmation. ▼—**verandering** metamorphosis.

vors frog.

vors/en investigate. ▼—**er** investigator.

vorst 1 sovereign, monarch, prince; **2** (*v. dak*) ridge; **3** (*het vriezen*) frost. ▼—**elijk** royal. ▼—**elijkheid** royalty. ▼**vorsten/dom** principality. ▼—**geslacht 1** race of rulers; **2** dynasty. ▼—**gunst** royal favour. ▼—**huis** dynasty. ▼—**telg** royal scion. ▼—**zoon** royal son.

vorstig frosty.

vorstin queen, sovereign.

vorstvrij frost-proof.

vort off with you; (*tot paard*) gee-up.

vos 1 fox; **2** (*paard*) sorrel, bay; **3** (*bont*) fox stole; *oude —*, (*fig.*) old f.; *als de — de passie preekt, boer pas op je kippen*, beware of the geese, when the f. preaches; *een — verliest wel zijn haren maar niet zijn streken*, what is bred in the bone will come out in the flesh. ▼—**achtig** foxy. ▼**vosse/gat, —hol** fox-hole. ▼—**jacht** fox-hunt(ing); *op de — gaan*, ride to hounds.

voss/en grind, swot, mug. ▼—**er** swot(ter), mugger.

vosse/staart foxtail, fox-brush. ▼—**vel** fox-skin.

voteren vote. ▼**votum** vote; *— van vertrouwen*, vote of confidence; *— van wantrouwen*, want-of-confidence (no confidence) vote.

vouw fold; (*in broek*) crease; *uit de — gaan*, come uncreased. ▼—**baar** foldable. ▼—**been** paper-knife. ▼—**blad** folder. ▼—**boot** folding-boat, collapsible boat. ▼—**caravan** tent trailer. ▼—**en** fold. ▼—**fiets** folding-bicycle. ▼—**scherm** folding-screen. ▼—**stoel** folding-chair.

vraag question, query; (*verzoek*) request; (*in de handel*) demand; (*kwestie*) question; *— en aanbod*, supply and demand; *dat is de — nog*, that's a q., that's open to q., that's doubtful; *de — rijst*, the q. arises; *iem. een — doen*, ask a p. a q., put a q. to a p.; *er is — (geen —) naar*, there is a (no) demand for…; *er is veel — naar*, it is in great demand. ▼—**al** inquisitive person. ▼—**baak** vademecum; (*pers.*) source of information. ▼—**gesprek** interview. ▼—**prijs** price asked, asking (*of* demand) price. ▼—**stuk** problem. ▼—**teken** note of interrogation, q.-mark; *—s zetten bij*, query, question. ▼—**woord** interrogative (word). ▼—**ziek** inquisitive. ▼—**zin** interrogative sentence. ▼—**zucht** inquisitiveness.

vraat glutton, hog. ▼—**zucht** gluttony. ▼—**zuchtig** gluttonous.

vracht load (of hay); (*—prijs*) freight, carriage;

(voor pers.) fare; (scheeps—) cargo; (v. wagon) load. ▼—auto motor-lorry, m.-truck. ▼—boot cargo-boat, freighter. ▼—brief (per schip) bill of lading (B/L); (per spoor) consignment-note. ▼—dienst cargo service. ▼—goed goods; (per schip) cargo; als — verzenden, send by goods train. ▼—lijst manifest. ▼—loon—prijs carriage, freight. ▼—rijder carrier. ▼—schip zie —boot. ▼—vaarder carrier. ▼—vaart carrying-trade. ▼—vervoer freight-traffic. ▼—vliegtuig cargo-plane. ▼—vrij (per schip) f. paid; (per spoor) carriage paid; (per post) post-paid. ▼—wagen truck, lorry.

vragen ask; vraag het maar aan Jan, ask John; nou vraag ik je!, now I ask you!; vraag dat wel!, you may well ask that!; 'n meisje ten huwelijk —, ask a girl in marriage, propose to a girl; dat is nogal veel gevraagd, that's a pretty tall order; dat is te veel gevraagd, that is asking too much; dat vraagt veel van je tijd, that makes great demands on your time; laten —, send to a.; gevraagd: een loopjongen, wanted: an errand-boy; er wordt stofgoed gevraagd, the lead is spades; iem. bij zich aan huis —, ask (invite) a p. to one's house; — naar, ask (inquire) after; naar de weg —, ask the way (of a p.); naar de bekende weg —, a. for the obvious; — om, a. for; je hoeft er maar om te —, you can have it for the asking; iem. op een fuifje —, ask (invite) a p. to a party; te(n) eten —, a. to dinner. ▼vragen/boek catechism. ▼—bus question box. ▼vragend inquiring. ▼—erwijs inquiringly. ▼vragenlijst questionnaire. ▼vrager questioner, inquirer.

vrede peace; ga in —, go in p.; — hebben met, be at p. with (oneself), be content with (a situation); — sluiten met, make p. with; — stichten, make p.; iem. met — laten, leave a p. in p. ▼—breuk breach of the peace. ▼—lievend p.-loving. ▼—lievendheid peacefulness. ▼—rechter justice of the peace. ▼vredes/-peace-. ▼—aanbod p. offer. ▼—apostel apostle of p. ▼—beweging p. movement. ▼—conferentie p.-conference. ▼—congres p. congress. ▼—duif dove of p. ▼—engel angel of p. ▼—naam: in —, (hurry up) for goodness' sake; ik zal in — maar gaan, since it can't be helped I'll go. ▼—onderhandelingen p. negotiations. ▼V—paleis P.-Palace. ▼—pijp p.-pipe. ▼—sterkte p.-strength. ▼vredestichter peace-maker. ▼vredes/tijd p.-time. ▼—verdrag p.-treaty. ▼—voorwaarden conditions of p., p. terms. ▼vredig peaceful, quiet. ▼vreedzaam peaceable, peaceful. ▼—heid p.ness.

vreemd strange; (buitenlands) foreign, alien; (raar) strange, queer, odd; een —(e) taal, a foreign language; 't werk was hem nog wat —, he was still a little s. to the work; hij is me —, he is a stranger to me; alle geveinsdheid is hem —, he is a stranger to all insincerity; zich (ergens) — voelen, feel s.; — genoeg, strangely enough. ▼vreemde stranger; dat heeft hij van geen —, he is a chip of the old block; in den —, abroad, in foreign parts. ▼—ling stranger; (buitenlander) foreigner; alien; ongewenste —, undesirable a. ▼vreemdelingen/bezoek tourist-traffic. ▼—boek (hotel-)register, visitors' book. ▼—bureau inquiry office for tourists. ▼—dienst alien office. ▼—legioen foreign legion. ▼—verkeer tourist traffic. ▼vreemdheid strangeness. ▼vreemdsoortig singular, odd. ▼—heid singularity, oddity.

vrees fear, apprehension, dread; de vreze des Heren, the f. of the Lord; — aanjagen, strike f. into; — koesteren voor, be afraid of, (bezorgd zijn voor) fear for; met — en beven, in f. and trembling; uit — voor, for f. of; uit — dat, for f. that, lest. ▼—aanjaging intimidation. ▼—achtig timid. ▼—achtigheid timidity. ▼—wekkend fear-inspiring, awful. ▼—aanjagend terrifying.
vreetzak greedy hog, glutton.

vrek miser. ▼—achtig, —kig miserly. ▼—kigheid miserliness.
vreselijk dreadful, terrible, frightful. ▼—heid …ness.
vret/en I ww (v. dier) eat; (v. mens) feed, cram. II zn (v. dier) fodder. ▼—er glutton, feeder.
vreugde joy, gladness; — scheppen in, enjoy, take a j. in. ▼—betoon rejoicings. ▼—dronken drunk with j. ▼—loos joyless. ▼—verstoorder kill-joy. ▼—vol joyful, joyous. ▼—vuur bonfire.
vrezen fear, dread, apprehend; ik vrees van niet, I am afraid not; — voor, f. for.
vriend (male, boy) friend; (fam.) pal, chum; —en in de nood, honderd in een lood, a f. in need is indeed; goede —en worden met, become friendly with, make friends with; laten we weer goede —en worden, let's be(come) friends again, let's make it up; kwade —en worden, fall out; goede —en zijn met, be friends (friendly) with; even goede —en!, no offence!; kwade —en zijn, be on bad terms; iem. te — houden, keep in with a p.; beide partijen te — houden, hold with the hare and hunt with the hounds.
vriendelijk kind, friendly; (v. dorp, huisje) pleasant, cheerful; wilt u zo — zijn om…, will you kindly…▼—heid kindness, friendliness. ▼—heden civilities.
vrienden/dienst friendly turn. ▼—kring circle of friends. ▼vriendin (lady) friend.
vriendschap friendship; — sluiten met, make friends with; uit —, out of f. ▼vriendschappelijk friendly. ▼—heid friendliness. ▼vriendschaps/-friendship-. ▼—band tie of f. ▼—betrekking friendly relation. ▼—betuiging protestation of f. ▼—verdrag pact of f.
vries/punt freezing-point. ▼—weer frosty weather. ▼vriezen freeze; het vroor hard, het vroor dat het kraakte, it was freezing hard, there was a keen frost.
vrij I bn free; (—postig) bold; —e avond, evening out (off); de —e beroepen, the professions; —e dag, day off; de —e kunsten, the liberal arts; —e middag, half-holiday; —e opgang, separate entrance; —e schop, f. kick; —e slag, (hockey) f. hit, (zwemmen) f. style; —e tijd, spare time, leisure; —e uren, leisure hours; de weg was —, the road was clear; het —e woord, f. speech; in het —e veld, in the open; met — vuur en licht, coal and light supplied; onder de —e hemel, under the open sky; — hebben, be off duty; veel — hebben, have much leisure; alle kosten —, all expenses paid; hij heeft — reizen, he may travel f.; — wonen hebben, live rent-free; — krijgen, get (a day) off; een te — gebruik maken van, make f. with; — nemen (vragen), take (ask for) a holiday; — zijn, be f., be off duty; ik ben — in mijn doen en laten, I am f. to do what I like; mag ik zo — zijn om…, may I take the liberty to…; — aan boord, f. on board, f.o.b.; — aan huis, f. domicile; — spoor, f. on rail; — wagon, f. on truck; — van, free from (prejudice, disease), exempt from (taxation, military service). II bw 1 freely; 2 (tamelijk) rather, pretty; — wat, a good deal of; —wel, pretty well, practically; about (that's… all). ▼vrijaf: — hebben (geven), have (give) a (half-)holiday; — vragen, ask for a day off.
vrijage courtship, wooing.
vrijbiljet (free) pass.
vrijblijv/en remain free. ▼—end: —e offerte, offer without engagement.
vrij/boer yeoman. ▼—brief passport, permit. ▼—buiter freebooter, privateer. ▼—buiterij freebooting, privateering.
vrijdag Friday; Goede —, Good F.
vrijdenk/er free-thinker. ▼—erij free-thinking.
vrijdom freedom, exemption. ▼vrije freeman. ▼vrijelijk freely.
vrij/en court; keep company (with); (minnekozen) make love; (sl.) pet, spoon. ▼—end: — paartje, courting couple. ▼—er

lover, sweetheart. ▼—**erij** courtship,
love-making.
vrijetijdsbesteding use of leisure.
vrij/gelatene freedman. ▼—**geleide**
safeconduct. ▼—**geven** release (news,
money, goods); decontrol (food, rent); (*vrijaf
geven*) give a holiday (a day off). ▼—**gevig**
liberal, generous. ▼—**gevigheid** liberality,
generosity. ▼—**gevochten** undisciplined; *het
is daar een — boel*, it is Liberty Hall there.
vrijgezel bachelor. ▼—**lenbelasting**
bachelor's tax. ▼—**lenleven** bachelor's life.
▼—**lin** unmarried woman.
vrij/handel free trade. ▼—**handelaar**
freetrader. ▼—**haven** free port.
vrijheer baron.
vrijheid liberty, freedom; latitude; —, *blijheid!*,
l. above all things!; *dichterlijke —*, poetic
licence; — *van gedachte*, freedom of thought;
— *van handelen*, l. (freedom) of action; — *van
't woord*, freedom of speech; *de — nemen om
te...*, take the l. to; *zich vrijheden veroorloven*,
take liberties; *ik vond geen — om*, I did not feel
at l. to...; *in — gaan*, (*v. misdadiger*) be free, be
at large; *in — leven*, live in f.; *in — stellen*, set
free, release; *voorwaardelijk in — stellen*,
release on licence. ▼—**lievend**
freedom-loving. ▼—**sapostel** apostle of
liberty. ▼—**sbeperking** restraint.
▼—**sberoving** duress. ▼—**sliefde** love of
freedom. ▼—**soorlog** war of independence.
▼—**svaan** flag of liberty. ▼—**szin** spirit of
freedom.
vrij/houden (*'n dag, enz.*) set aside, reserve;
iem. —, pay a p.'s expenses. ▼—**kaart** free
ticket, free pass. ▼—**komen** get off; (*v.
gevangene*) be released, come out; (*v. ambt*)
fall vacant; (*chem.*) be liberated. ▼—**kopen**
buy off, ransom.
vrij/laten (*gevangene*) release; (*slaaf*)
emancipate. ▼—**lating** release; emancipation.
vrijloop free wheel.
vrijloten draw a lucky number.
vrij/maken liberate, (set) free, deliver (from);
clear (goods); (*chem.*) liberate, release; *zich
— van*, free o.s. from, rid o.s. of, contract out of
(an agreement). ▼—**making** liberation,
deliverance; release.
vrijmetselaar freemason. ▼—**sloge**
1 masonic lodge; 2 masonic hall. ▼—**sorde**
company (order) of freemasons.
▼**vrijmetselarij** freemasonry.
vrijmoedig frank, free, bold, candid. ▼—**heid**
..ness, candour.
vrijplaats sanctuary.
vrijpleiten clear, exculpate.
vrijpostig bold, saucy. ▼—**heid** boldness.
vrij/spraak acquittal. ▼—**spreken**
(*gevangene*) acquit; clear (a p. from blame).
vrij/staan 1 (*v. huis*) stand alone;
2 (*geoorloofd zijn*) be permitted; *'t staat u vrij
om te...*, you are free (at liberty) to...
▼—**staand** detached (house).
vrij/staat free state. ▼—**stad** free city.
vrij/stellen exempt from (taxation, duty,
military service etc.), excuse from (duty,
lessons), let off; *vrijgesteld van*, exempt from.
▼—**stelling** exemption.
vrijster old maid, spinster.
vrijuit freely, frankly; — *gaan*, be blameless, go
scot-free.
vrijverklaren declare free.
vrijvrouw baroness.
vrij/waren: — *tegen*, safeguard against.
▼—**waring** safeguarding, protection; *ter —
tegen*, as a p. against.
vrijwel pretty much, practically.
vrijwillig voluntary. ▼—**er** volunteer. ▼—**heid**
voluntariness.
vrijzinnig liberal. ▼—**heid** liberality.
vrille spin, spinning dive.
vroed wise; *de — e vaderen*, the City Fathers.
▼—**schap** corporation. ▼—**vrouw** midwife.
vroeg *bn & bw* early; — *of laat*, sooner or later;
's morgens —, e. in the morning; — *oud*,

prematurely old; *niets te —*, none too soon; *'n
uur te —*, an hour early. ▼—**dienst** e. service.
▼**vroeger I** *bn* earlier; (*vorig*) former (friend);
previous (victories); late (the l. president); *in —
dagen*, in former days. **II** *bw* earlier;
(*voorheen*) formerly; ('*t is niet*) *wat 't — was*,
what it used to be. ▼**vroeg/mis** early mass.
▼—**rijp** precocious. ▼—**rijpheid** precocity.
▼—**te**: *in de —*, early in the morning. ▼—**tijdig**
early; untimely (death).
vrolijk merry, gay, cheerful; — *vuurtje*, cheerful
fire; *zich — maken over*, make m. over.
▼—**heid** mirth, merriment, gaiety; *tot grote —
van*, much to the merriment of.
vrome pious person; (*iron.*) saint. ▼**vroom**
pious. ▼—**heid** piety.
vrouw woman; (*echtgenote*) wife; (*kaartspel*)
queen; — *des huizes*, the lady of the house;
moeder de —, my old dutch, the missis; *Onze
Lieve V—e*, Our Lady; *een werkende —*, a
working woman; *tot — nemen*, take to wife.
▼—**achtig** womanish. ▼**vrouwelijk**
(*seksueel*) female; (*een vrouw kenmerkend*)
feminine (nature, grace); (*een vrouw
passend*) womanly (tact, tenderness); wifely
(duties); (*taalk.*) feminine; *'t — geslacht*, the f.
sex; (*taalk.*) the feminine gender. ▼—**heid**
womanliness. ▼**vrouwen/aard** woman's
nature, female character. ▼—**afdeling**
women's ward. ▼—**arbeid** female labour.
▼—**arts** gynaecologist. ▼—**beweging**
women's (feminist) movement. ▼—**bond**
women's union. ▼—**borst** woman's breast.
▼—**dokter** woman's doctor. ▼—**dracht**
women's wear. ▼—**gek** womanizer.
▼—**gestalte** woman's figure, female figure.
▼—**gril** woman's whim. ▼—**haar** woman's
hair. ▼—**hand** woman's hand. ▼—**handel**
traffic in women, white-slave traffic.
▼—**handelaar** white slaver. ▼—**hart**
woman's heart. ▼—**hater** misogynist,
woman-hater. ▼—**hoed** lady's hat. ▼—**jager**
woman-chaser. ▼—**kenner** connoisseur of
women. ▼—**kiesrecht** woman suffrage; the
women's vote. ▼—**kleding** women's dress.
▼—**kliniek** women's clinic. ▼—**klooster**
convent for women, nunnery. ▼—**koor** female
choir. ▼—**kwaal** woman's complaint.
▼—**logica** female logic. ▼—**mantel** lady's
coat. ▼—**rok** skirt; (*onderrok*) petticoat.
▼—**schender** ravisher. ▼—**schending**
ravishment, rape ▼—**tehuis** women's hostel.
▼**vrouw/lief** the wife; (*aanspraak*) my dear.
▼—**mens**, — **spersoon** woman, female.
▼—**tje** little woman; (*aanspraak*) my good
woman; my dear. ▼—**volk** womenfolk.
vrucht fruit; — *dragen*, —*en afwerpen*, bear f.;
de —en plukken van, (*fig.*) reap the fruits of;
aan hun —en zult gij ze kennen, (*bijb.*) ye shall
know them by their fruits; *met —*, with
success, successfully; *zonder —*, fruitless(ly).
▼—**afdrijving** abortion. ▼**vruchtbaar**
fruitful, fertile, prolific (writer). ▼—**heid**
fruitfulness, fertility. ▼**vrucht/beginsel**
ovary. ▼—**boom** f.-tree. ▼—**dragend**
f.-bearing. ▼**vruchteloos** fruitless, vain,
ineffectual. ▼—**heid** fruitlessness, futility.
▼**vruchtemesje** fruit-knife.
▼**vruchten/bowl** fruit-cup. ▼—**compôte**
f.-salad. ▼—**drank** f.-drink. ▼—**gebak** f.-cake.
▼—**gelei** jam, f.-jelly. ▼—**sla** f.-salad.
▼—**stroop** f.-syrup. ▼—**taart** f.-tart. ▼—**wijn**
cider. ▼**vruchtesap** fruit-juice.
▼**vrucht/gebruik** usufruct. ▼—**gebruiker**
usufructuary. ▼—**hout** fruiting wood.
▼—**vlees** pulp. ▼—**vorming** fructification.
V.S. U.S.(A.).
vue: *à — spelen*, play at sight.
vuig sordid, vile, base. ▼—**heid** ...ness.
vuil I *bn* dirty, grimy; (*erg —*) filthy; foul
(weather, language); addled (egg); smutty
(joke, story); — *e proef*, galley proof; —*e
streek*, d. trick; — *goed*, d. (soiled) linen; —*e
was*, d. clothes. **II** *bw*: *hij keek me — aan*, he
gave me a d. look. **III** *zn* dirt, grime, filth.
▼—**bek** foulmouthed fellow. ▼—**bekken** talk

smut. ▼—**bekkerij** smutty talk. ▼—**heid**
dirtiness. ▼—**ik** dirty fellow; (*fig.*) skunk.
▼—**maken** (make) dirty, soil; *laten we er geen
woorden meer aan —*, let us waste no more
words over it.

vuilnis dirt, rubbish. ▼—**bak** dust-bin; (*Am.*)
ashcan. ▼—**belt** rubbish-dump. ▼—**blik**
dustpan. ▼—**emmer** dust-bin. ▼—**hoop**
rubbish-heap. ▼—**kar** dustcart. ▼—**man**
refuse-collector, (*spreekt.*) dustman.
▼—**stortplaats** refuse dump. ▼—**vat**
dust-bin. ▼—**wagen** refuse lorry. ▼—**zak**
refuse sack (bag).

vuil/poes dirty little toad. ▼—**tje** speck of dust,
grit; *er is geen — aan de lucht*, it's all serene.

vuilverbranding incineration of refuse.
▼—**sinrichting** incinerator. ▼—**soven**
(refuse) incinerator, destructor.

vuilwateremmer slop-pail.

vuist fist; *met de — op tafel slaan*, bang the
table; *voor de — weg*, off-hand. ▼—**gevecht**
prize-fight. ▼—**je**: *in zijn — lachen*, laugh in
(up) one's sleeve. ▼—**slag** punch, blow with
the f. ▼—**vechter** pugilist.

vulcaniser/en vulcanize. ▼—**ing**
vulcanization.

vulgair vulgar. ▼**vulgari/seren** vulgarize.
▼—**teit** vulgarity.

vulkaan volcano. ▼**vulkanisch** volcanic.

vull/en fill; (*tand*) fill, stop; (*gevogelte*) stuff;
zich —, fill. ▼—**ing** filling, stopping, stuffing.

vulpen/(houder) fountain-pen. ▼—**inkt**
fountain-pen ink. ▼**vulpotlood** propelling
pencil.

vulsel (*v. gevogelte*) stuffing.

vuns, vunzig musty, fusty. ▼—**heid** mustiness,
fustiness.

vuren I *ww* fire (at). II *bn* deal. ▼—**hout** deal.

vurig (*lett. en fig.*) fiery; (*alleen fig.*) ardent
(love), spirited (speech), fervent (faith); (*v.
huid*) inflamed. ▼—**heid** fieriness; ardour,
spirit, fervency; inflammation.

vuur fire; (*fig. ook*) ardour, warmth; (*in hout*)
dry rot; (*in koren*) blight; *kunt u mij een —tje
geven?*, can you give me a light?; *iem. het —
na aan de schenen leggen*, make it hot for a p.;
zich het — uit de sloffen lopen, run one's legs
off; *— maken*, make a f.; *het — openen op*,
open f. (at, on); *haar ogen schoten —*, her eyes
flashed f. (were blazing); *het — staken*, cease
f.; *— vatten*, catch f., (*fig.*) flare up; *'n hoofd als
— krijgen*, blush crimson; *wat bij het — doen*,
mend the f.; *door het — gaan voor iem.*, go
through f. and water for a p.; *in — geraken over
een onderwerp*, warm up to a subject; *in het —
van het debat*, in the heat of the debate; *in —
en vlam staan*, be ablaze; *met — spelen*, play
with f.; *onder — nemen* (*zijn*), take (be) under
f.; *te — en te zwaard verwoesten*, put to f. and
sword; *tussen twee vuren*, between two fires,
between the devil and the deep sea; *vol — zijn
over*, be enthusiastic about; *ik heb wel voor
hetere vuren gestaan*, I have been in warmer
corners (in worse predicaments).

▼**vuur/aanbidder** fire-worshipper.
▼—**aanbidding** f.-worship. ▼—**bak**
beaconlight. ▼—**bal** fire ball. ▼—**bestendig**
f.-proof. ▼—**bol** ball of f. ▼—**doop** f.-baptism.
▼—**eter** f.-eater. ▼—**gloed** glare, blaze.
▼—**haard** f.-place, (*bij brand*) set of the f.
▼—**kogel** f.-ball. ▼—**kolom** pillar of f.
▼—**kracht** (*mil.*) firing-power. ▼—**leiding**
f.-control. ▼—**leidingsvliegtuig** gunnery
spotter, spotting plane. ▼—**linie** firing-line.
▼—**mond** gun. ▼—**pad** f.-toad. ▼—**pan**
brazier. ▼—**peloton** firing-squad. ▼—**pijl**
rocket. ▼—**plaat** hearth-plate; (*v. locomotief*)
foot-plate. ▼—**proef** f.-ordeal; (*fig.*) crucial
test, ordeal; *de — doorstaan*, pass through the
ordeal, stand the test. ▼—**rood** (as) red as f.
▼—**schip** lightship. ▼—**slag** flint and steel.
▼—**snelheid** rate of f. ▼—**spuwend**
f.-spitting; *—e berg*, volcano. ▼—**steen** flint.
▼—**storm** fire storm. ▼—**toren** lighthouse.
▼—**torenwachter** lighthouse-keeper.
▼—**vast** f.-proof; *—e steen*, f.-brick. ▼—**vlieg**

f.-fly. ▼—**vreter** f.-eater. ▼—**wals** creeping
barrage. ▼—**wapen** f.-arm. ▼—**werk** f.works.
▼—**zee** sea of f. ▼—**zuil** pillar of f.

v.v. vice versa.

v-vormig V.-shaped.

VVV Tourist Information (Bureau).

waad/baar fordable. ▼—**vogel** wading-bird.
waag 1 (*weegschaal*) balance; **2** (*gebouw*) weigh-house; **3** *een hele* —, a risky undertaking. ▼—**geld** weighage. ▼—**hals** dare-devil. ▼—**halzerig** dare-devil.
▼—**halzerij** recklessness. ▼—**meester** weigh-master. ▼—**schaal**: *zijn leven in de* — *stellen*, jeopardize (risk) one's life. ▼—**stuk** venture, risky thing.
waaien blow; (*v. vlag, enz.*) fly, flutter; (*met waaier*) fan; *laten* —, hang out (a flag); *laat maar* —!, let it rip!; *alles maar laten* —, let things drift; *'t waait hard*, it is blowing hard; *'t zal er* —, (*fig.*) there will be a shindy; *waar kom jij vandaan* —?, where do you spring from?; *waait de wind uit die hoek?*, sits the wind there? ▼**waaier** fan. ▼—**palm** f.-palm.
▼—**vormig** I *bn* f.-shaped. II *bw* f.-wise.
waak watch, vigil. ▼—**hond** watch-dog. ▼—**s** watchful. ▼—**vlam** pilot flame. ▼**waakzaam** watchful, vigilant. ▼—**heid** watchfulness, vigilance.
Waal Walloon. ▼—**s** Walloon.
waan delusion; *iem. in de* — *brengen dat…*, lead a p. to believe that…; *in de* — *verkeren dat…*, be under the delusion (impression) that…; *iem. uit de* — *helpen*, undeceive a p.
▼—**denkbeeld** fallacy. ▼—**voorstelling** delusion. ▼—**wijs** conceited, opinionated. ▼—**wijsheid** conceit.
waanzin lunacy, insanity, madness. ▼—**nig** lunatic, insane, mad. ▼—**nige** madman, lunatic. ▼—**nigheid** lunacy, madness.
waar I *bn* true; *'n ware opluchting*, a real (veritable) relief; *'n* — *juweeltje*, a very gem; *je kent hem, nietwaar?*, you know him, don't you?; *dat is* — *ook!*, **1** that reminds me (I must ask John), **2** of course (he is not at home); *dat zal* — *zijn!*, you bet!; *dat is je ware!*, that's the ticket!; *er is niets van* —, there is not a word of truth in it; *'n bewering* — *maken*, prove (make good) an assertion; *iets voor* — *aannemen*, take s.th. for granted; *iets voor* — *houden*, hold s.th. true. II *bw* where. III *vgw* (*aangezien*) since, as. IV *zn* merchandise, goods, wares; *prima* —, prime stuff; *alle* — *is naar zijn geld*, everything has its value; *iem.* — *voor zijn geld «even*, give a p. value for his money; *hij kreeg* — *voor zijn geld*, he got his money's worth, (*fig.*) he got a good run for his money.
waar/aan (*betr. vnw*) to (at, of, etc.) which –whom); (*vr. vnw*) to (at, of, etc.) what.
▼—**achter** (*v. pers.*) behind whom; (*v. zaken*) behind which.
waarachtig I *bn* true, real; *'t is de* — *waarheid*, it is gospel truth. II *bw* truly, really, indeed; *hij geloofde het* — *ook*, he actually believed it; *ik weet 't* — *niet*, I'm sure I don't know; —, *hij is het!*, sure enough, it's him!; — *niet!*, not a bit of it! ▼—**heid** veracity.
waarbij (*vragend*) by (near, at, etc.) what; (*betrekkelijk*) by (near, at, etc.) which (whom); — *men in aanmerking moet nemen*, taking into account; — *nog komt, dat het onmogelijk is*, besides, it is impossible.
waarborg guarantee, warrant. ▼—**en** guarantee, warrant. ▼—**fonds** g.-fund.

▼—**maatschappij** insurance-company.
▼—**som** security, (*bij aankoop, enz.*) deposit.
waarboven (*vragend*) over (above) what; (*betrekkelijk*) over (above) which (whom).
waard I *zn* **1** landlord, host; *zoals de* — *vertrouwt hij zijn gasten*, you measure my corn by your bushel; *buiten de* — *rekenen*, reckon without one's host; **2** (*woerd*) drake; **3** (*rivierwaard*) holm; (*uiterwaard*) foreland, foreshore. II *bn* worth; —*e vriend*, dear friend; —*e Heer*, Dear Sir; *mijn* —*e*, my dear fellow; *'t is een bezoek* —, it's w. a visit; *'t is* — *om te proberen*, it's w. trying; *uw aandacht* —, worthy of your attention; (*het was erg vermoeiend*) *maar het was het* —, but it was well worth it, well worth the effort; *persoonlijkheid is veel* —, personality is a great asset; *hij is niet veel* — *als leraar*, he is not much good as a teacher; *niets* —, w. nothing; *ik voel me niets* —, I'm all in; *zulke lieden zijn goud* —, such men are worth their weight in gold; *dit is nauwelijks een kopje* —, this scarcely rates a headline.
waarde value, worth; (*met*) *aangegeven* —, (with) declared value; *belastbare* — *v.e. huis* (*pand*), ratable value of a house (of the premises); *nominale* — (*v. geld*), face (nominal) value; —*n*, securities, stocks; — *hebben*, be of v.; — *hechten aan*, set v. on, set store by, attach value to; *in* — *houden*, value; *naar* — *schatten*, value; *de* — *van geld kennen*, know the value of money; *in* — *achteruitgaan*, depreciate (lose) in value; *onder de* —, below the v.; *op de juiste* — *schatten*, rate at its true v.; *ter* — *van…*, to the v. of…; *dingen van* —, things of v., valuables.
▼—**bepaling** valuation, evaluation. ▼—**bon** gift coupon. ▼—**daling** devaluation.
waardeerbaar valuable.
waarde/leer theory of value. ▼—**loos** worthless, valueless; — *maken*, cancel stamps; invalidate (argument, contract). ▼—**loosheid** worthlessness, invalidity. ▼—**meter** standard of value. ▼—**oordeel** value judgement.
▼—**papieren** securities.
waarder/en (*taxeren*) value, estimate; (*door schatter*) appraise (*op*, at); (*examenwerk*) mark (papers); (*op prijs stellen*) appreciate, value. ▼—**ing** valuation, estimation; appraisal; appreciation; marking; *met* — *spreken over*, speak with appreciation of; *uit* — *voor*, in appreciation of.
waarde/schaal scale of values.
▼—**standaard** standard of value. ▼—**theorie** theory of value(s). ▼—**toename**, —*vermeerdering* appreciation, increase in value. ▼—**vast** stable, index-linked; — *pensioen*, index-linked pension.
▼—**vermindering** depreciation, decrease in value. ▼—**verschil** difference in value. ▼—**vol** valuable. ▼—**vrij** devoid of (free from) value judgements. ▼—**zegel** coupon.
waardig worthy, dignified. ▼—**heid** dignity; (*innerlijk*) worthiness; (*ambt*) dignity; *beneden mijn* —, beneath my d.
▼—**heidsbekleder** dignitary.
waardin landlady, hostess.
waardoor (*vragend*) through (by) what; (*betrekkelijk*) through (by) which.
waarheen where, whereto.
waarheid truth; — *als een koe*, truism; *om je de* — *te zeggen*, frankly; to tell you the t.; *ik zal hem eens flink de* — *zeggen*, I'll give him a piece of my mind; *beneden de* — *blijven*, understate; *naar* —, truthfully. ▼—**lievend** truthful. ▼—**sliefde** t.ness, veracity. ▼—**szin** sense of truth.
waar/in in which, wherein. ▼—**langs** past (along) which.
waarlijk truly; actually; *zo* — *helpe mij God almachtig!*, so help me God!
waarmaken prove.
waarmerk stamp; (*op goud, enz.*) hall-mark.
▼—**en** stamp, attest, certify; (*goud, enz.*) hall-mark; *gewaarmerkt afschrift*, certified copy. ▼—**ing** stamping, attestation,

certification; hall-marking.
waar/na after which. ▼—**naar** to which.
▼—**naast** beside which.
waarneembaar perceptible. ▼—**heid**
perceptibility. ▼**waarnem/en/1** perceive,
observe; (*gadeslaan*) watch; 2 (*plichten, enz.*)
perform; *iem.'s belangen —*, look after a p.'s
interests; *de gelegenheid —*, avail o.s. of the
opportunity; *zijn kans —*, take one's chance;
een betrekking tijdelijk —, fill a place
temporarily; *het voorzitterschap (enz.) voor
iem. —*, deputize as chairman for a p.; *voor iem.
tijdelijk —*, replace a p. temporarily. ▼—**end**
deputy, acting. ▼—**er 1** observer; **2** deputy.
▼**waarneming 1** observation, perception;
2 performance (of duties); deputizing.
▼—**sballon** observation-balloon. ▼—**spost**
observation-post. ▼—**svermogen** power of
perception.
waarom why.
waar/omheen (*vragend*) round what;
(*betrekkelijk*) round which. ▼—**omtrent**
about which. ▼—**onder** (*lett.*) under which;
(*fig.*) among which. ▼—**op** on which.
▼—**over** (*lett.*) across which; (*fig.*) about
which.
waarschijnlijk probable, likely. ▼—**heid**
probability, likelihood; *naar alle —*, in all
p. (likelihood).
waarschuwen warn, caution (against); *iem.
duidelijk —*, give a p. fair warning; *je bent
gewaarschuwd*, I've warned you; *ik heb je
behoorlijk gewaarschuwd*, I've given you fair
(ample) warning; *de politie —* (*kennis
geven*), notify the police; *—de verschijnselen*,
warning (danger) signals (of disease);
promonitory symptoms; *een —de stem laten
horen*, sound a warning note; *een
gewaarschuwd man telt voor twee*,
forewarned is forearmed. ▼**waarschuwing**
warning; (*v. belasting*) demand-note; *laatste
—*, final notice. ▼—**sbord** warning-sign; (*bij
opgebroken weg, enz.*) road-danger sign.
▼—**scommando** caution. ▼—**slicht** warning
light.
waarzegg/en tell fortunes; *iem. —*, tell a p.'s
fortune. ▼—**er** fortune-teller. ▼—**erij**
fortune-telling.
waas (*over 't veld*) haze; (*op perzik, enz.*)
bloom; (*voor de ogen*) mist; (*fig.*) (*romantic*)
glamour; *in een — van geheimzinnigheid
hullen*, wrap in a veil of secrecy.
wacht watchman; (*scheeps-*) watch; (*mil.*)
sentry; (*collectief*) guard; (*—huis*)
guard-house; (*toneel*) cue; *honden—*, middle
watch; *optrekkende (inrukkende) —*, (*mil.*)
relieving (coming-off) guard; *platvoet—*,
dog-watch; *de — aflossen*, relieve guard; (*op
schip*) relieve the watch; *de — betrekken*,
mount guard; *de — hebben*, be on guard,
(*scheepv.*) be on watch; *de — houden*, keep
watch; *de — overnemen*, take over guard; *in
de — slepen*, (*fig.*) carry off (first prize), bag,
scoop; *op — staan*, stand guard, be on duty;
van de — komen, come off guard.
▼—**commandant** commander of the guard;
(*in politiebureau*) station officer. ▼—**dienst**
guard-duty; (*op schip*) watch.
wachten wait; *wacht even*, just a minute
(please), (*fam.*) hold on, (*tel.*) hang on a
minute; *wacht eens even*, wait a moment;
wacht maar!, you just w.; *iem. laten —*, keep a
p. waiting; *dat kan* (*wel*) *—*, that can wait,
there's no hurry; *hij weet wat hem te — staat*,
he knows what he is in for, what he is up
against; *er staat je iets te —*, there is s.th. in
store for you; *ik wacht me er wel voor hem te
schrijven*, I know better than to write to him; *er
staat mij een erfenis te — van mijn oom*, I am
going to inherit from my uncle; *er staat u een
zware taak te —*, a heavy task is awaiting you;
wacht met gaan tot…, wait and go till…; *wacht
niet te lang met kopen*, do not wait too long
before you buy; *te lang — met iets*, delay s.th.
too long; *— op*, w. for; *op zich laten —*, (*v.
pers.*) keep the company waiting; *zij heeft wat*

van haar oom te —, she has expectations from
her uncle; *zich — voor*, (be on one's) guard
against; *wacht u voor zakkenrollers!*, beware
of pickpockets! ▼**wacht/er** watchman;
(*park—*) keeper. ▼—**geld** retaining pay,
half-pay; *iem. op — zetten*, lay off a p.
▼—**hebbend** on duty. ▼—**huisje**
tram-shelter; watchman's hut; (*mil.*)
sentry-box. ▼—**kamer** waiting-room. ▼—**lijst**
waiting-list. ▼—**lokaal** waiting-room.
▼—**meester** sergeant. ▼—**parade**
guard-parade. ▼—**post** watch-post.
▼—**schip** guard-ship. ▼—**tijd** waiting time.
▼—**woord** (*mil.*) pass-word; (*leus*)
catchword, slogan.
wad mud-flat; *de W—den*, the (Dutch)
Shallows.
Waddeneilanden: *de —*, the Frisian Islands.
waden wade, ford.
waf (*waf*)! bow-wow!
wafel waffle, wafer. ▼—**bakker** w.-baker.
▼—**kraam** w. -booth.
wagen I *ww* risk, venture, hazard; *waag 't
eens!*, I dare (defy) you to do it!; *waag 't niet!*,
don't you dare!; *zijn leven —*, risk one's life; *die
waagt die wint*, fortune favours the bold; *die
niet waagt die niet wint*, nothing venture
nothing have; *zich — aan*, v. upon (a task);
zich buiten —, v. out; *ik zal het er maar op —*,
I'll risk it. **II** *zn* carriage, coach; (*vracht—*)
wag(g)on, van; (*licht —tje*) cart; (*tram—*) car;
(*auto*) car; *krakende —s duren het langst*,
creaking doors hang longest.
wagen/as axle-tree. ▼—**bestuurder** driver.
▼—**huis** coach-house. ▼—**lading** cart-load.
▼—**maker** cartwright. ▼—**makerij**
cartwright's shop. ▼—**menner** driver. ▼—**rad**
cart-wheel. ▼—**schot** wainscot. ▼—**smeer**
axle-grease. ▼—**spoor** cart-rut. ▼—**stel**
carriage-frame. ▼—**tje** (*supermarkt*) trolley,
(*kinder—*) push-chair, (*Am.*) buggy. ▼—**vol**
cart-load. ▼—**wijd** wide; — *openzetten*, open
wide. ▼—**ziek(te)** train (car) sick(ness).
waggelen totter, stagger, reel; (*v. klein kind*)
toddle; (*wiel, tafel*) wobble.
wagon carriage; (*goederen*) van; (*open —*)
truck. ▼—**lading** waggon-load, truck-load.
wak hole (in the ice).
wak/e watch, vigil. ▼—**en** wake, watch; *— bij*,
sit up with; watch by; *— over*, watch over; *—
tegen*, (be on one's) guard against; *ervoor —
dat…*, take care that… ▼—**end** wakeful;
watchful; *'n — oog houden op*, keep a
watchful eye on. ▼—**er** watchman.
wakker awake; (*flink*) smart; (*waakzaam*)
alert, watchful; *de herinnering — houden aan*,
keep the memory alive of; *— maken*, wake
(up); *— roepen*, wake; (*fig.*) evoke, recall;
— schudden, rouse, shake a.; *— worden*, wake
up. ▼—**heid** alertness; smartness.
wal (*v. vesting*) rampart; (*dijkje*) embankment;
(*oever*) bank, shore, coast; (*kade*) quay;
(*onder de ogen*) bag; *aan — (gaan)*, (go)
ashore; *aan — brengen*, land; *aan lager —
geraken*, (*fig.*) come down in the world; *aan
lager — zijn*, (*fig.*) be on the rocks, (*'t schip*)
lag uit de —, stood off-shore; *van de — in de
sloot raken*, fall out of the frying-pan into the
fire; *van — steken*, push off; *steek maar van
—!*, fire away!; *van twee —len eten*, run with
the hare and hunt with the hounds.
waldhoorn French horn.
Walenland Wallonia.
walg loathing, disgust. ▼—**(e)lijk** disgusting,
loathsome. ▼—**en**: *'t doet me —*, *ik walg ervan*,
I loathe it; *it makes me sick; tot —s toe*, to
loathing, ad nauseam. ▼—**ing** loathing,
disgust. ▼—**ingwekkend** disgusting,
loathsome.
walkant waterside.
walkure Valkyrie.
walm (*dense*) smoke, smother. ▼—**en** smoke.
walnoot walnut.
walrus walrus.
wals 1 (*dans*) waltz; **2** road-roller. ▼—**en
1** (*dansen*) waltz; **2** roll. ▼—**erij**, —**fabriek**

rolling-mill. ▼—**ijzer** rolled iron. ▼—**machine**
rolling-machine.
walsmuziek waltz music.
walsstaal rolled steel.
walstempo waltz time.
walvis whale. ▼—**achtig** w.-like, cetaceous.
▼—**been** whalebone. ▼—**spek** blubber.
▼—**traan** w.-oil. ▼—**vaarder** whaler.
▼—**vaart** whaling, whale-fishing. ▼—**vanger**
w.-catcher. ▼—**vangst** w.-fishery, whaling.
▼—**vlees** w.-flesh.
wambuis jacket.
wan winnow.
wan/bedrijf outrage. ▼—**begrip** fallacy.
▼—**beheer,** —**beleid** mismanagement.
▼—**bestuur** misgovernment. ▼—**betaler**
defaulter. ▼—**betaling** non-payment; *bij* —,
in case of non-p. ▼—**bof** bad (hard) luck.
▼—**boffen** have bad luck. ▼—**boffer** unlucky
fellow.
wand wall; face; *we beklommen de zuid— v.d.
berg,* we climbed the south face of the
mountain.
wandaad misdeed, outrage.
wandbekleding w.-lining.
wandel walk; (*levens—*) conduct; *aan de —
zijn,* be out for a w. ▼—**aar** walker. ▼—**dek**
promenade deck. ▼—**dreef** walk. ▼—**en** walk;
gaan —, go for a w.; *—de encyclopedie,*
walking encyclopaedia; *—de nier,* floating
kidney; *de W—de Jood,* the wandering Jew.
▼—**gang** lobby. ▼—**hoofd** promenade pier.
▼—**ing** walk; *een — doen,* take a w.; *een —
gaan doen,* go for a w. ▼—**kaart** road-map;
(*—vergunning*) licence. ▼—**kostuum** (*v.
dame*) walking-dress; (*v. heer*) lounge-suit.
▼—**pad** foot-path. ▼—**plaats** promenade.
▼—**route** walk; *duidelijk aangegeven —,*
clearly signposted walk; *een — uitzetten,*
signpost a walk. ▼—**schoenen** walking-
shoes. ▼—**sport** hiking. ▼—**stok**
walking-stick, cane. ▼—**tocht** walking-tour.
▼—**toerist** walking tourist, hiker. ▼—**weg**
walk.
wand/gedierte bugs. ▼—**kaart** wall-map.
▼—**kalender** wall-calendar. ▼—**luis** bug.
▼—**tapijt** hanging(s), tapestry. ▼—**versiering** mural decoration.
wanen fancy, imagine.
wang cheek. ▼—**been** c.-bone.
wan/gedrag misconduct, misbehaviour.
▼—**gedrocht** monster. ▼—**gunst** envy.
▼—**gunstig** envious.
wangzak cheek-pouch.
wanhoop despair. ▼—**sdaad** act of d.
▼—**skreet** cry of d. ▼**wanhopen** despair.
▼**wanhopig** despairing, desperate. ▼—**heid**
despair, desperateness.
wankel shaky (position); tottering (walls);
insecure, delicate (health). ▼—**baar** unstable,
unsteady. ▼—**baarheid** unsteadiness,
instability. ▼—**en** (*v. mensen*) stagger, totter,
reel; (*v. toren, stelsel*) totter; *van geen —
weten,* stand as firm as a rock; *doen —, aan 't
— brengen,* shake, (*fig.*) make (a p.) waver; *—
in zijn geloof,* waver in one's faith.
▼**wankelmoedig** wavering. ▼—**heid**
wavering, irresolution.
wanklank discordant sound; (*fig.*) jarring
(discordant) note; *'n — doen horen,* strike a
jarring note; *een — veroorzaken,* jar.
wanmolen winnowing mill.
wanneer when; (*indien*) if; — *hij ook komt,*
whenever he comes.
wann/en winnow. ▼—**er** winnower.
wanorde disorder. ▼—**lijk** disorderly.
▼—**lijkheid** disorderliness. ▼—**lijkheden**
disturbances, riots.
wanprestatie non-performance, default; —
plegen, make default; *schuldig zijn aan —,* be
in default. ▼**wanschapen** mis-shapen.
▼—**heid** deformity. ▼**wan/smaak** bad taste.
▼—**staltig(heid)** misshapen(ness).
want I *vgw* for. II *zn* **1** (*handschoen*) mitten;
2 (*tuig*) rigging; *hij weet van —en,* he knows
the ropes.

wantoestand abuse.
wantrouw/en *zn & ww* distrust, mistrust.
▼—**end,** —**ig** distrustful, suspicious.
▼—**igheid** .. ness.
wants bug.
wanverhouding disproportion; (*misstand*)
abuse.
wapen weapon, arm; *koninklijk —,* Royal
Arms; *het — der infanterie,* the infantry arms; *de
—s dragen,* bear arms; *—s dragen,* carry arms;
de —s neerleggen, lay down arms; *bij welk —
dient hij?,* what is his arm?; *iem. met zijn eigen
—s bestrijden,* fight a p. with his own
weapons; *naar de —s grijpen,* take up arms;
onder de —s komen, join the colours, join up;
onder de —s houden, retain with the colours;
onder de —s roepen, call up; *onder de —s zijn,*
be under arms; *op alle —en,* with all weapons;
te —!, to arms!; *te — roepen,* call to arms; *te —
snellen,* take up arms. ▼**wapen/broeder**
brother in arms. ▼—**drager** armour-bearer.
▼—**dos** full armour. ▼—**en arm;** (*beton*)
reinforce, armour; *zich —,* arm o.s., arm.
▼—**fabriek** arms factory. ▼—**fabrikant** arms
manufacturer. ▼—**feit** feat of arms.
▼—**gekletter** sabre-rattling. ▼—**geweld**
armed force, force of arms. ▼—**handel** arms
traffic. ▼—**ing** arming, armament; (*v. beton*)
reinforcement. ▼—**kamer** armoury.
▼—**koning** king-of-arms. ▼—**kreet** call to
arms. ▼—**kunde** heraldry. ▼—**kundige**
heraldist. ▼—**maker** armourer. ▼—**makker**
companion-in-arms. ▼—**rek** arm-rack.
▼—**rok** tunic. ▼—**rusting** armour. ▼—**schild**
(e)scutcheon, coat of arms. ▼—**schouwing**
review. ▼—**smid** armourer. ▼—**spreuk**
device. ▼—**stilstand** armistice; (*tijdelijk*)
truce. ▼**W—stilstandsdag** Armistice Day.
▼—**tuig** arms. ▼—**zaal** armoury.
wapperen wave, flutter, fly.
war: *in de — brengen* (*maken*), (*pers.*)
confuse; (*dingen*) mix up, disarrange; (*haar*)
rumple; (*plannen*) upset; *hij heeft de boel
(mooi) in de — gestuurd,* he has made a
(proper) mess of things; *in de — raken,* (*v.
pers.*) get confused, get muddled, (*v. dingen*)
get mixed up, (*v. touw*) get entangled; *alles
liep in de —,* everything got mixed up; *je bent
in de —,* you're wrong; *de zaak is hopeloos in
de —,* it's a hopeless muddle; *mijn maag is in
de —,* my stomach is out of order (upset); *'t
weer is helemaal in de —,* the weather is quite
unsettled; *uit de — maken,* disentangle.
warande park, pleasure-grounds.
warboel confusion, mess, muddle.
warempel actually.
waren I *ww* wander. II *zn* wares, goods.
▼—**huis** department-store. ▼—**kennis**
knowledge of commodities; (*leervak*) history
of c.
war/hoofd scatter-brain. ▼—**hoofdig**
scatter-brained. ▼—**hoop** confused heap.
warm warm (room, friend); hot (meal, spring,
bath); *de grond werd hem te — onder de
voeten,* the place became too hot for him; *'t —
hebben,* be w.; *— houden,* keep hot (warm);
de zaak — houden, keep the question to the
fore; *'t — krijgen,* get w.; *— lopen,* become
(over)heated; *— maken,* heat; *zich — maken
over een zaak,* get w. (steamed up) over a
question; *iem. — voor iets maken,* w. a p. up
for s.th.; *'t ging er — toe,* it was hot work there;
— aanbevelen, recommend warmly.
▼—**bloedig** warmblooded. ▼—**en** warm, heat.
warmoezenier market-gardener.
warmpjes warmly; *er — inzitten,* be warmly
dressed; (*fig.*) be comfortably off.
warmte warmth; (*nat.*) heat; (*fig.*) warmth.
▼—**besparing** h.-saving. ▼—**bron** source of
h. ▼—**capaciteit** thermal capacity.
▼—**eenheid** thermal unit, calorie. ▼—**energie**
thermal energy. ▼—**equator** thermal equator.
▼—**geleidend** heat-conducting.
▼—**geleider** conductor of h. ▼—**geleiding**
conduction of h. ▼—**gevend** h.-producing.
▼—**graad** degree of h. ▼—**isolatie** heat

insulation. ▼—**leer** theory of h. ▼—**meter** calorimeter. ▼—**straal** h.-ray. ▼—**toevoer** h.-supply. ▼ **warmwater/kraan** hot-water tap. ▼—**kruik** hot-water bottle.
warnet tangle, maze.
warrel/en whirl; 't *warrelde hem voor de ogen,* his brain reeled; *things swam before his eyes.* ▼—**ing** whirl(ing). ▼—**wind** whirlwind.
wars: — *van,* averse to (from).
war/taal gibberish, jargon. ▼—**winkel** muddle, mess, tangle.
was 1 (*bijen*—) wax; *slappe was,* dubbing; *hij zit goed in de slappe* —, he has plenty of dough; **2** wash, washing; *fijne* —, fine laundering; *schone* —, clean (fresh) linen; *de* — *doen,* do the washing; *in de* — *doen,* put (send out) to w.; *de* — *uitzoeken,* sort the linen; (*deze stof*) *blijft goed in de* —, washes, will wash; **3** (*v. rivier*) rise.
was/achtig waxy. ▼—**afdruk** impression in wax.
was/baar washable. ▼—**bak** wash-bowl. ▼—**beer** raccoon, washing-bear. ▼—**benzine** white spirit. ▼—**bord** wash(ing) board. ▼—**borstel** laundry-brush. ▼—**dag** washing-day.
wasdoek 1 (*met was doortrokken*) oil-cloth; **2** (*om te wassen*) wash-rag.
wasdom growth; *zijn volle* — *bereiken,* reach its full g.; *het is niet tot* — *kunnen komen,* it has not been able to develop.
wasecht washable, fast.
wasem steam, vapour. ▼—**en** steam. ▼—**kap** cooker hood (with extractor fan).
was/-en-strijkinrichting laundry. ▼—**geld** washing-money, laundry-money. ▼—**gelegenheid** washing-accommodation. ▼—**gerei** washing-things. ▼—**goed** wash(ing), laundry. ▼—**handje** washing-glove. ▼—**hok** wash-house. ▼—**inrichting** laundry.
waskaars wax-candle.
was/kan water-jug. ▼—**ketel** (wash-)boiler. ▼**waskleur** wax-colour. ▼—**ig** wax-coloured.
was/knijper clothes-peg. ▼—**kom** wash-basin. ▼—**kuip** wash-tub. ▼—**lap** face-cloth, face-flannel.
waslicht wax-light.
was/lijn clothes-line. ▼—**lijst** wash-list. ▼—**lokaal** wash-room.
waslucifer wax-match, vesta.
was/machine washing-machine. ▼—**man** laundry-man. ▼—**mand** laundry-basket. ▼—**middel** lotion, wash, detergent.
waspitje wax-light.
was/plank scrubbing-board. ▼—**poeder** washing powder.
wassen I *ww* **1** (*groeien*) grow; (*v. rivier*) rise; (*v. maan*) wax; **2** (*reinigen*) wash; **3** (*v. kaarten*) shuffle; *zich* —, — wash (o.s.); *de melk* —, water the milk. **II** *bn* wax(en).
wassenbeeld wax(en)figure. ▼—**enspel** wax-works.
was/ser washer. ▼—**serette** laundrette. ▼—**serij** laundry. ▼—**tafel** washing stand. ▼—**tafelglas** tooth glass. ▼—**tobbe** wash(ing-)tub. ▼—**vrouw** washer-woman. ▼—**water** wash-water. ▼—**zak** soiled-linen bag.
wat I (*in vragen en uitroepen*) what; — *is er?,* w. is it?, w. is the matter?; — *zal 't zijn?,* what's yours?; — *deed jij daar aan te komen!,* what business had you to touch it!; — *zou dat?,* w. of that?; — *zou 't al is hij oud?,* w. though he is old?; *van* — *voor schrijvers houd je?,* w. writers do you like?; — *is hij voor een man?,* w. sort of man is he?; *en* — *al niet!,* and w. not!; — *prachtig!,* how splendid!; — *een aardig huis!,* w. a nice house!; — *een boeken!,* w. a lot of books!; — *dans je goed!,* how well you dance! **II** (*betr. vnw*) what, which, that; — (*ook*) *maar,* whatever. **III** (*onb. vnw*) something, anything. **IV** (*onb. vnw bijvoeglijk*) some, any; *er is* — *van aan,* there is something in it; *geef haar ook* —, give her

some too; *blijf nog* —, stay a little longer; *speel nog* —, play some more; — *er ook gebeurt,* whatever happens. **V** *bw* a little; (*erg*) very, jolly; — *laat,* a little later; — *blij,* jolly glad.
watblief? beg pardon?
water water; *een* —, a (sheet of) w.; — *bij de melk doen,* w. the milk; *als* —*en vuur,* (they are) at daggers drawn; 't — *komt er me van in ee mond,* it makes my mouth w.; *dat wast al 't* — *van de zee niet af,* you can't get away from that; — *in zijn wijn doen,* moderate one's demands; — *geven,* water; (*v. brandspuit*) give w.; — *maken,* (*scheepv.*) make w.; — *inkrijgen,* (*v. drenkeling*) swallow w., (*v. schip*) make w.; — *trappen,* tread w.; *stille* —*s hebben diepe gronden,* still waters run deep; 't — *loopt altijd naar zee,* money begets money; — *naar zee dragen,* carry coals to Newcastle; *bang zijn zich aan koud* — *te branden,* be overcautious; *bij hoog* (*laag*) —, at high (low) tide; 't *hoofd boven* — *houden,* keep one's head above water; *weer boven* — *komen,* (*fig.*) pop up again; *in 't* — *vallen,* (*fig.*) fall to the ground, fall through; *zijn geld in 't* — *gooien,* throw one's money out of the window, pour one's money down the drain; *onder* — *staan,* be under w., be flooded; *onder* — *lopen,* be flooded; *onder* — *zetten,* inundate, flood; *op* — *en brood zetten,* put on bread and w.; *te* — *en te land,* by sea and land; *zich te* — *begeven, te* — *gaan,* take the w.; *te* — *laten,* launch; *diamant van 't zuiverste* —, diamond of the purest w. ▼ **water/aanvoer** water-supply. ▼—**achtig** watery. ▼—**afstotend** water-repellent. ▼—**afvoer** w.-drainage. ▼—**arm** poor in water. ▼—**bak** **1** cistern; **2** urinal. ▼—**bekken** w.-basin. ▼—**bel** bubble. ▼—**bloem** w.-flower. ▼—**bouwkunde** hydraulic engineering, hydraulics. ▼—**bouwkundig(e)** hydraulic (engineer). ▼—**brood** w.-bread. ▼—**chinees:** *rare* —, queer customer. ▼—**chocolade** w.-chocolate. ▼—**closet** w.-closet. ▼—**damp** vapour. ▼—**deeltje** w.-particle. ▼—**dicht** waterproof (coat); watertight (compartment). ▼—**drager** w.-carrier. ▼—**drop(pel)** drop of w. ▼—**eend** w.-pail. ▼—**en** *I* *ov.w* water. **II** *on.w* make water; *mijn ogen* —, my eyes water. ▼—**geus** sea-beggar. ▼—**glas** tumbler. ▼—**god** water-god. ▼—**godin** naiad. ▼—**golf** water-wave. ▼—**golven** *ww* w.-wave. ▼—**gruwel** w.-gruel. ▼—**hoen** moor-hen. ▼—**hoofd** hydrocephalus; *hij heeft een* —, he has water on the brain. ▼—**hoos** w.-spout. ▼—**houdend** aqueous. ▼—**ig** watery. ▼—**juffer** dragon-fly. ▼—**kan** w.-jug. ▼—**kanon** monitor, water-tower. ▼—**kant** w.-side; (*v. stad, enz.*) water-front. ▼—**karaf** w.-bottle. ▼—**kering** embankment, dam. ▼—**kers** w.cress. ▼—**koeling** w.-cooling; *motor met* —, w.-cooled engine. ▼—**kraan** w.-tap. ▼—**land** watery country. ▼—**landers** tears; *de* — *kwamen,* the w.-works were turned on.
waterleiding water-works. ▼—**buis** conduit-pipe; (*in straat*) water-main. ▼—**maatschappij** water-company.
water/lelie water-lily. ▼—**linie** inundation line. ▼—**lis** rush. ▼—**loop** w.-course. ▼—**lozing 1** drainage, **2** urination. ▼—**man** waterman; (*astr.*) Aquarius, the Water-carrier. ▼—**massa** mass of w. ▼—**meloen** w.-melon. ▼—**merk** w. mark. ▼—**lozing** w.-mill. ▼—**nimf** w.-nymph. ▼—**pas I** *zn* w.-level. **II** *bn* level. ▼—**paslijn** w.-level line. ▼—**peil** watermark. ▼—**plaats** urinal. ▼—**plant** w.-plant. ▼—**pokken** chicken-pox. ▼—**politie** w.-police. ▼—**polo** w.-polo. ▼—**pomptang** adjustable pipe wrench. ▼—**pot** chamber-pot. ▼—**proef** waterproof. ▼—**put** well. ▼—**rat** w.-rat. ▼—**reservoir** w.-tank, cistern. ▼—**rijk** watery. ▼—**salamander** newt. ▼—**schade** w.-damage. ▼—**schap** polder. ▼—**scheiding** watershed. ▼—**schildpad** turtle. ▼—**schouw** inspection of waterways. ▼—**schuw** afraid of

w. ▼—schuwheid hydrophobia. ▼—skiën go water-skiing. ▼—slang (dier) w.-snake; (ding) w.-hose, hose-pipe. ▼—snip snipe. ▼—snood flood(s). ▼—spiegel w.-level. ▼—spin w.-spider. ▼—sport w.-sport(s), aquatics. ▼—staat department for the maintenance of ways and waterworks. ▼—stand w.-level. ▼—stof hydrogen; —bom, hydrogen bomb, H-bomb. ▼—straal jet of w. ▼—tanden: 't doet mij —, it makes my mouth water. ▼—taxi taxi-boat, w.-taxi. ▼—tje streamlet; (preparaat) lotion, wash. ▼—toevoer w.-supply. ▼—ton w.-cask. ▼—tor w.-beetle. ▼—toren w.-tower. ▼—trappen tread water. ▼—val w.-fall. ▼—vang intake of water. ▼—verbruik consumption of w.

waterverf w.-colour(s); distemper. ▼—schilder w.-colourist. ▼—schilderij w.-colour. ▼—tekening w.-colour drawing. **water/versering** refreshing of w. ▼—vervuiling pollution of w. ▼—verzachter water-softener. ▼—vlak sheet of w. ▼—vlek w.-stain. ▼—vliegtuig hydroplane, seaplane. ▼—vlo w.-flea. ▼—vloed great flood. ▼—vogel w.-bird. ▼—voorraad stock (supply) of w. ▼—voorziening water supply. ▼—vrees hydrophobia. ▼—weg w.-way; de Nieuwe W—, the New Waterway. ▼—werken (in park) ornamental waters; (anders) hydraulic works. ▼—wild w.-fowl. ▼—wilg w.-willow. ▼—wingebied water-catchment area. ▼—zoeker w.-finder, dowser. ▼—zonnetje watery sun. ▼—zucht dropsy. ▼—zuchtig dropsical.

watje piece of wadding.
watjekouw biff, sock.
watt watt.
watten cotton wool, wadding. ▼**watter/en** wad, quilt. ▼—ing wadding.
watt/meter wattmeter. ▼—uur watt hour. ▼—verbruik wattage.
wauwel/aar twaddler. ▼—en twaddle, blather.
WA-verzeker/en insure against third-party risks. ▼—ing third-party (liability) insurance.
waxinelichtje wax-light.
wazig hazy, foggy.
W.C. lavatory, w.c.
we we.
web web.
weck/en bottle. ▼—fles preserver.
wed (horse-)pond, watering-place.
wedde salary, pay.
wedd/en bet, lay a bet; ik wed (met je) om al wat je wilt, I'll bet (you) anything you like; — op, bet on. ▼—enschap bet, wager. ▼—er better.
we(d)er I zn weather. II bw again, once more.
weder/antwoord reply, rejoinder. ▼—dienst service in return; altijd tot — bereid, always ready to reciprocate. ▼—doop anabaptism. ▼—dopen rebaptize. ▼—doper anabaptist. ▼—geboorte re-birth. ▼—helft better half. ▼—hoor: 't hoor en — toepassen, hear both sides. ▼—instorting relapse.
wederker/en return. ▼—end (gram.) reflexive. ▼—ig mutual, reciprocal. ▼—igheid reciprocity.
weder/om again, once more. ▼—opbouw rebuilding, reconstruction. ▼—oprichting re-erection. ▼—opstanding resurrection. ▼—opvoering revival (of a play). ▼—opzeggens: tot —, until further notice. ▼—rechtelijk unlawful, illegal. ▼—rechtelijkheid unlawfulness, illegality. ▼—uitvoer re-export(ation). ▼—varen I zn experience(s). ▼—verkiesbaar re-eligible. ▼—verkoper retailer. ▼—vraag counter-question. ▼—waardigheid vicissitude. ▼—woord reply. ▼—zien I ww see (meet) again. II zn meeting again; tot —s, till we meet again; so long! ▼—zijds mutual, reciprocal.

wed/ijver competition. ▼—ijveren compete. ▼—loop running-match; (fig.) race, rush (for seats). ▼—ren race. ▼—strijd match, contest. ▼—strijdbeker sports-cup.
weduw/e widow; onbestorven —, grass widow. ▼—enpensioen widow's pension. ▼—goed dower. ▼—naar widower; onbestorven —, grass widower. ▼—naarschap widowerhood. ▼—schap, —staat widowhood. ▼—vrouw widow (woman).
wedvlucht homing-pidgeon race.
wee I zn woe; —en, labour pains; — degene die..., woe betide the man who... II bn sickly (smell, taste, sentimentality); faint (with hunger); (onwel) queer, qualmish; je wordt er — van, it's enough to make you sick.
weef/fout weaving-fault, flaw. ▼—getouw (weaving) loom. ▼—school textile school. ▼—sel tissue, texture, fabric; — van leugens, fabric (tissue) of lies. ▼—spoel shuttle. ▼—ster weaver. ▼—stoel (weaving) loom.
weegbree plantain.
weegs: hij ging zijns —, he went on his way; zij gingen ieder huns —, they went their several ways; een eind — vergezellen, accompany (a p.) part of the way.
weegschaal (pair of) scales, balance; (astr.) Libra, the Scales.
weeheid sickliness; faintness.
week I zn 1 (tijdperk) week; de Goede (Stille) W—, Holy W.; verleden (volgende) —, last (next) w.; door (in) de —, during (in) the w., on w.-days; — in, — uit, w. in, w. out; om de —, every w.; over een —, in a week's time; vandaag over een —, to-day week; een vakantie van een —, a week's holiday; vandaag voor een —, to-day a week; 2 (het weken): de was in de — zetten, put the clothes in to soak. II bn soft; (fig.) soft, weak.
week/blad weekly (paper). ▼—dag week-day.
weekdier mollusc.
week/eind week-end. ▼—eindhuisje week-end cottage. ▼—geld weekly wages; (zakgeld, enz.) weekly allowance.
week/hartig soft-hearted. ▼—hartigheid softness. ▼—heid softness.
week/huur weekly rent. ▼—kaart weekly ticket.
weeklacht lamentation, wailing. ▼**weeklagen** lament, wail.
week/loon weekly wages. ▼—markt weekly market. ▼—overzicht weekly survey. ▼—staat weekly return.
weelde luxury; (overvloed) profusion, wealth; (v. plantengroei) luxuriance; (geluk) bliss; een — van kleuren, a riot of colour; ik kan mij die — niet veroorloven, I can't afford it. ▼—artikel luxury. ▼—belasting l.-tax. ▼**weelderig** luxurious (life); sumptuous (apartments); luxuriant (hair, growth). ▼—heid luxuriousness, luxury, luxuriance.
weemoed melancholy, sadness. ▼—ig melancholy, sad. ▼—igheid zie weemoed.
Weens Viennese.
weer I zn 1 weather; — of geen —, in all weathers; — en wind dienende, weather permitting; een tijdje (periode van) mooi —, a spell of fine weather; als het — het toelaat, weather permitting; in — en wind, in all sorts of weathers; bij gunstig —, in favourable w.; wat voor — is 't?, what's the w. like?; het wordt ander — (we krijgen ander —), the weather is changing, (slechter weer) the weather is breaking; het is mooi —, the weather is fine; 't — zit in de spiegel, the glass is blotchy; mooi — spelen, do the amiable; 2 (weerstand) zich te — stellen, offer resistance, make a stand; in de — zijn, (actie) be busy; al vroeg in de — zijn, be stirring early. II bw again.
weerbaar able-bodied. ▼—heid power of defence.
weerballon weather balloon.
weerbarstig unruly, refractory. ▼—heid unruliness, refractoriness.

weer/bericht weather-report. ▼**—bestendig** weatherproof.

weerga equal, peer, match; *hij is zonder* —, he is without an equal, he is unequalled.

weergaas *bn* deuced, devilish.

weergalm echo. ▼**—en** resound, re-echo.

weergaloos matchless, unequalled.

weergave reproduction. ▼**weergev/en** restore, return; (*fig.*) render (poem, symphony); represent (feeling, situation); reproduce (speech, letter); voice (public opinion); sum up (words); *iem.'s woorden onjuist* —, misrepresent a p. ▼**—er** (*v. grammofoon*) sound-box.

weerglas weather-glass.

weerhaak barb.

weerhaan weathercock; (*fig.*) time-server.

weerhouden hold back, restrain, stop; *dat zal mij niet — te gaan*, that will not keep me from going; *ik kon mij niet — te lachen*, I could not refrain from laughing.

weer/huisje weather-box. ▼**—kaart** w.-chart.

weerkaats/en reflect; (*v. geluid*) reverberate. ▼**—ing** reflection; (*v. geluid*) reverberation.

weer/klank echo; *— vinden*, find (meet with) a response. ▼**—klinken** resound, ring out.

weerkracht military strength.

weerkund/e meteorology. ▼**—ig** meteorological; *— instituut*, m. office. ▼**—ige** meteorologist, weather-expert.

weerlegg/en refute, disprove (an argument), meet (criticism). ▼**—ing** refutation.

weerlicht summer lightning; *als de* —, like (greased) lightning. ▼**—en** lighten.

weerloos defenceless. ▼**—heid** defencelessness. ▼**weer/macht** armed forces. ▼**—middelen** means of defence.

weerom back. ▼**—komen** come back, return. ▼**—slag, —stuit** rebound; *van de — lachen*, laugh in spite of o.s.

weeroverzicht weather synopsis.

weerpijn sympathetic pain.

weer/profeet weather-prophet. ▼**—satelliet** weather satellite.

weerschijn reflection, reflex, lustre. ▼**—en** reflect.

weer/schip weather ship. ▼**—sgesteldheid** weather conditions.

weerskanten *aan* —, on both sides. ▼**weerslag** *zie* terugslag.

weersomstandigheden weather conditions.

weerspann/ig refractory, recalcitrant. ▼**—ige** recalcitrant. ▼**—igheid** recalcitrance.

weerspiegel/en reflect. ▼**—ing** reflection.

weerspreken contradict (a p.); *dat valt niet te* —, that cannot be denied.

weerstaan resist. ▼**weerstand** resistance; *— bieden*, offer r.; *— bieden aan*, resist. ▼**—sfonds, —skas** fighting fund, (*staking*) strike-fund. ▼**—svermogen** endurance, staying power, stamina.

weerstreven oppose.

weersverandering change of weather.

weerszijden *zie* weerskanten.

weer/(s)verwachting ▼**—voorspelling** weather-forecast.

weerwil *in — van*, in spite of.

weerwolf wer(e)wolf.

weerwraak revenge, retaliation.

weerzien I *ww* see again. II *zn* meeting again; *tot —s*, till we meet again; (*fam.*) so long.

weerzin repugnance (to), reluctance; *met —*, reluctantly. ▼**—wekkend** repulsive, revolting.

wees orphan.

weesgegroet(je) Hail Mary.

wees/huis orphanage. ▼**—jongen** orphan-boy. ▼**—kind** orphan. ▼**—meisje** orphan-girl. ▼**—moeder (—vader)** matron (master) of an orphanage.

weet *het is maar een* —, it's only a knack; *aan de — komen*, find out. ▼**weetgierig** eager to learn, inquiring. ▼**—heid** eagerness for knowledge. ▼**weetje** *hij weet zijn — wel*, he knows his business, there are no flies on him.

weg I *zn* way, road; (*fig.*) way, course; *de —*

over land en over zee, the overland route and the sea route; *de openbare* —, the public highway; *de — banen (bereiden) voor*, pave the w. for; *z'n eigen — gaan*, go one's own w.; *'n — inslaan*, take a r., (*fig.*) adopt a c.; *z'n eigen — kiezen (zoeken)*, take one's own c., strike out for o.s.; *de slechte (verkeerde) — opgaan*, go wrong, go to the bad; *'n — volgen*, follow a r., (*fig.*) pursue a c.; *de — vragen (wijzen)*, ask (show) the w.; *waar een wil is, is een* —, where there is a will, there is a w.; *hij wist hier — noch steg*, he was an absolute stranger here; *geen — weten met*, be at a loss what to do with; *zij gingen huns weegs*, they went their various ways; *'n eind weegs vergezellen*, accompany part of the w.; *bij de — zijn*, be on the r.; *altijd bij de — zijn*, be always trapesing about; *in de — staan (zijn)*, be in the w., (*fig. ook*) hamper, handicap; *iem. in de — staan*, stand (be) in a p.'s w.; *ik heb je nooit een strobreed in de — gelegd*, I have never thwarted you in any w.; *loop me niet in de* —, don't get in my w.; *langs de* —, along the r., by the wayside; *onder— (op —) zijn*, be on the (one's) w., (*v. schip*) be under w.; *zich op — begeven*, set off, set out for; (*'t schip*) *was op — naar*, was bound for; *dat ligt niet op mijn* —, (*lett.*) it is not in my w., (*fig.*) it is not my business; *iem. op de rechte — brengen*, put him right, (*hervormen*) reclaim a p.; *iem. op de slechte — brengen*, lead a p. astray; *op de goede — zijn*, be on the right road; *zij zijn mooi op — om te...*, they are in a fair w. to..., they have gone a long w. towards...; *iem. uit de — blijven*, keep out of a p.'s way; *uit de — (gaan)*, (get) out of the w.; *uit de — ruimen*, (*pers., moeilijkheid*) get out of the w., remove (a p.), dispose of; (*misverstand*) clear up; *van de rechte — afdwalen*, (*fig.*) stray from the right path. II *bw* away; (*vertrokken*) gone; (*verloren*) gone, lost; *— moeten: ik moet weg*, I must be off; *hij moet hier weg*, he must go; *alles moet weg!*, all goods must be cleared!; *— mogen*, be allowed to go; *— ermee!*, away with it; *— met H.!*, down with H.!; *hij was helemaal* —, (*in de war*) quite at sea, (*bewusteloos*) (*Am.*) passed out; *ze was er — van*, she was crazy about it.

weg/arbeid road-work. ▼**—arbeider** r.-worker. ▼**—bedekking** r.-surfacing. ▼**—bereider** pioneer.

wegbergen put away.

wegberm border of the road, roadside; *zie* berm.

weg/blazen blow away. ▼**—blijven** stay away; *ik zal niet lang* —, I shan't be long. ▼**—bonjouren** send (a p.) about his business. ▼**—breken** pull down. ▼**—brengen** take (s.th.) away; see (a p.) off; (*schip*) scuttle.

wegcafé roadside cafe, (*met volledige verg.*) roadside inn.

wegcijferen ignore; *zichzelf* —, efface o.s.

wegdek road-surface.

weg/denken think away. ▼**—doen** put away, dispose of, scrap. ▼**—dragen** carry away; *iem.'s goedkeuring* —, meet with a p.'s approval. ▼**—drijven** I *ov.w* drive away. II *on.w* float away. ▼**—dringen, —duwen** push away. ▼**—duiken** dive (duck) away.

wegen weigh; *zwaar* —, (*eig.*) weigh (be) heavy; (*fig.*) weigh (count) heavily; *'t zwaarst —*, preponderate, come first; *wat 't zwaarst is moet 't zwaarst —*, first things first; *zwaarder — dan*, outweigh; *gewogen en te licht bevonden*, weighed and found wanting.

wegen/aanleg road-building. ▼**—atlas** road atlas. ▼**—belasting** road-tax. ▼**—bouw** road-building. ▼**—fonds** road fund. ▼**—kaart** road-map; (*belastingkaart*) road-fund licence. ▼**—net** network of roads.

wegens on account of, because of.

wegenwacht (*dienst*) A.A. (rescue) service; (*pers.*) A.A.-man, road-scout (A.A. = Automobile Association; *soortgelijke dienstverlening door* R.A.C. = Royal Automobile Club). ▼**—auto** A.A. (R.A.C.)

(service) patrol car. ▼—**station** A.A. (R.A.C.) service centre.

weg/fietsen cycle away. ▼—**fladderen** flutter away. ▼—**gaan** go away, leave; (*v. artikel*) be sold; *grif* —, sell readily; — *aan*, (*v. geld*) go in.

weggebruiker road-user.

weg/geven give away. ▼—**gooien** throw (fling) a.; *dat zou geld — zijn*, it would be a waste of money; *zichzelf* —, make o.s. cheap. ▼—**graaien**, —**grissen** grab. ▼—**graven** dig away. ▼—**haasten**: *zich* —, hasten away, hurry off. ▼—**halen** fetch away, remove. ▼—**hebben**: — van, resemble, look like; *'t heeft er veel van weg dat zij zullen winnen*, they look very much like winning. ▼—**hollen** scamper away. ▼—**ijlen** hurry away.

weging weighing.

wegjagen drive off, chase away; shoo (cats); (*personeel*) sack, fire; (*v. school* —) expel; (*uit het leger*) dismiss the service, drum out, cashier (an officer).

wegkant roadside, wayside.

weg/kapen snatch away, pinch. ▼—**kappen** chop away. ▼—**kijken**: *iem.* —, freeze a p. out. ▼—**knippen** (*met schaar*) cut off; (*met vinger*) flick away. ▼—**komen** get (come) away; *maak dat je wegkomt!*, clear out!, get out of here!; *hij maakte dat hij wegkwam*, he made himself scarce. ▼—**krijgen** get away; (*vlekken*) get out. ▼—**krabben** scratch out. ▼—**krimpen** shrink away. ▼—**kruipen** creep away.

wegkruising cross-roads.

weg/kuieren stroll away. ▼—**kunnen**: *ik kan niet weg*, I cannot get away. ▼—**kwijnen** pine away. ▼—**laten** leave (miss) out, omit. ▼—**lating** omission. ▼—**latingsteken** apostrophe. ▼—**leggen** lay (put) aside. ▼—**leiden** lead away.

wegligging (*v. auto*) roadholding, roadability.

weg/lokken lure (entice) away. ▼—**lopen** run away, make off; (*v. water*) run to waste; *erg* — *met*, make much of, be very enthusiastic about. ▼—**loper** deserter. ▼—**maken** (*zoekmaken*) lose, mislay; (*verduisteren*) embezzle; (*verwijderen*) remove; (*persoon*) anaesthetize. ▼—**moffelen** spirit (smuggle) away. ▼—**nemen** take away, remove; *dat neemt niet weg dat...*, that does not alter the fact that...

wegomlegging diversion. ▼**wegopzichter** road surveyor.

weg/pakken snatch away; *pak weg*, (*fam.*) say (thirty minutes); *pak je weg!*, clear out! ▼—**pesten** freeze a p. out. ▼—**pinken** brush away.

wegpiraat road-hog.

weg/raken miscarry, be mislaid. ▼—**redeneren** argue away. ▼—**reizen** leave.

wegrenner road-racer. ▼**wegrestaurant** road-house.

weg/rijden ride away, drive away. ▼—**roepen** call away. ▼—**roesten** rust away. ▼—**rotten** rot away. ▼—**ruimen** clear away. ▼—**ruiming** removal. ▼—**rukken** snatch away. ▼—**schenken** give away. ▼—**scheren** shave off; *zich* —, make off; *scheer je weg!*, clear out! ▼—**scheuren** (*lett. en fig.*) tear off. ▼—**schieten** I *ov.w* shoot away. II *on.w* dart off. ▼—**schoppen** kick away. ▼—**schrappen** scratch out. ▼—**schuilen** hide (from). ▼—**schuiven** shove away, push aside. ▼—**slaan** knock off; (*v. brug*) sweep away. ▼—**slepen** drag away; (*schip*) tow away. ▼—**slingeren** fling (hurl) away. ▼—**sluipen** steal (sneak) away. ▼—**sluiten** lock up, shut away. ▼—**smelten** melt away. ▼—**smijten** fling away. ▼—**snellen** hasten away. ▼—**snijden** cut away. ▼—**snoeien** prune away, lop off.

wegsplitsing fork, bifurcation.

weg/spoeden: *zich* —, speed away. ▼—**spoelen** I *ov.w* wash away. II *on.w* be washed away. ▼—**steken** put away. ▼—**stelen** steal. ▼—**sterven** die away; (*v.*

geluid) fade away, trail off ▼—**stevenen** sail away; (*fig.*) march off. ▼—**stomen** steam off. ▼—**stoppen** put away, hide. ▼—**stormen** dash away. ▼—**stouwen** stow away. ▼—**stuiven** dash off. ▼—**sturen** send away, dismiss. ▼—**teren** waste away. ▼—**toveren** spirit away. ▼—**trekken** I *ov.w* draw (pull) away. II *on.w* (*v. toeristen*) leave; (*v. troepen*) march away, pull out; (*v. pijn*) ease; (*v. bui*) blow over; (*v. mist*) lift. ▼—**vagen** sweep away; wipe out. ▼—**vallen** fall off; (*v. druk*) drop; (*fig.*) be left out, be omitted; *tegen elkaar* —, cancel each other.

weg/verbreding road-widening. ▼—**verkeer** road-traffic. ▼—**vernauwing** road-narrowing, bottle-neck. ▼—**versperring** road-block, barrier. ▼—**vervoer** road haulage, road transport. ▼—**verzakking** road subsidence.

weg/vliegen fly away; *het boek vliegt weg*, the book sells like hot cakes. ▼—**voeren** carry off. ▼—**vreten** eat away; (*v. roest*) corrode. ▼—**wassen** wash away.

wegwedstrijd road race.

wegwerken get rid of; (*wisk.*) eliminate; *een bal* —, clear.

wegwerker roadman.

wegwerp *bn* disposable. ▼—**artikel** disposable, throwaway (paper cup). ▼—**en** throw away, *zie* **weggooien**.

weg/wijs: — *zijn*, know one's way about; (*fig.*) know the ropes; *iem.* — *maken*, put a p. wise. ▼—**wijzer** sign, finger-post; (*boek*) manual, guide; (*reisgids*) guide; *van* —*s voorzien*, signpost.

wei (*v. melk*) whey; (*v. bloed*) serum.

wei(de) pasture, meadow; *in de* — *lopen*, be at grass. ▼—**grond** pasture. ▼**weiden** I *on.w* graze. II *ov.w* tend; *hij liet zijn ogen* — *over...*, he let his eyes travel over...

weids stately. ▼—**heid** stateliness.

weifel/aar waverer. ▼—**achtig** wavering, hesitating. ▼—**en** waver, hesitate. ▼—**ing** wavering, hesitation.

weiger/aar refuser. ▼—**achtig**: — *blijven*, persist in one's refusal; — *zijn*, refuse. ▼—**en** I *ov.w* refuse; reject (offer, goods); (*beleefd*) decline; *iem. de toegang* —, refuse a p. admittance. II *on.w* refuse; (*v. rem, enz.*) fail; (*v. vuurwapen*) misfire. ▼—**ing** refusal.

weiland pasture(-land).

weinig I *telw.* (*ev*) little; (*mv*) few. II *bw* little; — *maar uit een goed hart*, little but with a good heart; *het* —*e dat hij zag*, the little that he saw; *er is er een te* —, there is one short, *ik heb er drie te* —, I am three short; — *bekend*, little known; *slechts* — *ouder*, only a little older; *niet* — *boos*, not a little angry; *niet* —*en*, not a few; — *ridderlijk*, hardly (not very) chivalrous.

weit wheat.

weitas game-bag.

wekelijk *bn* soft, flabby. ▼—**heid** weakness.

wekelijks *bn* & *bw* weekly.

wekeling weakling, milksop.

weken soften, soak.

wekken wake, awake(n), rouse; (*herinneringen*) evoke; (*hoop, argwaan*) raise; (*verbazing, verontwaardiging*) create; (*belangstelling*) excite. ▼**wekker** (*pers.*) caller-up; (*klok*) alar(u)m (-clock).

wel I *bn* well; *ik ben* (*voel me*) *heel* —, I am (feel) quite w.; *als ik 't* — *heb*, if I am not mistaken; *'t is mij* —, it's all right (with me), I don't mind. II *bw* 1 (*goed*): *doe* — *en zie niet om*, do right and fear no one; *als ik me* — *herinner*, if I remember rightly; *niet* — *doenlijk*, hardly practicable; 2 (*zeer*) very; *dank u* —, thanks very much; 3 — *neen*, oh no; *zeg dat* —, you may well say so; 4 (*als bevestiging*) *ik denk het* —, I think so; *ik houd er* — *van*, I rather like it, (*met nadruk*) I do like it; — *wat duur*, rather dear; *hij wil* —, he doesn't mind, he is willing; 5 (*vermoeden*): *het zal* — *goed zijn*, I daresay it'll be all right; *het kan* — (*waar*) *zijn*, it may be (true); *het zal* — *niet gebeuren*, it's not likely to happen; 6 (*uitroep, vraag*)

well; (*toegevend*) *het is — niet veel, maar...*, it is true that it is not much, but...; — *1000 mensen*, as many as (no fewer than) 1000 people. **III** *zn* **1** (*welzijn*) welfare, well-being; *het — en wee der gemeenschap*, the weal and woe of the community; **2** (*bron*) spring, fountain.
welaan well then; very well.
wel/bedacht well-considered. ▼—**begrepen** well-understood. ▼—**behaaglijk** comfortable. ▼—**behagen** pleasure, well-being. ▼—**beschouwd** considering everything, after all. ▼—**bekend** well-known. ▼—**bemind** well-beloved. ▼—**besneden** clear-cut. ▼—**bespraakt** fluent, voluble. ▼—**bespraaktheid** fluency, volubility. ▼—**besteed** well-spent.
weldaad benefit, boon. ▼**weldadig** (*pers.*) beneficent; (*v. instelling*) charitable; (*v. warmte*) pleasant. ▼**weldadigheid** beneficence; (*liefdadigheid*) charity. ▼—**bazaar** (charity) bazaar. ▼—**instelling** charitable institution. ▼—**spostzegel** charity stamp.
wel/denkend right-thinking. ▼—**doen** do good. ▼—**doener** (-**ster**) benefactor (benefactress). ▼—**doordacht** well-considered.
weldra soon, presently.
weledel *de —e*, —*geboren heer A. Jansen*, A. Jansen Esq.; —*e heer*, (*boven brief*) (dear) Sir; *de —zeergeleerde heer dr. A. Bryant*, Dr. A. Bryant.
weleer formerly, of yore.
weleerwaard reverend; *de —e heer C. Brown*, (the) Rev. C. Brown; *de —e pater*, (the) Rev. Father.
welfboog vaulted arch.
wel/geaard good-natured. ▼—**geboren** high-born. ▼—**gebouwd** well-built. ▼—**gedaan** well-fed, sleek. ▼—**gedaanheid** sleekness. ▼—**gekozen** well-chosen. ▼—**gelegen** well-situated. ▼—**gemaakt** well-made, shapely. ▼—**gemanierd** well-mannered, well-bred. ▼—**gemanierdheid** good manners. ▼—**gemeend** well-meant, sincere. ▼—**gemoed** cheerful. ▼—**gemutst** good-humoured. ▼—**geschapen** shapely, well-made. ▼—**gesteld** well-to-do. ▼—**gesteldheid** prosperity. ▼—**geteld** all in all. ▼—**gevallen I** *zn* pleasure; *naar — , at* (one's) p., at will; *handel naar —*, use your discretion. **II** *ww*: *zich laten —*, put up with, submit to. ▼—**gevallig** agreeable, pleasing (to God). ▼—**gevormd** shapely. ▼—**gezind** well-disposed (towards).
welhaast 1 soon; **2** almost, nearly; — *niemand*, hardly anybody.
welig luxuriant; — *tieren*, thrive, flourish; (*v. misbruiken*) be rampant (rife).
welingelicht well-informed.
weliswaar it is true, indeed.
welk I (*vrag.*) what, which. **II** (*betr.*) which, that.
welken wither, fade.
welkom *zn & bn* welcome; *iem. hartelijk — heten*, give a p. a hearty w. ▼**welkomst/groet** welcome. ▼—**rede** speech (address) of w.
wellen 1 (*smeden*) weld; **2** well (up).
welletjes *zo is 't — (genoeg)*, that will do, we will call it a day.
wellevend courteous. ▼—**heid** courtesy.
wellicht perhaps, maybe.
welluidend melodious. ▼—**heid** melodiousness.
wellust voluptuousness, lust, sensuality. ▼—**eling** voluptuary. ▼—**ig** voluptuous, lustful, sensual, lecherous. ▼—**igheid** voluptuousness.
wel/menend well-meaning. ▼—**nemen**: *met uw —*, by your leave. ▼—**opgevoed** well-educated; (*welgemanierd*) well-mannered. ▼—**overwogen** (well-)considered; (*opzettelijk*) deliberate.

welp cub.
wel/pomp well-pump. ▼—**put** well.
welriekend fragrant, sweet-smelling. ▼—**heid** fragrance.
Wels Welsh. ▼—**er** Welshman.
welslagen success.
welsprekend eloquent. ▼—**heid** eloquence.
welstaanshalve for the sake of propriety.
welstand well-being, prosperity; *naar iem.'s — informeren*, inquire after a p.'s health.
welste: (*schreeuwen*) *van je —*, like anything; *'n geschreeuw van je —*, a tremendous shout.
weltergewicht welter-weight.
weltevreden well-contented.
welvaart prosperity. ▼—**speil** level of p. ▼—**sstaat** affluent society. ▼**welvar/en I** *ww* prosper, thrive; (*gezond zijn*) be in good health. **II** *zn*: *eruitzien als Hollands —*, be in the pink. ▼—**end** prosperous, thriving; healthy. ▼—**endheid** prosperity; good health.
welv/en (*zich*) **I** arch, vault; (*v. weg*) camber. ▼—**ing** vaulting; (*v. lichaam*) curve; (*v. weg*) camber.
welvoeglijk becoming, seemly. ▼—**heid** decency. ▼—**heidshalve** for decency's sake.
welvoorzien well-provided.
welwater spring-water.
welwillend kind, obliging, benevolent. ▼—**heid** kindness, benevolence; *dank zij de — van...*, by courtesy of...
welzijn welfare, well-being; *op iem.'s — drinken*, drink a p.'s health; *'t algemeen —*, the common welfare (good).
wemelen — *van*, swarm (teem) with; bristle with (mistakes).
wendbaar manoeuvrable. ▼—**heid** manoeuvrability. ▼**wend/en** turn; *zich — tot*, (*eig.*) t. to; (*fig.*) apply to; *je kunt je er niet — of keren*, there is not room to swing a cat (in). ▼—**ing** turn; *'t gesprek een andere — geven*, change the conversation; *een — nemen*, take a turn.
wenen weep, cry; — *over, van*, w. for.
Wen/en Vienna. ▼—**er** *zn & bn* Viennese.
wenk sign; (*fig.*) hint; *iem. een (stille) — geven*, (*fig.*) give a p. a (gentle) hint; *een — opvolgen*, take a h.; *iem. op zijn —en bedienen*, be at a p.'s beck and call.
wenkbrauw eyebrow.
wenken beckon.
wennen I *ov.w* accustom to. **II** *on.w*: *dat went wel*, you will get used to it.
wens wish, desire; *een — doen*, make a w.; *de — te kennen geven te...*, express a w. to...; *alles gaat naar —*, things are going well; *mijn beste —en!*, my best wishes! ▼—**droom** wish-dream, pipe-dream; *dat is maar 'n —*, that is only wishful thinking. ▼**wenselijk** desirable. ▼—**heid** desirability. ▼**wensen** wish, want, desire; *het laat veel (niets) te — over*, it leaves much (nothing) to be desired; *'t is te — dat...*, it is to be wished that...; *ik wenste dat het waar was*, I wish it were true; *hij wenst dat ik 't doe*, he wants me to do it; *iem. alles goeds —*, wish a p. well; *iem. goedendag —*, wish (bid) a p. good day; *met — alleen komt men er niet*, if wishes were horses, beggars might ride.
wentel/en roll (over), turn about, revolve; *zich —*, revolve; (*in modder*) wallow. ▼—**ing** revolution; rotation. ▼—**teefje(s)** sop in the pan. ▼—**trap** winding (spiral) stairs. ▼—**wiek** helicopter.
wereld world; *de Derde W—*, the Third World; *de hele — weet 't*, all the w. knows; *de andere —*, the next (the other) w.; *de — ingaan*, go out into the w.; *de — inzenden*, send into the w.; *de — zien*, see the w.; *zo gaat het in de —*, so the w. wags, that's the way of the w.; *'t gaat hun goed in de —*, the w. is going well with them; *naar de andere — helpen*, despatch, launch into eternity; *om de — reizen*, travel round the w.; *ter — brengen*, bring into the w.; *uit de*

— **helpen**, (*geschil*) settle, (*gerucht*) dispose of, dispel; *daardoor is de zaak de* — *nog niet uit*, that does not dispose of the matter; *een man van de* —, a man of the w.; *voor 't oog van de* —, before the w. ▼**wereld/atlas** world atlas. ▼—**bank** World Bank. ▼—**beeld** w.-picture. ▼—**beheersing** w. domination. ▼—**beroemd** w.-famous. ▼—**beroemdheid** (*abstr.*) w.-fame; (*concr.*) man of w.-fame. ▼—**beschouwing** philosophy of life. ▼—**bewoner** inhabitant of the w. ▼—**bol** globe. ▼—**bond** w.-federation. ▼—**brand** w.-conflagration. ▼—**burger** citizen of the w.; *de nieuwe* —, the new arrival. ▼—**burgerschap** w.-citizenship. ▼—**crisis** w.-crisis. ▼—**deel** part of the w., continent. ▼—**gebeurtenis** w.-event. ▼—**gericht**: *het* —, the last judg(e)ment; the world's judgment. ▼—**geschiedenis** w.-history. ▼—**heerschappij** w.-power. ▼—**hervormer** w.-reformer. ▼—**kaart** map of the w. ▼—**kampioen** w.-champion. ▼—**kundig** (*iets*) — *maken*, divulge. ▼—**lijk** worldly (goods); temporal; secular. ▼—**ling** worldling. ▼—**literatuur** w.-literature. ▼—**macht** w.-power. ▼—**markt** w.-market. ▼—**naam** w.-reputation. ▼—**omroep** w.-service. ▼—**oorlog** w. war. ▼—**raad** world council. ▼—**raadsel** world riddle, riddle of the universe. ▼—**record** w.-record. ▼—**reis** w.-tour. ▼—**reiziger** globe-trotter. ▼—**revolutie** w.-revolution. ▼—**rijk** w.-empire. ▼—**ruim** space, cosmic space, interstellar space, aerospace.
werelds worldly (pleasures); secular (power). **wereld/schokkend** world-shaking. ▼—**stad** metropolis. ▼—**stelsel** cosmic system. ▼—**taal** w. (universal) language. ▼—**tentoonstelling** international exhibition. ▼—**toneel** stage of the w. ▼—**verkeer** w. traffic. ▼—**vrede** w. (universal) peace. ▼—**wijs** 1 sophisticated, worldly-wise; 2 philosophic. ▼—**wijsheid** 1 sophistication, worldly wisdom; 2 philosophy of life. ▼—**wonder** wonder of the world. ▼—**zee** ocean.
weren avert, prevent; (*iem.*) refuse admittance to, exclude; *zich* —, exert o.s., (*tot 't uiterste*) strain every nerve, (*zich verdedigen*) defend o.s.
werf shipyard; (*marine*—) dockyard; (*kaai*) quay, wharf; *van de* — *lopen*, leave the slips; *van de* — *laten lopen*, launch.
werfbureau recruiting-office.
wering prevention, exclusion; *ter* — *van*, for the p. of.
werk 1 (*v. vlas*) tow; (*geplozen touw*) oakum. 2 (*arbeid*) work; (*zwaar* —) labour; (*ambt*) duty; (*v. klok, enz.*) works, mechanism; *publieke* —en, public works; *'t is (alles) zijn* —, (*komt door hem*) it's (all) his doing; *er is heel wat* — *aan de winkel*, there is a good deal of w. to do; *goed* — *doen* (*leveren*), do good w.; — *geven aan*, employ, give employment to; — *hebben*, be in w.; *geen* — *hebben*, be out of w.; *ik had er lang* — *mee om…*, it took me a long time to…; *zijn* — *maken*, do one's work; *veel* — *maken van*, take great pains over; — *van de zaak maken*, take the matter up, do s.th. about it; *je moet er dadelijk* — *van maken*, you must see (attend) to it at once; *aan 't* —, at work; *aan 't* —!, to w.!, get going!; *aan 't* — *gaan* (*trekken*), set (go, get) to w.; *de hand aan 't* — *slaan*, put one's shoulder to the wheel; *300 man aan 't* — *hebben*, employ 300 men; *alles in 't* — *stellen*, leave no stone unturned; *hoe gaat dat in z'n* —?, how is it done?; *dat is vlug in zijn* — *gegaan*, (that is) quick work; *op zijn* — *zijn*, be on duty; *te* — *gaan*, go to w., proceed; *hoe ga je daarbij te* —?, how do you set about it (proceed)?; *te* — *stellen*, set to w.; *zonder* —, out of w.; *zonder* — *raken*, fall out of w. ▼**werk/baas** foreman. ▼—**bank** (work-)bench. ▼—**bij** working-bee, worker. ▼—**borstel** scrubbing-brush. ▼—**broek** (pair of) overalls. ▼—**comité** working committee.

▼—**dag** working-day.
werkelijk real; *in* —*e dienst*, in active service. ▼—**heid** reality. ▼—**heidszin** realism.
werken work; (*v. medicijn, enz.*) work, act, be effective; (*v. machine*) work; (*v. fontein*) play; (*v. schip*) labour, pitch and roll; (*v. lading*) shift; (*v. hout*) warp; *de rem werkte niet*, the brake failed; *als een rem* — *op*, (*fig.*) act as a brake on; *laten* —, work (a machine, a p.); *z'n verbeelding laten* —, use one's imagination; *hij werkt hard*, he works hard; *de kost met* — *verdienen*, w. out one's board; *aan een vertaling, enz.* —, work at (work on) a translation; *met 500 man* —, employ 500 hands; *het werkt op de hersens*, it affects the brain; *'t werkt op de verbeelding*, it stirs the imagination; *dat werkt op mijn zenuwen*, it gets on my nerves; *uit* — *gaan*, go out to w., char; *iem. eruit* —, oust a p., cut a p. out. ▼**werk/end** working; active (volcano); —*e stand*, w. classes; —*e vrouwen*, self-supporting women. ▼—**er** worker. ▼—**ezel** drudge. ▼—**gelegenheid** employment; *beperkte* —, under employment; *volledige* —, full employment. ▼—**gever** employer. ▼—**geversorganisatie** employers' organization. ▼—**groep** working-party, working-group. ▼—**handen** working hands. ▼—**huis** work-house; (*v. werkster*) place. ▼—**hypothese** working hypothesis.
werking action, working, operation; (*v. vulkaan*) activity; *buiten* — *stellen*, suspend (an act); throw out of action; *in* —, in operation, in action; (*v. vulkaan*) in eruption; *in volle* —, in full swing; *in* — *stellen*, put into operation; *in* — *treden*, come into operation, take effect.
werk/inrichting labour-prison. ▼—**je** 1 piece of work; 2 booklet. ▼—**kamer** study. ▼—**kamp** labour camp. ▼—**kapitaal** working capital. ▼—**kiel** overalls. ▼—**kracht** energy; (*pers.*) hand, workman. ▼—**kring** sphere of action; (*ambt*) post. ▼—**lieden** workmen, labourers. ▼—**loon** wages, pay; *kosten aan* —, *zie* loonkosten.
werkloos unemployed, out of work; — *maken*, throw out of work. ▼**werkloosheid** unemployment. ▼—**sbestrijding** fight against u. ▼—**suitkering** u. benefit. ▼—**sverzekering** u. insurance. ▼—**svraagstuk** problem of u. ▼—**swet** u. act. ▼**werkloze** unemployed person, out-of-work. ▼—**nkas** unemployed fund. ▼—**nsteun** unemployment relief. ▼—**nuitkering** unemployment benefit.
werk/lui workmen. ▼—**lunch** working-lunch. ▼—**lust** love of work. ▼—**man** workman, labourer. ▼—**mandje** work-basket. ▼—**manswoning** working-class house. ▼—**meester** foreman. ▼—**nemer** employee. ▼—**paard** work-horse. ▼—**pak** working-clothes, overall; (*mil.*) fatigue-dress. ▼—**plaats** workshop. ▼—**plan** work-scheme; plan of action. ▼—**rooster** time-table. ▼—**schort** apron. ▼—**schuw** w.-shy. ▼—**staking** strike. ▼—**ster** 1 charwoman; 2 working woman; *maatschappelijk* —, social worker. ▼—**student** student working his way through college. ▼—**stuk** piece of w.; (*wisk.*) proposition, problem. ▼—**tafel** w.-table. ▼—**tijd** working-hours; (*v. ploeg werklieden*) shift. ▼—**tijdverkorting** short time work.
werktuig instrument, implement, tool. ▼—**en** (*gymn.*) apparatus. ▼—**kunde** mechanics. ▼—**kundig** mechanical. ▼—**kundige** engineer, mechanician. ▼—**lijk** mechanical. ▼—**lijkheid** mechanicalness.
werk/uur working-hour. ▼—**verdeling** division of labour, arrangement of work. ▼—**vergunning** labour permit. ▼—**verruiming** increase of employment. ▼—**verschaffing** 1 provision of work; 2 (unemployment) relief work. ▼—**volk** workmen. ▼—**vrouw** charwoman. ▼—**wijze** (working-)method, procedure. ▼—**willige** non-striker. ▼—**woord** verb. ▼—**woordelijk**

verbal.

werkzaam active, industrious; — *zijn bij*, be with, be employed by; — *zijn op een kantoor*, work in an office; *een* — *aandeel nemen in*, take an a. part in. ▼—**heid** activity. ▼—**heden** work; *(functie)* duties; *tot de* — *overgaan*, proceed to business.

werkzoekende person seeking employment; *zich als* — *laten inschrijven*, register for employment.

werp/anker *(scheepv.)* kedge. ▼—**draad** woof. ▼—**en** throw, cast; fling, hurl, toss; *jongen* —, litter; *van zich* —, *(bedoeling)* disclaim, *(idee)* scorn, repudiate. ▼—**hengel** casting-angle. ▼—**koord** lasso. ▼—**lijn** painter. ▼—**lood** sounding-lead. ▼—**net** casting-net. ▼—**spel** *(met ringen)* quoits; *(met pijltjes)* darts. ▼—**speer**, ▼—**spies** javelin.

wervel vertebra. ▼—**dier** vertebrate. ▼—**kolom** spinal column. ▼—**storm** cyclone. ▼—**uitsteeksel** vertebral process. ▼—**wind** whirlwind.

werv/en *(soldaten, enz.)* recruit, enlist; *(klanten, stemmen)* canvass, *(leden)* bring in. ▼—**er** recruiter, recruiting-officer; canvasser. ▼—**ing** recruitment, enlistment; canvassing.

werwaarts whither.

wesp wasp. ▼—**achtig** waspish. ▼—**ennest** wasps' nest; *(fig.)* hornets' nest; *zich in een* —*steken*, stir (up) a hornets' nest. ▼—**esteek** wasp-sting. ▼—**etaille** w.-waist.

west west. ▼**W—Afrika** West Africa. ▼**W—duits** West German. ▼**W—Duitsland** West(ern) Germany. ▼—**einde** w. end. ▼—**elijk** westerly. western. ▼**westen** west; *'t verre* —, the Far W.; *ten* — *van*, (to the) w. of; *buiten* — *zijn*, be unconscious; *buiten* — *geraken*, pass out. ▼**wester/lengte** west(ern) longitude; *op 5 graden* —, in 5° longitude west. ▼—**ling** Westerner. ▼**westers** western, occidental. ▼**westerstorm** westerly gale.

West-Europ/a West(ern) Europe. ▼—**ees** West(ern) European.

Westfaals Westphalian. ▼**Westfalen** Westphalia.

Westgot/en Visigoths. ▼—**isch** Visigothic.

West-Ind/ië the West Indies. ▼—**isch** West-Indian.

West-Romeins: *het* —*e Rijk*, the Western Empire.

westwaarts westward(s).

wet *(alg.)* law; *(staatkundig)* act, law, statute; *dat is geen* — *van Meden en Perzen*, that is not a l. of the Medes and Persians, not a hard and fast rule; *zoals de* — *nu is (luidt)*, as the l. now stands; *'t ontwerp werd* —, the bill became l.; —*ten maken*, make laws, legislate; *iem. de* — *stellen (voorschrijven)*, lay down the l. for a p.; *hij liet zich niet de* — *stellen*, he refused to be dictated to; *bij de* — *bepalen*, enact; *bij de* — *verboden*, forbidden by l.; *binnen de perken der* — *blijven*, keep within the l.; *boven de* — *staan*, be above the l.; *buiten de* — *vallen*, be outside the l.; *tot* — *verheffen*, place (a bill) on the Statute Book; *volgens (krachtens) de* —, according to l.; *een vergrijp volgens de* —, a statutory offence; *voor de* —, in the eye of the l., before the l. ▼**wetboek** code (of law); *burgerlijk* —, civil c.; — *van koophandel*, commercial c.; — *van strafrecht*, penal (criminal) c. ▼**wetbreuk** breach of the law.

weten I *ww* know; *hij weet het*, he knows; *...en hij kan het* —, ... and he ought to know; *naar ik zeker weet*, to my certain knowledge; *twee* — *meer dan een*, two heads are better than one; *weet ik veel?*, how should I know?; *niet dat ik weet*, not to my knowledge, not that I know of; *ik wist niet wat ik hoorde*, I could hardly believe my ears; *dat weet ik nog zo net niet*, I'm not so sure about that; *je kunt niet (nooit)* —, you never can tell, one never knows; *dat moet jij* —, that's your business; *je wil het niet* —, you won't admit it; *ik wil best* — *dat...*, I don't mind confessing that...; *hij weet van geen ophouden*, he never knows when to stop; *zij wist van geen vermoeidheid*, she knew no fatigue; *zij wou niets van hem* —, she would have nothing to do with him; *weet je wàt?*, I'll tell you whàt; *dat leger weet wat!*, that dratted army!; *ik zal het je laten* —, I'll let you know; *ik weet er wel wat op*, I can fix that; *ze* — *overal raad op*, they are never at a loss; *te* —, to wit, namely, viz.; *hoe kwam je dat te* —?, how did you come (get) to know that?, how did you find that out?; *hij weet zich te gedragen*, he knows how to behave; *hij wist zich te bevrijden*, he succeeded in freeing himself, he managed to free himself; *voordat je het weet*, before you know where you are; *zonder dat zij het wist*, without her knowledge, unknown to her; *zonder het te* —, unwittingly. II *zn*: *naar mijn (beste)* —, to (the best of) my knowledge; *iets tegen beter* — *in doen*, do s.th. against one's better judgment; *zonder mijn* —, without my knowledge. ▼**wetens**: *willens en* —, knowingly, deliberately.

▼**wetenschap 1** science; **2** *('t weten)* knowledge. ▼—**pelijk** scientific. ▼—**pelijkheid** scientific character, scholarship. ▼**wetenswaardig** worth knowing. ▼—**heid** thing worth knowing. ▼—**heden**: *vol* — *staan*, be full of information.

wetering watercourse.

wet/geleerde lawyer. ▼—**gevend** legislative; *de* —*e macht*, the legislature. ▼—**gever** lawgiver, legislator. ▼—**geving** legislation. ▼—**houder** alderman. ▼—**sartikel** article (section) of a law. ▼—**sbepaling** provision of a law. ▼—**schending** violation of the law. ▼—**sherziening** revision of the l. ▼—**skennis** legal knowledge. ▼—**sontduiking** evasion of the law. ▼—**sontwerp** bill. ▼—**sovertreder** law-breaker. ▼—**sovertreding** breach (infringement) of the l. ▼—**staal** legal language. ▼—**sterm** l.-term. ▼—**suitlegging** interpretation of the l. ▼—**sverkrachting** violation of the l. ▼—**svoorschrift** legal provision, regulation. ▼—**svoorstel** bill. ▼—**swijziging** change in the l. ▼—**swinkel** *(ongev.)* legal advice centre.

wettelijk legal. ▼—**heid** legality. ▼**wetteloos** lawless. ▼—**heid** l.ness.

wetten whet, sharpen.

wettig lawful, legal, legitimate; — *betaalmiddel*, legal tender; — *erfgenaam*, legal heir; — *gezag*, lawful authority; — *kind*, legitimate child. ▼—**en** *(akte)* legalize; *(kind)* legitimatize; *(rechtvaardigen)* justify, warrant. ▼—**heid** legality, legitimacy. ▼—**ing** legitimation; justification.

wettisch strict, rigid.

wetverkracht/er violator of the law. ▼—**ing** violation of the law.

wev/en weave. ▼—**er** weaver. ▼—**erij** weaving-mill.

wezel weasel.

wezen I *ww* be; *zij (dat) mag er* —, she (that) is hot stuff. II *zn (bestaan)* being, existence; *(schepsel)* being, creature; *('t wezenlijke)* essence; *doordringen tot het* — *der zaak*, penetrate to the heart (root) of the matter; *(aard)* nature; *(gelaat)* countenance; *geen levend* —, not a living soul; *in* —, in essence, essentially; *in 't* — *roepen*, call into being. ▼**wezenfonds** orphans' fund.

wezenlijk real, essential; *het* —*e der zaak*, the gist of the matter. ▼—**heid** reality.

wezenloos vacant, blank. ▼—**heid** vacancy, blankness.

wezenstrek feature.

whisky whisk(e)y, *(Am. Kentucky—)* bourbon. ▼—**soda** w. and soda.

whist whist. ▼—**en** play (at) w.

wichel/aar augur, astrologer. ▼—**arij** augury, astrology. ▼—**roede** divining-rod.

wicht 1 *(gewicht)* weight; **2** baby, child.

wichtig weighty. ▼—**heid** weightiness.

wie I *(vragend)* who; — *kan ik zeggen, dat er is?*, what name, please?; **2** *(betr.)* a man who, he who.

wiebel/en wobble. ▼—**ig** wobbly.

wied/en weed. ▼—**er** weeder.
wiedes: *dat is nogal* —, that goes without saying.
wieg cradle; *daar ben ik niet voor in de* — *gelegd*, I was not born to it; *hij is voor leraar in de* — *gelegd*, he is a born teacher.
wiegedruk incunabulum.
wiegelen rock, wobble; (*v. boomtak*) sway; (*v. bootje*) bob up and down, rock. ▼**wiegelied** cradle-song, lullaby. ▼**wiegen** rock; *met de heupen* —, sway one's hips.
wiek (*vleugel*) wing; (*v. molen*) sail; *in zijn* — *geschoten*, offended; *op eigen* —*en drijven*, shift for o.s.
wiel wheel; *iem. in de* —*en rijden*, put a spoke in a p.'s w., fall foul of a p.; *elkaar in de* —*en rijden*, cut across one another's plans.
▼—**basis** wheel-base. ▼—**dop** w. cover, hub cap. ▼**wieler/baan** cycling-track. ▼—**pad** cycle-track. ▼—**sport** cycling. ▼—**wedstrijd** cycle race.
wielewaal golden oriole.
wiel/rennen *zn* cycle-racing. ▼—**renner** racing cyclist. ▼—**rijden** cycle, wheel.
▼—**rijder** cyclist. ▼—**rijdersbond** cyclists' association.
wier sea-weed.
wierook incense; *iem.* — *toezwaaien*, extol a p. ▼—**geur**, —**lucht** smell of incense.
▼—**schaal** censer, ▼—**stokje** joss-stick.
▼—**vat** censer.
wig wedge. ▼—**vormig** wedgeshaped, cuneiform.
wigwam wigwam.
wij we.
wijbrood consecrated bread.
wijd I *bn* wide, spacious, large, broad. **II** *bw* wide(ly); — *open*, w. open; — *en zijd*, far and w.; —*er worden* (*maken*), widen. ▼—**beens** straddle-legged, with legs w. apart.
wijden (*koning, bisschop, kerk*) consecrate; (*priester*) ordain; — *aan*, dedicate (a book) to; devote (o.s., one's time) to; ▼**wijding** ordination, consecration; hallowing; dedication. ▼—**sbijeenkomst** religious meeting. ▼—**slechtigheid** consecration ceremony.
wijdlopig prolix, verbose. ▼—**heid** prolixity, verbosity.
wijd/spoor broad gauge. ▼—**te** width, breadth; (*v. spoor*) gauge. ▼—**uitstaand** outstanding (ears). ▼—**verbreid** widespread.
▼—**vermaard** far-famed. ▼—**verspreid**, —**vertakt** wide-spread.
wijf woman, female; *zij is een echt* —, she is a regular shrew; *hij is een oud* —, he is an old woman; —**je** (*v. dier*) female.
wijgeschenk votive offering.
wijk district, quarter; (*kiesdistrict*) ward; (*v. politieagent, enz.*) beat; (*v. brievenbesteller*) walk; (*v. melkboer, enz.*) round, walk; *de* — *nemen* (*naar*), fly (to). ▼—**bezoek** district-visit(ing). ▼—**bezoek(st)er** district visitor.
wijken give way (to), yield (to); make way (for a car); (*achteruit*—) fall back, recede; *geen duimbreed* —, *van geen* — *weten*, not budge (an inch); *het gevaar is geweken*, the danger is past; *de koorts is geweken*, the fever has gone; *de levensgeesten waren geweken*, life was extinct.
wijk/gebouw parish-room. ▼—**hoofd** (air-raid) warden.
wijkplaats refuge, asylum.
wijk/predikant parish priest.
▼—**verpleegster** district-nurse.
▼—**verpleging** district nursing. ▼—**zuster** district-nurse.
wijl I *zn* while; *bij* —*en*, sometimes. **II** *vgw* since.
wijlen I *ww* (*vertoeven*) sojourn; (*talmen*) linger. **II** *bn* late, deceased; — *de Koning*, the late King.
wijn wine; *rode* —, red w.; *witte* —, white w.; *Bordeaux* —, claret; *goede* —*e behoeft geen krans*, good w. needs no bush; *ik zal klare* —

schenken, I'll be frank with you; *als de* — *is in de man, is de wijsheid in de kan*, when w. is in, wit is out. ▼—**achtig** win(e)y, vinous.
▼—**appel** wine-apple. ▼—**azijn** w.-vinegar.
▼—**beker** w.-cup. ▼—**bereiding** w.-making.
▼—**berg** vineyard. ▼—**blad** vine-leaf.
▼—**bouw** vineculture. ▼—**bouwer** vinegrower. ▼—**druif** grape. ▼—**fles** w.-bottle. ▼—**gaard** vineyard. ▼—**glas** w.-glass. ▼—**handel** w.-trade. ▼—**handelaar** w.-merchant. ▼—**huis** w.-house. ▼—**jaar** vintage year. ▼—**kaart** w.-list, -card. ▼—**kan** w.-jug. ▼—**karaf** w.-decanter. ▼—**kelder** w.-cellar. ▼—**kenner** judge of w. ▼—**kleur** w.-colour. ▼—**kleurig** w.-coloured.
▼—**koper** w.-merchant. ▼—**kuip** w.-vat.
▼—**lucht** vinous smell. ▼—**merk** brand of w.
▼—**most** w.-must. ▼—**oogst** vintage.
▼—**oogster** vintager. ▼—**pers** w.-press.
▼—**rank** vine-tendril. ▼—**rek** w.-bin.
▼—**rood** w.-red. ▼—**saus** w.-sauce.
▼—**smaak** vinous taste. ▼—**soort** kind of w.
▼—**steen** w.-stone. ▼—**stok** vine. ▼—**streek** w.-country. ▼—**teelt** viniculture. ▼—**tijd** vintage. ▼—**vat** w.-cask. ▼—**vlek** w.-stain.
▼—**zaak** w.-business. ▼—**zak** w.-skin.
wijs I *bn* wise; *iem. iets* —*maken*, make a p. believe s.th.; *dat maak je mij niet* —, tell me another, that won't go down with me; *hij laat zich alles* —*maken*, he is very gullible; *hij probeert je wat* — *te maken*, he is trying to fool you; *je moet je zelf niet* —*maken dat …*, you must not delude yourself into the belief that …; *daar kan ik niet uit* — *worden*, I cannot make it out; *wees nou wijzer*, don't be silly; *ben je niet* —?, are you out of your senses? *dan ben je nog even* —, then you are no wiser than before; *ze is niet wijzer*, she knows no better; *ik werd er niet veel wijzer door*, it left me no wiser than before. **II** *zn* (*muziek*) melody, air, tune; *iem. van de* — *brengen*, put a p. out, confuse a p.; *van de* — *raken*, (*muz.*) get out of tune, (*fig.*) get confused; *van de* — *zijn*, be out of tune, (*fig.*) be at sea; *zie verder* **wijze**.
wijsbegeerte philosophy.
wijselijk wisely.
wijsgeer philosopher. ▼**wijsgerig** philosophic(al). ▼—**heid** philosophical spirit.
wijsheid wisdom.
wijsje air, tune.
wijsmaken *zie* **wijs**.
wijsneus wiseacre; miss (Mr.) know-all.
▼**wijsneuzig** conceited.
wijsvinger forefinger.
wijten impute (to); *te* — *aan*, owing (due) to; *je hebt het aan jezelf te* —, you have only yourself to blame for it.
wijting whiting.
wijwater holy water. ▼—**bakje** holy-water font. ▼—**kwast** holy-water sprinkler, aspersory. ▼—**vat** *zie* —**bakje**.
wijze *zn* **1** (*manier*) way, manner, fashion; (*gram.*) mood; — *van handelen*, procedure; *van zeggen*, mode of expression; *bij* — *van spreken*, in a manner of speaking; *bij* — *van uitzondering*, by way of exception; *op deze* —, in this way; *op generlei* —, in no way; **2** wise man, sage; *de W* —*n uit het Oosten*, the Wise Men of the East, the Magi.
wijzen point out, show; *'n vonnis* —, pronounce a sentence; *iem. de deur* —, show a p. the door; — *naar*, point at (to); *iem. op iets* —, point out s.th. to a p.; *alles wijst erop dat …*, there is every indication that …; *dat wijst op zwakte*, that argues weakness. ▼**wijzer** (*v. klok, enz.*) hand; (*v. barometer, enz.*) pointer; (*v. logaritme*) index; (*hand*—) finger-post; *grote* (*kleine*) —, hour- (minute-)hand.
▼—**plaat** dial; (*v. klok*) face.
wijzig/en modify, alter, change. ▼—**ing** modification, alteration, change; *een* — *aanbrengen in*, make an a. in.
wik, wikke vetch.
wikkel wrapper. ▼—**en** wrap (up); (*in verband*) swathe; (*draad*) wind; *iem.* — *in*, (*fig.*) involve a p. in, mix a p. up in. ▼—**ing**

(*elektr.*) winding.
wikken weigh; *na lang — en wegen,* after careful consideration; *de mens wikt, God beschikt,* man proposes, God disposes.
wil will, wish, desire; *de vrije —,* free will; *ik heb er — van gehad,* it has stood me in good stead; *waar een — is, is een weg,* where there's a w. there's a way; *Uw — geschiede,* Thy w. be done; *zijn goede — tonen,* show one's good w.; *elk wat —s,* something for everybody; *buiten mijn —,* without my consent; *met de beste — van de wereld,* with the best w. in the world; *om 's hemels —,* for Heaven's sake; *tegen — en dank,* in spite of o.s., willy-nilly; *ter —le van,* for the sake of, because of; *iem. ter —le zijn,* oblige a p.; *uit vrije —,* of one's own free w.; *van goede — zijn,* be of good w.
wild I *bn* (*plant, dier, kind, gerucht*) wild; (*woest, onbeschaafd*) savage; *—e boot,* tramp (steamer); *—e staking,* unofficial strike, wild cat strike; *—e vaart,* tramp shipping; *— vlees,* proud flesh. **II** *zn* **1** *in 't — groeien,* grow w.; *in 't — opgroeien,* run w.; *in 't —e weg praten* (*schieten*), talk (shoot) at random; **2** game; (*—braad*) venison; *groot —,* big g.; *klein —,* small g. ▼**—baan** (*game*) preserve. ▼**—braad** venison. ▼**—dief** poacher.
wilde savage; (*extremist*) wild man. ▼**—bras** romper; (*meisje*) tomboy. ▼**—man** wild man. ▼**wildernis** wilderness. ▼**wildheid** wildness.
wild/park (*game*) preserve. ▼**—reservaat** game sanctuary. ▼**—rijk** gamy. ▼**—stand** stock of game.
wildvreemd: *een —e,* a perfect stranger.
wildzang (*meisje*) tomboy.
wilg willow. ▼**—eblad** w.-leaf. ▼**—eboom** w.-tree. ▼**—ehout** w.(-wood). ▼**—eroosje** w.-herb.
willekeur arbitrariness; *naar —,* at will; *handel naar —,* use your own discretion. ▼**—ig** (*aan de wil onderhevig*) voluntary; (*eigenmachtig*) arbitrary; *op iedere —e dag,* on any (given) day.
willen I *ww* (*wensen*) will, wish, want, choose; (*graag —*) like; (*genegen zijn*) be willing; (*van plan zijn*) intend, want; *je moet —,* you must will; *als ik gewild had,* if I had wanted to (wished); *wat zou je — dat ik deed?,* what would you like me to do?; *ik wil wel gaan,* I'm willing to go; *wat wil je ermee doen?,* what do you intend (want) to do with it?; *wie wil, die kan,* where there is a will there is a way; *help eens, als je wil?,* give us a hand, will you?; *als het een beetje wil,* with a bit of luck; *dat wil ik niet hebben,* I won't have it; *ik wil niet hebben dat je werkt,* I won't have you work; *je wil toch niet zeggen...,* you don't mean to say...; *hij wou juist uitgaan,* he was just going out; *ik wou juist 'n bad nemen, toen...,* I was just going to have a bath, when...; *of ik* (*jij, hij*) *wil of niet,* whether I (you, he) like(s) it or not, willy-nilly; *ik wil je wel zeggen,* I don't mind telling you; *dat zou je wel —!,* wouldn't you like it!, *hij wou er niet aan,* he wasn't having any; *je hebt 't zelf gewild,* you've been asking for it; *het gerucht wil dat...,* rumour has it that...; *het wil mij voorkomen dat...,* it would seem to me that...; *ik wou dat het waar was,* I wish it were true. **II** *zn* volition. ▼**willens** *en wetens,* deliberately. ▼**willig** willing. ▼**—heid** willingness; (*v. markt*) firmness. ▼**willoos** will-less. ▼**—heid** will-lessness. ▼**wils/beschikking** last will, will. ▼**—inspanning** effort of the will. ▼**—kracht** will-power, energy. ▼**—uiting** manifestation (expression) of the will.
wimpel pennon; *de blauwe —,* the blue ribbon.
wimper (eye)lash.
wind 1 wind; **2** (*veest*) fart; *— en weder dienende,* w. and weather permitting; *als de —,* like the w. (a shot); *hij gaf hem de — van voren,* he gave it him hot; *de — mee hebben,* have the w. behind one; *ik had de — vlak tegen,* the w. was dead against me; *hij heeft er*

de — onder, he is a good disciplinarian; *hij kreeg de — van voren,* he copped it, he got it in the neck; *hij kreeg er de — van,* he got w. of it; *de — laten,* break w.; *iem. de — uit de zeilen nemen,* take the w. out of a p.'s sails; *zien uit welke hoek de — waait,* see which way the w. blows; *zoals de — waait, waait zijn jasje,* he trims his sails to the w.; *beneden de —,* under the lee; *bij de — houden,* sail near the w.; *door de — gaan,* shift; *in de — slaan,* fling (throw) to the winds; *met zijn neus in de —,* with one's nose in the air; *met alle —en draaien* (*waaien*), trim one's sails according to the w.; *blow hot and cold; hij draait met alle —en mee,* he is a trimmer; *tegen de — in,* against the w.; *van de — kan men niet leven,* you cannot live on air; *voor de — omgaan,* (*scheepv.*) go about; *voor de — zeilen,* sail before the w.; *'t gaat hem voor de —,* he prospers.
windas windlass, winch.
wind/bloem w.-flower, anemone. ▼**—breker** windbreak. ▼**—buil** squall. ▼**—buil** gas-bag. ▼**—buks** air-gun. ▼**—dicht** wind-proof. ▼**—druk** wind-pressure.
winde bindweed, convolvulus.
windei wind-egg; *'t zal hem geen —eren leggen,* it will bring grist to his mill.
winden wind, twist; *garen op een klos —,* wind yarn on a reel.
wind/energie wind-energy. ▼**—erig** windy; (*opgeblazen*) flatulent. ▼**—erigheid** windiness; flatulence. ▼**—hond** greyhound. ▼**—hondenrennen** greyhound races. ▼**—hoos** wind-spout, tornado.
winding winding; (*v. touw*) turn, coil; (*v. hersenen, schelp*) convolution.
wind/jak wind-breaker. ▼**—je** breath of wind. ▼**—kaart** w.-chart. ▼**—kant** w.-side, windward side. ▼**—kracht** wind-force (10). ▼**—kussen** air-cushion. ▼**—meter** w.-gauge, anemometer. ▼**—molen** windmill; *tegen —s vechten,* fight (tilt at) windmills. ▼**—richting** direction of the w. ▼**—roos** compass-card. ▼**—scherm** w.-screen, (*heg. enz.*) w.-break.
windsel bandage.
windsnelheid wind speed (velocity).
wind/spaak windlass bar. ▼**—spil** winch. ▼**—sterkte** w.-force. ▼**—stil** calm. ▼**—stilte** calm; *streek der —n,* doldrums. ▼**—stoot** gust of wind. ▼**—streek** point of the compass. ▼**—tunnel** wind-tunnel. ▼**—vaan** weather-vane. ▼**—vang** w.-sail. ▼**—vlaag** gust of w., squall. ▼**—vrij** sheltered. ▼**—wijzer** weathercock. ▼**—zijde** w.-side, windward side.
wingerd (*wijngaard*) vineyard; (*wijnstok*) vine; *wilde —,* Virginia (ivy) creeper.
wingewest conquered country.
winkel shop, stores; *de — sluiten,* shut up s.; *—s kijken,* **I** *ww* be shop-gazing, be window-shopping. **II** *zn* shop-gazing, window-shopping. ▼**—bediende** s.-assistant. ▼**—bezoeker** shopper. ▼**—buurt** shopping-quarter. ▼**—centrum** shopping-centre, (*verkeersvrij*) shopping precinct. ▼**—chef** shop-walker. ▼**—dief** s.-lifter. ▼**—diefstal** shop-lifting. ▼**—en** go (be) out shopping. ▼**—galerij** arcade. **winkelhaak** (*rechthoekig stuk*) square; (*scheur*) tear.
winkel/huis (house and) shop. ▼**—huur** s.-rent. ▼**—ier** s.-keeper. ▼**—juffrouw** s.-girl. ▼**—kast** shop-window. ▼**—luik** s.-shutter. ▼**—meisje** s.-girl. ▼**—opstand** s.-fittings. ▼**—pand** s.-premises. ▼**—personeel** s.-workers (*in een bepaalde zaak*) s.-staff. ▼**—prijs** retail price. ▼**—pui** s.-front. ▼**—raam** s.-window. ▼**—ruit** s.-window. ▼**—sluiting** closing of shops; *vroege —,* early closing. ▼**—stand** tradespeople. ▼**—straat** shopping-street. ▼**—vereniging** co-operative society. ▼**—wagentje** (*supermarkt*) trolley. ▼**—waren** s.-goods. ▼**—week** shopping-week. ▼**—wijk** shopping-quarter.
winnaar winner, victor. ▼**winnen** win, gain

(prize, time, battle, coal, land); make (hay);
gather (honey); *zo gewonnen zo geronnen*,
easy come, easy go; *het* —, win, come out on
top; *eerlijkheid wint altijd*, honesty is the best
policy; *terrein* (*veld*) — *op*, gain ground upon;
hij won op zijn slofjes (*op zijn gemak*), he won
hands down; *aan duidelijkheid* —, gain in
clearness; *ergens bij* — , gain by s.th.; *met groot
verschil* —, w. by a large margin; *van iem.* —,
w. from a p.; *in dat opzicht wint hij 't van je*,
that's where he beats you; *iem. voor zich* (*zijn
zaak*) —, w. a p. over (to one's side).
▼**winn/er** winner. ▼**—ing** winning,
production.

winst profit, gain, benefit; (*bij spel*) winnings;
(*overwinning*) victory; *de volle* —
binnenhalen, gain a clean v.; — *maken*, make a
p. (on); — *opleveren*, yield a p.; — *slaan uit*,
cash in on, profit by. ▼—**aandeel** share in the
p. ▼—**bejag** pursuit of gain; *uit* —, for profit.
▼—**belasting** profits tax. ▼—**capaciteit**
profit making capacity, earning capacity.
▼—**cijfer** p. figure. ▼—**deling** participation in
(the) profits. ▼—**derving** loss of p.
▼—**en-verlies-rekening** profit and loss
account. ▼—**gevend** remunerative, lucrative.
▼—**je**: *een aardig* (*zoet*) —, a handsome p.
▼—**kans** chance of p.; (*in wedstrijd*) chance of
winning. ▼—**nemer** p.-taker. ▼—**neming**
p.-taking. ▼—**post** p. item. ▼—**saldo** balance
of p. ▼—**uitkering** bonus, dividend.
▼—**vermogen** *zie* —**capaciteit**.

winter winter; *des* —*s*, in w. ▼—**aardappel**
w.-potato. ▼—**achtig** wintry. ▼—**avond**
w.-evening. ▼—**dag** w.-day; *bij* —, in w.
▼—**dienst** 1 w.-service; 2 w.-time-table.
▼—**en**: *'t begint te* —, it is getting wintry.
▼—**goed** w.-clothes. ▼—**handen** chilblained
hands. ▼—**hielen** chilblained heels. ▼—**jas**
w.-(over)coat. ▼—**kleed** w.-dress. ▼—**kleren**
w.-clothes. ▼—**koninkje** wren. ▼—**korn**
winter-corn. ▼—**kost** w.-fare. ▼—**kwartier**
w.-quarters. ▼—**landschap** wintry landscape.
▼—**maand**: *de* —*en*, the w.-months.
▼—**mantel** w.-coat. ▼—**morgen**
w.-morning. ▼—**sch** bn wintry. ▼—**seizoen**
w.-season. ▼—**slaap** w.-sleep; *de* — *doen*,
hibernate. ▼—**sport** w.-sports. ▼—**tijd**
w.-time. ▼—**tuin** w.-garden. ▼—**verblijf**
w.-resort. ▼—**vermaak** w.-amusement.
▼—**voer** w.-fodder. ▼—**voeten** chilblained
feet. ▼—**voorraad** w.-store. ▼—**weer** wintry
weather.

winzucht lust of gain.

wip seesaw; (*van brug*) swipe; (*sprong*) skip; *'t
is maar een* —, it's only a few steps; —*! weg
was hij*, pop! he was gone; *in een* —, in no
time, in a trice; *op* — *de* — *zitten*, (*fig.*) hold the
balance. ▼—**brug** drawbridge. ▼—**kar**
tip-cart. ▼—**neus** tilted nose. ▼—**pen** I on.w
seesaw; whip, nip, whisk, skip; *de kamer uit*—,
nip (whisk) out of the room; *met zijn stoel* —,
tilt one's chair. II ov.w turn (a p.) out, unseat.
▼—**plank** seesaw. ▼—**staart** wagtail.
▼—**stoel** rocking-chair.

wirwar tangle; maze.

wis I zn wisp (of straw). II bn certain, sure; *een
—se dood*, certain death; — *en zeker*, as sure
as a gun.

wiskund/e mathematics; (*fam.*) maths.
▼—**eleraar** m. master. ▼—**ig** mathematical.
▼—**ige** mathematician. ▼**wiskunstig**
mathematical.

wispelturig fickle, inconstant. ▼—**heid**
inconstancy, fickleness.

wissel (*geld*—) bill of exchange, B/E, draft;
2 (*v. spoor*) points; (*toestel*) switch; *de* —*s
bedienen*, work the points; — *op zicht*, b.
payable at sight; *een* — *accepteren*
(*endosseren, honoreren*), accept (endorse,
honour) a bill; *een* — *trekken*, draw a bill; *een*
— *trekken op*, draw on, value on. ▼—**aar**
money-changer. ▼—**agent** exchange-broker.
▼—**baar** changeable; *bill* —. ▼—**bank**
exchange-bank. ▼—**beker** challenge-cup.
▼—**boek** bill-book. ▼—**bouw** crop rotation.

▼—**brief** bill. ▼—**courtage** bill-brokerage.
▼—**disconto** rate of discount. ▼—**en** I ov.w
exchange; (*geld*) change; (*tanden*) shed.
II on.w change, vary; *van gedachten* —, e.
views, compare notes; *met* —*d succes*, with
varying succes. ▼—**geld** (small) change.
▼—**handel** bill-broking. ▼—**houder** holder
(of a bill). ▼—**ing** change, variation; — *der
jaargetijden*, succession of the seasons.
▼—**kantoor** exchange-office. ▼—**koers** rate
of exchange. ▼—**loon** bill-brokerage.
▼—**makelaar** bill-broker. ▼—**spoor** siding.
▼—**stand** position of the points. ▼—**stroom**
alternating current. ▼—**stroomdynamo**
alternator. ▼—**stroommotor**
alternating-current motor. ▼—**tand**
permanent tooth. ▼—**truc** ringing the
changes; *de* — *toepassen*, ring the changes.

wisselvallig precarious (living); uncertain
(factors); unstable (market); inconstant
(weather), fickle (character, weather).
▼—**heid** precariousness; uncertainty;
instability, inconstancy; *de wisselvalligheden
des levens*, the vicissitudes of life.

wissel/wachter pointsman. ▼—**werking**
interaction. ▼—**zaken** exchange business.

wiss/en wipe. ▼—**er** mop, duster.

wissewasje trifle. ▼—**s** fiddle-faddle.

wit I bn white; *het W— te Huis*, the White
House; —*te port*, tawny port; *zo* — *als een
doek*, as white as a sheet; — *maken*, whiten.
II zn white. ▼—**achtig** whitish. ▼—**boek**
white paper. ▼—**gloeiend** w.-hot. ▼—**harig**
w.-haired. ▼—**heid** whiteness. ▼—**jes**: *er* —
uitzien, look a bit off colour. ▼—**kalk**
whitewash. ▼—**kiel** porter. ▼—**kwast**
whitewash-brush. ▼—**lof** chicory. ▼—**sel**
whitewash; (*loodwit*) w.-lead.

wittebrood white bread. ▼—**skind** Sunday
child. ▼—**sweken** honeymoon.

wittekool white cabbage.

witt/en whitewash. ▼—**er** whitewasher.

witvis whiting.

Wodan Wodan, Odin.

wodka vodka.

woed/e fury, rage; *zijn* — *op iem. koelen*, vent
one's rage on a p. ▼—**en** rage; *het* — *der
elementen*, the fury of the elements. ▼—**end**
(*fig.*) furious; — *maken*, enrage, infuriate; —
zijn op (*over*), be f. with (about).

woef! woof!

woeker usury. ▼—**aar** usurer. ▼—**dier**
parasite. ▼—**en** practise usury; (*v. onkruid*) be
(grow) rank; (*v. kwaad*) be rampant (rife); —
met (*zijn tijd*), make the most of. ▼—**geld**
money made by usury. ▼—**handel** usury.
▼—**ing** morbid growth. ▼—**plant** parasite.
▼—**rente** usury. ▼—**vlees** proud flesh.
▼—**wet** usury act. ▼—**winst** usury; — *maken*,
profiteer. ▼—**zucht** usurious spirit, love of
usury.

woel/en (*in bed*) toss about; (*in de aarde*)
grub, root; (*winden*) wind; *zich bloot* —, kick
the bed-clothes off; *vele gedachten woelden
in zijn geest*, many thoughts stirred in his mind.
▼—**geest** turbulent spirit, agitator. ▼**woelig**
restless (person); turbulent (times); choppy
(sea). ▼—**heid** restlessness, turbulence.
▼**woeling** turbulence; —*en*, disturbances.
▼**woel/water** fidget. ▼—**ziek** fidgety;
(*opstandig*) turbulent.

woensdag Wednesday. ▼—**s** on Wednesdays.

woerd drake.

woest (*onbebouwd*) waste; (*onbewoond*)
desert, desolate; (*v. zee*) wild, turbulent;
(*luidruchtig*) savage (indignation); fierce
(dog, struggle); — *worden*, see red. ▼—**aard**,
—**eling** rough, brute, rough. ▼—**enij** waste.
▼—**heid** fierceness, wildness.

woestijn desert. ▼—**bewoner** inhabitant of
the d. ▼—**oorlog** d.-war. ▼—**plant** d.-plant.
▼—**wind** d.-wind. ▼—**zand** d.-sand.

wol wool; *in de* — *geverfd*, dyed in the w.;
onder de — *kruipen*, turn in; *onder de* —
liggen, be between the sheets. ▼—**achtig**
woolly. ▼—**baal** bale of wool, woolsack.

▼—**bereiding** w.-dressing.
wolf 1 wolf; **2** (v. tanden) caries;
3 (korenworm) weevil; **4** (in spinnerij) devil;
5 (v. orgel, enz.) wolf; een — in
schaapskleren, a w. in sheep's clothing; wee
de — die in een kwaad gerucht staat, give a
dog a bad name and hang him; men moet
huilen met de wolven in 't bos, do in Rome as
the Romans do.
wol/fabricage woollen manufacture.
▼—**fabriek** wool(len) mill. ▼—**fabrikant**
woollen manufacturer.
wolfram tungsten, wolfram.
wolfs/angel trap (for wolves). ▼—**hond**
wolf-dog. ▼—**kuil** pitfall. ▼—**melk** spurge.
▼—**vel** wolfskin. ▼—**wortel** winter aconite,
wolfsbane.
wol/gras cotton-grass. ▼—**handel**
wool-trade. ▼—**handelaar** wool-merchant.
▼—**industrie** woollen industry.
wolk cloud; achter de —en schijnt de zon,
every c. has a silver lining; in de —en zijn, be
overjoyed (at); uit de —en vallen, drop from
the clouds.
wolkaarde(r) wool-card(er).
wolk/achtig cloudy. ▼—**breuk** cloud-burst.
▼—**eloos** cloudless. ▼—**enbank** cloud-bank.
▼—**endek** cloud-cover. ▼—**enhemel** cloudy
sky. ▼—**enkrabber** sky-scraper.
▼—**gevaarte** mass of clouds. ▼—**ig** cloudy.
▼—**je** cloudlet; er is geen — aan de lucht, there
is not a cloud in the sky.
wollen woollen; — stoffen, woollens; — goed,
(stoffen) woollens, (kleren) woollen clothing.
▼**wollig** woolly. ▼—**heid** woolliness.
▼**wol/markt** wool-market. ▼—**spinnerij**
wool(len) mill. ▼—**vee** sheep. ▼—**ver ver**
wool-dyer. ▼—**ververij** wool-dyeing,
dye-works.
wolvin she-wolf.
wol/wever wool-weaver. ▼—**zak** w.-sack.
wond I zn wound, injury; oude —en
openrijten, rip up old sores. **II** bn sore; de —e
plek, the sore spot. ▼—**baar** vulnerable. ▼—**en**
wound, hurt, injure; aan het been gewond,
wounded in the leg.
wonder I zn wonder, marvel, prodigy;
(bovennatuurlijk) miracle; een — van
geleerdheid, a prodigy of learning; —boven
—, for a w., by a miracle; geen — dat, no
that; de —en zijn de wereld nog niet uit,
wonders will never cease; —en doen
(verrichten), work (perform) wonders;
perform miracles; 't geloof doet —en, faith
works miracles. **II** bn strange. **III** bw
marvellously; — wat, a great deal; hij verbeeldt
zich — wat, he fancies himself a good deal.
▼**wonderbaar** miraculous. ▼—**lijk**
wonderful, marvellous. ▼—**lijkheid** ...ness.
▼**wonder/doend** wonder-working.
▼—**doener** miracle-worker. ▼—**dokter**
quack; (bij wilden) witch-doctor. ▼—**goed**
bw wonderfully well. ▼—**jaar** year of wonders.
▼—**kind** child prodigy. ▼—**kracht** miraculous
power. ▼—**kuur** miraculous cure. ▼—**land**
w.-land. ▼—**lijk** strange, odd. ▼—**lijkheid**
strangeness, oddness. ▼—**macht** miraculous
power. ▼—**mens** prodigy. ▼—**middel**
wonderful remedy, panacea. ▼—**mooi**
wonderful. ▼—**olie** castor-oil. ▼—**schoon**
wondrously beautiful. ▼—**spreuk** magic
formula. ▼—**teken** miraculous sign.
wond/heelkunde surgery. ▼—**heler** surgeon.
▼—**koorts** wound-fever. ▼—**pleister**
(sticking) plaster. ▼—**zalf** healing ointment,
salve.
wonen live, reside, dwell. ▼**woning** dwelling,
house, residence. ▼—**bouw** house-building.
▼—**bouwsubsidie** housing grant.
▼—**bouwvereniging** housing
(house-building) society. ▼—**bureau** house
agency. ▼—**gids** directory. ▼—**huur**
house-rent. ▼—**inrichting** house-furnishing;
(de meubels) furniture. ▼—**inspectie** housing
inspection. ▼—**nood** housing shortage.
▼—**ruil** exchange of houses. ▼—**schaarste**

scarcity of houses. ▼—**statistiek** housing
statistics. ▼—**subsidie** housing subsidy.
▼—**tekort** housing shortage.
▼—**toestanden** housing conditions.
▼—**toewijzing** house grant. ▼—**toezicht**
house inspection. ▼—**voorziening** provision
of houses. ▼—**vraagstuk** housing problem.
▼—**wet** Housing Act. ▼**woon/achtig**
resident. ▼—**ark** house-boat. ▼—**buurt**
residential neighbourhood. ▼—**gelegenheid**
housing facilities. ▼—**huis** private house.
▼—**kamer** living-, sitting-room. ▼—**plaats**
dwelling-place, residence; zijn tegenwoordige
woon- of verblijfplaats is onbekend, his
present whereabouts are unknown; een vaste
— hebben, have a permanent residence at;
geen vaste — hebben, have no fixed abode,
permanent home; zonder vaste —, of no fixed
abode; zonder vaste woon- of verblijfplaats,
without permanent residence or place of
abode. ▼—**ruimte** living accommodation.
▼—**schip, -schuit** house-boat. ▼—**stad**
residential town. ▼—**vertrek** sitting-room.
▼—**wagen** caravan. ▼—**wagenbewoner**
caravan-dweller. ▼—**wagenkamp**
caravan-camp. ▼—**wijk** residential quarter;
(nieuwe —) (new) housing estate.
woord word, term; grote —en, big words,
(fam.) hot air; geen — meer!, not another w.!;
zijn — breken, break (go back on) one's w.;
het — doen, do the talking, act as spokesman;
iem. het — geven, call upon a p. (to speak); ik
geef je mijn — erop, I give you my word for it; u
hebt het —, the floor is yours, (radio) the
microphone is yours; Gladstone had het —, G.
was on his legs (had the floor); ik zou graag het
— hebben, I should like to say a few words;
—en hebben, have words; je hoeft niet zo'n
groot — te hebben, you need not go on like
that; het hoogste — hebben, talk loudest,
dominate the conversation; het laatste —
hebben, have the last w.; zijn — houden, keep
one's w.; het — krijgen, be called upon to
speak; —en krijgen met, come to words with,
have an argument with; ik kon er geen —
tussen krijgen, I could not get in a w.
edgeways; ik kan geen — uit haar krijgen, I
can't get a w. out of her; het — nemen, rise,
begin to speak, take the floor; iem. het —
ontnemen, order a p. to sit down; het —
richten tot iem., address a p.; zijn —en
terugnemen, retract (eat) one's words; ik kan
er geen —en voor vinden, words fail me; het —
voeren, (voor anderen) be spokesman, (over
iets) speak on, hold forth on; het — vragen,
beg permission to speak; het — is aan dhr. A., I
now call upon Mr. A., the w. is with Mr. A.; aan
't — zijn, be speaking, be on one's feet; hij kon
niet aan 't — komen, he could not get in a w.
(edgeways); bij deze —en, at these words; in
één —, in a (one) w.; in één — schandelijk, a
downright shame; in — en geschrift, by means
of the written word and the spoken one; met
dat ene — is alles gezegd, there you have it in a
w.; met andere —en, in other words; met een
enkel —, in a few words; met zoveel —en, in so
many words; onder —en brengen, put into
words; niet onder —en te brengen,
inexpressible, beyond words; op mijn —!,
upon my w.!; op mijn — van eer, on my w. of
honour, (fam.) honour bright!; mijn — erop!,
my w. on it!; ik wil hem niet meer te — staan, I
will see him no more; hij kon niet uit zijn —en
komen, he stammered, floundered in his '
words; van 't — afzien, withdraw; — voor —,
w. for w. ▼**woord/blind(heid)**
w.-blind(ness). ▼—**breker** w.-breaker.
▼—**breuk** breach of promise. ▼—**buiging**
declension. ▼—**elijk I** bn verbatim (report);
literal. **II** bw literally, word for word.
▼**woorden/boek** dictionary, lexicon.
▼—**kennis** knowledge of words. ▼—**keus**
phraseology, choice of words. ▼—**kraam**
verbiage. ▼—**lijst** vocabulary. ▼—**rijk** rich in
words; (v. pers.) voluble; Engels is een —e
taal, English is a language with a rich

vocabulary. ▼—**rijkdom** wealth of words, volubility. ▼—**schat** stock of words, vocabulary. ▼—**spel** punning, quibbling. ▼—**strijd**, —**twist** dispute. ▼—**vloed** torrent of words. ▼—**zifterij** quibbling. ▼**woord/je** (little) word; *ze kan haar* — *wel doen*, she has plenty to say for herself; *een goed* — *voor iem. doen*, put in a w. for a p.; *(mag ik) een* — *meespreken*, put in a word; *dat spreekt ook een* — *mee*, that must also be taken into account. ▼—**kunst** word-painting. ▼—**kunstenaar** w.-painter. ▼—**ontleding** parsing. ▼—**schikking** order of words. ▼—**soort** part of speech. ▼—**speling** pun; —*en maken*, pun. ▼—**voerder** spokesman. ▼—**vorming** word-formation.

worden (*met bn & zn*) become; (*met bn*) grow; get; go (wild, mad); turn (pale); fall (ill); (*in lijd. vorm*) be; *hij wordt morgen 9 jaar*, he'll be nine to-morrow; *ik ben vandaag 20 jaar geworden*, I'm twenty to-day; *wat is er van hem geworden?*, what has become of him?; *er werd gedanst*, there was a dance; *er werd gelachen*, there was laughter. ▼**wording** genesis, origin; *'t is nog in* —, it is still in the making. ▼—**sgeschiedenis** genesis.

worg/en strangle, throttle. ▼—**er** strangler, thug. ▼—**ing** strangulation.

worm worm; (*made*) grub, maggot; —*en hebben*, have worms. ▼—**ig** wormy. ▼—**koekje** w.-cake. ▼—**kruid** golden rod; tansy. ▼—**poeder** w.-powder. ▼—**stekig** w.-eaten, maggoty. ▼—**vormig** vermiform; —*aanhangsel*, appendix.

worp throw; *vrije* —, free throw; (*jongen*) litter.

worst sausage. ▼—**bereiding** s.-making. ▼—**ebroodje** s.-roll.

worstel/aar wrestler. ▼—**en** struggle; (*sp.*) wrestle; (*fig.*) struggle, wrestle. ▼—**ing** struggle, wrestle. ▼—**kunst** wrestling. ▼—**perk** ring. ▼—**school** wrestling-school. ▼—**strijd** contest, struggle. ▼—**wedstrijd** wrestling-match.

worst/fabriek sausage-factory. ▼—**fabrikant** s.-maker. ▼—**machine** s.-machine.

wort wort.

wortel root; (*witte*) parsnip; — *schieten*, take (strike) r.; *de* — *trekken uit*, extract the r. of; *het kwaad in de* — *aantasten*, strike at the r. of the evil; *met* — *en tak uitroeien*, destroy r. and branch. ▼—**en** take r.; — *in*, be rooted in. ▼—**knol** tuber. ▼—**stok** r.-stock. ▼—**teken** radical sign. ▼—**tjes** carrots. ▼—**trekking** extraction of roots. ▼—**vorm** radical quantity.

woud forest, wood. ▼—**duif** wood-pigeon. ▼—**loper** bush-ranger. ▼—**reus** giant of the forest.

wouw (*vogel*) kite. ▼—**aapje** little bittern.

wraak revenge, vengeance; *de* — *is zoet*, r. is sweet; — *nemen op*, take r. on; *uit* —, in r. (for). ▼—**engel** avenging angel. ▼—**gevoel** feeling of revenge. ▼—**gierig** revengeful. ▼—**gierigheid** …ness. ▼—**neming**, —**oefening** retaliation. ▼—**schaak** spite check. ▼—**zucht** (re)vengefulness. ▼—**zuchtig** (re)vengeful.

wrak I *zn* wreck. **II** *bn* rickety, shaky, crazy. **wraken** object to; (*jur.*) challenge.

wrak/goederen wreck(age). ▼—**heid** unsound condition, craziness. ▼—**hout** (—**stukken**) wreckage.

wrang sour, tart; sick (humour); *de* —*e vruchten*, (*fig.*) the bitter fruits. ▼—**heid** sourness, tartness.

wrat wart. ▼—**tenzwijn** w.-hog. ▼—**tig** warty.

wreed cruel. ▼—**aard** c. man, brute. ▼—**aardig** cruel. ▼—**heid** cruelty.

wreef instep.

wrek/en revenge, avenge; *zich* — *op*, revenge o.s. on; *dat zal zich later* —, that will avenge itself later. ▼—**er** avenger, revenger. ▼—**ing** revenge.

.wrevel *zn* (*wrok*) resentment, rancour; (*knorrigheid*) peevishness. ▼—**ig** resentful; peevish. ▼—**igheid** peevishness.

wriemelen, wriggelen wriggle, squirm.

wrijf/doek, —**lap** polishing-cloth. ▼—**middel** liniment. ▼—**paal** rubbing-post; (*fig.*) butt. ▼—**was** beeswax. ▼**wrijven** rub; (*meubels*) polish; (*warm*—) chafe; *zich in de handen* —, r. one's hands. ▼**wrijving** friction. ▼—**selektriciteit** frictional electricity. ▼—**sweerstand** frictional resistance.

wrik/ken jerk; scull (a boat). ▼—**riem** scull.

wring/en (*kleren, handen*) wring; twist (a p.'s arm); *iem. iets uit de handen* —, wrest (wrench) s.th. from a p.('s hands); *zich in allerlei bochten* —, wriggle, squirm; writhe (with pain). ▼—**machine** (clothes-)wringer.

wrochten work.

wroeg/en: *mijn geweten wroegt mij*, my conscience pricks me. ▼—**ing** compunction, remorse.

wroeten root, grub; (*v. kip*) scratch; (*v. mol*) burrow (*ook fig.*); (*snuffelen*) rummage; *in iem.'s verleden* —, ferret out a p.'s past.

wrok grudge, rancour, resentment; *een* — *tegen iem. hebben* (*koesteren*), bear a p. a g., have a g. against a p. ▼—**gevoelens** feelings of rancour. ▼—**ken** chafe, sulk; — *tegen*, have a grudge against.

wrong (*alg.*) roll; (*krans*) wreath; (*haar*—) knot (of hair), bun.

wrongel curdled milk, curds.

wuft frivolous, flighty. ▼—**heid** frivolity.

wuiven wave; *iem. vaarwel* —, wave good-bye to a p.

wulp curlew.

wulps lewd, riggish. ▼—**heid** …ness.

wurgen strangle, throttle.

wurm worm; (*kindje*) mite.

wurmen wriggle; (*zwoegen*) drudge, toil.

x-benen knock-kneed legs; *hij heeft* —, he is knock-kneed.
x-stralen X-rays.
xylofoon xylophone.

yale-slot yale lock.
yoghurt yogurt.

Z

gentleness, sweetness. ▼—**heid** softness, gentleness, sweetness. ▼—**jes** softly, gently, slowly; — *aan*, (*v. tijd*) gradually; (*uitroep*) steady! ▼—**moedig** meek. ▼—**zinnig** gentle.

zadel saddle; *iem. in 't* (*de*) — *helpen*, give a p. a leg up; *vast in 't* (*de*) — *zitten*, (*ook fig.*) have a firm seat, be firmly seated; *uit 't* (*de*) — *lichten* (*werpen*), unseat, (*fig.*) oust. ▼—**boog** s.-bow. ▼—**dek** s.-cloth; (*v. fiets*) s.-cover. ▼—**en** saddle. ▼—**knop** pommel. ▼—**maker** saddler. ▼—**makerij** saddler's shop. ▼—**pen** (*v. fiets*) s.-pillar, s.-pin. ▼—**pijn** s.-soreness; — *hebben*, be s.-sore. ▼—**riem** s.-girth. ▼—**tas** s.-bag; (*v. fiets*) wallet.

zag/en saw; scrape (on the violin). ▼—**er** sawyer. ▼—**erij** saw(ing)-mill.

zaad seed; (*dierlijk*) semen, sperm; *in 't* — *schieten*, run (go) to s.; *op zwart* — *zitten*, be hard up, be on the rocks. ▼—**bakje** seed-box. ▼—**cel** spermatozoon. ▼—**handel** seed-trade. ▼—**handelaar** seedsman. ▼—**je** seed, grain of seed. ▼—**kiem** germ. ▼—**korrel** grain of seed. ▼—**kweker** seed-grower. ▼—**kwekerij** seed-farm. ▼—**lob** cotyledon. ▼—**loop** spermatorrhoea. ▼—**lozing** seminal emission.

zaag saw. ▼—**beschermkap** saw guard. ▼—**blad** saw-blade. ▼—**bok** s.-horse. ▼—**dak** saw-tooth roof. ▼—**machine** sawing-machine. ▼—**meel** s.-dust. ▼—**molen** saw(ing)-mill. ▼—**sel** s.-dust. ▼—**vijl** s.-file. ▼—**vis** s.-fish.

zaai/en sow; *tweedracht* —, s. discord. ▼—**er** sower. ▼—**goed** sowing-seed. ▼—**machine** sowing-machine. ▼—**plant** seedling. ▼—**sel** sowings. ▼—**zaad** sowing-seed.

zaak (*ding*) thing; (*dierlijk*) affair, business, matter; (*jur.*) case; (*bedrijf*) business; (*winkel*) shop; (*transactie*) transaction, deal; *'n verloren* —, a lost cause; *zaken zijn zaken*, b. is b.; *dat is jouw* —, that is your b.; *het is* — *dat je komt*, it is necessary for you to come; *het is niet veel* —*s*, it is not much good, not up to much; *de* — *is dat ...*, the fact is that ...; *dat is de* — *niet*, that is not the point; *de* — *waar het over gaat*, the point at issue; *zaken gaan voor vermaken*, b. before pleasure; *hoe staan de zaken?*, how is life (business)?; *een* — *beginnen*, start a b., open a shop; *druk zaken doen*, do a busy trade; *veel zaken doen*, do a large amount of b.; *een* — *drijven*, run (carry on) a b.; *dreigen er een van te maken*, threaten to go to law (to take proceedings); *in zake ...*, in respect of, on the subject of, re (your letter of ...); *hoe staat 't met de zaken?*, **1** how is b.?, **2** how are you getting on?; *ter zake van*, on account of; *niet ter zake dienende*, not to the purpose, irrelevant; *laat ons ter zake komen*, let us come to the point, to business!; *ter zake!*, to the point!; *dat doet niets ter zake* (*tot de* — *af*), that is beside the point; *uit de zaken gaan*, retire from b.; *voor zaken*, on b. ▼**zaak/bezorger** representative. ▼—**gelastigde** agent, proxy; (*diplomatieke* —) chargé d'affaires. ▼—**je** small business; (*ding*) affair; (*karwei*) job; *een voordelig* —, a good business. ▼—**kundig** expert. ▼—**kundige** expert. ▼—**naam** name of a thing. ▼—**register** index of subjects. ▼—**waarnemer** solicitor.

zaal hall, room; (*v. ziekenhuis*) ward; (*schouwb., enz.*) house, auditorium; *een volle* —, a full house. ▼—**chef** superintendent. ▼—**huur** rent of a h. (r.). ▼—**wachter** steward, usher. ▼—**zuster** ward sister.

zabbel/aar sucker. ▼—**en** suck.

zacht (*niet hard voor 't gevoel*) soft; (*zachtaardig*) gentle; (*niet luid*) soft, low; (*niet snel*) (*niet streng*) mild; —*e huid*, soft, smooth skin; —*e kleur*, soft colour; —*e klimaat*, mild climate; —*e dood*, an easy death; '*n* —*e wenk*, a gentle hint; '*n* — *eitje*, a soft-boiled egg; *met* —*e stem*, in a low voice; *op z'n* —*st uitgedrukt*, to put it mildly; *geluid* —*er zetten*, turn down the sound, turn the volume lower. ▼—**aardig** gentle, sweet. ▼—**aardigheid**

zak (*alg.*) bag, sack (of corn, coal, potatoes); (*v. jas en blz.*) pocket; (*v. buideldier, leren* —, *tabaks*—) pouch; (*onder ogen*) bag, pouch; *iem. in zijn* — *hebben*, have a p. in one's pocket; *steek die in je* —, put that in your pipe and smoke it; *in de* — *tasten*, dive into one's pocket; *in* — *en as zitten*, be in sackcloth and ashes; *ik heb geen cent op* —, I have not a penny about me; *de hand op de* — *houden*, keep one's pocket buttoned up; *op iem's* — *leven*, sponge on a p.; *ik betaalde het uit mijn eigen* —, I paid for it out of my own pocket. ▼**zak/achtig** baggy. ▼—**agenda** pocket-diary. ▼—**boekje** note-book; (*v. soldaat*) pay-book. ▼—**doek** handkerchief.

zake: *in*—, in respect of, concerning; *ter* —*!*, to business!; *niet ter* — *dienend*, not to the point, irrelevant; *ter* — *van*, on account of; *zie ook* **zaak**. ▼**zakelijk** real (tax); essential (difference); pertinent (remark); objective (report); (*praktisch*) business-like (attitude); well-informed (book); matter-of-fact (way); (*beknopt*) concise; '*n* — *e bijeenkomst*, a business meeting; '*n* — *standpunt*, a business point of view; — *blijven*, keep (stick) to the point. ▼—**heid** objectivity, matter-of-factness, conciseness. ▼**zaken/-** business-. ▼—**bezoek** b.-visit. ▼—**brief** b.-letter. ▼—**kabinet** b.-cabinet. ▼—**kennis** b.-ability. ▼—**kringen** b.-circles. ▼—**leven** b.-life. ▼—**man** b.-man. ▼—**mensen** b.-people. ▼—**reis** b.-tour. ▼—**vriend** b.-friend. ▼—**vrouw** b.-woman. ▼—**wereld** b.-world.

zak/formaat pocket-size. ▼—**geld** p.-money. ▼—**je** (small) bag; (*v. portefeuille*) pocket; — *sigaren*, paper of cigars; *met 't* — *rondgaan*, take up the collection. ▼—**kam** p.-comb.

zakken sink; (*v. water, koers, barometer*) fall; (*v. vliegtuig*) lose height; (*v. muur*) sag; (*v. leerling*) fail, be ploughed; (*bij 't zingen*) lose the key, go flat; — *als een blaadsteen*, fail ignominiously; *laten* —, let down (a blind), hang (one's head), lower (one's voice, a newspaper), fail, (*sl.*) flunk, plough (a candidate); *de moed laten* —, lose courage; *zich laten* —, lower o.s.

zakken/drager porter. ▼—**fabriek** bag-factory. ▼—**goed** sacking. ▼—**rollen** pocket-picking. ▼—**roller** pickpocket.

▼**zakkig** baggy. ▼**zak/lantaarn** pocket-torch. ▼—**lopen** *zn* sack-race. ▼—**mes** p.-knife. ▼—**potlood** p.-pencil. ▼—**schaakspel** folding chess-set. ▼—**vol** pocketful, bagful. ▼—**woordenboek** p.-dictionary.

zalf ointment, salve. ▼—**pot** gallipot.

zalig blessed, blissful; (*verrukkelijk*) divine, glorious; —*e glimlach*, beatific smile; — *maken*, save; *iem.* — *prijzen*, call a p. blessed; — *zijn de armen van geest*, blessed are the poor in spirit; *de* — *en*, the blessed. ▼—**en** beatify. ▼—**er** late, deceased; *zijn vader* —, his late father. ▼—**heid** salvation, bliss, beatitude; (*genot*) bliss; *de acht zaligheden*, the eight beatitudes. ▼—**makend** soul-saving, beatific. ▼**Z—maker** Saviour. ▼—**making** salvation. ▼—**verklaring** beatification. ▼—**wording** salvation.

zalm salmon. ▼—**kleur** salmon(-colour). ▼—**kleurig** salmon(-coloured). ▼—**moot**

fillet of s. ▼—**roker** s.-smoker. ▼—**teelt** s.-breeding. ▼—**visser(ij)** s.-fisher(y).

zalv/en (*wijden*) anoint; (*wond, enz.*) rub with ointment. ▼—**end** unctuous. ▼—**ing** anointing; (*fig.*) unction.

zand sand; (*vuil*) grit; — *eroverl*, let bygones be bygones; *iem. — in de ogen strooien*, pull (the) wool over a p.'s eyes; *in 't — bijten*, bite the dust. ▼—**aardappel** sand-potato. ▼—**achtig** sandy. ▼—**bak** s.-box. ▼—**bank** s.-bank, shallow; (*in haven*) bar. ▼—**blad** s.-leaf. ▼—**bodem** sandy soil. ▼—**boer** s.-farmer. ▼—**duin** s.-dune. ▼—**erig** sandy, gritty. ▼—**erigheid** sandiness, grittiness. ▼—**erij** s.-pit. ▼—**graver** s.-digger. ▼—**groeve** s.-pit. ▼—**grond** sandy soil. ▼—**heuvel** s.-hill. ▼—**hoop** s.-heap. ▼—**koekje** short cake. ▼—**korrel** s.-grain. ▼—**kuil** s.-pit. ▼—**loper** hour-glass; (*in keuken*) egg-timer. ▼—**mannetje** sandman, dustman. ▼—**pad** sandy path. ▼—**plaat** s.-bank, shoal. ▼—**ruiter** unhorsed rider; — *worden*, be unhorsed. ▼—**steen, stenen** sandstone. ▼—**storm** s.-storm. ▼—**strooier** sander. ▼—**stuiving** s.-drift. ▼—**vlakte** sandy plain. ▼—**vlo** s.-flea. ▼—**vormpje** baking-dish. ▼—**weg** sandy road. ▼—**wesp** digger (-wasp). ▼—**woestijn** sandy desert. ▼—**zak** s.-bag. ▼—**zee** sea of s. ▼—**zuiger** s.-dredger.

zang singing, song; (*v. gedicht*) canto. ▼—**boek** song-book. ▼—**cursus** singing-class. ▼—**er** singer, vocalist; (*dichter*) singer, bard. ▼—**eres** (female) singer. ▼—**erig** melodious, tuneful. ▼—**erigheid** melodiousness. ▼—**koor** choir. ▼—**kunst** art of singing. ▼—**les** singing-lesson. ▼—**lijster** song-thrush. ▼—**lustig** fond of (keen on) singing. ▼—**muziek** vocal music. ▼—**noot** musical note. ▼—**nummer** song. ▼—**onderwijs** singing-lessons. ▼—**onderwijzer(es)** singing-teacher. ▼—**partij** voice part. ▼—**school** singing-school. ▼—**spel** 1 opera; 2 musical comedy. ▼—**stem** singing-voice. ▼—**uitvoering** vocal concert. ▼—**vereniging** choral society. ▼—**vogel** singing-bird. ▼—**wedstrijd** singing-competition.

zanik bore. ▼—**en** bother, nag; *lig niet te —*, don't bother me, don't be a bore; *hij bleef mij aan de oren — over...*, he kept dinning in my ears about...; *over iets —*, bother over a thing. ▼—**er** , —**kous** bore.

zat satiated; (*dronken*) tight; *oud en der dagen —*, old and full of years; *geld —*, heaps of money; *zich — eten*, eat one's fill; *ik ben 't —*, I am sick of (fed up with) it.

zaterdag Saturday. ▼—**s** on Saturdays.

zatheid satiety; (*dronkenschap*) tightness; (*beuheid*) weariness.

zavel sandy clay.

ze (*ev*) she, her; (*mv*) they, them.

zeboe zebu.

zebra zebra; (*oversteekplaats*) zebra crossing. ▼—**pad** zebra crossing.

zede custom, usage. ▼**zedelijk** moral; — *verplicht om*, in duty bound to. ▼—**heid** morality. ▼—**heidsgevoel** moral sense. ▼—**heidspeil** standard of morals. ▼—**heidswet** public morality act. ▼**zedeloos** immoral. ▼—**heid** immorality. ▼**zeden** morals, manners; — *en gewoonten*, manners and customs; *de openbare —*, public morality. ▼—**bederf** corruption (of morals). ▼—**delict** offence against morality, indecent assault. ▼—**kunde** ethics, moral philosophy. ▼—**kundig** ethical. ▼—**leer** ethics, morality. ▼—**les** moral. ▼—**meester** moralist. ▼—**misdrijf** offence against morality. ▼—**politie** morals police. ▼—**preek** moralizing sermon, (*sl.*) pi-jaw; *een — houden*, moralize, preach. ▼—**preker** moralizer. ▼—**roman** novel of manners. ▼—**wet** moral law.

zedig modest; demure. ▼—**heid** modesty.

zee sea, ocean; *een zware —*, a heavy sea; *een — van licht* (*tranen*), a flood of light (tears); *een — van tijd*, heaps of time; — *houden*, keep the s.; — *kiezen*, put to s.; *er stond veel —*, there was a high s. running; *aan —*, (Egmond) on sea, (stay) at the seaside, (a house) on the sea; *recht door — gaan*, be straightforward; *in volle* (*open*) —, in the open s., on the high seas; *in — steken*, put to s., (*fig.*) launch forth, go ahead; *naar — gaan*, (v. *matroos*) go to s., (*in vakantie*) go to the seaside; *op —*, (out) at s.; *hij is* (*vaart*) *op —*, he is a sailor; *over — gaan*, go by s.; *ik kan niet tegen de —*, I am a bad sailor; *ter — en te land*, by s. and land. ▼**zee/aal** sea-eel, conger. ▼**Z—Alpen** Maritime Alps. ▼—**anemoon** s.-anemone. ▼—**arend** s.-eagle. ▼—**assuradeur** underwriter. ▼—**assurantie** marine insurance. ▼—**aster** s.-aster. ▼—**atlas** nautical atlas. ▼—**bad** s.-bath. ▼—**badplaats** seaside resort. ▼—**banket** herring. ▼—**bedding** s.-bed. ▼—**beving** seaquake. ▼—**bewoners** inhabitants of the s. ▼—**bocht** bay, bight. ▼—**bodem** s.-bottom, ocean-floor. ▼—**boezem** bay, gulf. ▼—**bonk** tar, sea-dog. ▼—**boot** sea-going steamer. ▼—**breker** breakwater. ▼—**brief** certificate of registry. ▼—**damp** s.-haze. ▼—**dienst** naval service. ▼—**dier** marine animal. ▼—**dijk** s.-bank. ▼—**duivel** s.-devil. ▼—**egel** s.-hedgehog. ▼—**engte** strait(s).

zeef sieve, strainer; (*voor kolen, enz.*) screen.

zee/fauna marine fauna. ▼—**gat** estuary, inlet; *'t — uitgaan*, put to sea. ▼—**gebruik** maritime usage. ▼—**gevecht** s.-fight, naval combat (action). ▼—**gezicht** seascape. ▼—**gras** seaweed. ▼—**groen** s.-green. ▼—**handel** oversea(s) trade. ▼—**haven** seaport. ▼—**heerschappij** naval supremacy. ▼—**held** naval hero. ▼—**hond** seal. ▼—**hondehuid** sealskin. ▼—**hoofd** pier. ▼—**kaart** s.-chart. ▼—**kalf** s.-calf. ▼—**kant** seaside. ▼—**kapitein** s.-captain; (*mar.*) naval captain. ▼—**klaar** ready for s. ▼—**klei** marine clay. ▼—**klimaat** oceanic climate. ▼—**koe** s.-cow. ▼—**kreeft** lobster. ▼—**kust** s.-coast. ▼—**kwal** jelly-fish.

zeel strap.

Zeeland Zealand.

zee/leeuw sea-lion. ▼—**leven** s.-life, life at s. ▼**zeelt** tench.

zee/lucht sea-air. ▼—**lui** seamen, sailors. ▼**zeem** (*—leer*) chamois-leather; (*—lap*) wash-leather.

zeemacht navy, naval forces.

zeeman seaman, sailor. ▼—**schap** seamanship. ▼—**shuis** sailors' home. ▼—**skleding** sailor's dress. ▼—**skunst** seamanship. ▼—**sleven** seafaring life, a sailor's life. ▼—**staal** nautical language.

zee/meermin mermaid. ▼—**meeuw** (sea-)gull. ▼—**mijl** nautical mile. ▼—**mijn** (sea)mine.

zeem/lap wash-leather. ▼—**leer** chamois-leather. ▼—**leren** shammy.

zee/mogendheid naval power, sea-power. ▼—**monster** s.-monster.

zeen sinew, tendon.

zee/nimf s.-nymph. ▼—**niveau** s.-level. ▼—**oever** s.-shore. ▼—**officier** naval officer. ▼—**oorlog** naval war.

zeep soap; *om — brengen*, (*sl.*) do in; *om — gaan*, (*sl.*) go west, kick the bucket. ▼**zeepaardje** sea-horse.

zeepachtig soapy.

zeepaling conger (-eel).

zeep/bakje soap-dish. ▼—**bel** s.-bubble. ▼—**fabriek** s.-works. ▼—**fabrikant** s.-maker. ▼—**ketel** s.-kettle. ▼—**kist** s.-box (*ook karretje*). ▼—**kwast** shaving-brush.

zeepolis marine policy.

zeepoplossing solution of soap.

zeepost oversea(s) mail; (*op brieven*) surface mail.

zeeppoeder soap-powder.

zeeprovincie maritime province.

zeep/schuim soap-lather. ▼—**sop** s.-suds.
▼—**zieden** s.-boiling. ▼—**zieder** s.-boiler.
▼—**ziederij** s.-house.

zeer I zn sore, ache; oud —, an old sore; dat
doet —, it hurts; mijn hoofd doet —, my head
aches; je doet me —, (ook fig.) you hurt me.
II bn sore; zere voeten, s. feet. III bw very, (bij
werkw.) (very) much.

zee/raad maritime court. ▼—**ramp**
shipping-disaster. ▼—**recht** maritime law.
zeereerwaard: de —e heer, the (very) Rev.
zee/reis (sea-)voyage. ▼—**reiziger**
sea-traveller.
zeergeleerd very learned.
zee/rob 1 seal; 2 (fig.) (Jack) tar; oude —, old
salt. ▼—**roof** piracy. ▼—**rot** 1 water-rat;
2 (fig.) (Jack) tar. ▼—**rover** pirate.
▼—**roverschip** Jolly Roger.
zeerst: hij werd om 't — geprezen, everybody
vied in praising him; ten —e, greatly, highly.
zee/schade sea-damage. ▼—**schelp** s.-shell.
▼—**schilder** seascape painter. ▼—**schildpad**
turtle. ▼—**schip** s.-going vessel. ▼—**schuim**
foam of the sea; cuttle bone. ▼—**schuimen**
practise piracy. ▼—**schuimer** pirate.
▼—**schuimerij** piracy. ▼—**slag** s.- (naval)
battle. ▼—**slang** s.-serpent. ▼—**sleepboot**
s.(-going) tug. ▼—**sluis** s.-lock. ▼—**soldaat**
s.-soldier, marine. ▼—**spiegel** surface of the
s., s.-level; boven (beneden) de —, above
(below) sea-level. ▼—**ster** starfish. ▼—**straat**
strait(s). ▼—**strand** beach, sands. ▼—**term**
nautical term. ▼—**tijdingen**
shipping-intelligence. ▼—**tocht** voyage.
▼—**transport** s.-carriage.
Zeeuw Zealander. ▼—**se** Z.
woman. ▼**Z—s-Vlaanderen** Z. Flanders.
zee/vaarder seafarer, navigator. ▼—**vaart**
navigation. ▼—**vaartkunde** navigation,
seamanship. ▼—**vaartkundig** nautical; —
museum, Marine Museum. ▼—**vaartschool**
nautical college. ▼—**varend** seafaring.
▼—**verhaal** s.-story. ▼—**verkenners**
s.-scouts. ▼—**verzekeraar** underwriter.
▼—**verzekering** marine insurance. ▼—**vis**
s.-fish. ▼—**visserij** s.-fishery. ▼—**vlak(te)**
s.-level. ▼—**vogel** s.-bird. ▼—**volk** sailors.
▼—**vracht** freight. ▼—**waardig** s.worthy.
▼—**waardigheid** s.worthiness. ▼—**waarts**
seaward. ▼—**water** s.water. ▼—**weg** s.-route.
▼—**wering** s.-wall. ▼—**wezen** maritime
affairs. ▼—**wier** seaweed. ▼—**wind** s.-wind.
▼—**ziek** seasick. ▼—**ziekte** seasickness.
zefier zephyr.
zege victory, triumph. ▼—**boog** triumphal arch.
▼—**dicht** triumphal song. ▼—**kar** triumphal
car. ▼—**krans** laurel wreath. ▼—**kroon** crown
of victory.
zegel (v. document) seal; (afdruk) stamp;
(post— enz.) stamp; (papier) stamped paper;
(instrument) seal, stamp; zijn — drukken op,
affix one's seal to; op —, on stamped paper.
▼—**belasting** stamp-duty. ▼—**bewaarder**
Keeper of the Seal. ▼—**doosje** stamp-box.
▼—**en** seal (up); gezegeld papier, stamped
paper. ▼—**kosten** stamp-duties. ▼—**lak**
sealing-wax. ▼—**merk** seal. ▼—**ring** signet-ring. ▼—**wet**
stamp-act.
zegen 1 (visnet) drag-net, seine; 2 blessing,
benediction; Gods —, God's blessing; iets op
hoop van — doen, do s.th. on good hope; daar
rust geen — op, that brings no luck; zijn —
geven aan, bestow one's blessing on; de —
uitspreken, pronounce the benediction. ▼—**en**
bless; God zegene u, God bless you; God
zegen de greep!, hit or miss! ▼—**ing** blessing.
▼—**rijk** salutary, beneficial. ▼—**wens**
blessing.
zege/palm palm of victory. ▼—**poort**
triumphal arch. ▼—**praal** victory. ▼—**pralen**
triumph. ▼—**rijk** victorious. ▼—**teken** trophy.
▼—**tocht** triumphal march. ▼—**vaan**
victorious banner. ▼—**vieren** triumph.
▼—**wagen** triumphal car.
zegge 1 (plant) sedge; 2 — en schrijve, say and

write; hij kreeg er — en schrijve £ 10 voor, he
got a paltry £ 10 for it.
zeggen I ww say; zeg (eens)!, (I) say!; zeg me
eens, tell me; zeg je vader welteruiten, say
good-night to your father; al zeg ik het zelf,
though I say it, who shouldn't; de waarheid —,
speak the truth; zo gezegd zo gedaan, no
sooner said than done; dat is gauwer gezegd
dan gedaan, that is sooner said than done; dat
zeg ik je, I tell you; take it from me; dat zegt
niets, that does not mean a thing, (bewijst
niets) that does not say a thing; — en dat zegt
wat, and that's saying a good deal; het zei hem
niets, it did not convey (mean) anything to
him; daar is alles mee gezegd, that's all there is
to it; wat zegt u?, I beg your pardon?; wat heb
ik je gezegd?, what did I tell you?; zal ik je eens
wat —?, do you know what I think?; 't is toch
wat te —!, isn't it a shame!; wat ik — wou,
incidentally, by-the-way; wat meer zegt, what
is more; wie zal 't —?, who can tell?; wie kan ik
— dat er is?, what name, please?; zeg dat wel,
you may well say so; men zegt dat hij rijk is, he
is said to be rich; men zegt zoveel, people are
always saying things; je hebt (hoeft) het maar
te —, you have only to say so; ik kan geen pap
meer —, I'm all in; dat laat ik mij niet —, I won't
put up with it; zij liet het zich geen twee maal
—, she did not need to be told twice; jij moet
het maar —, it's for you to say, it's up to you;
het valt niet te — of…, there is no saying if…;
wat wil dit —?, what does this mean?; dat wil
— (d.w.z.), that is to say (i.e.); als ik het te —
had, if I had my way; ik heb hier niets te —, I
have no authority here; er niets in te —
hebben, have no say (voice) in the matter; hij
zei er niets op, he said nothing to it; er valt niets
op hem te —, there is nothing to be said
against him; daar kon ik niets op —, that was
unanswerable; daar heb ik niets over te —, I
have no control over that; je hebt niets over me
te —, I am not under your orders; iets — tegen
iem., say s.th. to a p.; daar valt niets tegen te —,
there is nothing to be said against it; hij zegt
oom tegen mij, he calls me uncle; wat zeg je
van …?, how (what) about …?; wat zeg je me
daarvan?, how is that for high?; (Am.) what do
you know?; er is veel voor te —, there is much
to be said for it. II zn saying; 't kwam op mijn —
uit, it turned out as I had predicted; naar
(volgens) zijn —, according to what he says;
als ik 't voor 't — had, if I had my way; ze heeft
't maar voor 't —, she has only to say the word.
zeggenschap (right of) say, control; daar heb
ik geen — over, I have no say in that matter; zij
kregen volledige — over hun zaken, they got
complete control of their affairs.
▼**zeggingskracht** expressiveness,
eloquence. ▼**zegs/man** informant. ▼—**wijze**
saying, phrase, expression.
zeil sail; (dekkleed) tarpaulin; (op vloer)
floor-cloth; (zonne—) awning; — en bijzetten,
set more s.; alle — en bijzetten, make all s.,
(fig.) strain every nerve; — minderen, take in
s.; het — strijken, strike s.; met volle — en,
under full s.; met een opgestreken —, in high
dudgeon; onder — gaan, get under s., (fig.)
doze off; onder — zijn, be under s., (fig.) be
sound asleep. ▼—**boot** sailing-boat. ▼—**doek**
canvas. ▼—**en** sail. ▼—**er** (schip) sailer;
(pers.) yachtsman. ▼—**jacht** sailing-yacht.
▼—**klaar** ready to sail. ▼—**maker** sail-maker.
▼—**makerij** sail-loft. ▼—**pet** yachting cap.
▼—**schip** sailer; een snel (traag) —, a fast
(poor) sailer. ▼—**school** sailing-school.
▼—**sport** yachting. ▼—**tocht(je)** sailing-trip.
▼—**vereniging** yacht-club. ▼—**wedstrijd**
sailing-match, -race, regatta. ▼—**wind**: goede
—, good sailing breeze (wind)
zeis scythe. ▼—**man** s.-man.
zeker I bn certain, sure; (veilig) secure; zo —
als wat, dead certain; op — e dag, one day; een
— e plaats, the w.c.; een — e mijnheer A., a
(one, a certain) Mr. A.; — iem., somebody; 'n
— iets, a c. something; het — e voor het
onzekere nemen, better be sure than sorry;

keep on the safe side; *je bent hier je leven niet —*, your life is not safe here; — *van zijn zaak zijn*, be sure of one's ground. II *bw* **1** (*met klem*) certainly, surely; *zo — als wat*, as sure as a gun; *hij zal — winnen*, he is sure to win; *ik weet 't —*, I am sure of it; **2** (*zonder klem*) *je weet het — al*, I suppose (daresay) you know it already; *dat doe je toch — niet?*, surely you won't do that? ▼ **zekerheid** certainty; sureness (of hand, judgment); (*veiligheid, waarborg*) security; *— hebben*, be satisfied; *ik wil — hebben*, I want to make sure; *— verschaffen*, give certainty; *zich — verschaffen*, make sure; *dat kan ik met — zeggen*, I can say that with certainty (for a certainty); *voor alle —*, to be quite on the safe side. ▼**—shalve** for safety. ▼**—stelling** security.

zekering fuse; *de — is doorgeslagen*, the fuse has blown.

zelden seldom, rarely. ▼**zeldzaam** I *bn* rare. II *bw* exceptionally. ▼**gevoel** s.-esteem.

zelf self; *ik —*, I myself; *de goedheid —*, goodness itself. ▼**—achting** s.esteem. ▼**—bediening** s.-service. ▼**—bedrog** s.-deceit. ▼**—bedwang** s.-control. ▼**—begoocheling** s.-delusion. ▼**—behaaglijk** s.-complacent. ▼**—behagen** s.-complacency. ▼**—beheersing** s.-command, -control, -restraint; *zijn — verliezen*, lose one's s.-control. ▼**—behoud** s.-preservation. ▼**—beklag** s.-pity. ▼**—beschikking(srecht)** (right of) s.-determination. ▼**—beschuldiging** s.-accusation. ▼**—bespiegelend** introspective. ▼**—bespiegeling** introspection. ▼**—bestuiving** s.-pollination. ▼**—bestuur** s.-government. ▼**—bevlekking** s.-abuse. ▼**—bevruchting** s.-fertilization. ▼**—bewust** s.-assured. ▼**—bewustheid** s.-assurance. ▼**—binder** s.-binder.

zelfde same.

zelf/dragend self-supporting. ▼**—gemaakt** home-made. ▼**—genoegzaam** self-sufficient. ▼**—gevoel** s.-esteem. ▼**—hechtend** (*klimplant*) self-clinging; (*pleister enz.*) self-adhesive. ▼**—ingenomenheid** s.-complacency. ▼**—kant** selvage, list; (*fig.*) seamy side (of life). ▼**—kastijding** s.-chastisement. ▼**—kennis** s.-knowledge. ▼**—klevend** self-adhesive. ▼**—kritiek** s.-criticism. ▼**—kwelling** self-torture.

zelfmoord suicide, self-murder. ▼**—enaar** suicide. ▼**—gedachten** suicidal thoughts. ▼**—neigingen** suicidal tendencies. ▼**—poging** attempt at suicide.

zelf/onderricht self-tuition. ▼**—ontbranding** spontaneous combustion. ▼**—onthouding** s.-denial. ▼**—ontplooiing** self-realization, self-expression. ▼**—ontwikkeling** s.-development. ▼**—openbaring** self-revelation. ▼**—opofferend** s.-sacrificing. ▼**—opoffering** s.-sacrifice. ▼**—(op)richtend** (*boot*) self-righting. ▼**—overschatting** s.-conceit. ▼**—overwinning** s.-conquest. ▼**—portret** s.-portrait. ▼**—regelend** s.-regulating. ▼**—registrerend** self-registering. ▼**—reinigend** (*v. oven enz.*) self-cleaning. ▼**—respect** s.-respect. ▼**—rijzend** s.-raising; *— bakmeel*, s.-raising flour.

zelfs even; *— de gedachte eraan*, the very thought of it.

zelfstandig independent, self-employed; *kleine —e*, small tradesman; *— naamwoord*, substantive, noun. ▼**—heid** (*abstr.*) independence; (*concr.*) substance.

zelf/strijd inward struggle. ▼**—strikker** hand-tied bow. ▼**—studie** self-study. ▼**—tucht** s.-discipline. ▼**—verachting** s.-contempt. ▼**—verblinding** infatuation. ▼**—verbranding** spontaneous combustion. ▼**—verdediging** s.-defence. ▼**—verheerlijking** s.-glorification.

▼**—verheffing** s.-exaltation. ▼**—verloochenend** s.-denying. ▼**—verloochening** self-denial, self-abnegation. ▼**—verminking** s.-mutilation. ▼**—vernedering** self-abasement. ▼**—vertrouwen** s.-confidence. ▼**—verwijt** self-blame, self-reproach. ▼**—verzaking** s.-renunciation. ▼**—verzekerd** s.-confident. ▼**—verzekerdheid** (s.-)assurance. ▼**—voldaan** s.-complacent, smug. ▼**—voldaanheid** s.-complacency, smugness. ▼**—voldoening** s.-satisfaction. ▼**—werkend** s.-acting, automatic. ▼**—werkzaamheid** s.-activity.

zelfzuchtig selfish, egotistic. ▼**—e ego(t)ist.** ▼**—heid** egotism.

zeloot zealot.

zemel bran; (*fig. v. pers.*) bore. ▼**—aar** bore. ▼**—(acht)ig** branny. ▼**—en** I *zn* bran. II *ww* bother. ▼**—knoop** straw-splitter.

zemen I *ww* shammy. II *bn* (chamois) leather.

zend/antenne transmitting aerial. ▼**—brief** epistle.

zendeling missionary. ▼**—engenootschap** m. society.

zend/en send, forward; (*alleen v. goederen*) ship, consign. ▼**—er** sender, shipper, consignor; (*radio*) transmitter. ▼**—golf** transmitting wave. ▼**zending** (*'t zenden*) sending; (*'t gezondene*) shipment, consignment; (*missie*) mission. ▼**—sarbeid** mission work. ▼**—sgenootschap** missionary society. ▼**—sschool** mission school. ▼**—sstation** mission-station. ▼**—swerk** mission work.

zend/installatie radio installation. ▼**—ontvanger** trans(mitter-re)ceiver. ▼**—station** transmitting-station. ▼**—tijd** hours of transmission. ▼**—toestel** transmitting set. ▼**—uren** air-hours. ▼**—vergunning** transmitting licence.

zengen scorch, singe.

zenig sinewy, stringy.

zenit zenith.

zenuw nerve; *mijn —en raken erdoor van streek*, it gets on my nerves; *aan —en lijden*, suffer from nerves; *ze kreeg 't ervan op de —en*, she went (off) into fits over it; *hij leeft op zijn —en*, he lives on his nerves; *ik ben op van de —en*, my nerves are worn to shreds. ▼**—aanval** nervous attack. ▼**—achtig** nervous, (*fam.*) jumpy; (*geagiteerd*) flurried, flustered; *— werk*, nervous work. ▼**—achtigheid** nervousness. ▼**—arts** nerve-specialist. ▼**—beroerte** apoplexy. ▼**—crisis** nervous crisis. ▼**—gestel** nervous system. ▼**—hoofdpijn** nervous headache. ▼**—inrichting** mental home. ▼**—inzinking** nervous collapse. ▼**—knoop** ganglion. ▼**—kwaal** nervous complaint. ▼**—lijder** neurotic. ▼**—lijdersgesticht** mental home. ▼**—ontsteking** neuritis. ▼**—oorlog** war of nerves. ▼**—overspanning** nervous breakdown. ▼**—patiënt** nerve-patient. ▼**—pees** fuss-pot. ▼**—pijn** neuralgia. ▼**—schok** nervous shock. ▼**—schokkend** nerve-shaking. ▼**—slopend** nerve-racking. ▼**—stelsel** nervous system. ▼**—sterkend** n.-strengthening; *— middel*, n.-tonic. ▼**—toeval** fit of nerves. ▼**—ziek** neurotic. ▼**—ziekte** nervous disease.

zepen soap; (*voor 't scheren*) lather. ▼**zep(er)ig** soapy. ▼**—heid** soapiness.

zeppelin Zeppelin.

zerk slab (of stone); (*op graf*) tombstone.

zes six; *hij is van —sen klaar*, he can turn his hand to anything. ▼**—daagse** *de —*, the six-day cycle-race. ▼**—de** sixth. ▼**—hoek(ig)**, **—kant(ig)** hexagon(al). ▼**—maandelijks** half-yearly. ▼**—span** team of six horses; *rijtuig met —*, carriage and six. ▼**—tal** six, half a dozen.

zestien sixteen. ▼**—de** sixteenth.

zestig sixty; *ben je —?*, are you mad? ▼**—er** man of s., sexagenarian. ▼**—jarig** sixty years

old. ▼—**ste** sixtieth. ▼—**tal** sixty. ▼—**voud** multiple of s. ▼—**voudig** sixtyfold.
zes/urig: —*e werkdag*, six-hour(s') day. ▼—**voeter** six-footer. ▼—**voetig** s.-footed; *een — vers*, a hexameter. ▼—**voud** multiple of six; *'t — van*, the sextuple of. ▼—**voudig** sixfold, sextuple. ▼—**zijdig** sixsided, hexagonal.
zet (*bij 't spel en fig.*) move; (*duw*) push, shove; (*sprong*) bound; *'n gemene* —, a dirty trick; *'n geniale* —, a stroke of genius; *jij bent aan* —, it's your move; *'n — doen*, make a move; *iem. een —je geven*, give a p. a push.
zetbaas manager.
zetel seat, chair; (*v. bisschop*) see; (*v. een maatschappij*) seat; *de pauselijke* —, the Papal See; — *der regering*, seat of government. ▼—**en** reside; (*v. maatschappij*) have its registered office at.
zet/fout printer's error, misprint. ▼—**haak** composing-stick. ▼—**kosten** cost of composition. ▼—**lijn** (*typ.*) setting-rule; (*vislijn*) set-line. ▼—**loon** compositor's wages. ▼—**machine** composing-machine.
zet/meel starch, farina. ▼—**pil** suppository.
zetsel (*v. thee*) brew; (*v. drukker*) matter.
zetten put, place, set; *een arm* —, set an arm; *een diamant* —, set (mount) a diamond; *de kachel* —, fix the stove; *kopie* —, set up type; *bomen* —, plant trees; *thee* (*koffie*) —, make tea (coffee); *ik kan hem niet* —, I cannot stand him; *zich* —, sit down, take a seat; *zich aan tafel* —, sit down to table; *hij zette zich aan het werk*, he set to work; *iem. aan een werk* —, put a p. on a job; *zijn handtekening* (*naam*) *onder iets* —, put one's hand to s.th.; *alles erop* —, stake everything, go all out; *op muziek* —, set to music; *zich tot iets* —, settle down to s.th.
zetter type-setter, compositor. ▼—**ij** composing room.
zetting (*v. breuk*) reduction; (*v. edelsteen*) setting; (*v. muziek*) orchestration.
zeug sow.
zeulen drag, lug.
zeur bore. ▼—**der** bore. ▼—**en 1** (*talmen*) dawdle; **2** (*kletsen*) twaddle; *zeur me niet aan mijn hoofd*, don't bother me. ▼—**derig** tedious. ▼—**kous**, —**piet** bore.
zeven I ww sift, sieve; (*grind*) riddle; (*kool*) screen. **II** telw. seven. ▼—**de** seventh. ▼—**hoek** heptagon. ▼—**hoekig** heptagonal. ▼—**klapper** squib. ▼—**mijlslaarzen** seven-league boots; *met — vooruitgaan*, advance by leaps and bounds. ▼—**slaper** dormouse; (*fig.*) lie-abed. ▼—**tal** seven.
zeventien seventeen. ▼—**de** seventeenth.
zeventig seventy. ▼—**er** septuagenarian. ▼—**ste** seventieth. ▼—**voudig** seventyfold.
zevenvoud multiple of seven. ▼—**ig** sevenfold, septuple.
zever/aar slaverer. ▼—**en** slaver.
zich oneself; *geen geld bij — hebben*, have no money about one; *ieder voor* —, everyone for himself.
zicht sight; *slecht* —, poor visibility; *in* —, (with) in s.; *drie dagen na* —, three days after s.; *op* —, at s.; *op — zenden*, send on approval. ▼**zichtbaar** visible; (*merkbaar*) perceptible. ▼—**heid** visibility; perceptibility.
▼**zicht/wissel** sight-draft. ▼—**zending** consignment on approval.
zichzelf oneself; *hij dacht bij* —..., he thought to himself...; *hij was buiten* —, he was beside himself; *in — praten*, talk to o.s.; *ze vormen een klasse op* —, they are a class apart; *elk geval op — beoordelen*, judge each case on its own merits; *op — niet erg*, not bad in itself; *op — leven*, live to o.s.; *een op — staand geval*, an isolated case; *uit* —, of one's own accord.
ziedaar there, there you are; — *alles*, that's all.
zied/en boil; *van woede*, boil with rage. ▼—**er** boiler.
ziehier look here; (*bij overhandigen*) here you are; *ziehier hoe hij het deed*, this is how he did it.
ziek (*pred.*) ill, (*Am.*) sick; (*attr.*) sick, diseased;

—*e aardappelen*, blighted potatoes; *zich — houden*, malinger; — *liggen aan*, he laid up with; *zich — melden*, report o.s. ill; — *worden*, fall (be taken) ill. ▼—**bed** sick-bed. ▼**zieke** patient. ▼**ziekelijk** sickly, ailing; (*fig.*) sickly, morbid. ▼—**heid** sickliness, morbidity.
▼**zieken/**- sick-. ▼—**afdeling** s.-ward. ▼—**auto** (motor)ambulance. ▼—**appèl** s.-parade. ▼—**barak** isolation hospital. ▼—**bezoek** s.-call. ▼—**boeg** s.-bay. ▼—**broeder** male nurse. ▼—**drager** stretcher-bearer. ▼—**fonds** s.-fund. ▼—**geld** s.-pay. ▼—**huis**, —**inrichting** hospital, infirmary. ▼—**kamer** s.-room. ▼—**kas** sickfund. ▼—**lijst** s.-list. ▼—**oppasser** (male) nurse. ▼—**rapport** s.-parade; *op 't — staan*, be on the s.-list. ▼—**stoel** invalide chair. ▼—**transport** ambulance service. ▼—**verpleegster** (s.-)nurse. ▼—**verpleger** (male) nurse. ▼—**verpleging** (sick-) nursing. ▼—**vervoer** s.-transport. ▼—**wagen** ambulance. ▼—**wagentje** invalid carriage, Bath chair. ▼—**zaal** ward. ▼—**zuster** (s.-) nurse.
ziekte illness, sickness; (*lange* —) disease; (*kwaal*) complaint; (*v. planten*) disease; blight; (*v. dieren, vooral hond en konijn*) distemper. ▼—**beeld** clinical picture. ▼—**cijfer** sick-rate. ▼—**geschiedenis** case history. ▼—**geval** case. ▼—**kiem** disease-germ. ▼—**leer** pathology. ▼—**uitkering** sickness benefit, sick-pay. ▼—**verlof** sick-leave. ▼—**verloop** course of a disease. ▼—**verschijnsel** morbid symptom. ▼—**verzekering** sickness insurance. ▼—**verzuim** absence due to sickness; (*verschijnsel*) sickness absenteeism. ▼—**wet** (national) health insurance act; *in de — lopen*, receive sickness benefit, (*in Eng. na zes maanden*) receive invalidity benefit.
ziel 1 soul (*ook fig.*); **2** (*v. fles*) kick; (*van veer*) pith; *geen levende* —, not a (living) s.; *hoe meer —en hoe meer vreugd*, the more the merrier; *wat 'n* —!, what a poor chump; *het ging mij door de* —, it cut me to the quick; *diep in zijn* —, deep down in his heart; *met z'n — onder de arm lopen*, be at a loose end; *op zijn — krijgen*, get a hiding; *ter — e zijn*, be dead and gone; *'t griefde mij tot in de* —, it stung me to the quick. ▼—**ziele/adel** nobility of soul. ▼—**grootheid** greatness of soul. ▼—**heil** salvation. ▼—**leed** anguish. ▼—**leven** spiritual life. ▼—**lijden** mental suffering.
zielental number of inhabitants.
ziele/pijn anguish. ▼—**rust** peace of mind. ▼—**strijd** spiritual struggle.
zielig pitiful; (*eenzaam*) forlorn; *wat* —!, how sad!
ziel/kunde psychology. ▼—**kundig** psychological. ▼—**kundige** psychologist. ▼—**loos** soulless; (*levenloos*) inanimate. ▼—**mis** mass for the dead, requiem.
▼**ziels/aandoening** emotion. ▼—**angst** anguish. ▼—**bedroefd** broken-hearted. ▼—**blij** overjoyed. ▼—**gelukkig** supremely happy. ▼—**genot** soul's delight. ▼—**kracht** fortitude. ▼—**toestand** state of mind. ▼—**veel**: — *houden van*, love devotedly, worship. ▼—**verheugd** overjoyed. ▼—**verhuizing** (trans)migration of souls, metempsychosis. ▼—**verlangen** heart's desire. ▼—**verrukking**, —**vervoering** ecstasy, rapture. ▼—**verwant** congenial. ▼—**verwanten** kindred spirits. ▼—**verwantschap** congeniality, affinity. ▼—**vriend(in)** bosom-friend. ▼—**ziek** diseased in mind. ▼—**ziekte** mental disease. ▼—**zorg** spiritual care.
zieltje soul; —*s winnen*, win souls, proselitize.
zieltog/en be dying. ▼—**end** dying, moribund. ▼—**ing** agony (of death).
ziel/verheffend soul-stirring. ▼—**verzorger** spiritual adviser. ▼—**zorg** spiritual care.
zien I ww see; (*kijken, eruit zien*) look; *bleek* —, I. pale; *hij ziet goed*, he has good eyes; *als ik het goed zie*, if I s. aright; *dat zullen we eens* —,

we'll see; *ik deed net of ik het niet zag,* I did not take any notice; *dat is verkeerd gezien van je,* you take the wrong view, that is a misconception on your part; *ik kan hem niet —,* I can't stand the sight of him; *ik zie je nog wel,* I'll see you later; *ik zie hem liever niet dan wel,* I prefer his room to his company; *zie je nou wel?,* there you are!; *als je hem ziet, zou je denken...,* to look at him one would think...; *zulk gedrag ziet men niet graag,* such behaviour is frowned upon; *men ziet hem overal graag,* he is a popular figure everywhere; *je moet maar — dat je thuis komt,* you must find your own way home; *hij moet maar — dat hij het redt,* he must shift for himself; *zie maar wat je doet,* use your own pleasure; *zie eens of je het kan,* try if you can do it; *laten —,* show; *iem. een gebouw laten —,* show a p. over a building; *hij wou me niet —,* he cut me; *hij wou zijn gebreken niet —,* he turned a blind eye to his faults; *(er was niemand) te —,* to be seen; *(het huis is) te —,* on view; *(de vlek is niet) te —,* does not show; *te — krijgen,* catch sight of; *dat kan ik — aan...,* I can see (tell) it by...; *naar,* look at; *(nazien) see to; — op,* look at (one's watch), look on (the garden); *ik zie niet op geld,* money is no object with me, *(bij uitgaven)* I am not particular to money; *hij ziet op een halve cent,* he grudges every penny he spends; *ik zie hem nóg voor me,* I can s. him now. **II** *zn* seeing, sight. ▼**ziende** seeing; *— blind zijn,* be blind with one's eyes open. ▼**zienderogen** visibly. ▼**ziener** seer, prophet. ▼—**sblik** prophet's eye. ▼**ziens:** *tot —,* good-bye for the present!, see you later!; *(fam.)* so long! ▼**zienswijze** view, opinion; *ik kan deze — niet delen,* I cannot share this v.; *ik ben een andere — toegedaan,* I hold a different v.

zier whit, atom; *'t kan me geen — schelen,* I don't care a rap; *hij heeft geen — (tje) verstand,* he has not a grain of sense.

ziezo all right, that's it.

zift sieve. ▼—**en** sift. ▼—**er** sifter.

zigeuner gipsy, Romany. ▼—**achtig** g.-like. ▼—**in** gipsy (woman). ▼—**kamp** g.-encampment. ▼—**meisje** g.-girl. ▼—**taal** G.language, Romany.

zigzag zigzag; *— lopen,* zigzag. ▼—**gen** zigzag; *(v. vliegtuig)* weave.

zij *I pers.vnw (ev)* she; *(mv)* they. **II** *zie* zij(de).

zij/aanval flank attack. ▼—**aanzicht** side-view. ▼—**altaar** side-altar. ▼—**beuk** side-aisle. ▼—**beweging** flank movement, lateral movement; *een — maken, (sp.)* side-step (a p.).

zij(de) *I (stof)* slik; **2** *(kant)* side; *(v. leger)* flank; *ergens — bij spinnen,* make money out of; *— spek,* flitch of bacon; *hij heeft zijn goede en zijn kwade —,* he has his good and his bad points; *aan deze —,* on this side; *— aan —,* s. by s.; *aan mijn groene —,* on my left; *hij staat aan mijn —, (eig.)* he stands at my s., *(fig.)* he is on my s.; *de armen in de — zetten,* set (put) one's arms akimbo; *op— daar!,* out of the way!; *zijn hoofd een beetje op —,* his head a little on one s.; *met zijn sabel op —,* with his sword by his s.; *op— doen,* put aside; *op— gaan,* stand aside; *op— leggen,* lay aside (put by) money; *op— springen,* jump aside; *op— zetten,* put on one side, *(geschillen)* sink, *(vrees)* dismiss, *(trots)* swallow, *(vooroordeel, pers.)* discard; *ter —,* aside; *ter — laten,* leave on one s., *ter — staan,* assist, stand by (a p.); *van alle —n,* (come) from all quarters, hear (s.th.) on all sides, (look at it) from all sides (all angles); *van de — der regering,* on the part of the government; *van welingelichte —,* from well-informed quarters; *van ter —,* askance, sideways.

zij(de)/achtig silky. ▼—**fabriek** s.-mill. ▼—**fabrikant** s.-manufacturer. ▼—**handel** s.-trade. ▼—**industrie** s.-industry.

zijdelings *I bw* sideways; *— vernemen,* hear indirectly. **II** *bn* sidelong; *(fig.)* indirect.

zijden silk (hat); *(fig.)* silken. ▼**zijde/rups**

---

silk-worm. ▼—**teelt** s.-culture.

zijdeur side-door.

zijde/vlinder silk-moth. ▼—**wever** s.-weaver. ▼—**weverij** s.-mill.

zij/galerij side-gallery. ▼—**gang** s.-passage. ▼—**gebouw** annex(e), wing.

zijgen strain; *(neer—)* sink (to the ground).

zij/gevel side-facade. ▼—**gezicht** s.-view.

zijig silky.

zij/ingang side-entrance. ▼—**kamer** s.-room. ▼—**klep** side-valve. ▼—**klepmotor** side-valve engine.

zijl 1 watercourse; **2** lock.

zij/leuning railing; *(v. stoel)* armrest. ▼—**lijn** side-line; *(sp.)* touch-line. ▼—**loge** s.-box.

zijn *I ww* be; *(hulpww.)* have; *ik ben er, (weet 't),* I have it; *hij is er geweest, (fig.)* it is all up (U.P.) with him, he is finished; *de bakker is geweest,* the baker has been (has called); *wat is er?,* what's up?, what's the matter?; *de beste die er zijn,* the best going; *2 van de 4 is 2,* 2 from 4 leaves 2; *2 maal 2 is 4,* twice 2 is 4. **II** *zn* being. **III** *vnw* his, its, one's; *men moet — plicht doen,* one must do one's duty; *elk 't —e,* everyone his due. ▼—**erzijds** on his part.

zij/opening side-opening. ▼—**pad** s.-path.

zijpelen ooze, filter.

zij/rivier tributary. ▼—**span(wagen)** s.-car. ▼—**spoor** siding, shunt; *'n trein op een — brengen,* shunt a train; *iem. op 'n — brengen,* side-track a p. ▼—**straat** s.-street, turning. ▼—**strook** *(v. weg)* emergency lane, parking lane. ▼—**tak** s.-branch; *(v. rivier, enz.)* branch. ▼—**vlak** lateral face. ▼—**waarts** *I bw* sideways. **II** *bn* sideward, lateral. ▼—**weg** cross-road. ▼—**wind** s.-wind. ▼—**zak** s.-pocket.

zilt saltish, briny; *het —e nat,* the briny ocean, the brine. ▼—**heid** saltishness.

zilver silver; *(ongemunt)* bullion. ▼—**aanmunt(ing)** coinage of s. ▼—**achtig** silvery. ▼—**ader** vein of s. ▼—**berk** s.-birch. ▼—**blad** s. leaf. ▼—**draad** s.-wire. ▼—**en** silver; *bruiloft,* s.-wedding; *— haren,* silver(y) hair. ▼—**erts** silver-ore. ▼—**gehalte** percentage of s. ▼—**geld** s.-money. ▼—**glans** silvery lustre. ▼—**goed** silver, plate. ▼—**grijs** silvery grey. ▼—**houdend** s.-bearing. ▼—**ling** piece of s. ▼—**meeuw** herring gull. ▼—**mijn** s.-mine. ▼—**munt** s.coin. ▼—**papier** s.-paper, tin-foil. ▼—**reiger** white heron. ▼—**smid** s.-smith. ▼—**staaf** bar of s. ▼—**stuk** s. piece. ▼—**vloot** s.-fleet. ▼—**vos** s. fox. ▼—**werk** s. ware, s. plate.

zin 1 *(—tuig)* sense; **2** *(betekenis)* sense, meaning; **3** *(volzin)* sentence; **4** *(lust)* mind; *— of geen —,* willy-nilly; *nu heb je je —,* now you've got what you want; *'n mens z'n — is 'n mens z'n leven,* everyone to his taste; *zo veel hoofden, zo veel —nen,* so many men, so many minds; *zijn eigen — doen,* have one's own way, do as one pleases; *ik deed zijn —,* I did as he wished; *geef hem zijn — maar,* let him have his way; *'t heeft geen — om te gaan,* there is no point in going; *wat voor — heeft het nog?,* what is the use of it now?; *ik had (hield) mijn —nen goed bij elkaar,* I had (kept) all my wits about me; *ik heb — om te lezen,* I would like to read; *ik heb eigenlijk wel — om te gaan,* I have (half) a mind to go; *ik heb er geen — in,* I don't feel like it; *— voor humor hebben,* have a sense of humor; *hij kreeg zijn —,* he had his way, he carried his point; *hij kreeg — in,* he felt like (a cup of tea), he took a fancy to (the idea); *ik heb er mijn —nen op gezet,* I have set my mind on it; *je bent niet goed bij —nen,* you are out of your mind; *in de eigenlijke — des woords,* in the proper sense of the word; *in die —,* in that sense, (speak) to that effect; *in zekere —,* in a way; *wat heeft ze in de —?,* what is she up to?; *kwaad in de — hebben,* be up to mischief; *geen kwaad in de — hebben,* mean no harm; *is 't naar je — ?,* is it to your liking?; *het iem. naar de — maken,* please a p.; *tegen de — van,* against the wishes (will) of; *één van — zijn,* be united; *van —s zijn,* intend; *hij is niet veel goed* *van* —*s*, he is up to no good.

zindelijk clean; (*v. kind ook*) trained; (*v. hond enz.*) house-trained; — *van aard*, cleanly. ▼—**heid** cleanness, cleanliness.

zingen sing; chant (the Litany); —*de mis*, sung mass.

zingenot sensual pleasure.

zink zinc. ▼—**bad** zinc-bath. ▼—**blende** zinc-blende.

zinken I *bn* zinc. **II** *ww* sink; (*v. schip ook*) founder; *laten* —, *tot* — *brengen*, sink, scuttle (ships); *zinker* (*buisleiding*) underwater main; (*v. net*) sinker.

zink/erts zinc-ore. ▼—**mijn** zinc-mine. ▼—**plaat** z.-plate. ▼—**put** cess-pool. ▼—**stuk** mattress. ▼—**wit** zinc-white. ▼—**zalf** z.-ointment.

zin/ledig(heid) meaningless(ness). ▼—**loos(heid)** senseless(ness).

zinnebeeld symbol. ▼—**ig** symbolic(al).

zinnelijk sensual, sensuous. ▼—**heid** sensuality, sensuousness.

zinneloos insane; *dat zou* — *zijn*, that would be senseless (pointless). ▼—**heid** insanity, senselessness.

zinnen muse, ponder; *dat zint mij niet*, I don't like it; I am not happy about it; *op wraak* —, brood on revenge.

zinnig sane, sensible.

zinrijk pregnant. ▼—**heid** pregnancy.

zins/bedrog illusion. ▼—**begoocheling** hallucination. ▼—**bedwelming** intoxication (of the senses).

zin/sbouw sentence structure. ▼—**sdeel** part of a sentence. ▼—**snede** passage, clause. ▼—**sontleding** analysis.

zinspel/en allude to, hint (at). ▼—**ing** allusion (to), hint (at); *een* — *maken op*, hint at. ▼**zinspreuk** motto, device.

zinsverband context.

zins/verbijstering insanity. ▼—**vervoering** ecstasy.

zinswending turn (of speech). ▼**zinteken** punctuation mark.

zintuig organ of sense, sense-organ. ▼—**lijk:** —*e waarneming*, sense perception.

zin/verwant synonymous. ▼—**vol** significant.

zion/isme Zionism. ▼—**ist** Zionist.

zit: *een hele* —, a long journey; (*anders*) a long time to sit. ▼—**bad** hip-bath. ▼—**bank** bench, seat; (*kerk*—) pew. ▼—**je:** *een aardig* —, a snug corner; (*in de natuur*) a nice place to sit down in. ▼—**kamer** sitting-room, living-room. ▼—**plaats** seat. ▼—**slaapkamer** bed-sitting room, (*fam.*) bed-sitter. ▼—**stok** perch. ▼**zitten** sit; (*v. jas, enz.*) fit, sit; (*v. wind*) be; *de Kamer zit nu*, the House is now sitting; *hoe zit dat?*, how is that?; *het zit zo*, it's like this; *die zit!*, that's a hit!; *hij zit!*, (*voetbal*) goal!; *dat zit nog*, that remains to be seen; *hij heeft een maand gezeten*, he has done a month; *waar zit die jongen toch?*, where is that boy?; *daar zit hem de moeilijkheid*, there's the rub; *blijft u* —!, keep your seat(s), please!; (*nog wat*) *blijven* —, sit on; (*de leerling*) *bleef* —, stayed down; *laten we deze dans maar blijven* —, let us sit out this dance; (*mijn haar*) *wil niet blijven* —, will not stay in place; *gaan* —, sit down, take a seat; *een meisje laten* —, jilt a girl; *laat maar* —, (*tot 'n kelner*) keep the change, (*ik trakteer*) I'm standing; *aan tafel* —, be at table; *overal aan* —, touch everything; *daar zit Rusland achter*, Russia is at the bottom of it; *hij kwam bij me* —, he came and sat by me; *er zit niet veel bij hem*, there is not much in him; *maar ik laat het er niet bij* —, but I won't take it lying down; *je hebt het er lelijk bij laten* —, you've made a poor show; *er goed bij* —, be well off; *in 'n commissie* (*de raad*) —, be (sit) on a committee (on the council); *in de gevangenis* —, be in prison; *het zit in de familie*, it is (runs) in the family; *zijn kennis van dit onderwerp zit er goed in* (*niet goed in*), his knowledge of this subject is thorough (shaky); *hij zat er lelijk in*, he was in a fine pickle; *hij zat er mee*, **1** it puzzled him, **2** he was saddled

with it; *blijven* — *met*, be left with; *onder de modder* (*het vuil*) —, be covered with mud (dirt); *er zit niets anders op dan te gaan*, there is nothing for it but to go; *er zit wat voor je op*, there is a rod in pickle for you, (*sl.*) you'll get it in the neck; *dat liet hij niet op zich* —, that put him on his mettle; *dat kan je niet op je laten* —, you cannot sit down under that; *het zit me tot hier*, I'm fed up with it; — *voor*, sit to (a painter), sit for (a portrait), be reading for (an exam). ▼**zittenblijver** non-promoted pupil. ▼**zittend** sitting, seated; — *leven*, sedentary life. ▼**zitter** sitter. ▼**zitting** session, sitting; (*v. stoel*) seat, bottom; — *hebben* (*houden*), be in session, sit; — *hebben in* (*bestuur*) sit on. ▼—**sdag** sitting-day. ▼—**speriode**, —**stijd** session. ▼—**szaal** session-room. ▼**zitvlak** bottom, seat.

Z.K.H. H.R.H., His Royal Highness.

Z.M. H.M., His Majesty.

zo I *bw* so, thus, in this way, like this; (*aanstonds*) presently, in a minute; — *van de universiteit*, straight (fresh) form the U.; *och*, — *maar*, oh, for no reason at all; (*iem.*) — *maar* (*op straat zetten*), without further ado; (*hij wordt*) — *maar* (*kwaad*), apropos of nothing; *hij doet maar* —, it's only make-believe; *ik hoop toch* — . . ., I do hope; —?, indeed?; — *is het*, quite so, that's right; — *zij het!*, s. be it!; *'t is maar* — —, it is rather sketchy, it is but so so; *'t is nu eenmaal* —, that's how it is, there it is; *hij is nu eenmaal* —, he is that way (sort); *mooi* —! well done!, good show! *'t zit* —, it's like this; — *moe als hij was* (*ging hij toch*), tired as he was; *dat gaat* — *niet*, that won't do; — *gaat het in het leven*, that's the way of the world, such is life; — *een* (*iemand*), such a one; — *iets*, such a thing; (*hij is ziek*) *of* — *iets*, or something; *ik heb* — *iets gehoord*, I've heard as much; *daar zeg je* — *iets*, **1** that's a good idea, **2** that reminds me; — *oud als* . . ., as old as . . .; *niet* — *oud als*, not so old as; *ó* — *vriendelijk*, ever so kind. **II** *vgw* (*vergelijkend*) as; (*voorwaardelijk*) if; — *ja*, if so; — *neen* (*niet*), if not; — *al niet*, if not.

zoals as, such as, like; *doe* — *ik*, do as I do, do like me; *mensen* — *hij*, men such as he (like him); *'t is treurig* — *hij haar behandelt*, it is a shame the way he treats her.

zodanig I *bn* such; *als* —, as s. **II** *bw* so, in such a way.

zodat so that.

zode sod, turf; *dat zet* —*n aan de dijk*, that brings grist to the mill; *onder de* (*groene*) —*n rusten*, lie under the sod.

zodiak zodiac.

zodoende thus, thereby; (*derhalve*) so, consequently.

zodra as soon as; *niet* — *had hij* . . ., *of* . . ., no sooner had he . . . than . . .

zoek: *'t is* —, it has been mislaid; (*het boek*) *is* —, is missing; *op* — *naar*, in search of. ▼—**brengen:** *de tijd*—, kill time. ▼—**en I** *ov.w* seek (God, help, rest, comfort), look for (your hat, a job); (*proberen*) seek, try; *hij wordt door de politie gezocht*, he is wanted by the police; *waarom zoek je mij altijd?*, why are you always down on me?; (*de oorzaak*) *is niet ver te* —, is not far to seek; *je kunt lang* — *vóór* . . ., you can go a long way before . . .; *dat zou je niet achter hem* —, you would not think he had it in him; *overal wat achter* —, be very suspicious. **II** *on.w* look, seek; *zoekt en gij zult vinden*, seek and you shall find; — *naar*, look for. **III** *zn* search (for); *op* — *gaan*. ▼—*er* (*pers.*) seeker; (*v. camera*) (view-)finder. ▼—**licht** search-light, spot-light. ▼—**maken** mislay. ▼—**plaatje** puzzle picture. ▼—**raken** get mislaid, get lost.

zoel mild. ▼—**heid** . . . ness.

Zoeloe Zulu. ▼—**kaffer** Z.-Kaffir.

zoem en buzz, hum. ▼—**er** buzzer.

zoen kiss. ▼—**dood** expiatory death. ▼—**en** kiss; *om te* —, kissable. ▼—**er** kisser. ▼—**erig** fond of kissing. ▼—**offer** peace-offering.

zoet sweet; (*v. kind*) good; (*v. water*) fresh. ▼—**ekauw:** *je bent 'n* —, you have a sweet

tooth. ▼—ekoek: *iets voor* — *opeten*, swallow
s.th. ▼—elaar sut(t)ler. ▼—elief sweetheart.
▼—elijk sweetish; (*fig.*) goody-goody.
▼—emelks: —*e kaas*, cream cheese. ▼—erd
dear, sweet. ▼—heid sweetness.
▼—houdertje sop. ▼—hout liquorice. ▼—ig
sweetish. ▼—igheid sweetness; (*snoep*)
sweets. ▼—jes softly; — *aan*, gradually.
▼—sappig goody-goody, sugary.
▼—sappigheid goody-goodiness,
sugariness. ▼—stof sweetener. ▼—vloeiend
mellifluous. ▼—water fresh water.
▼—waterkreeft crawfish. ▼—watervis
freshwater fish. ▼—zuur I *bn* soursweet. II *zn*
(sour and) sweet pickles.
zoeven hum, whirr.
zoëven just now, a moment ago.
zog I (mother's) milk; 2 (*v. schip*) wake; *in
iemands* — *varen*, follow in a p.'s wake. ▼—en
suckle, nurse. ▼—end: —*e moeder*, nursing
mother.
zogenaamd I *bn* so-called, self-styled,
would-be. II *bw* ostensibly. ▼zogezegd
(*vrijwel*) all but, as good as; (*bij wijze v.
spreken*) so to say, so to speak.
zojuist just now. ▼zolang so long as, as long
as.
zolder garret, loft, attic. ▼—balk ceiling-beam.
▼—gat loft-opening. ▼—hoogte height of
the ceiling. ▼—ing ceiling. ▼—kamer(tje)
garret, attic. ▼—ladder loft-ladder. ▼—lamp
ceiling-lamp. ▼—licht skylight. ▼—luik
trap-door. ▼—raam attic-window,
dormer-window. ▼—ruimte loft-space.
▼—schuit barge. ▼—trap loft-stairs.
▼—venster garret-window; (*rechtop*)
dormer-window. ▼—verdieping top floor.
zolen (new-)sole.
zomen hem.
zomer summer; *in de* —, *des* —*s*, in s.
▼—avond s.-evening. ▼—dag summer('s)
day. ▼—dienst s.-service. ▼—dracht
s.-wear. ▼—drank s.-beverage, s.-drink.
▼—en: *het begon te* —, it was getting
summer(y). ▼—goed s.-clothing. ▼—hitte s.
heat. ▼—hoed s.-hat. ▼—huisje s.-house,
s.-wear. ▼—jurk s.-frock. ▼—kleding s.-clothes,
s.-wear. ▼—koren s.-corn. ▼—morgen
s.-morning. ▼—nacht s.-night.
▼—opruiming s.-sale. ▼—pak s.-suit.
▼—reisje s.-trip. ▼—s summery; *op zijn* —
gekleed zijn, wear summer-clothes.
▼—sproeten freckles. ▼—stof material for
s.-wear. ▼—tarwe s.-wheat. ▼—tijd s.-time;
de — *invoeren*, start s.-time. ▼—uitverkoop
s.-sale. ▼—vakantie s.-holidays. ▼—verblijf
s.-residence; s.-resort. ▼—warmte s.-heat.
▼—weer summer(y) weather. ▼—zon s.-sun.
zomin: — *als*, no more than.
zon sun; *hij kan de* — *niet in 't water zien
schijnen*, he is a dog in the manger; *met de*
—, sunwise; *tegen de* —, *in*,
counter-sunwise.
zondaar sinner. ▼—sbankje penitent form.
zondag Sunday; *des* —*s*, on Sundays; *op zijn*
—*s* (*gekleed*), in one's S. best. ▼—sarbeid
S.-labour. ▼—sblad S.-paper. ▼—sdienst
S.-service. ▼—sheiliging S. observance.
▼—smaal S.-dinner. ▼—srijd(st)er
week-end motorist. ▼—sruiter would-be
horseman. ▼—srust S.-rest. ▼—sschool
S.-school. ▼—ssluiting S.-closing.
▼—sviering S. observance. ▼—swet S.
Observance Act.
zondares sinner. ▼zonde sin; *kleine* —,
peccadillo; *'t is* — *van je pak*, it's a pity for your
suit. ▼—bok scape-goat; *hij werd tot* —
gemaakt, he was made a s. (whipping-boy).
▼—register register of sins.
zonder without; *zie meer*.
zonderling I *bn* peculiar, queer, singular. II *zn*
eccentric, freak. ▼—heid peculiarity,
queerness.
zondeval: *de* —, the Fall. ▼zondig sinful.
▼—en sin, offend. ▼—heid sinfulness.
▼zondvloed deluge, flood.

zone zone.
zon/eclips sun eclipse. ▼—licht sunlight.
▼—loos sunless. ▼zonne/- sun-. ▼—baan
ecliptic, s.'s-course. ▼—bad s.-bath.
▼—baden *ww* s.-bathe. ▼—batterij solar
battery. ▼—blind I *bn* s.-blind. II *zn*: —*en*,
Persian blinds. ▼—bloem s.-flower.
▼—brand s.-glare; (*op het lichaam*) sunburn.
▼—brandolie sunburn lotion. ▼—bril
s.-glasses. ▼—cel solar cell. ▼—dak awning.
▼—dek s.-deck. ▼—dienst s.-worship.
▼—gloed s.-blaze. ▼—gloren s.-beams.
▼—god s.-god. ▼—glans splendour of the s.
▼—helm s.-helmet, topee. ▼—hitte heat of
the s. ▼—hoed s.-hat. ▼—jaar solar year.
▼—keerkring tropic. ▼—kijker helioscope.
▼—klaar abundantly clear; —*bewijzen*, prove
up to the hilt. ▼—klep sunshade, eye-shade.
▼zonnen: *zich* —, sun (o.s.).
▼zonne/scherm sunshade. ▼—schijf disc of
the s. ▼—schijn sunshine. ▼—spectrum
solar spectrum. ▼—stand sun's altitude.
▼—steek s.-stroke, touch of the s.
▼—stelsel solar system. ▼—stilstand solstice. ▼—straal
s.-beam. ▼—tijd solar time. ▼—tje: *zij is een*
— *in huis*, she is a ray of sunshine; *iem. in 't* —
zetten, poke fun at. ▼—vlek s.-spot. ▼zonnig
sunny. ▼zons/ondergang sunset.
▼—opgang sunrise. ▼—verduistering solar
eclipse.
zoogdier mammal.
zooi lot, heap.
zool sole. ▼—beslag boot protectors.
▼—ganger plantigrade. ▼—leer s.-leather.
zoölog/ie zoology. ▼—isch zoological.
▼zoöloog zoologist.
zoom (*v. japon, enz.*) hem; (*rand*) edge; (*v.
rivier*) bank; (*v. stad*) edge, outskirts.
zoom/en zoom. ▼—lens zoom lens, zoomer.
zoon son; *de Zoon des Mensen*, the S. of Man.
▼—lief my dear s.; (*iron.*) young Hopeful.
zoopje dram.
zootje (*dingen*) lot; (*vuile boel*) mess; *een* —
dieven, a pack of thieves.
zorg (*verzorging*) care; (*bezorgdheid*) anxiety,
solicitude; (*last*) trouble; —*en hebben*, have
cares, be worried; *ik heb* —*en over*, I'm worried
about; *heb maar geen* —, don't worry; *geen*
—*en voor de dag van morgen*, care killed a cat;
mij 'n —*!*, a fat lot I care; — *baren*, cause
anxiety; — *besteden aan*, bestow c. on, take c.
over; *zich* —*en maken* (*scheppen*), worry;
door de goede —*en van*, through the good
offices of; *in de* — *zitten*, be worried; *met* —,
carefully; *zonder* —, careless(ly). ▼—barend
alarming. ▼—elijk precarious. ▼—elijkheid
p.ness. ▼—eloos(heid) careless(ness).
▼—en care; — *voor*, take care of, look after,
see to; (*verschaffen*) provide; *voor de oude
dag* —, provide for one's old age; *voor zijn
eigen eten* —, find one's own meals; *zorg er
voor dat*…, see (to it) that, take care that; mind;
voor zichzelf —, fend for o.s. ▼—enkind (*fig.*)
source of anxiety. ▼—vuldig careful.
▼—wekkend alarming, critical. ▼—zaam
careful. ▼—zaamheid c.ness.
zot I *bn* foolish, silly. II *zn* fool. ▼—heid folly.
▼—skap fool's cap. ▼—tenklap, —tenpraat
foolish talk. ▼—ternij folly, tomfoolery.
▼—tin fool.
zout I *zn* salt; *het* — *der aarde*, the s. of the
earth; *in 't* — *leggen*, salt. II *bn* salt, briny;
(*gezouten*) salted. ▼—achtig saltish.
▼—ader s.-vein. ▼—bad s.-bath.
▼—bereiding s.-manufacture. ▼zouteloos
insipid. ▼—heid insipidity. ▼zouten salt; (*in
pekel*) brine; (*haring*) pickle. ▼zouter salter.
▼—ij brining factory. ▼zout/evis salt fish.
▼—gehalte percentage of s. ▼—groeve
s.-pit. ▼—heid saltness. ▼—ig saltish.
▼—keet s.-works. ▼—korrel grain of s.
▼—laag layer of s. ▼—lepeltje s.-spoon.
▼—loos saltless. ▼—meer s.-lake. ▼—mijn
s.-mine. ▼—moeras s.-marsh. ▼—pilaar
pillar of s. ▼—raffinaderij s.-refinery.
▼—smaak s. flavour, salty taste. ▼—strooier

s.-sprinkler. ▼—**te**: *net goed van* —, salted to
perfection. ▼—**vaatje** s.-cellar. ▼—**water** s.-
water. ▼—**watervis** s.-w.fish. ▼—**winning**
s.-making. ▼—**zak** s.-bag. ▼—**Zee** Dead Sea.
▼—**zuur** *zn* hydrochloric acid.

zoveel so (as) much; (*mv*) so (as) many; *nog
niet zóveel*, not a bit; — *mogelijk*, as much as
possible; *de trein van 9 uur zóveel*, the nine
something train; — *te beter*, so much (all) the
better; *zóveel is zeker*, that (thus) much is
certain; *hij is* — *als leraar*, he is some sort of
teacher. ▼—**ste**: *voor de* — *maal*, for the
hundredth (umpteenth) time.

zover so far, thus far; — *'t oog reikt*, as far as the
eye can reach; *als 't zover is*, when we have got
so far, at the proper time; *zóver is 't nog niet
met me gekomen*, I have not yet come to that;
in —(*re*) *als*, so far as; *tot* —, so far; (*voor*) —,
as far as, (in) so far as; *niet voor* — *ik weet*, not
to my knowledge, not that I know of.

zowaar actually, really.

zowat about; — *niemand*, hardly anybody; —
niets, next to nothing.

zowel: — *als*, as well as, both … and …

z.o.z. P.T.O., please turn over.

zozeer so much.

zucht 1 sigh; 2 (*begeerte*) desire (for), craving
(for). ▼—**en** sigh; — *naar* (*om*), s. for;
onder…, groan under. ▼—**je**: *er is geen* —,
there is not a breath of wind.

zuid south. ▼—**elijk** I *bn* southern; southerly
(wind). II *bw* southward(s); — *van*, (to) the
south of. ▼**zuider**/- southern. ▼—**breedte**
south(ern) latitude. ▼—**halfrond** s.
hemisphere. ▼—**kruis** S. Cross. ▼—**ling**
southerner. ▼—**storm** southerly gale.
▼**Z**—**zee** Zuider (Zuyder) Zee.

Zuid-Europa South(ern) Europe.

zuid/kant s.-side. ▼—**kust** s.-coast. ▼—**oost**
s.east. ▼—**oostelijk** I *bn* s.east(erly),
s.-eastern. II *bw* s.-east(ward).
▼—**oostenwind** s.-east(erly) wind.

zuidpool south pole; antarctic. ▼—**cirkel** a.
circle. ▼—**expeditie** a. expedition.
▼—**gebied** a. regions. ▼—**reiziger** a. explorer.
▼—**tocht** a. expedition. ▼—**zee** Antarctic
(Ocean).

zuid/punt south(ern) point. ▼—**rand**
southern edge. ▼—**vruchten** subtropical fruit.
▼—**waarts** *bn* & *bw* southward.
▼—**west(en)** south-west. ▼—**westelijk** I *bn*
s.-west(erly). II *bw* s.-west(ward).
▼—**wester** 1 (*wind*) s.-wester; 2 (*hoed*)
sou'wester. ▼**Z**—**zee**: *Stille* —, Pacific
(Ocean).

zuigbuis suction-pipe, sucker. ▼**zuigeling**
baby, infant, suckling. ▼—**enkliniek** infant
welfare clinic. ▼—**ensterfte** infant mortality.
▼—**enzorg** infant welfare. ▼**zuig/en** suck.
zuiger (*v. motor, enz.*) piston; (*pers.*) sucker.
▼—**klep** piston-valve. ▼—**motor** piston
engine. ▼—**stang** piston-rod. ▼—**veer**
piston-ring.

zuig/fles feeding-bottle. ▼—**ing** suction.
▼—**lam** sucking-lamb. ▼—**nap(je)** sucker.
▼—**perspomp** double-acting pump.
▼—**pomp** suction-pump.

zuil pillar, column; *Z*—*en van Herkules*, Pillars
of Hercules. ▼—**engalerij**, —**engang**
colonnade, arcade. ▼—**enrij** colonnade.
▼—**vormig** pillar-shaped.

zuinig economical (management), thrifty
(housewife); (*op de penning*) close, near;
(*karig*) sparing, frugal; — *zijn* (*omgaan*) *met*,
be e. of, be careful with; *hij was* — *met zijn lof*,
he was chary of his praise; — *beheren*, nurse;
— *kijken*, look glum; *en niet zo* —!, with a
vengeance. ▼**zuinigheid** economy, thrift; —
met vlijt bouwt huizen als kastelen, take care of
the pence and the pounds will take care of
themselves; *verkeerde* —, false e.; *verkeerde* —
betrachten, be penny-wise and
pound-foolish; *uit* (*voor de*) —, for reasons of
e. ▼—**shalve** for the sake of e.
▼—**smaatregel** measure of e. ▼**zuinigjes**
economically, thriftily; — *glimlachen*, smile

bleakly.

zuip I *on.w* booze, tipple. II *ov.w* swill.
▼—**er** boozer. ▼—**erij** boozing. ▼—**lap**
boozer. ▼—**partij** booze.

zuivel dairy-produce. ▼—**bedrijf**
dairy-industry; (*'n* —) dairy-farm.
▼—**bereiding** dairying. ▼—**boerderij**
dairy-farm. ▼—**centrale** milk marketing
board. ▼—**controle** dairy-produce control.
▼—**fabriek** dairy-factory. ▼—**industrie** dairy
industry. ▼—**onderwijs** dairy-instruction.
▼—**produkten** dairy-produce.
▼—**produktie** dairy-production.

zuiver I *bn* pure (gold, reason, water); clear
(conscience); (*tech.*) true (circle); (*louter*)
pure, sheer (phantasy); — *ras*, (*v. paarden*) p.
breed; *de* —*e waarheid*, the plain truth; —*e
winst*, clear (net) profit; *'t is geen* —*e koffie*,
there is s.th. fishy about it. II *bw* purely.
▼—**aar** cleaner, purifier; (*taal*—) purist. ▼—**en**
clean (of dirt); cleanse (of sin); purify
(language, the blood, the air); refine (sugar);
de partij —, purge the party; *van vijanden* —,
clear of enemies; *zich* — *van*, clear s.o. of.
▼—**heid** cleanness; purity (of soul).
▼**zuivering** cleaning, cleansing; purification;
(*politieke*) purge. ▼—**sactie** purge; (*mil.*)
mopping-up operations. ▼—**sinstallatie**
(*lucht enz.*) (air- etc.) purifying plant.
▼—**sproces** (*v. grondstoffen*)
refining-process; (*anders*) purging process.
▼—**szout** bicarbonate of soda.

zulk such. ▼**zulks** such a thing, this.

zullen (*toekomst*) (I, we) shall, (you, he, they)
will; (*wil v.d. spreker, belofte, bedreiging,
voorspelling, in alle pers.*) shall; *dat zal wel*, I
daresay.

zult brawn.

zuren sour. ▼**zurig** sourish.

zuring dock, sorrel. ▼—**zout** salt of sorrel.

zus I *bw* thus; *nu een* —, *dan weer zo*, now this
way, now that. II *zn* sister; (*fam.*) sis(s).
▼**zusje** (little) sister, baby sister; *het is* — *en
broertje*, it is Tweedledum and Tweedledee.
▼**zuster** sister; (*verpleegster*) nurse; *je* —!,
your grandmother!, my foot!. ▼—**huis**
nunnery. ▼—**liefde** sisterly love. ▼—**lijk**
sisterly. ▼—**maatschappij** associated
company. ▼—**paar** pair of sisters. ▼—**schap**
sisterhood. ▼—**school** convent school.
▼—**vereniging** s. association.

zuur I *bn* sour; (*chem.*) acid; — *werk*, nasty
work; *iem. 't leven* — *maken*, embitter a p.'s
life; — *worden*, turn (go) s.; *dat is* — *voor je*, it
is hard lines on you; *dan ben je* —, then your
number is up. II *bw* — *verdiend* (*geld*),
hard-earned. III *zn* (*ingemaakt*) pickless;
(*chem.*) acid; *last van 't* — *hebben*, suffer from
heartburn. ▼—**achtig** sourish. ▼—**deeg**,
—**desem** leaven. ▼—**heid** sourness, acidity.
▼—**kool** sauerkraut. ▼—**pruim** curmudgeon.
▼—**pruimgezicht** sourpuss.

zuurstof oxygen. ▼—**apparaat** o.-apparatus.
▼—**cilinder** o.-cylinder. ▼—**houdend**
oxygenous. ▼—**masker** o.-mask.
▼—**verbinding** oxide.

zuurtje acid drop. ▼**zuurwaren** pickles.
▼—**fabriek** p.-factory.

zwaai swing, sweep. ▼—**en** I *ov.w* wave (a
flag); swing (a hammer); brandish (a sword);
wield (the sceptre). II *on.w* (*v. dronkaard*)
sway, reel, (*v. takken*) sway; *met zijn armen* —,
wave one's arms about. ▼—**licht**
flashing-light.

zwaan swan.

zwaar I *bn* heavy; (—*gebouwd*) massive,
heavily built, stout; (*moeilijk*) heavy (work);
hard (struggle, task); difficult (decision);
(*streng*) heavy, severe (punishment); (*v.
bodem*) heavy; (*v. dranken en tabak*) strong;
deep (voice); *zware bevalling*, difficult
confinement; — *geschut*, h. guns; *zware
grond*, h. soil; *zware jongens*, toughs; *zware
rouw*, deep mourning; — *vergift*, strong
poison; — *water*, h. water; — *weer*, h. weather;
zware ziekte, severe illness; *zware zonde*,

zwaarbeladen—zweren

grievous sin; — *zondigen*, sin grievously; *hij had er een — hoofd in*, he was very pessimistic about it, took a dim view of the matter; *zich — in de leden voelen*, feel h. in the limbs; — *op de hand*, heavy, ponderous; — *op de maag liggen*, lie h. on the stomach. **II** *bw* heavily; — *zitten bomen*, argue endlessly; (*sl.*) chew the rag; — *leven*, burn the candle at both ends; — *slapen*, sleep heavily. **▼zwaar/beladen** heavy-laden. **▼—beproefd** sorely tried.

zwaard sword; (*v. vaartuig*) lee-board; *met 't — in de vuist*, s. in hand; *naar 't — grijpen*, draw the s. **▼—dans** s.-dance. **▼—gekletter** sabre-rattling. **▼—vechter** gladiator. **▼—vis** s.-fish.

zwaar/gebouwd heavily built, massive. **▼—gewapend** heavily-armed. **▼—gewicht** heavy-weight. **▼—heid** heaviness. **zwaarhoofdig** pessimistic. **▼—heid** pessimism.

zwaarlijvig corpulent, stout. **▼—heid** corpulence, stoutness.

zwaarmoedig melancholy. **▼—heid** melancholy.

zwaarte weight, heaviness. **▼—kracht** gravitation, gravity; *wet der —*, law of gravitation. **▼—krachtbestrijder** anti-gravity device, gravity nullifier. **▼—lijn** median. **▼—punt** centre of gravity; (*fig.*) main point; (*v. aanklacht*) gravamen.

zwaartillend pessimistic.

zwaarwichtig weighty. **▼—heid** weightiness.

zwabber 1 swab; **2** (*boemelaar*) rake, rip; *aan de — zijn*, be on the razzle. **▼—en** swab; (*fig.*) be on the razzle.

zwachtel bandage. **▼—en** bandage.

zwadder venom.

zwade swath.

zwager brother-in-law.

zwak I *bn* weak (eyes, character, market, verb); feeble (mind, effort, cry); faint (smile, light); delicate (health); frail (woman); light (wind); *het —ke geslacht*, the weaker sex; *zijn —ke punt* (*zijde*), his weak point (side); *in 'n — ogenblik*, in a w. moment; *zwak in* (*voor*) *Frans*, weak in French. **II** *zn* weakness, foible; *'n — hebben voor*, have a weakness for; *iem. in zijn — tasten*, get on a p.'s w. side. **▼zwak/gelovig** of little faith. **▼—heid** weakness, feebleness, frailty. **▼—heden** foibles. **▼—hoofdig** w.-brained. **▼—jes** *bn & bw* weakly. **▼—keling** weakling. **▼—stroom** weak current. **▼—te** weakness. **▼—zinnig** feeble-minded; *een — e*, a defective, a moron. **▼—zinnigheid** feeble-mindedness.

zwalken drift (wander) about.

zwalpen dash, surge.

zwaluw swallow; *één — maakt* (*nog*) *geen zomer*, one s. does not make a summer. **▼—staart** (*eig.*) swallow's tail; (*bij timmerwerk*) dovetail. **▼—nest** s.'s nest. **▼—staarten** dovetail.

zwam fungus; (*tonderstof*) tinder.

zwam/men *ww* gas, drivel. **▼—neus** gas-bag, hot-air merchant.

zwane/dons swan's down. **▼—hals** swan's neck. **▼—zang** swan-song.

zwang: *in — brengen*, bring into vogue; *in — zijn*, be in vogue; *in — komen*, become the vogue.

zwanger pregnant, with child. **▼—schap** pregnancy. **▼—schapsonderbreking** abortion. **▼—schapsverlof** maternity leave.

zwarigheid difficulty; *zwarigheden maken*, make (raise) objections.

zwart black; *—e handelaar*, b. marketeer; *de —e kunst*, the b. art, b. magic; *—e lijst*, b. list; *op de —e lijst plaatsen*, b.-list; *—e markt*, b. market; *'t Z—e Woud*, the B. Forest; *de Z—e Zee*, the B. Sea; *'t — op wit hebben*, have it in b. and white; *de dingen — inzien*, take a gloomy view of things; *— kijken, een — gezicht zetten*, look b., scowl; *het zag — van de mensen*, it was b. with people; *in 't — (gekleed)*, in b.; *een — e*, a b.; *—en blanken*, blacks and whites.

zwartepiet (*kaart*) Black Jack, knave of spades; (*pers.*) black marketeer. **▼—en** play at Old Maid.

zwart/galligheid melancholy, splenetic. **▼—gallig** melancholy, spleen. **▼—harig** b.-haired. **▼—heid** blackness. **▼—hemd** b.-shirt. **▼—je** (*neger*) darky. **▼—kopmeeuw** titmouse. **▼—maken** (*of*) b. cloth. **▼—maken** black, (*fig. & lett.*) blacken. **▼—ogig** b.-eyed. **▼—sel** (*lamp-*)black; (*voor kachel*) black-lead.

zwatelen rustle, (*v. wind:ook*) sough.

zwavel sulphur. **▼—achtig** sulphurous. **▼—bloem** flowers of s. **▼—damp** s.-fume. **▼—en** sulphurate. **▼—erts** s.-ore. **▼—lucht** sulphurous smell. **▼—mijn** s.-mine. **▼—zuur** sulphuric acid.

Zweden Sweden. **▼Zweed** Swede. **▼Zweeds** Swedish; *—e gymnastiek*, S. gymnastics; *een —e*, a S. woman.

zweef/baan air cable. **▼—brug** suspension bridge. **▼—club** gliding club. **▼—molen** giant('s) stride. **▼—toestel** glider. **▼—vliegclub** gliding-club. **▼—vliegen I** *ww* glide, soar. **II** *zn* gliding, soaring. **▼—vlieger** gliding pilot. **▼—vliegtuig** glider. **▼—vliegveld** gliding ground. **▼—vlucht** glide.

zweem (*v. vrees*) semblance, trace; (*v. spot*) touch, hint; *geen — van bewijs*, not a shred of evidence (of proof).

zweep whip; (*jacht—*) (hunting-)crop; *hij moet met de — hebben*, he wants the w. **▼—slag** lash. **▼—tol** whipping-top.

zweer ulcer, sore.

zweet sweat, perspiration; (*op muur*) moisture; (*koude — brak haar uit*, she broke into a cold s.; *in het — uws aanschijns zult gij uw brood eten*, in the sweat of thy face shalt thou eat bread. **▼—bad** sweating-bath. **▼—droppel** drop of s. **▼—handen** sweaty hands. **▼—klier** s.-gland. **▼—kuur** sweating-cure. **▼—lucht** sweaty smell, body-odour. **▼—poeder** sudorific powder. **▼—vlek** s.-spot. **▼—voeten** perspiring (sweaty) feet.

zwelg/en I *ov.w* swill, guzzle. **II** *on.w* carouse; — *in*, revel in. **▼—er** carouser. **▼—partij** debauch, orgy.

zwell/en swell, expand; *doen —*, swell. **▼—ing** swelling.

zwem/bad swimming-bath. **▼—bassin** s-, bathing-pool. **▼—blaas** s.-bladder; (*v. vis*) air-bladder. **▼—broek(je)** swimming-, bathing-trunks. **▼—buis** life-jacket.

zwemen: — *naar*, incline to (red); have some similarity to; — *naar oneerlijkheid*, border upon dishonesty.

zwem/- swimming-, **▼—gordel** s.-belt. **▼—inrichting** public baths. **▼—kostuum** bathing-costume. **▼—kunst** art of s. **▼—men** swim; *gaan —*, go for (have) a s.; *hij zwemt in het geld*, he is rolling in the stuff. **▼—mer** swimmer. **▼—onderricht, —onderwijs** s.-instruction. **▼—onderwijzer** s.-instructor. **▼—pak** swim(ming)-suit. **▼—school** s.-school. **▼—sport** swimming. **▼—vereniging** s.-club. **▼—vest** life-jacket. **▼—vlies** web. **▼—voet** web-foot. **▼—vogel** s.-bird. **▼—wedstrijd** s.-match.

zwendel swindle, fraud. **▼—aar** swindler, fraud. **▼—arij** swindling, fraud. **▼—en** swindle. **▼—maatschappij** bogus (wild-cat) company. **▼—zaak** swindle.

zwengel (*v.pomp*) pump-handle; (*v. put*) sweep; (*v. wagen*) swingle-tree; (*draaikruk*) crank. **▼—en** swingle, crank. **▼—hout** swingletree.

zwenk/en turn (face) about, swing round; (*mil.*) wheel; (*v. auto*) swerve. **▼—ing** turn, swerve; (*mil.*) wheel; (*fig.*) change of front.

zwepen whip, lash.

zweren 1 (*v. wond, enz.*) ulcerate, fester; *—de vinger*, septic (bad) finger; **2** (*eed*) swear; *ik zweer het*, I s. it; *een eed —*, s. an oath; *wraak — tegen*, vow vengeance against; — *bij God*,

s. to (by) God; *bij iets* —, s. by s.th.; *bij hoog en laag* —, s. by all that is holy; *ik durf er op* —, I can (could) s. to it; *op de bijbel* —, s. on the Bible.

zwerf/kei boulder. ▼—**lust** roving spirit. ▼—**tocht** ramble.

zwerk (*uitspansel*) welkin; (*wolken*) rack.

zwerm swarm. ▼—**en** *ww* swarm. ▼—**tijd** swarming season.

zwerv/en wander, ramble, roam, rove; *hij zwierf door het land, en hij zwierf over de zeeën*, he roamed the country and he roved the seas. ▼—**er** wanderer, tramp, vagabond; (*dier*) stray. ▼—**ersleven** wandering life. ▼—**ertje** (*kind*) waif.

zwet/en sweat, perspire; (*v. muur*) sweat. ▼—**erig** sweaty.

zwets/en (*pochen*) brag; (*zwammen*) blether, prate. ▼—**er** braggart; prater.

zwev/en float; (*v. vogel*) hover; (*v. munt*) float; *het woord zweeft mij op de tong*, I have the word on the tip of my tongue; *tussen hoop en vrees* —, hover between hope and fear; *er zweeft mij iets van voor de geest*, I seem vaguely to remember. ▼—**end**: —*e kiezer*, floating voter; —*e rib*, floating rib; —*e valuta*, fluctuating currency.

zwezerik sweetbread.

zwichten yield, give in (to); (*fam.*) knuckle down (to).

zwiepen swish; (*v. boom*) sway.

zwier (*zwaai*) flourish; (*gratie*) grace; (*staatsie*) pomp; (*luchtigheid*) jauntiness, dash; *aan de* — *zijn* (*gaan*), be (go) on the spree; *met* —, gracefully; dashingly. ▼—**bol** gay dog. ▼—**en** (*v. dronken man*) reel; (*v. dansers*) whirl about; (*over ijs, enz.*) glide gracefully. ▼—**ig** (*bevallig*) graceful; (*modieus*) stylish, smart; (*losjes*) dashing, gay; — *voor de dag komen*, cut a dash; — *schrift*, flowing hand (writing); —*e stijl*, style. ▼—**igheid** grace; stylishness, smartness.

zwijgen I *ww* be silent, keep silence; (*v. muziek*) cease, stop; *zwijg!*, be silent!, hold your tongue! *zwijg daarvan!*, don't talk about it; *kun je* —?, can you keep a secret?; *wie zwijgt, stemt toe*, silence is consent; — *als 't graf*, be (as) silent as the grave; *hij zweeg in alle talen*, he maintained a stony silence; *om nog te* — *van...*, to say nothing of; *we zullen er verder maar over* —, we'll say no more about it. **II** *zn* silence; *iem. 't* — *opleggen*, impose silence upon a p.; *er het* — *toe doen*, **1** sit mum, **2** say no more about it; *tot* — *brengen*, silence. ▼**zwijg/end I** *bn* silent (man, film); —*e meerderheid*, silent majority. **II** *bw* silently, in silence. ▼—**er**: *Willem de Z*—, William the Silent (the Taciturn). ▼—**geld** hush-money. ▼—**recht** right to secrecy. ▼—**zaam** taciturn, reticent. ▼—**zaamheid** taciturnity, reticence.

zwijm swoon; *in* — *vallen*, faint, swoon.

zwijmel giddiness; (*roes*) intoxication. ▼—**dronken** intoxicated (with). ▼—**en 1** feel giddy; **2** swoon.

zwijn pig, hog; (*vooral fig.*) swine; (*bof*) fluke; *wild* —, boar. ▼—**achtig** swinish. ▼—**eboel** pigsty, mess. ▼—**ehoeder** swineherd. ▼—**ehok** pigsty. ▼—**ejacht** boar-hunt(ing). ▼—**ekot** pigsty. ▼—**en** (*boffen*) be in luck. ▼—**epan** piggery, mess. ▼—**erij** filth; (*fig.*) smut. ▼—**jak 1** swine; **2** (*boffer*) lucky dog. ▼—**tje 1** piggy; **2** (*fiets*) bike; **3** (*bof*) fluke. ▼—**tjesjager** bicycle-thief.

zwikken sprain; *mijn voet zwikte*, I sprained my ankle.

zwin creek.

zwingel swingle. ▼—**en** swingle.

Zwitser Swiss; *geen geld, geen* —*s*, no pay, no piper. ▼—**land** Switzerland. ▼—**s** Swiss.

zwoeg/en toil, slave, drudge; (*v. schip*) labour; (*blokken*) swot; — *en sloven*, toil and moil; — *op*, toil at, peg away at; *tegen een berg op* —, toil up a mountain. ▼—**er** toiler, drudge.

zwoel sultry. ▼—**heid** sultriness.

zwoerd, zwoord pork-rind, bacon-rind.

Het afbreken van Engelse woorden

1. Breek Engelse woorden zo min mogelijk af. De regels voor het afbreken zijn vrij moeilijk omdat zij elkaar vaak doorkruisen.

2. Samenstellingen worden afgebroken achter de samenstellende delen, bijv. play-wright, school-mate, some-thing, no-thing, air-field, air-force, cock-tail.

3. Woorden die als één lettergreep worden uitgesproken, worden niet afgebroken, bijv. moan, fair, have, knife, wives, spades. De uitgang -ed mag wel gescheiden worden, bijv. lean-ed, call-ed, sigh-ed.

4. Korte tweelettergrepige woorden zoals under, after, over, worden niet afgebroken. Vermijd eveneens een afbreking, waardoor een lettergreep van één letter overblijft, dus niet A-pril, o-cean, sleep-y, drear-y.

5. Als een lange klinker op het eind van een lettergreep staat, wordt het woord afgebroken na deze klinker, bijv. starva-tion, sensa-tion, na-tion, sea-son, di-ver, fi-nal, bi-ble, bea-con, ba-con, no-tion.

6. Als een korte klinker gevolgd wordt door één medeklinker, wordt het woord afgebroken na de medeklinker, bijv. jeal-ous, mer-it, per-il, min-ister, pun-ish, priv-ilege, gov-ernment, pleas-ant, Jan-uary. *Opmerking. Ch, ck, sh, ph* en *th* tellen als één medeklinker, bijv. check-ers, rush-ing, neph-ew, feath-er, lech-er.

7. Als een woord een korte klinker heeft, gevolgd door twee of meer medeklinkers, vindt de afbreking plaats na de eerste medeklinker (*ch, ck, ph, sh,* en *th* gelden als één medeklinker), bijv. Oc-tober, Feb-ruary, ob-stinate, con-tinent, con-trary, ap-pease, ap-plaud, wob-ble, ar-range, fis-sion, sinis-ter, prob-lem. Maar volgens het bovenstaande: lech-ery, reck-on, naph-thaline, rash-ness, with-er.

8. Niet afgebroken worden de uitgangen -cean, -cial, -cious, -gion, -sion, -tial, -tion, -tious. Dus niet: soci-al, maar so-cial; niet audaci-ous, maar auda-cious; en zo ook met: contagion, decision, confidential, option, licentious.

9. Voor- en achtervoegsels, evenals uitgangen, worden van het hoofdwoord gescheiden zonder rekening te houden met bovenstaande regels. *Voorvoegsels* zijn o.a.: *ab, ad, con, com, de, dis, ex, pro, pre, re. Achtervoegsels* zijn o.a.: *-able, -en, -er, -es, -est, -ing, -ish, -ism, -ist.* Voorbeelden: ab-erration, ad-oration, con-spire, com-bat, de-scribe, dis-able, ex-ile, pro-ceed, pro-secute, pre-cede, pre-sident, re-arm, re-volver.
Unthink-able, laugh-able, conceiv-able, prob-able, wid-en, deep-en, bright-en, light-er, rul-er, tank-er, strong-er, sing-er, bus-es, fish-es, loss-es, chang-es, light-est, foul-est, dumb-est, tough-est, social-ism, protestant-ism, national-ist, modern-ist, fool-ish, mawk-ish, blue-ish, play-ing, smash-ing, morn-ing, lead-ing.
Opmerking. Breek af: stall-ing, pull-ing, buzz-ing, miss-ing, enz. omdat het werkwoord uitgaat op *ll, zz, ss,* enz. Maar: travel-ling, tap-ping, fib-bing, can-ning, omdat het werkwoord uitgaat op één enkele medeklinker.

Onregelmatige werkwoorden

De letter R duidt aan, dat naast de opgegeven vorm ook de regelmatige vorm met **ed** voorkomt.
Een sterretje betekent dat de vorm voornamelijk in letterkundige taal voorkomt.

arise*	arose*	arisen*	*ontstaan, opstaan*
awake	awoke; R	awoke; R	*wakker worden, wakker maken*
bear	bore	borne	*(ver)dragen*
		to be born	*geboren worden*
beat	beat	beaten	*(ver)slaan*
become	became	become	*worden*
befall*	befell*	befallen*	*overkomen, gebeuren*
begin	began	begun	*beginnen*
begird*	begirt*	begirt*	*omringen*
behold*	beheld*	beheld*	*aanschouwen*
bend	bent	bent	*buigen*
beseech*	besought*	besought*	*smeken*
betake*	betook*	betaken*	*(zich) begeven*
bethink*	bethought*	bethought*	*bedenken*
bid*	bade* [bæd]	bidden*	*bevelen*
bind	bound	bound	*binden*
bite	bit	bitten	*bijten*
bleed	bled	bled	*bloeden*
blend	blent; R	blent; R	*mengen*
blow	blew	blown	*waaien*
break	broke	broken	*breken*
breed	bred	bred	*kweken, fokken*
bring	brought	brought	*brengen*
build	built	built	*bouwen*
burn	burnt; R	burnt; R	*branden*
burst	burst	burst	*barsten*
buy	bought	bought	*kopen*
cast	cast	cast	*werpen*
catch	caught	caught	*vangen*
chide*	chid*	chidden*	*berispen*
choose	chose	chosen	*kiezen*
cling	clung	clung	*zich vastklemmen*
come	came	come	*komen*
cost	cost	cost	*kosten*
creep	crept	crept	*kruipen*
crow	crew	crowed	*kraaien*
cut	cut	cut	*snijden*
deal	dealt	dealt	*handel drijven*
dig	dug	dug	*graven*
do	did	done	*doen*
draw	drew	drawn	*trekken*
dream	dreamt; R	dreamt; R	*dromen*
drink	drank	drunk	*drinken*
drive	drove	driven	*(voort)drijven*
dwell	dwelt; R	dwelt; R	*wonen*
eat	ate [et]	eaten	*eten*
fall	fell	fallen	*vallen*
feed	fed	fed	*voeden*
feel	felt	felt	*(ge)voelen*
fight	fought	fought	*vechten*
find	found	found	*vinden*
fling	flung	flung	*werpen*
fly (flee*)	fled	fled	*vluchten*
fly	flew	flown	*vliegen*
forbear	forbore	forborne	*verdragen*
forbid	forbad(e)	forbidden	*verbieden*
forget	forgot	forgotten	*vergeten*
forgive	forgave	forgiven	*vergeven*
forsake*	forsook*	forsaken*	*in de steek laten*
freeze	froze	frozen	*vriezen*
get	got	got	*krijgen, worden*
gild	gilt; R	gilt; R	*vergulden*
gird*	girt*	girt*	*gorden*
give	gave	given	*geven*
go	went	gone [gɔn]	*gaan*
grind	ground	ground	*malen*
grow	grew	grown	*groeien*
hang	hung; R	hung; R	*(op)hangen*
hear	heard	heard	*horen*
hew	hewed	hewn; R	*houwen*
hide	hid	hidden	*verbergen*
hit	hit	hit	*treffen*
hold	held	held	*(vast)houden*
hurt	hurt	hurt	*pijn doen*
keep	kept	kept	*houden*
kneel	knelt; R	knelt; R	*knielen*
knit	knit; R	knit; R	*breien*
know	knew	known	*weten*
lay	laid	laid	*leggen*
lead	led	led	*leiden*
lean	leant; R	leant; R	*leunen*
leap	leapt; R	leapt; R	*springen*

learn	learnt; R	learnt; R	*leren*
leave	left	left	*(ver)laten*
lend	lent	lent	*uitlenen*
let	let	let	*laten*
lie	lay	lain	*liggen*
light	lit; R	lit; R	*verlichten*
lose	lost	lost	*verliezen*
make	made	made	*maken*
mean	meant	meant	*menen, bedoelen*
meet	met	met	*ontmoeten*
mow	mowed	mown; R	*maaien*
overcome	overcame	overcome	*overmeesteren*
pay	paid	paid	*betalen*
put	put	put	*zetten*
read [ri:d]	read [red]	read [red]	*lezen*
rend	rent	rent	*scheuren*
rid	rid	rid	*bevrijden*
ride	rode	ridden	*rijden*
ring	rang	rung	*bellen*
rise	rose	risen	*opstijgen*
run	ran	run	*rennen*
saw	sawed	sawn; R	*zagen*
say	said [sed]	said [sed]	*zeggen*
see	saw	seen	*zien*
seek	sought	sought	*zoeken*
sell	sold	sold	*verkopen*
send	sent	sent	*zenden*
set	set	set	*zetten*
sew [sou]	sewed [soud]	sewn [soun]; R	*naaien*
shake	shook	shaken	*schudden*
shear	sheared	shorn; R	*scheren*
shed	shed	shed	*storten*
shine	shone [ʃɔn]	shone [ʃɔn]	*schijnen*
shoe	shod; R	shod; R	*beslaan*
shoot	shot	shot	*schieten*
show	showed	shown; R	*tonen*
shred	shred	shred	*aan repen scheuren*
shrink	shrank	shrunk	*krimpen*
shut	shut	shut	*sluiten*
sing	sang	sung	*zingen*
sink	sank	sunk	*zinken*
sit	sat, sate [sæt]	sat	*zitten*
slay*	slew*	slain*	*doden*
sleep	slept	slept	*slapen*
slide	slid; R	slid; R	*glijden*
sling	slung	slung	*werpen*
slink	slunk; R	slunk; R	*sluipen*
slit	slit	slit	*splijten*
smell	smelt; R	smelt; R	*ruiken*
smite	smote	smitten	*slaan*
sow	sowed	sown; R	*zaaien*
speak	spoke	spoken	*spreken*
speed	sped	sped	*spoeden*
spell	spelt; R	spelt; R	*spellen*
spend	spent	spent	*besteden*
spill	spilt; R	spilt; R	*morsen*
spin	spun	spun	*spinnen*
spit	spat, spit; R	spat, spit	*spuwen*
split	split	split	*splijten*
spoil	spoilt; R	spoilt; R	*bederven*
spread	spread	spread	*verspreiden*
spring	sprang	sprung	*springen*
stand	stood	stood	*staan*
steal	stole	stolen	*stelen*
stick	stuck	stuck	*kleven*
sting	stung	stung	*steken*
stink	stank	stunk	*stinken*
strew	strewed	strewn; R	*strooien*
stride	strode; R	stridden	*stappen*
strike	struck	struck	*slaan*
string	strung	strung	*rijgen, spannen*
strive	strove	striven	*streven*
swear	swore	sworn	*zweren, vloeken*
sweat [swet]	sweat; R	sweat; R	*zweten*
sweep	swept	swept	*vegen*
swim	swam	swum	*zwemmen*
swing	swung	swung	*zwaaien*
take	took	taken	*nemen*
teach	taught	taught	*onderwijzen*
tear	tore	torn	*scheuren*
tell	told	told	*zeggen*
think	thought	thought	*denken*
thrive	throve; R	thriven; R	*voorspoedig zijn*
throw	threw	thrown	*werpen*
thrust	thrust	thrust	*stoten*
tread	trod	trodden	*treden*

wake	woke; R	woke; R	*wakker worden, wakker maken*
wear	wore	worn	*dragen*
weave	wove	woven	*weven*
weep	wept	wept	*schreien*
win	won	won	*winnen*
wind	wound	wound	*winden*
withdraw	withdrew	withdrawn	*terugtrekken*
withhold	withheld	withheld	*terughouden*
withstand	withstood	withstood	*weerstaan*
wring	wrung	wrung	*wringen*
write	wrote	written	*schrijven*

Spectrum Boeken

Algemene woordenboeken

Spectrum Boeken

Taalgidsen